2013

意大利葡萄酒年鉴

王桂科 题

Italian Wines

广东省出版集团　广东人民出版社

· 广州 ·

图书在版编目（CIP）数据

意大利葡萄酒年鉴.2013 / 大红虾控股有限公司编.
--广州：广东人民出版社，2013.7
　　ISBN 978-7-218-08733-7

Ⅰ．①意… Ⅱ．①大… Ⅲ．①葡萄酒－酿酒工业－意大利－2013－年鉴 Ⅳ．① F454.668-54

中国版本图书馆CIP数据核字（2013）第139794号

YIDALIPUTAOJIUNIANJIAN2013
意大利葡萄酒年鉴2013
大红虾控股有限公司编　　　　　　　版权所有　翻印必究

出　版　人	曾莹
责任编辑	**翟新烨**
插图设计	**刘雨晴**
出版发行	广东人民出版社
地　　址	广州市大沙头四马路10号（邮编：510102）
电　　话	（020）83798714（总编室）
传　　真	（020）83780199
网　　址	http://www.gdpph.com
经　　销	广东大沿海出版工贸有限公司
印　　刷	深圳市威利彩印刷包装有限公司
书　　号	ISBN 978-7-218-08733-7
开　　本	787mm×1092mm　1/16
印　　张	60　插页：38　字数：1100千
版　　次	2013年7月第1版　2013年7月第1次印刷
定　　价	180.00元

如发现印装质量问题，影响阅读，请与经销公司(0756-2634507)联系调换。
售书热线:(0756)2634512　2634729　2634601　2634122

中文版编委会

主　编：王桂科

副主编：杨亚基　刘瑞冰　刘　强

执行主编：杨亚基

编辑成员：毕振兴　黎岳梁　陈剑文
　　　　　吴喜江　周锦如　侯菲莹

翻　译：广东大沿海出版工贸有限公司

策划、营运：广东大沿海出版工贸有限公司
　　　　　　威尼斯红酒会

英文版编委会

大红虾控股有限公司
GAMBERO ROSSO®
Gambero Rosso Holding S.p.A.
恩里科•费米（Enrico Fermi）, 161 -
00146 罗马 ROMA
电话 06/551121 - 传真 06/55112260
网站 www.gamberorosso.it
邮箱 gambero@gamberorosso.it

资深编辑
Gianni Fabrizio
Eleonora Guerini
Marco Sabellico

联合主编
Giuseppe Carrus

特约编著
Antonio Boco
Paolo De Cristofaro
Lorenzo Ruggeri
Paolo Zaccaria

分区联络员
Nino Aiello
Alessandro Bocchetti
Nicola Frasson
Massimo Lanza
Giorgio Melandri
Gianni Ottogalli
Nereo Pederzolli
Pierpaolo Rastelli
Carlo Ravanello

主要编著
Francesco Beghi
Sergio Bonanno
Michele Bressan
Pasquale Buffa
Dionisio Castello
Vittorio Manganelli
Giacomo Mojoli
Franco Pallini
Leonardo Romanelli
Giulia Sampognaro
Cinzia Tosetti

其他编著
Giovanni Angelucci
Stefania Annese
Filippo Apollinari
Camilla Bianchin
Teodosio Buongiorno
Sergio Ceccarelli
Michele Cesarini
Francesca Ciancio
Mario Demattè
Matteo Farini
Maurizio Fava
Chiara Giovoni
Honduni Katsueni
Matteo Magnapane
Andrea Marchetti
Vanni Muraro
Augusto PirasAlessio Noè
Renato Orlando
Gionata Ottogalli
Lina Paolillo
Nicola Piccinini
Alessio Pietrobattista
Massimo Ponzanelli
Walter Pugliese
Maurizio Rossi
Ferruccio Sabiucciu
Cristina Sacchetti
Renato Sechi
Andrea Sponzilli
Herbert Taschler
Paolo Trimani
Vincenzo Verrastro
Piergiorgio Votano
Stefano Zaghini

编辑秘书
Giulia Sciortino

版面设计
Marina Proietti

总编辑
Laura Mantovano

图像处理
Chiara Buosi

商务总监
Francesco Dammicco

制片
Elisabetta Di Fusco

编辑协调员
Giles Watson

校译
Angela Arnone
Helen Donald
Juliet Hammond-Smith
Stephen Jackson
Sarah Ponting
Simon Tanner
Giles Watson
Ailsa Wood

出版商
Gr Usa Corp c/o Csc Services of Nevada Inc
2215-B RENAISSANCE DR
Las Vegas, NV 89119
email: gamberousa@aol.com

大红虾分社
USA and Canada
by Antique Collector's Club, Eastworks, 116
Pleasant St #18, Easthampton, MA 010207, USA;
UK and Australia by Antique Collector's Club Ltd
Sandy Lane, Old Martlesham, Woodbridge,
Suffolk IP12 4SD - United Kingdom

序
走进意大利葡萄酒的世界

王桂科

"葡萄美酒夜光杯,欲饮琵琶马上催。"
一首《凉州词》抒咏了边塞开怀痛饮、激
情奔涌的酣醉场面……

"葡萄美酒夜光杯,欲饮琵琶马上催。"一首《凉州词》抒咏了边塞开怀痛饮、激情奔涌的酣醉场面。千百年来,葡萄美酒,它为人类带来多少的陶醉和美妙,留下多少的佳话和故事。

正如生活不能没有歌声和音乐一样,生活同样不能没有美酒。葡萄美酒几乎是人们生活必不可少的调味品,也是人们交往必不可少的润滑剂。古希腊哲学家苏格拉底说过:"葡萄酒能抚慰人们的情绪,让人忘记烦恼,使我们恢复生气,重燃生命之火。小小一口葡萄酒,会如同最甜美的晨露般渗入我们的五脏六腑……葡萄酒不会令我们丧失理智,它只会带给我们满心的喜悦。"

在葡萄酒的世界里,随便打开一扇窗,你都会感觉眼花缭乱,目不暇接。若要问选择什么样的酒,怎么去品赏美酒,委实难以一一道来。无论是新世界还是旧世界,葡萄美酒带给人们的,是如此的丰富多样,如此的纷繁复杂,如此的多姿多彩。

你要进入葡萄酒的世界,那意大利将是你必定要追寻的葡萄酒王国。本书将带你走进意大利葡萄酒的世界,带你领略各式各样的意大利酒庄和葡萄酒。

意大利葡萄酒的历史

意大利葡萄酒，可谓源远流长。早在公元前8世纪，伊特鲁里亚人和希腊移民就在古罗马建立自己的葡萄园。意大利是欧洲最早种植葡萄的国家之一，也是世界最古老的葡萄酒产区，在古希腊时期人们就将意大利叫做葡萄酒之国（Oenotria）。传说古时候的罗马将士征战沙场，每占领一处土地，随即在那里种上葡萄树。于是，葡萄种植与葡萄酒业随着战事和领土的扩张慢慢在欧洲传播并兴旺起来。

有人说意大利有三宝：葡萄酒、橄榄油和奶酪。葡萄酒最令意大利人引以为豪，尤其是葡萄酒的历史、产量、品种以及品质。意大利人坚信，他们的葡萄酒是全世界产量最高、品质最好的。

曾经听欧洲的一位葡萄酒专家说过，由于地理上的原因，法国与英国隔海相望，早在15世纪开始，法国就跟随着英国，向世界各地进行侵略扩张和殖民统治，法国人

也就把葡萄酒和葡萄种苗带到了世界各地。此外，严格来说意大利位于欧洲大陆，它只是濒临地中海，离大洋还很远。法国则不同，它西面是烟波浩淼的大西洋，其航海业远比意大利发达，它可以利用其有利的自然条件，源源不断地将葡萄酒输送到世界上任何一个殖民地和贸易区。

虽然罗马帝国历史悠久，但意大利却是一个年轻的国家。16世纪起相继被法国、西班牙、奥地利占领，直至1861年才建立意大利王国。第一次世界大战后奥匈帝国将北部边界地区割让给意大利，才在1919年形成了目前的国土格局，1946年成立共和国。国家的动荡，导致意大利葡萄酒迟迟未能形成产业标准，亦迟迟未能成为庞大出口产业。

在第二次世界大战开始之前的漫长岁月里，意大利是一个农业国，农民在自己的土地悉心照料着一小块一小块的葡萄园，待果实成熟后采摘下来，拿到合作社酿成葡萄酒，供家人享用，或作为馈赠亲友的礼品。

近几十年来，由于庞大的市场需求及其变化，不少意大利酒庄已采用一些现代的酿酒设备和技术，如不锈钢发酵罐、现代温控设施等。总体而言，意大利葡萄酒业是现代酿酒技术和传统酿酒技术并存。直到今天，我们仍然可以在一些古老的酒庄里看到古老的酒窖、酒具和酿酒方式，甚至仍沿用从古希腊和古罗马时代传承下来的酿酒工艺。

随着法国葡萄酒产业的蓬勃发展,葡萄酒作为国家的一个重要支柱产业,其影响力席卷全球。作为邻国的意大利政府终于按捺不住了,分别于1963年和1981年,仿效法国政府的做法,将葡萄酒分为四个等级,后又作了调整完善。这四个等级分别是:

第一等级:保证法定产区酒DOCG(Denominazione di Origine Controllata e Garantita)

第二等级:法定产区酒DOC(Denominazione di Origine Controllata)

第三等级:地区特色酒IGT(Indicazione Geografica Tipica)

第四等级:日常餐酒VDT(Vino da Tavola)

DOCG和DOC两级均符合欧盟认可的Quality Wines Produced in Specified Regions(QWPSR,欧盟指定产区优质酒);IGT和VDT这两个级别则可理解为餐酒类葡萄酒,IGT为地区特色餐酒,VDT为日常餐酒。

四个等级评定制度经过修订调整后,已经较为完善、严谨,这种统一规范的做法是世界上少有的,这也反映了意大利人精准严密的工作作风。

DOCG级别葡萄酒很容易辨认,它是意大利葡萄酒的最高荣誉,凡评定为该等级的,都会在酒瓶的瓶颈或瓶口上贴上粉红色的长形封条。意大利政府对于该级别酒的葡萄品种、品种比例、葡萄产量、种植间距、葡萄采摘、葡萄发酵和窖藏要求等都有严格的规定。

DOC级别葡萄酒,它表示已取得国家的品质认证,严格规定其生产地区、葡萄品种、酒精含量、酿造方法、窖藏方式和口感特点等。

IGT级别创建于1992年,是政府最迟颁布实施的葡萄酒级别。按理说它应是质量较高的餐酒,但由于缺少相应的地区标准,给各个酒庄提供了较为广阔的发挥空间,使得该级别的酒五花八门,多姿多彩。其实,将其称为酒庄特色酒似乎更合适。因为许多IGT级别的酒是酒庄以特定的葡萄品种和特定的酿造方式酿成的,比如有些酒庄就别出心裁地采用梅洛(Merlot)、西拉(Syrah)、赤霞珠(Cabernet Sauvignon)和莎当尼(Chardonnay)等外来葡萄品种,酿造出来后难以按标准要求进入DOCG或DOC级别,但这些酒却有着鲜明的酒庄特点,有些酒还十分珍贵和罕有,其价格甚至远远高出一些DOCG级别的葡萄酒。

VDT级别通常是指较低品质的葡萄酒,相当于法国的日常餐酒,是最低级别的葡萄酒,只要是意大利出产的葡萄,在意大利生产就可以了。在酒瓶的标签上仅需标明酒精含量、生产商名称即可。

变幻莫测的意大利葡萄酒

意大利国土形似一个长靴子,从南至北,全境4/5的面积是山地和丘陵,阿尔卑斯山脉(The Alps)位于北部,亚平宁山脉(Apennines Mountains)纵贯半岛。北部以高山为屏障,东南西三面临海,属于最利于葡萄生长的典型地中海气候。从阿尔卑斯山到西西里岛,几乎所有地区都种植葡萄。多种多样的地理、土质、气候和环境因素,形成了意大利葡萄酒的个性和特色。

一是狭长的地形。意大利的国土,跨越了10个纬度,南北长达1200公里。北部稍冷,南部炎热,中部温和,正因为意大利气候的多样性造就了葡萄酒的复杂性。

二是丰富的地貌。意大利北部盘亘着阿尔卑斯山,亚平宁山脉纵横南北。假如你从南到北驱车游览意大利全境,你会发现意大利是一个山脉和丘陵遍布之国。刚跨过一座座山脉,经过一片原始森林后,又进入一片高低起伏的丘陵地带,葡萄园往往位于一片山坡或一座丘陵之中。

三是多变的天气。当你来到托斯卡纳地区（Tuscany）或西西里岛（Sicily）的乡间时，常常会遇到这样的景象：早上还下着淅淅沥沥的小雨，中午就阳光灿烂，可是到了傍晚又乌云密布，不一会儿又见绚丽的夕阳。即使是夏天，白天烈日炎炎，晚上也会凉风习习。这种多变天气和温度，为葡萄的生长提供了良好的生态环境。这也是意大利葡萄酒较之欧洲别国其酒精含量更高、果香味更浓厚的一个重要原因。

四是漫长的海岸线。地中海连接着欧、亚、非大陆，给沿岸国家带来了怡人的风光和丰富的物产。意大利国土像一只长长的马靴浅浅地踩在地中海边上，使其拥有漫长的海岸线，呈明显的地中海气候，坐拥湿温相宜、阳光充足和气温适度的葡萄生产沃土。

复杂多样的气候、地形和土质，造就了意大利葡萄酒的口味独特，品种多样。意大利葡萄酒的一个显著特点是其独特而强烈的个性。葡萄酒的个性和特点是葡萄的品种、土质、气候、酿造方式和酿造技术等因素构成的。不同种类的葡萄树形成众多小型地块的葡萄园，形成了采用人工培植、管理和采摘的原生态传统模式。因此，丰富多样和个性强烈是意大利葡萄酒最大的特色，也是意大利葡萄酒的生命力和灵魂所在。意大利葡萄酒有很多神奇之处，即使同一葡萄品种，在不同的产区、不同的葡萄园，以不同的酿造方式，亦会呈现出不同的个性。所以，意大利的葡萄酒丰富多样，甚至令人眼花缭乱。

遍布意大利各地的葡萄园和酒庄大小各异,约有70万公顷、80万个葡萄园。从等级类别来划分,上好的葡萄酒多不胜数;有16.5万家葡萄酒生产商遍布全国,葡萄酒产量和出口量号称全球第一。

意大利多如牛毛的葡萄种类,真是令人叹为观止。据统计,意大利全国种植的葡萄品种有850多种,其中意大利农业部认证的有300多种。与法国相比,要丰富得多,因为法国政府认证的葡萄品种只有几十种。然而意大利葡萄品种却犹如汗牛充栋,闻名遐迩世界的就有几十种。在这里,不妨列举几种最著名的红葡萄品种,也是意大利人至爱的葡萄。

圣乔维斯(Sangiovese):是意大利种植最多的一个葡萄品种,原产于中部产区的托斯卡纳(Tuscany)。以其为原料酿造的葡萄酒含有樱桃的果香,还带有野外雪松的味道。主要用于酿造古典康帝(Chianti Classico)、康帝(Chianti)、蒙特奇洛红(Rvosso di Montalcino)和布内罗红(Brunello di Montalcino)等葡萄酒。

巴贝拉(Barbera):该葡萄品种在意大利久负盛名,主要产于西北部产区皮埃蒙特区(Piedmont)和伦巴第区(Lombardy),以其酿造的葡萄酒有着黑浆果的香气,酿出来的葡萄酒称作顶级巴贝拉(Barbera Superiore)和特酿巴贝拉(Barbera Barricato)(专指用法国橡木桶陈化)等葡萄酒。

内比奥罗(Nebbiolo):意大利最为昂贵的一个葡萄品种,对种植环境和种植技术要求高,主要产于西北部产区的皮埃蒙特区(Piedmont)。以其酿造的葡萄酒含有野生蘑菇的香味,还带有玫瑰的花香。主要用于酿造著名的巴洛洛(Barolo)和巴巴莱斯科(Barbaresco)等葡萄酒。

科维纳(Corvina):意大利最具特色的一个葡萄品种,主要产于东北部产区威尼托区(Veneto),以其为主酿造出著名的阿玛诺(Amarone)葡萄酒。每年葡萄采摘下来后，先晾至半干，再酿造成葡萄酒。以科维纳（Corvina）酿造而成的阿玛诺（Amarone）葡萄酒最大的特点是酒精含量高（通常酒精含量在15%以上），糖含量高，酒体丰满，果香浓烈，储放多年后往往价格奇高。

阿吉里安科（Aglianico）：意大利南部产区最有代表性的一个葡萄品种，被称为"南方的高贵品种"，主要出产于坎帕尼亚区（Campania）和巴西利卡塔区（Basilicata）。

黑达沃拉（Nero d'Avola）：意大利南部岛屿西西里岛（Sicily）种植的最著名的葡萄品种，以其酿造的葡萄酒带有李子的果香。

意大利的白葡萄也相当出色。特比安诺（Trebbiano）是意大利全国各地种植最广泛的白葡萄品种之一，以阿布鲁佐（Abruzzo）和拉齐奥（Lazio）出产的葡萄酒最为著名；莫斯卡托（Moscato）产于皮埃蒙特区（Piedmont），主要用于酿造微泡葡萄酒（Frizzante）和半甜阿斯蒂（Asti）莫斯卡托葡萄酒。此外，努拉古斯（Nuragus）、灰比诺（Pinot Grigio）等葡萄品种亦占重要地位。

星罗棋布的意大利葡萄酒

不知是葡萄选择了意大利,还是意大利选择了葡萄。上帝眷顾意大利,给了意大利得天独厚的生长葡萄的沃土,仿佛意大利的每一寸土地都呼吸着葡萄的气息。葡萄园在意大利可谓满天星斗,星罗棋布。意大利有20个行政区域(相当于中国的省),18个位于陆地,2个是岛屿。有人将意大利相应地划分出20个葡萄酒产区,也有划分为四大产区。直观地看,四大产区的划分容易被人理解,分别为:东北部产区、西北部产区、中部产区和南部产区。

东北部产区:东北部产区受阿尔卑斯山环绕,北纬45.3度至47度,海拔在1000米以下,年平均降雨量为1530毫米。从亚得里海到阿尔卑斯山,到处是大片的葡萄园。东北部产区包括威尼托(Veneto)、特伦蒂诺—阿迪杰(Trentino-Alto Adige)和弗留利—威尼斯朱利亚(Friuli-Venezia Giulia)三个行政区。著名的商城、水城威尼斯就坐落在该区。该产区生产的葡萄酒种类较多,包括有红葡萄酒、白葡萄酒和起泡酒等。最重要的产区是威尼托

（Veneto），是意大利DOC以上等级产量最大的地区，其中以风干葡萄酿造的阿玛诺（Amarone）葡萄酒最为著名。阿玛诺葡萄酒口感粗壮、浑厚，有点像古代斗兽场和现代足球场上的意大利男人：强壮、勇猛，甚至有点暴力的味道。

西北部产区：西北部产区自北至西被阿尔卑斯山及白朗峰环抱，北纬44度至46.5度，海拔从100米至1000米不等，年平均降雨量为850毫米，包括皮埃蒙特(Piedmont)、瓦莱达奥斯塔（Valle d'Aosta）、利古里亚（Liguria）、伦巴第（Lombardy）和艾米利亚—罗马涅（Emilia-Romagna）五个行政区。冬天稍为寒冷，夏天凉快，秋天时节较长。该产区最著名的是皮埃蒙特区（Piedmont）出产的巴洛洛（Barolo）和巴巴莱斯科（Barbaresco）葡萄酒，酒质强劲、圆润，大部分葡萄酒由单一品种葡萄酿造。意大利著名的时尚之都米兰和工业之都都灵就在该产区，皮埃蒙特区则是意大利驰名的葡萄美酒和美食的故乡。

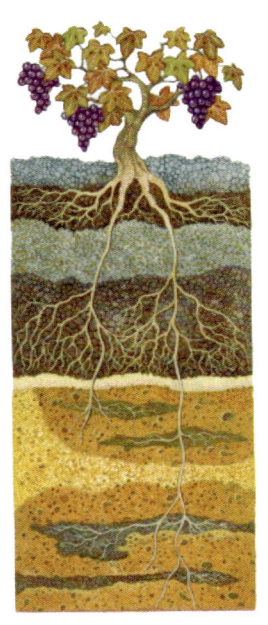

中部产区：中部产区被称作意大利的心脏，罗马和佛罗伦萨都位于产区内，是意大利葡萄酒的核心地带。该产区位于北纬41.5度至45度，海拔在700米以下，年平均降雨量为830毫米，包括拉齐奥(Lazio)、莫里塞（Molise）、翁布里亚(Umbria)、阿布鲁佐（Abruzz）、托斯卡纳（Tuscany）和马尔凯（Marches）等六个行政区。产区内山区和丘陵此起彼伏，地形、地貌差异迥然，亚平宁山脉将意大利中部地区分为东西两面，两侧的地中海给沿岸地区带来风格多样的葡萄酒。该产区拥有意大利数量最多的DOCG级别的葡萄酒，著名的葡萄酒有古典康帝（Chianti Classico）、超级托斯卡纳（Super Tuscan）、布内罗红（Brunello di Montalcino）和贵族酒（Vino Nobile di Montepulciano）等。

该产区地处西面的托斯卡纳（Tuscany）是意大利最为重要的产酒区，其葡萄酒品质最为上乘，拥有意大利一半以上的著名品牌酒庄，有人将其比喻为意大利的波尔多。位于佛罗伦萨西南方的圣古都酒庄（Tenuta San Guido）出产的西施佳雅（Sassicaia），引进法国拉菲庄园葡萄种树，选用85%赤霞珠（Cabernet Sauvignon）和15%品丽珠（Cabernet Franc），更新橡木桶和酿造技术，于1968年西施佳雅（Sassicaia）正式面市。1978年，英国《品醇客》（Decanter）杂志在伦敦举办品酒会，评审团从来自11个国家的33瓶极品葡萄酒中一致评定西施佳雅（Sassicaia）为最好的赤霞珠（Cabernet Sauvignon）红葡萄酒，轰动世界葡萄酒业。意大利餐饮协会也将西施佳雅（Sassicaia）评为20世纪的意大利酒王。由此可见托斯卡纳葡萄酒业的强劲实力，它已达到了可与波尔多顶级葡萄酒相媲美的地步。

当你经过长途跋涉来到托斯卡纳山区，下榻于历经数百年沧桑的古堡，在落霞的映照下静静地安坐在古老的餐桌边，夹几片菜园中摘下来的新鲜蔬菜，吃一块嫩滑的生切牛肉片，品一口酒庄酿造的葡萄美酒，嚼一片自己烤制的面包，那种惬意让你返璞归真，有如置身于世外桃源的感觉。

南部产区：南部产区包括坎帕尼亚（Campania）、普利亚（Puglia）、巴西利卡塔（Basilicata）、卡拉布里亚（Calabria）、西西里岛（Sicily）和撒丁岛（Sardinia）等六个行政区。该产区包括意大利半岛南部和南部各个岛屿，位于北纬37度至41.5度，海拔600米以下，年平均降雨量为550毫米。炎热的地中海气候形成了该产区既古典又现代，既特色明显又品种繁多的葡萄酒风格。虽然没有北面三大产区的著名品牌酒庄多，但以阿吉里安科（Aglianico）为代表的葡萄品种所酿造的葡萄酒越来越受人们的喜爱，你会在不经意中获得意想不到的惊喜。南部产区大部分位于丘陵地带，西西里岛（Sicily）和撒丁岛（Sardinia）上的葡萄园大都分布在各式各样的山坡上。普利亚（Puglia）和西西里岛（Sicily）是意大利产量最大的产酒区之一。

打开意大利葡萄酒地图

中国传统商道崇尚的是"酒香不怕巷子深",而现代商道推崇的则是"好酒还需吆喝"。葡萄酒在意大利很神圣,它凝聚了意大利的历史、文化和艺术,更是一种生活方式,融入了浓厚的人文情怀。近二三十年来,意大利葡萄酒在国际市场上已经异军突起,引领风骚,这得益于意大利社会各界的倾力推介和宣传。大红虾(Gambero Rosso)这一意大利家喻户晓的传媒品牌,它的成功就体现在推动意大利葡萄酒文化的传播。

作为意大利著名的传媒企业,大红虾传媒集团通过期刊、电视、图书和网络等跨媒介模式向人们诠释意大利美酒、美食及其文化,探索意大利美酒、美食的奥秘,以全新视野展示意大利人的生活习惯、生活方式和生活情趣。其旗下的《大红虾》杂志(*Gambero Rosso*),自1986年创办以来,深得意大利人追捧,众望所归地成为意大利发

布美酒、美食资讯的权威媒体。与此相映成趣的是，1987年大红虾传媒集团出版了第一本《意大利葡萄酒年鉴》（Vini d'Italia），并从此开辟了意大利葡萄酒品评的新时代。在短时间内，《意大利葡萄酒年鉴》不负众望，成为意大利葡萄酒业界最具影响力的葡萄酒专业性出版物。《意大利葡萄酒年鉴》（Vini d'Italia）秉承其权威、专业、严谨的一贯风格，由60多位专家组成评审团，历时数月奔波游走于意大利各个葡萄酒产区，以盲品的方式鉴赏数以万计的葡萄酒，以专业的角度评判数以万计的酒庄。这本年鉴，是意大利葡萄酒和酒庄的百科全书，它对种类繁多又风格各异的意大利葡萄酒和酒庄作了客观的描述与评价。

美酒的芬芳是诱人的，也许你会觉得只有身临其境的体会才会抒发出真情实感。不过，当你翻开这本年鉴，浏览其中，同样可以做一次身未动、心已远的意大利葡萄酒深度游，领略不同地区的自然风貌，体味不同酒庄的风格，品评不同美酒的特质，了解不同酿酒师的个性，自然而然地就会感觉到意大利葡萄酒文化的博大精深和持久魅力。字里行间，细细读来，也不失为一种文化的体味，一种性情的陶冶。"三杯奖"（Tre Bicchieri）集中体现了意大利葡萄酒业的荣誉，它根据每款酒的不同品质，经过严格的评审，授予其一个到三个杯子的奖项。尤其值得称道的是，意大利人酷爱葡萄酒，更懂得珍惜大自然的恩赐，他们把保护自然资源作为自己义不容辞的使命。为此，评审组织专门为那些在保护当地自然环境方面做出突出贡献的葡萄酒厂商设立"绿色三杯奖"。2013年，共有399款美酒获得"三杯奖"殊荣，从中可以窥见意大利葡萄酒的发展趋向和分布变化。在《意大利葡萄酒年鉴》出版26周年之际，广东大沿海出版工贸有限公司与意大利大红虾传媒集团（Gambero Rosso）联袂推出该书的中文版，以专业的翻译、精心的设计，为广大读者奉上犹如葡萄美酒一样醇厚美妙的图书盛宴。

本书向广大读者展示的仅仅是卷帙浩繁的意大利葡萄酒的精华和缩影，尽管总觉意犹未尽，但它却为人们领略意大利葡萄酒文化提供了十分重要的指南。通过本年鉴，无论是广大的葡萄酒爱好者还是业内专业人士，都可以得到意大利葡萄酒最为全面而详尽的资讯。

打开本《年鉴》，不啻于打开一本意大利葡萄酒地图，它全景式地展现了当今意大利的葡萄酒文化，带你走进多姿多彩的意大利葡萄酒世界。或者，你会从心底萌发出一种强烈的意欲，有要去一趟意大利践行一次葡萄酒深度游的冲动。

（本文作者系中国出版协会副理事长，中国最佳葡萄酒金樽奖评选组委会主席，广东省出版集团有限公司、南方出版传媒股份有限公司董事长）

CANTINE PAOLINI

The taste of Sicily

www.cantinapaolini.it
info@cantinapaolini.it

TENUTA SANTA MARIA
ALLA PIEVE
COLOGNOLA AI COLLI

意大利最美一级贵族酒庄

DECIMA AUREA
an outstanding *opera*.

The great wine *chateaux* are not all French. Decima Aurea, the superb merlot from Gaetano Bertani.

GAETANO BERTANI

历史沉淀　彰显贵族

www.tenutapieve.com

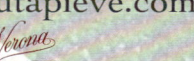

AZ. AGR. TENUTA SANTA MARIA ALLA PIEVE
DI GAETANO BERTANI & FIGLI S.S.

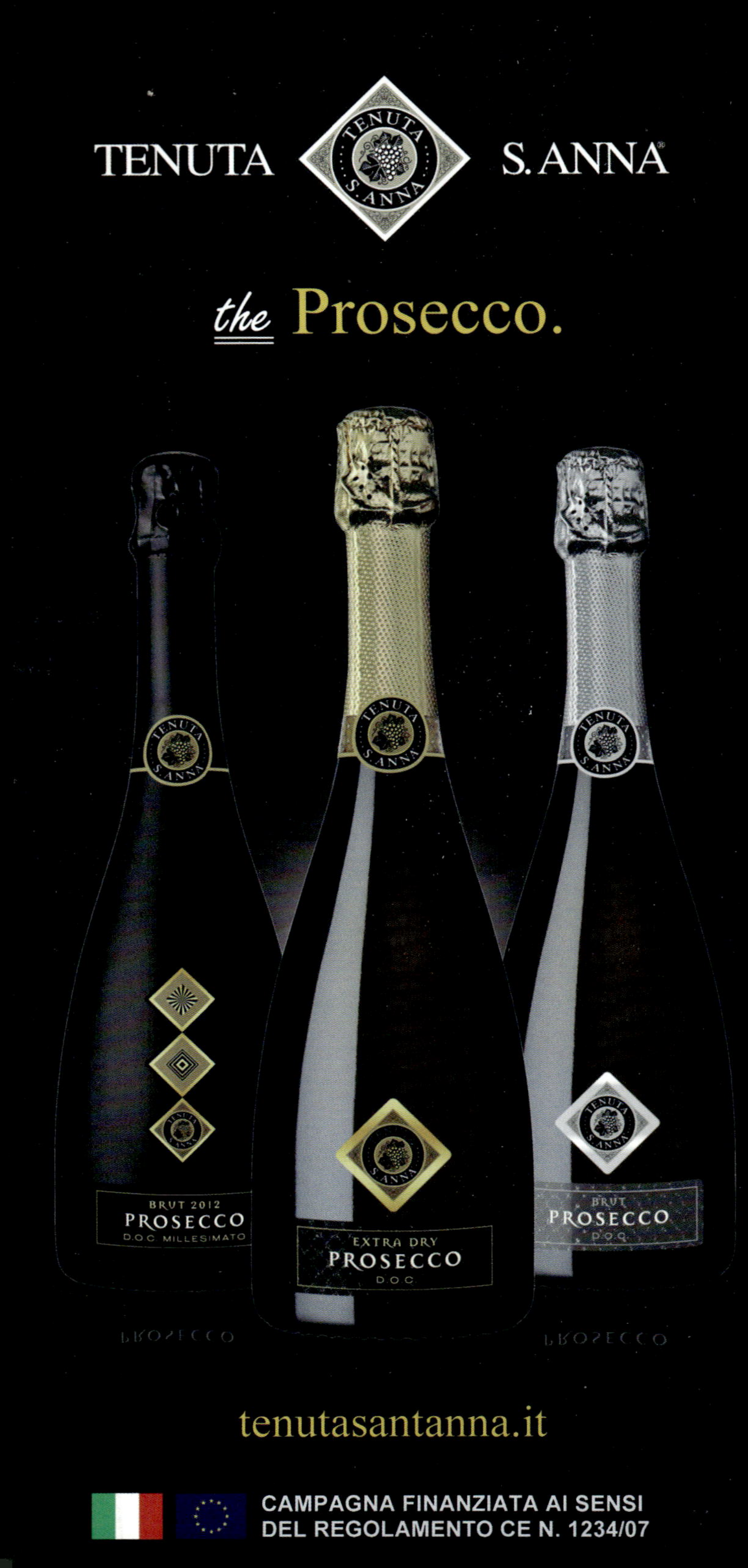

Allegrini
THE HOME OF AMARONE
阿玛罗尼之家

15 TIMES

3 BICCHIERI
GAMBERO ROSSO

ALLEGRINI ESTATES - Fumane Verona (Italy) Tel. +39 045 6832011 www.allegrini.it

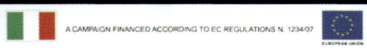

C.

Chianti®

IL VINO

康帝®

consorziovinochianti.it

根据欧盟第1234/2007条法规，此广告享有政府资助
A campaign financed according to EC Regulation n. 1234/2007

I may not be perfect
But it scares me how close to it I am

ESTABLISHED 1878 - FRIULI - ITALY

di Lenardo
VINEYARDS

PINOT GRIGIO
DAL VIGNETO VIGNE DAI VIERIS

WWW.DILENARDO.IT

www.promomediaonline.it

契撒尼旅游农庄 Agriturismo Cesani
地址：
In Località Pancole 82/D
S. Gimignano (SI) - Tel. +39 0577 955084
E-mail: info@cesani.it
距Volterra25公里，距锡耶纳40公里，距佛罗伦萨50公里，
距比萨65公里 农庄拥有安静舒适优雅的客房（带卫生间），
漂亮的餐厅，是度假和休闲的绝妙去处。
农庄会组织参观酒庄和品尝一些农企的特殊产品。

布鲁尼酒庄 Cantina Bruni
地址及联系方式：
Loc. Marta, 6 - Fonteblanda - 58015 Orbetello/Grosseto
Tel./Fax +39 0564 885445 - www.aziendabruni.it
布鲁尼酒庄位于古老村庄和城堡之间，飘逸着近海的谧和芬香，
它在古代埃特鲁利亚人种植葡萄的同一地方培植特有的葡萄。
这里是托斯卡纳最具酿酒天赋的地方，
这里气候和土壤以及特殊的葡萄品种之天作之合酿造出最
高等级的莫瑞里诺（Morellino）葡萄酒。

薇 拉 圣 地

迷人的土地

薇拉圣地是普罗塞柯法定产区和瓦尔多比亚优质法定产区的最知名酒庄之一。100年历，独特人文自然风光，为这土地增添迷人色彩。

传统香槟法起泡酒

极干型、绝干型、桃红的阿玛丽娅·莫莱蒂珍藏起泡葡萄酒，在古老的地下酒窖内，发酵陈年长达3年到7年之久。

梅洛 & 品丽珠

波雷——卓越非凡的薇拉圣干红葡萄酒，由优质的梅洛品丽珠两种葡萄精心混酿而成，传递强烈的至尊贵族特质。

Gambero Rosso

产自薇拉圣地在卡蒂兹——瓦尔多比亚顶级产区的葡萄园"Vigna La Rivetta"，享负盛名，收获重大奖项。

全球70个国家

从香气、口感和氛围去发现意大利葡萄酒传统魅力。薇拉圣地葡萄酒已被全球70个国家的人们所享用。

1.6公里的地下酒窖

18世纪建立，位于薇拉圣地庄园地下7米到10米深的酒窖，是葡萄酒陈年的绝佳理想之地。

anno 1622

VIN CHINA 2013
中国（北京）国际葡萄酒烈酒展览

2013年11月13 – 15日

中国北京国家会议中心

www.vinchina.cn

为销售，还是VinChina！

中国权威的进口酒全国性行业组织
---中国食品土畜进出口商会酒类进出口商分会主办

设有【招商加盟】专属区的酒展　　设有【集中选酒】外商专属区的酒展
设有【电商渠道】专属区的酒展　　设有【中高端酒】外商专属区的酒展

中国食品土畜进出口商会酒类进出口商分会
地　址：北京市东城区广渠门内大街80号通正国际大厦4层
邮　箱：100062
联系人：王先生
电　话：+86（0）87109873、13901024050
传　真：+86（0）87109895
网　址：www.cccfna.org.cn
邮　箱：wangxuwei@cccfna.org.cn

OMT公司成立于20世纪80年代，
两家企业主要种植优质品种的葡萄，
一家在特雷维索和威尼斯地区种植威内托品种的葡萄，
另一家则在弗留利东部丘陵地区种植弗留利品种的葡萄。
曾是威尼斯总督朱斯蒂尼亚尼的居所的酒庄藏有名贵的葡萄酒，
如灰品诺、品丽珠、莱弗斯科、司棋派蒂诺、
下城堡红葡萄酒等，远销世界各地。

OMT (Ornella Molon Traverso) 地址：
Via Risorgimento 40 - 31040 Campodipietra di Salgareda (TV)
Tel. +39 0422 804807 - Fax +39 0422 804510
info@ornellamolon.it - www.ornellamolon.it

酒类物流领先解决方案

www.ggori.com

酒类物流宏观解决方案是专为酒精饮料业设计的整合物流系统。Giorgio Gori 对于酒精饮料类产品的服务在专业性，合作性，资源性，组织性以及科技性方面都采用最高标准。安全地模块化运输系统，海运公司多样的选择，具有竞争力的运输费用以及最佳仓储条件将您的货品从流水线上顺畅平稳地送达到消费者的酒桌上。简单易用的网上系统提供的追踪以及预报功能保证货物运输状态的实时跟踪。

WE MOVE PRECIOUS COMMODITIES: YOURS.

七桥酒庄
Tenuta Sette Ponti
地址及联系方式：
Loc. Vigna di Pallino
52029 Castiglion Fibocchi (AR)
Tel. +39 0575 477857
www.tenutasetteponti.it
中国市场进口商：桃乐丝中国
Importatore per la Cina:
Torres China
www.torreschina.com
(86) 2162677979

七桥酒庄最悠久的葡萄园是萨沃亚王朝的维托里奥·埃曼努埃莱1935
（Vittorio Emanuele di Savoia）年开始培植的，它曾是一块皇家的葡萄园。
如今继续种植最优质的桑娇维塞葡萄品种以及国际上著名的葡萄品种，
如梅鹿特（Merlot）、赤霞珠（Cabernet Sauvignon）、魏天子（Petit Verdot）
及其他著名品种，酿造出基安蒂巴利诺红葡萄酒（Chianti Vigna di Pallino）、
克洛尼欧罗红（Crognolo）以及欧蕾诺红（Oreno）葡萄酒。

tenutasetteponti@tenutasetteponti.it

中国市场进口商：捷成酒业
Importatore per la Cina: Jebsen Fine Wines
www.jebsenfinewines.com - (86) 2123064733

马卡里飞沃度酒庄
Feudo Maccari 地址及联系方式：
Contrada Maccari - Strada Prov.le Noto-Pachino km 13,5
96017 Noto (SR) - Tel. e Fax +39 0931 596894
www.feudomaccari.it - info@feudomaccari.it

马卡里飞沃度酒庄是安东尼奥·莫雷蒂根据著名园圃专家吉尔伯特·
布维的建议创建的。由于利用这个地区特殊的不同土壤培植葡萄，
马卡里飞沃度酒庄酿造出各种系列的优质葡萄酒。歌丽罗白葡萄酒（bianco Grillo）、
阿沃拉红葡萄酒（Nero d'Avola）、著名的萨亚（SAIA）以及马霞丽斯红葡萄酒（Mahãris）
多次获得《红虾酒业评级》的"三金杯"奖以及国际酒业殊荣。

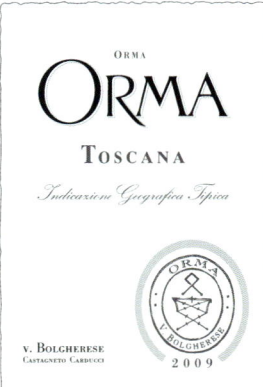

欧尔玛酒庄 **Orma**
地址及联系方式：
Via Bolgherese
57022 Castagneto Carducci (LI)
Tel. +39 0575 477857
tenutasetteponti@tenutasetteponti.it
欧尔玛酒庄诞生和注册于波尔哥里地区
一块极为富饶的土地上。
欧尔玛富有最高质量指数的盛誉，
是最佳微气候和地理位置结晶，
酿造最优质的梅鹿特（Merlot）、
赤霞珠（Cabernet Sauvignon) 和
嘉本纳弗朗（Cabernet Franc）葡萄酒，
这些酒一直处于葡萄酒领域的高峰，
曾获得2006年至2009年
《红虾酒业评级》的"三金杯"奖以及2008
年意大利侍酒师协会颁发的"5串葡萄"奖。

中国市场进口商：桃乐丝中国
Importatore per la Cina: Torres China
www.torreschina.com - (86) 2162677979

Gambero Rosso
2013/2014
trebicchieri

TOUR DATES

3 june 2013
VANCOUVER

5 june 2013
TORONTO

october 2013
ROME

31 october 2013
TOKYO

4 november 2013
SHANGHAI

6 november 2013
HONG KONG

19 november 2013
MOSCOW

6 february 2014
NEW YORK

11 february 2014
CHICAGO

13 february 2014
SAN FRANCISCO

22 march 2014
DÜSSELDORF

GAMBERO ROSSO

PIERA MARTELLOZZO
Semplicemente vino

To my wine,
I give all I have got:
Passion, character,
expertise

And my name:

Piera

semplicemente vino

ITALY
PIERA MARTELLOZZO S.P.A.

www.pieramartellozzo.com
facebook.com/pieramartellozzo - Follow us

我的西西里

风中的塔楼 Nero d'Avola 法定产区 纯酿

FAZIO

法吉奥酒庄　　欧洲　　意大利　　西西里

www.faziowines.it

蒙塔尔奇诺布鲁耐罗红葡萄酒

www.consorziobrunellodimontalcino.com

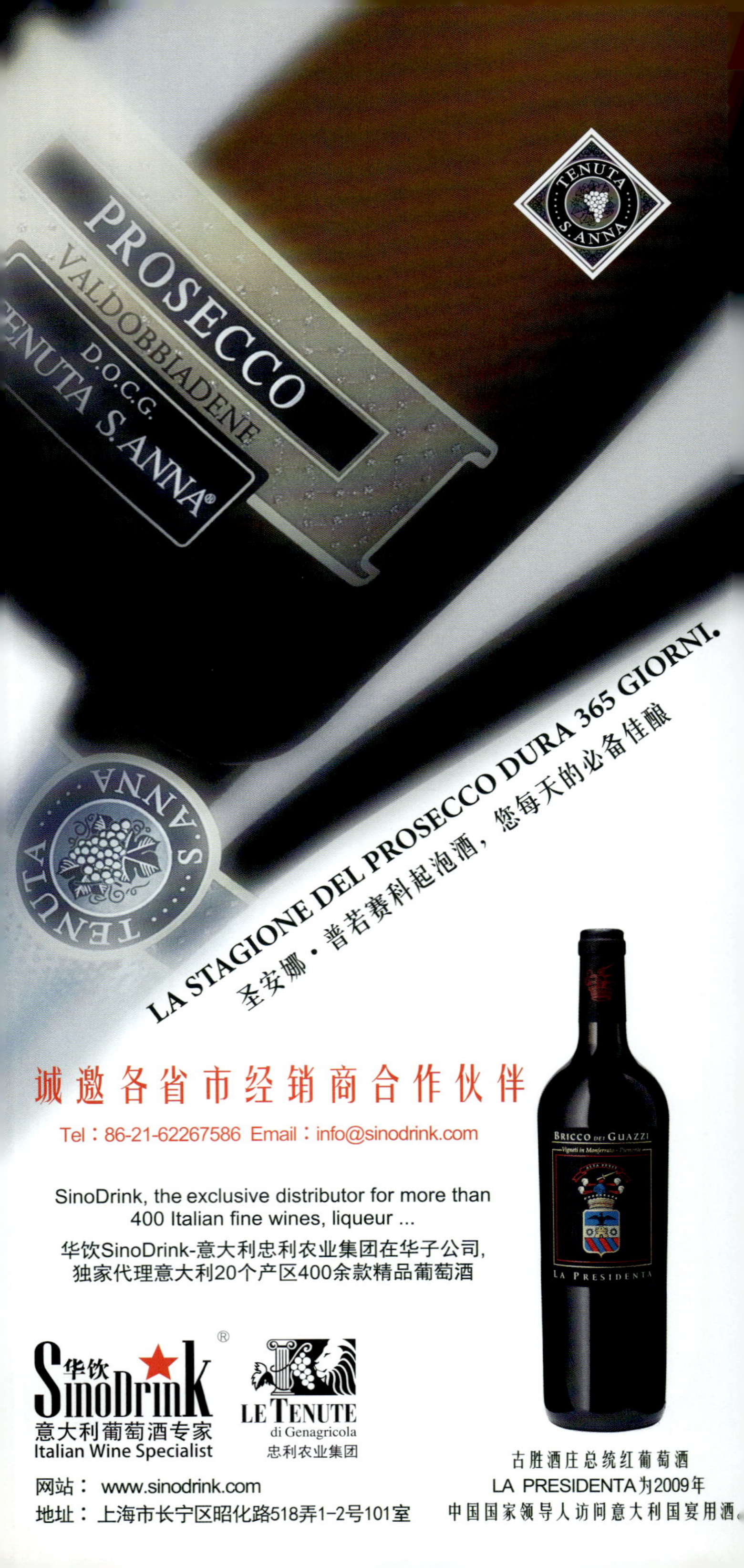

LA STAGIONE DEL PROSECCO DURA 365 GIORNI.

圣安娜·普若赛科起泡酒，您每天的必备佳酿

诚邀各省市经销商合作伙伴

Tel：86-21-62267586 Email：info@sinodrink.com

SinoDrink, the exclusive distributor for more than
400 Italian fine wines, liqueur ...

华饮SinoDrink-意大利忠利农业集团在华子公司，
独家代理意大利20个产区400余款精品葡萄酒

意大利葡萄酒专家
Italian Wine Specialist

忠利农业集团

古胜酒庄总统红葡萄酒
LA PRESIDENTA 为2009年
中国国家领导人访问意大利国宴用酒

网站： www.sinodrink.com
地址： 上海市长宁区昭化路518弄1-2号101室

目 录

开卷语	1
2013年获"三杯奖"的葡萄酒名录	3
最佳奖	10
2013年获"三杯奖"的葡萄酒（价格低于€15）	11
"绿色三杯奖"	13
1999—2011年葡萄酒列表	15
星级评定	16
如何使用本指南	18

意大利葡萄酒各产区介绍	**20**
瓦莱达奥斯塔区（VALLE D'AOSTA）	21
皮埃蒙特区（PIEMONTE）	29
利古里亚区（LIGURIA）	189
伦巴第区（LOMBARDY）	209
特伦蒂诺区（TRENTINO）	265
阿尔托—阿迪杰区（ALTO ADIGE）	285
威尼托区（VENETO）	321
弗留利—威尼斯朱利亚区（FRIULI VENEZIA GIULIA）	401
艾米利亚—罗马涅区（EMILIA ROMAGNA）	481
托斯卡纳区（TUSCANY）	519
马尔凯区（MARCHE）	679
翁布里亚区（UMBRIA）	717
拉齐奥区（LAZIO）	743
阿布鲁佐区（ABRUZZO）	759
莫利塞区（MOLISE）	781
坎帕尼亚区（CAMPANIA）	785
巴西利卡塔区（BASILICATA）	819
普利亚区（PUGLIA）	829
卡拉布里亚区（CALABRIA）	853
西西里岛（SICILY）	863
撒丁岛（SARDINIA）	895

索引	**917**
各酒庄按首字母顺序排序	918
各地区酒庄	935

开卷语

我们非常高兴向您呈现《意大利葡萄酒年鉴》（以下简称《年鉴》）的第26版。此次，由60多位出色的葡萄酒专家历时一年、跋涉数千公里，参观酒庄和葡萄酒产区，品尝了45 000款葡萄酒，参选酒品数量比2012年增加了10%，感谢他们的辛勤工作。2013年，除了原来的意大利语、英语和德语版本，我们第二次推出中文版本，以践行我们进一步提高《年鉴》全球普及度的承诺。简言之，为葡萄酒消费者服务是我们《年鉴》的出发点。需要强调的是，我们《年鉴》致力于为葡萄酒爱好者们提供客观信息，使其掌握葡萄酒的相关知识，从而选出最适合自己的葡萄酒。《年鉴》信息全面而深刻，涵盖了2 350家酒庄和20 000款葡萄酒，很明显地，是葡萄酒专业人士了解葡萄酒最宝贵最新的工具书籍，能够为他们提供客观、独立、全面且可靠的信息。《年鉴》平等对待每一款来自不同产区的葡萄酒，提倡重新发掘本土葡萄品种，也很乐意给予他们荣誉，比如获得2013年意大利年度最佳葡萄酒的两款酒，赤霞珠（Cabernet Sauvignon）和苏维翁（Sauvignon）。很简单，它们有着极致的纤细、和谐和优雅特质，带给人们的愉悦程度超越了所有意识形态的禁锢。我们重点关注那些坚持道德准则和拥护可持续发展理念的酿酒商。在每一页的酒庄介绍中，你可以知道他们采取的葡萄栽种方式，是有机种植、生物动力学还是自然种植，甚至是否被认证，你都很清楚。这么多年来，我们目睹了各种葡萄酒时尚、趋势、产区和风格的兴衰变化，也看到了古老酿酒方法的复兴。我们准确地描述这些酿造方法，无论是新橡木桶、不锈钢桶甚至是陶瓦罐。接下来我们把视线转到奖项的分布上。2013年的"年度最佳酒庄"归属阿格洛（Alghero）的赛拉&莫卡（Sella & Mosca）。这个酒庄有着110年的酿酒传统，他们的系列高水平的葡萄酒促进了撒丁岛（Sardinia）本地葡萄、国际品种的发展。"年度最佳种植者"的得奖者是尼柯德莫（Nicodemo Librandi），他在卡拉布里亚区（Calabria）大显身手，在本地多种葡萄品种的培育上取得了极为出色的成绩。获得"年度新兴酒庄奖"的是玛内玛（Maremma)的特仁兹（Terenzi），它给我们带来了优秀的陈酿莫内林诺2009（Morellino Madrechiesa Riserva 2009），发展步伐日益加快，正迈向光明的未来。2013年的"可持续栽培奖"归属翁布里亚区的蒙特维措二号城堡（Il Castello di Monte Vibiano Vecchio），"年度最佳性价比葡萄酒"的得主则是来自普利亚区（Puglia）和坎特尔（Cantele）卓越的萨丽斯陈酿2009（Salice Salentino Riserva 2009）。来说说4款年度最佳的葡萄酒——"年度最佳甜葡萄酒"的头衔由拉维乐（La Vrille)酒庄的甜型瓦莱达奥斯塔莫斯卡托2010（Sweet Valle d'Aosta Chambave Muscat Flétri 2010）获得；瑟萨丽尼（Cesarini Sforza）酒庄酿造的风格特别、复杂华丽的特伦托阿奎那陈酿2005（Trento Aquila Reale Riserva 2005）荣膺"年度最佳起泡葡萄酒"；"年度最佳白葡萄酒"则是一款意大利史上最杰出的苏维翁葡萄酒，来自沃普帕西尼（Volpe Pasini)的祖帝沃普2011（COF Zuc di Volpe 2011）。最后，我们的"年度最佳红葡萄酒"花落西施佳雅2009（2009 Sassicaia）虽然有点平凡无奇，但我们向您保证，它凭借平衡、纤细和优雅的特质在我们的品酒会上取得了很高的分数，它的上榜实至名归。除了这些超级明星酒品外，我们还选出了59款价格低于€15且获得"三杯奖"的葡萄酒以及93款使用有机方式、生机互动方式或环保型耕作模式而生产出来的优质葡萄酒。

在这里我们十分感谢Genoa Cagliari, Bolzano, Avellino, Trento 和Perugia商会以及翁布里亚葡萄酒和橄榄油行业协会的支持，同样感谢Unioncamere Basilicata (Matera), Istituto Marchigiano di Tutela Vini (IMT Jesi), Vinea (Offida), Piceno – Consorzio Vini Piceni, ERSA Friuli Venezia Giulia (Pozzuolo), Istituto Agronomico Mediterraneo (Valenzano), the Ente Vini Bresciani, the Centro di Ricerca at Riccagioia, the Scuola del Gusto (Torrecuso) 和 (the Associazione Aglianico del Taburno)。还有一些保护性行业协会，比如Chianti Classico, Brunello di Montalcino, Bolgheri, Vino Nobile di Montepulciano, Vernaccia di San Gimignano, Chianti Rufina, Colli Fiorentini, Cortona, Morellino di Scansano, Montecucco, Monteregio di Massa Marittima, Gavi, Nebbioli dell'Alto Piemonte, Caluso Carema e Canavese and Barolo Barbaresco Alba Langhe e Roero还有Franciacorta, Oltrepò Pavese, Lugana, Valtellina, Soave, Valpolicella, Conegliano Valdobbiadene和Samnium。我们还得感谢Roero, Canelli, Astesana, Nizza Monferrato, Barbaresco, Emilia Romagna, Lazio和the Bottega del Vino (Dogliani) 的区域酒庄。感谢Carmignano和Arezzo葡萄酒行业协会。也要特别感谢私营企业，包括La Réserve (Caramanico), the Calidarium (Venturina), the Carpe Diem restaurant (Montaione), the Due Sorelle (Messina), Millésimes (Collegno), the Bottegaccia (Aosta) 和Caneva (Mogliano Veneto)。最后，我们要感谢整个由品酒评委、各地参与者和编辑人员组成的编辑出版团队。最后，热烈欢迎Giuseppe Carrus从2013年起担任《年鉴》的主编。

Gianni Fabrizio, Eleonora Guerini e Marco Sabellico.

2013年获"三杯奖"的葡萄酒名录

瓦莱达奥斯塔区（Valle d'Aosta）

葡萄酒	酒庄	价格
Valle d'Aosta Chambave Muscat Flétri '10	La Vrille	27
Valle d'Aosta Chardonnay Cuvée Bois '10	Les Crêtes	23
Valle d'Aosta Chardonnay Élevé en Fût de Chêne '11	Anselmet	22
Valle d'Aosta Petite Arvine '11	Château Feuillet	22
Valle d'Aosta Petite Arvine '11	Elio Ottin	26
Valle d'Aosta Pinot Gris Élevé en Barriques '10	Lo Triolet	25

皮埃蒙特区 （Piedmont）

葡萄酒	酒庄	价格
Barbaresco '09	Gaja	96
Barbaresco Asili '09	Ca' del Baio	58
Barbaresco Asili Ris. '07	Bruno Giacosa	99
Barbaresco Asili V. V. '07	I Paglieri - Roagna	130
Barbaresco Borgese '09	Piero Busso	56
Barbaresco Camp Gros Martinenga '08	Tenute Cisa Asinari dei Marchesi di Grésy	75
Barbaresco Currà '09	Sottimano	160
Barbaresco Manzola '08	Fiorenzo Nada	126
Barbaresco Morassino '09	Cascina Morassino	123
Barbaresco Ovello V. Loreto '09	Albino Rocca	145
Barbaresco Rabajà '09	Bruno Rocca	146
Barbaresco Vign. in Pora Ris. '07	Produttori del Barbaresco	140
Barbera d'Alba Bric du Luv '10	Ca' Viola	59
Barbera d'Alba MonBirone '10	Monchiero Carbone	120
Barbera d'Asti Sup. Nizza Acsé '09	Scrimaglio	156
Barbera d'Asti Sup. Nizza La Court '09	Michele Chiarlo	73
Barbera d'Asti Sup. Nizza La Crena '09	Vietti	169
Barbera d'Asti Sup. Nizza Romilda XII '09	Tenuta dell' Arbiola	37
Barbera del M.to Sup. Bricco Battista '09	Giulio Accornero e Figli	31
Barolo Bricco Sarmassa '08	Giacomo Brezza & Figli	52
Barolo Bussia Ris. '04	Pianpolvere Soprano Bussia	134
Barolo Campè '08	La Spinetta	161
Barolo Cannubi Boschis '08	Luciano Sandrone	152
Barolo Cerretta Luigi Baudana '08	G. D. Vajra	166
Barolo Cerretta V. Bricco '06	Elio Altare	35
Barolo Ciabot Mentin '08	Domenico Clerico	75
Barolo Ginestra Ris. '06	Paolo Conterno	80
Barolo Granbussia Ris. '05	Aldo Conterno	78
Barolo La Serra '08	Giovanni Rosso	149
Barolo Liste '07	Giacomo Borgogno & Figli	48
Barolo Marenca '08	Luigi Pira	135
Barolo Monfortino Ris. '05	Giacomo Conterno	79
Barolo Monvigliero '07	Bel Colle	43
Barolo Monvigliero '08	Paolo Scavino	155
Barolo Ornato '08	Pio Cesare	135
Barolo Prapò '08	Schiavenza	155
Barolo Rapet '08	Ca' Rome' - Romano Marengo	58
Barolo Ravera '07	Flavio Roddolo	148
Barolo Rocche '08	Vietti	169
Barolo S. Lorenzo '08	F.lli Alessandria	33
Barolo S. Rocco '08	Azelia	39
Barolo Sarmassa '08	Marchesi di Barolo	114
Barolo Terlo Ravera '08	Abbona	30
Barolo V. Elena Ris. '06	Elvio Cogno	76
Barolo V. Rionda Ris. '06	Massolino	118
Barolo Vignolo Ris. '06	F.lli Cavallotto Tenuta Bricco Boschis	71
Barolo Villero '08	Brovia	55
Boca '08	Le Piane	134
Carema Et. Bianca Ris. '08	Cantina dei Produttori Nebbiolo di Carema	126
Carema Et. Nera '07	Ferrando	91
Colli Tortonesi Timorasso Fausto '10	Vigne Marina Coppi	81
Dogliani Bricco S. Bernardo '09	Bricco del Cucù	53
Dogliani Cursalet '11	Giovanni Battista Gillardi	101
Dogliani Sup. V. Tecc '10	Poderi Luigi Einaudi	89
Dolcetto di Ovada Sup. Du Riva '09	Luigi Tacchino	162
Erbaluce di Caluso La Rustia '11	Orsolani	129
Erbaluce di Caluso Le Chiusure '11	Favaro	90

2013年获"三杯奖"的葡萄酒名录

Erbaluce di Caluso Passito Alladium '06	Cieck	74
Gattinara S. Francesco '08	Antoniolo	36
Gavi del Comune di Gavi Minaia '11	Nicola Bergaglio	44
Gavi del Comune di Gavi Monterotondo '10	Villa Sparina	171
Ghemme Ris. '07	Torraccia del Piantavigna	165
Langhe Bianco Hérzu '10	Ettore Germano	98
Lessona Omaggio a Quintino Sella '06	Tenute Sella	157
M.to Rosso La Mandorla '09	Luigi Spertino	160
M.to Rosso Sul Bric '10	Franco M. Martinetti	117
Montecitorio '10	Vigneti Massa	170
Moscato d'Asti Tenuta del Fant '11	Tenuta Il Falchetto	90
Moscato d'Asti V. V. '11	Ca' d' Gal	57
Nebbiolo d'Alba Cumot '09	Bricco Maiolica	53
Piemonte Chardonnay Monteriolo '08	Coppo	82
Roero Braja Ris. '09	Deltetto	88
Roero Giovanni Almondo Ris. '09	Giovanni Almondo	34
Roero Sudisfà Ris. '09	Angelo Negro & Figli	127

利古里亚区 (Liguria)

Colli di Luni Vermentino Costa Marina '11	Ottaviano Lambruschi	197
Colli di Luni Vermentino Et. Nera '11	Cantine Lunae Bosoni	197
Riviera Ligure di Ponente Pigato '11	Fontanacota	196
Riviera Ligure di Ponente Pigato Albium '10	Poggio dei Gorleri	200
Riviera Ligure di Ponente Vermentino Aimone '11	BioVio	192
Rossese di Dolceacqua Sup. Vign. Posaù '10	Maccario Dringenberg	198

伦巴第区 (Lombardy)

Franciacorta Brut Collezione Esclusiva Giovanni Cavalleri '04	Cavalleri	224
Franciacorta Brut Nature '08	Barone Pizzini	214
Franciacorta Cellarius Brut '08	Guido Berlucchi & C.	215
Franciacorta Dosaggio Zero Francesco Iacono Ris. '04	Muratori - Villa Crespia	238
Franciacorta Dosaggio Zero Gualberto '06	Ricci Curbastro	243
Franciacorta Extra Brut '06	Ferghettina	229
Franciacorta Extra Brut Rosé Cuvée Annamaria Clementi '04	Ca' del Bosco	219
Franciacorta Gran Cuvée Pas Operé '06	Bellavista	214
Franciacorta Pas Dosé '07	Cavalleri	224
Franciacorta Soul Satèn '06	Contadi Castaldi	226
Lugana Brolettino '10	Ca' dei Frati	219
Lugana Sup. Sel. Fabio Contato '10	Provenza	241
OP Brut Cl. Classese '06	Monsupello	235
OP Pinot Nero Brut 'More '08	Castello di Cigognola	224
OP Pinot Nero Brut Cl. 1870 '08	F.lli Giorgi	231
OP Pinot Nero Noir '09	Tenuta Mazzolino	234
Valtellina Sfursat '08	Aldo Rainoldi	242
Valtellina Sfursat 5 Stelle '09	Nino Negri	238
Valtellina Sup. Dirupi Ris. '09	Dirupi	228
Valtellina Sup. Ris. '09	Mamete Prevostini	241

特伦蒂诺区 (Trentino)

Fratagranda '09	Pravis	278
San Leonardo '07	Tenuta San Leonardo	279
Ternet Schwarzhof '10	Roberto Zeni	281
Trento Altemasi Graal Brut Ris. '05	Cavit	269
Trento Aquila Reale Ris. '05	Cesarini Sforza	269
Trento Balter Ris. '06	Nicola Balter	267
Trento Brut Methius Ris. '06	F.lli Dorigati	272
Trento Brut Ris. '07	Letrari	275
Trento Extra Brut Perlé Nero '06	Ferrari	273
Trento Mach Riserva del Fondatore '07	Istituto Agrario Provinciale San Michele all'Adige	280

阿尔托—阿迪杰区 (Alto Adige)

A. A. Cabernet Sauvignon Cor Römigberg '08	Alois Lageder	301
A. A. Cabernet Sauvignon Lafòa '09	Cantina Produttori Colterenzio	289
A. A. Gewürztraminer Flora '11	Cantina Girlan	294
A. A. Gewürztraminer Kastelaz '11	Elena Walch	317
A. A. Gewürztraminer Nussbaumer '11	Cantina Tramin	315
A. A. Lagrein Abtei Muri Ris. '09	Cantina Convento Muri-Gries	304
A. A. Lagrein Ris. '09	Griesbauerhof - Georg Mumelter	295
A. A. Lagrein Taber Ris. '10	Cantina Bolzano	287
A. A. Meranese Schickenburg Graf von Meran '11	Cantina Meran Burggräfler	304
A. A. Moscato Giallo Passito Serenade '09	Cantina di Caldaro	288

2013年获"三杯奖"的葡萄酒名录

A. A. Pinot Bianco Anna Turmhof '11	Tiefenbrunner	314
A. A. Pinot Bianco Sirmian '11	Cantina Nals Margreid	305
A. A. Pinot Bianco Tecum '10	Castelfeder	289
A. A. Pinot Bianco Vorberg Ris. '09	Cantina Terlano	314
A. A. Pinot Grigio Anger '11	Cantina Produttori San Michele Appiano	310
A. A. Pinot Grigio Windegg '11	Josef Brigl	288
A. A. Riesling '11	Ignaz Niedrist	306
A. A. Santa Maddalena Cl. Antheos '11	Tenuta Waldgries	318
A. A. Valle Isarco Pinot Grigio '11	Köfererhof - Günther Kershbaumer	299
A. A. Valle Isarco Riesling '11	Strasserhof - Hannes Baumgartner	312
A. A. Valle Isarco Riesling Kaiton '11	Kuenhof - Peter Pliger	301
A. A. Valle Isarco Sylvaner Praepositus '11	Abbazia di Novacella	286
A. A. Valle Isarco Veltliner '11	Röckhof - Konrad Augschöll	309
A. A. Valle Venosta Riesling '11	Falkenstein - Franz Pratzner	293
A. A. Valle Venosta Riesling Castel Juval '11	Tenuta Unterortl - Castel Juval	316
Vigneto delle Dolomiti Bianco Weiss '11	Baron Widmann	286

威尼托区 (Veneto)

Amarone della Valpolicella Cl. '08	Allegrini	323
Amarone della Valpolicella Cl. '05	Cav. G. B. Bertani	327
Amarone della Valpolicella Cl. '03	Giuseppe Quintarelli	371
Amarone della Valpolicella Cl. Ambrosan '06	Angelo Nicolis e Figli	367
Amarone della Valpolicella Cl. Campo Masua '07	Massimino Venturini	386
Amarone della Valpolicella Cl. Capitel Monte Olmi '07	F.lli Tedeschi	383
Amarone della Valpolicella Cl. La Mattonara Ris. '01	Zymè	393
Amarone della Valpolicella Cl. Marta Galli '05	Le Ragose	371
Amarone della Valpolicella Cl. Mazzano '06	Masi	358
Amarone della Valpolicella Cl. Pegrandi '08	Odino Vaona	385
Amarone della Valpolicella Cl. Vign. Monte Ca' Bianca '07	Lorenzo Begali	326
Amarone della Valpolicella Cl. Vign. Monte Sant'Urbano '08	Viticoltori Speri	378
Amarone della Valpolicella Cl. Villa Domini Veneti '05	Cantina Valpolicella Negrar	385
Amarone della Valpolicella Cl. Villa Rizzardi '08	Guerrieri Rizzardi	353
Bardolino '11	Le Vigne di San Pietro	388
Bradisismo '08	Inama	354
Cartizze V. La Rivetta '11	Villa Sandi	390
Colli di Conegliano Rosso Ser Bele '09	Sorelle Bronca	333
Colli Euganei Rosso Gemola '07	Vignalta	388
Colli Euganei Rosso Serro '09	Il Mottolo	365
Custoza Mael '11	Corte Gardoni	345
Custoza Sup. Amedeo '10	Cavalchina	341
Custoza Sup. Ca' del Magro '10	Monte del Frà	361
Lugana Sup. Molceo '10	Ottella	368
Soave Cl. Campo Vulcano '11	I Campi	337
Soave Cl. La Froscà '11	Gini	352
Soave Cl. La Rocca '10	Leonildo Pieropan	369
Soave Cl. Monte Alto '10	Ca' Rugate	336
Soave Cl. Monte Carbonare '10	Suavia	380
Soave Cl. Monte Grande '11	Prà	370
Studio '10	Ca' Rugate	336
Valdobbiadene Brut Rive di Col San Martino Cuvée del Fondatore Graziano Merotto '11	Merotto	359
Valdobbiadene Brut V. della Riva di S. Floriano '11	Nino Franco	367
Valdobbiadene Extra Dry Giustino B. '11	Ruggeri & C.	373
Valpolicella Cl. Sup. Campo Morar '09	Viviani	391
Valpolicella Sup. Roccolo Grassi '09	Roccolo Grassi	372

弗留利—威尼斯朱利亚区 (Friuli Venezia Giulia)

Arbis Blanc '10	Borgo San Daniele	407
Capo Martino '10	Jermann	430
COF Bianco Illivio '10	Livio Felluga	426
COF BiancoSesto '11	La Tunella	462
COF Friulano '10	Davino Meroi	437
COF Rosazzo Bianco Ellègri '11	Ronchi di Manzano	451
COF Rosso Sacrisassi '10	Le Due Terre	424
COF Sauvignon Zuc di Volpe '11	Volpe Pasini	469
COF Verduzzo Friulano Cràtis '09	Roberto Scubla	457
COF Verduzzo Friulano Crei '10	Sara & Sara	455
Collio Friulano Zegla Ris. '08	Renato Keber	432
Collio Bianco '11	Colle Duga	418
Collio Bianco Broy '11	Eugenio Collavini	417
Collio Friulano '11	Thomas Kitzmüller	432
Collio Friulano '11	Franco Toros	461

2013年获"三杯奖"的葡萄酒名录

Collio Friulano Manditocai '10	Livon	434
Collio Malvasia '11	Doro Princic	446
Collio Malvasia '11	Dario Raccaro	446
Collio Malvasia '11	Ronco dei Tassi	452
Collio Malvasia V. Runc '11	Il Carpino	414
Collio Pinot Bianco '11	Castello di Spessa	416
Collio Pinot Grigio '11	Russiz Superiore	454
Collio Sauvignon Ronco delle Mele '11	Venica & Venica	464
Friuli Isonzo Pinot Grigio Gris '10	Lis Neris	434
Friuli Isonzo Sauvignon Piere '10	Vie di Romans	465
Ograde Non Filtrato '10	Skerk	458
Prulke '10	Zidarich	470

艾米利亚—罗马涅区 (Emilia Romagna)

Albana di Romagna Passito Regina di Cuori Ris. '09	Gallegati	496
Lambrusco di Sorbara del Fondatore '11	Chiarli 1860	490
Lambrusco di Sorbara V. del Cristo '11	Cavicchioli U. & Figli	489
Mantignano Vecchie Vigne '08	Il Pratello	505
Marzieno '08	Fattoria Zerbina	514
Reggiano Lambrusco Concerto '11	Ermete Medici & Figli	500
Sangiovese di Romagna I Probi di Papiano Ris. '09	Villa Papiano	512
Sangiovese di Romagna Redinoce Ris. '09	Balia di Zola	483
Sangiovese di Romagna Sup. Il Moro Ris. '09	Tenuta Villa Trentola	513
Sangiovese di Romagna Sup. Limbecca '10	Paolo Francesconi	495
Sangiovese di Romagna Sup. Ora '11	San Patrignano	506
Sangiovese di Romagna V. del Generale Ris. '09	Casetto dei Mandorli	488

托斯卡纳区 (Tuscany)

Baffo Nero '10	Rocca di Frassinello	623
Bolgheri Rosso Sup. Grattamacco '09	Podere Grattamacco	580
Bolgheri Sassicaia '09	Tenuta San Guido	630
Bolgheri Sup. Campo al Fico '09	I Luoghi	587
Bolgheri Sup. Castello di Bolgheri '09	Castello di Bolgheri	552
Bolgheri Sup. Sapaio '09	Podere Sapaio	634
Brunello di Montalcino '07	Baricci	530
Brunello di Montalcino '07	Canalicchio di Sopra	541
Brunello di Montalcino '07	Le Chiuse	562
Brunello di Montalcino '07	Fanti	572
Brunello di Montalcino '07	Poggio di Sotto	614
Brunello di Montalcino Altero '07	Poggio Antico	612
Brunello di Montalcino Bramante '07	Podere Sanlorenzo	632
Brunello di Montalcino Cerretalto '06	Casanova di Neri	547
Brunello di Montalcino Collezione Arte '06	Donna Olga	571
Brunello di Montalcino Poggio al Vento Ris. '04	Tenuta Col d'Orcia	564
Brunello di Montalcino Ris. '06	Biondi Santi - Tenuta Il Greppo	534
Brunello di Montalcino Ris. '06	Capanna	542
Brunello di Montalcino Ris. '06	Caprili	544
Brunello di Montalcino Ugolaia '06	Lisini	586
Brunello di Montalcino V. Poggio Ronconi '07	Citile di Sopra	563
Brunello di Montalcino V. V. '07	Le Ragnaie	620
Brunello di Montalcino Val di Suga '07	Tenimenti Angelini	639
Cepparello '09	Isole e Olena	583
Chianti Cl. '08	Castell'in Villa	548
Chianti Cl. '10	Tenuta di Lilliano	586
Chianti Cl. '10	San Giusto a Rentennano	630
Chianti Cl. '09	Val delle Corti	647
Chianti Cl. Bugialla Ris. '08	Poggerino	611
Chianti Cl. Cinquantenario Ris. '08	Castello di Monsanto	554
Chianti Cl. Cultus Boni '09	Badia a Coltibuono	527
Chianti Cl. Famiglia Zingarelli Ris. '09	Rocca delle Macìe	622
Chianti Cl. Il Puro Vign. Casanova Ris. '08	Castello di Volpaia	557
Chianti Cl. Montegiachi Ris. '09	Agricoltori del Chianti Geografico	521
Chianti Cl. Ris. '09	Brancaia	535
Chianti Cl. Ris. '08	Castello d'Albola	550
Chianti Cl. Vign. di Campolungo Ris. '08	Lamole di Lamole	584
Colline Lucchesi Tenuta di Valgiano '09	Tenuta di Valgiano	649
Cortona Il Bosco '09	Tenimenti Luigi D'Alessandro	640
Cortona Syrah '09	Stefano Amerighi	523
Dedicato a Walter '09	Poggio al Tesoro	611
Do ut des '10	Fattoria Carpineta Fontalpino	544
Duemani '09	Duemani	572
Flaccianello della Pieve '09	Fontodi	576
Galatrona '10	Fattoria Petrolo	605

2013年获"三杯奖"的葡萄酒名录

I Sodi di S. Niccolò '08	Castellare di Castellina	549
Il Pareto '09	Tenute Ambrogio e Giovanni Folonari	574
Il Pino di Biserno '09	Tenuta di Biserno	534
Le Pergole Torte '09	Montevertine	596
Le Sughere di Frassinello '10	Rocca di Frassinello	623
Masseto '09	Tenuta dell' Ornellaia	600
Mix36 '08	Castello di Fonterutoli	554
Montecucco Sangiovese Lombrone Ris. '08	Colle Massari	565
Morellino di Scansano Madrechiesa Ris. '09	Terenzi	640
Nambrot '09	Tenuta di Ghizzano	579
Nobile di Montepulciano '09	Poliziano	616
Nobile di Montepulciano Nocio dei Boscarelli '08	Poderi Boscarelli	535
Oreno '09	Tenuta Sette Ponti	638
Orma '09	Podere Orma	599
Paleo Rosso '09	Le Macchiole	588
Picconero '09	Tolaini	643
Poggiassai '08	Poggio Bonelli	613
Poggio de' Colli '10	Piaggia	606
Rocca di Montemassi '10	Rocca di Montemassi	624
Tignanello '09	Marchesi Antinori	525
Vernaccia di S. Gimignano Casanova '10	Fontaleoni	575
Vernaccia di S. Gimignano E' ReZet Mattia Barzaghi '11	La Mormoraia	598
Vigorello '08	San Felice	628

马尔凯区（Marche）

Barricadiero '10	Aurora	680
Castelli di Jesi Verdicchio Cl. V. Novali Ris. '09	Terre Cortesi Moncaro	708
Il Pollenza '09	Il Pollenza	702
Kurni '10	Oasi degli Angeli	701
Rosso Piceno Sup. Roggio del Filare '09	Velenosi	710
Verdicchio dei Castelli di Jesi Cl. Crisio Ris. '10	Casalfarneto	684
Verdicchio dei Castelli di Jesi Cl. Il Cantico della Figura Ris. '09	Andrea Felici	691
Verdicchio dei Castelli di Jesi Cl. San Sisto Ris. '09	Fazi Battaglia	691
Verdicchio dei Castelli di Jesi Cl. Stefano Antonucci Ris. '09	Santa Barbara	705
Verdicchio dei Castelli di Jesi Cl. Sup. Capovolto '10	La Marca di San Michele	697
Verdicchio dei Castelli di Jesi Cl. Sup. Pallio di S. Floriano '11	Monte Schiavo	699
Verdicchio dei Castelli di Jesi Cl. Sup. Podium '10	Gioacchino Garofoli	693
Verdicchio dei Castelli di Jesi Cl. Sup. S. Michele '10	Vallerosa Bonci	709
Verdicchio dei Castelli di Jesi Cl. Sup. Vecchie Vigne '10	Umani Ronchi	708
Verdicchio dei Castelli di Jesi Cl. Villa Bucci Ris. '09	Bucci	682
Verdicchio dei Castelli di Jesi Spumante M. Cl. Brut Ubaldo Rosi Ris. '06	Colonnara	688
Verdicchio di Matelica Mirum Ris. '10	La Monacesca	699

翁布里亚区（Umbria）

Cervaro della Sala '10	Castello della Sala	723
Colli Perugini Rosso L'Andrea '08	Cantina Castello Monte Vibiano Vecchio	729
Montefalco Sagrantino '08	Antonelli - San Marco	718
Montefalco Sagrantino 25 Anni '08	Arnaldo Caprai	721
Montefalco Sagrantino Campo alla Cerqua '08	Giampaolo Tabarrini	735
Montefalco Sagrantino Colleallodole '09	Fattoria Colleallodole	724
Montefalco Sagrantino Pozzo del Curato '09	Villa Mongalli	738
Montiano '10	Falesco	748
Orvieto Cl. Sup. "IL" '11	Decugnano dei Barbi	726
Orvieto Cl. Sup. Terre Vineate '11	Palazzone	730
Torgiano Rosso Rubesco V. Monticchio Ris. '07	Lungarotti	728

拉齐奥区（Lazio）

Fiorano Bianco '10	Tenuta di Fiorano	751
Frascati Sup. Epos '11	Poggio Le Volpi	750
Poggio della Costa '11	Sergio Mottura	750

阿布鲁佐区（Abruzzo）

Montepulciano d'Abruzzo Cagiòlo Ris. '09	Cantina Tollo	774
Montepulciano d'Abruzzo Cocciapazza '09	Torre dei Beati	774
Montepulciano d'Abruzzo Colline Teramane Adrano '09	Villa Medoro	777
Montepulciano d'Abruzzo Colline Teramane Zanna Ris. '08	Dino Illuminati	767
Montepulciano d'Abruzzo I Vasari '09	F.lli Barba	761
Montepulciano d'Abruzzo Podere Castorani '08	Podere Castorani	763
Montepulciano d'Abruzzo Spelt '08	La Valentina	775

2013年获"三杯奖"的葡萄酒名录

Pecorino '10	Luigi Cataldi Madonna	764
Pecorino '11	Tiberio	773
Trebbiano d'Abruzzo '07	Valentini	776
Trebbiano d'Abruzzo Marina Cvetic '10	Masciarelli	768
Trebbiano d'Abruzzo V. di Capestrano '10	Valle Reale	776

莫利塞区 (Molise)

Molise Aglianico Contado Ris. '10	Di Majo Norante	782

坎帕尼亚区 (Campania)

Ambruco Pallagrello Nero '10	Terre del Principe	807
Cilento Fiano Pietraincatenata '10	Luigi Maffini	797
Costa d'Amalfi Furore Bianco Fiorduva '10	Marisa Cuomo	790
Cupo '10	Pietracupa	802
Fiano di Avellino '10	Ciro Picariello	802
Fiano di Avellino Vigna della Congregazione '10	Villa Diamante	808
Greco di Tufo '11	Di Prisco	792
Greco Musc' '10	Contrade di Taurasi	789
Montevetrano '10	Montevetrano	800
Sabbie di Sopra il Bosco '10	Nanni Copè	801
Taurasi Piano di Montevergine Ris. '07	Feudi di San Gregorio	794
Taurasi Polihemo '08	Luigi Tecce	806
Taurasi Radici '08	Mastroberardino	799
Taurasi Renonno '08	Salvatore Molettieri	799
Taurasi Ris. '06	Di Meo	791
Taurasi V. Macchia dei Goti '08	Antonio Caggiano	787
Terra di Lavoro '10	Galardi	795

普利亚区 (Puglia)

75 Vendemmie '11	Cosimo Palamà	838
Castel del Monte Rosso V. Pedale Ris. '09	Torrevento	844
Gioia del Colle Muro Sant'Angelo Contrada Barbatto '09	Chiaromonte	833
Gioia del Colle Primitivo 17 '09	Polvanera	839
Nero '09	Conti Zecca	845
Primitivo di Manduria Es '10	Gianfranco Fino	835
Primitivo Old Vines '09	Morella	837
Salice Salentino Casili Ris. '09	Tenute Mater Domini	837
Salice Salentino Rosso Ris. '09	Cantele	832
Salice Salentino Rosso Ris. '09	Leone de Castris	836
Salice Salentino Rosso Selvarossa Ris. '09	Cantine Due Palme	834
Sierma '09	Carvinea	832
Torcicoda '10	Tormaresca	843
Visellio '10	Tenute Rubino	841

巴西利卡塔区 (Basilicata)

Aglianico del Vulture Basilisco '09	Basilisco	820
Aglianico del Vulture Titolo '10	Elena Fucci	823
Balconara '09	D'Angelo di Filomena Ruppi	821

卡拉布里亚区 (Calabria)

Gravello '10	Librandi	855
Masino '10	iGreco	854
Moscato Passito '11	Luigi Viola	858

西西里岛 (Sicily)

Cerasuolo di Vittoria Giambattista Valli Paris '09	Feudi del Pisciotto	871
Chardonnay '10	Planeta	878
Conte Hugues Bernard de la Gatinais Grand Cru '10	Tenute Rapitalà	879
Contrada Porcaria '10	Passopisciaro	877
Cygnus '10	Tasca d'Almerita	883
Etna Bianco '11	Cottanera	868
Etna Bianco A' Puddara '10	Tenuta di Fessina	870
Etna Bianco Quota 600 '10	Graci	873
Etna Rosso Archineri '10	Pietradolce	878
Etna Rosso Cirneco '09	Terrazze dell'Etna	883
Etna Rosso Feudo '10	Girolamo Russo	880
Etna Rosso Santo Spirito '10	Tenuta delle Terre Nere	884
Neromàccarj '08	Gulfi	874
Noà '10	Cusumano	868
Passito di Pantelleria Ben Ryé '10	Donnafugata	869
Ribeca '10	Firriato	872
Rosso del Soprano '10	Palari	876
Saia '10	Feudo Maccari	871

2013年获"三杯奖"的葡萄酒名录

Tripudium Rosso Duca di Castelmonte '09	Carlo Pellegrino	877

撒丁岛（Sardinia）

Alghero Marchese di Villamarina '07	Tenute Sella & Mosca	908
Buio Buio '10	Mesa	904
Cannonau di Sardegna Dule Ris. '09	Giuseppe Gabbas	902
Cannonau di Sardegna Josto Miglior Ris. '09	Antichi Poderi Jerzu	903
Capichera '10	Capichera	898
Carignano del Sulcis '09	6Mura	896
Carignano del Sulcis Is Arenas Ris. '08	Sardus Pater	907
Carignano del Sulcis Sup. Terre Brune '08	Cantina di Santadi	907
Carignano del Sulcis Tupei '10	Cantina di Calasetta	897
Hortos '08	Cantina Dorgali	901
Surrau '09	Vigne Surrau	909
Turriga '08	Argiolas	897
Vernaccia di Oristano Ris. '88	Attilio Contini	899

最佳奖

年度最佳红葡萄酒
BOLGHERI SASSICAIA'09——TENUTA SAN GUIDO

年度最佳白葡萄酒
COF SAUVIGNON ZUC DI VOLPE'11——VOLPE PASINI

年度最佳起泡葡萄酒
TRENTO AQUILA REALE RIS.'05——CESARINI SFORZA

年度最佳甜葡萄酒
VALLE D'AOSTA CHAMBAVE MUSCATFLETRI'10——LA VRILLE

年度最佳酒庄
TENUTE SELLA&MOSCA

年度最佳性价比葡萄酒
SALICE SALENTINO ROSSO RIS. '09——CANTELE

年度最佳葡萄种植者
NICODEMO LIBRANDI

年度最佳新兴酒庄
TERENZI

年度最佳可持续葡萄栽培技术奖
CASTELLO DI MONTE VIBIANO VECCHIO

出版特别鸣谢：广东大沿海出版工贸有限公司
上海华饮贸易有限公司

2013年获"三杯奖"的葡萄酒
（价格低于€15）

2013年共有59款价格低于€15、获得"三杯奖"的葡萄酒供大家挑选，占获奖总数比例的15%，比2012年有所增加。这会受到信贷紧缩的影响吗？总的来说，高端的葡萄酒业界已经采取了措施应对国际经济的紧张局势。同样，相对出色却价格适中的葡萄酒，如蓝沐斯（Lambrusco）、萨里斯·萨伦蒂诺（Salice Salentino）和威迪科吉士堡（Verdicchio dei Castelli di Jesi），还有很多产自阿尔托·阿迪杰区（Alto Adige）的白葡萄酒，注定物超所值。有16款葡萄酒价格在€10左右，甚至更低。其中，威尼托区（Veneto）比例最多，占了8款，艾米利亚—罗马涅区（Emilia Romagna）有7款，阿尔托—阿迪杰区（Alto Adige）有6款，弗留利区（Friuli）、马尔凯区（Marche）和托斯卡纳区（Tuscany）各占4款。

酒名	酒庄	产区
A. A. Meranese Schickenburg Graf von Meran '11	Cantina Meran Burggräfler	Alto Adige
A. A. Pinot Bianco Anna Turmhof '11	Tiefenbrunner	Alto Adige
A. A. Pinot Bianco Tecum '10	Castelfeder	Alto Adige
A. A. Pinot Grigio Anger '11	Cantina Produttori San Michele Appiano	Alto Adige
A. A. Pinot Grigio Windegg '11	Josef Brigl	Alto Adige
A. A. Valle Isarco Veltliner '11	Röckhof - Konrad Augschöll	Alto Adige
Bardolino '11	Le Vigne di San Pietro	Veneto
Cannonau di Sardegna Dule Ris. '09	Giuseppe Gabbas	Sardinia
Carema Et. Bianca Ris. '08	Cantina dei Produttori Nebbiolo di Carema	Piedmont
Carignano del Sulcis Tupei '10	Cantina di Calasetta	Sardinia
Castel del Monte Rosso V. Pedale Ris. '09	Torrevento	Puglia
Castelli di Jesi Verdicchio Cl. V. Novali Ris. '09	Terre Cortesi Moncaro	Marche
Chianti Cl. '10	Tenuta di Lilliano	Tuscany
Chianti Cl. '10	Val delle Corti	Tuscany
Chianti Cl. Famiglia Zingarelli Ris. '09	Rocca delle Macìe	Tuscany
COF Rosazzo Bianco Ellègri '11	Ronchi di Manzano	Friuli Venezia Giulia
Colli Euganei Rosso Serro '09	Il Mottolo	Veneto
Collio Friulano '11	Thomas Kitzmüller	Friuli Venezia Giulia
Collio Malvasia '11	Ronco dei Tassi	Friuli Venezia Giulia
Collio Malvasia V. Runc '11	Il Carpino	Friuli Venezia Giulia
Custoza Mael '11	Corte Gardoni	Veneto
Custoza Sup. Amedeo '10	Cavalchina	Veneto
Custoza Sup. Ca' del Magro '10	Monte del Frà	Veneto
Dogliani Bricco S. Bernardo '09	Bricco del Cucù	Piedmont
Dogliani Cursalet '11	Giovanni Battista Gillardi	Piedmont
Dogliani Sup. V. Tecc '10	Poderi Luigi Einaudi	Piedmont
Erbaluce di Caluso La Rustìa '11	Orsolani	Piedmont
Erbaluce di Caluso Le Chiusure '11	Favaro	Piedmont
Etna Bianco '11	Cottanera	Sicily
Fiano di Avellino '10	Ciro Picariello	Campania
Frascati Sup. Epos '11	Poggio Le Volpi	Lazio
Greco di Tufo '11	Di Prisco	Campania
Lambrusco di Sorbara del Fondatore '11	Chiarli 1860	Emilia Romagna
Lambrusco di Sorbara V. del Cristo '11	Cavicchioli U. & Figli	Emilia Romagna
Lugana Brolettino '10	Ca' dei Frati	Lombardy
Mantignano Vecchie Vigne '08	Il Pratello	Emilia Romagna
Molise Aglianico Contado Ris. '10	Di Majo Norante	Molise
Moscato d'Asti Tenuta del Fant '11	Tenuta Il Falchetto	Piedmont
Orvieto Cl. Sup. Il Bianco '11	Decugnano dei Barbi	Umbria
Orvieto Cl. Sup. Terre Vineate '11	Palazzone	Umbria
Pecorino '11	Tiberio	Abruzzo
Poggio della Costa '11	Sergio Mottura	Lazio

2013年获"三杯奖"的葡萄酒（价格低于€15）

酒名	酒庄	产区
Orvieto Cl. Sup. Terre Vineate '11	Palazzone	Umbria
Pecorino '11	Tiberio	Abruzzo
Poggio della Costa '11	Sergio Mottura	Lazio
Reggiano Lambrusco Concerto '11	Ermete Medici & Figli	Emilia Romagna
Riviera Ligure di Ponente Pigato '11	Fontanacota	Liguria
Riviera Ligure di Ponente Vermentino Aimone '11	BioVio	Liguria
Salice Salentino Rosso Ris. '09	Cantele	Puglia
Salice Salentino Rosso Ris. '09	Leone de Castris	Puglia
Sangiovese di Romagna I Probi di Papiano Ris. '09	Villa Papiano	Emilia Romagna
Sangiovese di Romagna Sup. Limbecca '10	Paolo Francesconi	Emilia Romagna
Sangiovese di Romagna Sup. Ora '11	San Patrignano	Emilia Romagna
Soave Cl. Monte Alto '10	Ca' Rugate	Veneto
Valdobbiadene Brut V. della Riva di S. Floriano '11	Nino Franco	Veneto
Valdobbiadene Extra Dry Giustino B. '11	Ruggeri & C.	Veneto
Valle d'Aosta Petite Arvine '11	Château Feuillet	Valle d'Aosta
Valle d'Aosta Petite Arvine '11	Elio Ottin	Valle d'Aosta
Verdicchio dei Castelli di Jesi Cl. Crisio Ris. '10	Casalfarneto	Marche
Verdicchio dei Castelli di Jesi Cl. Sup. Capovolto '10	La Marca di San Michele	Marche
Verdicchio dei Castelli di Jesi Cl. Sup. Pallio di S. Floriano '11	Monte Schiavo	Marche
Vernaccia di S. Gimignano Casanova '10	Fontaleoni	Tuscany

"绿色三杯奖"

对于那些特别有环保意识的"三杯奖"获奖酒庄,我们授予"绿色三杯奖"加以肯定。2013年,我们筛选出了93家酒庄,占"三杯奖"获奖者的24%。这是一个巨大的进步,意味着越来越多意大利的顶级酒庄开始坚定并坚持生态保护和环境的可持续发展理念。换句话说,意大利的葡萄园正在不断改善。我们相信,我们有能力做得更好,而改变葡萄栽培的方式就是非常重要的举措。这也是为什么我们希望看到越来越多有环保意识的酿酒商能申请有机认证,或者采取生物动力学系统,遵循新的关于可持续发展的协议,如UNI-ISO 14064,加强对消费者的保护。

酒名	酒庄	产区
A. A. Cabernet Sauvignon Cor Römigberg '08	Alois Lageder	Alto Adige
A. A. Gewürztraminer Nussbaumer '11	Cantina Tramin	Alto Adige
A. A. Santa Maddalena Cl. Antheos '11	Tenuta Waldgries	Alto Adige
A. A. Valle Isarco Riesling Kaiton '11	Kuenhof - Peter Pliger	Alto Adige
A. A. Valle Venosta Riesling '11	Falkenstein - Franz Pratzner	Alto Adige
Aglianico del Vulture Titolo '10	Elena Fucci	Basilicata
Amarone della Valpolicella Cl. Capitel Monte Olmi '07	F.lli Tedeschi	Veneto
Barbera d'Alba MonBirone '10	Monchiero Carbone	Piedmont
Barbera d'Asti Sup. Nizza Acsé '09	Scrimaglio	Piedmont
Barolo Bricco Sarmassa '08	Giacomo Brezza & Figli	Piedmont
Barolo Bussia Ris. '04	Pianpolvere Soprano Bussia	Piedmont
Barolo Campè '08	La Spinetta	Piedmont
Barolo Cerretta Luigi Baudana '08	G. D. Vajra	Piedmont
Barolo Cerretta V. Bricco '06	Elio Altare	Piedmont
Barolo La Serra '08	Giovanni Rosso	Piedmont
Barolo Vignolo Ris. '06	F.lli Cavallotto	
	Tenuta Bricco Boschis	Piedmont
Barricadiero '10	Aurora	Marche
Bolgheri Rosso Sup. Grattamacco '09	Podere Grattamacco	Tuscany
Bolgheri Sup. Campo al Fico '09	I Luoghi	Tuscany
Bradisismo '08	Inama	Veneto
Brunello di Montalcino '07	Le Chiuse	Tuscany
Brunello di Montalcino '07	Poggio di Sotto	Tuscany
Brunello di Montalcino Altero '07	Poggio Antico	Tuscany
Brunello di Montalcino Bramante '07	Podere Sanlorenzo	Tuscany
Brunello di Montalcino Ris. '06	Biondi Santi Tenuta Il Greppo	Tuscany
Brunello di Montalcino V. V. '07	Le Ragnaie	Tuscany
Carignano del Sulcis '09	6Mura	Sardinia
Castel del Monte Rosso V. Pedale Ris. '09	Torrevento	Puglia
Castelli di Jesi Verdicchio Cl. V. Novali Ris. '09	Terre Cortesi Moncaro	Marche
Chianti Cl. '10	San Giusto a Rentennano	Tuscany
Chianti Cl. '09	Val delle Corti	Tuscany
Chianti Cl. Bugialla Ris. '08	Poggerino	Tuscany
Chianti Cl. Cultus Boni '09	Badia a Coltibuono	Tuscany
Chianti Cl. Il Puro Vign. Casanova Ris. '08	Castello di Volpaia	Tuscany
Cilento Fiano Pietraincatenata '10	Luigi Maffini	Campania
COF Rosso Sacrisassi '10	Le Due Terre	Friuli Venezia Giulia
COF Sauvignon Zuc di Volpe '11	Volpe Pasini	Friuli Venezia Giulia
Colli Perugini Rosso L'Andrea '08	Castello di Monte Vibiano Vecchio	Umbria
Colline Lucchesi Tenuta di Valgiano '09	Tenuta di Valgiano	Tuscany
Collio Bianco Broy '11	Eugenio Collavini	Friuli Venezia Giulia
Collio Friulano '11	Franco Toros	Friuli Venezia Giulia
Cortona Syrah '09	Stefano Amerighi	Tuscany

"绿色三杯奖"

Wine	Producer	Region
Collio Friulano '11	Franco Toros	Friuli Venezia Giulia
Cortona Syrah '09	Stefano Amerighi	Tuscany
Duemani '09	Duemani	Tuscany
Etna Bianco A' Puddara '10	Tenuta di Fessina	Sicily
Etna Bianco Quota 600 '10	Graci	Sicily
Etna Rosso Feudo '10	Girolamo Russo	Sicily
Etna Rosso Santo Spirito '10	Tenuta delle Terre Nere	Sicily
Fiano di Avellino Vigna della Congregazione '10	Villa Diamante	Campania
Flaccianello della Pieve '09	Fontodi	Tuscany
Franciacorta Brut Nature '08	Barone Pizzini	Lombardy
Franciacorta Dosaggio Zero Francesco Iacono Ris. '04	Muratori - Villa Crespia	Lombardy
Galatrona '10	Fattoria Petrolo	Tuscany
Gioia del Colle Muro Sant'Angelo Contrada Barbato '09	Chiaromonte	Puglia
Gioia del Colle Primitivo 17 '09	Polvanera	Puglia
Greco Musc' '10	Contrade di Taurasi	Campania
Mantignano Vecchie Vigne '08	Il Pratello	Emilia Romagna
Masino '10	iGreco	Calabria
Molise Aglianico Contado Ris. '10	Di Majo Norante	Molise
Montecitorio '10	Vigneti Massa	Piedmont
Montecucco Sangiovese Lombrone Ris. '08	Colle Massari	Tuscany
Montefalco Sagrantino '08	Antonelli - San Marco	Umbria
Montepulciano d'Abruzzo Cocciapazza '09	Torre dei Beati	Abruzzo
Montepulciano d'Abruzzo Podere Castorani '08	Podere Castorani	Abruzzo
Moscato Passito '11	Luigi Viola	Calabria
Nambrot '09	Tenuta di Ghizzano	Tuscany
Neromàccarj '08	Gulfi	Sicily
Ograde Non Filtrato '10	Skerk	Friuli Venezia Giulia
Paleo Rosso '09	Le Macchiole	Tuscany
Poggio della Costa '11	Sergio Mottura	Lazio
Primitivo Old Vines '09	Morella	Puglia
Prulke '10	Zidarich	Friuli Venezia Giulia
Ribeca '10	Firriato	Sicily
Riviera Ligure di Ponente Vermentino Aimone '11	BioVio	Liguria
Saia '10	Feudo Maccari	Sicily
Sangiovese di Romagna I Probi di Papiano Ris. '09	Villa Papiano	Emilia Romagna
Sangiovese di Romagna Sup. Limbecca '10	Paolo Francesconi	Emilia Romagna
Sangiovese di Romagna Sup. Ora '11	San Patrignano	Emilia Romagna
Soave Cl. La Rocca '10	Leonildo Pieropan	Veneto
Soave Cl. Monte Grande '11	Prà	Veneto
Taurasi Piano di Montevergine Ris. '07	Feudi di San Gregorio	Campania
Terra di Lavoro '10	Galardi	Campania
Torcicoda '10	Tormaresca	Puglia
Trebbiano d'Abruzzo '07	Valentini	Abruzzo
Trebbiano d'Abruzzo V. di Capestrano '10	Valle Reale	Abruzzo
Trento Mach Riserva del Fondatore '07	Istituto Agrario Provinciale San Michele all'Adige	Trentino
Valle d'Aosta Chambave Muscat Flétri '10	La Vrille	Valle d'Aosta
Valtellina Sup. Dirupi Ris. '09	Dirupi	Lombardy
Verdicchio dei Castelli di Jesi Cl. Il Cantico della Figura Ris. '09	Andrea Felici	Marche
Verdicchio dei Castelli di Jesi Cl. Sup. Capovolto '10	La Marca di San Michele	Marche
Verdicchio dei Castelli di Jesi Cl. Sup. Vecchie Vigne '10	Umani Ronchi	Marche
Verdicchio dei Castelli di Jesi Cl. Villa Bucci Ris. '09	Bucci	Marche
Verdicchio dei Castelli di Jesi Spumante Brut Ubaldo Rosi Ris. '06	Colonnara	Marche
Vernaccia di S. Gimignano Casanova '10	Fontaleoni	Toscany

1990—2011年葡萄酒列表

	BARBARESCO BAROLO	AMARONE	CHIANTI CLASSICO	BRUNELLO DI MONTALCINO	BOLGHERI	TAURASI
1990	🍷🍷🍷🍷🍷	🍷🍷🍷🍷🍷	🍷🍷🍷🍷🍷	🍷🍷🍷🍷🍷	🍷🍷🍷🍷🍷	🍷🍷🍷🍷🍷
1992	🍷					🍷🍷🍷🍷
1993	🍷	🍷🍷🍷				🍷🍷🍷
1995	🍷	🍷🍷🍷	🍷🍷🍷			🍷🍷🍷
1996	🍷🍷🍷🍷	🍷🍷🍷🍷	🍷🍷🍷🍷		🍷🍷🍷🍷	🍷🍷🍷🍷
1997	🍷🍷🍷🍷	🍷🍷🍷🍷	🍷🍷🍷🍷	🍷🍷🍷🍷	🍷🍷🍷🍷	🍷🍷🍷🍷
1998	🍷🍷🍷	🍷🍷🍷	🍷🍷🍷	🍷🍷🍷	🍷🍷🍷	🍷🍷🍷
1999	🍷🍷🍷🍷🍷	🍷🍷🍷🍷🍷	🍷🍷🍷🍷🍷	🍷🍷🍷🍷🍷	🍷🍷🍷🍷🍷	🍷🍷🍷🍷🍷
2000	🍷🍷🍷🍷	🍷🍷🍷🍷	🍷🍷🍷🍷	🍷🍷🍷🍷	🍷🍷🍷🍷	🍷🍷🍷🍷
2001	🍷🍷🍷🍷	🍷🍷🍷🍷	🍷🍷🍷🍷	🍷🍷🍷🍷	🍷🍷🍷🍷	🍷🍷🍷🍷
2002	🍷	🍷	🍷	🍷		🍷
2003	🍷🍷	🍷🍷🍷	🍷🍷🍷	🍷🍷🍷	🍷	🍷🍷🍷
2004	🍷🍷🍷🍷	🍷🍷🍷🍷	🍷🍷🍷🍷	🍷🍷🍷🍷	🍷🍷🍷🍷	🍷🍷🍷🍷
2005	🍷🍷🍷	🍷🍷🍷	🍷🍷🍷	🍷🍷🍷	🍷🍷🍷	🍷🍷🍷
2006	🍷🍷🍷🍷	🍷🍷🍷🍷	🍷🍷🍷🍷	🍷🍷🍷🍷	🍷🍷🍷🍷	🍷🍷🍷🍷
2007	🍷🍷🍷🍷	🍷🍷🍷🍷	🍷🍷🍷🍷	🍷🍷🍷🍷	🍷🍷🍷🍷	🍷🍷🍷🍷
2008	🍷🍷🍷		🍷🍷🍷	🍷🍷🍷		🍷🍷🍷
2009	🍷🍷🍷			🍷🍷🍷		🍷🍷🍷🍷

	ALTO ADIGE BIANCO	SOAVE	FRIULI BIANCO	VERDICCHIO DEI CASTELLI DI JESI	FIANO DI AVELLINO	GRECO DI TUFO
2001	🍾🍾🍾	🍾🍾🍾🍾	🍾🍾🍾	🍾🍾🍾🍾	🍾🍾	🍾🍾
2002	🍾🍾🍾🍾	🍾🍾🍾🍾	🍾🍾🍾	🍾🍾🍾🍾	🍾🍾🍾	🍾🍾🍾
2003	🍾	🍾🍾	🍾	🍾🍾🍾	🍾🍾🍾	🍾🍾🍾
2004	🍾🍾🍾	🍾🍾🍾	🍾🍾🍾	🍾🍾🍾	🍾🍾🍾	🍾🍾🍾
2005	🍾🍾🍾	🍾🍾	🍾🍾	🍾🍾🍾	🍾🍾	🍾🍾
2006	🍾🍾🍾	🍾🍾🍾	🍾🍾🍾	🍾🍾🍾	🍾🍾🍾	🍾🍾🍾
2007	🍾🍾	🍾🍾🍾	🍾🍾	🍾🍾🍾	🍾🍾	🍾🍾
2008	🍾🍾🍾	🍾🍾🍾	🍾🍾	🍾🍾🍾	🍾🍾🍾	🍾🍾🍾
2009	🍾🍾🍾	🍾🍾🍾	🍾🍾🍾	🍾🍾🍾	🍾🍾	🍾🍾
2010	🍾🍾	🍾🍾🍾	🍾🍾	🍾🍾	🍾🍾	🍾🍾
2011	🍾🍾🍾	🍾🍾🍾	🍾🍾	🍾🍾	🍾🍾	🍾🍾

星级评定

星级酒庄是指已经获得10次或10次以上"三杯奖"的酒庄。在这26版《年鉴》，共有168家酒庄被评为"星级酒庄"。这么多年来，Angelo Gaja一直领跑着这一榜单。2013年，Gaja酒庄获得了第五个星级荣誉，累计获奖数已达50枚，平均每年获得两个"三杯奖"。紧随其后的是Ca' del Bosco和La Spinetta，虽然获奖数相差甚远。接着是Elio Altare以及多个排名并列的酒庄。2013年有13个新晋酒庄获奖，首先是Cavalleri，共获2项"三杯奖"，总获奖数达11枚。另外还有Biondi Santi、Le Due Terre、Falkenstein、Galardi、Illuminati、Librandi、Prà、Russiz Superiore、Tormaresca、Unterortl – Castel Juval、Vignalta和Conti Zecca。

★★★★★
50
Gaja (Piedmont)

37
Ca' del Bosco (Lombardy)
La Spinetta (Piedmont)

31
Elio Altare (Piedmont)

★★
28
Allegrini (Veneto)
Castello di Fonterutoli (Tuscany)
Valentini (Abruzzo)

27
Fattoria di Felsina (Tuscany)

24
Marchesi Antinori (Tuscany)
Giacomo Conterno (Piedmont)
Masciarelli (Abruzzo)
Tenuta San Guido (Tuscany)
Cantina Produttori San Michele Appiano
(Alto Adige)

23
Bellavista (Lombardy)
Castello della Sala (Umbria)
Castello di Ama (Tuscany)
Ferrari (Trentino)
Feudi di San Gregorio (Campania)
Jermann (Friuli Venezia Giulia)
Planeta (Sicily)
Poliziano (Tuscany)

22
Domenico Clerico (Piedmont)
Tasca d'Almerita (Sicily)
Cantina Tramin (Alto Adige)

Vie di Romans (Friuli Venezia Giulia)
Villa Russiz (Friuli Venezia Giulia)
21
Livio Felluga (Friuli Venezia Giulia)
Gravner (Friuli Venezia Giulia)

20
Girolamo Dorigo (Friuli Venezia Giulia)
Fontodi (Tuscany)
Bruno Giacosa (Piedmont)
Tenuta dell' Ornellaia (Toscana)
Leonildo Pieropan (Veneto)

19
Argiolas (Sardinia)
Isole e Olena (Tuscany)
Paolo Scavino (Piedmont)
Schiopetto (Friuli Venezia Giulia)

18
Cascina La Barbatella (Piedmont)
Cantina Bolzano (Alto Adige)
Arnaldo Caprai (Umbria)
Castello Banfi (Tuscany)
Nino Negri (Lombardy)
Tenimenti Ruffino (Tuscany)

17
Barone Ricasoli (Tuscany)
Castello del Terriccio (Tuscany)
Michele Chiarlo (Piedmont)
Matteo Correggia (Piedmont)
Elio Grasso (Piedmont)
Mastroberardino (Campania)
Montevetrano (Campania)
Querciabella (Tuscany)
Tenute Sella & Mosca (Sardinia)
Venica & Venica (Friuli Venezia Giulia)
Elena Walch (Alto Adige)

16
Ca' Viola (Piedmont)
Cantina di Caldaro (Alto Adige)

星级评定

17

Cantina Produttori Colterenzio (Alto Adige)
Les Crêtes (Valle d'Aosta)
Romano Dal Forno (Veneto)
Falesco (Umbria)
Miani (Friuli Venezia Giulia)
Tenuta San Leonardo (Trentino)
Luciano Sandrone (Piedmont)
Vietti (Piedmont)
Le Vigne di Zamò (Friuli Venezia Giulia)
Fattoria Zerbina (Emilia Romagna)
Kuenhof - Peter Pliger (Alto Adige)
Livon (Friuli Venezia Giulia)
Franco M. Martinetti (Piedmont)
Masi (Veneto)
Monsupello (Lombardy)
Pecchenino (Piedmont)
Fattoria Petrolo (Tuscany)
Produttori del Barbaresco (Piedmont)
Podere Rocche dei Manzoni (Piedmont)
Ronco dei Tassi (Friuli Venezia Giulia)
Umani Ronchi (Marche)

15

Roberto Anselmi (Veneto)
Casanova di Neri (Tuscany)
Aldo Conterno (Piedmont)
Conterno Fantino (Piedmont)
Gioacchino Garofoli (Marche)
Giuseppe Quintarelli (Veneto)
Serafini & Vidotto (Veneto)
Cantina Terlano (Alto Adige)
Franco Toros (Friuli Venezia Giulia)
Roberto Voerzio (Piedmont)

14

Abbazia di Novacella (Alto Adige)
Bricco Rocche - Bricco Asili (Piedmont)
Ca' Rugate (Veneto)
Castellare di Castellina (Tuscany)
Cusumano (Sicilia)
Lis Neris (Friuli Venezia Giulia)
Le Macchiole (Tuscany)
Massolino (Piedmont)
Montevertine (Tuscany)
Palari (Sicily)
Ronco del Gelso (Friuli Venezia Giulia)
Uberti (Lombardy)
Volpe Pasini (Friuli Venezia Giulia)

13

Avignonesi (Tuscany)
Brancaia (Tuscany)
Luigi Cataldi Madonna (Abruzzo)
Donnafugata (Sicily)
Edi Keber (Friuli Venezia Giulia)
Maculan (Veneto)
Cantina Convento Muri-Gries (Alto Adige)
Fiorenzo Nada (Piedmont)
Albino Rocca (Piedmont)
Bruno Rocca (Piedmont)
San Patrignano (Emilia Romagna)
Cantina di Santadi (Sardinia)
Sottimano (Piedmont)
Tua Rita (Tuscany)

12

Antoniolo (Piedmont)
Castello dei Rampolla (Tuscany)
Còlpetrone (Umbria)
Firriato (Sicily)
Tenute Ambrogio e Giovanni Folonari (Tuscany)
Foradori (Trentino)
Gini (Veneto)

11

Lorenzo Begali (Veneto)
Cav. G. B. Bertani (Veneto)
Borgo San Daniele (Friuli Venezia Giulia)
Bucci (Marche)
Cavalleri (Lombardy)
Cavit (Trentino)
Tenute Cisa Asinari dei Marchesi di Grésy (Piedmont)
Tenuta Col d'Orcia (Tuscany)
Coppo (Piedmont)
Poderi Luigi Einaudi (Piedmont)
Tenuta di Ghizzano (Tuscany)
Malvirà (Piedmont)
La Massa (Tuscany)
La Monacesca (Marche)
Oasi degli Angeli (Marche)
Doro Princic (Friuli Venezia Giulia)
Prunotto (Piedmont)
Fattoria Le Pupille (Tuscany)
Dario Raccaro (Friuli Venezia Giulia)
Viticoltori Speri (Veneto)
Suavia (Veneto)
Velenosi (Marche)
Viviani (Veneto)

10

Gianfranco Alessandria (Piedmont)
Benanti (Sicily)
Biondi Santi - Tenuta Il Greppo (Tuscany)
Braida (Piedmont)
La Cerbaiola (Tuscany)
Le Due Terre (Friuli Venezia Giulia)
Falkenstein - Franz Pratzner (Alto Adige)
Marchesi de' Frescobaldi (Tuscany)
Galardi (Campania)
Hilberg - Pasquero (Piedmont)
Tenuta J. Hofstätter (Alto Adige)
Dino Illuminati (Abruzzo)
Librandi (Calabria)
Bartolo Mascarello (Piedmont)
Monte Rossa (Lombardy)
Prà (Veneto)
Russiz Superiore (Friuli Venezia Giulia)
Tenuta Sant'Antonio (Veneto)
Tormaresca (Puglia)
Tenuta Unterortl - Castel Juval (Alto Adige)
Vignalta (Veneto)
Villa Matilde (Campania)
Conti Zecca (Puglia)
Zenato (Veneto)

意大利葡萄酒
各产区介绍

瓦莱达奥斯塔区
VALLE D'AOSTA

至今为止，葡萄种植还不是瓦莱达奥斯塔区（Valle d'Aosta）的一项主要经济活动，旅游业才是这个地区的主要经济来源。不仅仅是在冬季，这里的高山资源每年都吸引成千上万的游客。旅游业的兴旺拉动了当地的酒店餐饮业，进而带动商店零售业，对当地地方财政做出了重要贡献，当地居民也因此生活殷实。尽管休闲业企业家、商店销售员们丝毫不敢懈怠，但在这样的自然条件下，种植葡萄还是需要鼓足很大的勇气。严峻的高山地形使得葡萄种植在这里变得十分艰难。葡萄园绝大部分位于多拉贝泰河（Dora Baltea）的左岸，一排排的葡萄藤需要尽可能地在向阳坡的位置。在寒冷的高山气候环境下，只有这样葡萄藤才能获取必要的阳光。瓦莱达奥斯塔区的葡萄长在海拔350米到1 200米的高山上，而且通常是在坡度极陡的山坡上，看着也让人晕眩。尽管在葡萄的种植过程中遇到了很多困难，但该地区也不乏有好的葡萄酒。至少如果我国内有流入清淡乏味的葡萄酒的话，那肯定不是瓦莱达奥斯塔区生产的。可能瓦莱达奥斯塔区650公顷的葡萄园在全国来说仅仅是沧海一粟，不过他们的确向我们呈现了一些独一无二的葡萄酒，堪称酿酒学瑰宝。《年鉴》再一次证明了该地区的气候和土壤是如何适合种植白葡萄，2013年获得"三杯奖"的6款葡萄酒全是白葡萄酒，分别是2款佩蒂阿维（Petite Arvine）、2款莎当尼（Chardonnay）、1款灰比诺（Pinot Gris）还有1款莫斯卡托（Muscat）。尽管如此，瓦莱达奥斯塔区的红葡萄酒也不甘示弱，一批评价极高的，例如福民（Fumin）、西拉（Syrah）、小胭脂红（Petite Rouge）和黑皮诺（Pinot Nero）等待着我们的进一步品鉴。这些顶级葡萄酒大多出自小型或微型的酒庄。通过他们孜孜不倦地传承古老的传统酿酒工艺，已经向市场输送了成千上万瓶葡萄酒。该地区优秀的酿酒师，来自拉·薇尔酒庄（La Vrille）的埃尔维·德古劳姆（Hervé Deguillaume）和他的妻子露西安娜（Luciana），给我们带来2013年的绝佳年度甜酒卡贝·莫斯卡托（Chambave Muscat Flétri）。越来越多大型合作酿酒厂逐渐在瓦莱达奥斯塔区的各个区域出现，这也是我们想看到的，这有助于提高该区葡萄酒质量的现象。尽管已经有很多成功的案例，但我们觉得脚步还是有些滞后。

VALLE D'AOSTA

Anselmet

Fraz. Vereytaz, 30 - 11018 Villeneuve [AO]
Tel. 3484127121
www.maisonanselmet.vievini.it

藏酒销售
预约参观
年产量 70 000 瓶
葡萄种植面积 8 公顷

从奥斯塔（Aosta）一路向北往勃朗峰（Mont Blanc）的路上，你会经过童话般的圣皮埃尔城堡（Saint Pierre）和维伦纽夫村庄（Villeneuve）。该村庄很大程度上是因为安塞尔梅酒庄（Anselmet）而声名远播。多年以来，这个家族一直在特伦托（Torrette）的传统种植带上打理着家族葡萄园。在父亲雷纳托（Renato）的帮助下，吉奥尔希奥（Giorgio）一如既往地生产高质量的葡萄酒。

Château Feuillet

loc. Château Feuillet, 12
11010 Saint Pierre
Tel. 3287673880
www.chateaufeuillet.vievini.it

藏酒销售
膳宿接待
年产量 30 000 瓶
葡萄种植面积 5 公顷

奥斯塔（Aosta）无疑是瓦莱达奥斯塔区最有潜力的葡萄生产区域之一。毛里奇奥•菲奥拉罗（Maurizio Fiorano）拥有的查提奥•菲利尔特酒庄（Château Feuillet）位于圣皮埃尔（Saint Pierre），与奥斯塔近在咫尺。酒庄虽兴建于1997年，但其起源可追溯到20世纪60年代。那时候，毛里奇奥（Maurizio）的祖父就自酿葡萄酒供家人饮用。年复一年，毛里奇奥•菲奥拉罗（Maurizio Fiorano）始终不辜负人们对他的厚爱，酒庄的出品一直保持种类多样化，个性鲜明。

○ Valle d'Aosta Chardonnay Élevé en Fût de Chêne '11	5
● Le Prisonnier	6
○ Arline	4
○ Valle d'Aosta Chambave Muscat '11	3
○ Valle d'Aosta Chardonnay '11	3
● Valle d'Aosta Cornalin Boblan '10	4
● Valle d'Aosta Fumin '10	5
● Valle d'Aosta Petite Arvine '11	5
○ Valle d'Aosta Pinot Gris '11	4
○ Valle d'Aosta Chardonnay Élevé en Fût de Chêne '10	5
○ Valle d'Aosta Chardonnay Élevé en Fût de Chêne '09	5
○ Valle d'Aosta Chardonnay Élevé en Fût de Chêne '08	5

○ Valle d'Aosta Petite Arvine '11	3*
● Valle d'Aosta Torrette Sup. '10	3
○ Valle d'Aosta Chardonnay '11	3
● Valle d'Aosta Fumin '11	4
● Valle d'Aosta Syrah '11	3
● Valle d'Aosta Pinot Nero '11	3
○ Valle d'Aosta Petite Arvine '10	3*
○ Valle d'Aosta Chardonnay '10	2*
● Valle d'Aosta Fumin '09	4
○ Valle d'Aosta Petite Arvine '09	3
● Valle d'Aosta Torrette Sup. '09	3

瓦莱达奥斯塔区
VALLE D'AOSTA

★ Les Crêtes
Loc. Villetos, 50 - 11010 Aymavilles [AO]
Tel. 0165902274
www.lescretes.it

藏酒销售
预约参观
年产量 200 000 瓶
葡萄种植面积 20 公顷

关于科斯坦提罗•查勒乐（Costantino Charrere）和他在家人的帮助下建立起来的酒庄，我们之前已经说得差不多了。2013年，他们添置了一个新的橡木酒窖，重新布置了接待处。在这个有格调的接待室里，酒庄的现任管理者，科斯坦提罗（Costantino）的女儿伊乐罗拉（Eleonora）和伊乐娜（Elena）热情接待那些前来参观的游客们，向他们介绍瓦莱达奥斯塔区的葡萄酒酿造业以及李斯•科勒提斯酒庄（Les Crêtes）的生产理念。酒庄精心酿制的酒品所采用的葡萄，不仅有国际葡萄品种而且还有本地的红葡萄、白葡萄。

La Crotta di Vegneron
p.zza Roncas, 2 - 11023 Chambave [AO]
Tel. 016646670
www.lacrotta.it

藏酒销售
预约参观
餐饮接待
年产量 280 000 瓶
葡萄种植面积 39 公顷

克拉塔（Crotta di Vegneron）联营酒庄是毗邻奥斯塔省的沙姆巴瓦州（Chambave）和纳斯州（Nus）葡萄种植行业的标杆企业。沙姆巴瓦州被认为是莫斯卡托白葡萄（Moscato bianco）的发源地。莫斯卡托（Moscato）可以用来酿制干性葡萄酒，风干莫斯卡托（Moscato）用来酿制帕斯图甜酒（Passito）。近年来本土葡萄酿制的葡萄酒特别吃香。福尼（Fumin）这个品种确实比较容易驾驭，小胭脂红（Petit Rouge）却不然。卫得努（Vin de Nus）则是非常出色的品种。酒厂有120个种植工人，如此大规模使得克拉塔（Crotta di Vegneron）成为当地最大的酿酒厂之一。

○ Valle d'Aosta Chardonnay Cuvée Bois '10	6
● Valle d'Aosta Fumin '09	5
○ Valle d'Aosta Chardonnay '11	3
○ Valle d'Aosta Moscato Passito Lea Abeilles '09	5
○ Valle d'Aosta Petite Arvine '11	3
● Valle d'Aosta Syrah Coteau La Tour '10	4
○ Valle d'Aosta Chardonnay Cuvée Bois '09	6
○ Valle d'Aosta Chardonnay Cuvée Bois '08	6
○ Valle d'Aosta Chardonnay Cuvée Frissonnière Les Crêtes Cuvée Bois '05	6
○ Valle d'Aosta Chardonnay Cuvée Frissonnière Les Crêtes Cuvée Bois '04	5

○ Valle d'Aosta Chambave Moscato Passito Prieuré '10	5
● Valle d'Aosta Fumin Esprit Follet '10	3*
● Valle d'Aosta Chambave '08	2*
○ Valle d'Aosta Chambave Muscat '11	3
● Valle d'Aosta Nus Sup. Crème '10	3
○ Valle d'Aosta Chambave Moscato Passito Prieuré '08	5
● Valle d'Aosta Fumin Esprit Follet '09	3
● Valle d'Aosta Fumin Esprit Follet '07	3*
○ Valle d'Aosta Chambave Moscato Passito Prieuré '09	5
● Valle d'Aosta Chambave Sup. Quatre Vignobles '08	3*
● Valle d'Aosta Fumin Esprit Follet '08	3
● Valle d'Aosta Nus Sup. Crème '08	3

瓦莱达奥斯塔区
VALLE D'AOSTA

Di Barrò
LOC. CHÂTEAU FEUILLET, 8
11010 SAINT PIERRE
TEL. 0165903671
www.vievini.it

藏酒销售
预约参观
年产量 20 000 瓶
葡萄种植面积 2.5 公顷
葡萄栽培方式 传统栽培

巴络（Barrò）原指酒瓶标签上的桶装葡萄酒。埃尔维拉•瑞妮（Elvira Rini）和她的丈夫安德里亚•巴兹（Andrew Barmaz）是注重本土葡萄酒酿造传统的大师级人物，酿出的酒淋漓尽致地表达出所处山谷的文化和传统。巴络（Barrò）的葡萄酒出品一直保持高质量水准，这有赖于酒庄酿造者的卓越追求。酒庄坐落于特伦特葡萄酒（Torrette）的发源地圣皮埃尔（Saint Pierre），顶级克得费列（Superieur Clos de Château Feuillet）是这里的代表酒品。然而，2013年最能吸引人注意力的还数2011年的灰皮诺葡萄（Pinot Gris），虽往往不受重视，但不可否认该区的出品实属优秀。

Feudo di San Maurizio
FRAZ. MAILLOD, 44 - 11010 SARRE [AO]
TEL. 3383186831
www.feudo.vievini.it

藏酒销售
预约参观
年产量 40 000 瓶
葡萄种植面积 7 公顷

1989年，费多酒庄（Feudo di San Maurizio）由三位好友共同建立。曾经默默无闻的米歇尔•瓦莱特（Michel Vallet）是这一计划的主要推动者。尽管他不太愿意去细说他的故事，只有三言两语，在与我们的言谈交流间，他对葡萄的种植和酿造的炽热感情却表露无遗。酒庄里有几公顷的面积种植着白葡萄和红葡萄品种。

● Valle d'Aosta Fumin '10	🍷🍷 4
● Valle d'Aosta Torrette Sup. Clos de Château Feuillet '09	🍷🍷 3
○ Lo Flapì	🍷 5
○ Valle d'Aosta Pinot Gris '10	🍷 3
● Valle d'Aosta Torrette Sup. V. de Torrette '06	🍷🍷🍷 6
○ Lo Flapì	🍷🍷 5
● Valle d'Aosta Fumin '09	🍷🍷 4
● Valle d'Aosta Syrah V. de Conze '09	🍷🍷 3
● Valle d'Aosta Syrah V. de Conze '08	🍷🍷 3
● Valle d'Aosta Torrette Sup. Clos de Château Feuillet '08	🍷 3
● Valle d'Aosta Torrette Sup. Clos de Château Feuillet '07	🍷🍷 3
● Valle d'Aosta Torrette Sup. V. de Torrette '07	🍷🍷 6

○ Valle d'Aosta Petite Arvine '11	🍷🍷 3
● Saro Djablo '10	🍷🍷 3
○ Valle d'Aosta Chardonnay '10	🍷🍷 3
● Valle d'Aosta Cornalin '10	🍷🍷 4
● Valle d'Aosta Torrette Sup. '10	🍷 4
○ Valle d'Aosta Gewürztraminer '10	🍷🍷 3
○ Valle d'Aosta Petite Arvine '10	🍷🍷 3
● Valle d'Aosta Torrette '10	🍷🍷 3
● Valle d'Aosta Torrette '08	🍷🍷 3
● Valle d'Aosta Torrette Sup. '09	🍷🍷 4

瓦莱达奥斯塔区
VALLE D'AOSTA

F.lli Grosjean
VILLAGGIO OLLIGNAN, 1 - 11020 QUART [AO]
TEL. 0165775791
www.grosjean.vievini.it

藏酒销售
预约参观
年产量 90 000 瓶
葡萄种植面积 10 公顷
葡萄栽培方式 有机认证

费雷利•格罗斯让（Fratelli Grosjean）酒庄坐落于奥斯塔（Aosta）山脉下的库尔特州（Quart）。格罗斯让家族（Grosjean）在当地非常出名，他们首先发现黑比诺葡萄（Pinot Nero）的发展潜力。格罗家族恪守尊重土地和本地生产传统。现在，新酒窖已全部检验完毕并投入使用，这里出品的葡萄酒将在追求品类的多样化的同时保持传统的酿造工艺。

Lo Triolet
LOC. JUNOD, 7 - 11010 INTROD [AO]
TEL. 016595437
www.lotriolet.vievini.it

藏酒销售
预约参观
年产量 30 000 瓶
葡萄种植面积 3 公顷

马尔科•马丁（Marco Martin）和他的家人在茵托德山村（Introd）打理着他们的小块葡萄园。灰皮诺（Pinot Grigio）种得比较多，还有纳斯地区（Nus）的红葡萄品种，如西拉（Syrah）、福尼（Fumin）、加美（Gamay）、柯娜林（Cornalin）以及维迪纳斯（Vien de nus）。家族所产的葡萄酒质量非常优良，比如陈酿灰皮诺（Pinot Gris Eleve en Barriques）这款酒就花了我们的不少笔墨。

● Valle d'Aosta Pinot Noir '11	🍷🍷 3*
● Valle d'Aosta Fumin '10	🍷🍷 5
○ Valle d'Aosta Chardonnay '11	🍷 2
● Valle d'Aosta Cornalin V. Rovettaz '10	🍷 2
● Valle d'Aosta Fumin '06	🍷🍷🍷 4
● Valle d'Aosta Fumin V. Rovettaz '07	🍷🍷🍷 5
○ Valle d'Aosta Petite Arvine V. Rovettaz '09	🍷🍷🍷 4
● Valle d'Aosta Fumin V. Rovettaz '09	🍷🍷 5
● Valle d'Aosta Fumin V. Rovettaz '08	🍷🍷 5
● Valle d'Aosta Mayolet '10	🍷🍷 3
○ Valle d'Aosta Petite Arvine V. Rovettaz '10	🍷🍷 4
● Valle d'Aosta Pinot Noir '10	🍷🍷 3
● Valle d'Aosta Pinot Noir '09	🍷🍷 3
● Valle d'Aosta Torrette Sup. V. Rovettaz '09	🍷🍷 3

○ Valle d'Aosta Pinot Gris Élevé en Barriques '10	🍷🍷🍷 5
● Valle d'Aosta Coteau Barrage '09	🍷🍷 4
○ Valle d'Aosta Pinot Gris '11	🍷🍷 3*
● Valle d'Aosta Fumin '10	🍷 3
○ Valle d'Aosta Pinot Gris '09	🍷🍷🍷 3
○ Valle d'Aosta Pinot Gris '08	🍷🍷🍷 3*
○ Valle d'Aosta Pinot Gris '05	🍷🍷🍷 3*
● Valle d'Aosta Coteau Barrage '09	🍷🍷 4
● Valle d'Aosta Fumin '09	🍷🍷 3
○ Valle d'Aosta Pinot Gris '10	🍷🍷 3
○ Valle d'Aosta Pinot Gris Élevé en Barriques '09	🍷🍷 3

瓦莱达奥斯塔区
VALLE D'AOSTA

Elio Ottin
Fraz. Porossan Neyves, 209
11100 Aosta
Tel. 016533478
www.ottinvini.it

预约参观
年产量 35 000 瓶
葡萄种植面积 4 公顷

厄里奥·奥丁（Elio Ottin）如今已成为瓦莱大奥斯塔区（Valle d'Aosta）首屈一指的酒庄之一。他们坚持量少高质的原则实在值得称颂。酒庄在靠近奥斯塔（Aosta）处有一个4公顷大的葡萄园，而正是在那里，酿出了一批具有本土风味的优秀葡萄酒，这有赖来自皮埃蒙特区（Piedmont）的酿酒师卢卡·卡罗梅里诺（Luca Caramellino）的鼎力相助。对葡萄园、酒窖认真细致的照顾打理，是奥丁（Ottin）成功的秘诀。

○ Valle d'Aosta Petite Arvine '11	♛♛♛	3*
● Valle d'Aosta Fumin '10	♛♛	3*
● Valle d'Aosta Pinot Noir '10	♛♛	3
● Valle d'Aosta Torrette Sup. '10	♛♛	3
○ Valle d'Aosta Petite Arvine '10	♛♛♛	3*
● Valle d'Aosta Fumin '09	♛♛	3
○ Valle d'Aosta Petite Arvine '09	♛♛	3
● Valle d'Aosta Torrette Sup. '09	♛♛	3

Ermes Pavese
S.da Pineta, 26 - 11017 Morgex [AO]
Tel. 0165800053
www.vievini.it

藏酒销售
预约参观
年产量 28 000 瓶
葡萄种植面积 4 公顷

帕维斯家族（Pavese）可以说是莫吉克斯地区（Morgex）葡萄酒传统的一部分。莫吉克斯就是凭借一种独特的葡萄品种——白品乐（Prie blanc），与瓦莱奥斯塔区葡萄酒的历史而紧密相连。每个家族成员都参与到酒庄的管理当中，艾玛斯（Ermes）则是这个小酒庄的驱动力和领导核心，监控着葡萄酒的整个生产链，从葡萄收割直到最后装瓶的每个环节。酒庄位于勃朗峰（Mont Blanc）海拔900米至1 200米的位置，呼吸着来自高山的清新气息。值得一提的是，那是一个有着80年历史的葡萄园，葡萄藤都被修剪成低至50厘米或60厘米的古老的经典藤架结构，来防止葡萄被冽风侵袭。

○ Valle d'Aosta Vin Blanc de Morgex et La Salle Le Sette Scalinate Carlo Pavese Ris. '10	♛♛	3
○ Valle d'Aosta Vin Blanc de Morgex et La Salle Nathan '11	♛♛	2*
○ Ninive '10	♛	4
○ Valle d'Aosta Vin Blanc de Morgex et La Salle '11	♛	2
○ Valle d'Aosta Vin Blanc de Morgex et La Salle Nathan '10	♛♛	2*

Cave du Vin Blanc de Morgex et de La Salle

Fraz. La Ruine
Chemin des Îles, 19 - 11017 Morgex [AO]
Tel. 0165800331
www.caveduvinblanc.com

藏酒销售
预约参观
年产量 140 000 瓶
葡萄种植面积 0.4 公顷

这里就是白莫吉科斯•拉萨尔（Cave du Vin Blanc de Morgex et de la Salle）联营酒庄。酒庄位于欧洲海拔最高的葡萄酒法定产区勃朗峰（Mont Blanc）上，这里常年被皑皑白雪所覆盖。酒庄采用白品乐（Prie blanc）酿造出质量上佳的葡萄酒，而且种类多样，从微型起泡酒到传统的起泡酒，其中还有一款用结冰葡萄酿制的帕西图甜酒（Passito）。虽说有很多白品乐（Prie blanc）系列的葡萄酒，它们所表现出来的地域特色，使得该地区成为瓦莱达奥斯塔区最具代表性的葡萄酒产区之一。

La Vrille

Loc. Grangeon, 1 - 11020 Verrayes [AO]
Tel. 0166543018
www.lavrille-agritourisme.com

藏酒销售
预约参观
参观设施
年产量 10 000 瓶
葡萄种植面积 1.50 公顷
葡萄栽培方式 传统栽培

维拉耶斯（Verrayes）是奥斯塔省（Aosta）旁的一个小山村，四周被葡萄藤团团围绕住，风景如童话般迷人。露西安娜（Luciana）和埃尔维（Herve）共同打理这有趣的农家假日酒店，露西安娜（Luciana）还就地取材烹饪当地美食。尽管埃尔维有点沉默寡言，但也掩盖不了他对葡萄酒的强烈感情。早在20世纪90年代，就在这个海拔650米的地方，他就已经开始了跟葡萄酒之间的故事。

○ Valle d'Aosta
Blanc de Morgex et de La Salle '11   ♛ 2*

○ Valle d'Aosta
Blanc de Morgex et de La Salle
M. Cl. Brut Extreme '10   ♛♛ 4

○ Valle d'Aosta
Blanc de Morgex et de La Salle
M. Cl. Extra Brut '10   ♛ 4

○ Valle d'Aosta
Blanc de Morgex et de La Salle
Rayon '11   ♛ 3

○ Valle d'Aosta
Blanc de Morgex et de La Salle
Blanc des Glaciers '10   ♛♛ 4

○ Valle d'Aosta
Blanc de Morgex et de La Salle
M. Cl. Brut '08   ♛♛ 3

○ Valle d'Aosta
Chambave Muscat Flétri '10   ♛♛♛ 5
● Valle d'Aosta Gamay '10   ♛♛ 3
● Valle d'Aosta Cornalin '10   ♛ 3
○ Valle d'Aosta
Chambave Muscat Flétri '07   ♛♛♛ 4*
○ Valle d'Aosta Chambave Muscat '10   ♛♛ 4
○ Valle d'Aosta Chambave Muscat Flétri '09   ♛♛ 5
○ Valle d'Aosta
Chambave Muscat Flétri '08   ♛♛ 5
● Valle d'Aosta Cornalin '09   ♛♛ 3
● Valle d'Aosta Fumin '08   ♛♛ 4
● Valle d'Aosta Fumin '07   ♛♛ 4

OTHER WINERIES

其他酒庄

Coopérative de l'Enfer
VIA CORRADO GEX, 65
11011 ARVIER [AO]
TEL. 016599238
www.coenfer.it

● Valle d'Aosta Enfer d'Arvier '11	🍷🍷 3
● Valle d'Aosta Enfer d'Arvier Bio Et. Verde '11	🍷🍷 3

Les Granges
FRAZ. LES GRANGES, 8
11020 NUS [AO]
TEL. 0165767229
www.lesgrangesvini.it

● Valle d'Aosta Fumin '10	🍷🍷 4
● Valle d'Aosta Cornalin '10	🍷🍷 3
● Valle d'Aosta Nus '11	🍷🍷 3
○ Valle d'Aosta Nus Malvoisie '11	🍷🍷 3

Institut Agricole Régional
LOC. RÉGION LA ROCHÈRE, 1A
11100 AOSTA
TEL. 0165215811
www.iaraosta.it

● Valle d'Aosta Fumin '09	🍷🍷 4
○ Valle d'Aosta Pinot Gris '11	🍷🍷 3
● Valle d'Aosta Pinot Noir '11	🍷🍷 2*
● Valle d'Aosta Syrah '10	🍷🍷 4

Cooperativa La Kiuva
FRAZ. PIED DE VILLE, 42
11020 ARNAD [AO]
TEL. 0125966351
lakiuva@libero.it

● Valle d'Aosta Arnad-Montjovet Sup. '09	🍷🍷 2*
● Valle d'Aosta Picotendro '10	🍷🍷 2*
○ Valle d'Aosta Pinot Gris '10	🍷🍷 2*

Quatremillemètres Vins d'Altitude
VIA CORRADO GEX, 52
11010 ARVIER [AO]
TEL. 0165929805
www.4000metres.net

○ 4478 Nobleffervescence Brut	🍷🍷 4
⊙ Caronte Brut	🍷🍷 5
○ Refrain	🍷 4

La Source
LOC. BUSSAN DESSOUS, 1
11010 SAINT PIERRE [AO]
TEL. 0165904038
www.lasource.it

○ Valle d'Aosta Petite Arvine '10	🍷🍷 3
● Valle d'Aosta Syrah '09	🍷🍷 4
● Valle d'Aosta Torrette Sup. '10	🍷🍷 4

皮埃蒙特区
PIEDMONT

皮埃蒙特区（Piedmont）的葡萄酒有着深厚的传统底蕴。然而却有不少葡萄酒爱好者认为，皮埃蒙特区（Piedmont）固步自封，这里的葡萄酒缺乏新鲜感。不过，2013年在我们尝遍了皮埃蒙特区（Piedmont）各区域的葡萄酒后，我们不可否认，整个皮埃蒙特区（Piedmont）还是有很多推动葡萄酒文化方面的种种表现。2013年皮埃蒙特区（Piedmont）获得75项"三杯奖"，与2012年的72项相比，再一次说明该区良好的葡萄酒发展态势。皮埃蒙特区（Piedmont）的主打品种是内比奥罗（Nebbiolo），从皮埃蒙特（Piedmont）北部到瑞奥罗（Reoro）的各个区域，以巴罗洛（Barolo）和巴巴莱斯科（Barbaresco）为代表，内比奥罗（Nebbiolo）都表现出它原有的贵族气息和复杂度。撇开知名的品种，我们还欣慰地看到，2013年4项最高奖落户多赛托（Dolcetto），巴贝拉（Barbera）更是斩获7项大奖。这两款葡萄不仅壮大了皮埃蒙特区（Piedmont）葡萄酒，更向人们提供了很多购买平价葡萄酒的机会。在这个自古以来就致力于发展红葡萄酒的地区，我们必须隆重向你们推荐以下白葡萄酒，因为它们常会被忽略掉。厄柏路丝（Erbaluce）、提摩拉索（Timorasso）、加维（Gavi）以及莫斯卡托（Moscato）分别获得两项"三杯奖"，而霞多丽（Chardonnay）、雷司令（Riesling）则分别获得1项"三杯奖"。这一成绩进一步证明了这个神奇的葡萄酒产区的确充满了发展潜力与生命力，葡萄酒种类更是多种多样。毫无疑问，皮埃蒙特区（Piedmont）的葡萄酒行业保持着健康发展的状态。在群星闪耀的葡萄酒世界，该地区每年都会出现很多"新星"。我们热烈欢迎2013年首次进入"三杯奖"俱乐部的7家酒庄，他们分别是：布里克•德尔•库（Bricco del Cucù）、特纳塔•德尔•亚比奥拉（Tenuta dell'Arbiola）、萨•德•加尔（Ca' d' Gal）、萨•罗马（Ca' Rome）、卡西纳•莫娜西诺（Cascina Morassino）、希克（Cieck）和罗迦那家族（Roagna）的艾•帕格里艾里（I Paglieri）。此外，享誉全球的维蒂酒庄（Veitti）在2013年也有强势的表现，其绝妙的2008洛克•巴罗洛（Barolo Rocche）和2009 拉雷纳•巴贝拉（Barbera d'Asti La Crena）豪取了两项"三杯奖"。换而言之，我们在这里看到了很多积极的信号。我们希望这些信号能够帮助评论家和消费者们重新审视这个产区，审视这个拥有大量的无价的葡萄酒文化遗产的地区。

皮埃蒙特区
PIEDMONT

Abbona
LOC. SAN LUIGI
FRAZ. SANTA LUCIA, 33 - 12063 DOGLIANI [CN]
TEL. 0173 70488
www.abbona.com

藏酒销售
预约参观
年产量 250 000 瓶
葡萄种植面积 45 公顷

1970年，年仅20岁的玛奇埃罗·阿伯纳（Marziano Abbona）就开始管理酒庄，并一直为提高葡萄酒的质量而努力。酒庄里，新建成的精致酒窖里配备了不锈钢大桶、橡木桶、酒桶型表壳和中型桶，这些都用于陈化葡萄酒，他们认为葡萄的品质经过陈化后才能达到最高水平。酒窖旁边的多瑞欧罗（Doriolo）葡萄园，出产酒庄最出色的巴罗洛（Barolo）系列酒和多联丽帕（Dogliani Papa Celso）系列酒。除此之外，其实酒庄出品的其他葡萄酒也都是独具特色的优质酒。葡萄园里，机械化种植已经完全取代原来的化学种植方法。

● Barolo Terlo Ravera '08	🍷🍷🍷 6
● Dogliani Papà Celso '10	🍷🍷 3*
● Barbaresco '09	🍷🍷 4
● Barolo Pressenda '08	🍷🍷 7
○ Langhe Bianco Cinerino '11	🍷🍷 4
○ Marziano Abbona Brut M. Cl.	🍷🍷 4
● Nebbiolo d'Alba Bricco Barone '10	🍷🍷 3
● Barbera d'Alba Rinaldi '10	🍷 3
● Barolo Terlo Ravera '06	🍷🍷🍷 6
● Dogliani Papà Celso '09	🍷🍷🍷 3
● Dogliani Papà Celso '07	🍷🍷🍷 3
● Dogliani Papà Celso '06	🍷🍷🍷 3
● Dogliani Papà Celso '05	🍷🍷🍷 3*
● Dolcetto di Dogliani Papà Celso '04	🍷🍷🍷 3*
● Barolo Pressenda '07	🍷🍷 7
● Dogliani Papà Celso '08	🍷🍷 3

Anna Maria Abbona
FRAZ. MONCUCCO, 21
12060 FARIGLIANO [CN]
TEL. 0173 797228
www.annamariabbona.it

藏酒销售
预约参观
年产量 58 000 瓶
葡萄种植面积 10 公顷

20多年来，安娜·玛利亚·阿伯娜（Ana Maria Abbona）和弗兰克·斯切尔里罗（Franco Schellino）的酒庄，已经成为兰格（Langhe）首屈一指的葡萄酒生产商。酒庄一边是巴罗洛镇（Barolo），另一边则感受着从利古里亚海（Ligurian）的海风。他们的主要产品是以多赛托葡萄（dolcetto）酿造的多格里尔尼葡萄酒（Dogliani）。除此之外，他们也出品可口的巴贝拉·阿尔巴葡萄酒（Barbera d'Albas）和兰格·内比奥罗葡萄酒（Langhe Nebbiolos）。另外，他们还少量生产2款白葡萄酒，一款是雷司令葡萄（Riesling）酿制的兰格白阿尔曼（Langhe Bianco L'Alman）；另一款则是纳斯特葡萄（Nascetta）酿制的纳特葡萄酒（Netta）。酒庄的"镇庄之宝"当数梅奥里葡萄酒（Maioli），它出众的品质来自在不锈钢桶中慢慢的陈化。

● Dogliani Sup. Maioli '10	🍷🍷 3*
● Dolcetto di Dogliani Sorì dij But '11	🍷🍷 2*
● Barbera d'Alba '11	🍷🍷 3
● Dogliani San Bernardo '09	🍷🍷 3
○ Langhe Bianco L'Alman '11	🍷 3
○ Langhe Bianco Netta '10	🍷 3
● Langhe Dolcetto '11	🍷 2
● Langhe Nebbiolo '09	🍷 3
⊙ Rosà '11	🍷 2
● Dogliani Maioli '09	🍷🍷 3*
● Dolcetto di Dogliani Sorì dij But '10	🍷🍷 2*
● Langhe Nebbiolo '08	🍷🍷 3*
● Langhe Rosso Cadò '08	🍷🍷 3

皮埃蒙特区
PIEDMONT

Orlando Abrigo
via Cappelletto, 5 - 12050 Treiso [CN]
Tel. 0173630232
www.orlandoabrigo.it

藏酒销售
预约参观
膳宿接待
年产量 80 000 瓶
葡萄种植面积 21 公顷

乔瓦尼•阿布里格（Giovanni Abrigo）25年的工作经历使他成为一名技艺精湛的酿酒师和一丝不苟的种植者。他酿造的葡萄酒偏向果香，使用各种尺寸的法国和斯拉夫尼亚橡木桶进行陈化。除了3款巴巴莱斯科（Barbaresco）系列酒外，2款内比奥罗（Nebbiolo）葡萄酒也备受瞩目，其中一款来自瓦尔玛吉沃•维扎•阿尔巴葡萄园（Valmaggiore di Vezza d'Alba），另一款来自酒窖旁边的葡萄园。酒庄致力于产品的革新，少量推出了几款以国际葡萄酿制的葡萄酒，例如，以梅洛（Merlot）酿制的里维瑞（Livraie）葡萄酒，苏维翁（Sauvignon）酿制的迪安姆博（D'Amble）葡萄酒，以及莎当尼（Chardonnay）酿成的彻斯葡萄酒（Tres）。

Giulio Accornero e Figli
Ca' Cima, 1
15049 Vignale Monferrato [AL]
Tel. 0142933317
www.accornerovini.it

藏酒销售
预约参观
参观设施
年产量 100 000 瓶
葡萄种植面积 22 公顷

吉利奥•阿科尔内罗斯（Ermanno Accornero）是一位实事求是的实用主义者。他致力于酿造高品质的葡萄酒，不仅有高超技艺，更有超常的想象力，不断推出新的高质酒品。首先是巴贝拉葡萄酒（Barbera），产量很低，西玛葡萄园（Cima）每公顷仅能产出3 000千克，吉朱琳葡萄园（Giulin）每公顷也只有6 000千克。葡萄酒的陈化在小酒桶里进行，其中大部分是新的酒桶，还有一些是之前用过的中型木桶和不锈钢桶。2012年我们推荐过的吉诺林诺葡萄酒（Grignolino Vigne Vecchie），超强品质出人意外，也是绝对不容错过的。

● Barbaresco Montersino '09	▼▼ 6
● Barbaresco Rocche Meruzzano '09	▼▼ 5
● Dolcetto d'Alba V. dell'Erto '11	▼▼ 2*
● Langhe Nebbiolo Settevie '10	▼▼ 3
● Barbera d'Alba Mervisano '09	▼ 3
○ Langhe Bianco D'Amblè '11	▼ 2
● Langhe Tres Plus '10	▼ 3
● Barbaresco Montersino '08	♀♀ 6
● Barbaresco Rocche Meruzzano '08	♀♀ 5

● Barbera del M.to Sup. Bricco Battista '09	▼▼▼ 5
● Barbera del M.to Giulìn '10	▼▼ 3*
● M.to Girotondo '10	▼▼ 3*
● Casorzo Brigantino '11	▼▼ 2*
● Grignolino del M.to Casalese Bricco del Bosco '11	▼▼ 2*
○ M.to Bianco Fonsina '11	▼▼ 2*
● M.to Rosso Centenario '08	▼▼ 5
● M.to Freisa La Bernardina '11	▼ 2
● Barbera del M.to Sup. Bricco Battista '07	♀♀♀ 5
● Barbera del M.to Sup. Bricco Battista '04	♀♀♀ 5
● Barbera del M.to Sup. Bricco Battista '99	♀♀♀ 5
● M.to Rosso Centenario '06	♀♀♀ 5

PIEDMONT
皮埃蒙特区

Marco e Vittorio Adriano
Fraz. San Rocco Seno d'Elvio, 13a
12051 Alba [CN]
Tel. 0173362294
www.adrianovini.it

藏酒销售
预约参观
年产量 100 000 瓶
葡萄种植面积 22 公顷

在不到20年的时间里，马尔科（Marco）和维托里奥·阿德里亚诺（Vittorio Adriano）就建立起了自己的葡萄酒品牌，质量有保证、简单纯粹，开瓶后些许单宁，满满的果香味让您印象深刻。经过斯拉夫尼亚橡木桶陈化的巴巴莱斯科葡萄酒（Barbaresco）质量极佳，既不口劲过烈，也不平淡无华。酒庄最具代表性的酒款当数巴萨林·巴巴莘斯科（Barbaresco Basarin），所用葡萄是产自内维地区（Neive）的特有葡萄。有了这么令人欣慰的成绩，他们新建了一个功能齐全的地下大型酒窖，用于陈化葡萄酒。另外还有一个光电设备供他们自家用电所需。

● Barbaresco Basarin '09	🍷🍷 4
● Barbaresco Sanadaive '09	🍷🍷 4
● Barbera d'Alba '11	🍷🍷 2*
● Barbera d'Alba Sup. '10	🍷🍷 2*
● Langhe Nebbiolo '10	🍷🍷 3
● Dolcetto d'Alba '11	🍷 2
○ Langhe Sauvignon Basaricò '11	🍷 2
○ Moscato d'Asti '11	🍷 4
● Barbaresco Basarin '08	🍷🍷 4
● Barbaresco Basarin '07	🍷🍷 4
● Barbaresco Basarin Ris. '06	🍷🍷 5
● Barbaresco Basarin Ris. '05	🍷🍷 5
● Barbaresco Sanadaive '08	🍷🍷 4
● Barbaresco Sanadaive '07	🍷🍷 4

Claudio Alario
via Santa Croce, 23
12055 Diano d'Alba [CN]
Tel. 0173231808
aziendaalario@tiscali.it

藏酒销售
预约参观
年产量 46 000 瓶
葡萄种植面积 10 公顷

1988年，在学习了大量酿酒技术和积累了一定的工作经验后，克劳迪奥·阿莱锐欧（Claudio Alario）终于决定开始酿造自家的葡萄酒了。不久，成功随之而至，他的现代化酒窖使其成为蒂安诺·多赛托（Dolcetto di Diano）最好的酿酒商之一。最初的两个系列，一个是在不锈钢桶陈化的可塔费雷系列酒（Coasta Fiore），接着就是用旧橡木桶陈化的帕杜雷系列酒（Pradurent）。紧接着就是两款巴罗洛（Barolo），产自塞拉伦加（Serralunga）小块葡萄园的索拉诺葡萄酒（Sorano），以及产自凡尔杜诺葡萄园（Verduno）的里瓦葡萄酒（Riva），都是经过各种尺寸的橡木桶陈化的。

● Diano d'Alba Costa Fiore '11	🍷🍷 2*
● Barbera d'Alba Valletta '10	🍷🍷 4
● Barolo Riva Rocca '08	🍷🍷 5
● Barolo Sorano '08	🍷🍷 6
● Diano d'Alba Montagrillo '11	🍷🍷 2*
● Diano d'Alba Sup. Pradurent '10	🍷🍷 3
● Nebbiolo d'Alba Cascinotto '10	🍷🍷 4
● Barolo Sorano '05	🍷🍷🍷 7
● Barolo Riva Rocca '07	🍷🍷 6
● Barolo Sorano '06	🍷🍷 7
● Barolo Sorano '04	🍷🍷 7
● Diano d'Alba Costa Fiore '10	🍷🍷 2*
● Diano d'Alba Costa Fiore '09	🍷🍷 2*
● Diano d'Alba Costa Fiore '08	🍷🍷 2*

F.lli Alessandria
via B. Valfré, 59 - 12060 Verduno [CN]
Tel. 0172470113
www.fratellialessandria.it

藏酒销售
预约参观
年产量 70 000 瓶
葡萄种植面积 14 公顷

亚历山德里亚家族（Alessandria）是从1870年开始接手这个酒庄，但早在1843年，酒庄就已经在由萨伏伊国王卡罗•阿尔贝托（Carlo Alberto）赞助的葡萄酒比赛中夺得过两枚金牌。除了位于凡尔杜诺的蒙维格里罗葡萄园（Monvegliero cru of Verduno），蒙佛尔特地区（Monforte）的格雷姆里尔葡萄园（Gramolere cru）所产的葡萄酒更加层次分明、口感浓郁，他们的巴罗洛葡萄酒（Barolos）也很不错。年轻的维特勒（Vittore），他的父亲吉安•巴蒂斯塔（Gian Battista）、叔叔亚历山德罗（Alessandro）致力于酿制古典风格的巴罗洛葡萄酒（Barolos），摒弃那些在不锈钢桶里陈化的果香型葡萄酒，维杜诺格葡萄酒（Verduno Pelaverga）就是其中最好的代表。

● Barolo S. Lorenzo '08	🍷🍷🍷 6
● Barolo Gramolere '08	🍷🍷 6
● Barolo Monvigliero '08	🍷🍷 6
● Barbera d'Alba Sup. La Priora '09	🍷🍷 4
● Barolo '08	🍷🍷 5
● Langhe Rossoluna '09	🍷🍷 4
● Barbera d'Alba '11	🍷 2
● Dolcetto d'Alba '11	🍷 2
● Langhe Nebbiolo Prinsiot '10	🍷 3
● Verduno Pelaverga Speziale '11	🍷 3
● Barolo Gramolere '05	🍷🍷🍷 6
● Barolo Monvigliero '06	🍷🍷🍷 6
● Barolo Monvigliero '00	🍷🍷🍷 6
● Barolo S. Lorenzo '04	🍷🍷🍷 6
● Barolo S. Lorenzo '01	🍷🍷🍷 6
● Barolo S. Lorenzo '97	🍷🍷🍷 6

★Gianfranco Alessandria
loc. Manzoni, 13
12065 Monforte d'Alba [CN]
Tel. 017378576
www.gianfrancoalessandria.com

藏酒销售
预约参观
年产量 45 000 瓶
葡萄种植面积 7 公顷

自20世纪80年代中期接手吉安弗朗克•亚力山德里亚酒庄（Gianfranco Alessandria）时起，庄主就一直保持着小规模种植、酿酒。除巴罗洛葡萄酒（Barolo）之外，酒庄凭借酿制方法新颖和果香浓郁的巴贝拉•阿尔巴葡萄酒（Barbera d'Alba）蜚声酒界。这得归功于他的女儿维特利亚（Vittoria），如今维特利亚负责酒庄的日常管理事务。酒庄所产的葡萄酒非常符合现代化需求，简单且纯正。葡萄园大部分位于桑•乔凡尼（San Giovanni di Morforte cru），葡萄经过细心栽培，葡萄酒在法国小橡木桶陈化。

● Barolo '08	🍷🍷 6
● Barbera d'Alba '11	🍷🍷 3
● Barolo S. Giovanni '08	🍷🍷 7
● Dolcetto d'Alba '11	🍷🍷 2*
● Barbera d'Alba Vittoria '98	🍷🍷🍷 5
● Barbera d'Alba Vittoria '97	🍷🍷🍷 5
● Barolo S. Giovanni '04	🍷🍷🍷 7
● Barolo S. Giovanni '01	🍷🍷🍷 7
● Barolo S. Giovanni '00	🍷🍷🍷 7
● Barolo S. Giovanni '99	🍷🍷🍷 8
● Barolo S. Giovanni '98	🍷🍷🍷 7
● Barolo S. Giovanni '97	🍷🍷🍷 7

皮埃蒙特区
PIEDMONT

Marchesi Alfieri
P.ZZA ALFIERI, 28
14010 SAN MARTINO ALFIERI [AT]
TEL. 0141976015
www.marchesialfieri.it

藏酒销售
预约参观
参观设施
年产量 90 000 瓶
葡萄种植面积 25 公顷

圣马尔蒂诺三姐妹（San Martino di San Germano）已经成功经营玛彻斯•阿尔菲利酒庄（Marchesi Alfieri）20多年了，并且一直是当地酒庄葡萄酒质量的楷模。1937年，她们那位于夸里亚（Quaglia）山腰处、古老的葡萄园当时只有4公顷，种植着当地最著名的葡萄品种巴贝拉葡萄（Barbera），用于酿制酒庄的旗舰酒。巴贝拉（Barbera）不断扩大种植面积，如今的种植面积达21公顷，葡萄园总面积为25公顷。除了巴贝拉葡萄外，他们还种植有吉诺林诺葡萄（Grignolino）、内比奥罗葡萄（Nebbiolo）和黑比诺葡萄（Pinot Nero），所产的葡萄酒现代气息浓郁而且质量上乘、香气细腻。

Giovanni Almondo
VIA SAN ROCCO, 26 - 12046 MONTÀ [CN]
TEL. 0173975256
www.giovannialmondo.com

藏酒销售
预约参观
年产量 100 000 瓶
葡萄种植面积 15 公顷

多梅尼克•阿蒙杜（Domenico Almondo）酒庄是生产高品质罗埃洛（Roero）葡萄酒的供应商。酒庄的葡萄园全部位于蒙特•阿尔巴（Monta d'Alba）市区，那里的沙质土壤主要种植白葡萄，而占更大比例的石灰岩土壤则用于种植红葡萄。葡萄藤的平均树龄已有30年，其中一些树龄超过了60年。酒庄的红葡萄酒经橡木桶精心酿制。另外，他们还注意控制白葡萄的产量，酿出的葡萄酒别具一格，优雅细腻。

● Barbera d'Asti La Tota '10	3*
● Barbera d'Asti Sup. Alfiera '09	5
● M.to Rosso Sostegno '10	2*
● Piemonte Grignolino Sansoero '11	2*
● Barbera d'Asti Sup. Alfiera '07	5
● Barbera d'Asti Sup. Alfiera '05	5
● Barbera d'Asti Sup. Alfiera '01	5
● Barbera d'Asti Sup. Alfiera '00	5
● Barbera d'Asti Sup. Alfiera '99	5
● Barbera d'Asti La Tota '09	3*
● Barbera d'Asti La Tota '07	3
● Barbera d'Asti La Tota '06	3*

● Roero Giovanni Almondo Ris. '09	5
● Roero Bric Valdiana '10	5
● Barbera d'Alba Valbianchera '10	3
○ Roero Arneis Bricco delle Ciliegie '11	3
○ Roero Arneis V. Sparse '11	2*
● Roero Bric Valdiana '07	5
● Roero Bric Valdiana '03	5
● Roero Bric Valdiana '01	4
○ Langhe Bianco Sassi e Sabbia '09	3
● Roero '09	3
○ Roero Arneis Bricco delle Ciliegie '10	3
● Roero Bric Valdiana '09	3
● Roero Giovanni Almondo Ris. '08	5

皮埃蒙特区
PIEDMONT

★★★ Elio Altare
Fraz. Annunziata, 51
12064 La Morra [CN]
Tel. 017350835
www.elioaltare.com

预约参观
年产量 60 000 瓶
葡萄种植面积 10 公顷
葡萄栽培方式 传统栽培

伊利奥·阿尔托雷（Elio Altare）可以说是河塘两岸知名人士了。30多年来，他带领着许多小型酿酒商共同谋发展，通过巴罗洛（Barolo）甚至整个兰格丘陵葡萄酒树立本地区崭新形象。伊林奥酒庄（Elio Altare）一直坚持人工酿制葡萄酒，不仅手工除梗，关注到每一株甚至每一颗葡萄，然后经过简单的浸泡，高温发酵，再到新型小橡木桶的陈化，完全手工天然。这么多年来，他们尽量避免使用任何化学肥料，使用的少量肥料也是来自有机农场。

Antichi Vigneti di Cantalupo
via Michelangelo Buonarroti, 5
28074 Ghemme [NO]
Tel. 0163840041
www.cantalupo.net

藏酒销售
预约参观
年产量 200 000 瓶
葡萄种植面积 35 公顷

酒庄的久远历史可以追溯回阿伦诺（Arlunno）世纪，早在1800年1月30日，巴拉吉奥拉葡萄园（Baraggiola）就被纳入家族的名下。内比奥罗葡萄（Nebbiolo）在这里又名西班纳葡萄（Spanna），种植面积占了总园面积的80%，全部用于酿造格美（Ghemme）的4个系列酒。你可以从雄伟的地下酒窖看出酒庄对传统生产工艺的追崇，里面主要是斯拉夫尼亚大橡木酒，还有少许法国橡木桶。所产葡萄酒基本偏重于传统风格，单宁突出，适合瓶内长期陈化。

● Barolo Cerretta V. Bricco '06	♛♛♛ 8
● Barolo '08	♛♛ 8
● Barolo Vign. Arborina '08	♛♛ 8
● Langhe Arborina '10	♛♛ 8
● Langhe Larigi '10	♛♛ 8
● Barbera d'Alba '11	♛♛ 3
● L'Insieme '10	♛♛ 7
● Langhe La Villa '10	♛♛ 8
● Langhe Nebbiolo '11	♛♛ 4
● Dolcetto d'Alba '11	♛ 2
● Barolo Cerretta V. Bricco '05	♛♛♛ 8
● Langhe Arborina '08	♛♛♛ 8
● Langhe Larigi '07	♛♛♛ 7

● Ghemme Signore di Bayard '05	♛♛ 6
● Colline Novaresi Primigenia '09	♛♛ 2*
○ Carolus '11	♛ 2
● Colline Novaresi Nebbiolo Il Mimo '11	♛ 2
● Colline Novaresi Vespolina Villa Horta '10	♛ 2
⊙ Mia Ida Brut	♛ 3
● Ghemme '05	♛♛♛ 4
● Ghemme Collis Breclemae '00	♛♛♛ 6
● Ghemme Collis Breclemae '04	♛♛ 6
● Ghemme Collis Carellae '07	♛♛ 6
● Ghemme Signore di Bayard '04	♛♛ 5

皮埃蒙特区
PIEDMONT

Antico Borgo dei Cavalli
VIA DANTE, 54 - 28010 CAVALLIRIO [NO]
TEL. 016380115
www.vinibarbaglia.it

藏酒销售
预约参观
年产量 25 000 瓶
葡萄种植面积 3 公顷

尽管如今葡萄园的面积只有3公顷大小，你依然可以从塞尔吉奥•巴巴格里亚（Sergio Barbaglia）的波卡葡萄酒（Boca）看到他对本地葡萄酒酿造传统的尊重。除了波卡葡萄酒，酒庄还生产有其他单品葡萄酒，包括维斯伯里娜（Vespolina）、克罗地那（Croatina）、优化拉雅（Uva Rara）和厄柏露丝（Erbaluce）。对本地葡萄的尊重并没有妨碍塞尔吉奥创新酿造工艺以及推出新品种，例如库赛拉系列（Cuticella）下的3款梅特多经典葡萄酒（Metodo Classicos）。酒庄的红葡萄酒淋漓尽致地反映了传统，完美地表现了诺瓦拉（Novara）附近山地的特殊矿物质风味。

● Boca '08	🍷🍷 5
○ Colline Novaresi Bianco Lucino '11	🍷 3
○ Curticella Caballi Regis Brut	🍷🍷 5
● Passiolò	🍷🍷 5
● Colline Novaresi Uva Rara Lea '11	🍷 2
● Colline Novaresi Vespolina Ledi '10	🍷 3
Boca '07	🍷🍷 5
○ Colline Novaresi Bianco Lucino '10	🍷🍷 3*
○ Curticella Caballi Regis Brut M. Cl.	🍷🍷 5

★Antoniolo
C.SO VALSESIA, 277 - 13045 GATTINARA [VC]
TEL. 0163833612
antoniolovini@bmm.it

藏酒销售
预约参观
年产量 60 000 瓶
葡萄种植面积 12 公顷

过去15年来，阿尔伯特•安特尼诺（Alberto Antoniolo）孜孜不倦地开创出别具特色的加地娜拉葡萄酒（Gattinaras）。该品种不仅给这个区域流派，乃至整个葡萄酒产区都注入了新的活力。阿尔伯特的妹妹热心帮助他管理酒庄，还兼任皮埃蒙特（Piedmont）北部内比奥罗（Nebbiolo）保护联合会的主席。他们一家的成功，源于他们自1948年以来的辛勤工作以及对每个系列酒品的完美追求。他们更多地依赖的葡萄园，其中很多葡萄品种都是区域的佼佼者，圣格拉托葡萄（San Grato）更是独领风骚。在酒窖里，葡萄酒的发酵在水泥大桶中完成，不添加任何酵母。

● Gattinara S. Francesco '08	🍷🍷🍷 7
● Gattinara Castelle '08	🍷🍷 7
● Gattinara Osso S. Grato '08	🍷🍷 8
● Gattinara '08	🍷 5
● Coste della Sesia Nebbiolo Juvenia '10	🍷 3
⊙ Coste della Sesia Rosato Bricco Lorella '11	🍷 2
● Gattinara S. Francesco '07	🍷🍷🍷 5
● Gattinara Vign. Osso S. Grato '06	🍷🍷🍷 6
● Gattinara Vign. Osso S. Grato '05	🍷🍷🍷 6
● Gattinara Vign. Osso S. Grato '04	🍷🍷🍷 6
● Gattinara Vign. S. Francesco '06	🍷🍷🍷 5
● Gattinara Vign. S. Francesco '05	🍷🍷🍷 6
● Gattinara Vign. S. Francesco '03	🍷🍷🍷 6

皮埃蒙特区
PIEDMONT

Araldica Vini Piemontesi
V.LE LAUDANO, 2
14040 CASTEL BOGLIONE [AT]
TEL. 014176311
www.araldicavini.com

藏酒销售
预约参观
年产量 6 000 000 瓶
葡萄种植面积 900 公顷

阿娜迪卡（Arldica）是一家大型的合作酒厂，共有320位成员。其葡萄园横跨了阿斯蒂省（Asti）和亚历山德里亚省（Alessandria）周边地区，从兰格（Langhe）延伸到了瑞奥罗（Reoro）地区。他们有专门的技术人员来监控每一个葡萄园和每一位种植者的种植情况，确保所产葡萄酒保持质量平稳，尤其是确保供应给餐馆和葡萄酒商店的葡萄酒质量。本地的葡萄"群星闪耀"，从波里隆城堡（Boglione Castel）的巴贝拉（Barbera）、科特赛（Cortese），到卡斯西诺内（Cascinone）、加维（Gavi）等葡萄，为我们提供了一系列口感良好、制作工艺细腻的葡萄酒。

Tenuta dell'Arbiola
LOC. ARBIOLA
REG. SALINE, 67
14050 SAN MARZANO OLIVETO [AT]
TEL. 0141856194
www.saiagricola.it

藏酒销售
预约参观
餐饮接待
年产量 100 000 瓶
葡萄种植面积 20 公顷

亚比奥拉酒庄（Arbiola）隶属于方迪亚保险集团（Gruppo Fondiaria SAI）旗下的农业投资公司——萨雅格拉（Saiagricola），地处盛产优质葡萄酒的阿斯蒂省（Asti）。葡萄园位于亚比奥拉（Arbiola）山腰上，与里欧•尼斯（Rio Nizza Vally）山谷隔山相望，土质为石灰岩和砾岩。20公顷葡萄园中有12公顷种植着当地的主流葡萄品种——巴贝拉（Barbera），还有一些超过60多年的品种。他们还种植莫斯卡托（Moscato）、赤霞珠（Cabernet Sauvigon）、黑皮诺（Pinot Nero）、梅洛（Merlot）、苏维翁（Sauvignon）和莎当尼（Chardonnay）等葡萄。酒庄运用古老酿造工艺酿造的葡萄酒，口感纯正。

○ Alta Langa Alasia Brut '08	♀♀ 3*
○ Alta Langa Alasia Brut Rosé '07	♀♀ 3
● Barbera d'Asti Sup. Crocera '09	♀♀ 3
○ Gavi '11	♀♀ 3
● Langhe Nebbiolo Castellero '07	♀ 3
● Barbera d'Asti Sup. Rive '09	♀ 3
○ Gavi Conchetta '11	♀ 3
● Barbera d'Asti Sup. D'Annona '07	♀♀ 3*
● Barbera d'Asti Sup. Rive '04	♀♀ 3*
○ Gavi La Battistina '10	♀♀ 2
○ Gavi La Lancellotta '10	♀♀ 2
● Langhe Nebbiolo Castellero '05	♀♀ 3*

● Barbera d'Asti Sup. Nizza Romilda XIV '09	♀♀♀ 5
● Barbera d'Asti Carlotta '10	♀ 2
○ Moscato d'Asti Ferlingot '11	♀ 2
● Barbera d'Asti Carlotta '09	♀♀ 2*
● Barbera d'Asti Sup. Nizza Romilda '08	♀♀ 4
● Barbera d'Asti Sup. Nizza Romilda IX '04	♀♀ 5
● Barbera d'Asti Sup. Nizza Romilda VII '01	♀♀ 5
● Barbera d'Asti Sup. Nizza Romilda VIII '03	♀♀ 5
● Barbera d'Asti Sup. Nizza Romilda X '05	♀♀ 5
● Barbera d'Asti Sup. Nizza Romilda XII '07	♀♀ 5

皮埃蒙特区
PIEDMONT

L'Armangia
Fraz. San Giovanni, 122
14053 Canelli [AT]
Tel. 0141824947
www.armangia.it

预约参观
年产量 85 000 瓶
葡萄种植面积 10 公顷

阿曼吉亚（Armangia）酒庄由伊格纳奇奥•吉欧维尼（Ignazio Giovine）和他的父亲吉伟塞佩（Giuseppe）共同经营。酒庄主要出品白葡萄酒，包括莎当尼（Chardonnay）、莫斯卡托（Moscato）和苏维翁（Sauvignon）。近年来，其出产的红葡萄酒后来居上，使酒庄成为当地最好的酒庄之一。卡内里葡萄园（Canelli）位于南部，土壤为黏土石灰岩，东部葡萄园位于莫阿斯卡（Moasca）附近城镇，西部葡萄园位于圣马尔扎诺（San Marzano Oliveto），土壤都十分肥沃。他们对葡萄园的细心照顾造就了优雅经典的巴贝拉葡萄（Barbera），最大地发挥出其鲜明的地域特点。

● Barbera d'Asti Sopra Berruti '11	♛♛ 2*
● Barbera d'Asti Sup. Nizza Titon '09	♛♛ 3
■ M.to Rosso Pacifico '09	♛ 3
○ Moscato d'Asti Canelli '11	♛ 2
● Barbera d'Asti Sopra Berruti '10	♛♛ 2*
● Barbera d'Asti Sup. Nizza Titon '08	♛♛ 3*
● Barbera d'Asti Sup. Nizza Titon '07	♛♛ 3*
● Barbera d'Asti Sup. Nizza Titon '06	♛♛ 3
● Barbera d'Asti Sup. Nizza Titon '04	♛♛ 3
● Barbera d'Asti Superiore Nizza Vignali '06	♛♛ 5
● Barbera d'Asti Vignali Castello di Calosso '01	♛♛ 4
○ Mesicaseu	♛♛ 3

Ascheri
via Piumati, 23 - 12042 Bra [CN]
Tel. 0172412394
www.ascherivini.it

藏酒销售
预约参观
膳宿接待
年产量 240 000 瓶
葡萄种植面积 40 公顷

尽管位于城区，但马特奥•阿斯切里（Metteo Ascheri）所经营的酒庄还是具有独特的魅力，加上拥有先进的工艺设备，成为游客们心驰神往的旅游胜地。当然，葡萄园也是一个关键因素。其中最耀眼的要数塞拉伦加•阿尔巴葡萄园（Serralunga d'Alba），出产了几款声名远扬的巴罗洛精品酒（Barolo）。酒庄出品的葡萄酒质量有保证，不管是那阿尔巴•内比奥多葡萄酒（Nebbiolo d'Alda San Giacomo）和用维欧尼葡萄（Viognier）酿造的兰格白葡萄酒（Langhe Bianco），还是由西拉葡萄（Syrah）精制而成的兰格蒙塔路帕红葡萄酒（Langhe Rosso Montalupa）。其中质量上乘的巴罗洛葡萄酒（Barolo）的陈化过程是在新旧不一的中型斯拉夫尼亚橡木酒桶中完成的。

● Barolo Pisapola '08	♛♛ 5
● Barolo Sorano '08	♛♛ 5
● Barolo Sorano Coste & Bricco '08	♛♛ 6
● Langhe Rosso Montalupa '09	♛ 4
● Nebbiolo d'Alba Bricco S. Giacomo '10	♛♛ 3
● Barbera d'Alba Fontanelle '10	♛ 3
● Dolcetto d'Alba Nirane '11	♛ 2
○ Langhe Arneis Cristina Ascheri '11	♛ 2
○ Langhe Bianco Montalupa Viognier '08	♛ 4
● Barolo Sorano '00	♛♛♛ 6
● Barolo Sorano Coste & Bricco '06	♛♛♛ 6
● Barolo Sorano '07	♛♛ 5
● Barolo Sorano '03	♛♛ 5*
● Barolo Sorano '01	♛♛ 5*
● Barolo Sorano Coste & Bricco '07	♛♛ 6
● Barolo Sorano Coste & Bricco '04	♛♛ 6

皮埃蒙特区
PIEDMONT

Paolo Avezza
REGIONE MONFORTE, 62 - 14053 CANELLI [AT]
TEL. 0141822296
www.paoloavezza.com

藏酒销售
预约参观
年产量 23 000 瓶
葡萄种植面积 7 公顷

酒庄的第三代传人保罗·阿维萨（Paolo Avezza）接管酒庄之后，把它打造成了阿斯蒂（Asti）省最有趣的酒庄之一。葡萄园分布在两个区域：一个在尼扎·蒙菲拉托地区（Nizza Monferrato），该区域单一种植巴贝拉葡萄（Barbera）；另一个在卡内利（Canelli），这个区域主要生产多赛托（Dolcetto）、莫斯卡托（Moscato）、内比奥多（Nebbiolo）、黑比诺（Pinot Nero）和少量的莎当尼（Chardonnay）等经典的葡萄品种，这些葡萄酿出轻快的兰格·阿尔塔（Alta Langa）葡萄酒。土壤总体上为石灰岩土质，尼扎·蒙菲拉托地区（Nizza Monferrato）土壤会偏沙质，而卡内利（Canelli）土壤则偏泥质。葡萄酒大多是单品葡萄酒，气质优雅，很好地体现出独特的风土气息。

● Barbera d'Asti Sup. Nizza Sotto la Muda '09	▼▼ 4
● Barbera d'Asti '11	▼▼ 2*
○ Alta Langa Brut '09	▼ 4
○ Moscato d'Asti La Commenda '11	▼ 2
● Barbera d'Asti Sup. Nizza Sotto la Muda '07	▽▽▽ 3*
○ Alta Langa Brut '08	▽▽ 4
● Barbera d'Asti '10	▽▽ 2
● Barbera d'Asti '09	▽▽ 2*
● Barbera d'Asti '07	▽▽ 2*
● Barbera d'Asti Nizza Sotto la Muda '06	▽▽ 3*
● Barbera d'Asti Sup. Nizza Sotto la Muda '08	▽▽ 4

Azelia
FRAZ. GARBELLETTO
VIA ALBA-BAROLO, 53
12060 CASTIGLIONE FALLETTO [CN]
TEL. 017362859
www.azelia.it

藏酒销售
预约参观
年产量 75 000 瓶
葡萄种植面积 16 公顷

酒窖陈列着自20世纪30年代的葡萄酒，见证了巴罗洛（Barolo）出口先驱洛伦佐（Lorenzo）和阿方索·思佳维诺（Alfonso Scavino）开创酒庄以来在葡萄酒事业上所走过的风风雨雨。路易格（Luigo）和他的妻儿——罗雷拉（Lorella）、洛伦佐（Lorenzo）共同经营酒庄，古老的酿酒传统并没有阻碍他们不断创新的脚步。凭借他们对葡萄的质量精益求精，加上酒窖里的小型法国橡木桶，使得酿出的葡萄酒散发着优雅、纯净的芳香。在一些特别好的年份，酒庄会选用有70年树龄的老藤葡萄酿制巴罗洛·瓦格纳·布瑞亚葡萄酒（Barolo Voghera Brea），一般是陈酿（Riserva）系列。

● Barolo S. Rocco '08	▼▼▼ 8
● Barolo '08	▼▼ 6
● Barolo Bricco Fiasco '08	▼▼ 8
● Barolo Margheria '08	▼▼ 8
● Barolo Bricco Fiasco '01	▽▽▽ 8
● Barolo Margheria '06	▽▽▽ 7
● Barolo San Rocco '99	▽▽▽ 8
● Barolo Voghera Brea Ris. '01	▽▽▽ 8
● Barolo Bricco Fiasco '07	▽▽ 8
● Barolo Margheria '07	▽▽ 7

皮埃蒙特区
PIEDMONT

Antonio Baldizzone
Cascina Lana
C.SO ACQUI, 187
14049 NIZZA MONFERRATO [AT]
TEL. 0141726734
www.cascinalanavini.it

藏酒销售
年产量 60 000 瓶
葡萄种植面积 18 公顷

安东尼奥•巴尔迪乔恩（Antonio Baldizzone）和他的妻子格拉齐亚娜•瑞奇奥利（Graziana Rizzoli）齐心协力经营着这个位于尼扎•蒙菲拉托（Nizza Monferrato）小山坡上的家族酒庄。酒庄周围的葡萄园距今已有50年历史。当地最主要的葡萄品种巴贝拉（Barbera），用于酿造几款葡萄酒，其中包括别具特色的尼扎葡萄酒（Nizza）。事实上卡斯那•里那（Cascina Lina）是第一个酿制尼扎葡萄酒（Nizza）的酒庄，实属经典。

★ Cascina La Barbatella
S.DA ANNUNZIATA, 55
14049 NIZZA MONFERRATO [AT]
TEL. 0141701434
www.labarbatella.com

藏酒销售
预约参观
年产量 22 000 瓶
葡萄种植面积 4 公顷

罗勒佐•裴乐哥（Lorenzo Perego）从安格洛•宋维克（Angelo Sonvico）手上接管卡斯那•拉•巴尔巴特拉酒庄（Cascina La Barbatella）。酒庄位于尼扎•蒙菲拉托（Nizza Monferrato）山脚下，多年来一直是阿斯蒂省（Asti）葡萄酒酿造和葡萄栽培方面的佼佼者。葡萄园团团环绕着酒庄，南面和东南面的石灰质土壤有沙化趋势。葡萄藤都有25~50年的树龄，除了主要种植巴贝拉葡萄（Barbera）外，还种植赤霞珠（Cabernet Sauvigon）、黑皮诺（Pinot Nero）、科特赛（Cortese）和苏维翁（Sauvignon）等葡萄。酒庄出品的葡萄酒既保持个性典型的现代风格，而且典雅富有内涵。

● Barbera d'Asti La Cirimela '11	♟2*
● Barbera d'Asti Sup. Nizza '09	♟♟5
● Dolcetto d'Asti La Milana '11	♟2
○ Moscato d'Asti '11	♟2
● Barbera d'Asti La Cirimela '10	♟♟2
● Barbera d'Asti La Cirimela '08	♟♟2*
● Barbera d'Asti Sup. Nizza '08	♟♟5
● Barbera d'Asti Sup. Nizza '07	♟♟5
● M.to Rosso Vën ëd Michen '08	♟♟4

● Barbera d'Asti Sup. Nizza V. dell'Angelo '09	♟♟5
● M.to Rosso Ruanera '09	♟♟2*
● M.to Rosso Sonvico '08	♟♟6
● Barbera d'Asti '10	♟3
● Barbera d'Asti Sup. Nizza V. dell'Angelo '07	♟♟♟5
● Barbera d'Asti Sup. Nizza V. dell'Angelo '01	♟♟♟5
● M.to Rosso Mystère '01	♟♟♟6
● M.to Rosso Sonvico '06	♟♟♟5
● M.to Rosso Sonvico '04	♟♟♟5
● M.to Rosso Sonvico '03	♟♟♟5
● M.to Rosso Sonvico '00	♟♟♟5
● M.to Rosso Sonvico '98	♟♟♟5

皮埃蒙特区
PIEDMONT

Osvaldo Barberis
B.TA VALDIBÀ, 42 - 12063 DOGLIANI [CN]
TEL. 017370054
www.osvaldobarberis.com

藏酒销售
预约参观
年产量 18 000 瓶
葡萄种植面积 9 公顷
葡萄栽培方式 有机认证

环境保护、消费者至上是酒庄的经营理念。他们的葡萄种植一直采用有机种植方式，这也是大势所趋。另外，酒庄还尽量避免使用亚硝酸盐，此举最大的受益者当属种植多赛拖葡萄（Dolcetto）的7公顷葡萄园，但已经转手的内比奥罗（Nebbiolos）和巴贝拉·阿尔巴（Barbera d'Alba）就不能受惠了。偌大的酒窖添置了很多不锈钢大酒桶，还配备了一个优雅的石头建成的品酒室。

Batasiolo
FRAZ. ANNUNZIATA, 87
12064 LA MORRA [CN]
TEL. 017350130
www.batasiolo.com

预约参观
年产量 2 500 000 瓶
葡萄种植面积 107 公顷

自1978年开始掌管酒庄以来，多哥利阿尼家族（Dogliani）不断扩展酒庄的经营规模。为此，他们做了大量的工作，近期他们把精力投放于新建酒窖中。为扩充葡萄酒品种，他们也会向皮埃蒙特（Piedmont）各个地方的葡萄种植商收购葡萄，不过他们的主要精力还是放在那位于兰格（Langhe）丘陵的100多公顷葡萄园。酒庄的顶级酒品均来自各种系列的巴罗洛葡萄（Barolo），采用古法酿制，并且通常在大橡木桶陈化。克达·巴罗洛（Barolo Corda della）却是个例外，它是用小型法国酒桶陈化而成的。

● Dogliani Puncin '10	🏆 2*
● Dogliani Valdibà '11	🏆 2*
● Barbera d'Alba Castella '10	🏆 3
● Nebbiolo d'Alba Muntajà '10	🏆 3
● Barbera d'Alba Castella '10	🏆 3
● Barbera d'Alba Castella '08	🏆 3
● Dogliani Puncin '08	🏆 2*
● Dolcetto di Dogliani Avrì Senza Solfiti Aggiunti '10	🏆 2*
● Dolcetto di Dogliani Puncin '05	🏆 2*
● Dolcetto di Dogliani Valdibà '10	🏆 2*
● Nebbiolo d'Alba Muntajà '09	🏆 3
● Nebbiolo d'Alba Muntajà '08	🏆 3

● Barolo '08	🏆 5
● Barolo Corda della Briccolina '08	🏆 8
● Barolo Vign. Boscareto '08	🏆 7
● Barolo Brunate '08	🏆 7
● Barolo Vign. Cerequio '08	🏆 7
○ Langhe Bianco Sunsì '11	🏆 3
○ Langhe Chardonnay Vign. Morino '10	🏆 5
● Barbaresco '09	🏆 5
● Barolo Vign. Bofani '08	🏆 7
○ Gavi '11	🏆 3
○ Gavi del Comune di Gavi Granée '11	🏆 3
○ Langhe Chardonnay Serbato '11	🏆 3
● Langhe Nebbiolo '10	🏆 3
○ Moscato d'Asti Bosc dla Rei '11	🏆 3

PIEDMONT

Fabrizio Battaglino

Loc. Borgonuovo
Via Montaldo Roero, 44
12040 Vezza d'Alba [CN]
Tel. 0173658156
www.battaglino.com

藏酒销售
预约参观
年产量 20 000 瓶
葡萄种植面积 5 公顷

法布里奇奥•巴塔里格诺（Fabrizio Battaglino）的小酒庄似乎已经回到罗恩罗葡萄酒（Roero）优秀酿酒商的行列中。葡萄园位于维扎•阿尔巴地区（Vezza d'alba），坐落于科拉（Colla）和梦贝尔（Mombello）海拔350米朝南的陡峭山坡上，沙质土壤。葡萄园的经典葡萄品种包括恩罗（Roero）、阿内斯（Arneis）、内比奥罗（Nebbiolo）和巴贝拉（Barbera）。传承精湛的酿酒工艺，果香浓郁、简单纯正。

Bava

S.da Monferrato, 2 - 14023 Cocconato [AT]
Tel. 0141907083
www.bava.com

藏酒销售
预约参观
参观设施
年产量 500 000 瓶
葡萄种植面积 50 公顷

罗伯特（Roberto）、朱利欧（Giulio）和保罗•巴伐（Paolo Bava）一直共同经营着酒庄，以不断发展创新而驰名酒界。蒙费拉托（Monferrato）附近的可可拉图（Cocconato）、西奥卡罗（Cioccaro）、阿格里亚诺•特尔梅（Agliano Terme）以及兰格（Langhe）区的卡斯提戈里奥内•法雷特（Castiglione Falletto），遍布着大大小小的酒庄。这一片区出产一系列质量稳定的好酒，从巴贝拉（Barbera）葡萄酒到巴罗洛（Barolo）葡萄酒有超过20个品种，其中的大概10款左右出自悠久的积威里奥酒庄（Giulio Coochi），现今被巴伐家族（Bava）所收购，他们出品的葡萄酒均采用现代工艺酿造，性价比很好。

● Roero Sergentin '10	♛♛ 4
● Barbera d'Alba Sup. Madunina '08	♛♛ 3
○ Roero Arneis '11	♛♛ 2*
● Barbera d'Alba V. Munbèl '10	♛ 3
● Nebbiolo d'Alba '10	♛ 3
● Nebbiolo d'Alba V. Colla '07	♛♛♛ 3*
● Barbera d'Alba V. Munbèl '08	♛♛ 2
● Nebbiolo d'Alba V. Colla '08	♛♛ 3
○ Passito Bric Bastia	♛♛ 4
● Roero Sergentin '08	♛♛ 3*

● Barbera d'Asti Sup. Nizza Piano Alto '09	♛♛ 4
○ Alta Langa Brut Toto Corde Giulio Cocchi '06	♛♛ 4
● Barbera d'Asti Sup. Stradivario '07	♛♛ 6
○ Moscato d'Asti Bass Tuba '11	♛♛ 3
● Barbera d'Asti Libera '10	♛ 3
○ Piemonte Cocchi Brut	♛ 3
○ Alta Langa Brut Bianc 'd Bianc Giulio Cocchi '06	♛♛ 5
⊙ Alta Langa Brut Rösa Giulio Cocchi '07	♛♛ 5
● Barbera d'Asti Libera '09	♛♛ 2
● Barbera d'Asti Sup. Nizza Piano Alto '07	♛♛ 4
● Barbera d'Asti Sup. Stradivario '01	♛♛ 6
● Barolo Scarrone '06	♛♛ 6

皮埃蒙特区
PIEDMONT

Bel Colle

Fraz. Castagni, 56 - 12060 Verduno [CN]
Tel. 0172470196
www.belcolle.it

藏酒销售
预约参观
年产量 180 000 瓶
葡萄种植面积 10 公顷

也许是硫磺含量高的白垩土壤，造就了培拉维尔加葡萄酒（Pelaverga）细腻的香气和独特的辛辣味，自1976年建立以来，贝尔•科勒酒庄（Bel Colle）专注于酿制这款酒，并取得不错的市场效益。酒庄第一代雄心壮志的主人——佛朗哥•旁提格里奥勒（Franco Pontiglione）、卡罗•旁提格里奥勒（Carlo Pontiglione）兄弟和朱塞佩•皮瑞尔拉（Giuseppe Priola）致力于酿制整个系列的兰格（Langhe）和罗恩罗（Roero）葡萄酒。多年来，技艺精湛的酿酒师保罗•托奇奥（Paolo Torchio）找到一些区域内值得信赖的葡萄种植者，有效地保证了酒庄的稳定酒品质量。酒庄主要用大型斯拉夫尼亚橡木酒桶和一些法小型国橡木酒桶来陈化葡萄。

Bera

via Castellero, 12 - 12050 Neviglie [CN]
Tel. 0173630194
www.bera.it

藏酒销售
预约参观
年产量 140 000 瓶
葡萄种植面积 22 公顷

贝拉家族（Bera）如今已是莫斯卡托葡萄酒（Moscato d'Asti）优秀酿酒商之一。酒庄的大部分葡萄园位于内维格列（Neviglie）的丘陵地带，南向及西南朝向，海拔高度在320米到380米之间，黏土、凝灰的石灰岩土质。种植有莫斯卡托葡萄（Moscato）、多赛托（Dolcetto）、内比奥罗（Nebbiolo）和巴贝拉（Barbera）葡萄，还有用于酿造阿尔塔•兰格葡萄酒（Alta Langa）的莎当尼（Chardonnay）和黑比诺（Pinot Nero）等葡萄品种。这些葡萄酒虽然欠缺丰富度，但平衡感很好，酒体也优雅，品质有保证。

● Barolo Monvigliero '07	🍷🍷🍷 5
● Barbaresco '08	🍷🍷 5
● Barbaresco Roncaglie '07	🍷🍷 5
● Barbera d'Alba Sup. Ape Reale '10	🍷🍷 2*
● Nebbiolo d'Alba Bricco Reala '10	🍷🍷 3
● Verduno Pelaverga '11	🍷 3
● Barolo Monvigliero '06	🍷🍷🍷 5
● Barbaresco Roncaglie '06	🍷🍷 5
● Barolo '07	🍷🍷 5
● Barolo '06	🍷🍷 5
● Barolo Boscato '04	🍷🍷 5
● Barolo Boscato '03	🍷🍷 5
● Barolo Monvigliero '05	🍷🍷 5
● Barolo Monvigliero Ris. '04	🍷🍷 6

○ Moscato d'Asti Su Reimond '11	🍷🍷 2*
○ Alta Langa Bera Brut '06	🍷🍷 3
● Barbera d'Alba '11	🍷🍷 2*
● Barbera d'Alba La Lena '09	🍷🍷 3
● Barbera d'Asti Sup. '09	🍷🍷 2*
● Langhe Sassisto '09	🍷🍷 3
○ Moscato d'Asti '11	🍷🍷 2*
● Barbaresco '07	🍷🍷 5
● Barbera d'Alba Sup. La Lena '04	🍷🍷 3*
● Barbera d'Alba Sup. La Lena '03	🍷🍷 3*
○ Moscato d'Asti Su Reimond '09	🍷🍷 2*
○ Moscato d'Asti Su Reimond '06	🍷🍷 2*

PIEDMONT
皮埃蒙特区

Cinzia Bergaglio
VIA GAVI, 29 - 15060 TASSAROLO [AL]
TEL. 0143342203
www.vinicinziabergaglio.it

藏酒销售
预约参观
年产量 25 000 瓶
葡萄种植面积 5 公顷

这家小酒庄用尽心思种植最好的科特赛葡萄（Cortese）。冬季的时候，他们会大幅修剪葡萄藤，到第二年夏季7月的时候葡萄又会长出嫩芽。酒窖里，统一按钮控制葡萄汁的提取，大不锈钢桶的发酵也需温度控制。酒庄如今是全家总动员，一起协助辛扎（Cinza）酿制他们的2款酒：经典格福洛尼•加维葡萄酒（Gavi Grifone delle Roveri）以及让他们引以为豪的福玛•加维葡萄酒（Gavi La Fornace）。

○ Gavi del Comune di Gavi Grifone delle Roveri '11	🍷 2*
○ Gavi La Fornace '11	🍷 2
○ Gavi del Comune di Gavi Grifone delle Roveri '09	🍷🍷 2*
○ Gavi La Fornace '10	🍷🍷 2*
○ Gavi La Fornace '08	🍷🍷 2*
○ Gavi La Fornace '09	🍷🍷 2*

Nicola Bergaglio
FRAZ. ROVERETO
LOC. PEDAGGERI, 59 - 15066 GAVI [AL]
TEL. 0143682195
nicolabergaglio@alice.it

藏酒销售
预约参观
年产量 130 000 瓶
葡萄种植面积 17 公顷

吉安路易吉•贝尔盖格里奥（Gianluigi Bergaglio）凭借着价值不凡的加维米娜亚葡萄酒（Gaviminaia）而名震酒界，酿酒所用的葡萄来自酒庄附近的优秀葡萄园。如今，他的儿子迪亚哥（Diego）也加入酒庄的管理。酒庄成功的首要秘诀是这款葡萄酒拥有很好的陈年潜力。尤其陈放五六年后饮用，加维米娜亚葡萄酒（Gaviminaia）更加迷人优雅，却又不失活力。我们建议，可以试试陈年的加维葡萄酒（Gavi），在瓶中陈放一段时间，它一定可以成为地区最优秀的葡萄酒之一。

○ Gavi del Comune di Gavi Minaia '11	🍷🍷🍷 4
○ Gavi del Comune di Gavi '11	🍷🍷 3
○ Gavi del Comune di Gavi '10	🍷🍷 4
○ Gavi del Comune di Gavi Minaia '10	🍷🍷 4
○ Gavi del Comune di Gavi Minaia '09	🍷🍷 4
○ Gavi del Comune di Gavi '10	🍷🍷 2
○ Gavi del Comune di Gavi '09	🍷🍷 3
○ Gavi del Comune di Gavi Minaia '08	🍷🍷 3*

皮埃蒙特区
PIEDMONT

Bersano

P.ZZA DANTE, 21
14049 NIZZA MONFERRATO [AT]
TEL. 0141720211
www.bersano.it

藏酒销售
预约参观
年产量 2 200 000 瓶
葡萄种植面积 240 公顷

巴萨诺（Bersano）是皮埃蒙特地区很有实力的一家酒庄，他们在兰格（Langhe）、蒙费拉托（Monferrato）和亚历山德里亚（Alessandria）都有物产。其中脱颖而出的葡萄园有卡斯西纳•可乐摩斯那葡萄园（Cascina Cremosina）、卡斯西纳•拉•杰内拉娜葡萄园（Cascina La Generala）和伟哥内特•蒙特奥利奥葡萄园（Vigneto Monteolivo），他们是阿斯蒂省（Asti）种植巴贝拉葡萄（Barbera）最美丽的葡萄园之一，还有塞拉伦加•阿尔巴地区（Serralunga d'Alba）的巴德琳娜葡萄园（Badarina）。尽管他们的葡萄酒产量惊人，但这并没有影响到各类葡萄酒的质量，采用现代酿酒工艺，又能保持当地的地域特色。值得一提的是，他们用黑比诺（Pinot Nero）和莎当尼（Chardonnay）葡萄酿造的梅多经典起泡酒（Metodo Classico sparkling）非常好。

● Barbera d'Asti Sup. Nizza Generala '09	▼▼ 5
● Barbaresco Mantico '09	▼▼ 6
● Barbera d'Asti Sup. Cremosina '10	▼▼ 3
● Barolo Badarina '07	▼▼ 7
● Barolo Nirvasco '08	▼▼ 6
● Barolo Ris. '06	▼▼ 7
● Ruché di Castagnole Monferrato S. Pietro '11	▼▼ 3
○ Gavi del Comune di Gavi '11	▼ 3
○ Moscato d'Asti Monte Olivo '11	▼ 3
● Nebbiolo d'Alba Paisan '10	▼ 3
● Barbera d'Asti Sup. Generala '97	▽▽▽ 5
● Monferrato Rosso Pomona '04	▽▽ 5

Guido Berta

LOC. SALINE, 53
14050 SAN MARZANO OLIVETO [AT]
TEL. 0141856193
www.guidoberta.com

藏酒销售
预约参观
年产量 25 000 瓶
葡萄种植面积 10 公顷

2001年，带着酿出一流葡萄酒的清晰目标，吉多•贝尔塔（Guido Berta）决定重新协助父亲吉伟瑟培（Giuseppe）经营的自家酒庄。葡萄园分布在圣•马尔扎诺•奥利费托（San Marzano Oliveto）、阿格里阿诺•特尔梅（Agliano Terme）和尼•蒙菲拉托（Nizza Monferrato）这些小镇当中，其中一些已经有30多年历史。葡萄田的土壤大部分是石灰质黏土，东南方向跟西南方向的土质会稍有不同。对阿斯蒂省（Asti）绝大部分的酒庄来说，最重要的葡萄品种是巴贝拉（Barbera），但他们也有种植莎当妮（Chardonnay）、莫斯卡托（Moscato）和内比奥罗（Nebbiolo）葡萄。酒庄出品的葡萄酒采用现代酿酒工艺，果香怡人。

● Barbera d'Asti Sup. '09	▼▼ 3
● Barbera d'Asti Sup. Nizza Canto di Luna '09	▼▼ 4*
● Barbera d'Asti Le Rondini '10	▼ 3
● Monferrato Rosso '10	▼ 5
○ Moscato d'Asti '11	▼ 3
● Barbera d'Asti Sup. Canto di Luna '05	▽▽ 4
● Barbera d'Asti Sup. Canto di Luna '04	▽▽ 4
● Barbera d'Asti Sup. Nizza Canto di Luna '07	▽▽ 4
● Barbera d'Asti Sup. Nizza Canto di Luna '03	▽▽ 4

PIEDMONT
皮埃蒙特区

Bianchi
VIA ROMA, 37 - 28070 SIZZANO [NO]
TEL. 0321810004
www.bianchibiowine.it

藏酒销售
预约参观
年产量 150 000 瓶
葡萄种植面积 21 公顷
葡萄栽培方式 有机认证

18世纪末酒庄已经开始酿制葡萄酒，并在20世纪90年代末获得有机认证。如今保罗•泰尔帝（Paolo Tealdi）和他的母亲伊娃（Eva）一起经营酒庄，给酒庄的管理注入了新的活力。酒庄有超过一半以上葡萄酒出口到世界各地，不仅在意大利国内甚至全球范围获得多项葡萄酒评选的大奖。他们的生产的葡萄酒风格倾向于经典系列，致力于酿制口味纯正、富有怡人果香的葡萄酒。酒庄有一个精美的酒窖，提供舒适的旅游住宿。

● Colline Novaresi Rosso Sanclemente '11	ㅠㅠ 2*
● Gattinara '07	ㅠㅠ 4
● Gattinara Vign. Valferana '07	ㅠㅠ 4
● Ghemme '08	ㅠㅠ 3
● Sizzano '07	ㅠㅠ 3
● Gattinara '05	ㅁㅁ 4
● Gattinara Vign. Valferana '06	ㅁㅁ 4
● Ghemme '07	ㅁㅁ 3
● Ghemme '07	ㅁㅁ 3
● Ghemme '05	ㅁㅁ 3
● Sizzano '06	ㅁㅁ 3*
● Sizzano '05	ㅁㅁ 3*
● Sizzano '04	ㅁㅁ 3

Enzo Boglietti
VIA FONTANE, 18A - 12064 LA MORRA [CN]
TEL. 017350330
www.enzoboglietti.com

藏酒销售
预约参观
参观设施
年产量 100 000 瓶
葡萄种植面积 22.5 公顷

激情洋溢的伯格里提（Boglietti）两兄弟现在把精力投放于酿制优雅葡萄酒系列。他们已经有美丽的拉•摩尔拉葡萄园（La Morra）和实力派的阿里恩•赛诺兰格•阿尔巴葡萄园（Arione di Serralunga d'Alba），还有最近开发出的龙迪诺葡萄园（Roddino），主要用于种植赤霞珠（Cabernets）和梅洛（Merlots）两款葡萄。酒窖里配备了一批现代化的酿酒器具，不锈钢大桶主要用于陈酿各葡萄园收集来的精选葡萄；另外还有大量的小型酒桶。酒庄采用现代化的酿酒工艺，酿造风味纯正的单品葡萄酒，通过瓶内陈化往往可以达到最佳状态。他们最近推出的2001年份的巴罗洛葡萄酒（Barolos），实在令人惊喜。

● Barolo Brunate '08	ㅠㅠ 8
● Barolo Case Nere '08	ㅠㅠ 8
● Barolo Fossati '08	ㅠㅠ 8
● Barolo Ris. '05	ㅠㅠ 8
● Barolo V. Arione '08	ㅠㅠ 8
● Langhe Rosso Buio '09	ㅠㅠ 5
● Barbera d'Alba Roscaleto '09	ㅠ 5
● Barolo Arione '06	ㅠㅠㅠ 8
● Barolo Arione '05	ㅠㅠㅠ 8
● Barolo Brunate '01	ㅠㅠㅠ 8
● Barolo Case Nere '04	ㅠㅠㅠ 8
● Barolo V. Arione '07	ㅠㅠㅠ 8

皮埃蒙特区
PIEDMONT

Bondi

s.da Cappellette, 73 - 15076 Ovada [AL]
Tel. 0131299186
www.bondivini.it

藏酒销售
预约参观
年产量 20 000 瓶
葡萄种植面积 5 公顷

邦迪（Bondi）家族酒庄始建于2000年，如今已在当地葡萄酒行业占据一席之地。近年来奥瓦达（Ovada）附近区域的葡萄酒质量取得很大进步，归功于包含邦迪（Bondi）在内的这些酒庄对高品质葡萄酒的不懈追求。多赛托•欧瓦达（Dolcetto di Ovada）白土的中心地带，就在科里•贝纳亚区域（Colle della Banaia），他们只生产由巴贝拉（Barbera）和多赛托（Dolcetto）葡萄混酿的红葡萄酒。酒庄采用现代化的酿酒设备，出品的葡萄酒可以最佳表现出本地的风土气质。

● Dolcetto di Ovada Nani '11	▽▽ 2*
● Barbera del M.to Banaiotta '10	▽▽ 2*
● Dolcetto di Ovada Nani '09	▽▽ 2
● Dolcetto di Ovada Nani '06	▽▽ 2
● Dolcetto di Ovada Sup. D'Uien '08	▽▽ 3
● M.to Barbera Banaiotta '09	▽▽ 4
● M.to Barbera Ruvrin Sup. '07	▽▽ 4
● M.to Rosso Le Guie '07	▽▽ 3
● Ovada D'Uien '09	▽▽ 3

Borgo Maragliano

via San Sebastiano, 2
14051 Loazzolo [AT]
Tel. 014487132
www.borgomaragliano.com

藏酒销售
预约参观
年产量 285 000 瓶
葡萄种植面积 18 公顷

吉伟瑟培（Giuseppe）和卡罗•噶利尔诺（Carlo Galliano）合资的酒庄被认为是意大利历史最悠久的起泡酒酿酒商之一。生产经典梅特多葡萄酒（Metodo）的葡萄园位于海拔350米至450米的一个天然梯田上，土壤为泥灰土与沙石土混合的沙质土，不含黏土。那里的气候条件造就了他们独特的葡萄酒风格。葡萄园面朝北方，吹拂着利古里亚（Liguirian）海的徐徐海风。酒庄出品的起泡酒不论口感还是香气都非常丰富复杂，很有特点。他们酿的甜酒尤其值得一提，劳佐罗葡萄酒（Loazzolo）产自有65年历史的南部葡萄园。

○ El Calié '11	▽▽ 2*
○ Chardonnay Brut	▽▽ 2*
○ Francesco Galliano Blanc de Blancs '09	▽▽ 4
○ Loazzolo Borgo Maragliano V. T. '09	▽▽ 5
○ Piemonte Chardonnay Crevoglio '11	▽▽ 2*
○ Giuseppe Galliano Brut '08	▽ 4
○ Giuseppe Galliano Brut Ris. '01	▽▽▽ 4*
○ Francesco Galliano Blanc de Blancs '07	▽▽ 3*
⊙ Giovanni Galliano Brut Rosé M. Cl. '07	▽▽ 4
○ Giuseppe Galliano Brut '07	▽▽ 4
○ Giuseppe Galliano Brut '06	▽▽ 4*
○ Moscato d'Asti La Caliera '09	▽▽ 2*

皮埃蒙特区
PIEDMONT

Giacomo Borgogno & Figli
VIA GIOBERTI, 1 - 12060 BAROLO [CN]
TEL. 017356108
www.borgogno.com

藏酒销售
预约参观
年产量 110 000 瓶
葡萄种植面积 16 公顷

博格诺费利酒庄（Giacomo Borgogno & Figli）刚刚庆祝了它的250周岁生日。尽管已经被奥斯卡•费蒂（Oscar Farinetti）集团收购，但其优秀的酿酒传统将被永远传承。酒庄出品的葡萄酒沿袭古老的酿酒工艺，尤其是他们的巴罗洛葡萄酒（Barolo）表现得淋漓尽致。酒庄更是以它悠久的酿酒历史而声名大噪，我们最近品尝的1982年份的葡萄酒就是最好的例证。在美食连锁主店依特利（Eataly）和酒庄里你会发现在地下酒窖沉睡了几十年的，年份更老的葡萄酒。如今，安吉•法利内提（Andrea Farinetti）经营着翻新过的酒庄，但酒庄优秀的酿酒传统将会一直被保留。

● Barolo Liste '07	🍷🍷🍷 7
● Barolo '07	🍷🍷 6
● Barolo Ris. '05	🍷🍷 4
● Langhe Nebbiolo '10	🍷🍷 4
● Barbera d'Alba Sup. '10	🍷 4
● Dolcetto d'Alba '11	🍷 3
● Langhe Nebbiolo No Name '08	🍷 5
● Barolo Cl. '98	🍷🍷🍷 7
● Barolo Liste '05	🍷🍷🍷 7
● Barolo V. Liste '06	🍷🍷🍷 7
● Barolo Cl. '03	🍷🍷 7
● Barolo Liste '04	🍷🍷 8
● Barolo Liste '03	🍷🍷 8
● Barolo Ris. '04	🍷🍷 7

Francesco Boschis
FRAZ. SAN MARTINO DI PIANEZZO, 57
12063 DOGLIANI [CN]
TEL. 017370574
www.marcdegrazia.com

藏酒销售
预约参观
年产量 40 000 瓶
葡萄种植面积 11 公顷

酒庄于1919年由弗朗西斯科•波斯彻斯（Francesco Boschis）创立。1968年，他的儿子马里奥（Mario）开始用自家葡萄园种植的多赛托葡萄酒（dolcetto）酿造葡萄酒，由此拉开了酒庄管理革命的序幕。如今保罗（Paolo）和马尔科（Marco）共同经营酒庄，其经营理念为完全的经典主义。酒庄的代表酒品——多维纳雷（Dogliani Vigna del Prey）和多利尼•马丁诺（Dogliani Sori San Martino）葡萄酒，由精选的吉诺林诺（Grignolino）、阿尔巴•巴贝拉（Barbera d'Alba）和弗雷伊萨（Freisa）葡萄混酿而成。他们唯一的白葡萄酒是兰格•维格娜苏维翁（Langhe Sauvignon Vigna del Garision），质量绝佳，产自有15年历史的葡萄园，经老橡木桶陈化后，既不会掩盖葡萄本身的新鲜口感又带有橡木桶的独特香气。

● Dogliani V. dei Prey '10	🍷🍷 2*
● Dogliani Sorì San Martino '10	🍷🍷 2*
● Dogliani V. del Ciliegio '09	🍷🍷 3
● Langhe Freisa Bosco delle Cicale '10	🍷🍷 2*
● Langhe Rosso nei Sorì '09	🍷🍷 4
● Barbera d'Alba Sup. Le Masserie '09	🍷 3
● Dogliani Pianezzo '11	🍷 2
● Langhe Barbera '10	🍷 4
○ Langhe Sauvignon V. dei Garisin '11	🍷 3
● Piemonte Grignolino '11	🍷 2
● Dogliani Sorì S. Martino '09	🍷🍷 2*
● Dogliani Sorì S. Martino '08	🍷🍷 2*
● Dogliani V. dei Prey '09	🍷🍷 2*
● Dogliani V. dei Prey '08	🍷🍷 2*
● Dolcetto di Dogliani Pianezzo '10	🍷🍷 2*
○ Langhe Sauvignon V. dei Garisin '10	🍷🍷 3*

皮埃蒙特区
PIEDMONT

Luigi Boveri
loc. Montale Celli
via XX Settembre, 6
15050 Costa Vescovato [AL]
Tel. 0131838165
www.boveriluigi.com

藏酒销售
预约参观
年产量 70 000 瓶
葡萄种植面积 15 公顷

如果路易吉•柏维力（Luigi Boveri）作为一名自行车运动员的话，那么他将会是最持之以恒、坚持不懈的一个。路易吉•柏维力在20多年前就开始骑行，其永不止步的精神可以从本页底部的一列列葡萄酒名单中可见一斑。我们很喜欢路易吉（Luigi），这位手上长满水泡的葡萄种植者就像关心他自己一样，细心照料着他的葡萄和葡萄酒。而就是这布满手茧的双手，酿造出了那么多经久不衰、价格实惠的葡萄酒。他酿制了2款提摩拉索（Timorasso）——德森娜（Derthona）和菲尔瑞•提摩拉索（Fiari di Timorasso）葡萄酒；3款以巴贝拉葡萄（Barbera）酿制的——维格纳伦伦名（Vignalunga）、波拉内拉（Boccanera）和波吉奥•阿玛瑞尼（Poggio delle Amarene）葡萄酒；还有1款科特赛（Cortese）和1款克罗地那（Croatina）葡萄酒。

● Colli Tortonesi Barbera Poggio delle Amarene '10	♥♥ 3*
○ Colli Tortonesi Timorasso Derthona '10	♥♥ 3*
● Colli Tortonesi Barbera Boccanera '11	♥ 2*
○ Colli Tortonesi Cortese Vigna del Prete '11	♥ 2*
● Colli Tortonesi Croatina Sensazioni '09	♥♥ 3
○ Colli Tortonesi Timorasso Filari di Timorasso '09	♥♥ 5
● Colli Tortonesi Barbera Vignalunga '09	♥ 5
○ Colli Tortonesi Timorasso Filari di Timorasso '07	♥♥♥ 3
● Colli Tortonesi Barbera Poggio delle Amarene '09	♥♥ 3*
● Colli Tortonesi Barbera Poggio delle Amarene '07	♥♥ 3*

Gianfranco Bovio
fraz. Annunziata
b.ta Ciotto, 63 - 12064 La Morra [CN]
Tel. 017350667
www.boviogianfranco.com

藏酒销售
预约参观
年产量 60 000 瓶
葡萄种植面积 20 公顷

吉安弗兰克•鲍威奥（Gianfranco Bovio）仍然在经营着他的餐厅。早在1976年，他就决定自产自销葡萄酒。如今他的葡萄园已从原来的3公顷扩大至20公顷。1983年以来，在专家、顾问的支持帮助下，瓦尔特•波拉索（Walter Porasso）掌管着酒庄的一切日常事务。最近，他的儿子法比洛（Fabio）表现出不错的管理天赋。他们有一个小小的尝试，用阿尔巴•蒙特葡萄园（Monforte a'Alba）种植的帕鲁斯葡萄（Parussi）来酿制陈酿巴罗洛葡萄酒（Barolo Riserva）。酒窖里放满了不锈钢大桶与各式各样的酒桶，他们擅长用古典的酿酒方法来酿制各式经典酒品。

● Barbera d'Alba Il Ciotto '11	♥♥ 2*
● Barolo Arborina '08	♥♥ 6
● Barolo Gattera '08	♥♥ 6
● Barolo Rocchettevino '08	♥♥ 6
● Barolo Bricco Parussi Ris. '01	♥♥♥ 6
● Barolo Rocchettevino '06	♥♥♥ 5*
● Barolo V. Arborina '90	♥♥♥ 6
● Barolo Arborina '07	♥♥ 6
● Barolo Bricco Parussi Ris. '04	♥♥ 7
● Barolo Bricco Parussi Ris. '03	♥♥ 7
● Barolo Gattera '06	♥♥ 6
● Barolo Rocchettevino '07	♥♥ 5*

皮埃蒙特区
PIEDMONT

★Braida
S.DA PROVINCIALE, 9
14030 ROCCHETTA TANARO [AT]
TEL. 0141644113
www.braida.it

藏酒销售
预约参观
膳宿接待
年产量 600 000 瓶
葡萄种植面积 53 公顷
葡萄栽培方式 传统栽培

半个世纪以来，布尔艾达酒庄（Braida）仍然是皮埃蒙特地区葡萄栽培的杰出代表。酒庄前任庄主是吉亚科莫•波洛格纳（Giacomo Bologna），现在由他孩子拉菲拉（Raffaella）和佩普（Beppe）接管。葡萄园分布在五个地方，分别是种植巴贝拉葡萄（Barbera）的罗切塔•塔纳罗（Rocchetta Tanaro）、科斯提•戈奥勒•艾斯提（Montebruna Costigliole d'Asti）、卡斯尔诺沃•卡尔赛（Castelnuovo Calcea）、芒戈（Mango）以及出产塞拉费利白葡萄酒（Serra dei Fiori）的特勒佐•提内拉（Trezzo Tinella）。这些葡萄园都位于山坡上，土壤类型为黏土、石灰岩和沙质，适中到松散结构。尽管酒庄今天还是用古老的酿酒方法，出品的巴贝拉葡萄酒（Barbera）不失为对葡萄品种本身的现代化诠释。

● Barbera d'Asti Ai Suma '10	🍷🍷 7
● Barbera d'Asti Bricco dell'Uccellone '10	🍷🍷 7
● Barbera d'Asti Bricco della Bigotta '10	🍷🍷 7
● Grignolino d'Asti '11	🍷🍷 2*
○ Langhe Bianco Il Fiore '11	🍷🍷 3
● M.to Rosso Il Bacialé '10	🍷🍷 3
○ Moscato d'Asti V. Senza Nome '11	🍷🍷 3
● Barbera d'Asti Ai Suma '04	🍷🍷🍷 7
● Barbera d'Asti Bricco dell'Uccellone '09	🍷🍷🍷 6
● Barbera d'Asti Bricco dell'Uccellone '05	🍷🍷🍷 6
● Barbera d'Asti Bricco della Bigotta '07	🍷🍷🍷 6
● Barbera d'Asti Bricco della Bigotta '06	🍷🍷🍷 6

Brandini
FRAZ. BRANDINI, 16 - 12064 LA MORRA [CN]
TEL. 017350266
www.agricolabrandini.it

藏酒销售
预约参观
年产量 70 000 瓶
葡萄种植面积 8 公顷
葡萄栽培方式 传统栽培

在决定采用有机种植（尽管酒标上还没有有机认证标志）、采用中型斯拉夫尼亚橡木桶之后，卡罗•卡沃格纳洛（Carlo Cavagnero）有了新目标，修建一个新酒窖。杰出的酿酒学家贝普•卡维奥拉（Beppe Caviola）亲自监督每一个酿酒环节。年复一年，经他手酿出的葡萄酒质量越来越优秀，风格也越发经典传统。2013年他们是第一次在《年鉴》中露面，旨在向大家展示他们最引以为豪的、有地方风土特色的、只选用本地葡萄、平易近人的绝佳葡萄酒。

● Barbera d'Alba Sup. Rocche del Santo '10	🍷🍷 3*
● Barolo Brandini '08	🍷🍷 6
● Barolo '08	🍷🍷 6
● Dolcetto d'Alba Sant' Anna '11	🍷 3
● Langhe Nebbiolo Filari Corti '10	🍷 4
● Langhe Rosso Brandini '10	🍷 5

皮埃蒙特区
PIEDMONT

Brangero

via Provinciale, 26
12055 Diano d'Alba [CN]
Tel. 017369423
m.brangero@libero.it

预约参观
年产量 50 000 瓶
葡萄种植面积 4 公顷

这个位于蒂亚诺（Diano）的小酒庄在多种葡萄酒的品质上均取得了巨大的飞跃，由多赛托（Dolcetto）和内比奥罗（Nebbiolo）葡萄酿制的葡萄酒的优秀品质在《年鉴》里展现得淋漓尽致。布兰格罗家族（Brangero）在西利古里亚（Western Liguria）还拥有吉内斯泰酒庄（La Ginestraia），虽然葡萄种植面积仅4公顷，但酿造出维门蒂诺（Vermentino）、皮加图（Pigato）和罗塞斯（Rossese）葡萄酒。这些口感直率的酒品弥漫着浓郁果香，即便是陈酿用过的木材也有此果香味。马尔科•布兰格罗（Marco Brangero）把所有的技艺和激情都投入在这个小酒庄的经营上。我们对该酒庄抱有极大兴趣，将一起关注着它如何发展。

- Dolcetto di Diano d'Alba Sörì Rabino Soprano '11 🍷🍷 2*
- Langhe Chardonnay Vignacento '11 🍷🍷 3
- Langhe Nebbiolo '10 🍷🍷 3
- Nebbiolo d'Alba Bricco Bertone '09 🍷🍷 3
- Riviera Ligure di Ponente Pigato Via Maestra '11 🍷🍷 3
- Riviera Ligure di Ponente Rossese Tramontana '11 🍷🍷 3
- Riviera Ligure di Ponente Vermentino '11 🍷 3
- Dolcetto di Diano d'Alba Sörì Rabino Soprano '10 🍷🍷 2*
- Langhe TreMarzo '07 🍷🍷 3

Brema

via Pozzomagna, 9
14045 Incisa Scapaccino [AT]
Tel. 014174019
vinibrema@inwind.it

藏酒销售
预约参观
年产量 150 000 瓶
葡萄种植面积 27 公顷

20世纪70年代以来，布瑞玛家族（Brema）一直是生产阿斯蒂巴贝拉（Barbera d'Asti）的标杆人物。酒庄使用的葡萄来自不同的葡萄园，散布在市区的多个地方，有因奇萨•斯卡帕奇诺（Incisa Scapaccino）、尼扎•蒙费拉托（Nizza Monferrato）、莫姆博鲁佐（Mombaruzzo）和阿斯蒂的方太尼勒（Fontanile d'Asti）。园里种植了多赛托（Dolcetto）、吉诺林诺（Grignolino）、布拉切多（Brachetto）、莫斯卡托（Moscato）和巴贝拉（Barbera）等葡萄品种。该酒庄出产了几个系列的阿斯蒂巴贝拉葡萄酒（Barbera d'Asti），都是近几年的优质佳酿。此外还有取材最优秀、最古老葡萄藤的知名精品酒。沃尔佩托纳地区（La Volpettona）使用了崭新的橡木桶来陈化葡萄酒，而在尼扎地区（Nizza），大木桶的使用更为频繁。

- Barbera d'Asti Sup. Nizza A Luigi Veronelli '09 🍷🍷 6
- Barbera d'Asti Sup. Volpettona '10 🍷🍷 5
- Grignolino d'Asti Bricleroche '11 🍷🍷 3*
- Barbera d'Asti Ai Cruss '10 🍷🍷 2*
- Barbera d'Asti Sup. Nizza A Luigi Veronelli '06 🍷🍷🍷 6
- Barbera d'Asti Sup. Bricco della Volpettona '09 🍷🍷 5
- Barbera d'Asti Sup. Bricco della Volpettona '06 🍷🍷 5
- Barbera d'Asti Sup. Bricco della Volpettona '03 🍷🍷 5
- Barbera d'Asti Sup. Bricco della Volpettona '01 🍷🍷 5
- Barbera d'Asti Sup. Nizza A Luigi Veronelli '07 🍷🍷 6

皮埃蒙特区
PIEDMONT

52

Giacomo Brezza & Figli
VIA LOMONDO, 4 - 12060 BAROLO [CN]
TEL. 0173560921
www.brezza.it

藏酒销售
预约参观
膳宿接待
年产量 80 000 瓶
葡萄种植面积 16.5 公顷
葡萄栽培方式 有机认证

现在，恩佐•布雷扎（Enzo Brezza）的家人都在帮他管理着酒庄。不久以前，他决定采用最先进的酿酒技术，以使得出产的葡萄酒浓缩传统的精华。为此，在用大橡木桶陈化过后，他还使用不锈钢桶控温发酵以及自动化循环旋转措施。同时，一些牌子的葡萄酒改用了玻璃塞，以弥补软木塞的缺陷。这里的葡萄酒风格古典而传统。值得一提的是，在1958年的时候，我们就品尝过令人无比兴奋的巴罗洛•萨尔马萨葡萄酒（Barolo Sarmassa），这也从侧面反映了该酒的市场强大持久的生命力完全超出了任何合理的预期。

● Barolo Bricco Sarmassa '08	▼▼▼ 7
● Barolo Cannubi '08	▼ 6
● Nebbiolo d'Alba Santa Rosalia '10	▼▼ 3*
● Barbera d'Alba Sup. '10	▼▼ 3
● Barolo Sarmassa '08	▼▼ 5
● Dolcetto d'Alba '11	▼ 3
● Langhe Freisa Santa Rosalia '11	▼▼ 3
● Barbera d'Alba Santa Rosalia '11	▼ 3
● Langhe Nebbiolo '11	▼ 3
● Barolo Bricco Sarmassa '07	▽▽▽ 7
● Barolo Cannubi '01	▽▽ 6
● Barolo Cannubi '96	▽▽ 6
● Barolo Sarmassa '05	▽▽▽ 6
● Barolo Sarmassa '04	▽▽ 6
● Barolo Sarmassa '03	▽▽▽ 6

Bric Cenciurio
VIA ROMA, 24 - 12060 BAROLO [CN]
TEL. 017356317
www.briccenciurio.com

藏酒销售
预约参观
年产量 45 000 瓶
葡萄种植面积 15 公顷

1999年第一瓶巴罗洛葡萄酒（Barolo）的问世为这个酒庄的发展指明了方向。位于卡斯特里纳尔多市（Castellinaldo）和巴罗洛的葡萄园，使得它在兰格（Langhe）和罗埃洛（Roero）地区均能生产出经典的葡萄酒。如今，酒庄创始人弗朗哥•皮泰托（Franco Pittatore）的两个儿子亚历山德罗（Alessandro）和阿尔贝托（Alberto）已从阿尔巴（Alba）的葡萄酒学校学成归来，并接手了酒庄。他们的母亲菲奥雷拉•萨西托（Fiorella Sacchetto）和舅舅卡罗（Carlo）也时不时在提供帮助。品尝这里的葡萄酒时，对它的第一印象是果香浓郁、风格现代；不过渐渐地，更浓厚的古典风味占据了主导。这一切归功于使用了宽敞的斯拉夫尼亚橡木桶进行陈化，尤其是用于巴罗洛•科斯塔桃红葡萄酒（Barolo Costa di Rose）的酿造。

● Barbera d'Alba Sup. '10	▼▼ 3
● Barolo '08	▼▼ 5
● Barolo Costa di Rose '08	▼▼ 6
○ Roero Arneis Sito dei Fossili '10	▼▼ 3*
● Barolo Costa di Rose Ris. '06	▼ 7
● Barbera d'Alba '09	▽▽ 2*
● Barbera d'Alba Naunda '07	▽▽ 4
● Barbera d'Alba Sup. Naunda '08	▽▽ 4
● Barolo Costa di Rose '04	▽▽ 6
● Barolo Costa di Rose '02	▽▽ 6
● Barolo Costa di Rose '01	▽▽ 8*
○ Langhe Bianco '09	▽▽ 2
○ Roero Arneis Sito dei Fossili '08	▽▽ 3*
○ Roero Arneis Sito dei Fossili '07	▽▽ 3*
○ Sito dei Fossili V. T. '08	▽▽ 5

皮埃蒙特区
PIEDMONT

Bricco del Cucù

LOC. BRICCO, 10 - 12060 BASTIA MONDOVÌ [CN]
TEL. 017460153
www.briccocucu.com

藏酒销售
预约参观
年产量 50 000 瓶
葡萄种植面积 10 公顷

达里奥•西欧拉（Dario Sciolla）的酒庄生产了保证法定产区葡萄酒，扩大了多哥里亚尼市（Dogliani）的生产区域，并吸收了兰格蒙雷法勒斯的多赛托（Dolcetto delle Langhe Monrefalesi）。这一系列动作给酒庄增添了观赏性。该酒庄是许多风格古老、庄稼混合的酒庄之一。除葡萄外，各个葡萄种植区还耕种了榛子。在巴斯雅（Bastia）周围，海拔和严寒的气候造就了葡萄酒的酒体结构和持久寿命。多赛托葡萄（Dolcetto）主宰着这里，仅有稀疏的早熟梅洛（Merlot）、北方苏维翁（Sauvignon）和雷司令（Riesling）等葡萄能够与之抗衡。除了多赛托葡萄外，该酒庄以梅洛葡萄为原料酿造了出类拔萃的兰格罗索系列葡萄酒（Langhe Rosso），在小橡木桶里陈化，诱发出了些许国际风范。

Bricco Maiolica

FRAZ. RICCA
VIA BOLANGINO, 7 - 12055 DIANO D'ALBA [CN]
TEL. 0173612049
www.briccomaiolica.it

藏酒销售
预约参观
年产量 90 000 瓶
葡萄种植面积 21 公顷

酒庄总面积超过20公顷，有一个令人羡慕的葡萄园，海拔在250米到400米之间，来自南方和西南方的暖流与光照巧妙结合，满足了生产结构丰富的葡萄的需要。这些葡萄主要用于酿造蒂亚诺的多赛托（Dolcetto di Diano）和超然绝伦的内比奥罗（Nebbiolo）以及阿尔巴的巴贝拉（Barbera d'Alba）等葡萄酒。今年刚满50岁的佩普•阿卡莫（Beppe Accomo）技艺精湛，在继承了由他曾祖父库莫特（Cumot）于1928年建立的酒庄后，不断扩展了诸如梅洛（Merlot）、莎当尼（Chardonnay）和黑皮诺（Pinot Nero）等葡萄品种，并造就了一批国际品种葡萄酒，果香浓郁，成绩斐然。

● Dogliani Bricco S. Bernardo '09	🍷🍷🍷 2*
● Langhe Rosso Superboum '09	🍷🍷 2*
● Dogliani '11	🍷🍷 2*
○ Langhe Bianco Livor '11	🍷🍷 2*
● Langhe Rosso Diavolisanti '09	🍷🍷 2*
● Langhe Dolcetto '11	🍷 2
● Dogliani Bricco S. Bernardo '08	🍷🍷 2*
● Dolcetto di Dogliani '10	🍷🍷 2*
● Dolcetto di Dogliani '09	🍷🍷 2*
○ Langhe Bianco Livor '10	🍷🍷 2*
○ Langhe Bianco Livor '09	🍷🍷 2*
● Langhe Dolcetto '09	🍷🍷 2*
● Langhe Rosso Diavolisanti '08	🍷🍷 2*
● Langhe Rosso Superboum '07	🍷🍷 2

● Nebbiolo d'Alba Cumot '09	🍷🍷🍷 4*
○ Langhe Bianco Pensiero Infinito '08	🍷🍷 8
● Diano d'Alba Sup. Söri Bricco Maiolica '10	🍷🍷 3
○ Langhe Bianco Rolando '10	🍷🍷 3
● Langhe Rosso Filius '09	🍷🍷 5
● Langhe Rosso Perlei '09	🍷🍷 5
● Langhe Rosso Tris '10	🍷🍷 2*
● Barbera d'Alba '10	🍷 2
● Diano d'Alba Dolcetto '11	🍷 2
● Langhe Nebbiolo '10	🍷 2
● Barbera d'Alba V. Vigia '98	🍷🍷🍷 4
● Diano d'Alba Sup. Söri Bricco Maiolica '07	🍷🍷🍷 3*
● Diano d'Alba Sup. Söri Bricco Maiolica '09	🍷🍷 3*
● Nebbiolo d'Alba Cumot '08	🍷🍷 4

PIEDMONT 皮埃蒙特区

Francesco Brigatti
VIA OLMI, 31 - 28019 SUNO [NO]
TEL. 032285037
www.vinibrigatti.it

藏酒销售
预约参观
年产量 20 000 瓶
葡萄种植面积 6 公顷

在家族一个多世纪的农艺经验的支持下，弗朗西斯科•布瑞哥提（Francesco Brigatti）成为了北皮埃蒙特（Piedmont）高品质葡萄重新崛起的中坚力量。虽然酒庄不大，但数年来他一直在努力证明这里生长的内比奥罗（Nebbiolo）葡萄值得市场的所有好评。酒庄精心照料着葡萄园，并注重与环境相协调。这里只出产传统的本地葡萄品种，有内比奥罗（Nebbiolo）、维斯伯诺拉（Vespolina）、巴贝拉（Barbera）和拉雅（Uva Rara），拉雅葡萄又名伯纳达•诺瓦拉（Bonarda Novarese）。除此之外，还有小部分传统遗留下来的厄柏露丝葡萄（Erbaluce），在这里又名格雷科•诺瓦拉（Greco Novarese）。

● Colline Novaresi Nebbiolo Mötfrei '09	♛♛ 3
● Colline Novaresi Nebbiolo Möt Ziflon '09	♛♛ 3*
● Colline Novaresi Uva Rara '11	♛♛ 2*
● Colline Novaresi Vespolina '11	♛♛ 2*
● Colline Novaresi Barbera Campazzi '11	♛ 3
○ Colline Novaresi Bianco Mottobello '11	♛ 2
○ Costabella	♛ 5
● Colline Novaresi Nebbiolo Mötfrei '07	♛♛ 3*
● Colline Novaresi Nebbiolo Möt Ziflon '07	♛♛ 3*
● Colline Novaresi Möt Ziflon '08	♛♛ 3*
● Colline Novaresi Möt Ziflon '05	♛♛ 2*

Vitivinicola Broglia
LOC. LOMELLINA, 22 - 15066 GAVI [AL]
TEL. 0143642998
www.broglia.it

藏酒销售
预约参观
葡萄种植面积 65 公顷

凭借着葡萄酒的出口，这个酒庄已声名远播。现在，布鲁诺•布若格里亚（Bruno Broglia）认准了他的儿子皮亚罗（Piero）和保罗（Paolo）在未来几十年内能当大任，因此就把酒庄的指挥棒交到了他们手里。如果把酒庄比作皇冠的话，那么布鲁诺•布若格里亚精品酒（Bruno Broglia）就是这顶皇冠上的宝石。该酒产自已有60年历史且产量极低的葡萄藤，突显着鲜明的层次感，在进入市场时已飘散出了成熟的芳香。他们还特意酿造了更平易近人、更清新的加维•拉•梅拉纳葡萄酒（Gavi La Meirana）。除此之外，酒庄采用桶式酿造法生产出了取材于柯蒂斯葡萄（Cortese）的起泡酒和荟萃了巴贝拉（Barbera）和多赛托（Dolcetto）葡萄的红佩尼奇葡萄酒（Le Pernici）。

○ Gavi del Comune di Gavi La Meirana '11	♛♛ 3
○ Broglia Brut M. Cl.	♛ 5
○ Gavi Il Doge '11	♛ 2
○ Roverello Brut Rosé	♛ 3
○ Gavi del Comune di Gavi Bruno Broglia '08	♛♛♛ 5
○ Gavi del Comune di Gavi Bruno Broglia '07	♛♛♛ 5
○ Gavi del Comune di Gavi Bruno Broglia '10	♛♛ 5
○ Gavi del Comune di Gavi Bruno Broglia '09	♛♛ 5
○ Gavi del Comune di Gavi La Meirana '10	♛♛ 3
○ Gavi del Comune di Gavi La Meirana '09	♛♛ 3

皮埃蒙特区

PIEDMONT

Brovia
VIA ALBA-BAROLO, 54
12060 CASTIGLIONE FALLETTO [CN]
TEL. 017362852
www.brovia.net

藏酒销售
预约参观
年产量 60 000 瓶
葡萄种植面积 18 公顷

该酒庄起源于1863年，但它现代化的步伐从1953年才开始算起。在这一年，技艺精湛的布若维亚•布罗维亚（Giacinto Brovia）开始酿造葡萄酒，后来，他又把家业传给两个女儿：酿酒师克里斯蒂娜（Cristina）和农艺师艾伦娜（Elena）。她们现在拥有几个种植了一流内比奥罗葡萄（Nebbiolo）的葡萄园，包括洛切（Rocche）、维雷罗（Villero）和卡斯提戈里奥内•法雷特（Castiglione Falletto）的加布雷•苏埃（Garblet Sué），以及阿尔巴的塞拉朗佳（Serralunga d'Alba）的卡•米亚（Ca' Mia）。为了突出葡萄的地域特色，她们使用了30个中等型号的法国木桶和斯拉夫尼亚橡木桶来陈化。该酒庄生产的葡萄酒一贯公认具有卓越品质，其中巴罗洛酒（Barolo）占据了葡萄酒总产量的一半。

● Barolo Villero '08	🍷🍷🍷 7
● Barolo Ca' Mia '08	🍷🍷🍷 7
● Barolo Rocche dei Brovia '08	🍷🍷🍷 7
● Barolo '08	🍷🍷 6
● Barolo Garblèt Sué '07	🍷🍷 7
● Dolcetto d'Alba Solatio '09	🍷🍷 6
● Barolo Rocche dei Brovia '06	🍷🍷🍷 7
● Barolo Villero '06	🍷🍷🍷 7

Renato Buganza
LOC. CASCINA GARBINOTTO, 4
12040 PIOBESI D'ALBA [CN]
TEL. 0173619370
www.renatobuganza.it

藏酒销售
预约参观
葡萄种植面积 10 公顷

雷纳托•布甘扎（Renato Buganza）满怀热忱地经营着酒庄，使之成为了本地区最出色的酒庄之一。葡萄园分散在两块地方——卡纳格诺托（Cascina Garbianotto）为酒庄总部所在地；卡欣纳尔（Cascina Gerbore）则位于古然尼镇（Guarene）。这里种植了来自罗埃洛镇（Roero）的经典葡萄品种，无论是内比奥罗（Nebbiolo）、巴贝拉（Barbera），还是多赛托（Olcetto）、阿内斯（Arneis）和莎当尼（Chardonnay）葡萄，其种植历史都达到了40年至50年。该酒庄所产葡萄酒风格传统，口感朴实。其红葡萄酒需陈化数年后才会供应上市。

● Barbera d'Alba Gerbole '09	🍷🍷 5
● Barolo '07	🍷🍷 6
○ Claudette Brut M. Cl.	🍷🍷 3
● Roero Bric Paradis '08	🍷🍷 5
● Barbera d'Alba V. Veja '09	🍷 5
● Nebbiolo d'Alba Gerbole '08	🍷 4
● Barbera d'Alba V. Veja '06	🍷🍷 5*
● Barolo '06	🍷🍷 6
● Nebbiolo d'Alba Gerbole '07	🍷🍷 4
○ Roero Arneis dla Trifula '10	🍷🍷 3
● Roero Gerbole '07	🍷🍷 5

皮埃蒙特区
PIEDMONT

G. B. Burlotto
via Vittorio Emanuele, 28
12060 Verduno [CN]
Tel. 0172470122
www.burlotto.com

藏酒销售
预约参观
年产量 60 000 瓶
葡萄种植面积 12 公顷

这个由焦万•巴蒂斯塔•波罗托（Giovan Battista Burlotto）始建的酒庄至今已拥有了150年的历史和成功经验。焦万•巴蒂斯塔•波罗托（Giovan Battista Burlotto）做事认真、富有远见，是最先放弃使用小口大酒瓶和木桶这一传统方法来销售葡萄酒的几个人之一，并启用了贴有标签的酒瓶。这里大部分的葡萄园位于威尔多诺地区（Verduno），也有少量分布在传奇的坎奴比酒庄（Cannubi）附近。该酒庄的另一大成就是振兴了魅力罕见、黑胶味撩人的佩雷维加葡萄酒（Peleverga）。现在，朱塞佩•亚历山大利亚（Giuseppe Alessandria）、玛丽娜•博洛托（Marina Burlotto）两夫妇和他们的儿子法比奥（Fabio）共同巧妙地推动着这些经典风格的葡萄酒的生产工作。

● Barolo Acclivi '08	🍷🍷 6
● Barolo Vign. Monvigliero '08	🍷🍷 6
○ Langhe Sauvignon Dives '10	🍷🍷 3*
● Barbera d'Alba Aves '10	🍷🍷 3
● Barolo '08	🍷🍷 7
● Barolo Vign. Cannubi '08	🍷🍷 6
● Langhe Mores '09	🍷🍷 3
○ Langhe Sauvignon Viridis '11	🍷🍷 4
● Verduno Pelaverga '11	🍷🍷 2*
● Barolo Acclivi '07	🍷🍷🍷 6
● Barbera d'Alba Aves '08	🍷🍷 3*
● Barolo Acclivi '06	🍷🍷 6
○ Langhe Bianco Dives '09	🍷🍷 3*
○ Langhe Bianco Dives '07	🍷🍷 3*

Piero Busso
via Albesani, 8 - 12052 Neive [CN]
Tel. 017367156
www.bussopiero.com

藏酒销售
预约参观
年产量 30 000 瓶
葡萄种植面积 8 公顷

对于皮耶罗•布索（Piero Busso）来说，最重要的身份是一个有能力的葡萄种植者和酒窖管理员。过去，他的妻子露西亚发•法瓦（Lucia Fava）长期给他提供帮助；现在，他的儿女皮尔奎多（Pierguido）和伊曼纽拉（Emanuela）也加入到酒庄工作，减少他的压力。皮耶罗（Piero）尊重他的土地，并以这片土地为豪。在葡萄酒的生产中，他从不使用卡车进行工业机械化种植，即使在兰格（Langhe）也是如此。他尽量保证葡萄的自然生长，新酒窖里，葡萄酒在中小型旧法国橡木桶陈化。葡萄产自佳丽娜（Gallina）、博尔格瑟（Borgese）和圣特•斯特凡厄特（San Stefanetto）三大葡萄园，果香浓郁，屡获公众好评。

● Barbaresco Borgese '09	🍷🍷🍷 6
● Barbaresco Gallina '08	🍷🍷 7
● Barbaresco S. Stunet S. Stefanetto '09	🍷🍷 7
● Barbera d'Alba S. Stefanetto '09	🍷🍷 5
● Barbaresco Mondino '09	🍷🍷 5
● Dolcetto d'Alba V. Majano '11	🍷🍷 3
○ Langhe Bianco '11	🍷🍷 3
● Langhe Nebbiolo '10	🍷🍷 4
● Barbaresco Borgese '08	🍷🍷🍷 6
● Barbaresco Gallina '05	🍷🍷🍷 7
● Barbaresco S. Stefanetto '07	🍷🍷🍷 7
● Barbaresco S. Stefanetto '04	🍷🍷🍷 7
● Barbaresco S. Stefanetto '03	🍷🍷🍷 7
● Barbaresco S. Stefanetto '01	🍷🍷🍷 7
● Barbaresco Gallina '07	🍷🍷 7
● Barbaresco S. Stefanetto '08	🍷🍷 7

皮埃蒙特区
PIEDMONT

Ca' Bianca

REG. SPAGNA, 58
15010 ALICE BEL COLLE [AL]
TEL. 0144745420
www.cantinacabianca.it

藏酒销售
预约参观
年产量 650 000 瓶
葡萄种植面积 39 公顷

卡•比安卡（Ca' Bianca）始建于20世纪50年代，所处地域十分适宜葡萄的生长。葡萄园藏匿于尼扎（Nizza）和阿克亏温泉（Acqui Terme）之间，坐落在蒙费拉托（Monferrato）山丘的上部。这个既古老又现代的酒庄配备了最先进的技术，以用来提取这片土地赋予葡萄酒的扑鼻芳香。酒庄把地域特色与酿酒技术相结合，产出了一系列高水准的葡萄酒，酿制这些酒的葡萄品种是巴罗洛（Barolo）。巴贝拉（Barbera）和兰格的内比奥罗（Langhe Nebbiolo）葡萄用于生产红葡萄酒，而阿内斯（Arneis）、加维（Gavi）和芳香的莫斯卡托（Moscato）葡萄则用于生产白葡萄酒。

Ca' d'Gal

FRAZ. VALDIVILLA
S.DA VECCHIA DI VALDIVILLA, 1
12058 SANTO STEFANO BELBO [CN]
TEL. 0141847103
www.cadgal.it

藏酒销售
预约参观
膳宿接待
年产量 60 000 瓶
葡萄种植面积 8 公顷

亚历山德罗•波伊多（Alessandro Boido）一直以来都是莫斯卡托（moscato）的霸主。卡达尔酒庄（Ca'd'Gal）的葡萄园坐落在圣托•斯特法诺•贝尔波地区（Santo Stefano Belbo）的山上，面朝南方，土壤为松软沙质土，种植着白葡萄。这一切因素的结合使得亚历山德罗能够生产出既温和新鲜，又无比醇厚和经久不衰的莫斯卡托葡萄酒（Moscato）。他深信这酒品极具陈化潜力，因此他留下了1 300瓶维格内•维奇精品酒（Vigne Vecchie），在推出市场5年后才拿来让我们鉴赏。

● Barbera d'Asti Sup. Antè '10	🍷🍷🍷 3
● Barbera d'Asti Sup. Chersì '10	🍷🍷🍷 5
● Barbera d'Asti Teis '11	🍷🍷🍷 3
○ Gavi '11	🍷🍷🍷 3
○ Roero Arneis '11	🍷 3
● Barbera d'Asti Sup. Antè Linea Tenimenti '08	🍷🍷 2
● Barbera d'Asti Sup. Chersì '08	🍷🍷 4
● Barbera d'Asti Sup. Chersì Linea Tenimenti '08	🍷🍷 5
○ Gavi '10	🍷🍷 3
○ Roero Arneis '10	🍷🍷 2

○ Moscato d'Asti V. V. '11	🍷🍷🍷 3*
○ Asti '11	🍷🍷 2*
○ Moscato d'Asti Lumine '11	🍷🍷 3
○ Asti '09	🍷🍷 2*
○ Asti Dolce '10	🍷🍷 2*
○ Moscato d'Asti Lumine '09	🍷🍷 3*
○ Moscato d'Asti V. V. '09	🍷🍷 3

皮埃蒙特区
PIEDMONT

Ca' del Baio
VIA FERRERE, 33 - 12050 TREISO [CN]
TEL. 0173638219
www.cadelbaio.com

藏酒销售
预约参观
年产量 100 000 瓶
葡萄种植面积 25 公顷

这家酒庄有着一个世纪的酿酒经验，近十年在意大利乃至国外地区都名声大噪。朱里奥·吉拉索（Giulio Grasso）忙碌于葡萄园和酒窖之间，他的家庭，尤其是他女儿帕奥拉（Paola）和瓦伦缇娜（Valentina）给他提供了大量支持。这里出产的所有巴巴莱斯科精品酒（Barbaresco）都十分浓郁醇厚，其个性随着各种不同的葡萄原产地而有些许差异。瓦尔格兰德（Valgrande）平易近人、妩媚动人，阿西里（Asili）则层次分明、精致巧妙。此外，波拉微量精品酒（Pora）则愈发强势和优雅。所有的这些品牌都经精雕细琢而且售价合理。

● Barbaresco Asili '09	♛♛♛ 5
● Barbaresco Pora '08	♛♛ 6
● Barbaresco Valgrande '09	♛♛♛ 5
● Barbera d'Alba Paolina '10	♛♛ 2*
○ Langhe Chardonnay Sermine '11	♛♛ 3
○ Moscato d'Asti 101 '11	♛♛ 2*
● Dolcetto d'Alba Lodoli '11	♛ 2
● Barbaresco Pora '06	♛♛♛ 6
● Barbaresco Valgrande '08	♛♛♛ 5

Ca' Rome'
Romano Marengo
S.DA RABAJÀ, 86/88
12050 BARBARESCO [CN]
TEL. 0173635126
www.carome.com

藏酒销售
预约参观
年产量 30 000 瓶
葡萄种植面积 7 公顷

罗马诺·马勒格（Romano Marengo）拥有位于巴巴莱斯科（Barbaresco）和阿尔巴的塞拉朗佳（Serralunga d'Alba）城镇附近几个优秀的葡萄园，为酿造葡萄酒提供原料，赛拉塔（Cerretta）专供生产巴罗洛葡萄酒（Barolo），里奥·索尔多（Rio Sordo）则是巴巴莱斯科葡萄酒（Barbaresco）的原料基地。葡萄园只种植两个葡萄品种：内比奥罗（Nebbiolo）和为数不多的巴贝拉（Barbera）。酒窖的运作采用传统的技术。年复一年，罗马诺从未想过要扩大酒庄的规模。现在，他的孩子把越来越多的精力投在酒庄的经营上，朱塞佩（Giuseppe）负责葡萄酒酿造，帕奥拉（Paola）负责日常管理。在鼎盛时期，他们制作出了无与伦比的巴巴莱斯科精品酒（Barbaresco），该酒是用罗马诺的母亲玛利亚·迪·布朗（Maria di Brun）的名字来命名的。

● Barolo Rapet '08	♛♛♛ 7
● Barbaresco Chiaramanti '09	♛♛ 6
● Barbaresco Maria di Brun '08	♛♛♛ 7
● Barbaresco Sorì Rio Sordo '09	♛♛ 6
● Barbera d'Alba La Gamberaja '10	♛♛ 4
● Barolo Cerretta '08	♛♛ 7
● Barbaresco Chiaramanti '08	♛♛♛ 6
● Barbaresco Chiaramanti '07	♛♛♛ 6
● Barbaresco Sorì Rio Sordo '08	♛♛♛ 6
● Barolo V. Cerretta '07	♛♛♛ 7
● Barolo V. Cerretta '06	♛♛♛ 7

皮埃蒙特区
PIEDMONT

Cascina Ca' Rossa
LOC. CASCINA CA' ROSSA, 56
12043 CANALE [CN]
TEL. 017398348
www.cascinacarossa.com

藏酒销售
预约参观
年产量 60 000 瓶
葡萄种植面积 15 公顷
葡萄栽培方式 传统栽培

毫无疑问,安吉洛•费里奥(Angelo Ferrio)的酒庄是罗埃洛(Roero)葡萄酒领域的领军人物。近年来,他采用了有机生物动力设备,充分展现了对葡萄园及其保护工作的满腔激情。葡萄园位于该地区典型的陡峭沙质斜坡,其中位于阿尔巴维扎(Vezza d'Alba)的奥迪纳吉奥(Audinaggio)和卡纳勒(Canale)的莫姆皮萨诺(Mompissano)专产内比奥罗葡萄(Nebbiolo),而卡纳勒(Canale)的另一个庄园穆拉萨(Mulassa)则是生产巴贝拉葡萄(Barbera)的基地,用此酿造的葡萄酒最真实地诠释了罗埃洛葡萄酒(Roero)的风味,比以往所有的酒品都更为出色。

★Ca' Viola
B.TA SAN LUIGI, 11 - 12063 DOGLIANI [CN]
TEL. 017370547
www.caviola.com

藏酒销售
预约参观
膳宿接待
年产量 50 000 瓶
葡萄种植面积 10 公顷

杰出酿酒师佩比•卡维尔拉(Beppe Caviola)把他的专业知识运用到意大利各地的酒庄之中,巧妙地突出了葡萄藤的典型特征和区域特色,同时其描述却不过于讨巧和主观。在多哥利安尼地区(Dogliani)的一个富丽堂皇的18世纪别墅里,他以同样的方法酿制自己的葡萄酒。他只采用产自芒特鲁伯•阿尔贝斯镇(Montelupo Albese)的红葡萄,以及索托•卡斯特罗葡萄园(Sotto Castello di Novello)的内比奥罗(Nebbiolo)和阿尔巴的多赛托(Dolcetto d'Alba)葡萄,小镇闻名遐迩。除了新出的已获多项大奖的巴罗洛葡萄酒(Barolo)之外,其他系列的葡萄酒也同样顶级出众。

● Barbera d'Alba Mulassa '10	♛♛ 4
● Roero Audinaggio '10	♛♛ 5
● Roero Mompissano Ris. '09	♛♛ 4
○ Roero Arneis Merica '11	♛ 2
● Barbera d'Alba Mulassa '04	♛♛♛ 5
● Roero Audinaggio '07	♛♛♛ 5
● Roero Audinaggio '06	♛♛♛ 5
● Roero Audinaggio '01	♛♛♛ 5
● Roero Mompissano Ris. '07	♛♛♛ 6
● Barbera d'Alba '09	♛♛ 2
● Roero Audinaggio '09	♛♛ 5
● Roero Mompissano Ris. '08	♛♛ 4

● Barbera d'Alba Bric du Luv '10	♛♛♛ 5
● Barolo Sottocastello '07	♛♛ 7
● Dolcetto d'Alba Barturot '11	♛♛ 3*
● Langhe Nebbiolo '10	♛♛ 5
● Dolcetto d'Alba Vilot '11	♛♛ 3
● Barbera d'Alba Bric du Luv '07	♛♛♛ 5
● Barolo Sottocastello '06	♛♛♛ 7
● Dolcetto d'Alba Barturot '07	♛♛♛ 3
● Dolcetto d'Alba Barturot '05	♛♛♛ 3
● Dolcetto d'Alba Barturot '01	♛♛♛ 3
● Langhe Nebbiolo '08	♛♛♛ 5
● Langhe Rosso Bric du Luv '05	♛♛♛ 5
● Langhe Rosso Bric du Luv '03	♛♛♛ 5
● Langhe Rosso Bric du Luv '01	♛♛♛ 5
● Barbera d'Alba Bric du Luv '09	♛♛ 5
● Dolcetto d'Alba Barturot '10	♛♛ 3
● Langhe Nebbiolo '09	♛♛ 5

PIEDMONT 皮埃蒙特区

Marco Canato

FRAZ. FONS SALERA
LOC. CA' BALDEA, 18/2
15049 VIGNALE MONFERRATO [AL]
TEL. 0142933653
www.canatovini.it

藏酒销售
预约参观
年产量 30 000 瓶
葡萄种植面积 11 公顷

卡•巴尔迪酒庄（Ca Baldea）目前由马尔科（Marco）和罗伯托•卡纳图（Roberto Canato）两兄弟掌管。这个酒庄位于蒙费拉托（Monferrato），具有葡萄栽培的历史传统。他们决定追随父亲的脚步，采取保守的方法生产葡萄酒，他们所有的生产环节都从不颠覆原材料的优秀品质。对葡萄的不极度浸渍以及对木材的谨慎使用，使得他们还有空间去诱发这种葡萄更典型的芳香。巴贝拉系列（Barbera）包括微泡葡萄酒格拉格诺利诺（Gragnolino）和弗雷萨（Freiza），是最具代表性的日常餐酒。另外，还有两种莎当尼（Chardonnay）白葡萄酒品种也属于其列。

● Barbera del M.to Sup. Rapet '08	🍷🍷 3*
● Grignolino del M.to Casalese Celio '11	🍷🍷 2
● Barbera del M.to Gambaloita '11	🍷 2
● M.to Freisa Milana '10	🍷 2
● 50 Anni '07	🍷🍷 4
● Barbera del M.to Gambaloita '10	🍷🍷 2
● Barbera del M.to Sup. La Baldea '08	🍷🍷 2
● Barbera del M.to Sup. La Baldea '07	🍷🍷 2
● Barbera del M.to Sup. Rapet '07	🍷🍷 2*
● Barbera del M.to Sup. Rapet '05	🍷🍷 2*
● Grignolino del M.to Casalese Celio '10	🍷🍷 2*

Cantina del Pino

S.DA OVELLO, 31 - 12050 BARBARESCO [CN]
TEL. 0173635147
www.cantinadelpino.com

年产量 35 000 瓶
葡萄种植面积 7 公顷

堪提那•德尔•皮诺酒庄（Cantina del Pino）的来源要追溯到巴巴莱斯科葡萄酒（Barbaresco）的诞生。19世纪末，多米奇奥•卡瓦萨（Domizio Cavazza）从阿尔巴镇（Alba）东部这一小片地采摘了贝比奥罗葡萄（Bebbiolo），并把它制成了巴巴莱斯科葡萄酒。后来他种植了一棵松树，并以此树命名了他的农场。现在，雷纳托•华卡（Renato Vacca）得到了父亲安德里亚诺（Adriano）的帮助，生产出了数瓶评价颇高的巴巴莱斯科葡萄酒，还培育出了奥维罗（Ovello）和阿尔贝萨尼（Albesani）两个令人印象深刻的葡萄品种。该酒庄葡萄酒风格的形成一方面归功于长时间浸渍了葡萄皮，另一方面还因为使用了不同尺寸的酒桶陈化，使得诱发出的芬芳恰到好处。确实值得称赞。

● Barbaresco '09	🍷🍷 5
● Barbaresco Ovello '09	🍷🍷 6
● Barbera d'Alba '10	🍷🍷 4
● Barbaresco Albesani '09	🍷🍷 6
● Langhe Nebbiolo '10	🍷🍷 3
● Dolcetto d'Alba '11	🍷 2
● Langhe Freisa '11	🍷 2
● Barbaresco '04	🍷🍷🍷 5*
● Barbaresco '03	🍷🍷🍷 4*
● Barbaresco Albesani '05	🍷🍷🍷 6
● Barbaresco Ovello '07	🍷🍷🍷 6
● Barbaresco '08	🍷🍷 5
● Barbaresco Albesani '07	🍷🍷 6
● Barbera d'Alba '09	🍷🍷 3
● Langhe Nebbiolo '09	🍷🍷 3

皮埃蒙特区
PIEDMONT

La Caplana
via Circonvallazione, 4 - 15060 Bosio [AL]
Tel. 0143684182
lacaplana@email.it

藏酒销售
预约参观
年产量 100 000 瓶
葡萄种植面积 5 公顷

在过去的工作中，吉多•纳塔利诺（Guido Natalino）积累了很多关于酿酒的知识，这使得他在1990年中期开始经营起自己的酒庄。酒庄的主建筑楼设在加维区（Gavid）波斯奥（Basio）的阿本尼斯（Apennines）山坡上，这里的葡萄园让位于林地。除了加维白葡萄酒（Gavi），吉多还驾轻就熟地酿造其他的葡萄酒，如阿斯蒂的多赛托葡萄酒（Dolcetto d'Asti），其中包括纳斯（Narciso）以及精制葡萄酒两个系列。阿斯蒂的巴贝拉（Barbera d'Asti）也有长期陈酿的卢比斯（Rubis）及其更温和的两个系列。酒庄最近还生产了一种莎当尼葡萄酒（Chardonnay），名为波夫里奥（Porfirio）。

La Casaccia
via D. Barbano, 10
15034 Cella Monte [AL]
Tel. 0142489986
www.lacasaccia.biz

藏酒销售
预约参观
年产量 25 000 瓶
葡萄种植面积 6.7 公顷
葡萄栽培方式 有机认证

拉•卡萨西亚酒庄（La Casaccia）位于蒙费拉托（Monferrato）。19世纪末，该家族继承了酿造葡萄酒的传统。现在，艾伦娜（Elena）和吉欧凡尼•拉瓦（Giovanni Rava）共同管理着这个小巧却红火的酒庄。他们两人都毕业于农业科学专业，把有机栽培的知识熟练地运用到了蒙费拉托（Monferrato）传统的本地葡萄种植当中。他们出产的吉诺林诺葡萄（Grignolino）常被誉为口感最佳的品种之一。巴贝拉葡萄酒（Barbera）绝对让人信服，和起泡弗雷西亚（Fresia）一样，虽然感觉复古，但当与食物合理搭配时，仍能满足最挑剔的味蕾。此外，艾伦娜和吉欧凡尼还出产了两种以莎当尼葡萄（Chardonnay）为原料的白葡萄酒以及经典梅特多起泡葡萄酒（Metodo）。

● Dolcetto di Ovada Narciso '10	♛ 2*
● Barbera d'Asti '10	♛ 2*
○ Gavi del Comune di Gavi '11	♛ 2*
○ Gavi V.V. '11	♛ 3
● Dolcetto di Ovada '11	♛ 2
○ Piemonte Chardonnay Porfirio '11	♛ 2
● Dolcetto di Ovada '09	♛♛ 2*
● Dolcetto di Ovada Narciso '09	♛♛ 3
● Dolcetto di Ovada Narciso '08	♛♛ 2*
○ Gavi '10	♛♛ 2*
○ Gavi del Comune di Gavi '10	♛♛ 2*
○ Gavi del Comune di Gavi '09	♛♛ 2
○ Gavi V.V. '09	♛♛ 3

● Barbera d'Asti Sup. Calichè '09	♛ 3*
● Barbera del M.to Giuanìn '10	♛ 2
○ Piemonte Chardonnay Charnò '11	♛ 3
● Grignolino del M.to Casalese Poggeto '11	♛ 2
● Barbera d'Asti Sup. Calichè '06	♛♛ 3
● Barbera del M.to Sup. Bricco del Bosco '09	♛♛ 2
● Barbera del M.to Sup. Bricco del Bosco '07	♛♛ 2*
● Grignolino del M.to Casalese Poggeto '10	♛♛ 2
● Grignolino del M.to Casalese Poggeto '09	♛♛ 2*
● Grignolino del M.to Casalese Poggeto '08	♛♛ 2*

PIEDMONT
皮埃蒙特区

Casalone
VIA MARCONI, 100 - 15040 LU [AL]
TEL. 0131741280
www.casalone.it

藏酒销售
预约参观
年产量 50 000 瓶
葡萄种植面积 10 公顷

卡萨龙内家族（Casalone）在卢·蒙费拉托小镇（Lu Monferrato）底蕴深厚并引以为荣。早在18世纪上半叶，他们家族就耕耘在这片土地上。如今，保罗（Paolo）和他的父亲厄内斯托（Ernesto）共同管理着这个酒庄。他们广泛尝试不同的葡萄品种，包括了皮埃蒙特和国际的葡萄品种，并因此产出了很多品种的单一葡萄酒或混酿葡萄酒。巴贝拉（Barbera）葡萄酒有阿斯蒂（Asti）和蒙费拉托（Monferratto）两个系列，而鲁斯（Rus）、梅洛（Merlot）和皮诺（Pinot）也加入其中，吉诺林诺（Grignolino）、弗雷萨（Freisa）和巴赛托（brachetto）还完善了本地的葡萄酒品种。此外，他们还生产了两种以单一莎当尼葡萄（Chardonnay）酿造的葡萄酒。在其产品中，我们还发现了一瓶有趣的葡萄酒，这酒产自蒙内瓦西亚（Monemvasia）——香气逼人的玛尔维萨·格雷萨（Malvasia Greca）。

● Barbera del M.to Sup. Bricco Morlantino '09	🍷🍷 2*
○ Monemvasia Brut M. Cl.	🍷🍷 5
○ Monemvasia Passito '09	🍷🍷 3
● Piemonte Grignolino La Capletta '10	🍷🍷 2*
● M.to Rosso Rus '09	🍷 3
○ Monemvasia	🍷 4
● Barbera d'Asti Rubermillo '08	🏆 3
● Barbera del M.to Bricco Morlantino Sup. '08	🏆 2*
● Barbera del M.to Bricco Morlantino Sup. '07	🏆 2*
● M.to Rosso Rus '08	🏆 3
○ Monemvasia V. T. '08	🏆 3

Cascina Adelaide
VIA AIE SOTTANE, 14 - 12060 BAROLO [CN]
TEL. 0173560503
www.cascinaadelaide.com

藏酒销售
预约参观
年产量 50 000 瓶
葡萄种植面积 9.5 公顷

凭借着对土地的敬意和对葡萄的精心处理，爱摩拜尔·德诺克（Amabile Drocco）实现了长期以来的梦想。在成功的路上，良好的开端起了关键作用：一方面，他选择了极佳的葡萄园，其中以巴罗洛的坎奴比（Cannubi di Barolo）和诺维罗的拉维拉（Ravera di Novello）最为著名；另一方面，他还建造了一个可爱又实用的酒窖。这时，他需要做的只是组建起一个强大的团队，继而开始生产一系列一流的葡萄酒。这些葡萄酒完美诠释了爱摩拜尔对兰格（Langhe）的钟爱。

● Barolo 4 Vigne '08	🍷🍷 6
● Barolo Fossati '08	🍷🍷 8
● Barolo Cannubi '08	🍷🍷 8
● Barolo Pernanno '08	🍷🍷 8
● Barbera d'Alba Sup. Amabilin '09	🍷 5
○ Langhe Bianco Le Pernici '11	🍷 3
● Barbera d'Alba Sup. V. Preda '04	🏆 3
● Barolo Cannubi '06	🏆 7
● Barolo Per Elen Ris. '01	🏆 8
● Barolo Per Elen Ris. '00	🏆 8
● Barolo Pernanno '07	🏆 8
● Barolo Preda '04	🏆 8

皮埃蒙特区
PIEDMONT

Cascina Barisél

REG. SAN GIOVANNI, 30 - 14053 CANELLI [AT]
TEL. 0141824848
www.barisel.it

藏酒销售
预约参观
年产量 35 000 瓶
葡萄种植面积 4 公顷
葡萄栽培方式 传统栽培

多年来，酒庄一直是最高质量莫斯卡托葡萄酒（Moscato）的生产基地，由彭娜家族（Penna）经营了40多年。凭借着对产品传统与地域特色的重视，他们的产品在葡萄酒界中脱颖而出。葡萄园建立于石灰岩土壤上，面朝南方，里面的葡萄藤架已有60年的历史。在紧挨着莫斯卡托（Moscato）的地方，他们还种植了多赛托（Dolcetto）、法维利特（Favorite）和巴贝拉（Barbera）等葡萄品种，这些葡萄用于酿造很多品种的葡萄酒。其中，卡佩乐塔葡萄园精品酒（Cappellatta）的原料产自葡萄园里最古老的葡萄藤。

○ Moscato d'Asti Canelli '11	♛♛ 2*
● Barbera d'Asti Sup. La Cappelletta '09	♛♛ 4
● Barbera d'Asti Sup. Listoria '10	♛♛ 4
● Barbera d'Asti '08	♛ 2*
● Barbera d'Asti Sup. La Cappelletta '07	♛♛ 4
● Barbera d'Asti Sup. La Cappelletta '06	♛♛ 4
○ Moscato d'Asti '10	♛♛ 2*
○ Moscato d'Asti '08	♛♛ 2*

Cascina Bongiovanni

LOC. UCCELLACCIO
VIA ALBA BAROLO, 4
12060 CASTIGLIONE FALLETTO [CN]
TEL. 0173262184
www.cascinabongiovanni.it

藏酒销售
预约参观
年产量 35 000 瓶
葡萄种植面积 7.2 公顷

至今为止，戴维德·莫佐恩（Davide Mozzone）已将超过20次的大收成收入囊中。继承1950年以来家族葡萄酒酿制的传统，他一直满怀热情、炉火纯青地管理着他的小酒庄。酒窖的技术设备先进，选用了小型法国橡木桶来陈化两个系列的巴罗洛（Barolo）、阿尔巴的巴贝拉（Babera d'Alba）和国际味十足的法雷托（Faletto）。他们对多赛托（Dolcetto）实施了温和的微氧化技术，确保酒的颜色稳定下来。另外，罗埃洛·阿内斯（Roero Arneis）是唯一既滤过又净化过的葡萄酒品种。如此酿造理念成就了个性十足且珍贵的葡萄酒。

● Barbera d'Alba '10	♛ 3
● Barolo Pernanno '08	♛♛ 6
● Dolcetto di Diano d'Alba '11	♛♛ 2*
● Dolcetto d'Alba '11	♛ 2
○ Langhe Arneis '11	♛ 2
● Langhe Rosso Faletto '10	♛ 4
● Barolo Pernanno '01	♛♛♛ 6
● Barolo '07	♛♛ 5
● Barolo '06	♛♛ 5*

PIEDMONT
皮埃蒙特区

Cascina Chicco
VIA VALENTINO, 144 - 12043 CANALE [CN]
TEL. 0173979411
www.cascinachicco.com

藏酒销售
预约参观
年产量 320 000 瓶
葡萄种植面积 5 公顷

多年来，由恩里克（Enrico）和马尔科·费森达（Marco Faccenda）经营管理的酒庄一直是罗埃洛镇（Roero）最重要的酒庄之一。他们在阿尔巴蒙佛尔特（Monforte d'Alba）的吉内斯塔拉葡萄园（Ginestra）里买了5公顷园地，并以此为原料基地生产出了巴罗洛葡萄酒（Barolo）。诸如卡内勒（Canale）的莫姆皮萨诺（Mompissano）和阿尔巴维扎（Vezza d'Alba）的瓦尔马吉奥勒（Valmaggiore）等几个知名的葡萄园都种植了罗埃洛葡萄（Roero）。最近，这些酒呈现出回归传统的迹象，生产风格越来越重视地域特性。

● Barolo Rocche di Castelletto '08	♛♛ 5
● Roero Valmaggiore '09	♛♛ 4
○ Cuvée Zero Extra Brut M. Cl.	♛♛ 3
⊙ Cuvée Zero Rosé Extra Brut M. Cl.	♛♛ 3
● Roero Montespinato '10	♛♛ 3
● Barbera d'Alba Bric Loira '10	♛ 4
● Barbera d'Alba Granera Alta '11	♛ 2
○ Arcàss Passito '04	♛♛♛ 4
○ Arcass V. T. '07	♛♛ 4
● Barolo Rocche di Castelletto '07	♛♛ 5
● Roero Montespinato '09	♛♛ 3
● Roero Valmaggiore Ris. '08	♛♛ 4

Cascina Corte
FRAZ. SAN LUIGI
B.TA VALDIBERTI, 33 - 12063 DOGLIANI [CN]
TEL. 0173743539
www.cascinacorte.it

藏酒销售
预约参观
参观设施
年产量 30 000 瓶
葡萄种植面积 5 公顷
葡萄栽培方式 有机认证

桑德罗·巴罗斯（Sandro Barosi）仅用了数年就声名鹊起，一举成为了第一流有机葡萄栽培业中的执牛耳者。与其说是他的有机栽培证书让别人刮目相看，还不如说是因为他能建造一个生机勃勃、和睦融洽的环境。在这个环境里，他增添了多样的动植物，消除了化学药品，甚至自然风光也被无比推崇。根据这一信念，他建立了一个小酒窖，并由此生产出优秀突出的葡萄酒。值得一提的是，他采取的还是传统的酿造方式，只是在酒种加入了微量二氧化硫而已。该地区出产古典种类的葡萄，首要的是多赛托（Dolcetto），接下来还有巴贝拉（Barbera）和内比奥罗（Nebbiolo）葡萄。由此产出的葡萄酒卓尔不群，价格合理。

● Dogliani Pirochetta V. V. '10	♛♛ 3
● Langhe Nebbiolo '10	♛♛ 3
● Dogliani '11	♛ 2
● Langhe Barbera '10	♛♛ 3
● Dogliani Vecchie V. Pirochetta '08	♛♛♛ 3*
● Barnedòl	♛♛ 3
● Dogliani Pirochetta V. V. '09	♛♛ 3*
● Dolcetto di Dogliani '10	♛♛ 2*
● Dolcetto di Dogliani '09	♛♛ 2*
● Langhe Nebbiolo '09	♛♛ 3
● Piemonte Barbera '09	♛♛ 3

皮埃蒙特区
PIEDMONT

Cascina Cucco

LOC. CUCCO
VIA MAZZINI, 10
12050 SERRALUNGA D'ALBA [CN]
TEL. 0173613003
www.cascinacucco.com

藏酒销售
预约参观
年产量 60 000 瓶
葡萄种植面积 12 公顷

作为橡胶地板业及其他很多行业的一流企业，蒙多（Mondo）已是闻名遐迩。不过，只有巴罗洛（Barolo）的爱好者才会知道斯特若皮亚纳家族（Stroppiana）关于酿造葡萄酒的一面。该家族拥有着迷人的塞拉朗佳酒庄（Serralunga），多年来一直由皮尔兰格罗·佛拦击（Pierangelo Franchi）全权打理。该酒庄超过一半的产品取材于塞拉迪分区（Cerrati）的巴罗洛（Barolo）。值得一提的是，其中一个产地是历史悠久、声名远扬的库克葡萄园（Cucco），尤以葡萄榨取最为突出。"谨慎实现现代化"是该酒庄对巴罗洛的生产理念。具体言之，他们计划，刚起步时使用小型法国橡木桶来陈化葡萄酒，然后再过渡到斯拉夫尼亚橡木桶的使用。

Cascina Fonda

LOC. CASCINA FONDA, 45
12056 MANGO [CN]
TEL. 0173677877
www.cascinafonda.com

藏酒销售
预约参观
参观设施
年产量 120 000 瓶
葡萄种植面积 12 公顷

在父亲赛肯迪诺（Secondino）销售了25年葡萄后的1988年，马尔科（Marco）和马西莫·巴贝罗（Massimo Barbero）终于开始酿造莫斯卡托葡萄酒（Moscato）。他们拥有位于芒哥（Mango）和内维（Neive）市区的葡萄园，海拔450米，面朝东南。里面的葡萄树平均已有40年的历史，最小的也早在1985年就生根发芽了。高海拔和低产量相结合，使得出产的葡萄酒十分新鲜、清淡，优雅而不华丽。最重要的是，这些酒注重绝妙的口感。

● Barolo Cerrati '08	♟♟ 6
● Barbera d'Alba Sup. '10	♟♟ 4
● Barolo Cerrati V. Cucco '08	♟♟ 6
● Barolo di Serralunga '08	♟♟ 5
● Langhe Rosso Mondo '10	♟♟ 4
● Barbera d'Alba '11	♟ 2
○ Langhe Chardonnay '11	♟ 2
● Barbera d'Alba Sup. '09	♟♟ 4
● Barolo Cerrati '07	♟♟ 6
● Barolo Cerrati V. Cucco '07	♟♟ 6
● Barolo di Serralunga '07	♟♟ 5
● Langhe Rosso Mondo '09	♟♟ 4

○ Asti Bel Piasì '11	♟♟ 2*
○ Moscato d'Asti Bel Piano '11	♟♟ 2*
○ Moscato Spumante Tardivo '10	♟♟ 3
○ Asti '07	♟♟ 2*
○ Asti Bel Piasì '09	♟♟ 2*
○ Asti Bel Piasì '08	♟♟ 2*
○ Moscato d'Asti Bel Piano '10	♟♟ 2
○ Moscato d'Asti Bel Piano '09	♟♟ 2*
○ Moscato d'Asti Bel Piano '07	♟♟ 2*
○ Moscato Spumante Tardivo '09	♟♟ 3
○ Vendemmia Tardiva '09	♟♟ 3

PIEDMONT
皮埃蒙特区

Cascina Fontana

LOC. PERNO - 12065 MONFORTE D'ALBA [CN]
TEL. 0173789005
www.cascinafontana.com

藏酒销售
年产量 23 000 瓶
葡萄种植面积 4 公顷

在宁静的气氛中，斯拉夫尼亚橡木桶里陈酿的葡萄通气飘香，每一个品种都精确诠释着古典风格，不断预示着口感直率、品质上乘的葡萄酒呼之欲出。马里奥（Mario）和露依莎•芳塔娜（Luisa Fontana）只使用了贝比奥罗（Bebbiolo）、巴贝拉（Barbera）和多赛托（Dolcetto）三种葡萄，所有的葡萄都忠实地呈现出鲜明的地域特色。巴罗洛葡萄酒（Barolo）如同皇冠上的明珠，在某种程度上是因为在进入市场之前得到了长时间的陈酿。另外，该酒庄酒种很全面，个个都出类拔萃。他们的下一步计划是扩张他们的酒窖和购买新的葡萄园。

● Barbera d'Alba '09	♀♀ 3
● Barolo Villero e Valletta '07	♀♀ 5
● Langhe Nebbiolo '09	♀♀ 3

Cascina Gilli

VIA NEVISSANO, 36
14022 CASTELNUOVO DON BOSCO [AT]
TEL. 0119876984
www.cascinagilli.it

藏酒销售
预约参观
年产量 140 000 瓶
葡萄种植面积 21 公顷

吉安尼•维诺（Gianni Vergnano）在20世纪80年代创建了卡纳利（Cascina Gilli）酒庄。最近30多年来，该酒庄一直坚持使用着两种几乎已被遗忘的本地葡萄品种：弗雷萨（Freiza）和卡斯特尔挪威市的马瓦西亚（Malvasia di Castelnuovo）。葡萄园位于卡斯特尔挪威•东•巴斯克（Castelnuovo Don Bosco）和帕萨拉诺（Passerano）市区，土壤为泥灰质和黏土质。此外，他们还种植了伯纳尔达（Bonarda）和巴贝拉（Barbera）葡萄。该酒庄生产了多个版本的弗雷萨（Freiza），陈化的、微泡的酒应有尽有，极力探索着这些葡萄品种的所有潜力和特点。该酒庄对这些品种不断推陈出新，收获了无数的惊喜。

● Barbera d'Asti V. delle More '10	♀♀ 2*
● Freisa d'Asti Arvelé '08	♀♀ 3
● Freisa d'Asti V. del Forno '10	♀♀ 2*
● Piemonte Bonarda Sernù '08	♀♀ 2*
● Freisa d'Asti Vivace '11	♀ 2
● Freisa d'Asti Vivace Luna di Maggio '11	♀ 2
● Barbera d'Asti Sebrì '09	♀♀ 3
● Barbera d'Asti V. delle More '08	♀♀ 2*
● Barbera d'Asti V. delle More '04	♀♀ 2*
● Freisa d'Asti Arvelé '07	♀♀ 3
● Freisa d'Asti Arvelé '03	♀♀ 3*
● Piemonte Bonarda Sernù '07	♀♀ 2*

皮埃蒙特区
PIEDMONT

Cascina La Maddalena

Fraz. San Giacomo
Loc. Piani del Padrone, 257
15078 Rocca Grimalda [AL]
Tel. 0143876074
www.cascina-maddalena.com

藏酒销售
预约参观
参观设施
年产量 30 000 瓶
葡萄种植面积 5 公顷

阿瓦达地区（Ovada）的卡西纳•拉•马达莲娜酒庄（Cascina La Maddalena）经营已久，他们不断在葡萄园和酒窖工作中积累丰富的经验，并通过葡萄酒完美表现出来。葡萄园侧重种植红皮葡萄品种，有巴贝拉（Barbera）、多赛托（Dolcetto）以及梅洛（Merlot）。这三种葡萄被制成单一葡萄酒，或者是混合在德西玛•温德姆米娜（Decima Vendemmina）之中。他们对每一个生产环节都呵护备至，葡萄束瘦化、手工收割和葡萄束筛选等工作确保了给酒窖输送最优质的葡萄。现代化的葡萄酒酿造设备和陈化小橡木桶的使用造就了个性健全的葡萄酒，增添了浓重的现代化气息。

Francesca Castaldi

via Novembre, 6 - 28072 Briona [NO]
Tel. 0321826520
francesca_castaldi@libero.it

藏酒销售
预约参观
年产量 200 000 瓶
葡萄种植面积 6.5 公顷

法拉（Fara）是意大利最小的酒庄之一，葡萄酒年产量不到200 000瓶。该酒庄的先辈几个世纪前就在此定居了。后来弗朗西斯科（Francesca）和朱塞佩•卡斯塔尔迪（Giuseppe Castaldi）决定投身于法定产区酒的酿造，并积极在矗立于诺瓦拉省（Novara）第一块稻田上的冰碛山上种植内比奥罗葡萄（Nebbiolo）。此外，还种植有一些巴贝拉（Barbera）、维波丽纳（Vespolina）和厄柏露丝（Erbaluce）葡萄。厄柏露丝葡萄又名格雷科（Greco），常被用来酿造新鲜、芳香的白科里内•诺瓦雷斯葡萄酒（Colline Novaresi Bianco），此酒经久不衰，美味可口且价格实惠。

● Dolcetto di Ovada '11	▼ 2
● Dolcetto di Ovada Bricco del Bagatto '11	▼ 3
● Dolcetto di Ovada Migulle '09	▼ 4
● M.to Rosso Bricco della Maddalena '09	▼ 4
● Barbera del M.to '08	▼▼ 2*
● Dolcetto di Ovada '10	▼▼ 2*
● Dolcetto di Ovada '09	▼▼ 2*
● Dolcetto di Ovada Bricco del Bagatto '09	▼▼ 2*
● M.to Rosso Pian del Merlo '10	▼▼ 3

● Fara '08	▼▼ 3*
● Colline Novaresi Barbera Martina '10	▼▼ 2*
○ Colline Novaresi Bianco Lucia '11	▼▼ 2*
● Valceresole '11	▼▼ 2*
● Colline Novaresi Vespolina Lina '11	▼ 2
○ Colline Novaresi Bianco '10	▼▼ 2*
● Fara '07	▼▼ 3
● Fara '06	▼▼ 3

PIEDMONT
皮埃蒙特区

Castellari Bergaglio
Fraz. Rovereto, 136 - 15066 Gavi [AL]
Tel. 0143644000
www.castellaribergaglio.it

藏酒销售
预约参观
年产量 95 000 瓶
葡萄种植面积 12 公顷

现在，贝加格里奥（Bergaglio）父子分工明确，马尔科（Marco）负责酒窖管理和藏酒销售，他的父亲马里奥（Mario）负责照料葡萄园。该家族的四代人在这里只培育了柯蒂斯葡萄（Cortese），并采用风干4个月之久的风干葡萄酿制出5种加维（Gavi）保证法定产区酒。酒窖的工作十分传统，使用了控温发酵和不锈钢陈化方法。葡萄酒种类繁多，各种酒的区别主要取决于原产地的不同。其中唯一的例外是加维•皮林（Gavi Pilin），采用部分风干（时间为一周）葡萄，然后再在酒瓶陈化几年后才投放市场。

○ Gavi del Comune di Gavi Rolona '11	🍷 3*
○ Gavi del Comune di Gavi Rovereto Vignavecchia '10	🍷 3*
○ Gavi del Comune di Tassarolo Fornaci '11	🍷 2
○ Gavi Pilin '10	🍷 5
○ Gavi Salluvii '11	🍷 2
○ Gavi del Comune di Gavi Rolona '09	🍷 3
○ Gavi del Comune di Tassarolo Fornaci '10	🍷 2
○ Gavi Pilin '06	🍷 4
○ Gavi Salluvi '10	🍷 3

Castello di Neive
via Castelborgo, 1 - 12052 Neive [CN]
Tel. 017367171
www.castellodineive.it

预约参观
年产量 150 000 瓶
葡萄种植面积 26 公顷

1964年，伊泰洛•司徒皮诺（Italo Stupino）的父亲买下了内维市的卡斯特罗酒庄（Castello di Neive）和绝大部分附带的葡萄园，从那时起，伊泰洛就全身心地投入到这个古老庄园的工作中。几年后，他成为了这个酒庄的当家，开始着手葡萄酒装瓶工作。此外，他还与都灵大学合作，在他们的协助下开展了葡萄园的试验项目，该项目至今仍在进行。在酒窖里，法国橡木桶倍受青睐，35个百升尺寸的酒桶用来陈化巴巴莱斯科精品酒（Barbaresco），而经典尺寸的橡木桶则用来陈化创新品种兰格干红科蒂尼（Langhe Rosso I Cortini）。无论是黑皮诺葡萄酒（Pinot Nero），还是巴贝拉（Barbera）、内比奥罗（Nebbiolo）混合酿制的阿尔巴罗萨葡萄酒（Albarossa），其质量都一直在节节攀升。

● Barbaresco S. Stefano '09	🍷 6
● Barbaresco Gallina '09	🍷 5
● Barbaresco S. Stefano Ris. '07	🍷 7
● Barbera d'Alba Sup. '09	🍷 4
○ Langhe Arneis Montebertotto '11	🍷 2*
● Langhe Pinot Nero I Cortini '10	🍷 3
○ Piemonte Pinot Nero Brut '09	🍷 5
● Barbaresco '09	🍷 5
● Barbaresco S. Stefano Ris. '01	🍷 7
● Barbaresco S. Stefano Ris. '99	🍷 7
● Barbaresco '08	🍷 5
● Barbaresco Gallina '08	🍷 5
● Barbaresco S. Stefano '08	🍷 6
● Barbaresco S. Stefano Ris. '06	🍷 7
● Barbera d'Alba S. Stefano '09	🍷 3

Tenuta Castello di Razzano

Fraz. Casarello
Loc. Razzano, 2 - 15021 Alfiano Natta [AL]
Tel. 0141922124
www.castellodirazzano.it

藏酒销售
预约参观
年产量 130 000 瓶
葡萄种植面积 30 公顷

欧力洛家族（Olearo）好几代人一直都以酿酒为生。时至今日，奥古斯托（Augusto）和他的妻儿们仍然打理着酒庄，从事有关葡萄酒的各种活动。酒庄里的主要建筑物有布置精美且富有特色的酒店、博物馆和用于葡萄酒陈化的酒窖。在乡下，除了葡萄园以外，奥古斯托一家还通过经营橄榄园来榨取额外的初榨橄榄油。葡萄园种植的葡萄大多数是皮埃蒙特地区的品种，其中有巴贝拉（Barbera）、吉诺林诺（Grignolino），弗雷萨（Reisa）、多赛托（Dolcetto）和莫斯卡托（Moscato），除此之外还有一些国际知名品种，例如梅洛（Merlot），黑皮诺（Pinot Nero），莎当尼（Chardonnay）和白苏维翁（Sauvignon Blanc）。在酒窖里，他们使用长期浸泡和木桶陈化的方法生产出酒味浓厚、酒香醉人的葡萄酒。

● Barbera d'Asti Sup. Campasso '09	♀♀ 2*
● Barbera d'Asti Sup. Del Beneficio '10	♀♀ 4
● Barbera d'Asti Sup. Valentino Caligaris '10	♀♀ 5
○ Piemonte Chardonnay Costa al Sole '11	♀♀ 2*
● Piemonte Pinot Nero Onero '11	♀♀ 3
● Grignolino del M.to Casalese Pianaccio '11	♀ 2
● Barbera d'Asti Sup. Campasso '07	♀♀ 2*
● Barbera d'Asti Sup. Campasso '06	♀♀ 2*
● Barbera d'Asti Sup. Del Beneficio '09	♀♀ 4
● Barbera d'Asti Sup. Eugenea '09	♀♀ 4

Castello di Tassarolo

Cascina Alborina, 1 - 15060 Tassarolo [AL]
Tel. 0143342248
www.castelloditassarolo.it

藏酒销售
预约参观
年产量 130 000 瓶
葡萄种植面积 20 公顷
葡萄栽培方式 有机认证

任何有兴趣参观有机葡萄园的人，都应该来拜访一下酒庄。他们只用纯手工生产而没有采用任何化学药品。在庄园里，绿草自由地在葡萄藤行间生长，他们悉心地使用马匹耕耘土壤。玛斯米利亚娜•斯皮诺拉（Massimiliana Spinola）把所有的农活交给了亨利•芬济•康斯坦丁（Henry Finzi Constantine）打理，进而成就了后者的这种理念。同时，自然发酵酒的冠军得主文森佐•穆尼（Vincenzo Munì）负责监督酒庄里的工作。所有这些努力造就了6款有机认证的加维葡萄酒（Gavi），甚至在某种情况下,不添加二氧化硫。

○ Gavi del Comune di Tassarolo Il Castello '11	♀♀ 2*
○ Gavi del Comune di Tassarolo Titouan '11	♀♀ 2*
○ Gavi del Comune di Tassarolo Spinola '11	♀ 2
○ Gavi del Comune di Tassarolo Vign. Alborina '09	♀ 3
○ Gavi del Comune di Tassarolo Il Castello '09	♀♀ 2
○ Gavi del Comune di Tassarolo Spinola '10	♀♀ 2*
○ Gavi del Comune di Tassarolo Spinola '09	♀♀ 2*
○ Gavi del Comune di Tassarolo V. Alborina '08	♀♀ 3*

皮埃蒙特区
PIEDMONT

Castello di Uviglie
VIA CASTELLO DI UVIGLIE, 73
15030 ROSIGNANO MONFERRATO [AL]
TEL. 0142488132
www.castellodiuviglie.com

藏酒销售
预约参观
年产量 90 000 瓶
葡萄种植面积 25 公顷
葡萄栽培方式 传统栽培

西蒙•鲁帕罗（Simone Lupano）在1992年买下了该酒庄。此后，经过多年的惨淡经营，他成功地把酒庄历史和地域特色融合进了葡萄酒的生产中，使其成为一个无论在视觉效果上还是在感官质感上都值得审视的统一体。一边观赏着怡人的风景和古色古香的城堡，一边浅尝着当地的葡萄酒，这对想要了解蒙费拉托•卡萨勒斯地区（Monferrato Casalese）的人来说绝对大有裨益。酒庄的葡萄园里种植了当地常见的葡萄品种，比如巴贝拉（Barbera）、吉诺林诺（Grignolino）和弗雷萨（Freisa）。对于葡萄种植领域，西蒙（Simone）有着自己独特的心得。除此之外，酒庄还会酿造一些像苏维翁（Sauvignon）和莎当尼（Chardonnay）这样富有诗情画意的白葡萄酒。

● Barbera del M.to Sup. Le Cave '10	♀♀ 3*
● Barbera del M.to Sup. Pico Gonzaga '09	♀♀ 5
○ Bricco del Ciliegio Passito '08	♀♀ 4
● M.to Freisa La Costa '11	♀♀ 3
● Barbera del M.to Bricco del Conte '11	♀ 2
● Grignolino del M.to Casalese San Bastiano '11	♀ 2
● M.to Rosso 1491 '09	♀ 4
○ Piemonte Chardonnay Ninfea '11	♀ 2
● Barbera del M.to Sup. Le Cave '09	♀♀♀ 3*
● Barbera del M.to Sup. Le Cave '07	♀♀♀ 3*
● Barbera del M.to Sup. Pico Gonzaga '07	♀♀♀ 4*
● M.to Rosso 1491 '08	♀♀ 4
○ Piemonte Chardonnay Ninfea '10	♀♀ 2

Castello di Verduno
VIA UMBERTO I, 9 - 12060 VERDUNO [CN]
TEL. 0172470284
www.castellodiverduno.com

藏酒销售
预约参观
膳宿接待
年产量 50 000 瓶
葡萄种植面积 7.4 公顷

1835年，列诺将军（Staglienò）出版了自己的新书《关于酿造和储存皮埃蒙特地区葡萄酒的方法介绍》。自1838年起，他开始在国王卡洛•阿尔贝托（King Carlo Alberto of Savoy）的授权下在威尔多诺地区的卡斯特罗（Castello di Verduno）酒庄里实地运用书中的方法生产葡萄酒。1909年，布尔洛特家族（Burlotto）从萨瓦斯家族（Savoys）手中购得酒庄后，经营起葡萄酒庄、一间服务热情周到的餐厅和一间富丽堂皇的酒店直至现在。嘉博瑞拉•布尔洛特（Gabriella Burlotto）和弗朗克•比安科（Franco Bianco）结婚以后，布尔洛特家族葡萄园的规模不断扩大，这使他们除了使用威尔多诺葡萄园（Verduno）的巴罗洛（Barolo）和培拉维尔加（Pelaverga）葡萄外，还可以在酒窖里酿造巴巴莱斯科（Barbaresco）和兰格（Langhe）地区的其他红葡萄酒。

● Barbaresco Faset '08	♀♀ 5
● Barbaresco '08	♀♀ 5
● Barbaresco Rabajà '08	♀♀ 6
● Barbaresco Rabajà Ris. '07	♀♀ 6
● Barbera d'Alba '11	♀♀ 3
● Barbera d'Alba Bricco del Cuculo '10	♀♀ 6
● Barolo Massara '06	♀♀ 6
● Bellis Perennis '11	♀♀ 2*
● Ciopét Brut Rosé M. Cl. '09	♀♀ 5
● Verduno Pelaverga Basadone '11	♀♀ 3
● Dolcetto d'Alba Campot '11	♀ 2
● Langhe Nebbiolo '11	♀ 3
● Barbaresco Rabajà '04	♀♀♀ 6
● Barolo Massara '01	♀♀♀ 6
● Barolo Monvigliero Ris. '04	♀♀♀ 7

皮埃蒙特区
PIEDMONT

La Caudrina

S.DA BROSIA, 21
12053 CASTIGLIONE TINELLA [CN]
TEL. 0141855126
www.caudrina.it

藏酒销售
预约参观
年产量 200 000 瓶
葡萄种植面积 24 公顷

许多年来,罗马诺•多格里奥迪(Romano Dogliotti)的庄园一直是莫斯卡托(Moscato)生产的基准。在他位于卡斯蒂格里奥内•迪内拉地区(Castiglione Tinella)的葡萄园里,葡萄藤的平均年龄在30~45岁左右,也有些年逾百岁。他名下的当地酒种,无论是标准起泡葡萄酒、干葡萄酒乃至阿斯蒂白葡萄汽酒,全部取材于这里。巴贝拉(Barbera)红葡萄则产自另一个位于尼扎•蒙费拉托(Nizza Monferrato)的葡萄园。这类葡萄的品种特性,保证了各式莫斯卡托葡萄酒(Moscato)的高贵个性和独有口感。

F.lli Cavallotto
Tenuta Bricco Boschis

LOC. BRICCO BOSCHIS
S.DA ALBA-MONFORTE
12060 CASTIGLIONE FALLETTO [CN]
TEL. 017362814
www.cavallotto.com

藏酒销售
预约参观
年产量 100 000 瓶
葡萄种植面积 23 公顷
葡萄栽培方式 传统栽培

酒庄的起源可以追溯到巴罗洛葡萄酒(Barolo)的正式面世时期。当时,奥利维奥(Olivio)和吉尔多(Gildo)的祖先朱塞佩•卡瓦罗特(Giuseppe Cavallotto)为茱莉亚特•科尔波特(Juliette Colbert di Maulévrier)伯爵夫人(别名留利亚•法雷蒂(Giulia Falletti di Barolo),这名字更家喻户晓)经营打理葡萄园。直到1948年奥利维奥和吉尔多才开始销售自己的葡萄酒。现在,他们兄妹们菲奥(Alfio)、朱塞佩(Giuseppe)和劳拉(Laura)共同管理着葡萄园与酒窖。酒窖位于一个新近扩建了的宏伟建筑之中,里面大型的斯拉夫尼亚橡木桶排列成群。酒庄拥有23公顷的葡萄种植面积,种植过程不用任何化学农药。所酿巴罗洛精品酒(Barolo)在该酒产区中名列前茅。

○ Moscato d'Asti La Galeisa '11		3*
○ Asti La Selvatica '11		3
○ Moscato d'Asti La Caudrina '11		3
● Barbera d'Asti La Solista '10		2
● Barbera d'Asti La Solista '09		2*
● Barbera d'Asti Sup. Monte Venere '08		3
○ Moscato d'Asti La Caudrina '10		3
○ Moscato d'Asti La Caudrina '09		2*
○ Piemonte Moscato Passito Redento '04		4

● Barolo Vignolo Ris. '06		8
● Barbera d'Alba V. del Cuculo '08		4
● Barolo Bricco Boschis V. S. Giuseppe Ris. '06		8
● Langhe Nebbiolo '10		4
● Barolo Bricco Boschis '08		7
● Langhe Freisa '10		3
● Barolo Bricco Boschis V. S. Giuseppe Ris. '05		8
● Barolo Vignolo Ris. '04		8

皮埃蒙特区
PIEDMONT

Ceretto
LOC. SAN CASSIANO, 34 - 12051 ALBA [CN]
TEL. 0173282582
www.ceretto.com

藏酒销售
预约参观
餐饮接待
年产量 900 000 瓶
葡萄种植面积 90 公顷

由于启动了很多葡萄酒发展项目，酒庄得到了葡萄酒界广泛的关注。首先，位于兰格（Langhe）和罗埃洛镇（Roero）的葡萄园利用其得天独厚的地理优势，给优质葡萄酒的生产打下了坚实基础。另外，酒庄别具匠心、极富创意地装饰了酒庄建筑上的一砖一瓦。除了葡萄酒外，酒庄还产出兰格地区一些特产，例如牛乳糖和芝士。当然，服务质量一流的酒店也是庄园的特色之一。现在，在满腔热情、技艺娴熟的年轻一辈和工作高效的亚历山德罗（Alessandro）、丽萨（Lisa）、费德里克（Federico）和罗贝塔（Roberta）团队的大力帮助下，布鲁诺（Bruno）和马尔克罗·赛拉图（Marcello Ceretto）解决了一连串的难题。最值得一提的是，他们力求消除化学药品和种植卓越葡萄。截至目前，这两方面的工作已卓有成效。

● Barbaresco Bricco Asili '09	♀♀ 7
● Barolo Prapò '08	♀♀ 8
● Langhe Rosso Monsordo '10	♀♀ 5
● Barbaresco Asij '09	♀♀ 7
● Barbera d'Alba Piana '11	♀♀ 5
● Barolo Bricco Rocche '08	♀♀ 8
● Barolo Zonchera '08	♀♀ 8
● Dolcetto d'Alba Rossana '11	♀ 4
○ Langhe Arneis Blangé '11	♀ 5
● Nebbiolo d'Alba Bernardina '10	♀ 5
● Barbaresco Bricco Asili '97	♀♀♀ 8
● Barolo Bricco Rocche Bricco Rocche '00	♀♀♀ 8
● Barolo Prapò '06	♀♀♀ 8
● Barolo Prapò '05	♀♀♀ 8
● Barolo Bricco Rocche Bricco Rocche '07	♀♀ 8

Erede
di Armando Chiappone
S.DA SAN MICHELE, 51
14049 NIZZA MONFERRATO [AT]
TEL. 0141721424
www.eredechiappone.com

藏酒销售
预约参观
餐饮接待
年产量 35 000 瓶
葡萄种植面积 10 公顷

齐亚朋家族（Chiappone）的小型酒庄坐落于尼扎·蒙费拉托（Nizza Monferrato）市的圣麦克（San Michele）山上，葡萄园位于海拔约250米到300米遍布黏性石灰土壤的半山腰上。酒庄种植的巴贝拉葡萄（Barbera）的产量超过了总产量的一半，来自尼扎分区（Nizza）的巴贝拉品种更是如此。这里同时也种植了一些别的葡萄品种，如弗雷萨（Freisa）、多赛托（Dolcetto）、柯蒂斯（Cortese）和法维利塔（Favorita）。酒庄生产的葡萄酒风格传统，注重葡萄酒的上乘品质和地域风味。

● Barbera d'Asti Brentura '10	♀♀ 2*
● Barbera d'Asti Sup. Nizza Ru '09	♀♀ 4
● Freisa d'Asti Sanpedra '08	♀ 2
● Barbera d'Asti Brentura '09	♀♀ 2
● Barbera d'Asti Brentura '08	♀♀ 2*
● Barbera d'Asti Brentura '07	♀♀ 2*
● Barbera d'Asti Sup. Nizza Ru '06	♀♀ 4
● Barbera d'Asti Sup. Nizza Ru '04	♀♀ 4

皮埃蒙特区
PIEDMONT

★Michele Chiarlo

S.DA NIZZA-CANELLI, 99
14042 CALAMANDRANA [AT]
TEL. 0141769030
www.chiarlo.it

藏酒销售
预约参观
参观设施
年产量 1 100 000 瓶
葡萄种植面积 100 公顷

该酒庄由米切乐•奇阿罗（Michele Chiarlo）于1956年创建，他眼光远大，1988年以来机敏地收购了最适宜巴罗洛（Barolo）和巴巴莱斯科（Barbaresco）葡萄生产的地块，以及从阿斯蒂地区（Asti）绵延至加维（Gavi）附近盛产巴贝拉（Barbera）和莫斯卡托（Moscato）葡萄的地区。现在，在他儿子阿尔贝托（Alberto）和斯德凡诺（Stefano）的帮助下，米切乐终于可以指望生产出知名非凡且质量上乘的巴罗洛精品酒，如科勒曲奥（Cerequio）、坎奴比（Cannubi）和拉•科特（La Court），以及其他一系列风格现代、品质卓越的葡萄酒品种。这些葡萄酒的地域风情被技术精湛的酿酒师们淋漓尽致地展现了出来。

● Barbera d'Asti Sup. Nizza La Court '09	🍷🍷🍷 5
● Barolo Cerequio Ris. '06	🍷🍷 8
● Barbaresco Asili '09	🍷🍷 6
● Barbaresco Reyna '09	🍷🍷 5
● Barbera d'Asti Sup. Cipressi della Court '10	🍷🍷 3
● Barolo Tortoniano '08	🍷🍷 5
● Barolo Triumviratum Ris. '04	🍷🍷 8
○ Gavi del Comune di Gavi Rovereto '11	🍷 3
○ Gavi Le Marne '11	🍷 3
○ Moscato d'Asti Nivole '11	🍷 2
● Barolo Cannubi '06	🍷🍷🍷 7
● Barolo Cerequio '07	🍷🍷🍷 7

Quinto Chionetti

B.TA VALDIBERTI, 44 - 12063 DOGLIANI [CN]
TEL. 017371179
www.chionettiquinto.com

预约参观
年产量 84 000 瓶
葡萄种植面积 16 公顷

德高望重的奎恩特•奇奥内提（Quinto Chionetti）是多哥里亚尼市多赛托葡萄酒（Dolcetto di Dogliani）的前驱，时至今日，他依然孜孜不倦地酿制着成熟经典的葡萄酒品。奎恩特遵循传统之道，从不使用木制品陈化葡萄，不过他终于破例了一次，使用了二手的橡木桶酿造新品种兰格•内比奥罗葡萄酒（Langhe Nebbiolo）。在葡萄园和酒窖之外的日常生活中，他总是烘烤面包分发给邻居品尝，同时跟他们分享建议，告诉他们如何在本地酒窖里不出现肮脏酒桶的印迹。奎恩特酿造了两款多赛托葡萄酒（Dolcetto di Dogliani），一种是结构分明、口感浓郁的布里柯乐罗（Briccolero）；另一种是较为恬淡，舒适可口的圣•路易吉（San Luigi）。

● Dogliani Briccolero '11	🍷🍷 3*
● Dogliani S. Luigi '11	🍷🍷 3*
● Langhe Nebbiolo '10	🍷🍷 3
● Dolcetto di Dogliani Briccolero '07	🍷🍷🍷 3*
● Dolcetto di Dogliani Briccolero '06	🍷🍷🍷 3*
● Dolcetto di Dogliani Briccolero '10	🍷🍷 3*
● Dolcetto di Dogliani Briccolero '09	🍷🍷 3*
● Dolcetto di Dogliani Briccolero '08	🍷🍷 3*
● Dolcetto di Dogliani S. Luigi '09	🍷🍷 2*
● Langhe Nebbiolo '09	🍷🍷 3

皮埃蒙特区
PIEDMONT

Elvio Cogno
via Ravera, 2 - 12060 Novello [CN]
Tel. 0173744006
www.elviocogno.com

藏酒销售
预约参观
年产量 70 000 瓶
葡萄种植面积 13 公顷

瓦尔特•菲索雷（Valter Fissore）和妻子娜迪亚•柯格娜（Nadia Cogna）追求完美，给酒庄的成功打下了坚实基础。他们仔细研究酿酒的每一环节，不仅认真地在葡萄园里杀虫，还于近期扩大重修了酒窖，使得陈化过程能在这个与周围景致绝妙融合的建筑里进行。出品的葡萄酒全都来自本地葡萄。此外，2013年推出的两款葡萄酒：用已有120年历史的小型葡萄酿制的阿尔巴•巴贝拉（Barbera d'Alba）以及价格实惠、魅力无穷的巴罗洛（Barolo Cscina Nuova），彰显了当地特色葡萄酒的活力。华丽豪华的葡萄园就坐落在农场下方阳光明媚的圆形剧场里。

● Barolo V. Elena Ris. '06	♛♛♛ 8
● Barbera d'Alba Pre-Philloxera '09	♛♛ 4
● Barolo Ravera '08	♛♛ 7
● Barbaresco Bordini '09	♛♛ 5
● Barbera d'Alba Bricco dei Merli '10	♛♛ 4
● Barolo Bricco Pernice '07	♛♛ 8
● Barolo Cascina Nuova '08	♛♛ 6
○ Langhe Bianco Anas-cëtta '11	♛♛ 3
● Langhe Rosso Montegrilli '10	♛♛ 5
● Dolcetto d'Alba V. del Mandorlo '11	♛
● Barolo Bricco Pernice '05	♛♛♛ 8
● Barolo Ravera '07	♛♛♛ 7
● Barolo Ravera '04	♛♛♛ 6
● Barolo Ravera '01	♛♛♛ 6
● Barolo V. Elena '04	♛♛♛ 8
● Barolo V. Elena '01	♛♛♛ 7

Colle Manora
s.da Bozzole, 5 - 15044 Quargnento [AL]
Tel. 0131219252
www.collemanora.it

藏酒销售
预约参观
年产量 100 000 瓶
葡萄种植面积 20 公顷

在这个大型的庄园里，面朝南方的可爱葡萄园与耕地、林地和谐相处。酒庄种植了多个品种的葡萄，包括了意大利葡萄酒的普遍品种蒙费拉托（Monferrato）和巴贝拉（Barbera）葡萄，以及用于酿造皮埃蒙特红葡萄酒（Piemonte）的新原料阿巴诺萨葡萄（albarossa）。来自法国的葡萄品种更多，包括了黑皮诺（Pinot Nero）、梅洛（Merlot）和赤霞珠（Cabernet Sauvignon）。其中后者常与其他品种葡萄混酿成帕洛阿托葡萄酒（Palo Alto），并还取代了黑皮诺与巴贝拉一起酿制了巴彻塔红葡萄酒（Rosso Barchetta）。白葡萄酒主要取材于白苏维翁（Sauvignon Blanc）、莎当尼（Chardonnay）和维欧尼（Viogine）葡萄。酒庄采用了现代的发酵方法，注重提高酒品质量和寿命。

● Barbera d'Asti Sup. Manora '09	♛♛ 3
○ M.to Bianco Mila '10	♛♛ 4
● M.to Rosso Barchetta '09	♛♛ 4
● M.to Rosso Ray '10	♛♛ 3
● Barbera del M.to Pais '10	♛ 2
○ M.to Bianco Mimosa '11	♛ 2
● Barbera d'Asti Sup. Manora '07	♛♛♛ 3
● M.to Rosso Palo Alto '06	♛♛♛ 5
● M.to Rosso Ray '09	♛♛♛ 3

皮埃蒙特区
PIEDMONT

Diego Conterno
Via Montà, 27
12065 Monforte d'Alba [CN]
Tel. 0173789265
www.diegoconterno.it

藏酒销售
预约参观
年产量 45 000 瓶
葡萄种植面积 7.5 公顷

这个小型酒庄虽然从开始生产葡萄酒至今只有10年，但是创始人迭戈（Diego）已有30年的酒窖管理和酒品酿造经验。如今，迭戈依然在管理着酒庄，他的儿子斯特凡诺（Stefano）协助日常管理，而且干劲十足。种植有内比奥罗葡萄（Nebbiolo）的勒•克斯特（Le Coste）和吉内斯塔拉（Ginestra）两个葡萄园都是兰格地区（Langhe）最出色的葡萄园，造就了2010年一款全新的巴罗洛葡萄酒（Barolo）。

★★Giacomo Conterno
loc. Ornati, 2
12065 Monforte d'Alba [CN]
Tel. 017378221
conterno@conterno.it

预约参观
年产量 60 000 瓶
葡萄种植面积 17 公顷

虽然家族已经在位于阿尔巴的塞拉朗佳自治市（Serralunga d'Alba）知名的弗朗西亚（Francia）拥有自己的葡萄园，但是几年前，他们还继续在同市的色雷塔葡萄园（Cerretta）里收购了一块地，从而为酿造1920巴罗洛（Barolo）品种的路上踏出了重要的一步。罗伯托•康塔诺（Roberto Conterno）仍然严谨地遵循着相同的酒品风格，并力求淋漓尽致地诠释传统的酿酒工艺。为此，他一丝不苟地长时间浸渍葡萄皮，并使用大木桶里进行陈化。酒庄的另一个重大特色是对葡萄采摘的极大尊重，虽然每次的产量不尽相同。但每一次的果实却总是拥有出色的纯度，成为了酒庄始终不变的招牌。

● Barbera d'Alba Ferrione '10	♛♛♛ 3
● Barolo Le Coste '08	♛♛♛ 6
● Nebbiolo d'Alba Baluma '10	♛♛♛ 3
● Barbera d'Alba Ferrione '07	♛♛ 3
● Barolo '07	♛♛ 6
● Barolo '06	♛♛ 6
● Barolo Le Coste '07	♛♛ 6
● Barolo Le Coste '06	♛♛ 6
● Langhe Rosso Monguglielmo '07	♛♛ 4
● Nebbiolo d'Alba Baluma '09	♛♛ 3*
● Nebbiolo d'Alba Baluma '08	♛♛ 3*

● Barolo Monfortino Ris. '05	♛♛♛ 8
● Barbera d'Alba Cascina Francia '10	♛♛♛ 5
● Barolo Cascina Francia '08	♛♛♛ 8
● Barbera d'Alba Cerretta '10	♛♛♛ 5
● Langhe Nebbiolo Cerretta '09	♛♛♛ 7
● Barolo Cascina Francia '06	♛♛♛ 8
● Barolo Cascina Francia '05	♛♛♛ 8
● Barolo Cascina Francia '04	♛♛♛ 8
● Barolo Monfortino Ris. '04	♛♛♛ 8
● Barolo Monfortino Ris. '02	♛♛♛ 8
● Barolo Monfortino Ris. '01	♛♛♛ 8
● Barolo Monfortino Ris. '00	♛♛♛ 8
● Barolo Monfortino Ris. '74	♛♛♛ 8

皮埃蒙特区
PIEDMONT

Paolo Conterno
via Ginestra, 34
12065 Monforte d'Alba [CN]
Tel. 017378415
www.paoloconterno.com

预约参观
膳宿接待
年产量 60 000 瓶
葡萄种植面积 12 公顷

吉尔吉奥•康塔诺（Giorgio Conterno）和姐姐玛丽萨（Marisa）在继承曾祖父的酒庄后，就一直为之引以为傲。最近，他们的父亲兼杰出的酿酒师保罗（Paolo）在帮他们打理酒庄。吉尔吉奥（Giorgio）虽然是传统工艺的拥趸，但他从不拒绝利用最好的资源来成功酿制巴罗洛精品酒（Barolo）。为此，他不仅向酿酒学及农艺学的顶级顾问寻求帮助，还使用了中大型的法国橡木桶陈化酒品。葡萄园和酒窖的杰出工作使得他生产的葡萄酒风格经典，而且带有蒙佛尔特的吉内斯塔拉葡萄园（Ginestra di Monforte）典型动人的香油芳香。

★Conterno Fantino
via Ginestra, 1
12065 Monforte d'Alba [CN]
Tel. 017378204
www.conternofantino.it

预约参观
年产量 140 000 瓶
葡萄种植面积 25 公顷
葡萄栽培方式 有机认证

一个特别的节目在葡萄园里上演了。在庄园内，你可以拿手触摸绿草，用你的眼睛感知自然。如今，酒庄正在实现有机认证的路上大步前进着。这个精彩特别的演出也延续到了酒庄的主要建筑。在这里，地下酒窖及其外部区域的重大扩建工作即将竣工，新建了一个地热能发电机、酒桶及用于酒瓶陈化的酒窖、新的品酒室和一个全景观赏点。在家人的帮助下，奎多•芳提诺（Guido Fantino）和克劳迪奥•康塔诺（Claudio Conterno）在30年里始终如一地生产出品质卓越的产品。

● Barolo Ginestra Ris. '06	🍷🍷🍷 8
● Barolo Ginestra '08	🍷🍷 8
● Barbera d'Alba Bricco '11	🍷🍷 3
● Barbera d'Alba Ginestra '11	🍷🍷 3
● Barolo Riva del Bric '08	🍷🍷 6
● Langhe Nebbiolo Bric Ginestra '09	🍷🍷 5
○ Dolcetto d'Alba '11	🍷 2
● Langhe Nebbiolo '10	🍷 4
● Barolo Ginestra '06	🍷🍷🍷 8
● Barolo Ginestra '05	🍷🍷🍷 8
● Barolo Ginestra Ris. '05	🍷🍷🍷 8
● Barolo Ginestra Ris. '01	🍷🍷🍷 8

● Barolo Mosconi '08	🍷🍷 8
● Barolo Sorì Ginestra '08	🍷🍷 8
● Langhe Rosso Monprà '09	🍷🍷 5
● Barbera d'Alba Vignota '10	🍷🍷 3
● Barolo V. del Gris '08	🍷🍷 8
● Dolcetto d'Alba '11	🍷🍷 2*
○ Langhe Chardonnay Bastia '10	🍷🍷 5
● Langhe Nebbiolo Ginestrino '10	🍷🍷 4
○ Langhe Chardonnay Prinsipi '11	🍷 2
● Barolo Sorì Ginestra '07	🍷🍷🍷 8
● Barolo V. del Gris '04	🍷🍷🍷 8
● Barolo V. del Gris '01	🍷🍷🍷 8

皮埃蒙特区 PIEDMONT

Contratto
via G. B. Giuliani, 56 - 14053 Canelli [AT]
Tel. 0141823349
www.contratto.it

藏酒销售
预约参观
年产量 140 000 瓶
葡萄种植面积 21 公顷

打理了特拉托（Contratto）的葡萄酒几年后，乔治奥·里维迪一家（Giorgio Rivetti）终于在2011年获得了这个皮埃蒙区历史悠久的起泡葡萄酒品牌及其宏伟的酒窖。该酒窖已与卡内利镇（Canelli）的其他酒窖一起被提名为联合国教科文组织的世界遗产。主人的改变也带来了经营理念的改变，酒庄不再生产红葡萄酒。从此，特拉托酒庄（Contratto）重操旧业，回归成了一个生产起泡葡萄酒的庄园。所有的葡萄酒品种仅仅是几款梅特多经典葡萄酒（Metodo Classico），包括米冉达的阿斯蒂（Asti De Miranda）以及长期沉淀的红葡萄酒。超过90%的黑皮诺葡萄（pinot nero）来自位于曼特尔多·帕维斯地区（Montaldo Pavese）家庭亲自管理的葡萄园。对于未来是否种植阿尔塔·兰格葡萄（Alta Langa）的问题，他们还没有得出答案。

○ Asti De Miranda M. Cl. '09	♀♀ 5
⊙ For England Blanc de Noirs Pas Dosé '08	♀♀ 5
○ Contratto Blanc de Blancs Brut M. Cl. '09	♀♀ 5
○ Contratto Brut M.Cl. '08	♀♀ 5
⊙ For England Brut Rosé M.Cl. '08	♀♀ 5
● Barolo Cerequio '05	♀♀ 7
○ Giuseppe Contratto Brut Ris. '02	♀♀ 5

Vigne Marina Coppi
via Sant'Andrea, 5 - 15051 Castellania [AL]
Tel. 3385360111
www.vignemarinacoppi.com

藏酒销售
预约参观
年产量 25 000 瓶
葡萄种植面积 4 公顷

弗朗西斯科·贝勒奇奥（Francesco Bellocchio）一直在管理着这个始建于2003年的家族酒庄。2005年，酒庄开始销售自己酿造的巴贝拉·卡斯特拉尼亚葡萄酒（Barbera Castellania）。到了2007年，酒庄又推出了三个新品种：陈酿在大橡木桶进行的巴贝拉系列葡萄酒（Barbera）——梅洛1号（I Grop），面世不久的巴贝拉品种圣安德里亚（Sant'Andrea），以及用略微过熟的法沃里达葡萄（Favorita）酿造出的马里尼（Marine）。2009年，弗朗西斯科成功酿成了一种提姆拉索葡萄酒（Timorasso）——福斯托（Fausto），并把它献给了爷爷福斯托·库比（Fausto Coppi）。自2007年进入市场后，这一酒品就马上晋升到顶级葡萄酒的行列。之后，该酒品仍在不断发展，终于在2012年获得了"三杯奖"称号。

○ Colli Tortonesi Timorasso Fausto '10	♀♀♀ 6
● Colli Tortonesi Barbera Castellania '09	♀♀ 3*
● Colli Tortonesi Barbera Sup. I Grop '09	♀♀ 5
● Colli Tortonesi Rosso Lindin '09	♀♀ 5
● Colli Tortonesi Barbera Sant'Andrea '11	♀ 3
○ Colli Tortonesi Favorita Marine '10	♀ 5
○ Colli Tortonesi Timorasso Fausto '09	♀♀♀ 6
● Colli Tortonesi Barbera Castellania '08	♀♀ 3
● Colli Tortonesi Barbera I Grop '08	♀♀ 5
● Colli Tortonesi Barbera I Grop '07	♀♀ 5
● Colli Tortonesi Barbera Sant'Andrea '10	♀♀ 3
○ Colli Tortonesi Timorasso Fausto '08	♀♀ 6

皮埃蒙特区
PIEDMONT

★ Coppo
via Alba, 68 - 14053 Canelli [AT]
Tel. 0141823146
www.coppo.it

藏酒销售
预约参观
年产量 400 000 瓶
葡萄种植面积 52 公顷

柯伯家族（Coppo）已有四代人经营了这个奇妙的酒庄，并给我们呈现了一系列品质上乘且制作细腻的现代酒品。葡萄园大部分位于卡内利镇（Canelli）的山坡上，延伸至兰格（Langhe）和亚历山德里亚省（Alessandria）周边的部分庄园，种植了巴罗洛（Barolo）和加维（Gavi）葡萄。除了以巴贝拉（Barbera）为代表的传统皮埃蒙特（Piedmontese）葡萄品种外，酒庄还拥有数量可观的莎当尼（Chardonnay）葡萄。这一品种既可以用于生产意大利一些最令人关注的窖藏白葡萄酒，也可以与黑皮诺葡萄（Pinot Nero）混酿起泡葡萄酒。

○ Piemonte Chardonnay Monteriolo '08	▼▼▼	5
● Barbera d'Asti Pomorosso '09	▼▼	6
● Barbera d'Asti Sup. Nizza Riserva della Famiglia Ris. '05	▼▼	3*
● Barbera d'Asti Camp du Rouss '10	▼▼	3
● Barolo '08	▼▼	8
● Gavi La Rocca '11	▼▼	4
○ Piemonte Chardonnay Costebianche '11	▼▼	3
● Barbera d'Asti Pomorosso '08	▽▽▽	6
● Barbera d'Asti Pomorosso '07	▽▽▽	6
● Barbera d'Asti Pomorosso '05	▽▽▽	6
○ Piemonte Chardonnay Monteriolo '06	▽▽▽	5
○ Piemonte Chardonnay Monteriolo '05	▽▽▽	5

Giovanni Corino
fraz. Annunziata, 24b
12064 La Morra [CN]
Tel. 0173509452
www.corino.it

藏酒销售
预约参观
年产量 45 000 瓶
葡萄种植面积 8 公顷

朱利亚诺•科里诺（Giuliano Corino）来自一个长期种植混合作物的家庭。25年前，他开始从事酿酒工作。当时，一些年轻的巴罗洛（Barolo）酿酒商主张超越一些传统的酿酒方法，开辟新的酒品风格，进而催生了全新的生产方式。酒窖里，法国橡木桶成为了主角；葡萄园内，人们减少人工干预，降低了修剪次数。这些实践促成了生产的葡萄酒始终如一的卓越品质和无限的陈酿潜能。最近，品酒家们再次品尝了1990年度生产的巴罗洛（Barolo Vigna Giachini）葡萄酒，赞美之声依旧不绝于耳。

● Barolo V. Giachini '08	▼▼	7
● Barolo V. V. '07	▼▼	8
● Barolo '08	▼▼	6
● Barolo Vign. Arborina '08	▼▼	7
● Barbera d'Alba V. Pozzo '97	▽▽▽	5
● Barbera d'Alba V. Pozzo '96	▽▽▽	5
● Barolo Rocche '01	▽▽▽	7
● Barolo Rocche '90	▽▽▽	7
● Barolo V. Giachini '89	▽▽▽	7
● Barolo V. V. '99	▽▽▽	8
● Barolo V. V. '98	▽▽▽	8
● Barolo V. V. '06	▽▽	8

皮埃蒙特区
PIEDMONT

Renato Corino

FRAZ. ANNUNZIATA - B.TA POZZO, 49A
12064 LA MORRA [CN]
TEL. 0173500349
renatocorino@alice.it

藏酒销售
预约参观
年产量 40 000 瓶
葡萄种植面积 7 公顷

虽然瑞纳托•科里诺（Renato Corino）所有品种的葡萄酒只有短短的8年历史，但充满激情的他此前已积累了20多年的经验。现在还有他的儿子斯特凡诺（Stefano）协助管理。堆满了小木桶的酒窖比阿波利那葡萄园（Arborina）来得更为惊艳。酒品产量虽小，但品质却十分突出。尽管许多葡萄藤已有50多年的历史，酒庄依然注重果香和酒劲，其中绝佳的巴罗洛•维沙华葡萄酒（Barolo Riserva Vecchie Vigne）就是一个鲜活的例子。除了巴罗洛葡萄酒（Barolos）之外，酒庄另一颗长盛不衰的明星是波佐葡萄园的阿尔巴巴贝拉（Barbera d'Alba Vigna Pozzo）。

● Barolo Arborina '08	♛♛ 7
● Barbera d'Alba V. Pozzo '09	♛♛ 5
● Barolo Rocche dell'Annunziata '08	♛♛ 7
● Barolo '08	♛ 5
● Barolo Vign. Rocche '06	♛♛♛ 7
● Barolo Vign. Rocche '04	♛♛♛ 8
● Barolo Vign. Rocche '03	♛♛♛ 8
● Barbera d'Alba V. Pozzo '07	♛♛ 5
● Barbera d'Alba V. Pozzo '06	♛♛ 5
● Barolo '06	♛♛ 5
● Barolo Arborina '07	♛♛ 7
● Barolo V. V. '04	♛♛ 8
● Barolo V. V. Ris. '05	♛♛ 8

Cornarea

VIA VALENTINO, 150 - 12043 CANALE [CN]
TEL. 017365636
www.cornarea.com

藏酒销售
预约参观
参观设施
年产量 90 000 瓶
葡萄种植面积 15 公顷

博文家族（Bovone）的酒庄位于卡纳里亚（Cornarea）山上，是创造了我们所熟知的阿内斯葡萄酒（Arneis）的酒庄之一。约有35年历史的葡萄园集中在一块土地，黏土和含有镁元素的石灰土上种植有阿内斯和内比奥罗（Nebbiolo）葡萄。该酒庄可能是第一个专注生产阿内斯葡萄酒的酒庄，酿造出了几个不同款式的阿内斯葡萄酒。除此之外，还有罗埃洛（Roero）和阿尔巴内比奥罗（Nebbiolo d'Alba）葡萄酒。这些葡萄酒在风格传统上，展示了葡萄品种的最佳特质和地域风情。

● Nebbiolo d'Alba '10	♛♛ 3
● Roero '09	♛♛ 4
○ Tarasco Passito '08	♛♛ 5
○ Roero Arneis '11	♛ 3
● Nebbiolo d'Alba '07	♛♛ 3
● Roero '08	♛♛ 4
● Roero '07	♛♛ 4
○ Roero Arneis '10	♛♛ 3*
○ Tarasco Passito '07	♛♛ 5
○ Tarasco Passito '06	♛♛ 5

# PIEDMONT

★Matteo Correggia

LOC. GARBINETTO
VIA SANTO STEFANO ROERO, 124
12043 CANALE [CN]
TEL. 0173978009
www.matteocorreggia.com

藏酒销售
预约参观
年产量 130 000 瓶
葡萄种植面积 20 公顷
葡萄栽培方式 传统栽培

欧妮娜•科斯塔（Ornella Costa Correggia）的酒庄是罗埃洛镇（Roero）葡萄酒生产的标杆。葡萄园处在的土壤含沙量大且土质疏松，虽带有稍许黏土却富含化石和矿物盐。庄园坐落在卡纳尔（Canale）和圣托•斯特凡诺•罗埃洛（Santo Stefano Roero），种植了传统品种葡萄，有内比奥罗（Nebbiolo）、巴贝拉（Barbera）、阿内斯（Arneis）和巴赛托（Brachetto）。此外还有一些国际品种，如苏维翁（Sauvignon）、梅洛（Merlot）、品丽珠（Cabernet）、西拉（Syrah）和小维多（Petit erdot）。酒庄生产的酒品虽然风格现代，但也与地域风土联系紧密。

La Corte - Cusmano

REGIONE QUARTINO, 7
14042 CALAMANDRANA [AT]
TEL. 014176910
www.cusmano.it

葡萄种植面积 50 公顷

莱蒙多•卡斯美诺（Raimondo Cusmano）的酒庄主要生产巴贝拉葡萄酒（Barbera）。葡萄园环绕着亮丽的、提供膳宿的雷赖斯•卡然农庄（Relais di Calamandran），一部分还散布在卡斯特尔（Castel）、伯格里尔内（Boglione）、卡内利（Canelli）、莫姆泊壬尼（Momperone）、卡斯美诺（Cusmano）和尼扎•蒙费拉托（Nizza Monferrato）地区。这里的海拔在320米到400米之间，土壤为泥灰土和石灰土。酒庄的酿酒风格现代，重视突出酒品的结构和浓郁的果香。

● Barbera d'Alba Sup. Marun '10	♛♛ 5
● Roero Ròche d'Ampsèj Ris. '08	♛♛ 6
● Barbera d'Alba '10	♛♛ 3
● Langhe Rosso Le Marne Grigie '09	♛♛ 6
● Roero '10	♛♛ 3
○ Roero Arneis '11	♛♛ 3
● Anthos '11	♛ 2
● Anthos Passito	♛ 4
● Roero La Val dei Preti '10	♛ 5
● Barbera d'Alba Marun '04	♛♛♛ 6
● Roero Ròche d'Ampsèj '04	♛♛♛ 6
● Roero Ròche d'Ampsèj '01	♛♛♛ 6
● Roero Ròche d'Ampsèj Ris. '07	♛♛♛ 6
● Roero Ròche d'Ampsèj Ris. '06	♛♛♛ 6
● Barbera d'Alba Marun '09	♛♛ 5

● Barbera d'Asti Sup. Nizza Archincà '09	♛♛ 4
● Barbera d'Asti Sup. Historical '08	♛♛ 5
● Barbera d'Asti La Grissa '10	♛ 4
● Barbera d'Asti Sup. Historical '07	♛♛ 5
● Barbera d'Asti La Grissa '09	♛♛ 4
● Barbera d'Asti Sup. Nizza Archincà '08	♛♛ 4
● Barbera d'Asti Sup. Nizza Archincà '06	♛♛ 4

皮埃蒙特区
PIEDMONT

Giuseppe Cortese
S.DA RABAJÀ, 80 - 12050 BARBARESCO [CN]
TEL. 0173635131
www.cortesegiuseppe.it

藏酒销售
预约参观
参观设施
年产量 50 000 瓶
葡萄种植面积 8 公顷

朱塞佩（Giuseppe）40年前创建了这个酒庄，现在，他仍然和相濡以沫的妻子罗塞拉（Rosella）一起充满热情地照料葡萄园。他的儿子皮尔卡罗•柯蒂斯（Piercarlo Cortese）在葡萄酒酿造上发挥了越来越重要的作用，分担了他的压力。虽然葡萄酒的产量保持不变，但他们十分渴望提高酒品质量，集中表现在了最近新建的一个可爱的地下酒窖上。柯蒂斯一家（Corteses）混合使用了法国和斯拉夫尼亚中型酒桶来陈酿巴巴莱斯科葡萄酒（Barbaresco）。这种葡萄酒在很大程度上与传统风格相吻合，主要突出了巴巴莱斯科的雷巴亚葡萄园（Rabaja di Barbaresco）的宏伟和魅力。

● Barbaresco Rabajà '09	🍷5
● Barbera d'Alba '11	🍷🍷2*
● Barbera d'Alba Morassina '10	🍷🍷3
● Langhe Nebbiolo '10	🍷🍷3
● Dolcetto d'Alba Trifolera '11	🍷2
○ Langhe Chardonnay '11	🍷2
○ Langhe Chardonnay Scapulin '11	🍷3
● Barbaresco Rabajà Ris. '96	🍷🍷🍷8
● Barbaresco Rabajà '08	🍷🍷5
● Barbaresco Rabajà Ris. '04	🍷🍷8
● Barbera d'Alba '10	🍷🍷2*
● Barbera d'Alba Morassina '08	🍷🍷3
● Langhe Nebbiolo '09	🍷🍷3

Clemente Cossetti
VIA GUARDIE, 1
14043 CASTELNUOVO BELBO [AT]
TEL. 0141799803
www.cossetti.it

藏酒销售
预约参观
膳宿接待
年产量 700 000 瓶
葡萄种植面积 22 公顷

皮埃蒙特（Piedmont）最有声望的葡萄酒产区覆盖了从兰格（Langhe）到罗埃洛镇（Roero）和加维（Gavi）的大片地区，酒庄采购和发酵的葡萄就出产于此。除了这两种经营活动外，这个大型酒庄还在自家葡萄园酿造了高品质的酒品。葡萄园位于坐落在尼扎分区（Nizza）的卡斯泰尔诺沃•贝尔波（Castelnuovo Belbo），黏质土壤松软适度，主要生长着巴贝拉（Barbera）、多赛托（Dolcetto）、柯蒂斯（Cortese）和莎当尼（Chardonnay）等葡萄品种。由此酿造出的一系列酒品具有现代风格，口感清爽，易于饮用且果香浓郁。

● Barbera d'Asti Sup. Nizza '09	🍷🍷4*
● Piemonte Albarossa Amartè '10	🍷🍷3
● Barbera d'Asti La Vigna Vecchia '10	🍷2
● Barbera d'Asti Venti di Marzo '11	🍷3
● Ruchè di Castagnole Monferrato '11	🍷3
● Barbera d'Asti Sup. Nizza '08	🍷🍷4
● Barbera d'Asti Sup. Nizza '07	🍷🍷4
● Barbera d'Asti Venti di Marzo '10	🍷🍷3
● Grignolino D'Asti '09	🍷🍷2*
● Ruchè di Castagnole Monferrato '10	🍷🍷3

PIEDMONT
皮埃蒙特区

Deltetto
c.so Alba, 43 - 12043 Canale [CN]
Tel. 0173979383
www.deltetto.com

藏酒销售
预约参观
年产量 170 000 瓶
葡萄种植面积 21 公顷

自1977年以来，安东尼奥·德尔迪托（Antonio Deltetto）就一直经营着他的家族酒庄。这些年来，他开发葡萄酒的热情从未消退，一系列的兰格葡萄酒（Langhe wines）和梅特多经典气泡酒（Metodo Classico sparklers）就是最好的证明。酒庄的葡萄园散布在卡纳尔（Canale）、圣托·斯特凡诺·罗埃洛（Santo Stefano Roero）和卡斯特里纳尔多（Castellinaldo）自治区。除了莎当尼（Chardonnay）和黑皮诺（Pinot Nero）葡萄外，葡萄园里还种植传统的内比奥罗（Nebbiolo）、法沃里达（Favorita）阿内斯（Arneis）和巴贝拉（Barbera）葡萄。酒庄生产的酒品风格现代，在不忽视地域特色的同时，注重优雅的口感和浓郁的果香。

● Roero Braja Ris. '09	♛♛♛ 4*
● Barbera d'Alba Sup. Bramé '10	♛♛ 3
● Barbera d'Alba Sup. Rocca delle Marasche '09	♛♛ 3
● Barolo Sistaglia '08	♛♛ 5
○ Deltetto Brut M. Cl.	♛♛ 4
○ Roero Arneis S. Michele '11	♛♛ 3
○ Deltetto Extra Brut M. Cl. '08	♛ 5
● Langhe Rosso Pinot Nero '10	♛ 3
○ Roero Arneis Daivej '11	♛ 2
● Barbera d'Alba Sup. Rocca delle Marasche '04	♛♛♛ 5
● Roero Braja Ris. '08	♛♛♛ 4
● Roero Braja Ris. '07	♛♛♛ 4
● Barbera d'Alba Sup. Bramé '09	♛♛ 3
● Barbera d'Alba Sup. Rocca delle Marasche '08	♛♛ 5

Destefanis
via Mortizzo, 8
12050 Montelupo Albese [CN]
Tel. 0173617189
www.marcodestefanis.it

藏酒销售
预约参观
年产量 60 000 瓶
葡萄种植面积 12 公顷

几十年来，这个典型的兰格酒庄（Langhe）向该地区的私人客户出售着自己的葡萄。而25年前马可（Marco）的到来改变了酒庄的发展方向，并以新酒窖的落成为重要标志。自那时起，葡萄酒开始以瓶装出售，品种不断增加。现在，这里的酒品单上甚至包括了莎当尼（Chardonnay）。多赛托葡萄（Dolcetto）一直是这里的明星品种，因为这片区域给了它得天独厚的生长环境。降低葡萄产量和运用现代酒窖技术促使了酒庄在国内外的市场上都取得了巨大的成功。

● Dolcetto d'Alba V. Monia Bassa '11	♛♛ 3
● Alba '10	♛♛ 3
● Dolcetto d'Alba Bricco Galluccio '11	♛♛ 2*
● Nebbiolo d'Alba '10	♛♛ 3
● Barbera d'Alba '11	♛ 2
○ Langhe Arneis '11	♛ 2
○ Langhe Chardonnay '11	♛ 2
● Barbera d'Alba Bricco Galluccio '07	♛♛ 2
● Dolcetto d'Alba Bricco Galluccio '10	♛♛ 2*
● Dolcetto d'Alba V. Monia Bassa '10	♛♛ 3*
● Nebbiolo d'Alba '08	♛♛ 3*

皮埃蒙特区
PIEDMONT

Gianni Doglia
Via Annunziata, 56
14054 Castagnole delle Lanze [AT]
Tel. 0141878359
www.giannidoglia.it

藏酒销售
预约参观
年产量 70 000 瓶
葡萄种植面积 8 公顷

有人说认为上百万瓶阿斯蒂的莫斯卡托葡萄酒（Moscato d'Asti）几乎都是一样的，但要是站在詹尼•多哥利亚（Gianni Doglia）酿造的葡萄酒面前的话，他们恐怕得重新思考一下这个观点的正确与否了。詹尼既是一位技艺高超的酿酒师，也是一位充满热情的种植者。他酿造的葡萄酒芳香逼人，极具个性。阿斯蒂的莫斯卡托葡萄酒一个品种就占了总产量的2/3有余。酒庄出产的另外一些酒品大部分取材于该地区其他主要的葡萄品种。顶级的阿斯蒂巴贝拉（Barbera d'Asti Superiore）葡萄酒让酒庄的成功实至名归。和蔼的詹尼还推出了专门用梅洛葡萄（Merlot）酿造的少量蒙费拉托干红葡萄酒（Monferrato Rosso），这并非想提高营业额，只是单纯地为了测验酿酒技术。

● Barbera d'Asti Sup. '10	♛♛ 3*
● Barbera d'Asti Boscodonne '11	♛♛ 2*
● M.to Rosso "!" '09	♛♛ 5
○ Moscato d'Asti '11	♛♛ 2
● Barbera d'Asti Boscodonne '10	♕♕ 2*
● Barbera d'Asti Boscodonne '09	♕♕ 2*
● Barbera d'Asti Sup. '09	♕♕ 3
● Barbera d'Asti Sup. '08	♕♕ 3
● Barbera d'Asti Sup. '07	♕♕ 3
● M.to Rosso "!" '06	♕♕ 5
○ Mà '10	♕♕ 3

★Poderi Luigi Einaudi
B.ta Gombe, 31/32 - 12063 Dogliani [CN]
Tel. 017370191
www.poderieinaudi.com

藏酒销售
预约参观
参观设施
年产量 250 000 瓶
葡萄种植面积 52 公顷

该酒庄满含历史的陈迹，并力求书写更多的精彩。一个多世纪以前，后来的意大利总统路易吉•恩奥迪（Luigi Einaudi）开始走葡萄园收购之路。直到现在，这项工程仍在继续。2001年是一个重要的转折点，那年酒庄建造了一个壮观的新酒窖，分为好几层，其中一部分还延伸至地下。随着技术的发展，酒庄出产的酒品增加到了14种，所有的原材料均来自遍布多哥里亚尼（Dogliani）、巴罗洛（Barolo）和特雷索（Treiso）周边地区并横跨了12个农场的葡萄园。多哥里亚尼•特斯（Dogliani Tecc）、兰格•路易吉•恩奥迪（Langhe Luigi Einaudi）、特尔罗（Terlo）和内•坎奴比（Nei Cannubi）等酒品见证了酒庄始终如一的卓越品质。

● Dogliani Sup. V. Tecc '10	♛♛♛ 3*
● Dogliani '11	♛♛ 2*
● Barolo Costa Grimaldi '08	♛♛ 7
● Barolo nei Cannubi '08	♛♛ 8
● Barolo Terlo '08	♛♛ 6
○ Langhe Bianco V. Meira '10	♛♛ 4
● Langhe Nebbiolo '10	♛♛ 3
● Langhe Rosso Luigi Einaudi '09	♛♛ 6
● Piemonte Barbera '10	♛ 3
● Barolo Costa Grimaldi '05	♕♕♕ 8
● Barolo Costa Grimaldi '01	♕♕♕ 8
● Barolo nei Cannubbi '00	♕♕♕ 8
● Barolo nei Cannubbi '99	♕♕♕ 8
● Dogliani V. Tecc '06	♕♕ 4
● Barolo nei Cannubi '07	♕♕ 8

PIEDMONT

Tenuta Il Falchetto

FRAZ. CIOMBI
VIA VALLE TINELLA, 16
12058 SANTO STEFANO BELBO [CN]
TEL. 0141840344
www.ilfalchetto.com

藏酒销售
预约参观
年产量 180 000 瓶
葡萄种植面积 38 公顷

福尔诺（Forno）家族拥有的酒庄目前由兄妹四人共同经营，是莫斯卡托（Moscato）和巴贝拉（Barbera）葡萄酒生产的标杆。从2000年开始，为了生产出真正抢眼的阿斯蒂巴贝拉葡萄酒（Barbera d'Astis），酒庄把在阿格里亚诺•特尔梅（Agliano Terme）收购的两块地并入了位于兰格（Langhe）的葡萄园。种植莫斯卡托葡萄（Moscato）的葡萄园主要位于贝尔波（Belbo）河边的山上，园里覆盖着肥沃松软的沙质土壤。酒庄酒品的酿造无懈可击，无比精准地诠释了芳香气味和品种特性。

○ Moscato d'Asti Tenuta del Fant '11	♛♛♛ 2*
● Barbera d'Asti Sup. Bricco Paradiso '10	♛ 3*
● Barbera d'Asti Pian Scorrone '11	♛♛ 3
● Barbera d'Asti Sup. Lurëi '10	♛♛ 3
○ Langhe Chardonnay '11	♛♛ 5
● M.to Rosso Solo '10	♛♛ 5
○ Moscato d'Asti Ciombi '11	♛♛ 2*
○ Moscato d'Asti Tenuta del Fant '09	♛♛ 2*
● Barbera d'Asti Bricco Paradiso '09	♛♛ 5
● Barbera d'Asti Sup. Bricco Paradiso '06	♛♛ 5
○ Moscato d'Asti Ciombi '10	♛♛ 3
○ Moscato d'Asti Ciombi '09	♛♛ 2*

Favaro

S.DA CHIUSURE, 1BIS - 10010 PIVERONE [TO]
TEL. 012572606
www.cantinafavaro.it

藏酒销售
预约参观
年产量 18 000 瓶
葡萄种植面积 3 公顷

他们拥有在艾维里阿地区的塞拉（Serra d'Ivrea）海拔360米到400米的树林边上的葡萄园。这里的昼夜温差很大，石质土壤大量散发出淡淡复杂的芳香。在家人的支持下，卡米罗•法瓦罗（Camillo Favaro）酿造出了能打动人心的厄柏露丝•卡鲁索精品酒（Erbaluce di Caluso），具体包括了仅陈酿在不锈钢桶里的秀秀经典葡萄酒（Chiusure），以及更为华丽的梅斯13葡萄酒（13 Mesi）。后者在小橡木桶陈化过后，散发出一种淡淡的橡木香气。这里有限的红葡萄酒由内比奥罗（Nebbiolo）、巴贝拉（Barbera）和西拉（Syrah）葡萄酿造而成。厄柏露丝（Erbaluce）堪称白葡萄酒中的上乘之作。

○ Erbaluce di Caluso Le Chiusure '11	♛♛♛ 2*
○ Erbaluce di Caluso 13 Mesi '10	♛ 3*
● Basy '09	♛ 3
⊘ Rosacherosanonsei '11	♛ 3
● Rossomeraviglia '10	♛ 5
○ Erbaluce di Caluso Le Chiusure '10	♛♛ 2*
○ Erbaluce di Caluso Le Chiusure '09	♛♛ 2*
○ Sole d'Inverno '00	♛♛ 5

皮埃蒙特区 PIEDMONT

Giacomo Fenocchio

Loc. Bussia, 72
78675 Monforte d'Alba [CN]
Tel. 017378675
www.giacomofenocchio.com

藏酒销售
预约参观
年产量 90 000 瓶
葡萄种植面积 14 公顷

经过五代人的辛苦经营，这个成立于1864年的酒庄传到了克罗迪奥•芬纳西奥（Claudio Fenocchio）手里。在兄弟阿尔比诺（Albino）和阿尔贝托（Alberto）的帮助下，酒庄收购了三个最富盛名的巴罗洛葡萄园：位于蒙福尔特（Monforte）的布希亚（Bussia）、位于卡斯蒂柳隆•法列多（Castiglione Falletto）的威乐罗（Villero）以及巴罗洛（Barolo）的坎奴比（Cannubi）。风格传统的葡萄酒恰如其分地诠释出不同葡萄园的特色，产自布希亚（Bussia）的葡萄酒口感紧实醇厚，威乐罗（Villero）的酒品和谐迷人，而坎奴比（Cannubi）出品的葡萄酒芬芳浓郁、保守低调。如果有人对这里的葡萄酒感兴趣，且不妨来此一试。细细抿上一口，你就能感受到150年前巴罗洛（Barolo）葡萄酒的风味。

● Barolo Bussia '08	▼▼ 6
● Barolo Bussia Ris. '06	▼▼ 7
● Barolo Cannubi '08	▼▼ 6
● Barolo Villero '08	▼▼ 6
● Langhe Nebbiolo '10	▼▼ 3
● Dolcetto d'Alba '11	▼ 2
● Barolo Bussia '06	♀♀ 6
● Barolo Bussia Ris. '05	♀♀ 7
● Barolo Cannubi '07	♀♀ 6
● Barolo Cannubi '06	♀♀ 6
● Barolo Villero '06	♀♀ 6
● Langhe Nebbiolo '09	♀♀ 3

Ferrando

via Torino, 599a - 10015 Ivrea [TO]
Tel. 0125633550
www.ferrandovini.it

藏酒销售
预约参观
年产量 50 000 瓶
葡萄种植面积 6.5 公顷

尽管费蓝多酒庄（Ferrando）已有100年乃至更长的历史，但并不意味着它已老迈落后。在过去的40年里，朱塞佩（Giuseppe）通过不懈努力使酒庄跻身到了当地酿酒业的领先行列。如今，他的儿子罗伯特（Roberto）充满管理热情，出品了费蓝多（Ferrando）这一上佳的卡纳玛葡萄酒（Carema）的品种。随着依附在岩石上的优秀梯田葡萄园被渐渐舍弃，葡萄酒产量开始逐年减少，但品质非常可靠。略举几例，如使用在木箱里半风干至3月的葡萄所酿造的卡鲁索（Caluso）和用12月收获的葡萄所酿造的索拉提沃（Solativo）这两款帕赛豆甜酒（Passito）；另外还有知名的厄拜柳丝葡萄酒（Erbaluce di Caluso Cariola）。

● Carema Et. Nera '07	▼▼▼ 6
● Carema Et. Bianca '08	▼▼ 5
○ Erbaluce di Caluso Cariola '11	▼▼ 3*
○ Caluso Passito '06	▼ 5
● Carema Et. Nera '06	♀♀♀ 6
● Carema Et. Nera '05	♀♀♀ 6
● Carema Et. Nera '01	♀♀♀ 5

PIEDMONT

Roberto Ferraris
Fraz. Dogliano, 33
14041 Agliano Terme [AT]
Tel. 0141954234
www.robertoferraris.com

藏酒销售
预约参观
年产量 50 000 瓶
葡萄种植面积

罗伯托•法拉利（Roberto Ferraris）的酒庄已有将近90年的历史，近些年来一直是阿斯蒂地区（Asti）最优秀的巴贝拉葡萄酒（Barbera）酿造商之一。酒庄中最古老的葡萄藤已近80岁高龄，其中一些嫁接在沙地葡萄（Vitis rupestris）的根茎上，分布于酒窖的周围，稍带黏性的白色石灰土成为了巴罗洛葡萄生长得天独厚的优势。酒庄生产的酒品涵盖了一系列巴贝拉葡萄酒（Barbera）品牌和取材于内比奥罗葡萄（Nebbiolo）的蒙费拉托干红葡萄酒（Monferrato），经过传统工艺精心酿造之后，饱含令人愉悦的浓郁芳香。

● Barbera d'Asti Sup. Riserva del Bisavolo '10	▼▼▼ 3*
● Barbera d'Asti '10	▼▼ 2*
● Barbera d'Asti Nobbio '10	▼▼ 3
● Barbera d'Asti Sup. La Cricca '10	▼ 3
● Monferrato Grixa '10	▼ 4
● Barbera d'Asti Nobbio '09	♀♀ 3*
● Barbera d'Asti Sup. La Cricca '09	♀♀ 3*
● Barbera d'Asti Sup. Riserva del Bisavolo '09	♀♀ 3
● Barbera d'Asti Sup. Riserva del Bisavolo '08	♀♀ 3*
● Monferrato Grixa '09	♀♀ 4
● Monferrato Grixa '08	♀♀ 3

Carlo Ferro
Reg. Salere 41 - 14041 Agliano Terme [AT]
Tel. 0141954000
ferro.vini@tiscali.it

藏酒销售
预约参观
年产量 25 000 瓶
葡萄种植面积 12 公顷

从20世纪初开始，费罗家族（Ferro）一直在阿格里亚诺•特尔梅（Agliano Terme）地区打理葡萄园。20世纪90年代晚期后，他们开始自己生产葡萄酒。不久，他们就将农场改造成酿酒作坊。葡萄园面朝南方，主要种植有巴贝拉（Barbera）、内比奥罗（Nebbiolo）、多赛托（Dolcetto）和赤霞珠（Cabernet Sauvignon）等葡萄品种。他们生产的酒品风格传统，注重纤细柔美而非强劲的酒体，尤其致力于呈现可口的口感。

● Barbera d'Asti Giulia '10	▼▼ 2*
● Barbera d'Asti Superiore Notturno '09	▼▼ 2*
● Barbera d'Asti Superiore Roche '08	▼ 3
● Barbera d'Asti Giulia '09	♀♀ 2*
● Barbera d'Asti Superiore Notturno '08	♀♀ 2
● Barbera d'Asti Superiore Notturno '07	♀♀ 2*
● Monferrato Rosso Paolo '06	♀♀ 3

Fabio Fidanza

via Rodotiglia, 55 - 14052 Calosso [AT]
Tel. 0141826921
castellodicalosso@tin.it

藏酒销售
预约参观
年产量 21 000 瓶
葡萄种植面积 7 公顷

法比奥（Fabio Fidanza）把浑身激情和本领都投入到了成立于1976年的家庭小酒庄中。葡萄园位于卡罗索地区（Calosso），坐落在最适宜种植巴贝拉葡萄（Barbera）地带之一的罗多提格利亚（Rodotiglia）的山坡上。费当扎斯家族（Fidanzas）除了种植巴贝拉葡萄外，还种植多赛托（Dolcetto）、卡本内（Cabernet）和内比奥罗（Nebbiolo）等葡萄品种。酿酒过程在水泥大桶里进行，产出的酒品风格现代、个性迥异，在呈现每种葡萄典型特性的同时，也充分反映了地域本色。

● Barbera d'Asti Sup. Sterlino '09	♛♛ 3*
● Barbera d'Asti '10	♛♛ 2*
● M.to Rosso Que Duàn '10	♛ 3
● Barbera d'Asti '09	♛♛ 2*
● Barbera d'Asti '06	♛♛ 2*
● Barbera d'Asti Sup. Sterlino '08	♛♛ 3
● Barbera d'Asti Sup. Sterlino '07	♛♛ 3
● M.to Rosso Que Duàn '09	♛♛ 3*
● M.to Rosso Que Duàn '07	♛♛ 3*

Fontanabianca

via Bordini, 15 - 12057 Neive [CN]
Tel. 017367195
www.fontanabianca.it

藏酒销售
预约参观
年产量 50 000 瓶
葡萄种植面积 14 公顷
葡萄栽培方式 传统栽培

奥尔多•普拉（Aldo Pola）和布鲁诺•费罗（Bruno Ferro）怀着雄心壮志，分别掌管酒窖和葡萄园的工作。早在1969年，他们各自的父母就收购了葡萄园和酒窖，从而奠定现今酒庄的基础。出产的福塔纳比安卡•巴巴莱斯科葡萄酒（Fontanabianca Barbarescos）迎合了消费者的口味，在橡木酒桶陈化过的波尔蒂尼（Bordini）芳香迷人，而用斯拉夫尼亚橡木桶陈化的塞拉伯尔纳（Serraboella）则风格传统。福塔纳比安卡酒庄（Fontanabianca）最近改动了酒瓶的外观和形状，使之变得更加优雅，也更具地域特色。古老的波尔多酒品（Bordeaux）已逐渐被舍弃，而有特色的阿尔巴系列（Alba）开始吃香。

● Barbaresco Bordini '09	♛ 6
● Barbaresco Serraboella '09	♛♛ 5
● Langhe Nebbiolo '10	♛♛ 3
● Barbera d'Alba Sup. '10	♛ 3
● Dolcetto d'Alba '11	♛ 2
○ Langhe Arneis '11	♛ 2
● Barbaresco Serraboella '06	♛♛♛ 6
● Barbaresco Sorì Burdin '05	♛♛♛ 6
● Barbaresco Sorì Burdin '04	♛♛♛ 6
● Barbaresco Sorì Burdin '01	♛♛♛ 6
● Barbaresco Bordini '08	♛♛ 6
● Barbaresco Serraboella '08	♛♛ 5
● Barbera d'Alba Sup. '08	♛♛ 3
● Langhe Nebbiolo '09	♛♛ 3

皮埃蒙特区
PIEDMONT

Fontanafredda
VIA ALBA, 15
12050 SERRALUNGA D'ALBA [CN]
TEL. 0173626101
www.fontanafredda.it

藏酒销售
预约参观
膳宿接待
年产量 8 000 000 瓶
葡萄种植面积 90 公顷

这个历史悠久、地位重要的巴罗洛酒庄（Barolo）起源于萨伏伊国王维托里奥·艾曼纽二世（Vittorio Emanuele II）和米拉菲奥里的罗莎伯爵夫人（Rosa di Mirafiori）的一个爱情故事。自从2008年被一个大集团收购后，酒庄重现生机与活力。为保护自然环境，集团成员卢卡·巴菲格（Luca Baffigo）、奥斯卡·法利内提（Oscar Farinetti）和伊特里（Eataly）在近期开展了一个项目，拟把芳塔纳福瑞达酒庄（Fontanafredda）改造成自然生物保护区。此外，团队还在酒窖里进行了一些非常有趣的实验，看能否在没有二氧化硫或酵母菌的环境下酿造葡萄酒。出产的酒品品牌涵盖了大多数皮埃蒙特南部的葡萄酒品种，其中最为突出的当属阿斯蒂（Asti）和巴罗洛（Barolo）葡萄酒。

Forteto della Luja
REG. CANDELETTE, 4 - 14051 LOAZZOLO [AT]
TEL. 014487197
www.fortetodellaluja.it

藏酒销售
预约参观
年产量 55 000 瓶
葡萄种植面积 9 公顷
葡萄栽培方式 有机认证

西尔维亚（Silvia）和詹尼（Gianni Scaglione）一直把突出地域特色、实现可持续生产作为酒庄的经营理念。葡萄园位于海拔超过500米的地区，土壤以松软的泥灰土和石灰土为主，主要种植莫斯卡托（Moscato）、布拉切多（Brachetto）、巴贝拉（Barbera）和黑皮诺（Pinot Nero）葡萄。酒庄一系列的酒品不仅契合其经营理念，还诠释出了这片风土和文化的独到之处。

● Barolo Fontanafredda V. La Rosa '08	🍷🍷 7
● Barolo Paiagallo Mirafiore '08	🍷🍷 6
● Barolo Serralunga d'Alba '08	🍷🍷 5
● Barbera d'Alba Sup. Mirafiore '09	🍷🍷 4
● Barolo Casa E. di Mirafiore Ris. '05	🍷🍷 8
● Langhe Nebbiolo Mirafiore '09	🍷🍷 4
○ Moscato d'Asti Moncucco '11	🍷🍷 3
○ Alta Langa Pas Dosé Contessa Rosa '07	🍷 5
● Dolcetto d'Alba Mirafiore '11	🍷 3
● Nebbiolo d'Alba Marne Brune '10	🍷 4
● Barolo Casa E. di Mirafiore Ris. '04	🍷🍷🍷 8
● Barolo Fontanafredda V. La Rosa '07	🍷🍷🍷 7
● Barolo Lazzarito V. La Delizia '04	🍷🍷🍷 8
● Barolo Lazzarito V. La Delizia '01	🍷🍷🍷 7
● Barolo V. La Rosa '04	🍷🍷🍷 7

○ Moscato d'Asti Piasa Sanmaurizio '11	🍷🍷 2*
● M.to Rosso Le Grive '10	🍷🍷 4
○ Loazzolo V. T. Piasa Rischei '08	🍷 6
○ Loazzolo V. T. Piasa Rischei '07	🍷🍷 6
○ Loazzolo V. T. Piasa Rischei '06	🍷🍷 6
● M.to Rosso Le Grive '09	🍷🍷 4
● M.to Rosso Le Grive '08	🍷🍷 4

皮埃蒙特区
PIEDMONT

Gabutti - Franco Boasso
B.ta Gabutti, 3a
12050 Serralunga d'Alba [CN]
Tel. 0173613165
www.gabuttiboasso.com

藏酒销售
预约参观
参观设施
年产量 30 000 瓶
葡萄种植面积 2 公顷

40年前,为了满足酿制葡萄酒和销售葡萄的心愿,柏亚索家族(Boasso)建立了这个小型的家庭酒庄。葡萄园散布在阿尔巴的塞拉朗佳地区(Serralunga d'Alba)非常知名的地带上,位于马赫利亚(Margheria)的庄园占地不足半公顷,在加布提地区(Gabutti)的也不过1.5公顷。在收获优质的葡萄后,他们最大程度地遵循传统工艺酿造葡萄酒。大型的斯拉夫尼亚橡木桶是酒窖里的主角,葡萄浸渍在这里长时间地进行着。此外,酒庄还提供一流的庄园旅游项目——格拉波利一号(I Grappoli)。

● Barolo Margheria '08	🍷🍷 5
● Barolo Gabutti '08	🍷🍷 5
● Barolo Serralunga '08	🍷🍷 5
● Dolcetto d'Alba Meriame '11	🍷🍷 2
● Barbera d'Alba '11	🍷 3
○ Moscato d'Asti Grappoli '11	🍷 2
● Barolo Margheria '05	🍷🍷🍷 5*
● Barbera d'Alba '08	🍷🍷 2*
● Barolo Gabutti '05	🍷🍷 5
● Barolo Margheria '06	🍷🍷 5
● Barolo Serralunga '06	🍷🍷 5
● Barolo Serralunga '99	🍷🍷 6
○ Moscato d'Asti Grappoli '09	🍷🍷 2*

Gaggino
s.da Sant'Evasio, 29 - 15076 Ovada [AL]
Tel. 0143822345
www.gaggino.it

藏酒销售
预约参观
年产量 150 000 瓶
葡萄种植面积 20 公顷

自20世纪20年代以来,葡萄园已经成为加吉诺家族(Gaggino)生活不可或缺的一部分。如今,加布里尔(Gabriele)和妻子蒂齐安娜(Tiziana)负责管理酒庄,而两位搭档马西莫(Massimo)和弗朗哥(Franco)负责市场营销。在晋升成为保证法定产区酒之后,巴贝拉•提科(Barbera Ticco)和拉扎里那(Lazzarina)葡萄酒需要再窖藏一年,欧瓦达•坎维维欧的多赛托(Dolcetto di Ovada Convivio)也需陈化更长的时间。因此,我们也就无法在这一版《年鉴》里呈现酒品的品质。不过,酒庄也不缺乏其他令人关注的酒品,如欧瓦达•圣特伊娃斯的多赛托(Dolcetto di Ovada Sant'Evasi)。此外由柯蒂斯葡萄(Cortese)酿造而成的柯特伊萨起泡葡萄酒(Curteisa)物有所值,由莎当尼(Chardonnay)和白苏维翁(Sauvignon Blanc)葡萄酿成的葡萄酒也都非常可口。

● Dolcetto di Ovada Un Rosso '10	🍷🍷 3
● M.to Rosso La Mora '11	🍷🍷 1*
○ Courtesia Brut	🍷 2
○ M.to Bianco La Bionda '11	🍷 2
○ Piemonte Chardonnay La Pagliuzza '11	🍷 2
● Barbera del M.to La Lazzarina '10	🍷🍷 2
○ Cortese dell'Alto M.to Madonna della Villa '10	🍷🍷 4
● Dolcetto di Ovada Il Convivio '10	🍷🍷 2*
● Dolcetto di Ovada Il Convivio '11	🍷🍷 2*
● Dolcetto di Ovada Sup. Sant' Evasio '08	🍷🍷 3
● M.to Rosso Il Ticco '07	🍷🍷 3

PIEDMONT 皮埃蒙特区

★★★★★ Gaja

VIA TORINO, 18 - 12050 BARBARESCO [CN]
TEL. 0173635158
info@gaja.com

年产量 350 000 瓶
葡萄种植面积 92 公顷

如果你跟安吉洛•加雅（Angelo Gaja）交流过的话，你肯定不会相信他已经有50岁了。虽然不再年轻，他依然还是那么雄心勃勃、充满活力。他的妻子露西亚（Lucia）一直在他身边默默支持着他的葡萄酒事业。他的三个孩子盖亚（Gaia）、罗森纳（Rossana）和乔瓦尼（Giovanni）现在也信心满满地加入到了酒庄的经营当中。尽管他的成功很大一部分与其个人魅力有关，但我们不要忘记，他的星级葡萄园也功不可没。关于这一点，您要是有机会在酒庄里走一走，就知道了。能力卓绝的酿酒学家吉多•里维尔拉（Guido Rivella）负责打理酒窖的日常事务。

● Barbaresco '09	♛♛♛ 8
● Langhe Nebbiolo Costa Russi '09	♛♛ 8
● Langhe Nebbiolo Sorì S. Lorenzo '09	♛♛ 8
● Langhe Nebbiolo Sperss '08	♛♛ 8
● Langhe Nebbiolo Conteisa '08	♛♛ 8
● Langhe Nebbiolo Sorì Tildin '09	♛♛ 8
● Barbaresco '04	♛♛♛ 8
● Barbaresco '01	♛♛♛ 8
● Langhe Nebbiolo Conteisa '01	♛♛♛ 8
● Langhe Nebbiolo Costa Russi '07	♛♛♛ 8
● Langhe Nebbiolo Costa Russi '05	♛♛♛ 8
● Langhe Nebbiolo Costa Russi '04	♛♛♛ 8
● Langhe Nebbiolo Costa Russi '03	♛♛♛ 8
● Langhe Nebbiolo Sorì S. Lorenzo '06	♛♛♛ 8
● Langhe Nebbiolo Sorì S. Lorenzo '03	♛♛♛ 8
● Langhe Nebbiolo Sorì S. Lorenzo '01	♛♛♛ 8
● Langhe Nebbiolo Sorì Tildin '07	♛♛♛ 8

Filippo Gallino

FRAZ. MADONNA LORETO
VALLE DEL POZZO, 63 - 12043 CANALE [CN]
TEL. 017398112
www.filippogallino.com

藏酒销售
预约参观
年产量 10 000 瓶
葡萄种植面积 15.5 公顷

早在20世纪90年代初期，菲利普•加力诺（Filippo Gallino）就是最早坚信罗埃洛葡萄酒（Roero）具有上佳品质和发展潜力的酿酒师之一。今天，他和儿子詹尼（Gianni）严谨热情地践行着他们多年来的葡萄种植理念，就是葡萄种植必须充分体现地域特色。他们的葡萄园大部分位于卡纳尔自治区（Canale），土壤以沙质黏性为主，专门种植了经典的罗埃洛葡萄（Roero）的品种：巴贝拉（Barbera）、内比奥罗（Nebbiolo）和阿内斯（Arneis）。他们出产的酒品力求精准展现现代风格，诠释独特的地域个性。

● Roero Sorano Ris. '08	♛♛ 3*
● Barbera d'Alba Sup. Margherita '08	♛♛ 4
● Barbera d'Alba Sup. '10	♛ 4
○ Roero Arneis '11	♛ 2
● Barbera d'Alba Sup. '05	♛♛♛ 4
● Barbera d'Alba Sup. '04	♛♛♛ 4
● Roero '06	♛♛♛ 4
● Roero Sup. '03	♛♛♛ 3
● Roero Sup. '01	♛♛♛ 5
● Barbera d'Alba Elaine '09	♛♛ 2*
● Barbera d'Alba Sup. '09	♛♛ 4
● Langhe Nebbiolo Licin '09	♛♛ 2
● Roero '09	♛♛ 4

皮埃蒙特区
PIEDMONT

Gancia

c.so Libertà, 66 - 14053 Canelli [AT]
Tel. 01418301
www.gancia.it

藏酒销售
预约参观
年产量 30 000 000 瓶
葡萄种植面积

劳斯俊姆•特里克（Roustram Tariko）的俄罗斯标准公司虽然收购了干西亚家族酒庄（Gancia）70%的股份，但至今看起来并没有给酒品及其品质带来很大的改变。生产的焦点仍是阿斯蒂（Asti）的起泡葡萄酒和产于特努特•德伊•瓦拉里诺（Tenute dei Vallarino）的静态葡萄酒。酒庄出产的酒品风格现代，尤以浓郁的芳香著称。庄园覆盖了大部分片区，从阿尔塔•兰格（Alta Langa）到阿斯蒂（Asti）和尼扎（Nizza）地区。

○ Alta Langa Cuvée 60 Brut Ris. '06	🍷🍷 5
● Barbera d'Asti Sup. Nizza Bricco Asinari '09	🍷🍷 4
○ Alta Langa Cuvée 36 Brut '09	🍷🍷 5
○ Asti M. Cl. Cuvée 24 '09	🍷🍷 5
● Barbera d'Asti Sup. La Ladra '09	🍷🍷 3
● Monferrato Rosso Rispetto '09	🍷 3
○ Alta Langa Cuvée 36 Brut '08	🍷🍷 5
○ Alta Langa Cuvée 60 Brut Ris. '05	🍷🍷 5
○ Asti M. Cl. Cuvée 24 '08	🍷🍷 5

Tenuta Garetto

s.da Asti Mare, 30
14041 Agliano Terme [AT]
Tel. 0141954068
www.garetto.it

藏酒销售
预约参观
年产量 110 000 瓶
葡萄种植面积 18 公顷

亚历山德罗•盖瑞图（Alessandro Garetto）怀着满腔热情经营这个坐落在阿格里亚诺（Agliano）山上的可爱酒庄。葡萄园主要位于酒窖后面地势稍高的地方，大多数已有六七十年的历史，少数的两个较为年轻。庄园面朝东北方，粘质土主要来源于石灰岩地质。出产的葡萄酒以现代风格的阿斯蒂的巴贝拉葡萄酒（Barbera d'Asti）为主导，追求浓郁的水果香气。

● Barbera d'Asti Sup. Favà '09	🍷🍷 5
● Barbera d'Asti Sup. In Pectore '10	🍷🍷 8
● Barbera d'Asti Tra Neuit e Dì '11	🍷 2
● Barbera d'Asti Sup. Nizza Favà '04	🍷🍷🍷 4
● Barbera d'Asti Sup. In Pectore '09	🍷🍷 3
● Barbera d'Asti Sup. In Pectore '07	🍷🍷 3*
● Barbera d'Asti Sup. Nizza Favà '08	🍷🍷 4
● Barbera d'Asti Sup. Nizza Favà '07	🍷🍷 4
● Barbera d'Asti Tra Neuit e Dì '10	🍷🍷 2*

PIEDMONT

皮埃蒙特区

Ettore Germano
LOC. CERRETTA, 1
12050 SERRALUNGA D'ALBA [CN]
TEL. 0173613528
www.germanoettore.com

藏酒销售
预约参观
参观设施
年产量 90 000 瓶
葡萄种植面积 17.5 公顷

1985年起，塞尔吉奥•葛马诺（Sergio Germano）开始参与到了家族酒庄的运作之中，并从1993年以来一直从事巴罗洛葡萄酒（Barolo）的酿造工作。在积累了足够多的经验后，他决定用自家的葡萄酿造葡萄酒。虽然塞拉朗佳地区（Serralunga）十分适合酿造巴罗洛葡萄酒，内比奥罗葡萄（Nebbiolo）也特别吃香，但塞尔吉奥视野广阔，迅速决定在西格列地区（Ciglie）附近种植白葡萄品种。成功接踵而至，这有赖于种植在海拔将近600米的雷司令葡萄（Riesling）所做的贡献。该葡萄品种淋漓尽致地带出了特有的矿物香味和花香味。最近，酒庄还酿造了酒体强劲的拉扎里托珍藏葡萄酒（Lazzarito），给巴罗洛葡萄酒系列增添了新的特色品种。

○ Langhe Bianco Hérzu '10	▼▼▼ 4*
● Barolo Cerretta '08	▼▼ 7
● Barolo Lazzarito Ris. '06	▼▼ 8
● Barolo Prapò '08	▼▼ 7
○ Langhe Bianco Binel '10	▼▼ 3*
○ Alta Langa Brut '09	▼▼ 5
● Barolo Serralunga '08	▼▼ 6
● Dolcetto d'Alba Pradone '11	▼▼ 3
● Barbera d'Alba Sup. V. della Madre '10	▼ 5
● Dolcetto d'Alba Lorenzino '11	▼ 2
○ Langhe Chardonnay '11	▼ 2
○ Langhe Nascetta '10	▼ 2
● Langhe Nebbiolo Serralunga '11	▼ 3
○ Langhe Bianco Hérzu '09	▽▽▽ 5
○ Langhe Bianco Hérzu '08	▽▽▽ 5

La Ghibellina
FRAZ. MONTEROTONDO, 61 - 15066 GAVI [AL]
TEL. 0143686257
www.laghibellina.it

藏酒销售
预约参观
餐饮接待
年产量 60 000 瓶
葡萄种植面积 7.5 公顷

仅仅过了10多年的时间，阿尔贝托（Alberto）和玛丽娜•吉贝尔里尼（Marina Ghibellini）就在出产的所有酒品上做出辉煌成绩，从而成为了一流的加维（Gavi）酿酒商。品种囊括了静态红、白葡萄酒，经典梅特多起泡酒（Metodo Classico）和一款玫瑰酒。新鲜且平易近人的麦宁葡萄酒（Mainin）常常混入陈酿一年且更为复杂的阿尔提尔斯精品酒（Altius），造就了加维产区的特色酒款。此外，两种产自蒙费拉托产区（Monferrato）经橡木桶陈酿的红葡萄酒品质也很卓越。蒙特尼•尼罗葡萄酒（Nero del Montone）采用巴贝拉葡萄（Barbera）酿造而成，而更为柔软的皮图吉葡萄酒（Pituj）则主要取材于梅洛葡萄（Merlot）。

● M.to Rosso Pituj '10	▼▼ 3
○ Gavi del Comune di Gavi Altius '10	▼ 3
○ Gavi del Comune di Gavi Brut '09	▼ 4
○ Gavi del Comune di Gavi Mainin '11	▼ 3
⊙ M.to Chiaretto Sandrino '11	▼ 2
○ Gavi del Comune di Gavi Altius '08	▽▽ 3
○ Gavi del Comune di Gavi Altius '06	▽▽ 3
○ Gavi del Comune di Gavi Brut '08	▽▽ 4
○ Gavi del Comune di Gavi Brut '07	▽▽ 4
● M.to Rosso Nero del Montone '08	▽▽ 4
● M.to Rosso Nero del Montone '07	▽▽ 4
● M.to Rosso Pituj '09	▽▽ 3

皮埃蒙特区
PIEDMONT

Attilio Ghisolfi
Loc. Bussia, 27
12065 Monforte d'Alba [CN]
Tel. 017378345
www.ghisolfi.com

藏酒销售
预约参观
年产量 45 000 瓶
葡萄种植面积 6.5 公顷

吉安马克•吉索尔福（Gianmarco Ghisolfi）对优秀葡萄酒的纯真香味情有独钟。由于不满意他一贯可口的巴罗洛葡萄酒（Barolo），他决定向黑皮诺（Pinot Nero）发起挑战，力求酿造出兰格•派内葡萄酒（Langhe Pinay）。尽管他希望在新品种上做出成绩，但仍心系生长在辉煌的布希亚（Bussia）葡萄园里的内比奥罗葡萄（Nebbiolo）。吉安马克注重葡萄的品质，因此他把巴罗洛葡萄酒陈酿在包括橡木酒桶、中型木桶和经典的中型长筒靴容器等一系列橡木桶之中。此外，吉安马克已不再在葡萄园里使用任何化学除草剂。

★★Bruno Giacosa
via XX Settembre, 52 - 12057 Neive [CN]
Tel. 017367027
www.brunogiacosa.it

年产量 500 000 瓶
葡萄种植面积 22 公顷

杰出的布鲁诺•吉雅克萨（Bruno Giacosa）造就了酒庄的一切，并因此享誉世界各地。从60多批酒品酿造中吸取经验之后，呈现出的酒品完全保留古老的传统风格，还带有几分孤傲的个性。如今，他的女儿布鲁娜（Bruna）和知名藏酒员但丁•斯卡格里奥内（Dante Scaglione）也加入到酒庄运营的团队之中。起初，布鲁诺（Bruno）购买了兰格地区（Langhe）最好葡萄园的顶级葡萄来酿造葡萄酒，由此迈进酿酒行业。渐渐地，他开始控制整个生产链条，后来在收购了几个特别吸引他的优质地块后，便建立了法列多酒庄（Falletto）酿造上等的葡萄酒。布鲁诺的所有酒品长期保持着高品质，绝对值得信赖。

● Barolo Bussia Bricco Visette '08	🍷🍷 6
● Barolo Fantini Ris. '06	🍷🍷 7
● Barolo Bussia '08	🍷🍷 5
● Barolo Bricco Visette '05	🍷🍷🍷 6
● Barolo Bricco Visette '01	🍷🍷🍷 6
● Barolo Fantini Ris. '01	🍷🍷🍷 7
● Langhe Rosso Alta Bussia '01	🍷🍷🍷 5
● Langhe Rosso Alta Bussia '00	🍷🍷🍷 4
● Langhe Rosso Alta Bussia '99	🍷🍷🍷 5
● Barolo Bussia Bricco Visette '07	🍷🍷 6
● Barolo Bussia Bricco Visette '06	🍷🍷 6
● Barolo Fantini Ris. '05	🍷🍷 7

● Barbaresco Asili Ris. '07	🍷🍷🍷 8
● Barbaresco Asili '09	🍷🍷🍷 8
● Barolo Falletto '08	🍷🍷🍷 8
○ Bruno Giacosa Extra Brut '06	🍷🍷 5
● Nebbiolo d'Alba Valmaggiore '10	🍷🍷 5
○ Roero Arneis '11	🍷🍷 4
● Barbera d'Alba Falletto '10	🍷 5
● Barbaresco Asili '05	🍷🍷🍷 8
● Barbaresco Asili Ris. '04	🍷🍷🍷 8
● Barolo Falletto '05	🍷🍷🍷 8
● Barolo Falletto '04	🍷🍷🍷 8
● Barolo Le Rocche del Falletto '05	🍷🍷🍷 8
● Barolo Le Rocche del Falletto '04	🍷🍷🍷 8
● Barolo Le Rocche del Falletto Ris. '01	🍷🍷🍷 8
● Barbaresco Asili '08	🍷🍷 8
● Barbera d'Alba Falletto '09	🍷🍷 6

皮埃蒙特区
PIEDMONT

Carlo Giacosa
S.DA OVELLO, 9 - 12050 BARBARESCO [CN]
TEL. 0173635116
www.carlogiacosa.it

藏酒销售
预约参观
年产量 35 000 瓶
葡萄种植面积 5 公顷

年复一年，随着经营的小酒庄不断进步，玛丽亚（Maria Grazia Giacosa）也变得越发自信起来。在葡萄园，她瘦化葡萄束，力求让其熟化达到最佳。酒窖里，葡萄酒陈酿在中型的橡木桶里进行，避免抑制内比奥罗葡萄（nebbiolo）浓郁的芬芳。他们拥有蒙特菲克（Montefico）、科尔（Cole）、奥维罗（Ovello）和埃斯利（Asili）等葡萄园，玛丽亚的父亲卡洛（Carlo）曾在此耕作过40多年。除了两种巴巴莱斯科精品酒（Barbaresco），其他酒款品质稳定，价格合理。

● Barbaresco Luca Ris. '07	🏆 6
● Barbaresco Montefico '09	🏆 5
● Barbaresco Narin '09	🏆 5
● Barbera d'Alba Lina '10	🏆 3
● Barbera d'Alba Mucin '11	🏆 2*
● Langhe Nebbiolo Maria Grazia '10	🏆 3
● Dolcetto d'Alba Cuchet '11	🏆 2
● Barbaresco Montefico '08	🏆🏆🏆 5*
● Barbaresco Montefico '07	🏆🏆 5
● Barbaresco Montefico '06	🏆🏆 5
● Barbaresco Narin '08	🏆🏆 4*
● Barbaresco Narin '07	🏆🏆 4
● Barbera d'Alba Lina '09	🏆🏆 3*
● Langhe Nebbiolo Maria Grazia '09	🏆🏆 3*

F.lli Giacosa
VIA XX SETTEMBRE, 64 - 12057 NEIVE [CN]
TEL. 017367013
www.giacosa.it

藏酒销售
预约参观
年产量 500 000 瓶
葡萄种植面积 50 公顷

在过去的一个多世纪里，酒庄不断收购新的葡萄园，加强与可靠葡萄供应商之间的联系，进而建立起位于兰格地区（langhe）的相当大规模的葡萄酒厂。值得强调的是，他们杜绝在葡萄园使用杀虫剂，采用太阳能来调节温度。现在由毛里奇奥（Maurizio）和保罗（Paolo）兄弟俩掌管着酒庄，建造起一个配备了最先进技术设备和大量不同型号橡木桶的酒窖。虽然酿酒的过程采用传统工艺，但法国橡木酒桶在精品酒的酿造上也做出了相当大的贡献。

● Barolo Bussia '08	🏆 6
● Barbaresco Basarin '09	🏆🏆 5
● Barbaresco Basarin V. Gianmaté '09	🏆🏆 5
● Barbera d'Alba Maria Gioana '09	🏆🏆 3
● Barolo V. Mandorlo '07	🏆 6
○ Langhe Chardonnay Rorea '11	🏆🏆 3
● Dolcetto d'Alba Madonna di Como '11	🏆 3
○ Roero Arneis '11	🏆 2
● Barbaresco Basarin '08	🏆🏆 5
● Barbaresco Basarin V. Gianmaté '07	🏆🏆 5
● Barolo Bussia '07	🏆🏆 6
● Barolo Bussia '06	🏆🏆 5
● Barolo V. Mandorlo '06	🏆🏆 6

Giovanni Battista Gillardi

Cascina Corsaletto, 69
12060 Farigliano [CN]
Tel. 017376306
www.gillardi.it

藏酒销售
预约参观
年产量 35 000 瓶
葡萄种植面积 7 公顷

基亚克力诺·吉拉尔迪（Giacolino Gillardi）的酒窖拥有两种迥异的酿酒理念。一方面，他完全采用传统工艺酿造多哥利安尼的多赛托葡萄酒（Dolcetto di Dogliani）；另一方面，他大胆开创了国际风格的酒品。在多赛托的定位上，基亚克力诺思路清晰，保留普通的法定产区级（DOC）的标准而不遵从保证法定地区级（DOCG）的标准。葡萄酒陈酿过程杜绝使用任何种类的木桶，力求供应的酒品令人渴望即买即饮。其他种类红葡萄酒主要取材于诸如梅洛（Merlot）和西拉（Syrah）等进口葡萄，陈酿过程在小型法国橡木桶中进行。

● Dogliani Cursalet '11	🍷🍷🍷 3*
● Langhe Harys '10	🍷🍷 6
● Dogliani Maestra '11	🍷🍷 2*
● Langhe Merlò '09	🍷🍷 6
● Langhe Fiore di Harys '10	🍷 4
● Langhe Harys '00	🍷🍷🍷 6
● Langhe Harys '99	🍷🍷🍷 6
● Dolcetto di Dogliani Cursalet '10	🍷🍷 3
● Dolcetto di Dogliani Cursalet '09	🍷🍷 3*
● Dolcetto di Dogliani Maestra '10	🍷🍷 2*
● Langhe Harys '09	🍷🍷 6
● Langhe Fiore di Harys '09	🍷🍷 4
● Langhe Merlò '07	🍷🍷 6

Cascina Giovinale

S.da San Nicolao, 102
14049 Nizza Monferrato [AT]
Tel. 0141793005
www.cascinagiovinale.com

藏酒销售
预约参观
年产量 25 000 瓶
葡萄种植面积 7 公顷

该酒庄30年前由布鲁诺·西奥卡（Bruno Ciocca）和他的妻子安娜·玛利亚（Anna Maria Solaini）共同开创，位于圣·尼克劳山（San Nicolao），紧靠尼扎·蒙菲拉托（Nizza Monferrato）。葡萄园位于尼扎分区（Nizza），面朝西南方向，为沙质和石灰质土壤，里面的葡萄藤已有50多年的历史。酒庄的特色品种是巴贝拉葡萄（Barbera），但也种植少量的多赛托（Dolcetto）、柯蒂斯（Cortese）、莫斯卡托（Moscato）和赤霞珠（Cabernet Sauvignon）葡萄。出产的酒品，尤其是巴贝拉葡萄酒，拥有非凡精准的香味和浓郁高雅的水果香气。

● Barbera d'Asti Sup. Nizza Anssèma '09	🍷🍷 3*
● Dolcetto d'Asti Filippo '11	🍷 2
○ Piemonte Cortese Naiss '11	🍷 2
● Barbera d'Asti Sup. '09	🍷🍷 2*
● Barbera d'Asti Sup. Nizza Anssèma '08	🍷🍷 4
● Barbera d'Asti Sup. Nizza Anssèma '07	🍷🍷 4
● Barbera d'Asti Sup. Nizza Anssèma '06	🍷🍷 4*

皮埃蒙特区

PIEDMONT

La Giribaldina

REG. SAN VITO, 39
14042 CALAMANDRANA [AT]
TEL. 0141718043
www.giribaldina.com

藏酒销售
预约参观
参观设施
年产量 70 000 瓶
葡萄种植面积 11 公顷

1995年，科伦坡家族（Colombo）拥有了在卡拉芒德拉纳镇（Calamandrana）附近的吉利巴尔迪酒庄（Giribaldi）。葡萄园位于瓦格里奥•塞拉（Vaglio Serra）市区瓦尔•萨尔马萨国家公园（Val Sarmassa），围绕着酒厂延伸开来。酒庄重点关注的是占据了葡萄园大部分的巴贝拉葡萄（Barbera），产量约占葡萄总量的70%。此外还种植了少量的莫斯卡托（Moscato）和苏维翁（Sauvignon）葡萄。生产的酒品虽然风格现代，但也注重保留品种特征和地方特色。

● Barbera d'Asti Sup. Vign. della Val Sarmassa '10	ᵧᵧ 3
● Grignolino d'Asti Quercino '11	ᵧᵧ 2*
○ M.to Bianco Ferro di Cavallo '11	ᵧᵧ 3
● Barbera d'Asti Monte del Mare '11	ᵧ 2
● Barbera d'Asti Sup. Cala delle Mandrie '09	ᵧ 4
○ Moscato d'Asti '11	ᵧ 2
● Barbera d'Asti Monte del Mare '10	ᵧᵧ 2
● Barbera d'Asti Sup. Nizza Cala delle Mandrie '08	ᵧᵧ 4
● Barbera d'Asti Sup. Nizza Cala delle Mandrie '07	ᵧᵧ 4
● Barbera d'Asti Sup. Vign. della Val Sarmassa '09	ᵧᵧ 3

La Gironda

S.DA BRICCO, 12
14049 NIZZA MONFERRATO [AT]
TEL. 0141701013
www.lagironda.com

藏酒销售
预约参观
年产量 40 000 瓶
葡萄种植面积 8 公顷

拉•吉罗达酒庄（La Gironda）已成为阿斯缇•巴贝拉（Barbera d'Asti）的葡萄酒酿造商之一。布里克•科勒莫斯那葡萄园（Bricco Cremosina）坐落在尼扎•蒙费拉托地区（Nizza Monferrato），是这里最好的葡萄酒生产地之一。阿戈斯蒂诺•加兰德里诺（Agostino Galandrino）做过多年的酿酒设备生意，现在和女儿苏珊娜（Susanna）、女婿阿尔贝托•阿达莫（Alberto Adamo）共同经营着酒庄。他负责照料已有50年历史的葡萄园，葡萄品种有莫斯卡托（Moscato）、内比奥罗（Nebbiolo）、巴贝拉（Barbera）、莎当尼（Chardonnay）、柯蒂斯（Cortese）、多赛托（Dolcetto）、品丽珠（Cabernet Franc）、苏维翁（Sauvignon）、布拉切多（Brachetto）和赤霞珠（Cabernet Sauvignon）和梅洛（Cabernet Merlot）等。出产的葡萄酒不但具有时代感，且含有丰富浓郁的果香。

● Barbera d'Asti Sup. Nizza Le Nicchie '09	ᵧᵧ 4
● Barbera d'Asti La Gena '10	ᵧ 3
● Barbera d'Asti La Lippa '11	ᵧ 4
● M.to Rosso Chiesavecchia '09	ᵧ 4
○ Moscato d'Asti '11	ᵧ 2
● Barbera d'Asti La Gena '09	ᵧᵧ 3*
● Barbera d'Asti La Gena '06	ᵧᵧ 3*
● Barbera d'Asti Sup. Nizza Le Nicchie '07	ᵧᵧ 4
● Barbera d'Asti Sup. Nizza Le Nicchie '06	ᵧᵧ 4
● Barbera d'Asti Sup. Nizza Le Nicchie '05	ᵧᵧ 4
● Barbera d'Asti Sup. Nizza Le Nicchie '04	ᵧᵧ 4
● Barbera d'Asti Sup. Nizza Le Nicchie '03	ᵧᵧ 4

La Giustiniana

Fraz. Rovereto, 5 - 15066 Gavi [AL]
Tel. 0143682132
www.lagiustiniana.it

藏酒销售
预约参观
年产量 200 000 瓶
葡萄种植面积 39 公顷

多年来，恩里科•汤马里诺（Enrico Tomalino）一直是酒庄的拥有者，洛姆巴尔蒂尼家族（Lombardini）的得力助手。无论是在葡萄园还是在酒窖，他领导的团队都具备高素质。酒窖里，技术员克里斯汀•波莫（Christian Pomo）和主管多纳托•拉那提（Donato Lanati）一起并肩作战。酒庄主要生产以柯蒂斯葡萄（Cortese）为原料的白葡萄酒。酒品表现出色并不让人意外，因为加维•蒙特索拉葡萄酒（Gavi Montessora）经典的新鲜口感和浓郁芳香，正是葡萄品种的最独特的地方。我们非常喜欢小支装的第二代诺斯州•加维（Il Nostro Gavi）。放在1公升酒瓶并在背风处存放1年后，才能散发出复杂而成熟的香味。

○ Gavi del Comune di Gavi Montessora '11	♛♛ 4
○ Gavi del Comune di Gavi Lugarara '11	♛♛ 3
○ Spumante M. Cl. '07	♛♛ 5
● Piemonte Barbera Grangiarossa '09	♛ 2
○ Roverì Frizzante	♛ 4
○ Gavi del Comune di Gavi Il Nostro Gavi '07	♛♛♛ 4
○ Gavi del Comune di Gavi Il Nostro Gavi '09	♛♛ 5
○ Gavi del Comune di Gavi Il Nostro Gavi '08	♛♛ 4
○ Gavi del Comune di Gavi Montessora '10	♛♛ 3
○ Gavi del Comune di Gavi Montessora '09	♛♛ 3

Cantina del Glicine

via Giulio Cesare, 1 - 12052 Neive [CN]
Tel. 017367215
www.cantinadelglicine.it

藏酒销售
预约参观
年产量 40 000 瓶
葡萄种植面积 4 公顷

阿德里亚娜•马兹（Adriana Marzi）和罗伯托•布鲁诺（Roberto Bruno）一直追求原生态的环境，远离污染和工业世界的嘈杂。在古老的小酒庄里，他们希望售出产量有限的葡萄酒。葡萄园仅有4公顷大，偏僻安静，与周围环境和谐共处。主要种植内比奥罗（Nebbiolo）和巴贝拉（Barbera）葡萄，在著名的科尔（Curr）和马克瑞诺（Marcorino）葡萄园更是如此。由于没有使用任何技术干预措施，所酿葡萄酒充满个性、口感纯粹。从目前情况来看，他们会发展得越来越好。

● Barbaresco Currà '09	♛♛ 4
● Barbera d'Alba La Sconsolata '10	♛♛ 2*
● Barbera d'Alba Sup. La Dormiosa '09	♛♛ 3*
● Barbaresco Marcorino '09	♛♛ 5
● Nebbiolo d'Alba Calcabrume '10	♛ 3
● Barbaresco Currà '08	♛♛ 4
● Barbaresco Currà '07	♛♛ 5
● Barbaresco Currà '06	♛♛ 5
● Barbaresco Marcorino '08	♛♛ 5
● Barbaresco Marcorino '05	♛♛ 5*
● Barbaresco Marcorino '04	♛♛ 5
● Barbera d'Alba Sup. La Dormiosa '08	♛♛ 3

皮埃蒙特区
PIEDMONT

★Elio Grasso
LOC. GINESTRA, 40
12065 MONFORTE D'ALBA [CN]
TEL. 017378491
www.eliograsso.it

藏酒销售
预约参观
年产量 75 000 瓶
葡萄种植面积 18 公顷

36岁时，埃利奥•格拉索（Elio Grasso）面临一次人生抉择：是继续留在银行工作，还是接管成立于1928年的家族庄园。最终，他选择成为一名酿酒师。鉴于他对其出色葡萄园和酒品的热爱，这样的决定并不令人意外，埃利奥坚称自己骨子里就是一个农民。1996年以来，在意志坚定的妻子玛丽娜（Marina）和技艺高超的儿子吉安卢卡（Gianluca）的帮助下，他的酿酒事业达到了高峰。酒庄完全尊重葡萄的自然特性，葡萄园杜绝使用杀虫剂。葡萄酒的陈酿在宏伟的地下酒窖里进行。

● Barolo Ginestra Casa Maté '08	♛♛ 8
● Barolo Rüncot Ris. '06	♛♛ 8
● Barbera d'Alba V. Martina '09	♛ 4
● Barolo Gavarini Chiniera '08	♛ 8
● Barolo Gavarini V. Chiniera '06	♛♛♛ 8
● Barolo Gavarini V. Chiniera '01	♛♛♛ 7
● Barolo Ginestra Casa Maté '07	♛♛♛ 8
● Barolo Ginestra V. Casa Maté '05	♛♛♛ 8
● Barolo Ginestra V. Casa Maté '04	♛♛♛ 8
● Barolo Ginestra V. Casa Maté '03	♛♛♛ 7
● Barolo Rüncot '01	♛♛♛ 8
● Barolo Rüncot '00	♛♛♛ 8

Silvio Grasso
FRAZ. ANNUNZIATA
CASCINA LUCIANI, 112
12064 LA MORRA [CN]
TEL. 017350322
www.silviograsso.com

藏酒销售
年产量 70 000 瓶
葡萄种植面积 11 公顷

大约30年前，费德里科•格拉索（Federico Grasso）接管了一个成立于1927年的酒庄。他们一直在研究酒窖的独特用途，重点钻研葡萄酒酿造方法和陈酿过程。他们一开始就引进了法国橡木酒桶，并在与本地创新酿酒商的角逐中强势抢得一席之地。尽管取得了一些成绩，推出新酒的热情并未减退。例如新推出的巴罗洛葡萄酒（Barolo），也称"特内"（Turne），在当地方言中是"返回"的意思，经过长时间的浸渍后在传统的斯拉沃尼亚（Slavonian）橡木桶里陈酿，与其酿造著名的西亚伯特•曼佐尼（Ciabot Manzoni）和布里克•卢西亚尼（Bricco Luciani）葡萄酒的做法截然不同。

● Barolo '08	♛♛ 7
● Barolo Ciabot Manzoni '08	♛♛ 7
● Barolo Turné '08	♛♛ 7
● Barolo Bricco Luciani '08	♛♛ 7
● Barolo Giachini '08	♛♛ 6
● Barolo Bricco Luciani '04	♛♛♛ 7
● Barolo Bricco Luciani '01	♛♛♛ 6
● Barolo Bricco Luciani '96	♛♛♛ 6
● Barolo Bricco Luciani '95	♛♛♛ 6
● Barolo Bricco Luciani '90	♛♛♛ 6
● Barolo Bricco Luciani '07	♛♛ 7
● Barolo Bricco Luciani '06	♛♛ 7

皮埃蒙特区
PIEDMONT

Bruna Grimaldi

VIA RODDINO
12050 SERRALUNGA D'ALBA [CN]
TEL. 0173262094
www.grimaldibruna.it

藏酒销售
年产量 60 000 瓶
葡萄种植面积 11 公顷

布鲁纳•格里马迪（Bruna Grimaldi）和法兰克•弗洛林（Franco Fiorino）夫妻俩对他们的土地怀有深厚的感情。从这片土地里酿造的葡萄酒，能够淋漓尽致地诠释各个葡萄园的真实风土特点。因此，区分巴罗洛（Barolo）的细微差别是一件很有意思的事情。例如，来自罗迪（Roddi）的香浓布里克•安布罗基奥（Bricco Ambrogio）相对柔和纯粹；产自吉利恩扎内•卡瓦地区（Grinzane Cavour）的卡米拉（Camilla）则更具紧实的结构和华丽的花香；而来自塞拉朗佳（Serralunga）的巴达瑞拉（Badarina）酒体强劲，适合长期陈酿。酒窖里，大部分葡萄酒都储藏在中小型的法国橡木桶里。之前，酒庄凭借一款典型的巴罗洛葡萄酒（Barolo）而迅速声名大噪。

● Barolo Badarina V. Regnola Ris. '06	♛♛ 6
● Barolo Bricco Ambrogio '08	♛♛ 5
● Barolo Badarina '08	♛♛ 6
● Nebbiolo d'Alba Briccola '10	♛♛ 3
● Barbera d'Alba Sup. Scassa '09	♛ 3*
● Barolo Badarina '07	♛ 6
● Barolo Badarina '06	♛ 6
● Barolo Bricco Ambrogio '07	♛ 5
● Barolo Camilla '07	♛ 5*
● Nebbiolo d'Alba Briccola '09	♛ 3

Giacomo Grimaldi

VIA LUIGI EINAUDI, 8 - 12060 BAROLO [CN]
TEL. 0173560536
www.giacomogrimaldi.com

藏酒销售
预约参观
年产量 50 000 瓶
葡萄种植面积 13 公顷

年轻的费卢西奥•吉利马尔蒂（Ferruccio Grimaldi）最近正和妻子艾瑞卡（Enrica）迎接他们第一个孩子的诞生，妻子是来自卡斯蒂格隆•法列多地区（Castiglione Falletto）的恩里科•斯卡维诺（Enrico Scavino）的女儿。虽然收成不多，但费卢西奥已经充分表现出一个种植工人和酒窖管理员的天分。葡萄园坐落在最好的葡萄种植地区，包括巴罗洛地区（Barolo）的勒•克斯特葡萄园（Le Coste）、诺维罗地区（Novello）的索托•卡斯特罗（Sotto Castello）葡萄园以及优质阿尔内比奥罗葡萄酒（Nebbiolo d'Alba）之乡——维扎地区（Vezza）的瓦尔马吉奥勒葡萄园（Valmaggiore）。虽然酒窖拥有可引以为傲的先进技术，但酒品风格依旧传统，忠实反映出内比奥罗葡萄（Nebbiolo）的特性，且不含有任何浓烈的橡木味。

● Barolo '08	♛♛ 5
● Barolo Sotto Castello di Novello '08	♛♛ 6
● Barolo Sotto Castello di Novello '05	♛♛♛ 6
● Barbera d'Alba Fornaci '07	♛♛ 4
● Barbera d'Alba Fornaci '06	♛♛ 4
● Barolo Le Coste '07	♛♛ 6
● Barolo Le Coste '05	♛♛ 6
● Barolo Le Coste '05	♛♛ 6
● Barolo Le Coste '04	♛♛ 6
● Barolo Le Coste '03	♛♛ 6
● Barolo Sotto Castello di Novello '06	♛♛ 6

PIEDMONT

皮埃蒙特区

Icardi

LOC. SAN LAZZARO
S.DA COMUNALE BALBI, 30
12053 CASTIGLIONE TINELLA [CN]
TEL. 0141855159
www.icardivini.it

藏酒销售
预约参观
年产量 386 000 瓶
葡萄种植面积 75 公顷
葡萄栽培方式 传统栽培

我们邀请克劳迪奥•爱卡迪（Claudio Icardi）说说，把大片面积葡萄园转换回生物动力生产所遇到的困难，他回答说，只要富有激情和遵循自然规律，一切就不会那么困难。秉承如此理念，他酿造的葡萄酒总是富含果香、清澈直率，你可以辨认出所有的香气。酒窖遵循了自然规律，采用例如温控发酵和小型法国橡木桶这种渐进式而非侵略性的技术。

● Barbera d'Asti Nuj Suj '10	♛♛ 5
● Barbaresco Montubert '09	♛♛ 7
● Barolo Parej '08	♛♛ 7
○ Dadelio Bianco '11	♛ 5
○ M.to Bianco Pafoj '11	♛ 5
● Moscato d'Asti La Rosa Selvatica '11	♛ 3
○ Piemonte Cortese Balera '11	♛ 3
● Langhe Rosso Dadelio '08	♛ 5
● Langhe Rosso Nej '10	♛ 5
● Piemonte Brachetto Suri' Vigin '11	♛ 3
● Barolo Parej '07	♛♛ 7
● Barolo Parej '06	♛♛ 7
○ Dadelio Bianco Cascina San Lazzaro '10	♛♛ 5
● Langhe Rosso Pafoj '07	♛♛ 4

Ioppa

FRAZ. MAULETTA
VIA DELLE PALLOTTE 10
28078 ROMAGNANO SESIA [NO]
TEL. 0163833079
www.viniioppa.it

藏酒销售
预约参观
年产量 90 000 瓶
葡萄种植面积 16.5 公顷

罗帕（Ioppa）兄弟俩继承的酒庄已有150年历史了，他们立志要将它建成更加美丽更加高效的庄园。在儿子马尔科（Marco）和安德里亚（Andrea）的帮助下，他们重新配置酿酒设备。葡萄园地形陡峭，主要种植内比奥罗葡萄（Nebbiolo），还有一些本地区的传统品种，比如维斯帕丽娜（Vespolina）、巴贝拉（Barbera）和拉雅（Uva Rara，本地称"诺瓦拉•伯纳达"（Bonarda Novarese））。含有85%内比奥罗葡萄成分的格美（Ghemme）和维斯帕丽娜（Vespolina）需要长时间在橡木桶陈酿，获得优雅的芳香，使得这两款北皮埃蒙特（Piedmont）优质葡萄酒的酒体结果更加匀称。

● Ghemme Santa Fè '06	♛♛ 6
● Ghemme Bricco Balsina '06	♛♛ 5
⊙ Colline Novaresi Rusin '11	♛ 2
● Colline Novaresi Nebbiolo '08	♛♛ 2*
● Colline Novaresi Nebbiolo '07	♛♛ 2*
● Colline Novaresi Vespolina Coda Rossa '10	♛♛ 2*
● Ghemme '06	♛♛ 4
● Ghemme '05	♛♛ 4
● Ghemme Bricco Balsina '05	♛♛ 5
● Ghemme Bricco Balsina '04	♛♛ 5
● Ghemme Santa Fè '04	♛♛ 6
● Stransì Rosso '05	♛♛ 5

皮埃蒙特区
PIEDMONT

Isolabella della Croce
Fraz. Loc. Saracchi
Reg. Caffi, 3 - 14051 Loazzolo [AT]
Tel. 014487166
www.isolabelladellacroce.it

藏酒销售
预约参观
年产量 60 000 瓶
葡萄种植面积 15 公顷
葡萄栽培方式 传统栽培

伊索拉贝拉•德尔拉•克罗塞家族（Isolabella della Croce）拥有的酒庄是少数位于壮丽的瓦尔第塞拉地区（Valdiserre）的酒庄之一。葡萄园位于一片海拔450米到550米的梯田上，面朝东南和西南，土壤为肥沃的石灰质土，里面的葡萄藤已有超过50年的历史。葡萄品种多样，有巴贝拉（Barbera）、莫斯卡托（Moscato）、梅洛（Merlot）、柯蒂斯（Cortese）、布拉凯多（Brachetto）、莎当尼（Chardonnay）、加本内（Cabernet）和苏维翁（Sauvignon），以及特别适应该地区环境的黑皮诺（Pinot Nero）。出产的酒品风格现代，散发出一种独特强烈的个性。

Iuli
Fraz. Montaldo
via Centrale, 27
15020 Cerrina Monferrato [AL]
Tel. 0142946657
www.iuli.it

藏酒销售
预约参观
参观设施
年产量 40 000 瓶
葡萄种植面积 8.5 公顷
葡萄栽培方式 有机认证

这家重要的蒙费拉托•卡萨勒斯酒庄（Monferrato Casalese）凭借高品质的葡萄酒赢得了良好的声誉。酒庄主要种植法布里奇奥（Fabrizio）尤为擅长驾驭的红葡萄品种，其中巴贝拉（Barbera）占首要地位。此外还种植有内比奥罗（Nebbiolo）和黑皮诺（Pinot Nero）葡萄。后者常用来酿造单一品种的葡萄酒，是法布里奇奥酿酒方向的一个缩影。经过他熟练使用木桶陈酿后，葡萄品种的特性被充分展现，使得葡萄酒极具地域特色。作为这个片区出色的葡萄种植者，法布里奇奥成功地把蒙费拉托地区（Monferrato）变成他的勃艮第（Burgundy）。

● Barbera d'Asti Sup. Nizza Augusta '08	▼▼ 4
○ Piemonte Sauvignon Blanc '11	▼▼ 3
● Barbera d'Asti sup. Serena '09	▼ 4
○ Moscato d'Asti Valdiserre '11	▼ 2
● Barbera d'Asti Sup. Nizza Augusta '07	♀♀ 4
● Barbera d'Asti Sup. Nizza Augusta '06	♀♀ 4
○ Loazzolo Solio '05	♀♀ 5
○ M.to Bianco Solum '07	♀♀ 3*
● M.to Rosso Bricco del Falco '06	♀♀ 5
● M.to Rosso Superlodo '07	♀♀ 4
● M.to Rosso Superlodo '06	♀♀ 5
○ Moscato d'Asti Valdiserre '09	♀♀ 2

● M.to Rosso Nino '10	▼▼ 5
● M.to Rosso Malidea '09	▼▼ 5
● Barbera del M.to Sup. Barabba '04	♀♀♀ 5
● Barbera del M.to Sup. Rossore '09	♀♀ 3*
● Barbera del M.to Sup. Rossore '07	♀♀ 3*
● Barbera del M.to Umberta '08	♀♀ 2
● M.to Rosso Malidea '08	♀♀ 5
● M.to Rosso Nino '09	♀♀ 5

PIEDMONT
皮埃蒙特区

Tenuta Langasco
FRAZ. MADONNA DI COMO, 10
12051 ALBA [CN]
TEL. 0173286972
www.tenutalangasco.it

预约参观
年产量 60 000 瓶
葡萄种植面积 22 公顷

这家由克劳迪奥•萨科（Claudio Sacco）经营的酒庄所引以为傲的辉煌酒窖位于科莫•玛丹娜（Madonna di Como）的山上，俯瞰着阿尔巴•兰格地区（Alba Langhe）的中心地带。该区域的品牌阿尔巴•多赛托葡萄酒（Dolcetto d'Alba）颜色深沉、结构紧实，与酒庄出产的另外两种酒品具有相同的特点。同样出色的内比奥罗（Nebbiolo）和巴贝拉（Barbera）的陈化选择在小型法国橡木桶里进行，以避免削弱葡萄的水果香味。少量酒品采用自南皮埃蒙德地区包括阿斯缇•莫斯卡托（Moscato d'Asti）、布拉凯多（Brachetto）和阿内斯（Arneis）在内的典型葡萄品种，给酒庄的酒款种类增色不少。

● Dolcetto d'Alba Madonna di Como V. Miclet '11	🍷🍷 2*
● Alba '10	🍷🍷 4
● Barbera d'Alba Madonna di Como '10	🍷🍷 3
● Barbera d'Alba Sorì '10	🍷🍷 3*
● Nebbiolo d'Alba Sorì Coppa '10	🍷🍷 3
● Barbera d'Alba Madonna di Como '09	🍷🍷 3
● Barbera d'Alba Madonna di Como '08	🍷🍷 3
● Barbera d'Alba Sorì '09	🍷🍷 3*
● Dolcetto d'Alba Madonna di Como V. Miclet '10	🍷🍷 2*
● Dolcetto d'Alba Madonna di Como V. Miclet '09	🍷🍷 2*
● Nebbiolo d'Alba Sorì Coppa '09	🍷🍷 3
● Nebbiolo d'Alba Sorì Coppa '08	🍷🍷 3

Ugo Lequio
VIA DEL MOLINO, 10 - 12057 NEIVE [CN]
TEL. 0173677224
www.ugolequio.it

藏酒销售
预约参观
年产量 25 000 瓶

30年前，在充分了解到加利纳葡萄园（Gallina）的巨大潜力后，乌戈•勒克奥（Ugo Lequio）开始购买该庄园部分一年一熟的葡萄。马卡里诺家族（Marcarino）负责葡萄的种植工作，而尤格（Ugo）自己则专门花时间在葡萄酒的酿造、陈化和销售上。尤格被人公认的精湛技艺确保了出产的葡萄酒保持一贯长期的高品质，并因此成为法定保证巴巴莱斯科葡萄酒（Barbaresco）生产的领军人物，其名声经久不衰。出产的葡萄酒遵循当地的传统风格，陈酿过程在中型的斯拉夫尼亚橡木桶中进行。

● Barbaresco Gallina Ris. '07	🍷🍷 6
● Barbaresco Gallina '09	🍷🍷 5
● Barbera d'Alba Sup. Gallina '10	🍷🍷 4
○ Langhe Arneis '11	🍷 2
● Barbaresco Gallina '08	🍷🍷 5
● Barbaresco Gallina '07	🍷🍷 5
● Barbaresco Gallina '06	🍷🍷 5
● Barbera d'Alba Sup. Gallina '09	🍷🍷 3
● Barbera d'Alba Sup. Gallina '07	🍷🍷 3
● Langhe Nebbiolo '09	🍷🍷 3

Marcalberto

via Porta Sottana, 9
12058 Santo Stefano Belbo [CN]
Tel. 0141844022
marcalbertopc@libero.it

藏酒销售
预约参观
年产量 18 000 瓶
葡萄种植面积 2.5 公顷

马尔科（Marco）和阿尔贝托•卡内（Alberto Cane）掌管的这个位于皮埃蒙特（Piedmont）的酒庄不同寻常，专门致力于经典梅特多（Metodo Classico）葡萄酒的生产。他们的父亲皮耶罗（Piero）是一位拥有几十年经验的知名起泡葡萄酒专家，给兄弟俩提供了难以估量的鼎力支持。葡萄园位于圣托•斯特凡诺•贝尔波（Santo Stefano Belbo）和卡洛索（Calosso），里面大量种植黑皮诺（Pinot Nero）以及一些莎当尼（Chardonnay）葡萄。生产的酒品只使用很少的化学制剂，风格力求增强风土特性，以使酒品更为完美和富有个性。如今酒庄已成为高质量起泡葡萄酒生产的标杆。

○ Marcalberto Brut Sansannée	▼▼ 4
○ Marcalberto Brut '07	▼▼ 5
⊙ Marcalberto Brut Rosé	▼▼ 4
○ Marcalberto Brut '06	▽▽ 5
○ Marcalberto Brut '05	▽▽ 5

Poderi Marcarini

p.zza Martiri, 2 - 12064 La Morra [CN]
Tel. 017350222
www.marcarini.it

藏酒销售
预约参观
参观设施
年产量 125 000 瓶
葡萄种植面积 25 公顷

一个世纪以来，对葡萄酒高品质的不懈追求让博得里•马佳连妮酒庄（Poderi Marcarini）赢得了自己应有的地位。葡萄园位于罗埃洛（Roero）和内维格列（Neviglie），其历史悠久的葡萄藤被拉梦罗村布鲁纳特（Brunate di La Morra）葡萄园授予了"最佳葡萄藤"的桂冠。其中，罗埃洛地区（Roero）专门生产白阿内斯（White Arneis），而内维格列地区（Neviglie）则生产阿斯缇莫斯卡托（Moscato d'Asti）。有意思的是，阿尔巴•多赛托葡萄酒（Dolcetto d'Alba Boschi di Berri）源自葡萄园20世纪初期种植的根茎。虽然土壤容易滋生葡萄根瘤蚜，但他们的葡萄藤却还是抵制住了这种侵害。酒窖只使用较大的木桶，缓慢平和的陈化催生出伟大的经典巴罗洛葡萄酒（Barolos）。

● Barolo Brunate '08	▼▼ 6
● Barolo La Serra '08	▼▼ 6
● Dolcetto d'Alba Fontanazza '11	▼ 2
● Langhe Nebbiolo Lasarin '11	▼ 3
○ Moscato d'Asti '11	▼ 2
● Barolo Brunate '05	▽▽▽ 6
● Barolo Brunate '03	▽▽▽ 6
● Barolo Brunate '01	▽▽▽ 6
● Barolo Brunate '99	▽▽▽ 6
● Barolo Brunate '96	▽▽▽ 6
● Barolo Brunate Ris. '85	▽▽▽ 6
● Dolcetto d'Alba Boschi di Berri '96	▽▽▽ 4

PIEDMONT 皮埃蒙特区

Marchese Luca Spinola
FRAZ. ROVERETO DI GAVI
LOC. CASCINA MASSIMILIANA, 97
15066 GAVI [AL]
TEL. 0143682514
www.marcheselucaspinola.it

藏酒销售
预约参观
年产量 20 000 瓶
葡萄种植面积 13 公顷

安德里亚•斯皮诺拉（Andrea Spinola）的酒庄位于塔萨洛罗区（Tassarolo），已经有几个世纪的历史。他把全部的精力投入到唯一种植的柯蒂斯葡萄（Cortese）中，继而酿造出三款加维葡萄酒（Gavis）。我们对特鲁塔•马戏米利亚诺娜精品酒（Tenuta Massimiliana）的印象尤为深刻。使用了人工培育的酵母菌后，酒精能够在12度以下发酵长达两个月，由此酿造的葡萄酒香味浓郁，具有层次感。另外，精选于酒庄最佳葡萄限量酿造的加维葡萄酒（Gavi）同样引人注目。

○ Gavi del Comune di Gavi '11	🍷🍷 2*
○ Gavi del Comune di Gavi Tenuta Massimiliana '11	🍷 3
○ Gavi del Comune di Tassarolo '11	🍷 3
○ Gavi del Comune di Gavi '10	🍷🍷 2
○ Gavi del Comune di Tassarolo '10	🍷🍷 2*
○ Gavi del Comune di Tassarolo '09	🍷🍷 2*
○ Gavi del Comune di Gavi Tenuta Massimiliana '10	🍷 2

Marchesi di Barolo
VIA ROMA, 1 - 12060 BAROLO [CN]
TEL. 0173564400
www.marchesibarolo.com

藏酒销售
预约参观
餐饮接待
年产量 1 500 000 瓶
葡萄种植面积 175 公顷

巴罗洛葡萄酒（Barolo）能取得成功，多亏了卡洛•坦克雷迪•法莱蒂（Carlo Tancredi Falletti）。皮埃特罗•阿伯纳（Pietro Abbona）从他妻子玛切萨•茱莉亚•科尔伯特（Marchesa Giulia Colbert）的手中收购了酒窖后，开始走上酿造葡萄酒的道路。由于安娜（Anna）和埃内斯托（Ernesto Abbona）在过去几年为酒庄提升了品牌形象和扩大了海外销量，现在公司的大部分事务已移交他们去管理。在精选了酒庄自有的葡萄和可靠种植工人的葡萄后，酒窖酿造本地所有的葡萄酒品种，有吉诺林诺（Grignolino）、阿内斯（Arneis）、阿尔巴的多赛托（Dolcetto d'Alba）和莎当尼（Chardonnay）。不过最畅销的仍是产自著名的坎奴比（Cannubi）和撒马萨（Sarmassa crus）葡萄园的巴罗洛精品葡萄酒（Barolo）。

● Barolo Sarmassa '08	🍷🍷🍷 7
● Barolo Ris. '05	🍷🍷🍷 7
● Barbaresco '09	🍷🍷 5
● Barbaresco Serragrilli '09	🍷🍷 5
● Barbera d'Alba Paiagal '10	🍷🍷 4
● Barolo '08	🍷🍷 5
● Barolo Cannubi '08	🍷🍷 7
● Barolo del Comune di Barolo '08	🍷🍷 8
● Dolcetto d'Alba Madonna di Como '11	🍷 3
● Dolcetto d'Alba Boschetti '11	🍷 3
○ Gavi '11	🍷 3
○ Gavi del Comune di Gavi '11	🍷 3
● Nebbiolo d'Alba Michet '10	🍷 4
○ Roero Arneis '11	🍷 3
● Barolo Sarmassa '07	🍷🍷🍷 7
● Barolo Sarmassa '06	🍷🍷🍷 7

PIEDMONT
皮埃蒙特区

Marchesi Incisa della Rocchetta
VIA ROMA, 66
14030 ROCCHETTA TANARO [AT]
TEL. 0141644647
www.marchesiincisawines.com

藏酒销售
预约参观
膳宿接待
年产量 40 000 瓶
葡萄种植面积 17 公顷

芭芭拉•茵塞萨•德拉•罗切塔（Barbara Incisa della Rocchetta）经营这家酒庄已超过25年，其子菲里贝托•玛索内（Filiberto Massone）协助经营。自19世纪以来，酒庄已经成为蒙费拉托（Monferrato）酿酒业的支柱。葡萄园主要种植巴贝拉葡萄（Babera），还有部分的吉诺林诺（Grignolino）、黑皮诺（Pinot Nero）和梅洛（Merlot）葡萄。葡萄全部进行平顶修剪，种植在沙质粘性土壤的山坡上，还有一些葡萄园坐落在罗切塔•塔纳罗自然公园（Rocchetta Tanaro）内。出产的葡萄酒运用现代风格诠释地域特色，果肉细腻、香气精准，专注于提供极度的味觉享受。

- Barbera d'Asti Sup. Sant'Emiliano '09　🍷🍷 4
- Barbera d'Asti Valmorena '11　🍷🍷 3
- Grignolino d'Asti '11　🍷🍷 3
- M.to Rosso Rollone '11　🍷🍷 3
- Barbera d'Asti Sup. Sant'Emiliano '08　🍷🍷 4
- Barbera d'Asti Sup. Sant'Emiliano '07　🍷🍷 4
- Barbera d'Asti Sup. Sant'Emiliano '05　🍷🍷 4
- Barbera d'Asti Sup. Sant'Emiliano '04　🍷🍷 4
- Barbera d'Asti Sup. Sant'Emiliano '03　🍷🍷 4
- Barbera d'Asti Valmorena '10　🍷🍷 3*
- M.to Rosso Rollone '09　🍷🍷 3*

Mario Marengo
VIA XX SETTEMBRE, 34
12064 LA MORRA [CN]
TEL. 017350115
marengo1964@libero.it

藏酒销售
预约参观
年产量 38 000 瓶
葡萄种植面积 6 公顷

由于多年来的缓慢扩张，马里奥•马伦戈（Mario Marengo）的酒庄如今需要建立一个新的酒窖来延续自1899年以来的酿酒事业。目前由马尔科（Marco）掌管着酒庄。随着近80%的瓶装葡萄酒出口到国外，他的酒款被世界各地的葡萄酒爱好者所熟知。酒窖虽采用现代风格，但陈酿过程在新旧不一的木桶中进行，以避免掩盖内比奥罗葡萄（Nebbiolo）的迷人芳香。这些葡萄主要来自迷人的布鲁纳特葡萄园（Brunate）和气候较为凉爽的布里克•维欧蕾地区（Bricco Viole）。酒庄出品的葡萄酒酒体匀称，隐约伴随着新鲜的水果香味。即使在酿造后的几年内品尝，味道还是那么令人兴奋。

- Barolo '08　🍷🍷 5
- Barolo Brunate '08　🍷🍷 6
- Barbera d'Alba Pugnane '10　🍷🍷 3
- Barolo Bricco delle Viole '08　🍷🍷 5
- Nebbiolo d'Alba Valmaggiore '10　🍷🍷 3
- Barolo Brunate '07　🍷🍷🍷 6
- Barolo Brunate '06　🍷🍷🍷 6
- Barolo Brunate '05　🍷🍷🍷 6
- Barolo Brunate '04　🍷🍷🍷 6
- Barbera d'Alba Pugnane '08　🍷🍷 3*
- Barolo '07　🍷🍷 5
- Barolo Bricco Viole '07　🍷🍷 5

PIEDMONT
皮埃蒙特区

Claudio Mariotto
S.DA PER SAREZZANO, 29
15057 TORTONA [AL]
TEL. 0131868500
www.claudiomariotto.it

藏酒销售
预约参观
年产量 100 000 瓶
葡萄种植面积 32 公顷

在经历了几代人的经营后，这个成立于1920年的酒庄于20世纪90年代传到了克劳迪奥（Claudio）和毛罗（Mauro）兄弟俩手里。过去的20年发生了太多让克劳迪奥感到自豪的事。首先，他酿造的提摩拉索葡萄酒（Timorasso）取得轰动性的成功；此外，葡萄酒的整体品质在持续快速地提高，多个酒款成为我们最终品鉴名单的常客。高雅是提摩拉索葡萄酒的主要特点，来自密集种植的葡萄发酵时产生的过多酒精和浓郁的香味。克劳迪奥在发挥葡萄酒品的平衡和优雅上有着娴熟的技艺。

Marsaglia
VIA MADAMA MUSSONE, 2
12050 CASTELLINALDO [CN]
TEL. 0173213048
www.cantinamarsaglia.it

藏酒销售
预约参观
年产量 70 000 瓶
葡萄种植面积 15 公顷

马尔萨格利亚家族（Marsaglia）虽然从20世纪初就开始在这片土地劳作，但直到20世纪80年代才开始生产自己的葡萄酒。所有的葡萄园位于卡斯特里纳尔多市（Castellinaldo）两种不同的地形上。朝向卡纳尔（Canale）的地块正是酒庄最富盛名的阿美里卡•布里克葡萄园（Brich d'America）。这里土壤含沙量大，离卡纳尔（Canale）越近含沙量越大。出产的葡萄酒风格传统，含有丰富的芳香和单宁酸味。

○ Colli Tortonesi Timorasso Cavallina '10	🏆🏆 4
○ Colli Tortonesi Timorasso Derthona '10	🏆🏆 4
○ Colli Tortonesi Timorasso Pitasso '10	🏆🏆 5
● Colli Tortonesi Freisa Braghè '11	🏆🏆 3
● Colli Tortonesi Poggio del Rosso '10	🏆🏆 5
○ Colli Tortonesi Cortese Profilo '11	🏆 3
● Colli Tortonesi Croatina Montemirano '10	🏆 5
○ Colli Tortonesi Bianco Pitasso '06	🏆🏆🏆 5
○ Colli Tortonesi Bianco Pitasso '05	🏆🏆🏆 4
○ Colli Tortonesi Timorasso Pitasso '08	🏆🏆🏆 5
● Colli Tortonesi Poggio del Rosso '09	🏆🏆 5
○ Colli Tortonesi Timorasso Derthona '09	🏆🏆 4
○ Colli Tortonesi Timorasso Pitasso '09	🏆🏆 5

● Roero Brich d'America '08	🏆🏆 4
● Barbera d'Alba S. Cristoforo '10	🏆🏆 3
● Nebbiolo d'Alba San Pietro '10	🏆🏆 3
○ Roero Arneis Serramiana '11	🏆🏆 3
○ Arsicà Passito	🏆 4
● Barbera d'Alba Castellinaldo '08	🏆 4
● Langhe Rosso Complotto '10	🏆 4
● Barbera d'Alba Castellinaldo '07	🏆🏆 4
● Nebbiolo d'Alba S. Pietro '08	🏆🏆 3
○ Roero Arneis Serramiana '10	🏆🏆 3
● Roero Brich d'America '07	🏆🏆 4

皮埃蒙特区
PIEDMONT

★Franco M. Martinetti
via San Francesco da Paola, 18
10123 Torino
Tel. 0118395937
www.francomartinetti.it

预约参观
年产量 150 000 瓶
葡萄种植面积 4 公顷

对皮埃蒙特葡萄酒（Piedmont）的热情激发了弗朗哥·马迪尼蒂（Franco Martinetti）每年出产新的葡萄酒款，其中一些在市场上鲜为人知。2013年他供应了多达15种葡萄酒让我们品尝，包括8种具有弗雷伊萨（Freisa）和科罗蒂纳（Croatina）葡萄特性的红葡萄酒，以及更有名的巴罗洛葡萄酒（Barolo）和阿斯缇巴贝拉葡萄酒（Barbera d'Asti）。种类不一的精装酒来自不同的种植区，弗朗哥和他的儿子圭多（Guido）、米歇尔（Michele）亲自监督在酒窖中的发酵过程。出产的葡萄酒现代风格明显，力求达到完美平衡的口感。

● M.to Rosso Sul Bric '10	♛♛ 6
○ Colli Tortonesi Bianco Martin '10	♛♛ 6
○ Gavi Minaia '11	♛♛ 5
● Barbera d'Asti Sup. Montruc '10	♛♛ 5
● Barolo Marasco '08	♛♛ 7
○ Colli Tortonesi Timorasso Biancofranco '10	♛♛ 6
○ Gavi del Comune di Gavi '11	♛♛ 3
● Barbera d'Asti Bric dei Banditi '11	♛ 3
● Barbera d'Asti Sup. Montruc '06	♛♛♛ 5
● Barbera d'Asti Sup. Montruc '01	♛♛♛ 5
● Barbera d'Asti Sup. Montruc '97	♛♛♛ 5
● Barbera d'Asti Sup. Montruc '96	♛♛♛ 5
● Barolo Marasco '01	♛♛♛ 7
● Barolo Marasco '00	♛♛♛ 7
● M.to Rosso Sul Bric '09	♛♛♛ 6
● M.to Rosso Sul Bric '00	♛♛♛ 5

★Bartolo Mascarello
via Roma, 15 - 12060 Barolo [CN]
Tel. 017356125

藏酒销售
预约参观
年产量 30 000 瓶
葡萄种植面积 5 公顷

如果说父亲朱利奥（Giulio）代表的是斗志昂扬的巴罗洛葡萄酒（Barolo）酿造商，那么儿子巴托罗（Bartolo）无疑是为这种斗志提供智力支持的那个人。巴托罗强烈反对对经典兰格葡萄酒（Langhe）的激进改变，也提出过"没有酒桶，就没有贝卢斯科尼（Berlusconi）"的著名言论，穷其一生促进该区域和巴罗洛葡萄酒款的发展，认为这是可以提升葡萄种植工人社会地位的方法。今天，干练的玛利亚·特蕾莎（Maria Teresa）掌管着酒庄。她反对葡萄酒工业化，经她酿造的巴罗洛葡萄酒口感纯粹，不会有多余的橡木味或浓度，卓越地诠释了内比奥罗葡萄（Nebbiolo）的丰满华美。

● Barolo '08	♛♛ 8
● Barolo '07	♛♛♛ 8
● Barolo '06	♛♛♛ 8
● Barolo '05	♛♛♛ 8
● Barolo '01	♛♛♛ 8
● Barolo '99	♛♛♛ 8
● Barolo '98	♛♛♛ 8
● Barolo '89	♛♛♛ 8
● Barolo '85	♛♛♛ 8
● Barolo '84	♛♛♛ 8
● Barolo '83	♛♛♛ 8
● Barolo '04	♛♛ 8
● Barolo '03	♛♛ 8
● Barolo '00	♛♛ 8

PIEDMONT
皮埃蒙特区

Mauro Molino
FRAZ. ANNUNZIATA
B.TA GANCIA, 111 - 12064 LA MORRA [CN]
TEL. 017350814
www.mauromolino.com

藏酒销售
预约参观
年产量 80 000 瓶
葡萄种植面积 13 公顷

这个采用传统家庭运营模式的小酒庄正在庆祝成立30周年。随着他的两个孩子以葡萄酒技师身份进入酒庄专职工作，能干的毛罗（Mauro）十分高兴，还通过扩大酒庄设施加以庆祝。他打造的现代化多功能空间让团队可以使用从不同葡萄园精选出的以内比奥罗（Nebbiolo）为主的经典本地葡萄，继而尽可能以最佳方式加以酿造。酿酒方式在侧重发挥酒品优雅程度的同时力求不会掩盖这些至纯葡萄酒的个性，这些特性正是安农齐亚塔地区（Annunziata at La Morra）精细土壤的一贯反映。阿尔巴•巴贝拉（Barbera d'Alba Vigna Gattere）也是一款品质极好的葡萄酒。

● Barolo Gallinotto '08	ҮҮ 6
● Barolo V. Conca '08	ҮҮ 7
● Barbera d'Alba '11	ҮҮ 2*
● Barolo '08	ҮҮ 5
● Barolo V. Gancia '08	ҮҮ 6
● Langhe Nebbiolo '11	Ү 3
● Barbera d'Alba V. Gattere '00	ҮҮҮ 5
● Barolo Gallinotto '03	ҮҮҮ 6
● Barolo Gallinotto '01	ҮҮҮ 6
● Barolo V. Conca '00	ҮҮҮ 7
● Barolo V. Conca '97	ҮҮҮ 7
● Barolo V. Conca '96	ҮҮҮ 7

Monchiero Carbone
VIA SANTO STEFANO ROERO, 2
12043 CANALE [CN]
TEL. 017395568
www.monchierocarbone.com

藏酒销售
预约参观
年产量 150 000 瓶
葡萄种植面积 18 公顷
葡萄栽培方式 传统栽培

弗朗西斯科•蒙切罗（Francesco Monchiero）带领着家族酒庄成功登上了罗埃洛地区（Roero）葡萄种植的顶峰。他的葡萄园是卡纳尔（Canale）、阿尔巴的维扎（Vezza d'Alba）和皮里奥卡市区（Priocca）一些最好的葡萄园，覆盖了适宜内比奥罗葡萄（Nebbiolo）生长的弗雷林（Frailin）、盛产巴贝拉葡萄（barbera）的蒙比洛内（Monbirone）以及种植阿内斯葡萄（Arneis）的任内斯欧（Renesio）等地，土壤是典型的沙质黏性石灰土。出产的葡萄酒风格现代，悉心的照料工作保证了葡萄酒的芳香得到最清晰的体现，使得酒品的深度、新鲜度、水果味和矿物味得到最佳的平衡。

● Barbera d'Alba MonBirone '10	ҮҮҮ 4*
● Roero Srü '10	ҮҮҮ 3*
● Barbera d'Alba Pelisa '11	ҮҮ 2*
○ Roero Arneis Cecu c'la Biunda '11	ҮҮ 3
○ Langhe Bianco Tamardì '11	Ү 2
○ Roero Arneis Recit '11	Ү 2
● Roero Printi '04	ҮҮҮ 5
● Roero Printi Ris. '07	ҮҮҮ 5
● Roero Printi Ris. '06	ҮҮҮ 5
● Roero Srü '06	ҮҮҮ 3
● Barbera d'Alba MonBirone '09	ҮҮ 4
● Barbera d'Alba Pelisa '09	ҮҮ 2
● Roero Printi Ris. '08	ҮҮ 5
● Roero Srü '08	ҮҮ 3

皮埃蒙特区
PIEDMONT

Monfalletto
Cordero di Montezemolo
Fraz. Annunziata, 67
12064 La Morra [CN]
Tel. 017350344
www.corderodimontezemolo.com

藏酒销售
预约参观
年产量 220 000 瓶
葡萄种植面积 35 公顷

栽种于1857年壮观的黎巴嫩雪松主宰了盖特纳葡萄园（Gattera），酒庄在这里已经深深扎下了根。然而发展的脚步在继续，现在酒庄充分运用最新的科学发明进行生产。首先说说葡萄园，科尔德罗家族（Corderos）已经不依赖使用化学制剂，代之以自然栽培和化肥使用。酒窖中，他们用斯拉夫尼亚橡木桶取代法国木桶，力求尽可能平衡巴罗洛精品酒（Barolo）的结构。酒庄现在由吉奥范尼•科尔德罗（Giovanni Cordero）掌管，而他热心的孩子伊莲娜（Elena）和阿尔贝托（Alberto）也逐步参与其中。

Il Mongetto
via Piave, 2 - 15049 Vignale Monferrato [AL]
Tel. 0142933442
www.mongetto.it

藏酒销售
预约参观
年产量 40 000 瓶
葡萄种植面积 13 公顷

卡罗•圣托彼得农场（Carlo Santopietro）在1979年开始从事酿酒业，同时自1982年起开拓调味品市场，产出的蜜饯装点着货架，得到了许多食品爱好者的追捧。由于出售的调味品、果酱、调味酱和蜜饯的高品质符合皮埃蒙特地区（Piedmont）传统的烹饪需求，现已出口到世界各地。16公顷的葡萄园种植了巴贝拉（Barbera）、吉诺林诺（Grignolino）、梅洛（Merlot）、弗雷伊萨（Freisa）、莎当尼（Chardonnay）和卡索佐地区的马瓦西亚（Malvasia di Casorzo）葡萄。酒庄已连续两次凭借蒙戈托葡萄酒（Mongetto）出现在《年鉴》中，这不仅展现了酒庄的精神面貌，也见证了又一款葡萄酒迈进我们的最终品鉴名单中。

● Barolo Enrico VI '08	🍷🍷 8
● Barolo Monfalletto '08	🍷🍷 6
● Barbera d'Alba '11	🍷🍷 3
● Barbera d'Alba Sup. Funtanì '09	🍷🍷 5
● Barolo V. Bricco Gattera '08	🍷🍷 7
○ Langhe Chardonnay Elioro '10	🍷🍷 4
● Dolcetto d'Alba '11	🍷 3
○ Langhe Arneis '11	🍷 2
● Langhe Nebbiolo '11	🍷 3
● Barolo Enrico VI '04	🍷🍷🍷 7
● Barolo Enrico VI '03	🍷🍷🍷 7
● Barolo V. Enrico VI '00	🍷🍷🍷 7

● Barbera d'Asti V. Guera '09	🍷🍷 4
● Barbera del M.to Sup. V. Mongetto '09	🍷🍷 2*
● Casorzo Vign. Rudifrà '11	🍷🍷 2*
● Barbera d'Asti V. Guera '08	🍷🍷 4
● Barbera del M.to Sup. V. Mongetto '08	🍷🍷 2
● Grignolino del M.to Casalese V. Solin '10	🍷🍷 2

PIEDMONT
皮埃蒙特区

Montalbera
VIA MONTALBERA, 1
14030 CASTAGNOLE MONFERRATO [AT]
TEL. 0119433311
www.montalbera.it

藏酒销售
预约参观
年产量 300 000 瓶
葡萄种植面积 110 公顷

毋庸置疑，恩里克·里卡尔多·莫兰多（Enrico Riccardo Morando）旗下的蒙塔尔巴拉酒庄（Montalbera）专门为鲜为人知却极度迷人的路切葡萄（Ruche）量身打造，成为加工这一品种的领先酒庄。酒庄有两处葡萄园，坐落在卡斯塔葛诺勒·蒙费拉托地区（Castagnole Monferrato）的庄园占地100公顷，主要种植路切（Ruche）、吉诺林诺（Grignolino）和巴贝拉（Barbera）等葡萄品种；另一个则位于卡斯蒂戈隆·提内拉地区（Castiglione Tinella），10公顷的葡萄园专门用来种植莫斯卡托葡萄（Moscato）。酒庄细心发掘路切葡萄（Ruche）的各种潜在特性，使酿制的各种葡萄酒款都极其精致地展现了葡萄酒新鲜馥郁的果香。

● Grignolino d'Asti Grigné '11	🍷🍷 2*
● Ruché di Castagnole M.to La Tradizione '11	🍷🍷 3*
● Barbera d'Asti Lequilibrio '10	🍷🍷 3
● Barbera d'Asti La Ribelle '11	🍷🍷 2*
● Ruché di Castagnole M.to Laccento '11	🍷🍷 4
● Ruché di Castagnole M.to Limpronta '10	🍷🍷 5
● Barbera d'Asti Lequilibrio '08	🍷 3
● Barbera d'Asti La Ribelle '10	🍷 2
● Ruché di Castagnole M.to La Tradizione '10	🍷 3
● Ruché di Castagnole M.to La Tradizione '09	🍷 3
● Ruché di Castagnole M.to Laccento '10	🍷 3

Montaribaldi
FRAZ. TRE STELLE
S.DA NICOLINI ALTO, 12
12050 BARBARESCO [CN]
TEL. 0173638220
www.montaribaldi.com

藏酒销售
预约参观
年产量 70 000 瓶
葡萄种植面积 21 公顷

卢西亚诺（Luciano）和罗伯托·塔里安诺（Roberto Taliano）兄弟俩已经有超过20年的酿酒经历。他们娴熟地经营着酒庄，每个家族成员均承担着酒庄运营的相应一部分责任。他们出产的巴巴莱斯科（Barbaresco）无疑是葡萄酒皇冠上的宝石，其中利库葡萄酒（Ricu）以一贯坚持的高品质脱颖而出。这款可爱的葡萄酒取材于酒庄三个主要葡萄园所产的最好葡萄。这三个葡萄园包括马卡瑞妮（Marcarini）、蒙塔里巴尔第（Montaribaldi）和里奥·索尔多（Rio Sordo）。出产的葡萄酒具现代风格。其中巴罗洛（Barolo）和巴巴莱斯科（Barbarescos）葡萄酒都陈化在法国木桶中，厚重的酒体使得橡木香味不会被掩盖。

● Barbaresco Palazzina '09	🍷🍷 4
● Barbaresco Sorì Montaribaldi '09	🍷🍷 5
● Barbera d'Alba dü Gir '09	🍷🍷 3
● Barolo Borzoni '08	🍷🍷 6
○ Langhe Chardonnay Stissa d'le Favole '11	🍷🍷 2*
● Langhe Nebbiolo Gambarin '10	🍷🍷 3
● Barbaresco Ricü '07	🍷 6
● Dolcetto d'Alba Vagnona '11	🍷 2
○ Moscato d'Asti Righey '11	🍷 2
● Barbaresco Palazzina '08	🍷 4
● Barbaresco Ricü '06	🍷 6
● Barbaresco Sorì Montaribaldi '08	🍷 5
● Barbera d'Alba Frere '10	🍷 2*
● Barolo Borzoni '07	🍷 6
○ Langhe Chardonnay Stissa d'le Favole '10	🍷 2*

皮埃蒙特区
PIEDMONT

Monti
Loc. San Sebastiano
Fraz. Camie, 39
12065 Monforte d'Alba [CN]
Tel. 017378391
www.paolomonti.com

藏酒销售
预约参观
年产量 50 000 瓶
葡萄种植面积 16 公顷
葡萄栽培方式 传统栽培

1996年，保罗·蒙蒂（Paolo Monti）从一块种植梅洛（Merlot）和内比奥罗（Nebbiolo）葡萄的小型葡萄田起步，创建了这家酒庄。葡萄园专门出产兰格·梅洛（Langhe Merlot）这种只在时令最好年份才有好收成的葡萄，在海内外赢得了多项荣誉。保罗对实验的热情使他在葡萄园种植了少量葡萄，有赤霞珠（Cabernet Sauvignon）、莎当尼（Chardonnay）和雷司令（Riesling），并且得到一些非常有趣的结果。尽管如此，传统的兰格葡萄（Langhe）品种依然是酒庄的生产重心。大部分取材于珍贵的布希亚葡萄园（Bussia cru）的巴罗洛葡萄酒（Barolo）持续成功。酒窖里采用了多种尺寸的法国橡木桶。

Cascina Morassino
S.da Bernino, 10 - 12050 Barbaresco [CN]
Tel. 0173635149
morassino@gmail.com

藏酒销售
预约参观
年产量 20 000 瓶
葡萄种植面积 4.5 公顷

罗伯托·比安科（Roberto Bianco）幸运地得到了葡萄酒专家的父亲毛罗（Mauro）的指点与支持。虽然拥有杰出的欧维罗葡萄园（Ovello cru），但罗伯托·比安科（Roberto Bianco）仍然脚踏实地，一直在小酒庄监督每一阶段的生产。从葡萄根茎的选择到葡萄酒标签的设计，他都亲力亲为。罗伯托并不十分热衷采用先进科技推广葡萄酒或网上销售，因此我们强烈推荐亲自参观他的酒庄，从而有机会来了解这个小酒庄的亮点。酒窖出产的葡萄酒既不太浓烈也没有橡木味，但却不缺乏活力和个性。

● Barbera d'Alba '09	5
● Barolo '08	7
○ Langhe L'Aura '09	4
● Langhe Dossi Rossi '09	5
● Nebbiolo d'Alba '09	4
● Barolo Bussia '08	8
● Barbera d'Alba '07	5
● Barolo Bussia '04	7
● Barolo Bussia '01	7
● Barolo Bussia '00	7
● Langhe Dossi Rossi '07	5
● Langhe Rosso Dossi Rossi '04	5

● Barbaresco Morassino '09	5
● Barbaresco Ovello '09	6
● Barbaresco Morassino '08	5
● Barbaresco Ovello '08	6
● Barbaresco Ovello '07	6
● Barbaresco Ovello '06	6
● Barbera d'Alba Vignot '09	4
● Barbera d'Alba Vignot '07	4*
● Langhe Nebbiolo '09	3
● Langhe Rosso '09	4

PIEDMONT
皮埃蒙特区

Stefanino Morra
via Castagnito, 50
12050 Castellinaldo [CN]
Tel. 0173213489
www.morravini.it

藏酒销售
预约参观
年产量 65 000 瓶
葡萄种植面积 10 公顷

数年来，斯蒂凡尼诺•莫拉（Stefanino Morra）已经成为整个罗埃洛（Roero）地区最好的酿造商之一。他的葡萄园位于卡内尔（Canale）、卡斯特里纳尔多（Castellinaldo）和阿尔巴的维扎市区（Vezza d'Alba），处在当地典型的白色沙质石灰土壤上。斯蒂凡尼诺使用经典的罗埃洛（Roero）葡萄品种，例如以内比奥罗（Nebbiolo）、巴贝拉（Barbera）和阿内斯（Arneis）葡萄酿造的一小系列拥有稳重结构、成熟果香且展现原产地特性的葡萄酒。相比优雅的风格，酒品更注重浓烈的风格，且个性和特征越发突出。

● Barbera d'Alba '09	♛♛ 3*
● Barbera d'Alba Castellinaldo '09	♛♛ 4
● Roero '09	♛♛ 4
○ Langhe Favorita '11	♛ 2
○ Roero Arneis '11	♛ 3
● Barbera d'Alba '08	♛♛ 3*
● Roero '07	♛♛ 4
○ Roero Arneis Vign. S. Pietro '09	♛♛ 3

F.lli Mossio
fraz. Cascina Caramelli
via Montà, 12 - 12050 Rodello [CN]
Tel. 0173617149
www.mossio.com

藏酒销售
预约参观
年产量 45 000 瓶
葡萄种植面积 10 公顷

葡萄收获季来临前，只要闲情逸致地漫步穿过布里克•卡拉梅尔里（Bricco Caramelli）的葡萄园，你就能立刻看出莫斯欧（Mossio）兄弟俩的雄心壮志。葡萄田间杂草丛生，生长的葡萄束稀少而隔远，但果实饱满健康。葡萄酒的酿造方法完全尊重葡萄的自然属性，深受阿尔巴•多赛托葡萄酒（Dolcetto d'Alba）爱好者的喜欢。这意味着不使用人工酵母发酵，采用不锈钢桶代替橡木桶，从而温和地避免过度榨取。除了两款优秀的多赛托精品酒（Dolcetto）外，酒庄还生产限量的兰格•内比奥罗（Langhe Nebbiolo）和兰格•罗索（Langhe Rosso）葡萄酒。一系列葡萄酒就如它们的标价一样，令人称心如意。

● Dolcetto d'Alba Bricco Caramelli '11	♛♛ 3*
● Dolcetto d'Alba Piano delli Perdoni '11	♛♛ 2*
● Barbera d'Alba '09	♛♛ 4
● Langhe Nebbiolo '08	♛♛ 4
● Langhe Rosso '09	♛ 4
● Barbera d'Alba '07	♛♛ 3
● Dolcetto d'Alba Bricco Caramelli '10	♛♛ 3*
● Dolcetto d'Alba Bricco Caramelli '09	♛♛ 3*
● Dolcetto d'Alba Piano delli Perdoni '10	♛♛ 2*
● Dolcetto d'Alba Piano delli Perdoni '09	♛♛ 2*
● Langhe Nebbiolo '07	♛♛ 4

Mutti

LOC. SAN RUFFINO, 49
15050 SAREZZANO [AL]
TEL. 0131884119
aziendagricola.mutti@libero.it

藏酒销售
年产量 55 000 瓶
葡萄种植面积 3 公顷

安德里亚·穆提（Andrea Mutti）是一个不善言辞但极其博学的种植者。特别在酒类研究的话题上，他总是滔滔不绝，想表达出他对葡萄酒的热情。我们很容易看出安德里亚是多么喜爱他的工作，急切想要把他的生产理念应用到葡萄酒生产之中。几年前，他接管了家族酒庄，探索出的发展路径给他带来了一些受人瞩目的成果。葡萄园里种植了几个不同的葡萄品种：酿造卡斯塔尼奥利葡萄酒（Castagnoli）的提姆拉索（Timorasso）、酿造扎巴·索普拉纳（Zerba Soprana）的多赛托（Dolcetto）、酿造圣·鲁芬诺（San Ruffino）和博斯科·巴罗纳（Bosco Barona）葡萄酒的巴贝拉（barbera）、酿造柯蒂斯（Cortese）的诺赛托（Noceto）以及酿造索阿雅（Sull'Aia）的白苏维翁（Sauvignon Blanc）。

○ Colli Tortonesi Timorasso Castagnoli '10	♛♛ 3
● San Ruffino '09	♛♛ 3*
● Colli Tortonesi Rosso Zerba Soprana '10	♛♛ 2*
● BoscoBarona '11	♛ 2
○ Colli Tortonesi Bianco Noceto '11	♛ 2
○ Sull'Aia '11	♛ 2
● Colli Tortonesi Rosso Boscobarona '09	♕♕ 2
● Colli Tortonesi Rosso S. Ruffino '07	♕♕ 4
● Colli Tortonesi Rosso S. Ruffino '04	♕♕ 4
○ Colli Tortonesi Timorasso Castagnoli '09	♕♕ 3
● San Ruffino '08	♕♕ 4
○ Sull'Aia '10	♕♕ 3*

Ada Nada

LOC. ROMBONE
VIA AUSARIO, 12B - 12050 TREISO [CN]
TEL. 0173638127
www.adanada.it

藏酒销售
预约参观
膳宿接待
葡萄种植面积 10 公顷

吉安卡洛·纳达（Giancarlo Nada）和他的妻子艾达（Ada）夫妇俩开拓出瓶装酒的销售市场，酒庄取得了长足发展。15年前，酒庄与兰格地区（Langhe）最受欢迎的农庄合并。在这家农庄里，游客们可以享受数量不多但陈设精致的客房。现在，安娜莉莎（Annalisa）和丈夫埃尔维奥（Elvio）以及父母在罗摩波那（Rombone）的葡萄田与位于特劳索省（Treiso）的瓦雷拉诺葡萄园（Valeirano）里辛勤工作着。纳达家族（Nadas）利用当地经典的葡萄品种酿造葡萄酒，同时还混合了陈酿一年至两年的白苏维翁葡萄酒。出产的葡萄酒都承袭传统，尤其是巴巴莱斯科·伊莉莎葡萄酒（Barbaresco Elisa），采用瓦雷拉诺葡萄园（Valeirano）种植于1947年的11行葡萄。

● Barbaresco Cichin '08	♛♛ 6
● Barbaresco Elisa '08	♛♛ 6
● Barbaresco Valeirano '08	♛♛ 5
● Barbera d'Alba V. 'd Pierin '10	♛ 3
● Dolcetto d'Alba Autinot '11	♛ 2
○ Langhe Bianco Neta '11	♛ 2
● Barbaresco Cichin '06	♕♕ 6
● Barbaresco Elisa '07	♕♕ 6
● Barbaresco Elisa '06	♕♕ 6
● Barbaresco Elisa '04	♕♕ 6
● Barbaresco Valeirano '07	♕♕ 5
● Barbaresco Valeirano '06	♕♕ 6
● Barbera d'Alba V. 'd Pierin '09	♕♕ 3

皮埃蒙特区
PIEDMONT

★Fiorenzo Nada
loc. Rombone
via Ausario, 12c - 12050 Treiso [CN]
Tel. 0173638254
www.nada.it

藏酒销售
预约参观
年产量 40 000 瓶
葡萄种植面积 7 公顷

布鲁诺•纳达(Bruno Nada)继承了他父亲佛奥伦佐(Fiorenzo)那份对葡萄园的热情,至今仍在不知疲倦、技艺娴熟地修剪他的葡萄。为了创造出绝对典雅的葡萄酒,布鲁诺早先决定建立一个酒窖,用他的话说,就是"将传统历史与现代技术相融合"的酒窖。这样出产的葡萄酒完美地结合了酒劲与结构。同时,特雷索(Treiso)优雅和纯净的土壤也完美地缔造出葡萄酒的水果香味,为葡萄酒增色不少。布鲁诺现在出产六款葡萄酒,全都取材于当地的主要葡萄品种,如内比奥罗(Nebbiolo)、巴贝拉(Barbera)和多赛托(Dolcetto)。值得一提的是,酒庄还是兰格地区(Langhe)最美丽的庄园之一。

● Barbaresco Manzola '08	▼▼▼ 6
● Barbaresco Rombone '08	▼▼ 7
● Dolcetto d'Alba '11	▼▼ 2*
● Langhe Rosso Seifile '08	▼▼▼ 7
● Barbera d'Alba '10	▼ 3
● Langhe Nebbiolo '10	▼ 3
● Barbaresco Manzola '06	▽▽▽ 6
● Barbaresco Rombone '07	▽▽▽ 7

Cantina dei Produttori Nebbiolo di Carema
via Nazionale, 32 - 10010 Carema [TO]
Tel. 0125811160
www.saporipiemontesi.it

藏酒销售
预约参观
餐饮接待
年产量 65 000 瓶

酒庄酿造的卡瑞玛葡萄酒(Carema)取材于著名的内比奥罗葡萄(Nebbiolo),这种葡萄生长在可以俯瞰全镇的小型梯田上。尽管葡萄的种植条件十分恶劣,但不少于81个种植者为酒庄提供手工处理过的葡萄,这些葡萄组成了"葡萄中的战斗葡萄联盟",进而造就了两款非常著名的葡萄酒:普通的卡瑞玛酒(Carema)和经典酒(Riserva)。葡萄酒第一阶段的熟化期历时两年,第二阶段则为三年。要是想证明葡萄园经过悉心打理,你可以品尝一下他们出产的口感粗犷的葡萄酒。我们想推荐给内比奥罗(Nebbiolo)爱好者的葡萄酒实在是多得数不过来。

● Carema Et. Bianca Ris. '08	▼▼▼ 3*
● Carema Et. Nera '08	▼▼ 2*
● Carema Et. Bianca '07	▽▽▽ 3*
● Carema Et. Bianca '06	▽▽ 3*
● Carema Et. Nera '06	▽▽ 2*
● Carema Ris. '04	▽▽ 3*

皮埃蒙特区
PIEDMONT

Lorenzo Negro

Fraz. Sant'Anna, 55
12040 Monteu Roero [CN]
Tel. 017390645
www.negrolorenzo.com

藏酒销售
预约参观
年产量 30 000 瓶
葡萄种植面积 8 公顷

内格罗（Negro）家庭的这家分公司一连好几代在葡萄酒世界中占据一席之地，但是在2006年才产出第一瓶葡萄酒。所有的葡萄园处于山坡上，大多数都以小块田的形式环绕在海拔约300米的酒窖周边。这里的沙质黏性土壤特别适合种植当地传统的葡萄品种，如阿内斯（Arneis）、内比奥罗（Nebbiolo）、巴贝拉（Barbera）、伯纳达（Bonarda）和少量的阿尔巴罗萨（Albarossa）。出产的葡萄酒旨在将传统的酿造方法与更现代、更有个性的风格结合起来。

● Roero San Francesco Ris. '08	♛♛♛ 3*
● Barbera d'Alba Sup. La Nanda '07	♛♛ 3*
○ Roero Arneis '11	♛♛ 2*
● Langhe Rosso Arbesca '09	♛ 3
● Barbera d'Alba '07	♛♛ 2*
● Barbera d'Alba Sup. La Nanda '06	♛♛ 3
● Langhe Rosso Arbesca '08	♛♛ 3
● Roero San Francesco Ris. '07	♛♛ 3
● Roero San Francesco Ris. '06	♛♛ 4

Angelo Negro & Figli

Fraz. Sant'Anna, 1
12040 Monteu Roero [CN]
Tel. 017390252
www.negroangelo.it

藏酒销售
预约参观
年产量 300 000 瓶
葡萄种植面积 60 公顷

多年以来，无论是红葡萄酒还是白葡萄酒，内格罗家族（Negro）酒庄的出品一直是罗埃洛地区（Roero）最令人关注的一部分葡萄酒。随着几年前在内维（Neive）地区收购了一些小型块田，他们在蒙特•罗埃洛（Monteu Roero）、卡内尔（Canale）和圣托•斯蒂凡诺•罗埃洛市区（Santo Stefano Roero）新增了葡萄园，造就了两款巴巴莱斯科葡萄酒（Barbarescos）。出产的所有葡萄酒包括气泡酒，都取材于当地传统的葡萄品种，如阿内斯（Arneis）、法沃里达（Favorita）、内比奥罗（Nebbiolo）、布拉切多（Brachetto）和巴贝拉（Barbera），酒品诠释了酿酒技艺的精湛和纯真的风土人情。

● Roero Sudisfà Ris. '09	♛♛♛ 5
● Barbera d'Alba Nicolon '10	♛♛ 3*
● Roero Prachiosso '09	♛♛ 4
● Barbera d'Alba Bertu '10	♛♛ 4
○ Roero Arneis Perdaudin '11	♛♛ 3
● Roero Prachiosso '10	♛♛ 4
● Roero Sudisfà '04	♛♛♛ 5
● Roero Sudisfà '03	♛♛♛ 5
● Roero Sudisfà Ris. '08	♛♛♛ 5
● Barbaresco Cascinotta '08	♛♛ 5
○ Roero Arneis Serra Lupini '10	♛♛ 2
● Roero San Bernardo '09	♛♛ 5

PIEDMONT
皮埃蒙特区

Andrea Oberto
B.ta Simane, 11 - 12064 La Morra [CN]
Tel. 017350104
www.andreaoberto.com

藏酒销售
预约参观
年产量 100 000 瓶
葡萄种植面积 16 公顷

欧贝托父子中的父亲安德里亚•欧贝托（Andrea Oberto）现在更愿意做个充满激情的葡萄种植者，特别是专业的葡萄修剪专家。他的儿子法比奥（Fabio）接管最近完工的酒窖，酒窖不仅配备控温系统，而且井然有序地排放着正陈酿的内比奥罗葡萄酒（Nebbiolo）和巴贝拉葡萄酒（Barbera）的小型法国橡木桶。酒庄所有的葡萄酒气质优雅，果香浓郁。确保了虽陈化仅几年的巴罗洛葡萄酒（Barolos）依旧让人愉悦。尽管这款著名的吉雅达葡萄酒（Giada）直到1988年才面世，但它2013年再次获得优秀表现。这款现代的阿尔巴•巴贝拉葡萄酒（Barbera d'Alba）凭借其精致的香味与和谐的口感在葡萄酒爱好者中引起一阵轰动。

● Barolo Vign. Rocche '08	🍷7
● Barbera d'Alba Giada '09	🍷🍷5
● Barolo Vign. Albarella '08	🍷🍷7
● Barolo Vign. Brunate '08	🍷🍷6
● Langhe Rosso Fabio '07	
● Barbera d'Alba Vign. San Giuseppe '10	🍷3
● Dolcetto d'Alba '11	🍷2
● Langhe Nebbiolo '10	🍷3
● Barbera d'Alba Giada '00	🍷🍷🍷5
● Barbera d'Alba Giada '97	🍷🍷🍷5
● Barolo Vign. Albarella '01	🍷🍷🍷7
● Barolo Vign. Brunate '05	🍷🍷🍷8
● Barolo Vign. Rocche dell'Annunziata '96	🍷🍷🍷8

Oddero Poderi e Cantine
Fraz. Santa Maria
via Tetti, 28 - 12064 La Morra [CN]
Tel. 017350618
www.oddero.it

藏酒销售
预约参观
年产量 150 000 瓶
葡萄种植面积 35 公顷
葡萄栽培方式 有机认证

欧德罗家族（Oddero）的第一款葡萄酒诞生于1878年。酒庄华丽的总部里洋溢着祥和古典的气息，经营团队还建造了一个特别的地下酒窖来记录酒庄的发展历史。出产的葡萄酒继承了传统工艺，上等的葡萄、大型的橡木桶和不紧不慢的陈化这三个要素是优秀诞生酒品的前提条件。酒厂生产的真正优势在于散布在兰格（Langhe）一些最适合葡萄生长的土地。欧德罗家族利用这些葡萄酿造了一系列异常复杂、结构良好的红葡萄酒。它们在酒瓶中长时间陈酿后散发出经典巴罗洛葡萄酒（Barolos）诱人的香味。

● Barolo Mondoca di Bussia Soprana V. Mondoca '07	🍷7
● Barbera d'Asti Vinchio e Vaglio '09	🍷🍷3
● Barolo '08	🍷🍷5
● Barolo Brunate '06	🍷🍷8
● Barolo Mondoca di Bussia Soprana V. Mondoca '06	🍷🍷7
● Barolo Rocche di Castiglione '08	🍷🍷7
● Barolo Villero '08	🍷🍷6
○ Moscato d'Asti '11	🍷🍷2*
● Dolcetto d'Alba '11	🍷2
○ Langhe Chardonnay Collaretto '10	🍷3
● Langhe Nebbiolo '09	🍷3
● Barbaresco Gallina '04	🍷🍷🍷6
● Barolo Mondoca di Bussia Soprana '04	🍷🍷🍷7

皮埃蒙特区
PIEDMONT

Tenuta Olim Bauda
via Prata, 50
14045 Incisa Scapaccino [AT]
Tel. 0141702171
www.tenutaolimbauda.it

藏酒销售
预约参观
年产量 174 000 瓶
葡萄种植面积 30 公顷

戴安娜（Diana）、迪诺（Dino）和詹尼·贝托里诺（Gianni Bertolino）几兄妹现在掌管了这个成立于1961年的酒庄。他们的葡萄园位于尼扎·蒙费拉托（Nizza Monferrato）、卡斯德尔诺·凯瑟（Castelnuovo Calcea）、弗泰尼勒（Fontanile）、阿斯缇的伊索拉（Isola d'Asti）和市区，园中土壤类型多样，从黏性土到石灰土，葡萄藤已经有30年到60年的历史。大部分葡萄田主要种植巴贝拉葡萄（Barbera），另外也有一些莫斯卡托（Moscato）、柯蒂斯（Cortese）和莎当尼（Chardonnay）葡萄。酒庄出品偏向现代风格，展现出浓郁的果香、精湛的酿酒技艺和清晰的芳香辨别度。

Orsolani
via Michele Chiesa, 12
10090 San Giorgio Canavese [TO]
Tel. 012432386
www.orsolani.it

藏酒销售
预约参观
年产量 130 000 瓶
葡萄种植面积 20 公顷

创建于100多年前的渥索兰尼酒庄（Orsolani）已经成为品鉴卡鲁索葡萄酒（Caluso）的必去之处。现在，在父亲吉安·弗朗切斯科（Gian Francesco）的帮助下，吉安·路易吉（Gian Luigi）掌管着酒庄。酒窖证明了其能最高水平地诠释这个新科保证法定产区（DOCG）的全部三款葡萄酒。出品包括一款厄拜柳丝（Erbaluce）基础酒和两款获奖系列：维吉娜·圣安东尼奥（Vignot Sant'Antonio）和拉·路斯蒂（La Rusta），由部分风干葡萄酿造成的苏蕾（Sule）和阿姆布拉（Ambra）葡萄酒，以及采用不少于三种经典方法酿造的起泡葡萄酒等。这些出色的葡萄酒款全部取材于当地的葡萄品种，其中由内比奥罗葡萄（Nebbiolo）酿造而成的卡瑞玛葡萄酒（Carema Le Tabbie）尤为优秀。

● Barbera d'Asti Sup. Nizza '09	5
● Barbera d'Asti Sup. Le Rocchette '10	4
○ Gavi del Comune di Gavi '11	2*
● Barbera d'Asti '09	2
○ Gavi '11	2
● Grignolino d'Asti Isolavilla '11	2
● Barbera d'Asti Sup. Nizza '08	5
● Barbera d'Asti Sup. Nizza '07	5
● Barbera d'Asti Sup. Nizza '06	5
● Barbera d'Asti Sup. Le Rocchette '09	4
● Barbera d'Asti Sup. Le Rocchette '07	4
● Barbera d'Asti Sup. Nizza '05	5

○ Erbaluce di Caluso La Rustia '11	3*
○ Caluso Spumante Cuvée Tradizione Gran Riserva '06	5
○ Caluso Brut Cuvée Tradizione '07	4
○ Caluso Passito Sulé '06	5
● Carema Le Tabbie '08	4
○ Erbaluce di Caluso '11	2
○ Caluso Passito Sulé '04	5
○ Erbaluce di Caluso La Rustia '10	2*
○ Erbaluce di Caluso La Rustia '09	2*

PIEDMONT
皮埃蒙特区

I Paglieri - Roagna
LOC. PAJÉ
S.DA PAGLIERI, 7 - 12050 BARBARESCO [CN]
TEL. 0173635109
www.roagna.com

藏酒销售
预约参观
年产量 50 000 瓶
葡萄种植面积 15 公顷

酒庄的座右铭：罗迦那（Roagna）不会改变。阿尔弗雷多（Alfredo）和他的儿子卢卡（Luca）对传统风格有着独到的见解，他们完全尊重不同葡萄品种的特性，但又不总是采用传统的技术酿造葡萄酒。他们将葡萄浸渍在法国木桶三个月，然后再在橡木桶陈酿八年之久，这些独特的酿酒工序把传统风格和现代技术完美结合。出产的优秀酒品基于至纯的葡萄，而这些葡萄的诞生归功于著名葡萄园里的纯天然环境。葡萄园里古老的葡萄藤寄宿着常年生长的覆盖作物。

● Barbaresco Asili V. V. '07	🍷🍷🍷 8
● Barbaresco Pajè V. V. '07	🍷🍷 8
● Barolo La Pira V. V. '07	🍷🍷 8
● Barbaresco Montefico V. V. '07	🍷🍷 8
● Barbaresco Pajè '07	🍷🍷 8
● Barbera d'Alba '07	🍷🍷 5
● Barolo La Pira '07	🍷🍷 8
● Dolcetto d'Alba '11	🍷 4
● Barbaresco Pajè '01	🍷🍷 6
● Barolo La Rocca e La Pira '00	🍷🍷 6

Paitin
LOC. BRICCO
VIA SERRA BOELLA, 20 - 12052 NEIVE [CN]
TEL. 017367343
www.paitin.it

藏酒销售
预约参观
参观设施
年产量 80 000 瓶
葡萄种植面积 17 公顷

现在，瑟俄多•帕斯奎罗•伊利亚（Secondo Pasquero Elia）可以好好地庆贺自己所取得的成就了。栽种于20世纪50年代的葡萄园给他带来了享誉世界的上等葡萄和优秀葡萄酒。他的儿子乔凡尼（Giovanni）和希尔瓦诺（Silvano）也开始协助管理酒庄。父子二人逐渐舍弃酒品的现代风格，转而采用低调传统的酿酒技术。不过，他们仍坚持使用罗托发酵罐和法国橡木桶。除了用巴巴莱斯科（Barbaresco）命名的单一葡萄园外，在时令最好的年份，索里•派汀葡萄园（Sorì Paitin）里有60年历史的葡萄藤也成为酿造维奇•维格尼精品酒（Vecchie Vigne）的原料来源。

● Barbaresco Serra '09	🍷🍷 5
● Langhe Paitin '09	🍷🍷 3*
● Barbaresco Sorì Paitin '09	🍷🍷 6
● Barbaresco Sorì Paitin V. V. Ris. '07	🍷 5
● Barbera d'Alba Serra '10	🍷 4
● Barbera d'Alba Sup. Campolivo '10	🍷 4
○ Roero Arneis Elisa '11	🍷 5
● Barbaresco Sorì Paitin '07	🍷🍷🍷 5
● Barbaresco Sorì Paitin '04	🍷🍷🍷 5
● Barbaresco Sorì Paitin V. V. '04	🍷🍷🍷 7
● Barbaresco Sorì Paitin V. V. '01	🍷🍷🍷 7
● Barbaresco Sorì Paitin V. V. '99	🍷🍷🍷 7
● Barbaresco Serra '08	🍷🍷 5
● Barbaresco Sorì Paitin '08	🍷🍷 5

皮埃蒙特区
PIEDMONT

Armando Parusso

LOC. BUSSIA, 55
12065 MONFORTE D'ALBA [CN]
TEL. 017378257
www.parusso.com

藏酒销售
预约参观
年产量 120 000 瓶
葡萄种植面积 23 公顷

马尔科（Marco）和蒂齐安娜·帕鲁索（Tiziana Parusso）于1985年接管了这个酒庄。在他们之前，历经四代的葡萄种植者在巴罗洛葡萄园（Barolo）里开辟了大量享有声望的葡萄田，包括布齐亚（Bussia）、乐·科斯特（Le Coste）、蒙福特（Monforte）的莫斯科尼（Mosconi）和卡斯蒂格隆·法列多（Castiglione Falletto）的马里恩迪诺（Mariondino）等地。出产的蒙福特精品葡萄酒（Monforte）拥有很好的结构。而来自马里恩迪诺（Mariondino）地区的葡萄酒则更新鲜、更平易近人。酒庄酿造的葡萄酒都散发出浓郁的果味芳香。这部分归功于他们特有的葡萄酒酿造方法，即把葡萄停放在酒窖一段时间后，再把葡萄放进法国橡木桶进行发酵和陈酿。

● Barolo Le Coste Mosconi '08	♟♟ 8
● Barbera d'Alba Ornati '11	♟♟ 3
● Barolo '08	♟♟ 6
● Barolo Bussia '08	♟♟ 8
● Barolo Mariondino '08	♟♟ 7
● Barolo V. V. in Monforte D'Alba Ris. Argento '05	♟♟ 6
● Dolcetto d'Alba Piani Noci '11	♟♟ 2*
○ Langhe Bianco '11	♟♟ 3
● Langhe Rovella '10	♟♟ 5
● Langhe Nebbiolo '10	♟ 4
● Barolo Le Coste Mosconi '03	♟♟♟ 7
● Barolo V. V. in Mariondino Ris. '99	♟♟♟ 8

Massimo Pastura
Cascina La Ghersa

VIA CHIARINA, 2 - 14050 MOASCA [AT]
TEL. 0141856012
www.laghersa.it

藏酒销售
预约参观
年产量 160 000 瓶

在过去五年里，马西莫·帕斯图拉（Massimo Pastura）对酒庄进行了彻底的改造。葡萄酒品种除了包括来自尼扎·蒙费拉托（Nizza Monferrato）和摩艾斯卡（Moasca）之间山坡上的卡西纳拉·戈萨酒庄（Cascina la Ghersa）所酿造的传统葡萄酒外，他还引进了一系列新的酒品。新的赛雷尼氏系列酒（Selezione Vigneti Unici）在酿造巴贝拉精品葡萄酒（Barbera）的基础上还加入了提莫拉索（Timorasso）和加维（Gavi）。供给游客品尝的葡萄酒均经精心酿造，在展现品种特性的同时还呈现出各种不同的风格。

● Barbera d'Asti Sup. Camparò '10	♟♟ 2*
● Barbera d'Asti Sup.Vignassa '09	♟♟ 5
○ M.to Bianco Sivoy '11	♟♟ 2*
● Barbera d'Asti Piagé '11	♟ 2
○ Moscato d'Asti Giorgia '11	♟ 2
● Barbera d'Asti Sup. Muascae '09	♟♟ 6
● Barbera d'Asti Sup. Nizza Vignassa '07	♟♟ 4
● Barbera d'Asti Sup.Vignassa '08	♟♟ 3
○ Colli Tortonesi Timorasso Timian '09	♟♟ 4
● Grignolino d'Asti Spineira '10	♟♟ 3*

皮埃蒙特区
PIEDMONT

★Pecchenino

B.TA VALDIBERTI, 59 - 12063 DOGLIANI [CN]
TEL. 017370686
www.pecchenino.com

藏酒销售
预约参观
参观设施
年产量 110 000 瓶
葡萄种植面积 26 公顷

1987年起，奥兰多（Orlando）和阿迪力奥·皮切尼诺（Attilio Pecchenino）一直管理着酒庄。期间，他们一直开展实验，以求提高酒庄葡萄酒的质量。事实证明此举措受到了大批消费者的好评。西利穆（Siri d'Jermu）是多哥里亚尼·多赛托葡萄酒（Dolcetto di Dogliani）优雅气质的象征，而新酿的巴罗洛葡萄酒（Barolo）同样让皮切尼诺（Pecchenins）取得惊人的好成绩。酒庄的成功首先归功于葡萄种植者和酒窖管理员的高超技巧，其次是除草工作实行全机械化的优秀葡萄田。除了多赛托葡萄酒（Dolcetto di Dogliani San Luigi）外，所有的葡萄酒都陈酿在不同尺寸的木桶里。

- ●.Barolo Le Coste '08   ▼▼8
- ● Barolo S. Giuseppe '08   ▼▼6
- ● Dolcetto di Dogliani Sirì d'Jermu '10 ▼▼3
- ● Barbera d'Alba Quass '10   ▼▼4
- ● Langhe Nebbiolo V. Botti '11 ▼4
- ● Barolo Le Coste '05   ▼▼▼8
- ● Dogliani Bricco Botti '07   ▼▼▼4
- ● Dogliani Sirì d'Jermu '09   ▼▼▼3*
- ● Dogliani Sirì d'Jermu '06   ▼▼▼4
- ● Dolcetto di Dogliani Sirì d'Jermu '03 ▼▼▼3
- ● Dolcetto di Dogliani Sirì d'Jermu '01 ▼▼▼3
- ● Dolcetto di Dogliani Sup. Bricco Botti '04 ▼▼▼4
- ● Barolo Le Coste '07   ▼▼7

Pelissero

VIA FERRERE, 10 - 12050 TREISO [CN]
TEL. 0173638430
www.pelissero.com

藏酒销售
预约参观
年产量 250 000 瓶
葡萄种植面积 35 公顷

乔治奥·佩里赛洛（Giorgio Pelissero）是一个无论对葡萄园还是对酒窖都悉心管理的酿酒商。他制定的酒庄经营基础法则是：使用当代的酿造方法和先进的技术，专门选取当地传统的葡萄品种、采用相对较新的酒桶进行陈酿以及制定覆盖全球的营销策略。酒庄的名声很大部分源自乔治奥（Giorgio）出产的巴巴莱斯科精选葡萄酒（Barbaresco），尤其是取材位于内维（Neive）的巴萨林（Basarin）葡萄园里的瓦诺图葡萄酒（Vanotu）。如果你偏爱富含果味、平易近人的葡萄酒，那么从巴贝拉（Barbera d'Alba Piani）到多赛托（Dolcetto d'Alba Augenta），整个系列的葡萄酒都值得一试。

- ● Barbaresco Tulin '09   ▼▼6
- ● Barbaresco Vanotu '09   ▼▼8
- ● Barbaresco Nubiola '09   ▼▼5
- ● Barbera d'Alba Tulin '09   ▼▼4
- ● Dolcetto d'Alba Augenta '11 ▼▼3
- ● Langhe Nebbiolo '11   ▼▼3
- ● Langhe Rosso Long Now '10   ▼▼5
- ● Dolcetto d'Alba Munfrina '11 ▼2
- ○ Langhe Favorita Le Nature '11 ▼2
- ● Barbaresco Vanotu '08   ▼▼▼8
- ● Barbaresco Vanotu '07   ▼▼▼8

皮埃蒙特区
PIEDMONT

Cascina Pellerino
LOC. SANT'ANNA, 93
12043 MONTEU ROERO [CN]
TEL. 0173978171
www.cascinapellerino.com

藏酒销售
预约参观
年产量 50 000 瓶
葡萄种植面积 8 公顷

克里斯蒂亚诺•波诺（Cristiano Bono）和罗伯特（Roberto）经营的酒庄盛产品质可靠、酿制精巧、口感良好而且能令人心情愉悦的现代风格葡萄酒。酒庄的葡萄园坐落在几个市镇，包括卡在纳尔（Canale）、蒙特•罗埃洛（Monteu Roero）、圣托•斯特凡诺•罗埃洛（Santo Stefano Roero）和阿尔巴•维扎（Vezza d'Alba）等地，主要种植罗埃洛（Roero）的三种经典葡萄：阿内斯（Arneis）、巴贝拉（Barbera）和内比奥罗（Nebbiolo）。此外，葡萄园里也种植有莎当尼（Chardonnay）和黑皮诺（Pinot Nero）葡萄，用以酿造起泡葡萄酒。

Elio Perrone
S.DA SAN MARTINO, 3BIS
12053 CASTIGLIONE TINELLA [CN]
TEL. 0141855803
www.elioperrone.it

预约参观
年产量 200 000 瓶
葡萄种植面积 14 公顷

早在19世纪末，佩罗内家族（Perrone）已经开始在卡斯提格林•泰内拉（Castigline Tinela）种植莫斯卡托葡萄（Moscato）。葡萄园位于西南朝向、海拔约360米的山坡上，里面大部分种植了莫斯卡托葡萄。而种植巴贝拉葡萄（Barbere）的另外4公顷田地位于阿斯蒂•伊索拉（Isola d'Asti），面朝南方，遍布白色土壤。此外，酒庄还种植了莎当尼（Chardonnay）和布拉切多（Brachetto）葡萄。出产的葡萄酒酿制精良，强调平衡、口感以及风土特色和品种特性。

● Roero Vigna del Padre '09	▼▼ 5
● Barbera d'Alba Diletta '11	▼▼ 3
○ Brut M. Cl.	▼▼ 4
● Roero André '10	▼▼ 3
● Barbera d'Alba Sup. Gran Madre '10	▼ 5
○ Langhe Favorita Lorena '11	▼ 2
● Langhe Nebbiolo Giò '11	▼ 3
○ Langhe Favorita Lorena '10	♛♛ 2*
● Langhe Rosso René '07	♛♛ 5
● Roero André '08	♛♛ 3
○ Roero Arneis Boneur '09	♛♛ 3
● Roero Vicot '08	♛♛ 5
● Roero Vicot '07	♛♛ 5

○ Moscato d'Asti Sourgal '11	▼▼ 2*
○ Moscato d'Asti Clarté '11	▼▼ 3
● Barbera d'Asti Sup. Mongovone '10	▼ 5
● Bigarò '11	▼ 2
● Piemonte Barbera Tasmorcan '11	▼ 2
● Barbera d'Asti Sup. Mongovone '07	♛♛ 5
● Barbera d'Asti Sup. Mongovone '06	♛♛ 5
● Barbera d'Asti Sup. Mongovone '04	♛♛ 5
● Barbera d'Asti Tasmorcan '10	♛♛ 2*
○ Clarté '09	♛♛ 3*
○ Moscato d'Asti Clarté '06	♛♛ 3*
○ Moscato d'Asti Sourgal '10	♛♛ 2*

皮埃蒙特区
PIEDMONT

Le Piane
via Cerri, 10 - 28010 Boca [NO]
Tel. 3483354185
www.bocapiane.com

藏酒销售
预约参观
年产量 40 000 瓶
葡萄种植面积 8 公顷

凭借着令人赞赏的工作热情和专心追求完美的工作态度,克里斯托夫·库茨利(Christoph Künzli)很大程度上推动了波卡(Boca)的复兴。这位来自瑞士的酿酒商与波卡的内比奥罗红葡萄(Nebbiolo)结缘已经超过15年。15年前,他搬到了该地区并一心想酿造出属于自己的葡萄酒。虽然克里斯托夫(Christoph)至今还没有实现他的心愿,但他对持续进步的渴望驱使着他年复一年地打理着葡萄园和酒窖。他的波卡葡萄酒在较大型的木桶里陈酿至少3年,很有名气。克里斯托夫还推出结构稍微比波卡简单的科里诺西葡萄酒(Colline Novaresi Le Piane)以及更易于饮用的拉玛里纳葡萄酒(La Maggiorina)。

● Boca '08	♛♛♛ 7
● Colline Novaresi Le Piane '09	♛♛ 5
● La Maggiorina '11	♛♛ 3
● Boca '06	♛♛♛ 6
● Boca '05	♛♛♛ 6
● Boca '04	♛♛♛ 6
● Boca '03	♛♛♛ 6

Pianpolvere Soprano Bussia
loc. Bussia, 32
12065 Monforte d'Alba [CN]
Tel. 017378421
www.pianpolveresoprano.it

葡萄种植面积 9 公顷
葡萄栽培方式 传统栽培

1998年,该酒庄被曼佐尼·博德瑞·罗切(Podere Rocche dei Manzoni)的所有者米廖里尼家族(Migliorini)收购,不过却一直被视为家族的独立实体进行管理。鲁道夫(Rodolfo)选择只生产一种葡萄酒,即巴罗洛珍藏葡萄酒(Barolo Riserva),并且只在最佳的年份推出市场。葡萄园里到处体现着生物动力学的理念,不但禁止使用一切化学药品,而且从冬季修剪到收割等种植流程都是纯手工进行,没有使用任何机械协助。这个出色的酒庄所拥有的6公顷葡萄园用于种植内比奥罗葡萄(Nebbiolo)。出产的上千瓶知名葡萄酒在经过严格的挑选后出口到世界各地。

● Barolo Bussia Ris. '04	♛♛♛ 8
● Barolo Bussia Ris. '01	♛♛♛ 8

皮埃蒙特区
PIEDMONT

Pio Cesare
via Cesare Balbo, 6 - 12051 Alba [CN]
Tel. 0173440386
www.piocesare.it

预约参观
年产量 400 000 瓶
葡萄种植面积 52 公顷

皮欧•博发（Pio Boffa）的祖父于1881年创立了的这个酒庄现在由皮欧•博发（Pio Boffa）经营着。经过多年的奋斗，他成功地让酒庄誉满全球。酒庄宏伟的地下酒窖被2000多年前的古罗马式墙体环绕，里面储藏的葡萄酒大部分来自自家的葡萄园。葡萄田散落在几个兰格（Langhe）的市镇，其中塞拉朗佳（Serralunga）的欧纳多葡萄园（Ornato）和内维（Neive）的布里科葡萄园（Bricco）所出产的两种酒款是酒庄最出名的葡萄酒。该酒庄严格承袭传统，这一点同样反映在使用高雅的容器和现代的技术陈化葡萄酒。

Luigi Pira
via XX Settembre, 9
12050 Serralunga d'Alba [CN]
Tel. 0173613106
pira.luigi@alice.it

藏酒销售
预约参观
年产量 50 000 瓶
葡萄种植面积 12 公顷

建成于1950年的酒庄在20年前才开始出售葡萄酒。在此之前，皮拉家族（Piras）只把种植的葡萄卖给其他酒庄。在父亲的支持下，吉亚姆保罗（Gianpaolo）和罗莫洛（Romolo）两兄弟开始酿制虽然原料产地处在塞拉朗佳（Serralunga）的硬土上、但仅在装瓶几年后就有出色口感的葡萄酒。三种巴罗洛精品葡萄酒（Barolo）在陈化过程中存在细微差别，反映出不同葡萄园自身的特点：马格利（Margheria）陈化在大型的橡木桶里进行，玛利卡（Marenca）陈化在中型桶进行，而著名的维格纳•里昂达（Vigna Rionda）则是在法国橡木桶里陈化。虽然产量可能不算多，但是酒庄的出品都是上乘之作。

● Barolo Ornato '08	8
● Barbaresco Il Bricco '08	8
● Barolo '08	8
○ Langhe Chardonnay Piodilei '10	6
● Barbaresco '08	8
● Barbera d'Alba Fides '10	5
● Barbera d'Alba '10	4
○ Langhe Arneis '11	3
● Barbaresco Il Bricco '97	8
● Barolo Ornato '06	8
● Barolo Ornato '05	8
● Barolo Ornato '89	8
● Barolo Ornato '85	8
○ Langhe Chardonnay Piodilei '09	6

● Barolo Marenca '08	7
● Barolo Margheria '08	6
● Barolo Serralunga '08	5
● Barolo Vignarionda '08	8
● Dolcetto d'Alba '11	2*
● Langhe Nebbiolo '10	3
● Barolo V. Marenca '01	7
● Barolo V. Rionda '06	8
● Barolo V. Rionda '04	8
● Barolo V. Rionda '00	8
● Barolo Margheria '07	6

皮埃蒙特区
PIEDMONT

E. Pira & Figli
via Vittorio Veneto, 1 - 12060 Barolo [CN]
Tel. 017356247
www.pira-chiaraboschis.com

藏酒销售
预约参观
年产量 30 000 瓶
葡萄种植面积 6.50 公顷
葡萄栽培方式 有机认证

作为固守传统的象征，皮拉酒庄（Pira）一直以来以葡萄酒品质优良而闻名于葡萄酒界。19世纪80年代，在勇于创新的齐亚拉•波斯奇思（Chiara Boschis）接管酒庄后，酒庄经历了一次彻底的革新。小型但充满现代化气息的酒窖里，齐亚拉（Chiara）在他能干的兄弟乔治奥（Giorgio）的帮助下亲自监督着每一项工序。他们将坎奴比（Cannubi）和维亚•诺瓦（Via Nuova）的葡萄园运来的上等葡萄放进小型法国橡木桶里进行陈化。酒庄里严禁使用化学农药。尽可能地保护当地自然环境。2013年，酒庄推出了新的酒款。这些新酒品取材于收购不久、位于莫斯科尼（Mosconi）知名葡萄园里的葡萄田。

Podere Macellio
via Roma, 18 - 10014 Caluso [TO]
Tel. 0119833511
www.erbaluce-bianco.it

藏酒销售
预约参观
年产量 20 000 瓶
葡萄种植面积 4 公顷

酒庄虽然在18世纪末就已建成，但在一个世纪后才开始酿造和出口葡萄酒。自从雷纳托（Renato）和丹尼尔•比安科（Daniele Bianco）继承了这个酒庄后，引进了例如温控发酵等现代先进技术来酿造白葡萄酒，但是酒庄的生产理念基本不变。葡萄园里只种植一种厄拜柳丝葡萄（Erbaluce），并利用这种葡萄酿制了该地区三种典型的酒款：静止葡萄酒、甜酒和起泡葡萄酒。事实证明，父子两人能够细腻地诠释这些现已获得了法定保证资格的葡萄酒。

● Barolo Cannubi '08	🍷🍷 8
● Langhe Nebbiolo '10	🍷 4
● Barbera d'Alba Sup. '10	🍷 4
● Barolo Via Nuova '08	🍷🍷 8
● Dolcetto d'Alba '11	🍷 2
● Barolo '94	🍷🍷🍷 7
● Barolo Cannubi '05	🍷🍷🍷 8
● Barolo Cannubi '00	🍷🍷🍷 8
● Barolo Cannubi '97	🍷🍷🍷 8
● Barolo Cannubi '96	🍷🍷🍷 8
● Barolo Ris. '90	🍷🍷🍷 8
● Barolo Cannubi '07	🍷🍷 8
● Barolo Cannubi '06	🍷🍷 8
● Barolo Via Nuova '06	🍷🍷 8

○ Erbaluce di Caluso '11	🍷🍷 2*
○ Caluso Passito '07	🍷🍷 5
○ Erbaluce di Caluso Brut M. Cl.	🍷🍷 3
○ Caluso Passito '06	🍷🍷 5
○ Erbaluce di Caluso '10	🍷🍷 2*
○ Erbaluce di Caluso Brut M. Cl.	🍷🍷 3

PIEDMONT 皮埃蒙特区

Poderi Colla
Loc. San Rocco Seno d'Elvio, 82
12051 Alba [CN]
Tel. 0173290148
www.podericolla.it

预约参观
年产量 150 000 瓶
葡萄种植面积 26 公顷

有深厚葡萄酒酿造经验的迪诺（Tino）和贝佩•科拉（Beppe Colla）在下一代中发现了杰出的酒庄继承者——费德里卡（Federica）和彼得罗（Pietro），后者还拥有酿酒学学位和国际工作经验。酒庄有三个主要的葡萄园：卡西纳•德拉格（Cascina Drago）总部周围占地12公顷的葡萄园、位于阿尔巴布希亚得•蒙福特（Monforte' Alba Bussiad）种植巴罗洛（Barolo）的6公顷葡萄园和位于巴巴莱斯科•诺卡格尼（Barbaresco Roncaglie）的8公顷葡萄园。从这些著名的葡萄园里，科拉（Collas）除了酿造出十分传统的红葡萄酒巴罗洛（Barolo）和巴巴莱斯科（Barbaresco）外，还生产了小量取材于雷司令（Riesling）和黑皮诺（Pinot Nero）葡萄的优质酒品。

● Barbaresco Roncaglie '09	🍷 6
○ Langhe Riesling '11	🍷 3*
● Nebbiolo d'Alba '10	🍷 3*
● Barbera d'Alba Costa Bruna '10	🍷 3
● Barolo Bussia Dardi Le Rose '08	🍷 4
● Dolcetto d'Alba Pian Balbo '11	🍷 2*
● Langhe Bricco del Drago '08	🍷 4
● Langhe Pinot Nero Campo Romano '10	🍷 4
● Barolo Bussia Dardi Le Rose '99	🍷 6
● Barbaresco Roncaglie '07	🍷 6
● Barbera d'Alba Brana '09	🍷 3*
● Barolo Bussia Dardi Le Rose '06	🍷 6
● Langhe Bricco del Drago '07	🍷 4

Pomodolce
Via IV Novembre, 7
15050 Montemarzino [AL]
Tel. 0131878135
www.pomodolce.it

藏酒销售
预约参观
年产量 12 000 瓶
葡萄种植面积 4 公顷
葡萄栽培方式 传统栽培

虽然达维科家族（Davico）从事葡萄酒生意已经历经三代人，但波莫多尔塞（Pomodolce）品牌直到2005年才正式成立。他们的酒庄位于瓦尔•库罗内•蒙特玛兹洛（Val Curone Montemarzino）海拔达450米的山上，距离托特纳（Tortona）18公里。酒庄倾向于采用传统的酿酒工艺，并在葡萄园里使用有机耕种，禁止使用除草剂、杀虫剂和化学肥料。葡萄园里种植了一些皮埃蒙特（Piedmont）的本地葡萄品种：提莫拉索（Timorasso）、巴贝拉（Barbera）、科罗蒂娜（Croatina）和内比奥罗（Nebbiolo）。西尔维奥•达维科（Silvio Davico）在葡萄种植方面一直鹤立鸡群，他酿造的格鲁（Grue）和迪勒托•提莫拉索（Diletto Timorassos）葡萄酒被认为是上乘之作。

○ Colli Tortonesi Timorasso Diletto '10	🍷 3*
● Colli Tortonesi Barbera Marsén '09	🍷 4
○ Colli Tortonesi Timorasso Grue '10	🍷 5
● Colli Tortonesi Croatina Fontanino '09	🍷 3
● Colli Tortonesi Rosso Niall '09	🍷 3
○ Colli Tortonesi Timorasso Derthona Grue '07	🍷 4
● Colli Tortonesi Croatina Fontanino '07	🍷 3
○ Colli Tortonesi Timorasso Derthona Diletto '08	🍷 3
○ Colli Tortonesi Timorasso Diletto '09	🍷 5
○ Colli Tortonesi Timorasso Grue '09	🍷 5
○ Colli Tortonesi Timorasso Grue '08	🍷 5

皮埃蒙特区
PIEDMONT

138

Marco Porello
c.so Alba, 71 - 12043 Canale [CN]
Tel. 0173979324
www.porellovini.it

藏酒销售
预约参观
年产量 100 000 瓶
葡萄种植面积 15 公顷

波热罗家族（Porello）从事葡萄酒行业已经有三代人了。目前，酒庄由马尔科（Marco）打理，他大力提高了葡萄酒品质，使得酒庄的出品成为罗埃洛（Roero）葡萄酒皇冠上闪亮的珠宝。葡萄园位于卡纳尔（Canale）和阿尔巴•维扎地区（Vezza d'Alba）的市镇，种植有该地区的经典葡萄品种：阿内斯（Arneis）、巴贝拉（Barbera）、布拉切多（Brachetto）、法沃里达（Favorita）和内比奥罗（Nebbiolo）。白葡萄和内比奥罗葡萄种植在矿物质丰富的沙质地带，而巴贝拉葡萄则种植于石灰质和粘性土壤中。该酒庄酿造出的酒以酒体的平衡、口感的迷人而闻名。

● Roero Torretta '09	♈♈ 3*
● Barbera d'Alba Mommiano '11	♈ 2*
● Barbera d'Alba Filatura '10	♈ 3
● Nebbiolo d'Alba '10	♈ 3
○ Roero Arneis Camestrì '11	♈ 2
● Roero Torretta '06	♈♈♈ 3*
● Roero Torretta '04	♈♈♈ 3
● Barbera d'Alba Mommiano '10	♈♈ 2*
● Barbera d'Alba Mommiano '09	♈♈ 2*
● Nebbiolo d'Alba '08	♈♈ 3
● Nebbiolo d'Alba '07	♈♈ 2*
○ Roero Arneis Camestrì '10	♈♈ 2*
● Roero Torretta '08	♈♈ 3
● Roero Torretta '07	♈♈ 4

Guido Porro
via Alba, 1 - 12050 Serralunga d'Alba [CN]
Tel. 0173613306
www.guidoporro.com

藏酒销售
预约参观
参观设施
年产量 30 000 瓶
葡萄种植面积 8 公顷

该酒庄酿制的巴罗洛（Barolo）2007年款葡萄酒在国际上取得空前的成功。吉多•波罗（Guido Porro）是个认真的种植者，他的小葡萄园位于塞拉朗佳（Serralunga）的主要地区。吉多刚开始时在拉兹瑞托葡萄园（Lazzarito）工作，这个葡萄园一度被雷纳托•拉蒂（Renato Ratti）誉为最好的巴罗洛葡萄（Barolo）种植地。葡萄园里十分尊尚传统，因此只种植了该地区三种经典的葡萄品种：内比奥罗（Nebbiolo）、巴贝拉（Barbera）以及多赛托（Dolcetto）。葡萄酒在放进斯拉夫尼亚橡木桶里陈化前，需要分别在钢制和混凝土的容器里进行单独发酵。我们强烈推荐你参观该酒庄，因为在别的地方难以再找到价格如此合理的葡萄酒。

● Barolo V. Lazzairasco '08	♈♈ 5*
● Barolo V. Santa Caterina '08	♈♈ 5*
● Barbera d'Alba Santa Caterina '11	♈♈ 3
● Lange Nebbiolo Camilu '11	♈♈♈ 4
● Barolo V. Lazzairasco '07	♈♈♈ 5
● Barolo V. Santa Caterina '07	♈♈ 5
● Lange Nebbiolo '09	♈♈ 3

皮埃蒙特区
PIEDMONT

Post dal Vin
Terre del Barbera
FRAZ. POSSAVINA
VIA SALIE, 19 - 14030 ROCCHETTA TANARO [AT]
TEL. 0141644143
www.postdalvin.com

藏酒销售
预约参观
年产量 80 000 瓶
葡萄种植面积 115 公顷

这是一个历史悠久的联合型酒庄，主要生产各种款式的巴贝拉葡萄酒（Barbera）。今天，该酒庄有100名种植工成员，其拥有的葡萄园主要分布在罗凯塔·塔纳罗（Rocchetta Tanaro）、卡提格里恩尼（Cortiglione）和马西欧市镇（Masio）。除了巴贝拉（Barbera）外，种植者还在葡萄园里栽种了其他经典的蒙费拉托（Monferrato）葡萄，如吉诺林诺（Grignolino）、多赛托（Dolcetto）、弗雷伊萨（Freisa）和莫斯卡托（Moscato）等。取材于这些葡萄所酿造出的酒品风格传统，味道细腻而且物超所值。

● Barbera d'Asti Maricca '11	2*
● Barbera d'Asti Sup. Castagnassa '10	2*
● Grignolino d'Asti '11	1*
● Barbera d'Asti Sup. BriccoFiore '10	2
● Barbera del M.to La Matutona '11	2
● Barbera d'Asti Maricca '10	2*
● Barbera d'Asti Sup. BriccoFiore '09	2*
● Barbera d'Asti Sup. BriccoFiore '08	2*
● Barbera d'Asti Sup. Castagnassa '09	2
● Grignolino d'Asti '10	1*

Ferdinando Principiano
VIA ALBA, 19 - 12065 MONFORTE D'ALBA [CN]
TEL. 0173787158
www.ferdinandoprincipiano.it

藏酒销售
预约参观
年产量 70 000 瓶
葡萄种植面积 12 公顷

为追求百分之百的纯净葡萄，酒庄杜绝在葡萄园里使用化学药品，并保证在酒窖中发酵时做到二氧化硫的零排放。酒庄成立20年以来，费迪南多·波利恩斯皮亚诺（Ferdinando Principiano）一直和一些知名的科学机构保持合作，开展各种研究和实验，旨在寻找出能够反映葡萄园纯天然特质的葡萄酒生产方法。葡萄酒被放在各种尺寸的法国橡木桶里进行发酵，以求不掩盖葡萄原来的芳香。

● Barbera d'Alba La Romualda '10	6
● Barolo Boscareto '06	8
● Barbera d'Alba '11	6
● Barolo Ravera '08	7
● Barolo Serralunga '08	5
● Dolcetto d'Alba S. Anna '11	2
● Langhe Freisa Chila '11	3
● Barolo Boscareto '93	7
● Barolo Ravera '07	7
● Barolo Boscareto '05	6
● Barolo Ravera '06	7
● Barolo Serralunga '05	5

皮埃蒙特区
PIEDMONT

★Produttori del Barbaresco
via Torino, 54 - 12050 Barbaresco [CN]
Tel. 0173635139
www.produttoridelbarbaresco.com

藏酒销售
预约参观
参观设施
年产量 450 000 瓶
葡萄种植面积 100 公顷

事实证明，专注生产内比奥罗葡萄（Nebbiolo）的策略非常成功。事实上，该酒庄出品的巴巴莱斯科葡萄酒（Barbaresco），包括珍贵的维沙华（Riservas），以及兰格•内比奥罗（Langhe Nebbiolo），在很多国家已经被看作是物美价廉的葡萄酒的代名词。这个联营酒庄的小规模能够让56名成员保持长期稳定的关系。有赖于酿酒师詹尼•特斯塔（Gianni Testa）的指导，成员们在葡萄园的管理技巧大有提升。许多被精心栽培的葡萄田构成了闻名于巴巴莱斯科（Barbaresco）和内维（Neive）许多市镇的葡萄园。其中，九种最优秀的巴巴莱斯科珍藏精品葡萄酒（Barbaresco Riserva）就出自该地区。

Cantina Produttori del Gavi
via Cavalieri di Vittorio Veneto, 45
15066 Gavi [AL]
Tel. 0143642786
www.cantinaproduttoridelgavi.it

藏酒销售
预约参观
年产量 170 000 瓶

经过我们多年的观察，该酒庄一直很注重酒品的稳定性和品质，这一点在我们的记录文件中不难看出。在1951年到1974年间，酒庄的名字一度是社交酒吧（Cantina Sociale）。1974年后，酒庄才改名为加维葡萄酒生产商（Cantina Produttori del Gavi）。今天，酒庄拥有100名葡萄种植成员，生产不同种类的葡萄酒。酒庄里的酿酒师十分了解柯蒂斯（Cortese）葡萄的特点，往往能酿造出不少佳品。

● Barbaresco Vign. in Pora Ris. '07	♛♛♛ 6
● Barbaresco Vign. in Ovello Ris. '07	♛♛ 6
● Barbaresco Vign. in Pajé Ris. '07	♛♛ 6
● Barbaresco Vign. in Rabajà Ris. '07	♛♛ 6
● Barbaresco Vign. in Rio Sordo Ris. '07	♛♛ 6
● Barbaresco '08	♛♛ 5
● Barbaresco Vign. in Montefico Ris. '07	♛♛ 6
● Barbaresco Vign. in Montestefano Ris. '07	♛♛ 6
● Barbaresco Vign. in Mungagota Ris. '07	♛♛ 6
● Barbaresco Vign. in Asili Ris. '07	♛♛ 6
● Langhe Nebbiolo '10	♛♛ 3
● Barbaresco Vign. in Montestefano Ris. '05	♛♛♛ 6
● Barbaresco Vign. in Montestefano Ris. '04	♛♛♛ 6*

○ Gavi del Comune di Gavi GG '11	♛♛ 2*
○ Gavi del Comune di Gavi Etichetta Nera '11	♛ 1*
○ Gavi del Comune di Gavi G '11	♛♛ 2*
○ Gavi Primi Grappoli '11	♛ 1*
○ Gavi Brut M. Cl. NM	♛ 3
○ Gavi Il Forte '11	♛ 1
○ Gavi Cascine dell'Aureliana '05	♛♛ 2*
○ Gavi del Comune di Gavi GG '10	♛♛ 2
○ Gavi del Comune di Gavi GG '09	♛♛ 2
○ Gavi del Comune di Gavi GG '07	♛♛ 2*
○ Gavi G '10	♛♛ 2*
○ Gavi Primi Grappoli '10	♛♛ 2

★Prunotto

REG. SAN CASSIANO, 4G - 12051 ALBA [CN]
TEL. 0173280017
www.prunotto.it

预约参观
年产量 600 000 瓶
葡萄种植面积 55 公顷

1922年，阿尔弗雷多•普莱诺托（Alfredo Prunotto）以他自己的名字命名了酒窖并且在短短几年内让它迈入了本地区高品质葡萄酒酿造的领先行列，取得了巨大的成功。在数十年间，尽管生产技术有了很大的变化，酒窖仍然沿着1989年安提诺里家族（Antinori）收购该酒庄时定下的发展方向前进，即酿造出优秀的葡萄酒。阿尔比尔拉•安提诺里（Albiera Antinori）实施了一项块田收购计划，目标地是之前酒窖一直向其购买葡萄的一些知名葡萄园，例如蒙福特（Monforte）的布齐亚（Bussia）、阿斯蒂•安格利亚诺（Agliano d'Asti）的科斯塔缪勒（Costamiole）等。酒窖里储藏着大量尺寸不一的法国橡木桶。

La Querciola

LOC. PIANCERRETO, 85/TER
12060 FARIGLIANO [CN]
TEL. 0713737026
www.laquerciola.com

藏酒销售
预约参观
年产量 80 000 瓶
葡萄种植面积 25 公顷

酒庄从未停下发展的脚步。1979年，萨尔多家族（Sardo）创建了这个位于法利格里安诺（Farigliano）的庄园，主要种植多赛托葡萄（Dolcetto）。之后，为了能够生产出兰格地区（Langhe）的主要葡萄酒巴罗洛（Barolo），作为这一计划的一部分，萨尔多家族决定对名下众多的葡萄园开展大规模的移植工作。一直保持着优异水准的堂娜•邦卡精品葡萄酒（Donna Banca），产自巴罗洛市区（Barolo）罗斯•科斯塔葡萄园（Costa di Rose）里的3公顷葡萄种植地。园里唯一的国际葡萄品种有莎当尼（Chardonnay）和苏维翁（Sauvignon），用于酿造兰格•戴蒙特白葡萄酒（Langhe Bianco Diamante）。

● Barbaresco Bric Turot '08	🍷 6
● Barbera d'Alba Pian Romualdo '09	🍷 4
● Barbera d'Asti Sup. Nizza Costamiòle '09	🍷 5
● Barbera d'Asti Fiulòt '11	🍷 2*
● Barolo Bussia '08	🍷 7
● Nebbiolo d'Alba Occhetti '10	🍷 4
● Barbaresco '09	🍷 5
● Barolo '08	🍷 6
● Dolcetto d'Alba '11	🍷 2
● Grignolino d'Asti '11	🍷 2
● M.to Bricco Colma '07	🍷 5
● M.to Mompertone '10	🍷 3
○ Roero Arneis '11	🍷 3
● Barolo Bussia '01	🍷🍷🍷 8
● Barolo Bussia '99	🍷🍷🍷 8
● Barolo Bussia '98	🍷🍷🍷 8

● Barolo Donna Bianca '08	🍷 6
● Dogliani Cornole '10	🍷 3
● Langhe Rosso Barilin '10	🍷 3
● Dogliani Carpeneta '11	🍷 2
○ Langhe Bianco Diamante '11	🍷 2
⊙ Langhe Rosato Corallo '11	🍷 2
● Langhe Rosso Chicchivello '11	🍷 2
● Barolo Donna Bianca '07	🍷🍷 6
● Barolo Donna Bianca '06	🍷🍷 5
● Dogliani Cornole '09	🍷🍷 3
● Dogliani Cornole '08	🍷🍷 3*
● Dogliani Cornole '07	🍷🍷 3

PIEDMONT 皮埃蒙特区

Renato Ratti
FRAZ. ANNUNZIATA, 7 - 12064 LA MORRA [CN]
TEL. 017350185
www.renatoratti.com

藏酒销售
预约参观
年产量 300 000 瓶
葡萄种植面积 40 公顷

令人敬佩的雷纳托·拉蒂（Renato Ratti）写过关于品酒艺术和皮埃蒙特葡萄酒介绍的书，还创作了巴罗洛葡萄酒图表（Barolo Wine Chart）用以介绍一种巴罗洛葡萄酒（Barolo）的分类方法，这种分类方法与勃艮第（Burgundy）进行分类的方法相似。1965年，雷纳托开始酿造葡萄酒并很快取得了卓越的成绩。他绘制了一张同样有趣的巴罗洛葡萄酒年份表，对1868年以来的每一次收成进行点评。1988年，他的儿子彼得罗（Pietro）在接管了酒庄后继续扩大葡萄园，并在最近新建了一个宏伟的酒窖。在酒窖里，彼得罗另外建设了一间迷人的阿尔巴葡萄酒（Alba）的博物馆，并命名为雷纳托·拉蒂博物馆（Renato Ratti）。酒庄的酿酒风格十分忠于传统。

● Barolo Marcenasco '08	♛♛ 6
● Barolo Rocche '08	♛♛ 8
● Barbera d'Asti '10	♛♛ 3
● Monferrato Rosso Villa Pattono '10	♛♛ 5
● Barolo Conca '08	♛ 8
● Barolo Rocche '06	♛♛♛ 8
● Barolo Rocche Marcenasco '84	♛♛♛ 6
● Barolo Rocche Marcenasco '83	♛♛♛ 6
● Barolo Conca '07	♛♛ 8
● Barolo Marcenasco '07	♛♛ 6
● Barolo Marcenasco '05	♛♛ 6
● Barolo Rocche '05	♛♛ 8

Ressia
VIA CANOVA, 28 - 12052 NEIVE [CN]
TEL. 0173677305
www.ressia.com

藏酒销售
预约参观
年产量 30 000 瓶
葡萄种植面积 5.5 公顷

弗朗西斯科·雷西亚（Francesco Ressia）执掌这个小型酒庄已有15年了。在接管初期，弗朗西斯科·雷西亚（Francesco Ressia）就凭借优良的品质和勇于尝试的劲头为酒庄赢得了名声。卡诺瓦葡萄园（Canova）有着得天独厚的地理位置，位于海拔380米的山上，空气循环良好，从而保证了令人愉悦的酸葡萄的品质，也为自然方法管理葡萄园的使用创造了条件。在酒窖里，弗朗西斯科同时使用小型的法国橡木桶和不同尺寸的斯拉夫尼亚橡木桶，以避免酒里过度的橡木味道。酒体强劲的巴巴莱斯科珍藏酒（Barbaresco Riserva）在2005年面世，当年限量推出1300瓶。

● Barbaresco Ris. Oro. '05	♛♛ 7
● Barbera d'Alba Sup. Canova '10	♛♛ 3
● Barbera d'Alba Canova '10	♛ 5
● Dolcetto d'Alba Canova '11	♛ 2
○ Evien '11	♛ 2
● Barbaresco Canova '06	♛♛♛ 5*
● Barbaresco Canova '08	♛♛ 5*
● Barbaresco Canova '07	♛♛ 5
● Barbera d'Alba Sup. Canova '08	♛♛ 3
● Barbera d'Alba Sup. Canova '07	♛♛ 3*
○ Evien '10	♛♛ 2

皮埃蒙特区
PIEDMONT

F.lli Revello
FRAZ. ANNUNZIATA, 103
12064 LA MORRA [CN]
TEL. 017350276
www.revellofratelli.it

藏酒销售
预约参观
年产量 75 000 瓶
葡萄种植面积 13 公顷

卡罗（Carlo）和恩佐•雷维洛（Enzo Revello）两兄弟是持之以恒的葡萄种植者，同时也是能干的酒窖管理者。经过谨慎思考后，他们决定继续在葡萄园和酒窖里使用崭新的小型木桶，借此提升精品酒的优雅度。两兄弟小心翼翼地对待葡萄酒酿造。尽量少使用鼓式发酵罐，而是很温和地去压榨葡萄皮，避免苦涩的东西流出。依靠这种做法，卡罗和恩佐•雷维洛成功酿造出洋溢着安奴齐亚塔•罗彻地区（Rocche dell'Annunziata）典型的果香和香脂芳香的上等巴罗洛葡萄酒（Barolos）。这些酒品的品质一年胜过一年。

● Barolo Rocche dell'Annunziata '08	🏆🏆 8
● Barolo V. Conca '08	🏆🏆 7
● Barolo V. Gattera '08	🏆🏆 6
● Barolo '08	🏆🏆 5
● Barolo V. Giachini '08	🏆🏆 7
● Barbera d'Alba Ciabot du Re '05	🏆🏆🏆 5
● Barbera d'Alba Ciabot du Re '00	🏆🏆🏆 5
● Barolo '93	🏆🏆🏆 6
● Barolo Rocche dell'Annunziata '01	🏆🏆🏆 8
● Barolo Rocche dell'Annunziata '00	🏆🏆🏆 8
● Barolo Rocche dell'Annunziata '97	🏆🏆🏆 8
● Barolo V. Conca '99	🏆🏆🏆 7

Michele Reverdito
FRAZ. RIVALTA
B.TA GARASSINI, 74B - 12064 LA MORRA [CN]
TEL. 017350336
www.reverdito.it

藏酒销售
预约参观
年产量 70 000 瓶
葡萄种植面积 20 公顷

在妻子和父母的支持下，米切尔（Michele）经营着这家小型的家族酒庄。尽管酒庄只有十几年的历史，但其酒品的品质却在不断提高，这当中的秘诀在于酒庄名下位于拉•莫拉（La Morra）周边小镇的两个葡萄园：生产派勒维佳（Pelaverga）的威尔多诺葡萄园（Verduno）和生产巴罗洛•巴达里那（Barolo Badarina）的塞拉朗佳葡萄园（Serralunga），园里的葡萄藤已有10年到40年不等的历史。在种植过程中，米切尔没有使用任何的化学除草剂和杀虫剂。酒庄除了传统的里瓦罗卡珍藏酒（Riserva Rivarocca）外，还有简朴的巴罗洛•巴达里那（Barolo Badarina）和口感润滑的巴罗洛•巴里克•可格尼（Barolo Bricco Cogni）葡萄酒，二者都是放在小型和中型的法国橡木桶中进行陈酿。我们会继续留意这个令人兴奋的酒庄的发展，并细细品尝结果。

● Barolo Moncucco '07	🏆🏆 5
● Barolo San Giacomo '04	🏆🏆 7
● Barolo '08	🏆🏆 5
● Barolo Badarina '07	🏆🏆 5
● Barolo Bricco Cogni '06	🏆🏆 6
● Barolo Riva Rocca Ris. '06	🏆🏆 6
● Langhe Nebbiolo Simane '10	🏆🏆 3
● Barbera d'Alba Butti '10	🏆 3
● Barolo Castagni '08	🏆🏆🏆 5
● Barolo Bricco Cogni '04	🏆🏆🏆 6
● Barbera d'Alba Butti '07	🏆🏆 3*
● Barolo Riva Rocca Ris. '05	🏆🏆 6

皮埃蒙特区
PIEDMONT

Giuseppe Rinaldi
via Monforte, 5 - 12060 Barolo [CN]
Tel. 017356156
rinaldimarta@libero.it

藏酒销售
预约参观
年产量 35 000 瓶
葡萄种植面积 6.5 公顷
葡萄栽培方式 传统栽培

凭借自身的人格魅力和敏锐的洞察力，贝佩（Beppe Rinaldi）多年来一直都是传统巴罗洛葡萄酒（Barolo）的代言人。他曾经批评过一些创新者改变葡萄酒的本质和蔑视当地的历史。为了遵循一贯的主张，贝佩酿造的巴罗洛葡萄酒必须在至少10年内保持锐利的特质，使葡萄酒散发出复杂的芳香，软化葡萄内大量的单宁组织。有酿酒师学位的马塔（Marta）和近来正在研究农业的卡洛塔（Carlotta）是里纳尔迪斯家族（Rinaldis）新一代的年轻人，他们会沿着前辈指定的方向继续前进。

● Barolo Brunate-Le Coste '08	♛♛ 7
● Barolo Cannubi S. Lorenzo-Ravera '08	♛♛ 7
● Barolo Brunate-Le Coste '07	♛♛♛ 7
● Barolo Brunate-Le Coste '06	♛♛♛ 7
● Barolo Brunate-Le Coste '01	♛♛ 6
● Barolo Brunate-Le Coste '00	♛♛ 6
● Barolo Brunate-Le Coste '97	♛♛♛ 6
● Barolo Cannubi S. Lorenzo-Ravera '04	♛♛♛ 6
● Barolo Brunate-Le Coste '05	♛♛ 6
● Barolo Cannubi S. Lorenzo-Ravera '07	♛♛ 7
● Barolo Cannubi S. Lorenzo-Ravera '06	♛♛ 7
● Langhe Nebbiolo '09	♛♛ 4

Pietro Rinaldi
fraz. Madonna di Como - 12051 Alba [CN]
Tel. 0173360090
www.pietrorinaldi.com

藏酒销售
预约参观
参观设施
年产量 70 000 瓶
葡萄种植面积 10 公顷

莫尼卡·里纳尔迪（Monica Rinaldi）和丈夫彼得罗·特尼诺（Pietro Tenino）出产的葡萄酒在质量方面有了质的飞跃，为其在《年鉴》中争得一席之地。酒庄修建于20世纪初，彼得罗·特尼诺夫妻是它现在的继承人。酒庄在早期主要生产多赛托（Dolcetto）和莫斯卡托（Moscato）葡萄酒。后来，夫妻俩扩大了生产范围，开始酿造知名的兰格葡萄酒（Langhe），并很快在巴罗洛葡萄酒（Barolo）和巴巴莱斯科葡萄酒（Barbaresco）上取得了优异成绩。2013年春天，新的现代化酒窖即将全面投入使用，使用的葡萄将通过自家庄园的无害化种植方法生产得来。

● Barbaresco San Cristoforo '08	♛♛ 5
● Barolo '08	♛♛ 5
● Barolo Monvigliero '07	♛♛ 6
● Barbera d'Alba Sup. Bricco Cichetta '10	♛♛ 3
● Dolcetto d'Alba Madonna di Como '11	♛♛ 2*
○ Langhe Arneis Hortensia '11	♛ 2
● Langhe Nebbiolo Argante '09	♛ 3
● Barbaresco San Cristoforo '07	♛♛ 5
● Barbera d'Alba Bricco Cichetta '09	♛♛ 3
● Barolo Monvigliero '06	♛♛ 6
● Dolcetto d'Alba Madonna di Como '10	♛♛ 2*

Rizzi

VIA RIZZI, 15 - 12050 TREISO [CN]
TEL. 0173638161
www.cantinarizzi.it

藏酒销售
预约参观
参观设施
年产量 50 000 瓶
葡萄种植面积 35 公顷

埃内斯托•德拉皮亚纳（Ernesto Dellapiana）创立的酒庄正迈入第40个年头。他两个能干的孩子，拿到葡萄栽培和酿酒学学位的恩里科（Enrico）和市场经理乔拉（Jole）现在与父亲并肩工作。酒窖采用的方法承袭传统，只使用钢铁、混凝土容器和大型橡木桶，以使葡萄的特性得到充分展现。除了拥有里面包含10公顷内比奥罗葡萄（Nebbiolo）种植地的里兹葡萄园（Rizzi）外，酒庄还在远近闻名的帕吉瑞葡萄园（Pajoré）内收购了3公顷土地。近几年，酒庄出产的葡萄酒的品质稳步上升，为酒庄赢得了国内外多个酒庄奖项。

★Albino Rocca

S.DA RONCHI, 18 - 12050 BARBARESCO [CN]
TEL. 0173635145
www.roccaalbino.com

藏酒销售
预约参观
年产量 130 000 瓶
葡萄种植面积 23 公顷

以创始人阿尔比诺•罗卡（Albino Rocca）命名的酒庄现在由他的儿子安吉洛（Angelo）打理。女儿帕奥拉（Paola）、莫尼卡（Monica）和丹妮拉（Daniela）和女婿卡罗•卡斯特伦格（Carlo Castellengo）也对酒庄作出很大的贡献。对于巴巴莱斯科•安吉洛葡萄酒（Barbaresco Angelo），安吉洛总有出色的酿制方法。通过对顶级葡萄酒的不间断探索，他逐渐改变了自己的酿酒方式，但仍然保持着现代和优雅的特点。现在，酒窖里主要使用两千升容量的德国和澳大利亚橡木桶，而法国木桶则用来酿造复杂的巴贝拉•吉皮恩葡萄酒（Barbera Gepin）和结构良好的柯蒂斯•拉•罗卡葡萄酒（Cortese La Rocca）。酒庄的一系列出品始终保持高水准。

● Barbaresco Nervo Fondetta '09	5
● Barbaresco Rizzi Boito '08	5
● Barbaresco Pajorè '09	5
● Barbaresco Rizzi '08	5
● Dolcetto d'Alba '11	2*
○ Langhe Chardonnay '11	2
○ Moscato d'Asti '11	2
● Rizzi Extra Brut M. Cl. '08	4
● Barbaresco Rizzi Boito '07	5
● Barbaresco Rizzi Boito '06	5

● Barbaresco Ovello V. Loreto '09	6
● Barbaresco Brich Ronchi '09	6
● Barbera d'Alba Gepin '10	4
○ Piemonte Cortese La Rocca '11	4
● Barbaresco Duemilanove '09	5
● Barbera d'Alba '11	2*
○ Moscato d'Asti '11	2*
● Nebbiolo d'Alba Duemiladieci '10	3
● Dolcetto d'Alba Vignalunga '11	2
○ Langhe Chardonnay da Bertü '11	3
● Barbaresco Ovello V. Loreto '07	6
● Barbaresco Vign. Brich Ronchi '05	6
● Barbaresco Vign. Brich Ronchi Ris. '06	8
● Barbaresco Vign. Brich Ronchi Ris. '04	8
● Barbaresco Vign. Loreto '04	6

PIEDMONT
皮埃蒙特区

★Bruno Rocca
via Rabajà, 60 - 12050 Barbaresco [CN]
Tel. 0173635112
www.brunorocca.it

藏酒销售
预约参观
年产量 60 000 瓶
葡萄种植面积 15 公顷

1978年，布鲁诺•罗卡（Bruno Rocca）开始了他的酿酒生涯，立志成为优质葡萄酒酿造商中的翘楚。至今他仍然热情不减、并为之努力奋斗着。时至今日，布鲁诺已经对酒窖进行了现代化的改造和扩建，收购了巴巴莱斯科（Barbaresco）和蒙费拉托（Monferrato）地区的葡萄园。这些葡萄园位于瓦格里奥•塞拉（Vaglio Serra）市区，是浓郁的阿斯蒂•巴贝拉葡萄酒（Barbera d'Asti）的原料来源地。他的子女路易莎（Luisa）和弗朗西斯科（Francesco）继承了父亲的葡萄酒事业，最近加入了酒庄管理的队伍之中。2001年起，酒庄还在最好的年份里酿造了3 000瓶极好的巴巴莱斯科•莫拉•阿德莱德精品酒（Barbaresco Mara Adelaide）。这些葡萄酒异常优雅、结构紧实，具有罕见的魅力。

● Barbaresco Rabajà '09	♛♛♛ 8
● Barbaresco Coparossa '09	♛♛ 8
● Barbaresco Maria Adelaide '08	♛♛ 8
● Langhe Rosso Rabajolo '10	♛♛ 5
● Barbaresco '09	♛♛ 7
○ Langhe Chardonnay Cadet '11	♛♛ 4
● Langhe Nebbiolo Fralù '10	♛♛ 4
● Dolcetto d'Alba Vigna Trifolè '11	♛ 3
● Barbaresco Coparossa '04	♛♛♛ 8
● Barbaresco Maria Adelaide '07	♛♛♛ 8
● Barbaresco Maria Adelaide '04	♛♛♛ 8
● Barbaresco Maria Adelaide '01	♛♛♛ 8
● Barbaresco Rabajà '01	♛♛♛ 8
● Barbaresco Maria Adelaide '06	♛♛ 8
● Barbaresco Rabajà '08	♛♛ 8
● Barbaresco Rabajà '07	♛♛ 8

Rocche Costamagna
via Vittorio Emanuele, 8
12064 La Morra [CN]
Tel. 0173509225
www.rocchecostamagna.it

藏酒销售
预约参观
参观设施
年产量 85 000 瓶
葡萄种植面积 14 公顷

安奴齐亚塔•罗彻葡萄园（Rocche dell'Annunziata）是该地区最有趣的葡萄园之一，生产的巴罗洛葡萄酒（Barolo）具有如香脂般醉人清新的芳香以及平衡的结构。在一个2008年翻新过的19世纪初的奇幻建筑里，亚历山德罗•洛卡特利（Iessandro Locatelli）接管了由他父母弗劳迪娅（Claudia）和乔治奥（Giorgio）创立的酒庄。酒窖里，我们可以看到大型的斯拉夫尼亚橡木桶和成排的法国木桶。在尊重葡萄特质的思想指导下，这些酒桶被用来熟化巴罗洛、阿尔巴•巴贝拉（Barbera d'Alba）和兰格•内比奥罗（Langhe Nebbiolo）精品酒。

● Barbera d'Alba Annunziata '10	♛♛ 3
● Barbera d'Alba Sup. Rocche delle Rocche '09	♛♛ 4
● Barolo Rocche dell'Annunziata '08	♛♛♛ 5
● Dolcetto d'Alba Rùbis '10	♛ 3
○ Langhe Arneis '11	♛ 2
● Barolo Rocche dell'Annunziata '04	♛♛♛ 5
● Barbera d'Alba Sup. Rocche delle Rocche '07	♛♛ 3
● Barolo Bricco Francesco Rocche dell'Annunziata '06	♛♛ 6
● Barolo Bricco Francesco Rocche dell'Annunziata '04	♛♛ 6
● Barolo Bricco Francesco Rocche dell'Annunziata '03	♛♛ 6

皮埃蒙特区
PIEDMONT

★Podere Rocche dei Manzoni

Loc. Manzoni Soprani, 3
12065 Monforte d'Alba [CN]
Tel. 017378421
www.rocchedeimanzoni.it

藏酒销售
预约参观
年产量 250 000 瓶
葡萄种植面积 40 公顷
葡萄栽培方式 传统栽培

瓦伦蒂诺•米廖里尼（Valentino Migliorini）带着一个明确的计划于1976年来到蒙福特（Monforte）。这个计划是利用当地极好的葡萄酿造出新颖独特、令人着迷的葡萄酒，让其成为全世界各地鉴赏家餐桌上一道美丽的风景。由此造就了梅特多经典起泡葡萄酒（Metodo Classico）、黑皮诺（Pinot Nero）和莎当尼（Chardonnay）葡萄酒，并促使酒庄采用最尖端的酒窖技术，主要包括控制温度、广泛使用小型法国橡木桶和水平旋转罐。即使这样，酒庄里最注重的酒品还是巴罗洛葡萄酒（Barolo）。今天，才华横溢的鲁道夫•米廖里尼（Rodolfo Migliorini）管理着这个辉煌的酒庄，葡萄园采用自然传统的葡萄栽培方法。

Roccolo di Mezzomerico

Cascina Roccolo Bellini, 4
28040 Mezzomerico [NO]
Tel. 0321920407
www.ilroccolovini.it

藏酒销售
预约参观
年产量 30 000 瓶
葡萄种植面积 7 公顷

这家迷人酒庄的主人是皮耶罗•吉尔米尼（Piero Gelmini）和妻子玛格丽特（Margherita），葡萄园从树木茂密的山顶垂直地延伸至陡峭的斜坡。几十年前，他们决定尽可能使用自然的方法酿造葡萄酒，在葡萄园里避免使用化学药品。他们委托克劳迪奥•因乔伊尼（Claudio Introini）处理酒窖的日常事务。克劳迪奥是内比奥罗葡萄（Nebbiolo）和部分干燥技术的专家，来瓦尔泰利纳（Valtellina）之前曾就读于阿尔巴（Alba）的酿酒学校，因酿造了高品质的葡萄酒而备受尊敬。葡萄园主要种植内比奥罗葡萄（Nebbiolo），还有小量的伯纳达（onarda）、维斯伯诺拉（Vespolina）、厄拜柳丝（Erbaluce）和莎当尼（Chardonnay）葡萄。

● Barolo V. Big 'd Big '08	▼▼ 8
● Barolo V. Cappella di S. Stefano '08	▼▼ 8
○ Valentino Brut Ris. Elena '07	▼▼ 5
○ Valentino Brut Zero Rosé Ris. '06	▼▼ 7
● Barolo V. Big 'd Big '99	▼▼▼ 8
● Barolo V. Cappella di S. Stefano '01	▼▼▼ 8
● Barolo V. Cappella di S. Stefano '96	▼▼▼ 8
● Langhe Rosso Quatr Nas '99	▼▼▼ 6
● Langhe Rosso Quatr Nas '96	▼▼▼ 6
○ Valentino Brut Zero Ris. '98	▼▼▼ 5
○ Valentino Brut Zero Ris. '93	▼▼▼ 5
○ Valentino Brut Zerò Ris. '92	▼▼▼ 5

● Colline Novaresi Nebbiolo Valentina '07	▼▼ 3*
○ Il Mataccio V.T.	▼▼ 2*
⊙ Colline Novaresi Nebbiolo La Chimera '11	▼ 2
● Colline Novaresi Nebbiolo La Cascinetta '09	▼▼ 2*
● Colline Novaresi Nebbiolo Valentina '06	▼▼ 3*
● Colline Novaresi Nebbiolo Valentina V.T. '07	▼▼ 4

皮埃蒙特区
PIEDMONT

Flavio Roddolo

Fraz. Bricco Appiani
loc. Sant'Anna, 5
12065 Monforte d'Alba [CN]
Tel. 017378535

年产量 22 500 瓶
葡萄种植面积 6 公顷

虽然60岁但仍然心态年轻、热爱葡萄酒工作的葡萄种植者弗拉维奥·罗多洛（Flavio Roddolo）面临着艰难的选择。这位睿智的老人决定做两件轻而易举的事：第一，放弃扩张葡萄园；第二，两倍扩大酒窖的面积，以便让自己可以更专心地雕琢出葡萄酒佳酿。新开发的地下酒窖可以使不同年份的葡萄酒在这里陈化，并在时机成熟时才会被推向市场。在2012年，弗拉维奥·罗多洛酒庄（Flavio Roddolo）推出了2006年出品的阿尔巴·巴贝拉葡萄酒（Barbera d'Alba 2006）、2009年出品的阿尔巴·多赛托精装酒（Dolcetto d'Alba Superiore 2009）和现在知名的2007年出品的阿尔巴·内比奥罗葡萄酒（Nebbiolo d'Alba 2007）。这些年来，弗拉维奥的辛勤工作理所当然地为他赢得了世界的认可和赞赏。

● Barolo Ravera '07	🍷🍷🍷 5
● Dolcetto d'Alba Sup. '09	🍷🍷 3*
● Nebbiolo d'Alba '07	🍷🍷 4
● Dolcetto d'Alba '10	🍷🍷 2*
● Langhe Rosso Bricco Appiani '07	🍷🍷 6
● Barbera d'Alba Sup. Bricco Appiani '06	🍷 4
● Barolo Ravera '04	🍷🍷🍷 5
● Barolo Ravera '01	🍷🍷🍷 5
● Barolo Ravera '97	🍷🍷🍷 5
● Bricco Appiani '99	🍷🍷🍷 5
● Barolo Ravera '06	🍷🍷 5
● Dolcetto d'Alba '09	🍷🍷 2*

Ronchi

s.da Ronchi, 23 - 12050 Barbaresco [CN]
Tel. 0173635156
info@aziendaagricolaronchi.it

藏酒销售
预约参观
年产量 30 000 瓶
葡萄种植面积 5.5 公顷
葡萄栽培方式 传统栽培

在妻子帕奥拉（Paola）的帮助下，詹卡洛·罗卡（Giancarlo Rocca）对酒庄做出了越来越多不可磨灭的贡献。酒庄始建于1964年，詹卡洛的父亲阿方索（Alfonso）既是创始人，也是一位葡萄酒专家和至今仍很活跃的葡萄种植者。酒庄的名字来源于酿酒厂和葡萄园的所在地。该地阳光充足，紧靠拉巴雅葡萄园（Rabaja）。由于特意混合使用了法国木桶和更传统的斯拉夫尼亚橡木桶，龙基葡萄酒（Ronchi）凭借突出的结构和优雅的酿造方式在众多葡萄酒中脱颖而出。葡萄园里唯一种植的国际葡萄品种是纹理丰富的莎当尼葡萄（Chardonnay）。

● Barbaresco Et. Blu '08	🍷🍷 5
● Barbaresco Et. Rossa '08	🍷🍷 5
○ Langhe Chardonnay '10	🍷🍷 3
● Langhe Rosso '10	🍷🍷 4
● Dolcetto d'Alba '11	🍷 2
● Barbaresco Ronchi '04	🍷🍷🍷 6
● Barbaresco '07	🍷🍷 5
● Barbaresco Ronchi '07	🍷🍷 5*
● Barbaresco Ronchi '06	🍷🍷 5
● Barbera d'Alba Terlé '09	🍷🍷 3*
○ Langhe Chardonnay '09	🍷🍷 3
● Langhe Rosso '09	🍷🍷 4

皮埃蒙特区
PIEDMONT

Giovanni Rosso

Loc. Baudana, 6
12050 Serralunga d'Alba [CN]
Tel. 0173613340
www.giovannirosso.com

藏酒销售
预约参观
年产量 55 000 瓶
葡萄种植面积 10 公顷
葡萄栽培方式 传统栽培

大卫•罗索（Davide Rosso）管理酒庄至今已有10年的时间，在塞拉朗佳（Serralunga）市镇拥有上等葡萄园的他信心十足地把目光投向了酿制更高品质的葡萄酒上。他在传奇般的维格纳•里恩达葡萄园（Vigna Rionda）里有1公顷的葡萄种植地，酿造的酒品酒劲十足却又呈现出一种顺滑的口感，饮用时绝不会让人感到口干舌燥。为了保留内比奥罗葡萄（Nebbiolo）最纯正的特性，大卫选择使用只有23升容量的法国橡木桶，这样做既保证了酒品的优雅，又不会增加单宁酸和新橡木桶的特殊气味，受到了众多评论家和葡萄酒爱好者的一致好评。

● Barolo La Serra '08	🍷🍷🍷 7
● Barbera d'Alba Donna Margherita '10	🍷🍷 3*
● Barolo di Serralunga '08	🍷🍷 5
● Barolo V. Rionda Tommaso Canale '08	🍷🍷 8
● Barolo Cerretta '08	🍷🍷 7
● Langhe Nebbiolo '10	🍷 4
● Barolo Cerretta '06	🍷🍷🍷 7
● Barolo Cerretta '07	🍷🍷 7
● Barolo La Serra '07	🍷🍷 7
● Barolo La Serra '06	🍷🍷 7
● Barolo Serralunga '07	🍷🍷 5
● Barolo Serralunga '06	🍷🍷 5

Rovellotti

Interno Castello, 22 - 28074 Ghemme [NO]
Tel. 0163841781
www.rovellotti.it

藏酒销售
年产量 55 000 瓶
葡萄种植面积 17 公顷
葡萄栽培方式 传统栽培

虽然安东内洛（Antonello）和保罗•罗威罗迪（Paolo Rovellotti）在酒窖里遇到许多困难，但对葡萄酒的热情支撑着他们度过难关。事实上，葡萄酒的发酵和陈化过程是在有1000多年历史且宏伟壮观的格美•里赛托堡垒（Ricetto di Ghemme）内的五个独立房间进行的。酒庄与这片土地的密切联系体现在对当地葡萄品种的专一使用上：首先，他们大量使用内比奥罗（Nebbiolo）葡萄酿造格美葡萄酒（Ghemme）和格美珍藏葡萄酒（Ghemme Riserva）；接着，维波林娜（Vespolina）酿制的波纳尔达葡萄酒（Bonarda Novarese）又名郁瓦达（UvaRara）;最后阿巴鲁斯（Erbaluce）葡萄在发酵前经理数月风干，酿成诱人的瓦尔丹利科葡萄酒（Valdenrico）。此外，还有厄拜柳丝（Erbaluce），这种白葡萄在发酵前需要进行长达数月的部分干燥，这样才能酿造出醉人的瓦尔丹里科葡萄酒（Valdenrico）。

○ Colline Novaresi Bianco Vitigno Innominabile Il Criccone '11	🍷 2*
● Colline Novaresi Vespolina Ronco al Maso '11	🍷 2*
● Ghemme Chioso dei Pomi '06	🍷 5
● Colline Novaresi Uva Rara Bonarda La Paganella '11	🍷 2
○ Colline Novaresi Bianco Vitigno Innominabile Il Criccone '10	🍷🍷 2*
● Ghemme Chioso dei Pomi '04	🍷🍷 5
● Ghemme Costa del Salmino Ris. '05	🍷🍷 5

皮埃蒙特区
PIEDMONT

Podere Ruggeri Corsini
LOC. BUSSIA CORSINI, 106
12065 MONFORTE D'ALBA [CN]
TEL. 017378625
www.ruggericorsini.com

藏酒销售
预约参观
年产量 68 000 瓶
葡萄种植面积 9.8 公顷
葡萄栽培方式 传统栽培

1995年起，洛雷达纳·阿达利（Loredana Addari）和尼古拉·阿加曼特（Nicola Argamante）正式成为葡萄酒酿造者。多年以来，支撑他们事业的因素是远负盛名的布齐亚葡萄园（Bussia）里的葡萄，以及配备有法国木桶、斯拉夫尼亚橡木桶且设备齐全的酒窖，和能够让人在每一环节直接操控的小型生产规模。显然，两人在国际上取得的优异成绩主要归功于巴罗洛葡萄酒（Barolo），不过他们在葡萄栽培和酿酒学方面的研究也被证明十分有效。其研究成果有效地应用到了莎当尼（Chardonnay）、黑皮诺·阿加玛考（Pinot Nero Argamakow）和兰格·奥腾奇奥（Langhe Autenzio）葡萄酒的生产。其中，兰格·奥腾奇奥使用一种由内比奥罗（Nebbiolo）和巴贝拉（Barbera）葡萄杂交所得的阿尔巴罗萨葡萄（Albarossa）酿制，引起了当地极大的兴趣。

● Barolo San Pietro '08	🏆 5
● Barbera d'Alba Sup. Armujan '10	🏆 3
● Barolo Bussia Corsini '08	🏆 5
● Langhe Nebbiolo '11	🏆 3
● Dolcetto d'Alba '11	🏆 2
○ Langhe Bianco '11	🏆 2
● Langhe Rosso Argamakow '10	🏆 4
● Barbera d'Alba Sup. Armujan '09	🏆 3
● Barolo Corsini '06	🏆 5
● Barolo S. Pietro '05	🏆 5
● Langhe Rosso Argamakow '09	🏆 4
● Langhe Rosso Autenzio '08	🏆 3

Josetta Saffirio
LOC. CASTELLETTO, 39
12065 MONFORTE D'ALBA [CN]
TEL. 0173787278
www.josettasaffirio.com

藏酒销售
预约参观
年产量 25 000 瓶
葡萄种植面积 5.5 公顷

凭借1988和1989年份推出的巴罗洛葡萄酒（Barolos），这家小型酒庄引起了葡萄酒爱好者的注意，但随后却经历了5年的断产。今天，在新收购了一些小型资产后，约瑟塔·萨菲里奥（Josetta Saffirio）和丈夫罗伯特·维扎（Roberto Vezza）、女儿萨拉（Sara）共同经营的酒庄变得比以往更强大，进而重新回到人们的视野。酒庄之所以能够复兴，其优雅的葡萄酒以及配备有法国橡木桶和中型桶的半地下地窖功不可没。酒庄最近出厂的葡萄酒是1948年款的巴罗洛·米诺托48（Barolo Millenovecento48）。正是在那一年，约瑟塔的祖父开辟了内比奥罗葡萄园（Nebbiolo），且至今仍在使用。

● Barolo Persiera '08	🏆 7
● Barolo '08	🏆 5
● Barolo Millenovecento48 '08	🏆 7
● Langhe Alna Rosso '10	🏆 3
○ Langhe Bianco '10	🏆 3
● Langhe Nebbiolo '10	🏆 3
● Barbera d'Alba '10	🏆 3
● Barolo '89	🏆 6
● Barolo '88	🏆 6
● Barolo Francesco Millenovecentoquarantotto '07	🏆 7
● Barolo Persiera '07	🏆 7
○ Langhe Bianco '09	🏆 3*

皮埃蒙特区
PIEDMONT

Cascina Salicetti
via Cascina Salicetti, 2
15050 Montegioco [AL]
Tel. 0131875192
www.cascinasalicetti.it

藏酒销售
预约参观
年产量 25 000 瓶
葡萄种植面积 16 公顷

卡西纳•萨利塞蒂（Cascina Salicetti）的葡萄园坐落在蒙特吉奥科地区（Montegioco）风景如画的群山之中，距托特纳地区（Tortona）15公里，自20世纪20年代开始种植葡萄。今天，葡萄种植面积约占整个酒庄面积的1/3，葡萄品种主要是本地品种皮埃蒙特（Piedmont），还有产自托特纳地区（Tortona）的提摩拉索葡萄（Timorasso）。这一特殊品种常被酒庄用来酿造奥姆柏拉（Ombra di Luna）和普林西皮奥（Principio）这两款葡萄酒。其他种植的葡萄还有酿造莫亚甘地葡萄酒（Moarganti）的巴贝拉（Barbera）、酿造鲁格拉斯葡萄酒（Rugras）的多赛托（Dolcetto）、酿造Risulò葡萄酒的克罗蒂娜（Croatina）、酿造塞古伊托葡萄酒（Seguito）的赤霞珠（Cabernet Sauvignon）和柯蒂斯•蒙塔里诺（Cortese Montarlino）。

Tenuta San Sebastiano
cascina San Sebastiano, 41 - 15040 Lu [AL]
Tel. 0131741353
www.dealessi.it

藏酒销售
预约参观
年产量 70 000 瓶
葡萄种植面积 9 公顷

在短短几年里，罗伯特•德•阿勒西（Roberto De Alessi）的葡萄园已经渐入佳境，酒窖开始产出优秀的酒品。罗伯特对实验的渴望，使他在一系列的新项目里使用了不同的葡萄：巴贝拉（Barbera）、吉诺林诺（Grignolino）和柯蒂斯（Cortese）被用来酿造单一葡萄酒；莫斯卡托（Moscato）和琼瑶浆（Gewürztraminer）混合进LV干葡萄酒里；梅洛（Merlot）和赤霞珠（Cabernet Sauvignon）被用来混合酿造达勒拉葡萄酒（Dalera）；索尔•多葡萄酒（Sol Do）来自100%的黑皮诺葡萄（Pinot Nero）。罗伯特的创造力造就了一系列酒香馥郁、酒劲浓烈且非常乃久存的葡萄酒。

- ● Colli Tortonesi Barbera Morganti '10 ▾▾ 2*
- ● Colli Tortonesi Rosso Risulò '10 ▾▾ 2*
- ○ Colli Tortonesi Timorasso Ombra di Luna '10 ▾ 3
- ○ Colli Tortonesi Timorasso Principio '10 ▾▾ 3
- ● Colli Tortonesi Cortese Montarlino '11 ▾ 2
- ● Colli Tortonesi Rosso Il Seguito '10 ▾ 2
- ● Rugras ▾ 4
- ● Colli Tortonesi Barbera Morganti '09 ▾▾ 2*
- ● Colli Tortonesi Barbera Punta del Sole '08 ▾▾ 4
- ● Colli Tortonesi Dolcetto Di Marzi '09 ▾▾ 2*
- ● Colli Tortonesi Dolcetto Rugras '08 ▾▾ 2*
- ○ Colli Tortonesi Timorasso Derthona '09 ▾▾ 3*
- ○ Colli Tortonesi Timorasso Ombra di Luna '09 ▾▾ 4

- ● Barbera del M.to Sup. Mepari '09 ▾ 4
- ● M.to Rosso Dalera '08 ▾ 3
- ● M.to Rosso Sol-Do '09 ▾ 3
- ● Barbera del M.to Dì '10 ▾ 2
- ● Piemonte Grignolino Sarsara '11 ▾ 2
- ● Barbera del M.to '09 ▾▾ 2*
- ● Barbera del M.to Sup. Mepari '08 ▾▾ 4
- ● Barbera del M.to Sup. Mepari '07 ▾▾ 4
- ● Barbera del M.to Sup. Mepari '06 ▾▾ 4
- ● M.to Rosso Sol-Do '07 ▾▾ 3
- ● M.to Rosso Sol-Do '05 ▾▾ 3*

皮埃蒙特 PIEDMONT

★Luciano Sandrone
VIA PUGNANE, 4 - 12060 BAROLO [CN]
TEL. 0173560023
www.sandroneluciano.com

藏酒销售
预约参观
年产量 95 000 瓶
葡萄种植面积 25 公顷

这个酒庄达到了葡萄酒酿造的巅峰，持续获得国际葡萄酒出版社的一致好评和赞誉。酒庄的成功归功于几个因素：首先是卢西亚诺（Luciano）、卢卡（Luca）和芭芭拉（Barbara Sandrone）的精湛技艺与对生产细节的苛求；然后是华丽的葡萄园，包括著名的坎努比·波切丝葡萄园（Cannubi Boschis），以及位于维扎（Vezza d'Alba）陡峭、壮观的瓦尔马吉奥勒葡萄园（Valmaggiore）；最后当然就是结构辉煌先进的酒窖，淋漓尽致地展示了酿酒艺术家如何巧夺天工地创造出一批批出色的葡萄酒。

● Barolo Cannubi Boschis '08	♛♛♛ 8
● Barolo Le Vigne '08	♛♛ 8
● Nebbiolo d'Alba Valmaggiore '10	♛♛ 5
● Barbera d'Alba '10	♛♛ 5
● Barolo '83	♕♕♕ 7
● Barolo Cannubi Boschis '07	♕♕♕ 8
● Barolo Cannubi Boschis '06	♕♕♕ 8
● Barolo Cannubi Boschis '05	♕♕♕ 8
● Barolo Cannubi Boschis '04	♕♕♕ 8
● Barolo Cannubi Boschis '03	♕♕♕ 8
● Barolo Cannubi Boschis '01	♕♕♕ 8
● Barolo Cannubi Boschis '00	♕♕♕ 8
● Barolo Cannubi Boschis '86	♕♕♕ 8
● Barolo Le Vigne '99	♕♕♕ 8

Cantine Sant'Agata
REG. MEZZENA, 19 - 14030 SCURZOLENGO [AT]
TEL. 0141203186
www.santagata.com

藏酒销售
预约参观
餐饮接待
年产量 150 000 瓶
葡萄种植面积 12 公顷

酿酒学家克劳迪奥（Claudio）和弗朗科（Franco）兄弟俩共同管理着这个始建于近一个世纪前的家族酒庄，凭借出产的路切丝葡萄酒（Ruchés）而远近驰名。与之同名的葡萄品种栽种在酒庄附近的斯克鲁伦哥葡萄园（Scurzolengo），里面的葡萄藤已有30年的历史，白垩和黏质土壤为产出果香浓郁的葡萄提供了理想的条件。出产的酒品易于饮用，果香四溢。酒庄其他两处生产地，分别位于卡内里地区（Canelli）和蒙佛尔特（Monforte d'Alba）。

● M.to Rosso Monterovere '09	♛♛ 4
● Ruché di Castagnole M.to 'Na Vota '11	♛♛ 3
⊙ Suavissimus Rosé Brut '09	♛♛ 4
● Barbera d'Asti Sup. Altea '10	♛ 2
● Barbera d'Asti Sup. Cavalé '09	♛ 4
● Ruché di Castagnole M.to Pro Nobis '10	♛ 3
● Barbera d'Asti Sup. Altea '07	♕♕ 7
○ Gavi di Gavi Ciarea '10	♕♕ 2
● M.to Rosso Genesi '07	♕♕ 5
● Ruché di Castagnole M.to Genesi '08	♕♕ 5
● Ruché di Castagnole M.to Il Cavaliere '09	♕♕ 2*

皮埃蒙特区
PIEDMONT

Paolo Saracco
VIA CIRCONVALLAZIONE, 6
12053 CASTIGLIONE TINELLA [CN]
TEL. 0141855113
www.paolosaracco.it

藏酒销售
预约参观
年产量 600 000 瓶
葡萄种植面积 45 公顷

家族的第三代人保罗·萨拉科（Paolo Saracco）现在掌管着这个历史悠久的莫斯卡托酒庄（Moscato）。葡萄园被划分为14处不同方位的块田，主要处在酒窖方圆3公里内、海拔300米到460米之间的沙床、粉土和石灰石土壤上。种植的葡萄品种除了莫斯卡托（Moscato）之外，还有少量的雷司令（Riesling）、琼瑶浆（Traminer）、莎当尼（Chardonnay）和黑皮诺（Pinot Nero）葡萄。出产的葡萄酒旨在把复杂性、新鲜度和优雅度完美结合。

○ Piemonte Moscato d'Autunno '11		3*
○ Moscato d'Asti '11		3
● Piemonte Pinot Nero '09		5
○ Langhe Chardonnay Prasuè '11		3
○ Piemonte Moscato d'Autunno '09		3*
○ Moscato d'Asti '09		3
○ Piemonte Moscato d'Autunno '08		3*
○ Piemonte Moscato d'Autunno '07		3*
○ Piemonte Moscato d'Autunno '06		3*
○ Piemonte Moscato d'Autunno '05		3*
○ Piemonte Moscato d'Autunno '04		3*
○ Piemonte Moscato d'Autunno '03		3*

Roberto Sarotto
VIA RONCONUOVO, 13 - 12050 NEVIGLIE [CN]
TEL. 0173630228
www.robertosarotto.com

藏酒销售
预约参观
年产量 150 000 瓶
葡萄种植面积 50 公顷

自1984年拿到酿酒学的文凭后，罗伯托（Roberto Sarotto）马上投入到工作当中。在这一令人兴奋的时期，酒庄收购了葡萄园，为酒窖引进了新的技术设备，见证了酒庄的扩张和现代化进程。今天，令人印象深刻的葡萄种植地从生产巴罗洛（Barolo）的诺维罗（Novello）延伸到生产巴巴莱斯科（Barbaresco）的内维地区（Neive），再到生产法定保证产区同名葡萄酒的加维地区（Gavi）。位于内威戈尼（Neviglie）的葡萄园种植了多赛托（Dolcetto）、莫斯卡托（Moscato）和巴贝拉（Barbera）葡萄，以及少量用于酿制兰格·罗素·恩里科一代混酿酒（Langhe Rosso Enricol）的内比奥罗（Nebbiolo）和赤霞珠（Cabernet Sauvignon）葡萄。出产的葡萄酒口感直率、可口，价格非常有竞争力。

● Barolo Audace Ris. '06		5
○ Gavi del Comune di Gavi Bric Sassi Tenuta Manenti '11		2*
● Barbaresco Currà Ris. '07		6
● Barbaresco Gaia Principe '09		5
● Barbaresco Gaia Principe Ris. '07		6
○ Gavi Aurora '11		2*
○ Moscato d'Asti Solatio '11		3
○ Langhe Arneis '11		3
● Barbaresco Currà Ris. '06		6
○ Gavi del Comune di Gavi Bric Sassi '10		2*
○ Gavi del Comune di Gavi Campo dell'Olio '10		3

皮埃蒙特区 / PIEDMONT

Scagliola
via San Siro, 42 - 14052 Calosso [AT]
Tel. 0141853183
www.scagliola-sansi.com

藏酒销售
预约参观
年产量 150 000 瓶
葡萄种植面积 25 公顷

斯卡格里奥拉家族（Scagliola）已成为整个阿斯蒂地区（Asti）酿酒商中的标杆。葡萄园海拔300米到400米，位于卡罗索地区（Calosso）的庄园栽种了巴贝拉葡萄（Barbera）以及一小块古老的葡萄藤，土壤里含有适中的石灰岩黏土；位于卡内里地区（Canelli）的园地里种植了莫斯卡托葡萄（Moscato），土壤为沙质泥灰岩。出产的葡萄酒力求在反映风土特色的同时保留原有品种的芳香。

● Barbera d'Asti Sup. SanSì Sel. '09	♛♛ 7
○ Moscato d'Asti Volo di Farfalle '11	♛♛ 3*
● Barbera d'Asti Frem '11	♛♛ 3
● Barbera d'Asti Sup. SanSì '10	♛♛ 6
● M.to Rosso Azörd '10	♛♛ 5
○ Moscato d'Asti Primo Bacio '11	♛ 3
● Barbera d'Asti Sup. SanSì Sel. '01	♛♛♛ 6
● Barbera d'Asti Sup. SanSì Sel. '00	♛♛♛ 6
● Barbera d'Asti Sup. SanSì Sel. '99	♛♛♛ 5
● Barbera d'Asti Sup. SanSì '07	♛♛ 6
● Barbera d'Asti Sup. SanSì Sel. '07	♛♛ 7

Giorgio Scarzello e Figli
via Alba, 29 - 12060 Barolo [CN]
Tel. 017356170
www.barolodibarolo.com

藏酒销售
预约参观
年产量 25 000 瓶
葡萄种植面积 5.5 公顷

希奥尔西奥酒庄（Giorgio Scarzello e Figli）坚持的原则是：总是使用传统的发酵工艺并使用大木桶进行陈化，力求使巴罗洛葡萄酒（Barolo）具有经典风味，只散发出内比奥罗葡萄（Nebbiolo）的芳香。费德里克（Federico）通过专门使用内比奥罗和巴贝拉（Barbera）两种本地葡萄来确保对这一传统方法的严格坚持。品种不多的葡萄酒包括两款巴罗洛葡萄酒：普通款和产自优质萨尔马萨葡萄园（Sarmassa）的维尼亚•玛伦达（Vigna Merenda）。此外还有兰格•内比奥罗葡萄酒（Langhe Nebbiolo）和巴贝拉阿尔巴顶级葡萄酒（Barbera d'Alba Superiore）。

● Barolo '07	♛♛ 5
● Langhe Nebbiolo '10	♛♛ 3
● Barolo V. Merenda '99	♛♛♛ 5
● Barbera d'Alba Sup. '08	♛♛ 4
● Barbera d'Alba Sup. '07	♛♛ 4
● Barolo '06	♛♛ 5
● Barolo '05	♛♛ 5
● Barolo Sarmassa V. Merenda '06	♛♛ 6
● Barolo V. Merenda '06	♛♛ 6
● Barolo V. Merenda '05	♛♛ 6
● Barolo V. Merenda '04	♛♛ 6
● Barolo V. Merenda '01	♛♛ 6

★Paolo Scavino

Fraz. Garbelletto
via Alba-Barolo, 59
12060 Castiglione Falletto [CN]
Tel. 017362850
www.paoloscavino.com

藏酒销售
预约参观
年产量 100 000 瓶
葡萄种植面积 22 公顷

作为孜孜不倦的研究者和实验者，恩里科•斯卡维诺（Enrico Scavino）现在经营着由他父亲保罗（Paolo）始建于1921年的这个宏伟的酒庄。酒窖可谓是一块真正的宝石，里面建有用于储藏小橡木桶和中型木桶的大型地下室，以及配备最新技术的发酵区。这样做的目的是使产出的酒品结构良好、气质高雅且富含纯净的果肉。巴罗洛（Barolo）爱好者都会有兴趣知道即将发布的新一款葡萄园精品酒，其原料取自位于塞拉朗佳地区（Serralunga）漂亮的皮娜坡葡萄园（Prapò）。酒庄出品的质量长期占据巴罗洛区的顶尖行列。

- Barolo Monvigliero '08　　　🍷🍷🍷 8
- Barolo Bricco Ambrogio '08　🍷🍷 8
- Barolo Carobric '08　　　　　🍷🍷 8
- Barolo Rocche dell'Annunziata Ris. '08　🍷🍷🍷 8
- Barbera d'Alba '11　　　　　🍷🍷 5
- Barolo '08　　　　　　　　　🍷🍷 7
- Barolo Bric del Fiasc '08　　🍷🍷 8
- Barolo Cannubi '08　　　　　🍷🍷 8
- ○ Langhe Bianco '11　　　　🍷🍷 3
- ○ Langhe Sorriso '10　　　　🍷🍷 5
- Dolcetto d'Alba '11　　　　　🍷 3
- Langhe Nebbiolo '10　　　　🍷 4
- Barolo Bric del Fiasc '06　　🍷🍷🍷 8
- Barolo Rocche dell'Annunziata Ris. '05　🍷🍷🍷 8

Schiavenza

via Mazzini, 4
12050 Serralunga d'Alba [CN]
Tel. 0173613115
www.schiavenza.com

藏酒销售
预约参观
餐饮接待
年产量 35 000 瓶
葡萄种植面积 8 公顷

在瓦特•安塞尔玛（Walter Anselma）的帮助下，卢西亚诺（Luciano）和马拉•皮拉（Maura Pira）经营着这个小型酒庄。酒庄的成功有赖于两个关键因素：优质的葡萄园和酒窖里细致的工作。酒庄坚持酿造传统酒品，放弃使用白皮葡萄和非本地葡萄，并保证巴罗洛葡萄酒（Barolo）能在中型斯拉夫尼亚橡木桶里长时间地陈酿。这一方法很快收到成效，酒庄凭借着三款巴罗洛葡萄园精品酒获得了巨大的市场成功。这三款酒完美诠释了各自不同的产地：皮娜坡（Prapò）、布里克•塞切塔（Bricco Cerretta）和巴罗吉里奥（Broglio）。

- Barolo Prapò '08　　　　　　🍷🍷🍷 6
- Barolo Bricco Cerretta '08　🍷🍷 5
- Barolo Broglio '08　　　　　🍷🍷 5
- Barolo Prapò Ris. '06　　　　🍷🍷 6
- Barolo Serralunga '08　　　　🍷🍷 5
- Barolo Broglio Ris. '06　　　🍷🍷 6
- Dolcetto d'Alba '11　　　　　🍷 2
- Barolo Broglio '05　　　　　🍷🍷🍷 5
- Barolo Broglio '04　　　　　🍷🍷🍷 5
- Barolo Broglio Ris. '04　　　🍷🍷🍷 5
- Barolo Bricco Cerretta '07　🍷🍷 5
- Barolo Broglio '07　　　　　🍷🍷 5
- Barolo Prapò '07　　　　　　🍷🍷 6

PIEDMONT
皮埃蒙特区

Scrimaglio
S.DA ALESSANDRIA, 67
14049 NIZZA MONFERRATO [AT]
TEL. 0141721385
www.scrimaglio.it

藏酒销售
预约参观
年产量 700 000 瓶
葡萄种植面积 20 公顷
葡萄栽培方式 有机认证

圣马尼奥（Scrimaglio）无疑是阿斯缇地区（Asti）最有活力的酒庄之一，体现在它既在尼扎分区（Nizza）扮演了重要角色，同时又不失去自己独有的个性。除了几条生产可靠产品的生产线外，酒庄还在葡萄园和酒窖里开展了一系列实验。出产的大部分酒品来自巴贝拉葡萄（Barbera）。这一品种被用于酿造几个系列的酒品，从日常葡萄酒到长期陈化的维沙华葡萄酒（Riservas）。

Mauro Sebaste
FRAZ. GALLO
VIA GARIBALDI, 222BIS - 12051 ALBA [CN]
TEL. 0173262148
www.maurosebaste.it

藏酒销售
预约参观
年产量 150 000 瓶
葡萄种植面积 25 公顷

瑟巴斯特（Sebaste）酒庄虽成立于20世纪90年代初，但实际的发展历史相当短暂。毛罗（Mauro）的母亲西拉（Sylla）是兰格地区（Langhe）杰出的葡萄酒女性之一，在20世纪70年代曾经营过一个著名的巴罗洛酒庄（Barolo）。毛罗和妻子玛莉亚（Maria Teresa）几乎白手起家，起步时是通过在兰格（Langhe）和罗埃洛（Roero）地区挑选能满足生产需求的一批葡萄园。广泛的葡萄酒品种涵盖了清纯优雅、榨取巧妙且忠实反映各自地域风土特点的一系列葡萄酒。其中包括皮娜坡（Prapò）、蒙维格里阿罗·巴罗洛（Monvigliero Barolos）和内比奥罗（Nebbiolos）等品牌，原材料多产自罗埃洛地区（Roero）的葡萄园。

● Barbera d'Asti Sup. Nizza Acsé '09	▼▼▼ 5
● Barbera d'Asti Sup. Crôutin '08	▼▼ 5
● Barbera d'Asti Sup. Fiat '10	▼▼ 4
● Barbera d'Asti Sup. RoccaNivo '10	▼▼ 2*
● M.to Rosso Tantra '09	▼▼ 5
● Barbera d'Asti Sup. Nizza Acsé '08	♀♀♀ 5
● Barbera d'Asti Sup. Nizza Acsé '07	♀♀♀ 5
● Barbera d'Asti NoWood '09	♀♀ 2*
● Barbera d'Asti Sup. Fiat '09	♀♀ 4
● Barbera d'Asti Sup. Fiat '07	♀♀ 4
● Barbera d'Asti Sup. RoccaNivo '09	♀♀ 2*
● Barbera d'Asti Sup. RoccaNivo '08	♀♀ 2*
● Piemonte Barbera No Cork '10	♀♀ 3

● Barolo Prapò '08	▼▼ 7
● Barbera d'Alba Sup. Centobricchi '10	▼▼ 4
● Dolcetto d'Alba S. Rosalia '11	▼ 3
○ Gavi '11	▼ 3
○ Moscato d'Asti '11	▼ 3
○ Roero Arneis '11	▼ 3
● Barolo Monvigliero '07	♀♀ 6
● Barolo Monvigliero '04	♀♀ 6
● Barolo Prapò '05	♀♀ 7
○ Gavi '10	♀♀ 3
● Nebbiolo d'Alba Parigi '09	♀♀ 4

皮埃蒙特区
PIEDMONT

F.lli Seghesio
LOC. CASTELLETTO, 19
12065 MONFORTE D'ALBA [CN]
TEL. 017378108
www.fratelliseghesio.it

藏酒销售
预约参观
年产量 60 000 瓶
葡萄种植面积 10 公顷

喜格士酒庄（F.lli Seghesio）的前身是创建于20世纪60年代的一个农场，20年后才开始走上葡萄酒生产的发展道路。当时，理查多（Riccardo）和阿尔多（Aldo）兄弟在接管了酒庄后，决定采用现代化的生产方式，酿造维拉•巴罗洛（Barolo La Villa）和维内托塔•巴贝拉（Barbera d'Alba Vigneto della Chiesetta）葡萄酒。他们在葡萄园里开展葡萄束细化工作，使用不同尺寸的法国橡木桶来陈酿具有突出结构的葡萄酒，这结构源于蒙佛尔特卡斯特列托地区（Monforte castelletto）上佳的葡萄园。今天，理查多和年轻一代的米切拉（Michela）、桑德罗（Sandro）、马科（Marco）一起经营着酒庄。他们正满腔热情地大步走在已开辟出的葡萄酒兴旺之路上。

Tenute Sella
VIA IV NOVEMBRE, 130 - 13060 LESSONA [BI]
TEL. 01599455
www.tenutesella.it

藏酒销售
预约参观
年产量 90 000 瓶
葡萄种植面积 22 公顷

特努塔•塞拉酒庄（Tenuta Sella）的商标上标示着"1671"，正是从这一年起，酒庄开始在勒索那（Lessona）地区酿制葡萄酒。两个世纪后，酒庄合并了位于巴拉玛特拉（Bramaterra）农庄周边的葡萄园，在这里生产的葡萄酒也就自然以农庄的名字命名。今天，乔亚奇诺•塞拉（Gioacchino Sella）是酒庄的所有者，克里斯蒂亚诺•格瑞拉（Cristiano Garella）则是总经理。他们遵循传统的酿酒方法，其基础建立在严谨的葡萄园管理和长时间的橡木桶陈化，从而充分发挥出皮埃蒙特地区（Piedmont）内比奥罗葡萄（Nebbiolo）的特性。在酒庄出产的9种葡萄酒中，最突出和备受赞誉的是雷索纳精品酒（Lessona）、欧玛格诺（Omaggio a Quintino Sella）、萨巴蒂诺（San Sebastiano allo Zoppo）和巴玛特拉（Bramaterra I Porfidi）。

● Barolo Vign. La Villa '08	6
● Barbera d'Alba Vign. della Chiesa '09	4
● Barbera d'Alba Vign. della Chiesa '00	4
● Barbera d'Alba Vign. della Chiesa '97	4
● Barolo Vign. La Villa '04	6
● Barolo Vign. La Villa '99	7
● Barolo Vign. La Villa '91	6
● Barbera d'Alba Vign. della Chiesa '06	4
● Barbera d'Alba Vign. della Chiesa '05	4
● Barolo Vign. La Villa '07	6
● Barolo Vign. La Villa '06	6
● Barolo Vign. La Villa '05	6

● Lessona Omaggio a Quintino Sella '06	7
● Lessona S. Sebastiano allo Zoppo '07	6
● Bramaterra '09	5
● Bramaterra I Porfidi '08	5
○ Coste della Sesia Doranda '11	3
● Coste della Sesia Orbello '11	3
● Lessona '09	5
● Coste della Sesia Casteltorto '10	4
● Bramaterra I Porfidi '07	5
● Bramaterra I Porfidi '05	5
● Bramaterra I Porfidi '03	5
● Lessona Omaggio a Quintino Sella '05	6

PIEDMONT
皮埃蒙特区

★Sottimano
LOC. COTTÀ, 21 - 12052 NEIVE [CN]
TEL. 0173635186
www.sottimano.it

藏酒销售
预约参观
年产量 85 000 瓶
葡萄种植面积 18 公顷

当安娜（Anna）和里诺•索蒂马诺（Rino Sottimano）想起在近40年的工作中取得的国际性成功时，他们只是平静地微微一笑。今天，他们的儿子安德拉（Andrea）成为了葡萄酒技师，女儿依莲娜（Elena）也参与进来，一起提供强有力的帮助。他们继续遵循一开始的经营理念：一丝不苟地对待葡萄园和酒窖。葡萄种植在位于内维（Neive）和特雷索（Treiso）市镇的优秀葡萄园，最老的葡萄束产出的葡萄用于酿造五款巴巴莱斯科精品酒（Barbaresco），而较嫩的葡萄束则用于酿造兰格•内比奥罗葡萄酒（Langhe Nebbiolo）。该酒庄的出品风格比较现代，需要在各种尺寸的法国橡木桶中进行相当长时间的浸渍。

● Barbaresco Currà '08	🍷🍷🍷 7
● Barbaresco Cottà '09	🍷🍷 7
● Barbaresco Fausoni '09	🍷🍷 7
● Barbaresco Pajoré '09	🍷🍷 7
● Barbera d'Alba Pairolero '10	🍷🍷 4
● Dolcetto d'Alba Bric del Salto '11	🍷 2
● Barbaresco Cottà '05	🍷🍷🍷 7
● Barbaresco Cottà '04	🍷🍷🍷 7
● Barbaresco Cottà '99	🍷🍷🍷 7
● Barbaresco Currà '04	🍷🍷🍷 6
● Barbaresco Pajoré '08	🍷🍷🍷 7
● Barbaresco Pajoré '01	🍷🍷🍷 6
● Barbaresco Ris. '05	🍷🍷🍷 8
● Barbaresco Ris. '04	🍷🍷🍷 8
● Barbaresco Cottà '08	🍷🍷 7

Luigi Spertino
VIA LEA, 505 - 14047 MOMBERCELLI [AT]
TEL. 0141959098
www.luigispertino.it

藏酒销售
预约参观
年产量 40 000 瓶
葡萄种植面积 9 公顷

毛罗•斯佩迪诺（Mauro Spertino）是一个狂热而坚定的人。他下决心要为本地区开辟一条不寻常的道路，具体的方法是：采用部分干燥技术，酿造拉曼多尔拉山丘系列葡萄酒（La mandorla），把该技术运用到取材于巴贝拉（Barbera）和黑皮诺（Pinot Noir）葡萄的静止葡萄酒中。毛罗还采用类似方法，将葡萄皮经过发酵的柯蒂斯葡萄（Cortese）用来酿造白葡萄酒。这些风土特色浓郁又极具个性的葡萄酒拥有独特的性格，而另外一些酒品的风格则更经典一些。其中最重要的酒品是吉诺林诺（Grignolino），其酿制水平堪称领先。

● M.to Rosso La Mandorla '09	🍷🍷🍷 7
● Barbera d'Asti '10	🍷🍷 4
● Grignolino d'Asti '11	🍷🍷 3*
○ Piemonte Cortese Vilet '10	🍷🍷 7
● Barbera d'Asti Sup. La Mandorla '09	🍷🍷🍷 8
● Barbera d'Asti Sup. La Mandorla '07	🍷🍷🍷 7
● M.to Rosso La Mandorla '07	🍷🍷🍷 5
● Barbera d'Asti '08	🍷🍷 3
● Grignolino d'Asti '10	🍷🍷 3
● Grignolino d'Asti '09	🍷🍷 3
○ Piemonte Cortese Vilet '09	🍷🍷 6

PIEDMONT

皮埃蒙特区

★★★ La Spinetta

VIA ANNUNZIATA, 17
14054 CASTAGNOLE DELLE LANZE [AT]
TEL. 0141877396
www.la-spinetta.com

藏酒销售
预约参观
年产量 500 000 瓶
葡萄种植面积 100 公顷
葡萄栽培方式 传统栽培

自从1978年出道并推出第一瓶莫斯卡托•阿斯缇葡萄酒（Moscato d'Asti）起，拉•斯皮内塔酒庄（La Spinetta）就依靠自身发展获得了国际赞誉。在活力四射的乔治奥•里维迪（Giorgio Rivetti）的指导下，酒窖不久也开始酿制以内比奥罗（Nebbiolo）和巴贝拉（Barbera）葡萄为原料的杰出红葡萄酒。多亏注重葡萄园优质葡萄的酿酒风格，这些创意十足、果肉四溢的酒品弥漫着成熟的芳香。酒窖没有什么秘密，酿酒过程充分利用现代技术，如旋转酒槽、不间断控温和崭新法国橡木桶的使用。葡萄酒在装瓶前也无需澄清或过滤。

Stroppiana

FRAZ. RIVALTA
SAN GIACOMO, 6
12064 LA MORRA [CN]
TEL. 0173509419
www.cantinastroppiana.com

藏酒销售
预约参观
年产量 35 000 瓶
葡萄种植面积 5 公顷

酒庄的所有事务由达里奥•沙特诺皮安娜（Dario Stroppiana）和妻子斯蒂芬妮（Stefania）亲自打理。酒窖大多使用斯拉夫尼亚橡木桶，唯一的例外是巴罗洛•圣•吉亚科马葡萄酒（Barolo San Giacomo），这一酒款在橡木桶里陈酿一年后再放进中型法国橡木桶里陈酿一年。酒庄一切的努力旨在实现酒体的平衡和直率的口感。酒庄所产葡萄种类不多，包括产自蒙福特区（Monforte）布斯雅（Bussia）的巴罗洛（Barolo），以及由本区域的传统葡萄酿成的葡萄酒，例如，内比奥罗（Nebbiolo），巴贝拉（Barbera）和多塞托（Dolcetto）。

● Barolo Campè '08	🍷🍷 8
● Barbera d'Asti Sup. Bionzo '10	🍷🍷 6
● Barbaresco Vign. Gallina '09	🍷🍷 8
○ Langhe Sauvignon '09	🍷🍷 6
● Monferrato Rosso Pin '10	🍷🍷 6
● Barbaresco Vign. Starderi '09	🍷🍷 8
● Barbaresco Vign. Valeirano '09	🍷🍷 8
● Barolo Vign. Garretti '08	🍷🍷 7
○ Piemonte Chardonnay Lidia '09	🍷🍷 6
● Langhe Nebbiolo Vign. Starderi '10	🍷 5
● Barbaresco Vign. Starderi '07	🍷🍷🍷 8
● Barbaresco Vign. Starderi '05	🍷🍷🍷 8
● Barbaresco Vign. Valeirano '04	🍷🍷🍷 8
● Barbera d'Asti Sup. Bionzo '09	🍷🍷🍷 6
● Barbera d'Asti Sup. Bionzo '07	🍷🍷🍷 6
● M.to Rosso Pin '06	🍷🍷🍷 6

● Barolo Leonardo '08	🍷🍷 5
● Barolo Gabutti Bussia '08	🍷🍷 6
● Barolo V. S. Giacomo '08	🍷🍷 6
● Barbera d'Alba Sup. Altea '09	🍷🍷 2
● Barolo Gabutti Bussia '07	🍷🍷 5
● Barolo Leonardo '07	🍷🍷 4
● Barolo V. S. Giacomo '07	🍷🍷 5
● Barolo V. S. Giacomo '96	🍷🍷 5
● Langhe Rosso '09	🍷🍷 2

PIEDMONT

Luigi Tacchino

VIA MARTIRI DELLA BENEDICTA, 26
15060 CASTELLETTO D'ORBA [AL]
TEL. 0143830115
www.luigitacchino.it

藏酒销售
预约参观
年产量 120 000 瓶
葡萄种植面积 12 公顷

罗密欧（Romina）和艾丽西奥（Alessio）经营着传承了三代人的家庭酒庄。他们最近的努力造就了多赛托•奥瓦达（Dolcetto di Ovada），并借此获得了2012年《年鉴》中的"三杯奖"称号，开创了整个产区的先例。此外，酒庄还提供一系列极其清纯、制作精良的酒品，如单一葡萄酿成的巴贝拉（Barbera）、柯蒂斯（Cortese）和加维（Gavi），加上由巴贝拉（Barbera）、多赛托（Dolcetto）和赤霞珠（Cabernet Sauvignon）葡萄混酿而成的蒙费拉托•罗素（Monferrato Rosso di Fatto）。这样的尝试无疑给这个亟待开发的地区以全新的视角，指明了其前进的道路。

● Dolcetto di Ovada Sup. Du Riva '09	🍷🍷🍷 4*
● Dolcetto di Ovada '10	🍷🍷 2*
● Barbera del M.to '11	🍷🍷 2*
○ Gavi del Comune di Gavi '11	🍷 3
● M.to Rosso Di Fatto '09	🍷🍷 5
● Barbera del M.to Albarola '10	🍷 4
○ Cortese dell'Alto M.to Frizzante Trivoli '11	🍷 2
○ Cortese dell'Alto M.to Marsenca '11	🍷 2
● Dolcetto di Ovada Sup. Du Riva '08	🍷🍷🍷 4*
● Barbera del M.to Albarola '09	🍷🍷 3*
● Dolcetto di Ovada Du Riva '04	🍷🍷 3
● M.to Rosso Di Fatto '08	🍷🍷 4

Michele Taliano

C.SO A. MANZONI, 24 - 12046 MONTÀ [CN]
TEL. 0173976512
www.talianomichele.com

藏酒销售
预约参观
年产量 60 000 瓶
葡萄种植面积 12 公顷

始建于1930年的家族酒庄现在由艾奇奥（Ezio）和阿尔伯托•塔利亚诺（Alberto Taliano）管理，葡萄园位于酒庄总部所在地蒙塔（Montà）和巴巴莱斯科葡萄酒（Barbaresco）产区的圣罗克欧（San Rocco Seno d'Elvio）。罗埃洛地区（Roero）的葡萄园种植着经典的本地葡萄品种，如阿内斯（Arneis）、内比奥罗（Nebbiolo）、布拉切多（Brachetto）、苏维翁（Sauvignon）和赤霞珠（Cabernet Sauvignon）等；而兰格地区（Langhe）的块田则栽种巴贝拉（Barbera）、多赛托（Dolcetto）、莫斯卡托（Moscato）和内比奥罗葡萄。他们出产的葡萄酒注重清新、馥郁和简朴，而非一味追求强劲。

● Barbera d'Alba Laboriosa '09	🍷🍷 3*
● Barbaresco Ad Altiora '09	🍷🍷 5
● Barbaresco Tera Mia Ris. '06	🍷 5
● Dolcetto d'Alba Ciabot '11	🍷 2
○ Roero Arneis Sernì '11	🍷 2
● Barbaresco Tera Mia Ris. '05	🍷🍷 5
● Nebbiolo d'Alba Blagheur '09	🍷🍷 3*
● Roero Ròche dra Bòssora '05	🍷🍷 3
● Roero Ròche dra Bòssora Ris. '08	🍷🍷 3
● Roero Ròche dra Bòssora Ris. '07	🍷🍷 3
● Roero Ròche dra Bòssora Ris. '06	🍷🍷 3

皮埃蒙特区
PIEDMONT

Tenuta La Tenaglia

S.DA SANTUARIO DI CREA, 5C
15020 SERRALUNGA DI CREA [AL]
TEL. 0142940252
www.latenaglia.com

藏酒销售
预约参观
参观设施
年产量 120 000 瓶
葡萄种植面积 30 公顷

历史悠久的拉•特纳格利亚酒庄（La Tenaglia）位于蒙费拉托•凯撒勒斯（Monferrato Casalese），紧邻圣图亚里奥自然保护区（Santuario di Crea）。方位良好的葡萄园海拔450米，处在本地区最高的地域之中。葡萄田主要种植本地经典的葡萄品种，如巴贝拉（Barbera）、吉诺林诺（Grignolino）和莫斯卡托（Moscato），另外还有用于酿制两种白葡萄酒的莎当尼（Chardonnay）和酿造蒙费拉托•奥利维埃里红酒（Monferrato Rosso Olivieri）的西拉（Syrah）。酿酒风格较为古典，谨慎使用橡木桶陈化葡萄酒，允许各个品种能自由地诠释自身特质。

Terralba

FRAZ. INSELMINA, 25
15050 BERZANO DI TORTONA [AL]
TEL. 013180403
www.terralbavini.com

预约参观
年产量 70 000 瓶
葡萄种植面积 20.5 公顷

斯特凡诺•达芬奇（Stefano Daffonchi）起初离开了葡萄种植行列，但后来又重新回归。一系列的辗转让他焕发了新的活力，认识到了这片土地和葡萄园能够一年年地塑造与诠释出精妙的艺术作品。在葡萄园里，他采用自然的方法种植提莫拉索（Timorasso）、巴贝拉（Barbera）、克罗地亚（Croatina）和莫拉德拉（Moradella）葡萄。健康成熟的葡萄被送往酒窖后，采用传统风格的方法酿造成葡萄酒。

● Grignolino del M.to Casalese '11	▼▼ 2*
● Barbera d'Asti Giorgio Tenaglia '08	▼▼ 3
● Barbera del M.to '11	▼▼ 2*
● Barbera del M.to Cappella 3 del Sacro Monte di Crea '11	▼▼ 2*
● Barbera del M.to Sup. 1930 Una Buona Annata '08	▼▼ 5
● Barbera d'Asti Bricco Crea '11	▼ 2
⊙ M.to Chiaretto Edenrose '11	▼ 2
○ Piemonte Chardonnay '11	▼ 2
● Barbera d'Asti Emozioni '99	▽▽ 4
● Barbera del M.to Cappella 3 del Sacro Monte di Crea '10	▽▽ 3
● Grignolino del M.to Casalese '10	▽▽ 2*
● M.to Rosso Olivieri '08	▽▽ 5

● Veyo '07	▼▼ 5
○ Colli Tortonesi Timorasso Derthona '10	▼▼ 3
○ Colli Tortonesi Timorasso Stato '10	▼▼ 5
● Costa Rossa '11	▼▼ 3
● Identità '10	▼ 4
● La Vetta '10	▼ 2
● Colli Tortonesi Rosso Montegrande '06	▽▽ 4
○ Colli Tortonesi Timorasso Derthona '09	▽▽ 3
○ Colli Tortonesi Timorasso Derthona '08	▽▽ 3
○ Colli Tortonesi Timorasso Stato '09	▽▽ 5
● Piemonte Barbera Identità '07	▽▽ 3
● Veyo '06	▽▽ 5

PIEDMONT

皮埃蒙特区

Terre da Vino Agricole
via Bergesia, 6 - 12060 Barolo [CN]
Tel. 0173564611
www.terredavino.it

藏酒销售
预约参观
年产量 1 200 000 瓶
葡萄种植面积 300 公顷

在葡萄酒酿造间的上方构建一条过道的想法非常精妙，使得游客们能够近距离地观看酿酒的每一个环节。尤其是考虑到在兰格地区（Langhe），葡萄酒的产量很大，但只有1/5的酒品符合"Agricole"项目的标准。他们在1996年就启动了旨在精选最好的葡萄园的项目，然后指派酒庄自己的农学家去打理，现在出品的葡萄酒十分引人关注，全部供应给这里的酒店和餐饮业。其中包括著名的露娜依•巴贝拉（Barbera d'Asti La Luna e i Falò）以及可靠的艾森泽（Essenze）和帕西托•巴罗洛（Paesi Tuoi Barolo）精品酒。

Terre del Barolo
via Alba-Barolo, 8
12060 Castiglione Falletto [CN]
Tel. 0173262053
www.terredelbarolo.com

藏酒销售
预约参观
年产量 30 000 000 瓶
葡萄种植面积 650 公顷

酒庄修建于1958年，创始人是反法西斯党派斗争的领导人物阿尔纳多•里维拉（Arnaldo Rivera）。酒庄在建立后不久就取得成功，随后发展成为了兰格地区（Langhe）最大的联营酒庄。酒庄现由马迪奥•波斯科（Matteo Bosco）经营，他长期致力于提升种植者成员输送的葡萄品质，并大大增加了葡萄酒产量。在酒庄的产品中，为首的是产自著名葡萄园的一系列巴罗洛葡萄酒（Barolo），如坎奴比（Cannubi）、拉维拉（Ravera）和蒙维格里埃罗（Monvigliero），维沙华•卡斯特罗（Riserva Castello）则源自卡米罗•本索（Camillo Benso）和康特（Conte di Cavour）于19世纪上半叶在吉利恩扎内（Grinzane）栽种的葡萄园。

● Barbaresco La Casa in Collina '09	🍷 5*
● Barbera d'Asti Sup. La Luna e i Falò '10	🍷 3*
● Barolo Essenze '08	🍷 6
● Barbera d'Alba Sup. Croere '10	🍷 3
● Barolo Paesi Tuoi '08	🍷 5
● Langhe Nebbiolo La Malora '10	🍷 4
○ Piemonte Sauvignon Chardonnay Tra Donne Sole '11	🍷 3*
● Barolo Poderi Scarrone '07	🍷 6
○ Piemonte Moscato Passito La Bella Estate '10	🍷 4
○ Piemonte Pinot Nero Extra Brut Molinera	🍷 3
● Barbera d'Asti Sup. La Luna e i Falò '09	🍷 3*
● Barolo Paesi Tuoi '07	🍷 5

● Barolo Castello '06	🍷 6
● Barolo '08	🍷 5
● Diano d'Alba Cascinotto '11	🍷 2*
● Dolcetto d'Alba Castello '11	🍷 3
● Barbera d'Alba Uve '11	🍷 3
● Barbera d'Alba Valdisera '11	🍷 2
● Nebbiolo d'Alba '10	🍷 2
● Barolo '06	🍷 5
● Barolo Rocche Ris. '04	🍷 5*

皮埃蒙特区
PIEDMONT

La Toledana
Loc. Sermoira, 5 - 15066 Gavi [AL]
Tel. 014188551
www.latoledana.it

预约参观
年产量 145 000 瓶
葡萄种植面积 28 公顷

这座历史悠久的加维酒庄（Gavi），包围着一座富丽堂皇的别墅，坐享这28公顷的葡萄园美景。葡萄园只栽种柯蒂斯•加维葡萄（Cortese di Gavi），产量在每公顷3 500千克到4 500千克之间。精选的葡萄让酿酒学家马斯莫（Massimo Marasso）能发挥出最佳的酿酒功力，从而创造出结构良好、陈化潜力大的酒品。加维•拉•托勒达（Gavi La Toledana）和拉科塔•托勒达（Raccolta Toledana）葡萄酒专门在钢制品里陈化，而今年缺席品酒会的卡斯特罗•托勒达葡萄酒（Castello Toledana）还需在橡木桶里陈化一段时间。

○ Gavi del Comune di Gavi La Toledana '11	♛♛ 4
○ Gavi del Comune di Gavi La Toledana Raccolto Tardivo '11	♛♛ 4
○ Gavi del Comune di Gavi La Toledana '10	♛♛ 3
○ Gavi del Comune di Gavi La Toledana '09	♛♛ 3
○ Gavi del Comune di Gavi La Toledana Raccolto Tardivo '10	♛♛ 5
○ Gavi del Comune di Gavi La Toledana V.T. '09	♛♛ 5

Torraccia del Piantavigna
via Romagnano, 69a - 28067 Ghemme [NO]
Tel. 0163840040
www.torracciadelpiantavigna.it

藏酒销售
预约参观
年产量 90 000 瓶
葡萄种植面积 40 公顷

虽然佛朗科里兄弟（Francoli）的蒸馏酒生产商身份驰名中外，但他们在20多年前也开始酿制葡萄酒，在诺瓦拉（Novara）和维彻利（Vercelli）的交界处收购并重建葡萄园。兄弟俩对葡萄园和酒窖的信心与日俱增，托拉西亚酒庄（Torraccia del Piantavigna）现已能够产出制作精良的格美（Ghemme）和加蒂娜拉（Gattinara）葡萄酒。亚历桑德罗（Alessandro Francoli）现在经营着酒庄，酿酒学家斯特凡诺（Stefano Gallarate）和马提亚（Mattia Donna）在旁协助。产品种类包括两款科里内葡萄酒（Colline Novaresi Nebbiolo），一款单一品种的维斯帕丽娜葡萄酒（Vespolina）和使用厄拜路斯葡萄（Erbaluce）酿制的令人愉悦的白厄尔巴沃格里奥葡萄酒（Bianco Erbavoglio）。

● Ghemme Ris. '07	♛♛♛ 5
● Gattinara '08	♛♛ 5
● Gattinara '08	♛♛ 5
● Colline Novaresi Vespolina La Mostella '10	♛♛ 2*
○ Colline Novaresi Bianco Erbavoglio '11	♛ 3
⊙ Colline Novaresi Nebbiolo Rosato Barlàn '11	♛ 3
● Colline Novaresi Vespolina Maretta '10	♛ 3
● Gattinara '06	♛♛♛ 5
● Gattinara '05	♛♛♛ 5
● Ghemme '07	♛♛♛ 5
● Ghemme '04	♛♛♛ 5

PIEDMONT

皮埃蒙特区

Giancarlo Travaglini
VIA DELLE VIGNE, 36 - 13045 GATTINARA [VC]
TEL. 0163833588
www.travaglinigattinara.it

藏酒销售
预约参观
年产量 250 000 瓶
葡萄种植面积 42 公顷

由吉安卡罗·特拉瓦格里尼（Giancarlo Travaglini）于1958年创建的酒庄现在由他的女儿辛吉亚（Cinzia）和女婿马西莫（Massimo Collauto）管理，酿酒学家塞尔吉奥·莫里诺（Sergio Molino）协助管理。葡萄园位于摩尔西诺（Molsino）土壤底层源自罗莎山（MonteRosa）高铁含量的冰碛岩赋予了内比奥罗葡萄（Nebbiolo）独特的矿物质香味。酒窖里，葡萄的加工遵循传统且自然的风格，特拉瓦格里尼（Travaglini）巧妙使用了各种不同尺寸和来源的橡木桶，使出产的加娜蒂拉（Gattinara）成为了意大利最精美的葡萄酒之一。

● Gattinara '08	♈4
● Gattinara Ris. '07	♈6
● Coste della Sesia Nebbiolo '10	♈3
● L'Altro Sogno '07	♈5
● Gattinara Ris. '06	♈♈6
● Gattinara Ris. '04	♈♈5
● Gattinara Ris. '01	♈♈5
● Gattinara Tre Vigne '04	♈♈5

G. D. Vajra
LOC. VERGNE
VIA DELLE VIOLE, 25 - 12060 BAROLO [CN]
TEL. 017356257
www.gdvajra.it

藏酒销售
预约参观
年产量 220 000 瓶
葡萄种植面积 50 公顷
葡萄栽培方式 传统栽培

瓦拉酒庄（G.D. Vajra）的酿酒方法用朱佩塞·瓦拉（Giuseppe Vaira）的话说就是"在学校有同学问我，我父亲阿尔多（Aldo）属于传统的风格还是现代风格，但当我问及父亲时，却永远摸不透他的回答，他会谈及其巴罗洛（Barolo）的各种风格，但拒绝说出孰优孰劣"。酒庄对每一种葡萄的个性都给予充分尊重，在酒窖加工时从不使用人工技巧。这一点体现在多种葡萄酒上，如强劲的弗雷伊萨·基亚（Freisa Kyè）、著名的科特佛萨·多赛托（Dolcetto d'Alba Coste & Fossati）、巴罗洛葡萄园精品酒和备受赞誉的雷司令·佩特拉西内（Riesling Pétracine）。

● Barolo Cerretta Luigi Baudana '08	♈♈♈6
● Barolo Bricco delle Viole '08	♈♈8
● Langhe Freisa Kyè '09	♈♈5
● Barbera d'Alba Sup. '09	♈♈5
● Barolo Albe '08	♈♈5
● Barolo Baudana Luigi Baudana '08	♈♈6
○ Langhe Bianco Pétracine '11	♈♈5
● Langhe Nebbiolo '10	♈♈3
● Dolcetto d'Alba '11	♈2
● Barbera d'Alba Sup. '01	♈♈♈4
● Barbera d'Alba Sup. '00	♈♈♈5
● Barolo Bricco delle Viole '05	♈♈♈8
● Barolo Bricco delle Viole '01	♈♈♈8
● Barolo Bricco delle Viole '00	♈♈♈8
● Barolo Bricco delle Viole '99	♈♈♈8
○ Langhe Bianco '02	♈♈♈5

皮埃蒙特区
PIEDMONT

Cascina Val del Prete

S.DA SANTUARIO, 2 - 12040 PRIOCCA [CN]
TEL. 0173616534
www.valdelprete.com

藏酒销售
预约参观
年产量 50 000 瓶
葡萄种植面积 13 公顷
葡萄栽培方式 传统栽培

马里奥·罗格纳（Mario Roagna）打理了15年多的卡西纳·瓦尔·普雷特酒庄（Cascina Val del Prete）创建于1977年，为罗格纳家族（Roagna）所有。同年，酒庄里历史最悠久的葡萄园开始栽种葡萄。2005年，他开始在葡萄园和酒窖引入生物动力学生产模式。葡萄园被设计成如圆形剧场般环绕着酒厂，遵循传统栽种了罗埃洛地区（Roero）的三种经典葡萄：阿内斯（Arneis）、巴贝拉（Barbera）和内比奥罗（Nebbiolo）。酒庄酿造的葡萄酒果香浓郁、单宁浓烈，充分体现出当地风土特色。

● Roero '08	🍷 6
● Roero Bricco Medica '09	🍷 5
● Barbera d'Alba Sup. Carolina '10	🍷 5
● Barbera d'Alba Serra de' Gatti '11	🍷 3
● Roero '04	🍷🍷🍷 6
● Roero '03	🍷🍷🍷 6
● Roero '01	🍷🍷🍷 6
● Barbera d'Alba Serra de' Gatti '10	🍷🍷 3*
● Barbera d'Alba Sup. Carolina '07	🍷🍷 5
● Roero '07	🍷🍷 5
○ Roero Arneis Luet '10	🍷🍷 2*
● Roero Bricco Medica '07	🍷🍷 5
● Roero Bricco Medica '06	🍷🍷 5

Mauro Veglio

FRAZ. ANNUNZIATA
CASCINA NUOVA, 50 - 12064 LA MORRA [CN]
TEL. 0173509212
www.mauroveglio.com

藏酒销售
预约参观
年产量 60 000 瓶
葡萄种植面积 13 公顷
葡萄栽培方式 传统栽培

自从在20年前酿造了第一瓶葡萄酒后，毛罗·维格里奥（Mauro Veglio）和妻子丹妮拉（Daniela Saffirio）一直保持葡萄酒质量的高标准。由于卓越的成绩需要充足的工作空间来支持，而葡萄园的规模又不算大，因此酒窖不断扩大，现已能容纳成排的法国木桶和许多不锈钢桶。毛罗所酿的葡萄酒总是气质优雅、风格现代且极其清纯简单，装瓶后仅几年就足以令人痴迷。酒庄使用的巴罗洛葡萄（Barolo）来自酒窖周围美丽的葡萄园和蒙佛尔特葡萄园（Monforte d'Alba），享有盛誉的卡斯特列多葡萄园（Castelletto）所产的精品葡萄赋予了酒品优良的结构与亲和的单宁。

● Barolo Castelletto '08	🍷 6
● Barolo Gattera '08	🍷 6
● Barolo Rocche dell'Annunziata '08	🍷 8
● Barbera d'Alba '11	🍷 3
● Barolo '08	🍷 5
● Barolo Vign. Arborina '08	🍷 6
● Dolcetto d'Alba '11	🍷 2*
● Langhe Nebbiolo Angelo '10	🍷 3
● Barbera d'Alba Cascina Nuova '99	🍷🍷 5
● Barolo Vign. Arborina '01	🍷🍷🍷 6
● Barolo Vign. Arborina '00	🍷🍷🍷 6
● Barolo Vign. Gattera '05	🍷🍷🍷 6

PIEDMONT

皮埃蒙特区

Vicara

CASCINA MADONNA DELLE GRAZIE, 5
15030 ROSIGNANO MONFERRATO [AL]
TEL. 0142488054
www.vicara.it

藏酒销售
预约参观
年产量 200 000 瓶
葡萄种植面积 51 公顷
葡萄栽培方式 有机认证

维卡拉（Vicara）是蒙费拉托•凯撒勒斯葡萄酒（Monferrato Casalese）的领跑者，为葡萄园和酒窖的工作倾注了多年的心血。酒庄品种繁多的葡萄酒主要取材于当地的葡萄，如巴贝拉（Barbera）、吉诺利诺（Grignolino）、弗雷伊萨（Freisa）和内比奥罗（Nebbiolo）。此外，葡萄园也会依靠种植国际品种来获得不常见的杂交葡萄。虽然这听起来有点牵强，但取材于杂交葡萄的新型葡萄酒却能给品尝者带来有趣的感官体验。如路彻列塔杂交葡萄酒（L'Uccelletta）能让品尝者惊奇地发现新型吉诺林诺葡萄（Grignolino）的香味竟然跟黑皮诺葡萄（Pinot Nero）的香味如此相像。葡萄园里还种植了其他葡萄品种，如莎当尼（Chardonnay）、赤霞珠（Cabernet Sauvignon）和白苏维翁（Sauvignon blanc）等。

● Grignolino del M.to Casalese '11	♛♛ 3
● Barbera del M.to Sup. Cantico della Crosia '09	♛♛ 4
● Barbera del M.to Sup. Vadmò '09	♛♛ 4
● Barbera del M.to Volpuva '11	♛♛ 2*
● M.to Rosso Rubello '09	♛♛ 4
⊙ M.to Chiaretto '11	♛ 2
● Barbera del M.to Sup. Cantico della Crosia '07	♛♛ 4
● Barbera del M.to Sup. Vadmò '07	♛♛ 4
● Barbera del M.to Sup. Vadmò '06	♛♛ 3*
● Barbera del M.to Volpuva '10	♛♛ 2
● Grignolino del M.to Casalese '10	♛♛ 3*
● M.to Rosso Rubello '07	♛♛ 4

Giacomo Vico

VIA TORINO, 80/82 - 12043 CANALE [CN]
TEL. 0173979126
www.giacomovico.it

藏酒销售
预约参观
年产量 100 000 瓶
葡萄种植面积 18 公顷

历史悠久的吉阿克默•维科酒庄（Giacomo Vico）修建于19世纪末。在涉足了一段时间的汽车行业后，家族的第四代人在1992年重新开始酿造葡萄酒，使酒庄重现昔日的辉煌。他们的葡萄园主要位于维扎•阿尔巴（Vezza d'Alba）和卡纳莱（Canale）的市镇，种植了包括阿内斯（Arneis）、巴贝拉（Barbera）、巴拉切特（Brachetto）、法沃里达（Favorita）、内比奥罗（Nebbiolo）和少量的莎当尼（Chardonnay）葡萄。酒庄出产的葡萄酒力求能够展示出不同品种葡萄的特性以及罗埃洛（Roero）土壤的优雅气质。

● Barbera d'Alba '10	♛♛ 2*
● Barbera d'Alba Sup. '10	♛♛ 4
● Langhe Rosso '10	♛♛ 4
● Roero '09	♛♛ 4
○ Roero Arneis '11	♛♛ 2*
○ Langhe Favorita '11	♛ 2
● Langhe Nebbiolo '10	♛ 3
● Langhe Nebbiolo '08	♛♛ 3
● Nebbiolo d'Alba '08	♛♛ 3
● Roero '08	♛♛ 4
● Roero '07	♛♛ 4
○ Roero Arneis '10	♛♛ 2*

PIEDMONT 皮埃蒙特区

★ Vietti

P.zza Vittorio Veneto, 8
12060 Castiglione Falletto [CN]
Tel. 017362825
www.vietti.com

藏酒销售
预约参观
年产量 250 000 瓶
葡萄种植面积 35 公顷

维提酒庄（Vietti）几十年来一直在业内独占鳌头。其成功的秘诀是：大规模的葡萄园，历经四代始终如一的品质，复杂的葡萄酒酿制技术，现代感十足的巴贝拉精品葡萄酒（Barbera）和忠于传统的巴罗洛葡萄酒（Barolos）。卢卡·库尔拉多（Luca Currado）和马里奥·科德罗（Mario Cordero）经营着酒庄，他们的努力得到了众多鉴赏家的赞赏和一致好评。酒窖里最出名和最受欢迎的，是巴罗洛珍藏维列罗葡萄酒（Barolo Riserva Villero）。此外，其他品种的葡萄酒都十分出色，就连最普通的巴贝拉（Barbera d'Asti Tre Vigne）和多赛托·阿尔巴（Dolcetto d'Alba）也是如此。

● Barolo Rocche '08	8
● Barbera d'Asti Sup. Nizza La Crena '09	8
● Barolo Brunate '08	8
● Barolo Castiglione '08	7
● Barolo Lazzarito '08	8
● Barbera d'Alba Tre Vigne '10	3
● Barbera d'Asti Tre Vigne '10	3
● Langhe Nebbiolo Perbacco '09	3
● Barbera d'Alba Scarrone '09	5
● Dolcetto d'Alba Tre Vigne '11	3
○ Roero Arneis '11	3
● Barolo Rocche '06	8
● Barolo Villero Ris. '04	8

I Vignaioli di Santo Stefano

loc. Marini, 26
12058 Santo Stefano Belbo [CN]
Tel. 0141840419
www.ceretto.com

藏酒销售
预约参观
年产量 335 000 瓶
葡萄种植面积 40 公顷

35年来，维格纳奥利斯酒庄（Vignaiolis）一直凭借高品质的葡萄酒和对唯一种植的莫斯卡托葡萄（Moscato）的悉心照顾而声名远播。酒庄主要生产三种葡萄酒，首先要介绍的是占酒庄产量90%以上的莫斯卡托·阿斯缇（Moscato d'Asti），这种酒品香味扑鼻，酒精含量只有5%，尽管其每升剩余糖量有100克，但仍给人带来典型的清新体验。接下来是口感柔顺的阿斯缇（Asti），它的酒精含量是7%，需要进行更强烈的装瓶发酵。最后是略甜而不腻的莫斯卡托甜酒（Moscato Passito）。目前酒庄的所有权分属赛拉图家族（Ceretto）、塞尔吉奥·桑迪（Sergio Santi）和斯卡维诺（Scavino）兄弟。斯卡维诺兄弟负责监管葡萄园和酒窖的工作。

○ Asti '11	3
○ Moscato d'Asti '11	3
○ Asti '10	3
○ Asti '07	3
○ Asti '06	3*
○ Moscato d'Asti '10	4
○ Moscato d'Asti '09	4
○ Moscato d'Asti '08	4
○ Moscato d'Asti '07	3
○ Moscato d'Asti '06	2
○ Piemonte Moscato Passito IL '04	4
○ Piemonte Moscato Passito IL '03	5

PIEDMONT 皮埃蒙特区

Cantina Sociale di Vinchio Vaglio Serra
REG. SAN PANCRAZIO, 1 - 14040 VINCHIO [AT]
TEL. 0141950903
www.vinchio.com

藏酒销售
预约参观
年产量 1 640 000 瓶

规模庞大的温齐瓦里奥联营酒庄（Vinchio Vaglio Serra）拥有超过200名种植成员，毫无疑问是阿斯缇省（Asti）最重要的联营酒庄之一。其成员构成的葡萄园主要位于温齐（Vinchio）和瓦里奥•塞拉（Vaglio Serra），因齐萨•斯卡帕奇诺（Incisa Scapaccino），康蒂奥利（Cortiglione）和尼扎•蒙费拉托（Nizza Monferrato）等市镇，其中一些已有60多年的栽种历史。酒庄的出品目录中最激动人心的是已推出多个版本的巴贝拉葡萄酒（Barbera），特点是技术细腻，完全保留了当地葡萄的原有滋味。

● Barbera d'Asti Sup. Nizza Laudana '09	🍷🍷 3
● Barbera d'Asti V. V. 50 '10	🍷🍷 3
○ Moscato d'Asti Valamasca '11	🍷🍷 2*
● Barbera d'Asti Sorì dei Mori '11	🍷 2
● Barbera d'Asti Sup. Sei Vigne Insynthesis '01	🍷🍷🍷 6
● Barbera d'Asti Sorì dei Mori '10	🍷🍷 2*
● Barbera d'Asti Sup. I Tre Vescovi '09	🍷🍷 2*
● Barbera d'Asti Sup. Nizza Bricco Laudana '06	🍷🍷 3
● Barbera d'Asti Sup. V. V. '08	🍷🍷 4
● Barbera d'Asti V. V. 50 '08	🍷🍷 3

Virna
VIA ALBA, 73/24 - 12060 BAROLO [CN]
TEL. 017356120
www.virnabarolo.it

藏酒销售
预约参观
年产量 65 000 瓶
葡萄种植面积 15 公顷

维纳（Virna Borgogno）1991年毕业于酿酒学校。10年后，她以自己的名字创建了维纳酒庄，现在和妹妹伊瓦娜（Ivana）、丈夫乔瓦尼（Giovanni Abrigo）一起经营着酒庄，乔瓦尼还是巴巴莱斯科区（Barbaresco）的酿酒商。酒庄最出色的两种葡萄酒产自巴罗洛区（Barolo）三个远近驰名的葡萄园。普雷达葡萄园（Preda）生长的单宁型葡萄被用来和萨尔马萨（Sarmassa）的芳香型葡萄混合，著名的坎奴比•波斯奇斯葡萄园（Cannubi Boschis）的葡萄则用于酿造单一葡萄园的精品酒。在酒窖里，他们广泛地使用不同容量的法国和斯拉夫尼亚橡木桶，酿造出令人信服、品质稳定的经典葡萄酒。

● Barolo Cannubi Boschis '08	🍷🍷 6
● Barbera d'Alba '10	🍷🍷 2*
● Barolo '08	🍷🍷 5
● Barolo Preda Sarmassa '08	🍷🍷 5
● Barbera d'Alba '08	🍷🍷 2
● Barbera d'Alba San Giovanni '09	🍷🍷 3
● Barolo '07	🍷🍷 5
● Barolo Cannubi Boschi '04	🍷🍷 5
● Barolo Cannubi Boschis '07	🍷🍷 5
● Barolo Cannubi Boschis '03	🍷🍷 5
● Barolo Preda Sarmassa '07	🍷🍷 5
● Barolo Preda Sarmassa '06	🍷🍷 5
● Barolo Preda Sarmassa Ris. '04	🍷🍷 6

OTHER WINERIES 其他酒庄

Massimo Bo
Fraz. Sant'Anna
via Sant'Anna, 19
14055 Costigliole d'Asti [AT]
Tel. 0141961891
bo.massimo@hotmail.com

● Barbera d'Asti Arbuc '11	🍷🍷 2*
● Barbera d'Asti Sup. More '10	🍷🍷 3

Eugenio Bocchino
Fraz. Santa Maria
loc. Serra, 96a - 12064 La Morra [CN]
Tel. 0173500358
www.eugeniobocchino.it

● Langhe Nebbiolo Roccabella '10	🍷🍷 5
● Nebbiolo d'Alba La Perucca '08	🍷🍷 5

Alfiero Boffa
via Leiso, 52
14050 San Marzano Oliveto [AT]
Tel. 0141856115
www.alfieroboffa.com

● Barbera d'Asti Sup. Collina della Vedova '09	🍷🍷 4
● Barbera d'Asti Sup. Nizza V. La Riva '09	🍷🍷 4
● Barbera d'Asti Sup. V. Cua Longa '10	🍷🍷 3

Gilberto Boniperti
via Vittorio Emanuele, 43/45
28010 Barengo [NO]
Tel. 0321997123
www.bonipertivignaioli.com

● Colline Novaresi Nebbiolo Bartön '08	🍷🍷 4
● Colline Novaresi Nebbiolo Carlin '10	🍷🍷 4
● Colline Novaresi Vespolina Favolalunga '11	🍷 3

Boroli
Fraz. Madonna di Como, 34
12051 Alba [CN]
Tel. 0173365477
www.boroli.it

● Barbera d'Alba 4 Fratelli '09	🍷🍷 3
● Barolo '08	🍷🍷 6
● Barolo Villero Ris. '04	🍷🍷 8
● Dolcetto d'Alba Madonna di Como '10	🍷🍷 3

Agostino Bosco
via Fontane, 4 - 12064 La Morra [CN]
Tel. 0173509466
www.barolobosco.com

● Barolo Neirane '08	🍷🍷 5
● Barbera d'Alba Sup. Volupta '11	🍷🍷 3
● Barolo La Serra '08	🍷🍷 5
● Langhe Nebbiolo Rurem '10	🍷🍷 2*

OTHER WINERIES

Bricco Mondalino
reg. Mondalino, 5
15049 Vignale Monferrato [AL]
Tel. 0142933204
www.briccomondalino.it

- Grignolino del M.to Casalese
  Bricco Mondalino '11   🍷🍷 2*
- Malvasia di Casorzo Dolce Stil Novo '11 🍷🍷 2*
- Barbera d'Asti Il Bergantino '09 🍷 3

Bussia Soprana
loc. Bussia, 88a
12065 Monforte d'Alba [CN]
Tel. 039305182
www.bussiasoprana.it

- Barbera d'Alba V. Mosconi '09   🍷🍷 3
- Barolo V. Colonnello '08   🍷🍷 7

Ca' dei Mandorli
via IV Novembre, 15
14010 Castel Rocchero [AT]
Tel. 0141760131
www.cadeimandorli.com

- Barbera d'Asti La Bellalda '09   🍷🍷 2*
○ Valcrös Brut M. Cl.   🍷🍷 5
○ Brut Rosato   🍷 2

Ca' Nova
via San Isidoro, 1 - 28010 Bogogno [NO]
Tel. 0322863406
www.cascinacanova.it

- Ghemme '06   🍷🍷 4
- Coste della Sesia Nebbiolo Bocciòlo '10 🍷🍷 2*
○ Colline Novaresi Bianco Rugiada '11 🍷 2
○ Jad'Or   🍷 3

La Ca' Növa
s.da Ovello, 4 - 12050 Barbaresco [CN]
Tel. 0173635123
lacanova@libero.it

- Barbaresco Montefico '09   🍷🍷 5
- Barbaresco Montestefano '09   🍷 5

Cantina Sociale del Canavese
via Montalenghe, 9 - 10090 Cuceglio [TO]
Tel. 012432034
www.cantinacuceglio.it

○ Erbaluce di Caluso Elisa '11   🍷🍷 2*
⊙ Canavese Rosato '11   🍷 1*
○ Erbaluce di Caluso Crio '11   🍷 2

OTHER WINERIES 其他酒庄

Cantine Briamara
VIA TRENTO, 1 - CALUSO [TO]
TEL. 3358108781
www.cantinebriamara.it

○ Erbaluce di Caluso Biancamano '11	🍷🍷 3
○ Erbaluce di Caluso Briseide '11	🍷🍷 3
○ Caluso Passito Pescarolo '06	🍷 3

Teobaldo e Emma Cappellano
FRAZ. BRUNI
VIA ALBA, 13
12050 SERRALUNGA D'ALBA [CN]
TEL. 0173613103

● Barolo Otin Fiorin Pie' Franco Michet '07	🍷🍷 8
● Barolo Otin Fiorin Pie' Rupestris Nebioli '08	🍷🍷 8

Tenuta Carretta
LOC. CARRETTA, 2
12040 PIOBESI D'ALBA [CN]
TEL. 0173619119
www.tenutacarretta.it

○ Roero Arneis Cayega '11	🍷🍷 3
○ Roero Arneis V. Canorei '11	🍷🍷 3
● Barbera d'Alba Sup. Bric Quercia '10	🍷 3
○ Langhe Favorita '11	🍷 2

Carussin
REG. MARIANO, 27
14050 SAN MARZANO OLIVETO [AT]
TEL. 0141831358
www.carussin.it

● Barbera d'Asti Asinoi '11	🍷🍷 2*
● Barbera d'Asti La Tranquilla '09	🍷 3
● Barbera d'Asti Lia Vi '11	🍷 2

Cascina Ballarin
FRAZ. ANNUNZIATA, 115
12064 LA MORRA [CN]
TEL. 017350365
www.cascinaballarin.it

● Barolo Tre Ciabot '08	🍷🍷 5
● Barolo Bricco Rocca '08	🍷 6
○ Langhe Bianco Ballarin '11	🍷 3
● Langhe Nebbiolo '09	🍷 3

Cascina Castlet
S.DA CASTELLETTO, 6
14055 COSTIGLIOLE D'ASTI [AT]
TEL. 0141966651
www.cascinacastlet.com

○ Moscato d'Asti '11	🍷🍷 2*
● Barbera d'Asti Sup. Passum '08	🍷 5
● M.to Rosso Policalpo '09	🍷 4

OTHER WINERIES

Cerutti
VIA CANELLI, 205 - 14050 CASSINASCO [AT]
TEL. 0141851286
info@cascinacerutti.it

○ Piemonte Chardonnay Riva Granda '10	🏆🏆 2*
● Barbera d'Asti '11	🏆 2
● Barbera d'Asti Sup. Foje Russe '08	🏆 3
○ Moscato d'Asti Surì Sandrinet '11	🏆 2

La Chiara
LOC. VALLEGGE, 24 - 15066 GAVI [AL]
TEL. 0143642293
www.lachiara.it

○ Gavi del Comune di Gavi La Chiara '11	🏆🏆 2*

Il Chiosso
VIALE GUGLIELMO MARCONI 45-47A
13045 GATTINARA [VC]
TEL. 0163826739
www.ilchiosso.it

● Colline Novaresi Nebbiolo '08	🏆🏆 3
● Gattinara Galizia '07	🏆🏆 5
● Colline Novaresi Vespolina '07	🏆🏆 3

Ciabot Berton
VIA SANTA MARIA, 1 - 12064 LA MORRA [CN]
TEL. 017350217
www.ciabotberton.it

● Barolo '08	🏆🏆 4
● Barolo Rocchettevino '08	🏆🏆 5
● Barolo Roggeri '08	🏆🏆 6
● Langhe Nebbiolo '09	🏆🏆 3

Cantina Clavesana
FRAZ. MADONNA DELLA NEVE, 19
12060 CLAVESANA [CN]
TEL. 0173790451
www.inclavesana.it

● Dogliani Clavesana '11	🏆🏆 2*
● Dogliani Sup. Il Clou '10	🏆🏆 3
● Nebbiolo d'Alba Neh '10	🏆 2

Colombo
REG. CAFRA, 172 - 14051 BUBBIO [AT]
TEL. 0144852807
www.colombovino.it

● M.to Rosso Apertura '09	🏆🏆 4*
○ Piemonte Chardonnay Silviandre '11	🏆 2
○ Piemonte Moscato Passito Pastù Tardi '09	🏆 5

OTHER WINERIES

Antica Cascina Conti di Roero
Val Rubiagno, 2 - 12040 Vezza d'Alba [CN]
Tel. 017365459
www.oliveropietro.it

● Nebbiolo d'Alba '10	🍷🍷 2*
● Roero '09	🍷🍷 3
○ Roero Arneis '11	🍷🍷 2*
● Barbera d'Alba '10	🍷 2

Giovanni Daglio
via Montale Celli, 10
15050 Costa Vescovato [AL]
Tel. 0131838262
www.vignetidaglio.com

○ Colli Tortonesi Timorasso Cantico '10	🍷🍷 4
● Colli Tortonesi Barbera Basinas '09	🍷🍷 4
● Colli Tortonesi Dolcetto Nibiò '10	🍷🍷 3
● Colli Tortonesi Barbera Pias '11	🍷 2

Mauro Franchino
p.zza Castello, 1 - 13045 Gattinara [VC]
Tel. 0163834461
lucrav1@tin.it

● Gattinara '06	🍷🍷 5*
● Coste della Sesia Nebbiolo '10	🍷🍷 3

Gianni Gagliardo
Serra dei Turchi, 88
12064 La Morra [CN]
Tel. 017350829
www.gagliardo.it

● Barbera d'Alba Sup. La Matta '09	🍷🍷 4
● Barolo '08	🍷🍷 5
● Barolo Cannubi '08	🍷🍷 8
● Barolo Serre '08	🍷 7

Incisiana
via Sant'Agata, 10/12
14045 Incisa Scapaccino [AT]
Tel. 0141747113
www.incisiana.com

● Barbera d'Asti '10	🍷🍷 3
● Barbera d'Asti Sup. Zerosso '08	🍷🍷 5
○ M.to Bianco Serafino Bianco '11	🍷 3
● M.to Rosso Merlotone '09	🍷 6

Marenco
p.zza Vittorio Emanuele II, 10
15019 Strevi [AL]
Tel. 0144363133
www.marencovini.com

● Brachetto d'Acqui Pineto '11	🍷🍷 4
● Dolcetto d'Acqui Marchesa '11	🍷🍷 3
○ Strevi Passri Scrapona Passito '08	🍷🍷 5
○ Moscato d'Asti Scrapona '11	🍷 3

其他酒庄 / OTHER WINERIES

Le Marie
via Sandefendente, 6 - 12032 Barge [CN]
Tel. 0175345159
www.lemarievini.eu

● Pinerolese Barbera Colombé '10	▼▼ 3
● Pinerolese Debàrges '10	▼▼ 3
○ Blanc de Lissart	▼ 2
○ Sant'Agostino	▼ 3

Tenuta La Meridiana
via Tana Bassa, 5
14048 Montegrosso d'Asti [AT]
Tel. 0141956172
www.tenutalameridiana.com

● Barbera d'Asti Le Gagie '10	▼▼ 2*
● Barbera d'Asti Vitis '10	▼▼ 2*
● Barbera d'Asti Sup. Bricco Sereno '09	▼ 3
● M.to Rosso Rivaia '08	▼ 4

Franco Mondo
reg. Mariano, 33
14050 San Marzano Oliveto [AT]
Tel. 0141834096
www.francomondo.net

● Barbera d'Asti Sup. Nizza V. delle Rose '08	▼▼ 5
● Barbera d'Asti Sup. V. del Salice '10	▼ 3
● M.to Rosso Di. Vino '09	▼ 3

Cecilia Monte
via Serracapelli, 17 - 12052 Neive [CN]
Tel. 017367454
cecilia.monte@libero.it

● Barbaresco Vign. Serracapelli '09	▼▼ 5
● Langhe Nebbiolo '10	▼▼ 3

Tenuta Montemagno
via Cascina Valfossato, 9
14030 Montemagno [AT]
Tel. 014163624
www.tenutamontemagno.it

● Barbera d'Asti Austerum '09	▼▼ 2*
● Barbera d'Asti Sup. Mysterium '09	▼▼ 4
○ M.to Bianco Musae '11	▼▼ 3
● Ruchè di Castagnole M.to '10	▼▼ 3

Cantina del Nebbiolo
via Torino, 17 - 12040 Vezza d'Alba [CN]
Tel. 017365040
www.cantinadelnebbiolo.com

● Barbera d'Alba '10	▼▼ 2*
● Roero '09	▼▼ 2*
● Nebbiolo d'Alba Valmaggiore '09	▼ 2
○ Roero Arneis Arenarium '11	▼ 2

OTHER WINERIES 其他酒庄

Giuseppe Negro
via Gallina, 22 - 12052 Neive [CN]
Tel. 0173677468
www.negrogiuseppe.com

● Barbaresco Gallina '09	🍷🍷 5
● Barbaresco Pian Cavallo '09	🍷🍷 5
● Dolcetto d'Alba Pian Cavallo '11	🍷🍷 2*

Nervi
c.so Vercelli, 117 - 13045 Gattinara [VC]
Tel. 0163833228
www.gattinara-nervi.it

● Gattinara Valferana '04	🍷🍷 5
● Gattinara '05	🍷🍷 4
● Coste della Sesia Nebbiolo Spanna dei Ginepri '09	🍷 4

Vigneti Luigi Oddero
fraz. S. Maria
b.ta Bettolotti, 95 - 12604 La Morra [CN]
Tel. 0173500386
www.vignetiluigioddero.it

● Barbaresco '08	🍷🍷 5
● Barolo '08	🍷🍷 5
● Barolo V. Rionda Ris. '06	🍷 6

Pace
fraz. Madonna di Loreto
cascina Pace, 52 - 12043 Canale [CN]
Tel. 0173979544
aziendapace@infinito.it

● Barbera d'Alba '10	🍷🍷 2*
○ Langhe Favorita '11	🍷 2
● Langhe Nebbiolo '10	🍷 2
● Roero Arneis '11	🍷 2

Pelassa
Borgata Tucci 43 - 12046 Montà [CN]
Tel. 0173971312
www.pelassa.com

● Barbera d'Alba San Pancrazio '10	🍷🍷 3
● Langhe Bricco Enrichetta '10	🍷🍷 2*
● Nebbiolo d'Alba Sot '09	🍷🍷 3
● Roero Antaniolo Ris. '08	🍷🍷 4

Pasquale Pelissero
Cascina Crosa, 2 - 12052 Neive [CN]
Tel. 017367376
www.pasqualepelissero.com

● Barbaresco Bricco San Giuliano '09	🍷🍷 5
● Dolcetto d'Alba '11	🍷🍷 2*
○ Langhe Favorita Emanuella '11	🍷 2

OTHER WINERIES 其他酒庄

Pier
VIA GIACOSA, 22 - TREISO [CN]
TEL. 0173638178
www.piervini.it

- Barbaresco Rio Sordo '09 — 🍷🍷 5
- Barbaresco Vila Ris. '07 — 🍷🍷 6
- Barbera d'Alba Sup. Pajun '09 — 🍷🍷 3
- Langhe Asnas '09 — 🍷🍷 3

Fabrizio Pinsoglio
FRAZ. MADONNA DEI CAVALLI, 31BIS
12050 CANALE [CN]
TEL. 0173968401
fabriziopinsoglio@libero.it

- Roero Ris. '08 — 🍷🍷 3*
- Barbera d'Alba Bric La Rondolina '09 — 🍷🍷 3
- ○ Roero Arneis Vign. Malinat '11 — 🍷 2

Platinetti
VIA ROMA, 60 - 28074 GHEMME [NO]
TEL. 0163841666
af@comie.it

- Ghemme V. Ronco Maso '07 — 🍷🍷 4*
- Colline Novaresi Vespolina '10 — 🍷🍷 2*
- Colline Novaresi Barbera Pieleo '10 — 🍷 2

Paolo Giuseppe Poggio
VIA ROMA, 67
15050 BRIGNANO FRASCATA [AL]
TEL. 0131784929
cantinapoggio@tiscali.it

- Colli Tortonesi Barbera Derio '09 — 🍷🍷 3
- Colli Tortonesi Croatina Prosone '10 — 🍷🍷 2*
- ○ Colli Tortonesi Timorasso Ronchetto '10 — 🍷🍷 2*
- Colli Tortonesi Barbera Campo La Bà '10 — 🍷 2

I Pola
VIA CROSIO - 15010 CREMOLINO [AL]
TEL. 3483802465
www.ipola.it

- Dolcetto di Ovada Il Bricco '10 — 🍷🍷 2*
- I Pola Brut M. Cl. '08 — 🍷🍷 4

Giovanni Prandi
FRAZ. CASCINA COLOMBÈ
VIA FARINETTI, 5 - 12055 DIANO D'ALBA [CN]
TEL. 017369248
www.prandigiovanni.it

- Dolcetto di Diano Sorì Colombè '11 — 🍷🍷 2*
- Nebbiolo d'Alba Colombè '10 — 🍷🍷 3
- Barbera d'Alba Santa Eurosia '11 — 🍷 2
- Dolcetto di Diano d'Alba Sorì Cristina '11 — 🍷 2

OTHER WINERIES

Punset
via Zocco, 2 - 12052 Neive [CN]
Tel. 017367072
www.punset.com

● Barbaresco Ris. '07	♛♛ 5
● Barbaresco Campo Quadro '08	♛♛ 6
● Barbera d'Alba '11	♛♛ 2*
○ Langhe Arneis '11	♛ 3

La Raia
s.da Monterotondo, 79
15067 Novi Ligure [AL]
Tel. 0143743685
www.la-raia.it

○ Gavi '11	♛ 2
○ Gavi Vign. della Madonnina Ris. '10	♛ 3
● Piemonte Barbera '11	♛ 3

F.lli Raineri
via Torino, 2 - 12060 Farigliano [CN]
Tel. 017376223
www.cantineraineri.it

● Barolo '08	♛♛ 5
● Barolo Monserra '08	♛♛ 6
● Dogliani Cornole '11	♛♛ 3

Rattalino
s.da Giro del Mondo, 4
12050 Barbaresco [CN]
Tel. 3492155012
www.massimorattalino.it

● Barbaresco Quarantatre '08	♛♛ 5
● Barbaresco Ronchi Quarantacinque '08	♛♛ 5
● Barolo Trentaquattro '07	♛♛ 6
● Nebbiolo d'Alba Ventisette '09	♛♛ 3

Carlo Daniele Ricci
via Montale Celli, 9
15050 Costa Vescovato [AL]
Tel. 0131838115
www.aziendaagricolaricci.com

○ Colli Tortonesi Terre del Timorasso '10	♛♛ 3
● Piemonte Bonarda El Matt '10	♛♛ 2*
○ Colli Tortonesi San Leto '08	♛ 3
● Colli Tortonesi Barbarossa '10	♛ 2

Francesco Rinaldi & Figli
via Crosia, 30 - 12051 Barolo [CN]
Tel. 0173440484
www.rinaldifrancesco.it

● Barolo Le Brunate '08	♛♛ 6
● Barolo Cannubio '08	♛♛ 6

OTHER WINERIES

Franco Roero
via Zucchetto, 8
14048 Montegrosso d'Asti [AT]
Tel. 0141956160
franco.roero@gmail.com

● Barbera d'Asti Cellarino '10	🍷🍷 3
● Barbera d'Asti Sup. Sichei '10	🍷🍷 4
● Barbera d'Asti Carbunè '11	🍷 2
● Grignolino d'Asti '11	🍷 2

Tenuta Roletto
via Porta Pia 69 - 10090 Cuceglio [TO]
Tel. 0124492293
www.tenutaroletto.it

○ Erbaluce di Caluso '11	🍷🍷 2*
○ Erbaluce di Caluso Muliné '10	🍷🍷 3
⊙ Canavese Rosato '11	🍷 2
○ Erbaluce di Caluso Passito '07	🍷 5

Rossi Contini
s.da San Lorenzo, 20 - 15076 Ovada [AL]
Tel. 0143822530
www.rossicontini.com

● Dolcetto di Ovada San Lorenzo '10	🍷🍷 2*
● Dolcetto di Ovada Vign. Ninan '09	🍷🍷 3
● Barbera del M.to Sup. Cras Tibi '09	🍷 3
○ Cortese dell'Alto M.to Cortesia '11	🍷 2

F.lli Rovero
loc. Valdonata
fraz. San Marzanotto, 218
14100 Asti
Tel. 0141592460
www.rovero.it

● Barbera d'Asti Sup. Rouvè '06	🍷🍷 4
● Barbera d'Asti Sup. Vign. Gustin '09	🍷🍷 2*
● Grignolino d'Asti Vign. La Casalina '11	🍷 2
● M.to Rosso Lajetto '09	🍷 3

San Bartolomeo
loc. Vallegge
Cascina San Bartolomeo, 26
15066 Gavi [AL]
Tel. 01436431280
www.sanbartolomeo-gavi.it

○ Gavi del Comune di Gavi Pelöia '11	🍷🍷 3*
○ Gavi Quinto '11	🍷🍷 2*

Tenuta San Pietro
loc. San Pietro, 2 - 15060 Tassarolo [AL]
Tel. 0143342422
www.tenutasanpietro.it

○ Gavi del Comune di Tassarolo Gorrina '09	🍷🍷 6
○ Gavi del Comune di Tassarolo Il Mandorlo '11	🍷🍷 4

OTHER WINERIES 其他酒庄

Giacomo Scagliola
REG. SANTA LIBERA, 20 - 14053 CANELLI [AT]
TEL. 0141831146
www.scagliolagiacomo.it

- Barbera d'Asti Sup. Bric dei Mandorli '09 ♛♛ 3
- Barbera d'Asti La Faia '10 ♛ 2

Simone Scaletta
LOC. MANZONI, 61
12065 MONFORTE D'ALBA [CN]
TEL. 3484912733
www.viniscaletta.com

- Barbera d'Alba Sarsera '10 ♛♛ 3
- Barolo Chirlet '08 ♛♛ 6
- Langhe Nebbiolo Autin 'd Madama '10 ♛♛ 3
- Dolcetto d'Alba Viglioni '11 ♛ 2

Antica Casa Vinicola Scarpa
VIA MONTEGRAPPA, 6
14049 NIZZA MONFERRATO [AT]
TEL. 0141721331
www.scarpavini.it

- M.to Rosso RossoScarpa '10 ♛♛ 2*
- Barbera d'Asti CasaScarpa '10 ♛ 2
- ○ M.to Bianco BiancoScarpa '10 ♛ 2

Sobrero Francesco e Figli
VIA PUGNANE, 3A
12060 CASTIGLIONE FALLETTO [CN]
TEL. 017362864
www.sobrerofrancesco.it

- Barolo Ciabot Tanasio '08 ♛♛ 5
- Barolo Pernanno Ris. '06 ♛♛ 6
- ○ Moscato d'Asti '11 ♛♛ 2*

La Spinona
VIA SECONDINE, 34 - 12050 BARBARESCO [CN]
TEL. 0173635169

- Barolo Söri Gepin Ris. '06 ♛♛ 7
- Barbaresco Bricco Faset '08 ♛♛ 6
- Barolo Söri Gepin '08 ♛♛ 6

La Spinosa Alta
C.NE SPINOSA ALTA, 6 - 15038 OTTIGLIO [AL]
TEL. 0142921372
www.laspinosaalta.it

- ⊙ M.to Chiaretto '11 ♛♛ 2*
- M.to Rosso Bricco Spinosa '08 ♛♛ 3
- M.to Rosso Tenebroso '08 ♛♛ 2*

OTHER WINERIES

Sylla Sebaste
via S. Pietro, 4 - 12060 Barolo [CN]
Tel. 017356266
www.syllasebaste.com

● Barolo Bussia '07	🍷🍷 7
● Barolo '08	🍷🍷 6
● Nebbiolo d'Alba '09	🍷🍷 2*

F.lli Trinchero
via Gorra, 49
14048 Montegrosso d'Asti [AT]
Tel. 0141956167
www.fllitrincherovino.com

● Barbera d'Asti La Trincherina '11	🍷🍷 2*
● Barbera d'Asti Sup. Merico '09	🍷🍷 5
● Barbera d'Asti Sup. Rico '09	🍷🍷 3

Laura Valditerra
s.da Monterotondo, 75
15067 Novi Ligure [AL]
Tel. 0143321451
laura@valditerra.it

● Barbera d'Asti '09	🍷🍷 3
○ Gavi Tenuta Merlassino '11	🍷🍷 2*
○ Gavi '11	🍷 2
● Monferrato Rosso Fiordesari '09	🍷 3

La Vecchia Posta
via Montebello, 2 - 15050 Avolasca [AL]
Tel. 0131876254
lavecchiaposta@virgilio.it

○ Colli Tortonesi Timorasso Il Selvaggio '10	🍷🍷 3
● Colli Tortonesi Barbera Languia '09	🍷 3
● Colli Tortonesi Rosso Rebelot '11	🍷 2
○ Saliceto	🍷 2

Villa Fiorita
via Case Sparse, 2
14034 Castello di Annone [AT]
Tel. 0141401738
www.villafiorita-wines.com

● Barbera d'Asti Sup. '10	🍷🍷 2*
● M.to Rosso Abaco '08	🍷 2
● M.to Rosso Nero di Villa Ris. '04	🍷 5
● M.to Rosso Pian dello Stornello '09	🍷 3

La Zerba
s.da per Francavilla, 1
15060 Tassarolo [AL]
Tel. 0143342259
www.la-zerba.it

○ Gavi Terrarossa '11	🍷🍷 2*
● Piemonte Barbera '10	🍷🍷 2*
○ Gavi La Zerba '11	🍷 2

利古里亚区
LIGURIA

La Baia del Sole

FRAZ. LUNI ANTICA
VIA FORLINO, 3 - 19034 ORTONOVO [SP]
TEL. 0187661821
www.cantinefederici.com

藏酒销售
预约参观
年产量 150 000 瓶
葡萄种植面积 11 公顷

索勒•拜亚（Baia del Sole）的庄园占地11公顷，酿酒所用的葡萄有一半来自外面的种植者。为了改变这种现状，朱利奥•费德里希（Giulio Federici）很可能会进一步扩大他的葡萄种植面积。葡萄园散布在古老的鲁尼（Luni）群山上，海拔之高可以与阿尔卑斯山脉（Apennines）相媲美。园里精心栽种了当地最好的葡萄品种——维蒙蒂诺葡萄（Vermentino）。除此之外，索勒•拜亚（Baia del Sole）酒庄还经营了其他品种。多年来，酒庄已经推出几款葡萄酒，这些酒在标签上都注明了葡萄园产地。

Maria Donata Bianchi

LOC. VALCROSA
VIA MEREA - 18013 DIANO ARENTINO [IM]
TEL. 0183498233
www.aziendaagricolabianchi.it

藏酒销售
预约参观
参观设施
年产量 30 000 瓶
葡萄种植面积 4 公顷
葡萄栽培方式 传统栽培

庄主做出的意义深远的改变无疑给酒庄带来了益处。现在，葡萄酒已成为农场假日中心成功运营的重要一环。作为附加收入的来源，农场假日中心对葡萄园和酒窖的投资来说至关重要，确保投资能满足不断发展、要求苛刻的市场需求。从这个角度讲，伊曼纽尔（Emanuele）和玛利亚•多娜塔（Maria Donata）的运筹十分精明和及时，现在，他们已经能给毕加图（Pigato）的葡萄酒市场供应优质的酒品。与酒窖普通的维蒙蒂诺（Vermentino）系列葡萄酒相比，这些出品实为一种创新。

○ Colli di Luni Vermentino Oro d'Isée '11	♀♀ 4
● Colli di Luni Eutichiano '11	♀♀ 3
○ Colli di Luni Gladius '11	♀♀ 3
● Colli di Luni Terre D'Oriente Ris. '08	♀ 5
○ Colli di Luni Vermentino Sarticola '11	♀ 5
○ Colli di Luni Vermentino Solaris '11	♀ 3
● Forlino '11	♀ 2
○ Muri Grandi '11	♀ 2
● Colli di Luni Eutichiano '10	♀♀ 2*
○ Colli di Luni Gladius '10	♀♀ 2
○ Colli di Luni Vermentino Oro d'Isée '10	♀♀ 4
○ Colli di Luni Vermentino Solaris '10	♀♀ 2

○ Riviera Ligure di Ponente Pigato '11	♀♀ 4
○ Riviera Ligure di Ponente Vermentino '11	♀♀ 4
● Bormano '10	♀ 4
○ Riviera Ligure di Ponente Vermentino '09	♀♀♀ 3
○ Riviera Ligure di Ponente Vermentino '07	♀♀♀ 3*
○ Antico Sfizio '04	♀♀ 2*
● La Mattana '06	♀♀ 5
● La Mattana '04	♀♀ 5
● La Mattana '01	♀♀ 5
○ Riviera Ligure di Ponente Vermentino '08	♀♀ 4
○ Riviera Ligure di Ponente Vermentino '04	♀♀ 3*
○ Riviera Ligure di Ponente Vermentino '03	♀♀ 2*

LIGURIA

BioVio

Fraz. Bastia
via Crociata, 24 - 17031 Albenga [SV]
Tel. 018220776
www.biovio.it

藏酒销售
预约参观
年产量　40 000 瓶
葡萄种植面积　6 公顷
葡萄栽培方式　有机认证

维奥酒庄（Vio）的香草业务在里维埃拉（Riviera）西部地区处于领先地位。香草的种植固然需要整个家族的全身心投入，但艾蒙（Aimone）和他的家人从没有冷落过心爱的葡萄酒。相反，他们无微不至地照顾葡萄园，致力于生产团队的建设。这支队伍生活在这片丰饶的乡村土地上，对待比奥•维奥（Bio Vio）酒庄就像当做自己的企业一样。这些利好条件加上良好的财务状况，使得他们能够做出重大投资，为实现提升葡萄、葡萄酒品质的目标奠定坚实的基础。

○ Riviera Ligure di Ponente Vermentino Aimone '11	🍷🍷 2*
○ Riviera Ligure di Ponente Pigato Bon in da Bon '10	🍷 3*
○ Riviera Ligure di Ponente Pigato MaRenè '11	🍷🍷 2*
● Bacilò '11	🍷 2
● Granaccia Gigò '11	🍷 3
○ Riviera Ligure di Ponente Rossese di Albenga U Bastiò '11	🍷 2
○ Riviera Ligure di Ponente Pigato Bon in da Bon '09	🍷🍷 3*
○ Riviera Ligure di Ponente Vermentino Aimone '10	🍷🍷 2*
○ Riviera Ligure di Ponente Vermentino Aimone '09	🍷🍷 2*
○ Riviera Ligure di Ponente Vermentino Aimone '08	🍷🍷 2*

Enoteca Bisson

c.so Gianelli, 28 - 16043 Chiavari [GE]
Tel. 0185314462
www.bissonvini.it

藏酒销售
预约参观
年产量　80 000 瓶
葡萄种植面积　12 公顷

皮尔诺•卢加诺（Piero Lugano）和女儿玛塔（Marta）为他们的特里戈索（Trigoso）、卡姆佩格里（Campegli）两个庄园开辟了一条最好的发展道路，即专门种植本地葡萄、开发葡萄的潜力和再植几近灭绝的品种。一个主要的例子是，这两位有魄力的酿酒师把席米萨（Cimixà）带到了与他们共同发展的这片土地，并取得了令人激动的成绩。另一个例子是由维蒙蒂诺（Vermentino）和本地巴切塔（Bianchetta）混合酿制，在波托菲诺（Portofino）的海洋深处再次发酵的阿碧丝（Abissi）起泡美酒。

○ Golfo del Tigullio Vermentino V. Erta '11	🍷🍷 2*
○ Carattello Passito VT '09	🍷 3
○ Cimixià L'Antico '11	🍷 3
○ Golfo del Tigullio Bianchetta Genovese Ü Pastine '11	🍷 2
○ Golfo del Tigullio Vermentino V. Intrigoso '11	🍷 3
● Granaccia Tardiva '09	🍷 5
○ Spumante Abissi '09	🍷 4
● Braccorosso '09	🍷🍷 3
○ Golfo del Tigullio Bianchetta Genovese Ü Pastine '09	🍷🍷 2
○ Golfo del Tigullio Vermentino V. Erta '10	🍷🍷 2
○ Golfo del Tigullio Vermentino V. Intrigoso '09	🍷🍷 3
● Il Musaico '09	🍷🍷 3

利古里亚区
LIGURIA

Samuele Heydi Bonanini
VIA SAN ANTONIO, 72
19017 RIOMAGGIORE [SP]
TEL. 0187920959
www.possa.it

藏酒销售
预约参观
年产量 7 000 瓶
葡萄种植面积 1.5 公顷
葡萄栽培方式 传统栽培

这个新近成立的手工艺酿酒厂制定了令人称道的发展战略，五渔村（Cinque Terre）虽然风景优美，但葡萄酒生产仍极具挑战性。庄主在这里重建梯田，改造旧农场建筑，目的是能够酿出使这个被列入联合国教科文组织世界文化遗产的地区拥有前进的动力。庄园的葡萄园种植了阿尔巴罗洛（Albarolo）、博斯科（Bosco）和维蒙蒂诺（Vermentino）葡萄，还有一些更老的葡萄品种，包括皮卡本（Picabon）和白罗塞斯（Rossese bianco）。由于所处的陡坡垂直延伸至海面，园里只能采用纯手工生产。白葡萄酒会经历短时间的浸皮，从而获得复杂的结构。

Cantina Bregante
VIA UNITÀ D'ITALIA, 47
16039 SESTRI LEVANTE [GE]
TEL. 018541388
www.cantinebregante.it

藏酒销售
预约参观
年产量 100 000 瓶

海与山之间蜿蜒坐落着数不清的小村落，这里是很多小型酿酒人的家。自远古的塞杰斯塔（Segesta）人在这里定居，几百年来，他们在这里酿制美酒。中等面积的酿酒场，通常不足一个网球场大小。当地出产的葡萄品种主要是热那亚（Bianchetta Genovese）、韦尔芒提诺（Vermentino）、莫斯卡多（Moscato）和塞丽吉诺（Ciliegiolo）。比热干特（Bregante）酿酒厂主人塞尔吉奥（Sergio Sanguinet）悉心照料着这些葡萄的成长。必要时，他还严格把关葡萄品质。虽然此举的必要性可能被低估，但确实值得高度赞赏。

○ Cinque Terre '11	🍷5
○ Cinque Terre Sciacchetrà '10	🍷8
○ Cinque Terre Vetua '11	🍷5
○ Cinque Terre Costa di Campo '11	🍷5
○ Cinque Terre '10	🍷🍷6
○ Cinque Terre Sciacchetrà '09	🍷🍷8
● Passito La Rinascita '10	🍷🍷8

○ Golfo del Tigullio Portofino Bianchetta Genovese Segesta Tigulliorum '11	🍷3*
○ Portofino Moscato '11	🍷3
● Golfo del Tigullio Ca' du Diau '11	🍷3
● Golfo del Tigullio Ciliegiolo '11	🍷2
○ Golfo del Tigullio Passito '10	🍷5
○ Golfo del Tigullio Bianchetta Genovese Segesta '10	🍷🍷2
○ Golfo del Tigullio Moscato '10	🍷🍷2*
○ Golfo del Tigullio Moscato '09	🍷🍷2
○ Golfo del Tigullio Passito '09	🍷🍷5
○ Golfo del Tigullio Vermentino '10	🍷🍷2
○ Golfo del Tigullio Vermentino '08	🍷🍷2*

LIGURIA

Bruna

Fraz. Borgo
Via Umberto I, 81 - 18020 Ranzo [IM]
Tel. 0183318082
www.brunapigato.it

藏酒销售
预约参观
年产量 45 000 瓶
葡萄种植面积 7.5 公顷

从阿尔本加（Albenga）平原沿着阿洛斯亚（Arroscia）河往上走，你会看到一排排小村庄，当山谷窄得只能通过一条河时，你便到达萨沃纳（Savona）省和因佩里亚（Imperia）省的交界地带兰佐（Ranzo）。你也许会问，哪里有适合葡萄栽培的土壤？别急，当你爬到更高一点的地方时，葡萄园就会魔幻般地出现在面前，并沿着陡峭狭窄的小路分布，簇拥在干石墙和橄榄树中间。在可以瞭望大海的地方，坐落着布鲁纳（Bruna）家族的庄园，他们在这里种植毕加图（Pigato）葡萄已有近50年。在葡萄的周围，散布着地中海芳香的香桃木、乳香脂、百里香、杨梅和无处不在的石楠丛。

● Rosso Pulin '10	♟♟ 4
○ Riviera Ligure di Ponente Pigato Maje '11	♟♟ 3
○ Riviera Ligure di Ponente Pigato U Baccan '10	♟♟ 5
● Riviera Ligure di Ponente Rossese '11	♟ 3
● Rosso Bansigu '11	♟ 2
○ Riviera Ligure di Ponente Pigato U Baccan '07	♟♟♟ 5
○ Riviera Ligure di Ponente Pigato U Baccan '06	♟♟♟ 4
○ Riviera Ligure di Ponente Pigato U Baccan '05	♟♟♟ 4
○ Riviera Ligure di Ponente Pigato U Baccan '04	♟♟♟ 4
○ Riviera Ligure di Ponente Pigato U Baccan '03	♟♟♟ 4

Buranco

Via Buranco, 72
19016 Monterosso al Mare [SP]
Tel. 0187817677
www.burancocinqueterre.it

藏酒销售
预约参观
参观设施
年产量 25 400 瓶
葡萄种植面积 2 公顷

想更多地了解布兰科酒庄（Buranco）的唯一方法就是去亲身探索酒庄所处的那个小小天堂——五乡地（Cinque Terre）。这五个小村庄地处利古里亚一带，已被联合国教科文组织列为世界文化遗产名录。一股强烈的布兰科气流横穿了3.5公顷的庄园，议员路易吉·格里奥（Luigi Grillo）家族成员在这里种植了葡萄、橄榄和柠檬树。就像每一个自尊自重的利古里亚人一样，格里奥（Grillo）很渴望能再达到一个顶峰，就像过去他创造传奇的西亚切特拉酒（Sciacchetrà）和其他葡萄酒的那段辉煌时期一样。

○ Cinque Terre Sciacchetrà '10	♟♟ 8
● Cinque Terre Rosso '10	♟ 4
○ Cinque Terre '07	♟♟ 4
○ Cinque Terre Bianco '09	♟♟ 4
○ Cinque Terre Mangioa '07	♟♟ 4
● Cinque Terre Rosso '08	♟♟ 4
○ Cinque Terre Sciacchetrà '09	♟♟ 8
○ Cinque Terre Sciacchetrà '07	♟♟ 8
○ Cinque Terre Sciacchetrà '06	♟♟ 8
○ Cinque Terre Sciacchetrà '04	♟♟ 8
○ Cinque Terre Sciacchetrà '03	♟♟ 8
○ Mojou '08	♟♟ 4

Cascina Nirasca

FRAZ. NIRASCA
VIA ALPI, 3 - 18026 PIEVE DI TECO [IM]
TEL. 0183368067
www.cascinanirasca.com

藏酒销售
预约参观
年产量　30 000 瓶
葡萄种植面积　4 公顷

两个意志坚定的伙伴马尔科•特米斯欧（Marco Temesio）和加布里埃尔•马格里奥（Gabriele Maglio）勇敢地修缮了一个位于利古里亚西部偏僻角落里的农舍。同时种植毕加图（Pigato）和奥罗米亚斯科（Ormeasco）葡萄长期困扰着他们，因为这两种本地葡萄不但品种差异巨大，而且对葡萄园的管理模式也有不同的需求。然而，如果从2013年白葡萄和红葡萄的走势来判断的话，马尔科（Marco）和加布里埃尔（Gabriele）正在这个充满挑战的事业中走向成功。

● Ormeasco di Pornassio '11	▯ 3
○ Riviera Ligure di Ponente Pigato '11	▯ 3
● Ormeasco di Pornassio Sup. '10	▯ 3
○ Riviera Ligure di Ponente Vermentino '11	▯ 3
● Senso '09	▯ 3
● Ormeasco di Pornassio '10	▯▯ 3
● Ormeasco di Pornassio Sup. '07	▯▯ 3*
● Ormeasco di Pornassio Sup. '06	▯▯ 3
○ Riviera Ligure di Ponente Pigato '10	▯▯ 3
○ Riviera Ligure di Ponente Pigato '09	▯▯ 3
○ Riviera Ligure di Ponente Pigato '08	▯▯ 3*
○ Riviera Ligure di Ponente Vermentino '09	▯▯ 3

Cantina Cinqueterre

FRAZ. MANAROLA
LOC. GROPPO - 19010 RIOMAGGIORE [SP]
TEL. 0187920435
www.cantinacinqueterre.com

预约参观
年产量　200 000 瓶
葡萄种植面积　45 公顷
葡萄栽培方式　有机认证

即使2012年10月的洪水极具灾难性，但依然没有打垮这个雄心勃勃、积极主动的联营酒庄。五乡地酒吧（Cantina Cinqueterre）继续为五乡地的酿酒业提供着支持。虽然水灾使得酒客无法发送2011年度葡萄酒的所有样品，但送达的一些样品还是像往常一样优秀。无论是联营酒庄的精神支柱——马特奥•博纳尼（Matteo Bonanni）董事长，还是年轻的酿酒师们，都没有向自然灾害低头，甚至还顺利地给我们送来了一些珍贵的沙克特拉（Sciacchetrà）葡萄酒。

○ Cinqueterre Sciacchetrà Un Paesaggio Un Vino '10	▯▯ 6
○ Cinque Terre Costa da Posa '11	▯▯ 3
○ Cinque Terre '11	▯ 2
○ Cinque Terre Costa du Campu '11	▯ 3
○ Cinque Terre '10	▯▯ 2*
○ Cinque Terre Costa da Posa di Volastra '10	
○ Cinque Terre Costa de Sèra di Riomaggiore '09	▯▯ 3
○ Cinque Terre Costa du Campu '10	▯▯ 3
○ Cinque Terre Sciacchetrà '09	▯▯ 6
○ Cinque Terre Sciacchetrà '07	▯▯ 6

利古里亚区
LIGURIA

Azienda Agricola Durin

LOC. ORTOVERO
VIA ROMA, 202 - 17037 ORTOVERO [SV]
TEL. 0182547007
www.durin.it

藏酒销售
预约参观
年产量 130 000 瓶
葡萄种植面积 15.5 公顷

至少有三种2012年最吸引人的葡萄酒在2013年榜上无名。很明显，2011年的夏末热浪确实对白葡萄的成熟和酿造并没有好处。阿利坎特（Alicante）和奥罗米亚斯科•帕赛豆（Ormeasco Passito）这样并不完全依靠天气的葡萄酒都不见踪影，更别提并不出色的奥罗米亚斯科（Ormeasco）了。幸运的是，格兰纳西亚（Granaccia）的稳步提高赢得了我们的心。虽然我们知道安东尼奥（Antonio）和劳拉（Laura）有能力做出成绩，但我们还是希望2012年的收获将让他们有机会展示成果。

● Granaccia '11	🍷🍷 3
○ Pigato Passito '10	🍷🍷 3
○ Riviera Ligure di Ponente Pigato '11	🍷 2
● Riviera Ligure di Ponente Rossese '11	🍷 2
○ Riviera Ligure di Ponente Vermentino '11	🍷 2
● Alicante '09	🍷🍷 3
● Ormeasco di Pornassio '10	🍷🍷 2
● Ormeasco di Pornassio Passito '09	🍷🍷 4
○ Riviera Ligure di Ponente Pigato I S-cianchi '09	🍷🍷 3*
○ Riviera Ligure di Ponente Pigato I S-cianchi '08	🍷🍷 3*
○ Riviera Ligure di Ponente Vermentino '08	🍷🍷 3*
○ Riviera Ligure di Ponente Vermentino '07	🍷🍷 3

Fontanacota

LOC. PONTI
FRAZ. PORNASSIO
VIA PROVINCIALE - 18100 IMPERIA
TEL. 0183293456
www.fontanacota.it

藏酒销售
预约参观
年产量 40 000 瓶
葡萄种植面积 5 公顷

玛丽娜（Marina）和法比奥•贝蒂（Fabio Berta）的酒庄坐落在庞帝（Ponti）伯纳赛欧市（Pornassio）附近。沿着市镇的斜坡向前走，你就能到达利古里亚（Liguria）和皮埃蒙特（Piedmont）的分界线——西迪纳瓦（Col di Nava）。酒庄被28号国度高速公路边的群山夹在其中，从这里还可前往蒙特格罗索•皮安•拉特（Montegrosso Pian Latte）。该酒庄靠近法国，海拔600多米。约5公顷的葡萄园位于瓦尔•珀瑞诺（Val Prino），主要种植维蒙蒂诺（Vermentino）、毕加图（Pigato）和罗塞斯（Rossese）葡萄。而在地势较高的阿诺斯亚山谷（Valle Arroscia）里，还有一些葡萄园用于种植奥罗米亚斯科（Ormeasco）葡萄。

○ Riviera Ligure di Ponente Pigato '11	🍷🍷🍷 3*
● Ormeasco di Pornassio Sup. '10	🍷🍷 3
⊙ Ormeasco di Pornassio Sciac-Trà '11	🍷 2
● Ormeasco di Pornassio '07	🍷🍷 2
● Ormeasco di Pornassio Sup. '06	🍷🍷 3
● Ormeasco di Pornassio Sup. '05	🍷🍷 2*
○ Riviera Ligure di Ponente Pigato '10	🍷🍷 2*
○ Riviera Ligure di Ponente Pigato '09	🍷🍷 2*
○ Riviera Ligure di Ponente Pigato '07	🍷🍷 2
○ Riviera Ligure di Ponente Pigato '05	🍷🍷 2
○ Riviera Ligure di Ponente Vermentino '06	🍷🍷 3*
○ Riviera Ligure di Ponente Vermentino '05	🍷🍷 3

利古里亚区
LIGURIA

Ottaviano Lambruschi
via Olmarello, 28
19030 Castelnuovo Magra [SP]
Tel. 0187674261
www.ottavianolambruschi.com

藏酒销售
预约参观
年产量　35 000 瓶
葡萄种植面积　5 公顷

萨迪克乐（Sarticola）葡萄园是维蒙蒂诺（Vermentino）葡萄种植的福地。该葡萄园位于卡斯泰尔沃诺•马格拉（Castelnuovo Magra）主教宫殿和塔楼式城堡的一个角落里，与欧特诺沃（Ortonovo）村相距不远。虽然葡萄本应根据所处地区而非特定葡萄园而得名，但兰姆伯鲁斯彻（Lambruschi）家族确实创造了一个真正意义的葡萄园，其出产的葡萄与附近葡萄园的葡萄有着天壤之别。兰姆伯鲁斯彻（Lambruschi）家族的葡萄酒生产区域已经延伸到巴斯顿（Bastione）的山脚下，这里之所以得天独厚，在于拥有了冲击平原和适合葡萄藤生长的山坡。除此之外，兰姆伯鲁斯彻（Lambruschi）家族还拥有科斯塔•玛丽娜（Costa Marina）葡萄园，特点跟萨迪克乐（Sarticola）葡萄园类似。

○ Colli di Luni Vermentino Costa Marina '11	🍷🍷🍷 4*
○ Colli di Luni Vermentino Il Maggiore '11	🍷 4
○ Colli di Luni Vermentino Costa Marina '09	🍷🍷 3
○ Colli di Luni Vermentino Sarticola '08	🍷🍷 3*
○ Colli di Luni Vermentino Alessandro '05	🍷🍷 3*
○ Colli di Luni Vermentino Costa Marina '10	🍷🍷 3
○ Colli di Luni Vermentino Costa Marina '08	🍷🍷 3*
○ Colli di Luni Vermentino Costa Marina '07	🍷🍷 3*
○ Colli di Luni Vermentino Costa Marina '06	🍷🍷 3*
○ Colli di Luni Vermentino Sarticola '10	🍷🍷 3
○ Colli di Luni Vermentino Sarticola '09	🍷🍷 3

Cantine Lunae Bosoni
fraz. Isola di Ortonovo
via Bozzi, 63 - 19034 Ortonovo [SP]
Tel. 0187669222
www.cantinelunae.com

藏酒销售
预约参观
年产量　500 000 瓶
葡萄种植面积　65 公顷

康迪妮•（Cantine Lunae）葡萄酒锐不可挡的增长势头仍在继续。在采用了利古里亚传统酿酒工艺短短几年后的现在，葡萄酒的产量达到50万瓶，这的确是一个超乎想象的里程碑。我们相信，这种不可思议的增长归功于高效率的酒庄管理和负责人在葡萄酒生产环节的尽心尽力。另外，最重要的一点是一流技术人员对葡萄酒品质的孜孜追求与全力付出。

○ Colli di Luni Vermentino Et. Nera '11	🍷🍷🍷 4*
○ Colli di Luni Vermentino Cavagino '11	🍷 5
○ Colli di Luni Vermentino Numero Chiuso '08	🍷 4
○ Colli di Luni Onda di Luna '11	🍷 4
● Colli di Luni Rosso Auxo '10	🍷 2
○ Colli di Luni Vermentino Et. Grigia '11	🍷 2
● Horae '09	🍷 5
⊙ Mea Rosa '11	🍷 2
○ Colli di Luni Vermentino Et. Nera '10	🍷🍷 4
○ Colli di Luni Vermentino Lunae Et. Nera '09	🍷🍷 4
○ Colli di Luni Vermentino Lunae Et. Nera '08	🍷🍷 4
○ Colli di Luni Vermentino Cavagino '10	🍷🍷 5

LIGURIA

利古里亚区

Lupi

VIA MAZZINI, 9 - 18026 PIEVE DI TECO [IM]
TEL. 018336161
www.casalupi.it

藏酒销售
预约参观
年产量 160 000 瓶
葡萄种植面积 12 公顷

就像他的父亲托马索（Tommaso）那样，马西莫（Massimo）尽心经营着这个知名的酒庄，竭力生产着多个品种的葡萄酒。正如你所料，他竭力的付出并未在所有的葡萄酒产品中体现出来。事实上，品质最好的葡萄酒当属白葡萄酒，尤其是取材于经典维蒙蒂诺（Vermentino）和毕加图（Pigato）葡萄的酒种。令人惊奇的是，尽管此地的欧米尔斯克（Ormeasco）葡萄酒市场潜力巨大，且卢皮斯（The Lupis）家族也倾注了真挚情感和大量资金来促销这种名望甚高的葡萄酒，但卢皮斯（The Lupis）家族还是没有实现对红葡萄酒的预期期望。

○ Riviera Ligure di Ponente Pigato Le Petraie '10	🍷🍷 3*
○ Riviera Ligure di Ponente Vermentino Le Serre '10	🍷🍷 3*
○ Vignamare '09	🍷🍷 4
● Ormeasco di Pornassio '11	🍷 3
⊙ Ormeasco di Pornassio Sciac-trà '11	🍷 3
● Ormeasco di Pornassio Sup. Le Braje '07	🍷 4
○ Riviera Ligure di Ponente Pigato '11	🍷 3
○ Riviera Ligure di Ponente Vermentino '11	🍷 3
● Rossese di Dolceacqua '11	🍷 3
○ Riviera Ligure di Ponente Vermentino Le Serre '09	🍷🍷🍷 3
○ Riviera Ligure di Ponente Vermentino Le Serre '08	🍷🍷🍷 5
○ Riviera Ligure di Ponente Vermentino Le Serre '07	🍷🍷🍷 5

Maccario Dringenberg

VIA TORRE, 3
18036 SAN BIAGIO DELLA CIMA [IM]
TEL. 0184289947
maccariodringenberg@yahoo.it

藏酒销售
预约参观
年产量 23 000 瓶
葡萄种植面积 4 公顷

我们可能已对乔治安纳·马卡里奥（Giovanna Maccario）的酿酒奇迹习以为常，但他却总是琢磨着如何更上一层楼。上次，乔治安纳（Giovanna）认为他的珀索（Posau）和2009年出品的顶级鲁维拉·多切阿夸（Luvaira 2009 Dolceacqua Superiores）葡萄酒的品质达不到市场标准，因此就没有把酒推向市场。2013年，乔治安纳·马卡里奥（Giovanna Maccario）所有的三种葡萄酒都出现在了我们的评比列表中。此前，他2011年出品的鲁维拉（Luvairas）和2010年出品的鲁维拉闯入我们最后的品酒环节，2010年出品的珀索（Posau）更是获得了"三杯奖"。当中，酒窖应被记一大功，因为它长期重点关注着虽被低估的，却富含魅力、优雅和时代感的葡萄酒品种。

● Rossese di Dolceacqua Sup. Vign. Posaù '10	🍷🍷🍷 3*
● Rossese di Dolceacqua Sup. '11	🍷🍷🍷 3*
● Rossese di Dolceacqua Sup. Vign. Luvaira '10	🍷🍷 4
● Rossese di Dolceacqua Sup. Vign. Luvaira '07	🍷🍷🍷 4
● Rossese di Dolceacqua Sup. Vign. Posaù '08	🍷🍷🍷 3
● Rossese di Dolceacqua '10	🍷🍷 3
● Rossese di Dolceacqua Sup. Vign. Luvaira '08	🍷🍷🍷 4
● Rossese di Dolceacqua Sup. Vign. Posaù '07	🍷🍷 3

Il Monticello

VIA GROPPOLO, 7 - 19038 SARZANA [SP]
TEL. 0187621432
www.ilmonticello.vai.li

藏酒销售
预约参观
参观设施
年产量 68 000 瓶
葡萄种植面积 10 公顷
葡萄栽培方式 传统栽培

2012年在罗马，来自波吉奥•帕特诺（Poggio Paterno）葡萄园并使用橡木桶陈化的维蒙蒂诺•科林•迪•鲁尼（Vermentino Colli di Luni）葡萄酒首次没有晋级决赛。许多酿造年份较早的葡萄酒已经在这一品种中先声夺人。这个地区生产的葡萄酒并不缺乏优秀的品质，然而涅利家族却只是追求采用有机和生物机能方式来种植葡萄。正是对环境的执著保护，涅利（The Neri）兄弟再次给2010年的葡萄酒市场输送了一流的葡萄酒产品。

○ Colli di Luni Vermentino Poggio Paterno '10	❦ 3*
● Colli di Luni Rosso Poggio dei Magni Ris. '08	❦ 3
○ Passito dei Neri '10	❦ 4
⊙ Serasuolo '11	❦ 2
● Colli di Luni Rosso Poggio dei Magni Ris. '07	❦❦ 3
○ Colli di Luni Vermentino '08	❦❦ 2*
○ Colli di Luni Vermentino Poggio Paterno '09	❦❦ 3
○ Colli di Luni Vermentino Poggio Paterno '08	❦❦ 3
○ Colli di Luni Vermentino Poggio Paterno '07	❦❦ 3*
○ Colli di Luni Vermentino Poggio Paterno '06	❦❦ 3

Conte Picedi Benettini

VIA MAZZINI, 57 - 19038 SARZANA [SP]
TEL. 0187625147
www.picedibenettini.it

藏酒销售
预约参观
参观设施
年产量 30 000 瓶
葡萄种植面积 20 公顷

在阿尔科拉地区（Baccano di Arcola），孔蒂•帕比瑞欧（Conte Papirio）新修了令人叹为观止的乔索（Chioso）别墅。另外，他还在4公顷的新葡萄园里大部分地种植了用于生产维蒙蒂诺（Vermentino）的葡萄。上述这些举动可以看出孔蒂•帕比瑞欧（Conte Papirio）家族在这里发展葡萄酒事业的决心。孔蒂•帕比瑞欧（Conte Papirio）其实就是大家耳熟能详的"尼诺"（Nino），成熟高贵的他已年过八旬，把一生奉献给葡萄酒事业，现在仍不惜一切代价保护着葡萄酒文化，保护着与葡萄酒息息相关的生活传统——一边在微风轻抚过的山坡上俯瞰美丽的马格拉山谷，一边沉浸在拉斯佩齐亚（La Spezia）海湾当地维蒙蒂诺（Vermentino）葡萄酒独一无二的芳香中。

○ Colli di Luni Vermentino Stemma '11	❦ 3*
○ Colli di Luni Vermentino Il Chioso '11	❦ 2*
⊙ Ciliegiolo Fattoria di Ceserano '11	❦ 2
● Colli di Luni Rosso Gran Baccano '11	❦ 3
● Colli di Luni Rosso Villa Il Chioso '11	❦ 3
○ Colli di Luni Vermentino '11	❦ 2
⊙ Ciliegiolo '10	❦❦ 2*
○ Colli di Luni Bianco Villa Il Chioso '09	❦❦ 2*
○ Colli di Luni Vermentino Il Chioso '09	❦❦ 2
○ Colli di Luni Vermentino Stemma '10	❦❦ 3
○ Colli di Luni Vermentino Stemma '09	❦❦ 2*

利古里亚区
LIGURIA

La Pietra del Focolare
via Isola, 74 - 19034 Ortonovo [SP]
Tel. 0187662129
www.lapietradelfocolare.it

藏酒销售
预约参观
年产量 30 000 瓶
葡萄种植面积 7 公顷

即使人们说白皮葡萄在2011年夏天遭受高温困扰，斯蒂凡诺•萨尔维迪（Stefano Salvetti）还是向市场供应了四款维蒙蒂诺酒（Vermentino）。我们虽然因为只尝到其中两款酒而感到遗憾，但这两款酒恰恰强调出了斯蒂凡诺本人具备葡萄酒酿造的专业功力。还需指出的是，斯蒂凡诺实际上单独打理着坐落在奥托诺沃（Ortonovo）山里的7公顷葡萄园，只有他的搭档劳拉（Laura）能长时间地提供帮助。

Poggio dei Gorleri
fraz. Gorleri
via San Leonardo
18013 Diano Marina [IM]
Tel. 0183495207
www.poggiodeigorleri.com

藏酒销售
预约参观
膳宿接待
年产量 69 000 瓶
葡萄种植面积 6.5 公顷

一场重病使得吉姆皮尔诺•梅拉诺（Giampiero Merano）短暂告别了他心爱的葡萄园，现在他已复出，重新掌管起葡萄园的工作。除了他之外，酒庄的团队还包括了他的两个儿子大卫（Davide）和马迪奥（Matteo）。吉姆皮尔诺•梅拉诺（Giampiero Merano）纯粹只想回到利古利亚（Ligurias）西部的海滨，尽情感受那里的景致气息。伴随着地中海灌木丛散发的芬芳气味，海边的葡萄藤常年被来自狄亚诺（Diano）海湾咸味海风所冲击。那里土壤肥沃干燥，混杂着当地嶙峋的鹅卵石。葡萄园生产的传统葡萄品种的产量很低，低到几乎可以忽略不计。

○ Colli di Luni Vermentino Solarancio '11	🍷🍷 5
○ Colli di Luni Vermentino Villa Linda '11	🍷🍷 3
○ Colli di Luni Vermentino Augusto '08	🍷🍷 2*
○ Colli di Luni Vermentino Augusto '06	🍷🍷 2
○ Colli di Luni Vermentino Solarancio '10	🍷🍷 4
○ Colli di Luni Vermentino Solarancio '09	🍷🍷 5
○ Colli di Luni Vermentino Solarancio '08	🍷🍷 4
○ Colli di Luni Vermentino Solarancio '07	🍷🍷 4
○ Colli di Luni Vermentino Solarancio '06	🍷🍷 3
○ Colli di Luni Vermentino Solarancio '04	🍷🍷 3*
○ Colli di Luni Vermentino Villa Linda '05	🍷🍷 3*
○ Colli di Luni Vermentino Viva Luce '05	🍷 1*

○ Riviera Ligure di Ponente Pigato Albium '10	🍷🍷🍷 5
○ Riviera Ligure di Ponente Pigato Cycnus '11	🍷🍷 3*
○ Riviera Ligure di Ponente Vermentino V. Sorì '11	🍷🍷 3*
○ Riviera Ligure di Ponente Vermentino '11	🍷 2
○ Riviera Ligure di Ponente Pigato Cycnus '10	🍷🍷🍷 3
○ Riviera Ligure di Ponente Pigato Cycnus '09	🍷🍷🍷 3*
○ Riviera Ligure di Ponente Pigato Cycnus '08	🍷🍷🍷 3*
○ Riviera Ligure di Ponente Pigato Albium '07	🍷🍷 4
○ Riviera Ligure di Ponente Vermentino V. Sorì '08	🍷🍷 3*

Sancio

via Laiolo, 73 - 17028 Spotorno [SV]
Tel. 019743255
cantinasancio@libero.it

藏酒销售
预约参观
年产量 38 000 瓶
葡萄种植面积 5 公顷

里卡尔多•圣西奥（Riccardo Sancio）一直忠诚于他当前的工作，坚持走自己选择过的道路。尽管这个地方不是传统的葡萄酒乡镇，但他一直致力于这个地方葡萄的种植和葡萄酒的酿造。由于坐落在葡萄酒法定产区里维埃拉（Riviera Ligure di Ponente DOC）最东部的斯波托尔诺（Spotorno）、维兹（Vezzi）、沃科•菲戈里诺（Orco Feglino）、菲纳莱•利古雷（Finale Ligure）和卡利切•利古雷（Celle Ligure）市镇之间，里卡尔多（Riccardo）酒庄酿造的葡萄酒与西部的阿尔本加（Albenga）平原至文蒂米利亚（Ventimiglia）这片区域酿造的葡萄酒稍微有所不同。我们过去钟爱带有浓郁芳香矿物性气味的维蒙蒂诺（Vermentino）葡萄酒，但相比之下，现在他那温和的罗塞斯（Rossese）和毕加图（Pigato）葡萄酒更具吸引力。

○ Riviera Ligure di Ponente Pigato '11	▼▼ 3
● Riviera Ligure di Ponente Rossese '11	▼▼ 3
○ Riviera Ligure di Ponente Vermentino '11	▼▼ 3
○ Lumassina Mataosso '11	▼ 1
○ Riviera Ligure di Ponente Pigato Cappellania '11	▼ 3
● Rosso dell'Orco '11	▼ 2
○ Il Baciocciol Passito	▽▽ 5
○ Riviera Ligure di Ponente Pigato '10	▽▽ 3*
○ Riviera Ligure di Ponente Pigato '09	▽▽ 3*
○ Riviera Ligure di Ponente Pigato Cappellania '09	▽▽ 2
● Riviera Ligure di Ponente Rossese '10	▽▽ 3*
● Riviera Ligure di Ponente Rossese '10	▽▽ 3*
○ Riviera Ligure di Ponente Vermentino '10	▽▽ 3

Terre Bianche

loc. Arcagna - 18035 Dolceacqua [IM]
Tel. 018431426
www.terrebianche.com

藏酒销售
预约参观
参观设施
年产量 65 000 瓶
葡萄种植面积 8.5 公顷

我们的朋友菲利普（Filippo）以他惯有的冷静沉着、少言寡语的形象再次出现在大家面前，并出售他喜爱的葡萄酒。事实上，在这片怪石嶙峋的土壤里再度种植出独特可爱而又富含花香果香的葡萄几乎是件不可能的事情。我们自己也在不断感叹，感叹原来在这样不利地形里栽培葡萄的梦居然不是遥不可及。当然，要想在这片土壤上种植葡萄及酿造葡萄酒，内心近乎疯狂的热情必不可少。

● Rossese di Dolceacqua Bricco Arcagna '10	▼ 5
○ Riviera Ligure di Ponente Vermentino '11	▼▼ 3
● Rossese di Dolceacqua '11	▼▼ 3
○ Riviera Ligure di Ponente Pigato '11	▼ 3
● Rossese di Dolceacqua Bricco Arcagna '09	▽▽▽ 4
● Rossese di Dolceacqua Bricco Arcagna '08	▽▽▽ 5
● Arcana Rosso '03	▽▽ 5
○ Aurin '07	▽▽ 5
● Rossese di Dolceacqua '10	▽▽ 3
● Rossese di Dolceacqua '08	▽▽ 3*
● Rossese di Dolceacqua Bricco Arcagna '06	▽▽ 4
● Rossese di Dolceacqua Bricco Arcagna '01	▽▽ 4

LIGURIA

利古里亚区

Cascina delle Terre Rosse
VIA MANIE, 3
17024 FINALE LIGURE [SV]
TEL. 019698782

藏酒销售
预约参观
年产量 30 000 瓶
葡萄种植面积 4.5 公顷
葡萄栽培方式 传统栽培

瓦勒迪米诺·葛璐佐（Vladimiro Galluzzo）对葡萄酒精髓的探索一直在继续着。他小心翼翼地维护着自己的葡萄园，建造了之前酒窖缺失的部分——酒桶和控温室。几个月后，酒窖最后的一块拼图——品尝室也将到位。他的特色葡萄品种是毕加图（Pigato）和维蒙蒂诺（Vermentino），这两个品种种植在海拔300米的海边，继承着梅米高原（Manie upland）的传统。在种植过程中，瓦勒迪米诺（Vladimiro）采用了有机技术，且避免使用除草剂和化肥。另外，这一方法也应用到其他当地的葡萄品种，比如鲁曼丝娜（Lumassina）和歌海娜（Grenache）。

Vis Amoris
LOC. CARAMAGNA
S.DA MOLINO JAVÈ, 23 - 18100 IMPERIA
TEL. 3483959569
www.visamoris.it

藏酒销售
预约参观
年产量 26 000 瓶
葡萄种植面积 3.5 公顷

几年前，罗赞娜·扎帕（Rossana Zappa）和罗伯特·托茨（Roberto Tozzi）开始从事钟爱的葡萄园工作，在因佩里亚省（Imperia）发展他们的葡萄酒生意。我们相信，这是唯一一个能专门用毕加图（Pigato）葡萄生产六种不同类型葡萄酒的酒庄，其中包括了经典酒、普通酒、精装酒、优良沉淀酒、桶酿酒和干葡萄酒。几年前，这家酒庄就开始采用毕加图·德姆（Pigato Dome）这个葡萄品种，来践行酿酒的使命。该种葡萄产于一个2500平方米的小葡萄园，这个葡萄园处在离海洋3000米的三个狭长地带上。虽然历史不长，但我们认为以索格诺（Sogno）已是酒界的领头羊。

○ Apogeo '11	♛♛ 4
○ Riviera Ligure di Ponente Pigato '11	♛♛ 4
○ Le Banche '11	♛ 7
○ Per Paola '11	♛ 7
○ Riviera Ligure di Ponente Vermentino '11	♛ 4
○ Riviera Ligure di Ponente Pigato '99	♛♛♛ 3
○ Le Banche '05	♛♛ 7
○ Riviera Ligure di Ponente Pigato '07	♛♛ 3
○ Riviera Ligure di Ponente Pigato '06	♛♛ 3
● Solitario '05	♛♛ 6
● Solitario '04	♛♛ 6
● Solitario '03	♛♛ 6

○ Riviera Ligure di Ponente Pigato Sogno '10	♛♛ 4
○ Dulcis in Fundo '10	♛♛ 5
○ Extra Brut Vis Amoris '09	♛♛ 5
○ Riviera Ligure di Ponente Pigato Regis '09	♛ 5
○ Riviera Ligure di Ponente Pigato V. Domè '11	♛ 3
○ Riviera Ligure di Ponente Pigato Verum '11	♛ 3
○ Dulcis in Fundo '09	♛♛ 5
○ Riviera Ligure di Ponente Pigato Sogno '09	♛♛ 5
○ Riviera Ligure di Ponente Pigato V. Domè '08	♛♛ 4
○ Riviera Ligure di Ponente Pigato V. Domè '07	♛♛ 3*

OTHER WINERIES

Cooperativa Agricoltori della Vallata di Levanto

LOC. GHIARE
VIA SAN MATTEO, 20 - 19015 LEVANTO [SP]
TEL. 0187800867
www.levanto.com/cooperativa

○ Colline di Levanto Vermentino Lievàntu '11	🍷 2
○ Colline di Levanto Lievantu Costa di Legnaro '11	🍷 3
○ Colline di Levanto Vermentino '11	🍷 3

Carlo Alessandri

VIA UMBERTO I, 15 - 18020 RANZO [IM]
TEL. 0183318114
az.alessandricarlo@libero.it

● Ormeasco di Pornassio '11	🍷 3
● Ormeasco di Pornassio Sciac-Trà '11	🍷 3

Massimo Alessandri

VIA COSTA PARROCCHIA, 42
18028 RANZO [IM]
TEL. 018253458
www.massimoalessandri.it

○ Riviera Ligure di Ponente Pigato Costa di Vigne '11	🍷🍷 3
○ Riviera Ligure di Ponente Pigato Vigne Vegie '10	🍷🍷 4

Anfossi

FRAZ. BASTIA
VIA PACCINI, 39 - 17031 ALBENGA [SV]
TEL. 018220024
www.aziendaagrariaanfossi.it

⊙ Paraxo '11	🍷 2
○ Riviera Ligure di Ponente Pigato '11	🍷 2
● Riviera Ligure di Ponente Rossese '11	🍷 2
○ Riviera Ligure di Ponente Vermentino '11	🍷 2

Tenuta Anfosso

C.SO VERBONE, 175 - 18036 SOLDANO [IM]
TEL. 0184289906
www.tenutaanfosso.it

● Rossese di Dolceacqua Sup. '10	🍷🍷 3
⊙ Antea '11	🍷 2
● Rossese di Dolceacqua Luvaira Sup. '10	🍷 3

Riccardo Arrigoni

LOC. MIGLIARINI
VIA SARZANA, 224 - 19126 LA SPEZIA
TEL. 0187504060
www.awf2000.com

○ Cinque Terre Sciacchetrà '06	🍷🍷 8
○ Cinque Terre Sciacchetrà '98	🍷🍷 8
○ Cinque Terre Tramonti '11	🍷🍷 3*

OTHER WINERIES

其他酒庄

Luigi Bianchi Carenzo
Via I. Lantero, 19
18013 Diano San Pietro [IM]
Tel. 0183429072

○ Riviera Ligure di Ponente Vermentino '11	🍷🍷 2*
○ Riviera Ligure di Ponente Pigato '11	🍷 2
● Riviera Ligure di Ponente Rossese '10	🍷 2

Enoteca Andrea Bruzzone
via Bolzaneto, 94/96/98 - 16162 Genova
Tel. 0107455157
www.andreabruzzonevini.it

○ Val Polcèvera La Superba '11	🍷🍷 2*
○ Val Polcèvera Bianchetta Genovese Memoie '11	🍷 2
● Val Polcèvera Rosso Treipaexi '11	🍷 2

Cantine Calleri
loc. Salea
reg. Fratti, 2 - 17031 Albenga [SV]
Tel. 018220085
postmaster@cantinecalleri.com

○ Riviera Ligure di Ponente Pigato '11	🍷 3
○ Riviera Ligure di Ponente Pigato Saleasco '11	🍷 3
○ Riviera Ligure di Ponente Vermentino '11	🍷 3

Luigi Calvini
via Solaro, 76-78a - 18038 Sanremo [IM]
Tel. 0184660242
www.luigicalvini.com

Ìo Prise de Mousse '11	🍷 3
○ Riviera Ligure di Ponente Pigato '11	🍷 3
● Riviera Ligure di Ponente Rossese '11	🍷 3
○ Riviera Ligure di Ponente Vermentino '11	🍷 3

Altare Bonanni De Grazia Campogrande
via di Loca, 189 - 19017 Riomaggiore [SP]
Tel. 3384063383
info@5terre-marmar.com

○ Cinque Terre '10	🍷🍷 7

Cheo
via Brigate Partigiane, 1
19018 Vernazza [SP]
Tel. 0187821189
bartolocheo@gmail.com

○ Cinque Terre Cheo '11	🍷🍷 3*
○ Cinque Terre Perciò '11	🍷🍷 4
○ Cinque Terre Sciacchetrà '09	🍷🍷 7

OTHER WINERIES 其他酒庄

Dallorto
VIA MONSIGNORE TORNATORE, 10
18035 DOLCEACQUA [IM]
TEL. 0184206850
www.dunemu.it

- ● Rossese di Dolceacqua Du Nemu '10 🍷🍷 3
- ● Rossese di Dolceacqua Sup. Du Nemu '10 🍷🍷 3
- ○ Riviera Ligure di Ponente Pigato
  Du Nemu '11 🍷 3

Walter De Batté
VIA TRARCANTU, 25
19017 RIOMAGGIORE [SP]
TEL. 0187920127

- ○ Altrove '09 🍷🍷 3
- ● Bozòlo '09 🍷 3
- ● Tonos '09 🍷 3

Edoardo Primo
VIA AURELIA, 190
19030 CASTELNUOVO MAGRA [SP]
TEL. 340 6739118
www.edoardoprimo.it

- ● Giaranero '10 🍷🍷 2*

Foresti
VIA BRAIE, 223 - 18033 CAMPOROSSO [IM]
TEL. 0184292377
www.forestiwine.it

- ○ Riviera Ligure di Ponente Pigato I Soli '11 🍷 3
- ○ Riviera Ligure di Ponente Vermentino
  I Soli '11 🍷 3
- ● Rossese di Dolceacqua '11 🍷 2

Forlini Cappellini
LOC. MANAROLA
VIA RICCOBALDI, 45 - 19010 RIOMAGGIORE [SP]
TEL. 0187920496
forlinicappellini@libero.it

- ○ Cinque Terre '11 🍷 4

Gajaudo
Cantina del Rossese
LOC. BUNDA
S.DA PROVINCIALE, 7 - 18035 IMPERIA
TEL. 0184208095
www.cantinagajaudo.com

- ○ Riviera Ligure di Ponente Vermentino
  Pejuna '11 🍷🍷 3
- ● Dolceacqua Rossese Arcagna '10 🍷 3
- ● Dolceacqua Rossese Luvaira '11 🍷 3

OTHER WINERIES

Podere Grecale
LOC. BUSSANA
VIA DUCA D'AOSTA, 52E - SANREMO [IM]
TEL. 01841956107
www.poderegrecale.it

○ Riviera Ligure di Ponente Pigato '11	🍷🍷 3
○ Riviera Ligure di Ponente Vermentino '11	🍷 3
⊙ Rosé '11	🍷 3

Nicola Guglierame
VIA CASTELLO, 10 - 18024 PORNASSIO [IM]
TEL. 018333037
www.ormeasco-guglierame.it

● Ormeasco di Pornassio Sup. '10	🍷🍷 3
● Ormeasco '10	🍷 3

Ka' Manciné
FRAZ. SAN MARTINO
P.ZZA OTTO LUOGHI, 36 - 18036 SOLDANO [IM]
TEL. 0184289089
www.kamancine.it

● Rossese di Dolceacqua Beragna '11	🍷🍷 3*
● Rossese di Dolceacqua Galeae '11	🍷 3
⊙ Sciakk '11	🍷 3
○ Tabaka '11	🍷 3

Tenuta La Ghiaia
VIA FALCINELLO, 127 - 19038 SARZANA [SP]
TEL. 0187627307
www.tenutalaghiaia.it

○ Colli di Luni Vermentino Almagesto '11	🍷 3
○ Colli di Luni Vermentino Atys '11	🍷 3

Podere Lavandaro
VIA CASTIGLIONE - 54035 FOSDINOVO [MS]
TEL. 018768202
www.poderelavandaro.it

● Colli di Luni Rosso '11	🍷🍷 2*
○ Colli di Luni Vermentino '11	🍷 3

Cantine Litan
VIA MATTEOTTI, 32F - 19017 RIOMAGGIORE [SP]
TEL. 3407655840
www.litan.it

○ Cinque Terre Costa de Séra '11 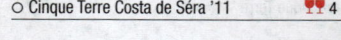	🍷🍷 4

OTHER WINERIES 其他酒庄

Tenuta Maffone
LOC. ACQUETICO
VIA SAN ROCCO 18 - 18026 PIEVE DI TECO [IM]
www.tenutamaffone.it

● Ormeasco di Pornassio '10	♟ 3
⊙ Ormeasco di Pornassio Sciac-trà '10	♟ 3
○ Riviera Ligure di Ponente Pigato '10	♟ 3

Maixei
LOC. REGIONE PORTO
18035 DOLCEACQUA [IM]
TEL. 0184205015
www.maixei.it

● Dolceacqua Rossese Sup. '10	♟♟ 4
○ Riviera Ligure di Ponente Vermentino '11	♟ 3

Paganini
LOC. CHIAZZARI, 15
17024 FINALE LIGURE [SV]
TEL. 335211931
www.cantinapaganini.it

○ Riviera Ligure di Ponente Pigato '11	♟ 3
○ Riviera Ligure di Ponente Vermentino '11	♟ 3

Gino Pino
FRAZ. MISSANO
VIA PODESTÀ, 31
16030 CASTIGLIONE CHIAVARESE [GE]
TEL. 0185408036
pinogino.az.agricola@tin.it

● Golfo del Tigullio Ciliegiolo '11	♟ 3
○ Golfo del Tigullio Moscato '11	♟ 3

Poggi dell'Elmo
C.SO VERBONE, 135 - 18036 SOLDANO [IM]
TEL. 0184289148
www.poggidellelmo.com

● Rossese di Dolceacqua Sup. '10	♟♟ 4

Luigi Sartori
FRAZ. LECA
REG. TORRE PERNICE, 3 - 17031 ALBENGA [SV]
TEL. 018220042
sartoripigato@libero.it

○ Riviera Ligure di Ponente Pigato '11	♟ 3
○ Riviera Ligure di Ponente Pigato Sel. '11	♟ 3
● Riviera Ligure di Ponente Rossese '10	♟ 2
○ Riviera Ligure di Ponente Vermentino '11	♟ 3

OTHER WINERIES

Tenuta Selvadolce
VIA SELVA DOLCE, 14 - 18012 BORDIGHERA [IM]
TEL. 3492225844
www.selvadolce.it

○ Crescendo '10	♛ 2
○ Riviera Ligure di Ponente VB1 '10	♛ 5

Agostino Sommariva
VIA MAMELI, 1 - 17031 ALBENGA [SV]
TEL. 0182559222
www.oliosommariva.it

● Riviera Ligure di Ponente Rossese Dee '11	♛ 3

Podere Terenzuola
VIA VERCALDA, 14 - 54035 FOSDINOVO [MS]
TEL. 0187670387
www.terenzuola.it

○ Colli di Luni Vermentino Sup. Fosso di Corsano '11	♛♛ 3*
○ Cinque Terre Bianco '11	♛♛ 3
○ Colli di Luni Vermentino '11	♛ 2

Valdiscalve
LOC. REGGIMONTI
SP 42 - 19011 BONASSOLA [SP]
TEL. 0187818178
www.vermenting.com

○ Colline di Levanto Bianco Verment Ing Costa di Macinara '11	♛♛ 3
○ Colline di Levanto Bianco Verment Ing Terre di Salice '11	♛ 3

La Vecchia Cantina
FRAZ. SALEA
VIA CORTA, 3 - 17031 ALBENGA [SV]
TEL. 0182559881

○ Riviera Ligure di Ponente Pigato '11	♛♛ 3
○ Riviera Ligure di Ponente Vermentino '11	♛ 3

Azienda Agricola Zangani
LOC. PONZANO SUPERIORE
VIA GRAMSCI, 46
SANTO STEFANO DI MAGRA [SP]
TEL. 3287665657
www.zangani.it

● Colli di Luni Il Montale '11	♛♛ 2*
○ Colli di Luni Vermentino La Boceda '11	♛♛ 3*
○ Colli di Luni Vermentino '11	♛ 2
○ Riviera Ligure Bianco '11	♛ 2

伦巴第区
LOMBARDY

伦巴第区（Lombardy）的葡萄酒在数量和质量上都逐年提高。2015年米兰世博会（Milan Expo）的不断临近似乎在催促着本地的酿酒商，促使他们加紧追赶意大利最知名的葡萄酒地区。因此，2013年获得"三杯奖"的葡萄酒比2012年多出两款，共20个值得尊敬的伦巴第酒庄获得了《年鉴》的最高奖项。细看2013年的获奖名单，我们发现，佛朗恰克塔（Franciacorta）地区是伦巴第区前进的动力，其高涨的热情、完美的企业精神和广博的文化引领了全区葡萄酒的发展。20个奖项中有一半归属这一地区，首次获奖的酒庄有两家。巴罗内·皮新酒庄（Barone Pizzin）虽长盛多年，但直到2013年才凭借有机葡萄，本产区首创的时髦的布鲁特·那楚儿2008年款（Brut Nature 2008）获此殊荣。另外，首次获奖的还有来自穆拉托（Muratori）酒庄、2004年款的陈酿法萨科兰（Riserva Francesco Iacono）以及由黑皮诺（Pinot Noir）完美酿制的多萨格洛（Dosaggio Zero）。其他获奖的佳酿同样美味，但2013年真正打动我们的是总体水平很高的卡威乐瑞（Cavalleri）系列。其两项获奖的葡萄酒分别是清纯醇厚的2004年款的克列斯瓦利（Collezione Esclusiva Giovanni Cavalleri 2004）和矿物香浓郁的帕斯·多萨2007年款（Pas Dosé 2007）。出产这两款美酒的卡威乐瑞（Cavalleri）酒庄也凭借强势全面的表现，跻身意大利顶级酒庄的行列。从伦巴第区另一个重要的法定产区卢加纳（Lugana）也传来了好消息，卡·戴·弗拉迪（Ca' dei Frati）的布罗雷蒂诺2010年款（Brolettino 2010）和普罗文萨（Provenza）的迷人的法比奥·康塔托2010年款（Fabio Contato 2010）双双赢得大奖。面对佛朗恰克塔（Franciacorta）的挑战，帕维亚镇（Pavia）做出积极的回应。获奖的蒙素佩罗（Monsupello）酒庄酿出经典梅特多起泡酒（Metodo Classico）2006年款，同样出色的还有采用吉奥格（Giorgi）酿制的2008年款超级起泡酒（More Brut）和库维托里卡1870（Cuvée Storica 1870）。它们都是非常优秀的黑皮诺（Pinot Noir）起泡酒，以及玛佐琳纳酒庄（Tenuta Mazzolino）的法式静态2009年款黑皮诺葡萄酒一起，很好地向我们展示这些山脉是如何驾驭这款犀利葡萄。出色的山区内比奥罗（Nebbiolos）源于瓦特林纳（Valtellina）。这里获得一项"三杯奖"，由此该地区获奖总数为4项。迪鲁皮（Dirupi）虽然成立时间不长，但凭借其现代风格的、口感浓郁的2009年款的陈酿葡萄酒成功加入"三杯奖"俱乐部。此外，经验丰富的马米特·普莱奥斯蒂尼（Mamete Prevostini）酒庄酿造的复杂的2009年珍藏酒（2009 Riserva）也榜上有名。最后，还有两款经典弗萨特（Sfursats），浓郁、回味持久的2008年款莱诺蒂（Rainoldi）以及富萨特利酒庄（Sfursat meisters Negri）出品的传奇式特雷（5 Stelle）葡萄酒。另外，维卡勒皮奥（Valcalepio）、瓦尔提内西（Valtenesi）和波迪西诺（Botticino）虽然没有获奖，但这次的表现也同样出色。

伦巴第区
LOMBARDY

Marchese Adorno
VIA GALLASSOLO, 4 - 27050 RETORBIDO [PV]
TEL. 0383374404
www.marcheseadorno-wines.it

藏酒销售
预约参观
年产量　250 000　瓶
葡萄种植面积　85　公顷

该酒庄具有巨大的潜力，但其中的大部分有待开发。1997年，马奇斯•马塞洛•卡塔内奥•阿多诺（Marchese Marcello Cattaneo Adorno）决定提升大型家庭农场尤其是葡萄酒生产的实力。从那以后，酒庄取得了显著的进步。技艺精湛的酿酒专家弗朗塞斯克•切维提（Francesco Cervetti）的到来极大提高了葡萄酒品质。现在，鉴于拥有大量的葡萄原料和人力资源，酒庄必须保持这样的发展态势。

● OP Pinot Nero Rile Nero '09	▼▼ 5
● Cliviano '10	▼▼ 3*
● OP Bonarda Vivace Costa del Sole '11	▼▼ 2*
○ OP Pinot Grigio Dama D'Oro '11	▼▼ 2
○ OP Riesling Sup. Arcolaio '10	▼▼ 3
● OP Barbera V. del Re '08	▽▽ 5
● OP Barbera V. del Re '07	▽▽ 5
● OP Bonarda Vivace Costa del Sole '10	▽▽ 2
● OP Bonarda Vivace Costa del Sole '09	▽▽ 2
○ OP Pinot Grigio Dama D'Oro '09	▽▽ 2*
● OP Pinot Nero '08	▽▽ 3
● OP Pinot Nero Brughero '09	▽▽ 3
● OP Pinot Nero Rile Nero '08	▽▽ 5
● OP Pinot Nero Rile Nero '07	▽▽ 5

F.lli Agnes
VIA CAMPO DEL MONTE, 1
27040 ROVESCALA [PV]
TEL. 038575206
www.fratelliagnes.it

藏酒销售
预约参观
年产量　120 000　瓶
葡萄种植面积　21　公顷

我们希望，洛维斯凯拉（Rovescala）、福雷特里•艾格尼丝（Fratelli Agnes）和伯纳达（Bonarda）形成的默契三重奏能够长期演绎下去。塞尔吉奥（Sergio）和克里斯蒂亚诺（Crisatiano）与他们出色的葡萄园亲密相处，了解园内的一点一滴，其中尤为了解皮诺拉（Pignola）葡萄。这种葡萄是接串小果实的科罗蒂纳（Croatina）品种，很久以前就在这里落地生根。酒庄出品的一系列葡萄酒一贯保持高品质，从年轻的伯纳达（Bonardas）起泡葡萄酒到在橡木桶里陈酿、潜力巨大的静止葡萄酒系列。

● Poculum '10	▼▼ 3*
● OP Bonarda Campo del Monte '11	▼▼ 2*
● OP Bonarda Cresta del Ghiffi '11	▼▼ 2*
● OP Bonarda Millenium '09	▼▼ 4
● Vignazzo '10	▼▼ 3
● Loghetto '11	▼ 3
● OP Bonarda Possessione del Console '11	▼ 3
● OP Bonarda Frizzante Campo del Monte '09	▽▽ 2*
● OP Bonarda Millenium '08	▽▽ 4
● OP Bonarda Vivace Campo del Monte '10	▽▽ 2*
● OP Bonarda Vivace Cresta del Ghiffi '10	▽▽ 2
● Poculum '09	▽▽ 3
● Poculum '08	▽▽ 3
● Vignazzo '08	▽▽ 2*

伦巴第区
LOMBARDY

Anteo
loc. Chiesa - 27040 Rocca de' Giorgi [PV]
Tel. 038599073
www.anteovini.it

藏酒销售
预约参观
年产量 20 000 瓶
葡萄种植面积 27 公顷

由特兰托•克里贝拉提（Trento Cribellati）在晚年建立的这个酒庄是葡萄酒爱好者的必观之地。地下酒窖呈拱形，一排排葡萄酒靠墙而列，在长排的桌子中间，景象尤为壮观。显然，我们提到的葡萄酒指的是经典梅特多（Metodo Classico），因为位于沃萨山谷（Valle Versa）和斯库罗帕索山谷（Valle Scuropasso）边界，坐落在帕维亚省产区（Oltrepò Pavese）角落里的这个迷人酒庄一个多世纪以来被公认为是黑皮诺（Pinot Nero）起泡葡萄酒的故乡。

Antica Fratta
via Fontana, 11
25040 Monticelli Brusati [BS]
Tel. 030652068
www.anticafratta.it

藏酒销售
预约参观
年产量 250 000 瓶
葡萄种植面积 4 公顷

20世纪70年代，吉莉安（Zilliani）家族在吉多•博鲁奇（Guido Berlucchi）酒庄旗下修建了这个位于蒙蒂塞利•布鲁塞提（Monticelli Brusati）的气派酒庄，目前由充满热情、善于创新的马尔塞洛•博鲁奇（Marcello Bruschetti）管理。酒庄的总部设置在风格华丽且修缮一新的19世纪别墅内，并拥有四条通道通向酿酒厂的地下美丽的拱形酒窖。酒庄独立于母公司，拥有自己的葡萄园和员工。最近，酒庄小心翼翼地转变酒品风格，给一系列顶级葡萄酒的发展带来了好处。

OP Bonarda Frizzante Staffolo '11	3
⊙ OP Cruasé	4
○ OP Pinot Nero Brut Cl. Nature Écru '07	4
○ OP Pinot Nero Brut Cl. Riserva del Poeta '05	6
⊙ OP Pinot Nero Brut Cl. Rosé '06	4
⊙ OP Riesling Sup. Quadro di Mezzo '11	2*
⊙ OP Pinot Nero Brut Martinotti	2
⊙ OP Pinot Nero Brut Martinotti Rosé	2
⊙ OP Pinot Nero Brut Tradition '07	3
○ OP Pinot Nero Brut Cl. Nature Écru '03	4
○ OP Pinot Nero Brut Cl. Riserva del Poeta '04	6
○ OP Pinot Nero Brut Cl. Riserva del Poeta '03	5
⊙ OP Pinot Nero Brut Cl. Rosé '05	4

○ Franciacorta Quintessence Extra Brut '05	7
○ Franciacorta Brut	5
○ Franciacorta Brut Essence '07	6
○ Franciacorta Rosé Essence '08	5
○ Franciacorta Satèn Essence '08	5
○ Franciacorta Brut Essence '06	5
⊙ Franciacorta Rosé	5
⊙ Franciacorta Rosé Essence '07	5

伦巴第区
LOMBARDY

Antica Tesa
LOC. MATTINA
VIA MERANO, 28 - 25080 BOTTICINO [BS]
TEL. 0302691500

藏酒销售
预约参观
年产量 40 000 瓶
葡萄种植面积 10 公顷

因珍贵的大理石而闻名于世的博迪西诺（Botticino），正如名字表示的那样，一直是一个优秀的葡萄种植业和葡萄酒酿造业的中心。事实上，博迪西诺（Botticino）这种红葡萄酒曾被称为"伦巴第的巴罗洛葡萄酒"（Barolo of Lombardy）。今天，在这个小型的法定产区里，最好的酿酒商是皮尔兰格罗•诺文塔（Pierangelo Noventa）和他的女儿亚历山德拉（Alessandra）。在空气顺畅的山坡上，他们热忱地打理着占地10公顷的葡萄种植地，包括采用本地高架藤培育方法种植的古老葡萄园，以及采用盖奥特、警戒线培育方法种植的新块田。

● Botticino Pià della Tesa '08	♥♥ 3*
● Botticino Colle degli Ulivi	♥♥ 2*
● Botticino V. del Gobbio '08	♥♥ 5
● Botticino Pià della Tesa '07	♀♀ 3*
● Botticino Pià della Tesa '06	♀♀ 3
● Botticino Pià della Tesa '05	♀♀ 3
● Botticino Pià della Tesa '04	♀♀ 3
● Botticino V. degli Ulivi '07	♀♀ 2*
● Botticino V. del Gobbio '05	♀♀ 5
● Botticino Vigna del Gobbio '06	♀♀ 5
● Botticino Vigna del Gobbio '04	♀♀ 5
● Botticino Vigna del Gobbio '04	♀♀ 5

Ar.Pe.Pe.
VIA DEL BUON CONSIGLIO, 4 - 23100 SONDRIO
TEL. 0342214120
www.arpepe.com

藏酒销售
预约参观
年产量 50 000 瓶
葡萄种植面积 11 公顷
葡萄栽培方式 传统栽培

佩里扎蒂•佩雷格酒庄（Pellizzati Perego）组建了一支默契的团队，为首的是伊萨贝拉（Lsabella）和厄玛卢勒（Emanuele）。二人孜孜不倦地四处奔走，旨在改进葡萄园和酒窖的工作，维护酒庄的公共关系。他们的酿酒传统与时俱进，出品的葡萄酒既诠释了品种个性和风土条件，又变得越来越清新可口。

● Valtellina Sup. Sassella Rocce Rosse Ris. '01	♥♥ 6
● Valtellina Sup. Sassella Ultimi Raggi '05	♥♥ 6
● Rosso di Valtellina '10	♥♥ 3
● Valtellina Sup. Inferno Fiamme Antiche Ris. '07	♥♥ 5
● Valtellina Sup. Sassella Stella Retica Ris. '06	♥♥♥ 4
● Rosso di Valtellina '09	♀♀ 3*
● Rosso di Valtellina '07	♀♀ 2
● Valtellina Sup. Grumello Rocca de Piro Ris. '06	♀♀ 4
● Valtellina Sup. Inferno Fiamme Antiche '06	♀♀ 4
● Valtellina Sup. Sassella Rocce Rosse Ris. '99	♀♀ 6
● Valtellina Sup. Sassella Ultimi Raggi '04	♀♀ 6

伦巴第区
LOMBARDY

Ballabio

via San Biagio, 32 - 27045 Casteggio [PV]
Tel. 0383805728
www.ballabio.net

藏酒销售
预约参观
年产量 50 000 瓶
葡萄种植面积 28 公顷

伦巴第区（Lombardy）与皮埃蒙特区（Piedmont）、艾米利亚·罗马涅区（Emilia Romagna）、利古里亚区（Liguria）接壤。在伦巴第的小角落奥尔特波（Oltrepò）地区里，巴拉比奥（Ballabio）酒庄拥有最悠久的历史之一，出品的葡萄酒名望颇高。1905年，安吉洛·巴拉比奥（Angelo Ballabio）建立了该酒庄，以他命名的酒庄名沿用至今。弗丽波·内维利（Filippo Nevelli）付出了大量的心血，以求重振酒庄的辉煌。虽然这个复兴计划实施不久，但已产生了令人鼓舞的成果。酒庄掌舵人弗朗西斯科·切维提（Francesco Cervetti）的目标非常明确，那就是把这个古老的酒庄带回到奥尔特波（Oltrepò）地区经典梅特多（Metodo Classico）生产的顶级行列。

○ Brut Cl. Farfalla	♛♛ 4
● OP Bonarda Vigna Delle Cento Pertiche '11	♛♛ 2*
● Merlot Narbusto '10	♛ 3
⊙ OP Pinot Nero Brut Cl. Cruasé	♛ 4
● Clastidium di Pinot Nero '08	♛♛ 4
● Narbusto '09	♛♛ 3
⊙ OP Pinot Nero Brut Cl. Cruasé '07	♛♛ 3

Barboglio De Gaioncelli

fraz. Colombaro
via Nazario Sauro
25040 Corte Franca [BS]
Tel. 0309826831
www.barbogliodegaioncelli.it

藏酒销售
预约参观
餐饮接待
年产量 90 000 瓶
葡萄种植面积 60 公顷

13世纪末，由士兵和地主组成的巴伯格里奥·德·盖恩切里（Barboglio de Gaioncelli）家族从贝加莫（Bergamo）地区搬迁到佛朗恰克塔（Franciacorta）。从那时算起，他们已经在科尔特·弗兰卡·克罗姆巴罗（Corte Franca Colombaro）的伊塞奥湖（Lake Iseo）湖畔栖居了200多年。一段时间以来，占地80公顷的庄园拥有邻近的一家餐厅和一个设备齐全的酒窖，其中后者正是30公顷葡萄园所产的葡萄进行发酵的地方。出品的葡萄酒酿制技艺细腻，品种包括佛朗恰克塔系列（Franciacortas）和本地静止葡萄酒系列。

○ Franciacorta Brut	♛♛ 5
○ Franciacorta Dosage Zero Claro '05	♛♛ 6
○ Franciacorta Saten	♛♛ 5
○ Franciacorta Rosé '06	♛ 6
⊙ Franciacorta Dosage Zero Claro '04	♛♛ 5
⊙ Franciacorta Dosage Zero Claro '02	♛♛ 5
⊙ Franciacorta Rosé Donna Alberta	♛♛ 5
⊙ TdF Curtefranca Bianco '07	♛♛ 2*

LOMBARDY
伦巴第区

Barone Pizzini
via San Carlo, 14
25050 Provaglio d'Iseo [BS]
Tel. 0309848311
www.baronepizzini.it

藏酒销售
预约参观
参观设施
年产量 375 000 瓶
葡萄种植面积 47 公顷
葡萄栽培方式 有机认证

这个美丽的庄园于20世纪80年代由一群布雷西亚（Brescia）商人创建，希尔瓦诺·布拉斯奇里尼（Silvano Brescianini）现在是它的掌舵者。酒庄一直以来偏好使用有机方法和生物动力法种植葡萄，并运用自然技术。它有两个姐妹庄园——马尔凯区（Marche）的皮尔沃塔酒庄（Pievalta）和托斯卡纳区（Tuscan Maremma）的宝乐山庄（Padere Ghiaccioforte）。坐落在地莫利纳（Timoline）的酒窖技术配备先进，是根据有机建筑学和环境可持续性的原则建立起来的，出产的葡萄酒为一系列有机认证的佛朗恰克塔（Franciacortas）。

○ Franciacorta Brut Nature '08	♛♛♛ 5
⊙ Franciacorta Rosé Brut '08	♛♛ 5
○ Franciacorta Satèn '08	♛♛ 5
● San Carlo Sebino '09	
○ Curtefranca Polzina Bianco '11	♛ 3
○ Franciacorta Brut	♛ 4
○ Franciacorta Satèn '07	♛♛ 5
○ Franciacorta Satèn '07	♛♛ 5

★★Bellavista
via Bellavista, 5 - 25030 Erbusco [BS]
Tel. 0307762000
www.bellavistawine.it

预约参观
年产量 1 300 000 瓶
葡萄种植面积 184 公顷

贝亚维斯塔（Bellavista）酒庄是莫雷蒂（Moretti）家族的主要酒庄，家族在伦巴第（Lombardy）和托斯卡纳（Tuscany）都有其领地。这些庄园由充满智慧的企业家维托里奥（Vittorio）建立，他女儿弗兰西斯卡（Francesca）经常帮忙打理。酒庄是国际知名度最大的意大利葡萄酒品牌之一，拥有的180公顷出色的葡萄园由酿酒专家兼总经理马蒂亚·维佐拉（Mattia Vezzola）负责打理。酒庄给葡萄酒鉴赏家们提供了一系列非常优雅、复杂且个性突出的葡萄酒，从普通的佛朗恰克塔特酿（Franciacorta Cuvée）到最负盛名的珍藏酒（Riservas）。

○ Franciacorta Gran Cuvée Pas Operé '06	♛♛♛ 8
○ Curtefranca Uccellanda '09	♛♛ 7
○ Franciacorta Satèn Gran Cuvée	♛♛ 8
○ Curtefranca Convento Ss. Annunciata '09	♛♛ 7
○ Franciacorta Brut Cuvée	♛♛ 6
○ Franciacorta Gran Cuvée Brut '07	♛♛ 8
⊙ Franciacorta Gran Cuvée Rosé Brut '07	♛♛ 8
○ Franciacorta Gran Cuvée Pas Operé '05	♛♛♛ 7
○ Curtefranca Convento Ss. Annunciata '08	♛♛ 6
○ Franciacorta Extra Brut Vittorio Moretti '04	♛♛ 8

伦巴第区
LOMBARDY

F.lli Berlucchi

LOC. BORGONATO
VIA BROLETTO, 2 - 25040 CORTE FRANCA [BS]
TEL. 030984451
www.fratelliberlucchi.it

藏酒销售
预约参观
年产量　400 000 瓶
葡萄种植面积　70 公顷

当你穿过16世纪的别墅、民房和酒庄美丽的大门时，你就能意识到博鲁奇家族（Berlucchi）是佛朗恰克塔（Franciacorta）地区历史最悠久的家族之一。皮亚•多纳塔（Pia Donata）是葡萄酒界最有活力、最杰出的女性之一，受兄弟的委托，她与女儿锑丽•法拉利（Tilli Rizza）共同管理这个井井有条的大规模酒庄。值得博鲁奇（Berlucchis）家族骄傲的是，他们只用来自本地区种植最好的70公顷葡萄园里的葡萄酿造库维斯（Cuvées）葡萄酒。

Guido Berlucchi & C.

LOC. BORGONATO
P.ZZA DURANTI, 4 - 25040 CORTE FRANCA [BS]
TEL. 030984381
www.berlucchi.it

藏酒销售
预约参观
膳宿接待
年产量　5 000 000 瓶
葡萄种植面积　650 公顷

吉多•博鲁奇（Guido Berlucchi）酒庄已经有50多年的历史了。半个世纪以来，酒庄酿酒质量始终如一，取得了不小的成功。这些荣誉归功于创始者弗兰克（Franco）还有他的孩子阿图诺（Arturo）、保罗（Paolo）和克里斯蒂娜（Cristina），他们总是熟练又热情地在庄园忙碌着。今天，酒庄每年能出品5 000 000瓶葡萄酒，并种植600多公顷的葡萄。在过去10年里，葡萄酒品质的大幅度提升使得酒庄强势回到了佛朗恰克塔（Franciacorta）法定保证产区的顶级酒庄行列。

○ Franciacorta Casa delle Colonne Zero Ris. '05	7
○ Franciacorta Brut '08	5
○ Franciacorta Brut 25	4
⊙ Franciacorta Brut Rosé '08	5
○ Franciacorta Satèn '08	5
○ Curtefranca Bianco '11	3
● Curtefranca Rosso '10	3
○ Franciacorta Pas Dosé '08	5
○ TdF Bianco Dossi delle Querce '08	3
● TdF Rosso Dossi delle Querce '07	3
○ Franciacorta Brut '07	5
○ Franciacorta Brut '06	4*
○ Franciacorta Pas Dosé '07	5
○ Franciacorta Satèn '07	5

○ Franciacorta Cellarius Brut '08	5
○ Franciacorta Cellarius Pas Dosé '07	5
○ Cuvée Imperiale Vintage '06	5
○ Franciacorta Brut Cuvée 61	5
○ Franciacorta Cuvée Imperiale Brut	5
○ Franciacorta Cuvée Imperiale Demi Sec	5
○ Franciacorta Satèn Cuvée 61	5
⊙ Franciacorta Brut Rosè Cuvée 61	5
○ Franciacorta Brut Cellarius '07	5
○ Franciacorta Brut Extrême Palazzo Lana '05	6
○ Franciacorta Brut Extrême Palazzo Lana '04	6
⊙ Franciacorta Brut Rosé Cellarius '07	5
○ Franciacorta Cellarius Pas Dosé '06	5

LOMBARDY

伦巴第区

Bersi Serlini

LOC. CERETO
VIA CERETO, 7 - 25050 PROVAGLIO D'ISEO [BS]
TEL. 0309823338
www.bersiserlini.it

藏酒销售
预约参观
年产量 220 000 瓶
葡萄种植面积 32 公顷

玛塔莲娜•波西•瑟里尼（Maddalena Bersi Serlini）和她的妹妹齐亚拉•恰恩内尔（Chiara Channel）热忱地经营着这个家族酒庄。现代酒窖和接待中心位于酒庄的中心地带，原酿酒厂旁边的一栋中世纪建筑曾是拉莫萨（Lamosa）的圣彼得（San Pietro）大教堂僧侣的庄园。酒庄于1886年被波西•瑟里尼（Bersi Serlini）收购，现在拥有超过30公顷的葡萄园，靠着卓越的品质，酒庄在葡萄酒业脱颖而出。

○ Franciacorta Brut Vintage Ris. '04	♀♀ 7
○ Franciacorta Brut Anniversario	♀♀ 6
○ Franciacorta Brut Cuvée n. 4 '07	♀♀ 5
○ Franciacorta Satèn	♀♀ 5
○ Franciacorta Brut	♀ 5
⊙ Franciacorta Brut Rosé Rosa Rosae	♀ 6
○ Franciacorta Demi Sec Nuvola	♀ 4
○ Franciacorta Brut Cuvée n. 4 '06	♀♀ 4*
○ Franciacorta Brut Ed. 50 anni	♀♀ 5

Bisi

LOC. CASCINA SAN MICHELE
FRAZ. VILLA MARONE, 70
27040 SAN DAMIANO AL COLLE [PV]
TEL. 038575037
www.aziendagricolabisi.it

藏酒销售
预约参观
年产量 100 000 瓶
葡萄种植面积 30 公顷

当生产者监督了从冬季修剪到9月发酵的整个生产过程时，葡萄酒必然能呈现出自己的特质和个性。克劳迪奥•比西（Claudio Bisi）虽然有点内向，但很慷慨坚决。酒庄的顶级葡萄酒拥有卓越的品质，尤其是著名的龙科兰格（Roncolongo）。他们从不轻易生产葡萄酒，但当他们推出酒品时，所呈现出的广度、深度、酿酒意识和激情情感都无与伦比。我们一直以来都是这家酒庄的忠实粉丝。

● Roncolongo '09	♀♀ 4
○ Bianco Passito Villa Marone '09	♀♀ 4
● Calonga '09	♀♀ 4
● OP Bonarda Frizzante '11	♀♀ 2*
○ OP Riesling '11	♀♀ 2*
● Primm '09	♀♀ 4
● Ultrapadum '10	♀♀ 3
○ Bianco Passito Villa Marone '07	♀♀ 4
○ Bianco Passito Villa Marone '06	♀♀ 4
● OP Barbera Roncolongo '08	♀♀ 3
● OP Barbera Roncolongo '07	♀♀ 3
● OP Barbera Roncolongo '06	♀♀ 3
● OP Barbera Roncolongo '05	♀♀ 3
● OP Barbera Roncolongo '04	♀♀ 3

LOMBARDY

Tenuta Il Bosco
LOC. IL BOSCO - 27049 ZENEVREDO [PV]
TEL. 0385245326
www.ilbosco.com

藏酒销售
预约参观
年产量 1 000 000 瓶
葡萄种植面积 152 公顷

该酒庄是奥尔特波地区（Oltrepo）规模最大的酒庄，拥有152公顷的葡萄园，是佐尼家族（Zonin）20多年前建立的。我们说一说这个气派酒庄的闪光点。首先，设备精良的迷人酒窖呈现出环境友好型的特点；其次，酒庄经理皮尔尼克拉•奥尔默（Piernicola Olmo）经验老到；最后，有了这些技术和人力资源，出品的葡萄酒必定品质卓越、酿制精巧。因此，佐尼家族（Zonin）是时候加大"赌注"了。

⊙ OP Pinot Nero Brut Oltrenero Cruasé	♛♛ 5
○ Brera '11	♛♛ 3
● OP Bonarda Vivace '11	♛♛ 2*
○ OP Pinot Nero Brut Oltrenero	♛♛ 5
○ OP Pinot Nero Poggio Pelato '10	♛♛ 5
● Malvasia Frizzante	♛ 2
○ OP Pinot Nero Brut Martinotti Philèo	♛ 3
⊙ Phileo Rosè Brut Martinotti	♛ 3
● OP Barbera Vivace '07	♛♛ 2*
● OP Bonarda Vivace '08	♛♛ 2*
● OP Bonarda Vivace '07	♛♛ 2*
● OP Bonarda Vivace Teodote '09	♛♛ 2*
○ OP Brut Cl. Il Bosco	♛♛ 4
⊙ OP Pinot Nero Brut Oltrenero Cruasé	♛♛ 5

Bosio
LOC. TIMOLINE
VIA MARIO GATTI - 25040 CORTE FRANCA [BS]
TEL. 030984398
www.bosiofranciacorta.it

藏酒销售
预约参观
年产量 100 000 瓶
葡萄种植面积 23 公顷

在佛朗恰克塔（Franciacorta）的许多酒庄里，凯撒（Cesare Bosio）是一位受尊敬的农学家，妹妹劳拉（Laura）则是经济学专业毕业。在短短的几年时间里，这对姐妹创造了本地区最新、最有趣的酒庄之一。她们建造了一个精致的现代性的酒窖。葡萄园占地20多公顷，占酒庄总面积的2/3，生产出的优质葡萄酿造了佛朗恰克塔葡萄酒（Franciacortas）系列和其他本地酒种。优雅典型的库维斯（Cuvées）源自高种植密度的葡萄园，园里采用的栽培方法把对环境的影响降至最低程度。

○ Franciacorta Extra Brut Boschedòr '08	♛♛ 5
○ Franciacorta Brut '08	♛♛ 5
○ Franciacorta Brut	♛♛ 5
○ Franciacorta Pas Dosé Girolamo Bosio Ris. '05	♛♛ 5
⊙ Franciacorta Rosé Brut '08	♛♛ 5
● Curtefranca Rosso '09	♛ 4
○ Franciacorta Satèn	♛ 5
● TdF Rosso Zenighe '07	♛ 4
○ Franciacorta Extra Brut Boschedòr '07	♛♛ 5
○ Franciacorta Pas Dosé Girolamo Bosio Ris. '04	♛♛ 5

伦巴第区
LOMBARDY

Ca' del Gè
FRAZ. CA' DEL GÈ, 3
27040 MONTALTO PAVESE [PV]
TEL. 0383870179
www.cadelge.it

藏酒销售
预约参观
年产量 180 000 瓶
葡萄种植面积 36 公顷

我们总是很高兴回忆和恩佐•帕德罗吉（Enzo Padroggi）一起所做的关于葡萄酒类型学的长期讨论。我们的看法是，在众多的葡萄酒种类和风格中，他酿造的葡萄酒的口感总是带有些许甜味。虽然阿拉斯•恩佐（Alas Enzo）已经去世，但他能干的孩子斯蒂芬尼妮（Stefania）、萨拉（Sara）和卡罗（Carlo）仍在热忱地继续他的事业。酒庄36公顷的葡萄园处在以白垩质成分为主的土壤上，虽然葡萄酒系列用了很多种类的葡萄，但最主要的还是雷司令（Riesling）。

○ OP Pinot Nero Brut Cl. '02	🍷🍷 3*
● O. P. Bonarda La Fidela '10	🍷🍷 3
○ OP Riesling Italico Filagn Long '11	🍷🍷 2*
○ Il Marinoni '10	🍷 2
● OP Bonarda Vivace '11	🍷 2
○ OP Riesling '11	🍷 1
● Tormento '06	🍷 5
● OP Barbera V. Varmasì '09	🍷🍷 3
● OP Bonarda La Fidela '07	🍷🍷 3
○ OP Pinot Nero Brut Cl. '06	🍷🍷 3
○ OP Pinot Nero Brut Cl. '05	🍷🍷 3
○ OP Riesling '10	🍷🍷 1

Ca' di Frara
VIA CASA FERRARI, 1
27040 MORNICO LOSANA [PV]
TEL. 0383892299
www.cadifrara.it

藏酒销售
预约参观
年产量 400 000 瓶
葡萄种植面积 46 公顷

这家精致酒庄的形象有点让人捉摸不透。酒庄制定了一个雄心勃勃的计划：把黑皮诺葡萄（Pinot Nero）经过短暂浸皮后进行发酵，从而酿造出经典梅特多葡萄酒（Metodo Classico）。现在，这个计划确实取得了不错的成绩。年轻的卢卡•贝拉尼（Luca Bellani）很有才干，酿酒的技术无懈可击。然而，我们仍然渴望再次感受几年前的静止葡萄酒，尤其是白葡萄酒所带给我们的兴奋。

○ OP Oltre il Classico Nature	🍷🍷 5
⊙ OP Pinot Nero Brut Oltre il Classico Rosé Ris. '06	🍷🍷 5
● OP Bonarda La Casetta '10	🍷🍷 3
○ OP Cruasé Oltre il Classico '09	🍷🍷 4
● OP Pinot Nero Il Raro Nero '09	🍷🍷 4
○ OP Riesling Renano Apogeo Raccolta Tardiva '11	🍷🍷 2*
○ OP Pinot Grigio Raccolta Tardiva '11	🍷 3
● Io Rosso '08	🍷🍷 4
⊙ OP Pinot Nero Brut Oltre il Classico Rosé Ris. '05	🍷🍷 5
⊙ OP Pinot Nero Brut Oltre il Classico Rosé Ris. '08	🍷🍷 5
● OP Pinot Nero Il Raro Nero '08	🍷🍷 4
● OP Rosso Il Frater Ris. '08	🍷🍷 5

Ca' Lojera

loc. Rovizza
via 1886, 19 - 25019 Sirmione [BS]
Tel. 0457551901
www.calojera.com

藏酒销售
预约参观
餐饮接待
年产量 160 000 瓶
葡萄种植面积 18 公顷

亚伯拉（Ambra）和弗兰克•提拉波斯齐（Franco Tiraboschi）在加尔达（Garda）地区很令人关注。他们占地不到20公顷的葡萄园分布在湖的周围，粘质土壤使得酒庄产出的葡萄酒呈现出鲜明的个性和卢佳纳（Luganas）葡萄酒最好的特质。酒庄在古地亚•蒙特（Monte della Guardia）的一些葡萄田种植了波尔多（Bordeaux）红葡萄品种。在经过足够长的陈化后，出品的葡萄酒丰富饱满、个性十足。

○ Lugana del Lupo '10	♛♛ 4
○ Lugana Sup. '10	♛♛ 3
● Merlot Monte della Guardia '09	♛♛ 2*
● Cabernet Monte della Guardia '09	♛ 2
○ Lugana '11	♛ 2
⊙ Rosato Monte della Guardia '11	♛ 2
○ Lugana del Lupo '08	♙♙ 4
○ Lugana Riserva del Lupo '07	♙♙ 4
○ Lugana Riserva del Lupo '06	♙♙ 4
○ Lugana Sup. '09	♙♙ 3
○ Lugana Sup. '04	♙♙ 3

Ca' Tessitori

via Matteotti, 15 - 27043 Broni [PV]
Tel. 038551495
www.catessitori.it

藏酒销售
预约参观
年产量 120 000 瓶
葡萄种植面积 40 公顷

经过多年持续不断的进步，路易吉•吉奥尔吉（Luigi Giorgi）的酒庄终于跻身在《年鉴》之中，我们对此表示热烈的欢迎。我们非常了解路易吉•吉奥尔吉（Luigi Giorgi），虽然外表上看他是一个粗暴、守旧的农民，但葡萄园里的他凡事亲力亲为，举手投足间透露着对葡萄种植的极大热情。他的儿子乔瓦尼（Giovanni）和弗朗西斯科（Francesco）受到父亲的影响，也拥有了这份热情。多年来，路易吉•吉奥尔吉（Luigi Giorgi）逐渐放弃使用橡木桶，因为他再度挖掘了混凝土酒槽的潜力，使它在酒窖里发挥了更大的功效。

● OP Barbera Marona '09	♛♛ 4
● OP Bonarda Vivace '11	♛♛ 2*
⊙ OP Cruasé '09	♛♛ 3
○ OP Pinot Nero Brut '09	♛♛ 4
⊙ Agolo '11	♛ 2
● Laetitia '11	♛ 2
● OP Rosso Borghesa '11	♛ 2
⊙ Agolo '10	♙♙ 2*
● OP Bonarda Frizzante '10	♙♙ 2*
○ OP Pinot Nero Brut '09	♙♙ 4
● OP Rosso Borghesa '10	♙♙ 2*
● OP Rosso Borghesa '09	♙♙ 2*

伦巴第区
LOMBARDY

Camossi
VIA METELLI, 5 - 25030 ERBUSCO [BS]
TEL. 0307268022
www.camossi.it

藏酒销售
年产量 60 000 瓶
葡萄种植面积 30 公顷

2013年，卡西（Camossi）兄弟再次证明了他们的酒庄在这个葡萄酒产区里很有发展前途。在父母的帮助下，克劳迪奥（Claudio）和达里奥（Dario）在10年前就开始酿造佛朗恰克塔（Franciacortas）葡萄酒，他们既拥有无限的激情，又拥有优质的葡萄园。今天，他们拥有的30公顷葡萄园分布在厄布索科（Erbusco）、帕拉提克（Paratico）和普洛瓦格里奥（Provaglio），在酿酒顾问尼克•丹内瑟（Nico Danesi）的专业指导下，酒庄用生产的优质葡萄酿造葡萄酒。

Cantrina
FRAZ. CANTRINA
VIA COLOMBERA, 7 - 25081 BEDIZZOLE [BS]
TEL. 0306871052
www.cantrina.it

藏酒销售
预约参观
年产量 25 000 瓶
葡萄种植面积 5.8 公顷

克里斯蒂娜•印甘尼（Cristina Inganni）和迭戈•拉沃（Diego Lavo）经营的这个小酒庄占地不到6公顷，位于瓦尔提内西（Valtenesi）地区。在这里，古老的冰川塑造了加尔达（Garda）盆地和周围的冰碛丘陵。经过20多年的辛勤工作，他们管理葡萄园和酒窖的方法变得越来越自然，侵略性越来越低。酿造出不受特定品种约束，不受生产法规限制，能反映产地风土的葡萄酒是他们现阶段的目标。

○ Franciacorta Extra Brut '07	🍷🍷 5
○ Franciacorta Extra Brut	🍷🍷 5
⊙ Franciacorta Rosé	🍷🍷 5
○ Franciacorta Satèn	🍷🍷 5
○ Franciacorta Brut	🍷 5
○ Franciacorta Extra Brut '07	🍷🍷 5
○ Franciacorta Extra Brut '06	🍷🍷 5

● Garda Cl. Groppello Libero Esercizio di Stile '11	🍷 2*
● Nepomuceno Esercizio 7 '07	🍷🍷 5
● Rosanoire '11	🍷🍷 2*
● Garda Cl. Groppello '10	🍷🍷 2*
○ Sole di Dario '07	🍷🍷 5
● Zerdi '08	🍷🍷 3

伦巴第区
LOMBARDY

CastelFaglia - Monogram

FRAZ. CALINO
LOC. BOSCHI, 3
25046 CAZZAGO SAN MARTINO [BS]
TEL. 0307751042
www.cavicchioli.it

藏酒销售
预约参观
年产量 350 000 瓶
葡萄种植面积 22 公顷

来自艾米利亚（Emilia）的卡维奇奥里（Cavicchiolis）一家是著名的葡萄酒企业家。为了全身心经营位于摩德纳•波蒙珀托（Modena Bomporto）运用传统方法生产兰布鲁斯科葡萄酒（Lambrusco Metodo Classico）的贝雷酒庄（Bellei）和位于佛朗恰克塔（Franciacorta）的斐格莉亚城堡（Castle Faglia）酒庄。此外，他们出售了位于摩德纳（Modena）的兰布鲁斯科（Lambrusco）酒庄。现在，斐格莉亚城堡（Castle Faglia）酒庄的20公顷葡萄园坐落在自然条件优越的山腰上，分布在斐格莉亚（Faglia）家族在卡利诺（Calino）的城堡周围。此外，酒庄在岩石上修建了一个现代化的酒窖。酿酒专家桑德罗•卡维奇奥里（Sandro Cavicchioli）来到高效的莫诺格拉蒙（Monogram）葡萄酒生产线监督葡萄酒的生产。

○ Franciacorta Brut Monogram Cuvée Giunone '07 ♛♛ 6
○ Franciacorta Francesco Bellei Blanc de Blancs ♛♛ 5
⊙ Franciacorta Rosé Brut ♛♛ 5
⊙ Franciacorta Satèn Monogram ♛♛ 5
○ Franciacorta Brut Monogram Cuvée Giunone '06 ♛♛ 5
○ Franciacorta Extra Brut ♛♛ 4
○ Franciacorta Satèn ♛♛ 5
○ Franciacorta Satèn Monogram Cuvée Giunone '07 ♛♛ 5

Castello Bonomi

VIA SAN PIETRO, 46 - 25030 COCCAGLIO [BS]
TEL. 0307721015
www.castellobonomi.it

藏酒销售
预约参观
年产量 150 000 瓶
葡萄种植面积 17 公顷

卡罗（Carlo）、露西亚（Lucia）和罗伯托•帕拉丁（Roberto Paladin）扩大了由父亲瓦伦蒂诺（Valentino）于20世纪60年代建立的这个威尼托（Veneto）酒庄，新的酿酒厂包括位于托斯卡纳大区酿造传统基安蒂红葡萄酒（Tuscany Chianti Classico）的维斯西内（Vescine）酒庄和位于佛朗恰克塔（Franciacorta）的卡斯特罗•博诺米（Castello Bonomi）酒庄，其中后者拥有一个海拔300米、带有新艺术风格的高雅别墅，被蒙特•奥法诺（Monte Orfano）斜坡上的阶梯型葡萄园和树林所簇拥，是一个名副其实的城堡。在酿酒专家莱昂纳多•瓦伦蒂（Leonardo Valenti）的监督下，酒庄采用自家葡萄酿制了一系列精美的库维斯（Cuvées）葡萄酒。

○ Franciacorta Brut Cru Perdü ♛♛ 6
● Curtefranca Rosso Cordelio '07 ♛♛ 5
○ Franciacorta Brut '06 ♛♛ 6
○ Franciacorta Satèn ♛♛ 6
⊙ Franciacorta Brut Rosé ♛ 6
○ Franciacorta Brut '05 ♛♛ 7
○ Franciacorta Extra Brut Lucrezia '04 ♛♛ 8

LOMBARDY
伦巴第区

Castello di Cigognola

p.zza Castello, 1 - 27040 Cigognola [PV]
Tel. 0385284828
www.castellodicigognola.com

藏酒销售
预约参观
年产量 75 000 瓶
葡萄种植面积 30 公顷

横贯整个斯库罗帕索（Scuropasso）山谷的西格诺拉·卡斯特罗（Castello di Cigognola）是一座始建于1212年的辉煌城堡，也是奥尔特波（Oltrepò）地区一个重要的地标和葡萄酒行业一颗冉冉升起的新星。吉安马克(Gianmarco)和雷迪斯亚·莫拉蒂（Letizia Moratti）的庄园在伦巴第区（Lombardy）首屈一指，结构良好的酒品系列起到关键作用。酒庄在原有两款巴贝拉葡萄酒（Barberas）的基础上增加了专门用黑皮诺（Pinot nero）葡萄酿造的经典梅特多（Metodo Classico）起泡美酒。

○ OP Pinot Nero Brut 'More '08	🍷🍷🍷 4*
● OP Barbera La Maga '09	🍷 6
⊙ Brut 'More Rosé '09	🍷🍷 4
● OP Barbera Dodicidodici '10	🍷 3
● OP Barbera Castello di Cigognola '07	🍷🍷 6
● OP Barbera Castello di Cigognola '06	🍷🍷🍷 6
● OP Barbera Poggio Della Maga '05	🍷🍷🍷 6

★ Cavalleri

via Provinciale, 96 - 25030 Erbusco [BS]
Tel. 0307760217
www.cavalleri.it

藏酒销售
预约参观
年产量 250 000 瓶
葡萄种植面积 45 公顷

在2013年的品酒会上，卡威乐瑞（Cavalleri）酒庄在璀璨的群星中脱颖而出，成为佛朗恰塔（Franciacorta）酒庄星际中最耀眼的一颗。酒庄提交的六种库维斯（Cuvées）葡萄酒有三种闯进了决赛，两种赢得了我们的最高荣誉，这是一项了不起的成就。我们对朱利亚·卡威乐瑞（Giulia Cavalleri）脱帽致敬，正是她热忱又麻利地继承父亲乔瓦尼（Giovanni）的葡萄酒事业。当然，她的妹妹玛利亚（Maria）和酒庄全体的高素质员工也应记上一功。

○ Franciacorta Brut Collezione Esclusiva Giovanni Cavalleri '04	🍷🍷🍷 7
○ Franciacorta Pas Dosé '07	🍷🍷🍷 5
○ Franciacorta Collezione Grandi Cru '07	🍷🍷 6
○ Franciacorta Brut Blanc de Blancs	🍷🍷 5
⊙ Franciacorta Rosé '07	🍷🍷 6
○ Franciacorta Satèn	🍷🍷 5
○ Franciacorta Au Contraire Pas Dosé '01	🍷🍷🍷 7
○ Franciacorta Brut Collezione '05	🍷🍷🍷 6
○ Franciacorta Brut Collezione Esclusiva '99	🍷🍷🍷 7
○ Franciacorta Brut Collezione Esclusiva Giovanni Cavalleri '01	🍷🍷🍷 7
○ Franciacorta Pas Dosé R. D. '06	🍷🍷🍷 6

伦巴第区
LOMBARDY

Civielle
via Pergola, 21
25080 Moniga del Garda [BS]
Tel. 0365502002
www.civielle.com

藏酒销售
年产量 500 000 瓶
葡萄种植面积 72.2 公顷
葡萄栽培方式 有机认证

提及"联营酒庄"一词，人们首先联想到的是数百名成员、广袤的葡萄园和大规模生产的低价格产品。但在西维勒（Civielle）酒庄，这样的描述并不符合事实。酒庄的30名成员共同打理着占地超过70公顷的葡萄园，所产葡萄的高品质在我们每年的品酒会上显露无疑。除酿酒外，酒庄还开设了面向小型酿酒商的服务业务，旨在提供专业的酿酒意见。

- ● Garda Cl. Groppello Elianto '10　　🍷🍷 3
- ● Garda Cl. Rosso Sup. Pergola '07　　🍷🍷 4
- ⊙ Valtenesi Chiaretto Selene '11　　🍷🍷 2*
- ○ Garda Cl. Bianco Zublì '11　　🍷 3
- ● Garda Cl. Rosso Sup. Vign. Brol '07　　🍷 4
- ○ Lugana Brut M. Cl. Vigna Polone '08　　🍷 3
- ○ Lugana Pergola '11　　🍷 3
- ⊙ Garda Cl. Chiaretto Pergola '10　　🍷 2*
- ○ Lugana Biocòra '10　　🍷 2*
- ○ Zublì '10　　🍷 3

Battista Cola
via Indipendenza, 3 - 25030 Adro [BS]
Tel. 0307356195
www.colabattista.it

藏酒销售
预约参观
年产量 60 000 瓶
葡萄种植面积 10 公顷

这家酒庄的优势就在于其位于奥德罗（Adro）与科特佛郎卡（Cortefranca）之间的蒙特•阿尔托（Monte Slto）山脉之上那美丽的10公顷葡萄园。酒庄于20世纪80年代中期由巴提斯塔•科拉（Battista Cola）创立，他的儿子斯特凡诺（Stefano）是一位热心、细心的葡萄种植者。设备精良的现代化酒窖，酿酒顾问阿尔贝托•穆萨迪（Alberto Musatti）的技术指导和吉阿克默•基诺佩提（Giacomo Groppeti）的农艺帮助给酒庄的发展注入了强大动力。科拉（Cola）酿造的库维斯（Tuvées）葡萄酒忠实诠释了奥德罗多样的风土特点。在环境的可持续发展方面，值得注意的是，酒庄超过50%的能源供给来自可再生能源。

- ○ Franciacorta Brut　　🍷🍷 5
- ○ Franciacorta Brut RD '06　　🍷🍷 5
- ○ Franciacorta Extra Brut　　🍷🍷 4
- ○ Franciacorta Non Dosato '07　　🍷🍷 5
- ○ Franciacorta Satèn '08　　🍷🍷 5
- ○ Curtefranca Bianco '11　　🍷 2
- ● Curtefranca Rosso '10　　🍷 2
- ⊙ Franciacorta Rosé Brut Athena　　🍷 5
- ○ Franciacorta Brut '07　　🍷 5
- ○ Franciacorta Dosage Zéro Etichetta Storica '06　　🍷 5
- ○ Franciacorta Dosage Zéro Etichetta Storica '05　　🍷 4
- ○ Franciacorta Satèn '07　　🍷 5

LOMBARDY

Contadi Castaldi
LOC. FORNACE BIASCA
VIA COLZANO, 32 - 25030 ADRO [BS]
TEL. 0307450126
www.contadicastaldi.it

藏酒销售
预约参观
年产量 900 000 瓶
葡萄种植面积 130 公顷

泰若•莫雷蒂（Terra Moretti）集团旗下拥有贝拉维斯塔（Bellavista）酒庄和康塔蒂•卡斯塔蒂（Contadi Castaldi）酒庄，其中后者按照法国"中间商"的理念建立而成，现已成为集团运营最好的酒庄。占地共120公顷的葡萄园有一部分属酒庄所有，一部分租用，一部分属酒庄的种植者搭档所有。在酿酒专家吉安•卢卡•尤塞里（Gian Luca Uccelli）的监督下，葡萄园出产的优质葡萄被送至酒窖精心雕琢。经过多年的打磨，吉安•卢卡（Gian Luca）的酿酒手艺已是炉火纯青。康塔蒂•卡斯塔蒂（Contadi Castaldi）酒庄的内部与奥德罗（Adro）地区壮观的砖窑场面形成鲜明对比。

○ Franciacorta Soul Satèn '06	🍷🍷🍷 6
⊙ Franciacorta Brut Rosé '08	🍷 5
○ Franciacorta Satèn '08	🍷🍷 5
○ Franciacorta Zero '08	🍷🍷 5
○ Pinodisé	🍷🍷 5
○ Curtefranca Bianco '11	🍷 3
⊙ Franciacorta Brut	🍷 4
⊙ Franciacorta Rosé	🍷 4
○ Franciacorta Satèn Soul '05	🍷🍷🍷 6
○ Curtefranca Bianco '10	🍷🍷 3
⊙ Franciacorta Brut	🍷🍷 4
⊙ Franciacorta Brut Rosé '07	🍷🍷 5
○ Franciacorta Zero '07	🍷🍷 5

Conte Vistarino
FRAZ. SCORZOLETTA, 82/84
27040 PIETRA DE' GIORGI [PV]
TEL. 038585117
www.contevistarino.it

藏酒销售
预约参观
年产量 450 000 瓶
葡萄种植面积 200 公顷

在酒庄悠久的历史中，一个具有里程碑意义的时刻出现在1865年，当时来自维斯塔瑞诺（Vistarino）的孔蒂•乔治•维梅卡迪（Conte Giorgi Vimercati）和孔蒂•甘西亚（Conte Gancia）准确地在斯库罗帕索山谷（Valle Scuropasso）上部找到了一片种植黑皮诺（Pinot nero）克隆葡萄品种的绝佳之地，用于酿造起泡葡萄酒。后来，这些起泡酒又被其他皮埃蒙特区（Piedmont）的酿酒厂开发，几十年间获得了巨大的经济利益。不过，奥塔维亚（Ottavia）几年前的到来让孔蒂•维斯塔瑞诺（Conte Vistarino）转变了生产重点，并获得出色的成果。

● OP Pinot Nero Pernice '08	🍷🍷 5
○ Brut Cl. Cépage	🍷🍷 3
○ OP Riesling 7 Giugno '09	🍷🍷 3
⊙ OP Cruasé Saignée della Rocca	🍷 5
○ OP Pinot Nero Brut Cl. 1865	🍷 5
○ OP Pinot Nero Brut Martinotti Cuvée della Rocca	🍷 3
● OP Pinot Nero Pernice '06	🍷🍷🍷 4*
● OP Buttafuoco Monte Selva '09	🍷🍷 2*
⊙ OP Cruasé Saignée della Rocca '07	🍷🍷 5
○ OP Pinot Nero Brut Cl. 1865 '05	🍷🍷 4
● OP Pinot Nero Costa del Nero '09	🍷🍷 2*
● OP Pinot Nero Pernice '07	🍷🍷 5

伦巴第区 LOMBARDY

La Costa

Fraz. Costa
via Curone, 15 - 23888 Perego [LC]
Tel. 0395312218
www.la-costa.it

藏酒销售
预约参观
膳宿接待
年产量 30 000 瓶
葡萄种植面积 12 公顷
葡萄栽培方式 有机认证

克劳迪娅·克利帕（Claudia Crippa）正变得越来越出色。除了负责酒窖艰巨而重要的管理工作，打理位于蒙特维奇亚（Montevecchia）复杂的阶梯型葡萄园外，她现在还担任新成立的特雷·拉里安内（Terre Lariane）葡萄酒协会的主席，旨在促进本地的葡萄种植。克劳迪娅（Claudia）一家正在努力证明她们有能力应对比现在大得多的挑战。

○ Solesta '10	🏆 3*
● San Giobbe '10	🏆 4
● Serìz '09	🏆 3
○ Brigante Bianco '11	🏆 3
● Brigante Rosso '11	🏆 3
● San Giobbe '09	🏆🏆 4
● San Giobbe '06	🏆🏆 4
● Serìz '08	🏆🏆 3
● Serìz '07	🏆🏆 3
● Serìz '06	🏆🏆 3
○ Solesta '09	🏆🏆 3
○ Solesta '08	🏆🏆 3

Costaripa

via Costa, 1a
25080 Moniga del Garda [BS]
Tel. 0365502010
www.costaripa.it

藏酒销售
预约参观
年产量 400 000 瓶
葡萄种植面积 40 公顷

凭借不断开拓创新的精神，维佐拉（Vezzola）家族酒庄不仅能酿造出符合各个产区不同规定的葡萄酒，还积极探索新的发展契机。为了增加葡萄酒复杂的酒香和优雅的口感，他们不仅把玫瑰葡萄酒放进橡木桶陈化几年，还尝试以加工黑皮诺（Pinot nero）葡萄的方法处理格罗佩洛（Gropello）葡萄。依靠马蒂亚（Mattia）丰富的酿酒经验，他们生产出的苏打白葡萄酒品质卓越。

○ Costaripa Brut	🏆 4
○ Costaripa Brut Rosé	🏆 4
○ Valtènsi Chiaretto Rosamara '11	🏆 2*
○ Costaripa Brut Ris. '06	🏆 4
○ Lugana Pievecroce '11	🏆 2
● Palmargentina '11	🏆 4
○ Garda Cl. Chiaretto Rosamara '10	🏆🏆 2*
● Garda Cl. Groppello Maim '09	🏆🏆 4
● Garda Cl. Groppello Maim '08	🏆🏆 4
● Garda Marzemino Mazane '10	🏆🏆 2*

伦巴第区
LOMBARDY

Dirupi

LOC. MADONNA DI CAMPAGNA
VIA GRUMELLO, 1
23020 MONTAGNA IN VALTELLINA [SO]
TEL. 3472909779
www.dirupi.com

藏酒销售
预约参观
年产量 15 000 瓶
葡萄种植面积 4.5 公顷
葡萄栽培方式 传统栽培

大卫•法索里尼（Davide Fasolini）和皮尔帕奥罗•迪•弗兰克（Pierpaolo Di Franco）孜孜不倦地工作着，稳步把有机方法落实到酒庄的管理中。他们即将开展一些新的发展计划，比如推出斯弗尔托2011年款葡萄酒（Sforzato 2011）。虽然保护老葡萄园是他们工作的重中之重，但也进行了一些研究，包括从最古老、最有特色的内比奥罗（Nebbiolo）葡萄藤上剪下枝条，以增加藤条的数量。

● Valtellina Sup. Dirupi Ris. '09	🍷🍷🍷 6
● Valtellina Sup. Dirupi '10	🍷 4
● Nebbiolo Olè '11	🍷🍷 3
● Nebbiolo Olè '09	🍷🍷 3
● Valtellina Sup. '08	🍷🍷 4
● Valtellina Sup. Dirupi '09	🍷🍷 4
● Valtellina Sup. Ris. '07	🍷🍷 5

Sandro Fay

LOC. SAN GIACOMO DI TEGLIO
VIA PILA CASELLI, 1 - 23030 TEGLIO [SO]
TEL. 0342786071
elefay@tin.it

藏酒销售
预约参观
年产量 38 000 瓶
葡萄种植面积 13 公顷

费（Fay）家族之前做出了要生产能呈现风土特色的葡萄酒的决定，并对葡萄园采取了相应的管理态度。现在看来，这些做法相当成功。这其中的幕后功臣当属马尔科（Marco）。这位果决的年轻人的农学理念对整个瓦尔泰利纳（Valtellina）葡萄酒行业的创新和发展产生了积极影响。他酿造出的酒品清新芳香、个性突出。

● Valtellina Sup. Valgella Ca' Morèi '10	🍷🍷 4
● Valtellina Sup. Valgella Carterìa '10	🍷🍷 4
● La Faya '09	🍷🍷 4
● Valtellina Sup. Costa Bassa '09	🍷🍷 3
● Valtellina Sup. Sassella Il Glicine '09	🍷🍷 4
● Valtellina Sforzato Ronco del Picchio '02	🍷🍷🍷 6
● Nebbiolo '07	🍷🍷 3
● Valtellina Sforzato Ronco del Picchio '07	🍷🍷 6
● Valtellina Sforzato Ronco del Picchio '06	🍷🍷 6
● Valtellina Sup. Valgella Ca' Morèi '09	🍷🍷 4
● Valtellina Sup. Valgella Ca' Morèi '06	🍷🍷 4
● Valtellina Sup. Valgella Carterìa '09	🍷🍷 4
● Valtellina Sup. Valgella Carterìa '07	🍷🍷 4

伦巴第区 / LOMBARDY

Ferghettina
via Saline, 11 - 25030 Adro [BS]
Tel. 0307451212
www.ferghettina.it

藏酒销售
预约参观
年产量 350 000 瓶
葡萄种植面积 120 公顷

在短短的几十年时间里，加蒂（Gatti）家族就建立起了佛朗恰克塔（Franciacorta）地区最强大、最有声望的酒庄之一。从其他酒窖那里积累了重要的管理经验后，罗伯托（Roberto）决定租用4公顷葡萄园，走上自主创业的道路。在妻子安德雷纳（Andreina）和两个获得酿酒学位的孩子劳拉（Laura）和马迪奥（Matteo）的协助下，罗伯托（Roberto）管理着占地120公顷的葡萄园，并依靠出产的优质库维斯（Cuvées）葡萄享誉全球。他在奥德罗（Adro）的现代化大型酒窖里酿造出了以布鲁特特别版（Extra Brut）佳酿为首的多种葡萄酒。

○ Franciacorta Extra Brut '06	♛♛♛ 5
○ Franciacorta Satèn '08	♛ 5
○ Curtefranca Bianco '11	♛♛ 2*
○ Franciacorta Brut Milledì '08	♛♛ 5
○ Franciacorta Brut Rosé '08	♛♛ 5
○ Franciacorta Pas Dosé Rosè Eronero '07	♛♛ 6
● Curtefranca Rosso '10	♛ 2
○ Franciacorta Brut	♛ 4
○ Franciacorta Extra Brut '05	♛♛♛ 5
○ Franciacorta Extra Brut '04	♛♛♛ 5
○ Franciacorta Pas Dosé Riserva 33 '04	♛♛ 5
○ Franciacorta Satèn '07	♛♛ 5

Fiamberti
via Chiesa, 17 - 27044 Canneto Pavese [PV]
Tel. 038588019
www.fiambertivini.it

藏酒销售
预约参观
年产量 140 000 瓶
葡萄种植面积 18 公顷

坎内特•帕维斯（Canneto Pavese）是奥尔特坡（Oltrepò）地区葡萄酒产业的中心之一。安布罗基奥•费安博提（Ambrogio Fiamberti）和儿子朱利奥（Giulio）经营的酒庄在这里拥有悠久的酿酒历史。父子俩充分利用该市多样的地形地貌，生产出了很多优秀的酒品，包括年轻、值得陈年的红、白葡萄酒和起泡葡萄酒。我们相信，费安博提（Fiamberti）酒庄将会长期稳步地发展下去。

● OP Bonarda Vivace Bricco della Sacca '11	♛ 2*
● OP Buttafuoco V. Sacca del Prete '07	♛♛ 4
○ OP Pinot Nero Brut Cl. Fiamberti	♛♛ 4
● OP Pinot Nero Nero '10	♛♛ 2*
● OP Sangue di Giuda Costa Paradiso '11	♛♛ 2*
⊙ OP Cruasé Fiamberti	♛ 4
○ OP Pinot Nero Brut Martinotti	♛ 3
○ OP Riesling Italico V. Croce Monteveneroso '11	♛ 2
● OP Bonarda Frizzante Bricco della Sacca '10	♛♛ 2
● OP Buttafuoco Storico V. Solenga '06	♛♛ 4
○ OP Riesling Italico V. Croce Monteveneroso '10	♛♛ 2*
● OP Sangue di Giuda Costa Paradiso '10	♛♛ 2*

LOMBARDY

伦巴第区

Le Fracce
FRAZ. MAIRANO
VIA CASTEL DEL LUPO, 5
27045 CASTEGGIO [PV]
TEL. 038382526
www.lefracce.com

藏酒销售
预约参观
年产量 180 000 瓶
葡萄种植面积 40 公顷

这家酒庄深深地融入到了伦巴第区帕维亚省产区（Oltrepò Pavese）的历史长河中。仅凭它的庭院、收藏的古董车和车厢，就很值得一游。酒窖里，来自皮埃蒙特的酿酒学家罗伯托·格比诺（Roberto Gerbino）一直保持对葡萄酒的研究，希望找到绝妙的方法使葡萄酒既能包含奥尔特波（Oltrepò）地区典型的丰饶，又能具备独特的优雅气质。2013年酒庄的成绩非常鼓舞人心。

Frecciarossa
VIA VIGORELLI, 141 - 27045 CASTEGGIO [PV]
TEL. 0383804465
www.frecciarossa.com

藏酒销售
预约参观
年产量 120 000 瓶
葡萄种植面积 26 公顷

奥德罗（Odero）家族拥有的这家历史悠久的酒庄既承袭传统，又寻求变化。今天，古奇维斯（Giuchi Vercesi）管理着酒庄，来自皮埃蒙特的酿酒学家吉安卢卡·斯卡格里奥内（Gianluca Scaglione）协助在旁，玛格丽特·奥德罗（Margherita Odero）可爱的女儿瓦勒莉亚·蕾蒂斯（Valeria Radici）也在近期加入母亲的管理团队。酒庄出品的葡萄酒质量一直很高，主打酒品黑皮诺·乔治奥·奥德罗（Pinot Nero Giorgio Odero）可能将以奥德罗别墅（Villa Odero）的名字重新上市。这款奥尔特波（Oltrepò）优质红葡萄酒的旧年份款式仍能带给我们深度的享受。

● OP Rosso Bohemi '06	▼▼ 6
● Garboso '10	▼▼ 3
● OP Bonarda Vivace La Rubiosa '11	▼▼ 3
● OP Cirgà '06	▼▼ 3
○ OP Pinot Grigio Levriere '11	▼▼ 3
○ OP Riesling Landò '11	▼▼ 2*
● OP Pinot Nero '07	▼ 5
○ OP Pinot Nero Martinotti Bussolera Cuvée Extra Brut '09	▼ 3
● Garboso '08	♀♀ 2*
● OP Bonarda Frizzante La Rubiosa '09	♀♀ 2*
● OP Bonarda La Rubiosa '10	♀♀ 3
○ OP Riesling Landò '10	♀♀ 2*
● OP Rosso Bohemi '05	♀♀ 6
● OP Rosso Bohemi '01	♀♀ 5

● OP Pinot Nero Giorgio Odero '09	▼▼ 5
● Le Praielle '08	▼▼ 3
● OP Bonarda Vivace Dardo '11	▼▼ 2*
○ OP Frecciarossa Brut M. Cl. '08	▼▼ 6
○ OP I Moschettieri Pas Dosé Cl. '10	▼▼ 6
○ OP Riesling Orti '10	▼▼ 2*
● Uva Rara '10	▼▼ 2*
○ OP Pinot Nero Sillery '11	▼ 2
● OP Pinot Nero Giorgio Odero '08	♀♀♀ 5
● OP Pinot Nero Giorgio Odero '07	♀♀♀ 5
● OP Pinot Nero Giorgio Odero '05	♀♀♀ 5
● OP Pinot Nero Giorgio Odero '06	♀♀ 5
● OP Pinot Nero Giorgio Odero '03	♀♀ 4
● OP Pinot Nero Giorgio Odero '00	♀♀ 4

LOMBARDY

Enrico Gatti

via Metelli, 9 - 25030 Erbusco [BS]
Tel. 0307267999
www.enricogatti.it

藏酒销售
预约参观
年产量 120 000 瓶
葡萄种植面积 17 公顷

1975年，恩里克•盖提（Enrico Gatti）建立了该酒庄。现在，她的孩子洛伦佐（Lorenzo）和宝拉（Paola），还有她的丈夫巴尔扎克利尼（Balzarini）管理着这个年产量仅约120 000瓶的精品酒庄。洛伦佐（Lorenzo）和巴尔扎克利尼（Balzarini）亲自管理葡萄园和酒窖的工作，其酿造出的葡萄酒风格独特，带有深厚、丰富的矿物气息。

○ Franciacorta Brut '07	4
○ Franciacorta Nature	5
○ Franciacorta Satèn '08	5
○ Franciacorta Brut	4
⊙ Franciacorta Rosé	5
○ Franciacorta Brut '05	6
○ Franciacorta Nature '07	5
○ Franciacorta Satèn '05	5
○ Franciacorta Satèn '03	5
○ Franciacorta Satèn '02	4
○ Franciacorta Satèn '01	4
○ Franciacorta Satèn '00	5

F.lli Giorgi

fraz. Camponoce, 39a
27044 Canneto Pavese [PV]
Tel. 0385262151
www.giorgi-wines.it

藏酒销售
预约参观
年产量 1 600 000 瓶
葡萄种植面积 30 公顷

对于失去母亲的法比亚诺（Fabiano）和艾莱奥诺拉（Eleonora）以及失去妻子的安东尼奥（Antonio）来说，这样的变故总是难以接受。但乔吉（Giorgi）家族并没有萎靡不振，反而继续勇敢地追求两个目标：一是在加强商业化的同时保持产品的质量，尤其是保持著名的皮诺（Pinot）半起泡酒的质量；二是在酿酒学家阿尔贝托•穆萨迪（Alberto Musatti）的带领下，生产以1870年款经典梅特多（Metodo Classico 1870）葡萄酒为代表的高品质葡萄酒。

○ OP Pinot Nero Brut Cl. 1870 '08	5
○ Lady Ginevra '11	2*
● OP Bonarda Vivace La Brughera '11	3
● OP Buttafuoco Clilele '10	3
● OP Buttafuoco Storico V. Casa del Corno '08	3
○ OP Cruasé '09	4
○ OP Pinot Nero Brut Cl. Gianfranco Giorgi '09	5
○ OP Riesling Il Bandito '11	4
● OP Sangue di Giuda '11	3
○ Fusion	3
○ Oltraja '09	3
○ OP Pinot Nero Extra Dry Cuvée Eleonor Martinotti	3
● OP Pinot Nero Monteroso '10	3
○ OP Pinot Nero Brut Cl. 1870 '07	5

伦巴第区
LOMBARDY

Isimbarda
FRAZ. CASTELLO
CASCINA ISIMBARDA
27046 SANTA GIULETTA [PV]
TEL. 0383899256
www.tenutaisimbarda.it

藏酒销售
预约参观
年产量 130 000 瓶
葡萄种植面积 40 公顷

该酒庄与封建地主马奇斯·伊斯姆巴迪（Marchesi Isimbardi）存在着很深的历史渊源。今天，路易吉·梅隆尼（Luigi Meroni）拥有的这40公顷庄园坐落在圣特·吉乌勒塔（Santa Giuletta）山上极佳的位置，由来自威尼托（Veneto）的酿酒学家丹尼尔·詹格尔米（Daniele Zangelmi）掌管。酒庄的主打酒品是雷司令·维格纳·马缇娜（Riesling Vigna Martina），其窖藏的潜力令我们叹服。对酒庄来说，他们现阶段需要提高红葡萄酒的质量，明确起泡酒的定位。

● OP Bonarda Vivace V. delle More '11	🏆🏆 2
⊙ OP Cruasé	🏆🏆 4
○ OP Pinot Nero Brut M. Cl.	🏆🏆 2*
○ OP Riesling Renano Vigna Martina '11	🏆🏆 2*
○ Varméi '11	🏆🏆 2*
○ OP Pinot Nero Brut Martinotti	🏆 3
● OP Pinot Nero V. del Cardinale '09	🏆 4
● OP Rosso Monplò '09	🏆 3
● OP Rosso Montezavo Ris. '09	🏆 4
● OP Bonarda Vivace V. delle More '10	🍷🍷 2
● OP Pinot Nero V. del Cardinale '08	🍷🍷 4
○ OP Riesling Renano V. Martina '10	🍷🍷 2*
○ Varméi '10	🍷🍷 2

Cantina Sociale La Versa
VIA F. CRISPI, 15
27047 SANTA MARIA DELLA VERSA [PV]
TEL. 0385798411
www.laversa.it

藏酒销售
预约参观
年产量 5 000 000 瓶
葡萄种植面积 1 300 公顷

该酒庄在伦巴第区帕维亚省产区（Oltrepò Pavese）和意大利葡萄酒界中历史悠久。尽管我们很想对其夸赞一番，但遗憾的是，弗朗西斯科·切维提（Francesco Cervetti）始于2000年的努力现今已部分荒废，尤其是酒窖里储藏的大量起泡葡萄酒。我们知道酒庄内部正经历动荡，但还是希望这里的提醒能够帮它重回正轨。2013年的静止葡萄酒让我们初步看到了希望。

○ Brut Cl. Cuvée del Duca '04	🏆🏆 4
● OP Barbera '10	🏆🏆 2*
⊙ OP Pinot Nero Brut Testarossa Rosé '07	🏆🏆 3
○ OP Riesling '11	🏆🏆 2*
○ Brut Cl. Cartaoro	🏆 2
○ Cuvée Testarossa Brut Principio '03	🍷🍷 8
○ Cuvée Testarossa Principio '01	🍷🍷 8
○ EIS	🍷🍷 3
● OP Bonarda Vivace '10	🍷🍷 2
⊙ OP Pinot Nero Brut Cuvée Testarossa Rosé '05	🍷 5
⊙ OP Pinot Nero Brut Cuvée Testarossa Rosé '04	🍷🍷 5
○ OP Pinot Nero Testarossa Principio '00	🍷🍷 7

Lantieri de Paratico

Loc. Colzano
via Videtti - 25031 Capriolo [BS]
Tel. 030736151
www.lantierideparatico.it

藏酒销售
预约参观
膳宿接待
年产量　150 000 瓶
葡萄种植面积　20 公顷

帕拉提克•兰迪尔瑞（Lantieri de Paratico）是一个历经千年的佛朗恰克塔（Franciacorta）贵族家族。在位于卡普瑞尔罗（Capriolo），靠近伊塞奥湖（Lake Iseo）湖畔的一座颇具历史的住宅里，法比奥•兰迪尔瑞（Fabio Lantieri）抛弃了自己之前热心从事且颇为成功的事业，转而继续发扬家族16世纪著名的制酒传统。在16世纪，兰迪尔瑞家族为皇室和贵族提供葡萄酒。酒庄20公顷的葡萄园大部分坐落在酒庄和接待中心的周边，产出的优质葡萄造就了法比奥（Fabio）的上等葡萄酒和佛朗恰克塔（Franciacortas）葡萄酒。

Majolini

Loc. Valle
via Manzoni, 3 - 25050 Ome [BS]
Tel. 0306527378
www.majolini.it

藏酒销售
预约参观
年产量　200 000 瓶
葡萄种植面积　24 公顷

马乔里尼（Majolini）兄弟俩是满怀激情的实业家。他们于1981年建立的顶级酒庄实现了很多目标。现在，额兹佐•马乔里尼（Ezio Majolini）掌管着酒庄，他的侄子西蒙尼（Simone）全力协助他。法国酿酒学家吉安•皮埃尔•瓦拉德（Jean-Pierre Valade）负责酒窖的工作，用占地24公顷葡萄园产出的葡萄酿制出了优雅的库维斯（Cuvées）葡萄酒。葡萄园大多位于家族在奥美（Ome）地区的陡峭梯田上，这个佛朗恰克塔（Franciacorta）东部的山坡正是马乔里尼（Majolini）的出生地。

○ Franciacorta Brut Arcadia '08	▼▼ 5
○ Franciacorta Extra Brut	▼▼ 4
⊙ Franciacorta Rosé Arcadia	▼▼ 4
○ Franciacorta Satèn	▼▼ 4
○ Curtefranca Bianco '11	▼ 2
● Curtefranca Rosso '10	▼ 2
○ Franciacorta Brut	▼ 4
○ Franciacorta Brut Arcadia '07	♀♀ 5
○ Franciacorta Brut Arcadia '05	♀♀ 5
○ Franciacorta Brut Arcadia '04	♀♀ 5
○ Franciacorta Brut Arcadia '02	♀♀ 5
○ Franciacorta Brut Arcadia '01	♀♀ 5

○ Franciacorta Brut	▼▼▼ 6
○ Franciacorta Brut Blanc de Noir	▼▼ 8
⊙ Franciacorta Rosé Altera	▼▼ 5
○ Franciacorta Satèn '07	▼▼ 7
○ Franciacorta Brut Electo '00	♀♀♀ 6
○ Franciacorta Brut Electo '99	♀♀♀ 5
○ Franciacorta Brut Electo '05	♀♀ 8
○ Franciacorta Pas Dosé Aligi Sassu '06	♀♀ 8

LOMBARDY

Le Marchesine
VIA VALLOSA, 31 - 25050 PASSIRANO [BS]
TEL. 030657005
www.lemarchesine.it

藏酒销售
预约参观
年产量 450 000 瓶
葡萄种植面积 44 公顷

坚定果敢的洛里斯•比亚塔（Loris Biatta）满怀激情地经营这个酒庄。酒庄于20世纪80年代中期由他的父亲乔瓦尼（Giovanni）建立。当时，随着佛朗恰克塔（Franciacorta）的迅猛发展，乔瓦尼（Giovanni）运用在葡萄酒界积累的几十年经验全力追随这一发展潮流。今天，作为一个自12世纪起就定居布雷西亚（Brescia）地区的家族，比亚塔（Biattas）家族继续发扬家族古老的制酒传统，将原本3公顷的葡萄园扩大至超过50公顷。酒庄出品的葡萄酒不仅数量多，质量也好，这有赖于酿酒顾问吉安•皮埃尔•瓦拉德（Jean-Pierre Valade）所做出的宝贵贡献。

○ Franciacorta Brut Secolo Novo '07		🍷🍷 7
○ Franciacorta Dosage Zero Secolo Novo Ris. '05		🍷🍷 7
○ Franciacorta Satèn Mill. '08		🍷🍷 5
○ Franciacorta Brut		🍷🍷 4
○ Franciacorta Brut mill. '08		🍷🍷 5
⊙ Franciacorta Brut Rosé '08		🍷🍷 5
○ Franciacorta Extra Brut		🍷🍷 5
○ Franciacorta Brut '04		🍷🍷🍷 5
○ Franciacorta Brut Secolo Novo '05		🍷🍷🍷 7
○ Franciacorta Brut '05		🍷🍷 5
○ Franciacorta Brut Rosé '07		🍷🍷 5
○ Franciacorta Brut Secolo Novo '06		🍷🍷 7

Tenuta Mazzolino
VIA MAZZOLINO, 26
27050 CORVINO SAN QUIRICO [PV]
TEL. 0383876122
www.tenuta-mazzolino.com

藏酒销售
预约参观
年产量 100 000 瓶
葡萄种植面积 22 公顷

桑德拉•布雷吉奥迪（Sandra Bragiotti）拥有的美丽酒庄俯瞰着整个波河河谷（Po Valley），由于酒庄的管理者是吉安•弗兰科斯•科夸德（Jean-François Coquard）和顾问克亚科斯•凯尼亚格普罗斯（Kiryakos Kyniagopulos），因此这是一块法国飞地。不仅普通酒，甚至连顶级的葡萄酒，如年轻静止款的和陈年静止款的经典梅特多（Metodo Classico）都源自法国黑皮诺（Pinot Nero）和莎当尼（Chardonnay）的克隆葡萄品种。出品的一系列优雅的葡萄酒带有奥尔特波（Oltrepò）特色。

● OP Pinot Nero Noir '09		🍷🍷🍷 5
○ OP Chardonnay Blanc '10		🍷🍷 3*
○ Brut Cl. Mazzolino Blanc de Blancs		🍷🍷 3
⊙ OP Cruasé Mazzolino		🍷🍷 3
● Camarà '11		🍷 2
○ OP Bonarda Mazzolino '11		🍷🍷 3
● Terrazze '11		🍷 2
● OP Pinot Nero Noir '08		🍷🍷🍷 5
● OP Pinot Nero Noir '07		🍷🍷🍷 5
● OP Pinot Nero Noir '06		🍷🍷🍷 5
○ Mazzolino Brut Blanc de Blancs		🍷🍷 3
○ OP Chardonnay Blanc '09		🍷🍷 3
⊙ OP Pinot Nero Brut Cruasé Mazzolino		🍷🍷 3

伦巴第区
LOMBARDY

★Monsupello
via San Lazzaro, 5
27050 Torricella Verzate [PV]
Tel. 0383896043
www.monsupello.it

藏酒销售
预约参观
年产量　280 000 瓶
葡萄种植面积　50 公顷

虽然卡罗•波阿迪（Carlo Boatti）已经逝去，但蒙苏佩罗（Monsupello）仍是奥尔特波（Oltrepò）地区最好的酒庄之一。天赋秉异的酿酒学家马尔科•伯特勒格尼（Marco Bertelegni）在家人的帮助下成功地度过这个难关，让酒庄取得一如既往的优异成绩。虽然酒庄的静止白葡萄酒、静止红葡萄酒和起泡红葡萄酒都很出色，但让酒庄引以为骄傲和快乐的酒庄依然是他们的起泡葡萄酒。

Francesco Montagna
via Cairoli, 67 - 27043 Broni [PV]
Tel. 038551028
www.cantinemontagna.it

藏酒销售
预约参观
餐饮接待
年产量　800 000 瓶
葡萄种植面积　18 公顷

波特（Bertè）和可蒂尼（Cordini）家族共同拥有的这个酒庄虽然因其静止葡萄酒而出名，但现在也越来越精通生产十分有趣的经典梅特多（Metodo Classicos）葡萄酒。2013年，他们给我们带来了不少于三款的高质量酒品。年轻的酿酒学家和纳特勒（Natale）的儿子波特（Bertè）钟爱起泡葡萄酒，并为此做了不懈努力。近几年，他们推出了一系列酿制精良、值得信服的酒品。这些酒个性十足，让他成功地跻身到2012年、2013年连续两版的《年鉴》之中。

○ OP Brut Cl. Classese '06	🍷🍷🍷 5
○ Brut Cl. Nature	🍷🍷 4*
⊙ Brut Cl. Rosé	🍷🍷 4
● OP Bonarda Vivace Vaiolet '11	🍷🍷 2*
● OP Cabernet Sauvignon Aplomb '06	🍷🍷 5
○ OP Cuvée Ca' Del Tava	🍷🍷 6
● OP Pinot Nero Brut Cl.	🍷🍷 4
● Pinot Nero Junior '11	🍷🍷 3
○ Riesling Renano '11	🍷🍷 2*
● Calcacabio	🍷 2
○ Pinot Grigio '11	🍷 2
⊙ Brut Rosé	🍷🍷🍷 4*
○ OP Brut Cl. Classese '04	🍷🍷🍷 5
○ OP Pinot Nero Cl. Nature	🍷🍷🍷 4*
○ OP Pinot Nero Cl. Nature	🍷🍷🍷 4

● OP Bonarda Sabion Bertè & Cordini '11	🍷🍷 2*
○ OP Cruasé Bertè & Cordini '09	🍷🍷 3
○ OP Pinot Nero Brut Cl. Cuvée Tradizione '09	🍷🍷 4
● OP Sangue di Giuda '11	🍷🍷 2*
○ OP Sauvignon Masaria Bertè & Cordini '11	🍷🍷 2*
⊙ Cuvée Rosé Brut Bertè & Cordini	🍷 4
○ OP Chardonnay Lughet Bertè & Cordini '09	🍷 2
○ OP Pinot Nero Brut Cl. Cuvée della Casa '09	🍷 4
○ OP Riesling Viti di Luna '11	🍷 2
○ OP Pinot Nero Brut Cl. Cuvée della Casa Bertè & Cordini	🍷🍷 4
⊙ OP Pinot Nero Brut Rosé Cl.	🍷🍷 4
○ OP Sauvignon Masaria Bertè & Cordini '10	🍷🍷 2*

伦巴第区
LOMBARDY

★ Monte Rossa
FRAZ. BORNATO
VIA MONTE ROSSA, 1
25040 CAZZAGO SAN MARTINO [BS]
TEL. 030725066
www.monterossa.com

藏酒销售
预约参观
年产量 500 000 瓶
葡萄种植面积 70 公顷

满怀热情的艾玛奴勒•拉伯迪（Emanuele Rabotti）全身心投入到蒙特•罗萨（Monte Rossa）酒庄的经营之中。在佛朗恰克塔（Franciacorta）地区现代历史的开端——20世纪70年代初期，艾玛奴勒（Emanuele）的父母保罗（Paolo）和保拉•罗维塔（Paola Rovetta）创建了这个家族酒庄。如今，它已成为法定保证酒产区最有声望的酒庄之一。数量众多的葡萄园占地约70公顷，大部分为酒庄所有，酒庄里面的一个奖杯陈列柜令人印象深刻。酒庄注重丰富的酒质和长时间的陈化，以便突出佛朗恰克塔葡萄酒（Franciacorta）的优雅气质和矿物质气息。

⊙ Franciacorta Brut Rosé Cabochon Ris. '05	🍷🍷 8
⊙ Franciacorta Brut P. R.	🍷🍷 5
⊙ Franciacorta Brut Rosé P. R.	🍷🍷 6
○ Franciacorta Satèn Sansevé	🍷🍷 5
○ Franciacorta Brut Cabochon '05	🍷🍷🍷 6
○ Franciacorta Brut Cabochon '04	🍷🍷🍷 6
○ Franciacorta Brut Cabochon '03	🍷🍷🍷 6
○ Franciacorta Satèn	🍷🍷🍷 5
○ Franciacorta Extra Brut Salvadek '07	🍷🍷 6
○ Franciacorta Extra Brut Salvadek '06	🍷🍷 5

La Montina
VIA BAIANA, 17
25040 MONTICELLI BRUSATI [BS]
TEL. 030653278
www.lamontina.it

藏酒销售
预约参观
餐饮接待
年产量 450 000 瓶
葡萄种植面积 72 公顷

维托里奥（Vittorio）、吉安•卡罗（Gian Carlo）和埃尔伯托•波扎（Alberto Bozza）三兄弟在20世纪80年代始建了拉•蒙特娜（La Montina）酒庄。酒庄以蒙蒂尼（Montini）家族命名，因为保罗六世教皇（Pope Paul VI）诞生在这个家族。酒庄的成功有赖于三兄弟及其带领下的紧密联系的团队，成员包括酿酒学家凯瑟•法拉利（Cesare Ferrari）、农学家埃尔赛迪•托托（Alceo Toto）和洛克•马里诺（Rocco Marino）以及商务主管米歇尔•波扎（Michele Bozza）。酒庄占地超过70公顷的葡萄园散布在佛朗恰克塔（Franciacorta）七个不同的市镇，总部设在一座美丽的别墅里。这个别墅配备了一个大型的地下酒窖和气派的接待中心。

○ Franciacorta Extra Brut Vintage Ris. '06	🍷🍷 6
○ Franciacorta Brut Aurum '07	🍷🍷 5
○ Franciacorta Extra Brut	🍷🍷 4
○ Franciacorta Satèn Argens	🍷🍷 5
○ Curtefranca Bianco '11	🍷 2
● Curtefranca dei Dossi '10	🍷 2
○ Franciacorta Brut	🍷 4
○ Franciacorta Brut '05	🍷🍷🍷 5
○ Franciacorta Extra Brut Ris. Vintage '04	🍷🍷🍷 6
○ Franciacorta Extra Brut Vintage Ris. '05	🍷🍷🍷 6
○ Franciacorta Brut '00	🍷🍷 5
○ Franciacorta Extra Brut '02	🍷🍷 3

伦巴第区
LOMBARDY

Monzio Compagnoni

VIA NIGOLINE, 98 - 25030 ADRO [BS]
TEL. 0307457803
www.monziocompagnoni.com

藏酒销售
预约参观
年产量 250 000 瓶
葡萄种植面积 30 公顷

几年前，深爱起泡酒的瓦尔卡里皮奥（Valcalepio）种植者马塞洛•梦吉奥•康派格罗尼（Marcello Monzio Compagnoni）离开家乡来到布雷西亚（Brescia）。在酿酒学家、顾问多娜托蒂（Donato Lanati）的帮助下，他的两个现代化酿酒厂分别位于斯堪卓罗斯艾特（Scanzorosciate）和奥德罗（Adro），专门酿制一系列清纯活泼的佛朗恰克塔（Franciacortas）和静止葡萄酒。葡萄酒酿造全部采用自家种植的葡萄，葡萄园面积达30公顷。

Il Mosnel

LOC. CAMIGNONE
VIA BARBOGLIO, 14 - 25040 PASSIRANO [BS]
TEL. 030653117
www.ilmosnel.com

藏酒销售
预约参观
餐饮接待
年产量 250 000 瓶
葡萄种植面积 39.5 公顷

这家酒庄是由朱利奥（Giulio）和露西亚•巴扎诺（Lucia Barzanò）经营了几年的家族酒庄，是佛朗恰克塔地区（Franciacorta）最好的酒庄之一。自1836年起，酒庄就一直属于巴伯吉利奥（Barboglio）家族，直到20世纪60年代才被伊曼纽拉•巴伯吉利奥（Emanuela Barboglio）改造成了一个现代酒庄，与当时新成立的法定酒产区一起成长。后来，朱利奥（Giulio）和露西亚（Lucia）从他们母亲那接管了酒庄，依靠自家约40公顷的葡萄园精心酿制出了一系列佛朗恰克塔（Franciacortas）葡萄酒和本地葡萄酒品种。葡萄园单一分布在酒庄总部的周边，这个总部是一个已被翻新过的16世纪建筑。

○ Franciacorta Extra Brut '08	5
○ Franciacorta Brut '08	4
○ Franciacorta Satèn '08	5
● Moscato di Scanzo Don Quijote '06	5
● Curtefranca Rosso Ronco della Seta '09	2
⊙ Franciacorta Brut Rosé '08	5
● Valcalepio Rosso Colle della Luna '09	2
○ Franciacorta Extra Brut '04	5
○ Franciacorta Extra Brut '03	5
○ Franciacorta Brut '07	4
○ Franciacorta Extra Brut '07	5
○ Franciacorta Extra Brut '06	5

○ Franciacorta Pas Dosé QdE Ris. '06	6
○ Curtefranca Bianco Campolarga '11	2*
● Curtefranca Rosso Fontecolo '09	2*
○ Franciacorta Brut Rosé	5
○ Franciacorta Brut Satèn mill. '08	5
○ Franciacorta Pas Dosé	4
○ Sebino Passito Sulif '10	5
○ Franciacorta Brut	4
○ Franciacorta Pas Dosé QdE Ris. '04	6
○ Franciacorta Pas Dosé Parosé '07	5

LOMBARDY

Muratori - Villa Crespia
VIA VALLI, 31 - 25030 ADRO [BS]
TEL. 0307451051
www.arcipelagomuratori.it

藏酒销售
预约参观
年产量 350 000 瓶
葡萄种植面积 60公顷
葡萄栽培方式 传统栽培

穆拉多里（Muratori）兄弟都是成功的企业家。在事业达到一定高度后，他们觉得必须要回归故土，传承布雷西亚的农业传统。在酿酒学家和研究者弗朗西斯科·拉科诺（Francesco Iacono）的帮助下，穆拉多里家族（Muratoris）持之以恒地发展酒庄。除了在佛朗恰克塔（Franciacorta）的酒庄外，他们创造了真正的"群岛"。这个"群岛"包含了托斯卡纳（Tuscany）和卡帕尼亚（Campania）的三处生产本地葡萄酒品的分部。在克莱斯比亚别墅（Villa Crespia）的60公顷葡萄园采用自然方法种植，生产的一系列佛朗恰克塔（Franciacortas）葡萄酒声名远播。

★Nino Negri
VIA GHIBELLINI - 23030 CHIURO [SO]
TEL. 0342485211
www.ninonegri.it

藏酒销售
预约参观
餐饮接待
年产量 800 000 瓶
葡萄种植面积 36公顷

这家既种植葡萄又酿造葡萄酒的古老酒庄是整个河谷的经济基础。数以百计的小型酿酒商喜欢与尼诺·涅格（Nino Negri）并肩工作，因为尼诺的才干能给他们带来经济利益。酒庄不断投资酒窖和葡萄园，力求生产出能体现风土特点的高品质葡萄酒，从而使酒庄向着积极、可持续的方向发展。

○ Franciacorta Dosaggio Zero Francesco Iacono Ris. '04	7
○ Franciacorta Brut Novalia	4
○ Franciacorta Dosaggio Zero Numerozero	5
⊙ Franciacorta Rosé Extra Brut Brolese	5
○ Franciacorta Satèn Cesonato	5
○ Franciacorta Brut Miolo	5
○ Franciacorta Brut Riserva dei Consoli '04	7
○ Franciacorta Pas Dosé Cisiolo	5
○ Franciacorta Brut Novalia	4
○ Franciacorta Extra Brut Francesco Iacono Ris. '02	7
○ Franciacorta Satèn Brut Cesonato	5

● Valtellina Sfursat 5 Stelle '09	7
● Valtellina Sfursat '09	6
● Valtellina Sup. Sassella Le Tense '09	4
○ Ca' Brione '11	5
● Valtellina Sup. Grumello V. Sassorosso '09	4
● Valtellina Sup. Inferno C. Negri '09	5
● Valtellina Sup. Mazer '09	4
● Valtellina Sfursat '05	8
● Valtellina Sfursat '04	7
● Valtellina Sfursat 5 Stelle '07	7
● Valtellina Sfursat 5 Stelle '06	7
● Valtellina Sup. Vign. Fracia '08	6
● Valtellina Sfursat '08	6
● Valtellina Sup. Mazer '08	4

Pasini - San Giovanni

Fraz. Raffa
via Videlle, 2
25080 Puegnago sul Garda [BS]
Tel. 0365651419
www.pasiniproduttori.it

藏酒销售
预约参观
餐饮接待
年产量 300 000 瓶
葡萄种植面积 36 公顷

该酒庄是布雷西亚加达（Brescia Garda）地区的一个传奇。酒庄几十年活跃在加达湖西岸，其酒窖和葡萄园与时俱进。酒庄侧重于保证葡萄藤的健康和生产能力，同时尊重环境。酒窖致力于充分发挥出土壤、地貌和海拔赋予葡萄的独特个性。

● Garda Cl. Groppello Vign. Arzane Ris. '09	🍷🍷 5
● Garda Cl. Rosso Sup. Ca' del Priù '09	🍷🍷 5
● San Gioan Rosso I Carati '08	🍷🍷 4
○ Valtènesi Il Chiaretto Il Vino di una notte '11	🍷🍷 3
● Valtènesi Picedo '11	🍷🍷 4
○ Centopercento Brut M. Cl. '11	🍷 4
○ Ceppo 326 Brut M. Cl. '07	🍷 5
⊙ Ceppo 326 Brut Rosé M. Cl. '07	🍷 5
○ Garda Cl. Bianco Il Renano Piccolo Reis '11	🍷 3
● Garda Cl. Groppello Il Groppello '11	🍷 2
○ Lugana Brut M. Cl.	🍷 3
○ Lugana Il Lugana '11	🍷 2
○ San Gioan Brinat Bianco Dolce '10	🍷 4
⊙ Ceppo 326 Brut M. Cl. Rosé	🍷🍷 4

Perla del Garda

loc. Lonato del Garda
via Fenil Vecchio, 9 - 25017 Lonato [BS]
Tel. 0309103109
www.perladelgarda.it

藏酒销售
预约参观
年产量 120 000 瓶
葡萄种植面积 30 公顷

成立仅10年的加尔达•贝拉（Perla del Garda）酒庄已迅速成为本地区葡萄酒生产的标杆。其占地约30公顷的葡萄园坐落在罗纳托（Lonato）山脉，国际葡萄和本地葡萄品种均有种植。酒庄品种繁多的葡萄酒品质可靠，把酒质的丰富、优雅和口感完美结合。在美丽的圆形酒窖里，葡萄的发酵过程利用重力流，减少使用水泵。

○ Drajibo Passito '09	🍷 5
○ Lugana Perla '11	🍷🍷 3
○ Lugana Sup. Madreperla '10	🍷🍷 5
○ Garda Brut M. Cl. '07	🍷 6
● Leonatus '08	🍷 5
○ Lugana Brut M. Cl. '09	🍷 7
● Terre Lunari '09	🍷 3
○ Drajibo Passito '10	🍷🍷 5
○ Garda Cl. Brut Settimo Cielo	🍷🍷 6

LOMBARDY
伦巴第区

Andrea Picchioni
Fraz. Camponoce, 8
27044 Canneto Pavese [PV]
Tel. 0385262139
www.picchioniandrea.it

藏酒销售
预约参观
年产量 60 000 瓶
葡萄种植面积 10 公顷
葡萄栽培方式 传统栽培

安德里亚•皮科奇奥尼（Andrea Picchioni）酒庄专门生产红葡萄酒。这不奇怪，因为他的葡萄园大部分位于人迹罕至的瓦尔•索林格（Val Solinga）山坡，不适合种植科罗蒂纳（Croatina）、巴贝拉（Barbera）和坎内托•尤艾塔（Ughetta di Canneto）葡萄。以布塔弗奥科（Buttafuoco）为首的红葡萄酒窖藏性强，具有个性和特质。随着时间的流逝，它们的潜力将得到充分发挥。不仅是红葡萄酒，他的经典梅特多（Metodo Classico）也具有这样的特点。自从他引进了掺杂沉淀物长时间陈化的方法后，他的酒品持续获得最高分。

○ OP Profilo Brut Nature M. Cl. '00	🍷🍷 5
● Monnalisa '08	🍷🍷 4
● OP Bonarda Vivace Luogo dei Ronchi '11	🍷🍷 3
● OP Buttafuoco Bricco Riva Bianca '08	🍷🍷 4
● OP Pinot Nero Arfena '10	🍷🍷 3
● Rosso d'Asia '08	🍷🍷 3
● OP Buttafuoco Luogo della Cerasa '11	🍷 2
● OP Sangue di Giuda Fior del Vento '11	🍷 2
○ OP Profilo Brut Nature M. Cl. '98	🍷🍷 5
○ OP Profilo Brut Nature M. Cl. '97	🍷🍷 5
○ OP Profilo Brut Nature M. Cl. '96	🍷🍷 5
○ OP Profilo Brut Nature M. Cl. '94	🍷🍷 6
● Rosso d'Asia '05	🍷🍷 3
● OP Sangue di Giuda '10	🍷 2

Plozza
Via San Giacomo, 22 - 23037 Tirano [SO]
Tel. 0342701297
www.plozza.com

藏酒销售
预约参观
年产量 450 000 瓶
葡萄种植面积 28 公顷

这家酒庄的国际味十足，因为瑞士和德国长期以来是酒庄葡萄酒产品的重要市场。庄主安德里亚•扎诺拉里（Andrea Zanolari）经常游走于瓦尔泰利那（Valtellina）葡萄酒协会，细心留意新的市场发展趋势和最新的通信技术。被精心照料的葡萄园位于海拔400米到700米的地方。

● Valtellina Numero Uno '09	🍷🍷 7
● Valtellina Sforzato Vin da Cà '08	🍷🍷 5
● Passione Barrique '07	🍷🍷 6
● Valtellina Sup. Inferno Ris. '08	🍷🍷 3
● Valtellina Sup. Sassella La Scala Ris. '08	🍷🍷 3
● Valtellina Numero Uno '01	🍷🍷🍷 7
● Passione Barrique '06	🍷🍷 6
● Valtellina Numero Uno '07	🍷🍷 7
● Valtellina Sforzato Vin da Cà '07	🍷🍷 5
● Valtellina Sforzato Vin da Cà '06	🍷🍷 5
● Valtellina Sup. Inferno Ris. '07	🍷🍷 3
● Valtellina Sup. Sassella La Scala Ris. '07	🍷🍷 3

LOMBARDY 伦巴第区

Mamete Prevostini
VIA LUCCHINETTI, 63 - 23020 MESE [SO]
TEL. 034341522
www.mameteprevostini.com

藏酒销售
预约参观
年产量 160 000 瓶
葡萄种植面积 20 公顷

最近上任的瓦尔泰利那（Valtellina）葡萄酒协会会长的马米特·普莱奥斯蒂尼（Mamete Prevostini）正专注于建设他的新酒窖，这个酒窖将按照国际可持续发展的标准设计。他酿造的葡萄酒坚持走优雅路线，力求展现酒品自身的独特性和真实性。

● Valtellina Sup. Ris. '09	5
● Valtellina Corte di Cama '10	5
● Valtellina Sforzato Albareda '10	6
● Valtellina Sup. Grumello '10	3
● Valtellina Sup. Sassella '10	3
● Valtellina Sup. Sassella San Lorenzo '09	5
● Valtellina Sup. Sassella Sommarovina '10	4
● Vertemate '10	6
● Botonero '11	2
○ Opera Bianco '11	4
⊙ Rosato '11	3
● Valtellina Santarita '11	2
● Valtellina Sforzato Albareda '09	6
● Valtellina Sforzato Albareda '08	6
● Valtellina Sforzato Albareda '06	6

Provenza
VIA DEI COLLI STORICI
25015 DESENZANO DEL GARDA [BS]
TEL. 0309910006
www.provenzacantine.it

藏酒销售
预约参观
年产量 1 500 000 瓶
葡萄种植面积 125 公顷

卢加纳葡萄酒（Lugana）的巨大成功离不开很多酒庄的辛勤工作，康塔托（Contato）兄弟的普诺文扎酒庄（Provenza）就是其中之一。酒庄出产的葡萄酒不仅量大，品质也好。酒庄的葡萄园占地超过100公顷，位于加尔达湖（Lake Garda）的西岸，这里的黏土赋予了葡萄个性和酸度，使得加尔达（Garda）的白葡萄酒别具一格。酒庄出品的葡萄酒气质优雅，结构稳定，口感紧实。

○ Lugana Sup. Sel. Fabio Contato '10	5
● Garda Cl. Rosso Sel. Fabio Contato '08	5
○ Lugana Molin '11	3*
● Garda Cl. Rosso Negresco '09	4
○ Lugana Brut Cl. Ca' Maiol M. Cl. '08	4
○ Lugana Prestige '11	3
● Valtènesi Roseri '11	3
⊙ Garda Cl. Chiaretto Tenuta Maiolo '11	3
● Garda Cl. Groppello '11	3
○ Lugana Sel. Fabio Contato '07	5
○ Lugana Sup. Sel. Fabio Contato '09	5
○ Lugana Sup. Sel. Fabio Contato '06	5

LOMBARDY
伦巴第区

Francesco Quaquarini
LOC. MONTEVENEROSO
VIA CASA ZAMBIANCHI, 26
27044 CANNETO PAVESE [PV]
TEL. 038560152
www.quaquarinifrancesco.it

藏酒销售
预约参观
年产量 650 000 瓶
葡萄种植面积 60 公顷
葡萄栽培方式 有机认证

尽管酒庄相当大的面积散落在伦巴第区帕维亚省产区（Oltrepò Pavese）的各个角落，但这个实力强大的酒庄总能在品质上保持高水平，其中有些年份的酒款还达到极其优秀的程度。虽然翁贝托（Umberto）和玛利亚·特里萨（Maria Teresa）的父亲已经离世，但他们仍能把酒庄打理得井井有条。酒庄出品的葡萄酒品种繁多，这符合我们的预料，因为这个新兴葡萄酒产区的生产规章提供了很多分类方法。

Aldo Rainoldi
LOC. CASACCE DI CHIURO
VIA STELVIO, 128 - 23030 CHIURO [SO]
TEL. 0342482225
www.rainoldi.com

藏酒销售
预约参观
年产量 200 000 瓶
葡萄种植面积 9.6 公顷

在跟经验丰富的叔叔佩皮诺（Peppino）学习了很多管理技巧后，奥尔多·雷诺尔迪（Aldo Rainoldi）现在彻底接管了这个活力四射的酒庄。虽然很多时候在外游走，对很多外地市场也有颇深的了解，但他仍然通过瓦尔泰利那（Valtellina）葡萄酒协会与本地保持密切的联系。雷诺尔迪（Rainoldi）酿造的葡萄酒结构复杂，其品质随着时间的流逝也变得越来越好。

● OP Barbera Poggio Anna '09	♟♟ 2*
● OP Bonarda Vivace '11	♟♟ 2*
⊙ OP Cruasé '09	♟♟ 5
● OP Pinot Nero Blau '09	♟♟ 3
● OP Sangue di Giuda '11	♟♟ 2*
● OP Sangue di Giuda V. Acqua Calda '11	♟♟ 3
● OP Bonarda '10	♟♟ 2
○ OP Pinot Nero Brut Classese '06	♟♟ 2*
● OP Sangue di Giuda '10	♟♟ 2*
● OP Sangue di Giuda V. Acqua Calda '10	♟♟ 3

● Valtellina Sfursat '08	♟♟♟ 5
● Valtellina Sfursat Fruttaio Ca' Rizzieri '08	♟♟ 6
● Valtellina Sup. Inferno Ris. '07	♟♟ 5
○ Ghibellino '11	♟♟ 3
● Valtellina Sup. Sassella Ris. '07	♟♟ 5
⊙ Brut Rosé '08	♟ 4
● Valtellina Sfursat Fruttaio Ca' Rizzieri '06	♟♟♟ 6
● Valtellina Sfursat Fruttaio Ca' Rizzieri '02	♟♟♟ 6
● Valtellina Sfursat Fruttaio Ca' Rizzieri '00	♟♟♟ 6
● Valtellina Sup. Sassella Ris. '06	♟♟♟ 5
● Valtellina Sfursat Fruttaio Ca' Rizzieri '07	♟♟ 6

伦巴第区 LOMBARDY

Ricci Curbastro

VIA ADRO, 37 - 25031 CAPRIOLO [BS]
TEL. 030736094
www.riccicurbastro.it

藏酒销售
预约参观
参观设施
年产量　240 000　瓶
葡萄种植面积　25.5　公顷

多年来，这个美丽的克洛格内（Cologne）酒庄稳步发展成为了本产区的一个重要酒庄。这有赖于里卡多·里奇·科巴斯特罗（Riccardo Ricci Curbastro）倾其所有的才华和精力建设了一个现代化的酒窖以及扩展了葡萄园，从而让酒庄在新兴的市场里保持竞争力。里卡多（Riccardo）穿梭忙碌在许多协会中，不仅从1998年起担任意大利法定葡萄产区联盟（FederDoc）主席，还从2009年起担任欧洲原产酒联盟（EFOW）的主席。

Ronco Calino

LOC. QUATTRO CAMINI
FRAZ. TORBIATO
VIA FENICE, 45 - 25030 ADRO [BS]
TEL. 0307451073
www.roncocalino.it

预约参观
年产量　70 000　瓶
葡萄种植面积　10　公顷

15年前，纺织企业家保罗·雷迪齐（Paolo Radici）决定从著名钢琴家阿土罗·班耐代提·米开朗基里（Arturo Benedetti Michelangeli）手中购买其位于托比阿土·迪·奥尔多（Torbiato di Adro）的精美别墅。该别墅由10公顷美丽的葡萄园所环绕，好似一个壮观的冰碛竞技场，是生产佛朗恰克塔葡萄酒（Franciacortas）的绝佳之地。现在，在米兰大学莱昂纳多·华伦帝（Leonardo Valenti）教授的指导下，现代化的新酒窖产出的一系列优质佛朗恰克塔（Franciacortas）葡萄酒和本地酒品诠释了保罗（Paolo）的极大激情，正取得越来越大的成功。

○ Franciacorta Dosaggio Zero Gualberto '06	♛♛♛ 6
○ Franciacorta Brut	♛♛ 4
⊙ Franciacorta Brut Rosé	♛♛ 5
○ Franciacorta Extra Brut '08	♛♛ 5
○ Franciacorta Satèn	♛♛ 4
● Pinot Nero Sebino '08	♛♛ 4
○ TdF Curtefranca V. Bosco Alto '09	♛♛ 3
○ Brolo dei Passoni '09	♛ 4
● Curtefranca Rosso '09	♛ 2
● Curtefranca Rosso Santella del Gröm '08	♛ 3
○ Franciacorta Extra Brut '07	♕♕♕ 5
○ Franciacorta Dosaggio Zero Gualberto '05	♕♕ 5
○ Franciacorta Extra Brut M.R. '04	♕♕ 5
○ Franciacorta Satèn Brut M.R. '05	♕♕ 5

○ Curtefranca Bianco '10	♛ 3
● Curtefranca Rosso '08	♛♛ 4
○ Franciacorta Brut	♛♛ 4
○ Franciacorta Brut Centoventi '01	♛♛ 8
○ Franciacorta Nature '08	♛♛ 5
○ Franciacorta Satèn	♛♛ 5
⊙ Franciacorta Brut Rosé Radijan	♛ 5
○ Curtefranca Bianco '09	♕♕ 3
● Curtefranca Rosso '07	♕♕ 4
○ Franciacorta Brut '07	♕♕ 5
○ Franciacorta Brut	♕♕ 4
○ Franciacorta Nature '07	♕♕ 5

LOMBARDY 伦巴第区

Lo Sparviere
VIA COSTA, 2
25040 MONTICELLI BRUSATI [BS]
TEL. 030652382
www.losparviere.com

藏酒销售
预约参观
年产量 120 000 瓶
葡萄种植面积 30 公顷

古萨尔利•贝瑞塔（Gussalli Beretta）家族是欧洲最古老的工业王朝。几年前，他们买下了这150公顷的酒庄，其中包含了30公顷的葡萄园和一栋建于16世纪的别墅。后来，他们又在2003年买下并翻新了传统基安蒂（Chianti Classico）地区的瑞达•卡斯特罗（Castello di Radda）。这两个酒庄和位于阿布鲁佐地区（Abruzzo）的欧兰迪•坎图斯•庞诺（Orlandi Contucci Ponno）酒庄一起组成了安格里科勒•古萨尔利•贝瑞塔集团（Agricole Gussalli Beretta Group）。

○ Curtefranca Bianco Il Dossello '11	♛♛ 3
○ Franciacorta Brut '08	♛♛ 5
○ Franciacorta Extra Brut '06	♛♛ 5
○ Franciacorta Extra Brut	♛♛ 5
○ Franciacorta Satèn	♛♛ 4
● Curtefranca Rosso Il Cacciatore '09	♛ 3
⊙ Franciacorta Brut Rosè Monique	♛ 5
○ Franciacorta Brut '05	♛♛ 4
○ Franciacorta Brut '04	♛♛ 4
○ Franciacorta Extra Brut '05	♛♛ 5

Terre d'Oltrepò
VIA TORINO, 96 - 27045 CASTEGGIO [PV]
TEL. 0383806311
www.bronis.it

藏酒销售
预约参观
年产量 2 500 000 瓶
葡萄种植面积 950 公顷

直到2012年，博洛尼（Broni）联营酒庄和卡斯特吉奥（Casteggio）酒庄才分立成两个独立的实体。然而，早在1998年，这两家酒庄在利维奥•卡格诺尼（Livio Cagnoni）的主持下合并为整个伦巴第（Lombardy）区最大的联营酒庄，包含了900名种植者成员和45 200 000千克用于酿酒的葡萄。现在，他们是时候合为一体出现在《年鉴》之中了。勤奋能干的皮埃蒙特酿酒学家卡罗•卡塞维奇亚（Carlo Casavecchia）实施的质量计划仍在进行中，我们将能看到一些酿制精良的葡萄酒加入到基本酒款的行列之中。

● OP Barbera Bronis Sel. '08	♛♛ 3
⊙ OP Cruasé	♛♛ 2*
● OP Pinot Nero Bronis Sel. '07	♛♛ 3
○ OP Pinot Nero Brut Cl. 36 Mesi	♛♛ 3*
○ OP Pinot Nero Brut Cl. Postumio 18 Mesi	♛♛ 3*
○ OP Malvasia '11	♛ 2
○ OP Riesling Clefi '11	♛ 2
● OP Sangue di Giuda '11	♛ 2
● OP Barbera Autari '07	♛♛ 2*
● OP Barbera Console Marcello '07	♛♛ 2*
⊙ OP Cruasé Postumio	♛♛ 2*
○ OP Pinot Nero Brut Cl.	♛♛ 2

伦巴第区
LOMBARDY

Cantina Vinicola Pietro Triacca

VIA PRINCIPALE, 191
7748 CAMPASCIO GRIGIONI [SVIZZERA]
TEL. +41794427716
www.triacca.eu

藏酒销售
预约参观
年产量 50 000 瓶
葡萄种植面积 10 公顷

皮耶罗（Piero）和法比奥•特里亚卡（Fabio Triacca）继续弘扬着始于20世纪20年代的葡萄栽培和葡萄酒酿造传统。当时，他们的祖父皮耶特罗•特里亚卡（Pietro Triacca）建立该酒庄，并以自己的名字命名了它。他们与瓦尔泰利那（Valtellina）联系紧密，其葡萄园12公顷中有10公顷为酒庄所有，坐落在河谷中最适合种植葡萄的地带。他们还有几块葡萄田用于种植西拉（Syrah）和苏维翁（Sauvignon）葡萄，并从那产出了一些有趣的葡萄酒。

★Uberti

LOC. SALEM
VIA E. FERMI, 2 - 25030 ERBUSCO [BS]
TEL. 0307267476
www.ubertivini.it

预约参观
年产量 180 000 瓶
葡萄种植面积 24 公顷

尤贝蒂（Uberti）是佛朗恰克塔（Franciacorta）的一家知名酒庄。近几年来，阿戈斯蒂诺（Agostino）和妻子埃莱奥诺拉（Eleonora）组建的管理团队把酒庄发展成为了本产区最好的酒庄之一。他们的葡萄园，包括多个如厄布édicts科（Erbusco）的塞勒姆•库玛瑞（Comari del Salem）等的顶级葡萄园，出产了极其出色的葡萄，进而造就了一系列品种齐全、享有盛名的佛朗恰克塔（Franciacortas）和本地葡萄酒。过去几年，尤贝蒂（Ubertis）家族年轻一代投入到酒庄的工作中，酿酒学家西尔维亚（Silvia）和弗朗西斯卡（Francesca）也前来打理酒庄的接待工作，这让酒庄受益良多。

● Valtellina Sforzato Millesassi '09	🍷🍷 5
○ Garola '08	🍷🍷 3
● Valtellina Sup. Pietro Triacca Ris. '02	🍷🍷 6
● Valtellina Sup. Terraretica '06	🍷🍷 4

○ Franciacorta Extra Brut Comarì del Salem '07	🍷🍷 6
○ Franciacorta Non Dosato Sublimis '06	🍷🍷 6
○ Franciacorta Extra Brut Francesco I	🍷🍷 5
○ Franciacorta Satèn Magnificentia	🍷🍷 6
○ Curtefranca Bianco '11	🍷 2
○ Franciacorta Brut Francesco I	🍷 5
⊙ Franciacorta Rosé Francesco I	🍷 5
● **Rosso dei Frati Priori**	🍷 5
○ Franciacorta Brut Magnificentia	🍷🍷🍷 6
○ Franciacorta Extra Brut Comarì del Salem '03	🍷🍷🍷 6
○ Franciacorta Extra Brut Comarì del Salem '02	🍷🍷🍷 6
○ Franciacorta Satèn Magnificentia	🍷🍷🍷 6

伦巴第区
LOMBARDY

Vanzini
Fraz. Barbaleone, 7
27040 San Damiano al Colle [PV]
Tel. 038575019
www.vanzini-wine.com

藏酒销售
预约参观
年产量 600 000 瓶
葡萄种植面积 27 公顷

如果你想品尝黑皮诺（Pinot Nero）、科罗蒂纳（Croatina）和巴贝拉（Barbera）葡萄酿造而成的最正宗的传统奥尔特波（Oltrepo）葡萄酒，文兹尼（Vanzini）兄弟拥有的这个酒庄是你的不二选择。他们生产的伯纳达（Bonarda）葡萄酒总是香气宜人、果香浓郁、结构平衡。而甜葡萄酒如以标准瓶塞或蘑菇型瓶塞装瓶的犹大之血（Sangue di Giuda）和莫斯卡托（Moscato）起泡系列也是如此。干白葡萄酒和单独使用自家生产的黑皮诺（Pinot Nero）葡萄酿造的玛提诺迪（Martinotti）桃红葡萄酒同样出色。虽然酒庄的静止葡萄酒还有待提高，但我们相信它们不久后就会变得非常优秀。

● OP Bonarda Vivace '11	🍷🍷 3*
○ Moscato Spumante '11	🍷🍷 3
● OP Sangue di Giuda '11	🍷🍷 3
Pinot Nero Spumante Extra Dry Martinotti Rosé	🍷🍷 3
○ OP Pinot Grigio '11	🍷 3
○ Pinot Nero Spumante Extra Dry Martinotti	🍷 3
● OP Barbera '10	🍷🍷 2
● OP Bonarda Vivace '10	🍷🍷 2*
● OP Bonarda Vivace '09	🍷🍷 2*
● OP Sangue di Giuda '10	🍷🍷 2*
⊙ Pinot Nero Spumante Extra Dry Martinotti Rosé	🍷🍷 3*

Vercesi del Castellazzo
via Aureliano, 36
27040 Montù Beccaria [PV]
Tel. 038560067
vercesidelcastellazzo@libero.it

藏酒销售
预约参观
年产量 80 000 瓶
葡萄种植面积 15 公顷

这个大而高效的酒庄坐落在凡塔诺内（Fontanone）的河谷底部，由维瑟西（Vercesi）家族创建。酒庄的中心卡斯特拉佐（Castellazzo）处在穆图•贝卡利亚（Montu Beccaria）的最高点上，从这里的天然阳台上眺望，沃萨山谷（Valle Versa）和波河河谷（Po Valley）的壮观美景尽收眼底。酒庄出品的葡萄酒几乎只取材于红葡萄品种。2013年，科卢亚塞（Cruasé）葡萄酒的出色表现给我们带来了巨大的惊喜。

⊙ OP Cruasé Donna Paola '08	🍷🍷 4
● OP Barbera Clà '10	🍷🍷 2*
● OP Bonarda Vivace Luogo della Milla '11	🍷🍷 2*
○ OP Pinot Nero in Bianco Gugiarolo '11	🍷🍷 2*
● Rosso del Castellazzo '05	🍷🍷 4
● OP Rosso Pezzalunga '11	🍷 2
● OP Barbera Clà '09	🍷🍷 2
● OP Barbera Clà '09	🍷🍷 2*
● OP Barbera Clà '08	🍷🍷 2*
● OP Bonarda Fatila '07	🍷🍷 4
● OP Bonarda Luogo della Milla '10	🍷🍷 2*
● OP Rosso Pezzalunga '10	🍷🍷 2*
● OP Rosso Pezzalunga '09	🍷🍷 2*

LOMBARDY 伦巴第区

Bruno Verdi
via Vergomberra, 5
27044 Canneto Pavese [PV]
Tel. 038588023
www.brunoverdi.it

藏酒销售
预约参观
年产量 100 000 瓶
葡萄种植面积 9 公顷

我们从不厌倦赞扬保罗•维迪（Paolo Verdi）的决心、才干和毅力。虽然20岁时就失去了父亲，但他还是成功地把酒庄从一个营销型运作变为一块奥尔特波（Oltrepò）地区的精致珠宝。他一丝不苟地监督每一款葡萄酒的生产，力求用极佳的风土，如卡瓦瑞奥拉（Cavariola）来提高葡萄的品质。我们对整个葡萄酒系列的品质赞赏不已。

● OP Barbera Campo del Marrone '09	🍷🍷 3*
● OP Rosso Cavariola Ris. '08	🍷 5
● OP Bonarda Vivace Possessione di Vergombera '11	🍷🍷 2*
● OP Buttafuoco '11	🍷🍷 2*
○ OP Moscato Volpara '11	🍷🍷 2*
○ OP Pinot Grigio '11	🍷🍷 2*
● OP Pinot Nero '09	🍷🍷 3
○ OP Riesling Renano V. Costa '10	🍷🍷 2*
○ OP Vergomberra Brut '07	🍷🍷 4
● OP Rosso Cavariola Ris. '07	🍷🍷🍷 4
● OP Barbera Campo del Marrone '08	🍷🍷 3*
○ OP Brut Cl. Vergomberra '06	🍷🍷 4
○ OP Riesling Renano V. Costa '09	🍷🍷 2
● OP Rosso Cavariola Ris. '06	🍷🍷 4

Giuseppe Vezzoli
via Costa Sopra, 22 - 25030 Erbusco [BS]
Tel. 0307267579
www.vezzolivini.it

藏酒销售
预约参观
年产量 130 000 瓶
葡萄种植面积 40 公顷

朱塞佩•维佐利（Giuseppe Vezzoli）一家麻利又热心地管理这个可爱的酒庄，多年来出产的葡萄酒无论在数量还是质量上都取得了显著的进步。朱塞佩（Giuseppe）的成功秘诀在于他精心打理了其美丽的葡萄园。这些葡萄园位于厄布索科（Erbusco）地区，被认为具有顶级葡萄园的水准，是佛朗恰克塔（Franciacorta）的中心。多年来，葡萄园的面积扩大到60公顷左右，其中一些是继承父亲的，一些是收购的，一些是租来的，还有一些是直接管理的。酒庄每年出产约130 000瓶葡萄酒，主要是上乘的佛朗恰克塔（Franciacortas）。

○ Franciacorta Extra Brut Nefertiti Dizeta '06	🍷🍷 6
○ Franciacorta Brut '08	🍷🍷 5
○ Franciacorta Brut	🍷🍷 4
○ Franciacorta Satèn	🍷🍷 5
⊙ Franciacorta Rosé Brut	🍷 5
○ Franciacorta Brut Nefertiti '05	🍷🍷 6
○ Franciacorta Extra Brut Nefertiti Dizeta '05	🍷🍷 6
○ Franciacorta Extra Brut Nefertiti Dizeta '04	🍷🍷 6

LOMBARDY

Villa
VIA VILLA, 12
25040 MONTICELLI BRUSATI [BS]
TEL. 030652329
www.villafranciacorta.it

预约参观
膳宿接待
年产量 300 000 瓶
葡萄种植面积 37 公顷

比利亚酒庄（Villa）是蒙蒂塞利•布鲁塞提（Monticelli Brusati）一个小村庄，周围大约有100公顷的土地，由亚历山大•比奇奇（Alessandro Bianchi）于20世纪60年代购买。今天，这个保存完好的16世纪小村庄给游客提供了壮观美丽的景色。不过，我们更关注的是主要坐落在罗莎•蒙特（Monte della Rosa）山脚的美丽的葡萄园。部分园地所处的山石墙阶就是高耸于村庄的色格朗多尼（Gradoni）葡萄园。能干的保罗•皮泽奥尔（Paolo Pizziol）管理着酒庄。该酒庄同时也提供食宿服务。

● Bianchi Roncalli '07	♛♛ 7
○ Franciacorta Brut Emozione '08	♛♛ 5
○ Franciacorta Extra Blu '07	♛♛ 5
○ Franciacorta Rosé Brut '08	♛♛ 5
○ Franciacorta Satèn '08	♛♛ 5
○ Franciacorta Brut Cuvette '06	♛ 5
● Sella '08	♛ 2
○ Franciacorta Extra Brut '98	♛♛♛ 4*
● Curtefranca Rosso Gradoni '07	♛♛ 4
○ Franciacorta Brut '07	♛♛ 6
○ Franciacorta Brut '06	♛♛ 4
⊙ Franciacorta Brut Rosé '07	♛♛ 5
○ Franciacorta Brut Sel. '04	♛♛ 6
○ Franciacorta Extra Blu '06	♛♛ 5
○ Franciacorta Satèn '07	♛♛ 5

Chiara Ziliani
VIA FRANCIACORTA, 7
25050 PROVAGLIO D'ISEO [BS]
TEL. 030981661
www.cantinazilianichiara.it

预约参观
年产量 230 000 瓶
葡萄种植面积 17 公顷

尽管年轻的齐亚拉•吉莉安尼（Chiara Ziliani）生产佛朗恰克塔（Franciacorta）葡萄酒至今不过几年，但精湛的技艺让她及其酒庄在本地竞争激烈的葡萄酒市场中占据了有利位置。她那装备精良的现代化酒窖位于普罗瓦格尼•伊赛欧（Provaglio d'Iseo），酒窖四周的葡萄园有很大的种植密度，每公顷种植了7 000棵葡萄藤，园里采用环境友好型的方法打理。葡萄种植在海拔250米的南坡和东南坡，地理位置优越，加上酒窖精心的照料保证了酒庄三条生产线上出产的多种酒品具有卓越的品质。

○ Franciacorta Brut Duca d'Iseo	♛♛ 3
○ Franciacorta Brut Ziliani C '07	♛♛ 4
○ Franciacorta Brut Ziliani C	♛♛ 3
○ Franciacorta Non Dosato Ziliani C '07	♛♛ 4
○ Franciacorta Satèn Conte di Provaglio	♛♛ 4
○ Franciacorta Satèn Duca d'Iseo	♛♛ 4
○ Franciacorta Satèn Ziliani C '07	♛♛ 4
○ Franciacorta Brut Conte di Provaglio	♛ 3
⊙ Franciacorta Rosé Conte di Provaglio	♛ 4
⊙ Franciacorta Rosé Ziliani C	♛ 4
○ Franciacorta Satèn Ziliani C	♛ 3
○ TdF Bianco Conte di Provaglio '11	♛ 2
● TdF Rosso Conte di Provaglio '09	♛ 2
○ Franciacorta Satèn Duca d'Iseo	♛♛ 4
○ Franciacorta Satèn Ziliani C '06	♛♛ 4

OTHER WINERIES 其他酒庄

Elisabetta Abrami
S.DA VICINALE DELLE FOSCHE
25050 PROVAGLIO D'ISEO [BS]
TEL. 0306857185
www.vinielisabettaabrami.it

○ Franciacorta Brut	🍷🍷 4
⊙ Franciacorta Rosé	🍷 4
○ Franciacorta Satèn	🍷 4

Al Rocol
VIA PROVINCIALE, 79 - 25050 OME [BS]
TEL. 0306852542
www.alrocol.com

○ Franciacorta Extra Brut Castellini '08	🍷🍷 5
○ Franciacorta Satèn Martignac '08	🍷🍷 4
○ Franciacorta Brut Ca' del Luf '09	🍷 3

Riccardo Albani
LOC. CASONA
S.DA SAN BIAGIO, 46 - 27045 CASTEGGIO [PV]
TEL. 038383622
www.vinialbani.it

● OP Bonarda Vivace '11	🍷🍷 3
○ OP Riesling '10	🍷🍷 3
● OP Barbera '09	🍷 3
● OP Pinot Nero '10	🍷 4

Alziati Annibale
Tenuta San Francesco
LOC. FRAZIONE SCAZZOLINO
VIA SCAZZOLINO, 55 - 27040 ROVESCALA [PV]
TEL. 038575261
www.alziati.it

● OP Bonarda Gaggiarone Vitigni Giovani '09	🍷🍷 3
● OP Bonarda Gaggiarone '06	🍷 4
● OP Bonarda Oro '11	🍷 1*

Avanzi
VIA TREVISAGO, 19
25080 MANERBA DEL GARDA [BS]
TEL. 0365551013
www.avanzi.net

○ Lugana Sirmione '11	🍷🍷 2*
● Garda Cl. Groppello Giovanni Avanzi '11	🍷 2
⊙ Garda Rosè Brut Avanzi '11	🍷 2
⊙ Valtènesi Chiaretto 80 Vendemmie '11	🍷 3

Barbacarlo - Lino Maga
S.DA BRONESE, 3 - 27043 BRONI [PV]
TEL. 038551212
barbacarlodimaga@libero.it

● Barbacarlo '10	🍷🍷 5

OTHER WINERIES

La Basia
Loc. La Basia
Via Predefitte, 31
25080 Puegnago sul Garda [BS]
Tel. 0365555958
www.labasia.it

- Garda Groppello La Botte Piena '10 — 🏆🏆 2*
- Garda Cl. Sup. Estate di San Martino '07 — 🏆 3
- Predefitte '08 — 🏆 3

Cantina Sociale Bergamasca
Via Bergamo, 10
24060 San Paolo d'Argon [BG]
Tel. 035951098
www.cantinabergamasca.it

- ○ Terre del Colleoni Incrocio Manzoni '11 — 🏆🏆 5
- ● Valcalepio Rosso Akros Ris. '07 — 🏆🏆 3
- ⊙ Terre del Colleoni Schiava '11 — 🏆 2
- ○ Valcalepio Bianco Orologio '11 — 🏆 2

Bertagna
Loc. Bande
Via Madonna della Porta, 14
46040 Cavriana [MN]
Tel. 037682211
www.cantinabertagna.it

- Rosso del Chino '09 — 🏆🏆 3
- Montevolpe Rosso '10 — 🏆 3

F.lli Bettini
Loc. San Giacomo
Via Nazionale, 4a - 23036 Teglio [SO]
Tel. 0342786068
bettvini@tin.it

- Valtellina Sfursat '09 — 🏆🏆 5
- Valtellina Sup. Sassella Reale '07 — 🏆🏆 3
- Valtellina Sup. Valgella V. La Cornella '08 — 🏆🏆 3
- Valtellina Sup. Sant'Andrea '08 — 🏆 4

Azienda Agricola Biava
Fraz. Scanzo
Via Monte Bastia, 7
24020 Scanzorosciate [BG]
Tel. 035655581
www.aziendabiava.it

- ○ Giallo '08 — 🏆🏆 6
- ● Guelfo '08 — 🏆🏆 4
- ● Moscato di Scanzo '09 — 🏆🏆 7
- ● Ghibellino '08 — 🏆 2

Bonaldi - Cascina del Bosco
Loc. Petosino
Via Gasparotto, 96 - 24010 Sorisole [BG]
Tel. 035571701
www.cascinadelbosco.it

- ○ Bonaldi Brut M. Cl. '09 — 🏆🏆 3
- ● Valcalepio Rosso Cantoalto Ris. '08 — 🏆🏆 3
- ○ Valcalepio Bianco '11 — 🏆 2

OTHER WINERIES 其他酒庄

La Boscaiola
via Riccafana, 19 - 25033 Cologne [BS]
Tel. 0307156386
www.laboscaiola.com

○ Franciacorta Extra Brut Cuvée Speciale Nelson Cenci	🍷🍷 6
○ Franciacorta Satèn	🍷 5
○ Poggio delle Vigne Brut '05	🍷 4

Alessio Brandolini
fraz. Boffalora, 68
27040 San Damiano al Colle [PV]
Tel. 038575232
www@alessiobrandolini.com

● OP Bonarda Il Soffio '10	🍷🍷 2*
● OP Bonarda Vivace Il Cassino '11	🍷🍷 2*
● Beneficio '08	🍷 1

Bredasole
loc. Bredasole
via San Pietro, 44 - 25030 Paratico [BS]
Tel. 035910407
www.bredasole.it

○ Franciacorta Brut	🍷🍷 4
○ Franciacorta Satèn	🍷🍷 4
○ Franciacorta Extra Brut Aliquè	🍷 6

Luciano Brega
fraz. Bergamasco, 7
27040 Montù Beccaria [PV]
Tel. 038560237
www.lucianobrega.it

⊙ Gran Montù Brut '09	🍷🍷 3*
● OP Bonarda Vivace '11	🍷🍷 2*
○ OP Pinot Grigio '11	🍷 2
⊙ Gran Montù Brut '09	🍷🍷 3*

Bulgarini
loc. Vaibò, 1 - 25010 Pozzolengo [BS]
Tel. 030918224
www.vini-bulgarini.com

○ Lugana '11	🍷🍷 3
○ Lugana 010 '11	🍷 3
○ Lugana Brut M. Cl. Stella di Lugana '09	🍷 3

Ca' del Santo
loc. Campolungo, 4
27040 Montalto Pavese [PV]
Tel. 0383870545
www.cadelsanto.it

● OP Bonarda Vivace Grand Cuvée '11	🍷🍷 2*
● OP Rosso Carolo Ris. '10	🍷🍷 3
⊙ OP Cruasé Brut '09	🍷 4

其他酒庄 / OTHER WINERIES

Calatroni
FRAZ. 27040
LOC. CASA GRANDE
MONTECALVO VERSIGGIA [PV]
TEL. 038599013
www.calatronivini.it

● OP Bonarda Vivace '11	🍷 1*
⊙ OP Cruasé '09	🍷 3

Il Calepino
VIA SURRIPE, 1 - 24060 CASTELLI CALEPIO [BG]
TEL. 035847178
www.ilcalepino.it

○ Brut Cl. Fra' Ambrogio Ris. '06	🍷🍷 4
⊙ Brut Cl. Rosé (Cuvée '04/'05)	🍷🍷 3
○ Chardonnay Ergas	🍷🍷 5
● Kalòs '08	🍷🍷 5

Calvi
FRAZ. VIGALONE, 13
27044 CANNETO PAVESE [PV]
TEL. 038560034
www.andreacalvi.it

● OP Bonarda Vivace '11	🍷🍷 2*
○ OP Pinot Nero Brut	🍷 4
● Rui '08	🍷 2

Caminella
DANTE ALIGHIERI, 13
24069 CENATE SOTTO [BG]
TEL. 035941828
www.caminella.it

○ Brut Cl. Ripa di Luna '09	🍷🍷 4
● Luna Nera '10	🍷 4
● Valcalepio Rosso Ripa di Luna '09	🍷 2

Le Cantorìe
FRAZ. CASAGLIO
VIA CASTELLO DI CASAGLIO, 24/25 - 25064
GUSSAGO [BS]
TEL. 0302523723
www.lecantorie.it

○ Franciacorta Satèn Armonia	🍷🍷 5
○ Franciacorta Brut Armonia	🍷 4
● Rosso Balenc '07	🍷 4

Cascina la Pertica
LOC. PICEDO
VIA ROSARIO, 44
25080 POLPENAZZE DEL GARDA [BS]
TEL. 0365651471
www.cascinalapertica.it

● Garda Cabernet Le Zalte '08	🍷🍷 6
● Garda Cl. Groppello Le Sincette '11	🍷🍷 3
⊙ Garda Cl. Chiaretto Le Sincette '11	🍷 3
● Garda Marzemino '11	🍷 3

OTHER WINERIES 其他酒庄

Castello di Gussago
via Manica, 9 - 25064 Gussago [BS]
Tel. 0302525267
www.castellodigussago.it

- Curtefranca Rosso Pomaro '08 — 🍷🍷 4
- Franciacorta Rosé — 🍷 5
- Franciacorta Satèn — 🍷 5

Castello di Luzzano
loc. Luzzano, 5 - 27040 Rovescala [PV]
Tel. 0523863277
www.castelloluzzano.it

- OP Bonarda Vivace Sommossa '11 — 🍷🍷 2*
- OP Pinot Nero Umore Nero '11 — 🍷🍷 2*

Castello di Stefanago
27040 Borgo Priolo [PV]
Tel. 0383875227
www.baruffaldivini.it

- San Rocco '10 — 🍷🍷 4
- Campo Piano '10 — 🍷 4

Castelveder
via Belvedere, 4
25040 Monticelli Brusati [BS]
Tel. 030652308
www.castelveder.it

- Franciacorta Extra Brut — 🍷🍷 4
- Franciacorta Brut — 🍷 4
- Franciacorta Brut Rosè — 🍷 4
- Franciacorta Satèn — 🍷 4

Le Chiusure
fraz. Portese
via Boschette, 2
25010 San Felice del Benaco [BS]
Tel. 0365626243
www.lechiusure.net

- Garda Cl. Groppello '10 — 🍷🍷 2*
- Benaco Bresciano Campei '09 — 🍷 3
- Benaco Bresciano Rosso Malborghetto '08 — 🍷 4
- Valtenesi Garda Cl. Chiaretto '11 — 🍷 2

Il Cipresso
fraz. Tribulina
via Cerri, 2 - 24020 Scanzorosciate [BG]
Tel. 0354597005
www.ilcipresso.info

- Moscato di Scanzo Serafino '09 — 🍷🍷 6
- Valcalepio Rosso Bartolomeo Ris. '08 — 🍷🍷 4
- Valcalepio Rosso Dionisio '10 — 🍷 2

OTHER WINERIES

Citari

FRAZ. SAN MARTINO DELLA BATTAGLIA
LOC. CITARI, 2
25015 DESENZANO DEL GARDA [BS]
TEL. 3457137064
www.citari.it

○ Lugana Vign. La Sorgente '11	🍷🍷 2*
● Garda Cl. Rosso '09	🍷 3
○ Lugana Torre '11	🍷 2
○ Lugana Vign. La Conchiglia '11	🍷 2

Comincioli

LOC. CASTELLO
VIA ROMA, 10
25080 PUEGNAGO SUL GARDA [BS]
TEL. 0365651141
www.comincioli.it

● Riviera del Garda Bresciano Sup. Sulèr '08	🍷🍷 6
⊙ Riviera del Garda Bresciano Chiaretto Diamante '11	🍷 3

Cornaleto

VIA CORNALETTO, 2 - 25030 ADRO [BS]
TEL. 0307450507
www.cornaleto.it

○ Franciacorta Brut	🍷🍷 5
○ Franciacorta Brut Satèn	🍷🍷 5
○ Franciacorta Rosé Brut	🍷 5

Delai

VIA MORO, 1
25080 PUEGNAGO SUL GARDA [BS]
TEL. 0365555527

⊙ Garda Bresciano Chiaretto Notte Rosa '11	🍷🍷 3
⊙ Rosé Brut	🍷 3
● Tre Vigne '09	🍷 3

Derbusco Cives

VIA PROVINCIALE - 25030 ERBUSCO [BS]
TEL. 3929283698
www.derbuscocives.com

○ Franciacorta Brut Doppio Erre Di	🍷🍷 5
○ Franciacorta Extra Brut '07	🍷🍷 6
○ Franciacorta Brut '06	🍷🍷 6
⊙ Franciacorta Rosé '07	🍷 6

Doria

LOC. CASA TACCONI, 3
27040 MONTALTO PAVESE [PV]
TEL. 0383870143
www.vinidoria.com

● OP Pinot Nero Querciolo '09	🍷🍷 5
○ OP Riesling Renano Roncobianco Ris. '09	🍷🍷 4
○ 1800 Brut M. Cl.	🍷 4
● OP Barbera A.D. '09	🍷 4

OTHER WINERIES 其他酒庄

Le Due Querce
VIA SAN LORENZO, 24 - 25050 OME [BS]
TEL. 0354829930
www.duequerce.net

○ Franciacorta Rosé Luis	🍷🍷 6
○ Franciacorta Satèn Luis	🍷🍷 6
○ Franciacorta Brut Luis	🍷 6
● Luigi Mensi '06	🍷 5

Lorenzo Faccoli & Figli
VIA CAVA, 7 - 25030 COCCAGLIO [BS]
TEL. 0307722761
az.faccoli@libero.it

○ Franciacorta Dosage Zero '07	🍷🍷 5
○ Franciacorta Rosé Brut	🍷🍷 4
○ Franciacorta Brut	🍷 3
○ Franciacorta Extra Brut	🍷 4

La Fiòca
FRAZ. NIGOLINE
VIA VILLA, 13B - 25040 CORTE FRANCA [BS]
TEL. 0309826313
www.lafioca.com

○ Franciacorta Pas Dosé '06	🍷🍷 5
○ Franciacorta Rosé	🍷🍷 4
○ Franciacorta Satèn '05	🍷🍷 5
○ Franciacorta Satèn	🍷 4

Franca Contea
VIA VALLI, 130 - 25030 ADRO [BS]
TEL. 0307451217
www.francacontea.it

○ Franciacorta Satèn '08	🍷🍷 5
○ Franciacorta Brut Primus	🍷 4

Gatta
VIA SAN ROCCO, 33/37
25064 GUSSAGO [BS]
TEL. 0302772950
www.agricolagatta.com

○ Franciacorta Brut	🍷🍷 4
○ Franciacorta Extra Brut Molenér Ris. '05	🍷🍷 5
● Cellatica Rosso Sup. Negus '06	🍷 3

I Gessi - Fabbio De Filippi
FRAZ. FOSSA, 8 - 27050 OLIVA GESSI [PV]
TEL. 0383896606
www.cantinagessi.it

○ OP Pinot Nero Brut M. Cl. Maria Cristina '10	🍷🍷 3
○ OP Riesling I Gessi '11	🍷🍷 1*
○ OP Cruasé Maria Cristina '10	🍷 4

OTHER WINERIES

La Valle
via Sant'Antonio, 4
25050 Rodengo Saiano [BS]
Tel. 0307722045
www.vinilavalle.it

○ Franciacorta Brut Primum	🍷🍷 5
○ Franciacorta Satèn	🍷🍷 5
⊙ Franciacorta Rosé	🍷 5

Lazzari
via Mella, 49
25020 Capriano del Colle [BS]
Tel. 0309747387
www.lazzarivini.it

● Capriano del Colle Rosso '09	🍷🍷 2*
○ Capriano del Colle Bianco '11	🍷 2
● Capriano del Colle Riserva degli Angeli Ris. '09	🍷 4

Leali di Monteacuto
fraz. Monteacuto
via Dosso, 5
25080 Puegnago sul Garda [BS]
Tel. 0365651291
antonio.leali@genie.it

● Garda Bresciano Groppello '10	🍷🍷 3
⊙ Garda Bresciano Chiaretto '11	🍷 3
○ Garda Riesling '11	🍷 2
● Rebo Montagü '09	🍷 4

Locatelli Caffi
via A. Moro, 6 - 24060 Chiuduno [BG]
Tel. 035838308
www.locatellicaffi.it

● Valcalepio Rosso I Pilendrì Ris. '09	🍷🍷 4
● Terre del Colleoni Gaudio '11	🍷 2
○ Valcalepio Bianco '11	🍷 2

Lurani Cernuschi
via Convento, 3
24031 Almenno San Salvatore [BG]
Tel. 035642576
www.luranicernuschi.it

● Valcalepio Rosso Tornago '08	🍷🍷 2*
○ Opis '11	🍷 2
● Umbriana '10	🍷 3

Marangona
loc. Marangona 1 - 25010 Pozzolengo [BS]
Tel. 030919379
www.marangona.com

○ Lugana Sup. Il Rintocco '09	🍷🍷 2*
○ Lugana Trecampane '11	🍷🍷 2*
○ Lugana Brut	🍷 2
○ Lugana Marangona '11	🍷 2

OTHER WINERIES 其他酒庄

Martilde
Fraz. Croce, 4a/1 - 27040 Rovescala [PV]
Tel. 0385756280
www.martilde.it

○ OP Malvasia Dedica '11	🍷🍷 3*
○ OP Malvasia Piume '11	🍷🍷 2*
● OP Pinot Nero Nina '11	🍷 2

Marzaghe
Via Consolare, 19 - 25030 Erbusco [BS]
Tel. 0307267245
www.marzaghefranciacorta.it

○ Franciacorta Brut '07	🍷🍷 6
○ Franciacorta Satèn Premier	🍷🍷 6
○ Franciacorta Brut Treha	🍷 5

Medolago Albani
Via Redona, 12
24069 Trescore Balneario [BG]
Tel. 035942022
www.medolagoalbani.it

● Cabernet Sauvignon '08	🍷🍷 3
○ Valcalepio Bianco '11	🍷🍷 2*
● Valcalepio I Due Lauri Ris. '07	🍷 4

Marchesi di Montalto
Loc. Costa Gallotti, 5
27040 Montalto Pavese [PV]
Tel. 0383870358
www.marchesidimontalto.it

● OP Pinot Nero Ca' Nuè '11	🍷🍷 2*
○ OP Riesling Monsaltus '10	🍷 3

Monte Cicogna
Via delle Vigne, 6
25080 Moniga del Garda [BS]
Tel. 0365503200
www.montecicogna.it

⊙ Garda Cl. Chiaretto Siclì '11	🍷🍷 2*
⊙ Lugana Imperiale '11	🍷🍷 2*
● Garda Cl. Rosso Groppello Beana '10	🍷 2
⊙ Lugana S.Caterina '11	🍷 3

Tenuta Monte Delma
Via Valenzano, 23 - 25050 Passirano [BS]
Tel. 0306546161
www.montedelma.it

⊙ Franciacorta Brut	🍷🍷 4
⊙ Franciacorta Pas Dosé '07	🍷🍷 5
⊙ Franciacorta Satèn	🍷🍷 5
⊙ Franciacorta Rosé '08	🍷 5

OTHER WINERIES

Montelio
via D. Mazza, 1 - 27050 Codevilla [PV]
Tel. 0383373090
montelio.gio@alice.it

○ OP Cortese '11	♛♛ 2*
● OP Pinot Nero Costarsa '08	♛♛ 4
● OP Bonarda '11	♛ 2
○ OP Martinotti 18 Fiorile Brut M. Cl. '10	♛ 3

Montenato Griffini
via Sparano, 13/14 - 27040 Bosnasco [PV]
Tel. 0385272904
www.montenatogriffini.it

● OP Bonarda Puntofermo Et. Bianca '06	♛♛ 2*
● OP Bonarda Puntofermo Et. Nera '06	♛ 2

Montenisa
fraz. Calino
via Paolo VI, 62
25046 Cazzago San Martino [BS]
Tel. 0307750838
www.montenisa.it

⊙ Franciacorta Rosé	♛♛ 5
⊙ Franciacorta Satèn '06	♛♛ 6
⊙ Franciacorta Brut	♛ 5
⊙ Franciacorta Dizero	♛ 5

Nettare dei Santi
via Capra, 17
20078 San Colombano al Lambro [MI]
Tel. 0371200523
www.nettaredeisanti.it

○ Brut Cl. Domm '08	♛♛ 3
○ Chardonnay Mombrione '11	♛ 2
● Franco Riccardi '08	♛ 4

Olivini
loc. Demesse Vecchie, 2
25015 Desenzano del Garda [BS]
Tel. 0309910268
www.famigliaolivini.com

⊙ Garda Rosé Brut M. Cl. '09	♛♛ 5
○ Lugana '11	♛♛ 3
○ Lugana Demesse Vecchie '09	♛♛ 4
● Garda Rosso Cl. '10	♛ 3

Panigada - Banino
via della Vittoria, 13
20078 San Colombano al Lambro [MI]
Tel. 037189103
www.banino.it

● San Colombano Banino La Merla Ris. '07	♛♛ 2*
○ Banino Bianco '11	♛ 2
⊙ Uva Rara Rosato '11	♛ 2

OTHER WINERIES 其他酒庄

Angelo Pecis
VIA SAN PIETRO DELLE PASSERE, 12
24060 SAN PAOLO D'ARGON [BG]
TEL. 035959104

○ Brut M. Cl. Maximus '04	🍷🍷 3
● Valcalepio Rosso della Pezia Ris. '06	🍷🍷 4
● Valcalepio Rosso San Pietro delle Passere '07	🍷 3

Pedrinis
LOC. SANTO STEFANO
VIA SGARUGA, 19
24060 CAROBBIO DEGLI ANGELI [BG]
TEL. 0354259111
www.pedrinis.it

● Valcalepio Rosso Tonolus Ris. '08	🍷🍷 3
○ Valcalepio Bianco Petrinus '11	🍷 2
● Valcalepio Passito Betinus '08	🍷 5

Pian Del Maggio
VIA VALLI SNC - 25030 ADRO [BS]
TEL. 0307254451
www.piandelmaggio.it

○ Franciacorta Brut Millumino '07	🍷🍷 5
○ Franciacorta Brut Nature Furente '07	🍷🍷 5
○ Franciacorta Brut Proemio	🍷 4
○ Franciacorta Satèn Capriccio	🍷 5

Piccolo Bacco dei Quaroni
FRAZ. COSTAMONTEFEDELE
27040 MONTÙ BECCARIA [PV]
TEL. 038560521
www.piccolobaccodeiquaroni.it

● OP Bonarda Mons Acutus '11	🍷🍷 2*
○ OP Cruasé PBQ '09	🍷🍷 3
● OP Buttafuoco Vign. Ca' Padroni '08	🍷 2
○ OP Riesling Vign. del Pozzo '11	🍷 2

Pilandro
FRAZ. SAN MARTINO DELLA BATTAGLIA
LOC. PILANDRO, 1
25010 DESENZANO DEL GARDA [BS]
TEL. 0309910363
www.pilandro.it

○ Brut M. Cl. '09	🍷🍷 3
○ Lugana '11	🍷🍷 2*
○ Lugana Tere Crea '11	🍷🍷 2*
● Garda Merlot '11	🍷 2

Plozza di Ome
VIA LIZZANA, 13 - 25050 OME [BS]
TEL. 0306527775
www.plozzaome.it

○ Franciacorta Brut	🍷🍷 5
○ Franciacorta Satèn	🍷🍷 5

OTHER WINERIES

Podere Bignolino
Loc. Bignolino
SP 44 - 27040 Broni [PV]
Tel. 0383870160
www.poderebignolino.it

● OP Barbera Costa Bercé '09	🍷🍷 2*
● OP Bonarda Vivace '11	🍷 2

Pratello
Via Pratello, 26
25080 Padenghe sul Garda [BS]
Tel. 0309907005
www.pratello.com

⊙ Garda Cl. Chiaretto '11	🍷🍷 3
● Rebo '08	🍷🍷 4
⊙ Garda Cl. Sant'Emiliano '11	🍷 3
○ Lugana Catulliano '11	🍷 3

Quadra
Via Sant'Eusebio, 1 - 25033 Cologne [BS]
Tel. 0307157314
www.quadrafranciacorta.it

○ Franciacorta Extra Brut Q Zero '08	🍷🍷 5
○ Franciacorta Satèn Q '08	🍷🍷 5
○ Franciacorta Quvée 34 '07	🍷 5
⊙ Franciacorta Rosé	🍷 5

Le Quattro Terre
Via Risorgimento, 11
25040 Corte Franca [BS]
Tel. 030984312
www.quattroterre.it

○ Franciacorta Satèn	🍷🍷 5
○ Franciacorta Brut	🍷 4
⊙ Franciacorta Rosé	🍷 4

Redaelli de Zinis
Via N.H. Ugo De Zinis, 10
25080 Calvagese della Riviera [BS]
Tel. 030601001
www.dezinis.it

○ Garda Cl. Bianco '11	🍷🍷 2*
⊙ Garda Cl. Chiaretto '11	🍷 2
● Garda Pinot Grigio '11	🍷 2
⊙ Valtenesi Chiaretto '11	🍷 2

Riccafana - Fratus
Via Facchetti, 91 - 25033 Cologne [BS]
Tel. 0307156797
www.riccafana.com

○ Franciacorta Brut	🍷🍷 4
⊙ Franciacorta Rosé	🍷 4
⊙ Franciacorta Rosé Fratus '07	🍷 4

OTHER WINERIES

Ricchi
Fraz. Ricchi
via Festoni, 13d - 46040 Monzambano [MN]
Tel. 0376800238
www.cantinaricchi.it

● Garda Cabernet Ribò '09	♛♛ 3
○ Garda Chardonnay Meridiano '11	♛♛ 3
● Garda Merlot Carpino '08	♛ 5
○ Le Cime	♛ 3

Riva di Franciacorta
loc. Fantecolo
via Carlo Alberto, 19
25050 Provaglio d'Iseo [BS]
Tel. 0309823701
www.rivadifranciacorta.it

○ Franciacorta Brut	♛♛ 5
○ Franciacorta Brut Rivalto '06	♛♛ 5
⊙ Franciacorta Rosé	♛ 5
⊙ Franciacorta Satèn	♛ 5

Rocche dei Vignali
loc. Sant - 25040 Losine [BS]
Tel. 3393698953
www.rocchedeivignali.it

● Baldamì '08	♛♛ 2*
● Assolo '08	♛ 3
● Camunnorum '08	♛ 5

La Rocchetta
via Verdi, 4 - 24067 Villongo [BG]
Tel. 035936318
www.larocchetta.it

● Valcalepio Rosso Ris. '06	♛♛ 3
○ Brut M. Classico '08	♛ 3

San Cristoforo
via Villanuova, 2 - 25030 Erbusco [BS]
Tel. 0307760482
www.sancristoforo.eu

○ Franciacorta Brut '08	♛♛ 6
○ Franciacorta Pas Dosé '08	♛♛ 6
○ Franciacorta Brut	♛ 4
⊙ Franciacorta Rosé	♛ 4

Podere San Giorgio
loc. Castello, 1
27046 Santa Giuletta [PV]
Tel. 0383899168
www.poderesangiorgio.it

⊙ OP Cruasé Castel San Giorgio '08	♛♛ 5
● OP Bonarda Vivace Rebecca '11	♛ 2

OTHER WINERIES

Poderi di San Pietro
VIA MONTI, 35
20078 SAN COLOMBANO AL LAMBRO [MI]
TEL. 0371208050
www.poderidisanpietro.it

○ Bianco Torre '08	♛♛ 4
○ Cuvée Brut San Pietro M. Cl.	♛ 4
● San Colombano Rosso di Valbissera '09	♛ 3

Cantine Selva Capuzza
FRAZ. SAN MARTINO DELLA BATTAGLIA
LOC. SELVA CAPUZZA
25010 DESENZANO DEL GARDA [BS]
TEL. 0309910381
www.selvacapuzza.it

○ Garda Brut Rosè Hirundo	♛♛ 3
○ Lume '11	♛♛ 3
○ Lugana Menasasso '09	♛ 3

Solive
VIA BELLAVISTA - 25030 ERBUSCO [BS]
TEL. 0307450138
www.solive.it

○ Franciacorta Brut	♛♛ 5
○ Franciacorta Satèn	♛♛ 5
○ Franciacorta Pas Dosé	♛ 6

Vincenzo Tallarini
VIA FONTANILE, 7/9 - 24060 GANDOSSO [BG]
TEL. 035834003
www.tallarini.com

● Valcalepio Rosso San Giovannino Ris. '08	♛♛ 4
● La Sciarpa Rossa '11	♛ 3

Terrazzi Alti
VIA DEL VECCHIO MACELLO, 4D
23100 SONDRIO
TEL. 3315207109
www.terrazzialti.com

● Valtellina Sup. Sassella '09 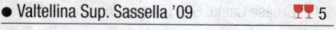	♛♛ 5

Benedetto Tognazzi
FRAZ. CAIONVICO
VIA SANT'ORSOLA, 161 - 25135 BRESCIA
TEL. 0302692695
www.tognazzivini.it

● Garda Marzemino '11	♛ 2
○ Lugana Cascina Ardea '11	♛ 2

OTHER WINERIES

Togni Rebaioli
Fraz. Erbanno
Via Rossini, 19
25047 Darfo Boario Terme [BS]
Tel. 0364529706

● Lambrù	♙6
● Merlot Rebaioli Cav. Enrico '09	♙8
● San Valentino	♙6

La Tordela
Via Torricella, 1
24060 Torre de' Roveri [BG]
Tel. 035580172
www.latordela.it

● Valcalepio Moscato Passito '08	♙♙5
● Valcalepio Rosso Campo Roccoli Vecchi Ris. '08	♙♙5
○ Terre del Colleoni Incrocio Manzoni '11	♙2

Torrevilla
Via Emilia, 4 - 27050 Torrazza Coste [PV]
Tel. 038377003
www.torrevilla.it

○ O. P. Pinot Nero Brut La Genisia '07	♙♙5
⊙ OP Cruasé La Genisia '09	♙♙3
● OP Ginestro Caprera Ris. '08	♙♙5

Pietro Torti
Fraz. Castelrotto, 9
27047 Montecalvo Versiggia [PV]
Tel. 038599763
www.pietrotorti.it

● Castelrotto '09	♙♙5
○ Fagù '11	♙♙2*
● OP Bonarda Vivace '11	♙♙2*
● OP Pinot Nero '09	♙3

Travaglino
Loc. Travaglino, 6a - 27040 Calvignano [PV]
Tel. 0383872222
www.travaglino.it

○ OP Riesling Campo della Fojada '11	♙♙3
● OP Pinot Nero Poggio della Buttinera '08	♙4

Cooperativa Agricola Triasso e Sassella
Fraz. Triasso, 25 - 23100 Sondrio
Tel. 034221710
www.cooptriasso.it

● Valtellina Sup. Sassella Sassi Solivi '09	♙♙4

其他酒庄 / OTHER WINERIES

Tenuta La Vigna

Cascina La Vigna
25020 Capriano del Colle [BS]
Tel. 0309748061
lavignavini@libero.it

○ Capriano del Colle Bianco Torrazza '11	🍷🍷 2*
● Capriano del Colle Rosso Monte Bruciato Ris. '09	🍷 4
● Capriano del Colle Rosso Rubinera '10	🍷 2

Vigna Dorata

Fraz. Calino
via Sala, 80
25046 Cazzago San Martino [BS]
Tel. 0307254275
www.vignadorata.it

⊙ Franciacorta Extra Brut	🍷🍷 4
○ Franciacorta Satèn	🍷🍷 4
⊙ Franciacorta Brut	🍷 4
⊙ Franciacorta Rosé	🍷 4

Vignenote

Fraz. Timoline
via Brescia, 3a - 25040 Corte Franca [BS]
Tel. 030652329
www.vignenote.it

○ Franciacorta Rosé '08	🍷🍷 6
○ Franciacorta Satèn '08	🍷🍷 6

Visconti

via C. Battisti, 139
25015 Desenzano del Garda [BS]
Tel. 0309120681
www.luganavisconti.it

⊙ Garda Cl. Chiaretto '11	🍷🍷 3
○ Lugana Et. Nera '11	🍷🍷 3
○ Lugana Sup. Franco Visconti '09	🍷🍷 3
○ Lugana Franco Visconti '11	🍷 3

Zamichele

via Roveglia Palazzina, 2
25010 Pozzolengo [BS]
Tel. 030918631
cantinazamichele@libero.it

○ Lugana Gardè '10	🍷🍷 2*
○ Lugana '11	🍷 2
○ Lugana Brut	🍷 3

Emilio Zuliani

via Tito Speri, 28
25080 Padenghe sul Garda [BS]
Tel. 0309907026
www.vinizuliani.it

● Garda Cl. Groppello Balosse '08	🍷 4
○ Garda Cl. Terre Bianche '09	🍷 2
⊙ Valtènesi Chiaretto Pink Dream '11	🍷 2

特伦蒂诺区
TRENTINO

在意大利，也许只有特伦蒂诺区（Trentino），分布着各种类型的酿酒厂。尽管酒庄规模、酿酒工艺都不尽相同，然而彼此间的联系又是如此紧密。酿酒大亨跟精品酒窖平起平坐，联营酒厂跟私人酒商和睦相处。酒庄之间的关系不断密切，大型的酿酒集团也乐意跟个体种植者合作。特伦蒂诺葡萄酒界最近展开一场地区性的积极又热烈的讨论，旨在保护高山葡萄园进而酿造出更有地域特色的葡萄酒。当然，这一目标的实现需要我们一步一步稳健前进。越来越多的酒庄，包括内部结构比较复杂的，也开始采用有机管理模式。同样，更多的酒窖开始尝试酿制起泡酒。如今，一共有38家酒庄属于特伦托法定酒产区（Trento DOC）。整体上来说，特伦蒂诺区2013年整体上取得了明显进步。2013年，特伦蒂诺区（Trentino）获得10项"三杯奖"荣誉，比2012年多了1项，其中6项来自特伦托法定葡萄酒产区。获奖名单当中，既有老朋友也有新面孔。我们的最高奖项颁给了尼古拉·巴尔特（Nicola Balter）酒庄的珍藏系列2006年款（2006 Riserva），卡维酒庄（Cavit）出品的2005年款阿尔特玛瑟·格拉阿尔珍藏酒（Altemasi Graal Riserva）也同获殊荣。同样优秀的还有圣麦可尔农业大学（San Michele all'Adige）出品的马赫珍藏酒2007年款（Riserva Mach 2007），2013他们年向我们呈现了一系列顶级佳酿。多利噶提（Dorigati）再次凭借米修斯（Mithius）斩获大奖，同样令我们惊喜的是，由特伦托法定葡萄酒产区杰出的元老级人物内罗尔塔利（Nello Letrari）酿造的一款2007年珍藏系列（2007 Riserva），它的躁动个性跟柔顺本质竟然结合得如此完美。法拉利（Ferrari）酒庄出品的黑蓓蕾2006年款（2006 Perlé Nero）表现出的紧致深度堪称典范，更是将朱利奥·法拉利（Giulio Ferrari）排挤出"三杯奖"行列。现在，我们来说说2013年的年度起泡酒。该奖项由口感清新、酸度适中且回味绵长的2005年款皇家阿奎拉（Aquila Reale 2005）获得。除了以上提到的7款酒中臻品外，还有很多具备高山葡萄酒特色的佳酿，例如梅特多经典（Metodo Classico）起泡酒，它的完美酸度实属佳品。接下来我们谈谈红葡萄酒。2013年，圣·莱昂纳多（San Leonardo）酒庄获得了有史以来第15个"三杯奖"，其出品酒体健硕、质感优雅，堪称地区典范。最后，我们来了解一下特伦蒂诺区的两家新秀酒庄。普拉维斯（Pravis）酒庄的艾蒂卡·佩蒂里尼（Erika Pedrini）向我们呈现了出众的佛拉塔格兰达2009年款（2009 Fratagranda），这款波尔多混酿红葡萄酒凭借其芳香型简单气质连续两年获得我们青睐。罗伯托·则尼（Roberto Zeni）的儿子鲁迪（Rudy）提供的2010年款特纳沃佐（Ternet Schwarzhof）则是一款单宁紧致、个性突出的特尔奥德罗（Teroldego）。总的来说，特伦蒂诺区（Trentino）是高海拔种植，高质量追求。

特伦蒂诺区
TRENTINO

Abate Nero
FRAZ. GARDOLO
SPONDA TRENTINA, 45 - 38014 TRENTO
TEL. 0461246566
www.abatenero.it

藏酒销售
预约参观
年产量 68 000 瓶
葡萄种植面积 65 公顷

富有开创性的阿贝特内洛（Abate Nero），特伦蒂诺起泡葡萄酒生产商已经非常成功，同时仍自信满满地坚持手工酿制古老传统。凭借近一个半世纪的酿酒经验，卢西亚诺•卢内利（Luciano Lunelli）能够游刃有余地酿造出一系列特伦蒂诺法定酒产区（Trento DOC）的顶级酒。你完全可以对这个多才多艺的酿酒师怀有较高的期待。酿酒的每一个程序全部是手工完成，更直接地保证对每一瓶酒的质量。所酿起泡酒完美地结合了结构骨感、优雅表现和持续深度。特伦托法定葡萄酒产区正是最佳状态。

○ Trento Brut Cuvée dell'Abate Ris. '07	🍷🍷	6
○ Trento Brut Domini '08	🍷🍷	5
○ Trento Abate Nero Extra Brut '09	🍷🍷	4
○ Trento Brut	🍷🍷	4
○ Trento Abate Nero Extra Dry '09	🍷	4
○ Trento Brut Cuvée dell'Abate Ris. '07	🍷🍷🍷	6
○ Trento Brut Cuvée dell'Abate Ris. '04	🍷🍷🍷	6
○ Trento Brut Cuvée dell'Abate Ris. '03	🍷🍷🍷	5
○ Trento Brut Cuvée dell'Abate Ris. '02	🍷🍷🍷	5
○ Trento Brut Domini '07	🍷🍷🍷	5
○ Trento Brut Domini '05	🍷🍷🍷	5

Cantina Aldeno
VIA ROMA, 76 - 38060 ALDENO [TN]
TEL. 0461842511
www.cantina-aldeno.it

藏酒销售
预约参观
年产量 240 000 瓶
葡萄种植面积 339 公顷

阿尔德诺（Aldeno）村庄位于阿迪杰（Adige）河的右岸，几个世纪以来一直种植葡萄，主要为梅洛（Merlot）等红葡萄。最近还举办了一次梅洛（Merlot）主题的地区展览，吸引了当地几乎所有业界人士。组织者是亚历山德罗•波塔格诺里（Alessandro Bertagnolli）、马里亚诺•达拉哥（Mariano Dallago）和酿酒学家瓦尔特•韦伯（Walter Webber），承办单位是历史悠久，不断发展的卡地纳•阿地诺（Cantina Aldeno）联营酒庄。多年来，阿尔德诺（Aldeno）一直坚持采用有机种植方法，确保葡萄零污染。提供给我们品尝的很多酒品都获得了不错评价。

○ Trentino Chardonnay Enopere '10	🍷🍷	2*
● Trentino Merlot Enopere '09	🍷🍷	2*
○ Trentino Moscato Giallo Flumen '10	🍷🍷	2*
● Trentino Pinot Nero '10	🍷🍷	3
● Trentino Rosso San Zeno '07	🍷🍷	3
○ Trento Brut Altinum '08	🍷🍷	4
● Trentino Marzemino Althesin Flumen '11	🍷	2
● Trentino Merlot Enopere '05	🍷🍷🍷	2*
● Trentino Rosso San Zeno '06	🍷🍷	3
○ Trentino Traminer Aromatico Enopere '10	🍷🍷	2*

Nicola Balter

via Vallunga II, 24 - 38068 Rovereto [TN]
Tel. 0464430101
www.balter.it

藏酒销售
预约参观
年产量 80 000 瓶
葡萄种植面积 10 公顷

尼古拉•巴尔特（Nicola Balter）的女儿科勒孟迪娜（Clementina）在葡萄园和酒窖的管理中发挥的作用越来越大。她原来是学经济的，后来被父亲酿酒激情所感染，接着通过自己的努力获得了非常好的成绩。今天，巴尔特似乎成为使用大胆创新、高质量的酿酒工艺的代名词。酒庄使用的葡萄源自罗维乐特（Rovereto）城市北部的葡萄园。在热衷生产三款优雅的特伦托法定产区酒（Trento DOC）的同时，庄园还注重环境的可持续发展。

○ Trento Balter Ris. '06	♀♀♀ 5
● Lagrein Merlot '11	♀♀ 3
○ Sauvignon '11	♀♀ 3
○ Trento Balter Brut	♀♀ 3
⊙ Trento Balter Brut Rosé	♀♀ 3
● Cabernet Sauvignon '11	♀ 3
● Barbanico '97	♀♀♀ 4*
● Barbanico '97	♀♀♀ 4*
○ Trento Balter Ris. '05	♀♀♀ 5
○ Trento Balter Ris. '04	♀♀♀ 5
○ Trento Balter Ris. '01	♀♀♀ 5

Bellaveder

loc. Maso Belvedere - 38010 Faedo [TN]
Tel. 0461650171
www.bellaveder.it

藏酒销售
预约参观
年产量 37 000 瓶
葡萄种植面积 8 公顷

冰川起源的法多（Faedo）扇形地，无疑是酿造顶级葡萄酒的优质地貌。著名的圣麦克尔（San Michele）葡萄酒培训学院也在附近。特朗奎罗•鲁其艾诺（Tranquillo Lucchetta）创建的贝拉沃德（Bellaveder）所酿葡萄酒完美地诠释当地的地域特色。当你品尝他们家的葡萄酒时，你可以想象葡萄酒经过怎样的种植过程，在地下酒窖经过怎样的发酵陈化过程。贝拉沃德（Bellaveder）的高质出品实属这片传奇土地的优秀代表。

○ Trento Brut Ris. '07	♀♀ 5
● Teroldego Mas Picol '10	♀♀ 3
● Trentino Lagrein Mansum '09	♀♀ 4
○ Trentino Müller Thurgau '11	♀♀ 3
○ Trentino Traminer '11	♀♀ 3
○ Chardonnay Faedi '11	♀ 4
● Teroldego Mas Picol '09	♀♀ 3
● Teroldego Mas Picol '07	♀♀ 3*
● Trentino Lagrein Mansum '08	♀♀ 4
○ Trentino Sauvignon '10	♀♀ 2
○ Trento Brut '06	♀♀ 4
○ Trento Brut Ris. '06	♀♀ 5

TRENTINO

Bolognani
via Stazione, 19 - 38015 Lavis [TN]
Tel. 0461246354
www.bolognani.com

藏酒销售
预约参观
年产量 70 000 瓶
葡萄种植面积 4.4 公顷

半个世纪以来，伯罗格纳尼（Bolognani）一直专注于葡萄的酿制加工。所酿葡萄酒不仅数量庞大，而且质量有保证。经过最近几次葡萄收成，迭戈•伯罗格纳尼（Diego Bolognani）和他的兄妹们尝试自己种植、自己酿制、自己装瓶，质量似乎更加优异。凭借精湛的酿酒技艺和高涨的酿酒热情，酿制了一系列细腻的多洛迈特（Dolomite）葡萄酒和芳香型葡萄酒，简单易饮，灵活多变。

○ Moscato Giallo '11	🍷🍷 2*
○ Sauvignon '11	🍷🍷 2*
● Teroldego Armilo '10	🍷🍷 3
○ Trentino Traminer Aromatico Sanròc '10	🍷🍷 3
○ Müller Thurgau '11	🍷 2
● Teroldego Armilo '06	🏆🏆🏆 2*
● Gabàn '07	🏆🏆 5
● Gabàn '04	🏆🏆 5
● Gabàn '03	🏆🏆 5
● Teroldego Armilo '09	🏆🏆 2
● Teroldego Armilo '08	🏆🏆 2
● Teroldego Armilo '07	🏆🏆 2*
○ Trentino Traminer Aromatico Sanròc '09	🏆🏆 3

Borgo dei Posseri
loc. Pozzo Basso, 1 - 38061 Ala [TN]
Tel. 0464671899
www.borgodeiposseri.com

藏酒销售
预约参观
年产量 60 000 瓶
葡萄种植面积 21 公顷
葡萄栽培方式 有机认证

从瓦拉格里纳山（Vallagarina）俯视而下，博格•波利酒庄（Borgo dei Posseri）看起来像一个鹰巢，位于皮科勒•多洛迈特（Piccole Dolomite）中心地带。马丁•麦内蒂（Martin Mainenti）和妻子玛格丽塔•德•皮拉提（Margherita de Pilati）重新对这个位于高海拔的酒窖进行整修，用于他们的葡萄酒新项目，包括酿制经典系列起泡酒。最新落成的酒庄位于海拔高度700米左右的地方，那里种植了莎当尼（Chardonnay）、梅洛（Merlot）和黑皮诺（Pinot Nero）葡萄。

● Merlot Rocol '09	🍷🍷 3
○ Müller Thurgau Quaron '11	🍷🍷 3
○ Gewürztraminer Arliz '11	🍷 3
● Pinot Nero Paradis '10	🍷 3
○ Sauvignon Furiel '11	🍷 3
○ Tananai '07	🍷 5
● Merlot Rocòl '08	🏆🏆 3
● Merlot Rocol '06	🏆🏆 3
● Merlot Rocol '05	🏆🏆 3*
○ Müller Thurgau Quaron '09	🏆🏆 3
● Pinot Nero Paradis '06	🏆🏆 3
○ Sauvignon Furiel '09	🏆🏆 3

TRENTINO

★Cavit
VIA DEL PONTE, 31 - 38040 TRENTO
TEL. 0461381711
www.cavit.it

藏酒销售
预约参观
年产量 65 000 000 瓶
葡萄种植面积 5 512 公顷

卡维特（Cavit）集团是意大利最大的葡萄酒酿造商之一，每年为全球市场提供65 000 000瓶葡萄酒。在高产量的同时，酒品也不忘植根于土地。卡维特（Cavit）集团性质为合作联营酒庄，4 500个种植者成员的葡萄田散布在多洛迈特（Dolomites）周边，覆盖了整个特伦蒂诺（Trentino）。选用分批酿制方法，所酿葡萄酒个性突出。同时对葡萄园合理分区，采用环保种植方法。

Cesarini Sforza
FRAZ. RAVINA
VIA STELLA, 9 - 38123 TRENTO
TEL. 0461382200
www.cesarinisforza.com

藏酒销售
预约参观
年产量 1 300 000 瓶

塞萨里尼•斯弗扎（Cesarini Sforza）的成功可以证明，特伦蒂诺区（Trentino）的确是生产经典起泡葡萄酒的福地。酒庄创立于1974年，并在短短几年内就赢得了公众的良好口碑和市场占有率。这得益于几十年的酿酒历史，另外跟拉•维斯集团（Gruppo La Vis）的战略合作也让其增色不少。酒庄正好处于特伦蒂诺法定酒产区（Trento DOC）三角的特伦托•拉维那（Ravina di Trento），旁边便是两家著名的起泡葡萄酒酿造商。卢西亚诺•拉波（Luciano Rappo）负责制定酒庄的战略规划，他在精选葡萄和葡萄酒方面的丰富经验让酒庄走上卓越之路。

○ Trento Altemasi Graal Brut Ris. '05	7
○ Cuvée Maso Toresella '11	4
● Trentino Rosso Quattro Vicariati '08	4
○ Trentino Sup. V. T. Rupe Re '09	4
○ Trentino Vino Santo Arèle '00	8
○ Trentino Müller Thurgau Zeveri '11	3
○ Trentino Traminer Bottega Vinai '11	3
● Teroldego Rotaliano Maso Cervara '07	4
○ Trento Altemasi Graal Brut '01	5
○ Trento Altemasi Graal Brut Ris. '03	6
○ Trento Altemasi Graal Brut Ris. '02	6
○ Trento Altemasi Graal Brut Ris. '00	5
○ Trento Altemasi Graal Brut Ris. '97	5
○ Trento Altemasi Graal Brut Ris. '96	6
○ Trento Altemasi Graal Brut Ris. '95	5
○ Trento Brut Altemasi Graal Ris. '04	7

○ Trento Aquila Reale Ris. '05	7
○ Trento Tridentum Ris. '05	5
○ Trento Tridentum Pinot Nero Dosaggio Zero '08	5
○ Trento Tridentum Rosé	4
○ Trento Tridentum '08	4
○ Trento Aquila Reale Ris. '02	7
○ Trento Aquila Reale Ris. '04	7
○ Trento Aquila Reale Ris. '03	7
○ Trento Tridentum '07	4
○ Trento Tridentum '05	4
○ Trento Tridentum '04	4

TRENTINO
特伦蒂诺区

Concilio
ZONA IND. 2 - 38060 VOLANO [TN]
TEL. 0464411000
www.concilio.it

藏酒销售
预约参观
年产量 6 000 000 瓶
葡萄种植面积 640 公顷

赛斯科尼（Concilio）酒庄是特伦蒂诺区（Trentino）仅存的葡萄酒酿造企业之一。酒庄有超过600公顷的葡萄园供应葡萄，由特伦托（Trento）联营酒厂协调管理。所酿葡萄酒主要面向国际市场，在本地的市场销售也不错。如此优秀的销售情况，能够确保酿酒工艺能够传承自格里古利（Grigolli）王朝创立酒庄近两个世纪的传统工艺，几十年来酒庄一直活跃在出口业务领域。

● Teroldego Rotaliano Braide '10	♛♛ 2*
● Trentino Pinot Nero Ris. '09	♛♛ 3
○ Trentino Gewürztraminer '11	♛ 3
● Trentino Marzemino Mozart '09	♛ 2
○ Trentino Sauvignon Arjent '11	♛ 2
● Teroldego Rotaliano Braide '09	♛♛ 2
● Teroldego Rotaliano Braide '07	♛♛ 2*
○ Trentino Gewürztraminer Sel. '10	♛♛ 3
● Trentino Mori Vecio Ris. '07	♛♛ 3
● Trentino Mori Vecio Ris. '05	♛♛ 3*
○ Trentino Müller Thurgau Sel. '10	♛♛ 2
● Trentino Pinot Nero Ris. '08	♛♛ 3*
● Trentino Pinot Nero Ris. '06	♛♛ 3

Cantina d'Isera
VIA AL PONTE, 1 - 38060 ISERA [TN]
TEL. 0464433795
www.cantinaisera.it

藏酒销售
预约参观
年产量 500 000 瓶
葡萄种植面积 246 公顷
葡萄栽培方式 有机认证

同在瓦拉格里纳（Vallagarina）村庄的玛泽米诺（Marzemino）和伊塞拉（Lsera）酒庄情同姐妹，关系密切。他们的成功合作获得当地某行政管理局专门颁发的玛泽米诺（Marzemino）年度大奖。行业里，这家联营酒庄比较谨慎、精心打理葡萄园，同时配备现代化的酒窖酿酒设备。虽然玛泽米诺（Marzemino）是外界的关注焦点，但是伊塞拉（Lsera）的特选起泡酒也被关注不少。

○ Trentino Chardonnay '11	♛♛ 2*
● Trentino Marzemino d'Isera Sup. Sanzel '10	♛♛ 4
● Trentino Marzemino d'Isera Sup. Vignetti '09	♛♛ 4
○ Trento Brut 907 Ris. '07	♛♛ 4
● Teroldego '10	♛ 2
● Trentino Marzemino d'Isera Sup. Corè '10	♛ 4
● Trentino Marzemino d'Isera Sup. Etichetta Verde '10	♛ 3
○ Trentino Pinot Grigio '11	♛ 2
○ Trento Brut	♛ 4
○ Trento Brut '07	♛♛ 4
○ Trento Brut Ris. '05	♛♛ 5
○ Trento Extra Brut	♛♛ 4

特伦蒂诺区
TRENTINO

De Vescovi Ulzbach
P.ZZA GARIBALDI, 12
38016 MEZZOCORONA [TN]
TEL. 0461605648
www.devescoviulzbach.it

藏酒销售
预约参观
年产量　20 000 瓶
葡萄种植面积　3.5 公顷

尽管酒庄已有近三个世纪的历史，然而使用自家葡萄酿酒才不过几次的收获期。吉里奥·德·维斯科威（Giulio de Vescovi）虽然年轻，但已经完成大学农业课程的学习，并立志于酿制能真正代表梅佐洛姆巴多（Mezzolombardo）地域特色的葡萄酒。当初，他的家族搬离索勒·瓦尔（Val di Sole）北部，沿着吉曼·尤尔兹巴奇（German Ulzbach）的诺塞（Noce）河南下，然后来到了梅佐洛姆巴多（Mezzolombardo）落地生根。目前，特尔奥德罗葡萄酒（Teroldego）是吉利亚（Giulia）最喜爱的，而其他酿酒项目也逐步启动。这个创新型葡萄酒项目着眼于酿制更有针对性的葡萄酒，项目内容涉及各种葡萄品种，项目成员包括很多他认识的酿酒界朋友。

● Teroldego Rotaliano Vigilius Ris. '09	♛♛ 5
● Teroldego Rotaliano '10	♛ 3
● Teroldego Rotaliano '07	♛♛ 3
● Teroldego Rotaliano Vigilius Ris. '04	♛♛ 5
● Teroldego Rotaliano Vigilius Ris. '03	♛♛ 5

I Dolomitici
VIA DAMIANO CHIESA, 1
38017 MEZZOLOMBARDO [TN]
TEL. 0461601046
www.idolomitici.com

"自由的特伦蒂诺葡萄种植者"这个正是特伦蒂诺区（Trentino）多罗米提奇（I Dolomitici）联营酒庄的11位酿酒师的经营理念。他们保持统一战线，葡萄园和酒窖采用生物动力与有机方法进行管理，发扬着多年传承下来的可持续栽培的传统。伊利莎贝塔·弗拉多里（Elisabetta Foradori）是这11位酒师的领队，尤格尼奥·罗斯（Eugenio Rosi）、马尔科·扎尼（Marco Zani）和洛伦佐·塞斯科尼（Lorenzo Cesconi）是前锋，而亚历山德罗·凡迪（Alessandro Fanti）、亚历山德罗·波利（Alessandro Poli）、吉吉·斯巴格诺里（Gigi Spagnolli）、朱塞佩·佩德罗迪（Giuseppe Pedrotti）、马尔科·扎诺尼（Marco Zanoni）和两位巾帼酿酒师艾玛·克劳瑟（Emma Clauser）、伊利莎贝塔·达尔佐奇奥（Elisabetta Dalzocchio）这几名队员也同样做出重大贡献。

○ Cesconi Olivar '09	♛♛ 5
○ Maso Furli Incrocio Manzoni '09	♛♛ 5
○ Castel Noarna Blanc de Blancs	♛♛ 5
○ Fanti Isidor '09	♛♛ 5
● Pedrotti Schiava Nera '11	♛♛ 4
● Poli Lagrein Le Valete '09	♛♛ 4
● Foradori Granato '07	♛♛♛ 6
● Foradori Granato '04	♛♛♛ 6

TRENTINO

Marco Donati
via Cesare Battisti, 41
38016 Mezzocorona [TN]
Tel. 0461604141
donatimarcovini@libero.it

藏酒销售
预约参观
年产量 90 000 瓶
葡萄种植面积 20 公顷

达纳提斯（Danatis）所经历的150次葡萄收成每一次都出现在皮亚那•洛塔利安娜（Piana Rotaliana）的土地上，旗舰葡萄酒也总是特尔奥德罗（Teroldego）。这些正宗的，令人钦佩的酿酒师和种植者们以高超的技巧与极大的热情打理着酒庄的葡萄园。马尔科•多纳蒂（Marco Donati）一家每天都致力于酿造最优质的葡萄酒。其精选的葡萄生长在多个地方，葡萄的个性丰富，由此产出的酒品风味独特。

Vino	Valutazione
● Teroldego Rotaliano Sangue del Drago '10	♛♛ 5
○ Trentino Gewürztraminer Tramonti '11	♛♛ 3
○ Trentino Müller Thurgau Albeggio '11	♛♛ 3
⊙ Trentino Lagrein Rosato Fratte Alte '11	♛ 3
○ Trentino Nosiola Sole Alto '11	♛ 3
○ Trentino Riesling Stellato '11	♛ 3
● Teroldego Rotaliano Bagolari '10	♛♛ 3
● Teroldego Rotaliano Bagolari '08	♛♛ 3
● Teroldego Rotaliano Sangue del Drago '08	♛♛ 5
○ Trentino Riesling Stellato '10	♛♛ 3*
● Vino del Maso Rosso '09	♛♛ 3
● Vino del Maso Rosso '07	♛♛ 3*

F.lli Dorigati
via Dante, 5 - 38016 Mezzocorona [TN]
Tel. 0461605313
www.dorigati.it

藏酒销售
预约参观
年产量 100 000 瓶
葡萄种植面积 13 公顷

在卡罗•多里佳提（Carlo Dorigati）逝去不久的今天，年轻的保罗（Paolo）和米歇尔（Michele）已开始加倍努力地工作，充分运用他遗留下来的酿酒理念。酒庄还坚持家庭风格，完全手工运作，乡土气息浓厚。虽然新一代的酿酒企业家不断涌现，但皮亚那•洛塔利安娜（Piana Rotaliana）地区的传统工艺仍然受到极大的尊重。酒庄取得了优异的成绩，所酿葡萄酒充满独特魅力，且一直不断发展。

Vino	Valutazione
○ Trento Brut Methius Ris. '06	♛♛♛ 6
● Teroldego Rotaliano Diedri Ris. '09	♛♛ 5
○ Trentino Chardonnay Majerla Ris. '09	♛ 3*
● Teroldego Rotaliano '10	♛ 2*
○ Trentino Cabernet Grener '09	♛♛ 5
○ Trentino Cabernet '10	♛ 3
○ Trentino Pinot Grigio '11	♛ 2
○ Trento Brut Methius Ris. '05	♛♛♛ 6
○ Trento Brut Methius Ris. '04	♛♛♛ 6
○ Trento Brut Methius Ris. '03	♛♛♛ 6
○ Trento Brut Methius Ris. '02	♛♛♛ 6
○ Trento Brut Methius Ris. '00	♛♛♛ 6
○ Trento Brut Methius Ris. '98	♛♛♛ 6
● Teroldego Rotaliano '09	♛♛ 2

特伦蒂诺区
TRENTINO

Endrizzi
loc. Masetto, 2
38010 San Michele all'Adige [TN]
Tel. 0461650129
www.endrizzi.it

藏酒销售
预约参观
年产量 600 000 瓶
葡萄种植面积 55 公顷

悠久的酿酒历史将会是酒庄未来创新发展的跳板。传承了几代人，保罗•安德里奇（Paolo Endrici）家族一直是葡萄酒酿造业的泰斗，拥有着高效的酿酒方法和灵活的商业头脑。酒庄位于卡斯特尔•蒙里亚勒（Castel Monreale）山坡上，坐落在皮亚那•洛塔利安娜（Piana Rotaliana）、圣•米切尔（San Michele）和法多（Faedo）扇形地之间，酒庄采用可持续的生产方法技术，凭借高涨的工作激情，所酿葡萄酒尤为优秀。

★★Ferrari
via Ponte di Ravina, 15 - 38123 Trento
Tel. 0461972311
www.cantineferrari.it

藏酒销售
预约参观
餐饮接待
年产量 4 960 000 瓶
葡萄种植面积 120 公顷

卢内利（Lunelli）家族堪称意大利起泡葡萄酒的传奇，在新任庄主的明智带领下迈向更加锦绣前程。马特奥（Matteo）负责制定酒庄的发展战略，卡米拉（Camilla）和亚历山德罗（Alessandro）负责市场营销与公关事务，他们的表弟玛瑟罗（Marcello）是卢内利王朝（Lunelli dynasty）风格的农艺学家。他们所酿的葡萄酒能够出色地表现出特伦蒂诺法定产区酒（Trento DOC）的风土特色。高山种植、环保认证和精心挑选的葡萄赋予了出品的葡萄酒优雅细腻而绝佳品质。实属特伦蒂诺区（Trentino）的优秀代表。

● Gran Masetto '08	⏆ 6
● Teroldego Rotaliano Sup. '09	⏆ 3
● Teroldego Rotaliano Tradizione '10	⏆ 2*
○ Trentino Gewürztraminer Tradizione '11	⏆ 3
○ Trentino Müller Thurgau Tradizione '11	⏆ 2*
● Trentino Pinot Nero Pian di Castello Ris. '09	⏆ 3
● Teroldego Rosato '11	⏆ 2
● Trentino Cabernet Sauvignon Tradizione '10	⏆ 2
○ Trentino Pinot Grigio '11	⏆ 2
● Gran Masetto '07	⏆⏆ 6
● Gran Masetto '06	⏆⏆ 6
● Gran Masetto '05	⏆⏆ 6
● Teroldego Rotaliano Maso Camorz Ris. '04	⏆⏆ 4
○ Trentino Gewürztraminer '09	⏆⏆ 3

○ Trento Extra Brut Perlé Nero '06	⏆⏆⏆ 8
○ Trento Brut Lunelli Ris. '05	⏆⏆ 7
○ Trentino Bianco Villa Margon '10	⏆⏆ 3
○ Trento Brut	⏆⏆ 5
○ Trento Brut Perlé '07	⏆⏆ 6
○ Trento Brut Perlé Rosé '07	⏆⏆ 7
○ Trento Brut Giulio Ferrari Riserva del Fondatore '01	⏆⏆⏆ 8
○ Trento Brut Giulio Ferrari Riserva del Fondatore '00	⏆⏆⏆ 8
○ Trento Extra Brut Perlé Nero '05	⏆⏆⏆ 8
○ Trento Extra Brut Perlé Nero '04	⏆⏆⏆ 8
○ Trento Giulio Ferrari '97	⏆⏆⏆ 8
○ Trento Giulio Ferrari '96	⏆⏆⏆ 8
○ Trento Giulio Ferrari '95	⏆⏆⏆ 8

Gaierhof

VIA IV NOVEMBRE, 51
38030 ROVERÈ DELLA LUNA [TN]
TEL. 0461658514
www.gaierhof.com

藏酒销售
预约参观
年产量　500 000 瓶
葡萄种植面积　130公顷

盖尔霍夫（Gaierhof）和玛索•珀利（Maso Poli）指的是同一家酒庄。托更（Togn）家族分散了庄园的土地，母公司盖尔霍夫（Gaierhof）的总部位于与阿尔托•阿迪杰（Alto Adige）交界的罗维勒•德拉•卢娜（Rovere della Luna）地区；另一部分土地被迁到了拉维斯（Lavis）山里的玛索•珀利（Maso Poli），在这里出产的葡萄酒专门取材于自家的葡萄园。托更（Togn）家族亲自监控酿酒的每个阶段，从挑选葡萄到酒窖运作。

● Trentino Moscato Rosa '11	♛♛ 5
○ Trentino Müller Thurgau dei Settecento '11	♛♛ 3
○ Trentino Pinot Grigio Maso Poli '11	♛♛ 2*
● Trentino Teroldego Rotoliano '11	♛♛ 2*
○ Trento Siris '07	♛♛ 4
● Trentino Marzemino '11	♛ 2
○ Trentino Nosiola '11	♛ 2
● Trentino Pinot Nero Maso Poli '09	♛ 2
● Marmoran Maso Poli '05	♛♛ 4
● Trentino Moscato Rosa '09	♛♛ 5
● Trentino Moscato Rosa '07	♛♛ 5
○ Trentino Nosiola '07	♛♛ *
○ Trentino Sorni Maso Poli '07	♛♛ *

Grigoletti

VIA GARIBALDI, 12 - 38060 NOMI [TN]
TEL. 0464834215
www.grigoletti.com

藏酒销售
预约参观
年产量　60 000 瓶
葡萄种植面积　7公顷

格里格莱迪家族（Grigolettis）把所有的精力都倾注在面积不大的葡萄园里，长久以来一直见证着葡萄园的成长。葡萄园位于阿迪杰（Adige）旁，从罗维乐特（Rovereto）和通往邦多内（Bondone）的山丘延伸至特伦蒂更北部。格里格莱迪家族（Grigolettis）对工作满怀激情，只选用自家种植的葡萄，重点生产梅洛（Merlot）和所处山谷的特有品种——玛泽米诺葡萄（Marzemino）。有了卡梅罗•吉格勒提（Carmelo Grigoletti）为代表的新任领导者的热情工作，酒窖能够持续不断地生产出超群绝伦的葡萄酒。

● Gonzalier '09	♛♛ 5
○ Retiko '10	♛♛ 3
○ Trentino Chardonnay L'Opera '11	♛♛ 3
○ San Martim V.T. '10	♛ 3
● Trentino Marzemino '11	♛ 2
● Trentino Merlot Antica Vigna '10	♛ 4
● Gonzalier '08	♛♛ 4
● Gonzalier '06	♛♛ 4
○ Retiko '09	♛♛ 3
○ Retiko '08	♛♛ 3
○ Trentino Chardonnay L'Opera '10	♛♛ 2
● Trentino Merlot Antica Vigna di Nomi '09	♛♛ 4

特伦蒂诺区
TRENTINO

La Vis/Valle di Cembra
VIA CARMINE, 7 - 38034 LAVIS [TN]
TEL. 0461440111
www.la-vis.com

藏酒销售
预约参观
膳宿接待
年产量 5 500 000 瓶
葡萄种植面积 1 400 公顷
葡萄栽培方式 有机认证

拉维斯（Lavis）的葡萄园主要位于特伦蒂诺（Trentino）、阿尔托－阿迪杰（Alto Adige）和托斯卡纳（Tuscany）。酒庄拥有7个酿酒厂，1 300名成员和1 400公顷的葡萄园，一直是特伦蒂诺区的代表酒庄。虽然前些年，拉维斯（Lavis）经历了不少坎坷，但如今已重回区域行业前列。在酿酒顾问佩比•卡维奥拉（Beppe Caviola）的帮助下，酒庄的现任庄主恩佐•尔科里诺（Enzo Ercolino）进行了大量变革措施，包括从酒品包装到酒窖管理。此外，葡萄酒的酿制分别在拉维斯（Lavis）和瑟姆波拉山谷（Valle di Cembra）进行。酒庄在经营上坚持环境可持续性原则和有机方法，优先考虑葡萄的典型特点和来源。

Letrari
VIA MONTE BALDO, 13/15
38068 ROVERETO [TN]
TEL. 0464480200
www.letrari.it

藏酒销售
预约参观
年产量 160 000 瓶
葡萄种植面积 23 公顷

奥内罗•莱特拉里（Leonello Letrari）尽管可能已经80多岁了，但他仍然精力充沛地迎接挑战，这些挑战甚至连年轻人都不敢想象。今天，他把酒庄更多地交给孩子卢西亚（Lucia）和保罗（Paolo）打理。奥内罗目前没有退休的打算，相反，他积极地参加关于特伦蒂诺葡萄酒行业前景的讨论，乐此不疲地活跃在各个会议之间。近70年来，他在葡萄园里积累了大量的农学知识。他堪称葡萄行业的权威，总能辩证地看待问题。他特别喜欢用经典方法酿造红葡萄酒，不愧为"特伦蒂诺法定产区葡萄酒的元老级人物"。

● Maso Franch L'Altro Manzoni '10	🍷🍷🍷 3*
● Teroldego Rover '10	🍷🍷 2*
○ Trentino Chardonnay Ritratti del Diabol '11	🍷🍷 3
○ Trentino Müller Thurgau Cadrobbi '11	🍷🍷 3
● Trentino Pinot Nero Ritratti '10	🍷🍷 3
○ Trentino Traminer Aromatico ai Padri Bio '11	🍷🍷 3
⊙ Schiava Valvalè - Valle di Cembra '11	🍷 2
○ Trentino Riesling Cancor Valle di Cembra '11	🍷 2
○ Trentino Sauvignon Valtini Valle di Cembra '11	🍷 3
○ Ritratto Bianco '07	🍷🍷🍷 4
● Ritratto Rosso '03	🍷🍷🍷 4

○ Trento Brut Ris. '07	🍷🍷🍷 5
● Ballistarius '07	🍷🍷 5
○ Trento Dosaggio Zero Ris. '07	🍷🍷 5
● Trentino Cabernet Franc '07	🍷🍷 5
⊙ Trento Brut Rosé +4 '08	🍷🍷 6
● Fossa Bandita '11	🍷 3
● Trentino Marzemino '11	🍷 3
○ Trento Brut Letrari Ris. '05	🍷🍷🍷 5
○ Trento Brut Ris. '06	🍷🍷🍷 5
● Ballistarius '01	🍷🍷 5
● Trentino Cabernet Sauvignon '04	🍷🍷 3
● Trentino Moscato Rosa '03	🍷🍷 6
○ Trento Brut Letrari '08	🍷🍷 4
⊙ Trento Brut Rosé +4 '07	🍷🍷 6
○ Trento Riserva del Fondatore 976 '01	🍷🍷 8

TRENTINO

MezzaCorona
VIA DEL TEROLDEGO, 1
38016 MEZZOCORONA [TN]
TEL. 0461616399
www.mezzacorona.it

藏酒销售
预约参观
年产量 30 000 000 瓶
葡萄种植面积 3 500 公顷

酒庄拥有1 300名种植者成员，酿出多样化葡萄酒，不断满足新兴市场需求。酒庄的销售业务和经营活动已经扩充至西西里岛（Sicily），尽管也面临着其他知名酿酒商的强大威胁。起初，麦扎科罗娜（MezzaCorona）酒庄的创建是为了恢复离家更近的葡萄园，仅酿造特尔奥德罗（Teroldego）葡萄酒。之后，酒庄不断增加葡萄酒的种类，发展到现在已成为了世界领先的灰皮诺（Pinot Grigio）和起泡葡萄酒酿造商。

● Teroldego Rotaliano Nos '07	🍷🍷 5
○ Trentino Chardonnay '11	🍷🍷 3
● Trentino Lagrein '10	🍷🍷 3
○ Trentino Müller Thurgau Castel Firmian '11	🍷🍷 3
○ Trentino Nosiola '11	🍷🍷 3
○ Trento Rotari Flavio Ris. '05	🍷🍷 5
● Trentino Marzemino Castel Firmian '11	🍷 2
○ Trentino Traminer Aromatico '11	🍷 2
● Teroldego Rotaliano Nos Ris. '04	🍷🍷🍷 5
● Teroldego Rotaliano Nos Ris. '06	🍷🍷 5
● Teroldego Rotaliano Nos Ris. '05	🍷🍷 5
○ Trento Rotari Cuvée 28°	🍷🍷 4
⊙ Trento Rotari Rosé	🍷🍷 4

Casata Monfort
VIA CARLO SETTE, 21 - 38015 LAVIS [TN]
TEL. 0461246353
www.cantinemonfort.it

藏酒销售
预约参观
年产量 150 000 瓶
葡萄种植面积 40 公顷

西莫尼（Simonis）家族的葡萄酒事业已经差不多一个世纪了。从刚开始的酒窖管理，到近些年开始的投资葡萄酒项目，如收购位于特伦托（Trento）和瓦尔苏加纳（Valsugana）之间山丘的玛索•坎堂厄尔（Maso Cantanghel）。酒庄出品的葡萄酒日益能够反映风土特色，这有赖于洛伦佐•西莫尼（Lorenzo Simoni）的孩子和齐亚拉（Chiara）的不懈努力，以及酿酒学家费德里克（Federico）对生产高质量酒品的满腔热情。酒庄保存了一些流行于奥匈帝国时期的古老葡萄品种和万得巴拉（Vanderbara）、圣罗伦（San Laurent）和维纳泽（Vernaza）。此外，国际葡萄品种也没有被忽略。

○ Blanc de Sers '10	🍷🍷 2*
○ Moscato Giallo '10	🍷🍷 3
○ Pinot Grigio Rose '11	🍷🍷 2*
● Trentino Pinot Nero Forte di Mezzo '09	🍷🍷 3
○ Trentino Traminer Aromatico '11	🍷🍷 3
○ Trento Brut	🍷🍷 3
○ Trentino Müller Thurgau '11	🍷 2
● Trentino Lagrein '09	🍷🍷 3
○ Trentino Müller Thurgau '10	🍷🍷 2*
● Trentino Pinot Nero '09	🍷🍷 3
● Trentino Pinot Nero Maso Cantanghel '08	🍷🍷 3
○ Trentino Traminer Aromatico '09	🍷🍷 3

特伦蒂诺区
TRENTINO

Mori - Colli Zugna
Via del Garda, 35 - 38065 Mori [TN]
Tel. 0464918154
www.cantinamoricollizugna.it

藏酒销售
预约参观
年产量 220 000 瓶
葡萄种植面积 600 公顷

酒庄虽然规模庞大，每年的年产量超过220 000瓶，却一直得不到外界的关注。酒庄的酒窖全部是地下，正上方的葡萄园从莫里（Mori）延伸至巴尔多•布伦托尼科山（Mount Baldo Brentonico）的高地。历史悠久的酒庄建筑非常注重环境的可持续发展和节约能源，平时的能源来自光伏发电和地热设施。葡萄酒酿造各个流程还采用重力流转移方法。

Pojer & Sandri
Loc. Molini, 4 - 38010 Faedo [TN]
Tel. 0461650342
www.pojeresandri.it

藏酒销售
预约参观
年产量 250 000 瓶
葡萄种植面积 25 公顷

马里奥•波捷（Mario Pojer）和佛洛伦蒂诺•桑德里（Fiorentino Sandri）的酒庄位于瑟姆波拉山谷（Valle di Cembra），已经历了40次葡萄酒收成。起初，他们重修了贝斯勒（Besler）农场，将其部分改造成一个工艺醋房，后来他们又在海拔约800米的格鲁米斯（Grumes）重建了旧的梯田。马里奥（Mario）和佛洛伦蒂诺（Fiorentino）践行自然的生产方法，是最先采用氮饱和的环境发酵葡萄的一批人。现在，他们持续测试新的种植技术、葡萄品种和酿酒方法。

○ Trentino Gewürztraminer Pendici del Baldo '11	♀♀ 3
● Trentino Lagrein Sup. Terra di San Mauro '09	♀♀ 3
● Trentino Marzemino Terra di San Mauro '10	♀♀ 3
○ Trentino Moscato Giallo Egoé '09	♀♀ 4
○ Trentino Chardonnay '11	♀ 2
○ Trentino Müller Thurgau Pendici del Baldo '11	♀ 2
● Trentino Pinot Nero '09	♀ 3
● Terodelgo V. del Gelso '09	♀♀ 2*
● Terodelgo V. del Gelso '06	♀♀ 2*
● Trentino Rosso Rossoreale '04	♀♀ 4

○ Besler Biank '07	♀♀ 4
○ Bianco Faye '09	♀♀ 5
● Rosso Faye '09	♀♀ 5
○ Brut Rosé	♀♀ 4
○ Cuvée Extra Brut '08	♀♀ 5
○ Filii '11	♀♀ 2*
○ Vin dei Molini Rosato '11	♀ 3
○ Bianco Faye '08	♀♀♀ 5
○ Bianco Faye '01	♀♀♀ 5
● Rosso Faye '05	♀♀♀ 5
● Besler Biank '06	♀♀ 4
○ Besler Biank '05	♀♀ 4
● Besler Ross '08	♀♀ 4
○ Essenzia Vendemmia Tardiva '08	♀♀ 4

特伦蒂诺区
TRENTINO

Pravis
LOC. LE BIOLCHE, 1 - 38076 LASINO [TN]
TEL. 0461564305
www.pravis.it

藏酒销售
预约参观
年产量 200 000 瓶
葡萄种植面积 32 公顷

酒庄已交由年轻一代管理，生产策略很清晰，不断试验新葡萄种植办法，同时尊重酒庄承袭下来的酿酒风格。葡萄园里，每个葡萄品种都有特定的种植区域，围绕在拉吉山谷（Valle dei Laghi）这个中世纪城堡周围，背后便是加尔达湖（Lake Garda），面朝布伦塔白云山脉（Brenta Dolomites）顶峰。年轻的酿酒学家艾丽卡•佩德里尼（Erika Pedrini）密切关注着传统葡萄和杂交品种的生长情况，他生产的葡萄酒种类繁多，味道纯粹，简单易饮。

Cantina Rotaliana
VIA TRENTO, 65B
38017 MEZZOLOMBARDO [TN]
TEL. 0461601010
www.cantinarotaliana.it

藏酒销售
预约参观
年产量 1 000 000 瓶
葡萄种植面积 330 公顷

坎提那•洛塔利安娜（Cantina Rotaliana）联营酒庄在特伦蒂诺扮演的角色越来越重要。虽然2013年提交的酒品未能完全征服我们的品酒委员会，但我们也不能忽略。其实我们的意思是，葡萄酒质量不错，传统、直率和价格合理，但似乎缺少一点复杂性。特尔奥德罗（Teroldego）葡萄酒仍是酒庄的主打酒品，此外，首批除酵母渣滓的新型起泡酒也有不错的前景。

● Fratagranda '09	🍷🍷🍷 4*
○ Stravino di Stravino '09	🍷🍷 4
○ L'Ora '09	🍷🍷 4
○ Naran Solaris '11	🍷🍷 3
● Syrae '08	🍷🍷 4
● Naran Cortis '11	🍷 3
● Negrara '10	🍷 2
○ Nosiola Le Frate '11	🍷 2
● Fratagranda '07	🍷🍷🍷 4
○ Stravino di Stravino '99	🍷🍷🍷 4*
○ L'Ora '05	🍷🍷 4
○ Nosiola Le Frate '10	🍷🍷 2
● Pinot nero Madruzzo '08	🍷🍷 4
○ Soliva '06	🍷🍷 5
○ Stravino di Stravino '07	🍷🍷 4

● Teroldego Rotaliano Clesurae '09	🍷🍷 5
○ Thamè Bianco '11	🍷🍷 3
○ Trento Brut Redor Ris. '06	🍷🍷 5
● Teroldego Rotaliano Et. Rossa '11	🍷 2
● Teroldego Rotaliano Ris. '09	🍷 3
● Trentino Lagrein '11	🍷 2
○ Trentino Pinot Bianco '11	🍷 2
● Teroldego Rotaliano Clesurae '06	🍷🍷🍷 5
● Teroldego Rotaliano Clesurae '02	🍷🍷🍷 5
● Teroldego Rotaliano Ris. '04	🍷🍷🍷 3
● Teroldego Rotaliano Clesurae '07	🍷🍷 5
● Teroldego Rotaliano Et. Rossa '10	🍷🍷 2*

特伦蒂诺区
TRENTINO

Cantina Sociale Roverè della Luna
VIA IV NOVEMBRE, 9 - 38030 ROVERÈ DELLA LUNA [TN]
TEL. 0461658530
www.csrovere1919.it

藏酒销售
年产量 100 000 瓶
葡萄种植面积 420 公顷

这家联营酒庄拥有成员300名，葡萄园达420公顷。位于特伦蒂诺区（Trentino）与阿尔托—阿迪杰区（Alto Adige）的交界处，阿迪杰（Adige）河通风良好的河湾。最近酿制的一款酒受到很多酒评人的青睐。卢娜·罗维乐酒庄（Roverè della Luna）拥有超过90年的酿酒历史，所处地域阳光充裕，非常适合种植特尔奥德罗（Teroldego）葡萄。酒庄与毗邻的皮亚那·洛塔利安娜酒庄（Piana Rotaliana）和谐相处。除了红葡萄外，这里的白葡萄同样出色。酒庄也参与"健康葡萄酒"计划，重新恢复有机种植方式，大量减少使用亚硫酸盐。另外，酒庄也尝试酿制葡萄酒过程中不添加任何硫磺。

★Tenuta San Leonardo
FRAZ. BORGHETTO ALL'ADIGE
LOC. SAN LEONARDO - 38060 AVIO [TN]
TEL. 0464689004
www.sanleonardo.it

藏酒销售
预约参观
年产量 180 000 瓶
葡萄种植面积 25 公顷

毫无疑问，圣·莱昂纳多（San Leonardo）酒庄是特伦蒂诺区乃至全意大利最出色的酒庄之一，并将持续在这片土地上书写葡萄酒酿造的动人乐章。父亲玛吉斯·卡罗（Marchesi Carlo）和儿子安塞尔莫（Anselmo Guerrieri Gonzaga）熟练又细致地打理着这座历史久远的庄园。翻新后的酒窖和葡萄园既美观又实用，除了种植加本内（Cabernet）、梅洛（Merlot）和卡曼尼（Carmenère）葡萄外，圣·莱昂纳多（San Leonardo）酒庄近期又实施了新的种植计划，开始种植精选的白葡萄品种。

○ Kar Ares V. T. '10	4
● Teroldego Rotaliano '10	2*
○ Trentino Pinot Grigio '11	2*
● Schiava '11	3
● Trentino Lagrein '10	2
○ Trentino Traminer '11	3

● San Leonardo '07	7
● Villa Gresti '07	5
● Terre di San Leonardo '09	3
○ Vette di San Leonardo '11	3
● San Leonardo '06	7
● San Leonardo '05	7
● San Leonardo '04	7
● San Leonardo '03	7
● San Leonardo '01	7
● San Leonardo '99	7
● Villa Gresti '03	6
● Villa Gresti '06	5

特伦蒂诺区
TRENTINO

Istituto Agrario Provinciale San Michele all'Adige
VIA EDMONDO MACH, 1
38010 SAN MICHELE ALL'ADIGE [TN]
TEL. 0461615252
www.ismaa.it

藏酒销售
预约参观
年产量 250 000 瓶
葡萄种植面积 60 公顷
葡萄栽培方式 有机认证

圣·米切尔·阿迪杰（San Michele all'Adige）是特伦蒂诺区（Trentino）非常有名的葡萄酒培训学校。拥有140多年的教学传统和丰富的研究实验项目与大学课程。这么多年来，在著名酿酒大师恩里克·帕特诺斯特（Enrico Paternoster）的指导下，研究中心变得越来越有特色。所酿葡萄酒受到特伦托（Trento）自治区省级机关的监管，其高质出品实属地区葡萄酒业的好榜样。

Vallarom
FRAZ. MASI, 21 - 38063 AVIO [TN]
TEL. 0464684297
www.vallarom.it

藏酒销售
预约参观
年产量 45 000 瓶
葡萄种植面积 7 公顷
葡萄栽培方式 有机认证

酒庄位于艾维欧·卡斯特罗（Castello di Avio）的瓦拉格里纳（Vallagarina），处在连接威尼托区（Veneto）和特伦蒂诺区（Trentino）的要道上。塞恩扎（Scienza）家族主要以葡萄种植为主业，也热衷于葡萄酒的开发和酿制。葡萄园里，巴贝拉（Barbara）和飞利浦·塞恩扎（Fillippo Scienza）完全采用有机种植；酒窖的运作同样坚持可持续发展理念。这片坎皮·萨尼（Campi Sarni）地区在1 000年之前就开始种植葡萄。酒庄的出品虽以红葡萄酒为主，但有两款经典梅特多（Metodo Classico）起泡葡萄酒也非常不错。

○ Trento Mach Riserva del Fondatore '07	♛♛♛ 5
● Trentino Pinot Nero '09	♛ 6
○ Trentino Riesling Monastero '11	♛♛ 5
○ Trentino Manzoni Bianco '11	♛♛ 3
○ Trentino Müller Thurgau Monastero '11	♛♛ 3
○ Trentino Nosiola '11	♛♛ 3
○ Trentino Pinot Grigio '11	♛♛ 3
○ Trento Mach Riserva del Fondatore '04	♛♛♛ 5
● Castel San Michele Rosso '09	♟♟ 3
○ Trentino Bianco Monastero '05	♟♟ 3
○ Trentino Müller Thurgau Monastero '10	♟♟ 3
○ Trentino Pinot Bianco '09	♟♟ 2*
○ Trentino Pinot Bianco '06	♟♟ 2
○ Trentino Sauvignon Monastero '10	♟♟ 3
○ Trento Mach Riserva del Fondatore '06	♟♟ 5

● Cabernet Sauvignon '09	♛♛ 3
○ Enantio '11	♛♛ 3
● Lambrusco a Foglia Frastagliata Enantio '11	♛♛ 3
● Pinot Nero '09	♛♛ 4
● Syrah '10	♛♛ 5
⊙ Vo' Rosé de Saignée '09	♛♛ 4
● Marzemino '11	♛ 3
○ Moscato Giallo '11	♛ 3
○ Vo' Brut Nature '09	♛ 4
● Campi Sarni Rosso '07	♟♟ 4
● Pinot Nero '08	♟♟ 4
○ Vadum Caesaris '10	♟♟ 2

特伦蒂诺区
TRENTINO

Villa Corniole
FRAZ. VERLA
VIA AL GREC', 23 - 38030 GIOVO [TN]
TEL. 0461695067
www.villacorniole.com

藏酒销售
预约参观
年产量 60 000 瓶
葡萄种植面积 3 公顷

酒庄的葡萄园就在瑟姆波拉山谷（Valle di Cembra）的斑岩、火山岩和红金土上。这种矿物材料广泛用于房屋建筑和道路建设，酒窖的建筑材料也同样取材于此。颇具远见的佩勒格瑞尼（Pellegrini）兄弟俩悉心照料着山里的葡萄园。山谷的葡萄园主要种植红葡萄，而酒窖旁边的部分葡萄园地势陡峭，令人晕眩。他们遵循瑟姆波拉山谷（Valle di Cembra）的葡萄种植传统，一块葡萄田只用种植一种葡萄。所酿葡萄酒的品质同样卓绝。

Roberto Zeni
FRAZ. GRUMO
VIA STRETTA, 2
38010 SAN MICHELE ALL'ADIGE [TN]
TEL. 0461650456
www.zeni.tn.it

藏酒销售
预约参观
年产量 190 000 瓶
葡萄种植面积 20 公顷

新生代酿酒师们渴望开辟出自己的葡萄酒事业天地。他们不仅仅是追随父辈留下的成果，更想用实际行动成功应对新的挑战，从而证明自我价值。安德里亚（Andrea）和罗伯托·泽尼（Roberto Zeni）兄弟俩从事酿酒行业已有40多年了。今天，他们的孩子需要更大的发挥空间，来打理这高耸于拉维斯（Lavis）山的斯奇瓦佐夫（Schwarzhof）农场。鲁迪·泽尼（Rudy Zeni）亲自管理着葡萄园。在不久的将来，一批葡萄酒王朝年轻的成员包括马蒂亚（Mattia）、维洛尼卡（Veronica）和马西莫（Massimo）也将加入到酒庄的管理队伍之中。

● Teroldego Rotaliano '10	♛♛ 3
● Teroldego Rotaliano 7 Pergole '07	♛♛ 5
○ Trentino Chardonnay '11	♛♛ 3
○ Trentino Chardonnay Lukin '07	♛♛ 4
● Trentino Lagrein '10	♛ 3
○ Trentino Traminer '11	♛ 3
● Cimbro Rosso Vign. Dolomiti '09	♛♛ 3
● Teroldego Rotaliano '07	♛♛ 3
● Teroldego Rotaliano 7 Pergole '06	♛♛ 5
○ Trentino Chardonnay '10	♛♛ 3
○ Trentino Chardonnay Lukin '06	♛♛ 4
○ Trentino Gewürztraminer '10	♛♛ 3
● Trentino Merlot '09	♛♛ 3
○ Trentino Müller Thurgau '10	♛♛ 3

● Ternet Schwarzhof '10	♛♛♛ 5
● Teroldego Rotaliano Pini '08	♛♛ 6
○ Trentino Nosiola Palusella '10	♛♛ 3
● Trentino Pinot Nero Spiazol '09	♛♛ 4
○ Trentino Traminer Schwarzhof '11	♛ 2
⊙ Trento Maso Nero '07	♛ 5
⊙ Trento Maso Nero Rosé	♛ 5
● Rossara '09	♛♛ 2*
● Teroldego Rotaliano Pini '05	♛♛ 6
● Trentino Moscato Rosa '09	♛♛ 4
⊙ Trento Maso Nero '05	♛♛ 5
⊙ Trento Maso Nero Rosé '06	♛♛ 5

OTHER WINERIES

Acino d'Oro
FRAZ. BORGHETTO ALL'ADIGE
LOC. SAN LEONARDO, 3 - 38060 AVIO [TN]
TEL. 0464689004

- Villa Imperiale '09 — 🍷🍷 2*

Conti Bossi Fedrigotti
VIA UNIONE, 43 - 38068 ROVERETO [TN]
TEL. 0456832511
www.fedrigotti.it

- Fojaneghe Rosso '09 — 🍷🍷 5
○ Trentino Traminer '11 — 🍷🍷 4

Cobelli
LOC. MASI DI SORNI, 22 - 38015 LAVIS [TN]
TEL. 3495259503
www.cobelli.it

- Teroldego Grill '09 — 🍷🍷 3
○ Trentino Traminer Gèss '10 — 🍷🍷 3

De Tarczal
FRAZ. MARANO D'ISERA
VIA G. B. MIORI, 4 - 38060 ISERA [TN]
TEL. 0464409134
www.detarczal.com

○ Felix '11 — 🍷🍷 3
- Trentino Marzemino Husar '09 — 🍷🍷 3
○ Belvedere '09 — 🍷 3

Donatoni
LOC. MASI, 6 - AVIO [TN]
TEL. 3316320238
www.donatoniwines.i

- Terra dei Forti Guglia '08 — 🍷🍷 4
- Massenà '10 — 🍷🍷 3

Mattia Filippi
VIA SANTA AGATA, 18 - 38010 FAEDO [TN]
TEL. 0461650557

- Equinotium '09 — 🍷🍷 5
- Underthesky '10 — 🍷🍷 4

OTHER WINERIES

Francesco Moser
Fraz. Meano
via Castel di Gardolo, 5 - 38121 Trento
Tel. 0461990786
www.cantinemoser.com

○ Trento 51,151 '09	♛♛ 5
○ Moscato Giallo '11	♛ 3
○ Müller Thurgau '11	♛ 2
○ Traminer Aromatico '11	♛ 3

Maso Bergamini
Fraz. Cognola
loc. Bergamini, 3 - 38050 Trento
Tel. 0461983079
www.masobergamini.com

○ Le Cesene V.T. '10	♛♛ 5
○ Trentino Pinot Grigio Uve Bio '11	♛♛ 3
○ Trentino Riesling Renano '10	♛♛ 3
○ Trentino Traminer '11	♛ 3

Maso Martis
loc. Martignano
via dell'Albera, 52 - 38121 Trento
Tel. 0461821057
www.masomartis.it

○ Trento Brut '09	♛♛ 4
○ Trento Brut Ris. '06	♛♛ 5
○ Trento Dosaggio Zero '09	♛♛ 5
⊙ Trento Brut Rosé '09	♛ 5

Pedrotti Spumanti
via Roma, 2a - 38060 Nomi [TN]
Tel. 0464835111
www.spumanti.it

○ Trento Pas Dosé Ris. 111 '05	♛♛ 6
○ Trento Brut Bouquet	♛♛ 4

Pisoni
loc. Sarche
Fraz. Pergolese di Lasino
via San Siro, 7a - 38070 Lasino [TN]
Tel. 0461564106
www.pisoni.net

● Sarica Rosso '08	♛♛ 4
○ Trento Brut '08	♛♛ 3
○ Trento Brut Nature '08	♛♛ 5
● Maso Gobbo '11	♛ 4

Revì
via Florida, 10 - 38060 Aldeno [TN]
Tel. 3466651853
www.revispumanti.com

○ Trento Pas Dosé '08	♛♛ 4
○ Trento Revì Brut Mill. '08	♛♛ 4
⊙ Trento Revì Rosé '08	♛ 4

其他酒庄 OTHER WINERIES

Arcangelo Sandri
VIA VANEGGE, 4 - 38010 FAEDO [TN]
TEL. 0461650935
www.arcangelosandri.it

● Trentino Lagrein Capòr '09	♛♛ 3
○ Trentino Chardonnay I Canopi '11	♛ 2
○ Trentino Müller Thurgau Cosler '11	♛ 2
○ Trentino Traminer Razer '11	♛ 2

Armando Simoncelli
VIA NAVICELLO, 7 - 38068 ROVERETO [TN]
TEL. 0464432373
www.simoncelli.it

● Trentino Marzemino '11	♛♛ 2*
○ Trentino Pinot Bianco '11	♛♛ 3
○ Trento Brut '09	♛♛ 4
⊙ Vallagarina Schiava '11	♛ 2

Toblino
FRAZ. SARCHE
VIA LONGA, 1 - 38070 CALAVINO [TN]
TEL. 0461564168
www.toblino.it

○ L'Ora '09	♛♛ 3
● Teroldego '10	♛♛ 2*
○ Trentino Vino Santo '00	♛♛ 5
○ Trento Brut Antàres '08	♛ 3

Opera Vitivinicola in Valdicembra
FRAZ. VERLA
VIA 3 NOVEMBRE, 9 - 38030 GIOVO [TN]
TEL. 0461 684302
www.operavaldicembra.it

○ Trento Opera Brut '08	♛♛ 4
⊙ Trento Opera Rosé '09	♛♛ 5

Augusto Zadra
VIA IV NOVEMBRE, 15 - 38028 REVÒ [TN]
TEL. 3402976388
www.elzeremia.it

● Groppello di Revò '10	♛♛ 2*

Elio e F.lli Zanotelli
V.LE 4 NOVEMBRE, 52 - 38034 CEMBRA [TN]
TEL. 0461683131
www.zanotelliwines.com/

○ Le Strope '11	♛♛ 3
○ Müller Thurgau '11	♛♛ 3
● Trentino Pinot Nero '09	♛ 3

阿尔托—阿迪杰区
ALTO ADIGE

这些年来，阿尔托—阿迪杰区（Alto Adige）的确获得不少成功，也逐步走在意大利葡萄酒酿制行业的前列。不断成熟的酿酒工艺已经为阿尔托—阿迪杰区赢得不少褒奖和商业利益。经过这么多年的品尝经验，我们认为阿尔托—阿迪杰区将会有一个新的发展机遇。未来，阿尔托—阿迪杰区面临的最大挑战是，如何酿制更具本地风土特色的葡萄酒。当下，阿尔托—阿迪杰区的酿酒商们盲目推出新酒，导致葡萄酒种类泛滥，而地区特色日渐减弱。我们今天将要品尝的，是质量稳步提高的、反映本地风土特色的葡萄酒。阿尔托—阿迪杰区对他们酿酒传统的始终坚持、使今天的葡萄酒质量有巨大突破，造就了今天的葡萄酒事业发展的新机遇。如此进步，在意大利的其他大区也并不多见。对琼瑶浆（Gewürztraminer）的完美诠释使得特梅诺(Termeno)脱颖而出，凯斯特（Kastelaz）、萨拉（Sella Kolbenhof）和龙基（Ronchi）等古老葡萄园的表现从来没让我们失望过。近些年来，阿尔托—阿迪杰区的白皮诺（Pinot bianco）质量稳步提高，在不同的地区表现出不同的个性：瓦尔·维诺斯塔（Val Venosta）的带有烟熏气息；阿皮亚诺（Appiano）的散发泥煤气息；而特拉诺（Terlano）的气质优雅，具陈年潜力。我们认为，这种多样性是一种资源，各大区应该好好利用。拉格林（Lagrein）的葡萄酒发展也同样如此。格利斯（Gries）的冲积平原和圣·玛塔莲娜山（Santa Maddalena）的山坡，或是马佐恩（Mazzon）葡萄园，位于意大利黑皮诺（Pinot Nero）种植的中心地带——蒙塔尼亚（Montagna），他们都有各自种植的特色葡萄。这些因素都为阿尔托—阿迪杰区葡萄酒的发展壮大创造了有利条件，然而还需要赋予具体的故事具体的定义。目前，我们发现了一个非常不错的苗子，斯其阿瓦（Schiava）红葡萄。虽然斯其阿瓦是几年前才受到青睐，由于各方面的条件也非常成熟，斯其阿瓦得以促进阿尔托—阿迪杰的葡萄酒发展事业。我们非常欣慰地看到，斯其阿瓦将会影响意大利其他产区甚至全球的葡萄酒产业。阿尔托—阿迪杰区正在寻找新的葡萄酒类型，这会是非常不错的选择。

ALTO ADIGE

阿尔托—阿迪杰区

★Abbazia di Novacella
Fraz. Novacella
via dell'Abbazia, 1
39040 Varna/Vahrn [BZ]
Tel. 0472836189
www.abbazianovacella.it

藏酒销售
预约参观
餐饮接待
年产量 650 000 瓶
葡萄种植面积 20 公顷

阿巴吉亚（Abbazia di Novacella）的奥古斯丁修道士们守护着这座建立于1142年的古老城堡，同时遵循优秀的酿酒传统。几个世纪以来，酿酒的白葡萄产自伊萨科山谷（Valle Isarco）高地的葡萄园，红葡萄则产自阿皮阿诺（Appiano）和科纳亚诺（Cornaiano）偏南部的葡萄田。今天，酒庄的管理者是乌尔班·冯·克里布莱斯伯格（Urban von Kleblesberg）和酿酒学家塞莱斯蒂诺·卢西恩（Celestino Lucin），除了自有的20公顷外，葡萄还来源于独立葡萄种植者的大约50公顷的葡萄园。所酿葡萄酒风格清新爽朗，口感饱满丰润，酒体柔和。

Baron Widmann
Endergasse, 3
39040 Cortaccia/Kurtatsch [BZ]
Tel. 0471880092
www.baron-widmann.it

藏酒销售
预约参观
年产量 35 000 瓶
葡萄种植面积 15 公顷

20世纪80年代，安德里亚斯·惠特曼（Andreas Widman）创建酒庄，并一直遵循家族的酿酒传统。从前，他们种植的葡萄供应给那些联营酒厂，酿制完成后贴牌销售。如今，酒庄的葡萄酒采用自种葡萄。葡萄园位于科塔齐亚（Cortaccia），海拔高度为200米到600米，当中最有名的是海拔最高的苏尔佐夫（Sulzhof）葡萄园，园内种有白皮诺（Pinot Bianco）和苏维翁（Sauvignon）等葡萄品种。酿制的风格传统而复杂，优雅而细腻，质量上乘。

○ A. A. Valle Isarco Sylvaner Praepositus '11	4*
○ A. A. Valle Isarco Pinot Grigio '11	3*
○ A. A. Valle Isarco Riesling Praepositus '10	5
○ A. A. Valle Isarco Sylvaner '11	3*
● A. A. Pinot Nero Praepositus Ris. '09	5
○ A. A. Valle Isarco Kerner '11	3
○ A. A. Valle Isarco Kerner Praepositus '11	4
○ A. A. Valle Isarco Müller Thurgau '11	3
○ A. A. Valle Isarco Veltliner '11	3
● A. A. Lagrein Praepositus Ris. '09	5
○ A. A. Valle Isarco Gewürztraminer Praepositus '11	4
○ A. A. Valle Isarco Riesling Praepositus '09	5

○ Vigneto delle Dolomiti Bianco Weiss '11	5
● A. A. Schiava '11	2*
● Vigneto delle Dolomiti Rosso Rot '10	4
○ A. A. Sauvignon '11	3
● A. A. Cabernet Feld '91	4
● A. A. Cabernet-Merlot Auhof '97	4
● A. A. Merlot '93	4
○ A. A. Gewürztraminer '09	3
○ A. A. Gewürztraminer '08	3*
○ A. A. Sauvignon '09	3
● A. A. Schiava '10	2*
● A. A. Schiava '09	2*
○ A. A. Weiss '09	3
● Vigneto delle Dolomiti Rosso Rot '09	3

阿尔托—阿迪杰区
ALTO ADIGE

Bessererhof - Otmar Mair

Loc. Novale di Presule, 10
39050 Fiè allo Sciliar/Völs am Schlern [BZ]
Tel. 0471601011
www.bessererhof.it

藏酒销售
预约参观
年产量 28 000 瓶

虽然奥特玛•麦尔（Otmar Mair）的葡萄酒装瓶销售只有10年，但他悉心照料葡萄园，逐步提高酒品质量，促使酒庄成为了整个伊萨科山谷地区（Valle Isarco）葡萄酒的旗帜企业。葡萄园位于伊萨科山谷（Valle Isarco）南部。虽然主要生产斯奇阿瓦（Schiava），但酒庄的代表酒品是白皮诺（Pinot Bianco）和莎当尼（Chardonnay）。其中莎当尼需要在橡木桶进行发酵和陈酿，如此技艺值得效仿。奥特玛（Otmar）是一个认真的酿酒师和酒庄管理者，他的妻子萝丝麦里尔（Rosmarie）从旁协助。

★ Cantina Bolzano

Via Brennero, 15 - 39100 Bolzano/Bozen
Tel. 0471270909
www.cantinabolzano.com

藏酒销售
预约参观
年产量 1 100 000 瓶
葡萄种植面积 130 公顷

博尔扎诺（Bolzano）始建于2001年，由两个著名的阿尔托—阿迪杰联营酒庄——建立于1908年的格利斯（Gries）和建立于1930年的圣塔•玛塔莲娜（Santa Maddalena）合并而成。格利斯（Gries）盛产拉格莱恩（Lagrein）葡萄，而圣塔•玛塔莲娜的风土则十分适合种植斯奇阿瓦（Schiava）葡萄。酒庄虽然年轻，但已从上述两地的酿酒实践中积累了丰富的经验。拥有约200名种植者成员，酒庄在当地占据重要的地位，其管理者斯蒂芬•菲里皮（Stephan Filippi）的专业素养和个性魅力都非常优秀。他的努力成就了葡萄酒一贯以来的可靠品质，包括以白皮诺（Pinot Bianco）为代表的白葡萄酒。

○ A. A. Pinot Bianco '11	🍷🍷🍷 3*
○ A. A. Chardonnay Ris. '09	🍷🍷 3
○ A. A. Chardonnay Fellis '04	🍷🍷 8
○ A. A. Moscato Giallo '11	🍷 3
○ A. A. Sauvignon '11	🍷 4
○ A. A. Chardonnay '08	🍷🍷 3
○ A. A. Chardonnay Ris. '08	🍷🍷 3
○ A. A. Chardonnay Ris. '07	🍷🍷 3
○ A. A. Gewurztraminer '08	🍷🍷 3
○ A. A. Moscato Giallo '10	🍷🍷 3
○ A. A. Moscato Giallo '09	🍷🍷 3
○ A. A. Pinot Bianco '10	🍷🍷 2
○ A. A. Pinot Bianco '08	🍷🍷 2*

● A. A. Lagrein Taber Ris. '10	🍷🍷🍷 6
● A. A. Lagrein Grieser Prestige Ris. '10	🍷🍷 4
○ A. A. Moscato Giallo Passito Vinalia '10	🍷🍷🍷 3*
○ A. A. Pinot Bianco Dellago '11	🍷🍷 4
○ A. A. Valle Isarco Müller Thurgau '11	🍷🍷 3
● A. A. Cabernet Mumelter Ris. '10	🍷🍷 6
○ A. A. Chardonnay Kleinstein '11	🍷🍷 4
○ A. A. Gewürztraminer Kleinstein '11	🍷🍷 5
● A. A. Lagrein Grieser '11	🍷🍷 4
● A. A. Lagrein Grieser Collection Baron Eyrl '11	🍷🍷 4
● A. A. Lagrein Perl '11	🍷🍷 4
● A. A. Merlot Graf Huyn '11	🍷🍷 5
⊙ A. A. Moscato Rosa Rosis '11	🍷🍷 3
● A. A. Santa Maddalena Cl. '11	🍷🍷 2*
● A. A. Santa Maddalena Cl. Huck am Bach '11	🍷🍷 2*

ALTO ADIGE
阿尔托—阿迪杰区

Josef Brigl
LOC. SAN MICHELE
VIA MADONNA DEL RIPOSO, 3
39057 APPIANO/EPPAN [BZ]
TEL. 0471662419
www.brigl.com

藏酒销售
预约参观
餐饮接待
年产量 1 500 000 瓶
葡萄种植面积 50 公顷

布里吉尔（Brigl）家族拥有哈塞尔霍夫（Haselhof）、文德格（Windegg）、卡尔特恩伯格（Kaltenburg）、里耶勒霍夫（Rielerhof）、哈尔德霍夫（HIderhof）和德雷科尼格霍夫（Drei König Hof）等多个葡萄园，从而能够确保葡萄的最优质出品。约瑟夫•布里吉尔（Josef Brigl）的风格基于传统工艺和对酒窖的尊重。1309年，酒庄揭牌营业，开始酿制葡萄酒。近几年，酿酒厂发展迅猛，但仍有很大的潜力未被发掘，尤其在白皮诺（Pinot Blanco）和卡尔达罗的斯奇阿瓦•拉格（Schiava Lago di Caldaro）上。

★Cantina di Caldaro
VIA CANTINE, 12
39052 CALDARO/KALTERN [BZ]
TEL. 0471963149
www.kellereikaltern.com

藏酒销售
预约参观
年产量 1 900 000 瓶
葡萄种植面积 300 公顷

管理者阿尔民•迪瑟托里（Armin Dissertori）对卡尔达罗（Cantina di Caldaro）酒庄抱有雄心壮志，同时督促葡萄园的种植者们、酿酒师们尽可能地利用好这片土地。赛瑞纳德（Serenade）堪称意大利甜酒的佼佼者，也是酒庄系列酒的代表。值得注意的是，索罗斯（Solos）系列获得有机农耕认证。

○ A. A. Pinot Grigio Windegg '11	🍷🍷🍷 3*
● A. A. Lago di Caldaro Cl. Sup. Kaltenburg '11	🍷🍷 2*
○ A. A. Pinot Bianco Haselhof '11	🍷🍷 2*
○ A. A. Schiava Grigia Kaltenburg '11	🍷🍷 2*
○ A. A. Terlano Drei König Hof '11	🍷🍷 2*
○ A. A. Gewürztraminer Windegg '11	🍷 3
● A. A. Lagrein Anno 1309 Ris. '09	🍷 3
○ A. A. Müller Thurgau '11	🍷 2
● A. A. Santa Maddalena Rielerhof '11	🍷
○ A. A. Gewürztraminer Windegg '10	🍷🍷 3
○ A. A. Sauvignon '10	🍷🍷
○ A. A. Terlano Drei König Hof '10	🍷🍷 2*

○ A. A. Moscato Giallo Passito Serenade '09	🍷🍷🍷 6
● A. A. Lago di Caldaro Scelto Cl. Sup. Pfarrhof '11	🍷🍷 2*
○ Solos Bianco '11	🍷🍷 3*
○ A. A. Gewürztraminer Campaner '11	🍷🍷 3
○ A. A. Kerner Carned '11	🍷🍷 3
○ A. A. Pinot Bianco Vial '11	🍷🍷 3
○ A. A. Sauvignon Premstaler '11	🍷🍷 3
● A. A. Cabernet Sauvignon Pfarrhof Ris. '09	🍷 5
○ A. A. Gewürztraminer Solos '11	🍷 4
● A. A. Lagrein Spigel '10	🍷 3
● A. A. Pinot Nero Pfarrhof '09	🍷 6
○ A. A. Moscato Giallo Castel Giovanelli Passito Serenade '08	🍷🍷 7
○ A. A. Moscato Giallo Passito Serenade '07	🍷🍷 6

阿尔托—阿迪杰区
ALTO ADIGE

Castelfeder

VIA FRANZ HARPF, 15
39040 CORTINA SULLA STRADA DEL VINO/
KURTINIG [BZ]
TEL. 0471820420
www.castelfeder.it

藏酒销售
预约参观
年产量 400 000 瓶
葡萄种植面积 55 公顷

卡特斯特尔费尔德（Castelfeder）酒庄的酿酒传统始于20世纪70年代。后来，酒庄创始人阿尔凡斯·吉瓦内特（Alfons Givannet）把酒庄交给古恩瑟（Günther），如今由年轻的伊万（Lvan）和伊尼斯（Lnes）管理。酒庄的葡萄园面积达55公顷，位于阿迪杰（Adige）河谷下游，位置很好。而黑皮诺葡萄酒（Pinot Nero）则产自马佐恩（Mazzon）葡萄园。酒庄的主打酒品是白葡萄酒，尤其是白皮诺（Pinot Bianco），酒体纤细而有特色。勃艮诺（Burgum Novum）系列是酒庄的代表酒，这款酒标的葡萄酒均需要在大木桶里陈化。

★Cantina Produttori Colterenzio

LOC. CORNAIANO/GIRLAN
S.DA DEL VINO, 8 - 39057 APPIANO/EPPAN [BZ]
TEL. 0471664246
www.colterenzio.it

藏酒销售
预约参观
年产量 1 600 000 瓶
葡萄种植面积 300 公顷

刘易斯·雷弗（Luis Reifer）管理的这家酒庄创建于1960年。由28位成员建立，是阿尔托—阿迪杰区葡萄酒的象征。今天，酒庄拥有300名成员和占地300公顷的葡萄园。在酿酒师马丁·勒梅尔（Martin Lemayr）的帮助下，刘易斯的儿子霍夫冈（Wolfgang）将继续追随父亲的脚步，为酒庄创造更多辉煌。他们翻新的酒窖2013年揭牌运营，经营理念是环境的可持续发展。酒庄代表性的葡萄酒是出色的拉夫沃亚（Lafòa），其他系列也非常不错。

○ A. A. Pinot Bianco Tecum '10	▼▼▼ 3*
○ A. A. Gewürztraminer Passito '09	▼▼▼ 3*
○ A. A. Gewürztraminer Vom Lehm '11	▼▼▼ 3*
● A. A. Cabernet Burgum Novum '09	▼▼ 4
● A. A. Pinot Nero Burgum Novum '09	▼▼ 5
● A. A. Lagrein Burgum Novum '09	▼▼ 4
● A. A. Santa Maddalena Schallerhof '11	▼ 2
○ Kerner Lahn '11	▼ 3
○ Sauvignon Raif '11	▼ 3
○ A. A. Gewürztraminer Endidae Passito '07	▽▽ 5
○ A. A. Gewürztraminer Vom Lehm '09	▽▽ 3*
○ A. A. Gewürztraminer Vom Lehm '08	▽▽ 3*
○ A. A. Pinot Grigio 15er '09	▽▽ 2*
● A. A. Pinot Nero Glener '09	▽▽ 3*

● A. A. Cabernet Sauvignon Lafòa '09	▼▼▼ 7
○ A. A. Pinot Bianco Thurner '11	▼▼ 2*
○ A. A. Sauvignon Lafòa '10	▼▼ 5
○ A. A. Sauvignon Prail Praedium '11	▼▼ 3*
● A. A. Lagrein Cornell Sigis Mundus '09	▼▼ 5
● A. A. Merlot Siebeneich Praedium '09	▼▼ 4
● A. A. Pinot Nero Villa Nigra Cornell '09	▼▼ 5
○ A. A. Chardonnay Cornell Formigar '10	▼ 5
○ A. A. Gewürztraminer '11	▼ 3
○ A. A. Gewürztraminer Cornell Atisis '10	▼ 5
○ A. A. Pinot Bianco Weisshaus '11	▼ 3
○ A. A. Pinot Grigio Puiten Praedium '11	▼ 3
● A. A. Pinot Nero St. Daniel Praedium '09	▼ 4
● A. A. Cabernet Sauvignon Lafòa '04	▽▽▽ 6

阿尔托—阿迪杰区
ALTO ADIGE

Cantina Produttori Cortaccia
S.DA DEL VINO, 23
39040 CORTACCIA/KURTATSCH [BZ]
TEL. 0471880115
www.cantina-cortaccia.it

藏酒销售
预约参观
年产量 1 100 000 瓶
葡萄种植面积 180 公顷

酒庄建于1900年5月13日,由42名来自科塔奇亚(Cortaccia)的葡萄种植者共同建立,多年来经历了许多起起伏伏。一个多世纪后的今天,酒庄已日渐强大,拥有多达250名成员便是明证。酒庄的管理者是主席艾德曼德·蒙朗德尔(Edmund Monrandell)和酿酒大师奥斯玛·多纳(Othmar Donà)。葡萄园面积差不多有200公顷,充足的葡萄供应保证了葡萄酒的质量水平。

● A. A. Lagrein Frauriegl '09	▼▼ 5
○ Aruna Passito '10	▼▼ 6
○ A. A. Chardonnay Pichl '11	▼ 3
● A. A. Merlot Brenntal '09	▼▼ 5
● A. A. Schiava Grigia Sonntaler '11	▼▼ 2*
○ A. A. Bianco Freienfeld '10	▼ 4
○ A. A. Müller Thurgau Graun '11	▼ 3
○ A. A. Pinot Bianco Hoftatt '11	▼ 3
○ A. A. Pinot Grigio Penòner '11	▼ 3
● A. A. Cabernet Freienfeld '97	▼▼▼ 5
○ A. A. Gewürztraminer Brenntal '02	▼▼▼ 5
○ A. A. Gewürztraminer Brenntal '00	▼▼▼ 5
● A. A. Lagrein Scuro Fohrhof '00	▼▼▼ 5
● A. A. Merlot Brenntal '97	▼▼▼ 5

Peter Dipoli
VIA VILLA, 5 - 39055 EGNA/NEUMARKT [BZ]
TEL. 3386081133
www.peterdipoli.com

年产量 40 000 瓶
葡萄种植面积 4.6 公顷

皮特·狄泊利(Peter Dipoli)是一位出色的葡萄酒鉴赏家。这一点您可以从他的葡萄酒销售公司——佳酿(Fine Wine)看出。鉴赏家的身份使他的葡萄酒酿制不仅仅只注重高品质,还致力于传达一种精致又微妙且难以理解的酿酒风格。最能体现出他精湛技艺的葡萄酒是苏维翁·沃格拉(Sauvignon Voglar),该酒所呈现的是典型绿色风格,散发出更成熟、更复杂的苹果香和花香。

○ A. A. Sauvignon Voglar '10	▼▼ 4
● A. A. Merlot-Cabernet Sauvignon Yugum '07	▼▼ 6
● A. A. Merlot-Cabernet Sauvignon Yugum '05	▼▼ 6
○ A. A. Sauvignon Voglar '09	▼▼ 4
○ A. A. Sauvignon Voglar '08	▼▼ 4
○ A. A. Sauvignon Voglar '07	▼▼ 4
○ A. A. Sauvignon Voglar '06	▼▼ 4

Hartmann Donà

via Raffein, 8 - 39012 Cermes (BZ)
Tel. 3292610628
hartmann.dona@rolmail.net

年产量　35 000 瓶
葡萄种植面积　4.65 公顷
葡萄栽培方式　传统栽培

近几年来，迷人的哈特曼·多纳（Hartmann Donà）酒庄努力采取自然的方法酿造葡萄酒。为此，他充分发挥长期积累的专业经验，包括1994年至2002年在坎按那·特拉诺（Cantina Terlano）当酿酒学家时获得的经验，来发展自家酒庄。哈特曼（Hartmann）具有绝不妥协的独立精神，专注于诠释传统工艺和地域风土。酒庄位于科纳亚诺（Cornaiano）地区，海拔500米，葡萄园主要种植黑皮诺葡萄（Pinot Nero），用于酿制黑多纳葡萄酒（Donà Noir）。斯奇亚瓦（Schiava）酿制的多纳红葡萄酒（Donà Rouge）同样非常受人关注，这是由老葡萄藤所产，使用传统方法在橡木桶中陈酿。

Egger-Ramer

via Guncina, 5 - 39100 Bolzano/Bozen
Tel. 0471280541
www.egger-ramer.com

藏酒销售
预约参观
年产量　120 000 瓶
葡萄种植面积　15 公顷

皮特·伊格（Peter Egger）是一位怀有雄心壮志的年轻种植者。他把全部心血放了他那15公顷的葡萄园。拉格莱恩（Lagrein）是酒庄的代表酒，原产于格利斯（Gries）平原。过去几年来，酒品的质量显著提高，唯一不足的是，略微笨重的酒体需要改善。如今对圣塔·玛塔莲娜（Santa Maddalenas）所做的改善喜获成效。

● Donà Noir '08	3*
● Donà Rouge '07	3*
○ Chardonnay '10	3
○ Donà Blanc '08	3
○ Pinot Bianco '10	3
○ Sauvignon Blanc '10	3
○ Gewurztraminer '10	3

● A. A. Lagrein Gries Tenuta Kristan Ris. '09	5
● A. A. Lagrein Gries Tenuta Kristan '10	3
● A. A. Santa Maddalena Cl. '11	2*
● A. A. Santa Maddalena Cl. Reisegger '10	2*
⊙ A. A. Lagrein Kretzer Gries '11	2
○ A. A. Pinot Bianco '11	2
○ A. A. Valle Isarco Müller Thurgau '11	2
● A. A. Lagrein Gries Tenuta Kristan Ris. '07	4
● A. A. Lagrein Kristan '09	3*
● A. A. Santa Maddalena 1880 '10	2*
● A. A. Santa Maddalena Cl. Reisegger '09	2*

阿尔托—阿迪杰区
ALTO ADIGE

Erbhof Unterganzner Josephus Mayr

Fraz. Cardano
via Campiglio, 15 - 39053 Bolzano/Bozen
Tel. 0471365582
www.tirolensisarsvini.it

藏酒销售
预约参观
年产量 65 000 瓶
葡萄种植面积 9 公顷

约瑟夫•迈尔（Josephus Mayr）是阿尔托—阿迪杰（Alto Adige）葡萄酒界的领军人物，也是一位甚至能把经典葡萄酒诠释得极具艺术气息的杰出实验者。代表作之一的拉格莱恩珍藏酒（Lagrein Riserva）堪称地区代表，也是酒庄未来的希望。迈尔家族拥有安特甘泽那（Unterganzner）酒庄已有几个世纪了。葡萄园占地9公顷，其中包括松软斑岩砂质土壤，采用藤架种植系统的几块沃土。除了拉格莱恩珍藏酒（Lagrein Riserva）外，酒庄出品的圣塔•玛塔莲娜葡萄酒（Santa Maddalena）同样让人信服，如果您了解葡萄园所处的优越位置，也就不会奇怪。

Erste+Neue

via delle Cantine, 5/10
39052 Caldaro/Kaltern [BZ]
Tel. 0471963122
www.erste-neue.it

藏酒销售
预约参观
年产量 1 000 000 瓶
葡萄种植面积 320 公顷

厄斯特&涅维（Erste&Neue）酒庄成立于1991年。由两家历史悠久的联营酒庄合并而成，分别是建立于1900年的伊特卡然酒庄（Erste Kellereigenossenschaft Kaltern）和建立于1925年的涅维（Neue）酒庄。今天，酒庄已成为阿尔托—阿迪杰区（Alto Adige）葡萄酒的一个重要评价标准。这都有赖于500名成员这么多年的努力，葡萄酒的质量才得以显著提高。酒庄的代表酒是拉格•迪卡尔达罗（Lago di Caldaro）。采用品质非凡的斯奇亚瓦（schiava）葡萄酿造，真实反映了葡萄品种和地域特色。如今热情洋溢的酿酒师格哈德•萨宁（Gerhard Sanin）负责酒窖管理。

● A. A. Cabernet Kampill Ris. '09	🍷🍷 5
● Lamarein '10	🍷🍷 6
● A. A. Lagrein Scuro Ris. '09	🍷🍷 4
● A. A. Santa Maddalena Cl. '10	🍷🍷 3
○ A. A. Sauvignon Platt & Pignat '11	🍷 3
● A. A. Lagrein Scuro Ris. '05	🍷🍷🍷 4
● A. A. Lagrein Scuro Ris. '01	🍷🍷🍷 4
● Lamarein '05	🍷🍷🍷 6
● A. A. Lagrein Ris. '08	🍷🍷 5
● A. A. Santa Maddalena Cl. '09	🍷🍷 3
○ A. A. Sauvignon Platt & Pignat '10	🍷🍷 3
● Composition Reif '09	🍷🍷 6
● Lamarein '09	🍷🍷 6

● A. A. Lago di Caldaro Leuchtenburg '11	🍷🍷 3*
○ A. A. Pinot Bianco Prunar '11	🍷🍷 3*
○ A. A. Chardonnay Puntay '10	🍷🍷 3
● A. A. Lago di Caldaro Puntay '11	🍷🍷 3
● A. A. Lagrein Puntay Ris. '09	🍷🍷 5
● A. A. Santa Maddalena Gröbnerhof '11	🍷🍷 2*
○ A. A. Sauvignon Puntay '11	🍷🍷 5
○ A. A. Gewürztraminer Puntay '11	🍷 5
● A. A. Merlot Puntay Ris. '08	🍷 5
○ A. A. Sauvignon Stern '11	🍷 3
● A. A. Cabernet Puntay '97	🍷🍷🍷 3
○ A. A. Gewürztraminer Puntay '01	🍷🍷🍷 3
● A. A. Lago di Caldaro Cl. Sup. Puntay '10	🍷🍷🍷 3*
○ A. A. Sauvignon Puntay '06	🍷🍷🍷 4

阿尔托—阿迪杰区
ALTO ADIGE

★Falkenstein
Franz Pratzner

VIA CASTELLO, 15
39025 NATURNO/NATURNS [BZ]
TEL. 0473666054
www.falkenstein.bz

藏酒销售
预约参观
年产量 45 000 瓶
葡萄种植面积 7 公顷
葡萄栽培方式 传统栽培

弗朗泽•普拉泽纳（Franz Pratzner）酒庄一直坚持着瓦尔•维诺斯塔（Val Venosta）地区葡萄酒酿造的传统，近年来这片区已逐渐发展成为整个阿尔托—阿迪杰区最引人注目的葡萄酒新兴产区。所酿葡萄酒口感突出强劲，带有矿物气息和这片土地独特的烟熏味。这里主要种植雷司令（Riesling）葡萄，河谷的优越条件长期赋予其卓越的品质。葡萄园位于海拔900米的松软石质土壤上，朝向南方，在阿迪杰（Adige）河左岸。

Garlider - Christian Kerchbaumer

VIA UNTRUM, 20
39040 VELTURNO/FELDTHURNS [BZ]
TEL. 0472847296
www.garlider.it

藏酒销售
预约参观
年产量 20 000 瓶
葡萄种植面积 4 公顷
葡萄栽培方式 有机认证

来自伊萨科山谷（Valle Isarco）南部的克里斯坦•科奇宝莫（Christian Kerchbaumer），是个年轻有为、技术高超的酿酒商。他仔细探索和观察葡萄酒的发展动态，开辟了一条有前景的发展道路。葡萄园采用有机种植方式。近期，酒庄开始采用全面的自然酿酒理念，同时冒险采用环境酵母进行葡萄发酵。酒庄主要酿制白葡萄酒，也有少量非常有特点的黑皮诺葡萄酒（Pinot Nero）。

○ A. A. Valle Venosta Riesling '11	🍷🍷🍷 5
○ A. A. Valle Venosta Pinot Bianco '11	🍷🍷 4
○ A. A. Valle Venosta Gewürztraminer '11	🍷🍷 4
○ A. A. Valle Venosta Sauvignon '11	🍷🍷 4
○ A. A. Valle Venosta Pinot Bianco '07	🍷🍷🍷 4
○ A. A. Valle Venosta Riesling '10	🍷🍷🍷 5
○ A. A. Valle Venosta Riesling '09	🍷🍷🍷 5
○ A. A. Valle Venosta Riesling '08	🍷🍷🍷 5
○ A. A. Valle Venosta Riesling '07	🍷🍷🍷 5
○ A. A. Valle Venosta Riesling '06	🍷🍷🍷 5
○ A. A. Valle Venosta Riesling '05	🍷🍷🍷 5
○ A. A. Valle Venosta Riesling '00	🍷🍷🍷 3
○ A. A. Valle Venosta Riesling '98	🍷🍷🍷 3

○ A. A. Valle Isarco Veltliner '11	🍷🍷 3*
● A. A. Valle Isarco Pinot Nero '10	🍷🍷 3
○ A. A. Valle Isarco Sylvaner '11	🍷🍷 3
○ A. A. Valle Isarco Gewürztraminer '11	🍷 3
○ A. A. Valle Isarco Pinot Grigio '11	🍷 3
○ A. A. Valle Isarco Sylvaner '09	🍷🍷🍷 3*
○ A. A. Valle Isarco Veltliner '08	🍷🍷🍷 3*
○ A. A. Valle Isarco Veltliner '07	🍷🍷🍷 3
○ A. A. Valle Isarco Veltliner '05	🍷🍷🍷 3*
○ A. A. Valle Isarco Müller Thurgau '09	🍷🍷 3*
○ A. A. Valle Isarco Pinot Grigio '07	🍷🍷 3
○ A. A. Valle Isarco Sylvaner '10	🍷🍷 3*
○ A. A. Valle Isarco Sylvaner '08	🍷🍷 3*
○ A. A. Valle Isarco Veltliner '10	🍷🍷 3

ALTO ADIGE

阿尔托—阿迪杰区

Cantina Girlan
LOC. CORNAIANO/GIRLAN
VIA SAN MARTINO, 24
39050 APPIANO/EPPAN [BZ]
TEL. 0471662403
www.girlan.it

藏酒销售
预约参观
年产量 1 000 000 瓶
葡萄种植面积 230 公顷

在活力四射的经理奥斯卡·罗兰迪（Oscar Lorandi）和酿酒师格哈德·科夫勒（Gerhard Kofler）的领导下，这个历史悠久的科纳亚诺（Cornaiano）联营酒庄正逐步扩大其生产规模。酒庄出品的葡萄酒品质杰出，逐渐发展出独特的风格和丰富显著的个性。费里安（Frian）同时管理著名的鲁恩（Lun）酒庄，位于艾格纳（Egna）地区，起源于19世纪。

○ A. A. Gewürztraminer Flora '11	▼▼▼ 5
○ A. A. Pinot Bianco Lun '11	▼ 3*
○ A. A. Sauvignon Flora '11	▼▼▼ 5
● A. A. Schiava Gschleier '10	▼▼ 4
● A. A. Cabernet Merlot Ris. '09	▼▼ 5
● A. A. Lagrein Ris. '09	▼▼ 5
○ A. A. Pinot Grigio Lun '11	▼▼ 3*
○ A. A. Riesling Lun '11	▼ 3
○ A. A. Sauvignon Indra '11	▼▼ 3
● A. A. Schiava Fass N° 9 '11	▼▼ 3
● A. A. Lagrein Sandbichler Ris. Lun '09	▼ 4
○ A. A. Pinot Bianco Plattenriegl '11	▼ 3
○ A. A. Pinot Grigio '11	▼ 3
● A. A. Pinot Nero Patricia '10	▼ 4
○ A. A. Sauvignon Lun '11	▼ 3

Glögglhof - Franz Gojer
FRAZ. SANTA MADDALENA
VIA RIVELLONE, 1 - 39100 BOLZANO/BOZEN
TEL. 0471978775
www.gojer.it

藏酒销售
预约参观
年产量 50 000 瓶
葡萄种植面积 6.8 公顷

格洛格霍夫酒庄（Glögglhof）位于博尔扎诺（Bolzano）北部的圣塔·玛塔莲娜（Santa Maddalena）山上，主要酿制当地传统葡萄酒。自1982年起，弗朗泽·格济尔（Franz Gojer）开始酿造并出售葡萄酒。发展至今，他的葡萄酒已成为同类酒品的突出代表。传统的酿酒风格在制作精良的酒品上就可见一斑。突出表现葡萄本身特质，比如斯奇亚瓦（Schiavas），最好的证明是隆代尔（Rondell）精选酒。

● A. A. Lagrein Furggl '11	▼▼ 3*
● A. A. Santa Maddalena Rondell '11	▼▼ 3*
● A. A. Lagrein Ris. '09	▼▼ 4
● A. A. Santa Maddalena Cl. '11	▼▼ 2*
● A. A. Schiava Karneid '11	▼▼ 2*
● A. A. Lagrein '09	♀♀ 3*
● A. A. Lagrein '08	♀♀ 3*
● A. A. Lagrein Scuro Ris. '04	♀♀ 4
● A. A. Lagrein Scuro Ris. '03	♀♀ 3
● A. A. Santa Maddalena Cl. Rondell '03	♀♀ 2
● A. A. Santa Maddalena Cl. Rondell '02	♀♀ 2
● A. A. Santa Maddalena Rondell '09	♀♀ 2*
● A. A. Santa Maddalena Rondell '07	♀♀ 2*
● A. A. Santa Maddalena Rondell '04	♀♀ 2*

阿尔托—阿迪杰区
ALTO ADIGE

Gottardi

LOC. MAZZON
VIA DEGLI ALPINI, 17
39044 EGNA/NEUMARKT [BZ]
TEL. 0471812777
www.gottardi-mazzon.com

年产量 45 000 瓶
葡萄种植面积 9 公顷

由戈塔迪家族（Gottardi）打理的七块葡萄田位于马佐恩（Mazzon）葡萄园的中心。这片阿尔托—阿迪杰区黑皮诺（Pinot nero）葡萄种植的核心地带，海拔在300米到420米之间，土壤类型多样。20世纪80年代初期由布鲁诺•戈塔迪（Bruno Gottardi）收购得来。不论是以前和父亲一起并肩作战，还是现在的单枪匹马 亚历山大•戈塔迪（Alexander Gottardi）都亲自投入到葡萄园和酒窖的工作中，制定一个稳定而正确的发展策略 带动这个有30多年历史的葡萄园。这么多年来，布鲁诺致力于酿制具有意大利特色的黑皮诺（Pinot Nero）葡萄酒。

● A. A. Pinot Nero Mazzon '10	▼▼▼ 5
● A. A. Pinot Nero Mazzon '09	▼▼ 5
● A. A. Pinot Nero '06	♀♀ 4
● A. A. Pinot Nero '05	♀♀ 5
● A. A. Pinot Nero '04	♀♀ 4
● A. A. Pinot Nero Mazzon '07	♀♀ 5
● A. A. Pinot Nero Ris. '03	♀♀ 6
● A. A. Pinot Nero Ris. '02	♀♀ 6

Griesbauerhof
Georg Mumelter

VIA RENCIO, 66 - 39100 BOLZANO/BOZEN
TEL. 0471973090
www.griesbauerhof.it

藏酒销售
预约参观
年产量 30 000 瓶
葡萄种植面积 3.5 公顷

酒庄的葡萄园虽然只有3公顷多一点，然而它的酿酒传统可追溯回1785年甚至更早，现在还保留有1410年的葡萄榨汁机。酒庄位于圣塔•玛塔莲娜山（Santa Maddalena）和圣塔•吉斯蒂纳山（Santa Giustina）山脚处。那里的砂质粉非常适合种植斯奇亚瓦（Schiava）和拉格莱恩（Lagrein）葡萄。自从20世纪70年代末期，格奥尔格•穆梅尔特（Georg Mumelter）在妻子玛格蕾斯（Margereth）的协助下，一直经营着酒庄。葡萄园海拔约为300米，种植的葡萄藤主要采用传统的高架藤系统。

● A. A. Lagrein Ris. '09	▼▼▼ 5
● A. A. Santa Maddalena Cl. '11	▼▼ 3
● A. A. Pinot Grigio '11	▼ 3
● A. A. Lagrein Ris. '08	♀♀ 4
● A. A. Merlot Spitz '09	♀♀ 4
● A. A. Santa Maddalena Cl. '10	♀♀ 2*
● A. A. Santa Maddalena Cl. '09	♀♀ 2*

阿尔托—阿迪杰区

ALTO ADIGE

Gummerhof - Malojer
VIA WEGGESTEIN, 36 - 39100 BOLZANO/BOZEN
TEL. 0471972885
www.malojer.it

藏酒销售
预约参观
年产量 100 000 瓶
葡萄种植面积 6 公顷

最早关于古莫（Gummer）酒庄的文字记载可追溯回1480年，其中最有意思的部分当属跟梅洛杰（Majoler）家族相关的近代部分。1940年，鲁多尔夫•梅卓乐（Rudolf Majoler）重新开始酿造葡萄酒，而至今日，家族的所有成员——儿子阿尔弗雷德（Alfred）、孙子乌尔班（Urban）和孙媳伊利莎贝斯（Elisabeth）都投入到酒庄的小规模生产当中。酒庄主要酿制圣塔•玛塔莲娜（Santa Maddalena）葡萄酒，包括格祖桑德（Gur zu Sand）和洛梅尔霍夫（Loamerhof）两款；拉格莱恩（Lagrein）葡萄酒也同样出色。酒庄出品的白葡萄酒也非常不错。价格很具竞争力。

Gumphof - Markus Prackwieser
LOC. NOVALE DI PRESULE, 8
39050 FIÈ ALLO SCILIAR/VÖLS AM SCHLERN [BZ]
TEL. 0471601119
www.gumphof.it

藏酒销售
预约参观
年产量 40 000 瓶
葡萄种植面积 5 公顷

马库斯•普拉克维瑟（Markus Prackwieser）的酒庄位于伊萨科山谷（Valle Isarco）的源头处。葡萄园面积5公顷，他倾注心血细心照料着。葡萄园位于斯奇勒恩（Schlern）山坡峭壁上，日夜温差明显，吹佛着阵阵微风。独特的气候条件非常适合种植葡萄。马库斯（Markus）近年来成为代表着阿尔托—阿迪杰地区的酿酒新秀。这家小型酒庄产出的葡萄酒风格经典、香气清新且活力十足。他们绝不过度依赖橡木，实属难得。

● A. A. Cabernet Ris. '09	🍷🍷 4
○ A. A. Chardonnay Justina '11	🍷🍷 3*
● A. A. Lagrein Gries '10	🍷🍷 2*
● A. A. Lagrein Ris. '09	🍷🍷 4
○ A. A. Pinot Bianco '11	🍷🍷 2*
○ A. A. Pinot Grigio Gur zu Sand '11	🍷🍷 3
● A. A. Santa Maddalena '11	🍷🍷 2*
● A. A. Pinot Nero Gstrein '10	🍷 3
○ A. A. Sauvignon Gur zur Sand '11	🍷 3
● A. A. Lagrein Gries '09	🍷🍷🍷 2*
● A. A. Cabernet Ris. '00	🍷🍷 4
● A. A. Lagrein Scuro Ris. '05	🍷🍷 4
● A. A. Lagrein Scuro Ris. '04	🍷🍷 4
○ A. A. Sauvignon Gur zur Sand '07	🍷🍷 2*

○ A. A. Pinot Bianco '11	🍷🍷 3*
○ A. A. Pinot Bianco Praesulis '11	🍷🍷 3*
○ A. A. Gewürztraminer Praesulis '11	🍷🍷 4
○ A. A. Sauvignon Praesulis '11	🍷🍷 4
● A. A. Schiava '11	🍷🍷 2*
● A. A. Pinot Nero '10	🍷 4
○ A. A. Pinot Bianco Praesulis '06	🍷🍷🍷 3*
○ A. A. Sauvignon Praesulis '09	🍷🍷🍷 3
○ A. A. Sauvignon Praesulis '07	🍷🍷🍷 3*
○ A. A. Sauvignon Praesulis '04	🍷🍷🍷 3
○ A. A. Pinot Bianco Praesulis '10	🍷🍷 3*
○ A. A. Pinot Bianco Praesulis '09	🍷🍷 3*
● A. A. Pinot Nero Gumphof '09	🍷🍷 4
○ A. A. Sauvignon Praesulis '10	🍷🍷 3

Franz Haas

VIA VILLA, 6
39040 MONTAGNA/MONTAN [BZ]
TEL. 0471812280
www.franz-haas.it

藏酒销售
预约参观
年产量 300 000 瓶
葡萄种植面积 50 公顷
葡萄栽培方式 传统栽培

酒庄位于蒙塔利亚（Montagna），在弗朗兹•哈斯（Franz Haas）和路易莎•玛娜（Luisa Manna）的辛勤工作下稳步前进。夫妻俩分工明确。弗朗兹凭借高度的工作热情和丰富的经验，负责管理葡萄园和酒窖；路易莎凭借良好的沟通技巧，负责公共关系的维系工作。另外，酒庄还有一支精锐团队致力于采用有机种植方法，保持葡萄园的生态平衡。不仅是葡萄园，酒窖内有不少新鲜事。采用本地酵母发酵葡萄的实验，正在如火如荼地进行中。

Haderburg

FRAZ. BUCHOLZ
LOC. POCHI, 30
39040 SALORNO/SALURN [BZ]
TEL. 0471889097
www.haderburg.it

藏酒销售
预约参观
年产量 100 000 瓶
葡萄种植面积 12 公顷
葡萄栽培方式 有机认证

20世纪70年代，酿造起泡葡萄酒的元老奥罗斯•奥奇森雷塔先生（Alois Ochsenreiter）和妻子克里斯丁（Christine）建立了一家专门酿制起泡酒的酒庄。他们是阿尔托—阿迪杰区第一个作此尝试的，当时整个葡萄酒界都佩服他们的勇气和远见卓识。大约在10年前，他们还收购了位于伊萨科山谷（Valle Isarco）、契乌萨（Chiusa）地区的奥博马尔霍夫（Obermairlhof）葡萄园。3公顷的庄园全部用于种植本地白葡萄。

○ Manna '10	♛♛ 4
○ Müller Thurgau Sofie '11	♛♛ 2*
● A. A. Pinot Nero '10	♛♛ 5
● A. A. Pinot Nero Schweizer '09	♛♛ 6
● Istante '08	♛♛ 5
● Schiava Sofi '11	♛♛ 2*
○ A. A. Pinot Bianco '11	♛ 3
○ A. A. Pinot Grigio '11	♛ 3
○ Moscato Giallo '11	♛ 5
● A. A. Pinot Nero Schweizer '02	♛♛♛ 5
● A. A. Pinot Nero Schweizer '01	♛♛♛ 5
○ Manna '07	♛♛♛ 4
○ Manna '05	♛♛♛ 4
○ Manna '04	♛♛♛ 4

○ A. A. Spumante Brut	♛♛ 5
○ A. A. Spumante Hausmannhof Brut '03	♛♛ 6
● A. A. Merlot - Cabernet Sauvignon Erah '08	♛ 4
● A. A. Pinot Nero Hausmannhof '09	♛ 5
○ A. A. Spumante Pas Dosé '08	♛ 5
○ A. A. Spumante Hausmannhof Ris. '97	♛♛♛ 6
○ A. A. Valle Isarco Sylvaner Obermairlhof '05	♛♛♛ 3*
● A. A. Erah '03	♛♛ 5
● A. A. Pinot Nero Hausmannhof Ris. '03	♛♛ 5
○ A. A. Sauvignon Hausmannhof '08	♛♛ 4
○ A. A. Valle Isarco Gewürztraminer Obermairlhof '05	♛♛ 3*
○ A. A. Valle Isarco Riesling Obermairlhof '05	♛♛ 3*

ALTO ADIGE
阿尔托—阿迪杰区

★Hoandlhof
Manfred Nössing

Fraz. Kranebih - via dei Vigneti, 66
39042 Bressanone/Brixen [BZ]
Tel. 0472832672
www.manni-noessing.com

预约参观
年产量 17 000 瓶
葡萄种植面积 4 公顷

曼尼·诺星（Manni Nössing）才华出众，工作勤劳，热爱自己的事业。也正是由于这些美好品质，他得以迈进伊萨科山谷（Valle Isarco）白葡萄酒酿制的顶尖行列。无论是在葡萄园还是酒窖，他都是一位真正的指挥艺术家。他对酿制过程完全操控，所酿葡萄酒质量上乘。葡萄园占地4公顷，土壤松散，优越的地理位置，日夜温差明显，赋予葡萄酒独特的香气、矿物气息。今天，酒庄致力于酿制酒精度低，又可陈年的葡萄酒，保持复杂度的同时增加葡萄酒的柔滑。

○ A. A. Valle Isarco Kerner '11	🍷🍷 3*
○ A. A. Valle Isarco Sylvaner '11	🍷🍷 3*
○ A. A. Valle Isarco Veltliner '11	🍷🍷 3*
○ A. A. Valle Isarco Müller Thurgau '11	🍷🍷 3
○ A. A. Valle Isarco Kerner '10	🍷🍷🍷 3*
○ A. A. Valle Isarco Kerner '06	🍷🍷🍷 3*
○ A. A. Valle Isarco Kerner '05	🍷🍷🍷 3*
○ A. A. Valle Isarco Kerner '03	🍷🍷🍷 3*
○ A. A. Valle Isarco Kerner '02	🍷🍷🍷 3
○ A. A. Valle Isarco Sylvaner '08	🍷🍷🍷 3*
○ A. A. Valle Isarco Sylvaner '04	🍷🍷🍷 3*
○ A. A. Valle Isarco Veltliner '09	🍷🍷🍷 3*
○ A. A. Valle Isarco Veltliner '07	🍷🍷🍷 3
○ A. A. Valle Isarco Veltliner '10	🍷🍷 3

★Tenuta J. Hofstätter

P.zza Municipio, 7
39040 Termeno/Tramin [BZ]
Tel. 0471860161
www.hofstatter.com

藏酒销售
预约参观
年产量 720 000 瓶
葡萄种植面积 53.5 公顷

霍夫斯塔特酒庄（Hofstätter）位于高高的特梅诺（Termeno）广场，俯瞰着小镇的兴衰浮沉。今天，酒庄由马丁·福拉多里（Martin Foradori）管理。马丁远见卓识，一直与酒庄关系密切。葡萄园位于酒庄的中心地带，阿迪杰（Adige）河谷的两侧。其中最著名的是位于塞拉（Sella）村，种植琼瑶浆的科尔本霍夫（Kolbenhof）葡萄园以及位于马佐恩（Mazzon）的巴斯努（Barthenau）葡萄园。值得一提的是，在巴斯努（Barthenau），其中一片老葡萄田采用了藤架培育系统培植黑皮诺（Pinot nero）葡萄。

○ A. A. Gewürztraminer Joseph V. T. '10	🍷🍷 5
○ A. A. Gewürztraminer Kolbenhof '11	🍷🍷 5
○ A. A. Pinot Bianco Barthenau V. S. Michele '10	🍷🍷 4
● A. A. Pinot Nero Barthenau V. S. Urbano '09	🍷🍷 7
● A. A. Lagrein Joseph '11	🍷🍷 3
● A. A. Lagrein Steinraffler '09	🍷🍷 5
○ A. A. Pinot Bianco Joseph '11	🍷🍷 2*
● A. A. Pinot Nero Mazzon Ris. '09	🍷🍷 5
○ A. A. Gewürztraminer Kolbenhof '04	🍷🍷🍷 4
○ A. A. Gewürztraminer Kolbenhof '03	🍷🍷🍷 4
○ A. A. Gewürztraminer Kolbenhof '01	🍷🍷🍷 4
○ A. A. Gewürztraminer Kolbenhof '99	🍷🍷🍷 4
○ A. A. Gewürztraminer Kolbenhof '98	🍷🍷🍷 4

阿尔托—阿迪杰区
ALTO ADIGE

Kettmeir

VIA DELLE CANTINE, 4
39052 CALDARO/KALTERN [BZ]
TEL. 0471963135
www.kettmeir.com

藏酒销售
预约参观
年产量 350 000 瓶
葡萄种植面积 41 公顷

1919年，酒庄由朱佩塞•科特梅尔（Giuseppe Kettmeir）建立。历史悠久，在阿尔托—阿迪杰（Alto Adige）区葡萄酒界扮演的角色举足轻重，年产量逐年提高。1986年，酒庄被圣塔•玛格丽塔（Santa Margherita）集团收购。集团在重塑酒庄新形象的同时也没有忽略品牌的历史价值。同时，推出一个高品质葡萄酒项目，酒庄还自觉减低产量。其中起泡酒是重要部分，因为他们认识到，阿尔托—阿迪杰（Alto Adige）白葡萄酒是一个庞大的、可以挖掘利用的宝库。

Köfererhof
Günther Kershbaumer

FRAZ. NOVACELLA
VIA PUSTERIA, 3 - 39040 VARNA/VAHRN [BZ]
TEL. 3474778009
www.koefererhof.it

藏酒销售
预约参观
餐饮接待
年产量 80 000 瓶
葡萄种植面积 5 公顷

冈瑟•科斯宝莫（Günther Kershbaumer）被普遍看做是一个优秀的白葡萄酒酿造商。在伊萨科山谷（Valle Isarco）的高处，冈瑟一家人多年种植着葡萄，并在1995年开始装瓶出售葡萄酒。全套系列葡萄酒的质量稳步提高，达到了当前令人印象深刻的水平。独特的风土条件支撑着冈瑟•科斯宝莫（Günther Kershbaumer）的葡萄酒酿制，5公顷的葡萄园有着神奇的温差，进而造就了葡萄酒浓烈口感、带有矿物气息的特点。白葡萄酒表现出的深层次的果酸，为葡萄酒的香气增色不少。

● A. A. Moscato Rosa Athesis '09	🍷🍷🍷 5
◉ A. A. Brut Rosé Cl. Athesis	🍷🍷 3
○ A. A. Chardonnay '11	🍷🍷 2*
○ A. A. Chardonnay Maso Reiner '10	🍷🍷 3
○ A. A. Müller Thurgau Athesis '11	🍷🍷 3
○ A. A. Spumante Brut Athesis	🍷🍷 3
○ A. A. Chardonnay Reinerhof '08	🍷🍷 3
○ A. A. Müller Thurgau Athesis '10	🍷🍷 3
○ A. A. Pinot Bianco '09	🍷🍷 2*

○ A. A. Valle Isarco Pinot Grigio '11	🍷🍷🍷 3*
○ A. A. Valle Isarco Riesling '11	🍷🍷🍷 5
○ A. A. Valle Isarco Sylvaner R '11	🍷🍷🍷 5
○ A. A. Valle Isarco Veltliner '11	🍷🍷 4
○ A. A. Valle Isarco Kerner '11	🍷🍷🍷 3
○ A. A. Valle Isarco Müller Thurgau '11	🍷🍷 3
○ A. A. Valle Isarco Sylvaner '11	🍷🍷🍷 3
○ A. A. Valle Isarco Gewürztraminer '11	🍷 4
○ A. A. Valle Isarco Pinot Grigio '09	🍷🍷🍷 3*
○ A. A. Valle Isarco Riesling '10	🍷🍷🍷 4
○ A. A. Valle Isarco Sylvaner R '09	🍷🍷🍷 4
○ A. A. Valle Isarco Sylvaner R '08	🍷🍷🍷 4
○ A. A. Valle Isarco Sylvaner R '07	🍷🍷🍷 4
○ A. A. Valle Isarco Sylvaner R '06	🍷🍷🍷 4

阿尔托—阿迪杰区
ALTO ADIGE

Tenuta Kornell
FRAZ. SETTEQUERCE
VIA BOLZANO, 23
39018 TERLANO/TERLAN [BZ]
TEL. 0471917507
www.kornell.it

藏酒销售
预约参观
年产量 60 000 瓶
葡萄种植面积 15 公顷

特奴塔•科内尔（Tenuta Kornell）庄园历史悠久，最早的文字记载可追溯到1210年。而布里吉尔（Brigl）家族也同样拥有很长的酿酒传统。他们于1927年来到这里，并从2001年起挂牌销售葡萄酒。酒庄的现任庄主弗洛里安·布里吉尔（Florian Brigl）非常热爱他的工作。他打理的15公顷葡萄园有12公顷为酒庄所有，处在松软的黏土、砂土和斑岩土上，加之温暖的气候条件，使得葡萄不受极端温度的侵扰。出产的全套系列葡萄酒风格奔放，口感精准，品质可靠，带有浓郁的地中海风味。

Tenuta Kränzl
Graf Franz Pfeil
VIA PALADE, 1
39010 CERMES/TSCHERMS [BZ]
TEL. 0473564549
www.labyrinth.bz

藏酒销售
预约参观
年产量 35 000 瓶
葡萄种植面积 6 公顷
葡萄栽培方式 传统栽培

弗朗泽•佩菲尔（Franz Pfeil）是一个敏感、有独创精神和奉行折衷主义的人。他生活的中心就是他那充满艺术气息、令人愉悦的花园。弗朗泽（Franz）的酿酒理念就是一切尊崇自然，酿酒过程也全面考虑到对环境产生的影响，所酿葡萄酒质量总是十分可靠。弗朗泽（Franz）亲自打理葡萄园，试图通过横向的方法赋予葡萄酒复杂度。

● A. A. Cabernet Staves Ris. '09	▼▼ 3
● A. A. Lagrein Staves Ris. '09	▼▼ 3
○ A. A. Sauvignon '11	▼▼ 3
○ A. A. Gewürztraminer Damian '11	▼ 3
● A. A. Lagrein Greif '11	▼ 3
○ A. A. Pinot Bianco Eich '11	▼ 3
● A. A. Cabernet Sauvignon Staves '04	▽▽ 5
● A. A. Lagrein Greif '10	▽▽ 4
● A. A. Lagrein Staves Ris. '07	▽▽ 4*
● A. A. Merlot-Cabernet Sauvignon Staves '03	▽▽ 5
○ A. A. Pinot Bianco Eich '10	▽▽ 5
○ A. A. Sauvignon Cosmas '09	▽▽ 3
○ A. A. Sauvignon Cosmas '07	▽▽ 3*
● A. A. Zeder '07	▽▽ 5*

● Schiava Baslan '10	▼▼ 3*
● A. A. Meranese Meraner Hügel '11	▼▼ 3
○ Pinot Bianco Helios '11	▼▼ 4
● Pinot Nero Graf Pfeil '09	▼▼ 3
○ A. A. Pinot Bianco Passito Dorado '09	▽▽ 5
● A. A. Cabernet Lagrein Sagittarius '09	▽▽ 3
● A. A. Meranese Hügel Baslan Ris. '05	▽▽ 3*
○ A. A. Pinot Bianco Helios '08	▽▽ 4
○ Farnatzer '00	▽▽ 8
○ Pinot Bianco Helios '10	▽▽ 4
○ Pinot Bianco Helios '07	▽▽ 4
● Sagittarius '05	▽▽ 5
● Schiava Baslan '09	▽▽ 3*
● Schiava Baslan '07	▽▽ 3*

阿尔托—阿迪杰区
ALTO ADIGE

★Kuenhof - Peter Pliger
Loc. Mara, 110
39042 Bressanone/Brixen [BZ]
Tel. 0472850546
pliger.kuenhof@rolmail.net

藏酒销售
预约参观
年产量　26 000 瓶
葡萄种植面积　6　公顷
葡萄栽培方式　传统栽培

皮特•普利格（Peter Pliger）把自己的全部心血奉献给葡萄园，诠释了人和土地、种植者的激情与自然的力量相互交织的理念。凭借准确的经营理念，所酿葡萄酒定位清晰，酒体强劲，个性十足，充分释放了时间和葡萄园赋予它们的特质，展现了伊萨科山谷（Valle Isarco）上游这片风土的魔力。所有的葡萄园坐落在海拔800米的陡坡，显著的温差成就了葡萄绝妙的香味、特性和酸度。皮特的妻子协助他的工作。

Alois Lageder
Loc. Tòr Löwengang
v.lo dei Conti, 9
39040 Magré/Margreid [BZ]
Tel. 0471809500
www.aloislageder.eu

藏酒销售
预约参观
餐饮接待
年产量　1 500 000 瓶
葡萄种植面积　52 公顷
葡萄种植面积　生机互动农耕认证

酒庄由两部分组成：一部分是阿罗伊斯•拉加德（Alois Lageder）酒产区，酿造选用的葡萄从种植者手中购来，生产过程由酿酒厂的技术人员监控；另一部分是特鲁塔•拉加德（Tenutæ Lageder）酒产区，用于发酵的葡萄产自酒庄50多公顷的葡萄园。自20世纪90年代开始采用生机互动耕作法进行栽种，产出了让酒庄名声大噪的酒品——罗文冈葡萄酒（Löwengang）、卡拉法斯葡萄酒（Krafuss）和赤霞珠葡萄酒（Cor Römigberg）。虽然酒庄的年产量略低于300 000瓶，但所有的酒品优雅柔软、别具一格又忠实于产地风土条件。

○ A. A. Valle Isarco Riesling Kaiton '11	♥♥♥ 4*
○ A. A. Valle Isarco Veltliner '11	♥ 4
○ A. A. Valle Isarco Sylvaner '11	♥♥ 4
○ A. A. Valle Isarco Riesling Kaiton '10	♥♥♥ 4
○ A. A. Valle Isarco Riesling Kaiton '07	♥♥♥ 3*
○ A. A. Valle Isarco Riesling Kaiton '05	♥♥♥ 3*
○ A. A. Valle Isarco Sylvaner '08	♥♥♥ 3
○ A. A. Valle Isarco Sylvaner '06	♥♥♥ 3*
○ A. A. Valle Isarco Sylvaner '03	♥♥♥ 3*
○ A. A. Valle Isarco Sylvaner '02	♥♥♥ 3*
○ A. A. Valle Isarco Sylvaner V.T. '04	♥♥♥ 3*
○ A. A. Valle Isarco Veltliner '09	♥♥♥ 3*
○ Kaiton '01	♥♥♥ 3
○ Kaiton '99	♥♥♥ 3

● A. A. Cabernet Sauvignon Cor Römigberg '08	♥♥♥ 7
● A. A. Cabernet Löwengang '08	♥♥ 6
○ A. A. Pinot Grigio Porer '11	♥♥ 4
● A. A. Pinot Nero Krafuss '09	♥♥ 6
● A. A. Pinot Bianco Haberle '11	♥♥ 3
● Casòn '09	♥ 5
● A. A. Pinot Noir Apollonia '09	♥ 5
● A. A. Cabernet Löwengang '07	♥♥♥ 6
● A. A. Cabernet Löwengang '92	♥♥♥ 6
● A. A. Cabernet Sauvignon Cor Romigberg '90	♥♥♥ 6
○ A. A. Chardonnay Löwengang '89	♥♥♥ 6
○ A. A. Pinot Bianco Haberlerhof '93	♥♥♥ 6
○ A. A. Terlano Sauvignon Lehenhof '88	♥♥♥ 6
● A. A. Lagrein Lindenburg '07	♥♥ 6

阿尔托—阿迪杰区

ALTO ADIGE

Laimburg
LOC. LAIMBURG, 6
39040 VADENA/PFATTEN [BZ]
TEL. 0471969700
www.laimburg.bz.it

预约参观
年产量 160 000 瓶
葡萄种植面积 42 公顷

兰堡（Laimburg）酒庄建立于20世纪70年代，是博尔扎诺（Bolzano）省农业实验中心的一部分，用于开展促进农业创新的研究项目。这里出品的葡萄酒取材于占地40多公顷的葡萄园。这些葡萄园数量众多，散布在博尔扎诺（Bolzano）省的各个地方，往往处在重要的地理位置。酒窖设有两个系列酒，一个是酿制新酒的宝乐葡萄酒（Vini di Podere），另一条是更有竞争力的赛里基恩（Selezione Maniero）葡萄酒，该系列酒通常需要在橡木桶陈化。

Loacker Schwarhof
LOC. SANTA GIUSTINA, 3
39100 BOLZANO/BOZEN
TEL. 0471365125
www.loacker.net

藏酒销售
预约参观
年产量 60 000 瓶
葡萄种植面积 7 公顷
葡萄栽培方式 生机互动农耕认证

斯沃（Schwarhof）酒庄始建于14世纪，由哈佑（Hayo）和弗朗泽•约瑟夫•洛克（Franz Josef Loacker）精心打理。酒庄位于圣塔•玛塔莲娜（Santa Maddalena），由他们的父亲兰内（Rainer）于1978年收购得来。他们把酿酒工作看做生命的一部分，尊重自然环境，与自然和谐共处。葡萄园采用生机互动耕作技术和顺势疗法，遵循自然规律种植。酒窖全面奉行自然酿酒的理念。该家族一直坚持在这条道路上前进，积极应对挑战，改进出现的不足。今天，酒庄已经发展成熟，酿造出了很多非常有趣、魅力十足而别具一格的葡萄酒。

● A. A. Lagrein Barbagòl Ris. '09	🍷🍷 5
○ A. A. Pinot Bianco '11	🍷🍷 3*
● A. A. Cabernet Sauvignon Sass Roà Ris. '09	🍷🍷 5
● A. A. Lago di Caldaro Scelto Olleitenhof '11	🍷🍷 3
● A. A. Pinot Nero Ris. '09	🍷🍷 3
○ A. A. Riesling '10	🍷🍷 3
○ A. A. Gewürztraminer Elyònd '10	🍷 4
○ A. A. Sauvignon Oyèll '11	🍷 4
● Col de Réy '07	🍷 6
○ A. A. Gewürztraminer '94	🍷🍷🍷 5
● A. A. Lagrein Scuro Barbagòl Ris. '00	🍷🍷🍷 5
● A. A. Lagrein Barbagòl Ris. '07	🍷🍷 5
● A. A. Pinot Nero Selyèt Ris. '07	🍷🍷 5
● A. A. Pinot Nero Selyèt Ris. '06	🍷🍷 4

● A. A. Lagrein Gran Lareyn Ris. '10	🍷🍷 4
● A. A. Santa Maddalena Morit '11	🍷🍷 3
○ Gewürztraminer Atagis '11	🍷🍷 5
● Kastlet '09	🍷🍷 5
● Lagrein Gran Lareyn '10	🍷🍷 5
● A. A. Merlot Ywain '10	🍷 4
● Pinot Nero Norital '10	🍷 4
● A. A. Merlot Ywain '04	🍷🍷🍷 4*
○ A. A. Chardonnay Ateyon '06	🍷🍷 4
● A. A. Lagrein Gran Lareyn '09	🍷🍷 4
● A. A. Lagrein Gran Lareyn '07	🍷🍷 4
● A. A. Lagrein Gran Lareyn Ris. '07	🍷🍷 4
● A. A. Pinot Nero Norital '07	🍷🍷 4*
● A. A. Santa Maddalena Morit '10	🍷🍷 3

阿尔托—阿迪杰区
ALTO ADIGE

Manincor
loc. San Giuseppe al Lago, 4
39052 Caldaro/Kaltern [BZ]
Tel. 0471960230
www.manincor.com

藏酒销售
预约参观
年产量 250 000 瓶
葡萄种植面积 50 公顷
葡萄栽培方式 生机互动农耕认证

20世纪90年代，迈克尔·古斯·恩泽伯格（Michael Goëss-Enzenberg）决定建立一个长期运营、志向远大的酒庄，以进一步发展其历史悠久的葡萄园。今天，葡萄的发酵在以2004年开始运营的酒窖里进行，产出的美酒让玛尼科尔（Manincor）酒庄在近几年名声大噪，使其逐渐发展成阿尔托—阿迪杰区最有趣的酒庄之一。几年前，酒庄开始采用生物动力学的管理方法，同时合理控制管理尺度，以求在葡萄园建立起自然的平衡，培育健康的葡萄，进而酿造出能诠释地域特色的酒品。2008年起，赫尔穆特·佐欣（Helmut Zozin）管理酒庄。作为葡萄酒界的一个领军人物，他极具个性和人格魅力。

○ A. A. Terlano Chardonnay Sophie '11	♛♛ 4*
○ A. A. Terlano Pinot Bianco Eichhorn '11	♛♛ 4
○ A. A. Terlano Réserve della Contessa '11	♛♛ 3*
○ A. A. Moscato Giallo '11	♛♛ 3*
○ A. A. Terlano Sauvignon Lieben Aich '10	♛♛ 4
● Cassiano '09	♛♛ 5
● A. A. Pinot Nero Mason '10	♛ 7
● A. A. Cabernet Sauvignon Cassiano '97	♛♛♛ 5
○ A. A. Terlano Pinot Bianco Eichhorn '10	♛♛ 4
○ A. A. Terlano Pinot Bianco Eichhorn '09	♛♛♛ 4
○ A. A. Terlano Sauvignon '08	♛♛♛ 4
○ A. A. Terlano Chardonnay Sophie '10	♛♛ 4
○ A. A. Terlano Sauvignon di Lieben Aich '10	♛♛ 4
○ A. A. Terlano Sauvignon Lieben Aich '09	♛♛ 6

K. Martini & Sohn
loc. Cornaiano
via Lamm, 28 - 39057 Appiano/Eppan [BZ]
Tel. 0471663156
www.martini-sohn.it

藏酒销售
年产量 250 000 瓶
葡萄种植面积 30 公顷

马蒂尼&索恩（K.Martini&Sohn）是一个可靠的酒庄，提供的葡萄酒酿制细腻、价格合理。酒庄于1979年由卡尔·马蒂尼（Karl Martini）和儿子加布里埃尔（Gabriel）创建，今天，卡尔的孙子马伦（Maren）和卢卡斯（Lukas）也加入管理队伍当中。卢卡斯通过不懈的努力为葡萄酒确立了特定的风格，给这个家族企业注入了新的活力。葡萄原料由一系列经过精选的种植者伙伴提供，另有少量由酒庄自家葡萄园生产得到。酒庄最重要的酒品生产线是马图洛姆葡萄酒（Maturum）生产线和帕拉蒂姆葡萄酒（Palladium）生产线。

○ A. A. Sauvignon Palladium '11	♛♛ 4
○ A. A. Chardonnay Maturum '10	♛♛ 4
● A. A. Lagrein-Cabernet Coldirus Palladium '10	♛♛ 4
○ A. A. Pinot Bianco Palladium '11	♛♛ 3
● A. A. Schiava Palladium '11	♛♛ 2*
○ A. A. Chardonnay Palladium '11	♛ 3
● A. A. Lagrein Maturum '10	♛ 5
○ A. A. Pinot Grigio '11	♛ 2
● A. A. Pinot Nero Palladium '10	♛ 4
○ A. A. Sauvignon Palladium '04	♛♛♛ 2*
● A. A. Lagrein Maturum '09	♛♛ 5
● A. A. Lagrein Scuro Maturum '07	♛♛ 5
● A. A. Lagrein Scuro Maturum '01	♛♛ 4
○ A. A. Sauvignon Palladium '10	♛♛ 3

ALTO ADIGE

Cantina Meran Burggräfler
VIA PALADE, 64
39020 MARLENGO/MARLING [BZ]
TEL. 0473447137
www.cantinamerano.it

藏酒销售
预约参观
年产量 1 000 000 瓶
葡萄种植面积 260 公顷

这家重要的联营酒庄由巴格拉弗勒（Produttori Burggräfler）葡萄酒生产商和梅拉诺（Merano）酒庄合并而成。今天，经营这家联合酒庄的是主席卡斯帕·普拉特泽（Kaspar Platzer），经理泽诺·斯塔夫勒（Zeno Staffler）和任职多年的酿酒师斯蒂芬·凯普芬格（Stefan Kapfinger）。斯蒂芬（Stefan）拥有的一系列非凡的葡萄园从拉纳（Lana）蔓延至瓦尔·维诺斯塔（Val Venosta）。380名酒庄成员悉心打理着这片风土条件突出的土地。两家酒庄的合并促使了新的葡萄酒品牌梅拉恩（Meran）的诞生，同时也调整了全套酒品系列的结构。

★Cantina Convento Muri-Gries
FRAZ. GRIES
P.ZZA GRIES, 21 - 39100 BOLZANO/BOZEN
TEL. 0471282287
www.muri-gries.com

藏酒销售
预约参观
年产量 650 000 瓶
葡萄种植面积 30 公顷

很久以前，本笃会士们被人从瑞士的穆里（Muri）修道院驱逐了出去。到了1027年，他们收到了捐助，在格利斯（Gries）的修道院定居下来。穆里·格利斯（Muri Gries）酒庄诞生于1845年，20世纪初期，这里的修道士们开始酿造非瓶装的葡萄酒，立刻赢得了良好的声誉。庄园位于格利斯（Gries）河漫滩上，处在适合种植拉格莱恩（Lagrein）葡萄的沃土上。因此，酒庄最出色的酒品当属自20世纪80年代起由多才又热忱的酿酒师克里斯蒂安·乌斯（Christian Wurth）酿制的拉格莱恩（Lagrein）葡萄酒。酒窖产出的酒品现已取得了很高的声望，获得了很多人的青睐。

● A. A. Meranese Schickenburg Graf von Meran '11	▼▼▼ 3*
○ A. A. Moscato Giallo Passito Sissi '09	▼▼ 6
○ A. A. Val Venosta Pinot Bianco Sonnenberg '11	▼▼ 3*
○ A. A. Kerner Graf Von Meran '11	▼▼▼ 3
○ A. A. Pinot Bianco Graf Von Meran '11	▼▼▼ 3
● A. A. Pinot Nero Zeno '10	▼▼▼ 5
○ A. A. Riesling Graf von Meran '11	▼▼▼ 3
○ A. A. Gewürztraminer Labers '11	▼ 4
○ A. A. Moscato Giallo Graf von Meran '11	▼ 3
○ A. A. Pinot Bianco Tyrol '11	▼ 4
○ A. A. Sauvignon Graf von Meran '11	▼ 3
○ A. A. Sauvignon Mervin '11	▼ 4
○ A. A. Val Venosta Pinot Bianco Sonnenberg '08	♀♀♀ 2*

● A. A. Lagrein Abtei Muri Ris. '09	▼▼▼ 5
○ A. A. Bianco Abtei Muri '10	▼▼ 3*
○ A. A. Moscato Rosa Abtei Muri '10	▼▼ 5
● A. A. Lagrein '11	▼▼ 3
○ A. A. Pinot Grigio '11	▼▼ 2*
● A. A. Schiava Grigia '11	▼▼ 2*
○ A. A. Muller Thurgau '11	▼ 2
● A. A. Pinot Nero '11	▼ 3
● A. A. Pinot Nero Abtei Muri Ris. '09	▼ 5
○ A. A. Terlano Pinot Bianco '11	▼ 2
● A. A. Lagrein Abtei Ris. '07	♀♀♀ 5
● A. A. Lagrein Abtei Ris. '06	♀♀♀ 4
● A. A. Lagrein Abtei Ris. '05	♀♀♀ 4
● A. A. Lagrein Abtei Ris. '04	♀♀♀ 4
● A. A. Lagrein Abtei Ris. '03	♀♀♀ 4
● A. A. Lagrein Abtei Ris. '02	♀♀♀ 4

ALTO ADIGE
阿尔托—阿迪杰区

Cantina Nals Margreid
VIA HEILIGENBERG, 2
39010 NALLES/NALS [BZ]
TEL. 0471678626
www.kellerei.it

藏酒销售
预约参观
年产量 900 000 瓶
葡萄种植面积 150 公顷

纳尔斯·马格雷迪（Nals Margreid）酒庄的新酒窖由建筑师马库斯·舍雷尔（Markus Scherer）设计，充分反映了酒庄管理者哥提尔德·波令格（Gottfried Pollinger）的雄心壮志。凭借酿酒师哈拉尔德·斯克拉夫（Harald Schraffl）多年来的不懈努力和精湛技艺，酒庄展现的风格变得越来越清晰，反映的风土特色也越来越真实。酒庄的进步没有捷径可言，全靠孜孜不倦的工作和对酿酒事业的尊重。这一高瞻远瞩的战略目的是巩固酒庄在阿尔托—阿迪杰区酿酒商之中已建立的重要地位。

○ A. A. Pinot Bianco Sirmian '11	🍷🍷🍷 3*
○ A. A. Pinot Grigio Punggl '11	🍷🍷🍷 3*
○ A. A. Sauvignon Mantele '11	🍷🍷 3*
● A. A. Schiava Galea '11	🍷 3*
○ A. A. Chardonnay '11	🍷🍷 2*
○ A. A. Gewürztraminer Lyra '11	🍷🍷 3
● A. A. Lagrein Gries Ris. '09	🍷🍷 4
● A. A. Merlot - Cabernet Anticus Baron Salvadori Ris. '09	🍷🍷 5
● A. A. Merlot Levad '10	🍷🍷 3
● A. A. Pinot Nero Mazzon '09	🍷🍷 4
● A. A. Cabernet Lafot '09	🍷 3
○ A. A. Moscato Giallo Passito Baronesse '09	🍷 6
○ A. A. Pinot Bianco Sirmian '10	🍷🍷🍷 3*
○ A. A. Pinot Bianco Sirmian '09	🍷🍷🍷 3*

Josef Niedermayr
LOC. CORNAIANO/GIRLAN
VIA CASA DI GESÙ, 15/23
39057 APPIANO/EPPAN [BZ]
TEL. 0471662451
www.niedermayr.it

藏酒销售
预约参观
年产量 220 000 瓶
葡萄种植面积 30 公顷

约瑟夫·涅得迈尔（Josef Niedermayr）是阿尔托—阿迪杰区的一个重要人物，其酒庄生产的可靠、经典的葡萄酒为该地区的现代化发展作出了积极贡献。约瑟夫（Josef）家族的历史悠久，祖上可追溯到19世纪中叶。近年来，酒庄降低了葡萄酒产量，于2002年重新装修了新酒窖，近年所选用的葡萄产自自家30公顷的葡萄园。这种新的理念旨在提高酒品质量，落实家庭式管理的经营方针。

● A. A. Lagrein Gries Ris. '10	🍷🍷 5
● A. A. Lagrein Gries Blacedelle '11	🍷🍷 3
● A. A. Schiava Ascherhof '11	🍷🍷 2*
○ A. A. Gewürztraminer Passito Aureus '10	🍷 5
● A. A. Pinot Nero Ris. '10	🍷 5
○ A. A. Aureus '99	🍷🍷🍷 6
○ A. A. Aureus '98	🍷🍷🍷 6
○ A. A. Aureus '95	🍷🍷🍷 6
○ A. A. Aureus '07	🍷🍷 6
○ A. A. Aureus '06	🍷🍷 6
○ A. A. Aureus '05	🍷🍷 6
● A. A. Lagrein Gries Ris. '09	🍷🍷 5
● A. A. Lagrein Gries Ris. '08	🍷🍷 5
○ A. A. Sauvignon Naun '10	🍷🍷 3

ALTO ADIGE

阿尔托—阿迪杰区

Ignaz Niedrist

Loc. Cornaiano/Girlan
via Ronco, 5 - 39050 Appiano/Eppan [BZ]
Tel. 0471664494
ignazniedrist@rolmail.net

藏酒销售
预约参观
年产量 40 000 瓶
葡萄种植面积 6.5 公顷

伊格纳兹·涅德里斯特（Lgnaz Niedrist）是一个传奇式的人物，极富智慧，技艺高超，是整个地区酿酒商的榜样。这个不折不扣的葡萄种植者在柯尔特兰吉奥酒庄（Colterenzio）工作了很长一段时间后，于20世纪90年代初开始投身于自家酒庄的工作。现在，他的努力获得了丰厚的回报。在消费者的眼里，伊格纳兹刻有猫头鹰标志的酒品标签就是纤细优秀、令人兴奋的葡萄酒的象征。

○ A. A. Riesling Berg '11	🍷🍷🍷 4*
○ A. A. Terlano Pinot Bianco '11	🍷🍷 3*
○ Trias '11	🍷🍷 4
● A. A. Lagrein '10	🍷🍷 4
● A. A. Pinot Nero '10	🍷🍷 5
○ A. A. Terlano Sauvignon '11	🍷🍷 4
○ A. A. Terlano Sauvignon '10	🍷🍷🍷 3
○ A. A. Terlano Sauvignon '00	🍷🍷🍷 3*
● A. A. Lagrein Berger Gei '07	🍷🍷 4
● A. A. Pinot Nero '09	🍷🍷 4
○ A. A. Riesling Berg '10	🍷🍷 3
○ A. A. Terlano Pinot Bianco '10	🍷🍷 3*

Niklaserhof - Josef Sölva

Loc. San Nicolò
via delle Fontane, 31a
39052 Caldaro/Kaltern [BZ]
Tel. 0471963434
www.niklaserhof.it

藏酒销售
预约参观
年产量 50 000 瓶
葡萄种植面积 6 公顷

哲学家米歇尔·塞尔（Michel Serres）在2010年说："我们可以让变革创新和承袭传统同时进行。"约瑟夫·索尔瓦（Josef Sölva）和儿子迭特（Dieter）对此深有体会。事实上，他们在工作中十分尊重传统，同时又立足现代。真正的白葡萄酒专家约瑟夫一如既往地在葡萄园和酒窖里辛勤工作着，酿造出了倍受青睐的白皮诺（Pinot Bianco）葡萄酒。值得一提的是，尼科拉瑟霍夫（Niklaserhof）还是一个优秀的农庄。

● A. A. Lago di Caldaro See Charta '11	🍷🍷 2*
● A. A. Lagrein Mondevinum Ris. '09	🍷🍷 4
● A. A. Lagrein-Cabernet Klaser Ris. '09	🍷🍷 4
○ A. A. Pinot Bianco Weingut Niklas '11	🍷🍷 2*
○ A. A. Kerner Weingut Niklas '11	🍷 3
● A. A. Lagrein '10	🍷 2
○ A. A. Sauvignon Weingut Niklas '11	🍷 3
● A. A. Lago di Caldaro Scelto Cl. '08	🍷🍷 2*
○ A. A. Pinot Bianco Klaser Ris. '09	🍷🍷 3
○ A. A. Pinot Bianco Weingut Niklas '10	🍷🍷 2
○ A. A. Sauvignon Weingut Niklas '10	🍷🍷 2

阿尔托—阿迪杰区 ALTO ADIGE

Obermoser
H. & T. Rottensteiner

Fraz. Rencio
via Santa Maddalena, 35
39100 Bolzano/Bozen
Tel. 0471973549
www.obermoser.it

藏酒销售
预约参观
年产量 32 000 瓶
葡萄种植面积 3.8 公顷

罗特斯坦纳（Rottensteiner）家族的葡萄园位于圣塔•玛塔莲娜（Santa Maddalena）的山上。自1890年克里斯蒂安（Christian）收购第一批葡萄田开始，他们就一直打理着。从那时起，酒庄一直生产拉格林葡萄酒（Lagrein）和圣塔•玛塔莲娜葡萄酒（Santa Maddalena），根深蒂固的家族酿酒传统保证了酒品的风格无可挑剔、经典而纯正。今天，海恩里奇•罗特斯坦纳（Heinrich Rottensteiner）与儿子托马斯（Thomas）管理酒庄。整个系列的出品质量可靠，值得一提的是，拉格莱恩•格拉芬雷特恩（Lagrein Grafenleiten）葡萄酒是同类型中最有趣的酒款之一。

Pacherhof - Andreas Huber

Fraz. Novacella
v.lo Pacher, 1 - 39040 Varna/Vahrn [BZ]
Tel. 0472835717
www.pacherhof.com

藏酒销售
预约参观
膳宿接待
年产量 80 000 瓶
葡萄种植面积 8 公顷
葡萄栽培方式 传统栽培

安德里亚斯•胡贝尔（Andreas Huber）和父亲约瑟夫（Josef）是伊萨科山谷（Valle Lsarco）的第一批葡萄种植者，家族祖上的葡萄种植传统可以追溯到19世纪。他们的帕切霍夫（Pacherhof）酒庄位于诺瓦塞拉（Novacella）修道院之上，毗邻布莱萨诺（Bressanone）；葡萄园坐落在海拔600多米的地方，占地面积约8公顷。约安德烈的曾祖父约瑟夫•胡贝尔（Josef Huber）是在这个河谷栽培葡萄的先行者，引进了几种白皮葡萄，如塞尔瓦纳（Sylvaner）和灰皮诺（Pinot Grigio）。

● A. A. Lagrein Grafenleiten Ris. '10	💰💰 5
● A. A. Cabernet Sauvignon Putz Ris. '09	💰💰 5
● A. A. Lagrein '11	💰💰 3
● A. A. Santa Maddalena Cl. '11	💰💰 3
● A. A. Lagrein Grafenleiten Ris. '09	💰💰 4
● A. A. Cabernet-Merlot Putz Ris. '05	💰💰 4
● A. A. Lagrein '10	💰💰 3
● A. A. Lagrein '09	💰💰 3*
● A. A. Lagrein '08	💰💰 3*
● A. A. Lagrein Scuro Grafenleiten Ris. '07	💰💰 4
● A. A. Santa Maddalena Cl. '10	💰💰 3
● A. A. Santa Maddalena Cl. '09	💰💰 2
● A. A. Santa Maddalena Cl. '08	💰💰 2*

○ A. A. Valle Isarco Pinot Grigio '11	💰💰 4
○ A. A. Valle Isarco Riesling '11	💰💰 4
○ A. A. Sauvignon '11	💰 4
○ A. A. Valle Isarco Kerner '11	💰 3
○ A. A. Valle Isarco Müller Thurgau '11	💰 3
○ A. A. Valle Isarco Sylvaner Vigne Vecchie '11	💰 5
○ A. A. Valle Isarco Veltliner '11	💰💰 4
○ A. A. Valle Isarco Riesling '04	💰💰 3
○ A. A. Valle Isarco Sylvaner Alte Reben '05	💰💰 4
○ A. A. Valle Isarco Riesling '08	💰💰 4
○ A. A. Valle Isarco Sylvaner Alte Reben '10	💰💰 5
○ A. A. Valle Isarco Sylvaner Alte Reben '09	💰💰 5
○ A. A. Valle Isarco Sylvaner Alte Reben '08	💰💰 5
○ A. A. Valle Isarco Sylvaner Alte Reben '07	💰💰 4

ALTO ADIGE
阿尔托—阿迪杰区

Pfannenstielhof Johannes Pfeifer
via Pfannestiel, 9 - 39100 Bolzano/Bozen
Tel. 0471970884
www.pfannenstielhof.it

藏酒销售
预约参观
年产量 40 000 瓶
葡萄种植面积 4 公顷

约翰内斯•普费尔（Johannes Pfeifer）是一个细心的种植者。他打理的葡萄园占地4公顷，坐落在雷侬（Renon）的向阳山坡，松散的土壤十分适合种植斯奇亚瓦（Schiava）和拉格莱恩（Lagrein）葡萄。如果你正在寻找经典风格的葡萄酒，那么这家酒庄是你的不二选择。这里产出的斯奇亚瓦（Schiava）和拉格莱恩（Lagrein）葡萄酒一贯拥有上佳的稠厚度，实属同类酒品优秀代表。酒庄的招牌是圣塔•玛塔莲娜（Santa Maddalena）葡萄酒，气质优雅，个性十足。葡萄藤适当的树龄保证酒品具有良好的稠度和层次感。

● A. A. Lagrein Ris. '09	🍷🍷 5
● A. A. Lagrein vom Boden '11	🍷🍷 3
● A. A. Santa Maddalena Cl. '11	🍷🍷 3
● A. A. Santa Maddalena Cl. '09	🍷🍷🍷 2*
● A. A. Lagrein Ris. '08	🍷🍷 5
● A. A. Lagrein Ris. '07	🍷🍷 4
● A. A. Lagrein vom Boden '10	🍷🍷 3*
● A. A. Pinot Nero '08	🍷🍷 3
● A. A. Pinot Nero '07	🍷🍷 3*
● A. A. Santa Maddalena Cl. '10	🍷🍷 3*

Tenuta Ritterhof
s.da del Vino, 1
39052 Caldaro/Kaltern [BZ]
Tel. 0471963298
www.ritterhof.it

藏酒销售
预约参观
年产量 290 000 瓶
葡萄种植面积 7.5 公顷

特奴塔•里特霍夫（Tenuta Ritterhof）酒庄的主人罗纳（Roner）家族拥有光荣的酿酒传统，其利用传统方式生产出的经典葡萄酒价格合理、制作精良。他们所用的葡萄产自自家位于卡尔达罗（Caldaro）和特梅诺（Termeno）的7公顷葡萄园，以及与酒庄长期合作的种植者所拥有的40公顷葡萄园。酿酒师伯恩哈德•哈尼斯（Bernhard Hannes）一心一意地打理着酒庄事务。到这里旅游观光的游客可以到酒庄餐馆用餐，然后参观酿酒厂，品尝格拉帕斯（Grappas）和美味果酒。

○ A. A. Pinot Grigio Ritterhof '11	🍷🍷 2*
○ A. A. Chardonnay '11	🍷🍷 2*
○ A. A. Gewürztraminer Ritterhof '11	🍷🍷 3
● A. A. Lago di Caldaro Cl. Sup. Ritterhof '11	🍷🍷 2*
● A. A. Cabernet Merlot Crescendo '08	🍷 4
● A. A. Lagrein Manus Crescendo '09	🍷 4
● A. A. Merlot Crescendo '08	🍷 4
○ A. A. Pinot Bianco Ritterhof '11	🍷 2
● A. A. Santa Maddalena Perlhof '11	🍷 2
○ A. A. Sauvignon Ritterhof '11	🍷 2
○ A. A. Gewürztraminer Crescendo '10	🍷🍷 4
● A. A. Lago di Caldaro Cl. Ritterhof '10	🍷🍷 2*
● A. A. Lagrein Manus Crescendo Ris. '07	🍷🍷 4
○ A. A. Pinot Bianco Ritterhof '10	🍷🍷 2*
○ A. A. Pinot Nero Crescendo Ris. '08	🍷🍷 5

Röckhof - Konrad Augschöll

via San Valentino, 9
39040 Villandro/Villanders [BZ]
Tel. 0472847130
roeck@rolmail.net

藏酒销售
预约参观
餐饮接待
年产量 10 000 瓶
葡萄种植面积 3 公顷

这家由孔莱德·奥古斯切奥（Konrad Augschöll）管理的15世纪酒庄位于从契乌萨（Chiusa）通向维拉德罗（Villandro）的道路边，处在伊萨克山谷（Isarco）的右岸。占地3公顷的葡萄园海拔600米到700米之间，主要种植白葡萄，还有少量的红皮黑皮诺（Pinot Nero）和泽维盖特葡萄（Zweigelt）以满足农庄运营的需要。产出的葡萄酒味道正宗，个性丰富，总是令人兴奋，肯定不会辜负等待已久的葡萄酒爱好者的期望。

○ A. A. Valle Isarco Veltliner '11	🍷🍷🍷 3*
○ Caruess '11	🍷🍷 3*
○ A. A. Valle Isarco Müller Thurgau '11	🍷🍷 3
○ A. A. Valle Isarco Riesling '11	🍷 3
○ A. A. Valle Isarco Riesling Viel Anders '08	🍷🍷🍷 3*
○ A. A. Valle Isarco Müller Thurgau '10	🍷🍷 3*
○ A. A. Valle Isarco Riesling Viel Anders '10	🍷🍷 3*
○ A. A. Valle Isarco Riesling Viel Anders '09	🍷🍷 3*
○ Caruess '10	🍷🍷 3
○ Caruess '09	🍷🍷 3*

Hans Rottensteiner

fraz. Gries
via Sarentino, 1a - 39100 Bolzano/Bozen
Tel. 0471282015
www.rottensteiner-weine.com

藏酒销售
预约参观
年产量 450 000 瓶
葡萄种植面积 10 公顷

托尼（Toni）和汉尼斯·罗特斯坦纳（Hanes Rottensteiner）的姓揭示了他们的家处在雷特霍夫（Reiterhof）地区的红色石头上。这种红石指的是斑岩，十分适合斯奇亚瓦（Schiava）葡萄的生长。事实上，在家族悠久的葡萄酒传统中，斯奇亚瓦（Schiava）一直占据着重要的地位。酿酒厂位于博尔扎诺（Bolzano）省的北部，瓦尔·萨伦迪诺（Val Sarentino）的入口处。葡萄的原产地与种植者之间有着特殊的联系，比如，沃格尔斯（Vogels）或克里斯特普罗那霍夫（Kristplonerhof）来自普雷姆斯塔勒霍夫（Premstallerhof）。

○ A. A. Chardonnay '11	🍷🍷 2*
● A. A. Santa Maddalena Cl. Premstallerhof '11	🍷🍷 2*
● A. A. Schiava Nobile Kristplonerhof '11	🍷🍷 2*
● A. A. Gewürztraminer Passito Cresta '10	🍷 6
● A. A. Lagrein Grieser Select Ris. '09	🍷 4
○ A. A. Pinot Bianco Carnol '11	🍷 2
○ A. A. Pinot Grigio '11	🍷 2
● Prem '11	🍷 3
○ A. A. Chardonnay '10	🍷🍷 2*
○ A. A. Müller Thurgau '10	🍷🍷 2*
○ A. A. Pinot Bianco Carnol '10	🍷🍷 2*
● A. A. Santa Maddalena Cl. Premstallerhof '09	🍷🍷 2*

ALTO ADIGE
阿尔托—阿迪杰区

Castel Sallegg
V.LO DI SOTTO, 15
39052 CALDARO/KALTERN [BZ]
TEL. 0471963132
www.castelsallegg.it

藏酒销售
预约参观
年产量 120 000 瓶
葡萄种植面积 30 公顷

卡斯特尔•萨勒格（Castell Sallegg）有着悠久的历史和浓厚的传统气息，是这片区域最早装瓶销售葡萄酒的一批酒庄。格奥尔格•冯•库恩伯格（Georg von Kuenburg）的酒窖仍然还生产着20世纪之交的葡萄酒品种。为酒窖赢得无数赞誉的是家族从西西里岛（Sicily）带到阿尔托—阿迪杰的莫斯卡托（Moscato Rosa）葡萄酒。过去几年，酒庄上下的辛勤工作促使了全套系列葡萄酒质量的提高，活力十足且技艺高超的酿酒师马提亚•豪瑟（Matthias Hauser）对于这一进步功不可没。

● A. A. Lago di Caldaro Scelto Bischofsleiten '11	🍷🍷 3*
● A. A. Cabernet '09	🍷🍷 4
● A. A. Moscato Rosa '07	🍷🍷 6
○ A. A. Gewürztraminer '11	🍷 3
● A. A. Lagrein Ris. '09	🍷 4
● A. A. Pinot Nero '09	🍷 3
● A. A. Lago di Caldaro Scelto Bischofsleiten '10	🍷🍷 2*
● A. A. Lago di Caldaro Scelto Bischofsleiten '09	🍷🍷 2*
● A. A. Moscato Rosa '03	🍷🍷 6
● A. A. Moscato Rosa '01	🍷🍷 6
○ A. A. Pinot Bianco '07	🍷🍷 2*
○ A. A. Pinot Grigio '10	🍷🍷 2*
○ A. A. Pinot Grigio '09	🍷🍷 2*
○ A. A. Pinot Grigio '07	🍷🍷 2*

★★Cantina Produttori San Michele Appiano
VIA CIRCONVALLAZIONE, 17/19
39057 APPIANO/EPPAN [BZ]
TEL. 0471664466
www.stmichael.it

藏酒销售
预约参观
年产量 2 200 000 瓶
葡萄种植面积 370 公顷

这家酒庄是阿尔托—阿迪杰区葡萄酒界中最伟大、最经典的酒庄之一，一直承袭着由性格坚决、目光远大且技艺精湛的汉斯•特泽（Hans Terzer）所创造的风格，成为地区酒庄中的一大标杆。汉斯（Hans）不仅仅是一个酿酒师，更是整个酒庄的核心和灵魂人物。葡萄酒的生产被分为两条线，一条生产入门级葡萄酒，另一条生产传奇酒品桑科特•瓦伦汀（Sanct Valentin）。多年来，桑科特•瓦伦汀（Sanct Valentin）形成了一种独特、极具说服力的个性，这有赖于酒品良好的耐久存度。酒庄标志性的酒品是苏维翁葡萄酒（Sauvignon），这种酒带有浓郁的柑橘味道和矿物气息，极具陈酿潜力。

○ A. A. Pinot Grigio Anger '11	🍷🍷🍷 3*
○ A. A. Chardonnay Merol '11	🍷🍷 3*
○ A. A. Pinot Bianco Schulthauser '11	🍷🍷 3*
○ A. A. Sauvignon St. Valentin '11	🍷🍷 5
● A. A. Cabernet St. Valentin '07	🍷🍷 5
○ A. A. Chardonnay St. Valentin '10	🍷🍷 5
○ A. A. Gewürztraminer St. Valentin '11	🍷🍷 5
● A. A. Merlot St. Valentin '07	🍷🍷 5
○ A. A. Riesling Montiggl '11	🍷🍷 5
● A. A. Schiava Pagis '11	🍷🍷 2*
● A. A. Lagrein Ris. '09	🍷 2
● A. A. Merlot Ris. '09	🍷 3
○ A. A. Pinot Bianco St. Valentin '10	🍷 5
○ A. A. Pinot Grigio St. Valentin '10	🍷 5
● A. A. Pinot Nero Ris. '09	🍷 3
○ A. A. Sauvignon Lahn '11	🍷 3

阿尔托—阿迪杰区
ALTO ADIGE

Cantina Produttori San Paolo

LOC. SAN PAOLO
VIA CASTEL GUARDIA, 21
39050 APPIANO/EPPAN [BZ]
TEL. 0471662183
www.kellereistpauls.com

藏酒销售
预约参观
年产量 1 000 000 瓶
葡萄种植面积 170 公顷

圣保罗（San Paolo）是一座古老气派的阿皮阿诺酒庄（Appiano），最近出现了复兴的迹象。事实上，酒庄葡萄酒质量的提高应归功于热情年轻的酿酒师沃尔夫冈•特拉特尔（Wolfgang Tratter），他能够令人信服地将这片土地的特色浓缩进葡萄酒里。强烈的地域感在这些酒品中可见一斑，在品尝了从古老的酒窖里产出的几瓶酒后，你能发现其极具潜力和窖藏能力。酒庄新开发了帕森生产线（Passion），这条线上的一系列葡萄酒经过足够长时间的酒瓶陈酿后才会被推出上市。怀有决心和勇气的庄主亚历山德罗•里奇（Alessandro Righi）的不懈努力把酒庄带到了该地区酿酒精英的行列。

Peter Sölva & Söhne

VIA DELL'ORO, 33
39052 CALDARO/KALTERN [BZ]
TEL. 0471964650
www.soelva.com

藏酒销售
预约参观
年产量 75 000 瓶
葡萄种植面积 6 公顷

索尔瓦家族（Sölvas）悠久的酿酒传统始于18世纪，是卡尔达罗（Caldaro）最重要的家族之一。目前，酒庄由斯蒂芬（Stephen）经营，年轻热情的酿酒学家克里斯蒂安•贝鲁提（Christian Belutti）在酒窖为他提供有效的帮助。葡萄酒的生产分为迪席尔瓦（De Silva）和阿米斯塔（Amistar）两条线，偏爱清新的白酒和丰富饱满的红酒。后者散发的单宁酸和橡木香有时过于浓厚，在一定程度上导致了酒品干燥无味，优雅不足。

○ A. A. Pinot Bianco Passion Ris. '10	♛♛ 4
● A. A. Schiava Missianer '11	♛♛ 3*
○ A. A. Weissburgunder Kössler '11	♛♛ 2*
○ A. A. Gewürztraminer St. Justina '11	♛♛ 4
● A. A. Lagrein Kössler '11	♛♛ 3
● A. A. Lagrein Passion Ris. '10	♛♛ 5
○ A. A. Pinot Bianco Plotzner '11	♛♛ 3
○ A. A. Spumante Praeclarus Brut	♛♛ 4
● A. A. Blauburgunder Kössler '11	♛ 3
○ A. A. Gewürztraminer Kössler '11	♛ 3
○ A. A. Gewürztraminer Passion '10	♛ 4
○ A. A. Müller Thurgau Kössler '11	♛ 2
● A. A. Pinot Nero Passion Ris. '09	♛ 5
○ A. A. Riesling '11	♛ 3
○ A. A. Sauvignon Kössler '11	♛ 2
○ A. A. Sauvignon Passion '10	♛ 4

○ A. A. Sauvignon Blanc DeSilva '11	♛♛ 4
○ A. A. Terlano Pinot Bianco DeSilva '11	♛♛ 3*
● A. A. Lago di Caldaro Scelto Cl. Sup. Peterleiten DeSilva '11	♛♛ 2*
○ Amistar Bianco '11	♛♛ 4
● A. A. Lagrein DeSilva '10	♛ 3
● Amistar Rosso '09	♛ 5
○ A. A. Terlano Pinot Bianco DeSilva '10	♛♛♛ 3
○ A. A. Terlano Pinot Bianco DeSilva '09	♛♛♛ 3
○ A. A. Gewürztraminer Amistar '10	♛ 5
● A. A. Lago di Caldaro Scelto Cl. Sup. DeSilva Peterleiten '10	♛♛ 2
● A. A. Lagrein DeSilva '08	♛♛ 3
○ A. A. Sauvignon DeSilva '10	♛♛ 4
○ Amistar Bianco '10	♛♛ 4

阿尔托—阿迪杰区
ALTO ADIGE

Stachlburg
Baron von Kripp

VIA MITTERHOFER, 2
39020 PARCINES/PARTSCHINS [BZ]
TEL. 0473968014
www.stachlburg.com

藏酒销售
预约参观
年产量　30 000 瓶
葡萄种植面积　7 公顷
葡萄栽培方式　有机认证

1540年，西格蒙德·冯·克利普（Sigmund von Kripp）家族用自己拥有的施塔尔贝格（Stachlburg）城堡给新建的酿酒厂命名。虽说有着悠久的历史，但酒庄直到20世纪90年代才栽种了自家的第一批葡萄，并在1998年采用有机方法耕作。之后，靠着质量上乘、个性和风格迷人的出品，西格蒙德·冯·克利普（Sigmund von Kripp）的酒庄带给本地区无数的惊喜。年轻的多米尼克·乌尔斯（Dominic Würth）不停在葡萄园和酒窖之间奔波忙碌，赋予了葡萄瓦尔·维诺斯塔（Val Venosta）地区典型的优雅气质、矿物气息和细微烟熏味。

○ A. A. Valle Venosta Chardonnay '11	🍷🍷 3*
○ A. A. Terlano Sauvignon '11	🍷🍷 3*
○ A. A. Valle Venosta Gewürztraminer '10	🍷🍷 3
○ A. A. Spumante '07	🍷 4
○ Praesepium Bianco '10	🍷 2
○ A. A. Valle Venosta Pinot Bianco '10	🍷🍷🍷 3*
⊙ A. A. Lagrein Rosé '10	🍷🍷 3
○ A. A. Pinot Grigio '09	🍷🍷 3
○ A. A. Spumante '06	🍷🍷 4
● A. A. Valle Venosta Pinot Nero '09	🍷🍷 3
● A. A. Valle Venosta Pinot Nero '06	🍷🍷 3
● A. A. Valle Venosta Pinot Nero '04	🍷🍷 3*
○ A. A. Terlano Sauvignon '09	🍷🍷 3

Strasserhof
Hannes Baumgartner

FRAZ. NOVACELLA
LOC. UNTERRAIN, 8 - 39040 VARNA/VAHRN [BZ]
TEL. 0472830804
www.strasserhof.info

藏酒销售
预约参观
膳宿接待
年产量　35 000 瓶
葡萄种植面积　5 公顷

斯特拉瑟霍夫（Strasserhof）是伊萨克山谷（Valle Isarco）最古老的庄园之一，葡萄园位于山谷的最北部。哈尼斯·宝摩加特纳（Hannes Baumgartner）有效利用这一地区矿物气息浓郁的感官特质，酿造出了纯净、浓烈的葡萄酒。酒庄在阿尔托—阿迪杰（Alto Adige）葡萄酒界的迅速崛起归功于哈尼斯（Hannes）精湛的酿酒技艺，使得产出的酒品新颖独特，个性鲜明，味道令人兴奋。虽然在2003年才推出第一批葡萄酒，但如今酒品已经形成了优雅、精致的风格。

○ A. A. Valle Isarco Riesling '11	🍷🍷🍷 3*
○ A. A. Valle Isarco Kerner '11	🍷🍷 3*
○ A. A. Valle Isarco Sylvaner '11	🍷🍷 3*
○ A. A. Valle Isarco Müller Thurgau '11	🍷🍷 3
○ A. A. Valle Isarco Veltliner '11	🍷🍷 3
○ A. A. Valle Isarco Veltliner '10	🍷🍷🍷 3*
○ A. A. Valle Isarco Veltliner '09	🍷🍷🍷 3*
○ A. A. Valle Isarco Kerner '08	🍷🍷 3*
○ A. A. Valle Isarco Kerner '06	🍷🍷 3*
○ A. A. Valle Isarco Kerner '04	🍷🍷 3*
○ A. A. Valle Isarco Riesling '10	🍷🍷 3
○ A. A. Valle Isarco Riesling '09	🍷🍷 3*
○ A. A. Valle Isarco Sylvaner '10	🍷🍷 3*
○ A. A. Valle Isarco Sylvaner '06	🍷🍷 3*

阿尔托—阿迪杰区
ALTO ADIGE

Stroblhof
loc. San Michele
via Piganò, 25 - 39057 Appiano/Eppan [BZ]
Tel. 0471662250
www.stroblhof.it

藏酒销售
预约参观
年产量 30 000 瓶
葡萄种植面积 3.7 公顷

斯特洛霍夫（Stroblhof）位于阿尔托—阿迪杰的阿皮亚诺（Appiano）地区，处在最佳白葡萄酒的生产中心地带，拥有悠久的葡萄栽培历史。这家农庄的现任管理者安德里亚（Andreas Nicolussi-Leck）敏锐捕捉了这片土地的特质，酿造出了口感清新，香味恰当的葡萄酒。虽然这些葡萄酒在年轻时偶尔不那么突出，但它们的陈酿潜力毋庸置疑。

Taschlerhof - Peter Wachtler
loc. Mara, 107
39042 Bressanone/Brixen [BZ]
Tel. 0472851091
www.taschlerhof.com

藏酒销售
预约参观
年产量 28 500 瓶
葡萄种植面积 4 公顷

皮特•瓦奇特勒（Peter Wachtler）从他的父亲手中接管了这家伊萨克山谷（Valle Isarco）酒庄，自2000年装瓶销售葡萄酒。近年来，出品的葡萄酒的品质稳步上升，酒庄也随之声名远播。虽然葡萄种植面积仅有4公顷大，但处在十分优质的拉赫那（Lahner）葡萄园里，酒庄的旗舰酒品塞尔瓦纳（Sylvaner）葡萄酒也因此得名。皮特在葡萄园里辛勤工作，进而酿造出了口感纯正、矿物味圆润的葡萄酒。虽然酒品已足够优秀，但他仍然继续细心地寻找更大的进步空间。

○ A. A. Chardonnay Schwarzhaus '11	3*
○ A. A. Pinot Bianco Strahler '11	3*
● A. A. Pinot Nero Ris. '09	5
○ A. A. Pinot Bianco Strahler '09	3*
● A. A. Pinot Nero Ris. '05	5
○ A. A. Pinot Bianco Strahler '10	3*
● A. A. Pinot Nero Pigeno '09	4
● A. A. Pinot Nero Ris. '08	5
● A. A. Pinot Nero Ris. '07	5
○ A. A. Sauvignon Nico '10	3

○ A. A. Valle Isarco Kerner '11	3
○ A. A. Valle Isarco Riesling '11	4
○ A. A. Valle Isarco Sylvaner '11	3
○ A. A. Valle Isarco Sylvaner Lahner '11	4
○ A. A. Valle Isarco Gewürztraminer '11	1
○ A. A. Valle Isarco Gewürztraminer '10	4
○ A. A. Valle Isarco Kerner '10	3
○ A. A. Valle Isarco Kerner '07	3
○ A. A. Valle Isarco Kerner '05	3*
○ A. A. Valle Isarco Riesling '10	4
○ A. A. Valle Isarco Sylvaner Lahner '10	4
○ A. A. Valle Isarco Sylvaner Lahner '09	4
○ A. A. Valle Isarco Sylvaner Lahner '08	5
○ A. A. Valle Isarco Sylvaner Lahner '05	3*

阿尔托—阿迪杰区
ALTO ADIGE

★Cantina Terlano
VIA SILBERLEITEN, 7
39018 TERLANO/TERLAN [BZ]
TEL. 0471257135
www.cantina-terlano.com

藏酒销售
预约参观
年产量 1 000 000 瓶
葡萄种植面积 160 公顷

在坎提那•特拉诺（Cantina Terlano）酒庄，葡萄种植者与土地之间的密切联系造就了一系列极具活力、值得陈酿、富含矿物气息和耐久存的葡萄酒，从而促使酒庄取得了成功。一些老葡萄酒253从塞巴斯提安•斯多克（Sebastian Stocker）时期就开始陈酿，淋漓尽致地诠释了这片沃土的特色。今天，细心的酒庄员工安排和监督着种植者成员在160公顷葡萄园的工作，他们的共同努力给鲁迪•科尔夫勒（Rudi Kofler）输送了一系列优质的葡萄，使其能够游刃有余地酿制出各种葡萄酒。2008年，酒庄与阿尔托—阿迪杰（Alto Adige）古老的联营酒庄安德里亚诺（Andriano）合并，但合并后仍保留自己的品牌。

Tiefenbrunner
FRAZ. NICLARA
VIA CASTELLO, 4
39040 CORTACCIA/KURTATSCH [BZ]
TEL. 0471880122
www.tiefenbrunner.com

藏酒销售
预约参观
餐饮接待
年产量 800 000 瓶
葡萄种植面积 23 公顷

自20世纪70年代起，赫伯特（Herbert）经营发展着蒂芬布鲁纳（Tiefenbrunner）酒庄，积累了丰富的管理经验。这些经验既给现任庄主、他的儿子克里斯托弗（Christoph）提供了灵感，也带来了挑战。特姆霍夫•卡斯特尔（Turmhof Castle）的酿酒工作始于19世纪，但直到赫伯特（Herbert）时期，酒庄开始重视葡萄酒的质量。葡萄酒分为几条产品线，较为简单的酒品取材于种植者伙伴供应的葡萄，而酒庄自家种植的葡萄则用于酿造更加复杂精美的酒品，其中的代表性酒品费尔德玛斯切尔•冯•芬纳（Feldmarschall von Fenner）取材于海拔1000米的葡萄园。

○ A. A. Pinot Bianco Vorberg Ris. '09	♛♛♛ 3*
○ A. A. Pinot Bianco Andriano '11	♛♛ 2*
○ A. A. Terlano Chardonnay '99	♛♛ 8
○ A. A. Terlano Nova Domus Ris. '09	♛♛ 5
○ A. A. Terlano Pinot Bianco Cl. '11	♛♛ 3
○ A. A. Terlano Sauvignon Winkl '11	♛♛ 3*
○ A. A. Chardonnay '11	♛♛ 2*
○ A. A. Chardonnay Somereto Andriano '11	♛♛ 2*
○ A. A. Gewürztraminer Andriano '11	♛♛ 3
○ A. A. Gewürztraminer Movado Andriano '11	♛♛ 5
○ A. A. Gewürztraminer Passito Juvelo Andriano '10	♛♛ 5
● A. A. Lagrein Porphyr Ris. '09	♛♛ 5
● A. A. Lagrein Rubeno Andriano '11	♛♛ 3
○ A. A. Pinot Grigio Andriano '11	♛♛ 3
○ A. A. Terlano Sauvignon Quarz '10	♛♛ 5

○ A. A. Pinot Bianco Anna Turmhof '11	♛♛♛ 3*
○ A. A. Gewürztraminer Turmhof '11	♛♛ 5
● A. A. Cabernet - Merlot Linticlarus '09	♛♛ 6
● A. A. Cabernet Sauvignon Turmhof '10	♛♛ 3
○ A. A. Chardonnay Turmhof '11	♛♛ 3
○ A. A. Chardonnay Linticlarus '09	♛ 5
● A. A. Pinot Nero Turmhof '10	♛ 3
○ A. A. Gewürztraminer Castel Turmhof '02	♛♛♛ 4
● A. A. Lagrein Linticlarus Ris. '07	♛♛♛ 5
○ Feldmarschall von Fenner zu Fennberg '08	♛♛♛ 5
○ Feldmarschall von Fenner zu Fennberg '05	♛♛♛ 4
○ A. A. Müller Thurgau Feldmarschall von Fenner '10	♛♛ 4
○ A. A. Pinot Grigio Turmhof '10	♛♛ 3

阿尔托—阿迪杰区
ALTO ADIGE

★★Cantina Tramin
S.DA DEL VINO, 144
39040 TERMENO/TRAMIN [BZ]
TEL. 0471096633
www.cantinatramin.it

藏酒销售
预约参观
年产量 1 500 000 瓶
葡萄种植面积 245 公顷

辛勤的工作和出色的视野让新酒窖走上正轨，从而为酒庄赢得巨大的成功。酒庄的管理者威利·斯图尔兹（Willi Stürz）是阿尔托—阿迪杰区，甚至可以说是全意大利难得一见的有才华的酿酒师。这家联营酒庄的旗舰酒品是琼瑶浆·努斯宝莫葡萄酒（Gewürztraminer），所用的葡萄来自该品种最老最好的生长区的中心地带。酒庄最好的葡萄酒是努斯巴玛（Nussbaumer）。该酒品质量上乘，陈酿价值很大。

Untermoserhof
Georg Ramoser
VIA SANTA MADDALENA, 36
39100 BOLZANO/BOZEN
TEL. 0471975481
untermoserhof@rolmail.net

藏酒销售
预约参观
膳宿接待
年产量 35 000 瓶
葡萄种植面积 4.5 公顷

拉莫瑟（Ramoser）家族三代人所拥有的这个酒庄位于圣塔·玛塔莲娜山（Santa Maddalena）的中心地带，因此，这里的经典葡萄品种年年都有出色的表现。奥尔格（Georg）是一个嗅觉灵敏、热情四射的种植者，产出的少量葡萄酒巧妙平衡了圣塔·玛塔莲娜山（Santa Maddalena）与拉格莱恩（Lagrein）的乡村特质和现代的风格。让葡萄酒广受欢迎的关键在于酒庄古老的葡萄园，目前正逐渐转变为有机方式管理。

○ A. A. Gewürztraminer Nussbaumer '11	🍷🍷🍷 5
○ A. A. Gewürztraminer Passito Terminum '10	🍷🍷 7
○ A. A. Pinot Bianco Moriz '11	🍷🍷 3*
○ A. A. Pinot Grigio Unterebner '11	🍷🍷 4
○ A. A. Chardonnay '11	🍷🍷 2*
○ A. A. Gewürztraminer '11	🍷🍷 3
● A. A. Lagrein Urban '10	🍷🍷 5
○ A. A. Sauvignon '11	🍷🍷 3
○ A. A. Sauvignon Montan '11	🍷🍷 4
● A. A. Schiava Freisinger '11	🍷🍷 3
○ A. A. Stoan '11	🍷🍷 4
● A. A. Cabernet Merlot Loam '10	🍷 5
○ A. A. Gewürztraminer Passito Roan '10	🍷 5
○ A. A. Pinot Grigio '11	🍷 2
○ A. A. Gewürztraminer Nussbaumer '10	🍷🍷🍷 5

● A. A. Lagrein '11	🍷🍷 3
● A. A. Lagrein Ris. '09	🍷🍷 4
● A. A. Santa Maddalena Cl. '11	🍷🍷 3
● A. A. Lagrein Scuro Ris. '03	🍷🍷🍷 4*
● A. A. Lagrein '10	🍷🍷 3
● A. A. Lagrein Ris. '08	🍷🍷 4
● A. A. Lagrein Scuro Ris. '06	🍷🍷 4
● A. A. Santa Maddalena Cl. '09	🍷🍷 2*

阿尔托—阿迪杰区
ALTO ADIGE

★Tenuta Unterortl Castel Juval
LOC. JUVAL, 1B
39020 CASTELBELLO CIARDES/
KASTELBELL TSCHARS [BZ]
TEL. 0473667580
www.unterortl.it

藏酒销售
预约参观
年产量 30 000 瓶
葡萄种植面积 3.9 公顷

该酒庄处在山区的荒地和精细整齐的耕地之间，风景极为壮丽。马丁（Martin）和吉塞拉•奥利奇（Ghisela Aurich）成功驯服了这块边陲土地，让经营的卡斯特尔•朱瓦尔（Castel Juval）酒庄成为了瓦尔•维诺斯塔（Val Venosta）的象征。葡萄园坐落在海拔600米至850米之间的陡坡地带，葡萄种植活动极具挑战性。吉塞拉•奥利奇（Ghisela Aurich）的才华体现在他能充分发挥葡萄园的优势，尊重优质葡萄的纯洁特质。酒庄生产的规模不大，但酒种繁多，为首的是雷司令葡萄酒（Riesling）和白皮诺葡萄酒（Pinot Bianco）。

Cantina Produttori Valle Isarco
VIA COSTE, 50 - 39043 CHIUSA/KLAUSEN [BZ]
TEL. 0472847553
www.cantinavalleisarco.it

藏酒销售
预约参观
年产量 720 000 瓶
葡萄种植面积 130 公顷

波杜瓦克（Cantina Produttori Valle Isarco）联营酒庄的葡萄园占地130公顷，分布在11个不同的市镇，由酒庄的成员打理。出产的葡萄酒品质稳定，性价比高。酿酒师托马斯•多尔夫曼（Thomas Dorfmann）继承了父亲的酿酒技艺，负责葡萄酒的生产。酒品系列除了入门级葡萄酒外，阿里斯托（Aristos）系列是酒庄最上乘的葡萄酒。酿酒所用的葡萄还有一些来自高耸于契乌萨（Chiusa）村高高悬崖上的克罗斯特•萨本（Kloster Säben）修道院。

○ A. A. Valle Venosta Riesling Castel Juval '11	♀♀♀ 4*
○ A. A. Valle Venosta Pinot Bianco Castel Juval '11	♀♀ 3*
○ A. A. Valle Venosta Riesling Windbichel '11	♀♀ 5
○ A. A. Valle Venosta Müller Thurgau Castel Juval '11	♀♀ 3
○ A. A. Valle Venosta Müller Thurgau Spielerei '10	♀♀ 5
● A. A. Valle Venosta Pinot Nero Castel Juval '10	♀♀ 5
● Juval Gneis '11	♀ 3
○ A. A. Valle Venosta Riesling '10	♀♀♀ 4
○ A. A. Valle Venosta Riesling '09	♀♀♀ 4
○ A. A. Valle Venosta Riesling '08	♀♀♀ 4
○ A. A. Valle Venosta Riesling '07	♀♀♀ 3*

○ A. A. Valle Isarco Kerner Passito Nectaris '10	♀♀ 6
○ A. A. Valle Isarco Riesling Aristos '11	♀♀ 4
○ A. A. Valle Isarco Gewürztraminer Passito Nectaris '10	♀♀ 6
○ A. A. Valle Isarco Kerner Sabiona '10	♀♀ 5
○ A. A. Valle Isarco Sylvaner Aristos '11	♀♀ 5
○ A. A. Valle Isarco Sylvaner Sabiona '10	♀♀ 5
○ A. A. Valle Isarco Veltliner Aristos '11	♀♀ 3
○ A. A. Sauvignon Aristos '11	♀ 3
○ A. A. Valle Isarco Gewürztraminer Aristos '11	♀ 4
○ A. A. Valle Isarco Kerner Aristos '11	♀ 4
○ A. A. Valle Isarco Müller Thurgau Aristos '11	♀ 3
○ A. A. Valle Isarco Pinot Grigio Aristos '11	♀ 3
○ A. A. Valle Isarco Kerner Aristos '05	♀♀♀ 3*

阿尔托—阿迪杰区

ALTO ADIGE

Vivaldi - Arunda

VIA JOSEF-SCHWARZ, 18
39010 MELTINA/MÖLTEN [BZ]
TEL. 0471668033
www.arundavivaldi.it

藏酒销售
预约参观
年产量 100 000 瓶

20世纪70年代末,约瑟夫•雷特洛(Joseph Reiterer)决定专注于生产经典梅特多(Metodo Classico)起泡葡萄酒,被很多人认为是该地区最有经验的种植者。约瑟夫与妻子玛丽安(Marianne)一起经营酒庄,负责挑选莎当妮(Chardonnay)、白皮诺(Pinot Bianco)和黑皮诺(Pinot Nero)葡萄。这些葡萄来自很多不同地区的值得信赖的种植者,以确保在连续进行的混合酿酒阶段中有多种选择。阿伦达(Arunda)酒庄的起泡葡萄酒产量占了阿尔托—阿迪杰区(Alto Adige)起泡酒总产量约50%。这些酒含渣存放至少24个月。

★Elena Walch

VIA A. HOFER, 1
39040 TERMENO/TRAMIN [BZ]
TEL. 0471860172
www.elenawalch.com

藏酒销售
预约参观
膳宿接待
年产量 500 000 瓶
葡萄种植面积 33 公顷

卡斯特尔•瑞伯格(Castel Ringberg)地势高,俯视着卡尔达罗湖(Lake Caldaro),象征了其在阿尔托—阿迪杰(Alto Adige)葡萄酒界的重要地位。近20年来,艾琳娜•沃尔什(Elena Walch)老练地经营着这个酒庄,把她丈夫维尔纳•沃尔什(Werner Walch)传下来的这个历史悠久的家族酒庄带到了新的高度。艾琳娜有两个精致的葡萄园——卡斯特尔•瑞伯格(Castel Ringberg)和凯斯特(Kastelaz),后者是一个名副其实的琼瑶浆(Gewürztraminer)顶级葡萄园,产出的酒品一贯拥有优秀的品质和优雅的气质。

○ A.A. Spumante Arunda Talento Rosé	🍷 3*
○ A.A. Spumante Arunda Cuvée Marianna	🍷 5
○ A.A. Spumante Arunda Ris. '07	🍷 5
⊙ A.A. Spumante Excellor Rosé	🍷 5
○ A.A. Spumante Blanc de Blancs Arunda	🍷 5
○ A.A. Spumante Talento Brut	🍷 3
○ A.A. Spumante Extra Brut Arunda Ris. '05	🍷🍷 5
○ A.A. Spumante Extra Brut Arunda Ris. '04	🍷🍷 5
○ A.A. Spumante Extra Brut Arunda Ris. '03	🍷🍷 5
○ A.A. Spumante Extra Brut Arunda Ris. '98	🍷🍷 5

○ A.A. Gewürztraminer Kastelaz '11	🍷🍷🍷 5
● Kermesse '08	🍷🍷 6
● A.A. Lago di Caldaro Castel Ringberg '11	🍷🍷 3
○ A.A. Pinot Bianco Kastelaz '11	🍷🍷 4
○ A.A. Chardonnay Cardellino '11	🍷 3
● A.A. Lagrein Castel Ringberg Ris. '08	🍷 5
● A.A. Bianco Beyond the Clouds '06	🍷🍷🍷 6
○ A.A. Gewürztraminer Kastelaz '10	🍷🍷🍷 5
○ A.A. Gewürztraminer Kastelaz '09	🍷🍷🍷 5
○ A.A. Gewürztraminer Kastelaz '08	🍷🍷🍷 5
○ A.A. Gewürztraminer Kastelaz '07	🍷🍷🍷 5
○ A.A. Gewürztraminer Kastelaz '06	🍷🍷🍷 5
● A.A. Lagrein Castel Ringberg Ris. '04	🍷🍷🍷 5

ALTO ADIGE
阿尔托—阿迪杰区

Tenuta Waldgries
LOC. SANTA GIUSTINA, 2
39100 BOLZANO/BOZEN
TEL. 0471323603
www.waldgries.it

藏酒销售
预约参观
年产量 70 000 瓶
葡萄种植面积 8.4 公顷
葡萄栽培方式 传统栽培

克里斯坦·普莱特纳（Christian Plattner）是种植斯其阿瓦（Schiava）和拉格林（Lagrein）葡萄的专家，取材于这两种葡萄酿造的葡萄酒质量卓越。他心爱的葡萄园位于圣·玛格莲娜（Santa Maddalena）山的中心地带。在园内，他花费了大量的时间和精力，培育了旧的斯其阿瓦（Schiava）克隆品种，所酿葡萄酒被公认为是塔瓦利酒庄（Tenuta Waldgries）的旗舰酒品。品质卓越和款式精美的安西奥斯葡萄酒（Antheos）是该类酒名副其实的标杆。

Josef Weger
LOC. CORNAIANO
VIA CASA DEL GESÙ, 17
39050 APPIANO/EPPAN [BZ]
TEL. 0471662416
www.wegerhof.it

藏酒销售
预约参观
膳宿接待
年产量 80 000 瓶
葡萄种植面积 8 公顷

维格（Weger）家族拥有的这家酒庄的历史可以追溯到1820年。当时，现任庄主的曾祖父、维格家族的第六代酿酒人约瑟夫（Josef）创建了这个酒庄。这里的葡萄酒生产分为两条线：特努塔·约瑟夫·维格（Tenuta Josef Weger）和更为复杂的玫瑰红玛索（Maso delle Rose），后者所用的精选葡萄来自科纳亚诺（Cornaiano）地区属于酒庄的约3公顷葡萄园，陈酿过程在橡木桶里进行。另外，酒庄还根据多年的选材经验收购了一批品质上乘的葡萄。

● A. A. Santa Maddalena Cl. Antheos '11	🍷🍷🍷 4*
● A. A. Lagrein Mirell '10	🍷 6
● A. A. Cabernet Sauvignon Laurenz '09	🍷 5
● A. A. Lagrein '11	🍷 4
● A. A. Lagrein Ris. '10	🍷 5
● A. A. Moscato Rosa Passito '09	🍷 5
● A. A. Santa Maddalena Cl. '11	🍷 3
○ A. A. Sauvignon '11	🍷 4
● A. A. Lagrein Mirell '09	🍷🍷🍷 6
● A. A. Lagrein Scuro Mirell '08	🍷🍷🍷 6
● A. A. Lagrein Scuro Mirell '07	🍷🍷🍷 6
● A. A. Lagrein '10	🍷🍷 3
● A. A. Lagrein Ris. '09	🍷🍷 5
● A. A. Santa Maddalena '10	🍷🍷 3*
● A. A. Santa Maddalena Cl. Antheos '10	🍷🍷 4
○ A. A. Sauvignon '10	🍷🍷 3

○ A. A. Pinot Bianco Maso delle Rose '10	🍷🍷 4
○ A. A. Gewürztraminer Maso delle Rose '11	🍷 3
● A. A. Lagrein '09	🍷🍷🍷 3
○ A. A. Gewürztraminer Maso delle Rose '09	🍷🍷 3
○ A. A. Pinot Bianco '10	🍷🍷 3
○ A. A. Pinot Bianco Maso delle Rose '09	🍷🍷 4
● Joanni Maso delle Rose '06	🍷🍷 4
○ Rodon Maso delle Rose '05	🍷🍷 5

OTHER WINERIES 其他酒庄

Brunnenhof
Kurt Rottensteiner
Loc. Mazzon - via degli Alpini, 5
39044 Egna/Neumarkt [BZ]
Tel. 0471820687
www.brunnenhof-mazzon.it

○ A. A. Gewürztraminer '11	🍷🍷 4
● A. A. Pinot Nero Ris. '09	🍷🍷 5
○ Eva '11	🍷 4

Glassierhof - Stefan Vaja
via Villa, 13
39044 Egna/Neumarkt [BZ]
Tel. 3351031673
glassierhof@tin.it

● A. A. Lagrein '10	🍷🍷 3
○ A. A. Pinot Bianco '11	🍷🍷 3
○ A. A. Chardonnay '11	🍷 3
● A. A. Schiava '11	🍷 4

Happacherhof
Istituto Tecnico Agrario Ora
via del Castello, 10 - 39040 Ora/Auer [BZ]
Tel. 0471810538
www.ofl-auer.it

○ A. A. Chardonnay Ris. '10	🍷🍷 3
○ A. A. Chardonnay '11	🍷 3

Hof Gandberg
Rudolf Niedermayr
s.da Castel Palú, 1
39057 Appiano/Eppan [BZ]
Tel. 0471664152

○ A. A. Pinot Bianco '11	🍷🍷 3
○ Bronner '11	🍷🍷 3
○ Sonnrain '11	🍷🍷 3

Tenuta Klosterhof
Oskar Andergassen
Loc. Clavenz, 40
39052 Caldaro/Kaltern [BZ]
Tel. 0471961046
www.garni-klosterhof.com

○ A. A. Moscato Giallo '11	🍷🍷 3
○ A. A. Pinot Bianco Trifall '11	🍷🍷 3
● A. A. Pinot Nero Panigl '09	🍷🍷 5

Larcherhof - Spögler
via Rencio, 82 - 39100 Bolzano/Bozen
Tel. 0471365034
larcherhof@yahoo.de

● A.A. Lagrein '11	🍷🍷 3
● A.A. Lagrein Rivelaun '10	🍷🍷 4
○ A.A. Pinot Grigio '11	🍷🍷 3
● A.A. Santa Maddalena Cl. '11	🍷🍷 2*

OTHER WINERIES

Lorenz Martini
LOC. CORNAIANO/GIRLAN
VIA PRANZOL, 2D - 39057 APPIANO/EPPAN [BZ]
TEL. 0471664136
www.lorenz-martini.it

○ A. A. Spumante Comitissa Brut Ris. '08	▼▼ 5

Messnerhof
Bernhard Pichler
LOC. SAN PIETRO, 7 - 39100 BOLZANO/BOZEN
TEL. 0471977162
www.messnerhof.net

● A. A. Santa Maddalena Cl. '10	▼▼ 2*
○ A. A. Gewürztraminer '11	▼ 3
○ A. A. Terlano Sauvignon '11	▼ 3

Oberrautner - Anton Schmid
FRAZ. GRIES
VIA M. PACHER, 3 - 39100 BOLZANO/BOZEN
TEL. 0471281440
www.schmid.bz

○ A. A. Pinot Bianco Satto '11	▼▼ 3*
○ A. A. Chardonnay Vormas '11	▼▼ 2*
● A. A. Lagrein Scuro Villa Schmid '09	▼ 3
● A. A. Santa Maddalena Steinbauer '11	▼ 2

Thurnhof - Andreas Berger
LOC. ASLAGO - VIA CASTEL FLAVON, 7
39100 BOLZANO/BOZEN
TEL. 0471288460
www.thurnhof.com

● A. A. Lagrein Ris. '09	▼▼ 4
● A. A. Santa Maddalena '11	▼▼ 2*
○ A. A. Moscato Giallo '11	▼ 3
○ A. A. Sauvignon 800 '11	▼ 3

Alois Warasin
LOC. CORNAIANO/GIRLAN
VIA COLTERENZIO, 1
39047 APPIANO/EPPAN [BZ]
TEL. 0471662462
weine.a.warasin@rolmail.net

○ A.A. Pinot Bianco '11	▼▼ 4
● A.A. Pinot Nero '10	▼ 2
● A.A. Schiava Privat '10	▼ 2

Peter Zemmer
S.DA DEL VINO, 24 - 39040 CORTINA SULLA
STRADA DEL VINO/KURTINIG [BZ]
TEL. 0471817143
www.peterzemmer.com

○ A. A. Pinot Grigio '11	▼▼ 3*
● A. A. Lagrein Reserve '10	▼▼ 4
○ A. A. Pinot Bianco '11	▼▼ 3
● A. A. Lagrein '11	▼ 3

威尼托区
VENETO

2013年,一些葡萄酒产区的长足进步让威尼托区(Veneto)斩获了多项荣誉。瓦波里切拉(Valpolicella)的阿玛诺葡萄酒(Amarone)表现优秀已经不足为奇了,科多扎(Custoza)和孔内兰诺•瓦多比安(Conegliano Valdobiadene)的普罗赛科(Prosecco)葡萄酒也表现优秀就是出人意料了。在过去的几年里,这两个葡萄酒产区收获颇丰,不断扩大了地区、全国品种葡萄酒的市场份额。除此之外,出产波尔多葡萄酒品种的中心地带,科里•尤佳内(Colli Euganei)每年都表现不错。当然,意大利最知名的白葡萄酒之乡——索阿维(Soave)也表现出众。2013年,葡萄酒的风格也在渐渐发生变化。酒体强重、结构粗糙的酒逐渐被人舍弃,人们越来越青睐于那些香气优雅、口感纤细的葡萄酒。这一趋势已经被该地区的酿酒商们注意到并付诸行动,导致今天的好成绩。蒙特•法拉酒庄(Monte del Fra)和卡瓦尔齐纳酒庄(Cavalchina)现今仍是科多扎(Custoza)地区的标杆,而科特•加多尼酒庄(Corte Gardoni)和韦格尼•圣彼得酒庄(Vigne di San Pietro)则专注于培养加尔达湖(Lake Garda)白葡萄酒风格的葡萄酒,以及发展近年来重获青睐的巴多力诺(Bardolino)红葡萄酒。阿莱格里尼(Allegrini)家族、贝塔尼酒庄(Bertani)、贝加利酒庄(Begali)和其他杰出的阿玛诺红葡萄酒(Amarone)酿酒商经常出现在我们的"三杯奖"获奖名单中。但2013年有一到两个获奖新秀,表明该区的角逐慢慢发生些变化。瓦欧娜•欧迪诺(Vaona Odino)和塞里斯蒂诺•加斯帕里(Celestino Gaspari)酒庄的辛莫葡萄酒(Zyme),以及泰德斯奇(Tedeschi)家族、尼古里斯(Nicolis)家族,特别是勒•雷谷思(Le Ragose)酒庄,他们的精致、别具个性的阿玛诺(Amarone)红葡萄酒,获得了2013年"星级"葡萄酒的称号。接下来把视线转移到顶级瓦波里切拉红葡萄酒(Valpolicella Superior)。我们发现,洛克洛•格拉斯酒庄(Roccolo Grassi)和维维安尼酒庄(Viviani)从来不会令人失望。在科里•优加内•赛尔吉奥•弗尔汀酒庄(Colli Euganei Sergio Fortin),他们通过不懈的努力生产出了赛罗(Serro)葡萄酒为他们赢得了无数赞誉,该酒诠释了这片土地是如何把酒体的强劲和口感的纤柔表现得淋漓尽致。无独有偶,伊纳玛酒庄(Inama)的博拉蒂西斯莫葡萄酒(Bradisismo)在葡萄酒新兴地区——科里•贝里奇(Colli Berici)也做出了非凡的成绩。在特雷维索省(Treviso),普罗赛科起泡酒(Prosecco)绝对是主角。跟以往相比,如今的普罗赛科起泡酒(Prosecco)生产周期更短、价格也更有竞争力,已逐渐成为了意大利最令人兴奋的起泡葡萄酒之一。

威尼托区
VENETO

Stefano Accordini

Fraz. Cavalo
loc. Camparol, 10 - 37022 Fumane [VR]
Tel. 0457760138
www.accordinistefano.it

藏酒销售
预约参观
年产量 120 000 瓶
葡萄种植面积 13 公顷

就在20多年前,提兹诺•阿克蒂尼(Tizino Accodini)的酒庄就成为了对土地充满信仰的酒庄。它产出的葡萄酒既承袭瓦波里切拉地区(Valpolicella)的古老传统,又顺应了时代不断发展的口味需求。今天,酒庄已经从原来的皮得蒙特镇(Pedemonte)搬到了马祖莱加山(Mazzurega)上,那里的新设施给人们提供了理想的工作环境。此外,本着对环境极大的尊崇,这里还配备了能源、生态系统以及与山坡环境匹配的集成系统。周围的葡萄园使得整个范围的运作游刃有余。

Adami

Fraz. Colbertaldo
via Rovede, 27 - 31020 Vidor [TV]
Tel. 0423982110
www.adamispumanti.it

藏酒销售
预约参观
年产量 700 000 瓶
葡萄种植面积 12 公顷

弗朗克•阿达密(Franco Adami)卸任了为期两年的联合会主席之后,把全部心血倾注到了与哥哥阿曼多(Armando)共同经营的家庭酒庄当中。除了收购价格不断蹿升的葡萄园是一个棘手的问题外,还必须注意在收购了葡萄园后,酒庄原有的葡萄园已被扩大了好几公顷,处理好与种植者的关系也变得异常重要。幸好这方面一直是弗朗克•阿达密(Franco Adami)的强项,这也从根本上保证了其出品的葡萄酒一贯坚持的高品质。

● Amarone della Valpolicella Cl. Acinatico '08	7
● Recioto della Valpolicella Cl. Acinatico '09	5
● Paxxo '10	4
● Valpolicella Cl. Sup. Ripasso Acinatico '10	3
● Valpolicella Cl. '11	2
● Amarone della Valpolicella Cl. Acinatico '95	5
● Amarone della Valpolicella Cl. Vign. Il Fornetto '95	5
● Amarone della Valpolicella Cl. Vign. Il Fornetto '93	5
● Recioto della Valpolicella Cl. Acinatico '04	6

○ Valdobbiadene Rive di Colbertaldo Dry Vign. Giardino '11	3*
○ Cartizze Dry	4
○ Valdobbiadene Brut Bosco di Gica	2*
○ Valdobbiadene Extra Dry Dei Casel	3
○ P. di Treviso Garbèl Brut	2
○ Valdobbiadene Tranquillo Giardino '11	2
○ P. di Valdobbiadene Dry Vign. Giardino '08	3*
○ P. di Valdobbiadene Dry Vign. Giardino '07	3*
○ P. di Valdobbiadene Dry Vign. Giardino '06	3
○ P. di Valdobbiadene Dry Vign. Giardino '05	3*
○ P. di Valdobbiadene Dry Vign. Giardino '04	2*
○ Valdobbiadene Rive di Colbertaldo Dry Vign. Giardino '10	3
○ Valdobbiadene Rive di Colbertaldo Dry Vign. Giardino '09	3*

威尼托区
VENETO

Ida Agnoletti
loc. Selva del Montello
via Saccardo, 55
31040 Volpago del Montello [TV]
Tel. 0423620947
ettore.agnoletti@virgilio.it

藏酒销售
预约参观
年产量 50 000 瓶
葡萄种植面积 6.5 公顷

特雷维索省（Treviso）以北的蒙塔洛山（Montello）像意大利圣诞蛋糕一样从阿尔卑斯山脉突起。这里的葡萄树虽然从来都没有那么密集过，但葡萄栽培却一直在进行。葡萄藤划分出了波尔多（Bordeaux）红葡萄品种以及酿制普罗赛科葡萄酒（Prosecco）的古老品种——格莱拉（Glera）。艾达•阿格诺立提（Ida Agnolettib）把大部分精力都投入到了波尔多（Bordeaux）红葡萄酒的生产中，他试图开发出口感纤细、柔美和紧实的葡萄酒。他那虽不大的葡萄园生产的产品却值得信赖，不断为人所信服。

★★Allegrini
via Giare, 5 - 37022 Fumane [VR]
Tel. 0456832011
www.allegrini.it

藏酒销售
预约参观
膳宿接待
年产量 900 000 瓶
葡萄种植面积 100 公顷

马瑞丽莎（Marilisa）和弗兰克•阿莱格里尼（Franc Allegrini）的酒庄分散在很多庄园，他们几乎占据了整个瓦波里切拉（Valpolicella Classica）的中心区域。一直以来，葡萄园的发展归功于他们两人的细心照料。他们已经完成了对普拉索•托雷（Palazzo della Torre）周围葡萄园的建设，站在山上俯瞰山庄，我们可以看到被遗弃数十年的干砌石马拉格尼墙（Marogne）被重新装修，并由此清晰地看到当下发生的变化。整个酒庄的外墙焕然一新，今天，这里一边放养着一些骡子，休闲地等待着新一轮种植的开始。

● Ludwy '09	🍷 3
● Montello e Colli Asolani Cabernet Sauvignon '10	🍷 2*
● Montello e Colli Asolani Merlot '10	🍷 2*
● Seneca '09	🍷 3
○ Manzoni Bianco '10	🍷 2
● Montello e Colli Asolani Merlot La Ida '10	🍷 2
● Ludwy '08	🍷 3
● Ludwy '07	🍷 3*
● Montello e Colli Asolani Merlot '09	🍷 2*
● Montello e Colli Asolani Merlot '08	🍷 2*
● Montello e Colli Asolani Merlot La Ida '09	🍷 2
● Montello e Colli Asolani Merlot La Ida '08	🍷 2*
● Seneca '08	🍷 3
● Seneca '07	🍷 3*

● Amarone della Valpolicella Cl. '08	🍷 8
● La Poja '08	🍷 7
● Recioto della Valpolicella Cl. Giovanni Allegrini '09	🍷 6
● La Grola '09	🍷 5
● Palazzo della Torre '09	🍷 5
○ Soave '11	🍷 2*
● Valpolicella Cl. '11	🍷 2*
● Villa Giona '07	🍷 6
● Amarone della Valpolicella Cl. '07	🍷 8
● Amarone della Valpolicella Cl. '06	🍷 8
● Amarone della Valpolicella Cl. '05	🍷 7
● Amarone della Valpolicella Cl. '04	🍷 7
● Amarone della Valpolicella Cl. '03	🍷 7
● Amarone della Valpolicella Cl. '01	🍷 7
● Amarone della Valpolicella Cl. '90	🍷 7
● La Poja '01	🍷 7

威尼托区
VENETO

★ Roberto Anselmi
VIA SAN CARLO, 46
37032 MONTEFORTE D'ALPONE [VR]
TEL. 0457611488
www.anselmi.eu

藏酒销售
预约参观
年产量 700 000 瓶
葡萄种植面积 70 公顷

在意大利，很少有酒庄能在过去的几十年里一直保持着卓越品质，且在意大利葡萄酒界里声名远播。毫无疑问，符合这描述的其中一个就是罗贝托•塞拉美酒庄（Roberto Anselmi）。该酒庄积极迎接着市场不断发展带来的新挑战，甚至不惜放弃了法定产区级别（DOC），以确保其葡萄酒酿造的风格在不牺牲其优越性和一致性的情况下还能与时俱进。现在，在孩子丽莎（Lisa）和托马索（Tommaso）的帮助下，罗贝托（Roberto）出产了一系列白葡萄酒，香气清新、酒体饱满、口感纤细。

○ Capitel Croce '10	🍷🍷 3*
○ San Vincenzo '11	🍷🍷 2*
○ Capitel Foscarino '11	🍷🍷 3
● Realda '09	🍷🍷 3
○ Capitel Croce '09	🍷🍷🍷 3*
○ Capitel Croce '06	🍷🍷🍷 3
○ Capitel Croce '05	🍷🍷🍷 3
○ Capitel Croce '04	🍷🍷🍷 3
○ Capitel Croce '03	🍷🍷🍷 3
○ Capitel Croce '02	🍷🍷🍷 3
○ Capitel Croce '01	🍷🍷🍷 3
○ Capitel Croce '00	🍷🍷🍷 3
○ Capitel Croce '99	🍷🍷🍷 3
○ Recioto di Soave I Capitelli '96	🍷🍷🍷 5

Antolini
VIA PROGNOL, 22
37020 MARANO DI VALPOLICELLA [VR]
TEL. 0457755351
www.antolinivini.it

藏酒销售
预约参观
年产量 60 000 瓶
葡萄种植面积 8 公顷

在瓦波里切拉地区（Valpolicella）过去的几十年中，皮尔保罗（Pierpaolo）和斯蒂凡诺（Stefano）兄弟俩经营的酒庄被认为是最有趣的一个创新。在挤满了知名酒庄的农场地区，这两兄弟成功开拓了属于自己卓越的发展道路，力求协调好古老的生产传统与挑剔的市场需求之间的关系。他们几公顷大的葡萄园分布在马拉诺山谷（Marano）和尼格拉（Negrar）山谷里，在这里他们生产出了个性鲜明的葡萄酒，这些酒展现了瓦波里切拉地区（Valpolicella）的地域特性。他们精心照顾着他们的葡萄园，辅以采用恰当的葡萄栽培方法——最低限度地使用人工干预。

● Amarone della Valpolicella Cl. Ca' Coato '08	🍷🍷 6
● Recioto della Valpolicella Cl. '09	🍷🍷 4
● Valpolicella Cl. Sup. '10	🍷🍷 3
● Valpolicella Cl. Sup. Ripasso '10	🍷🍷 3
● Amarone della Valpolicella Cl. Moròpio '08	🍷 5
● Valpolicella Cl. '10	🍷 2
● Amarone della Valpolicella Cl. Ca' Coato '07	🍷🍷 6
● Amarone della Valpolicella Cl. Ca' Coato '06	🍷🍷 6
● Amarone della Valpolicella Cl. Moròpio '06	🍷🍷 4
● Recioto della Valpolicella Cl. '07	🍷🍷 4
● Theobroma '08	🍷🍷 4
● Valpolicella Cl. Sup. Ripasso '09	🍷🍷 3*

威尼托区
VENETO

Balestri Valda
via Monti, 44 - 37038 Soave [VR]
Tel. 0457675393
www.vinibalestrivalda.com

藏酒销售
预约参观
年产量 55 000 瓶
葡萄种植面积 13 公顷

这个年轻的酒庄位于索阿维镇（Soave）以北，由吉多•瑞泽托（Guido Rizzotto）和他的女儿劳拉（Laura）在共同管理着。这里的葡萄园向着卡斯特尔赛瑞诺（Castelcerino）山延伸。随着土地延伸的过程，玄武岩慢慢地被石灰岩所替代，使得混合土壤沿着山脊不断交替重叠。这里的巴尔雷斯奇•瓦尔达（Balestri Valda）葡萄园最先使用了高架藤种植系统，最近则采用垂直搭棚的方法。酒窖酿酒的风格更偏向于纤细灵巧、优美高雅，而非强劲有力，侧面反映了这片风土的特征。

○ Soave Cl. Sengialta '11	🍷🍷 2*
○ Soave Cl. '11	🍷🍷 2*
○ Recioto di Soave Spumante '09	🍷 3
● Scaligio '08	🍷 3
○ Soave Cl. Lunalonga '10	🍷 3
○ Recioto di Soave Cl. '08	🍷🍷 5
○ Soave Cl. '09	🍷🍷 2
○ Soave Cl. '06	🍷🍷 2
○ Soave Cl. Lunalonga '08	🍷🍷 3*
○ Soave Cl. Sengialta '10	🍷🍷 2*
○ Soave Cl. Sengialta '09	🍷🍷 2*
○ Soave Cl. Sengialta '08	🍷🍷 2*
○ Soave Cl. Sengialta '07	🍷🍷 2

Barollo
via Rio Serva, 4b - 35123 Preganziol [TV]
Tel. 0422633014
www.barollo.com

藏酒销售
预约参观
年产量 50 000 瓶
葡萄种植面积 46 公顷

在古老的的特拉里欧路（Via Terraglio）边上，连接着莫格里阿诺温尼托镇（Mogliano Veneto）与特雷维索省（Treviso），巴罗洛（Barollo）兄弟的酒庄就坐落在这里的大片葡萄园之中。酒庄占地约50公顷，密集种植着国际葡萄品种和知名的本地葡萄种类，后者包括了曼佐尼白葡萄（Manzoni bianco）和格莱拉（glera）。广泛种植的葡萄注重优雅、和谐，而非单纯的密集种植。产出的酒也总是口感紧致、和谐迷人。

● Frank! '10	🍷🍷 3*
○ Manzoni Bianco '11	🍷🍷 2*
○ Pinot Bianco '11	🍷🍷 2*
○ Frater Bianco '11	🍷 2
● Frater Rosso '11	🍷 2
○ Prosecco Extra Dry	🍷 2
● Frank '09	🍷🍷 3
● Frank '08	🍷🍷 3
○ Pinot Bianco '10	🍷🍷 2*
○ Pinot Bianco '09	🍷🍷 2
○ Pinot Bianco '08	🍷🍷 3
○ Pinot Grigio '09	🍷🍷 2

威尼托区
VENETO

Beato Bartolomeo da Breganze
VIA ROMA, 100 - 36042 BREGANZE [VI]
TEL. 0445873112
www.cantinabreganze.it

藏酒销售
预约参观
年产量 3 500 000 瓶
葡萄种植面积 700 公顷

这个已有60年历史的酒庄是维琴察省（Vicenza）的北部布莱甘泽市（Breganze）法定原产地葡萄酒的最大酿酒商。其令人印象深刻的葡萄园沿着前阿尔卑斯山山脊伸展开来，从塞尼（Thiene）一直到瓦尔苏加纳河（Valsugana）。另外的一部分园地则分布在山脚的冲积平原上。这里的石灰岩土壤与火山岩相间，各种不同的地貌和海拔高度出产优质葡萄。阿尔伯特·布莱泽尔（Alberto Brazzale）将其送到酒庄后，技术人员埃尔维奥·佛拉托（Elvio Forato）和卢卡·特撒罗（Luca Tessaro）酿造出了一系列可靠的葡萄酒。

★ Lorenzo Begali
VIA CENGIA, 10
37020 SAN PIETRO IN CARIANO [VR]
TEL. 0457725148
www.begaliwine.it

藏酒销售
预约参观
年产量 60 000 瓶
葡萄种植面积 8 公顷

一步一步地，贝格里家族（Begali）酒庄不断扩大他们的庄园面积，在马苏亚（Masua）地区获得了一块肥沃的土地后，又在卡·比安科（Ca'Bianco）上方的卡斯特罗托山（Castelrotto）上取得了不是很大的一块土地。今天，他们凭借着现代的酿酒技术不断增加葡萄酒产量，销往世界各地。他们的葡萄园主要分布在森吉亚村（Cengia）和卡·比安科（Ca'Bianco）酒庄的周围，此外还有一部分坐落于马苏亚（Masua）的山坡上。葡萄园里，人工干预的限制举措使得这里能够出产最优质的葡萄，从而酿出最复杂、最纯粹的葡萄酒。

● Breganze Cabernet Kilò Ris. '09	♛♛ 4
● Breganze Pinot Nero Sup. Savardo '10	♛♛ 2*
○ Breganze Torcolato '09	♛♛ 4
○ Breganze Torcolato Bosco Grande '09	♛♛ 4
● Breganze Cabernet Bosco Grande '09	♛ 3
● Breganze Cabernet Savardo '10	♛ 2
● Breganze Merlot Bosco Grande '09	♛ 3
○ Breganze Vespaiolo Extra Dry	♛ 2
○ Breganze Vespaiolo Sulla Rotta del Bacalà '11	♛ 2
○ Breganze Vespaiolo Sup. Savardo '11	♛ 2
● Breganze Cabernet Kilò Ris. '08	♛♛ 4
● Breganze Cabernet Sup. Bosco Grande '08	♛♛ 3
○ Breganze Torcolato '08	♛♛ 4
○ Breganze Torcolato '06	♛♛ 5

● Amarone della Valpolicella Cl. Vign. Monte Ca' Bianca '07	♛♛♛ 8
● Amarone della Valpolicella Cl. '08	♛♛ 6
● Recioto della Valpolicella Cl. '09	♛♛ 6
● Tigiolo '08	♛♛ 5
● Valpolicella Cl. Sup. Ripasso Vign. La Cengia '10	♛♛ 3*
● Valpolicella Cl. '11	♛ 2
● Amarone della Valpolicella Cl. '03	♛♛♛ 6
● Amarone della Valpolicella Cl. Vign. Monte Ca' Bianca '06	♛♛♛ 8
● Amarone della Valpolicella Cl. Vign. Monte Ca' Bianca '05	♛♛♛ 8
● Amarone della Valpolicella Cl. Vign. Monte Ca' Bianca '04	♛♛♛ 8

VENETO

Cecilia Beretta - Pasqua
LOC. SAN FELICE EXTRA
S.DA DELLA GIARA, 10 - 37131 VERONA
TEL. 0458432111
www.ceciliaberetta.it

藏酒销售
预约参观
年产量 200 000+19 000 000 瓶
葡萄种植面积 89+1 000 公顷

帕斯卡（Pasqua）家族是威尼托区（Veneto）最杰出的葡萄种植家族之一。该酒庄坐落于意大利最重要的葡萄酒产区中，其品种多样的葡萄酒遍布世界各地。早在20世纪80年代，他们就建立了塞西莉亚·贝瑞塔酒庄（Cecilia Beretta）。酒庄跟很多高校有合作，酒庄也就成了学习、研究以及活动的地点。这也为他们日后出产系列精品葡萄酒、优雅的商标设计打下了坚实基础。

- Amarone della Valpolicella Cl. Terre di Cariano Cecilia Beretta '08 — 8
- Amarone della Valpolicella Cl. '08 — 6
- Amarone della Valpolicella Cl. Villa Borghetti Pasqua '08 — 6
- Valpolicella Cl. Sup. Terre di Cariano Rip. '10 — 3
- Valpolicella Sup. Ripasso '10 — 3
- Valpolicella Sup. Ripasso Villa Borghetti Pasqua '10 — 3
- Passimento Pasqua '09 — 5
- ○ Soave Cl. Brognoligo '11 — 2
- ○ Soave Cl. Villa Borghetti Pasqua '11 — 3
- Soraie Pasqua '09 — 5
- Valpolicella Cl. Villa Borghetti Pasqua '11 — 3

★Cav. G. B. Bertani
VIA ASIAGO, 1 - 37023 GREZZANA [VR]
TEL. 0458658444
www.bertani.net

藏酒销售
预约参观
年产量 2 000 000 瓶
葡萄种植面积 200 公顷

2012年12月，这家历史悠久的格拉赞纳（Grezzana）酒庄被转手了。阿维迪（Arvedi）和贝塔尼（Bertani）家族把酒庄全部的股份卖给了已在葡萄酒界活跃多年的安杰里尼（Angelini）集团。要不是12月的新闻有报道的话，我们根本不会意识到发生此事。该酒庄的葡萄酒保持了始终如一的高品质以及传统的酿酒风格。我们还有更具说服力的证据，那就是该酒庄决定推出一个新品种——优质的塞科年份葡萄酒（Secco Vintage），该酒真实地还原阿玛诺红葡萄酒（Amarone）成功之前理想的瓦波里切拉葡萄酒（Valpolicella）形态。

- Amarone della Valpolicella Cl. '05 — 8
- Valpolicella Cl. Sup. Vign. Ognisanti '09 — 2*
- Valpolicella Valpantena Ripasso Secco Bertani '10 — 3*
- Amarone della Valpolicella Valpantena Villa Arvedi '09 — 6
- ○ Le Lave '10 — 3
- Secco Bertani Vintage Edition '09 — 4
- ○ Soave Cl. Sereole '11 — 2*
- Valpolicella Cl. Sup. Ripasso Villa Novare '09 — 3
- Valpolicella Cl. Villa Novare '11 — 3
- ⊙ Bertarose Chiaretto '11 — 2
- Recioto della Valpolicella Valpantena '09 — 4
- Amarone della Valpolicella Cl. '04 — 8
- Amarone della Valpolicella Cl. '03 — 8

威尼托区
VENETO

La Biancara
Fraz. Sorio
c.da Biancara, 14 - 36053 Gambellara [VI]
Tel. 0444444244
www.biancaravini.it

藏酒销售
预约参观
年产量 65 000 瓶
葡萄种植面积 13 公顷
葡萄栽培方式 传统栽培

安吉奥利诺·马乌莱（Angiolino Maule）的酒庄位于盖姆贝拉罗（Gambellara）法定产区里，占地超过10公顷。酒庄致力于追求高品质，但也不忘保护自然环境。安吉奥利诺（Angiolino）力求找到环境保护和科研成果之间的最佳平衡点，他在保留古老的酿酒传统的同时，不断改进生产设备加强科研。在妻子和孩子的协助下，安吉奥利诺（Angiolino）在葡萄种植园、酒窖之间穿梭忙碌着。此外，作为自然葡萄酒协会核心人物的他还经常需要抽身处理协会事务。

Desiderio Bisol & Figli
Fraz. Santo Stefano
via Follo, 33 - 31049 Valdobbiadene [TV]
Tel. 0423900138
www.bisol.it

藏酒销售
预约参观
年产量 1 800 000 瓶
葡萄种植面积 126 公顷

比索尔（Bisol）家族的酒庄是瓦尔多比亚德尼（Valdobbiadene）葡萄法定保证产区最活跃的酒庄之一。比索尔（Bisol）对市场的触觉很敏感，时刻准备着应对未来的挑战。酒庄不断扩充从原来的几公顷面积到现在的涵盖了不少于意大利北部的九个省区，这促使吉安卢卡（Gianluca）和他的房产需要重新布局他的葡萄园，尽管这样，还是保不住那雄伟的杜卡多乐城堡（Duca di Dolle）。我们不能忘记他为威尼斯（Venice）所做的贡献，吉安卢卡（Gianluca）就是在这里从古老的泻湖葡萄品种多仁娜（Dorona）开始他的葡萄酒事业的。

○ Pico '10	♛♛ 4
○ Recioto di Gambellara '08	♛♛ 5
○ Masieri Bianco '11	♛♛ 2*
● Merlot '10	♛♛ 4
○ Sassaia '11	♛♛ 3
○ Pico '02	♛♛♛ 3
○ Recioto di Gambellara '07	♛♛♛ 5
○ Pico '09	♛♛ 4
○ Pico '08	♛♛ 4
○ Pico '07	♛♛ 4
○ Sassaia '10	♛♛ 3*
○ Sassaia '09	♛♛ 2*
○ Sassaia '08	♛♛ 2*
○ Sassaia '07	♛♛ 2*

○ Cartizze '11	♛♛ 5
○ Eliseo Bisol Cuvée del Fondatore '02	♛♛ 6
○ Valdobbiadene Brut Crede '11	♛♛ 4
○ Valdobbiadene Brut Garnei '10	♛♛ 3
○ Valdobbiadene Extra Dry Vigneti del Fol '11	♛♛ 4
○ Valdobbiadene Brut Jeio	♛ 2
○ Valdobbiadene Extra Dry Colmei Jeio	♛ 2
○ Cartizze '09	♛♛ 5
○ P. di Valdobbiadene Dry Garnei '03	♛♛ 3
○ P. di Valdobbiadene Dry Garnei '02	♛♛ 3
○ P. di Valdobbiadene Extra Dry Vigneti del Fol '06	♛♛ 3

F.lli Bolla

Fraz. Pedemonte
via Alberto Bolla, 3
37029 San Pietro in Cariano [VR]
Tel. 0456836555
www.bolla.it

藏酒销售
预约参观
年产量 12 000 000 瓶
葡萄种植面积 35 000 公顷

波拉（Bolla）酒庄这些年以来经历了太多的起起伏伏。在脱离了星座集团管理的命运之后，该酒庄如今又踏入了一段伟大的复兴时期，感谢意大利葡萄酒集团（Gruppo Italiano Vini）的先见之明，尤其是在克里斯坦·斯克林兹（Cristian Scrinzi）领导的技术部门的带领下才使得波拉酒庄（Bolla）取得今天的成就。致力于追求传统工艺与高品质的统一，这个皮德蒙特镇（Pedemont）的酒庄因为他的出色出品而引领着维罗纳（Verona）片区的周围酒庄。

- ● Amarone della Valpolicella Cl. '08 — 6
- ○ Soave Cl. Tufaie '11 — 3*
- ● Valpolicella Cl. Sup. Le Pojane Ripasso '10 — 4
- ● Valpolicella Cl. Sup. Ripasso '10 — 2
- ● Amarone della Valpolicella Cl. '07 — 6
- ● Amarone della Valpolicella Cl. Capo di Torbe '03 — 4
- ● Amarone della Valpolicella Cl. Le Origini '03 — 6
- ○ Soave Cl. '10 — 3*
- ● Valpolicella Cl. Sup. Capo di Torbe '03 — 4
- ● Valpolicella Cl. Sup. Capo di Torbe '01 — 4
- ● Valpolicella Cl. Sup. Le Pojane Ripasso '09 — 3
- ● Valpolicella Cl. Sup. Le Pojane Ripasso '08 — 3

Borgo Stajnbech

via Belfiore, 109 - 30020 Pramaggiore [VE]
Tel. 0421799929
www.borgostajnbech.com

藏酒销售
预约参观
葡萄种植面积 14 公顷

狭长的海岸线从威尼斯（Venice）到格雷夫·弗留利（Grave del Friuli）是礼尚·普拉玛吉奥（Lison Pramaggiore）法定产区。当地的农民始终如一地细心照料着长在深色黏土上的葡萄。吉维阿诺·瓦伦特（Giuiano Valent）就是这么一个农民：自信、坚韧，且从不满足于酿造简单易饮的酒。吉维阿诺（Giuiano）想要通过自己的不断测试，从而挖掘这个伟大的葡萄酒产国所具有的独特价值。他的葡萄园占地不过十几公顷，主要种植国际葡萄品种，也种植塔伊（Tai）和莱弗斯科（Refosco）葡萄。

- ○ Lison-Pramaggiore Chardonnay Stajnbech Bianco '10 — 4
- ○ Lison-Pramaggiore Cl. 150 '11 — 2*
- ● Stajnbech Rosso '08 — 5
- ○ Lison Sauvignon Bosco della Donna '11 — 2
- ● Lison-Pramaggiore Cabernet Franc. '10 — 4
- ● Lison-Pramaggiore Refosco P.R. '10 — 5
- ● Malbech '10 — 2
- ○ Venezia Pinot Grigio '11 — 2
- ○ Lison-Pramaggiore Cl. 150 '10 — 2*
- ● Lison-Pramaggiore Stajnbech Rosso '07 — 3

VENETO

Borin Vini & Vigne

FRAZ. MONTICELLI
VIA DEI COLLI, 5 - 35043 MONSELICE [PD]
TEL. 042974384
www.viniborin.it

藏酒销售
预约参观
年产量 115 000 瓶
葡萄种植面积 30 公顷

吉安尼（Gianni）和特莱萨·博瑞（Teresa Borin）的酒庄就坐落在蒙提塞利（Monticelli），这是阿尔卡（Arquà Petrarca）自治区的一个小镇。几年之前，葡萄园的范围仅限于酒庄附近的平原地区。不过最近，随着他们的儿子弗拉斯科（Fransco）和吉亚姆保罗（Gianpaolo）在酒庄里采取积极的行动措施，他们在阿尔卡（Arquà）山上收购了一些山地做葡萄园。科里·尤佳内（Colli Euganei）的温暖气流到达高海拔地区后，给这里带来了新鲜的空气以及合适的温度。坐拥30公顷葡萄园的博瑞（Borin）酒庄出产的葡萄酒品种广泛、特点突出。

● Colli Euganei Cabernet Sauvignon Mons Silicis Ris. '09	🍷4
● Coldivalle '09	🍷3
● Colli Euganei Cabernet Sauvignon V. Costa '10	🍷3*
○ Colli Euganei Chardonnay V. Bianca '10	🍷3
○ Colli Euganei Fior d'Arancio Fiore di Gaia '11	🍷2*
○ Colli Euganei Manzoni Bianco Corte Borin '10	🍷3
● Colli Euganei Merlot Rocca Chiara Ris. '09	🍷4
○ Colli Euganei Fior d'Arancio '11	🍷2
● Colli Euganei Merlot V. del Foscolo '10	🍷2
○ Colli Euganei Pinot Bianco Monte Archino '11	🍷2
○ Prosecco Extra Dry	🍷3

F.lli Bortolin

FRAZ. SANTO STEFANO
VIA MENEGAZZI, 5 - 31049 VALDOBBIADENE [TV]
TEL. 0423900135
www.bortolin.com

藏酒销售
预约参观
年产量 300 000 瓶
葡萄种植面积 20 公顷

波特林（Bortolin）家族酒庄是普罗赛科起泡酒（Prosecco di Valdobbiadene）历史发展的见证者之一。与其说是因为它将这种酒销往了世界各地，还不如说是因为它全力把意大利白葡萄酒从特雷维索葡萄酒（Treviso）改良成了今天所熟知的普罗赛科（Prosecco）。酒庄的葡萄园占地达20公顷，虽说这算是一个相当大的面积，但还是不够生产这么大批量葡萄酒所需的所有葡萄品种。因此，该酒庄决定与一部分葡萄种植者合作。这些葡萄种植者的工作与酒庄的需求相一致，向酒庄提供了它所需的葡萄。

○ Valdobbiadene Brut	🍷2
○ Valdobbiadene Extra Dry Rù '11	🍷3
○ Andéla Passito	🍷5
○ Borgo del Convento Extra Brut	🍷4
○ Cartizze	🍷4
○ Colli di Conegliano Bianco '10	🍷2
○ Valdobbiadene Dry	🍷2
○ Valdobbiadene Extra Dry	🍷2
○ Cartizze '07	🍷4
○ P. di Valdobbiadene Brut '06	🍷2
○ Valdobbiadene Extra Dry Rù '10	🍷3

VENETO

威尼托区

Bortolomiol
VIA GARIBALDI, 142
31049 VALDOBBIADENE [TV]
TEL. 0423974911
www.bortolomiol.com

藏酒销售
预约参观
年产量 1 800 000 瓶
葡萄种植面积 5 公顷

普罗塞克（Prosecco）葡萄酒过去几十年的成功促使了大量的新酒庄在科内格里安诺（Conegliano）和瓦尔多比亚德尼（Valdobbiadene）葡萄酒产区里拔地而起。然而，波托洛米奥酒庄（Bortolomiol）却并非其中之一。通过技术创新和与本地种植者的合作，酒庄已经积累了悠久而深厚的历史底蕴。酒庄占地不过几公顷，辅以一个综合网络，以便记录与酒庄长期合作的种植工人输送来的葡萄。

○ Cartizze	3
○ Valdobbiadene Dry Maior	2*
○ Valdobbiadene Extra Dry Banda Rossa '11	3
○ Filanda Rosé Brut '10	3
● Piave Cabernet Sauvignon Mormorò '09	3
○ Riserva del Governatore Extra Brut '10	3
○ Valdobbiadene Brut Ius Naturae '11	4
○ Valdobbiadene Brut Motus Vitae '10	4
○ Valdobbiadene Brut Prior	2
○ Valdobbiadene Demi Sec Suavis	3
○ Valdobbiadene Extra Dry Senior	3
○ Valdobbiadene Frizzante Il Ponteggio	3
○ Valdobbiadene Tranquillo Canto Fermo '11	3

Carlo Boscaini
VIA SENGIA, 15
37010 SANT'AMBROGIO DI VALPOLICELLA [VR]
TEL. 0457731412
www.boscainicarlo.it

藏酒销售
预约参观
年产量 70 000 瓶
葡萄种植面积 13 公顷

该酒庄由卡罗（Carlo）和马里奥·波斯凯尼（Mario Boscaini）的祖父所创建，地点设在瓦波里切拉的圣·安布罗吉奥（Sant'Ambrogio di Valpolicella）地区。如今他们继承了这一家业，打理着酒庄的日常事务。葡萄园毗邻瓦尔达蒂格（Valdadige）和加尔达（Garda）湖，地理位置可谓得天独厚。为了提高品质，他们在20世纪90年代中期移植了葡萄园的葡萄。在接下来的几年里，酒庄把发展的重点放在了生产设备的改进上。同时，酒品风格依然忠于传统。在波斯凯尼（Boscaini），葡萄酒总是酒体丰满、果香浓郁，同时又酒劲强烈、风格纯朴。

● Amarone della Valpolicella Cl. San Giorgio '08	4
● Valpolicella Cl. Sup. La Preosa '09	5
● Recioto della Valpolicella Cl. La Sengia '11	4
● Amarone della Valpolicella Cl. San Giorgio '07	4
● Valpolicella Cl. Sup. Ripasso Zane '08	3

威尼托区
VENETO

Bosco del Merlo
via Postumia, 14 - 30020 Annone Veneto [VE]
Tel. 0422768167
www.boscodelmerlo.it

藏酒销售
预约参观
年产量 240 000 瓶
葡萄种植面积 84 公顷

从威尼斯（Venice）一直延伸到坡德诺那省（Pordenone）的海岸线，构成了法定里森•普拉玛吉奥（Lison Pramaggiore）产区的主要部分。此处的土壤是黏土，毗邻亚得里亚海（Adriatic Sea）这一地理优势，确保了产品的卓越品质和独特个性。致力于建设发展这一葡萄酒重要产地的人并不多，而帕拉丁（Paladin）家族就是其中一个，所做出的成绩也越来越为人信服。品种繁多的葡萄酒在注重优雅和口感的同时，也力求展现出风土特色。

● Lison-Pramaggiore Rosso Vineargenti Ris. '08	♛♛ 6
○ Lison-Pramaggiore Sauvignon Turranio '11	♛♛ 6
● 360 Ruber Capitae '09	♛♛ 7
○ Lison-Pramaggiore Lison Cl. Juti '11	♛♛ 6
● Lison-Pramaggiore Merlot Campo Camino '10	♛♛ 6
● Lison-Pramaggiore Refosco P. R. Roggio dei Roveri '09	♛♛ 5
○ Prosecco Brut '11	♛ 4
○ Venezia Pinot Grigio '11	♛ 3
○ Verduzzo Soandre '10	♛ 7
● 360 Ruber Capitae '08	♛♛♛ 5
● 360 Ruber Capitae '07	♛♛♛ 5

Brigaldara
fraz. San Floriano
via Brigaldara, 20
37020 San Pietro in Cariano [VR]
Tel. 0457701055
www.brigaldara.it

藏酒销售
预约参观
年产量 250 000 瓶
葡萄种植面积 50 公顷

斯蒂法诺•赛撒瑞（Stefano Cesari）的酒庄占地50公顷，横跨了瓦尔波利塞拉（Valpolicella）的经典城区和东部地区。在葡萄园的很多地方，传统的高架葡萄藤培育系统已被舍弃，取而代之的是盖亚特（Guyot）栽培方式。别墅位于马拉诺（Marano）山谷口，葡萄酒生产的每个环节都在其后方的酒窖中进行。由于所处的特殊地理位置，其方位、土壤和海拔变得多种多样。葡萄的可观产量给斯蒂法诺（Stefano）带来了选择原料的余地，使得他能够挑选出最适合葡萄酒酿造的葡萄品种。该酒庄出品的葡萄酒种类承袭了传统，舒服的口感把这一风格诠释得淋漓尽致。

● Amarone della Valpolicella Case Vecie '08	♛♛ 7
● Amarone della Valpolicella Cl. '08	♛♛ 6
⊙ Dindarella '11	♛♛ 2*
● Recioto della Valpolicella Cl. '08	♛♛ 6
● Valpolicella Cl. '10	♛♛ 2*
○ Soave '11	♛ 2
● Amarone della Valpolicella Case Vecie '07	♛♛♛ 7
● Amarone della Valpolicella Case Vecie '03	♛♛♛ 7
● Amarone della Valpolicella Case Vecie '00	♛♛♛ 6
● Amarone della Valpolicella Cl. '06	♛♛♛ 6
● Amarone della Valpolicella Cl. '05	♛♛♛ 6
● Amarone della Valpolicella Cl. '99	♛♛♛ 6

VENETO

Sorelle Bronca

Fraz. Colbertaldo
via Martiri, 20 - 31020 Vidor [TV]
Tel. 0423987201
www.sorellebronca.com

藏酒销售
预约参观
年产量 250 000 瓶
葡萄种植面积 20 公顷

安东妮拉（Antonella）和厄西里安娜·布隆卡（Ersiliana Bronca）的酒庄占地约20公顷，分散在较为陡峭崎岖的维多（Vidor）山区和较为平缓波折的费莱塔诺（Felettano）山区里。该酒庄的优势在于葡萄园。在葡萄种植过程尽可能尊重环境的同时，种植工人还认为葡萄种植是保护并改进风土的有效途径，他们怀着这种态度孜孜不倦地耕作着。在重要的路亚（Rua）地带，葡萄园依偎在丛林里，相对封闭的环境把人工对葡萄藤的干预降到了最低限度，从而确保产出的葡萄品质卓越、个性鲜明。

● Colli di Conegliano Rosso Ser Bele '09	▼▼▼ 5
○ Valdobbiadene Brut Particella 68 '11	▼▼ 4
○ Colli di Conegliano Bianco Delico '09	▼▼ 3
○ Valdobbiadene Brut	▼▼ 3
○ Valdobbiadene Extra Dry	▼▼ 3
● Colli di Conegliano Rosso Ser Bele '05	▼▼▼ 5
● Colli di Conegliano Rosso Ser Bele '08	▼▼ 5
● Colli di Conegliano Rosso Ser Bele '07	▼▼ 5
● Colli di Conegliano Rosso Ser Bele '06	▼▼ 5
○ P. di Valdobbiadene Extra Dry Particella 68 '08	▼▼ 3
○ P. di Valdobbiadene Extra Dry Particella 68 '07	▼▼ 3
○ Valdobbiadene Brut Particella 68 '10	▼▼ 3
○ Valdobbiadene Extra Dry Particella 68 '09	▼▼ 3

Luigi Brunelli

via Cariano, 10
37029 San Pietro in Cariano [VR]
Tel. 0457701118
www.brunelliwine.com

藏酒销售
预约参观
膳宿接待
年产量 100 000 瓶
葡萄种植面积 12 公顷

尽管瓦波里切拉（Valpolicella）的巨大成功改变了本地酒庄的发展前景，但路易吉·布鲁内利（Luigi Brunelli）似乎还是能够进一步地积累这一积极变化所带来的财富。这并不是运气的问题，而是在于他具备了远见卓识和能力，从而能够预测未来的重大变化，并采取行动顺应历史潮流。路易吉（Luigi）在不损失传统工艺和良好判断的前提下扩大了酒庄规模，并对管理方式进行了微调。在妻子露西安娜（Luciana）和儿子阿尔伯托（Alberto）的帮助下，路易吉（Luigi）认真且准确地诠释着这一伟大土地的魅力。

● Amarone della Valpolicella Cl. Campo Inferi Ris. '07	▼▼ 8
● Amarone della Valpolicella Cl. '09	▼▼▼ 6
● Amarone della Valpolicella Cl. Campo del Titari Ris. '07	▼▼ 8
● Recioto della Valpolicella Cl. '10	▼▼ 5
● Valpolicella Cl. Sup. Campo Praesel '10	▼▼ 3*
● Corte Cariano Rosso '10	▼ 2
○ Passito Re Sol '10	▼ 5
● Valpolicella Cl. '11	▼ 2
● Valpolicella Cl. Sup. Ripasso Pariondo '10	▼ 3
● Amarone della Valpolicella Cl. Campo del Titari '97	▼▼▼ 8
● Amarone della Valpolicella Cl. Campo del Titari '96	▼▼▼ 8

VENETO
威尼托区

Tommaso Bussola
LOC. SAN PERETTO
VIA MOLINO TURRI, 30 - 37024 NEGRAR [VR]
TEL. 0457501740
www.bussolavini.com

藏酒销售
预约参观
年产量 70 000 瓶
葡萄种植面积 15 公顷

感谢既温和又强硬的独特风格，让该酒庄的管理者成为了推动瓦波里切拉（Valpolicella）葡萄酒复兴的重要力量之一。近几年来，酒庄改变了经营策略，取得了不错的效果。现在，托马索（Tommaso）酒庄的酒品口感更为专注、清新和柔顺，在纤细的同时而又不失强劲。葡萄园有一部分位于圣·派瑞托（San Peretto）的酒庄周围，还有一些位于瓦波里切拉（Valpolicella）经典区和东区的分界山上。该酒庄在过去的10年里进行了扩建和翻修，许多需要长期陈化的葡萄酒储藏其中。

● Recioto della Valpolicella Cl. '09	🍷🍷 7
● L'Errante '07	🍷🍷 7
● Valpolicella Cl. Sup. TB '07	🍷🍷 5
● Recioto della Valpolicella Cl. '04	🍷🍷🍷 6
● Recioto della Valpolicella Cl. BG '03	🍷🍷🍷 5
● Recioto della Valpolicella Cl. TB '04	🍷🍷🍷 8
● Recioto della Valpolicella Cl. TB '99	🍷🍷🍷 8
● Recioto della Valpolicella Cl. TB '98	🍷🍷🍷 8
● Recioto della Valpolicella Cl. TB '97	🍷🍷🍷 8
● Recioto della Valpolicella Cl. TB '95	🍷🍷🍷 8
● Amarone della Valpolicella Cl. '05	🍷🍷 7
● Amarone della Valpolicella Cl. TB '06	🍷🍷 8
● Recioto della Valpolicella Cl. '08	🍷🍷 7

Ca' La Bionda
FRAZ. VALGATARA
VIA BIONDA, 4 - 37020 MARANO DI VALPOLICELLA [VR]
TEL. 0456801198
www.calabionda.it

藏酒销售
预约参观
年产量 100 000 瓶
葡萄种植面积 30 公顷
葡萄栽培方式 有机认证

越来越多的人开始谈论起生态的可持续发展和对环境的尊重。同时，体现风土特色和传统工艺的酒品得到了越来越多的关注。多年来，在经验老道的父亲皮耶特罗（Pietro）的支持和鼓励下，亚历桑德罗（Alessandro）和尼古拉·卡斯特拉尼（Nicola Castellani）也致力于生产符合上述特征的酒品。占地30公顷的葡萄园仅仅产出了100 000瓶葡萄酒，显示了酒庄并不耽于葡萄园所取得的巨大成功，而是偏向于展现马拉诺（Marano）山谷典型的纤细，揭示庄园的内在灵魂。

● Amarone della Valpolicella Cl. Vign. di Ravazzol Ris. '05	🍷🍷 6
● Valpolicella Cl. Sup. Campo Casal Vegri Decennale Ris. '01	🍷🍷 6
● Amarone della Valpolicella Cl. '08	🍷🍷 6
● Amarone della Valpolicella Cl. Vign. di Ravazzol '08	🍷🍷 7
● Valpolicella Cl. Sup. Campo Casal Vegri '10	🍷🍷 4
● Amarone della Valpolicella Cl. Vign. di Ravazzol '07	🍷🍷🍷 6
● Amarone della Valpolicella Cl. '07	🍷🍷 6
● Amarone della Valpolicella Cl. '06	🍷🍷 6
● Amarone della Valpolicella Cl. Vign. di Ravazzol '06	🍷🍷 6

VENETO

Ca' Lustra
LOC. FAEDO
VIA SAN PIETRO, 50
35030 CINTO EUGANEO [PD]
TEL. 042994128
www.calustra.it

藏酒销售
预约参观
年产量 165 000 瓶
葡萄种植面积 25 公顷
葡萄栽培方式 有机认证

科里•尤佳内（Colli Euganei）犹如坡（Po）山谷里高耸而起的悬崖峭壁，与其说它截断了波涛巨浪，还不如说它打破了这个威尼托（Veneto）角落夏天典型的湿热气候。弗朗克•扎诺韦洛（Franco Zanovello）和他的儿子马科（Marco）力求开发这种温暖且通风良好的气候，使得生产出的葡萄既成熟又有特色，且还能依靠山里的温度范围提高葡萄品质。在酒庄里，无论是酿造复杂还是简单的葡萄酒，人工干预都已被保持在最低限度。这里每一个卓越的酒种都有其独到之处。

Ca' Orologio
VIA CA' OROLOGIO, 7A - 35030 BAONE [PD]
TEL. 042950099
www.caorologio.com

藏酒销售
预约参观
膳宿接待
年产量 250 000 瓶
葡萄种植面积 12 公顷
葡萄栽培方式 有机认证

玛利亚乔拉•罗塞里尼（Mariagioia Rosellini）的酒庄始建于10年前，恰逢2002年惨淡的葡萄收获期。几年过后，凭借着高效、生态友好的有机种植方式，该酒庄已发展成为了科里•尤佳内（Colli Euganei）葡萄酒生产的标杆。在酒庄内，人工干预被保持在最低限度。除了本地的弗留拉罗（friularo）和小量的白葡萄品种外，这里还种植了波尔多（Bordeaux）的传统品种。12公顷左右的葡萄园为限量出产的葡萄酒提供了原料，全面展现了酒品的卓越品质。

- ● Colli Euganei Cabernet Girapoggio '08 — 3*
- ● Colli Euganei Merlot Sassonero '09 — 3*
- ● Colli Euganei Cabernet '09 — 2*
- ○ Colli Euganei Fior d'Arancio Passito '09 — 4
- ○ Colli Euganei Manzoni Bianco Pedevenda '10 — 2*
- ● Colli Euganei Merlot '09 — 2*
- ● Marzemino Passito '08 — 2*
- ⊙ Aganoor Rosato '11 — 2
- ○ Colli Euganei Fior d'Arancio '11 — 2
- ○ Colli Euganei Moscato Secco 'A Cengia '10 — 2
- ● Colli Euganei Cabernet Girapoggio '05 — 3
- ○ Colli Euganei Fior d'Arancio Passito '07 — 4
- ● Colli Euganei Merlot Sassonero Villa Alessi '05 — 3
- ● Colli Euganei Vittoria Aganoor Ris. '08 — 4

- ● Colli Euganei Rosso Calaóne '10 — 4
- ● Relógio '10 — 5
- ● Lunisóle '10 — 4
- ○ Salaróla '11 — 3
- ● Colli Euganei Rosso Calaóne '05 — 3*
- ● Relógio '09 — 4
- ● Relógio '07 — 4
- ● Relógio '06 — 4
- ● Relógio '04 — 4*
- ● Colli Euganei Rosso Calaóne '09 — 4
- ● Colli Euganei Rosso Calaóne '08 — 4*
- ● Relógio '08 — 4

VENETO 威尼托区

★Ca' Rugate
VIA PERGOLA, 36
37030 MONTECCHIA DI CROSARA [VR]
TEL. 0456176328
www.carugate.it

藏酒销售
预约参观
年产量 550 000 瓶
葡萄种植面积 58 公顷

关于卡•瑞格特（Ca'Rugate）酒庄的新闻总是持续不断。近几个月来，在蒙特奇亚（Montecchia di Crosara）的酒庄重新进行了改组。麦克尔（Michele）从叔叔吉安尼（Gianni）的手中买下了全部股份后，巩固了这一家族企业的领导地位。海拔400米以上的坎波•拉维（Campo Lavei）葡萄园现已完成了扩建，位于特拉蒙纳托（Tremenalto）的新葡萄园全部种植了特比安诺（Trebbiano di Soave）葡萄。这一品种对特萨利（Tessari）酒庄越来越重要。

○ Soave Cl. Monte Alto '10	▼▼▼ 3*
○ Studio '10	▼▼▼ 4*
● Amarone della Valpolicella '08	▼▼ 7
● Recioto della Valpolicella L'Eremita '09	▼▼ 5
● Recioto di Soave La Perlara '09	▼▼ 5
○ Soave Cl. Monte Fiorentine '11	▼▼ 3*
○ Soave Cl. San Michele '11	▼▼ 2*
● Valpolicella Rio Albo '11	▼▼ 2*
● Valpolicella Sup. Campo Lavei '10	▼▼ 4
● Valpolicella Sup. Ripasso '10	▼▼ 3
○ Recioto di Soave La Perlara '07	▽▽▽ 5
○ Soave Cl. Monte Alto '09	▽▽▽ 3*
○ Soave Cl. Monte Fiorentine '09	▽▽▽ 3*
○ Soave Cl. Monte Fiorentine '08	▽▽▽ 3*
○ Studio '09	▽▽▽ 4

Giuseppe Campagnola
FRAZ. VALGATARA
VIA AGNELLA, 9
37020 MARANO DI VALPOLICELLA [VR]
TEL. 0457703900
www.campagnola.com

藏酒销售
预约参观
年产量 4 800 000 瓶
葡萄种植面积 130 公顷

虽然朱塞佩•贝皮•康帕尼奥拉（Giuseppe Beppe Campagnolad）酒庄每年出产多达近500万瓶葡萄酒，但是所有的酒品都深深植根于传统的农耕文化以及马拉诺（Marano）的风土特色，以至于酿造最重要精品酒的葡萄全部只来自山谷地带。贝皮（Beppe）的目标之明确在整个酒品种类里可见一斑。与其说他力求突出丰满的酒体和紧实的结构，不如说他更偏向于展现瓦波里切拉（Valpolicella）这片山谷典型的优雅和口感。

● Amarone della Valpolicella Cl. Caterina Zardini '08	▼▼ 6
● Valpolicella Cl. Sup. Caterina Zardini '10	▼▼ 3*
● Il Fortificato di Giuseppe Campagnola	▼▼ 6
● Recioto della Valpolicella Cl. Casotto del Merlo '10	▼▼ 5
⊙ Bardolino Cl. Chiaretto Roccolo del Lago '11	▼ 2
● Bardolino Cl. Roccolo del Lago '11	▼ 2
○ Soave Cl. Vign. Monte Foscarino Le Bine '11	▼ 2
● Valpolicella Cl. Le Bine '11	▼ 2
● Valpolicella Cl. Sup. Ripasso '10	▼ 3
● Amarone della Valpolicella Cl. Caterina Zardini '04	▽▽▽ 6
● Amarone della Valpolicella Cl. Caterina Zardini '01	▽▽▽ 6

VENETO

I Campi

VIA SARMAZZA, 29A
37032 MONTEFORTE D'ALPONE [VR]
TEL. 0456175915
www.icampi.it

预约参观
年产量 60 000 瓶
葡萄种植面积 14 公顷

艾•肯皮（I Campi）酒庄正朝着弗拉维奥•普拉（Flavio Pra）所期待的方向前进着。该酒庄强调高品质，因而出产的酒品从不缺乏优雅和纤细。位于伊尔拉斯塞勒罗（Cellore di Illasi）的酒庄竣工之后，肯皮（Campi）现在能够生产出两种挑战性较低，同时又能尊崇维罗纳（Veronese）传统工艺和传统品种的新葡萄酒品，从而满足这一类消费者的需求。父亲塞尔吉奥（Sergio）和弗拉维奥（Flavio）共同管理着葡萄园。不仅如此，塞尔吉奥（Sergio）凭借着如顾问般丰富的的酿酒经验协助了弗拉维奥（Flavio），使他能够把葡萄酒的品质发挥到极至。

○ Soave Cl. Campo Vulcano '11	▼▼▼ 5
● Valpolicella Sup. Ripasso Campo Ciotoli '10	▼ 6
● Amarone della Valpolicella Campo Marna 500 '06	▼▼ 8
○ Soave Campo Base '11	▼▼ 4*
● Valpolicella Campo Base '11	▼▼ 5*
○ Soave Cl. Campo Vulcano '10	▽▽▽ 3*
○ Soave Cl. Campo Vulcano '09	▽▽▽ 3*
○ Soave Cl. Campo Vulcano '08	▽▽▽ 3
● Amarone della Valpolicella Campo Marna 500 '05	▽▽ 8
○ Soave Cl. Campo Vulcano '07	▽▽ 3
● Valpolicella Campo Ciotoli '08	▽▽ 5
● Valpolicella Sup. Campo Prognare '06	▽▽ 5
● Valpolicella Sup. Ripasso Campo Ciotoli '09	▽▽ 4

Canevel Spumanti

LOC. SACCOL
VIA ROCCAT E FERRARI, 17
31049 VALDOBBIADENE [TV]
TEL. 0423975940
www.canevel.it

预约参观
年产量 700 000 瓶
葡萄种植面积 12 公顷

在过去的10年，尽管普罗塞克（Prosecco）葡萄酒的高品质不可避免地导致了产量的减少和个性特色的消退，但品质的大幅上升确实是一个不争的事实。不过，位于萨克尔（Saccol）的卡纳维尔起泡酒（Canevel Spumanti）酒庄却完成了一个艰巨的任务，成功使得出品的酒不仅一眼可辨，还保持了卡纳维尔（Canevel）的独特风格，其成熟、紧实的酒体特点十分突出。

○ Valdobbiadene Brut '11	▼▼ 3
○ Valdobbiadene Extra Dry Il Millesimato '11	▼▼ 4
○ Valdobbiadene Extra Dry Vign. del Faè '11	▼▼ 3
○ Cartizze '11	▼ 5
○ Valdobbiadene Extra Dry '11	▼ 3
○ Cartizze '10	▽▽ 5
○ Cartizze '09	▽▽ 5
○ Conegliano Valdobbiadene Extra Dry Il Millesimato '09	▽▽ 3
○ P. di Conegliano Valdobbiadene Brut '09	▽▽ 2
○ P. di Valdobbiadene Extra Dry '09	▽▽ 2
○ P. di Valdobbiadene Extra Dry Vign. del Faè '09	▽▽ 2
○ Valdobbiadene Extra Dry '10	▽▽ 2*

VENETO
威尼托区

La Cappuccina

FRAZ. COSTALUNGA
VIA SAN BRIZIO, 125
37032 MONTEFORTE D'ALPONE [VR]
TEL. 0456175036
www.lacappuccina.it

藏酒销售
预约参观
年产量 300 000 瓶
葡萄种植面积 37 公顷
葡萄栽培方式 有机认证

泰萨利（Tessari）兄弟因完美地诠释了索阿维（Soave）葡萄酒而远近闻名和备受推崇。同时，他们还是最先舍弃传统藤架系统，转而采用垂直方格系统的人之一。他们的葡萄园占地近40公顷，一部分位于酒庄附近的平原，另一部分坐落在火山土壤影响显著的山里。除了索阿维（Soave）葡萄酒之外，他们还出产取材国际品种和本地奥赛莱塔（Oseleta）葡萄的红葡萄酒。卡普西纳（Cappucina）酒庄的风格倾向于牺牲强重的酒体，以便追求优雅和口感。

● Campo Buri '09	♛ 4
○ Soave '11	♛♛ 2*
○ Soave San Brizio '10	♛♛ 3
● Carmenos Passito '10	♛ 4
○ Madégo '11	♛ 2
○ Sauvignon Basaltik '11	♛ 2
○ Soave Fontégo '11	♛ 2
○ Recioto di Soave Arzìmo '08	♛♛ 4
○ Soave Fontégo '04	♛♛ 2
○ Soave San Brizio '04	♛♛ 3*

Carpenè Malvolti

VIA ANTONIO CARPENÈ, 1
31015 CONEGLIANO [TV]
TEL. 0438364611
www.carpene-malvolti.com

藏酒销售
预约参观
年产量 5 100 000 瓶
葡萄种植面积 26 公顷

位于科内里亚诺•威尼托（Conegliano Veneto）的卡玛（Carpenè Malvolti）酒庄历史悠久，是世界上保证法定普罗赛柯（Prosecco）产区当仁不让的典型代表。依靠与当地种植工人长期稳固的关系，酒庄超过500万瓶的酒品大部分都是知名的特雷维索（Treviso）起泡葡萄酒，并一举成为了该酒最大的生产商。在这里，种植工人认为自己不但是一个葡萄供应商，更是卡玛（Carpenè）家族管理了一个多世纪的酒庄的一部分。除了光彩夺目而充满活力的普罗塞克（Prosecco）葡萄酒外，取材于欧洲多地葡萄所酿成的一系列创新酒品同样出类拔萃。

○ Conegliano Valdobbiadene Dry Cuvée Oro	♛♛ 3*
○ Cuvée 1868 Brut	♛♛ 5
○ Kerner Brut	♛♛ 3
○ Cartizze	♛ 5
○ Conegliano Valdobbiadene	♛ 3
○ Conegliano Valdobbiadene Cuvée Brut	♛ 3
○ Conegliano Valdobbiadene Extra Dry Cuvée Storica	♛ 3
○ Gewürztraminer Brut	♛ 4
⊙ Rosé Cuvée Brut	♛ 3

Casa Cecchin

VIA AGUGLIANA, 11
36054 MONTEBELLO VICENTINO [VI]
TEL. 0444649610
www.casacecchin.it

藏酒销售
预约参观
年产量 25 000 瓶
葡萄种植面积 6 公顷

盖姆贝拉罗（Gambellara）法定酒产区似乎有点敬畏它强大的近邻索阿维（Soave）。但是，这里并不缺乏好酒庄，年复一年地大量生产出纤细新奇且又展现地域特色的酒品。罗贝塔（Roberta）和他的父亲雷纳托•切奇（Renato Cecchi）真实精确地诠释了维琴察（Vicenza）地区的白葡萄酒。另外，从酒庄出品的里斯尼•杜雷罗干型酒（Lessini Durello Brut）可以看出，他们对生产起泡葡萄酒怀有满腔的激情。酒庄数公顷的葡萄园位于火山山丘上，俯瞰着马特贝罗•维琴蒂诺（Montebello Vicentino）。

Casa Roma

VIA ORMELLE, 19
31020 SAN POLO DI PIAVE [TV]
TEL. 0422855339
www.casaroma.com

藏酒销售
预约参观
年产量 200 000 瓶
葡萄种植面积 28 公顷

如往常一样，我们被卡萨•罗马（Casa Roma）酒庄出产的葡萄酒深深折服。皮亚韦（Piave）的法定特雷维索（Tresviso）葡萄酒产区地域广阔，路易吉•佩鲁泽托（Luigi Peruzzetto）把激情和技艺都投入到了所有该地法规允许生产的酒品之中。虽说对国际品种热情高涨的态度相当普遍，但路易吉（Luigi）无疑更早对威尼托（Veneto）角落里的本地典型拉伯索（Raboso）葡萄充满激情。该品种历史古老，但栽培起来却极具挑战性。这种葡萄的酸度和单宁往往掩盖果香，且难以改良。为此，路易吉（Luigi）尝试了各种方法，如部分烘干葡萄，或用它酿制苏打白葡萄酒。

○ Gambellara Cl. San Nicolò '11	♀♀ 2*
○ Lessini Durello Brut M. Cl. Ris. '07	♀ 3
○ Lessini Durello Il Durello '11	♀♀ 2*
○ Recioto Cl. Gambellara Le Ginestre '08	♀♀ 4
○ Gambellara Cl. '10	♀♀ 2*
○ Gambellara Cl. La Guarda '07	♀♀ 2*
○ Lessini Durello Brut M. Cl. '06	♀♀ 3
○ Lessini Durello Brut M. Cl. '05	♀♀ 3
○ Lessini Durello Brut M. Cl. '04	♀♀ 3*
○ Lessini Durello Passito Il Montebello '08	♀♀ 4
○ Lessini Durello Passito Il Montebello '06	♀♀ 4
○ Lessini Durello Sup. '10	♀♀ 2*
○ Lessini Durello Sup. '09	♀♀ 2*
○ Lessini Durello Sup. Pietralava '08	♀♀ 2

● Malanotte '08	♀♀ 4
○ Piave Manzoni Bianco '11	♀♀ 2*
● Piave Merlot '11	♀♀ 2*
● Piave Raboso '08	♀♀ 4
● Raboso Passito Callarghe '07	♀♀ 5
○ Nesio Brut M. Cl.	♀ 4
● Pro Fondo Rosso Frizzante '11	♀ 2
● Venezia Cabernet Sauvignon '11	♀ 2
○ Venezia Chardonnay '11	♀ 2
○ Venezia Pinot Grigio '11	♀ 2
● Piave Raboso '07	♀♀ 4
● Piave Raboso '06	♀♀ 4
● Piave Raboso '02	♀♀ 4
● Raboso Passito Callarghe '06	♀♀ 5
○ Venezia Pinot Grigio '10	♀♀ 2*

VENETO

威尼托区

Case Paolin
VIA MADONNA MERCEDE, 53
31040 VOLPAGO DEL MONTELLO [TV]
TEL. 0423871433
www.casepaolin.it

藏酒销售
预约参观
年产量 66 000 瓶
葡萄种植面积 10 公顷
葡萄栽培方式 有机认证

随着时间的推移,该酒庄所出品的葡萄酒越来越令人感到兴奋,博则本(Pozzobon)兄弟拥有的酒庄的声誉在蒙特洛(Montello)法定葡萄酒产区不断提高。迪亚哥(Diego)在10余公顷的葡萄园里孜孜不倦地种植了曼佐尼白葡萄(Manzoni bianco)、老品种格莱拉(Glera)以及波尔多(Bordeaux)红葡萄种类。酒窖里,阿德里诺(Adelino)和米尔克(Mirco)睿智地把这些葡萄转化成了有限种类的酒品,并把品质和个性完美地结合在一起。

○ Asolo Brut	♛♛ 2
○ Manzoni Bianco Santi Angeli '10	♛♛ 2*
● Montello e Colli Asolani Rosso del Milio '09	♛♛ 3*
● Montello e Colli Asolani Sup. San Carlo '08	♛♛ 4
● Cabernet '11	♛ 2
○ Prosecco di Teviso Frizzante	♛ 2
○ Asolo Brut '09	♛♛ 2*
● Cabernet Sauvignon '05	♛♛ 2
● Montello e Colli Asolani Rosso del Milio '08	♛♛ 3*
● Montello e Colli Asolani Sup. San Carlo '07	♛♛ 4
● Rosso Del Milio '06	♛♛ 2*
○ Soér Passito '09	♛♛ 4

Michele Castellani
FRAZ. VALGATARA
VIA GRANDA, 1
37020 MARANO DI VALPOLICELLA [VR]
TEL. 0457701253
www.castellanimichele.it

藏酒销售
预约参观
年产量 300 000 瓶
葡萄种植面积 40 公顷

塞尔吉奥•卡斯特拉尼(Sergio Castellani)的酒庄位于瓦尔加塔拉(Valgatara)以及瓦波里切拉马拉诺市瓦拉塔(Vallata di Marano di Valpolicella)的港口上。葡萄园面朝东方,大体坐落在港口背后的山脊上,并已被扩展了40多公顷。最上佳的葡萄园所产的葡萄只有小部分用于酿造卡斯特拉尼(Castellani)的酒品,而其他大部分则销售给了其他酿酒商。酒庄采用的生产方式旨在诱发各种葡萄酒种类的丰富口感,使得酒体的强劲不打折扣。

● Recioto della Valpolicella Cl. Il Casale Ca' del Pipa '09	♛♛ 6
● Amarone della Valpolicella Cl. Campo Casalin I Castei '08	♛♛ 6
● Amarone della Valpolicella Cl. Cinquestelle Collezione Ca' del Pipa '08	♛♛ 7
● Valpolicella Cl. Sup. Ripasso Costamaran I Castei '10	♛♛ 3
● Recioto della Valpolicella Cl. Monte Fasenara I Castei '09	♛ 6
● Rosso Sergio '08	♛ 5
● Valpolicella Cl. Campo del Biotto I Castei '11	♛ 2
● Amarone della Valpolicella Cl. Campo Casalin I Castei '07	♛♛ 6

Cantina del Castello

CORTE PITTORA, 5 - 37038 SOAVE (VR)
TEL. 0457680093
www.cantinacastello.it

藏酒销售
预约参观
年产量 130 000 瓶
葡萄种植面积 12 公顷

阿图罗•斯托切蒂（Arturo Stocchetti）拥有的卡斯特罗酒庄（Cantina del Castello）是一个历史悠久的索阿维（Soave）地区酒庄，位于维罗纳（Veronese）老城镇的中心地带。12公顷大的葡萄园坐落于小镇后面的山坡上，分布在该地区生产最上佳酒品的一些乡村里。近几年，阿图罗（Arturo）不断改善葡萄种植方法。如今他坐享着由此所带来的良好成果，葡萄生长状况良好，收成情况非常可观。阿图罗所有的努力不仅是为了振兴酒庄，更是为了追求一种结构轻盈、口感纯正的葡萄酒风格。

○ Soave Cl. Carniga '10	▼ 3
○ Soave Cl. Castello '11	▼ 2
○ Soave Cl. Sup. Monte Pressoni '01	▼▼▼ 3
○ Soave Cl. Pressoni '08	▼▼ 3*
○ Soave Cl. Pressoni '07	▼▼ 3
○ Soave Cl. Pressoni '06	▼▼ 3*
○ Soave Cl. Pressoni '05	▼▼ 3*
○ Soave Cl. Pressoni '04	▼▼ 3*

Cavalchina

LOC. CAVALCHINA - FRAZ. CUSTOZA
VIA SOMMACAMPAGNA, 7
37066 SOMMACAMPAGNA (VR)
TEL. 045516002
www.cavalchina.com

藏酒销售
预约参观
年产量 450 000 瓶
葡萄种植面积 30 公顷

弗兰科（Franco）和卢西亚诺•皮尔纳（Luciano Piona）管理的酒庄占地30公顷，分布在三个地方。酒庄历史悠久，位于库斯托扎（Custoza）周边，主要致力于酿造加尔达湖（Lake Garda Custoza）和巴多利诺（Bardolino）以南地区的典型葡萄酒。而蒙扎姆巴诺（Monzambano）镇的酒庄离曼图亚（Mantua）省只有几公里远，所酿品取材于国际葡萄品种，尤其是波尔多（Bordeaux）品种。最后，特雷（Terre d'Orti）酒庄坐落在更偏东的地方，种植有酿造阿玛罗奈葡萄酒（Amarone）和瓦尔波利塞拉葡萄酒（Valpolicella）的葡萄品种。所出产的葡萄酒均表现出芳香浓郁、口感和谐的风格。

○ Custoza Sup. Amedeo '10	▼▼▼ 3*
○ Garda Garganega Paroni La Prendina '10	▼▼ 4
● Amarone della Valpolicella Torre d'Orti '08	▼▼ 6
● Bardolino Sup. S. Lucia '10	▼▼ 3
● Garda Cabernet Sauvignon Vign. Il Falcone La Prendina '09	▼▼ 5
● Garda Merlot Faial La Prendina '09	▼▼ 3
○ Garda Sauvignon Valbruna La Prendina '10	▼▼ 3
● Torre d'Orti Rosso '10	▼▼ 3
● Bardolino '11	▼ 2
○ Bardolino Chiaretto '11	▼ 2
○ Custoza '11	▼ 2
● Feniletto La Prendina '10	▼ 3
● Valpolicella Ripasso Torre d'Orti '09	▼ 4

VENETO
威尼托区

Domenico Cavazza & F.lli
C.DA SELVA, 22
36054 MONTEBELLO VICENTINO [VI]
TEL. 0444649166
www.cavazzawine.com

藏酒销售
预约参观
年产量 840 000 瓶
葡萄种植面积 150 公顷

卡瓦扎（Cavazza）家族的酒庄在两条葡萄酒生产线上奋斗着。首先，在20世纪30年代，位于法定盖姆贝拉罗（Gambellara）酒产区的葡萄藤长在原先作为总部的酒庄周围。半个世纪后，卡瓦扎（Cavazza）还开发了一个红葡萄酒项目。尽管周围的科里·贝瑞西（Colli Berici）尚未被开发却极具发展潜力，他们才把项目落户此地。150公顷的葡萄园对卡瓦扎（Cavazza）来说是一份巨大的馈赠。令人欣慰的是，卡瓦扎（Cavazza）家族并未暴殄天物，很好地利用这片区域，生产出的葡萄酒平易近人。

● Colli Berici Cabernet Cicogna '10	🍷🍷 4
● Colli Berici Merlot Cicogna '10	🍷🍷 4
● Syrah Cicogna '10	🍷🍷 4
○ Vin Santo di Gambellara Cl. Selva '04	🍷🍷 5
● Colli Berici Tai Rosso Corallo '10	🍷 3
● Fornetto '10	🍷 3
○ Gambellara Cl. Creari '10	🍷 3
○ Gambellara Cl. La Bocara '11	🍷 2
● Colli Berici Merlot Cicogna '08	🍷🍷 4
○ Gambellara Cl. Creari '08	🍷🍷 3
○ Gambellara Cl. Creari Capitel S. Libera '06	🍷🍷 3*
○ Gambellara Vin Santo Cl. Capitel S. Libera '03	🍷🍷 3
● Syrhae Cicogna '08	🍷🍷 4

Giorgio Cecchetto
FRAZ. TEZZE DI PIAVE
VIA PIAVE, 67 - 31028 VAZZOLA [TV]
TEL. 043828598
www.rabosopiave.com

藏酒销售
预约参观
年产量 200 000 瓶
葡萄种植面积 73 公顷

法定皮亚韦（Piave）产区地域广阔，覆盖了特雷维索省（Treviso）和威尼斯（Venice）的60多个直辖市，从和科内利亚诺（Conegliano）四周的山区一直延伸到沿海地带。自古以来；这里的葡萄就生长在夹杂着砾石的黏土里。乔治奥·赛奇埃托（Giorgio Cecchetto）和妻子克里斯蒂娜（Cristina）的酒庄位于法定产区的中央地带，占地73公顷。为了发挥拉宝索葡萄（Raboso）尚未被开发的潜力，赛奇埃托（Cecchettos）家族一直在尝试克隆拉宝索（raboso）葡萄的各个品种。无论是用木桶取代橡木桶来陈酿，还是他们酿制的经典梅特多起泡酒（Metodo Classico sparklers），都体现了他们一以贯之的创新精神。

● Malanotte Gelsaia '09	🍷🍷 5
● Merlot Sante Rosso '09	🍷🍷 3*
● Raboso Passito RP	🍷🍷 4
○ Manzoni Bianco '11	🍷 2
● Piave Raboso '08	🍷 3
⊙ Rosa Bruna Cuvée 21 Brut M.Cl.	🍷 3
● Venezia Cabernet Sauvignon '11	🍷 2
● Gelsaia '07	🍷🍷 3
● Piave Merlot Sante '08	🍷🍷 3
● Piave Merlot Sante '07	🍷🍷 3
● Piave Raboso '06	🍷🍷 3
● Piave Raboso '05	🍷🍷 3
● Piave Raboso Gelsaia '05	🍷🍷 5
● Piave Raboso Passito	🍷🍷 4

威尼托区
VENETO

Coffele

via Roma, 5 - 37038 Soave [VR]
Tel. 0457680007
www.coffele.it

藏酒销售
预约参观
年产量 120 000 瓶
葡萄种植面积 25 公顷

在过去的10年，许多酒庄树立了自身的形象，体现了维罗尼（Veronese）白葡萄酒的价值。阿尔贝托（Alberto）和齐亚拉·加菲勒（Chiara Coffele）拥有的酒庄就是其中之一。而酒庄的两位主人也因此成为了索阿维（Soave）地区最令人敬佩的种植者。酒庄占据了卡斯特尔赛瑞诺（Castelcerino）地区的25公顷土地。在这里，石灰岩减弱了玄武岩的影响，赋予了葡萄酒优雅的品质和紧实的口感。为开发这种风格的酒品，酒庄保留了最有能力生产顶级酒品的葡萄园。除了葡萄的风干环节在卡斯特尔赛瑞诺（Castelcerino）进行外，其他生产活动均在索阿维（Soave）地区的酒庄基地进行。

Col Vetoraz

fraz. Santo Stefano
s.da delle Tresiese, 1
31040 Valdobbiadene [TV]
Tel. 0423975291
www.colvetoraz.it

藏酒销售
预约参观
年产量 800 000 瓶
葡萄种植面积 12 公顷

虽然科尔·维托拉泽（Col Vetoraz）酒庄诞生到现在还不足20年，但凭借着从不盲目迎合市场的经营理念，酒庄已经成为了法定产区最德高望重的元老级酒庄之一。该酒庄占地12公顷，坐落在卡蒂兹（Cartizze）的顶峰，俯瞰着该地区的中心地带。庞大的葡萄种植工人网络使得洛瑞斯·戴尔·埃可夸（Loris Dall'Acqua）、保罗·德·伯特利（Paolo De Bortoli）和弗朗切斯科·米奥托（Francesco Miotto）能够严格地挑选葡萄。只有上乘品质的葡萄才能用来酿造科尔·维托拉泽（Col Vetoraz）葡萄酒，而剩下的葡萄则被批发销售。

○ Recioto di Soave Cl. Le Sponde '10	5
○ Soave Cl. Alzari '10	3*
○ Terra Crea Passito '06	8
○ Soave Cl. Ca' Visco '11	3
○ Soave Cl. '11	2
● Valpolicella '11	3
○ Recioto di Soave Cl. Le Sponde '09	5
○ Soave Cl. Ca' Visco '05	3*
○ Soave Cl. Ca' Visco '04	2
○ Soave Cl. Ca' Visco '03	2
○ Recioto di Soave Cl. Le Sponde '08	5
○ Soave Cl. Alzari '09	3
○ Soave Cl. Ca' Visco '10	3*
○ Soave Cl. Ca' Visco '09	3*

○ Brut	3
○ Cartizze	4
○ Valdobbiadene Dry Mill. '11	3
○ Valdobbiadene Extra Dry	3
○ Cartizze '09	4
● Moraio Rosso '02	3
○ P. di Valdobbiadene Brut '09	3*
○ P. di Valdobbiadene Dry Millesimato '09	3
○ P. di Valdobbiadene Dry Millesimato '08	3
○ Valdobbiadene Dry '10	3
○ Valdobbiadene Extra Dry '10	3*

威尼托区
VENETO

Conte Collalto
via 24 Maggio, 1 - 31058 Susegana [TV]
Tel. 0438738241
www.cantine-collalto.it

藏酒销售
预约参观
年产量 850 000 瓶
葡萄种植面积 150 公顷

在整个意大利，你恐怕很难再找到一个像这里的地方。葡萄园占地150公顷，藏身于卡莱托（Collalto）城堡周围一个1000多公顷的酒庄之中。周围的牧场和林地似乎把酒庄围在了襁褓里，使它得以免于遭受城市化对这个威尼托（Veneto）角落的侵袭。在马尔科•德•皮耶里（Mirco De Pieri）和阿德里亚诺•塞内蒂斯（Adriano Cenedese）的帮助下，伊莎贝拉（Isabella Collalto de Croy）井井有条地打理着这个家族企业。除了传统的普罗赛克（Prosecco）葡萄酒外，他们还开发出了各种不同的葡萄酒品种。

● Colli di Conegliano Rosso Vinciguerra '06	♛♛ 4
○ Conegliano Valdobbiadene Dry Mill. '11	♛♛ 3
● Piave Cabernet Torrai Ris. '07	♛♛ 5
● Wildbacher '09	♛♛ 2*
○ Conegliano Valdobbiadene Brut	♛ 2
○ Conegliano Valdobbiadene Extra Dry	♛ 2
● Manzoni 2.15 '09	♛ 2
○ Manzoni Bianco '11	♛ 2
○ P. di Conegliano Valdobbiadene Frizzante	♛ 2
● Piave Cabernet '09	♛ 2
● Piave Merlot '09	♛ 2
○ Pinot Grigio '11	♛ 2
● Rambaldo VIII '07	♛ 5
○ Rosabianco '11	♛ 3
○ Verdiso '11	♛ 2
● Piave Cabernet Torrai Ris. '00	♛♛ 3

Le Colture
fraz. Santo Stefano
via Follo, 5 - 31049 Valdobbiadene [TV]
Tel. 0423900192
www.lecolture.it

藏酒销售
预约参观
年产量 700 000 瓶
葡萄种植面积 40 公顷

按照传统的观念，是酿酒商与数量更多的葡萄种植工人兼供应商共同工作，形成了科内利亚诺•瓦尔多比亚德（Conegliano Valdobbiadene）葡萄酒产区的特色。但是在年轻的阿尔贝托（Alberto）的帮助下，凯撒（Cesare）和雷纳托（Renato Ruggeri）并未采取这种模式，而是自己种植了40多公顷的葡萄，并几乎完全控制每一个生产环节。葡萄园分散在瓦尔多比亚德尼（Valdobbiadene）产区和费雷托（Felletto）区域，并一直延伸至蒙特洛（Montello）东部的山坡。

○ Cartizze	♛♛ 3
○ Valdobbiadene Brut Fagher	♛♛ 3*
○ Valdobbiadene Dry Cruner	♛♛ 2*
○ Valdobbiadene Extra Dry Pianer	♛♛ 2
○ P. di Valdobbiadene Frizzante Mas	♛ 3
⊙ Rosé Brut	♛ 3

Contrà Soarda

loc. Contrà Soarda, 26
36061 Bassano del Grappa [VI]
Tel. 0424566785
www.contrasoarda.it

藏酒销售
预约参观
年产量 70 000 瓶
葡萄种植面积 12 公顷

首先应该说明的是，布莱甘泽（Breganze）实际上是意大利的一个火山地带，其中火山土与石灰岩混合相间。马尔科（Mirco）和格罗瑞亚•哥塔迪（Gloria Gottardi）创建的酒庄坐落在几乎快要藏进山里的瓦尔苏加纳河（Valsugana）口。在他们的不懈努力下，原本已被遗忘的12公顷土地摇身一变，成为了本地区最令人关注的酒庄之一。之前，马尔科•博纳贝（Marco Bernabei）给每个葡萄品种选择了最合适的方位和土壤，为酒庄的顺利起步奠定了基础。哥塔迪（Gottardis）一家人注重该产区的传统葡萄品种。此外，他们还试验种植了黑皮诺（Pinot Nero）葡萄，获得了不错的效果。

● Breganze Rosso Terre di Lava Ris. '09	♛♛ 4
○ Il Pendio '10	♛♛ 3
● Il Saggio '08	♛♛ 4
● Vigna Correjo '09	♛♛ 7
○ Breganze Torcolato Sarson '09	♛ 5
○ Breganze Vespaiolo Soarda '11	♛ 3
● Marzemino Gaggion '09	♛ 3
○ Breganze Torcolato '07	♛♛ 4
○ Breganze Torcolato Sarson '08	♛♛ 5
● Il Saggio '07	♛♛ 4
● Il Saggio '05	♛♛ 4
● Marzemino Gaggion '08	♛♛ 3
● Vigna Correjo '08	♛♛ 7
● Vigna Correjo '07	♛♛ 7

Corte Gardoni

loc. Gardoni, 5
37067 Valeggio sul Mincio [VR]
Tel. 0457950382
www.cortegardoni.it

藏酒销售
预约参观
年产量 200 000 瓶
葡萄种植面积 25 公顷

加尔达湖（Lake Garda）南部地区的土壤贫瘠且夹杂砾石，依靠大量的加尔达湖水（Lake Garda）来调节气候。往瓦尔吉奥（Valeggio）方向走，就会发现加尔达湖（Lake Garda）的影响逐渐减弱，葡萄园拥有了更大的昼夜温差。正是在这里，皮科利（Piccoli）家族建立了他们的酒庄。庄园占地约50公顷，其中只有一半面积用来种植葡萄。马蒂亚（Mattia）、斯蒂法诺（Stefano）和安德里亚（Andrea）多年来一直和父亲詹尼（Gianni）一起工作，生产出的酒品口感纤细、酒劲强烈，备受各方的关注。

○ Custoza Mael '11	♛♛♛ 3*
● Bardolino Sup. Pradicà '10	♛♛ 3*
● Becco Rosso '10	♛♛ 3
○ Custoza '11	♛♛ 2*
● Rosso di Corte '07	♛♛ 3
⊙ Bardolino Chiaretto '11	♛ 2
● Merlot Vallidium '07	♛ 2
○ Nichesole Vallidium '11	♛ 3
○ Bianco di Custoza Mael '09	♛♛♛ 2*
○ Bianco di Custoza Mael '08	♛♛♛ 2*
● Bardolino Cl. Sup. Pradicà '08	♛♛ 4*
● Bardolino Sup. '06	♛♛ 2
● Bardolino Sup. Pradicà '09	♛♛ 4
● Becco Rosso '09	♛♛ 3*

VENETO

Tenuta Corte Giacobbe
via Moschina, 11 - 37030 Roncà [VR]
Tel. 0457460110
www.vinidalcero.com

藏酒销售
预约参观
年产量 60 000 瓶
葡萄种植面积 20 公顷

戴尔·赛罗（Dal Cero）家族的酒庄占地面积约20公顷，坐落在从隆卡（Ronca）到蒙特·卡尔瓦瑞纳（Monte Calvarina）地区的第一处山嘴尖坡上。大约5000万年前，火山的爆发形成了索阿维（Soave）的这块地方。尽管心系故地，但弗朗西斯科（Francesco）和达理奥·戴尔·赛罗（Dario Dal Cero）还是把大部分精力和时间花在了索阿维（Soave）和托斯卡纳（Tuscany）地区，他们都有各自的孩子协助管理。出品的酒品无论质量还是产量都在不断攀升，极具亲和力的同时也呈现了传统特色。

○ Soave Runcata '10	▼▼ 2*
○ Soave Corte Giacobbe '11	▼▼ 2*
○ Brut	▼ 2
○ Pinot Grigio '11	▼ 2
○ Pinot Grigio Blush '11	▼ 2
○ Soave Runcata '09	▽▽ 2

Corte Rugolin
fraz. Valgatara
loc. Rugolin, 1
37020 Marano di Valpolicella [VR]
Tel. 0457702153
www.corterugolin.it

藏酒销售
预约参观
年产量 75 000 瓶
葡萄种植面积 11 公顷

艾琳娜（Elena）和费德里科·柯艾提（Federico Coati）姐弟俩的酒庄就坐落在瓦尔加塔拉（Valgatara）的马兰诺（Marano）山谷入口处。酒庄总部和一些葡萄园坐落在这里，而其他更有竞争力的庄园则隐匿于深山里。酒庄从瓦尔波利塞拉（Valpolicella）的传统工艺中得到启发，在只使用当地葡萄品种酿造酒品的同时，着重雕琢酒品的芳香和新鲜口感。酒庄内，费德里科（Federico）要求自己尽可能尊重葡萄的品质，给酒品足够长的陈化时间。

● Amarone della Valpolicella Cl. Crosara de le Strie '07	▼▼ 6
● Amarone della Valpolicella Cl. Monte Danieli '07	▼▼ 7
● Valpolicella Cl. '11	▼ 2
● Amarone della Valpolicella Cl. Monte Danieli '05	▽▽ 7
● Amarone della Valpolicella Cl. Monte Danieli '04	▽▽ 7
● Amarone della Valpolicella Cl. Monte Danieli '03	▽▽ 6
● Recioto della Valpolicella Cl. '03	▽▽ 5
● Valpolicella Cl. '09	▽▽ 2*
● Valpolicella Cl. Sup. Ripasso '09	▽▽ 3
● Valpolicella Cl. Sup. Ripasso '04	▽▽ 3
● Valpolicella Cl. Sup. Ripasso '03	▽▽ 3

威尼托区
VENETO

Corte Sant'Alda
loc. Fioi
via Capovilla, 28
37030 Mezzane di Sotto [VR]
Tel. 0458880006
www.cortesantalda.it

藏酒销售
预约参观
年产量 80 000 瓶
葡萄种植面积 19 公顷
葡萄栽培方式 有机认证

玛丽尼拉•卡梅拉妮（Marinella Camerani）酒庄就是这个地区20多年革命的真实写照。最初，阿玛罗奈葡萄酒（Amarone）在市场上鲜为人知。后来，不断蹿升的品质使它获得了媒体的关注和商业上的成功。今天，基于对环境的尊重和对传统工艺以及乡土方式的回归，圣阿尔达酒庄（Corte Sant'Alda）又开辟了一个新的发展道路。虽然结果并不引人注意，但可以肯定的是，它送来了诠释地域特色和激情的酒品，给玛丽尼拉（Marinella）和爱酒人士都带来了更大的满足。

Casa Coste Piane
fraz. Santo Stefano
via Coste Piane, 2
31040 Valdobbiadene [TV]
Tel. 0423900219
casacostepiane@libero.it

年产量 50 000 瓶
葡萄种植面积 6 公顷
葡萄栽培方式 传统栽培

尽管普罗塞克（Prosecco）的国度似乎扩大了它的视野，但还是有一些酒庄选择保持低调。罗瑞斯•弗拉德尔（Loris Follador）意志坚定，成功地把瓦尔多比亚德尼（Valdobbiadene）的地域特色和传统工艺紧密联系在了一起。他在小小的葡萄园愉快地耕耘着，时不时把酒品卖给忠实的葡萄酒追随者。酒品的酿造几乎完全使用了自家葡萄，这在威尼托（Veneto）这个小角落里显得有点异乎寻常。其中，绝大部分的葡萄用于酿制自然发酵的酒品。

● Amarone della Valpolicella '08	㉂ 8
● Valpolicella Sup. Mithas '08	㉂ 8
○ Soave V. di Mezzane '11	㉂ 2*
● Valpolicella Ca' Fiui '11	㉂ 3
● Valpolicella Sup. Ripasso Campi Magri '09	㉂ 4
● Amarone della Valpolicella '06	㉂ 7
● Amarone della Valpolicella '00	㉂ 7
● Amarone della Valpolicella '98	㉂ 7
● Amarone della Valpolicella '95	㉂ 7
● Amarone della Valpolicella '90	㉂ 7
● Amarone della Valpolicella Mithas '95	㉂ 7
● Valpolicella Sup. '03	㉂ 3
● Valpolicella Sup. Mithas '04	㉂ 6

○ Valdobbiadene Frizzante Naturalmente	㉂ 7*
○ Valdobbiadene Extra Dry San Venanzio	㉂ 7

VENETO

★ Romano Dal Forno
Fraz. Cellore
loc. Lodoletta, 1 - 37030 Illasi [VR]
Tel. 0457834923
www.dalforno.net

藏酒销售
预约参观
年产量 50 000 瓶
葡萄种植面积 25 公顷

罗马诺•达尔•福尔诺（Romano Dal Forno）的酒庄位于塞勒罗（Cellore）的伊尔拉斯（Illasi）山谷中，葡萄园则坐落在酒庄周围及其附近的山坡上。罗马诺（Romano）种植葡萄的方法绝对是酒庄真正的亮点，对整个地区来说也是具有革命性的。他舍弃了传统的藤架系统，选择在土壤上方几分米处密集种植修剪过的葡萄藤。鉴于这个酒庄是从酒品酿制到上市历时最长的酒庄之一，我们断定这个大型的酒窖已有多年的历史。从第一次的葡萄收获季起，酒庄就以酒体丰满强劲、口感浓烈的风格而显得与众不同。

- Amarone della Valpolicella Vign. di Monte Lodoletta '05　♀♀ 8
- Valpolicella Sup. Vign. di Monte Lodoletta '06　♀♀ 8
- Amarone della Valpolicella Vign. di Monte Lodoletta '01　♀♀♀ 8
- Amarone della Valpolicella Vign. di Monte Lodoletta '00　♀♀♀ 8
- Amarone della Valpolicella Vign. di Monte Lodoletta '99　♀♀♀ 8
- Amarone della Valpolicella Vign. di Monte Lodoletta '98　♀♀♀ 8
- Amarone della Valpolicella Vign. di Monte Lodoletta '97　♀♀♀ 8
- Amarone della Valpolicella Vign. di Monte Lodoletta '96　♀♀♀ 8

Luigino Dal Maso
c.da Selva, 62
36054 Montebello Vicentino [VI]
Tel. 0444649104
www.dalmasovini.com

藏酒销售
预约参观
年产量 450 000 瓶
葡萄种植面积 30 公顷

盖姆贝拉罗（Gambellara）地区处在维琴察（Vicenza）省和维罗纳（Verona）省的交界处，火山的喷发造就了这里的黑色土壤，达尔•玛索（Dal Maso）一家的酒庄就坐落在这里。目前由尼古拉（Nicola）、安娜（Anna）和西尔维亚（Silvia）继承了父亲路易吉诺（Luigino）的家业，继续同心协力地奋斗着。维琴察（Vicenza）地区涌现了一批酿造白葡萄酒的人，完美诠释了加戈内加（garganega）葡萄的特性。多年来，他们的活动范围扩展到科里•贝瑞西（Colli Berici）附近，用国际葡萄品种酿造了白、红两类葡萄酒。出产这些国际品种的葡萄园致力于种植本地的泰•罗索（Tai rosso）葡萄藤，面积虽小但地位十分重要。

- Colli Berici Tai Rosso Colpizzarda '10　♀♀ 3*
- ○ Gambellara Cl. Riva del Molino '11　♀♀ 3*
- Colli Berici Cabernet Casara Roveri '09　♀♀ 3
- ○ Gambellara Cl. Ca' Fischele '11　♀♀ 2*
- Terra dei Rovi Rosso '10　♀♀ 4
- Colli Berici Cabernet Montebelvedere '10　♀ 2
- ○ Gambellara Cl. '11　♀ 1*
- ○ Gambellara Cl. Riva del Molino '07　♀♀♀ 2*
- Colli Berici Tai Rosso Colpizzarda '09　♀ 3
- Colli Berici Tocai Rosso Colpizzarda '08　♀♀ 4
- Colli Berici Tocai Rosso Colpizzarda '07　♀♀ 4
- ○ Gambellara Cl. Ca' Fischele '09　♀♀ 2*
- ○ Gambellara Cl. Riva del Molino '09　♀♀ 2*
- ○ Gambellara Cl. Riva del Molino '08　♀♀ 3*

威尼托区
VENETO

De Stefani
VIA CADORNA, 92
30020 FOSSALTA DI PIAVE [VE]
TEL. 042167502
www.de-stefani.it

藏酒销售
预约参观
年产量 300 000 瓶
葡萄种植面积 50 公顷

亚历山德罗·德·斯蒂芬妮（Alessandro De Stefani）和他的父亲蒂兹阿诺（Tiziano）经营这一家族酒庄已有20年了，如今已传到了第四代人。酒庄的总部原先位于莱弗朗托洛（Refrontolo），后来迁到了福萨尔塔（Fossalta）的皮亚韦河平原（Piave plains），葡萄园也随之迁移。现在，酒庄有三个庄园，分别位于莫纳斯蒂尔（Monastier）、皮亚韦河的福萨尔塔（Fossalta di Piave）和莱弗朗托洛（Refrontolo）。前两个庄园依然生产传统的葡萄酒，第三个庄园生产起泡酒以及以马泽米诺（Marzemino）葡萄为原料的葡萄酒。

Fasoli
FRAZ. SAN ZENO
VIA C. BATTISTI, 47
37030 COLOGNOLA AI COLLI [VR]
TEL. 0457650741
www.fasoligino.com

藏酒销售
预约参观
年产量 400 000 瓶
葡萄种植面积 40 公顷
葡萄栽培方式 有机认证

有机种植在成为主流之前就已被法索里（Fasoli）兄弟的酒庄采用了。当时，大家指责他们的做法古怪，有些人甚至说得更难听。不过现在，时间证明了他们当时的决定十分正确，特别是自从法索里（Fasoli）拥有了一个横跨索阿维（Soave）和瓦尔波利塞拉（Valpolicella）法定产区且占地近40公顷的葡萄园之后。半干葡萄对酒庄风格的影响重大。除了酿造瓦尔波利塞拉（Valpolicella）葡萄酒外，该葡萄还成就了很多国际品种葡萄酒，并取得了令人印象深刻的成绩。

● Cabernet Sauvignon '10	♛♛ 3
● Carmerosso '09	♛♛ 4
● Colli di Conegliano Refrontolo Passito '06	♛♛ 6
● Kreda '09	♛♛ 5
○ Olmera '11	♛♛ 5
● Merlot Plavis '10	♛ 3
● Piave Raboso '08	♛ 6
○ Pinot Grigio '11	♛ 3
● Soler '10	♛ 4
● Stefen 1624 '07	♛ 8
○ Tai '11	♛ 3
● Terre Nobili '09	♛ 5
○ Valdobbiadene Brut	♛ 2
● Venis '11	♛ 3
○ Vitalys '11	♛ 3
● Terre Nobili '08	♕♕ 5

● Amarone della Valpolicella La Corte del Pozzo '07	♛♛ 8
○ Liber '10	♛♛ 3*
○ Recioto di Soave S. Zeno '08	♛♛ 5
○ Soave Borgoletto '11	♛♛ 2*
● Amarone della Valpolicella Alteo '07	♛ 8
○ Soave Pieve Vecchia '10	♛ 4
● Amarone della Valpolicella La Corte del Pozzo '06	♕♕ 8
○ Liber Bianco '08	♕♕ 3
○ Liber Bianco '07	♕♕ 3
● Merlot Calle '07	♕♕ 6
● Merlot Calle '06	♕♕ 6
○ Recioto di Soave S. Zeno '06	♕♕ 5
○ Soave Pieve Vecchia '09	♕♕ 4
○ Soave Pieve Vecchia '08	♕♕ 4

VENETO

Giovanni Fattori
FRAZ. TERROSSA
VIA OLMO, 6 - 37030 RONCÀ [VR]
TEL. 0457460041
www.fattorigiovanni.it

藏酒销售
预约参观
年产量 200 000 瓶
葡萄种植面积 57 公顷

多年来，安东尼奥•法托里（Antonio Fattori）的酒庄生产的葡萄酒品质卓越，主要以散装销售给其他装瓶商为主。不过，酒瓶产量有限这一局面在过去的十年里有所缓解，无论在数量还是质量上都有所提高。今天，这个优秀的酒庄侧重酿造索阿维（Soave）以及国际白葡萄酒品种。后者是经过玄武岩土壤的作用后得到的，个性独特而纤细灵动。最近，酒庄在瓦尔波利塞拉（Valpolicella）又收购了一个十几公顷的葡萄园，其发展后劲不容小觑。

○ Recioto di Soave Motto Piane '10	🍷 4
○ Soave Motto Piane '11	🍷 3
● Valpolicella Ripasso Col de la Bastia '09	🍷🍷 4
● Amarone della Valpolicella '07	🍷 6
○ Lessini Durello Brut I Singhe	🍷 3
○ Pinot Grigio Valparadiso '11	🍷 3
○ Roncha '11	🍷 3
○ Soave Cl. Danieli '11	🍷 2
○ Soave Cl. Runcaris '11	🍷 2
○ Vecchie Scuole Sauvignon '11	🍷 3
○ Recioto di Soave Motto Piane '09	🍷🍷 4
○ Recioto di Soave Motto Piane '08	🍷🍷 4
○ Soave Motto Piane '10	🍷🍷 3
○ Soave Motto Piane '10	🍷🍷 3

Il Filò delle Vigne
VIA TERRALBA, 14 - 35030 BAONE [PD]
TEL. 042956243
www.ilfilodellevigne.it

藏酒销售
预约参观
年产量 50 000 瓶
葡萄种植面积 20 公顷

卡洛西•奥达尼（Carlo Giordani）和尼科洛•沃尔坦（Nicolo Voltan）的酒庄位于科里•尤佳内（Colli Euganei）南面的斜坡上，占地超过50公顷，其中有约20公顷被划为葡萄园。庄园内的许多葡萄藤已有50多年的历史。这片阳光充裕、地中海特征显著的火山土地赋予了葡萄迷人的丰满度，安德里亚•博阿雷迪在马蒂奥•扎耐卡（Matteo Zanaicad）帮助下把这些葡萄转变为成熟华丽的酒品。另外，仅有小量的化肥用在了梯田葡萄园里，当地人称为卡尔帝（Calti）。

● Colli Euganei Cabernet Borgo delle Casette Ris. '08	🍷🍷 5
● Colli Euganei Cabernet V. Cecilia di Baone Ris. '09	🍷🍷 3
○ Terralba di Baone '10	🍷🍷 3*
○ Colli Euganei Fior d'Arancio Luna del Parco '08	🍷 5
● Colli Euganei Cabernet Borgo delle Casette Ris. '06	🍷🍷🍷 5
● Colli Euganei Cabernet Borgo delle Casette Ris. '07	🍷🍷 5
● Colli Euganei Cabernet Borgo delle Casette Ris. '05	🍷🍷 5
● Colli Euganei Cabernet Borgo delle Casette Ris. '04	🍷🍷 5

Silvano Follador

LOC. FOLLO - FRAZ. SANTO STEFANO
VIA CALLONGA, 11
31040 VALDOBBIADENE [TV]
TEL. 0423900295
www.silvanofollador.it

藏酒销售
预约参观
年产量 23 000 瓶
葡萄种植面积 3.7公顷
葡萄栽培方式 传统栽培

希尔瓦诺（Silvano）和阿尔贝塔•法勒多（Alberta Follador）兄妹生产的普罗塞克（Prosecco）葡萄酒与其他酒庄的产品完全不同，倒不是由于它的类型和有限的产量，而是因为背后的经营理念。在4公顷大的葡萄园里，两兄妹只生产20 000多瓶葡萄酒。本着对自然环境极大的尊崇，他们逐渐采用生物动力学方法种植葡萄，同时把人工干预限制在最低水平。这一系列的措施使得葡萄酒发酵不依靠外加糖分，诠释出显著的地域特色。

Fongaro

VIA MOTTO PIANE, 12 - 37030 RONCÀ [VR]
TEL. 0457460240
www.fongarospumanti.it

藏酒销售
预约参观
年产量 68 000 瓶
葡萄种植面积 7 公顷
葡萄栽培方式 有机认证

凡戈洛（Fongaro）家族的酒庄建立在20世纪70年代中期。过了10年，在意识到生长在勒斯尼亚（Lessinia）山上的杜雷拉（durella）葡萄是经典梅特多（Metodo Classico）起泡葡萄酒的理想原料之后，他们开始着手酿造自家的酒品。今天，马泰奥（Matteo）和亚历山德罗•凡戈洛（Alessandro Fongaro）共同管理着由爷爷创建的酒庄，把全部心血倾注到意大利苏打白葡萄酒的酿造之中。他们的葡萄园坐落在罗卡（Ronca）的山里，高密度的火山土赋予了杜雷拉（durella）葡萄独特的个性，使其带有扑鼻的矿物香味。出产的酒品口感精确，单宁柔顺，的确值得称赞。

○ Cartizze Brut Nature '11 — 4	○ Brut M. Cl. '08 — 5
○ Valdobbiadene Brut Dosaggio Zero M. Cl. '10 — 3	○ Lessini Durello Brut M. Cl. Etichetta Viola '08 — 5*
○ Valdobbiadene Brut Nature '11 — 3*	○ Lessini Durello Pas Dosé M. Cl. Ris. '06 — 4
○ Cartizze Brut '08 — 4	○ Brut M. Cl. '09 — 5
○ Bianco Passito '03 — 6	○ Lessini Durello Brut M. Cl. Ris. '07 — 5
○ Cartizze Brut '10 — 4	○ Lessini Durello Pas Dosé M. Cl. '09 — 5
○ Cartizze Brut '09 — 4	
○ Dosaggio Zero '09 — 4	
○ P. di Valdobbiadene Brut '09 — 3*	

VENETO

Le Fraghe
LOC. COLOMBARA, 3
37010 CAVAION VERONESE [VR]
TEL. 0457236832
www.fraghe.it

藏酒销售
预约参观
年产量 100 000 瓶
葡萄种植面积 30 公顷
葡萄栽培方式 有机认证

20世纪80年代初期以来，马蒂尔德•波吉（Matilde Poggi）一直把全部心血投入到该酒庄的经营之中，力求不被发展变化的市场所淘汰。葡萄园坐落在法定巴多利诺（Bardolino）产区的北部，位于瓦达迪杰（Valdadige）山口，北方吹来的徐徐凉风赋予了葡萄纤细的口感和清新的香气。今天，约30公顷有机种植的葡萄田出产了不过100 000瓶葡萄酒。酒庄把巴多利诺酒（Bardolino）视为主打酒品，注重酒体的深度和丰满，而不付出高昂的代价去追求良好的酒品结构。

● Bardolino '11	♛♛ 2*
○ Garganega Camporengo '11	♛♛ 2*
⊙ Bardolino Chiaretto Ròdon '11	♛♛ 2*
● Bardolino '10	♛♛ 2*
● Bardolino '09	♛♛ 2*
● Bardolino '08	♛♛ 2*
● Bardolino '07	♛♛ 2*
○ Garganega Camporengo '09	♛♛ 2*
○ Garganega Camporengo '08	♛♛ 2*
○ Garganega Camporengo '07	♛♛ 2*

★Gini
VIA MATTEOTTI, 42
37032 MONTEFORTE D'ALPONE [VR]
TEL. 0457611908
www.ginivini.com

藏酒销售
预约参观
年产量 200 000 瓶
葡萄种植面积 56 公顷

自20世纪80年代以来，山德罗（Sandro）和克劳迪奥•吉尼（Claudio Gini）一直跟随着父亲奥林托（Olinto）管理家族酒庄。他们显著提升一系列酒品的品质，使得酒庄在本地区占据了重要的地位。本着对已有将近100年历史的葡萄园的尊崇，化学肥料被控制在最低限度，显著体现了酒庄与这片土地的亲密关系。除了无可挑剔的索阿维（Soave）葡萄酒之外，吉尼（Gini）家族还试验了生长在勒斯尼亚高山（Lessinia）上的莎当尼（Chardonnay）、苏维翁（Sauvignon）和黑皮诺（Pinot Nero）葡萄，以求酿制出其他优秀的酒品。

○ Soave Cl. La Froscà '11	♛♛♛ 4*
○ Soave Cl. Contrada Salvarenza Vecchie Vigne '10	♛♛ 5
● Campo alle More '08	♛♛ 5
○ Lessini Sorai '10	♛♛ 4
○ Maciete Fumé '10	♛♛ 4
○ Soave Cl. '11	♛♛ 3*
○ Soave Cl. Contrada Salvarenza Vecchie Vigne '09	♛♛♛ 5
○ Soave Cl. Contrada Salvarenza Vecchie Vigne '08	♛♛♛ 5
○ Soave Cl. Contrada Salvarenza Vecchie Vigne '07	♛♛♛ 5
○ Soave Cl. La Froscà '06	♛♛♛ 4
○ Soave Cl. La Froscà '05	♛♛♛ 4

VENETO

Gregoletto

Fraz. Premaor
via San Martino, 83 - 31050 Miane [TV]
Tel. 0438970463
www.gregoletto.com

藏酒销售
预约参观
年产量 200 000 瓶
葡萄种植面积 15 公顷

路易吉·格雷格莱托（Luigi Gregoletto）的酒庄是一个基于牺牲精神和激情的乡村传统酒庄，一直追随着现代葡萄酒界的脚步，做出的每个决定都力求迎合不断发展的市场和产品的需求。在普瑞玛诺地区（Premaor）却不是这样。虽然许多葡萄酒也在格雷格莱托（Gregolletto）酿造而成，但是酒品风格和葡萄品种却不考虑商业因素，而是渴望推陈出新。其中普罗塞克·特朗奎罗（Prosecco Tranquillo）、维蒂索（Verdiso）和白科内利亚诺·科里（Colli di Conegliano Bianco）葡萄酒是一系列高品质酒品的突出代表。

○ Manzoni Bianco '11	3*
● Cabernet '10	3*
○ Chardonnay '11	3
○ Colli di Conegliano Bianco Albio '11	3
● Colli di Conegliano Rosso '05	5
○ Conegliano Valdobbiadene Prosecco Tranquillo '11	3
○ Prosecco Frizzante Sur Lie	3
○ Conegliano Valdobbiadene Extra Dry	3
● Merlot '10	3
○ Pinot Bianco '11	3
○ Verdiso '11	3
○ Verdiso Frizzante Sur Lie	3
○ Manzoni Bianco '10	3
○ Zophai Chardonnay '10	2

Guerrieri Rizzardi

s.da Campazzi, 2 - 37011 Bardolino [VR]
Tel. 0457210028
www.guerrieri-rizzardi.it

藏酒销售
预约参观
年产量 700 000 瓶
葡萄种植面积 100 公顷

里扎迪家族酒庄（Rizzardi）是维罗纳（Verona）地区知名的酒庄之一。面积广阔的葡萄园遍布在各个地方，45公顷在巴多林诺（Bardolino），25公顷在瓦尔玻利塞拉（Valpolicella），15公顷在索阿维（Soave），还有一小部分在瓦尔迪杰（Valdadige）地区。通过朱塞佩·里扎迪（Giuseppe Rizzardi）及其员工在最近10年的不懈努力，酒庄重拾了20世纪80年代末消失的光鲜亮丽，恢复了昔日的生机与活力。今天，这里成为本地最吸引眼球的酒庄之一，忠实地诠释多样的地域风土，形成了个性独特、纤细柔美、优雅高贵的风格。

● Amarone della Valpolicella Cl. Villa Rizzardi '08	7
● Amarone della Valpolicella Cl. Calcarole '08	8
● Bardolino Cl. Tacchetto '11	2*
○ Rosa Rosae '11	2*
○ Soave Cl. Costeggiola '11	2*
● Valpolicella Cl. Sup. Ripasso Poiega '10	3
● Bardolino Chiaretto Cl. '11	2
● Castello Guerrieri Rosso '08	4
● Amarone della Valpolicella Cl. Calcarole '06	8
● Amarone della Valpolicella Cl. Villa Rizzardi '04	6

Inama

LOC. BIACCHE, 50
37047 SAN BONIFACIO (VR)
TEL. 0456104343
www.inamaaziendaagricola.it

藏酒销售
预约参观
年产量 420 000 瓶
葡萄种植面积 54 公顷
葡萄栽培方式 传统栽培

斯蒂法诺•伊纳玛（Stefano Inama）自信而不紧不慢地发展着位于维琴察省（Vicenza）的酒庄。这一不失传统的风格从他们仅仅翻新的龙尼格别墅（Villa di Lonigo）就可以明显看出。不过事实上，这个翻修计划还涉及到了位于贝瑞希•圣赫尔曼（San German dei Berici）的葡萄园以及新近收购的坐落在费罗别墅（Villa dal Ferro）的酒庄。葡萄园邻近维琴察省（Vicenza），不过无论在这里还是在索阿维（Soave）的葡萄园，化学肥料被限制在最低限度。然而，从邻居地块传来的混杂花粉导致了这里的品质认证无法实现。

Lenotti

VIA SANTA CRISTINA, 1
37011 BARDOLINO (VR)
TEL. 0457210484
www.lenotti.com

藏酒销售
预约参观
年产量 1 400 000 瓶
葡萄种植面积 105 公顷

莱诺迪（Lenotti）家族的酒庄成为加尔达（Garda）地区其中一个最具代表性的酒庄已有些时日。葡萄藤占地超过100公顷，凭借与许多葡萄种植工人的愉快合作，葡萄酒的年产量轻松突破1 000 000瓶。产量的增加给酒庄提供了呈现全维罗纳（Verona）地区葡萄酒种类的机会，其中还包括多种使用传统葡萄品种酿造而成的新颖酒品。酒品的风格侧重于口感可口、优雅高贵，而非强劲的酒体。

● Bradisismo '08	5
○ Soave Cl. Vign. di Foscarino '10	4*
● Cabernet Sauvignon '07	6
● Carmenère Più '09	3*
○ Soave Cl. Vign. Du Lot '10	5
○ Soave Cl. Vin Soave '11	2*
○ Vulcaia Fumé '10	5
○ Chardonnay '11	2
○ Vulcaia Sauvignon '11	5
○ Soave Cl. Vign. di Foscarino '08	4

● Amarone della Valpolicella Cl. Di Carlo '07	8
● Bardolino Cl. Sup. Le Olle '10	3
● Capomastro '10	2*
⊙ Bardolino Chiaretto Cl. V. Le Giare '11	2
● Bardolino Cl. V. Le Giare '11	2
○ Colle dei Tigli '11	2
● Massimo '09	4
○ Soave Cl. Capocolle '11	2
● Valpolicella Cl. Sup. Le Crosare Ripasso '09	4
● Bardolino Cl. Sup. Le Olle '09	3
● Capomastro '09	2*
● Valpolicella Cl. Sup. Le Crosare Ripasso '08	4

威尼托区
VENETO

Conte Loredan Gasparini
FRAZ. VENEGAZZÙ
VIA MARTIGNAGO ALTO, 23
31040 VOLPAGO DEL MONTELLO [TV]
TEL. 0438870024
www.loredanagasperini.it

藏酒销售
预约参观
年产量 360 000 瓶
葡萄种植面积 100 公顷
栽培方式 传统栽培

帕拉（Palla）家族的酒庄是威尼托（Veneto）区最具典型性的酿酒作坊之一，位于蒙特洛（Montello）山南面的斜坡上，几乎与特雷维索省（Treviso）的阿尔卑斯山前沿相隔绝。广阔的葡萄园覆盖了100公顷土地，他们主要酿造取材于波尔多葡萄品种的红葡萄酒以及白曼佐尼（Manzoni Bianco）葡萄酒，当然还有来自阿瑟罗（Asolo）新保证法定产区的普罗塞克（Prosecco）葡萄酒。酒品清晰地诠释了品种和地域特性，独特的单宁酸成为其最重要的招牌。

★Maculan
VIA CASTELLETTO, 3 - 36042 BREGANZE [VI]
TEL. 0445873733
www.maculan.net

藏酒销售
预约参观
年产量 750 000 瓶
葡萄种植面积 50 公顷

如果想知道威尼托（Veneto）区哪个酿酒商为推广意大利葡萄酒做出了巨大贡献，答案肯定是福斯特·马库兰（Fausto Maculan）。如今，他已经把酒庄商业运作的事务更多地交给女儿安吉拉（Angela）和玛利亚·维托莉亚（Maria Vittoria）去打理，自己则退居幕后，把全部精力投入到葡萄酒的酿制中。几十年来，酒庄出品的葡萄酒可以清晰地划分成三个等级：取材于波尔多葡萄的结构优秀、酒体强劲的红葡萄酒；清新、平易近人的白葡萄酒以及陈化潜力十足的优质甜葡萄酒。

● Falconera Rosso '09	♀♀ 4
● Montello e Colli Asoloni Cabernet Sauvignon '09	♀♀ 2*
○ Asolo Brut Mill. '11	♀ 2
● Capo di Stato '07	♀♀ 6
● Capo di Stato '06	♀♀ 6
● Capo di Stato '05	♀♀ 6
● Capo di Stato '04	♀♀ 5
● Capo di Stato '02	♀♀ 5
● Falconera Merlot '08	♀♀ 3
○ Manzoni Bianco '09	♀♀ 3
○ Manzoni Bianco '08	♀♀ 2*
● Venegazzù della Casa '07	♀♀ 3
● Venegazzù della Casa '06	♀♀ 3

○ Breganze Torcolato '08	♀♀ 6
● Fratta '09	♀♀ 8
● Breganze Cabernet Sauvignon Palazzotto '09	♀♀ 4
● Brentino '10	♀♀ 3*
● Crosara '09	♀♀ 6
● Marzemino Cornorotto '10	♀♀ 3*
● Bidibi '11	♀ 2
● Breganze Pinot Nero '10	♀ 3
● Breganze Vespaiolo '11	♀ 2
● Cabernet '10	♀ 2
○ Dindarello '11	♀ 4
○ Ferrata Chardonnay '10	♀ 4
○ Ferrata Sauvignon '11	♀ 4
● Madoro '10	♀ 5
○ Pino & Toi '11	♀ 2
● Salgarone '11	♀ 2

VENETO 威尼托区

Manara
Fraz. San Floriano
via Don Cesare Biasi, 53
37029 San Pietro in Cariano (VR)
Tel. 0457701086
www.manaravini.it

藏酒销售
预约参观
年产量 90 000 瓶
葡萄种植面积 11 公顷

过去的20年中，瓦尔波利塞拉（Valpolicella）地区经历了一场真正的革命。葡萄酒生意方面，阿玛诺（Amarone）和里帕索（Ripasso）的崛起给本地带来了新的经济增长点；在葡萄种植上，人们重新青睐在较高海拔的山坡上建立葡萄园，在传统藤架系统的基础上逐步引进了一排排的葡萄藤。马纳拉酒庄（Manara）三兄弟乔瓦尼（Giovanni）、法比奥（Fabio）和洛伦佐（Lorenzo）依然遵循着古老的传统筛选葡萄和建立种植系统。他们从不使用半风干的葡萄去追求浓度，而是追求酒品的高雅和复杂性。

● Amarone della Valpolicella Cl. Postera '07	🍷🍷 5
● Guido Manara '07	🍷🍷 6
● Valpolicella Cl. Sup. Vecio Belo '09	🍷🍷 2*
● Amarone della Valpolicella Cl. Corte Manara '08	🍷 5
○ Strinà Passito '10	🍷 4
● Valpolicella Cl. Sup. Le Morete Ripasso '09	🍷 3
● Amarone della Valpolicella Cl. '00	🍷🍷🍷 5
● Amarone della Valpolicella Cl. '07	🍷🍷 5
● Amarone della Valpolicella Cl. '05	🍷🍷 5*
● Recioto della Valpolicella Cl. El Rocolo '08	🍷🍷 4
● Recioto della Valpolicella Cl. Moronalto '08	🍷🍷 4
● Valpolicella Cl. Sup. Le Morete Ripasso '08	🍷🍷 3

Marcato
via Prandi, 10 - 37030 Roncà (VR)
Tel. 0457460070
www.marcatovini.it

藏酒销售
预约参观
年产量 400 000 瓶
葡萄种植面积 38 公顷

马尔卡托（Marcato）家族的葡萄酒庄横跨了维罗纳（Verona）和维琴察（Vicenza）两个省，在多个酒款上也表现得相当活跃。近几十年，马尔卡托（Marcato）家族收购了位于科里•贝瑞希(Colli Berici)、索阿维（Soave）和勒斯尼亚（Lessinia）法定葡萄酒产区里的多个葡萄园，旨在酿造富有活力、口感亲和的酒品。最近几年来，新一代管理者的到来加快了酒庄发展的步伐，在勒斯尼亚•科里（Colli della Lessinia）地带开发出一种基于达莱洛（durello）葡萄的令人兴奋的经典梅特多（Metodo Classico）葡萄酒。他们还力求在科里•贝瑞希（Colli Berici）酒品上取得更大的突破，甚至使用部分风干的葡萄作酿酒实验。

● Colli Berici Cabernet Pianalto La Giareta Ris. '08	🍷🍷 6
○ Lessini Durello Brut M. Cl. '06	🍷🍷 2*
○ Lessini Durello Brut M. Cl. 36 mesi	🍷🍷 2
● Colli Berici Cabernet Franc La Giareta '10	🍷 2
● Colli Berici Merlot Baraldo La Giareta '08	🍷 4
● Colli Berici Merlot Vign. Asinara La Giareta '09	🍷 2
○ Soave Cl. Monte Tenda Le Barche '11	🍷 2
○ Soave Cl. Sup. Il Tirso '10	🍷 3
○ Soave I Prandi '11	🍷 2
● Baraldo '07	🍷🍷 4
● Colli Berici Cabernet Pianalto La Giareta Ris. '07	🍷🍷 6
○ Soave Cl. Sup. Il Tirso '09	🍷🍷 3

Marion

Fraz. Marcellise
via Borgo Marcellise, 2
37036 San Martino Buon Albergo [VR]
Tel. 0458740021
www.marionvini.it

预约参观
年产量 40 000 瓶
葡萄种植面积 14 公顷

在短短的几年时间里,斯蒂凡诺(Stefano)和尼克莱塔·坎姆佩戴利(Nicoletta Campedelli)把酒庄打造成维罗纳(Veronese)地区乃至意大利最引人注目的酒庄之一。本着对环境的尊重,他们在14公顷大的葡萄园里高效地工作。产出的葡萄用于酿造传统风味十足的酒品,少数几款使用卡本纳(cabernet)、苏维翁(sauvignon)和泰罗德格(teroldego)葡萄酿造的独创酒品是例外。他们专门使用部分风干的葡萄酿制阿玛诺(Amarone)葡萄酒,并始终坚持瓦尔玻利塞拉(Valpolicella)葡萄酒应该是庄园的一种产品而非技术的观点,这一切使得酒庄成为了最能诠释传统和现代的酒庄之一。

● Amarone della Valpolicella '07	♛♛ 7
● Valpolicella Sup. '08	♛ 4
● Cabernet Sauvignon '08	♛ 4
● Calto '07	♛ 4
● Teroldego '08	♛♛ 5
● Valpolicella Borgomarcellise '10	♛♛ 3
● Amarone della Valpolicella '06	♛♛♛ 7
● Amarone della Valpolicella '03	♛♛♛ 7
● Amarone della Valpolicella '01	♛♛♛ 7
● Valpolicella Sup. '06	♛♛♛ 4
● Valpolicella Sup. '05	♛♛♛ 4
● Amarone della Valpolicella '04	♛♛ 7
● Valpolicella Sup. '07	♛♛ 4*
● Valpolicella Sup. '04	♛♛ 4

Masari

loc. Maglio di Sopra
via Bevilacqua, 2a - 36078 Valdagno [VI]
Tel. 0445410780
www.masari.it

藏酒销售
预约参观
年产量 25 000 瓶
葡萄种植面积 4 公顷

酒庄位于维琴察(Vicenza)省的北部,随着地域的延伸,平原地形渐渐过渡到前阿尔卑斯山脉再到塞特·柯木尼(Sette Comuni)高原。拥有着多年经验的艾瑞安娜·泰萨瑞(Arianna Tessari)和马西莫·达尔·拉格(Massimo Dal Lago)创建了这个精致的酒庄后,给这个地方带回了久违的葡萄种植活动。4公顷的葡萄藤分布在两个俯瞰着溪谷的山脊上,用于生产波尔多葡萄品种,以及维琴察省(Vicenza)和维罗纳(Verona)交界处的传统白皮葡萄品种——加格奈拉(Garganega)和达莱拉(Durella)。

● Masari '09	♛♛ 5
○ AgnoBianco '11	♛♛ 2*
● Doro Passito Bianco '09	♛♛ 5
● Vicenza Rosso San Martino '09	♛♛ 3*
○ Leon Durello Dosaggio Zero M. Cl.	♛ 4
○ Doro Passito Bianco '08	♛♛ 5
○ Doro Passito Bianco '07	♛♛ 5
○ Doro Passito Bianco '06	♛♛ 5
○ Doro Passito Bianco '05	♛♛ 4
○ Doro Passito Bianco '04	♛♛ 4
○ Doro Passito Bianco '03	♛♛ 4
● Masari '05	♛♛ 5
● Masari '04	♛♛ 5

威尼托区
VENETO

★ Masi
FRAZ. GARGAGNAGO
VIA MONTELEONE, 26
37015 SANT'AMBROGIO DI VALPOLICELLA [VR]
TEL. 0456832511
www.masi.it

藏酒销售
预约参观
膳宿接待
年产量 3 400 000 瓶
葡萄种植面积 520 公顷

波斯卡尼（Boscaini）家族的酒庄位于瓦尔波利塞拉（Valpolicella）小镇加格奈拉（Gargagnago），葡萄园散布各地，其中在弗留利（Friuli）地区的拉提桑那（Latisana）和阿根廷的门多萨也拥有面积广阔的庄园。酒庄的灵魂仍深深扎根于维于罗纳（Verona）的土地上，桑德罗（Sandro）、拉斐尔·波斯卡尼（Raffaele Boscaini）以及现居住在瓦尔玻利塞拉（Valpolicella）的特雷维索省（Treviso）的酿酒师安德里亚·戴尔·辛（Andrea Dal Cin）是这一切的见证者。这家酒庄所出产的数量可观的阿玛诺（Amarone）和瓦尔玻利塞拉（Valpolicella）葡萄酒，都诠释出对酒品精准的控制和对环境的尊敬。

Masottina
LOC. CASTELLO ROGANZUOLO
VIA BRADOLINI, 54 - 31020 SAN FIOR [TV]
TEL. 0438400775
www.masottina.it

藏酒销售
预约参观
年产量 1 000 000 瓶
葡萄种植面积 57 公顷

在过去的30年里，随着本地起泡葡萄酒的成功，酿造普罗塞克（Prosecco）葡萄酒的特雷维索省（Treviso）北部山区开始固步自封，导致了葡萄酒和酒庄管理的标准化进程的延滞。然而，达尔·比安科（Dal Bianco）兄弟一如既往地酿造具有地域个性的所有静态葡萄酒，即取材波尔多葡萄的红葡萄酒和使用国际葡萄品种酿制的白葡萄酒。酒庄并不盲目追求酒劲和结构，而是侧重于诠释威尼托（Veneto）东部葡萄酒典型的口感。

- Amarone della Valpolicella Cl. Mazzano '06 ❦❦❦ 8
- Amarone della Valpolicella Cl. Vaio Armaron Serègo Alighieri '07 ❦❦ 8
- Amarone della Valpolicella Cl. Costasera Ris. '07 ❦❦ 8
- Osar '06 ❦❦ 8
- Recioto della Valpolicella Cl. Casal dei Ronchi Serègo Alighieri '09 ❦❦ 6
- Valpolicella Cl. Sup. Anniversario 650 Anni Serego Alighieri '09 ❦❦ 3
- Brolo di Campofiorin Oro '09 ❦ 5
- ○ Masianco '11 ❦ 3
- Amarone della Valpolicella Cl. Campolongo di Torbe '04 ❦❦❦ 8
- Amarone della Valpolicella Cl. Vaio Armaron Serègo Alighieri '05 ❦❦❦ 8

- ○ Conegliano Valdobbiadene Rive di Ogliano Extra Dry '11 ❦❦ 3
- Piave Cabernet Sauvignon Vign. ai Palazzi Ris. '08 ❦❦ 4
- ○ Colli di Conegliano Bianco Rizzardo '09 ❦ 5
- ○ Conegliano Valdobbiadene Brut ❦ 2
- Manzoni Bianco '11 ❦ 3
- Piave Chardonnay Vign. ai Palazzi '11 ❦ 3
- Colli di Conegliano Rosso Montesco '07 ❦❦ 5
- Colli di Conegliano Rosso Montesco '06 ❦❦ 6
- Piave Cabernet Sauvignon Vign. ai Palazzi Ris. '07 ❦❦ 4
- Piave Cabernet Sauvignon Vign. ai Palazzi Ris. '06 ❦❦ 4
- Piave Merlot Vign. Ai Palazzi Ris. '08 ❦❦ 6
- Piave Merlot Vign. ai Palazzi Ris. '07 ❦❦ 3
- Piave Merlot Vign. ai Palazzi Ris. '06 ❦❦ 3

威尼托区
VENETO

Roberto Mazzi

LOC. SAN PERETTO
VIA CROSETTA, 8 - 37024 NEGRAR [VR]
TEL. 0457502072
www.robertomazzi.it

藏酒销售
预约参观
年产量 50 000 瓶
葡萄种植面积 8 公顷

在过去的20年里，瓦尔波利塞拉（Valpolicella）见证了部分酒庄的长足发展，葡萄酒酿造的版图也因此增色不少。仅有的几次葡萄酒收获也显著提升了葡萄酒产量。而安东尼奥（Antonio）和斯特凡诺·马兹（Stefano Mazzi）也追随着这一发展大流，不过相比于提高产量，他们把更多的精力放在打理葡萄藤和建立功能齐全的酒庄上。对于管理10公顷不到的葡萄园他们的精力绰绰有余，他们侧重致力于生产风格传统、水果香味浓郁以及口感醇厚爽滑的酒品。

● Recioto della Valpolicella Cl. Le Calcarole '09	▼▼ 5
● Valpolicella Cl. Sup. Sanperetto '10	▼▼ 3*
● Amarone della Valpolicella Cl. Punta di Villa '06	▼▼ 7
● Valpolicella Cl. Sup. Vign. Poiega '09	▼▼ 4
● Amarone della Valpolicella Cl. Castel '05	▽▽ 7
● Amarone della Valpolicella Cl. Punta di Villa '05	▽▽ 7
● Amarone della Valpolicella Cl. Punta di Villa '04	▽▽ 7
● Recioto della Valpolicella Cl. Le Calcarole '07	▽▽
● Valpolicella Cl. Sup. Vign. Poiega '08	▽▽ 4
● Valpolicella Cl. Sup. Vign. Poiega '07	▽▽ 4
● Valpolicella Cl. Sup. Vign. Poiega '06	▽▽ 4
● Valpolicella Cl. Sup. Vign. Poiega '05	▽▽ 4

Merotto

LOC. COL SAN MARTINO
VIA SCANDOLERA, 21
31010 FARRA DI SOLIGO [TV]
TEL. 0438989000
www.merotto.it

藏酒销售
预约参观
年产量 500 000 瓶
葡萄种植面积 25 公顷

在2012年，格拉吉阿诺·梅洛托（Graziano Merotto）给酒庄注入新的动力，用他的工作热情带动了员工做出不懈的努力，使得酒庄出产的酒品当之无愧地获得了"三杯奖"荣誉。酒品产量保持小幅增长，其中自家的葡萄仅贡献了一部分，不足部分由接受生产监控的大量葡萄种植工所产的葡萄来弥补。主打酒品自古以来一直是保证法定普罗塞克（Prosecco）葡萄酒，此外还酿造了一款同样基于格莱拉（Glera）葡萄但属于香槟系列的酒品。

○ Valdobbiadene Brut Rive di Col San Martino Cuvée del Fondatore Graziano Merotto '11	▼▼▼ 4*
○ Cartizze	▼▼ 5
○ Passito di Collina Royam '09	▼▼ 2*
○ Valdobbiadene Brut Bareta	▼▼ 2*
○ Valdobbiadene Dry Rive di Col San Martino Colmolina Mill. '11	▼▼ 3
○ Valdobbiadene Extra Dry Colbelo	▼▼ 2*
⊙ Grani Rosa di Nero Brut	▼ 3
○ Le Fare Glera Extra Brut	▼ 2
○ Valdobbiadene Dry Rive di Col San Martino La Primavera di Barbara	▼ 3
○ Valdobbiadene Brut Rive di Col San Martino Cuvée del Fondatore Graziano Merotto '10	▽▽▽ 3

VENETO
威尼托区

Ornella Molon Traverso
Fraz. Campo di Pietra
via Risorgimento, 40
31040 Salgareda [TV]
Tel. 0422804807
www.ornellamolon.it

藏酒销售
预约参观
膳宿接待
年产量 350 000 瓶
葡萄种植面积 42 公顷

皮亚韦（Piave）地区的农场世世代代都致力于种植葡萄，但仅有少数如莫伦•特拉弗索酒庄（Molon Traverso）才会长期一贯地注重品质。葡萄园占地40多公顷，葡萄酒年产量在300 000瓶到400 000瓶之间。主要使用国际葡萄品种酿造。也有少数抢眼的本地葡萄，例如拉宝索（Raboso）和泰逸（Tai）。酒品追求标准的浓度和优雅高贵。

Monte dall'Ora
loc. Castelrotto
via Monte dall'Ora, 5
37029 San Pietro in Cariano [VR]
Tel. 0457704462
www.montedallora.com

藏酒销售
预约参观
年产量 30 000 瓶
葡萄种植面积 6 公顷
葡萄栽培方式 有机认证

卡罗•维恩特里尼（Carlo Venturini）和他的妻子亚历山德拉（Alessandra）是这片地区的忠实诠释者。片区不仅提高葡萄酒的产量和销售额，还兴起了重拾尊重自然环境的经营理念。维恩特里尼（Venturini）家族严格采用有机种植方法孜孜不倦地在位于卡斯特罗托山（Castelrotto）的几公顷庄园内工作着，力求产出反映风土特色更为浓厚的高质量酒品。葡萄酒年产量约有30 000瓶，全部来自本产区传统品种葡萄所做的贡献。酒品口感醇厚，传统风味十足。

○ Piave Tai Ornella '11	🍷🍷 2*
● Piave Raboso Ornella '08	🍷 5
○ Sauvignon Ornella '11	🍷 3
○ Traminer Ornella '11	🍷 3
● Piave Cabernet Ornella '08	🍷🍷 3
● Piave Merlot Ornella '08	🍷🍷 3
● Piave Merlot Rosso di Villa '05	🍷🍷 5
● Piave Merlot Rosso di Villa '02	🍷🍷 6
● Piave Merlot Rosso di Villa '01	🍷🍷 6
● Rosso di Villa Ris. '00	🍷🍷 6
○ Traminer Ornella '10	🍷🍷 3*
● Vite Rossa Ornella '08	🍷🍷 4

● Valpolicella Cl. Sup. Camporenzo '09	🍷🍷 4
● Amarone della Valpolicella Cl. '08	🍷🍷 6
● Recioto della Valpolicella Cl. Sant' Ulderico '08	🍷🍷 6
● Valpolicella Cl. Saseti '11	🍷🍷 2*
● Valpolicella Cl. Sup. Ripasso Saustò '08	🍷🍷 5
● Valpolicella Cl. Sup. Ripasso Saustò '07	🍷🍷🍷 5
● Amarone della Valpolicella Cl. '07	🍷🍷 6
● Amarone della Valpolicella Cl. '06	🍷🍷 6
● Amarone della Valpolicella Cl. Stropa '04	🍷🍷 6
● Recioto della Valpolicella Cl. Sant' Ulderico '07	🍷🍷 6
● Recioto della Valpolicella Cl. Sant' Ulderico '06	🍷🍷 6
● Valpolicella Cl. Saseti '09	🍷🍷 2*
● Valpolicella Cl. Sup. Camporenzo '08	🍷🍷 3

威尼托区
VENETO

Monte del Frà

S.DA PER CUSTOZA, 35
37066 SOMMACAMPAGNA [VR]
TEL. 045510490
www.montedelfra.it

藏酒销售
预约参观
年产量 1 000 000 瓶
葡萄种植面积 200 公顷

在维罗纳（Veronese）地区，该酒庄是其中一个在应对现代葡萄酒市场挑战方面做得最好的酒庄。一方面，它为重新推出科斯多佐（Custoza）和巴多利诺（Bardolino）葡萄酒做出贡献，使这两种迷人的葡萄酒具备价格竞争力；另一方面，它在瓦波里切拉（Valpolicella）收购了能够提供更为高调、更具挑战性又配得上高昂价格的酒品的重要葡萄园。约200公顷的葡萄园生产出了气质优雅、口感极好的酒品，甚至还有一些结构更为强劲的品种，如阿玛诺（Amarone）或里帕索•瓦波里切拉（Valpolicella di Ripasso）葡萄酒。

Monte Tondo

LOC. MONTE TONDO
VIA SAN LORENZO, 89 - 37038 SOAVE [VR]
TEL. 0457680347
www.montetondo.it

藏酒销售
预约参观
年产量 200 000 瓶
葡萄种植面积 30 公顷

玛格纳博斯克（Magnabosco）家庭酒庄拥有的葡萄园占地大约30公顷，分布在索阿维（Soave）产区和瓦波里切拉（Valpolicella）产区。除了使用传统的维罗纳（Veronese）高架藤系统外，栽培垂直缠绕的葡萄藤越来越多地被投入使用，反映出基诺（Gino）和他儿子们的田园文化。酒庄一步一个脚印地进步着，可持续的生产方式成为重中之重。品种丰富的酒款呈现出令人印象深刻的个性，其中以索阿维（Soave）葡萄酒最为突出。

○ Custoza Sup. Ca' del Magro '10	🍷🍷🍷 2*
● Amarone della Valpolicella Cl. Tenuta Lena di Mezzo '08	🍷 6
● Bardolino '11	🍷🍷 2*
○ Custoza '11	🍷🍷 2*
● Valpolicella Cl. Sup. Ripasso Tenuta Lena di Mezzo '10	🍷🍷 5
● Valpolicella Cl. Sup. Tenuta Lena di Mezzo '10	🍷🍷 4
● Valpolicella Cl. Tenuta Lena di Mezzo '11	🍷 3
○ Custoza Sup. Ca' del Magro '09	🍷🍷🍷 2*
○ Custoza Sup. Ca' del Magro '08	🍷🍷🍷 2*
● Amarone della Valpolicella Cl. Scarnocchio Tenuta Lena di Mezzo Ris. '06	🍷 4
● Valpolicella Cl. Sup. Tenuta Lena di Mezzo '09	🍷🍷 4

○ Soave Cl. Monte Tondo '11	🍷🍷 2*
○ Soave Cl. Sup. Foscarin Slavinus '10	🍷🍷 4
● Amarone della Valpolicella '08	🍷🍷🍷 5
○ Soave Cl. Casette Foscarin '10	🍷🍷🍷 3
○ Recioto di Soave Cl. '08	🍷 4
● Valpolicella Ripasso Campo Grande '09	🍷 3
● Valpolicella San Pietro '10	🍷 2
○ Soave Cl. Monte Tondo '06	🍷🍷🍷 2*
○ Soave Cl. Casette Foscarin '08	🍷🍷 3*
○ Soave Cl. Monte Tondo '08	🍷🍷 2*
○ Soave Cl. Sup. Foscarin Slavinus '09	🍷🍷 4
○ Soave Cl. Sup. Foscarin Slavinus '08	🍷🍷 3
○ Soave Cl. Sup. Foscarin Slavinus '07	🍷🍷 3

La Montecchia
Conte Emo Capodilista
VIA MONTECCHIA, 16
35030 SELVAZZANO DENTRO [PD]
TEL. 049637294
www.lamontecchia.it

藏酒销售
预约参观
膳宿接待
年产量 191 000 瓶
葡萄种植面积 20 公顷

吉尔达诺•艾莫•卡波迪利斯塔（Giordano Emo Capodilista）的酒庄位于科里•尤佳内（Colli Euganei）的地方公园内，周围的火山型山丘从波河流域（Po valley）高耸而起，梦幻般地延伸至帕多瓦（Padua）南部，酒庄有两个地块，原先的那个位于产区北部的塞尔瓦扎诺（Selvazzano）；新近收购的酒庄则坐落在气候更为晴朗的宝尼（Baone）地区，园内葡萄接受的日照更为充足，也更具地中海风情。主要源自波尔多葡萄品种的葡萄酒风格纤细优雅，即使是产自本地最温暖地带的那些酒品也是如此。

Monteforche
LOC. ZOVON
VIA ROVAROLLA, 2005 - 35030 Vò [PD]
TEL. 3332376035
soranzo.1968@gmail.it

藏酒销售
预约参观
年产量 19 000 瓶
葡萄种植面积 4.5 公顷
葡萄栽培方式 传统栽培

越来越多地在农业耕作上降低侵略性似乎成为了一种时尚，但阿方索•索兰佐（Alfonso Soranzo）的信念一直非常坚定，绝不投机取巧。面积不大的葡萄园位于科里•尤佳内地区（Colli Euganei）西部的斜坡上，采用有机种植的方法，在过去的几年一直使用顺势疗法。虽然葡萄酒的产量有限，但酒庄一直致力于出产品质卓越且个性丰富、口感紧实的酒品。

● Colli Euganei Cabernet Sauvignon Ireneo Capodilista '09	♛♛ 5
○ Colli Euganei Fior d'Arancio Passito Donna Daria '10	♛♛ 5
○ Colli Euganei Fior d'Arancio Spumante '11	♛♛ 2*
● Colli Euganei Rosso Villa Capodilista '09	♛♛ 5
● Godimondo Cabernet Franc '11	♛♛ 2*
● Progetto Recupero '10	♛♛ 3*
○ Acinidoro '10	♛ 5
● Colli Euganei Rosso Ca' Emo '10	♛ 2
● Forzaté Raboso '10	♛ 2
○ Piùchebello '11	♛ 2
● Turca	♛ 2
● Colli Euganei Cabernet Sauvignon Ireneo Capodilista '08	♛♛♛ 5

● Vigna del Vento '09	♛♛ 6
● Cabernet Franc '10	♛♛ 5
○ Cassiara '10	♛♛ 4
● Cabernet Franc '09	♛♛ 5
● Cabernet Franc '08	♛♛ 5
○ Cassiara '09	♛♛ 4*
○ Cassiara '08	♛♛ 4
● Vigna del Vento '08	♛♛ 4
● Vigna del Vento '07	♛♛ 4
○ Vigneto Carantina '09	♛♛ 4

VENETO

Cantina Sociale di Monteforte d'Alpone
via XX Settembre, 24
37032 Monteforte d'Alpone [VR]
Tel. 0457610110
www.cantinadimonteforte.it

藏酒销售
预约参观
年产量　2 000 000　瓶
葡萄种植面积　1300　公顷

联营酒庄的成员们拥有索阿维（Soave）地区的许多土地，为葡萄园的大面积管理和葡萄酒的大批量生产提供了保证。加埃塔诺·托宾（Gaetano Tobin）充分利用丰富的原材料，把大部分出产的葡萄出售给其他酿酒商，自己只把最好的一部分留给位于赛特贝尔（Settembre）的酒庄。现在，600个种植工成员在1 300公顷的葡萄园孜孜不倦地工作着。出产的酒品主要是索阿维（Soave）葡萄酒，酒品风格突出，极其迷人。

Montegrande
via Torre, 2 - 35030 Rovolon [PD]
Tel. 0495226276
www.vinimontegrande.it

藏酒销售
预约参观
年产量　200 000　瓶
葡萄种植面积　30　公顷

科里·尤佳内（Colli Euganei）的土地上挤满了在这里世代生产葡萄酒的酒庄。这些酒庄许多由家庭经营，渴望的仅仅是酿造出体面的酒品。在拉斐尔·克里斯托法诺（Raffaele Cristofanon）的悉心领导下，酒庄几年前翻开了崭新的一页，极大提高了葡萄酒品质。葡萄园能够产出200 000瓶酒品，其中制作简单的酒品新鲜活泼，而更有雄心壮志的酒款则果香丰富、单宁紧致、纤细柔美。

○ Soave Cl. Clivus '11	🍷 1*
○ Soave Cl. Sup. Vign. di Castellaro '10	🍷🍷 2*
● Amarone della Valpolicella Re Teodorico '09	🍷🍷 5
○ Soave Passo Avanti '10	🍷🍷 1*
○ Recioto di Soave Cl. Sigillo '09	🍷 3
○ Soave Cl. Terre di Monteforte '11	🍷 1*
○ Soave Cl. Vicario '11	🍷 2
● Valpolicella Ripasso '10	🍷 3
● Amarone della Valpolicella Re Teodorico '08	🏆🏆 5
○ Recioto di Soave Sigillo '07	🏆🏆 3
○ Soave Cl. Clivus '10	🏆🏆 2
○ Soave Cl. Sup. Vign. di Castellaro '09	🏆🏆 2
○ Soave Cl. Terre di Monteforte '10	🏆🏆 2

● Colli Euganei Cabernet Sereo '09	🍷🍷 3*
○ Castearo '11	🍷🍷 2*
○ Colli Euganei Fior d'Arancio Passito '09	🍷🍷 3
● Colli Euganei Rosso V. delle Roche '09	🍷🍷 3
○ Colli Euganei Bianco '11	🍷 2
● Colli Euganei Cabernet '11	🍷 2
● Colli Euganei Merlot '11	🍷 2
○ Colli Euganei Pinot Bianco '11	🍷 2
● Colli Euganei Rosso '11	🍷 2
● Colli Euganei Cabernet Sereo '08	🏆🏆 3*
● Colli Euganei Cabernet Sereo '07	🏆🏆 2*
○ Colli Euganei Fior d'Arancio Passito '08	🏆🏆 3
○ Colli Euganei Fior d'Arancio Passito '07	🏆🏆 3
● Colli Euganei Rosso V. delle Roche '08	🏆🏆 3*

VENETO

Musella
LOC. FERRAZZE
VIA FERRAZZETTE, 2
37036 SAN MARTINO BUON ALBERGO [VR]
TEL. 045973385
www.musella.it

藏酒销售
预约参观
参观设施
年产量 200 000 瓶
葡萄种植面积 43 公顷
葡萄栽培方式 传统栽培

历史悠久的慕塞拉（Musella）庄园稍稍靠近维罗那（Verona）东部，广阔的面积覆盖了林地、河流和葡萄园。在父亲埃米利奥（Emilio）和表兄弟恩里科·拉巴（Enrico Raber）的帮助下，玛塔莲娜·帕斯卡（Maddalena Pasqua）经营着这个酒庄。葡萄园占地40多公顷，分布在超过3个不同的地块，土壤、海拔高度和方位的绝佳组合赋予了葡萄一系列个性。近些年来，玛塔莲娜（Maddalena）和她的团队开始逐步把耕作模式转化为生物动力耕作方法。

● Amarone della Valpolicella Ris. '08	🍷🍷 7
○ Bianco del Drago '11	🍷 3*
● Monte del Drago Rosso '08	🍷 5
● Recioto della Valpolicella '09	🍷 5
● Valpolicella Sup. '10	🍷 4
● Valpolicella Sup. Ripasso '09	🍷 4
⊙ Rosé del Drago '11	🍷 3
● Amarone della Valpolicella Ris. '07	🍷🍷 6
● Amarone della Valpolicella Ris. '06	🍷🍷 6
● Amarone della Valpolicella Senza Titolo '04	🍷🍷 8
● Monte del Drago Rosso '07	🍷🍷 5
● Recioto della Valpolicella '08	🍷🍷 5
● Valpolicella Sup. Ripasso '08	🍷🍷 3*
● Valpolicella Sup. Ripasso '07	🍷🍷 3*

Daniele Nardello
VIA IV NOVEMBRE, 56
37032 MONTEFORTE D'ALPONE [VR]
TEL. 0457612116
www.nardellovini.it

藏酒销售
预约参观
年产量 30 000 瓶
葡萄种植面积 15 公顷

索阿维（Soave）境内拥有多种多样的土壤、海拔和方位，使得酿酒商们能够生产出最原汁原味的维罗纳（Veronese）白葡萄酒。菲德丽卡（Federica）和丹尼尔·纳德罗（Daniele Nardello）管理的家庭酒庄在传统葡萄种植地带的南坡拥有多个葡萄园，生产的葡萄成熟度和大小极佳，为酿造风格快活、富有内涵的葡萄酒提供了上等原材料。多年来，由于葡萄园产出的葡萄供大于求，酒品的产量持续攀升。

○ Soave Cl. Monte Zoppega '10	🍷🍷 3*
○ Recioto di Soave Suavissimus '09	🍷🍷 4
○ Soave Cl. Meridies '11	🍷🍷 2*
○ Soave Cl. V. Turbian '11	🍷🍷 2*
○ Blanc De Fe '11	🍷 2
○ Recioto di Soave Suavissimus '08	🍷🍷 4
○ Recioto di Soave Suavissimus '07	🍷🍷 4
○ Soave Cl. Meridies '09	🍷🍷 2*
○ Soave Cl. Monte Zoppega '09	🍷🍷 3*
○ Soave Cl. Monte Zoppega '08	🍷🍷 3
○ Soave Cl. V. Turbian '10	🍷🍷 2*
○ Soave Cl. V. Turbian '09	🍷🍷 2*
○ Soave Cl. V. Turbian '08	🍷🍷 2*

VENETO

Angelo Nicolis e Figli
Via Villa Girardi, 29
37029 San Pietro in Cariano [VR]
Tel. 0457701261
www.vininicolis.com

藏酒销售
预约参观
年产量 200 000 瓶
葡萄种植面积 42 公顷

尼克里（Nicolis）家族建立于20世纪50年代的酒庄，多年来一直在默默缓慢地发展着。今天，42公顷的庄园有一部分坐落在经典瓦波里切拉产区（Valpolicella Classica），一部分坐落在更东部的地带上。詹卡洛（Giancarlo）负责葡萄种植；而作为酒庄的核心和灵魂人物，朱塞佩（Giuseppe）在选择葡萄和酿造葡萄酒方法上风格趋于传统。他们的葡萄园坐落在溪谷底部和山里，生产的葡萄分别用于酿造特定的酒品。方位最好的地段用来生产更有雄心的酒款。

● Amarone della Valpolicella Cl. Ambrosan '06	🍷🍷🍷 7
● Amarone della Valpolicella Cl. '06	🍷 6
● Recioto della Valpolicella Cl. '08	🍷🍷 5
● Valpolicella Cl. Sup. '09	🍷🍷 3*
● Valpolicella Cl. Sup. Ripasso Seccal '09	🍷🍷 3
● Valpolicella Cl. '11	🍷 2
● Amarone della Valpolicella Cl. Ambrosan '98	🍷🍷🍷 7
● Amarone della Valpolicella Cl. Ambrosan '93	🍷🍷🍷 7
● Amarone della Valpolicella Cl. '05	🍷🍷 6
● Amarone della Valpolicella Cl. Ambrosan '05	🍷🍷 7
● Amarone della Valpolicella Cl. Ambrosan '03	🍷🍷 7
● Valpolicella Cl. Sup. Rip. Seccal '07	🍷🍷 3

Nino Franco
Via Garibaldi, 147
31049 Valdobbiadene [TV]
Tel. 0423972051
www.ninofranco.it

藏酒销售
预约参观
年产量 1 190 000 瓶
葡萄种植面积 2.5 公顷

如果说普罗塞克（Prosecco）现在算顶级葡萄酒的话，那么这很大程度上归功于酿酒商们把高规格的葡萄和在国际市场上运作与发展的能力集于一身。普里莫•弗朗哥（Primo Franco）作为酒庄其中一员。自20世纪70年代以来，他已成为特雷维索（Treviso）起泡葡萄酒名声响亮的国际大使。今天，在妻子安娜丽莎（Annalisa）的帮助和女儿越来越多的支持下，普里莫（Primo）把激情与活力倾注到他的工作中，出产了一系列令人印象深刻的正宗酒品。

○ Valdobbiadene Brut V. della Riva di S. Floriano '11	🍷🍷🍷 3*
○ Brut Grave di Stecca '10	🍷🍷 5
○ Cartizze '11	🍷🍷 5
○ Valdobbiadene Brut	🍷🍷 3
○ Valdobbiadene Dry Primo Franco '11	🍷🍷 3
○ P. di Treviso Brut Rustico	🍷 2
○ Brut Grave di Stecca '09	🍷🍷🍷 5
○ Valdobbiadene Brut Grave di Stecca '08	🍷🍷🍷 5
○ P. di Valdobbiadene Dry Primo Franco '08	🍷🍷 3
○ P. di Valdobbiadene Dry Primo Franco '07	🍷🍷 3
○ P. di Valdobbiadene Dry Primo Franco '06	🍷🍷 3
○ P. di Valdobbiadene Dry Primo Franco '05	🍷🍷 3*

威尼托区
VENETO

Novaia
via Novaia, 1
37020 Marano di Valpolicella [VR]
Tel. 0457755129
www.novaia.it

藏酒销售
预约参观
年产量 35 000 瓶
葡萄种植面积 7 公顷
葡萄栽培方式 有机认证

吉安姆帕罗•瓦奥纳（Giampaolo Vaona）和他儿子马尔切洛（Marcello）经营的酒庄就坐落在马拉诺山谷（Marano）的高地上，良好的空气循环、温度范围和火山土壤使得葡萄能够健康地成长，并积聚起丰富的芳香和纤细度。父子俩一直不懈地追求瓦波里切拉（Valpolicella）传统葡萄酒的高品质。酒庄划分出两条生产线，其中一条生产以原产地葡萄园命名的酒品，所出产的酒品具有更复杂的风格和更优秀的结构；而另外一条则致力于出产风格更为传统的葡萄酒。

● Amarone della Valpolicella Cl. '08	🍷🍷 5
● Recioto della Valpolicella Cl. Le Novaje '09	🍷🍷 4
● Valpolicella Cl. Sup. I Cantoni '09	🍷🍷 3
● Valpolicella Cl. Sup. Ripasso '09	🍷🍷 3*
● Amarone della Valpolicella Cl. Le Balze '07	🍷 7
● Valpolicella Cl. '11	🍷 2
● Amarone della Valpolicella Cl. Corte Vaona '07	🍷🍷 5
● Amarone della Valpolicella Cl. Corte Vaona '06	🍷🍷 5
● Amarone della Valpolicella Cl. Le Balze Ris. '05	🍷🍷 7
● Valpolicella Cl. '10	🍷🍷 2*
● Valpolicella Cl. Sup. I Cantoni '07	🍷🍷 3
● Valpolicella Cl. Sup. Ripasso '10	🍷🍷 3*

Ottella
fraz. San Benedetto di Lugana
loc. Ottella
37019 Peschiera del Garda [VR]
Tel. 0457551950
www.ottella.it

藏酒销售
预约参观
年产量 350 000 瓶
葡萄种植面积 40 公顷

小型法定葡萄酒产区涵盖了加尔达（Garda）河的南部海岸，米切尔•蒙特莎（Michele Montresor）和弗朗西斯科（Francesco）是这里两个名声最大的酿酒商。酒庄坐落在卢加纳的圣贝内代托（San Benedetto di Lugana），俯瞰着水面平静的法拉斯诺（Frassino）河。葡萄园分散分布，一部分位于河流周围粘质土壤上，出产的葡萄用于酿造卢加纳（Lugana）葡萄酒；而伯蒂•苏•米恩西科（Ponti sul Mincio）山里的葡萄园则专门种植红皮葡萄品种，出产的葡萄能够满足酒庄的所有需要。酒庄出产的酒品风格专注，令人神清气爽。

○ Lugana Sup. Molceo '10	🍷🍷🍷 4*
○ Prima Luce Passito '09	🍷🍷 5
● Campo Sireso '10	🍷🍷 4
○ Lugana '11	🍷🍷 2*
○ Lugana Le Creete '11	🍷🍷 5
○ Roses Roses '11	🍷🍷 2*
○ Vignenuove '11	🍷🍷 2*
● Gemei Rosso '11	🍷 2
○ Lugana Sup. Molceo '09	🍷🍷 4
○ Lugana Sup. Molceo '08	🍷🍷 4
○ Lugana Sup. Molceo '07	🍷🍷 4
● Campo Sireso '09	🍷🍷 4
○ Lugana '10	🍷🍷 2*
○ Lugana Le Creete '10	🍷🍷 3
○ Prima Luce Passito '08	🍷🍷 5

VENETO 威尼托区

★★Leonildo Pieropan
Via Camuzzoni, 3 - 37038 Soave [VR]
Tel. 0456190171
www.pieropan.it

藏酒销售
预约参观
年产量 400 000 瓶
葡萄种植面积 50 公顷
葡萄栽培方式 有机认证

如果想造就一款经典的酒品，酿酒商就必须把传统和创新集于一身。皮尔洛潘（Pieropan）就是这样一位酿酒商。无论从尼诺（Nino）和特里西塔（Teresita）开始，还是到现在的安德里亚（Andrea）和达里奥（Dario），酒庄都渴望发展壮大，并每天为此付出实践。现已扩大至50多公顷的葡萄园，主要坐落在索阿维（Soave），其中洛卡（Rocca）和卡尔瓦里诺（Calvarino）历来被认为是最好的两个葡萄园。酒庄所出产的红葡萄酒来自附近的崔格纳格（Tregnago），坐落在西波拉•佩莱格里尼（Cipolla Pellegrini）别墅内。

Albino Piona
Fraz. Custoza
Via Bellavista, 48
37060 Sommacampagna [VR]
Tel. 045516055
www.albinopiona.it

藏酒销售
预约参观
年产量 400 000 瓶
葡萄种植面积 70 公顷

在过去的10年里，皮尔纳（Piona）家族的酒庄在忠实于传统工艺的基础上成功地重新塑造了自己的形象。由西尔维奥（Silvio）、莫妮卡（Monica）、亚历山德罗（Alessandro）和马西莫（Massimo）共同建造了一套新的生产设施，提升了质量水平，从而将他们的父亲建立的这个酒庄带到了一个新的历史起点。葡萄来自位于加尔达（Garda）湖周围冰碛山上的70公顷葡萄园，为可靠优秀的出品提供了原料保障。酒庄出品注重纤细柔美，而不是酒体强劲。

○ Soave Cl. La Rocca '10	🏆🏆🏆 5
○ Recioto di Soave Le Colombare '08	🏆🏆🏆 5
○ Soave Cl. Calvarino '10	🏆🏆 4
○ Soave Cl. '11	🏆🏆 2*
● Valpolicella Sup. Ruberpan '09	🏆🏆 3
○ Soave Cl. Calvarino '09	🏆🏆🏆 4*
○ Soave Cl. Calvarino '08	🏆🏆🏆 4
○ Soave Cl. Calvarino '07	🏆🏆🏆 4
○ Soave Cl. Calvarino '06	🏆🏆🏆 4
○ Soave Cl. Calvarino '05	🏆🏆🏆 3
○ Soave Cl. Calvarino '04	🏆🏆🏆 3
○ Soave Cl. Calvarino '03	🏆🏆🏆 3
○ Soave Cl. Calvarino '02	🏆🏆🏆 3
○ Soave Cl. La Rocca '02	🏆🏆🏆 5
○ Soave Cl. Sup. La Rocca '00	🏆🏆🏆 5

● Azobé '08	🏆🏆 4
● Campo Massimo Corvina Veronese '09	🏆🏆 2*
○ Custoza SP '11	🏆🏆 2*
○ Gran Cuvée Brut M. Cl.	🏆🏆 4
● Bardolino '11	🏆 2
○ Bardolino Chiaretto '11	🏆 2
○ Custoza '11	🏆 2
○ Estro di Piona Brut	🏆 4
○ Estro di Piona Rosé Brut	🏆 4
○ Verde Piona	🏆 2
● Bardolino '10	🏆🏆 2*
○ Bianco di Custoza '10	🏆🏆 2*
○ Bianco di Custoza Passito La Rabitta '08	🏆🏆 5
○ Custoza SP '10	🏆🏆 2*

VENETO
威尼托区

Piovene Porto Godi
Fraz. Toara
via Villa, 14 - 36020 Villaga [VI]
Tel. 0444885142
www.piovene.com

藏酒销售
预约参观
年产量 80 000 瓶
葡萄种植面积 32 公顷

在维拉加（Villaga）市区的一个叫托亚拉（Toara）的小镇里，托马索•皮奥威尼（Tommaso Piovene）就在科里•贝里奇（Colli Berici）东南方的山坡上辛勤耕作着。他的酒庄建立在历史悠久的家族土地上，葡萄园分布在平原和深山里，葡萄产量供大于求。10余年来，酒庄一直与弗拉维奥•帕拉（Flavio Prà）保持合作关系，产出的酒品具有土地赋予葡萄的非凡生气，以及极好的优雅度和紧实口感。

★ Prà
via della Fontana, 31
37032 Monteforte d'Alpone [VR]
Tel. 0457612125
info@vinipra.it

藏酒销售
预约参观
年产量 220 000 瓶
葡萄种植面积 20 公顷
葡萄栽培方式 传统栽培

格拉基亚诺•普拉（Graziano Prà）是索阿维（Soave）葡萄酒复兴的重要人物之一，这款维罗纳葡萄酒经常被世界其他地方认为是原种意大利白葡萄酒。格拉基亚诺细心照料着葡萄园，把尊重自然视为行动的指导原则。我们现在可以看到，在他工作过一些年月并取得优异成绩的索阿维（Soave）和瓦波里切拉（Valpolicella）地区，生物动力方法正逐渐占据主流。十几公顷的庄园横跨了蒙特格兰德（Montegrande）、法罗斯卡（Froscà）和蒙特•科罗赛（Monte Croce），而专门种植瓦波里切拉（Valpolicella）葡萄的葡萄园坐落在崔格纳格（Tregnago）山谷地形较高的山坡上。

● Colli Berici Tai Rosso Thovara '09	♛♛ 5
● Colli Berici Cabernet Vign. Pozzare '10	♛♛ 3
○ Colli Berici Garganega Vign. Riveselle '11	♛♛ 2*
● Colli Berici Merlot Fra i Broli '10	♛♛ 5
● Colli Berici Tai Rosso Vign. Riveselle '11	♛♛ 3
● Polveriera Rosso '11	♛♛ 2*
○ Thovara Passito Bianco '10	♛♛ 4
○ Colli Berici Pinot Bianco Polveriera '11	♛ 4
○ Colli Berici Sauvignon Vign. Fostine '11	♛ 2
⊙ Vign. Lola Rosato '11	♛ 3
● Colli Berici Cabernet Vign. Pozzare '07	♛♛♛ 3
● Colli Berici Cabernet Vign. Pozzare '08	♛♛ 3
● Colli Berici Merlot Fra i Broli '09	♛♛ 5
● Colli Berici Merlot Fra i Broli '08	♛♛ 5
● Colli Berici Merlot Fra i Broli '07	♛♛ 5

○ Soave Cl. Monte Grande '11	♛♛♛ 4*
○ Soave Cl. Staforte '10	♛♛ 4
○ Soave Cl. '11	♛♛ 2*
● Valpolicella Sup. Morandina '10	♛♛ 4
● Valpolicella Sup. Rip. Morandina '10	♛♛ 5
○ Soave Cl. Monte Grande '08	♛♛♛ 4
○ Soave Cl. Monte Grande '06	♛♛♛ 4
○ Soave Cl. Monte Grande '05	♛♛♛ 3
○ Soave Cl. Monte Grande '04	♛♛♛ 3
○ Soave Cl. Monte Grande '03	♛♛♛ 3
○ Soave Cl. Monte Grande '02	♛♛♛ 3
○ Soave Cl. Staforte '08	♛♛♛ 4
○ Soave Cl. Staforte '06	♛♛♛ 4*
○ Soave Cl. Sup. Monte Grande '00	♛♛♛ 3

VENETO 威尼托区

★Giuseppe Quintarelli

VIA CERÈ, 1 - 37024 NEGRAR [VR]
TEL. 0457500016
giuseppe.quintarelli@tin.it

藏酒销售
预约参观
年产量 60 000 瓶
葡萄种植面积 12 公顷

很少有酒庄具备该酒庄透过出品强大来传达天赋的能力。酒庄很少参加葡萄酒界举办的活动，选择以葡萄酒的品质来说话。在贝比·奎因塔雷里（Bepi Quintarelli）逝世不到一年的今天，酒品风格没有变化的迹象。贝比（Bepi）的女儿菲奥伦扎（Fiorenza）在她儿子弗朗西斯科（Francesco）的帮助下经营着酒庄。酒窖里，葡萄酒酿制遵循朱塞佩（Giuseppe）传下来的熟化技术和时间推进表，在成为完美诠释地域个性和高超技艺的上等酒品的道路上大步前进。

- Amarone della Valpolicella Cl. '03　🍷🍷🍷 8
- Valpolicella Cl. Sup. '03　🍷🍷 7
- Amarone della Valpolicella Cl. '00　🍷🍷🍷 8
- Amarone della Valpolicella Cl. '98　🍷🍷🍷 8
- Amarone della Valpolicella Cl. '97　🍷🍷🍷 8
- Amarone della Valpolicella Cl. Sup. Monte Cà Paletta '00　🍷🍷🍷 8
- Amarone della Valpolicella Cl. Sup. Monte Cà Paletta '93　🍷🍷🍷 8
- Amarone della Valpolicella Cl. Sup. Ris. '85　🍷🍷🍷 8
- Recioto della Valpolicella Cl. '95　🍷🍷🍷 8
- Recioto della Valpolicella Cl. Monte Ca' Paletta '97　🍷🍷🍷 8
- Rosso del Bepi '96　🍷🍷🍷 8
- Valpolicella Cl. Sup. '99　🍷🍷🍷 7

Le Ragose

FRAZ. ARBIZZANO
VIA LE RAGOSE, 1 - 37024 NEGRAR [VR]
TEL. 0457513241
www.leragose.com

藏酒销售
预约参观
年产量 150 000 瓶
葡萄种植面积 18.5 公顷

该酒庄是在瓦波里切拉（Valpolicella）成为时尚酒品之前就已开始酿造该酒品的酒庄之一，出品传统优雅。30年后的今天，保罗（Paolo）和马尔科·加利（Marco Galli）仍在原来的道路上继续前进，酒品绝不迎合时尚的需求，因为他们知道伟大的葡萄园必将出产上乘的葡萄酒，酒品的风格没有必要只专门讨好一部分人。约20公顷的葡萄园集中位于山坡上，主要种植传统葡萄品种，以此为原料酿造出的葡萄酒酒体稳固，品质可靠。

- Amarone della Valpolicella Cl. Marta Galli '05　🍷🍷🍷 8
- Amarone della Valpolicella Cl. '06　🍷🍷 7
- Recioto della Valpolicella Cl. '08　🍷🍷 5
- Valpolicella Cl. Sup. Ripasso Le Sassine '08　🍷🍷 3
- Amarone della Valpolicella '01　🍷🍷 7
- Amarone della Valpolicella Marta Galli '01　🍷🍷 7
- Amarone della Valpolicella Marta Galli '00　🍷🍷 7
- Valpolicella Cl. Sup. Le Sassine '05　🍷🍷 3
- Valpolicella Cl. Sup. Le Sassine '03　🍷🍷 3
- Valpolicella Cl. Sup. Le Sassine '00　🍷🍷 3
- Valpolicella Cl. Sup. Ripasso Le Sassine '07　🍷 3

VENETO

F.lli Recchia

loc. Jago
via Ca' Bertoldi, 30 - 37024 Negrar (VR)
Tel. 0457500584
www.recchiavini.it

藏酒销售
预约参观
年产量 100 000 瓶
葡萄种植面积 75 公顷
葡萄栽培方式 有机种植

虽然雷查亚（Recchia）家族酒庄已在经典瓦波里切拉（Valpolicella）产区活跃数年，但直到最近他们才在品质上取得重大突破。正是恩里克•雷查亚（Enrico Recchia）的接管让葡萄酒取得更好的品种定位和香味焦点，进而使该酒庄享誉本地。过去几十年收购的葡萄园确保了酒品的可靠品质和良好结构。酒庄生产线分为两条，葡萄种植面积巨大的加高•马苏瓦（Masua di Jago）酒庄是做工良好、平易近人的入门酒品的来源。

● Amarone della Valpolicella Cl. Ca' Bertoldi '05	🍷 8
● Amarone della Valpolicella Cl. Masua di Jago '08	🍷 6
● Recioto della Valpolicella Cl. '07	🍷 6
● Valpolicella Cl. Sup. Masua di Jago Ripasso '10	🍷 5*
● Valpolicella Cl. Masua di Jago '11	🍷 5
● Valpolicella Cl. Sup. Le Muraie Ripasso '09	🍷 4
● Valpolicella Cl. Sup. Masua di Jago '10	🍷 5

Roccolo Grassi

via San Giovanni di Dio, 19
37030 Mezzane di Sotto (VR)
Tel. 0458880089
roccolograssi@libero.it

预约参观
年产量 45 000 瓶
葡萄种植面积 14 公顷
葡萄栽培方式 有机种植

弗朗西斯卡（Francesca）和马尔科•萨托利（Marco Sartori）拥有的酒庄坐落在瓦波里切拉（Valpolicella）东部的美扎尼（Mezzane）山谷，是葡萄酒消费者评价最高的酒庄之一。酒庄成立于20世纪90年代末，以出产高质量葡萄酒为唯一目标。该酒庄一直植根于传统，尤其关注索阿维（Soave）白葡萄酒和瓦波里切拉（Valpolicella）红葡萄酒的酿造。精心耕耘的14公顷葡萄园出产的限量酒品重点突出、香味丰富，完美传达了本地葡萄品种和风土的优秀之处。

● Valpolicella Sup. '09	🍷🍷🍷 5
● Amarone della Valpolicella '08	🍷🍷 8
● Recioto della Valpolicella '08	🍷🍷 5
○ Recioto di Soave La Broia '09	🍷🍷 4
○ Soave Sup. La Broia '10	🍷🍷 3
● Amarone della Valpolicella '07	🍷🍷🍷 8
● Amarone della Valpolicella '00	🍷🍷🍷 7
● Amarone della Valpolicella '99	🍷🍷🍷 7
● Valpolicella Sup. '07	🍷🍷🍷 5
● Valpolicella Sup. '04	🍷🍷🍷 5
● Amarone della Valpolicella '06	🍷🍷 8

威尼托区
VENETO

Roeno

via Mama, 5 - 37020 Brentino Belluno [VR]
Tel. 0457230110
www.cantinaroeno.com

藏酒销售
预约参观
膳宿接待
年产量 110 000 瓶
葡萄种植面积 25 公顷

今天，弗佳蒂（Fugatti）的兄妹们罗伯特（Roberta）、克里斯汀娜（Cristina）和朱塞佩（Giuseppe）共同管理着瓦尔达蒂格（Valdadige）法定葡萄酒产区最有趣的酒庄。在狭窄的地带上，葡萄园与果园抢夺最佳生产地带，山谷底或高山的地形使得如雷司令（riesling）葡萄等芳香品种能够培养出独特的香味。酒庄尤其注重发展罗埃欧（Roeno）地区十分优秀的埃娜蒂诺葡萄酒（Enantio），或者叫做蓝沐斯·弗利亚（Lambrusco a foglia frastagliata）葡萄酒。

○ Cristina V. T. '09	♛♛ 5
● Valdadige Terra dei Forti Enantio Ris. '08	♛♛ 4
● La Rua Marzemino '11	♛♛ 2*
● Teroldego I Dossi '11	♛♛ 2*
○ Valdadige Pinot Grigio Tera Alta '11	♛♛ 5
⊙ Matì Rosé Brut	♛ 3
○ Valdadige Chardonnay Le Fratte '11	♛ 2
○ Cristina V. T. '08	♛♛♛ 5
● La Rua Marzemino '10	♛♛ 2*
○ Praecipuus '10	♛♛ 4
○ Valdadige Chardonnay Le Fratte '10	♛♛ 2*
● Valdadige Terra dei Forti Enantio '08	♛♛ 4

Ruggeri & C.

via Prà Fontana, 4
31049 Valdobbiadene [TV]
Tel. 04239092
www.ruggeri.it

藏酒销售
预约参观
年产量 1 000 000 瓶
葡萄种植面积 14 公顷

虽然距朱斯提诺·比索（Giustino Bisol）建立该酒庄已有60多年，但推广普罗塞克（Prosecco）和卡蒂兹（Cartizze）葡萄酒这个最初目标仍然没有改变。今天，在孩子朱斯提诺（Giustino）和伊莎贝拉（Isabella）越来越多的协助下，保罗·比索（Paolo Bisol）管理着酒庄。重点产品的价值建立在与约100名种植者的信任和合作的基础上，成为酒庄的命脉。酒厂运营模式良好，即使在葡萄收获期间也能迅速挑选出大量优质葡萄，酿造精品酒。

○ Valdobbiadene Extra Dry Giustino B. '11	♛♛♛ 3*
○ Valdobbiadene Brut Vecchie Viti '11	♛♛ 4
○ Cartizze	♛♛ 4
○ L'Extra Brut '11	♛♛ 3
○ Valdobbiadene Brut Quartese	♛♛ 2
○ Valdobbiadene Dry S. Stefano	♛♛ 3
○ Valdobbiadene Extra Dry Giall'Oro	♛♛ 3
○ Rosé di Pinot Brut	♛ 3
○ P. di Valdobbiadene Dry S. Stefano	♛♛♛ 4
○ Valdobbiadene Extra Dry Giustino B. '10	♛♛♛ 3
○ Valdobbiadene Extra Dry Giustino B. '09	♛♛♛ 3
○ P. di Valdobbiadene Brut Vecchie Viti '08	♛♛ 3
○ Valdobbiadene Brut Vecchie Viti '10	♛♛ 3
○ Valdobbiadene Brut Vecchie Viti '09	♛♛ 3

VENETO

Le Salette
via Pio Brugnoli, 11c - 37022 Fumane [VR]
Tel. 0457701027
www.lesalette.it

藏酒销售
预约参观
参观设施
年产量 130 000 瓶
葡萄种植面积 20 公顷

法曼内山谷（Fumane valley）坐落在经典瓦波里切拉（Valpolicella Classica）葡萄酒产区的中心地带，葡萄在山脊线上和谷底里茁壮地生长，仰望着位于小镇上方山丘上的勒·莎勒特（Le Salette）圣地。弗朗克斯卡·姆佩勒（Franco Scamperle）酒庄位于小镇中心，并因这个宗教圣地而闻名。他们致力于生产维京（Virgin）葡萄，其葡萄园分布在瓦波里切拉（Valpolicella）的多个地方。虽然酒庄结构紧凑，但规模适中，能够满足产酒的基本需要，能够使酒品保持具有丰富、和谐的风格。

San Rustico
fraz. Valgatara di Valpolicella
via Pozzo, 2
37020 Marano di Valpolicella [VR]
Tel. 0457703348
www.sanrustico.it

藏酒销售
预约参观
年产量 180 000 瓶
葡萄种植面积 22 公顷

凯潘格诺拉（Campagnola）兄弟是酒庄的内在驱动力量。多年来，这个酒庄谨慎对待已在世界上蓬勃发展的阿玛诺（Amarone）葡萄酒，避免发生突兀的变化，充分尊重传统工艺和不疾不徐的生产周期。酒庄位于马兰诺（Marano）山谷口，山坡上的葡萄园享有温差变化大的优势，产出的葡萄纤细紧实。酒品的风格可以说是对传统的颂歌，从不会过分饱满馥郁，呈现出迷人质朴的个性。

- Recioto della Valpolicella Cl. Pergole Vece '09 — 6
- Amarone della Valpolicella Cl. La Marega '08 — 6
- Amarone della Valpolicella Cl. Pergole Vece '08 — 8
- Ca' Carnocchio '09 — 5
- Valpolicella Cl. Sup. Ripasso I Progni '09 — 3
- Cesare Passito '08 — 5
- Recioto della Valpolicella Cl. Le Traversagne '09 — 5
- Valpolicella Cl. '11 — 2
- Amarone della Valpolicella Cl. Pergole Vece '05 — 8

- Amarone della Valpolicella Cl. Gaso '06 — 6
- Amarone della Valpolicella Cl. '07 — 5
- Recioto della Valpolicella Cl. '09 — 5
- Corte Porta '09 — 2
- Valpolicella Cl. '11 — 2
- Valpolicella Cl. Sup. '10 — 2
- Valpolicella Cl. Sup. Ripasso Gaso '09 — 3
- Amarone della Valpolicella Cl. '05 — 5
- Amarone della Valpolicella Cl. Gaso '05 — 6
- Valpolicella Cl. Sup. '09 — 2*
- Valpolicella Cl. Sup. Ripasso Gaso '06 — 5*

La Sansonina

Loc. Sansonina
37019 Peschiera del Garda (VR)
Tel. 0457551905
www.sansonina.it

藏酒销售
年产量 21 000 瓶
葡萄种植面积 12 公顷

卡拉•普洛斯彼罗（Carla Prospero）的酒庄坐落在加尔达湖（Lake Garda）南岸，12公顷的面积专门出产传统的卢加纳•扎比安奴（Trebbiano di Lugana）和国际品种梅乐（Merlot）葡萄。后者在典型的黏土上找到了理想的生长环境，以此为原料出产的酒品具有始终如一的特点。酒窖采用减少人工干涉的酿造方式，酿酒工人努力保持着精心培育的葡萄的原有特性。出产的酒品不仅果香丰饶，还优雅高贵。

○ Lugana Sansonina '11	🍷 3
● Sansonina '09	🍷 6
○ Lugana Sansonina '10	🍷 6
○ Lugana Sansonina '09	🍷 3*
○ Lugana Sansonina '08	🍷 3*
● Sansonina '07	🍷 6
● Sansonina '06	🍷 6
● Sansonina '05	🍷 6
● Sansonina '04	🍷 6
● Sansonina '03	🍷 6
● Sansonina '01	🍷 6

★Tenuta Sant'Antonio

Loc. San Zeno
via Ceriani, 23
37030 Colognola ai Colli (VR)
Tel. 0457650383
www.tenutasantantonio.it

藏酒销售
预约参观
年产量 700 000 瓶
葡萄种植面积 100 公顷

重读这家酒庄的发展史，根本想象不到这个酒庄仅仅成立不到20年。他们出品的阿曼多（Armando）、提紫亚诺（Tiziano）、保罗（Paolo）和马西莫•卡斯塔格内迪（Massimo Castagnedi）葡萄酒都取得了令人难以置信的成就，使他们的酒庄创纪录地成为本产区葡萄酒酿造的标杆之一。酒庄原先的30公顷面积已扩大至目前的100公顷，出产的酒品复杂而精致。除了第一批酿造的阿玛诺（Amarone）和顶级瓦波里切拉（Valpolicella）葡萄酒外，系列产品还包括索阿维葡萄酒（Soave）和其他特产酒种。

○ Soave Monte Ceriani Vecchie Vigne '10	🍷 3*
● Amarone della Valpolicella Sel. Antonio Castagnedi '09	🍷 6
○ Soave Monte Ceriani '10	🍷 2*
● Valpolicella Sup. Rip. Monti Garbi '10	🍷 3
● Amarone della Valpolicella Campo dei Gigli '07	🍷 8
● Amarone della Valpolicella Campo dei Gigli '06	🍷 8
● Amarone della Valpolicella Campo dei Gigli '05	🍷 8
● Amarone della Valpolicella Campo dei Gigli '04	🍷 8

威尼托区
VENETO

Santa Margherita
via Ita Marzotto, 8
30025 Fossalta di Portogruaro [VE]
Tel. 0421246111
www.santamargherita.com

藏酒销售
预约参观
年产量 12 500 000 瓶

面对葡萄酒市场每天出现的挑战，最好的回应无疑是酿造出高品质的产品；当然，可持续的发展、能源的节约和稳定的品质也是需要考虑的重要问题。马佐托（Marzotto）家族通过大量的运营活动给主要酿酒厂带去了重要改变。酒厂不仅采用能优化生产和提高可靠性的技术，还建设了太阳能发电系统以满足酿酒设施所需要的全部能源。虽然圣塔·玛格瑞塔（Santa Margherita）系列葡萄酒的口感已人尽皆知，但新添加的复杂性还是值得在更广范围的葡萄酒爱好者中得到认可。

○ A. A. Pinot Grigio Impronta del Fondatore '11	🍷🍷 2*
● Lison-Pramaggiore Malbech Impronta del Fondatore '10	🍷🍷 2*
● Lison-Pramaggiore Refosco P.R. Impronta del Fondatore '10	🍷🍷 2*
○ A. A. Pinot Grigio Impronta del Fondatore '10	🍷🍷 2*
○ Cartizze	🍷🍷 3
● Lison-Pramaggiore Malbech Impronta del Fondatore '09	🍷🍷 2
● Lison-Pramaggiore Refosco P.R. Impronta del Fondatore '09	🍷🍷 2*

Santi
via Ungheria, 33 - 37031 Illasi [VR]
Tel. 0456269600
www.carlosanti.it

藏酒销售
预约参观
年产量 2 000 000 瓶
葡萄种植面积 70 公顷

在意大利葡萄酒集团（Gruppo Italiano Vini）的威尼托（Veneto）酒庄中，已启动提升整个集团品质计划的圣帝（Santi）绝对是一个旗帜性企业。他们的葡萄园分布在维罗纳的三个主要葡萄酒产区，包括瓦波里切拉（Valpolicella）、巴多利诺（Bardolino）和索阿维（Soave）。除了使用自家葡萄外，酒庄还分别从各个生产区的种植工人那里购买一部分葡萄加以补充。酒庄的生产技术部经理克斯斯坦·斯克林兹（Cristian Scrinzi）酿造出的酒品品质良好、口感简约紧实，这些特点在更有雄心的酒款里表现得更为突出。

● Amarone della Valpolicella Proemio '08	🍷🍷 7
● Bardolino Cl. Vign. Ca' Bordenis '11	🍷🍷 2*
● Valpolicella Cl. Sup. Rip. Solane '10	🍷🍷 3
○ Lugana Melibeo '11	🍷 2
● Valpolicella Cl. Le Caleselle '11	🍷 2
● Amarone della Valpolicella Proemio '05	🍷🍷🍷 6
● Amarone della Valpolicella Proemio '03	🍷🍷🍷 6*
● Amarone della Valpolicella Proemio '00	🍷🍷🍷 5
● Valpolicella Cl. Sup. Ripasso Solane '09	🍷🍷 3*
● Amarone della Valpolicella Proemio '07	🍷🍷 6
● Amarone della Valpolicella Proemio '06	🍷🍷 6
● Valpolicella Cl. Sup. Solane Ripasso '08	🍷🍷 3*
● Valpolicella Cl. Sup. Solane Ripasso '07	🍷🍷 3*

威尼托区
VENETO

Casa Vinicola Sartori

Fraz. Santa Maria
via Casette, 2 - 37024 Negrar [VR]
Tel. 0456028011
www.sartorinet.com

预约参观
年产量 15 000 000 瓶
葡萄种植面积 120 公顷

萨托里（Sartori）家族深深扎根于瓦波里切拉（Valpolicella）葡萄酒酿造的历史当中。今天，卢卡（Luca）、安德里亚（Andrea）和保罗（Paolo）三人继续引领着由他们的曾祖父彼得罗（Pietro）于19世纪末期建立的家族酒庄，使之每年出产上百万瓶葡萄酒。虽然规模有限，但酒庄与克洛格诺拉（Colognola）地区酿酒厂的紧密关系保证了整个系列酒品的葡萄来源。酒庄所出产的酒品风格注重芳香的味道和紧实的口感，他们的旗舰产品——萨尔塔里（Saltari）一代葡萄酒有着更上佳的结构和酒劲。

● Amarone della Valpolicella Cl. Reius '07	♥♥ 7
● Amarone della Valpolicella I Saltari '07	♥♥ 8
● Amarone della Valpolicella Cl. Corte Brà '07	♥♥ 7
● Cent'Anni '09	♥♥ 4
● Valpolicella Cl. Sup. Vign. di Montegradella '09	♥ 3
● Valpolicella Sup. I Saltari '09	♥♥ 5
● Valpolicella Sup. Ripasso Regolo '10	♥ 3
○ Marani '10	♥ 3
● Recioto della Valpolicella Cl. Rerum '10	♥ 6
○ Recioto di Soave Vernus '10	♥ 5
○ Soave Cl. Sella '11	♥ 2
● Amarone della Valpolicella I Saltari '06	♀♀ 8
● Amarone della Valpolicella Le Vigne di Turano I Saltari '04	♀♀ 8

Secondo Marco

v.le Campolongo, 9 - 37022 Fumane [VR]
Tel. 0456800954
www.secondomarco.it

藏酒销售
年产量 40 000 瓶
葡萄种植面积 15 公顷

许多年以前，马尔科·斯佩里（Marco Speri）协助他的父亲贝内德托（Benedetto）建立了这个酒庄。葡萄园占地10多公顷，一部分位于酒庄周围的平原，一部分坐落在森吉亚村（Cengia）的山脚。酿酒厂紧靠法曼内（Fumane）镇，被葡萄园所包围。除了常用的钢制品外，酒窖里还存放有能让葡萄酒在缓慢陈化中保持新鲜度的混凝土大桶。酒庄的酒品风格寻求充分表达品种特性，注重酒品随着时间推移而提高纤细和优雅程度的能力。

● Valpolicella Cl. Sup. Ripasso '09	♥♥ 4
● Amarone della Valpolicella Cl. '07	♥♥ 7
● Recioto della Valpolicella Cl. '09	♥♥ 6
● Valpolicella Cl. '10	♥ 5*
● Amarone della Valpolicella Cl. '06	♀♀ 7
● Recioto della Valpolicella Cl. '08	♀♀ 6
● Valpolicella Cl. Ripasso Sup. '08	♀♀ 4

VENETO

★Serafini & Vidotto
VIA CARRER, 8/12
31040 NERVESA DELLA BATTAGLIA [TV]
TEL. 0422773281
www.serafinividotto.it

藏酒销售
预约参观
年产量 180 000 瓶
葡萄种植面积 21 公顷
葡萄栽培方式 传统栽培

弗朗西斯科•塞拉菲尼（Francesco Serafini）和安东内洛•维多托（Antonello Vidotto）共同管理的酒庄坐落在巴塔利亚•内维萨（Nervesa della Battaglia）地区，特雷维索（Treviso）平原和蒙特洛（Montello）山丘在这里相互融合。葡萄种植在富含铁元素的费雷托（Ferretto）粘性土壤上，强烈的酸性渗透力保证了整个系列葡萄的细密纹理和紧实特性。渴望寻求挑战和尊崇环境的信念促使酒庄与皮亚琴察（Piacenza）大学和帕多瓦（Padua）大学开展合作，以试验降低土地侵略性的酿酒技术。他们的目标是在葡萄藤间限制使用化学制剂，使葡萄藤在自然状态下提高抵抗力。

- Montello e Colli Asolani
  Il Rosso dell'Abazia '09 ▼▼ 5
- Montello e Colli Asolani Phigaia '09 ▼▼ 3*
- ○ Asolo Extra Dry Bollicine di Prosecco ▼▼ 2
- ○ Il Bianco '11 ▼▼ 3
- ○ Montello e Colli Asolani
  Manzoni Bianco '11 ▼▼ 2*
- ○ P. di Treviso Extra Dry
  Bollicine di Prosecco ▼▼ 2
- Pinot Nero '09 ▼▼ 5
- ⊙ Bollicine Rosé ▼ 2
- Recantina '11 ▼ 3
- Montello e Colli Asolani
  Il Rosso dell'Abazia '08 ▽▽▽ 5
- Montello e Colli Asolani
  Il Rosso dell'Abazia '07 ▽▽▽ 5

★Viticoltori Speri
LOC. PEDEMONTE
VIA FONTANA, 14
37020 SAN PIETRO IN CARIANO [VR]
TEL. 0457701154
www.speri.com

藏酒销售
预约参观
年产量 350 000 瓶
葡萄种植面积 50 公顷

旨在酿制阿玛诺（Amarone）葡萄酒的酒厂的持续涌现预示着瓦波里切拉（Valpolicella）地区正经历着一场巨大的变化。处在这个大环境中的斯佩里（Speri）家族仍然与本地风土保持着已历经数代的古老联系。今天，卡罗•斯佩里（Carlo Speri）对葡萄酒敏锐的洞察力确保了表兄弟在他们父母，乃至祖父母开辟的道路上径直前行。斯佩里（Speri）一家人植根于传统，对未来的前景表现得十分自信。

- Amarone della Valpolicella Cl.
  Vign. Monte Sant'Urbano '08 ▼▼▼ 7
- Recioto della Valpolicella Cl.
  La Roggia '09 ▼▼ 6
- Valpolicella Cl. Sup. Ripasso '10 ▼▼ 4
- Valpolicella Cl. Sup. Sant'Urbano '09 ▼▼ 4
- Valpolicella Cl. '11 ▼ 2
- Amarone della Valpolicella Cl.
  Vign. Monte Sant'Urbano '07 ▽▽▽ 7
- Amarone della Valpolicella Cl.
  Vign. Monte Sant'Urbano '06 ▽▽▽ 7
- Amarone della Valpolicella Cl.
  Vign. Monte Sant'Urbano '04 ▽▽▽ 7
- Amarone della Valpolicella Cl.
  Vign. Monte Sant'Urbano '01 ▽▽▽ 6
- Amarone della Valpolicella Cl.
  Vign. Monte Sant'Urbano '00 ▽▽▽ 6

I Stefanini

via Crosara, 21
37032 Monteforte d'Alpone [VR]
Tel. 0456175249
www.istefanini.it

藏酒销售
预约参观
年产量 100 000 瓶
葡萄种植面积 17 公顷

虽然开业还不到10年,但弗朗塞斯克•特莱萨里(Francesco Tessari)的酒庄已经成为本地区最受尊敬的酒庄之一,依靠最先对维罗纳(Veronese)白葡萄酒的传统做出精细的诠释而闻名酒界。这个酒庄的主要优势来源于弗朗塞斯克(Francesco)固执的酿酒方式和对葡萄园的出色管理。葡萄的低产量无疑能使葡萄得到最佳的成熟度,进而造就酒品的饱满风格。这一点在不那么突出的酒品里便可看出,而顶级葡萄酒的饱满度自然更为出色。

David Sterza

loc. Casterna
via Casterna, 37 - 37022 Fumane [VR]
Tel. 0457704201
www.davidsterza.it

藏酒销售
预约参观
年产量 30 000 瓶
葡萄种植面积 4.5 公顷

大卫•斯特尔扎(David Sterza)和他的表兄弟保罗•马斯卡恩佐尼(Paolo Mascanzoni)及其酒庄之所以让你感到震撼,是因为他们不仅能够把本地传统的优点灌输到葡萄酒中,还能把本品种固有的缺点控制在最低限度。葡萄在半风干后虽然能散发出令人印象深刻的馥郁感,但浓烈的酒精度也很明显,来自卡斯特纳(Casterna)的表兄弟们力求通过开发本地葡萄的酸性和自然的新鲜度来弥补这一点。面积虽小但功能齐全的酿制场所和高超技术使酒品质量更完美,而这些酒品的取材都是传统葡萄品种。

○ Soave Cl. Monte de Toni '11	2*
○ Soave Cl. Monte di Fice '10	2*
○ Soave Il Selese '11	1*
○ Soave Cl. Sup. Monte di Fice '07	2*
○ Soave Cl. Monte de Toni '08	2*
○ Soave Cl. Monte de Toni '07	2*
○ Soave Cl. Monte de Toni '06	2*
○ Soave Cl. Sup. Monte di Fice '06	2*
○ Soave Il Selese '10	1*
○ Soave Il Selese '08	1*
○ Soave Il Selese '07	1*

● Amarone della Valpolicella Cl. '08	6
● Valpolicella Cl. Sup. Ripasso '10	3
● Valpolicella Cl. '11	2
● Amarone della Valpolicella Cl. '07	6
● Amarone della Valpolicella Cl. '06	3
● Amarone della Valpolicella Cl. '05	5*
● Corvina Veronese '09	4
● Corvina Veronese '08	3
● Corvina Veronese '07	3
● Recioto della Valpolicella Cl. '08	5
● Valpolicella Cl. Sup. Ripasso '09	3
● Valpolicella Cl. Sup. Ripasso '08	3
● Valpolicella Cl. Sup. Ripasso '06	3*

★Suavia
Fraz. Fittà di Soave
via Centro, 14 - 37038 Soave [VR]
Tel. 0457675089
www.suavia.it

藏酒销售
预约参观
年产量 100 000 瓶
葡萄种植面积 12 公顷

在嵌入山间的路上，如果从索阿维（Soave）平原攀爬到卡斯特尔赛瑞诺（Castelcerino）再到费塔（Fittà）的话，你会产生已进入到另一个葡萄酒产区的错觉。这里的葡萄园变得更高更陡，似乎快要融化在天际之中。古老扭曲的葡萄藤预示着在以前的某个时期，葡萄种植是这里唯一可能进行的农业活动。现在，泰萨利（Tessari）姐妹接管的这块宝藏让她们能产出最上佳的葡萄，进而酿造出意大利最负盛名的葡萄酒。对传统的密切联系造就了特点真实的正宗产品。

○ Soave Cl. Monte Carbonare '10	♛♛♛ 3*
○ Massifitti '09	♛♛♛ 3*
○ Recioto di Soave Acinatium '07	♛♛ 5
○ Soave Cl. '11	♛♛ 2*
○ Soave Cl. Le Rive '09	♛♛ 5
○ Soave Cl. Le Rive '02	♛♛♛ 3*
○ Soave Cl. Monte Carbonare '09	♛♛♛ 3*
○ Soave Cl. Monte Carbonare '08	♛♛♛ 3*
○ Soave Cl. Monte Carbonare '07	♛♛♛ 3*
○ Soave Cl. Monte Carbonare '06	♛♛♛ 3*
○ Soave Cl. Monte Carbonare '05	♛♛♛ 3*
○ Soave Cl. Monte Carbonare '04	♛♛♛ 3
○ Soave Cl. Monte Carbonare '02	♛♛♛ 3
○ Soave Cl. Sup. Le Rive '00	♛♛♛ 4

Sutto
loc. Campo di Pietra
via Arzieri, 34/1 - 31040 Salgareda [TV]
Tel. 0422744063
www.sutto.it

藏酒销售
预约参观
餐饮接待
年产量 145 000 瓶
葡萄种植面积 75 公顷

苏托（Sutto）兄弟的酒庄坐落在皮亚韦（Piave）法定葡萄酒产区的南部，粘质土壤赋予酒品以酒劲和结构。在短短的几年内，斯蒂凡诺（Stefano）和路易吉（Luigi）开发了葡萄园与建立了新酒厂，使家族企业得到迅猛的发展。新建的设施让酿酒师安德里亚•布鲁斯•德•格林（Andrea"Bruce" De Pellegrin）能够高效地监测葡萄的加工过程。在大量出产的葡萄中，只有品质最好的一批才能用来酿造葡萄酒。

● Campo Sella '10	♛♛ 5
● Dogma Rosso '10	♛♛ 4
○ Manzoni Bianco '11	♛♛ 2*
○ Ultimo '10	♛♛ 3
● Cabernet '11	♛ 2
○ Chardonnay '11	♛ 2
● Merlot '11	♛ 2
● Piave Raboso '09	♛ 4
○ Pinot Grigio '11	♛ 2
● Dogma Rosso '09	♛♛ 4
● Dogma Rosso '08	♛♛ 4
● Piave Cabernet Ris. '09	♛♛ 3
● Piave Merlot Ris. '09	♛♛ 3
○ Ultimo '09	♛♛ 3

T.E.S.S.A.R.I.

Loc. Brognoligo
via Fontana Nuova, 86
37032 Monteforte d'Alpone (VR)
Tel. 0456176041
www.cantinatessari.com

藏酒销售
预约参观
年产量 35 000 瓶
葡萄种植面积 13 公顷
葡萄栽培方式 有机认证

虽然这家酒庄的历史可以追溯到很久以前的两次世界大战时期，但酒庄主人直到20世纪90年代初期才开始认真管理它。当时，奥尔多•泰萨利（Aldo Tessari）的儿子们加入了他的经营团队，最早是葛马诺（Germano），然后是安东尼奥（Antonio），个个怀着极大的热情和决心发展生产。如今他们的姐妹科妮莉亚（Cornelia）也加入进来，三人共同管理着位于索阿维（Soave）传统地带的约13公顷的葡萄园。在庄园里，传统的藤架种植系统被更为紧凑的系统所取代，目的在于提高品质。酿酒的所有阶段都在新酒厂里进行，旨在使出产的葡萄酒品质卓越、正宗，反映出对环境的尊重。

○ Soave Cl. Grisela '11	♟♟ 2*
○ Soave Cl. Le Bine Longhe '10	♟♟ 5*
○ Garganega Brut	♟ 3
○ Recioto di Soave Tre Colli '08	♟ 5
○ Soave Cl. Grisela '08	♟♟ 2*
○ Soave Cl. Grisela '07	♟♟ 2*

Tamellini

Fraz. Costeggiola
via Tamellini, 4 - 37038 Soave (VR)
Tel. 0457675328
piofrancesco.tamellini@tin.it

藏酒销售
预约参观
年产量 250 000 瓶
葡萄种植面积 25 公顷

加埃塔诺（Gaetano）和皮欧弗朗塞斯科•塔梅里尼（Piofrancesco Tamellini）拥有的这家酒庄坐落在索阿维（Soave）经典葡萄酒产区的最西端，加戈内加（garganega）葡萄从这里开始逐渐让位于瓦波里切拉（Valpolicella）的科维纳（Corvina）葡萄。玄武岩在葡萄园地形里变得不那么明显，相反以石灰岩和凝灰岩为基础的土壤帮助了该地区的葡萄酒变得丰富饱满和富有特性。较低的产量和对葡萄最佳成熟度的不懈追求使塔梅里尼（Tamellini）葡萄酒获得了甘美、成熟的个性。

○ Extra Brut M. Cl. '09	♟♟ 4
○ Soave '11	♟♟ 2*
○ Soave Cl. Le Bine de Costiola '10	♟♟ 3*
○ Soave Cl. Le Bine '04	♟♟♟ 3*
○ Soave Cl. Le Bine de Costiola '06	♟♟♟ 3*
○ Soave Cl. Le Bine de Costiola '05	♟♟♟ 3*
○ Soave Cl. Le Bine de Costiola '09	♟♟ 3*
○ Soave Cl. Le Bine de Costiola '08	♟♟ 3*
○ Soave Cl. Le Bine de Costiola '07	♟♟ 3*

VENETO
威尼托区

Tanorè
Fraz. San Pietro di Barbozza
via Mont di Cartizze, 3
31040 Valdobbiadene [TV]
Tel. 0423975770
www.tanore.it

藏酒销售
预约参观
年产量 100 000 瓶
葡萄种植面积 8 公顷

弗拉多兄弟（Follador）的酒庄坐落在巴博扎的桑•彼得（San Pietro di Barbozza）地区。在其中一座最美丽的险峻山丘之上，能够俯瞰卡蒂兹（Cartizze）。他们在面积不大的葡萄园里挥洒着激情和技术，种植的葡萄每年可供生产100 000瓶葡萄酒。与其他酒庄相比，这个酒庄的规模确实不大。由于山坡险峻陡峭，葡萄种植工作必须依靠人工进行。酒庄一直酿酒的葡萄以发挥果肉的最佳品质为奋斗目标。正是因为以上的原因，构建起了酒庄独一无二的名片。

○ Cartizze	♛ 4
○ Valdobbiadene Dry Il Tanorè '11	♛ 3
○ Valdobbiadene Brut	♛ 3
○ Valdobbiadene Extra Dry	♛ 2
○ Cartizze	♛♛ 4
○ P. di Valdobbiadene Dry Millesimato '02	♛♛ 2
○ Valdobbiadene Dry Il Tanorè '10	♛♛ 3
○ Valdobbiadene Dry Il Tanorè '09	♛♛ 3

Giovanna Tantini
loc. Oliosi - I Mischi
37014 Castelnuovo del Garda [VR]
Tel. 0457575070
www.giovannatantini.it

藏酒销售
预约参观
年产量 25 000 瓶
葡萄种植面积 11.5 公顷

今天，巴多利诺（Bardolino）正处在伟大的复兴时期，国际知名度日益显著提高。这一切必须归功于积极应对危机的各个酒庄。正是他们通过专注于葡萄酒的轻盈和芳香的传统价值，以及避免塑造更为强劲、丰满的风格来投资葡萄酒产区，从而使该地区度过危机，迎来发展的转折之机。乔瓦娜•坦蒂尼（Giovanna Tantini）就是这样一个酿酒商，她在力图完整保留巴多利诺（Bardolino）的经典形象的同时，加强它的个性，并依靠酒厂湖边种植的葡萄所具有的清新酸味形成良好的酒体结构。

● Greta '09	♛ 5
⊙ Bardolino Chiaretto '11	♛ 2
● Bardolino '10	♛♛ 2*
● Bardolino '09	♛♛ 2*
● Bardolino '08	♛♛ 2*
● Bardolino '07	♛♛ 2*
● Ettore '08	♛♛ 4
● Ettore '07	♛♛ 4
● Ettore '06	♛♛ 4
● Greta '08	♛♛ 5

威尼托区
VENETO

F.lli Tedeschi

Fraz. Pedemonte
via G. Verdi, 4
37029 San Pietro in Cariano [VR]
Tel. 0457701487
www.tedeschiwines.com

藏酒销售
预约参观
膳宿接待
年产量 500 000 瓶
葡萄种植面积 43 公顷
葡萄栽培方式 传统栽培

泰德斯奇（Tedeschi）兄妹们安东涅塔（Antonietta）、萨布里纳（Sabrina）和里卡尔多（Riccardo）在继承了父亲洛伦佐（Lorenzo）遗留下来的酒庄后，就对其进行充分的开发，使这个历史悠久的酒庄达到了新的高度。在收购瓦波里切拉（Valpolicella）东部的马特尼格（Maternigo）葡萄园后，他们也极大扩展了自家的葡萄园，而山丘高处的大面积庄园现已开工运转。酒窖的风格专注于承袭传统，酒品在不牺牲紧实和可口的口感的前提下追求高浓度。

Viticoltori Tommasi

loc. Pedemonte
via Ronchetto, 2
37020 San Pietro in Cariano [VR]
Tel. 0457701266
www.tommasiwine.it

藏酒销售
预约参观
年产量 1 000 000 瓶
葡萄种植面积 162 公顷

这个位于皮德蒙特（Pedemonte）的酒庄已有一个半世纪的历史。在历经数代后，托马西（Tommasi）成为了维罗纳葡萄酒界最知名的品牌之一。近几十年来，葡萄园扩张的速度不断加快，频繁的收购使得葡萄种植面积超过150公顷，遍布在瓦波里切拉（Valpolicella）传统地区的各个角落，基于这一形势，酒庄主人也随之在原酿酒厂的附近建设起了新的生产设施。

- Amarone della Valpolicella Cl. Capitel Monte Olmi '07 8
- Amarone della Valpolicella Cl. '08 5
- Corasco '09 3
- Valpolicella Cl. Lucchine '11 2*
- Valpolicella Cl. Sup. La Fabriseria '09 5
- Valpolicella Sup. Capitel San Rocco Ripasso '10 3
- Valpolicella Cl. Sup. Capitel dei Nicalò '10 2
- Amarone della Valpolicella Cl. Capitel Monte Olmi '01 7
- Amarone della Valpolicella Cl. Capitel Monte Olmi '99 7
- Amarone della Valpolicella Cl. '07 5
- Amarone della Valpolicella Cl. Capitel Monte Olmi '06 8

- Amarone della Valpolicella Cl. '08 7
- Valpolicella Cl. Sup. Rafael '10 3
- Valpolicella Cl. Sup. Ripasso '10 4
- Arele Rosso '10 3
- ○ Lugana Vign. San Martino Il Sestante '11 2
- Amarone della Valpolicella Cl. '07 6
- Amarone della Valpolicella Cl. '06 6
- Amarone della Valpolicella Cl. Ca' Florian '07 7
- Recioto della Valpolicella Cl. Vign. Fiorato '08 4
- Valpolicella Cl. Ripasso '09 3
- Valpolicella Cl. Sup. Vign. Rafael '09 4*
- Valpolicella Cl. Sup. Vign. Rafael '08 4

威尼托区
VENETO

Trabucchi d'Illasi
LOC. MONTE TENDA - 37031 ILLASI [VR]
TEL. 0457833233
www.trabucchidillasi.it

藏酒销售
预约参观
年产量 100 000 瓶
葡萄种植面积 25 公顷
葡萄栽培方式 有机认证

狭长的特达（Tenda）山向北延伸着，把彻米格那山谷（Val Tramigna）和伊拉西山谷（Val d'Illasi）切分开来。朱塞佩（Giuseppe）和雷费拉•特拉布奇（Raffaella Trabucchi）拥有的酒庄就坐落在这座山上。多年来，葡萄园采用有机耕作的方法进行打理，酿造的一系列葡萄酒全是传统产区的品种。三层楼高的地下酒厂使得酿酒师能够轻松地对葡萄酒生产的每个阶段进行监控。

Cantina Sociale della Valpantena
FRAZ. QUINTO
VIA COLONIA ORFANI DI GUERRA, 5B
37034 VERONA
TEL. 045550032
www.cantinavalpantena.it

藏酒销售
预约参观
年产量 7 500 000 瓶
葡萄种植面积 710 公顷

瓦尔潘提娜地区（Valpantena）坐落在经典瓦波里切拉产区（Valpolicella Classica）的东部，密集种植的葡萄藤导致相对较少的酿酒商选择在这里建立酒庄。当地联营酒厂的成员拥有这里大约710公顷的土地。在卢卡•迪加尼（Luca Degani）的技术指导下，他们依靠出产高品质且价格极具竞争力的葡萄酒而声名鹊起。除了传统的维罗纳产区酒外，酒庄还酿造了一些特色产品。一部分葡萄特性在所有的酒品中均做出了牺牲，以求获得迷人、平易近人和易于饮用的风格。

● Amarone della Valpolicella Cent'Anni Ris. '04	♛ 8
● Recioto della Valpolicella '06	♛ 7
● Valpolicella Sup. Terre di S. Colombano '07	♛ 3*
○ Recioto di Soave '06	♛ 6
● Valpolicella Un Anno '11	♛ 2*
● Amarone della Valpolicella '06	♛♛♛ 8
● Amarone della Valpolicella '04	♛♛♛ 8
● Recioto della Valpolicella Cereolo '05	♛♛♛ 8
● Valpolicella Sup. Terre di S. Colombano '03	♛♛♛ 4*
● Recioto della Valpolicella Terre del Cereolo '06	♛♛ 8
● Valpolicella Sup. Terre del Cereolo '06	♛ 5
● Valpolicella Sup. Terre di S. Colombano '06	♛♛ 3

● Amarone della Valpolicella '09	♛♛♛ 5
● Amarone della Valpolicella Torre del Falasco '08	♛ 6
○ Chardonnay Baroncino '11	♛ 2
● Corvina Torre del Falasco '11	♛ 1*
○ Garganega Torre del Falasco '11	♛ 1*
● Recioto della Valpolicella Tesauro '10	♛ 5
● Valpolicella Sup. Ripasso Torre del Falasco '10	♛ 3
● Valpolicella Valpantena Ritocco '10	♛ 2
● Recioto della Valpolicella Tesauro '08	♛♛ 5
● Valpolicella Sup. Ripasso Torre del Falasco '09	♛♛ 3*
● Valpolicella Sup. Torre del Falasco '09	♛♛ 3*

VENETO

威尼托区

Cantina Valpolicella Negrar

VIA CA' SALGARI, 2 - 37024 NEGRAR [VR]
TEL. 0456014300
www.cantinanegrar.it

藏酒销售
预约参观
年产量 7 000 000 瓶
葡萄种植面积 600 公顷

在丹尼尔·阿克蒂尼（Daniele Accordini）的指导下，位于尼格拉（Negrar）的联营酒庄现在把大量的时间和精力放在建立与葡萄园、阿玛诺（Amarone）葡萄酒的联系上。要是你品尝过艾佩欣诺尼系列（Espressioni）生产线酿造的葡萄酒，就能清楚地了解这一点。酒品原料来自多个种植特定葡萄的葡萄园，酒窖里相同的酿造风格诠释着不同葡萄园的特色。艾佩欣诺尼计划的目标是进一步开发这片土地的潜质，而不是提高市场影响力。事实上，与其说我们在饮用葡萄酒，还不如说是在品鉴。因为在品鉴的过程中，我们可以进一步了解酒品的复杂程度和瓦波里切拉（Valpolicella）葡萄酒的古老世界。

- Amarone della Valpolicella Cl. Villa Domini Veneti '05 — 8
- Amarone della Valpolicella Cl. Vigneti di Jago Domini Veneti '05 — 6
- Recioto della Valpolicella Cl. Vign. di Moron Domini Veneti '09 — 4
- Amarone della Valpolicella Cl. Monte Domini Veneti '05 — 6
- Amarone della Valpolicella Cl. S. Rocco Domini Veneti '05 — 7
- Valpolicella Cl. Sup. La Casetta Domini Veneti '09 — 4
- Valpolicella Cl. Sup. Vign. di Torbe Domini Veneti '10 — 2*
- Valpolicella Cl. Sup. Domini Veneti '10 — 2
- Recioto della Valpolicella Cl. Vigneti di Moron Domini Veneti '01 — 5

Odino Vaona

LOC. VALGATARA
VIA PAVERNO, 41
37020 MARANO DI VALPOLICELLA [VR]
TEL. 0457703710
www.vaona.it

藏酒销售
预约参观
年产量 50 000 瓶
葡萄种植面积 10 公顷

马兰诺山谷（Val Marano）也许是经典瓦波里切拉产区（Valpolicella Classica）最不为人知、城市化程度最低的地区，同时也是唯一一个其底层土壤含有古老的火山沉积物的地方。这样的自然条件赋予了葡萄酒极好的纤细和优雅程度，在品尝过瓦奥纳（Vaona）家族忠实于传统工艺酿造的酒品之后，你就能看出这一点。仅仅10公顷的葡萄园位于马兰诺（Marano）溪谷的山坡上，各个种类的出品全部以传统风格为基础，注重酒体的和谐度和复杂性，而非盲目追求强劲。酒品价格具竞争力。

- Amarone della Valpolicella Cl. Pegrandi '08 — 5
- Amarone della Valpolicella Cl. Paverno '09 — 5
- Valpolicella Cl. Sup. Rip. Pegrandi '10 — 3
- Valpolicella Cl. '11 — 2
- Amarone della Valpolicella Cl. Paverno '06 — 5
- Amarone della Valpolicella Cl. Pegrandi '07 — 5
- Amarone della Valpolicella Cl. Pegrandi '06 — 5
- Amarone della Valpolicella Cl. Pegrandi Ris. '05 — 8
- Recioto Cl. Le Peagnè '09 — 4

VENETO

威尼托区

Massimino Venturini

Fraz. San Floriano
via Semonte, 20
37020 San Pietro in Cariano [VR]
Tel. 0457701331
www.viniventurini.com

藏酒销售
预约参观
年产量 90 000 瓶
葡萄种植面积 12 公顷

虽然我们用授予"三杯奖"的方式来承认一款葡萄酒的品质,但是一家酒庄的全部价值并不能仅仅从奖项中体现出来,还需考虑酒庄如何诠释葡萄品种、酒庄的历史以及酒庄能否让葡萄酒良好地陈化和继续升华。虽然米克罗(Mirco)和丹尼尔•维恩特里尼(Daniele Venturini)获得"三杯奖"的次数不多,但多年来出产的酒品确实让我们印象深刻,尤其是那源于与土地和传统紧密联系的顶尖品质。

● Amarone della Valpolicella Cl. Campo Masua '07	🍷🍷🍷 6
● Amarone della Valpolicella Cl. '08	🍷🍷 5
● Recioto della Valpolicella Cl. Le Brugnine '09	🍷🍷 5
● Valpolicella Cl. Sup. Ripasso Semonte Alto '08	🍷🍷 3
● Valpolicella Cl. '11	🍷 2
● Valpolicella Cl. Sup. '09	🍷 2
● Amarone della Valpolicella Cl. Campo Masua '05	🍷🍷🍷 6
● Recioto della Valpolicella Cl. Le Brugnine '97	🍷🍷🍷 5
● Amarone della Valpolicella Cl. '07	🍷🍷 5
● Amarone della Valpolicella Cl. '06	🍷🍷 5
● Amarone della Valpolicella Cl. Campo Masua '06	🍷🍷 6

Agostino Vicentini

Fraz. San Zeno
via C. Battisti, 62c
37030 Colognola ai Colli [VR]
Tel. 0457650539
www.vinivicentini.com

藏酒销售
预约参观
年产量 80 000 瓶
葡萄种植面积 20 公顷

阿戈斯蒂诺(Agostino)和阿戈斯蒂诺•维森蒂尼(Agostino Vicentini)的酒庄坐落在山地之中的克洛格诺拉•艾•科里(Colognola ai Colli),索阿维(Soave)产区和瓦波里切拉(Valpolicella)产区在这里相连,争抢着最好的生长方位。虽然产酒的系列涵盖了这两个酒种,但圣•芝诺(San Zeno)酒庄与索阿维(Soave)的关系更为紧密,忠实而新颖地诠释了该酒品的特点。葡萄园分散在海拔不一的几个地块,产量被谨慎控制在很低程度。只有一部分收获的果实最终用于酿造酒品。

○ Soave Sup. Il Casale '11	🍷🍷 3*
○ Soave Vign. Terre Lunghe '11	🍷🍷 2*
● Valpolicella Sup. Idea Bacco '09	🍷🍷 5
● Valpolicella Vign. Boccascalucce '10	🍷🍷 2*
○ Soave Sup. Il Casale '09	🍷🍷🍷 3*
○ Soave Sup. Il Casale '08	🍷🍷🍷 3
○ Soave Sup. Il Casale '07	🍷🍷🍷 3
○ Recioto di Soave '08	🍷🍷 4
○ Soave Il Casale '10	🍷🍷 3*
○ Soave Vign. Terre Lunghe '10	🍷🍷 2*
○ Soave Vign. Terre Lunghe '09	🍷🍷 2*
○ Soave Vign. Terre Lunghe '08	🍷🍷 2*
● Valpolicella Sup. Idea Bacco '06	🍷🍷 5

VENETO

Vigna Roda
loc. Cortelà
via Monte Versa, 1569 - 35030 Vò [PD]
Tel. 0499940228
www.vignaroda.com

藏酒销售
预约参观
年产量 52 000 瓶
葡萄种植面积 17 公顷

10年前，詹尼•斯特扎卡帕（Gianni Strazzacappa）和他的妻子艾琳娜（Elena）接管了这个家族产业，并采取了一系列影响深远的改革。夫妻俩先提高葡萄园的种植密度，再在酿酒厂里引进新酒桶，加大释放葡萄品种的特性和科里•尤佳内（Colli Euganei）葡萄的奔放程度。山腰上的葡萄园面朝南方和东方，占地将近20公顷，处在石灰岩和火山岩相交替的土壤上。

● Colli Euganei Cabernet Espero '11	♛♛ 2*
○ Colli Euganei Fior d'Arancio Passito Petali d'Ambra '09	♛♛ 4
● Colli Euganei Rosso '11	♛♛ 2*
● Colli Euganei Rosso Scarlatto '09	♛♛ 3
○ Colli Euganei Bianco '11	♛ 2
○ Colli Euganei Chardonnay Ca' Zamira '11	♛ 2
○ Colli Euganei Extra Dry Serprino	♛ 2
○ Colli Euganei Fior d'Arancio '11	♛ 4
○ Colli Euganei Moscato Bianco Aroma 2.0 '11	♛ 3
● Colli Euganei Cabernet Espero '10	♛♛ 2*
○ Colli Euganei Fior d'Arancio Passito Petali d'Ambra '08	♛♛ 4
● Colli Euganei Merlot '08	♛♛ 2*
● Colli Euganei Merlot Il Damerino '10	♛♛ 4
● Colli Euganei Rosso Scarlatto '08	♛♛ 3*

Vignale di Cecilia
loc. Fornaci
via Crocì, 14 - 35030 Baone [PD]
Tel. 042951420
www.vignaledicecilia.it

藏酒销售
预约参观
年产量 20 000 瓶
葡萄种植面积 8 公顷
葡萄栽培方式 有机认证

我们至少可以说，保罗•布鲁内罗（Paolo Brunello）的职业生涯确实不一般。农场种植本来只是这位音乐家的副业，但他后来渐渐地把工作重心放在了这个兴趣爱好上，花更多时间和精力生产葡萄酒。与此同时，他对种植业和如何种植的想法也开始改变，削减了对化学制剂的使用，让葡萄酒更加自然地诠释自身特色。事实证明他在这一方面卓有成效，而且从整个系列的酒品看，此举并没有破坏酒品的干净程度、香气的完整性和品种的特质。

● El Moro '08	♛♛ 3*
○ Benavides '11	♛♛ 2*
○ Cocài '10	♛♛ 3
○ Benavides '10	♛♛ 2*
○ Benavides '09	♛♛ 2
○ Benavides '08	♛♛ 2*
○ Cocài '09	♛♛ 3
○ Cocài '08	♛♛ 3
● Colli Euganei Rosso Covolo '08	♛♛ 3
● Colli Euganei Rosso Covolo '07	♛♛ 2*
● Colli Euganei Rosso Passacaglia '08	♛♛ 4
● Colli Euganei Rosso Passacaglia '07	♛♛ 4

威尼托区
VENETO

★Vignalta
VIA SCALETTE, 23
35032 ARQUÀ PETRARCA [PD]
TEL. 0429777305
www.vignalta.it

藏酒销售
预约参观
年产量 280 000 瓶
葡萄种植面积 50 公顷

在意大利生产以梅乐（merlot）和加本内（cabernet）葡萄为原料的红葡萄酒的地方中，科里•尤佳内（Colli Euganei）这片土地是最有趣的地方之一，圆锥型的高山透露了它与火山爆发的渊源。该酒庄是体现这片土地的优秀之处的酒庄之一，是该地在世界上的名片。为葡萄酒提供支撑的50多公顷葡萄园坐落在地理位置极佳的山坡上，总能生产出高品质的葡萄酒。酒庄的创始人卢西奥•戈米尔洛（Lucio Gomiero）在葡萄园中得到了菲利普•斯科特冈那（Filippo Scortegangna）的帮助，而米切尔•蒙特彻奥（Michele Montecchio）则在酒窖中提供支持。

● Colli Euganei Rosso Gemola '07	🍷🍷🍷 5
○ Colli Euganei Fior d'Arancio Passito Alpianae '09	🍷 4
● Colli Euganei Rosso Arquà '09	🍷🍷 6
● Agno Casto '11	🍷🍷 4
● Agno Tinto '08	🍷🍷 5
○ Colli Euganei Chardonnay '10	🍷🍷 4
○ Colli Euganei Moscato '11	🍷🍷 3
○ Colli Euganei Pinot Bianco '11	🍷🍷 2*
● Colli Euganei Rosso Ris. '08	🍷🍷 3
○ Colli Euganei Sirio '11	🍷🍷 2*
● Marrano '07	🍷🍷 4
○ Colli Euganei Fior d'Arancio '11	🍷 3
○ Colli Euganei Fior d'Arancio Passito Alpianae '08	🍷🍷🍷 4
● Colli Euganei Rosso Arquà '04	🍷🍷🍷 6

Le Vigne di San Pietro
VIA SAN PIETRO, 23
37066 SOMMACAMPAGNA [VR]
TEL. 045510016
www.levignedisanpietro.it

藏酒销售
预约参观
年产量 80 000 瓶
葡萄种植面积 20 公顷

在经历了几次葡萄酒的收成期后，卡罗•内罗兹（Carlo Nerozzi）和乔安尼•波斯凯尼（Giovanni Boscaini）的合作终于走到了尽头。卡罗（Carlo）重新经营起他自己的酿酒厂，在费德瑞克•吉奥托（Federico Giotto）的帮助下，酒厂得以在巴多利诺（Bardolino）和科斯多佐（Custoza）典型性葡萄酒的东部地带再度强势崛起。卡罗（Carlo）和费德瑞克（Federico）成功地把湖边葡萄品种那众所周知的新鲜饱满与优秀葡萄酒特有的馥郁度完美地结合在了一起。

● Bardolino '11	🍷🍷🍷 2*
○ Custoza '11	🍷🍷 2*
● Refolà '09	🍷🍷 6
● Amarone della Valpolicella Cl. '08	🍷🍷 6
● CorDeRosa '11	🍷🍷 2*
● Valpolicella Cl. '11	🍷🍷 2*
● Refolà Cabernet Sauvignon '04	🍷🍷🍷 6
○ Sud '95	🍷🍷🍷 6
● Amarone della Valpolicella Cl. '07	🍷🍷 6
● Bardolino '10	🍷🍷 2*
● Bardolino '09	🍷🍷 2*
● Bardolino '08	🍷🍷 2*
○ Custoza '10	🍷🍷 2*
● Refolà Cabernet Sauvignon '05	🍷🍷 6

威尼托区
VENETO

Vigneto Due Santi

v.le Asiago, 174
36061 Bassano del Grappa [VI]
Tel. 0424502074
www.vignetoduesanti.it

藏酒销售
预约参观
年产量 100 000 瓶
葡萄种植面积 18 公顷

酒庄的优势在阿德里亚诺（Adriano）和斯特凡诺·宗塔（Stefano Zonta）管理的葡萄藤间便可找到。葡萄园被划分出多个地块，总面积远远大于实际产量所需的面积，这意味着宗塔（Zonta）家族必要时可以选择在合适的时间再种植葡萄，也可以在欠收的年份里做出适合的应对措施。他们在控制酒产量的同时能让价格保持在葡萄酒爱好者乐于接受的水平。酒厂里，葡萄酒生产的每个阶段都得到精心管理，包括酒瓶陈化的阶段也是如此。而实际上，即便是普通的红葡萄酒都会在酒窖里陈化更长时间。

Villa Bellini

loc. Castelrotto di Negarine
via dei Fraccaroli, 6
37020 San Pietro in Cariano [VR]
Tel. 0457725630
www.villabellini.com

藏酒销售
预约参观
年产量 10 000 瓶
葡萄种植面积 12 公顷

卡斯特罗特（Casterotto）的山峦被瓦波里切拉（Valpolicella）的溪谷划分开来，几乎成了一块拥有独特个性的孤立地带。塞西莉亚·特鲁奇（Cecilia Trucchi）的酒庄就坐落在这座山西面的山坡上，多年以来，塞西莉亚（Cecila）致力于推广这片土地及其孕育的葡萄酒。葡萄园里，粗暴的干预被竭力避免，采用的管理技术体现了对自然环境和传统工艺的极大尊重。酒品系列不包括阿玛诺（Amarone）葡萄酒的决定十分明智，因为只有这样做才能让葡萄园的品质达到既定要求。

● Breganze Cabernet Vign. Due Santi '10	♛♛ 4
○ Breganze Bianco Rivana '11	♛♛ 2*
○ Malvasia Campo di Fiori '11	♛♛ 2*
○ Prosecco Extra Dry	♛ 2
● Breganze Cabernet Vign. Due Santi '08	♛♛♛ 4*
● Breganze Cabernet Vign. Due Santi '07	♛♛♛ 4
● Breganze Cabernet Vign. Due Santi '05	♛♛♛ 4
● Breganze Cabernet Vign. Due Santi '04	♛♛♛ 4
● Breganze Cabernet Vign. Due Santi '03	♛♛♛ 4
● Breganze Cabernet Vign. Due Santi '00	♛♛♛ 4
● Breganze Cabernet Vign. Due Santi '99	♛♛ 4*
● Breganze Cabernet Vign. Due Santi '06	♛♛ 4
● Breganze Cabernet Vign. Due Santi '02	♛♛ 4

● Valpolicella Cl. Sup. Il Taso '09	♛♛ 5
● Valpolicella Cl. Sotto le Fresche Frasche '11	♛♛ 3*
● Recioto della Valpolicella Cl. Uva Passa '06	♛♛ 6
● Recioto della Valpolicella Cl. Uva Passa '04	♛♛ 6
● Valpolicella Cl. Sup. Il Taso '08	♛♛ 5
● Valpolicella Cl. Sup. Il Taso '07	♛♛ 5
● Valpolicella Cl. Sup. Il Taso '06	♛♛ 5
● Valpolicella Cl. Sup. Il Taso '05	♛♛ 5
● Valpolicella Cl. Sup. Il Taso '04	♛♛ 5
● Valpolicella Cl. Sup. Il Taso '03	♛♛ 5
● Valpolicella Cl. Sup. Il Taso '02	♛ 5

VENETO

Villa Sandi
VIA ERIZZO, 112
31035 CROCETTA DEL MONTELLO [TV]
TEL. 0423665033
www.villasandi.it

藏酒销售
预约参观
年产量 3 500 000 瓶
葡萄种植面积 340.5 公顷

泊莱加托（Polegato）家族拥有的酒庄坐落在蒙特洛（Montello）产区，有能力生产优质葡萄酒的庄园则位于该地北部的山坡上。为了酿制基于格雷拉（glera）的起泡葡萄酒，泊莱加托（Polegato）一家来到瓦尔多比阿德内（Valdobbiadene）地区寻求合适的葡萄生长的地块。他们还在卡蒂兹（Cartizze）葡萄园的中心地带建造有一个名为维格纳·拉·里维特（Vigna La Rivetta）的庄园。他们不乱动葡萄园的上部以求开发老葡萄藤，而陡峭向下延伸的部分已被重新种植。

○ Cartizze V. La Rivetta '11	🍷🍷🍷 4
● Corpore '09	🍷🍷 5
○ Opere Trevigiane Brut Mill. '07	🍷🍷 5
○ Valdobbiadene Brut Mill. '11	🍷🍷 3
○ Valdobbiadene Dry Cuvée Oris	🍷🍷 3
● Filio '10	🍷 4
○ Marinali Bianco Manzoni '11	🍷 4
● Marinali Rosso Raboso '08	🍷 4
○ Opere Trevigiane Brut Ris. '07	🍷 5
○ Cartizze Brut V. La Rivetta '09	🍷🍷🍷 4
○ Cartizze V. La Rivetta '10	🍷🍷🍷 4
○ Cartizze Brut V. La Rivetta '08	🍷🍷 4
● Corpore '07	🍷🍷 5
● Corpore '06	🍷🍷 5

Villa Spinosa
LOC. JAGO DALL'ORA
VIA COLLE MASUA, 12 - 37024 NEGRAR [VR]
TEL. 0457500093
www.villaspinosa.it

藏酒销售
预约参观
年产量 45 000 瓶
葡萄种植面积 20 公顷

即使是在瓦波里切拉（Valpolicella）地区的葡萄酒倍受市场青睐的时期，恩里克·卡斯塞拉（Enrico Cascella）也没有选择改变有条不紊的生产策略。他拒绝屈服于商业压力，留给葡萄酒充裕的陈化时间，以把酒品固有的品质发挥到极致。葡萄园占地约20公顷，只有最好地块产出的葡萄才能用于葡萄酒的生产。酒品馥郁而优雅。达到这一程度的关键因素还是时间，因为只有时间才能把葡萄酒的丰富程度转化成吸引力和口感。

● Amarone della Valpolicella Cl. '04	🍷🍷 7
● Recioto della Valpolicella Cl. Francesca Finato Spinosa '08	🍷🍷 5
● Valpolicella Cl. '10	🍷 2
● Amarone della Valpolicella Cl. Anteprima '06	🍷🍷 5
● Amarone della Valpolicella Cl. Anteprima '04	🍷🍷 5
● Amarone della Valpolicella Cl. Guglielmi di Jago '01	🍷🍷 7
● Valpolicella Cl. '07	🍷🍷 2*
● Valpolicella Cl. Sup. Figari '08	🍷🍷 3*
● Valpolicella Cl. Sup. Figari '07	🍷🍷 2*
● Valpolicella Cl. Sup. Figari '06	🍷🍷 2*
● Valpolicella Cl. Sup. Ripasso Jago '08	🍷🍷 3
● Valpolicella Cl. Sup. Ripasso Jago '06	🍷🍷 3

Vigneti Villabella

Fraz. Calmasino
Loc. Canova, 2 - 37011 Bardolino [VR]
Tel. 0457236448
www.vignetivillabella.com

藏酒销售
预约参观
膳宿接待
年产量 500 000 瓶
葡萄种植面积 220 公顷
葡萄栽培方式 有机认证

戴利伯瑞（Delibori）和克里斯托弗雷迪（Cristoforetti）两大家族的酒庄的200多公顷葡萄园，采取有机种植，出产的葡萄是酿造葡萄酒的不二选择。酿酒使用的原料只是品质最好的一部分葡萄，主要来自加达（Garda）湖法定葡萄酒产区和邻近的瓦波里切拉（Valpolicella）地区。酒庄出产的葡萄酒忠实于加达湖畔的传统风格，侧重纤细和可口，而不是粗壮与浑厚。当酒的浓度降低时，这些特质自然就会浮出水面。

★Viviani

Loc. Mazzano
via Mazzano, 8 - 37020 Negrar [VR]
Tel. 0457500286
www.cantinaviviani.com

藏酒销售
预约参观
年产量 80 000 瓶
葡萄种植面积 10 公顷

克劳迪奥·维维安尼（Claudio Viviani）有时会流露出优柔寡断的性格，经常在想做什么和能否顺应自然之间进退维谷。一个典型的例子是，当他在酒厂前建造葡萄园的时候，他会问自己该产区的前景如何，这一点到现在还是没有改变。他的葡萄园目前开始达到生产的巅峰期，向酿酒厂输送了品质最佳的葡萄。优雅的气质和紧实的口感比强烈的酒劲在酒品中的地位更为重要，而这些特质主要来源于葡萄园和克劳迪奥（Claudio）酿酒技艺的成熟。

○ Fiordilej Passito '09	3
● Villa Cordevigo Rosso '06	5
● Amarone della Valpolicella Cl. '07	5
● Bardolino Chiaretto Cl. Pozzo dell'Amore '11	2
● Bardolino Cl. V. Morlongo '11	2
○ Lugana Ca' del Lago '11	2
● Montemazzano Rosso '09	3
○ Pinot Grigio V. di Pesina '11	2
● Valpolicella Cl. I Roccoli '11	2
● Valpolicella Cl. Sup. Ripasso '09	3
○ Villa Cordevigo Bianco '09	4
● Amarone della Valpolicella Cl. '06	5
● Amarone della Valpolicella Cl. Fracastoro '04	6
○ Fiordilej Passito '08	3

● Valpolicella Cl. Sup. Campo Morar '09	5
● Amarone della Valpolicella Cl. Casa dei Bepi '07	7
● Valpolicella Cl. '11	2*
● Amarone della Valpolicella Cl. Casa dei Bepi '05	8
● Amarone della Valpolicella Cl. Casa dei Bepi '04	8
● Amarone della Valpolicella Cl. Casa dei Bepi '01	8
● Amarone della Valpolicella Cl. Casa dei Bepi '00	8
● Amarone della Valpolicella Cl. Casa dei Bepi '98	8
● Valpolicella Cl. Sup. Campo Morar '05	5
● Valpolicella Cl. Sup. Campo Morar '01	5

VENETO

★Zenato

FRAZ. SAN BENEDETTO DI LUGANA
VIA SAN BENEDETTO, 8
37019 PESCHIERA DEL GARDA [VR]
TEL. 0457550300
www.zenato.it

藏酒销售
预约参观
年产量 1 800 000 瓶
葡萄种植面积 75 公顷

感谢始终如一的高品质和对市场甚广的渗透，酒庄成为了意大利葡萄酒最杰出的品牌之一。今天，纳迪亚（Nadia）和阿尔贝托（Alberto）经营着父亲塞尔吉奥（Sergio）创立的这个酒庄。他们信念坚定、眼光远大，时刻准备着应对现代世界每天出现的挑战。葡萄园大半坐落在卢加纳的圣贝内代托（San Benedetto di Lugana），园里种植的葡萄用于酿造白葡萄酒。而更有雄心的红葡萄酒来源于处在瓦波里切拉（Valpolicella）的葡萄园。

● Amarone della Valpolicella Cl. Sergio Zenato Ris. '06	▼▼ 8
○ Lugana Sergio Zenato '09	▼▼ 4
● Amarone della Valpolicella Cl. '08	▼▼ 7
● Cresasso '07	▼▼ 5
○ Lugana S. Benedetto '11	▼▼ 2*
● Valpolicella Cl. Sup. '09	▼ 3
● Valpolicella Sup. Ripassa '09	▼ 4
○ Lugana Vign. Massoni Santa Cristina '11	▼ 3
● Amarone della Valpolicella Cl. '05	♛♛♛ 6
● Amarone della Valpolicella Cl. Sergio Zenato '05	♛♛♛ 6
● Amarone della Valpolicella Cl. Sergio Zenato '03	♛♛♛ 6
○ Lugana Sergio Zenato '08	♛♛♛ 4

F.lli Zeni

VIA COSTABELLA, 9 - 37011 BARDOLINO [VR]
TEL. 0457210022
www.zeni.it

藏酒销售
预约参观
年产量 1 000 000 瓶
葡萄种植面积 25 公顷

泽尼（Zeni）兄弟的酒庄位于巴多利诺（Bardolino）地区，处在法定巴多利诺（Bardolino）葡萄酒传统产区的中心地带。酒窖最近已经重新翻修和扩建，里面所有的葡萄酒产品都令人印象深刻。不过，葡萄种植的面积相当有限，福斯特（Fausto）雇用了来自维罗那（Verona）多个葡萄酒地区的种植工人为他生产酿酒所需的葡萄。酒品系列以加达湖（Garda Lake）的传统品种为主，着眼于体现轻盈和纤细的品质。

● Amarone della Valpolicella Cl. '09	▼▼ 6
● Bardolino Cl. Vign. del Nino '11	▼▼ 5
● Cruino Rosso '09	▼▼ 4
● Recioto della Valpolicella Cl. Vigne Alte '10	▼▼ 5
● Valpolicella Sup. Ripasso Marogne '10	▼▼ 3
● Amarone della Valpolicella Cl. Barrique '07	▼ 6
⊙ Bardolino Chiaretto Cl. Vigne Alte '11	▼ 2
● Bardolino Cl. Sup. '10	▼ 3
● Bardolino Cl. Vigne Alte '11	▼ 2
○ Costalago Bianco '11	▼ 2
● Costalago Rosso '10	▼ 3
○ Lugana Marogne '11	▼ 2
○ Lugana Vigne Alte '11	▼ 2
● Valpolicella Cl. Vigne Alte '11	▼ 2

VENETO
威尼托区

Zonin
via Borgolecco, 9 - 36053 Gambellara [VI]
Tel. 0444640111
www.zonin.it

藏酒销售
预约参观
年产量 38 000 000 瓶
葡萄种植面积 2000 公顷

佐尼（Zonin）是意大利最大的葡萄酒集团之一，在全国范围内都享有盛名。其拥有的酒庄也遍布意大利各地，2 000公顷的葡萄园跨越多个地区。威尼托省（Veneto）仍是这个恢弘企业的基地，但维琴察（Vicenza）省才是佐尼（Zonin）真正的诞生地。加姆贝拉拉（Gambellara）这款古老的威尼托（Veneto）葡萄酒今天仍是企业葡萄酒生产的重心。其他诸如阿玛诺（Amarone）、里帕索（Ripasso）和轻盈迷人的佐尼•普罗塞克（Zonin Prosecco）葡萄酒也正在获得更多的关注。

● Amarone della Valpolicella '09	♟6
● Berengario '09	♟4
○ Gambellara Cl. Podere Il Giangio '11	♟2
○ Prosecco Brut	♟2
○ Prosecco Brut Cuvée 1821	♟3
○ Recioto di Gambellara Demi Sec	♟3
● Valpolicella Sup. Ripasso '10	♟3
● Berengario '08	♟♟4
● Berengario '06	♟♟4
○ Recioto di Gambellara Cl. Il Giangio '04	♟♟4
● Valpolicella Sup. Ripasso '08	♟♟3
● Valpolicella Sup. Ripasso '07	♟♟3

Zymè
via Ca' del Pipa, 1
37029 San Pietro in Cariano [VR]
Tel. 0457701108
www.zyme.it

藏酒销售
预约参观
年产量 30 000 瓶
葡萄种植面积 16 公顷

塞莱斯蒂诺•加斯帕里（Celestino Gaspari）已经开始着手建设新的酿酒厂了，在不久的未来，这个酒厂将会成为葡萄酒的摇篮，汇集来自威尼托西部的一系列优秀葡萄酒王国的葡萄。多年来，他们的葡萄种植面积不断扩大，葡萄产量也随之增加。虽然酒庄位于瓦波里切拉（Valpolicella），但生产规模延伸至科里•贝里奇（Colli Berici）地区。在那里，红皮葡萄品种再度得到更多的关注。酒庄最重要的酒品呈现出强劲和结实的酒体，而白葡萄酒和瓦波里切拉（Valpolicella）年份葡萄酒则侧重极佳的紧实和轻盈感。

● Amarone della Valpolicella Cl. La Mattonara Ris. '01	♟♟♟8
● 60 20 20 '08	♟6
○ Il Bianco From Black to White '11	♟3
○ Oseleta Oz '07	♟6
● Valpolicella Cl. Sup. '08	♟6
● Valpolicella Reverie '11	♟3
● Amarone della Valpolicella Cl. '04	♟♟8
● Amarone della Valpolicella Cl. '03	♟♟8
● Amarone della Valpolicella Cl. '01	♟♟8
● Harlequin '01	♟♟8
● Kairos '05	♟♟7
● Kairos '04	♟♟7
● Kairos '03	♟♟7

其他酒庄 / **OTHER WINERIES**

Andreola
Loc. Col San Martino
via Cal Longa, 52
31010 Farra di Soligo [TV]
Tel. 0438989379
www.andreola.eu

○ Valdobbiadene Brut Vign. Dirupo '11	🍷🍷 2*
○ Cartizze	🍷 3
○ Valdobbiadene Brut 26° 1°	🍷 3
○ Valdobbiadene Extra Dry Vign. Dirupo	🍷 3

Luciano Arduini
Loc. Corrubbio
via Belvedere, 3
37029 San Pietro in Cariano [VR]
Tel. 0457725880
www.arduinivini.it

● Amarone della Valpolicella Cl. '08	🍷🍷 5
● Valpolicella Cl. Fontana del Fongo '10	🍷🍷 2*
● Valpolicella Cl. Sup. Ripasso '09	🍷🍷 3*
● Recioto della Valpolicella Cl. '09	🍷 4

Astoria Vini
via Crevada, 44 - 31020 Refrontolo [TV]
Tel. 04236699
www.astoria.it

● Colli di Conegliano Croder Rosso '09	🍷🍷 3
○ Valdobbiadene Extra Dry Tenuta Val de Brun '11	🍷🍷 4
○ Cartizze	🍷 3

Bellenda
fraz. Carpesica
via Giardino, 90
31029 Vittorio Veneto [TV]
Tel. 0438920025
www.bellenda.it

○ Conegliano Valdobbiadene Brut S.C. 1931 M. Cl. '10	🍷🍷 4
○ Conegliano Valdobbiadene Extra Dry Miraval	🍷 3

Le Bertole
via Europa, 20 - 31049 Valdobbiadene [TV]
Tel. 0423975332
www.lebertole.com

○ Valdobbiadene Brut '11	🍷🍷 3*
○ Valdobbiadene Dry Supreme	🍷🍷 3
○ Cartizze	🍷 3
○ Valdobbiadene Dry	🍷 3

BiancaVigna
Loc. San Pietro di Feletto
via Crevada, 9/1 - 31010 Soligo (TV)
Tel. 0438801098
www.biancavigna.it

○ Conegliano Valdobbiadene Brut '11	🍷🍷 3*
○ Conegliano Valdobbiadene Extra Dry	🍷🍷 3*
○ Prosecco Brut	🍷 2
○ Prosecco Extra Dry	🍷 2

OTHER WINERIES   其他酒庄

Bonotto delle Tezze
Fraz. Tezze di Piave
via Duca d'Aosta, 16 - 31020 Vazzola [TV]
Tel. 0438488323
www.bonottodelletezze.it

● Malanotte '08	🍷🍷 4
○ Manzoni Bianco Novalis '11	🍷🍷 2*
● Piave Carmenere Barabane '10	🍷 2
● Piave Raboso Potestà '08	🍷 3

Borgoluce
loc. Musile, 2 - 31058 Susegana [TV]
Tel. 0438435287
www.borgoluce.it

○ Valdobbiadene Brut	🍷🍷 3
○ Valdobbiadene Rive di Collalto Extra Dry Mill. '11	🍷🍷 2*
○ Valdobbiadene Extra Dry	🍷 2

Le Carline
via Carline, 24 - 30020 Pramaggiore [VE]
Tel. 0421799741
www.lecarline.com

○ Dogale Passito	🍷🍷 3
● Rosso Carline '07	🍷🍷 4
○ Lison-Pramaggiore Lison Cl. '11	🍷 2
● Lison-Pramaggiore Refosco P.R. '11	🍷 2

Castello di Lispida
via IV Novembre, 4 - 35043 Monselice [PD]
Tel. 0429780530
www.lispida.com

● Terraforte '08	🍷🍷 5
○ Terralba '11	🍷🍷 5
○ Amphora '09	🍷 6

Gerardo Cesari
loc. Sorsei, 3
37010 Cavaion Veronese [VR]
Tel. 0456260928
www.cesariverona.it

● Valpolicella Sup. Ripasso Mara '10	🍷🍷 3
● Amarone della Valpolicella Cl. Il Bosco '06	🍷 7
○ Lugana Cento Filari '11	🍷 2
● Valpolicella Sup. Ripasso Bosan '06	🍷 5

Italo Cescon
Fraz. Roncadelle
p.zza dei Caduti, 3 - 31024 Ormelle [TV]
Tel. 0422851033
www.cesconitalo.it

○ Manzoni Bianco Svejo '11	🍷🍷 2*
● Piave Raboso Rabià Ris. '08	🍷 3
○ Sauvignon Mejo '11	🍷 3

OTHER WINERIES

Colvendrà
via Liberazione, 39 - 31020 Refrontolo [TV]
Tel. 0438894265
www.colvendra.it

○ Conegliano Valdobbiadene
  Rive di Refrontolo Bepi Dry 🍷🍷 3*
● Colli di Conegliano Rosso del Groppo '08 🍷 5
○ Conegliano Valdobbiadene Brut 🍷 2

Corte Moschina
via Moschina, 1 - 37030 Roncà [VR]
Tel. 0457460788
www.cortemoschina.it

○ Soave I Tarai '10 🍷🍷 3*
○ Lessini Durello Brut 🍷 4
○ Soave Roncathe '11 🍷 2

Corteforte
loc. Fumane
via Osan, 45 - 37022 Fumane [VR]
Tel. 0456839104
www.corteforte.com

● Amarone della Valpolicella Cl.
  Terre di San Zeno '05 🍷🍷 6
● Concentus '08 🍷🍷 5

Fraccaroli
fraz. San Benedetto
loc. Berra Vecchia, 1
37019 Peschiera del Garda [VR]
Tel. 0457550949
www.fraccarolivini.it

○ Lugana Cento Anni '10 🍷🍷 2*
○ Lugana Sup. V. Campo Serà '10 🍷🍷 2*
○ Lugana La Berra '08 🍷 2
○ Lugana Vegne Vecie '09 🍷 3

Marchesi Fumanelli
fraz. San Floriano
via Squarano, 1
37029 San Pietro in Cariano [VR]
Tel. 0457704875
www.squarano.com

● Valpolicella Cl. Sup. Squarano '06 🍷🍷 3
○ Terso '07 🍷 5

Grotta del Ninfeo
via Boschetto, 6 - 37030 Lavagno [VR]
Tel. 0458980154
www.grottadelninfeo.it

● Amarone della Valpolicella '07 🍷🍷 6
● Valpolicella '11 🍷 2
● Valpolicella Sup. Ripasso '09 🍷 4

OTHER WINERIES

Le Mandolare
Loc. Brognoligo
Via Sambuco, 180
37032 Monteforte d'Alpone [VR]
Tel. 0456175083
www.cantinalemandolare.com

○ Soave Cl. Sup. Monte Sella '09	🍷🍷 3
○ Soave Cl. Corte Menini '11	🍷 2
○ Soave Cl. Il Roccolo '11	🍷 2

Massimago
Via Giare, 21
37030 Mezzane di Sotto [VR]
Tel. 0458880143
www.massimago.com

● Amarone della Valpolicella '08	🍷🍷 8
● Valpolicella Cl. Sup. '10	🍷🍷 6
● Valpolicella '11	🍷 5

Monte Fasolo
Loc. Faedo
Via Monte Fasolo, 2
35030 Cinto Euganeo [PD]
Tel. 0429634030
www.montefasolo.com

● Colli Euganei Cabernet Podere Le Tavole '08	🍷🍷 3
○ Colli Euganei Fior d'Arancio Spumante '11	🍷🍷 2*
● Colli Euganei Rosso Rusta '10	🍷🍷 2*

Monte Faustino
Via Bure Alto
37029 San Pietro in Cariano [VR]
Tel. 0457701651
www.fornaser.com

● Amarone della Valpolicella Cl. '07	🍷🍷 4
● Pelara '11	🍷🍷 3*
● Valpolicella Cl. Sup. Ripasso La Traversagna '08	🍷 4

Monte Santoccio
Loc. Santoccio, 6 - 37022 Fumane [VR]
Tel. 3496461223
www.montesantoccio.it

● Amarone della Valpolicella Cl. '08	🍷🍷 7
● Valpolicella Cl. Sup. '09	🍷🍷 4

Monte Zovo
Loc. Zovo, 23 A
37013 Caprino Veronese [VR]
Tel. 0457281301
www.montezovo.com

● Amarone della Valpolicella '06	🍷🍷 6
● Recioto della Valpolicella '10	🍷🍷 5
● Valpolicella '11	🍷 2
● Valpolicella Ripasso '10	🍷 3

OTHER WINERIES

其他酒庄

Marco Mosconi
VIA PARADISO, 5 - 37031 ILLASI [VR]
TEL. 0457834080
www.marcomosconi.it

● Amarone della Valpolicella '08	🍷🍷 8
○ Rosetta '11	🍷 3
○ Soave Corte Paradiso '11	🍷 2

Orto di Venezia
LOC. ISOLA DI SANT'ERASMO
VIA DELLE MOTTE, 1 - 30141 VENEZIA
TEL. 0415237410
www.ortodivenezia.com

○ Orto '09	🍷🍷 5

Paladin
VIA POSTUMIA, 12
30020 ANNONE VENETO [VE]
TEL. 0422768167
www.paladin.it

● Malbech Gli Aceri '09	🍷🍷 5
● Lison-Pramaggiore Refosco P.R. '11	🍷 3
○ Traminer '11	🍷 3
○ Venezia Pinot Grigio '11	🍷 2

Umberto Portinari
LOC. BROGNOLIGO
VIA SANTO STEFANO, 2
37032 MONTEFORTE D'ALPONE [VR]
TEL. 0456175087
portinarivini@libero.it

○ Soave Albare '10	🍷🍷 2*
○ Anna Giulia Passito '06	🍷 6
○ Soave Cl. Ronchetto '11	🍷 2

Urbano Salvan
LOC. PIGOZZO
VIA MINCANA, 143
35020 DUE CARRARE [PD]
TEL. 049525841
www.salvan.it

● Colli Euganei Merlot Ris. '08	🍷🍷 3
● Colli Euganei Rosso Oltre il Limite... e altro '08	🍷🍷 4
● Colli Euganei Merlot '11	🍷 2

Marco Sambin
LOC. VALNOGAREDO
VIA FATTORELLE 20
35030 CINTO EUGANEO [PD]
TEL. 3493625965
www.vinimarcus.com

● Marcus '09	🍷🍷 4
● Marcus '08	🍷🍷 4

OTHER WINERIES

Tenuta Sant'Anna
Loc. Loncon
Via Monsignor P. L. Zovatto, 71
30020 Annone Veneto [VE]
Tel. 0422864511
www.tenutasantanna.it

○ Lison-Pramaggiore Cl. Goccia '11	♛♛ 2*
● Lison-Pramaggiore Merlot P 45 '11	♛ 2
● Lison-Pramaggiore Refosco P. R. P 34 '11	♛ 2
● Venezia Cabernet Sauvignon P 22 '11	♛ 3

Tenuta Santa Maria alla Pieve
Fraz. Pieve - Via Cavour, 34
37030 Colognola ai Colli [VR]
Tel. 0456152087
www.tenutapieve.com

● Amarone della Valpolicella '07	♛♛ 7
● Valpolicella Sup. Ripasso '09	♛♛ 4
● Decima Aurea '07	♛ 6
● Pragal '10	♛ 4

Santa Sofia
Fraz. Pedemonte
Via Ca' Dedé, 61
37020 San Pietro in Cariano [VR]
Tel. 0457701074
www.santasofia.com

● Amarone della Valpolicella Cl. '07	♛♛ 6
● Valpolicella Cl. Sup. Montegradella '08	♛♛ 4
● Valpolicella Cl. '10	♛ 2
● Valpolicella Sup. Ripasso '09	♛ 3

Le Tende
Fraz. Colà di Lazise
Via Tende, 35 - 37017 Lazise [VR]
Tel. 0457590748
www.letende.it

● Bardolino Cl. '11	♛♛ 2*
● Bardolino Cl. Sup. '10	♛♛ 2*
○ Bardolino Chiaretto Cl. '11	♛ 2
● Corvina '11	♛ 3

Tessere
Loc. Santa Teresina
Via Bassette, 51
30020 Noventa di Piave [VE]
Tel. 0421320438
www.tessereonline.it

● Raboso Passito Rebecca '06	♛♛ 5
○ Redentor Brut M. Cl. sui Lieviti '08	♛♛ 2*
● Piave Raboso Barbarigo '08	♛ 3
○ Redentor Brut M. Cl. '08	♛ 2

Tezza
Fraz. Poiano di Valpantena
Via Maioli, 4 - 37142 Verona
Tel. 045550267
www.tezzawines.it

● Amarone della Valpolicella Corte Majoli '08	♛♛ 5
● Recioto della Valpolicella '06	♛♛ 4
● Amarone della Valpolicella Valpantena '06	♛ 5
● Valpolicella Ripasso Ma Roat '10	♛ 2

OTHER WINERIES

Tomasella
via Rigole, 103 - 31040 Mansuè [TV]
Tel. 0422850043
www.tenute-tomasella.it

● Friuli Grave Le Bastie Rosso '07	🍷🍷 4
○ Bianco di Rigole '10	🍷 2
○ Friuli Grave Friulano '11	🍷 2
● Friuli Grave Merlot '11	🍷 2

Villa Medici
via Campagnol, 11
37066 Sommacampagna [VR]
Tel. 045515147
www.cantinavillamedici.it

○ Bianco di Custoza Passito La Valle del Re '07	🍷🍷 3
○ Custoza Certus '11	🍷🍷 2*
● Bardolino '11	🍷 2

Villa Monteleone
fraz. Gargagnago
via Monteleone, 12
37020 Sant'Ambrogio di Valpolicella [VR]
Tel. 0457704974
www.villamonteleone.com

● Amarone della Valpolicella Cl. '08	🍷🍷 7
● Valpolicella Cl. Campo S. Lena '11	🍷 2
● Valpolicella Cl. Sup. Campo S. Vito '10	🍷 4

Pietro Zanoni
loc. Quinzano
Via are Zovo, 16 D - 37125 Verona
Tel. 0458343977
pietrozanoni@libero.it

● Amarone della Valpolicella Zovo '07	🍷🍷 6
● Valpolicella Sup. '08	🍷🍷 4
○ Banche Bianche '11	🍷 2
● Valpolicella '10	🍷 2

Zardetto Spumanti
via Martiri delle Foibe, 18
31015 Conegliano [TV]
Tel. 0438394969
www.zardettoprosecco.com

○ Cartizze	🍷🍷 6
○ Conegliano Valdobbiadene Brut Refosso	🍷🍷 3*
○ Conegliano Valdobbiadene Brut Rive di Ogliano Tre Venti '11	🍷 3

Pietro Zardini
via Don P. Fantoni, 3
37029 San Pietro in Cariano [VR]
Tel. 0456800989
www.pietrozardini.it

● Amarone della Valpolicella Cl. '07	🍷🍷 6
● Amarone della Valpolicella Cl. Leone Zardini '05	🍷🍷 6
● Valpolicella Sup. Ripasso Austero '08	🍷 3

弗留利—威尼斯朱利亚区
FRIULI VENEZIA GIULIA

作为意大利杰出的白葡萄酒产区,弗留利—威尼斯朱利亚区(Friuli Venezia Giulia)2013年的表现依然很突出,共获得27项"三杯奖",比2012年多一项。跟去年一样,2013年只有一款红葡萄酒获此殊荣,由乐杜特酒庄(Le Due Terre)酿制的美不胜言的塞克瑞沙斯·罗素2009款(COF Sacrisassi Rosso 2009)再次获奖,酿酒师弗拉维奥(Flavio)和西尔瓦娜(Silvana Basilicata)同样可以酿出让人精神飒爽的白葡萄酒。我们的品鉴会在波佐罗·萨巴蒂尼别墅(Pozzuolo Villa Sabbatini)举行,由ERSA主持。他们走遍215个酒庄,仔细品尝1500多款酒,最后选出194款"三杯奖"决赛佳酿。科里奥(Collio)产区收获颇丰,获得"三杯奖"的数目多达13项,弗留利(Friulano)白葡萄酒在最顶级的5款酒品中占据4席。表现出众的弗留利(Friulano)葡萄酒来自科波尔(Keber)、克祖米勒(Kitzmüller)、丽雯(Livon)和托洛斯(Toros),而源自拉卡洛(Raccaro)、多罗·普林西斯(Doro Princic)、卡尔品诺(Carpino)和龙科(Ronco dei Tassi)的玛乐维热亚葡萄酒(Malvasia)也同样表现不俗。令人欲罢不能的葡萄酒还包括卓曼(Jermann)酿制的卡波·马尔蒂诺2010年款(Capo Martino 2010),这是一款带有浓郁弗留利(Friulano)风味的混酿酒;以及可拉维尼(Collavini)2款白葡萄酒混酿布罗伊(Broy)和科里·杜卡(Colle Duga)出品,威尼采酒庄(Venicai)的苏维翁(Sauvignon)和顶级露丝酒庄(Russiz Superiore)的灰皮诺(Pinot Grigio)。来到2013年已更名为弗留利东科山(Friuli Colli Orientali)的弗留利东科利山(Colli Orientali del Friuli)产区,我们发现,白葡萄酒混酿是这里的主角。诞生的"三杯奖"葡萄酒包括费路格酒庄(Livio Felluga)的利维欧(Illivio)、拉奈酒庄(La Tunella)的比安克托(Biancosesto)和龙奇酒庄(Ronchi di Manzano)的罗比安利(Rosazzo Bianco Ellegri)。此外,该产区2013年也酿制了2款出色的维多佐(Verduzzo)葡萄酒——萨拉酒庄(Sara e Sara)的克利(Crei)以及斯库巴(Scubla)的克拉帝(Cratis)。玛若侬(Meroi)酒庄的弗留利酒(Friulano)和开头提及过的塞克瑞沙斯·罗素(Sacrisassi Rosso)也不甘示弱。值得一提的还有沃贝帕尼酒庄(Volpe Pasini)的索维侬(Sauvignon Zuc di Volpe 2011),这一酒款以出色的浓度和平衡荣登"年度最佳白葡萄酒"的宝座。接下来我们游览一下阿索佐(Isonzo)葡萄酒法定产区。使用灰皮诺葡萄(Pinot Grigio Gris)酿制的利纳里(Lis Neris)和维帝罗曼(Vie di Romans)的苏维翁(Sauvignon)两款经典葡萄酒为本地争光,后者中还可加入波哥圣丹尼尔(Borgo San Daniele)的阿尔比斯白酒(Arbis Blanc),这一非法定产区的白葡萄酒混酿。这次酒庄旅行的最后一站是多年来满足了我们味蕾的卡尔佐(Carso)。2013年,我们尤其喜爱这里采用浸皮方式酿造的2款天然葡萄酒:斯特克酒庄(Skerk)的奥格拉德(Ograde)和兹达里(Zidarich)的普鲁尔克(Prulke)。二者均为2010年款,混酿也是基于本地的维多夫斯卡(Vitovska)。总而言之,一群群技艺精湛的酿酒师们在弗留利—威尼斯朱利亚区(Friuli Venezia Giulia)为我们勾勒出一幅无与伦比的葡萄酒美景。

FRIULI VENEZIA GIULIA

Tenuta di Angoris

LOC. ANGORIS, 7 - 34071 CORMÒNS [GO]
TEL. 048160923
www.angoris.com

藏酒销售
预约参观
年产量 850 000 瓶
葡萄种植面积 130 公顷

安格里斯（Tenuta di Angoris）酒庄始建于1648年。当时，费迪南德三世（Ferdinand III）把这庄园赏赐给了洛克特罗•洛克特里（Locatello Locatelli），以表彰他在战争中的英勇表现。之后，酒庄屡次更换庄主。到了1968年，庄园戏剧性地被洛克特里家族（Locatelli）收购回来。酒庄总计630公顷，其中葡萄种植面积多达130公顷，位于弗留利（Friuli）一些最好的葡萄酒产区。大部分的葡萄藤位于庄园在科蒙斯（Cormóns）的雄伟堂皇的主要栖居地。今天，在克劳迪娅•洛克特里（Claudia Locatelli）采取企业的运营方式经营后，庄园的形象焕然一新。

○ COF Friulano '11	🍷🍷 3*
● COF Pignolo '06	🍷🍷 5
○ 1648 Brut '08	🍷🍷 5
○ Collio Bianco Ronco Antico '10	🍷🍷 3
○ COF Sauvignon Blanc '11	🍷 3
○ Friuli Isonzo Pinot Bianco Villa Locatelli '11	🍷 2
⊙ 1648 Rosé '07	🍷🍷 5
○ COF Bianco Spiùe '09	🍷🍷 4
○ COF Friulano Vôs da Vigne '10	🍷🍷 3
○ Collio Pinot Grigio Vôs da Vigne '10	🍷🍷 3
○ Friuli Isonzo Friulano Villa Angoris '09	🍷🍷 2*

Antonutti

FRAZ. COLLOREDO DI PRATO
VIA D'ANTONI, 21
33037 PASIAN DI PRATO [UD]
TEL. 0432662001
www.antonuttivini.it

藏酒销售
预约参观
年产量 700 000 瓶
葡萄种植面积 46 公顷

弗留利•格雷夫（Grave del Friuli）法定葡萄酒产区在布满卵石、贫瘠的平原地区纵横开来。正是在这个杰出的葡萄酒产区内，伊格纳兹奥•安东努帝（Lgnazio Antonutti）于1921年始建了他的庄园，现在由孙女阿德里亚娜（Adriana）在管理。在丈夫里诺（Lino）和孩子卡特琳娜（Caterina）、尼古拉（Nicola）的支持下，阿德里亚娜（Adriana）使酒庄成为了地区最令人钦佩的庄园之一。葡萄园坐落在位于普拉托•科罗雷多（Colloredo di Prato）的原酒窖的附近，而更多的葡萄来自处在格雷夫（Grave）中心地带的巴尔比诺（Barbeano）的葡萄园。这个家庭经营的酒庄尤其擅长悉心管理葡萄园。

○ Lindul '10	🍷🍷 6
● Friuli Grave Cabernet '10	🍷🍷 2*
○ Brut M. Cl. Ant '08	🍷 5
○ Friuli Grave Friulano '11	🍷 2
● Friuli Grave Merlot '10	🍷 2
● Friuli Grave Refosco P. R. '10	🍷 2
○ Friuli Grave Sauvignon '11	🍷 2
● Friuli Grave Cabernet Sauvignon Vis Terrae '04	🍷🍷 3
○ Friuli Grave Pinot Grigio '10	🍷🍷 3
○ Friuli Grave Traminer Aromatico Vis Terrae '09	🍷🍷 5
○ Friuli Grave Traminer Aromatico Vis Terrae '08	🍷🍷 3
○ Lindul '08	🍷🍷 8

弗留利—威尼斯朱利亚区
FRIULI VENEZIA GIULIA

Aquila del Torre
FRAZ. SAVORGNANO DEL TORRE
VIA ATTIMIS, 25 - 33040 POVOLETTO [UD]
TEL. 0432666428
www.aquiladeltorre.it

藏酒销售
预约参观
参观设施
年产量 50 000 瓶
葡萄种植面积 18 公顷
葡萄栽培方式 有机认证

始建于20世纪早期的托雷·阿奎拉酒庄（Aquila del Torre）处于托雷区圣瓦哥纳诺山（Savorgnano del Torre），其南部遥远的地方坐落着弗留利·东科利山（Colli Orientali del Friuli）。酒庄的名字来源于葡萄园奇怪的外形，从乌迪内（Udine）看起来像是一只展翅翱翔的雄鹰。1996年，活跃在多个行业的商人克劳迪奥·司亚尼（Claudio Ciani）选择回归故土，收购了这个庄园，接着启动了欧斯皮克利（OasiPicolit）计划。现在，他的孩子米切尔（Michele）和弗朗西斯卡（Francesca）继续把酒庄发扬光大，给它注入了新的能量和自然栽培的葡萄种植方式。

○ COF Picolit '09	🍷6
○ COF At Friulano '11	🍷3
● COF At Refosco P. R. '09	🍷3
○ COF At Sauvignon Blanc '11	🍷3
○ COF Solsire '09	🍷5
○ Oasi '10	🍷6
● COF At Merlot '11	🍷3
○ COF At Riesling '11	🍷3
○ COF At Friulano '10	🍷3
○ COF At Sauvignon Blanc '10	🍷3*
○ COF Friulano '09	🍷3
○ COF Picolit '08	🍷6
○ COF Picolit '07	🍷7
● COF Refosco P. R. '08	🍷3
○ COF Sauvignon Vit dai Maz '08	🍷5

Bastianich
LOC. GAGLIANO
VIA DARNAZZACCO, 44/2
33043 CIVIDALE DEL FRIULI [UD]
TEL. 0432700943
www.bastianich.com

藏酒销售
预约参观
年产量 180 000 瓶
葡萄种植面积 40 公顷

乔·巴斯蒂安尼奇（Joe Bastianich）和他的母亲莉迪亚（Lidia）在美国拥有一家著名的连锁餐厅。1997年，他们在东科利山（Colli Orientali）建立了一个葡萄酒庄园。最初，他们从布特里奥（Buttrio）和普力马里克（Premariacco）地区购买葡萄藤，接着又在邻近奇维达莱（Cividale）的格利亚诺（Gagliano）收购了一个现已成为酒庄总部的酒窖。对一个钟爱葡萄酒且品酒经验丰富的男人来说，这段历程确实极具挑战性。在葡萄酒生产方面，乔（Joe）向老练的酿酒师埃米利奥（Emilio Del Medico）寻求帮助。另外，乔（Joe）委任管理位于托斯卡纳·玛瑞玛（Tuscan Maremma）的拉·莫扎（La Mozza）庄园的毛里奇奥·卡斯泰利（Maurizio Castelli）也经常提供专业意见。

○ Vespa Bianco '09	🍷5
● Calabrone '07	🍷7
○ COF Sauvignon Vigne Orsone '11	🍷3
○ Plus '08	🍷4
○ COF Friulano Vigne Orsone '11	🍷3
● Vespa Rosso '09	🍷5
○ COF Tocai Friulano Plus '02	🍷3
○ Vespa Bianco '04	🍷4
○ Vespa Bianco '03	🍷4
○ COF Friulano Vigne Orsone '09	🍷3
○ Malvasia Istriana '07	🍷4
○ Vespa Bianco '08	🍷5
○ Vespa Bianco '07	🍷5

FRIULI VENEZIA GIULIA
弗留利—威尼斯朱利亚区

Tenuta Beltrame
Fraz. Privano
loc. Antonini, 4 - 33050 Bagnaria Arsa [UD]
Tel. 0432923670
www.tenutabeltrame.it

藏酒销售
预约参观
年产量 100 000 瓶
葡萄种植面积 25 公顷

1991年，贝尔特拉姆（Beltrame）家族在平原地段上购买了这个占地40公顷的古老的庄园。酒庄拥有25公顷的葡萄种植面积，曾经属于康迪•安东尼尼（Conti Antonini）。贝尔特拉姆（Beltrame）家族在葡萄园重新栽种了葡萄，并建造了酒窖。而源于15世纪的宏伟的栖居地经过重建后，现已成为庄园的总部。克里斯蒂安•贝尔特拉姆（Cristian Beltrame）被任命为庄园的经理。有赖于对土地潜力的充分认识和酿酒师贝比•格里诺（Bepi Gollino）的援助，克里斯蒂安（Cristian）最初的大胆举措现已产出了丰硕的成果。出品的白葡萄酒制作精良，但我们尤其喜欢源自阿奎莱亚（Aquileia）粘性土壤的红葡萄酒。

● Friuli Aquileia Merlot Ris. '08	♟♟ 3*
● Friuli Aquileia Cabernet Sauvignon Ris. '08	♟♟ 3*
● Tazzelenghe '08	♟♟ 3*
● Friuli Aquileia Merlot '10	♟ 3
● Friuli Aquileia Refosco P. R. '10	♟ 3
○ Friuli Aquileia Sauvignon '11	♟ 3
○ Pinot Grigio '11	♟ 3
● Rebus '09	♟ 3
● Friuli Aquileia Cabernet Sauvignon Ris. '07	♟♟ 3
● Friuli Aquileia Merlot Ris. '07	♟♟ 3
● Friuli Aquileia Merlot Ris. '05	♟♟ 3*
○ Pinot Grigio '10	♟♟ 2*

Anna Berra
via Ramandolo, 29 - 33045 Nimis [UD]
Tel. 0432790296
www.annaberra.it

藏酒销售
预约参观
年产量 25 000 瓶
葡萄种植面积 6 公顷

安娜•贝拉（Anna Berra）的酒庄位于拉曼多罗（Ramandolo），处在弗留利•东科利山（Colli Orientali del Friuli）北部更凉爽的贝纳蒂亚（Bernadia）山坡上。庄园的一切事务都由葡萄酒专家莫奈（Monai）打点，包括精心照顾着葡萄园，以求产出高品质的限量葡萄。在钢制品发酵后推出的红葡萄酒通常是卡萨贝拉•维尼（Vini di Casa Berra）酒款，而安娜•贝拉精装酒（Selezione Anna Berra）则保存起来，与晚摘的葡萄混酿成经木桶发酵和熟化过的酒品。后者的生产线涵盖了经典酒种，比如拉曼多罗（Ramandolo）、红梗莱弗斯科珍藏酒（Refosco dal Peduncolo Rosso Riserva）和皮科利特（Picolit）葡萄酒。

● COF Refosco P. R. Ris. '07	♟♟ 5
○ Ramandolo '07	♟♟ 4
● COF Refosco P. R. '08	♟ 3
○ COF Ribolla Gialla '11	♟ 3
○ COF Friulano La Bernadia '09	♟♟ 2*
○ COF Sauvignon La Bernadia '09	♟♟ 2*
○ Ramandolo Anno Domini '04	♟♟ 5
○ Ramandolo Anno Domini '03	♟♟ 5
○ Ramandolo Anno Domini '02	♟♟ 5

弗留利—威尼斯朱利亚区
FRIULI VENEZIA GIULIA

Tenuta di Blasig
VIA ROMA, 63
34077 RONCHI DEI LEGIONARI [GO]
TEL. 0481475480
www.tenutadiblasig.it

藏酒销售
预约参观
年产量 100 000 瓶
葡萄种植面积 16.5 公顷

这个酒庄由多梅尼克•布拉斯格（Domenico Blasig）于1788年始建于莱吉奥纳里•龙奇（Ronchi dei Legionari）地区，是弗留利（Friuli）最古老的葡萄酒庄园。出品的龙奇•玛尔维萨（Malvasia di Ronchi）葡萄酒不仅使威尼斯（Venice）地区的餐桌变得高雅，还出口至维也纳（Vienna）和罗马帝国（Holy Roman Empire）。今天，家族的第七代人艾丽莎贝塔•托洛托•萨尔奇奈利（Elisabetta Bortolotto Sarcinelli）在掌管酒庄，带领着一支充满激情的经营团队。他在慕尼黑（Munich）读书，然后在德国和美国工作过一段时间后才回来的。艾丽莎贝塔（Elisabetta）监管着酒庄的一切事务，从葡萄种植到葡萄酒酿造，甚至再到酒品推销。

○ Friuli Isonzo Friulano '11	♟♟ 2*
● Friuli Isonzo Merlot '09	♟♟ 2*
○ Brut Elisabetta '11	♟ 4
○ Friuli Isonzo Chardonnay '11	♟ 3
○ Friuli Isonzo Pinot Grigio '11	♟ 3
● Friuli Isonzo Refosco P. R. '10	♟ 3
● Friuli Isonzo Cabernet '06	♟♟ 2*
○ Friuli Isonzo Friulano '09	♟♟ 2*
○ Friuli Isonzo Malvasia '09	♟♟ 3*
○ Friuli Isonzo Malvasia '08	♟♟ 3*
● Friuli Isonzo Merlot '08	♟♟ 2*
● Friuli Isonzo Merlot '06	♟♟ 2*
● Friuli Isonzo Refosco P. R. '08	♟♟ 2*

Borgo del Tiglio
FRAZ. BRAZZANO
VIA SAN GIORGIO, 71 - 34070 CORMÒNS [GO]
TEL. 048162166

藏酒销售
预约参观
年产量 35 000 瓶
葡萄种植面积 8.5 公顷

1981年，尼古拉•曼法拉利（Nicola Manferrari）从俯瞰全村的一棵名为提格里奥（tiglio）的老菩提树得到灵感，给他的新酒庄起了同样的名字。结束药剂师的工作后，尼古拉（Nicola）把全部的精力用于打理父亲那面积不大的几公顷葡萄种植地。除了位于科蒙斯•布拉赞诺（Brazzano di Cormòns）的葡萄园外，酒庄在卢塔尔斯（Ruttars）和瓦拉德•卡（Ca' delle Vallade）地区还有两处园地。总体而言，庄园面积少于9公顷，每年只能生产35 000瓶葡萄酒。虽说如此，但这足以让提格里奥•伯格（Borgo del Tiglio）酒庄成为全世界弗留利葡萄酒爱好者眼中的旗杆企业。一系列酒品具有引以为荣的高雅气质、良好结构和丰富个性。

○ Collio Bianco Ronco della Chiesa '09	♟♟♟ 6
○ Collio Malvasia '09	♟♟ 6
○ Collio Bianco Ronco della Chiesa '06	♟♟♟ 6
○ Collio Bianco Ronco della Chiesa '02	♟♟♟ 6
○ Collio Bianco Ronco della Chiesa '01	♟♟♟ 6
○ Collio Chardonnay '00	♟♟♟ 4
○ Collio Chardonnay Sel. '99	♟♟♟ 4
○ Collio Tocai Friulano Ronco della Chiesa '90	♟♟♟ 4
○ Collio Friulano '08	♟♟ 6
○ Collio Malvasia '07	♟♟ 6
● Collio Rosso della Centa '06	♟♟ 8
○ Collio Sauvignon '09	♟♟ 4
○ Verduzzo Friulano '99	♟♟ 4

FRIULI VENEZIA GIULIA

Borgo delle Oche
VIA BORGO ALPI, 5 - 33098 VALVASONE [PN]
TEL. 0434840640
www.borgodelleoche.it

藏酒销售
预约参观
年产量 35 000 瓶
葡萄种植面积 7 公顷

博尔格德勒奥克酒庄（Borgo delle Oche）在2004年开始经营，开创者是拥有食品技术方面学位的路易莎•曼尼尼（Luisa Menini）和她的丈夫兼合伙人尼古拉•皮蒂尼（Nicola Pittini），他是一位农学家和酿酒学家。酒庄依偎在一个迷人的村庄中具有中世纪风格的中心地区。该地方又名奥奇•伯格（Borgo delle Oche），坐落在法定弗留利•格雷夫（Grave del Friuli）产区的瓦尔瓦松内市（Valvasone）。路易莎（Luisa）喜欢户外作业，把充分的时间和热情投入到葡萄种植中，从而给尼古拉（Nicola）输送最上佳的葡萄，让他能向外界展示这个地区的葡萄酒好到什么程度。他们的精诚合作很快在这个各方面都被低估的区域里取得了卓越成绩。

○ Bianco Lupi Terrae '09	♛♛ 2*
○ Terra & Cielo Brut	♛ 3
○ Traminer Aromatico '11	♛♛ 2*
○ Chardonnay '11	♛ 2
○ Pinot Grigio '11	♛ 2
● Rosso Svual '08	♛ 3
○ Bianco Alba '10	♛♛ 3
○ Bianco Lupi Terrae '08	♛♛ 3
● Merlot '08	♛♛ 3
○ Pinot Grigio '10	♛♛ 2*
● Refosco P. R. '09	♛♛ 2*
○ Traminer Aromatico '10	♛♛ 2*

Borgo Judrio
VIA AQUILEIA, 79
33040 CORNO DI ROSAZZO [UD]
TEL. 0432755896
www.viniborgojudrio.it

藏酒销售
预约参观
年产量 20 000 瓶
葡萄种植面积 12 公顷

伯格•朱吉奥酒庄（Borgo Judrio）位于科诺迪洛萨佐（Corno di Rosazzo）。其名字的灵感来源于划分弗留利东科利山（Colli Orientali del Friuli）和科里奥（Collio）法定葡萄酒产区的朱吉奥河（Judrio）。科里奥（Collio）法定葡萄酒产区这片狭长的土地多个世纪以来依靠河流两岸的葡萄酒而闻名遐迩。2007年，希甘特（Gigante）兄弟俩因为对这片土地饱含热情，同时也对让他们克服过各种困难、提供无穷正能量的葡萄酒满怀激情，故而建立起伯格•朱吉奥（Borgo Judrio）酒庄。阿尔伯托（Alberto）的身份是庄主，而酿酒专家阿里尔多（Ariedo）在葡萄园的打理和酒窖的管理上贡献着力量。

● COF Cabernet Sauvignon '10	♛♛ 2*
○ COF Chardonnay '10	♛♛ 2*
○ COF Friulano '11	♛♛ 2*
○ COF Merlot '10	♛ 3
○ COF Sauvignon '11	♛♛ 2*
● COF Cabernet Franc '09	♛ 3
○ COF Ribolla Gialla '11	♛ 2
○ COF Chardonnay '09	♛♛ 3
● COF Refosco P. R. '09	♛♛ 2*
○ COF Verduzzo Friulano '10	♛♛ 2*

弗留利—威尼斯朱利亚区
FRIULI VENEZIA GIULIA

★ Borgo San Daniele
VIA SAN DANIELE, 16 - 34071 CORMÒNS [GO]
TEL. 048160552
www.borgosandaniele.it

藏酒销售
预约参观
年产量 56 000 瓶
葡萄种植面积 18.75 公顷

莫罗（Mauro）、亚历山德拉·莫里（Alessandra Mauri）兄妹俩十分敏感，高雅的气度和十足的魅力让他们显得很独特。几年前，在两人还非常年轻的时候，祖父就留给了他们数公顷的葡萄种植地，他们也就自己着手耕种起来。后来建立的酒庄根据科蒙斯（Cormòns）这一地区的名字来命名。兄妹们仍然居住在这个地区，酒窖也坐落在这里。莫罗（Mauro）采用高密度种植、低产量收成，扦插其他作物和减小葡萄束等种植方式，旨在获得最佳质量的葡萄。葡萄园的葡萄均采取晚摘。酒窖里，酿酒师不仅对白葡萄和红葡萄采取浸皮方式，还使用了乳酸发酵、增加酒泥以及不过滤装瓶等一系列酿酒方法。

○ Arbis Blanc '10	♙♙♙ 4*
● Gortmarin '06	♙♙ 7
○ Friuli Isonzo Friulano '10	♙♙ 4
○ Friuli Isonzo Pinot Grigio '10	♙♙ 4
○ Arbis Blanc '09	♙♙♙ 4
○ Friuli Isonzo Friulano '09	♙♙ 4

Borgo Savaian
VIA SAVAIAN, 36 - 34071 CORMÒNS [GO]
TEL. 048160725
stefanobastiani@libero.it

藏酒销售
预约参观
年产量 100 000 瓶
葡萄种植面积 15 公顷

这个历史悠久的家庭酒庄依偎在村里的奎里昂山（Mount Quarin）山脚下，酒庄以该村庄的名字命名。酿酒经验在这里世代相传。布鲁诺（Bruno）是一位改革家，他的儿子也继承了这一特质。今天，庄园轮到斯特凡诺·巴斯蒂安诺（Stefano Bastiani）和他的妹妹罗莎娜（Rosanna）经营管理。新近扩大的现代化的酒窖使得整个系列的葡萄酒的品质向前进了一大步。酒品风格诱人、制作精良。随着巴斯蒂安妮（Bastiani）家族眼光不断地提高，酒品也在不断地进步。

● Collio Merlot Tolrem '08	♙♙ 4
○ Collio Pinot Bianco '11	♙♙ 3
○ Collio Sauvignon '11	♙♙ 3
○ Friuli Isonzo Traminer Aromatico '11	♙♙ 3
○ Collio Friulano '11	♙ 3
○ Collio Friulano '10	♙♙ 3*
● Collio Merlot Tolrem '07	♙♙ 3
○ Collio Pinot Bianco '10	♙♙ 3*

FRIULI VENEZIA GIULIA
弗留利—威尼斯朱利亚区

Cav. Emiro Bortolusso
via Oltregorgo, 10 - 33050 Carlino [UD]
Tel. 043167596
www.bortolusso.it

藏酒销售
预约参观
参观设施
年产量 150 000 瓶
葡萄种植面积 40 公顷

该酒庄位于亚得里亚海边的马拉诺泻湖（Marano Lagunare）自然保护区旁，地理位置得天独厚。克拉拉（Clara）和塞尔吉奥（Sergio）指挥这个位于安尼亚法定葡萄酒产区的（Annia DOC）其中一个最成功的庄园已有一段时间了。只有自家葡萄的酿造才会承袭他们父亲艾米洛（Emiro）从大量酿酒经验中得出的风格，并在此基础上结合现代技术确保酒品的卓越品质。酒窖的一系列出品超群绝伦，价格极具竞争力。

○ Friuli Annia Malvasia '11	2*
○ Friuli Annia Chardonnay '11	2
○ Friuli Annia Friulano '11	2
● Friuli Annia Merlot '10	2
○ Friuli Annia Pinot Grigio '11	2
○ Friuli Annia Sauvignon '11	2
○ Friuli Annia Traminer Aromatico '11	2
○ Friuli Annia Verduzzo Friulano '11	3
○ Friuli Annia Chardonnay '10	2*
○ Friuli Annia Malvasia '10	2*
○ Friuli Annia Malvasia '09	2*
○ Friuli Annia Traminer Aromatico '10	2

Rosa Bosco
via Roma, 5 - 33040 Moimacco [UD]
Tel. 0432722461
www.rosabosco.it

藏酒销售
预约参观
年产量 10 000 瓶
葡萄栽培面积 未提供

可靠的品质让罗斯塔•博斯克（Rosa Bosco）的葡萄酒在顶尖弗留利葡萄酒的行列中占据了一席之地。朋友口中的她叫罗塞塔（Rosetta），虽然没有葡萄园，但她亲自监控着葡萄供应商的葡萄田。酒庄仅有的4款酒全部在竞争中脱颖而出。罗塞塔（Rosetta）并不打算增加酒款，而是把注意力集中在已有的4款酒上。当然，她可以随时咨询她作为著名阿莱西奥•多里戈（Alessio Dorigo）酿酒师的儿子，而且马尔科•佩奇亚里（Marco Pecchiari）的酿酒经验也可随时运用。

● Il Boscorosso '08	6
○ Blanc de Blancs Brut	5
○ Sauvignon Blanc '09	5
● Il Boscorosso '07	6

Branko

LOC. ZEGLA, 20 - 34071 CORMÒNS [GO]
TEL. 0481639826
info@brankowines.com

藏酒销售
预约参观
年产量 50 000 瓶
葡萄种植面积 9 公顷

这个小型的家庭经营式酒庄的名字来源于当前庄主伊戈尔（Igor）的父亲布兰科•艾泽蒂可（Branko Erzetic）。庄园坐落在科里奥（Collio）的中心地带泽格拉（Zegla），与斯洛文尼亚接壤。布兰科酒庄（Branko）虽然在1950年才开始经营，但家族与土地的联系可以追溯到更久以前。大部分葡萄园分布在酿酒厂周围，剩余的一部分坐落在靠近普利斯瓦（Plessiva）和诺瓦里（Novali）地区的平缓的山坡上。有限的酒庄规模让伊戈尔（Igor）能够把注意力全部集中到他那非常实用的酿酒设施上。出产的葡萄酒总是清洁至纯、无可挑剔，诠释出酿造师的不同个性。

○ Collio Chardonnay '11		🍷 3*
○ Collio Friulano '11		🍷 3*
○ Collio Pinot Grigio '11		🍷 3
● Red '09		🍷 5
○ Collio Sauvignon '11		🍷 3
○ Collio Friulano '10		🍷🍷 3
○ Collio Pinot Grigio '10		🍷🍷 3
○ Collio Sauvignon '10		🍷🍷 3

Livio e Claudio Buiatti

VIA LIPPE, 25 - 33042 BUTTRIO [UD]
TEL. 0432674317
www.buiattivini.it

藏酒销售
预约参观
年产量 35 000 瓶
葡萄种植面积 8 公顷

布拉迪家族（Buiatti）已经在位于布特里奥（Buttrio）山坡的葡萄藤间走过了100年的历史。这些山丘是弗留利东科利山（Colli Orientali del Friuli）的第一片山，毗邻海洋，阳光在这里温暖着土壤。克劳迪奥（Claudio）已在这片从父亲利维奥（Livio）传承下来的8公顷沃土上躬耕多年，其间不断加强现代化管理，增加种植密度以及为控制产量而无情修剪葡萄枝。过去的几年，整个布拉迪酒（Buiatti）系列的品质良好，有些年份甚至达到优秀的级别。酒品价格十分诱人。

○ COF Sauvignon '11		🍷 3*
○ COF Friulano '11		🍷 3
○ COF Malvasia '11		🍷 3
● COF Merlot '10		🍷 3
● COF Cabernet Franc '10		🍷 3
○ COF Friulano '10		🍷🍷 3*
○ COF Malvasia '10		🍷🍷 3*
● COF Refosco P. R. '09		🍷🍷 3*
○ COF Sauvignon '10		🍷🍷 3*

FRIULI VENEZIA GIULIA

Valentino Butussi
via Prà di Corte, 1
33040 Corno di Rosazzo [UD]
Tel. 0432759194
www.butussi.it

藏酒销售
预约参观
参观设施
年产量 100 000 瓶
葡萄种植面积 18 公顷

由瓦伦蒂诺•布塔西（Valentino Butussi）在20世纪早期创建的这个酒庄已经被他的儿子安吉洛（Angelo）、媳妇皮艾莉娜（Pierina）和四个孙辈塑造成一个一流、经典的家庭酒庄。最年轻的一代人接管酒庄已有一段时间，几个人的分工如下：托比亚（Tobia）负责打理葡萄藤，菲利普（Filippo）负责酿造葡萄酒，而马提亚（Mattia）和艾丽卡（Erika）负责酒品的市场营销。整个家庭表现出的团队合作精神让他们收获颇丰，使该酒庄跻身弗留利区（Friuli）葡萄酒的顶级行列。

Maurizio Buzzinelli
loc. Pradis, 20 - 34071 Cormòns [GO]
Tel. 048160902
www.buzzinelli.com

藏酒销售
预约参观
膳宿接待
年产量 100 000 瓶
葡萄种植面积 24 公顷

毛利佐•布兹内里（Maurizio Buzzinelli）和妻子马奇亚（Marzia）的家庭酒庄风格经典，充分利用了此前三代人通过葡萄种植所遗留下来的财富。酒庄坐落在普拉迪斯（Pradis）地理位置优越的山坡上，邻近科蒙斯（Cormòns）。这里不仅拥有极其适合葡萄生长的气候，还能俯视平原美景，遥望亚得里亚海（Adriatic Sea）。毛利佐（Maurizio）亲自打理的葡萄园一些位于科里奥（Collio），一些位于种植有红皮葡萄的伊松佐（Isonzo）法定葡萄酒产区。过去的几年里，他怀着对土地的爱勤勤恳恳地履行着使命，产出的葡萄酒品质不断上升，成绩令人满意。

● COF Cabernet Sauvignon '10	♛♛ 3
○ COF Chardonnay '11	♛♛ 2*
○ COF Picolit '09	♛♛ 6
● COF Pignolo '08	♛♛ 5
○ COF Rosso di Corte '09	♛♛ 4
○ COF Sauvignon '11	♛♛ 2*
○ COF Verduzzo Friulano '10	♛♛ 2*
○ COF Friulano '11	♛ 2
● COF Merlot '10	♛ 2
○ COF Pinot Grigio '11	♛ 2
● COF Refosco P. R. '10	♛ 2
○ COF Ribolla Gialla '11	♛ 2
○ COF Chardonnay '10	♛♛ 2*
○ COF Picolit '08	♛♛ 6
○ COF Verduzzo Friulano '09	♛♛ 2*

○ Collio Malvasia '11	♛♛ 2*
○ Collio Pinot Grigio '11	♛♛ 3*
○ Collio Friulano '11	♛♛ 3
○ Collio Sauvignon '11	♛ 3
○ Collio Malvasia '10	♛♛ 2*
● Collio Rosso Frututis '09	♛♛ 2
○ Collio Sauvignon '10	♛♛ 3

Ca' Bolani

via Ca' Bolani, 2
33052 Cervignano del Friuli [UD]
Tel. 043132670
www.cabolani.it

藏酒销售
预约参观
年产量 2 500 000 瓶
葡萄种植面积 550 公顷

占地超过800公顷的卡波拉尼酒庄（Ca' Bolani）位于弗留利·阿奎莱亚法定葡萄酒产区（Friuli Aquileia DOC）的中心地带。1970年，左宁（Zonin）集团从波拉尼（Bolani）家族的手中买下这块地。波拉尼（Bolani）家族最出名的子嗣是16世纪初期弗留利内的（Friuli）威尼斯共和国的检察官坎特·多梅尼科·波拉尼（Conte Domenico Bolani）。该酒庄分别于1980年和1998年买入了位于卡维斯科沃（Ca' Vescovo）和莫林狄朋（Molin del Ponte）的葡萄园，使得庄园总的葡萄园面积达到550公顷。酿酒学家马尔科·雷比诺（Marco Rabino）负责整个酒庄的管理。其中酒窖由罗伯托·马尔科里尼（Roberto Marcolini）和丹尼斯·都波尔迪耶乌（Denis Dubourdieu）教授负责，而葡萄园的管理则交给加布里埃莱·卡伯尼（Gabriele Carboni）。

● Friuli Aquileia Merlot '10	🍷 3*
○ Friuli Aquileia Sauvignon Aquilis '11	🍷 2*
○ Friuli Aquileia Sauvignon '11	🍷 3
● Friuli Cabernet Franc '10	🍷 3
○ Friuli Aquileia Friulano '11	🍷 2
○ Friuli Aquileia Pinot Grigio '11	🍷 3
○ Prosecco Brut	🍷 2
○ Friuli Aquileia Pinot Bianco '09	🍷🍷 2*
● Friuli Aquileia Refosco P. R. '09	🍷🍷 2*
● Friuli Aquileia Refosco P. R. '08	🍷🍷 2*
○ Friuli Aquileia Sauvignon Aquilis '10	🍷🍷 2*

Ca' Ronesca

loc. Lonzano, 27
34070 Dolegna del Collio [GO]
Tel. 048160034
www.caronesca.it

藏酒销售
预约参观
年产量 220 000 瓶
葡萄栽培面积 57 公顷

卡罗尼斯卡（Ca' Ronesca）酒庄建立于1972年，是由100公顷半废弃的坡地合并而成，其中一半的土地用于葡萄种植。很多葡萄藤位于靠近科里奥道拉格那（Dolegna del Collio），兰扎诺（Lonzano）的酿酒厂附近；剩下的则坐落在靠近普瑞马瑞可区（Premariacco），弗留利东科利山（Colli Orientali del Friuli）的伊普利斯（Ipplis）山坡上。酒庄自成立后就注重品质，并在现任庄主戴维德·阿尔西德·西顿（Davide Alcide Setten）的带领下取得了辉煌的成绩。戴维德还聘用了一流的酿酒学家科里兹亚·扎姆比亚斯（Clizia Zambiasi）和酒庄经理克劳迪奥·托马丁（Claudio Tomadin）负责酒庄的经营管理。

○ Collio Pinot Grigio '11	🍷 3*
○ COF Quattro Terzi Bianco '10	🍷🍷 4
○ Collio Chardonnay '11	🍷🍷 3
○ Collio Friulano '11	🍷🍷 3
○ Collio Pinot Bianco '11	🍷🍷 3
○ Collio Ribolla Gialla '11	🍷 3
○ Collio Sauvignon '11	🍷 3
○ Collio Malvasia '10	🍷🍷 2*
○ Collio Ribolla Gialla '10	🍷🍷 2*

弗留利—威尼斯朱利亚区
FRIULI VENEZIA GIULIA

Ca' Tullio & Sdricca di Manzano
VIA BELIGNA, 41 - 33051 AQUILEIA [UD]
TEL. 0431919700
www.catullio.it

藏酒销售
预约参观
年产量 300 000 瓶
葡萄种植面积 78 公顷

位于阿奎莱亚（Aquileia）的卡托里奥酒庄（Ca' Tullio）坐落在建立于20世纪初的一座大厦里。这里曾经被用来烘干烟草，到了1994年才被改造成酒庄。酒庄的现任庄主是保罗·卡力佳利斯（Paolo Calligaris），酒庄出品的葡萄酒产自阿奎莱亚法定葡萄酒产区（Aquileia DOC），挂以卡托里奥（Ca' Tullio）的标签。而源自弗留利东科利山（Colli Orientali del Friuli）的酒品则用曼扎诺·斯德里卡（Sdricca di Manzano）的品牌。这两款酒的出色表现少不了酿酒学家弗朗西斯科·维斯蒂尼（Francesco Visintin）的功劳。他最大限度地利用维奥拉（Viola）的沙质土壤，同时那还采用嫁接方式培植琼瑶浆（Traminer）。

● COF Pignolo Sdricca '09	♟ 3
○ COF Sauvignon Sdricca '11	♟ 3
○ Friuli Aquileia Friulano '11	♟ 2*
○ COF Pinot Grigio Sdricca '11	♟ 3
○ COF Ribolla Gialla Sdricca '11	♟ 3
● COF Schioppettino Sdricca '10	♟ 3
● Friuli Aquileia Refosco P. R. '10	♟ 3
○ Friuli Aquileia Traminer Viola '11	♟ 2
○ COF Friulano Sdricca '09	♟♟ 3*
○ COF Sauvignon Sdricca '10	♟♟ 3*
○ Friuli Aquileia Traminer Viola '10	♟♟ 2*

Cadibon
VIA CASALI GALLO, 1
33040 CORNO DI ROSAZZO [UD]
TEL. 0432759316
www.cadibon.com

藏酒销售
预约参观
餐饮接待
年产量 55 000 瓶
葡萄种植面积 11 公顷
葡萄栽培方式 传统栽培

1977年，詹尼（Gianni）建立了该酒庄，并取名为卡迪本（Cadibon），在当地这意味着"这里是波家族的地产"。现在，酒庄的指挥棒传到了他的儿子卢卡（Luca）和弗兰西斯卡·波（Francesca Bon）手里。兄弟俩满怀能量与激情，不断把酒庄发展壮大。占地11公顷的葡萄园位于弗留利东科利山（Colli Orientali del Friuli）和弗留利·格雷夫（Friuli Grave）法定葡萄酒产区的平原地带，穿过朱吉奥河（Judrio）延伸至科里奥（Collio）山里。卢卡和弗兰西斯卡积极寻求有利的变化，收到了不错的效果。

○ Ronco del Nonno '11	♟♟ 3*
○ COF Friulano Bontaj '11	♟♟ 2*
○ COF Ribolla Gialla '11	♟ 3
● COF Schioppettino '10	♟♟ 3
● COF Refosco P. R. '10	♟ 3
○ Friuli Grave Sauvignon '11	♟ 3
○ COF Friulano Bontaj '10	♟♟ 2*
● COF Schioppettino '09	♟♟ 3
○ Ronco del Nonno '10	♟♟ 3

弗留利—威尼斯朱利亚区
FRIULI VENEZIA GIULIA

Canus
Loc. Casali Gallo
via Gramogliano, 21
33040 Corno di Rosazzo [UD]
Tel. 0432759427
www.canus.it

藏酒销售
预约参观
年产量 55 000 瓶
葡萄种植面积 9 公顷

2004年，雨果•罗塞托（Ugo Rossetto）收购了仓鼠酒庄（Canus），后来将其交给了他两个有进取心的孩子达里奥（Dario）和劳拉（Lara）经营。葡萄园位于科诺迪洛萨佐（Corno di Rosazzo）的格莫戈连诺（Gramogliano）地区，处于朱吉奥河畔（Judrio）的主酿酒厂周边。酒庄名字"卡努斯"（Canus）是拉丁语，意思是"灰头发的男子"，引自罗塞托（Rossetto）家族的昵称"格里森"（Grison）。达里奥（Dario）以前从事设计工作，他运用这方面的经验创造了一系列酒体极其优雅、感染力十足的酒品。酒庄2013年推出了新的系列，叫格里斯•龙科（Ronco del Gris）。

Carlo di Pradis
Loc. Pradis, 22b - 34071 Cormòns [GO]
Tel. 048162272
www.carlodipradis.it

藏酒销售
预约参观
年产量 70 000 瓶
葡萄种植面积 15 公顷

波里斯（Boris）和大卫•布兹内里（David Buzzinelli）兄弟拥有的酒庄以他们父亲的名字命名。在父亲的耳濡目染下，兄弟俩对这片土地，特别是对三代人都耕作过的可爱的葡萄园怀有满腔热情。普拉迪斯（Pradis）是科里奥•乔里兹阿诺（Collio Goriziano）一块繁荣的山坡地区，吸引了几个弗留利区（Friuli）著名的酒庄来此落户。这里阳光充裕、气候绝佳。酒庄15公顷的葡萄种植地有7公顷位于酒窖周边，其余8公顷则位于弗留利•伊松佐（Friuli Isonzo）法定葡萄酒产区的平原地带。布兹内里（Buzzinelli）家族生产的葡萄酒注重吸引力和良好的结构，果香浓郁，体现原品种特性。即使在橡木桶发酵的酒品也是如此。

○ COF Friulano '11	🏆 3
○ COF Malvasia Ronco del Gris '11	🏆🏆 2*
● COF Merlot '08	🏆 3
● COF Cabernet Franc '10	🏆 3
○ COF Chardonnay Ronco del Gris '11	🏆 2
○ COF Pinot Grigio Ronco del Gris '11	🏆 2
○ COF Ribolla Gialla '11	🏆 3
○ COF Sauvignon Ronco del Gris '11	🏆 2
○ COF Chardonnay '10	🏆🏆 3*
● COF Pignolo '08	🏆🏆 4
● COF Refosco P. R. '07	🏆🏆 4
○ COF Ribolla Gialla '09	🏆🏆 3

○ Collio Friulano '11	🏆 3
○ Collio Sauvignon '11	🏆 3
● Friuli Isonzo Merlot '10	🏆 3
○ Friuli Isonzo Pinot Grigio '11	🏆 2*
○ Collio Pinot Grigio '11	🏆 3
● Friuli Isonzo Cabernet '11	🏆 2
○ Friuli Isonzo Chardonnay '11	🏆 3
○ Friuli Isonzo Sauvignon '11	🏆 2
○ Collio Friulano Scusse '08	🏆🏆 3
○ Collio Sauvignon '10	🏆🏆 3*
○ Friuli Isonzo Pinot Grigio '10	🏆🏆 2*

弗留利—威尼斯朱利亚区
FRIULI VENEZIA GIULIA

Il Carpino
LOC. SOVENZA, 14A
34070 SAN FLORIANO DEL COLLIO [GO]
TEL. 0481884097
www.ilcarpino.com

藏酒销售
预约参观
年产量 70 000 瓶
葡萄种植面积 16 公顷

博尔格地卡皮诺（Borgo del Carpino）位于索维扎（Sovenza），处于从奥斯拉维亚（Oslavia）到圣弗洛里亚努科里奥（San Floriano del Collio）的公路边。1987年，安娜（Anna）和弗朗科·索尔（Franco Sosol）在孩子耐克（Naike）和曼奴埃尔（Manuel）的协助下，共同建立酒庄，并为酒庄命名。酒庄以家族经营方式运营，从葡萄园管理到成熟葡萄发酵，从成品酒的酿造到分销，无不精心照料。经营者坚持尊重自然的原则，在选择生产方式的同时注重对自然的保护。酿造第二代卡皮诺（Il Carpino）时酒庄舍弃了小型木桶，重新使用大型橡木桶。通常，葡萄会进行几天时间的浸皮，以诱发出复杂的香气和粗壮的口味。要是一些年轻的葡萄藤无法产生这些特质，那葡萄酒就会在不锈钢桶里发酵和陈酿。

○ Collio Malvasia V. Runc '11	🍷🍷🍷 3*
○ Bianco Carpino '09	🍷🍷 4
○ Bianco Runc '11	🍷🍷 3*
○ Exordium '09	🍷🍷 5
○ Malvasia '09	🍷🍷 5
○ Chardonnay '09	🍷🍷 4
○ Collio Sauvignon V. Runc '11	🍷🍷 2*
○ Ribolla Gialla '09	🍷🍷 4
● Rosso Carpino '09	🍷🍷 5
○ Vis Uvae '09	🍷🍷 5
○ Collio Bianco V. Runc '10	🍷🍷🍷 2*
● Rubrum '99	🍷🍷🍷 3
○ Bianco Carpino '08	🍷🍷 4
○ Malvasia '08	🍷🍷 5

Casa Zuliani
VIA GRADISCA, 23
34072 FARRA D'ISONZO [GO]
TEL. 0481888506
www.casazuliani.com

藏酒销售
预约参观
年产量 130 000 瓶
葡萄种植面积 20 公顷

1932年，组里阿诺·组里阿尼（Zuliano Zuliani）建立了卡萨组里阿尼酒庄（Casa Zuliani）。在酒庄工作多年后，里卡尔多·曼费蒂诺（Riccardo Monfardino）——这个出生于撒丁岛（Sardinian）而被弗留利人（Friulian）抚养大的孤儿，在几年前买下了它。酒庄总部所处的豪华宅邸和酒窖位于伊松诺·法拉（Farra d'Isonzo），而葡萄园位于科里奥（Collio）和弗留利伊松佐法定酒产区（Friuli Isonzo DOC）。酒庄成立不久后，里卡尔多聘请了声名远播的酿酒师詹尼·梅蒂诺（Gianni Menotti）。詹尼对酒庄的酿酒学家奥马尔·卡法尔（Omar Caffar）的工作提出了宝贵的意见，从而提高了酿酒工作的效率。

● Winter Rosso 5/95 '08	🍷🍷 5
● Winter Rosso 95/5 '08	🍷🍷 5
○ Collio Friulano '11	🍷🍷 3
○ Collio Malvasia '11	🍷🍷 3
● Collio Merlot '09	🍷🍷 3
○ Collio Pinot Grigio '11	🍷🍷 3
○ Collio Sauvignon '11	🍷🍷 3
○ Winter Chardonnay '09	🍷🍷 3
○ Winter Pinot Grigio '11	🍷🍷 4
○ Collio Chardonnay '11	🍷 3
○ Collio Ribolla Gialla '11	🍷 3
● Winter Rosso '04	🍷🍷🍷 4
○ Collio Friulano '09	🍷🍷 2*
● Winter Rosso 5/95 '06	🍷🍷 5

弗留利—威尼斯朱利亚区
FRIULI VENEZIA GIULIA

Lino Casella
VIA ALBANA, 55 - 33040 PREPOTTO [UD]
TEL. 0432713429
info.casella@libero.it

年产量 16 000 瓶
葡萄种植面积 3.5 公顷

过去在本地区的几家酒庄工作时，里诺•卡塞拉（Lino Casella）总是梦想着有朝一日能有一个属于自己的酒窖，让他可以把对土地的爱注入到酒品里。2006年，他终于等来了良机，收购了普列泊托（Prepotto）地区一个由里耶皮（Rieppi）家族建立于19世纪初的历史悠久的酒庄。酒庄的农场和酒窖组成了一个别致的庭院，展现了本地区过去的农业建筑风格。葡萄园被精心打理，葡萄藤的平均树龄超过40岁。

● COF Merlot '08	♟♟ 3*
● COF Schioppettino '09	♟♟ 5
● COF Tazzelenghe '09	♟♟ 3
● Franconia '09	♟♟ 3*
○ COF Friulano '10	♟ 3
○ COF Ribolla Gialla '10	♟ 3
○ COF Bianco Sel. dei Roseti '07	♛♛ 3*
○ COF Friulano '09	♛♛ 3*
● COF Merlot '07	♛♛ 4*
● COF Rosso Sel. dei Roseti '07	♛♛ 4*
● COF Schioppettino '07	♛♛ 4
○ COF Tocai Friulano '06	♛♛ 3*
● Franconia '07	♛♛ 4*
● Franconia '06	♛♛ 4*

Castello di Buttrio
VIA MORPURGO, 9 - 33042 BUTTRIO [UD]
TEL. 0432673015
www.castellodibuttrio.it

藏酒销售
预约参观
膳宿接待
年产量 40 000 瓶
葡萄种植面积 18.5 公顷

布特里奥（Buttrio）离乌迪内（Udine）很近。酒庄自布特里奥（Buttrio）起，绵延至亚得里亚海（Adriatic），形成一个自然的圆形竞技场。布特里奥（Buttrio）小镇的起源可以追溯到9世纪，里面的城堡拆了又建，多年如此。小镇的历史进程很大程度上随着城堡的兴衰而变化。1994年，这块地被马可•费鲁伽（Marco Felluga）所购买，如今，管理的指挥棒传到了他女儿亚历山德拉（Alessandra）的手里。亚历山德拉的激情和创业精神，加上安德烈亚•皮塔纳（Andrea Pittana）做出的宝贵贡献，使得出产的葡萄酒在质量上实现了质的飞跃。

○ COF Friulano '11	♟♟ 3*
● COF Merlot '09	♟♟ 3*
○ COF Bianco Mon Blanc '11	♟♟ 3*
○ COF Chardonnay '11	♟♟ 3
○ COF Sauvignon '11	♟♟ 3
○ COF Ribolla Gialla '11	♟ 3
● COF Rosso Mon Rouge '10	♟ 4
○ COF Bianco Mon Blanc '10	♛♛ 3
○ COF Dolce Mille e una Botte '08	♛♛ 3
○ COF Friulano '10	♛♛ 3
○ COF Malvasia '10	♛♛ 3
● COF Pignolo '06	♛♛ 5
○ COF Sauvignon '10	♛♛ 3
○ COF Sauvignon '09	♛♛ 3

弗留利—威尼斯朱利亚区
FRIULI VENEZIA GIULIA

Castello di Spessa
VIA SPESSA, 1
34070 CAPRIVA DEL FRIULI [GO]
TEL. 0481639914
www.paliwines.com

藏酒销售
预约参观
餐饮接待
年产量 80 000 瓶
葡萄种植面积 28 公顷

斯佩萨•卡斯特罗酒庄（Castello di Spessa）是一座壮观的别墅，位于科里奥（Collio）的中心地带，被一座华丽的意大利式花园所簇拥。酒庄是"帕里葡萄酒"（Pali Wines）品牌的一部分。这个品牌既代表洛霍托•帕里（Loretto Pali）庄园的葡萄酒，也象征着该酒庄的精神。像所有的豪华古宅一样，斯佩萨•卡斯特罗酒庄（Castello di Spessa）极具魔力的原因，部分因为其优雅的建筑，美丽的历史，悠久的公园用地，也为其数百年的历史、人物和事。酿酒学家多梅尼科•罗瓦特（Domenico Lovat）和顾问詹尼•梅诺蒂（Gianni Menotti）多年来在帕里（Pali）负责葡萄酒的酿造。

○ Collio Pinot Bianco '11	🍷🍷🍷 4*
● Collio Merlot V. Rosaris '09	🍷🍷 5
○ Collio Friulano '11	🍷🍷 3
○ Collio Pinot Bianco di Santarosa '10	🍷🍷 4
○ Collio Pinot Grigio '11	🍷🍷 4
○ Collio Sauvignon '11	🍷🍷 4
○ Collio Sauvignon Segrè '11	🍷🍷 4
● Friuli Isonzo Cabernet Sauvignon Boatina '10	🍷🍷 3
○ Friuli Isonzo Ribolla Gialla Boatina '11	🍷 3
○ Collio Ribolla Gialla '11	🍷 4
○ Friuli Isonzo Friulano Boatina '11	🍷 3
○ Friuli Isonzo Sauvignon Boatina '11	🍷 3
○ Collio Pinot Bianco '06	🍷🍷🍷 3
○ Collio Tocai Friulano '05	🍷🍷🍷 3

Castelvecchio
VIA CASTELNUOVO, 2 - 34078 SAGRADO [GO]
TEL. 048199742
www.castelvecchio.com

藏酒销售
预约参观
年产量 250 000 瓶
葡萄种植面积 40 公顷

特拉内奥（Terraneo）家族打理的卡斯特维克利奥酒庄（Castelvecchio）位于卡索•乔里兹亚诺（Carso Goriziano），萨基亚多（Sageado）的上方。未受破坏的自然风景令人着迷，仿佛诉说着这片土地古老而高贵的起源。今天，一座文艺复兴时期的别墅和一个种有古老橡树的可爱公园见证着一直以来的兴衰。覆盖浅层铁的岩石基质、富含石灰岩的有机红壤、寒风气候和晚摘葡萄，这些因素组合起来使得产量有限的葡萄拥有了极为独特的个性。詹尼•梅诺蒂（Gianni Menotti）的酿酒师身份使得酒品的品质有了进一步的保障。

● Carso Merlot '06	🍷🍷 5
● Carso Cabernet Franc '09	🍷🍷 4
● Carso Cabernet Sauvignon '09	🍷🍷 4
○ Carso Sauvignon '11	🍷🍷 3
○ Terrano Rosé Brut	🍷🍷 4
○ Carso Malvasia Dileo '11	🍷 4
○ Carso Malvasia Istriana '11	🍷 3
○ Carso Pinot Grigio '11	🍷 3
● Carso Terrano '11	🍷 3
○ Carso Malvasia Istriana '07	🍷🍷 3
● Carso Merlot '05	🍷🍷 5
● Carso Merlot '04	🍷🍷 5
● Carso Refosco P. R. '08	🍷🍷 4
● Sagrado Rosso '05	🍷🍷 5

弗留利—威尼斯朱利亚区
FRIULI VENEZIA GIULIA

Marco Cecchini
LOC. CASALI DE LUCA
VIA COLOMBANI - 33040 FAEDIS [UD]
TEL. 0432720563
www.cecchinimarco.com

藏酒销售
预约参观
年产量 40 000 瓶
葡萄种植面积 10 公顷

马尔科·塞奇尼（Marco Cecchini）把自己看做是一个葡萄酒技工。在他很小的时候，偶然一次机会，他的祖父叫他帮忙收获葡萄，恰巧产生了我们所说的"一见钟情"，促使他踏入葡萄酒业。马尔科（Marco）很快拿到经济学学位后，全身心照料法耶迪斯（Faedis）丘陵地带的葡萄园。渐渐地，他建立了一个酒庄，并得到了迅速的发展。现在，酒庄10公顷的土地上，有一半种植了平均近40岁的葡萄藤。有限的葡萄酒品种使得马尔科（Marco）可以全身心把每种葡萄酒做好做精。马尔科（Marco）将每种酒品一样对待，连它们的售价都一样。

○ COF Bianco Tovè '10	♛ 3*
● COF Refosco P. R. '09	♛ 3
○ Pinot Grigio '11	♛ 3
○ Riesling '09	♛ 4
○ COF Bianco Tovè '09	♛♛ 3*
○ COF Bianco Tovè '08	♛♛ 3*
○ COF Bianco Tovè '05	♛♛ 2
○ COF Bianco Tovè '02	♛♛ 2*
● COF Refosco P. R. '08	♛♛ 3*
● COF Refosco P. R. '07	♛♛ 3
● COF Rosso Careme '06	♛♛ 3
○ Picolit '07	♛♛ 5
○ Pinot Grigio Vign. Bellagioia '08	♛♛ 2*
○ Riesling '08	♛♛ 2*

Eugenio Collavini
LOC. GRAMOGLIANO
VIA DELLA RIBOLLA GIALLA, 2
33040 CORNO DI ROSAZZO [UD]
TEL. 0432753222
www.collavini.it

藏酒销售
预约参观
年产量 1 500 000 瓶
葡萄种植面积 173 公顷
葡萄栽培方式 传统栽培

科拉维尼（Collavini）酒庄的名字源自1896年创建了它的尤格尼奥（Eugenio）。20世纪70年代期间，曼利奥·科拉维尼（Manlio Collavini）买下了一个16世纪的庄园主住宅用作宅邸和科拉维尼（Collavini）酒庄的基地，从而扩大了庄园面积。同时，曼利奥（Manlio）不断开发酒庄的潜力。1996年，酒庄全方位的内部农学家监督机制的开展，确保了葡萄供应商的忠诚度，并使之建设了现代化的葡萄园，使得产品的质量有了明显转变。现在，他的儿子路易吉（Luigi）、乔万尼（Giovanni），酿酒专家瓦尔特·伯格那彻（Walter Bergnach）协助在旁。瓦尔特的工作确保了适销对路酒品的大产量供应。

○ Collio Bianco Broy '11	♛♛♛ 4*
● Collio Merlot dal Pic '06	♛♛ 5
○ COF Ribolla Gialla Turian '11	♛♛ 6
○ Collio Friulano T '11	♛♛ 3*
○ Collio Pinot Grigio '11	♛♛ 2*
○ Collio Sauvignon Blanc Fumât '11	♛♛ 3*
○ Collio Bianco Broy '10	♛♛♛ 4
○ Collio Bianco Broy '09	♛♛♛ 4*
○ Collio Bianco Broy '08	♛♛♛ 4*
○ Collio Bianco Broy '07	♛♛♛ 4
○ Collio Bianco Broy '06	♛♛♛ 4
○ Collio Bianco Broy '04	♛♛♛ 4
○ Collio Bianco Broy '03	♛♛♛ 4
● COF Rosso Forresco '05	♛♛ 5

FRIULI VENEZIA GIULIA

Colle Duga
loc. Zegla, 10 - 34071 Cormòns [GO]
Tel. 048161177
www.colleduga.com

藏酒销售
预约参观
年产量 50 000 瓶
葡萄种植面积 9 公顷

科勒•杜卡（Colle Duga）酒庄处于科里奥（Collio）的中心地区，右边正是斯洛文尼亚（Slovenian）的裘里斯卡布尔达山脉（Goriska Brda）。自1991年起，达米安•普林西科（Damian Princic）就在这里管理着科勒•杜卡（Colle Duga）家族酒庄。酒庄的名字来自科蒙斯•泽格拉（Cormòns Zegla）的一个葡萄园。他的妻子莫妮卡（Monica）负责文书工作，父亲卢西亚诺（Luciano）打理葡萄园，而酒庄未来的继任者，他的儿女科林（Karin）和帕特里克（Patrick）也协助在旁。多年来，达米安（Damian）与众不同的酿酒方法保证了酒庄的出品具备一流品质，不仅口感强劲浓烈，而且酒体优雅至极。

Colmello di Grotta
loc. Grotta
via Gorizia, 133
34072 Farra d'Isonzo [GO]
Tel. 0481888445
www.colmello.it

藏酒销售
预约参观
年产量 85 000 瓶
葡萄种植面积 15 公顷

1965年，卢西亚娜•贝纳迪（Luciana Benatti）把一处长期废弃的农场改造成现代化的酿酒厂，在尊重当地传统的同时，重新恢复昔日的繁荣。现在，她的女儿弗朗西斯卡•波托洛托•帕萨蒂（Francesca Bortolotto Possati）继承了母亲的酿酒厂、葡萄园和对葡萄种植的热情。弗朗西斯卡（Francesca）把酒庄的重心放在对酒品质量的提高上。在这方面，酿酒专家法比奥•科瑟（Fabio Coser）给她提供了宝贵的意见。对自然地理的精通使得她能够充分挖掘科里奥（Collio）山和邻近伊松佐（Isonzo）平原的价值。

○ Collio Bianco '11	🍷🍷🍷 4*
○ Collio Friulano '11	🍷🍷🍷 3*
○ Collio Pinot Grigio '11	🍷🍷 3*
○ Collio Sauvignon '11	🍷🍷 3*
● Collio Merlot '10	🍷🍷 4
○ Collio Chardonnay '11	🍷 3
○ Collio Bianco '08	🍷🍷🍷 3*
○ Collio Bianco '07	🍷🍷🍷 3
○ Collio Friulano '09	🍷🍷🍷 3*
○ Collio Tocai Friulano '06	🍷🍷🍷 3*
○ Collio Tocai Friulano '05	🍷🍷🍷 3*
○ Collio Bianco '10	🍷🍷 3
○ Collio Pinot Grigio '10	🍷🍷 3*
○ Collio Pinot Grigio '09	🍷🍷 3*

○ Collio Sauvignon '11	🍷🍷 3*
○ Collio Friulano '11	🍷🍷 3*
○ Collio Pinot Grigio '11	🍷🍷 3
○ Friuli Isonzo Chardonnay '11	🍷🍷 2*
○ Friuli Isonzo Sauvignon '11	🍷🍷 2*
○ Collio Chardonnay '11	🍷 3
○ Collio Ribolla Gialla '11	🍷 3
○ Friuli Isonzo Pinot Grigio '11	🍷 2
○ Collio Pinot Grigio '10	🍷🍷 3*
○ Collio Ribolla Gialla '10	🍷🍷 3*
○ Collio Sauvignon '10	🍷🍷 3*
● Friuli Isonzo Cabernet Sauvignon '09	🍷🍷 3*
● Friuli Isonzo Cabernet Sauvignon '08	🍷🍷 3*
● Friuli Isonzo Merlot '04	🍷🍷 3

弗留利—威尼斯朱利亚区
FRIULI VENEZIA GIULIA

Gianpaolo Colutta
VIA ORSARIA, 32A - 33044 MANZANO [UD]
TEL. 0432510654
www.coluttagianpaolo.it

藏酒销售
预约参观
年产量 150 000 瓶
葡萄种植面积 30 公顷

贵族家族克鲁塔（Coluttas）在曼扎诺（Manzano）地区从事农业生产已有上千年。20世纪30年代，克鲁塔家族（Coluttas）建立起半都特（Bandut）酿酒厂，从此迈入了葡萄酒酿造的行列。1999年，产业被分为两份给了兄弟二人。吉安保罗•克鲁塔（Gianpaolo Colutta）决定用自己的名字给他的新酒庄命名，以此与另一个酒庄区别开来。吉安保罗（Gianpaolo）对酒庄和土地的热爱感染了女儿伊莉莎贝塔（Elisabetta）。现在，父女俩一起管理着酒庄。酒庄的两条重要生产线一条生产经典葡萄酒，一条生产珍藏葡萄酒（Riversas）。

○ COF Bianco Prarion '11	♛♛ 4
○ COF Picolit '10	♛♛ 8
● COF Rosso Frassinolo '07	♛♛ 5
○ COF Verduzzo Friulano '11	♛♛ 4
○ COF Ribolla Gialla '11	♛ 4
○ Ribolla Gialla Brut	♛ 4
○ COF Picolit '09	♚♚ 8
● COF Pignolo '06	♚♚ 7
● COF Pignolo '05	♚♚ 7
● COF Pignolo '04	♚♚ 7
○ COF Pinot Grigio '05	♚♚ 3*
○ COF Ribolla Gialla '10	♚♚ 4
○ COF Ribolla Gialla '09	♚♚ 4*
● COF Tazzelenghe '06	♚♚ 6

Giorgio Colutta - Bandut
VIA ORSARIA, 32 - 33044 MANZANO [UD]
TEL. 0432740315
www.colutta.it

藏酒销售
预约参观
参观设施
年产量 150 000 瓶
葡萄种植面积 21 公顷

吉尔吉奥•克鲁塔（Giorgio Colutta）的酒庄亦称半都特（Bandut），这个名字来源于一个古老的农场。酒庄处在一个18世纪的豪华古宅，20世纪初被安东尼奥•克鲁塔（Antonio Colutta）收购。葡萄园位于波特里奥（Buttrio）、曼扎诺（Manzano）和罗萨佐（Rosazzo），全部在知名的弗留利东科利山葡萄园（Colli Orientali del Friuli Vine）和葡萄酒公园（Wine Park）内，葡萄园的管理者是享有威望的安东尼奥•玛吉奥（Antonio Maggio）。自酿酒学家亚历山德罗•桑德里恩（Alessandro Sandrin）到来后就稳步提高了全套系列葡萄酒的质量。无论是白葡萄酒还是红葡萄酒，特点都很典型突出、香气浓郁，口感极为迷人。

○ COF Friulano '11	♛♛ 3
● COF Pignolo '06	♛♛ 7
○ COF Ribolla Gialla '11	♛♛ 4
○ COF Sauvignon '11	♛♛ 3
● COF Refosco P. R. '10	♛♛ 3
○ Ribolla Gialla Brut	♛♛ 4
○ COF Friulano '10	♚♚ 3*
○ COF Picolit '03	♚♚ 6
○ COF Pinot Grigio '09	♚♚ 3*
● COF Refosco P. R. '08	♚♚ 3
○ COF Sauvignon '10	♚♚ 3
○ COF Sauvignon '09	♚♚ 3*
● COF Schioppettino '07	♚♚ 4
○ Picolit '07	♚♚ 7

弗留利—威尼斯朱利亚区
FRIULI VENEZIA GIULIA

Conte d'Attimis-Maniago
VIA SOTTOMONTE, 21 - 33042 BUTTRIO [UD]
TEL. 0432674027
www.contedattimismaniago.it

藏酒销售
预约参观
年产量 400 000 瓶
葡萄种植面积 85 公顷

酒庄原本由特努塔·索托莫特（Tenuta Sottomonte）建立于1585年。今天由孔特阿贝托（Conte Alberto d'Attimis-Maniago Marchiò）管理。特努塔·索托莫特酒庄（Tenuta Sottomonte）位于布特里奥（Buttrio）的山上，酒窖由经验老道的酿酒师弗朗西斯科·斯皮塔勒里（Francesco Spitaleri）管理。酒庄超过70%的葡萄园种植了本地葡萄，适应本地气候，质量上乘。酒庄采用延长生产周期的做法，虽然有点过时，但它确实提高了葡萄藤的品种特性。家族17世纪的古宅近期被翻修，而支持酒店、餐厅经营的马厩也在翻修。

di Lenardo
FRAZ. ONTAGNANO
P.ZZA BATTISTI, 1 - 33050 GONARS [UD]
TEL. 0432928633
www.dilenardo.it

藏酒销售
预约参观
年产量 600 000 瓶
葡萄种植面积 45 公顷

迪·勒纳多酒庄（di Lenardo Vineyards）的酒窖在昂特格纳诺村（Ontagnano）的中心地带，距弗留利平原地带的帕尔玛诺瓦（Palmanova）仅几公里远。酒庄看似古老，却活力十足。由马西莫·迪·勒纳多（Massimo di Lenardo）管理。马西莫是痴迷于葡萄酒文化的男人，他向世人展示了平原的葡萄园在明智的领导下也能产出真正优秀的酒品。马西莫十分了解市场行情，尤其是国外市场，其80%的产量都销往国外。酒庄的葡萄园主要位于弗留利·格雷夫（Grave del Friuli），还有小部分位于阿奎莱亚法定葡萄酒产区（Aquileia DOC）。

● COF Pignolo '07	🏆 7
○ COF Sauvignon '11	🏆 3*
○ COF Verduzzo Friulano Tore delle Signore '11	🏆 3
○ COF Chardonnay '07	🏆 3
○ COF Malvasia '06	🏆 3*
○ COF Sauvignon '10	🏆 3*
○ COF Sauvignon '09	🏆 3*
● COF Tazzelenghe '07	🏆 6
● COF Tazzelenghe '04	🏆 5
● COF Tazzelenghe '03	🏆 5
● COF Tazzelenghe '02	🏆 5

○ Chardonnay '11	🏆 2*
○ Comemivuoi '11	🏆 2*
○ Friuli Grave Friulano Toh! '11	🏆 2*
● Merlot Just Me '09	🏆 4
○ Pass the Cookies! '11	🏆 3*
○ Sarà Brut	🏆 3
○ Sauvignon Blanc '11	🏆 2*
● Cabernet '11	🏆 2
○ Father's Eyes '11	🏆 2
○ Pinot Grigio '11	🏆 2
○ Chardonnay '09	🏆 2*
○ Father's Eyes '08	🏆 2*
● Merlot Just Me '04	🏆 4
● Merlot Just Me '03	🏆 4

弗留利—威尼斯朱利亚区
FRIULI VENEZIA GIULIA

★★ Girolamo Dorigo

LOC. VICINALE
VIA DEL POZZO, 5 - 33042 BUTTRIO [UD]
TEL. 0432674268
www.montsclapade.com

藏酒销售
预约参观
参观设施
年产量 160 000 瓶
葡萄种植面积 40 公顷

吉罗拉莫•多里戈（Girolamo Dorigo）虽已不再酿造葡萄酒，但他的儿子阿莱西奥（Alessio）已接过酒庄发展的大旗，力求把这个活跃在弗留利区已有40年的酒庄带到新的高度。阿莱西奥（Alessio）把酿酒活动转移到了位于贝拉佐亚（Bellazoia），靠近普沃雷托地区（Povoletto）的一个新酒窖，在这里他买下了很多块地以补充在布特里奥（Buttrio）市区密集种植的8公顷葡萄园。新酿酒厂的口号很好地总结了阿莱西奥 (Alessio) 的酿酒理念——"多里戈，一个品牌，一种激情，一项永不止步的使命"。葡萄酒年产量为160 000瓶，其中经典梅特多（Metodo Classico）起泡葡萄酒占的份额逐年增加。

○ COF Sauvignon '11	🍷🍷 3*
○ COF Sauvignon Ronc di Juri '10	🍷🍷 5
○ Picolit '09	🍷🍷 8
○ Blanc de Noir Brut	🍷🍷 5
○ COF Chardonnay '10	🍷🍷 3
● COF Pignolo di Buttrio '09	🍷🍷 8
● COF Refosco P. R. '10	🍷🍷 5
● COF Rosso Montsclapade '09	🍷🍷 6
○ COF Ribolla Gialla '11	🍷 3
○ Dorigo Brut	🍷 4
○ COF Picolit Passito '95	🍷🍷🍷 5
● COF Rosso Montsclapade '06	🍷🍷🍷 6
● COF Rosso Montsclapade '04	🍷🍷🍷 6
● COF Rosso Montsclapade '98	🍷🍷🍷 6

Draga

LOC. SCEDINA, 8
34070 SAN FLORIANO DEL COLLIO [GO]
TEL. 0481884182
www.draga.it

藏酒销售
预约参观
年产量 40 000 瓶
葡萄种植面积 13 公顷

19世纪末，米克鲁斯家族（Miklus）就在圣•弗洛里亚诺（San Floriano）酿造葡萄酒。1982年，家族的第三代米兰•米克鲁斯（Milan Miklus）接管了酒庄，并重新规划葡萄园。10年后，他开始生产自己的瓶装葡萄酒，立刻获得了成功。今天，他的妻子安娜（Anna），孩子丹尼斯（Denis）、米提亚（Mitja）和米兰一起管理酒庄。葡萄园分处两块地区，与酿酒厂同名的德来格（Draga）葡萄园地理位置优越，通风良好。相比之下，风力相对较大的博格（Breg）葡萄园比较适合相对强健的葡萄品种。

○ Collio Malvasia Draga '10	🍷🍷 3*
● Collio Merlot Miklus '09	🍷🍷 5
○ Collio Sauvignon Draga '11	🍷 3
○ Collio Malvasia Miklus '08	🍷🍷 3
● Collio Merlot Miklus '08	🍷🍷 3
○ Collio Ribolla Gialla Miklus '07	🍷🍷 5
○ Collio Ribolla Gialla Miklus '06	🍷🍷 3

弗留利—威尼斯朱利亚区
FRIULI VENEZIA GIULIA

Mauro Drius
VIA FILANDA, 100 - 34071 CORMÒNS [GO]
TEL. 048160998
www.driusmauro.it

藏酒销售
预约参观
年产量 60 000 瓶
葡萄种植面积 15 公顷

经过多代人的经营，位于科蒙斯（Cormons）的德瑞乌斯（Drius）家族把对土地的热爱和在伊松佐（Isonzo）平原和科里奥•夸瑞山（Collio Mount Quarin）山坡上的一些优秀葡萄园传给了现任庄主毛罗•德瑞乌斯（Mauro Drius）。在父亲塞尔吉奥（Sergio）的帮助下，毛罗（Mauro）有条不紊地经营着酒庄，全身心投入到葡萄园的工作中。他喜欢把自己看做是一个农民，因为他热爱土地，特别是热爱他的葡萄园。在他背后，一个温馨的家庭支持着他。妻子纳迪亚（Nadia）负责酿酒厂的日常管理，而孩子也协助在旁，是酒庄未来的希望。

○ Collio Sauvignon '11	🍷🍷 3*
○ Friuli Isonzo Chardonnay '11	🍷🍷 3
○ Friuli Isonzo Malvasia '11	🍷🍷 3
● Friuli Isonzo Merlot '08	🍷🍷 3
○ Friuli Isonzo Pinot Grigio '11	🍷🍷 3
○ Friuli Isonzo Vignis di Siris '10	🍷🍷 3
○ Collio Friulano '11	🍷 3
○ Friuli Isonzo Pinot Bianco '11	🍷 3
○ Collio Tocai Friulano '05	🍷🍷🍷 3*
○ Friuli Isonzo Friulano '07	🍷🍷🍷 3
○ Friuli Isonzo Malvasia '08	🍷🍷🍷 3*
○ Friuli Isonzo Pinot Bianco '09	🍷🍷🍷 3*
○ Friuli Isonzo Malvasia '10	🍷🍷 3*

★Le Due Terre
VIA ROMA, 68B - 33040 PREPOTTO [UD]
TEL. 0432713189

藏酒销售
预约参观
年产量 20 000 瓶
葡萄种植面积 5 公顷
葡萄栽培方式 传统栽培

虽然酒庄的规模不大，但却是普列泊托（Prepotto）葡萄酒业的一颗明珠。弗拉维奥•巴西利卡塔（Flavio Basilicata）和西尔瓦娜•福尔特（Silvana Forte）夫妻俩配合默契，共同管理着该酒庄。酒庄坐落在山上，一侧山坡是石灰岩泥灰土，另一侧是红壤。弗拉维奥享受挑战，因此在这片白葡萄酒的故乡，他把大部分精力花在酿造本地和国际的红葡萄酒品种上，同时也力求酿制出出色的白葡萄酒，以取悦各种各样的品尝者。酒庄酿酒是使用天然酵母、自然发酵和长时间的木桶熟化。对酒的榨取被保持在最低限度，以保留葡萄品种的特性；另外，酿酒师们尽可能少地干扰酿酒过程。

● COF Rosso Sacrisassi '10	🍷🍷🍷 5
○ COF Bianco Sacrisassi '10	🍷🍷 5
● COF Merlot '10	🍷🍷 5
● COF Pinot Nero '10	🍷🍷 5
○ COF Bianco Sacrisassi '05	🍷🍷🍷 5
● COF Merlot '03	🍷🍷🍷 5
● COF Rosso Sacrisassi '09	🍷🍷🍷 5
● COF Rosso Sacrisassi '08	🍷🍷🍷 5
● COF Rosso Sacrisassi '07	🍷🍷🍷 5
○ COF Bianco Sacrisassi '09	🍷🍷 5
● COF Merlot '09	🍷🍷 5

弗留利—威尼斯朱利亚区
FRIULI VENEZIA GIULIA

Ermacora

FRAZ. IPPLIS
VIA SOLZAREDO, 9 - 33040 PREMARIACCO [UD]
TEL. 0432716250
www.ermacora.com

藏酒销售
预约参观
年产量 175 000 瓶
葡萄种植面积 47 公顷

1922年，安东尼奥（Antonio）和朱塞佩•艾玛克拉（Giuseppe Ermacora）兄弟俩选择了在伊普利斯山（Ipplis）建立葡萄园，为优秀酒庄的形成打下基础。他们的小型家庭酒庄运转了上百年，今天由极富远见的达里奥（Dario）和卢西亚诺（Luciano）两兄弟管理着。他们的目标是尽可能少地进行干预，谨慎运用创新技术来生产最好的葡萄。艾玛克拉酒庄（Ermacora）的葡萄酒的生产遵循自然规律，葡萄的味道体现出自然和谐的气息。

○ COF Picolit '09	🍷🍷 6
○ COF Friulano '11	🍷🍷 3
● COF Rosso Rîul '08	🍷🍷 3
○ COF Sauvignon '11	🍷🍷 3
○ COF Pinot Bianco '11	🍷 3
● COF Refosco P. R. '10	🍷 3
● COF Pignolo '00	🍷🍷🍷 5
○ COF Friulano '10	🍷🍷 3*
○ COF Picolit '08	🍷🍷 6
○ COF Picolit '07	🍷🍷 6
○ COF Pinot Bianco '10	🍷🍷 3*

Fantinel

FRAZ. TAURIANO
VIA TESIS, 8 - 33097 SPILIMBERGO [PN]
TEL. 0427591511
www.fantinel.com

藏酒销售
预约参观
餐饮接待
年产量 4 000 000 瓶
葡萄种植面积 300 公顷

很久之前，为了满足位于卡尼亚（Carnia）的家庭旅馆和餐馆的需要，马里奥（Mario）收购了一些葡萄园为顾客酿酒。1972年，卢西亚诺（Luciano）、吉安弗朗科（Gianfranco）和罗里斯•凡迪内尔（Loris Fantinel）决定延续父亲建立的家族生意。三人把位于科里奥（Collio）、格雷夫（Grave）和弗留利东科里山（Colli Orientali del Friuli）法定酒产区的葡萄园的面积从16公顷扩大至300公顷，现在交由家族的第三代继承人马尔科（Marco）、斯特凡诺（Stefano）和玛利亚艾乐娜（Mariaelena）管理。高雅的酒庄总部在图里亚诺（Tauriano），靠近斯皮林伯格（Spilimbergo），周围被葡萄藤环绕。在这里，詹尼•卡姆珀•达尔奥托（Gianni Campo Dall'Orto）和安德里亚诺•科佩蒂（Adriano Copetti）轻车熟路地酿造着葡萄酒。

○ Collio Chardonnay Sant'Helena '11	🍷🍷 3*
○ Collio Sauvignon Sant'Helena '11	🍷🍷 3
○ Ribolla Gialla Sant'Helena '11	🍷🍷 3
⊙ Brut Rosé	🍷 3
○ Collio Pinot Grigio Sant'Helena '11	🍷 3
○ Collio Bianco Sant'Helena '10	🍷🍷 3
○ Collio Bianco Sant'Helena '09	🍷🍷 3
○ Collio Ribolla Gialla Sant'Helena '10	🍷🍷 3
● Collio Rosso Sant'Helena '05	🍷🍷 3
● Friuli Grave Refosco P. R. Sant'Helena '06	🍷🍷 3

弗留利—威尼斯朱利亚区
FRIULI VENEZIA GIULIA

★★Livio Felluga
FRAZ. BRAZZANO
VIA RISORGIMENTO, 1 - 34071 CORMÒNS [GO]
TEL. 048160203
www.liviofelluga.it

藏酒销售
预约参观
年产量 800 000 瓶
葡萄种植面积 155 公顷

20世纪50年代，利维奥•菲鲁格（Livio Felluga）在罗萨佐（Rosazzo）收购了第一批葡萄藤，并建立了利维奥•菲鲁格（Livio Felluga）酒庄，如今他已经是98岁高龄的老人了。凭借着利维奥（Livio）于1956年创造的别具特色的品牌，酒庄的出品很快声名鹊起。这些葡萄酒的特色就在于忠实呈现了酒庄所处山区的原貌。现在，利维奥（Livio）的四个孩子打理着位于科里奥（Collio）和弗留利东科利山（Colli Orientali del Friuli）的大面积葡萄园。最近，他们收购了罗萨佐（Rosazzo）修道院的葡萄园和酒窖。这个地方多个世纪以来一直代表着这个弗留利区（Fruili）的历史和葡萄酒文化。

○ COF Bianco Illivio '10	🍷🍷🍷 5
○ COF Picolit '08	🍷🍷 8
○ COF Rosazzo Bianco Terre Alte '10	🍷🍷 7
○ COF Friulano '11	🍷🍷 4
○ COF Pinot Grigio '11	🍷🍷 4
● COF Rosazzo Sossò Ris. '08	🍷🍷 7
○ COF Sauvignon '11	🍷🍷 4
○ Collio Bianco Rosenplatz '08	🍷🍷 4
● COF Refosco P. R. '99	🍷🍷🍷 4
○ COF Rosazzo Bianco Terre Alte '09	🍷🍷🍷 7
○ COF Rosazzo Bianco Terre Alte '08	🍷🍷🍷 7
○ COF Rosazzo Bianco Terre Alte '07	🍷🍷🍷 7
○ COF Rosazzo Bianco Terre Alte '06	🍷🍷🍷 6
○ COF Rosazzo Bianco Terre Alte '04	🍷🍷🍷 6
○ COF Rosazzo Bianco Terre Alte '02	🍷🍷🍷 7
● COF Rosazzo Sossò Ris. '01	🍷🍷🍷 6

Marco Felluga
VIA GORIZIA, 121
34070 GRADISCA D'ISONZO [GO]
TEL. 048199164
www.marcofelluga.it

藏酒销售
预约参观
年产量 600 000 瓶
葡萄种植面积 100 公顷

马克•费鲁格（Marco Felluga）在20世纪50年代毕业于著名的科内格里安诺（Conegliano）葡萄酒学校，是科里奥（Collio）最伟大的革新家之一，为弗留利葡萄酒质量的提高做出了重要贡献，他的酒庄也成为整个地区的标杆。他的家族在19世纪中期的伊斯特里亚（Istria）开创了葡萄酒王朝。现在，家族的第五代人，马克的儿子罗伯托（Roberto）管理着酒庄。几年前，罗伯托开始注重提高科里奥白葡萄酒（Collio）的耐久存度，精选了酿制几年后才推出的珍藏葡萄酒（Riservas）。

○ Collio Friulano '11	🍷🍷 3
○ Collio Pinot Grigio Mongris '11	🍷🍷 3
○ Collio Pinot Grigio Mongris Ris. '09	🍷🍷 4
● Refosco P.R. Ronco dei Moreri '10	🍷🍷 3
○ Collio Chardonnay '11	🍷 4
○ Collio Ribolla Gialla '11	🍷 3
○ Collio Chardonnay '10	🍷🍷 3*
○ Collio Friulano '10	🍷🍷 3
● Collio Merlot Varneri '06	🍷🍷 3*
○ Collio Pinot Grigio Mongris '10	🍷🍷 3*
○ Collio Pinot Grigio Mongris Ris. '08	🍷🍷 4
○ Collio Pinot Grigio Mongris Ris. '07	🍷🍷 4

弗留利—威尼斯朱利亚区
FRIULI VENEZIA GIULIA

Davide Feresin

LOC. SAN BUIRINO, 2BIS
34071 CORMÒNS [GO]
TEL. 0481630032
www.feresin.it

藏酒销售
预约参观
年产量 45 000 瓶
葡萄种植面积 13 公顷

大卫·弗赫森（Davide Feresin）和妻子萨布利娜（Sabrina）的酒庄位于科里奥（Collio）和伊松佐（Isonzo）法定酒产区，离科蒙斯（Cormòns）不远的古老村庄圣·奎利诺（San Quirino）。其占地13公顷的葡萄园位于伊松佐（Isonzo）的平原上，地下的分层沉积土有着丰富的矿物质，十分适宜葡萄栽种。酿酒师米歇尔·比恩（Michele Bean）和大卫（Davide）一直配合默契，他们都是严格细致认真的人，尊重传统的酿酒工艺。他们认为，传统的酿酒和陈化工序更能引出葡萄本身层次感十足的味道，使葡萄酒更有陈酿价值。酒庄现在推出了两种珍藏版葡萄酒（Riservas），一种是名叫"艾迪（Edi）"的弗里乌拉诺（Friulano），另外一种是叫"波特·内罗（Nero di Botte）"的莱弗斯科（Refosco）。

● Friuli Isonzo Refosco P. R. Nero di Botte '08	▼▼ 5
○ Friuli Isonzo Friulano '11	▼▼ 3
○ Friuli Isonzo Friulano '10	▼▼ 3
○ Friuli Isonzo Friulano Davide Feresin '09	▼▼ 4
○ Friuli Isonzo Friulano '09	▼▼ 2*
○ Friuli Isonzo Pinot Grigio '09	▼▼ 2*
● Friuli Isonzo Refosco P. R. Nero di Botte '07	▼▼ 5
○ Friuli Isonzo Tocai Friulano Rive Alte l'Edi '04	▼▼ 3

Fiegl

FRAZ. OSLAVIA
LOC. LENZUOLO BIANCO, 1 - 34070 GORIZIA
TEL. 0481547103
www.fieglvini.com

藏酒销售
预约参观
年产量 150 000 瓶
葡萄种植面积 30公顷

自1782年起，来自奥地利的费格家族（Fiegls）在科里奥（Collio）和斯洛文尼亚交界处的奥斯拉维亚（Oslavia）山坡上种植葡萄。阿莱西奥（Alessio）、朱塞佩（Giuseppe）和罗纳尔多（Rinaldo）兄弟三人组成了一个合作默契、工作高效的家族团队，一起管理着30公顷的葡萄园。毕业归来的新一代酿酒师马丁（Martin）、罗伯特（Robert）和马特（Matej）也加入其中，为酒庄注入了新的热情和活力。近几年来，他们加大了对葡萄园和酒窖的投资力度，大大提升了葡萄酒的质量。

● Collio Merlot Leopold '06	▼▼ 4
○ Collio Malvasia '11	▼ 3
○ Collio Pinot Grigio '11	▼▼ 3
⊙ Fiegl Brut Rosé	▼ 4
⊙ Meja01 '08	▼▼ 5
○ Collio Friulano '11	▼ 3
○ Collio Sauvignon '11	▼ 3
○ Collio Pinot Grigio '04	▼▼▼ 2*
● Collio Cuvée Rouge Leopold '05	▼▼ 5
○ Collio Friulano '10	▼▼ 3
○ Collio Malvasia '07	▼▼ 3
● Collio Merlot Leopold '05	▼▼ 4
○ Collio Pinot Grigio '10	▼▼ 3*

弗留利—威尼斯朱利亚区
FRIULI VENEZIA GIULIA

Flaibani
via Casali Costa, 7
33043 Cividale del Friuli [UD]
Tel. 0432730943
www.flaibani.it

预约参观
年产量 18 000 瓶
葡萄种植面积 3.5 公顷
葡萄栽培方式 传统栽培

跟许多弗留利人一样，出生于乌迪内（Udine）的皮诺•弗莱巴尼（Pino Flaibani）在1976年的地震后返回弗留利（Friuli）参加灾后重建。几个月后，他和家人迁到弗留利•奇维达莱（Cividale del Friuli）的丛林里，并自此开始种植葡萄和酿造优质葡萄酒。虽然酒庄规模很小，产量有限，也没有很宏伟的酒窖，但并不妨碍他们酿造出一流的葡萄酒。与弗留利区白葡萄酒占主流的情况不同，皮诺只出产了两种白葡萄酒，却有四种红葡萄酒。他使用的酿酒方法遵循传统，传统得甚至还拥有一个古老的木制葡萄榨汁机。

● COF Cabernet Sauvignon Ris. '09	♛♛ 4
○ COF Pinot Grigio '11	♛♛ 3
● COF Tentazione '10	♛♛ 3
● Refosco P.R. '10	♛♛ 3
● COF Merlot Seduzione Ris. '07	♛♛ 4
○ Pinot Grigio '10	♛♛ 3
○ Riviere Bianco '07	♛♛ 3

Adriano Gigante
via Rocca Bernarda, 3
33040 Corno di Rosazzo [UD]
Tel. 0432755835
www.adrianogigante.it

藏酒销售
预约参观
年产量 60 000 瓶
葡萄种植面积 25 公顷

阿德里亚诺•吉格安特（Adriano Gigante）和妻子（Giuliana）经营的酒庄位于罗卡贝纳尔德（Rocca Bernarda）的山坡，是弗留利东科利山（Colli Orientali del Friuli）最有代表性的酒庄之一。酒庄的历史要从阿德里亚诺的祖父费鲁奇奥（Ferruccio）开始说起。1957年，他放弃干了40年的磨坊工作，将所有精力投入到沿用至今的斯托里科（Storico）葡萄园的建设之中。在儿子阿尔图罗（Arturo）、希尔瓦诺（Silvano）和路西阿诺（Luciano）的帮助下，费鲁奇奥（Ferruccio）开始以这个葡萄园为原料基地酿造出第一批出色的葡萄酒。这里四季阳光充足，土壤和气候条件俱佳，是葡萄酒生产的圣地。

○ COF Verduzzo Friulano '08	♛♛ 3*
● COF Cabernet Franc '10	♛♛ 3
○ COF Friulano '11	♛♛ 3*
○ COF Picolit '07	♛♛ 6
○ COF Pinot Grigio '11	♛♛ 3*
○ COF Sauvignon '11	♛♛ 3
● COF Schioppettino '09	♛♛ 3
○ COF Chardonnay '11	♛ 3
● COF Refosco P. R. '09	♛ 3
○ COF Ribolla Gialla '11	♛ 3
⊙ Ribolla Nera Brut Rosé	♛ 3
○ COF Tocai Friulano Vign. Storico '06	♛♛♛ 4
○ COF Tocai Friulano Vign. Storico '05	♛♛♛ 4
○ COF Tocai Friulano Vign. Storico '03	♛♛♛ 4

弗留利—威尼斯朱利亚区
FRIULI VENEZIA GIULIA

Gradis'ciutta
LOC. GIASBANA, 10
34070 SAN FLORIANO DEL COLLIO [GO]
TEL. 0481390237
robigradis@libero.it

藏酒销售
预约参观
年产量 60 000 瓶
葡萄种植面积 17 公顷

普林西科家族（Princic）的酿酒历史始于1780年毗邻斯洛文尼亚的科萨那（Kosana）。当年，因为哈伯斯伯格家族（Habsburgs）的没落、第一次世界大战的爆发和佃农的兴起，菲利普（Filip）的祖父决定搬迁到科里奥（Collio）。罗伯特·普林西科（Robert Princic）从小受父辈们的熏陶，在1997年完成酿酒学校的学业后，他在靠近科里奥·圣弗洛里亚诺（San Floriano del Collio）的吉亚斯巴那（Giasbana）建立了该酒庄，以家族最早的一块种植地命名它，并协助父亲伊斯多罗（Isidoro）管理酒庄。罗伯特一直以来的梦想是，酿造出完美展现科里奥地区（Collio）人文精神的白葡萄酒。

★★Gravner
FRAZ. OSLAVIA
LOC. LENZUOLO BIANCO, 9 - 34070 GORIZIA
TEL. 048130882
www.gravner.it

年产量 39 000 瓶
葡萄种植面积 18 公顷
葡萄栽培方式 传统栽培

贾斯科（Josko Gravner）是个正宗的农民，他热爱、尊重自己的土地，善于捕捉土地发出的信息，且照此行事。他喜欢回忆当初如何踏入葡萄酒界、如何尝试一切先进技术以及他父亲的微笑。他的父亲知道贾斯科终有一天会发现传统的才是最好的。事实果真如此。贾斯科更换了所有的不锈钢槽和小橡木桶，现在只使用大型的高加索瓦罐。红葡萄和白葡萄在里面进行6个多月的浸渍后，再放在大橡木桶里进行长达几年时间的熟化。产出的白葡萄酒色泽澄清，呈现典雅的琥珀色和金色，开胃可口且易于饮用。

○ Collio Bianco Bratinis '10	♛♛ 3*
○ Collio Chardonnay '11	♛♛ 2*
○ Collio Friulano '11	♛♛ 2*
○ Collio Ribolla Gialla '11	♛♛ 2*
○ Collio Sauvignon '11	♛♛ 3
○ Collio Pinot Grigio '11	♛ 3
○ Collio Bianco Bratinis '07	♛♛ 3*
○ Collio Bianco del Tüzz '05	♛♛ 3*
○ Collio Friulano '10	♛♛ 2
● Collio Merlot '07	♛♛ 3*
○ Collio Pinot Grigio '08	♛♛ 2*
○ Collio Pinot Grigio '06	♛♛ 2
○ Collio Ribolla Gialla '07	♛♛ 2*
○ Collio Ribolla Gialla '06	♛♛ 2

○ Breg '00	♛♛♛ 8
○ Breg '99	♛♛♛ 7
○ Breg '98	♛♛♛ 7
○ Chardonnay '93	♛♛♛ 7
○ Chardonnay '92	♛♛♛ 7
○ Chardonnay '88	♛♛♛ 7
○ Collio Chardonnay '91	♛♛♛ 7
○ Collio Chardonnay '90	♛♛♛ 7
○ Collio Chardonnay Ris. '91	♛♛♛ 7
○ Collio Ribolla Gialla '92	♛♛♛ 7
○ Collio Sauvignon '89	♛♛♛ 7
○ Ribolla Anfora '02	♛♛♛ 7
○ Ribolla Anfora '01	♛♛♛ 7
○ Sauvignon '93	♛♛♛ 7

弗留利—威尼斯朱利亚区
FRIULI VENEZIA GIULIA

Jacùss
FRAZ. MONTINA
V.LE KENNEDY, 35A - 33040 TORREANO [UD]
TEL. 0432715147
www.jacuss.com

藏酒销售
预约参观
年产量 50 000 瓶
葡萄种植面积 10 公顷

1990年,桑德罗(Sandro)和安德里亚•杰可意(Andrea Jacuzzi)决定从混合种植转变为单一的葡萄栽培;同年便在弗留利东科利山(Colli Orientali del Friuli)奇维达莱(Cividale)外的托瑞阿诺(Torreano)建立了酒庄。兄弟二人齐心协力管理这个小型的家族酒庄,在蒙蒂那(Montina)村庄里打理占地10公顷的葡萄园。酒庄不断升级葡萄培育系统,显著地提高葡萄质量。杰可意酒庄的出品一直以风格直率、清淡而闻名,同时又带有原产地的风味。

○ COF Pinot Bianco '11	♛♛♛ 3
● COF Schioppettino Fucs e Flamis '10	♛♛ 3*
● COF Tazzelenghe '08	♛♛ 3
○ COF Verduzzo Friulano '07	♛♛ 3
○ COF Friulano '11	♛ 3
● COF Refosco P. R. '08	♛ 3
○ COF Pinot Bianco '04	♛♛ 2*
● COF Refosco P. R. '07	♛♛ 3
● COF Refosco P. R. '00	♛♛ 3
● COF Schioppettino Fucs e Flamis '09	♛♛ 3
● Tazzelenghe '07	♛♛ 2
● Tazzelenghe '03	♛♛ 2*

★★Jermann
FRAZ. RUTTARS
LOC. TRUSSIO, 11
34070 DOLEGNA DEL COLLIO [GO]
TEL. 0481888080
www.jermann.it

预约参观
年产量 750 000 瓶
葡萄种植面积 110 公顷

安东•赫尔曼(Anton Jermann)新建立的酒窖是传统欧式建筑和技术革新的完美结合,坐落于20多公顷风景如画的的葡萄园内。这座宏伟的酒窖专门用来酿造维格纳图斯(Vignatruss)、卡波•马蒂诺(Capo Martino)和威尔•吉姆斯(Where Dreams)以及让酒庄名声大噪的维塔吉•图尼那葡萄酒(Vintage Tunina)。其他葡萄酒的酿制则在酒庄办公室所在地,法拉(Farra)附近维拉诺瓦(Villanova)的原酒窖进行。

○ Capo Martino '10	♛♛♛ 8
○ Vintage Tunina '10	♛♛ 8
○ W.... Dreams.... '10	♛♛ 8
○ Chardonnay '11	♛♛ 5
○ Collio Picolit '08	♛♛ 7
● Pignacolusse '07	♛♛ 8
○ Pinot Bianco '11	♛♛ 5
○ Pinot Grigio '11	♛♛ 5
○ Traminer Aromatico '11	♛♛ 5
○ Vinnae '11	♛♛ 4
○ Vintage Tunina '08	♛♛♛ 7
○ Vintage Tunina '07	♛♛♛ 7
○ W.... dreams... '09	♛♛♛ 6
○ W.... Dreams... .... '06	♛♛♛ 6

弗留利—威尼斯朱利亚区
FRIULI VENEZIA GIULIA

Kante
Fraz. San Pelagio - loc. Prepotto, 1a
34011 Duino Aurisina [TS]
Tel. 040200255
kante.edi@libero.it

年产量 40 000 瓶
葡萄种植面积 13 公顷
葡萄栽培方式 传统栽培

艾迪•坎特（Edi Kante）酒庄绝对算是卡索（Carso）地区最具代表性的酒庄。虽然这里的岩层坚硬贫瘠，但地底的落水洞里孕育了肥沃的土壤。艾迪•坎特决定炸开这片土地，开辟出一片葡萄园。葡萄园洒满阳光，海岸的微风和深山来的布拉风（Bora）尽情滋养着园里的葡萄。艾迪的酒窖算得上是古迹了。一排排整齐的半圆形木桶和法国橡木桶呈椭圆型排列在锯齿状的闪闪发光的石墙边。酒窖位于卡索（Carso）腹地，高盐度的空气通过神秘的地下管道进出酒窖，里面恒温恒湿。

★Edi Keber
loc. Zegla, 17 - 34071 Cormòns [GO]
Tel. 048161184
www.edikeber.it

藏酒销售
预约参观
参观设施
年产量 50 000 瓶
葡萄种植面积 12公顷
葡萄栽培方法 传统栽培

科博尔家族（Kebers）的祖先来自蒙大拿（Medana），他们现居科里奥•乔里兹亚诺（Collio Goriziano）中心靠近科蒙斯（Cormons）的泽格拉（Zegla）。两地虽仅隔几百米，但是前者越过了斯洛文尼亚（Slovenia）边境。酒庄的现任庄主是艾迪•科博尔（Edi Kelber），他的儿子克里斯蒂安（Kristian）几年前完成了在酿酒学校的学业后回到酒庄帮忙。近20年来，伊迪一直为酿造出科里奥（Collio）这一款优秀的混合白葡萄酒而奋斗，并终于取得了成功。他引领酿酒技术革新，其他酒商纷纷效仿。

○ Carso Malvasia '09	♛♛ 5
○ Carso Vitovska Sel. '04	♛♛ 5
○ Carso Chardonnay '09	♛♛ 5
○ Carso Pinot Bianco PiKante	♛♛ 5
○ Carso Sauvignon '09	♛♛ 5
○ Carso Vitovska '09	♛♛ 5
○ Carso Malvasia '07	♛♛♛ 5
○ Carso Malvasia '06	♛♛♛ 5
○ Carso Malvasia '05	♛♛♛ 5
○ Carso Malvasia '98	♛♛♛ 5
○ Carso Sauvignon '92	♛♛♛ 5
○ Carso Sauvignon '91	♛♛♛ 5
○ Chardonnay '94	♛♛♛ 5
○ Chardonnay '90	♛♛♛ 5

○ Collio '11	♛♛ 3*
○ Collio Bianco '10	♛♛♛ 3*
○ Collio Bianco '09	♛♛♛ 3
○ Collio Bianco '08	♛♛♛ 3*
○ Collio Bianco '04	♛♛♛ 3
○ Collio Bianco '02	♛♛♛ 3
○ Collio Tocai Friulano '07	♛♛♛ 3
○ Collio Tocai Friulano '06	♛♛♛ 3
○ Collio Tocai Friulano '05	♛♛♛ 3
○ Collio Tocai Friulano '03	♛♛♛ 3*
○ Collio Tocai Friulano '01	♛♛♛ 3
○ Collio Tocai Friulano '99	♛♛♛ 3
○ Collio Tocai Friulano '97	♛♛♛ 3
○ Collio Tocai Friulano '95	♛♛♛ 3

弗留利—威尼斯朱利亚区

FRIULI VENEZIA GIULIA

Renato Keber
LOC. ZEGLA, 15 - 34071 CORMÒNS [GO]
TEL. 0481639844
www.renatokeber.it

Thomas Kitzmüller
FRAZ. BRAZZANO
VIA XXIV MAGGIO, 56 - 34070 CORMÒNS [GO]
TEL. 048160853
www.kitzmuller.it

藏酒销售
预约参观
参观设施
年产量 60 000 瓶
葡萄种植面积 15 公顷

藏酒销售
预约参观
参观设施
年产量 30 000 瓶
葡萄种植面积 4 公顷

雷纳托的酒庄由科博尔家族（Kebers）创建于20世纪末。20世纪80年代，雷纳托•科博尔（Renato Keber）完成了在酿酒学校的学业，回来接管酒庄的管理工作。他谦逊低调，热爱大自然，并主张葡萄酒的酿造应该充分利用前人留下的宝贵遗产。雷纳托从不走极端，力求以天然的方式种植葡萄和酿制葡萄酒，注重对自然的尊重和对不同葡萄特性的挖掘。在妻子萨维娜（Savina）的支持下，雷纳托深信这片土地极具潜力，自己将在既定的道路上越走越远。

1987年，托马斯•克祖米勒（Thomas Kitzmüller）建立的酒庄位于科蒙斯（Cormons）附近的布拉扎诺（Brazzano），占地仅4公顷的土地分布在科里奥（Collio）和伊松佐（Isonzo）法定酒产区。酒窖由一个小巧精美的18世纪农场改造而成，里面名为美梦酒店（Mummelhaus）的农舍吸引了旅客来此体验一番怀旧气息。托马斯是自然种植和保护环境的忠实拥护者，酒庄的小规模使他能够一丝不苟地打理葡萄园，使得出产的葡萄酒拥有独特丰富的个性和诱人的口感。

○ Collio Friulano Zegla Ris. '08	❦❦❦ 5
● Collio Merlot Grici Ris. '06	❦❦ 5
○ Collio Friulano Zegla '05	❦❦❦ 5*
○ Collio Friulano Zio Romi Ris. '09	❦❦ 5
○ Collio Friulano Zegla '07	❦❦ 5
○ Collio Bianco Beli Grici '05	❦❦ 5
○ Collio Chardonnay Grici '06	❦❦ 5
○ Collio Friulano Ris. '08	❦❦ 3
● Collio Merlot Grici Ris. '03	❦❦ 5
○ Collio Ribolla Gialla Extreme '06	❦ 4
○ Collio Ribolla Gialla Extreme '05	❦ 4
○ Collio Sauvignon '06	❦❦ 4
○ Collio Sauvignon Grici '05	❦❦ 5

○ Collio Friulano '11	❦❦❦ 3*
○ Collio Traminer Aromatico '11	❦❦ 3
● Cabernet Franc Corte Marie '11	❦ 2
○ Friuli Isonzo Friulano Corte Marie '11	❦ 2
○ Friuli Isonzo Malvasia Juliae '11	❦ 2
● Friuli Isonzo Rosso '11	❦ 2
○ Collio Friulano '09	❦❦❦ 2*
○ Collio Friulano '10	❦❦ 2*
○ Collio Ribolla Gialla '09	❦❦ 2*
○ Collio Ribolla Gialla '08	❦❦ 2*
○ Collio Sauvignon '09	❦❦ 2*
○ Collio Traminer Aromatico '09	❦❦ 2*
○ Collio Traminer Aromatico '08	❦❦ 2*
○ Friuli Isonzo Friulano Corte Marie '10	❦❦ 2

弗留利—威尼斯朱利亚区
FRIULI VENEZIA GIULIA

Albino Kurtin

LOC. NOVALI, 9 - 34071 CORMÒNS [GO]
TEL. 048160685
www.winekurtin.it

藏酒销售
预约参观
年产量 60 000 瓶
葡萄种植面积 11 公顷

库尔丁（Kurtin）的酒庄修建于1906年，坐落于科蒙斯（Cormons）附近的诺瓦里（Novali）。这里像一个天然的圆形剧场，朝向斯洛文尼亚，四季阳光充足，是生产优质白葡萄酒的绝佳之地。今天，阿尔比诺（Albino）经营着设备精良的酒窖，他既欢迎创新，也尊重传统，成功改良了葡萄园的葡萄栽种技术。他的葡萄酒在不锈钢槽和斯拉夫尼亚橡木桶里酿制，完美结合了当地的传统味道和国际流行的新元素。

Lis Fadis

FRAZ. SPESSA
S.DA SANT'ANNA, 66
33043 CIVIDALE DEL FRIULI [UD]
TEL. 0432719510
www.vinilisafadis.it

藏酒销售
预约参观
年产量 11 000 瓶
葡萄种植面积 10 公顷

古文物研究者亚力桑卓•马克瑞（Alessandro Marcorin）和商界巾帼瓦妮•拉蒲罗娜（Vanilla Plozner）实现了长期以来的梦想，创建了里斯•法迪斯酒庄（Lis Fadis）。两人倾注了很多心血，把一幢破败的18世纪村舍改造成了先进的酒窖。酒窖配备用天然材料搭建的混凝土槽和传统的大型橡木桶，几名资深的葡萄酒技术人员全程监督酿造和熟化的过程。尽管酒庄的酒品数目不多，但都是上乘之作，果味芬芳、态度优雅、个性鲜明。

○ Opera Prima Bianco '11	3*
○ Collio Friulano '11	3
○ Collio Malvasia '11	3
○ Collio Sauvignon '11	3
● Collio Cabernet Franc '09	3
● Collio Rosso '09	4
○ Collio Friulano '09	3*
○ Collio Malvasia '10	3
○ Collio Malvasia '08	3*
○ Collio Ribolla Gialla '10	3
● Collio Rosso '08	4
○ Collio Sauvignon '10	3
○ Opera Prima Bianco '10	3
○ Opera Prima Bianco '09	3*

● COF Merlot Gjan '09	5
○ Friulano Sbilf '10	5
○ Chardonnay Guriut '09	5
● Bergul '08	5
○ Sbilf '09	4

FRIULI VENEZIA GIULIA

★Lis Neris

VIA GAVINANA, 5
34070 SAN LORENZO ISONTINO [GO]
TEL. 048180105
www.lisneris.it

藏酒销售
预约参观
年产量 400 000 瓶
葡萄种植面积 70 公顷

19世纪末，佩科拉里（Pecorari）家族移居到了圣•罗伦佐•伊松蒂诺（San Lorenzo Isontino）。20世纪90年代，家族里的第四代继承人阿尔瓦罗•佩科拉里（Alvaro Pecorari）接手祖业，对酒庄进行翻新，继而成功创造了李氏内利斯（Lis Neris）柔顺复杂的葡萄酒。葡萄园位于伊松佐（Isonzo）右岸与斯洛文尼亚的交界，是砾石型高原地貌，附近亚得里亚海（Adriatic）的地中海气候和巨大温差使葡萄成熟得更缓慢，果香和平衡更佳。葡萄园一共有四处，它们是格里斯（Gris）、皮科尔（Picol）、朱罗萨（Jurosa）和内利斯（Neris）。

○ Friuli Isonzo Pinot Grigio Gris '10	♛♛♛ 4*
○ Friuli Isonzo Sauvignon Picòl '10	♛♛ 4
○ Confini '09	♛♛ 5
○ Friuli Isonzo Chardonnay Jurosa '10	♛♛ 4
○ Friuli Isonzo Friulano La Vila '10	♛♛ 4
○ Friuli Isonzo Pinot Grigio '11	♛♛ 3
○ Lis '08	♛♛ 5
○ Fiore di Campo '06	♛♛♛ 3
○ Friuli Isonzo Pinot Grigio Gris '09	♛♛♛ 4*
○ Pinot Grigio Gris '08	♛♛♛ 4*
○ Sauvignon Picol '06	♛♛♛ 3

★Livon

FRAZ. DOLEGNANO
VIA MONTAREZZA, 33
33048 SAN GIOVANNI AL NATISONE [UD]
TEL. 0432757173
www.livon.it

藏酒销售
预约参观
参观设施
年产量 900 000 瓶
葡萄种植面积 175 公顷

多尔力诺（Dorino）于1964年创建的李维恩酒庄（Livon）现在由他的两个儿子凡尔尼奥（Valneo）和东尼诺（Tonino）经营着。这两兄弟十分有生意头脑，几年前，他们扩张了酒庄的规模，收购了翁布里亚（Umbria）的科尔圣托（Colsanto）和基安蒂（Chianti）瑞达（Radda）的伯格•塞尔瑟迪诺庄园（Borgo Salcetion）。酒庄的葡萄酒力求呈现出地域特色，繁多的品种中既有清新风味的维拉•奇尔普利斯（Villa Chiopris）也有鲜润多汁的科里奥•乔里兹诺（Collio Goriziano）。酿酒大师罗纳尔多•斯托科（Rinaldo Stocco）多年来监督着葡萄酒的酿造，使每一种酒品都具有高质量。

○ Collio Friulano Manditocai '10	♛♛♛ 5
○ Braide Alte '10	♛♛ 5
○ Collio Bianco Solarco '10	♛♛ 3*
○ Collio Friulano Ronc di Zorz '11	♛♛ 3
○ Collio Sauvignon Blanc '11	♛♛ 4
○ Malvasia Soluna '11	♛♛ 4
○ Collio Ribolla Gialla RoncAlto '11	♛ 4
○ Braide Alte '09	♛♛♛ 5
○ Braide Alte '07	♛♛♛ 5
○ Collio Braide Alte '08	♛♛♛ 3

Tenuta Luisa

FRAZ. CORONA
VIA CORMONS, 19
34070 MARIANO DEL FRIULI [GO]
TEL. 048169680
www.viniluisa.com

藏酒销售
预约参观
年产量 300 000 瓶
葡萄种植面积 79 公顷

从13岁开始，埃迪•路易萨（Eddi Luisa）每天都起早贪黑地干活。终于，他和妻子拥有了一家他们一直引以为傲的路易萨酒庄（Tenuta Luisa）。现在，他们的儿子米歇尔（Michele）和大卫（Davide）也延续了家族刻苦耐劳的传统，在庄园里帮忙。美丽的酒庄位于弗留利•马里亚诺（Mariano del Friuli）附近伊松佐（Isonzo）法定酒产区的科罗娜（Corona）。埃迪•路易萨（Eddi Luisa）不断推进葡萄酒的质量和产量的提升，为酒庄在业界里赢得不俗的声誉。他们的葡萄酒个性鲜明，其中不乏好几种优秀的精选酒。

Magnàs

LOC. BOATINA
VIA CORONA, 47 - 34071 CORMÒNS [GO]
TEL. 048160991
www.magnas.it

藏酒销售
预约参观
膳宿接待
年产量 25 000 瓶
葡萄种植面积 10 公顷

酒庄的创始人路西阿诺•维斯蒂尼（Luciano Visintin）出身于有一个多世纪种植历史的农业世家。他在20世纪70年代初来到邻近科蒙斯（Cormons）、伊松佐（Isonzo）法定酒产区的宝蒂娜（Boatina），建立了马格纳斯庄园（Magnas）。马格纳斯（Magnas）是对维斯蒂尼家族（Visintin）这个分支的昵称，同时也象征了家族忠诚、骄傲和高贵的献身精神。在这种精神的鼓舞下，出品葡萄酒的质量大幅提升，产量也逐年增加。现在酒庄的管理者是路西阿诺（Luciano）的儿子吉尔吉奥（Giorgio），他肩负着传承酒庄光荣传统的重任。

● Friuli Isonzo Cabernet Sel. I Ferretti '07	♛♛ 4
○ Desiderium Sel. I Ferretti '10	♛♛ 4
○ Friuli Isonzo Friulano '11	♛♛ 3
○ Friuli Isonzo Sauvignon '11	♛♛ 3
○ Friuli Isonzo Chardonnay '11	♛ 3
○ Friuli Isonzo Pinot Bianco '11	♛ 3
○ Ribolla Gialla '11	♛ 3
○ Desiderium Sel. I Ferretti '09	♛♛ 4
○ Friuli Isonzo Friulano '10	♛♛ 3*
○ Friuli Isonzo Pinot Bianco '10	♛♛ 3*
● Friuli Isonzo Refosco P. R. '08	♛♛ 3*

○ Friuli Isonzo Chardonnay '11	♛♛ 3
○ Friuli Isonzo Friulano '11	♛♛ 3
○ Friuli Isonzo Pinot Grigio '11	♛♛ 3
○ Friuli Isonzo Sauvignon '11	♛♛ 3
○ Malvasia '11	♛♛ 3
○ Friuli Isonzo Friulano '10	♛♛ 3*
○ Friuli Isonzo Friulano '09	♛♛ 3*
○ Friuli Isonzo Sauvignon '10	♛♛ 3*
○ Malvasia '10	♛♛ 3*

弗留利—威尼斯朱利亚区
FRIULI VENEZIA GIULIA

Valerio Marinig
VIA BROLO, 41 - 33040 PREPOTTO [UD]
TEL. 0432713012
www.marinig.it

藏酒销售
预约参观
年产量 30 000 瓶
葡萄种植面积 8 公顷

1921年，瓦莱里·奥玛丽宁戈（Valerio Marinig）的曾祖父路易吉（Luigi）创建了这座酒庄。现在，家族的第四代继承人——瓦莱里（Valerio）继承祖业，经营着葡萄园和酒窖。他的父亲瑟尔吉奥（Sergio），母亲、侍酒师马瑞莎（Marisa）和妻子米谢拉（Michela）均在酒庄帮忙。占地8公顷的葡萄园散布在弗留利东科利山（Colli Orientali del Friuli）法定产区的普列泊托（Prepotto）山。这里的土壤和气候长久以来都十分适宜葡萄栽种。

● COF Pignolo '08	♛♛ 4
● Biel Cûr Rosso '09	♛♛ 3
○ COF Friulano '11	♛♛ 2*
○ COF Sauvignon '11	♛♛ 2*
○ COF Chardonnay '11	♛ 2
○ COF Pinot Bianco '11	♛ 2
● COF Refosco P. R. '10	♛ 2
○ COF Friulano '10	♟♟ 2*
○ COF Sauvignon '10	♟♟ 2*
○ COF Sauvignon '09	♟♟ 2*

Piera Martellozzo
VIA PORDENONE, 33
33080 SAN QUIRINO [PN]
TEL. 0434963100
www.martellozzo.com

藏酒销售
预约参观
年产量 7 000 000 瓶
葡萄种植面积 未提供

凭着"女人也可以成为一名实事求是的酿酒师"的这股信念，来自威尼托区（Veneto）的皮尔拉·马特罗佐酒庄（Piera Martellozzo）在弗留利（Friuli）找到了另一片天地。皮尔拉（Piera）家族对生产葡萄和葡萄酒有一套传统方法。她明智地选用本土特色葡萄品种，带给了顾客们非凡的味觉享受，获得了巨大的成功。酒庄的葡萄酒品种丰富，能满足各种需求。无论您喜欢口感清爽、容易入口的葡萄酒或刚强有力的珍藏酒（Riservas），拟或是闪亮的斯帕蒙特葡萄酒（Spumantes）和有机葡萄酒，都能在此畅饮一番。

○ Friuli Grave Milo Bianco '10	♛♛ 4
● Friuli Grave Rosso Tabbor '10	♛♛ 4
○ Ribolla Gialla Brut 075 Carati	♛♛ 2*
○ Dry Cuvée Rosé 075 Carati	♛ 2
○ Friuli Grave Chardonnay Terre Magre '11	♛ 2
○ Friuli Grave Friulano Terre Magre '11	♛ 2
○ Friuli Grave Sauvignon Terre Magre '11	♛ 3
○ Friuli Grave Traminer Aromatico Grave Terre Magre '11	♛ 3
● Perle di Piera Rosé Brut	♛ 3
○ Friuli Grave Bianco Milo '09	♟♟ 2*
○ Friuli Grave Bianco Milo '06	♟♟ 2*

Davino Meroi

VIA STRETTA, 7B - 33042 BUTTRIO [UD]
TEL. 0432674025
parco.meroi@virgilio.it

藏酒销售
预约参观
年产量 20 000 瓶
葡萄种植面积 12 公顷

玛若依（Meroi）酒庄的名字来自它的创始人达维诺（Davino），但是多年来管理酒庄的却是他的儿子保罗（Paolo）。保罗（Paolo）还打理一家营业已100多年的小饭馆，饭馆里提供玛若依葡萄酒（Meroi）、弗留利美食以及令人垂涎欲滴的烤肉。布特里奥（Buttrio）壮丽的丘陵地带坐落着弗留力东科里山（Colli Orientali del Friuli）的顶级葡萄园，保罗（Paolo）在里面满怀激情地打理祖父多蒙尼克（Domennico）30多年前栽种的葡萄藤。健康饱满的优质葡萄使得保罗（Paolo）能够创造出极具特色的葡萄酒，在木桶陈酿后产生精准诱人的香气。

○ COF Friulano '10	▼▼▼ 5
○ COF Chardonnay '10	▼▼▼ 5
○ COF Picolit '10	▼▼ 6
○ COF Verduzzo Friulano '10	▼▼▼ 5
● COF Merlot Ros di Buri '09	▼▼▼ 5
● COF Merlot V. Dominin '09	▼▼ 6
○ COF Sauvignon '10	▼ 4
○ COF Verduzzo Friulano '08	▽▽▽ 5
○ COF Chardonnay '09	▽▽ 5
○ COF Picolit '09	▽▽ 6
● COF Refosco P. R. Dominim '08	▽▽ 6
○ COF Verduzzo Friulano '09	▽▽ 5

★Miani

VIA PERUZZI, 10 - 33042 BUTTRIO [UD]
TEL. 0432674327
aletulissi@libero.it

藏酒销售
预约参观
年产量 8 000 瓶
葡萄种植面积 16 公顷
葡萄栽培方法 传统栽培

米阿尼酒庄（Miani）位于弗留力东科里山（Colli Orientali del Friuli）的布特里奥（Buttrio）。毫不夸张地说，酒庄的经营可以媲美一件工艺品的加工。多年来，虽然酒庄的葡萄酒为恩佐•庞托尼（Enzo Pontoni）赢得了当之无愧的名声，但他的酿酒理念没有丝毫改变。他每天起早贪黑地在酒庄忙碌地工作，外人根本不可能通过电话联系到他。恩佐（Enzo）对葡萄园里的葡萄藤百般照料，使得其酿造的葡萄酒在市场上供不应求。这些葡萄酒拥有极其优雅的气质和完美的结构。这一点，我们从产量上就可以看出。16公顷的葡萄藤只出产10种左右的酒款，大约8 000多瓶的葡萄酒。

○ COF Friulano Buri '10	▼▼ 5
● COF Rosso Miani '09	▼▼▼ 7
● Calvari '02	▽▽▽ 8
● COF Merlot Filip '06	▽▽▽ 8
● COF Merlot Filip '04	▽▽▽ 8
● COF Merlot '02	▽▽▽ 8
● COF Merlot '99	▽▽▽ 8
● COF Tocai Firulano '00	▽▽▽ 8

弗留利—威尼斯朱利亚区
FRIULI VENEZIA GIULIA

Moschioni

LOC. GAGLIANO
VIA DORIA, 30 - 33043 CIVIDALE DEL FRIULI [UD]
TEL. 0432730210
info@moschioni.eu

预约参观
年产量 40 000 瓶
葡萄种植面积 14 公顷

关于莫斯奇欧尼（Moschioni）酒庄，我们必须提到的是，虽然这片土地以种植白葡萄而出名，但它除了皮科里特葡萄酒（Picolit）外只酿造红葡萄酒。米切尔（Michele）小心翼翼地照料着葡萄藤，因此葡萄的收成，尤其是当地葡萄的收成非常好。米切尔（Michele）通常会对葡萄进行脱水处理，从而提高酒精的浓度和含量，同时又不会影响整体味道的平衡感，米切尔（Michele）喜欢把这一过程称作"燥化"。现在，米切尔的孩子——阿莱西亚（Alessia）和瓦伦蒂诺（Valentino）完成了学业后帮忙打理酒庄，时不时还出国洽谈酒庄的业务。

● Rosso Pit Franc '08	6
● COF Refosco P. R. '07	4
● COF Rosso Reâl '08	5
● COF Schioppettino '08	6
● COF Rosso Celtico '08	5
● COF Schioppettino '06	6
● COF Pignolo '07	6
● COF Refosco P. R. '06	4
● COF Rosso Celtico '06	5

Mulino delle Tolle

FRAZ. SEVEGLIANO
VIA MULINO DELLE TOLLE, 15
33050 BAGNARIA ARSA [UD]
TEL. 0432928113
www.mulinodelletolle.it

藏酒销售
预约参观
膳宿接待
年产量 100 000 瓶
葡萄种植面积 22 公顷

托勒•穆利诺家族（Mulino delle Tolle）虽世代酿造葡萄酒，但直到1988年才对葡萄酒进行装瓶出售，售出的第一瓶酒是吉尔吉奥•波托西（Giogio Bertossi）。酒庄的新酒窖位于通往格拉多（Grado）的主干道，是由一个叫卡萨比昂卡（Casa Bianca）的农舍改造而成。农舍的前身是17世纪的麻风病院，后来又成为哈普斯堡皇室（Habsburg）下设的海关办公室。当地是阿奎莱亚（Aquileia）的法定葡萄酒产区，同时也是一个历史悠久的地方，不时会出土很多价值连城的考古珍品。在这里，人们曾经发现了整整一船的古希腊和罗马人使用的两耳细颈椭圆土罐，证明葡萄酒在2000多年前已经是当地居民生活中重要的一部分。该地区以平原地貌为主，出产的葡萄酒结构优良，是饭前开胃的佳品。

○ Friuli Aquileia Friulano '11	3
○ Friuli Aquileia Malvasia '11	3
● Friuli Aquileia Refosco P. R. '10	2*
○ Friuli Aquileia Traminer Aromatico '11	3
○ Friuli Aquileia Bianco Palmade '11	3
○ Friuli Aquileia Friulano '09	2*
○ Friuli Aquileia Malvasia '09	2*
○ Friuli Aquileia Sauvignon '10	2*
○ Friuli Aquileia Sauvignon '09	2*

弗留利—威尼斯朱利亚区
FRIULI VENEZIA GIULIA

Muzic

loc. Bivio, 4
34070 San Floriano del Collio [GO]
Tel. 0481884201
www.cantinamuzic.it

藏酒销售
预约参观
年产量 90 000 瓶
葡萄种植面积 16 公顷

1963年，乔凡尼•穆兹科（Giovanni Muzic）的父母在科里奥•圣弗洛里亚诺（San Floriano del Collio）山坡收购了5公顷葡萄园，并以佃农的身份种植葡萄。今天，16公顷的葡萄园由乔凡尼（Giovanni）打理。人称"伊凡（Ivan）"的乔凡尼（Giovanni）是一个真正的葡萄酒巧手匠，同时也是自由自在、钟爱打理葡萄藤的人。他的妻子奥利尔塔（Orietta）很欢迎客人参观他们美丽的18世纪地下酒窖。酒窖里面，在光秃秃的石墙和拱形的天花板下，是熟化红葡萄酒用的一排排小木桶。木桶储存室与一个设施齐备的现代酿酒工作间相通。从这里产出的葡萄酒味道直率，芳香扑鼻，充满个性。

○ Collio Bianco Bric '11	🍷🍷 3*
○ Collio Friulano V. Valeris '11	🍷🍷 3*
○ Collio Pinot Grigio '11	🍷🍷 3*
○ Collio Malvasia '11	🍷🍷 3
○ Collio Ribolla Gialla '11	🍷🍷 3
○ Collio Sauvignon V. Pàjze '11	🍷🍷 3
○ Collio Chardonnay '11	🍷 3
● Friuli Isonzo Merlot '10	🍷 3
○ Collio Bianco Bric '10	🍷🍷 3
○ Collio Friulano V. Valeris '10	🍷🍷 2*
○ Collio Malvasia '10	🍷🍷 3
○ Collio Malvasia '09	🍷🍷 3*
○ Collio Pinot Grigio '10	🍷🍷 3
○ Collio Sauvignon V. Pàjze '10	🍷🍷 3

Evangelos Paraschos

loc. Bucuje, 13a
34070 San Floriano del Collio [GO]
Tel. 0481884154
www.paraschos.it

藏酒销售
预约参观
年产量 14 000 瓶
葡萄种植面积 6.5 公顷
葡萄栽培方式 传统栽培

伊旺格罗斯•巴拉史斯（Evangelos Paraschos）出生在希腊，但1979年起就一直在科里奥•圣弗洛里亚诺（San Floriano del Collio）居住和工作，并很快对当地和维帕克（Vipacco）山谷的酿酒传统了如指掌。他把白葡萄放进开口的斯拉夫尼亚大型橡木桶或者陶瓦制的两耳细颈椭圆土罐里进行几天时间的浸皮处理。发酵时，他不采用温控技术和人工培植的酵母菌。酿造完成后的葡萄酒不经过过滤、澄清和沉淀，并至少在两年时间后才被装瓶。葡萄汁和葡萄酒中绝对不含二氧化硫。有时，巴拉史斯（Paraschos）出产的朦胧葡萄酒十分与众不同，色调奢华，令人如痴如醉。

○ Ribolla Gialla '09	🍷🍷 5
○ Chardonnay '09	🍷🍷 3
○ Kaj '09	🍷🍷 5
● Merlot '09	🍷🍷 4
○ Ponka '09	🍷🍷 5
● Skala '07	🍷🍷 5
○ Chardonnay '08	🍷🍷 3
○ Kaj '08	🍷🍷 5
○ Kaj '06	🍷🍷 5
● Merlot '08	🍷🍷 4
● Noir '07	🍷🍷 5
○ Ribolla Gialla '08	🍷🍷 5
○ Ribolla Gialla '06	🍷🍷 5

FRIULI VENEZIA GIULIA

Alessandro Pascolo
Loc. Ruttars, 1
34070 Dolegna del Collio [GO]
Tel. 048161144
www.vinipascolo.com

藏酒销售
预约参观
年产量 25 000 瓶
葡萄种植面积 7 公顷

1970年，亚历山德罗·帕斯科洛（Alessandro Pascolo）的祖父萌生了想在郊区进行投资的绝妙想法。于是，亚历山德罗·帕斯科洛酒庄（Alessandro Pascolo）应运而生。当时，亚历山德罗·帕斯科洛（Alessandro Pascolo）的祖父捉住了这个机遇，买下了这个科里奥·多雷那地区（Dolegna del Collio）葡萄酒的珍宝——位于日照充足的路塔（Ruttars）山坡上的，四周被葡萄园环绕的一个农庄。作为一名资深的农学家、酿酒师和品酒师，亚历山德罗（Alessandro）的酿酒理念是酿造出个性鲜明突出的葡萄酒，他悉心打理葡萄园以求培养出肉厚多汁的葡萄，从而保证酒品结构的稳定。酒庄一般采用不锈钢容器来酿制白葡萄酒；采用带有细微纹理的中型木桶酿制红葡萄酒，以保留品种特性。

○ Collio Bianco Agnul '10	▼ 3
○ Collio Friulano '11	▼▼ 3*
● Collio Merlot Sel. '09	▼▼ 4
○ Collio Pinot Grigio '11	▼▼ 3*
● Collio Rosso Pascal '09	▼▼ 3
○ Collio Bianco Agnul '09	♀♀ 3
○ Collio Bianco Agnul '07	♀♀ 3*
○ Collio Malvasia '09	♀♀ 3*
● Collio Merlot Sel. '08	♀♀ 4
● Collio Merlot Sel. '07	♀♀ 4
● Collio Merlot Sel. '06	♀♀ 4
● Collio Pinot Grigio '09	♀♀ 3*
○ Collio Pinot Grigio '08	♀♀ 3*

Pierpaolo Pecorari
Via Tommaseo, 36c
34070 San Lorenzo Isontino [GO]
Tel. 0481808775
www.pierpaolopecorari.it

藏酒销售
预约参观
年产量 130 000 瓶
葡萄种植面积 30 公顷
葡萄栽培方式 有机认证

皮尔帕罗·派克拉瑞酒庄（Pierpaolo Pecorari）的葡萄园全部位于富含氧化盐的伊松佐河（Isonzo）平原上，庄主派克拉瑞（Pecoraris）家族是一个历史悠久的葡萄酒世家。19世纪70年代初，在皮尔帕罗（Pierpaolo）的极力推动下，酒庄的葡萄酒质量有了显著的提高。现在，他的儿子亚历山德罗（Alessandro）帮助父亲经营着家族的产业。酒庄主要生产三种葡萄酒：第一种是新鲜的、适宜早期饮用的同年佳酿。第二种是要在不锈钢容器混杂沉淀物进行熟化的阿尔蒂（Altis）。第三种是使用橡木桶酿造而成的旗舰酒品。这种酒以原产葡萄园的名字命名，分别是奥利弗斯（Olivers）、科劳斯（Kolaus）和索瑞斯（Soris）。

○ Friuli Isonzo Friulano '11	▼▼ 3*
○ Pinot Grigio '11	▼ 3
○ Sauvignon Kolàus '96	▼▼▼ 3
○ Chardonnay '09	♀♀ 3*
● Merlot Baolar '03	♀♀ 3
○ Pinot Bianco Altis '10	♀♀ 4
○ Pinot Bianco Altis '04	♀♀ 4
○ Pinot Grigio '04	♀♀ 4*
○ Pinot Grigio Olivers '09	♀♀ 4
○ Sauvignon Blanc '10	♀♀ 3
○ Sauvignon Blanc '09	♀♀ 3*
○ Sauvignon Kolaus '09	♀♀ 5

弗留利—威尼斯朱利亚区
FRIULI VENEZIA GIULIA

Perusini
LOC. GRAMOGLIANO
VIA TORRIONE, 13
33040 CORNO DI ROSAZZO [UD]
TEL. 0432675018
www.perusini.com

藏酒销售
预约参观
膳宿接待
年产量 50 000 瓶
葡萄种植面积 13 公顷

从19世纪晚期开始，贾科莫•波鲁西尼（Giacomo Perusini）开始有针对性地挑选和保护几种本地葡萄品种，并以此酿造皮科里特酒（Picolit）。特蕾莎•波鲁西尼（Teresa Perusini）是酒庄的现任管理者，同时也是一位艺术史的专家和激情四射的种植者。她的丈夫贾科莫•德•佩斯（Giacomo De Pace）和他们的孩子卡罗（Carlo）、托马索（Tommaso）、米切尔（Michele）协助在旁。阳光充裕的葡萄园横跨了格拉默格里亚诺（Gramogliano）、洛萨佐（Rosazzo）和罗卡•贝纳尔德（Rocca Bernarda）的高山，园里密集种植了一排排产量不多的葡萄藤。这家古老酒庄出产的葡萄酒完美地诠释了当地葡萄的独有特性。

● COF Cabernet Franc '09	♛♛ 3
● COF Cabernet Sauvignon '09	♛♛ 3
● COF Merlot '09	♛♛ 3
○ COF Ribolla Gialla '11	♛♛ 3
○ COF Sauvignon '11	♛♛ 3
○ COF Chardonnay '11	♛ 3
● COF Merlot Et. Nera '09	♛ 3
○ COF Pinot Grigio '11	♛
● COF Cabernet Sauvignon '08	♛♛ 3
○ COF Chardonnay '10	♛♛ 3*
○ COF Picolit '09	♛♛ 8
● COF Refosco P.R. '08	♛♛ 3
● COF Rosso del Postiglione '08	♛♛ 3
○ COF Sauvignon '08	♛♛ 3*

Petrucco
VIA MORPURGO, 12 - 33042 BUTTRIO [UD]
TEL. 0432674387
www.vinipetrucco.it

藏酒销售
预约参观
年产量 80 000 瓶
葡萄种植面积 25 公顷

出于对土地的热爱，保罗（Paolo）和妻子丽娜（Lina）收购了位于弗留力东科里山坡（Colli Orientali del Friuli）巴特里奥•迪蒙特地区（Buttrio di Monte）的佩特拉克酒庄（Petrucco），这里阳光充裕，天然圆形的绝佳地形使得游客能够眺望到迷人的亚得里亚海（Adriatic）。这里的大部分葡萄都是当年由伊特诺•巴尔博（Italo Balbo）种植的，他还迎娶了巴特里奥（Butttrio）当地的姑娘康特萨•福罗里奥（Contessa Florio）。为了纪念他，精心选材并经木桶熟化的巴尔博•龙科珍藏酒（Ronco del Balbo Riserva）以他的名字命名。多年来，酿酒学家法拉维奥•卡巴斯（Flavio Cabas）在葡萄酒酿造大师詹尼•梅诺蒂（Gianni Menotti）的协助下在葡萄园和酒窖之间来回忙碌着。

● COF Merlot Ronco del Balbo '09	♛♛ 3
● COF Pignolo Ronco del Balbo '08	♛♛ 5
● COF Refosco P.R. '10	♛♛ 3*
● COF Refosco P.R. Ronco del Balbo '09	♛♛ 4
○ COF Ribolla Gialla '11	♛♛ 3*
○ COF Friulano '11	♛ 3
○ COF Pinot Bianco '11	♛ 2
○ COF Pinot Grigio '11	♛ 2
● COF Merlot Ronco del Balbo '08	♛♛ 3
● COF Pignolo Ronco del Balbo '07	♛♛ 3
○ COF Pinot Grigio '09	♛♛ 2*
● COF Refosco P. R. Ronco del Balbo '08	♛♛ 3
● COF Refosco P. R. Ronco del Balbo '07	♛♛ 3

FRIULI VENEZIA GIULIA

Petrussa

via Albana, 49 - 33040 Prepotto [UD]
Tel. 0432713192
www.petrussa.it

藏酒出售
预约参观
年产量 40 000 瓶
葡萄种植面积 10 公顷

1986年，詹尼（Gianni）和保罗（Paolo）兄弟从父母手里接过佩特鲁莎酒庄（Petrussa）的指挥棒后，沿用家族传下来的朴实无华的传统方法酿造葡萄酒。酒庄一边毗邻斯洛文尼亚，另一边紧挨科里奥•哥里兹亚诺（Collio Goriziano）和被誉为斯奇派蒂诺葡萄酒（Schioppettino）摇篮的普列泊托地区（Prepotto）。为了使葡萄酒能够完美诠释地域风土，兄弟专注于使用产地特性鲜明的本地葡萄品种绿波廊葡萄（Ribolla Nera）来酿制斯奇派蒂诺葡萄酒（Schioppettino）。酒窖出产的红葡萄酒和白葡萄酒数量相当，两者均为地域特色浓郁的上等佳酿。

Roberto Picéch

loc. Pradis, 11 - 34071 Cormòns [GO]
Tel. 048160347
www.picech.it

藏酒销售
预约参观
参观设施
年产量 30 000 瓶
葡萄种植面积 7 公顷

1963年，厄吉迪奥•皮塞奇（Egidio Picech）获得了他工作多年的罗伯托•皮塞奇酒庄（Roberto Picech）的所有权。罗伯托•皮塞奇（Roberto Picech）因为其喧闹的性格而被当地人唤作"利贝尔（Ribel）"。幸运的是，他迎娶了性格温和的妻子，家庭生活因此十分安宁。罗伯托（Roberto）同时继承了父亲的果决和母亲的平和。他不轻易妥协的个性使得其酿造的葡萄酒同样带有一种不易理解的浓郁香味。无论潮流怎么变化，罗伯托（Roberto）生产的葡萄酒始终保持着鲜明的特色，且永不过时。葡萄的浸渍有时需要历时几天，为的是使酒品更为醇厚和复杂。

● COF Schioppettino di Prepotto '09	🍷🍷 5
○ COF Chardonnay S. Elena '10	🍷🍷 4
○ COF Friulano '11	🍷🍷 3*
○ COF Pinot Bianco '11	🍷🍷 3*
○ COF Sauvignon '11	🍷🍷 3*
● COF Merlot '10	🍷 3
○ COF Pensiero '09	🍷 5
● COF Rosso Petrussa '09	🍷 5
○ COF Chardonnay '07	🍷🍷 4
● COF Merlot '08	🍷🍷 5
○ COF Pinot Bianco '10	🍷🍷 3
● COF Schioppettino '07	🍷🍷 5
● COF Schioppettino di Prepotto '08	🍷🍷 5

○ Collio Pinot Bianco '11	🍷🍷 3*
○ Collio Bianco Athena '09	🍷🍷 7
○ Collio Bianco Jelka '10	🍷🍷 4
○ Collio Friulano '11	🍷🍷 3
○ Collio Malvasia '11	🍷🍷 3
● Collio Rosso Ruben Ris. '09	🍷🍷 6
● Collio Rosso '10	🍷 3
○ Collio Bianco Athena '05	🍷🍷🍷 7
○ Collio Bianco Jelka '99	🍷🍷🍷 7
○ Collio Bianco Athena '07	🍷🍷 7
○ Collio Bianco Jelka '09	🍷🍷 4
○ Collio Bianco Jelka '04	🍷🍷 3
○ Collio Pinot Bianco '07	🍷🍷 3
● Collio Rosso '07	🍷🍷 3

Vigneti Pittaro

VIA UDINE, 67 - 33033 CODROIPO [UD]
TEL. 0432904726
www.vignetipittaro.com

藏酒销售
预约参观
参观设施
年产量 400 000 瓶
葡萄种植面积 90 公顷

皮耶罗•皮塔罗（Piero Pittaro）出身在一个拥有450年酿酒历史的家庭。1970年，皮耶罗•皮塔罗（Piero Pittaro）在阳光充裕的弗留利安（Friulian）平原上创建了维格内蒂•皮塔罗酒庄（Vigneti Pittaro），其酿酒厂完美结合了优良农耕传统和先进技术，同时与当地的历史风貌融为一体。这里是弗留利•格雷夫（Friuli Grave）的法定产区。酒庄生产的白葡萄酒带有清新的果味芳香，而红葡萄酒因为在酒窖熟化的时间比较短，更具优雅和清新的酒香。以传统工艺酿制的起泡葡萄酒被放在酒窖的另一区域进行生产和熟化，酒窖经理斯蒂凡诺•特里恩卡（Stefano Trinca）的细心工作造就了这些葡萄酒的高质量。

○ Pittaro Brut Et. Oro '04	4
○ COF Friulano Ronco Vieri '10	3
○ Pittaro Brut Et. Argento	4
○ Pittaro Brut Pink	4
○ Ramandolo Ronco Vieri '09	3
○ Friuli Grave Chardonnay Mousqué '11	3
○ Manzoni Bianco '11	3
○ Apicio '06	3
○ COF Friulano Ronco Vieri '09	3
○ Friuli Grave Chardonnay Mousqué '10	3
○ Pittaro Brut Et. Oro '03	6
○ Pittaro Brut Et. Oro '02	6
○ Pittaro Brut Et. Oro '01	6

Denis Pizzulin

VIA BROLO, 43 - 33040 PREPOTTO [UD]
TEL. 0432713425
www.pizzulin.com

藏酒销售
预约参观
年产量 250 000 瓶
葡萄种植面积 11 公顷

在上一版《年鉴》中，我们说丹尼斯•皮祖林（Denis Pizzulin）的酒庄是弗留利（Friuli）酿酒业的新兴酒庄。2013年，我们很高兴地宣布，丹尼斯•皮祖林（Denis Pizzulin）酒庄酿造的葡萄酒确实是上等佳品。这家小型酒庄面积只有11公顷，分布在普利陂陀山区（Prepotto）的几个不同地方。这里的气候出奇地好，有充足的阳光，但没有受大风肆虐的困扰，加上土壤是非常适宜葡萄种植的沙岩和泥灰土的混合土。生产的小规模使得丹尼斯（Denis）能够密切地监视生产中的每一环节。

○ COF Friulano '11	2*
● COF Pignolo '08	5
○ COF Pinot Bianco '11	2*
○ COF Refosco P. R. Ris. '08	3
○ COF Schioppettino di Prepotto '09	3
○ COF Cabernet Franc '11	2
● COF Pinot Nero '10	2
○ COF Rarisolchi Bianco '11	3
○ COF Friulano '09	3
● COF Merlot Ris. '08	3
○ COF Pinot Bianco '10	2
○ COF Rarisolchi Bianco '10	3
○ COF Rarisolchi Bianco '09	3
● COF Schioppettino Ris. '06	3

FRIULI VENEZIA GIULIA

Damijan Podversic

VIA BRIGATA PAVIA, 61 - 34170 GORIZIA
TEL. 048178217
www.damijanpodversic.com

藏酒销售
预约参观
年产量 22 600 瓶
葡萄种植面积 10 公顷
葡萄栽培方式 有机认证

"我感到非常幸运,因为我每天做的事都是我自孩童时代起梦想做的事情。"说这话的人正是达米加•波德瓦尔斯(Damijan Podversic),一个为自己所从事的工作而感到自豪的酒庄管理者。出于对这片土地的热爱,加上受到朋友及导师贾斯科•格拉维纳(Josko Gravner)的影响,达米加(Damijan)从一开始就设立远大的目标。达米加(Damijan)相信自己能边做边学,所以他酿造的葡萄酒选择使用长时间的浸渍,没有使用人工酵母、澄清过滤和温度控制等措施。他酿造的葡萄酒颜色之深一度挑战了人们对葡萄酒的认识,充分彰显了达米加(Damijan)自信和坦率的个性。

○ Ribolla Gialla '05	♛♛ 5
○ Kaplja '08	♛♛♛ 6
○ Kaplja '06	♛♛ 5
○ Kaplja '04	♛♛ 5
○ Kaplja '03	♛♛ 5
○ Ribolla Gialla '07	♛♛ 5
○ Ribolla Gialla '06	♛♛ 5
○ Ribolla Gialla '03	♛♛ 5
● Rosso Prelit '06	♛♛ 5
● Rosso Prelit '04	♛♛ 5

Aldo Polencic

LOC. PLESSIVA, 13 - 34071 CORMÒNS [GO]
TEL. 048161027
aldopolencic@virgilio.it

藏酒销售
预约参观
年产量 20 000 瓶
葡萄种植面积 6 公顷

埃尔多•珀伦斯科(Aldo Polencic)是一名葡萄酒酿造大师。他的酒庄坐落在阳光普照的山坡上,所在地普利斯瓦(Plessiva)是科蒙斯(Cormons)市镇的一部分,也是不少著名酒庄的所在地。由于酒庄规模不大,所以埃尔多•珀伦斯科(Aldo Polencic)对每一棵葡萄藤都精心照料。埃尔多(Aldo)十分奉行传统的酿酒法。他喜欢把红葡萄酒和白葡萄酒放在木桶里发酵。同时,也只有像他那样经验丰富的酿酒大师,才能准确估计应该提取多少单宁,而且不会破坏酒的味道。埃尔多•珀伦斯科(Aldo Polencic)酿造的葡萄酒丰富醇厚,浓度高得甚至会使人望而却步。但只要让葡萄酒在瓶中静置一段时间,你就会发现它所散发出的复杂芳香是如此的迷人。

● Collio Merlot Rosso degli Ulivi '08	♛♛ 5
○ Collio Pinot Bianco Bianco degli Ulivi '10	♛♛ 5
○ Collio Friulano Bianco degli Ulivi '10	♛♛ 5
○ Collio Pinot Grigio '10	♛ 4
○ Collio Tocai Friulano '00	♛♛♛ 4
○ Collio Friulano Bianco degli Ulivi '08	♛♛ 5
● Collio Merlot Rosso degli Ulivi '06	♛♛ 5
○ Collio Pinot Bianco '04	♛♛ 4
○ Collio Pinot Bianco Bianco degli Ulivi '08	♛♛ 5
○ Collio Tocai Friulano Bianco degli Ulivi '06	♛ 5

弗留利—威尼斯朱利亚区
FRIULI VENEZIA GIULIA

Isidoro Polencic

Loc. Plessiva, 12 - 34071 Cormòns [GO]
Tel. 048160655
www.polencic.com

藏酒销售
预约参观
年产量 120 000 瓶
葡萄种植面积 25 公顷

1968年，伊斯多罗•珀伦斯科（Isidoro Polencic）开始装瓶销售葡萄酒，踏出了商业化的第一步。他的三个孩子伊莉莎贝塔（Elisabetta）、米歇尔（Michele）和亚历克斯（Alex）继承父业，开始接手酒庄的管理工作。尽管年纪不大，但他们配合默契，表现得十分出色。葡萄园散布在科蒙斯（Cormons）、鲁塔斯（Ruttars）、诺瓦利（Novali）、普利斯瓦（Plessiva）、莫萨（Mossa）和卡斯特勒托（Castelletto）。当地的土壤、气候奠定了科里奥（Collio）的葡萄酒的基调。几年前，家族再次开垦了夸瑞山（Quarin）南坡的一个葡萄园，拔掉了一个多世纪前就在此生根的葡萄藤，酒庄也因此推出了一种名为菲斯科（Fisc）的精品葡萄酒。

○ Collio Friulano '11	♛♛ 3*
○ Collio Friulano Fisc '10	♛♛ 4
○ Collio Chardonnay '11	♛♛ 3
○ Collio Pinot Bianco '11	♛♛ 3
○ Collio Pinot Grigio '11	♛♛ 3
○ Collio Ribolla Gialla '11	♛ 3
○ Collio Sauvignon '11	♛ 3
○ Collio Friulano Fisc '07	♛♛♛ 3
○ Collio Pinot Bianco '07	♛♛♛ 3
○ Collio Pinot Grigio '98	♛♛♛ 3
○ Collio Tocai Friulano '04	♛♛♛ 3*
○ Collio Friulano Fisc '09	♛♛ 3
○ Collio Pinot Grigio '10	♛♛ 4
○ Collio Pinot Grigio '09	♛♛ 4

Primosic

Fraz. Oslavia
Loc. Madonnina di Oslavia, 3 - 34070 Gorizia
Tel. 0481535153
www.primosic.com

藏酒销售
预约参观
年产量 200 000 瓶
葡萄种植面积 31 公顷

19世纪的葡萄酒商人都从普利莫斯克家族（Primosic）收购葡萄酒，再把葡萄酒销往奥匈帝国的首都维也纳（Vienna）。后来，西尔维斯托•普利莫斯克（Silvestro Primosic）在1956年正式建立了这个家族酒庄。酒庄位于科里奥（Collio）的法定葡萄酒产区中心的欧斯拉维亚（Oslavia）山上，距离尤利安阿尔卑斯山（Julian Alps）山顶和亚得里亚海（Adriatic Sea）很近，良好的地理位置赋予了葡萄园适宜的通风条件和温差。今天，酒庄传到西尔维斯托（Silvestro）两个儿子马克（Marko）和伯瑞斯（Boris）手中。出产的葡萄酒的名字经常包含葡萄酒原产地的名字，并按照通用的分区法在标签上标出葡萄酒的主要信息和生产地址。

○ Collio Chardonnay Gmajne '10	♛♛ 4
○ Collio Friulano Belvedere '11	♛♛ 3*
○ Collio Sauvignon Gmajne '10	♛♛ 4
○ Collio Ribolla Gialla di Oslavia Ris. '08	♛♛ 4
○ Malvasia Istriana '11	♛ 3
○ Collio Pinot Grigio Murno '11	♛ 3
● Refosco P. R. Ris. '09	♛ 3
○ Ribolla Gialla '11	♛ 3
○ Collio Bianco Klin '04	♛♛ 3
○ Collio Bianco Klin Ris. '08	♛♛ 5
○ Collio Bianco Klin Ris. '06	♛♛ 5
○ Collio Chardonnay Gmajne '05	♛♛ 4
○ Collio Ribolla di Oslavia Ris. '05	♛♛ 4
○ Collio Ribolla Gialla di Oslavia Ris. '06	♛♛ 4

FRIULI VENEZIA GIULIA

★Doro Princic

LOC. PRADIS, 5 - 34071 CORMÒNS [GO]
TEL. 048160723
doroprincic@virgilio.it

藏酒销售
预约参观
年产量 60 000 瓶
葡萄种植面积 10 公顷

东罗•普林斯可（Doro Princic）于1950年建立的东罗•普林斯可酒庄（Doro Princic）是弗留利区（Friuli）的顶级酒庄之一，同时也一直是科里奥（Collio）种植者的标杆。酒庄创始人东罗（Doro）是一个魅力四射、慷慨大方且乐于助人的酿酒师。他的儿子亚历山德罗（Alessandro），人称"山德罗（Sandro）"，继承了父亲乐善好施的品行。现在，山德罗（Sandro）和妻子玛利亚•格拉兹亚（Maria Grazia）配合默契，把酒庄管理得井井有条。很久以前，在夫妻俩的努力下，酒庄的葡萄酒跻身弗留利区（Friuli）顶尖葡萄酒的行列，之后一直保持这一地位。此外，值得一提的是酿酒学家卡罗（Carlo）先生，正是他为酒庄注入了全新的生机。酒庄生产的葡萄酒充分体现了酒庄主人山德罗（Sandro）的个性：坦率、纯真、平易近人、真诚和慷慨。

○ Collio Malvasia '11	🍷🍷🍷 5
○ Collio Pinot Bianco '11	🍷🍷 5
○ Collio Friulano '11	🍷🍷 5
● Collio Merlot '09	🍷🍷 4
○ Collio Pinot Grigio '11	🍷 5
○ Collio Sauvignon '11	🍷 5
○ Collio Malvasia '10	🍷🍷🍷 4
○ Collio Malvasia '09	🍷🍷🍷 4*
○ Collio Malvasia '08	🍷🍷🍷 4
○ Collio Pinot Bianco '07	🍷🍷🍷 3
○ Collio Tocai Friulano '06	🍷🍷🍷 3
○ Collio Friulano '10	🍷🍷 3
○ Collio Pinot Bianco '10	🍷🍷 3
○ Collio Sauvignon '10	🍷🍷 3

★Dario Raccaro

FRAZ. RÒLAT
VIA SAN GIOVANNI, 87 - 34071 CORMÒNS [GO]
TEL. 048161425
az.agr.raccaro@alice.it

藏酒销售
预约参观
年产量 25 000 瓶
葡萄种植面积 5.5 公顷

凭着优质的葡萄酒，朴实的小型酒庄达里奥•雷卡罗（Dario Raccaro）摘下了弗留利区（Friuli）葡萄酒行业的桂冠。它的成功证明了小酒庄也可以凭借几种优秀的酒品从众多竞争对手中脱颖而出。1928年，朱塞佩•雷卡罗（Giuseppe Raccaro）舍弃了那迪松奈（Natisone）山谷里干燥、贫瘠的土地，毅然来到科蒙斯（Cormons），定居在夸瑞山（Mount Quarin）山脚下的一家老农庄。不久，他意识到这里的土壤适宜种植葡萄，于是在尽量保留葡萄园原貌的前提下重新栽种了葡萄藤，从而开启了新的事业。

○ Collio Malvasia '11	🍷🍷🍷 4*
○ Collio Friulano V. del Rolat '11	🍷🍷 4
● Collio Merlot '10	🍷🍷 5
○ Collio Bianco '11	🍷 4
○ Collio Friulano V. del Rolat '09	🍷🍷🍷 4
○ Collio Friulano V. del Rolat '08	🍷🍷🍷 4
○ Collio Friulano V. del Rolat '07	🍷🍷🍷 4
○ Collio Bianco '10	🍷🍷 4
○ Collio Friulano V. del Rolat '10	🍷🍷 4
● Collio Merlot '09	🍷🍷 5
● Collio Merlot '08	🍷🍷 5

FRIULI VENEZIA GIULIA

La Rajade
LOC. PETRUS, 2
34070 DOLEGNA DEL COLLIO [GO]
TEL. 0481639273
www.larajade.it

藏酒销售
预约参观
年产量 30 000 瓶
葡萄种植面积 6.5公顷

酒庄的名字拉蒂加德（La Rajade）在弗留利语中是"阳光"的意思。虽然这个地处科里奥•哥里兹亚诺（Collio Goriziano）最北端多勒格纳（Dolegna）的酒庄成立不久，但其兼并的农场设备完善齐全，具有多年葡萄种植和葡萄酒酿造的历史。葡萄藤种植在山腰柏图斯葡萄园（Petrus）的东南坡，具体位置是山腰的梯田里，沿着山间的外延形成一个圆弧，以便获得充足的日照时间。经验丰富的酿酒学家迭戈•詹宁（Diego Zanin）负责酒庄的日常管理工作，安德里亚•罗马诺•罗斯（Andrea Romano Rossi）时不时为他提供意见和建议。

● Collio Merlot Ris. '09	♛♛ 4
○ Collio Bianco '11	♛♛ 3
● Collio Cabernet Sauvignon Ris. '09	♛♛ 4
○ Collio Friulano '11	♛♛ 3
○ Collio Malvasia '10	♛♛ 3
○ Collio Sauvignon '11	♛♛ 3
○ Collio Ribolla Gialla '11	♛ 3
● Schioppettino '11	♛ 3
○ Collio Bianco '10	♛♛ 2*
● Collio Cabernet Sauvignon Ris. '08	♛♛ 3
● Collio Merlot Ris. '08	♛♛ 4
○ Collio Sauvignon '10	♛♛ 3

Paolo Rodaro
LOC. SPESSA
VIA CORMONS, 60
33040 CIVIDALE DEL FRIULI [UD]
TEL. 0432716066
www.rodaropaolo.it

藏酒销售
预约参观
年产量 250 000 瓶
葡萄种植面积 45 公顷

保罗•罗达洛（Paolo Rodaro）是弗留利区（Friuli）的标志性酒庄之一，现任庄主保罗•罗达洛（Paolo Rodaro）继承了创始人的名字。罗达洛（Rodaros）家族过去三代人将这家名不见经传的乡下小饭馆改造成了首屈一指的大酒庄。保罗（Paolo）喜欢自称为"高贵的农民"而不是"种植者"，也时常为流淌在家族血液里自尊、质朴和谨慎的品德而感到骄傲。酒庄生产的葡萄酒品种繁多，适合不同场合品尝的酒品都有，包括香气清新、果香浓郁的白葡萄酒，芳香醉人的甜葡萄酒，年轻活跃的红葡萄酒以及长时间陈化的葡萄酒。

● COF Merlot Romain '09	♛♛ 5
● COF Schioppettino Romain '08	♛♛ 4
○ COF Chardonnay '11	♛♛ 3
○ COF Malvasia '11	♛♛ 2*
○ COF Pinot Grigio '11	♛♛ 2*
○ COF Sauvignon '11	♛♛ 2*
○ COF Friulano '11	♛ 2
○ COF Ribolla Gialla '11	♛ 2
● COF Refosco P. R. Romain '03	♛♛♛ 6
○ Ronc '00	♛♛♛ 3
● COF Cabernet Sauvignon Romain '07	♛♛ 5
○ COF Picolit '08	♛♛ 6
● COF Refosco P. R. Romain '07	♛♛ 6

FRIULI VENEZIA GIULIA

Ronc di Vico

Fraz. Bellazoia
via Centrale, 5 - 33040 Povoletto [UD]
Tel. 0432565012
roncdivicobellazoia@libero.it

藏酒销售
预约参观
年产量 8 000 瓶
葡萄种植面积 7 公顷

维克•龙科酒庄（Ronc di Vico）位于普沃雷托区（Povoletto）的贝拉佐亚（Bellazoia），其名字来源于吉安尼•迪尔•法布罗（Gianni Del Fabbro）的祖父。以前，庄园的葡萄地一部分私有，一部分用于租赁种植，园里只有一些老旧的葡萄藤。到了2004年，吉安尼听从了一个知名又老练的葡萄种植者的建议，建立了这个酒庄，并因此成为弗留利区葡萄酒界的一颗新星。他的儿子洛多维科（Lodovico）帮忙打理酒庄，从葡萄藤的修剪、葡萄园的管理到有机酿造的过程，都谨慎细心地参与其中。

○ COF Il Friulano '10	♛♛ 4
● COF Vicorosso '09	♛♛ 4
○ COF Il Friulano '11	♛♛ 4
○ COF Picolit '09	♛♛ 6
○ COF Sauvignon '11	♛♛ 4
● COF Titut Ros '09	♛♛ 5
● COF Refosco P. R. '09	♛ 6
○ COF Il Friulano '09	♛♛♛ 4
○ COF Il Friulano '08	♛♛♛ 4*
○ COF Matec '08	♛♛ 5
● COF Titut Ros '07	♛♛ 5

Ronc Soreli

loc. Novacuzzo, 46 - 33040 Prepotto [UD]
Tel. 0432713005
www.roncsoreli.com

年产量 100 000 瓶
葡萄种植面积 72 公顷

法拉维奥•斯奇蕾蒂（Flavio Schiratti）于21世纪初收购了龙科•索瑞丽酒庄（Ronc Soreli）。葡萄园位于博斯科•罗马格诺（Bosco Romagno）森林公园旁边，所处的山坡一直延伸到科里奥•哥里兹亚诺（Collio Goriziano）和斯洛文尼亚的自然分界线——朱里奥河（Judrio）的河岸，从这里可以远眺古老的诺瓦库佐•博尔格村庄（Borgo di Novacuzzo）。现在，酒庄主人法拉维奥•斯奇蕾蒂（Flavio Schiratti）开展了一个宏伟的计划，内容包括扩建酒窖和翻新古老的庄园。此外，他的生态可持续性计划旨在保护整个产区的生态环境。酿酒学家埃米利奥•戴尔•梅迪克（Emilio Del Medico）的辛勤工作保证了一个酿造两年后才能推出市场的葡萄酒系列的品质。

● COF Schioppettino di Prepotto Ris. '08	♛♛ 5
○ COF Friulano V. delle Robinie '10	♛♛ 3
○ COF Pinot Grigio V. dei Melograni '10	♛♛ 3
○ COF Sauvignon V. dei Peschi '10	♛♛ 3
○ COF Ribolla Gialla V. dei Nespoli '10	♛ 3
● COF Schioppettino V. delle Marasche '10	♛ 3
○ COF Bianco Uis Blanc '10	♛♛ 3
○ COF Friulano '09	♛♛ 3
○ COF Friulano Otto Lustri '09	♛♛ 3
○ COF Pinot Grigio	♛♛ 3
○ COF Sauvignon '10	♛♛ 3
○ COF Sauvignon '09	♛♛ 3
● COF Schioppettino di Prepotto '08	♛♛ 5

弗留利—威尼斯朱利亚区
FRIULI VENEZIA GIULIA

La Roncaia
FRAZ. CERGNEU
VIA VERDI, 26 - 33045 NIMIS [UD]
TEL. 0432790280
www.fantinel.com

藏酒销售
预约参观
年产量 44 000 瓶
葡萄种植面积 22 公顷

故事始于1969年。当时，马里奥·樊迪内尔（Mario Fantinel）是卡尼阿（Carnia）一间旅店和一家餐馆的老板，他在科里奥·多勒格纳（Dolegna del Collio）附近收购葡萄园为顾客生产葡萄酒。后来，樊迪内尔家族（Fantinel）收购了拉曼多洛（Romandolo）之乡——尼密斯（Nimis）附近瑟格尼尔（Cerneu）里的一个酒庄，命名为拉·罗卡酒庄（La Roncaia）。为了实现远大的目标，樊迪内尔家族（Fantinel）把当时著名的匈牙利籍酿酒学家蒂伯加（Tibor Ga）请到了酒庄。40年后，经过三代人的扩大经营，当初默默无闻的酒窖变成了弗留利区（Friuli）首屈一指的大型酒庄。近年来，葡萄酒的酿造交由专业的酿酒大师马尔科·佩奇亚里（Marco Pecchiari）负责。

○ COF Bianco Eclisse '10	♛♛ 4
○ COF Friulano '10	♛♛ 3*
● COF Cabernet Sauvignon '09	♛♛ 3
● COF Merlot '09	♛♛ 3
○ COF Refosco P.R. '09	♛ 5
○ COF Bianco Eclisse '09	♛♛ 4
● COF Merlot '07	♛♛ 3
○ COF Picolit '08	♛♛ 5
● COF Refosco P.R. '07	♛♛ 5
○ Ramandolo '08	♛♛ 5

Il Roncal
VIA FORNALIS, 148
33043 CIVIDALE DEL FRIULI [UD]
TEL. 0432730138
www.ilroncal.it

藏酒销售
预约参观
膳宿接待
年产量 120 000 瓶
葡萄种植面积 20 公顷

1986年，该酒庄的掌门人罗伯托·佐则提格（Roberto Zorzettig）推出了一项计划，决定把先进的科学技术和传统种植完美结合起来。他重新种植了地处弗留利东科里山（Colli Orientali del Friuli）法定产区的中心，蒙特贝罗山（Montebello）上最好的葡萄园。此外，罗伯托（Roberto）亲自设计了新酒窖，并主持其建造工作。遗憾的是，罗伯托·佐则提格（Roberto Zorzettig）过早离世了，把重任都交到了他妻子玛蒂娜（Martina）的肩上。玛蒂娜（Martina）下决心要培养一代又一代优异的种植者，酿造出当地最优质的葡萄酒。庄园里的人都很怀念罗伯托（Roberto），力求所出产的葡萄酒不辜负他生前的期望。

● COF Civon '07	♛♛ 4
● COF Merlot '09	♛♛ 3
○ COF Pinot Grigio '11	♛♛ 3
○ COF Ploe di Stelis '10	♛♛ 3
○ COF Ribolla Gialla '11	♛♛ 3
○ COF Friulano '11	♛ 3
● COF Refosco P.R. '09	♛ 3
○ COF Sauvignon '11	♛ 3
○ COF Verduzzo Friulano '10	♛ 3
○ COF Friulano '10	♛♛ 3
● COF Rosso Civon '05	♛♛ 4
○ COF Sauvignon '10	♛♛ 3

弗留利—威尼斯朱利亚区
FRIULI VENEZIA GIULIA

Il Roncat - Giovanni Dri
LOC. RAMANDOLO
VIA PESCIA, 7 - 33045 NIMIS [UD]
TEL. 0432790260
www.drironcat.com

藏酒销售
预约参观
年产量 50 000 瓶
葡萄种植面积 10 公顷

乔瓦尼•德利（Giovanni Dri）以专注生产弗留利最著名的葡萄酒之一——拉曼多罗酒（Ramandolo）而闻名于世。在弗留利东科里山（Colli Orientali del Friuli）最北端的伯纳迪亚（Mount Bernardia）山坡上的一个理想的葡萄种植园里，乔瓦尼（Giovanni）栽种了维杜索•弗留拉诺葡萄（verduzzo friulano）中最具有典雅气质的一个品种。乔瓦尼（Giovanni）亲自设计和建造的酒窖风格简单实用，采用的材料都是当地原生态材料，以降低对环境的影响。在积极寻求新挑战之余，乔瓦尼（Giovanni）很好地利用橄榄果渣和优质的原生橄榄油酿造格拉巴酒（Grappa）。他的女儿是酿酒学专业毕业，几年来一直负责酿酒工作。

○ COF Picolit '09	🍷🍷 7
● COF Refosco P.R. '08	🍷🍷 3
● COF Schioppettino Monte dei Carpini '09	🍷🍷 4
○ Ramandolo '08	🍷🍷 5
○ COF Sauvignon '11	🍷 4
● COF Merlot '09	🍷🍷 4
○ COF Picolit '08	🍷🍷 7
○ Ramandolo Uve Decembrine '06	🍷🍷 6

Ronchi di Cialla
FRAZ. CIALLA
VIA CIALLA, 47 - 33040 PREPOTTO [UD]
TEL. 0432731679
www.ronchidicialla.it

藏酒销售
预约参观
年产量 100 000 瓶
葡萄种植面积 32 公顷

经过谨慎思考后，1970年，保罗（Paolo）和迪娜•拉普兹（Dina Rapuzzi）做出了一个重大决定——修建一间酒庄。在酒庄出生的儿子皮耶保罗（Pierpaola）和伊凡（Ivan）均是农业技术人员，还拥有食品科学专业学位。他们坚持酒庄的酿酒理念，研究弗留利区（Friuli）的历史名酒。拉普兹（Rapuzzi）一家很团结也很强大，精通葡萄酒的传统知识和先进的酿酒技术。他们生产的葡萄酒往往要经过好几年的熟化后才能推出市场。此外，酒庄还销售一些保藏完好、年份久远的葡萄酒。

● COF Schioppettino di Cialla '08	🍷🍷 6
● COF Refosco P.R. di Cialla '08	🍷🍷 6
○ COF Cialla Bianco '10	🍷 4
○ COF Verduzzo di Cialla '09	🍷 5
● COF Schioppettino di Cialla '05	🍷🍷🍷 6
○ Cialla Picolit '09	🍷🍷 8
○ COF Cialla Bianco '09	🍷🍷 4
○ COF Picolit di Cialla '07	🍷🍷 8
○ COF Picolit di Cialla '06	🍷🍷 8
● COF Refosco P.R. di Cialla '07	🍷🍷 6
● COF Refosco P.R. di Cialla '06	🍷🍷 6
● COF Schioppettino di Cialla '07	🍷🍷 6
● COF Schioppettino di Cialla '06	🍷🍷 6

弗留利—威尼斯朱利亚区
FRIULI VENEZIA GIULIA

Ronchi di Manzano
VIA ORSARIA, 42 - 33044 MANZANO [UD]
TEL. 0432740718
www.ronchidimanzano.com

藏酒销售
预约参观
年产量 242 500 瓶
葡萄种植面积 55 公顷

1984年，鲍格才家族（Borghese family）买下了曼扎诺•龙奇酒庄（Ronchi di Manzano），其现任的掌门人是罗伯塔（Roberta），她拥有企业家的首创精神又具有天生的高雅气质。庄园的酒窖是原生岩石开凿而出的两层式地下建筑，周围有斯科赛•龙奇（Ronc di Scossai）和苏布勒•龙奇（Ronc di Subule）两个葡萄园，还有一个罗萨佐•龙科（Ronc di Rosazzo）葡萄园则在酒庄更东面的地方。这里出品的葡萄酒选用自家种植的葡萄。着迷于当地自然风光和文化底蕴的罗伯塔（Roberta）实施了生产顶级葡萄酒的宏伟计划，并为此亲自监督酿酒的全过程。

○ COF Rosazzo Bianco Ellégri '11	🍷🍷🍷 3*
○ COF Friulano '11	🍷🍷 3*
● COF Merlot '10	🍷🍷 3
○ COF Pinot Grigio '11	🍷🍷 3
○ COF Sauvignon '11	🍷🍷 3
● COF Cabernet Sauvignon '10	🍷 3
○ COF Traminer Aromatico Fatato '11	🍷 4
○ COF Friulano '10	🍷🍷🍷 3
● COF Refosco P. R. '09	🍷🍷 3
○ COF Rosazzo Bianco Ellégri '10	🍷🍷 3
○ COF Sauvignon '10	🍷🍷 3

Ronco Blanchis
VIA BLANCHIS, 70 - 34070 MOSSA [GO]
TEL. 048180519
www.roncoblanchis.it

预约参观
年产量 35 000瓶
葡萄种植面积 12 公顷

莫萨（Mossa）乡间小镇以戈里齐亚省（Gorizia）郊外布兰奇斯（Blanchis）的高山作为背景。酒庄位于阳光充裕的山坡上，在酿酒大师詹尼•梅诺蒂（Gianni Menotti）的辅助下，格朗卡洛斯（Giancarlo Palla）和他的两个儿子阿尔伯特（Alberto）、罗来佐（Lorenzo）酿造出了出色的白葡萄酒。这里处在尤利安阿尔卑斯（Julian Alps）山脉的庇护之下，散布着科里奥地区（Collio）特有的泥灰土和黏土，时常得到亚得里亚（Adriatic）海送来徐徐暖风，这些自然条件使酒庄的出品变得十分与众不同。庄园里每一个人都竭力贡献微薄的力量。在龙科•布兰奇斯酒庄（Ronco Blanchis），葡萄酒复杂的结构、清新的气味和持久醉人的芬芳给每一个拜访者留下了深刻的印象。

○ Collio Friulano '11	🍷🍷 3*
○ Collio Pinot Grigio '11	🍷🍷 3*
○ Collio Friulano Blanchis '11	🍷🍷 3
○ Collio Sauvignon '11	🍷🍷 3
○ Collio '10	🍷🍷 3
○ Collio Chardonnay '09	🍷🍷 3*
○ Collio Friulano '09	🍷🍷 3
○ Collio Pinot Grigio '09	🍷🍷 3*

FRIULI VENEZIA GIULIA

弗留利—威尼斯朱利亚区

★ Ronco dei Tassi
LOC. MONTONA, 19 - 34071 CORMÒNS (GO)
TEL. 048160155
www.roncodeitassi.it

藏酒销售
预约参观
年产量 100 000 瓶
葡萄种植面积 18 公顷

1989年，法俾欧•科索（Fabio Coser）和妻子达利拉（Daniela）在景色迷人的自然公园边，夸瑞山（Mount Quarin）的山坡上收购了塔斯•龙科酒庄（Ronco dei Tassi）。由于葡萄园周边的森林里栖息着一大群爱吃成熟甜葡萄的獾，因此科索家族以"獾"命名这座酒庄。他们的儿子马泰奥（Matteo）和恩里科（Enrico）帮忙打理家族的生意，是夫妻俩的得力助手。虽然因非凡的酿酒技艺而被许多本地酒庄争先聘为顾问，但法比奥（Fabio）最关心的，还是为自家酒庄酿造出无可挑剔、香味浓郁的葡萄酒。

○ Collio Malvasia '11	♛♛♛ 3*
○ Collio Sauvignon '11	♛♛ 3*
○ Collio Bianco Fosarin '11	♛♛ 3
○ Collio Friulano '11	♛♛ 3
○ Collio Pinot Grigio '11	♛♛ 3
● Collio Rosso Cjarandon Ris. '08	♛♛ 5
○ Collio Ribolla Gialla '11	♛ 3
○ Collio Bianco Fosarin '10	♛♛♛ 3
○ Collio Bianco Fosarin '09	♛♛♛ 3*
○ Collio Bianco Fosarin '08	♛♛♛ 3*
○ Collio Bianco Fosarin '07	♛♛♛ 3
○ Collio Bianco Fosarin '06	♛♛♛ 3

★ Ronco del Gelso
VIA ISONZO, 117 - 34071 CORMÒNS (GO)
TEL. 048161310
www.roncodelgelso.com

藏酒销售
预约参观
年产量 150 000 瓶
葡萄种植面积 25 公顷

1988年，乔治•巴丁（Giorgio Badin）把饲养牲畜的家族农庄改造成种植葡萄的格索•龙科酒庄（Ronco del Gelso）。虽然刚开始葡萄酒的产量只有3 000瓶，但如今已经逐渐增加到150 000瓶。科蒙斯（Cormòns）戈里齐亚省（Gorizia）四周的平原是干燥贫瘠的沙砾地，非常适宜种植葡萄。法定伊松佐（Isonzo）葡萄酒产区的气候特殊，白皮葡萄能够利用较大的昼夜温差储存糖分，进而酿造出酒体丰满的葡萄酒。除此之外，酒庄也生产一两种醇厚的单品红葡萄酒。这种酒气质优雅，香味浓郁，绝对算得上是难得的艺术品。

○ Friuli Isonzo Traminer Passito Aur '10	♛♛ 4
○ Friuli Isonzo Bianco Latimis '11	♛♛ 3
○ Friuli Isonzo Pinot Grigio Sot lis Rivis '11	♛♛ 3
○ Friuli Isonzo Rive Alte Friulano Toc Bas '11	♛♛ 3
○ Friuli Isonzo Rive Alte Sauvignon Sottomonte '11	♛♛ 3
○ Friuli Isonzo Malvasia V. della Permuta '11	♛ 3
○ Friuli Isonzo Pinot Bianco '11	♛ 3
○ Friuli Isonzo Malvasia '10	♛♛♛ 3*
○ Friuli Isonzo Tocai Friulano '06	♛♛♛ 3*
○ Friuli Isonzo Tocai Friulano '05	♛♛♛ 3
○ Friuli Isonzo Bianco Latimis '10	♛♛ 3*
○ Friuli Isonzo Friulano Toc Bas '10	♛♛ 3*
○ Friuli Isonzo Malvasia '09	♛♛ 3*
○ Friuli Isonzo Pinot Grigio Sot lis Rivis '10	♛♛ 3

弗留利—威尼斯朱利亚区
FRIULI VENEZIA GIULIA

Ronco delle Betulle

LOC. ROSAZZO
VIA ABATE COLONNA, 24
33044 MANZANO [UD]
TEL. 0432740547
www.roncodellebetulle.it

藏酒销售
预约参观
年产量 70 000 瓶
葡萄种植面积 13.75 公顷

1967年,简巴提斯塔·阿达密(Gianbattista Adami)在罗萨佐山区(Rosazo)建立了这个酒庄。酒庄现在的主人是他的儿子斯莫内(Simone)和女儿埃瓦娜·阿达密(Ivana Adami)。和父亲一样,果决的埃瓦娜(Ivana)深爱这片土地,对葡萄种植情有独钟。走进酒庄,在葡萄藤的掩映下,拥有本地区葡萄遗产的大修道院遗址若隐若现。贝图勒·龙科酒庄(Ronco delle Betulle)偏爱使用弗留利本地葡萄,出产的葡萄酒一直保持高品质。

Ronco Severo

VIA RONCHI, 93 - 33040 PREPOTTO [UD]
TEL. 0432713144

藏酒销售
预约参观
年产量 32 000 瓶
葡萄种植面积 6 公顷
葡萄栽培方式 传统栽培

1968年,斯特凡诺·诺未洛(Stefano Novello)在弗留利东科里山(Colli Orientali del Friuli)购买了几公顷的葡萄地,又把一家摇摇欲坠的农舍重新翻修,改造成酒庄和住宅。酒庄现在由他的儿子斯特凡诺(Stefano)管理,斯特凡诺(Stefano)早年曾在加利福利亚(California)和新墨西哥(New Mexico)当过酿酒专家。作为自然酿造方法的拥护者,酒庄一直采用传统酿造工艺,在生产过程中避免采用任何化学物质、人工酵母、酶和二氧化硫。红、白葡萄必须经过几周的浸渍,有时候甚至要几个月。

○ COF Friulano V. Bocois '11	♀♀ 3
○ COF Pinot Grigio '11	♀♀ 3
● COF Rosazzo Pignolo '07	♀♀ 6
● COF Rosazzo Rosso Narciso '07	♀♀ 5
● Franconia '09	♀♀ 3
○ COF Cabernet Franc '09	♀ 3
○ COF Ribolla Gialla V. Cedronella '11	♀ 3
○ COF Sauvignon '11	♀ 3
○ COF Friulano '10	♀♀ 3*
○ COF Picolit '08	♀♀ 6
○ COF Pinot Grigio '10	♀♀ 3*
○ COF Rosazzo Bianco Vanessa '09	♀♀ 3
○ COF Sauvignon '10	♀♀ 3*

● COF Merlot Artiûl Ris. '09	♀♀ 5
○ COF Friulano Ris. '10	♀♀ 4
○ COF Pinot Grigio '10	♀♀ 4
○ COF Friulano '08	♀♀ 3
○ COF Friulano Ris. '09	♀♀ 3
● COF Merlot Artiûl '08	♀♀ 5
● COF Merlot Artiûl '07	♀♀ 5
○ COF Pinot Grigio '09	♀♀ 3
● COF Refosco P.R. '07	♀♀ 5
○ COF Severo Bianco '07	♀♀ 3
● Severo Bianco '09	♀♀ 3

FRIULI VENEZIA GIULIA

Roncùs
via Mazzini, 26
34076 Capriva del Friuli [GO]
Tel. 0481809349
www.roncus.it

藏酒销售
预约参观
参观设施
年产量 35 000 瓶
葡萄种植面积 12 公顷

马尔科•皮克（Marco Perco）是一个很有耐心的酿酒师。为了让酒和葡萄沉淀物充分接触，他的葡萄酒要在酿造完成一年半以后才能推出市场。虽然熟化的时间变长了，但也让葡萄酒在熟化后展现更迷人的魅力。葡萄地被分成很多小块，散布在弗留利•开普瓦（Capriva del Friuli）的丘陵地带，大部分葡萄都是半个世纪前种植的。马尔科（Marco）深知每种葡萄的特性，努力让它们充分发挥。众所周知，马尔科（Marco）一直是阿尔萨斯酒（Alsace）的仰慕者。

○ Collio Friulano '10	🍷🍷 4
○ Collio Bianco '11	🍷🍷 3
○ Pinot Bianco '10	🍷🍷 4
○ Sauvignon '10	🍷🍷 4
○ Collio Bianco '09	🍷🍷 3
○ Collio Bianco V. '08	🍷🍷 5
○ Collio Friulano '09	🍷🍷 4
○ Pinot Bianco '08	🍷🍷 4
○ Sauvignon '08	🍷🍷 4

★Russiz Superiore
via Russiz, 7 - 34070 Capriva del Friuli [GO]
Tel. 0481 80328
www.marcofelluga.it

藏酒销售
预约参观
参观设施
年产量 200 000 瓶
葡萄种植面积 50 公顷

鲁西斯•苏比尔酒庄（Russiz Superiore）位于弗留利•开普瓦（Capriva del Friuli）市镇的科里奥•哥里兹亚诺（Collio Goriziano），由马戈•费鲁佳（Marco Felluga）于1966年建立。酒庄的标志是一只出现在托雷•塔索•普林西皮家族（Principi di Torre Tasso）盾形纹章上的鹰。托雷•塔索•普林西皮家族早在1273年就来到了弗留利区（Friuli），是当地最早的贵族之一。在马尔科（Marco）的经营下，鲁西斯•苏比尔酒庄（Russiz Superiore）成为了当地葡萄酒业的翘楚、行业的模范，甚至是弗留利区（Friuli）的骄傲。现在，马尔科（Marco）的儿子罗伯托•费鲁佳（Roberto Felluga）接手了酒庄。受科里奥（Collio）独特气候和土壤的影响，酒庄生产的各种葡萄酒都带有很鲜明的个性。

○ Collio Pinot Grigio '11	🍷🍷🍷 4*
○ Collio Sauvignon Ris. '09	🍷🍷 5
○ Collio Sauvignon Ris. '08	🍷🍷 5
○ Collio Friulano '11	🍷🍷 4
○ Collio Pinot Bianco '11	🍷🍷 4
○ Collio Pinot Bianco '10	🍷🍷 4
● Collio Rosso Ris. degli Orzoni '08	🍷🍷 6
○ Collio Sauvignon '11	🍷🍷 4
○ Collio Sauvignon '10	🍷🍷 4
○ Collio Sauvignon '09	🍷🍷 4
○ Collio Sauvignon Ris. '06	🍷🍷 5

Sant'Elena

VIA GASPARINI, 1
34072 GRADISCA D'ISONZO [GO]
TEL. 048192388
www.sant-elena.com

藏酒销售
预约参观
年产量 130 000 瓶
葡萄种植面积 30 公顷

多米尼克·诺切里诺（Dominic Nocerino）在1997年收购了桑特·埃琳娜酒庄（Sant'Elena）。多米尼克·诺切里诺（Dominic Nocerino）是一个小有名气的意大利葡萄酒进口商人，旨在把地域特色浓郁的优质葡萄酒引入北美洲。酒庄位于伊松佐法定葡萄酒产区（Isonzo DOC），这里是东面冰冷的大陆风和地中海温和的沿岸风的交汇处，富含铁的冲积土覆盖在低层脱钙土的表层，中间还稍带有机物。鉴于这些条件，葡萄园即便位于平原地带，也能生产出鲜美多汁的葡萄。经验丰富的毛里奇奥·德拉斯塞克（Maurizio Drascek）负责酒窖的工作。

- ● Cabernet Sauvignon '08 — 3*
- ● Merlot '08 — 3
- ● Merlot Ròs di Ról '08 — 6
- ○ Mil Rosis '10 — 4
- ○ Pinot Grigio '11 — 3
- ● Quantum Rosso '08 — 4
- ○ Sauvignon '11 — 3
- ● Tato '08 — 5
- ● Merlot Ròs di Ról '07 — 6
- ○ Mil Rosis '09 — 4
- ○ Sauvignon '10 — 3

Sara & Sara

LOC. SAVORGNANO DEL TORRE
VIA DEI MONTI, 5 - 33040 POVOLETTO [UD]
TEL. 04323859042
www.saraesara.com

藏酒销售
预约参观
年产量 24 000 瓶
葡萄种植面积 7 公顷

萨拉·萨拉（Sara & Sara）酒庄位于弗留力东科里山坡（Colli Orientali del Friuli）的托雷·萨瓦哥纳诺（Savorgnano del Torre），由亚历山德罗（Alessandro）、曼纽尔勒（Manuele）和他们的母亲奥利埃娜（Oriana）一起经营，酒庄的名字来源于他们的姓氏。葡萄藤坐落的山坡地形奇特，气候条件与众不同。这里有来自北方的寒风，河流和林地纵横交错，十分适合葡萄孢菌（又名"贵腐菌"）的生长。这种菌会让半干葡萄的味道更好。亚历山德罗（Alessandro）虽然年资尚浅，但他的酿酒方法绝对经得住时间的考验。葡萄酒不经过滤筛选，完好保留各品种的原汁原味。

- ○ COF Verduzzo Friulano Crei '10 — 5
- ○ COF Friulano '10 — 3
- ○ COF Refosco P. R. '10 — 3
- ● COF Rosso Il Rio Falcone '08 — 3
- ○ COF Picolit '07 — 5
- ○ COF Picolit '06 — 5
- ○ COF Verduzzo Friulano Crei '09 — 5
- ○ COF Verduzzo Friulano Crei '08 — 5

弗留利—威尼斯朱利亚区
FRIULI VENEZIA GIULIA

★ Schiopetto
VIA PALAZZO ARCIVESCOVILE, 1
34070 CAPRIVA DEL FRIULI [GO]
TEL. 048180332
www.schiopetto.it

藏酒销售
预约参观
年产量 169 500 瓶
葡萄种植面积 30 公顷

马里奥•施佩托（Mario Schiopetto）是伟大的旅行家，他参观了欧洲最好的酒窖，并将德国的科学技术和法国的种植方法引入到弗留利地区。1965年，马里奥•施佩托（Mario Schiopetto）租了一家老酿酒厂，正式进入葡萄酒业。现在，他的孩子玛利亚•安哥拉（Maria Angela）、卡罗（Carlo）和乔治（Giorgio）遵循父亲创建的管理方式，用心经营着酒庄。精心打理的葡萄园位于弗留利•开普瓦（Capriva del Friuli）的科里奥（Collio），后来位于罗萨佐（Rosazzo）丘陵的布鲁梅丽•珀德勒（Podere del Blumeri）葡萄园也被并入其中。酒庄的三位掌门人进行了勇敢的尝试，在削减了酒品的数量的同时延长葡萄酒熟化的时间。

La Sclusa
LOC. SPESSA
VIA STRADA DI SANT'ANNA, 7/2
33043 CIVIDALE DEL FRIULI [UD]
TEL. 0432716259
www.lasclusa.it

藏酒销售
预约参观
参观设施
年产量 150 000 瓶
葡萄种植面积 30 公顷

佐则提格家族（Zorzettig family）一直是奇维达莱自制市（Cividale）斯佩莎（Spessa）地区著名的葡萄酒世家。吉奥巴塔（Giobatta）开创了家族的葡萄酒王朝，他的后人陆续建立了不少酒庄，其中就包括他的儿子基诺（Gino）。为了与家族的其他酒庄区分开，酒庄的名字被改为拉•克鲁萨（La Sclusa）。现在，这家已有40多年历史的酒庄更多交由基诺（Gino）的三个儿子吉马诺（Germano）、迈瑞左（Maurizio）和卢萨诺（Luciano）管理。酒庄一直遵循传统，秉承着与自然和谐共处，适度利用当地人文水土的准则。出品的白葡萄酒味道清新、芳香迷人，而红葡萄酒酒体丰满、口感顺滑。

○ Blanc des Rosis '10	♛♛ 4
○ Collio Pinot Bianco '10	♛♛ 4
○ Mario Schiopetto Bianco '09	♛♛ 5
● Podere dei Blumeri Rosso '08	♛♛ 5
○ Collio Friulano '10	♛♛ 4
○ Collio Pinot Grigio '10	♛♛ 4
○ Collio Sauvignon '10	♛♛ 4
● Rivarossa '09	♛♛ 4
○ Blanc des Rosis '07	♛♛♛ 4
○ Mario Schiopetto Bianco '08	♛♛♛ 5
○ Mario Schiopetto Bianco '07	♛♛♛ 5
○ Mario Schiopetto Bianco '03	♛♛♛ 5
○ Mario Schiopetto Bianco '02	♛♛♛ 5
○ Blanc des Rosis '06	♛♛♛ 4

● COF Cabernet Franc '11	♛♛ 3
○ COF Friulano '11	♛♛ 2*
○ COF Pinot Grigio '11	♛♛ 2*
○ COF Ribolla Gialla '11	♛♛ 3
○ COF Chardonnay '11	♛ 3
○ COF Picolit '09	♛ 6
○ COF Friulano '09	♛♛ 2*
○ COF Picolit '08	♛♛ 6
○ COF Pinot Grigio '10	♛♛ 2
● COF Refosco P. R. '09	♛♛ 3
○ COF Sauvignon '10	♛♛ 3

Roberto Scubla

Fraz. Ipplis
via Rocca Bernarda, 22
33040 Premariacco [UD]
Tel. 0432716258
www.scubla.com

藏酒销售
预约参观
年产量 60 000 瓶
葡萄种植面积 12 公顷

1991年，罗伯特·斯库布拉（Roberto Scubla）做出了一生中最重要的决定。他辞去了银行的工作，在罗卡·贝纳尔德山（Rocca Bernarda）上购买了几公顷的葡萄地和一处破败的农舍。经过大修后，农舍如今已成为带有强烈田园风格、舒适的乡村酒庄。酒窖同样经过整改，现在多了一个地下储藏室，里面长年保持清爽的温度。小的种植规模让罗伯特（Roberto）能一丝不苟地管理葡萄园，而他的好朋友，酿酒大师詹尼·梅诺蒂（Gianni Menotti）经常给他提供有用的建议。

○ COF Verduzzo Friulano Cràtis '09	5
○ COF Bianco Pomèdes '10	5
○ COF Bianco Speziale '11	3
○ COF Friulano '11	3
○ COF Pinot Bianco '11	3
● COF Refosco P. R. '10	3
● COF Rosso Scuro '09	4
○ COF Sauvignon '11	3
○ COF Bianco Pomèdes '04	4
○ COF Bianco Pomèdes '99	4
○ COF Bianco Pomèdes '98	4
○ COF Verduzzo Friulano Cràtis '06	5
○ COF Verduzzo Friulano Cràtis '04	5
○ COF Verduzzo Friulano Graticcio '99	5

Renzo Sgubin

via Faet, 15 - 34071 Cormòns [GO]
Tel. 0481630297
info@renzosgubin.com

藏酒销售
预约参观
年产量 30 000 瓶
葡萄种植面积 12 公顷

这是一个关于家族酒庄的典型故事。父母把对土地的热爱传给了儿女，并鼓励他们尽自己所能壮大家族的产业。故事的主角是伦索·斯古宾（Renzo Sgubin）。他的父母先租种别人的土地，后来在19世纪70年代购置了自己的土地。到了1997年，他建立了这座酒庄。酒庄的中心位于科蒙斯（Cormōns）附近普拉迪斯（Pradis），这里也是科里奥（Collio）法定产区弗与留利·伊松佐（Friuli Isonzo）法定产区交界处。伦索·斯古宾（Renzo Sgubin）的搭档米切拉（Michela）负责酒庄的接待工作，而专家顾问路易吉尼·德·朱塞佩（Luigini De Giuseppe）经常给他很多关于酒窖管理的意见。

○ 3, 4, 3 '10	3*
● Collio Merlot '09	3*
○ Friuli Isonzo Friulano '11	3
○ Friuli Isonzo Malvasia '11	3
○ Friuli Isonzo Sauvignon '11	3
● Plagnis '07	3
○ Friuli Isonzo Pinot Grigio '11	3
○ 3, 4, 3 '09	3
● Collio Merlot '08	3*
○ Friuli Isonzo Friulano '09	2*
○ Friuli Isonzo Malvasia '10	3
○ Friuli Isonzo Pinot Grigio '08	2*
○ Friuli Isonzo Sauvignon '08	2*

弗留利—威尼斯朱利亚区
FRIULI VENEZIA GIULIA

Skerk
FRAZ. SAN PELAGIO - LOC. PREPOTTO, 20
34011 DUINO AURISINA [TS]
TEL. 040200156
www.skerk.com

藏酒销售
预约参观
餐饮接待
年产量 22 000 瓶
葡萄种植面积 6 公顷
葡萄栽培方式 有机认证

特里雅斯特·卡索（Trieste Carso）的山区环境很独特，这里的地价不断升值，红褐色的土地干燥，多砂石，但富含石灰岩和铁元素。桑迪·史可克（Sandi Skerk）懂得如何充分利用这种自然条件，并借助近海的优势酿造出个性鲜明的葡萄酒。极好的酒窖完全在岩石上开凿出来。葡萄酒的酿造采用自然的方法，不进行澄清或过滤。浸渍过程十分漫长，月亏时就对葡萄进行压榨。虽然酿制出的葡萄酒不够清澈，但却完整保留了葡萄品种的特性。

Edi Skok
LOC. GIASBANA, 15
34070 SAN FLORIANO DEL COLLIO [GO]
TEL. 0481390280
www.skok.it

藏酒销售
预约参观
年产量 38 000 瓶
葡萄种植面积 11 公顷

斯科克家族（Skok）是科里奥地区（Collio）古老的葡萄酒世家，与本地的传统和土地有着很深的渊源。他们所居住的16世纪古堡坐落在科里奥·圣弗洛里亚诺（San Floriano del Collio）附近的吉亚斯巴纳（Giasbana）山上，与斯洛文尼亚接壤。1968年，斯科克家的两兄弟——吉塞普（Giuseppe）和阿曼多（Armando）正式创建艾迪·斯科克（Edi Skok）酒庄。1991年起，酒庄由吉塞普的孩子艾迪（Edi）和欧瑞塔（Orietta）管理。两兄弟以酿制优质葡萄酒为目标，按照科里奥（Collio）传统方法种植葡萄和酿制葡萄酒。

○ Ograde Non Filtrato '10	🍷🍷🍷 4
○ Malvasia Non Filtrato '10	🍷🍷🍷 5
○ Vitovska Non Filtrato '10	🍷🍷🍷 5
● Terrano Non Filtrato '10	🍷🍷 5
○ Carso Malvasia Non Filtrato '08	🍷🍷🍷 4
○ Ograde Non Filtrato '09	🍷🍷🍷 4
○ Carso Malvasia Non Filtrato '09	🍷🍷 4
○ Carso Malvasia Non Filtrato '07	🍷🍷 4
○ Carso Sauvignon '02	🍷🍷 3*
○ Carso Sauvignon Non Filtrato '08	🍷🍷 4
○ Carso Sauvignon Non Filtrato '06	🍷🍷 3
○ Carso Vitovska Non Filtrato '09	🍷🍷 4
○ Carso Vitovska Non Filtrato '08	🍷🍷 4
○ Ograde Non Filtrato '08	🍷🍷 4

○ Collio Friulano Zabura '11	🍷🍷 3*
○ Collio Bianco Pe Ar '09	🍷🍷 3
● Collio Merlot Villa Jasbinae '07	🍷🍷 3
○ Collio Pinot Grigio '11	🍷🍷 3
○ Collio Bianco Pe Ar '08	🍷🍷 3
○ Collio Friulano Zabura '10	🍷🍷 3*
○ Collio Friulano Zabura '09	🍷🍷 3*
● Collio Merlot '08	🍷🍷 2
● Collio Merlot Villa Jasbinae '06	🍷🍷 3
○ Collio Pinot Grigio '10	🍷🍷 3
○ Collio Pinot Grigio '09	🍷🍷 3*
○ Collio Sauvignon '10	🍷🍷 2*
○ Collio Sauvignon '08	🍷🍷 3*

弗留利—威尼斯朱利亚区
FRIULI VENEZIA GIULIA

Leonardo Specogna
VIA ROCCA BERNARDA, 4
33040 CORNO DI ROSAZZO [UD]
TEL. 0432755840
www.specogna.it

藏酒销售
预约参观
年产量 130 000 瓶
葡萄种植面积 18 公顷

1963年，里昂那多·斯佩克格纳（Leonardo Specogna）用光了他在瑞士多年积攒下来的钱，在龙卡·贝尔南德山（Rocca Bernarda）的缓坡买了一块地。后来，这块地被历代辛勤的葡萄种植者们开垦成了梯田。里昂那多·斯佩克格纳（Leonardo Specogna）的儿子格拉赞诺（Graziano）和吉安尼（Gianni）继承了酒庄，扩建了这迷人的庄园。现今，酒庄的管理层注入了新生代的力量，格拉赞诺（Graziano）的两个儿子米切尔（Michele）和克里斯蒂安（Cristian）也加入其中。毕业于酿酒学的兄弟俩分工明确，配合默契，生产出了一批批畅销的上等佳品。

Oscar Sturm
LOC. ZEGLA, 1 - 34071 CORMÒNS [GO]
TEL. 048160720
www.sturm.it

藏酒销售
预约参观
年产量 70 000 瓶
葡萄种植面积 10 公顷

1850年，斯图姆家族（Sturm）搬离了澳大利亚的安德里茨村（Andritz），之后定居泽格拉（Zegla）。佩比（Pepi）和罗扎（Lojza）的后代奥斯卡（Oscar）创建了这个酒庄，并把它交给两个儿子帕特里克（Patrick）和丹尼斯（Denis）管理。帕特里克（Patrick）学习能力很强，主要负责葡萄酒的生产。丹尼斯（Denis）毕业于米兰的博克尼大学（Bocconi）经济学专业，主要负责酒庄的管理，不时也会协助父亲的工作。酒庄的出品主要是白葡萄酒，包括三种在不同的葡萄园出品的酒品，在标签上写明了原产地安德里兹（Andriz）。

○ COF Friulano '11	🏆 3
● COF Merlot Oltre '08	🏆 6
● COF Pignolo '08	🏆 5
○ COF Pinot Grigio '11	🏆 3
○ COF Sauvignon '11	🏆 3
○ COF Chardonnay '10	🍷 3
○ COF Picolit '10	🍷 6
● COF Refosco P. R. '10	🍷 3
○ COF Chardonnay '07	🏆🏆 3*
● COF Merlot Oltre '04	🏆🏆 6
○ COF Pignolo '07	🏆🏆 3
○ COF Sauvignon '09	🏆🏆 3
○ COF Sauvignon '07	🏆🏆 3*
○ COF Tocai Friulano '06	🏆🏆 3

○ Collio Pinot Grigio '11	🏆 3*
○ Collio Friulano '11	🏆 3*
○ Collio Ribolla Gialla '11	🏆 3
○ Collio Sauvignon '11	🏆 3*
○ Chardonnay Andritz '11	🍷 3
○ Collio Sauvignon '06	🏆🏆🏆 3
○ Collio Tocai Friulano '05	🏆🏆🏆 3*
○ Collio Bianco Andritz '07	🏆🏆 3*
○ Collio Bianco Andritz '06	🏆🏆 3
● Collio Merlot '06	🏆🏆 4
○ Collio Pinot Grigio '09	🏆🏆 3*
○ Collio Pinot Grigio '08	🏆🏆 3*
○ Collio Pinot Grigio '07	🏆🏆 3*
○ Collio Sauvignon '10	🏆🏆 3*

弗留利—威尼斯朱利亚区
FRIULI VENEZIA GIULIA

Subida di Monte
LOC. SUBIDA
VIA SUBIDA, 6 - 34071 CORMÒNS [GO]
TEL. 048161011
www.subidadimonte.it

藏酒销售
预约参观
参观设施
年产量 50 000 瓶
葡萄种植面积 8 公顷

现代化的蒙特•苏碧达大型酒庄（Subida di Monte）于1972年建立，创始人路易吉•安东努帝（Luigi Antonutti）的初衷是靠酿酒维持生活。酒庄位于科里奥•哥里兹亚诺（Collio Goriziano）的山顶上，处在尤利安阿尔卑斯山脉（Julian Alps）的庇护下，享受亚得里亚海（Adriatic）的微风滋润，地理位置可谓得天独厚。酒庄的现任主人是路易吉的两个儿子，有胆量有学识的克里斯蒂安（Cristian）和安德烈（Andrea）。他们只使用天然肥料，唯一使用的化学物品是用于除虫的紫铜和硫磺。两兄弟的目标是，在保留丰富的芳香和个性的同时，让葡萄酒有益健康。

Matijaz Tercic
LOC. BUCUIE, 4
34070 SAN FLORIANO DEL COLLIO [GO]
TEL. 0481884920
www.tercic.com

藏酒销售
预约参观
年产量 38 000 瓶
葡萄种植面积 9.5 公顷

站在酒庄从上向下看，科里奥•圣弗洛利亚诺（San Floriano del Collio）景色一流。一排排古老葡萄藤沿着山坡生长，与樱桃树交相辉映。下方的山谷风光也美不胜收。这里被认为是最适合葡萄栽培的地方之一，一方面因为该地区的土壤适合种植葡萄，另一方面在于这里受到了维帕克峡谷（Vipacco）吹来的布拉风（Bora）及南边吹来的海风的双重影响。当地的许多农场陆续改种葡萄，世代酿酒的特西克家族（Tercic）也跟随了潮流。在马迪扎兹（Matijaz）的管理下，酒庄的葡萄酒质量稳步提升，进入各地的高端消费者市场。

○ Collio Friulano '11	♛♛ 3*
○ Collio Malvasia '11	♛♛ 3*
○ Collio Pinot Grigio '11	♛♛ 3*
○ Collio Sauvignon '11	♛♛ 3*
● Collio Cabernet Franc '10	♛ 3
● Collio Merlot '10	♛ 3
● Collio Cabernet Franc '09	♛♛ 3*
○ Collio Friulano '10	♛♛ 3*
○ Collio Friulano '09	♛♛ 3*
● Collio Merlot '08	♛♛ 2*
○ Collio Sauvignon '10	♛♛ 2*
○ Collio Sauvignon '08	♛♛ 2*
○ Collio Tocai Friulano '05	♛♛ 2*

○ Collio Sauvignon Scemen '09	♛♛ 4
○ Collio Pinot Grigio '10	♛♛ 3*
○ Collio Sauvignon '10	♛♛ 3
○ Friuli Isonzo Friulano '10	♛♛ 3
○ Vino degli Orti '10	♛♛ 3
○ Collio Bianco Planta '09	♛ 3
○ Collio Ribolla Gialla '10	♛ 3
○ Collio Pinot Grigio '07	♛♛♛ 3*
○ Collio Bianco Planta '08	♛♛ 3
● Collio Merlot '06	♛♛ 3
○ Collio Pinot Grigio '08	♛♛ 4*
○ Collio Ribolla Gialla '08	♛♛ 3*
○ Collio Sauvignon Scemen '08	♛♛ 3
○ Vino degli Orti '09	♛♛ 3

弗留利—威尼斯朱利亚区
FRIULI VENEZIA GIULIA

Tiare - Roberto Snidarcig
VIA SANT'ELENA, 3 A
34070 DOLEGNA DEL COLLIO [GO]
TEL. 048162491
www.tiaredoc.com

藏酒销售
预约参观
餐饮接待
年产量 80 000 瓶
葡萄种植面积 10 公顷

罗伯特•斯尼达西格（Roberto Snidarcig）为他的酒庄取名为"塔尔提（Tiare）"，弗留利语的意思是"土地"。酒庄虽小，却有很高的知名度。罗伯特•斯尼达西格（Roberto Snidarcig）对酒庄的探索始于科蒙斯（Cormòns）夸瑞山（Mount Quarin）斜坡上1公顷的葡萄园。1991年，罗伯特和妻子搬到了离斯洛文尼亚边界数百米远的科里奥•道勒格拉（Dolegna del Collio）。他们在那里新建一个设备齐全的酒窖，由于一切准备就绪，酒庄的发展前途似锦。现在，酒庄葡萄园的面积得到显著扩大，其稳居领先地位的葡萄酒品质赢得消费者的认可。

★Franco Toros
LOC. NOVALI, 12 - 34071 CORMÒNS [GO]
TEL. 048161327
www.vinitoros.com

藏酒销售
预约参观
年产量 50 000 瓶
葡萄种植面积 10 公顷
葡萄栽培方式 传统栽培

弗朗科•托洛斯（Franco Toros）是一个彻头彻尾的葡萄酒人士。作为一位朴实的农民，他喜欢倾注尽可能多的时间在葡萄园上。他在采用先进技术酿酒的同时，也充分运用家族几代人积累下来的农业学问。弗朗科的祖先艾多尔德（Edoard）在相当长的时间内辗转各地，并于20世纪初定居在科蒙斯（Cormòns）附近诺瓦利（Novali）地区一块肥沃的土地上。弗朗科非常幸运，拥有了这些绝佳的先天条件。出产的葡萄酒尊重品种特性，以其复杂性和直率的特点脱颖而出。

○ Collio Malvasia '11	🍷🍷 3*
○ Collio Rosemblanc '10	🍷🍷 5
○ Collio Sauvignon '11	🍷🍷 3*
○ Collio Chardonnay '11	🍷🍷 3
○ Collio Pinot Grigio '11	🍷🍷 3
○ Collio Ribolla Gialla '11	🍷 3
○ Collio Chardonnay '10	🍷🍷 3
○ Collio Friulano '10	🍷🍷 3*
○ Collio Pinot Grigio '10	🍷🍷 3
○ Collio Ribolla Gialla '10	🍷🍷 2*
○ Collio Sauvignon '10	🍷🍷 3
○ Collio Sauvignon '09	🍷🍷 3
○ Friuli Isonzo Malvasia '09	🍷🍷 3
○ Ribolla Gialla '09	🍷🍷 3

○ Collio Friulano '11	🍷🍷🍷 4*
○ Collio Pinot Bianco '11	🍷🍷 4
○ Collio Pinot Grigio '11	🍷🍷 4
○ Collio Chardonnay '11	🍷🍷 4
● Collio Merlot '10	🍷🍷 4
○ Collio Sauvignon '11	🍷🍷 4
○ Collio Friulano '10	🍷🍷🍷 4
○ Collio Friulano '09	🍷🍷🍷 4*
○ Collio Friulano '08	🍷🍷🍷 4*
○ Collio Pinot Bianco '08	🍷🍷🍷 4*
○ Collio Pinot Bianco '07	🍷🍷🍷 4
○ Collio Pinot Bianco '05	🍷🍷🍷 4
○ Collio Tocai Friulano '06	🍷🍷🍷 4
○ Collio Tocai Friulano '04	🍷🍷🍷 4

弗留利—威尼斯朱利亚区

FRIULI VENEZIA GIULIA

Torre Rosazza

FRAZ. OLEIS -
LOC. POGGIOBELLO, 12 - 33044 MANZANO [UD]
TEL. 0422864511
www.torrerosazza.com

藏酒销售
预约参观
年产量 300 000 瓶
葡萄种植面积 90 公顷

特丽酒庄（Torre Rosazza）是利特鲁特忠利农业集团（Le Tenute di Genagricola）的一家高级庄园。除它之外，该集团还拥有弗留利地区的珀吉奥贝罗（Poggiobello）、伯格·马格雷多（Borgo Magredo）和特奴塔·圣特安娜（Tenuta Sant'Anna）以及一些散布在威尼托（Veneto）、拉齐奥（Lazio）、皮埃蒙特（Piedmont）和罗马涅（Romagna）的庄园。18世纪，德马奇宫殿（Palazzo De Marchi）在两个布满葡萄藤的自然圆形梯田之间设有办事处和一个酒窖。到了1979年，被利特鲁特忠利农业集团收购，并马上对90公顷的土地进行分区研究，以评估每块地的价值，确定一些在地理位置和地质条件上最适合种植当地传统葡萄品种的地块。

○ COF Sauvignon '11	♢♢ 3*
● COF Cabernet Sauvignon '10	♢♢ 3
○ COF Friulano '11	♢♢ 3
● COF Merlot L'Altromerlot '08	♢♢ 5
● COF Pignolo '08	♢♢ 5
○ COF Pinot Grigio '11	♢♢ 3
○ COF Ribolla Gialla '11	♢♢ 3
● COF Merlot '10	♢ 4
● COF Refosco P. R. '10	♢ 3
○ Picolit '10	♢ 5
○ COF Bianco Ronco del Masiero '10	♡♡ 3
○ COF Bianco Ronco del Masiero '09	♡♡ 3*
● COF Pignolo '07	♡♡ 3

La Tunella

FRAZ. IPPLIS
VIA DEL COLLIO, 14 - 33040 PREMARIACCO [UD]
TEL. 0432716030
www.latunella.it

藏酒销售
预约参观
年产量 450 000 瓶
葡萄种植面积 70 公顷

拉·图纳拉酒庄（La Tunella）现由马西莫（Massimo）和毛罗·佐尔泽帝格（Mauro Zorzettig）打理。他们的祖先曾在弗留利东科利山（Colli Orientali del Friuli）奇维达莱（Cividale）附近的斯佩沙（Spessa）栽种过葡萄，因此这两兄弟能充分利用传承了三代人的种植经验。酒庄充满现代气息与活力，给其他庄园以巨大鼓舞。一支年轻默契的团队产出了数量可观的葡萄酒。他们的朋友——酿酒学家路易吉诺·佐尔泽帝格（Luigino Zamparo）也在这里工作。酒窖宽敞明亮，设备完善，完美地把先进的技术与极好的建筑设施结合在一起。出产的葡萄酒充分体现了酒庄年轻、专注与活力的特色，只要闻一闻、尝一尝，便可瞬间心情愉悦。

○ COF BiancoSesto '11	♢♢♢ 4*
○ COF Noans '10	♢♢ 5
● COF Pignolo '07	♢♢ 5
○ COF Ribolla Gialla Rjgialla '11	♢♢ 3
● COF Rosso L'Arcione '08	♢♢ 5
● COF Schioppettino '09	♢♢ 4
○ COF Friulano '11	♢ 3
○ COF Sauvignon '11	♢ 3
○ COF BiancoSesto '07	♢♢♢ 3
○ COF BiancoSesto '06	♢♢♢ 3*
○ COF BiancoSesto '10	♡♡ 4
○ COF BiancoSesto '09	♡♡ 3
○ COF BiancoSesto '08	♡♡ 3
● COF Pignolo '06	♡♡ 5

弗留利—威尼斯朱利亚区
FRIULI VENEZIA GIULIA

Valchiarò

Fraz. Togliano
via dei Laghi, 4c - 33040 Torreano (UD)
Tel. 0432715502
www.valchiaro.it

藏酒销售
预约参观
年产量 40 000 瓶
葡萄种植面积 12 公顷

对葡萄和葡萄酒的热爱以及相同的志向，六位伙伴于1991年共同建立了一个新酒庄。他们创造了一种新型的合作关系，即在同一酒窖加工各自的葡萄，然后设立新目标，再致力于实现这一目标。宽敞、现代化的酒窖建立于2006年，坐落在风景宜人的托瑞阿诺地区（Torreano）。詹尼·梅诺蒂（Gianni Menotti）继续为酒庄提供一流的酿酒技术和建议。虽然在个别年份会不可避免地受到气候变化的影响，但整个系列的葡萄酒品质还是算得上可靠和优秀。

○ COF Friulano Nexus '11		♛ 3
● COF Merlot Ris. '08		♛ 4
● COF Refosco P. R. '07		♛ 3
○ COF Sauvignon '11		♛ 2*
○ COF Friulano '11		♛ 2
○ COF Pinot Grigio '11		♛ 2
○ COF Ribolla Gialla '11		♛ 2
● COF Refosco P. R. '06		♛♛ 3*
○ COF Verduzzo Friulano '08		♛♛ 3*
○ COF Verduzzo Friulano '07		♛♛ 3
○ COF Verduzzo Friulano '06		♛♛ 3*
○ COF Verduzzo Friulano '05		♛♛ 3*
○ COF Verduzzo Friulano '04		♛♛ 3*
○ COF Verduzzo Friulano '03		♛♛ 3*

Valpanera

via Trieste, 5a - 33059 Villa Vicentina (UD)
Tel. 0431970395
www.valpanera.it

预约参观
年产量 450 000 瓶
葡萄种植面积 55 公顷

詹姆皮尔特罗·达尔·维奇奥（Giampietro Dal Vecchio）缔造了瓦尔佩尼拉酒庄（Valpanera）。现在他和儿子乔凡尼（Giovanni）共同拥有该酒庄。父子俩的奋斗目标是推广弗留利地区（Friuli）最具代表性的本土红皮葡萄——红梗莱弗斯科葡萄（Refosco dal peduncolo rosso）。酒庄一直坚信生长在弗留利安奎拉法定葡萄酒产区（Friuli Aquileia DOC）的葡萄品种的潜力。原因有二：一是该地黏性的沙质土壤，二是绝妙的当地气候。虽然莱弗斯科（Refosco）是酒单上的固定酒品，但上进的酒类学家卢卡·马尔科里尼（Luca Marcolini）也酿造其他葡萄酒，或采用单一葡萄酿造，或混合酿造。这样做丰富了酒客的葡萄酒种类，更好地满足国际市场的需求。

○ Bianco di Valpanera '11		♛ 2*
● Friuli Aquileia Refosco P. R. Ris. '07		♛ 5
● Rosso di Valpanera '10		♛ 2*
○ Friuli Aquileia Sauvignon '11		♛ 3
○ Bianco di Valpanera '10		♛♛ 4
● Friuli Aquileia Refosco P. R. '08		♛♛ 4*
● Friuli Aquileia Refosco P. R. Ris. '06		♛♛ 4
● Friuli Aquileia Refosco P. R. Ris. '05		♛♛ 4
● Friuli Aquileia Refosco P. R. Sup. '08		♛♛ 3*
● Friuli Aquileia Refosco P. R. Sup. '07		♛♛ 2*
● Friuli Aquileia Refosco P. R. Sup. '06		♛♛ 2*
● Friuli Aquileia Rosso Alma '06		♛♛ 3
● Friuli Aquileia Rosso Alma '05		♛♛ 3

弗留利—威尼斯朱利亚区
FRIULI VENEZIA GIULIA

★Venica & Venica
Loc. Cerò, 8
34070 Dolegna del Collio [GO]
Tel. 048161264
www.venica.it

藏酒销售
预约参观
参观设施
年产量 262 000 瓶
葡萄种植面积 37 公顷

1930年2月6日，丹尼尔·凡尼卡（Daniele Venica）在科里奥·多勒格纳（Dolegna del Collio）附近的塞罗（Cerò）收购了一个附带葡萄园的农场。之后，酒庄传给阿代尔奇（Adelchi），现在又传到了詹尼（Gianni）和吉尔吉奥（Giorgio），又名"凡尼卡&凡尼卡（Venica&Venica）"。他们拓展酒庄的生意，成为意大利最具影响力的葡萄酒公司之一。詹姆保罗（Giampaolo）的到来给凡尼卡（Venicas）酒庄的酿酒技艺加入了新鲜元素。凡尼卡酒庄享誉世界，保证葡萄酒的质量上乘。众多品种的酒品能够满足不同的口味。对葡萄园的悉心照顾是庄园获得成功的基础。

○ Collio Sauvignon Ronco delle Mele '11	▼▼▼	6
○ Collio Friulano Ronco delle Cime '11	▼▼	4
○ Collio Pinot Bianco '11	▼▼	4
○ Collio Pinot Grigio Jesera '11	▼▼	4
○ Collio Chardonnay Ronco Bernizza '11	▼▼	4
○ Collio Malvasia '11	▼▼	4
● Collio Merlot Perilla '09	▼▼	5
○ Collio Sauvignon Ronco del Cerò '11	▼▼	4
○ Collio Sauvignon Ronco delle Mele '10	♀♀♀	5
○ Collio Sauvignon Ronco delle Mele '09	♀♀♀	5
○ Collio Sauvignon Ronco delle Mele '08	♀♀♀	5
○ Collio Sauvignon Ronco delle Mele '07	♀♀♀	5
○ Collio Sauvignon Ronco delle Mele '05	♀♀♀	5
○ Collio Tocai Friulano Ronco delle Cime '06	♀♀♀	4

La Viarte
via Novacuzzo, 51 - 33040 Prepotto [UD]
Tel. 0432759458
www.laviarte.it

藏酒销售
预约参观
年产量 100 000 瓶
葡萄种植面积 26 公顷

拉·维尔特酒庄（La Viarte）坐落于弗留利东科利山（Colli Orientali del Friuli）的普利波托（Prepotto）。它的美丽不仅因为本身壮丽优美的环境，也因为那里出产的美酒及其酿造者。1973年，朱塞佩（Giuseppe）和卡拉·塞斯奇恩（Carla Ceschin）建立酒庄，将其命名为拉·维尔特（La Viarte），弗留利语意为"春天"。如今酒庄由他们的儿子朱里奥（Giulio）经营，朱里奥的妻子菲德里卡（Federica）负责文书工作。朱里奥（Giulio）不仅是酒庄内部优秀的酿酒学家，还是普利波托斯奇派蒂诺葡萄酒生产协会（Associazione Produttori Schioppettino di Prepotto）的现任主席。协会最近被官方认证为葡萄生产分区。

● COF Merlot '09	▼▼	4
● COF Tazzelenghe '08	▼▼	5
○ COF Friulano '11	▼▼	3
● COF Refosco P.R. '09	▼▼	4
○ COF Sauvignon '11	▼▼	3
● COF Schioppettino di Prepotto '09	▼▼	4
○ COF Pinot Bianco '11	▼	3
○ COF Ribolla Gialla '11	▼	3
○ Incò Bianco '11	▼	2
○ COF Friulano '10	♀♀	3
○ COF Sauvignon '10	♀♀	3
○ Incò Bianco '10	♀♀	2
○ Siùm '07	♀♀	5

弗留利—威尼斯朱利亚区
FRIULI VENEZIA GIULIA

★★Vie di Romans

Loc. Vie di Romans, 1
34070 Mariano del Friuli (GO)
Tel. 048169600
www.viediromans.it

藏酒销售
预约参观
年产量 280 000 瓶
葡萄种植面积 53 公顷

1978年，简弗朗科•盖罗（Gianfranco Gallo）在弗留利•马里亚诺（Mariano del Friuli）成立了罗马斯•维耶酒庄（Vie di Romans）。严谨大胆的性格和细腻的酿酒技术造就了简弗朗科独特的葡萄酒风格。酒窖使用小型木桶陈化，这对白葡萄酒尤为重要。生产的葡萄酒本土特色鲜明，酒体结构明显。酒庄地处伊松佐法定产区（Isonzo DOC zone），这里离里雅斯特湾（the Gulf of Trieste）有几公里远。在大陆性气候和地中海气候的影响下，出产的葡萄酒气味丰富、香味浓郁。自1992年以来，这里所有的罗马斯•维耶葡萄酒（Vie di Romans）至少要窖藏两年后才投入市场。

Vigna del Lauro

Loc. Montona, 19 - 34071 Cormòns (GO)
Tel. 048160155
www.vignadellauro.it

藏酒销售
预约参观
年产量 50 000 瓶
葡萄种植面积 10 公顷

1994年，法比奥•克瑟尔（Fabio Coser）和意大利酒的德国进口商爱博哈迪•斯班戈恩伯格（Eberhard Spangenberg）共同建立了月桂树酒庄（Vigna del Lauro）。酒庄得名于托卡伊•弗留拉诺地区（tocai friulano）的一个老葡萄园。葡萄园的四周被桂树环绕，飘溢着独特的桂花香。葡萄园坐落在科里奥（Collio）和伊松佐法定产区（Isonzo DOC zones）的科蒙斯（Cormòns）市镇。酒庄照料、关注和尊重葡萄酒本身，出产的葡萄酒有强烈的品种特性和地域特点，酒香浓郁，酒体稳定，口感纯粹，易于饮用，且价格极具吸引力。

○ Friuli Isonzo Sauvignon Piere '10	🍷🍷🍷 4*
○ Friuli Isonzo Bianco Flors di Uis '10	🍷🍷 4
○ Friuli Isonzo Chardonnay Ciampagnis Vieris '10	🍷🍷 4
○ Friuli Isonzo Friulano Dolée '10	🍷🍷 4
○ Friuli Isonzo Malvasia Dis Cumieris '10	🍷🍷 4
○ Friuli Isonzo Pinot Grigio Dessimis '10	🍷🍷 5
○ Dut'Un '09	🍷🍷 6
○ Friuli Isonzo Chardonnay Vie di Romans '10	🍷🍷🍷 5
○ Friuli Isonzo Sauvignon Vieris '10	🍷🍷🍷 5
○ Friuli Isonzo Bianco Flors di Uis '09	🍷🍷🍷 4
○ Friuli Isonzo Malvasia Istriana Dis Cumieris '06	🍷🍷🍷 4
○ Friuli Isonzo Rive Alte Sauvignon Piere '07	🍷🍷🍷 4*
○ Friuli Isonzo Sauvignon Piere '08	🍷🍷🍷 4*

○ Collio Friulano '11	🍷🍷 2*
○ Collio Pinot Grigio '11	🍷🍷 3*
○ Collio Sauvignon '11	🍷🍷 3*
○ Friuli Isonzo Traminer Aromatico '11	🍷🍷 2*
● Friuli Isonzo Cabernet Franc '10	🍷 2
○ Friuli Isonzo Chardonnay '11	🍷 2
○ Friuli Isonzo Friuliano '11	🍷 2
● Friuli Isonzo Merlot '10	🍷 2
○ Collio Sauvignon '99	🍷🍷🍷 2
○ Collio Friulano '10	🍷🍷 2*
○ Collio Friulano '10	🍷🍷 2*
○ Collio Pinot Grigio '10	🍷🍷 2*
○ Collio Ribolla Gialla '09	🍷🍷 2*
○ Collio Sauvignon '10	🍷🍷 2*
○ Collio Sauvignon '09	🍷🍷 2*

弗留利—威尼斯朱利亚区 466
FRIULI VENEZIA GIULIA

Vigna Petrussa
VIA ALBANA, 47 - 33040 PREPOTTO [UD]
TEL. 0432713021
www.vignapetrussa.it

藏酒销售
预约参观
年产量 28 000 瓶
葡萄种植面积 6.5 公顷

1995年，当希尔德•佩特鲁莎（Hilde Petrussa）回到普利波托（Prepotto）附近的阿尔巴纳（Albana）时，她不得不重新整理家族庄园。在她离开的那段时间里，整个庄园都荒废了。首先，她新种了葡萄藤，重点种植本地葡萄品种，引进平顶山修剪方式。接着，增加葡萄藤的密度。最后还把整个葡萄园重新修剪一遍。她将大部分精力投入到绿波廊葡萄（Ribolla Nera）的种植上面，这种葡萄常被用来酿造斯奇派蒂诺葡萄酒（Schioppettino），据说起源于朱吉奥河（Judrio River）河谷，或至少可以说一直生长在这里。由于实行了严格的葡萄园管理制度，采用了严谨的葡萄酒酿造技艺，出产的葡萄酒质量十分可靠。

★Le Vigne di Zamò
LOC. ROSAZZO
VIA ABATE CORRADO, 4 - 33044 MANZANO [UD]
TEL. 0432759693
www.levignedizamo.com

藏酒销售
预约参观
年产量 250 000 瓶
葡萄种植面积 67 公顷

扎莫（Zamò）酒庄的故事始于1978年。当时图里奥（Tullio）在罗卡•贝尔南德山（Rocco Bernarda）的山坡上买下了5公顷葡萄园，建立起利昂酒庄（Vigne dal Leon），并在几年后打造成家族自有品牌——阿巴兹亚•罗萨佐（Abbazia di Rosazzo）。1996年，他和儿子皮尔路易吉（Pierluigi）、西尔维奥（Silvano）共同创建了萨摩酒庄（Le Vigne di Zamó）。酒庄面朝山上的一座修道院，覆盖了整个东弗留利，一直延伸到海岸。不远处，酒庄的专家和技术人员在新酒窖里酿酒，酒窖的外形与山脚的风景完美相融。创始人图里奥（Tullio）务实、有活力且富有传奇色彩，在他任期内，酒庄就牢牢奠定了它的声望。

○ COF Bianco Richenza '10	🍷🍷 4
○ COF Friulano '11	🍷🍷 3
● COF Refosco P. R. '10	🍷🍷 4
○ COF Sauvignon '11	🍷🍷 3
● COF Schioppettino di Prepotto '09	🍷🍷 4
● COF Cabernet Franc '09	🍷 3
○ COF Bianco Richenza '09	🍷🍷 4
● COF Cabernet Franc '08	🍷🍷 3*
○ COF Picolit '09	🍷🍷 5
● COF Refosco P. R. '09	🍷🍷 4
● COF Schioppettino di Prepotto '08	🍷🍷 4

○ COF Friulano V. Cinquant'Anni '10	🍷🍷 5
● COF Rosazzo Pignolo '07	🍷🍷 6
○ COF Friulano '11	🍷🍷 3
● COF Merlot V. Cinquant'Anni '08	🍷🍷 5
● COF Refosco P. R. Re Fosco '08	🍷🍷 5
○ COF Rosazzo Bianco Ronco delle Acacie '09	🍷🍷 5
○ COF Pinot Grigio '11	🍷 3
○ COF Ribolla Gialla di Rosazzo '11	🍷 3
○ COF Friulano V. Cinquant'Anni '09	🍷🍷🍷 5
○ COF Friulano V. Cinquant'Anni '08	🍷🍷🍷 5
● COF Merlot V. Cinquant'Anni '06	🍷🍷🍷 5
● COF Merlot V. Cinquant'Anni '99	🍷🍷🍷 5
○ COF Tocai Friulano V. Cinquant'Anni '06	🍷🍷🍷 5
○ COF Malvasia '09	🍷🍷 4
● COF Merlot V. Cinquant'Anni '07	🍷🍷 5

FRIULI VENEZIA GIULIA

Villa de Puppi
VIA ROMA, 5 - 33040 MOIMACCO [UD]
TEL. 0432722461
www.depuppi.it

藏酒销售
预约参观
年产量 40 000 瓶
葡萄种植面积 30 公顷

康迪•德•普皮（Conti de Puppi）来自托斯卡纳（Tuscany），13世纪时定居在弗留利•奇维达莱（Cividale del Friuli）。这个地主和雇佣兵的世家在政治、法律和宗教等领域给弗留利（Friuli）输送了许多大人物。路易吉•德•普皮（Luigi de Puppi）的酒庄现在由他的孩子卡特琳娜（Caterina）和瓦尔弗雷多（Valfredo）管理，位于莫伊马科（Moimacco）豪华古宅里的20公顷葡萄园中。除了这个葡萄园外，酒庄进一步收购了弗留利东科利山（Colli Orientali del Friuli）罗萨佐（Rosazzo）山坡的10公顷葡萄园。产自丘陵地区的葡萄造就了葡萄酒良好的结构和深度，而采用平原种植的葡萄，所酿的葡萄酒气质优雅。若将二者混合，葡萄酒则具有丰满、优雅和平衡的特点。

● Cabernet '09	🍷🍷 2
● Merlot '09	🍷🍷 2
○ Pinot Grigio '11	🍷🍷 3
○ Sauvignon '11	🍷🍷 3
○ Taj Blanc '11	🍷🍷 2
○ Chardonnay '11	🍷 2
● Refosco P. R. '09	🍷 3
○ Taj Blanc '10	🍷🍷 2*
○ Taj Blanc '09	🍷🍷 2*

★★ Villa Russiz
VIA RUSSIZ, 6 - 34070 CAPRIVA DEL FRIULI [GO]
TEL. 048180047
www.villarussiz.it

藏酒销售
预约参观
年产量 220 000 瓶
葡萄种植面积 40 公顷

维拉•鲁西斯酒庄（Villa Russiz）被公认为弗留利地区历史久远的知名酒庄之一。它成立于1867年，当时，法国伯爵西欧铎•德拉图尔（Théodore de La Tour）具有远见卓识地选择卡普日瓦（Capriva）山作为他与奥地利籍的妻子艾伊文•利特尔（Elvine Ritter）的定居地。对于这位传奇般的人物，我们需要强调，他引进了科里奥•格里兹亚诺（Collio Goriziano）的新品种，和他曾在法国使用过的现代酿酒技术。这对夫妇没有子嗣，于是他们决定创立一个慈善机构，帮助有困难的儿童。在西尔瓦诺•斯蒂凡奴提（Silvano Stefanutti）主席的带领下，机构保持着积极活跃的态势。我们很高兴看到这样一个公益机构，在没有得到外界支持的情况下，仍然运行顺畅。

● Collio Merlot Graf de La Tour '09	🍷🍷 6
○ Collio Chardonnay Gräfin de La Tour '10	🍷🍷 6
○ Collio Friulano '11	🍷🍷 4
○ Collio Malvasia '11	🍷🍷 4
○ Collio Pinot Bianco '11	🍷🍷 4
○ Collio Pinot Grigio '11	🍷🍷 4
○ Collio Sauvignon '11	🍷🍷 4
○ Collio Chardonnay Gräfin de La Tour '02	🍷🍷🍷 6
○ Collio Friulano '09	🍷🍷🍷 4*
● Collio Merlot Graf de La Tour '02	🍷🍷🍷 6
○ Collio Sauvignon de La Tour '08	🍷🍷🍷 5
○ Collio Sauvignon de La Tour '05	🍷🍷🍷 5
○ Collio Tocai Friulano '04	🍷🍷🍷 4

弗留利—威尼斯朱利亚区
FRIULI VENEZIA GIULIA

Tenuta Villanova
LOC. VILLANOVA
VIA CONTESSA BERETTA, 29
34072 FARRA D'ISONZO [GO]
TEL. 0481889311
www.tenutavillanova.com

藏酒销售
预约参观
年产量 600 000 瓶
葡萄种植面积 105 公顷

特奴塔•维拉诺瓦酒庄（Tenuta Villanova）是弗留利葡萄酒的忠实捍卫者。它早在1499年建立，已有超过5个世纪的历史。在经历多次易主之后，酒庄在1932年被具远见卓识的企业家阿尔纳多•本纳蒂（Arnaldo Bennati）收购。现在，酒庄由其妻子吉尔斯普娜•格罗斯（Giuseppina Grossi）管理，她的侄儿阿尔伯特（Alberto Grossi）协助在旁。阿尔伯特身后有一支由技术人员和生意伙伴组成的高效团队。由于庄园的大部分土地已被还原成草地或森林，杀虫剂的需求有所降低。位于科里奥（Collio）和伊松佐（Isonzo）地区的105公顷葡萄园出产了个性张扬、果香浓郁、易于饮用的葡萄酒款。

Andrea Visintini
VIA GRAMOGLIANO, 27
33040 CORNO DI ROSAZZO [UD]
TEL. 0432755813
www.vinivisintini.com

藏酒销售
预约参观
年产量 150 000 瓶
葡萄种植面积 28 公顷
葡萄栽培方式 传统栽培

罗萨佐•科诺地区（Corno di Rosazzo）的山坡上有一个宏伟壮观的16世纪瞭望塔。它曾是格拉默格里亚诺（Gramogliano）封建城堡的一部分，被列入文化遗产。维斯蒂尼酒庄坐落在这座城堡的空地上。几个世纪以来，酒庄多次易主，直到1884年才由库卡格纳•康迪•祖科（Conti Zucco di Cuccagna）从维斯蒂尼家族（Visintini）手中接管过来。酒庄历经数代，到了1973年，由安德里亚（Andrea）接管，并给它起了如今的这个名字。现在，安德里亚的儿女欧力瓦威尔诺（Oliviero）、新吉亚（Cinzia）和帕尔米拉（Palmira）延续着父亲的使命——尊重自然和传统葡萄的属性，酿造口感清爽、平易近人的葡萄酒。

● Collio Rosso Fraja '07	🍷🍷 5
○ Friuli Isonzo Malvasia Saccoline '11	🍷🍷 2*
○ Friuli Isonzo Pinot Grigio Mansi di Villanova '11	🍷🍷 2*
○ Collio Pinot Grigio '11	🍷 3
○ Collio Ribolla Gialla '11	🍷 2
○ Collio Sauvignon Ronco Cucco '11	🍷 4
● Friuli Isonzo Merlot Mansi di Villanova '10	🍷 2
○ Friuli Isonzo Traminer Aromatico Mansi di Villanova '11	🍷 2
○ Collio Chardonnay Monte Cucco '97	🍷🍷🍷 3
○ Collio Chardonnay Ronco Cucco '07	🍷🍷 3
○ Friuli Isonzo Malvasia Saccoline '10	🍷🍷 2*
○ Friuli Isonzo Malvasia Saccoline '08	🍷🍷 2*
○ Friuli Isonzo Traminer Aromatico '09	🍷🍷 2

○ COF Sauvignon '11	🍷🍷 2*
○ COF Bianco '11	🍷🍷 2*
○ COF Friulano '11	🍷🍷 2*
⊙ COF Pinot Grigio '11	🍷🍷 2
● COF Merlot '10	🍷 2
○ COF Pinot Bianco '11	🍷 2
○ COF Ribolla Gialla '11	🍷 2*
○ COF Bianco '10	🍷🍷 2*
● COF Merlot '09	🍷🍷 2*
● COF Pignolo '07	🍷🍷 3
○ COF Ribolla Gialla '10	🍷🍷 2*

弗留利—威尼斯朱利亚区
FRIULI VENEZIA GIULIA

Vistorta

Fraz. Vistorta
via Vistorta, 82 - 33077 Sacile [PN]
Tel. 043471135
www.vistorta.it

藏酒销售
预约参观
年产量 80 000 瓶
葡萄种植面积 34 公顷
葡萄栽培方式 有机认证

布兰迪诺•布兰多里尼（Brandino Brandolini）最近掌管了维拉•隆彻酒庄（Villa Ronche），并以他自己姓名命名。此外，他还管理另一家维斯托塔（Vistorta）葡萄酒品牌公司，出产了许多价格合理的单一类型葡萄酒。酿酒学家吉奥格斯•保利（Georges Pauli）原来在圣祖利安（Saint Julien）的克鲁奥德•拉罗斯城堡（Château Gruaud-Larose）工作。在他的帮助下，酒庄于20世纪80年代末种植了新的葡萄品种——原产于法国波尔多（Bordeaux）的梅洛（Merlot）葡萄，用来补充现有品种。庄主布兰迪诺（Brandino）曾在美国和法国接受过系统的葡萄酒教育，能干的亚力克•安格洛（Alec Ongaro）监督执行酒窖的生产策略。

● Friuli Grave Merlot Vistorta '09	♛♛	4
○ Friuli Grave Friulano '11	♛	2
○ Friuli Grave Pinot Grigio '11	♛	2
○ Friuli Grave Sauvignon '11	♛	2
○ Friuli Grave Traimer Aromatico '11	♛	2
● Friuli Grave Merlot Vistorta '06	♛♛♛	4
● Friuli Grave Merlot Vistorta '05	♛♛♛	4
● Friuli Grave Merlot Vistorta '04	♛♛♛	4
● Friuli Grave Merlot Vistorta '03	♛♛♛	4
● Friuli Grave Merlot Vistorta '02	♛♛	4
● Friuli Grave Merlot Vistorta '00	♛♛	4

★Volpe Pasini

Fraz. Togliano
via Cividale, 16 - 33040 Torreano [UD]
Tel. 0432715151
www.volpepasini.net

藏酒销售
预约参观
参观设施
年产量 400 000 瓶
葡萄种植面积 52 公顷
葡萄栽培方式 传统栽培

奇洛尼克勒斯（Chronicles）给我们讲述了在威尼斯总督统治的那些日子里，身为弗留利农民的沃尔普家族（Volpe family）是怎样加入到威尼斯商人队伍的。在这期间的1596年，帕斯尼家族（the Pasinis）创建了这个历史悠久的沃尔普•帕斯尼酒庄（Volpe Pasini）。现任庄主埃米利奥•罗托洛（Emilio Rotolo）出生于卡拉布里亚区（Calabria），被收养后在弗留利（Friulian）生活。在年轻的儿子弗朗西斯科（Francesco）的帮助下，酒庄走在酿酒业的领先行列。沃尔普•祖科（Zuc di Volpe）系列葡萄酒颇受关注并屡获大奖。令人感到意外的是，甚至连沃尔普•帕斯尼（Volpe Pasini line）系列的基础酒也以酒质稳定和优惠价格脱颖而出。这些都归功于洛伦佐•蓝迪（Lorenzo Landi）提供的专业咨询意见。

○ COF Sauvignon Zuc di Volpe '11	♛♛♛	4*
○ COF Pinot Bianco Zuc di Volpe '11	♛♛	4*
○ COF Friulano Volpe Pasini '11	♛	2*
○ COF Pinot Bianco Zuc di Volpe '11	♛♛	4*
○ COF Ribolla Gialla Zuc di Volpe '11	♛♛	4
○ Crypto Zuc di Volpe Cuvée Brut	♛♛	4
○ COF Pinot Grigio Grivò Volpe Pasini '11	♛	2*
○ COF Pinot Grigio Zuc di Volpe '11	♛	3
● COF Refosco P.R. Volpe Pasini '09	♛♛	2
○ COF Sauvignon Volpe Pasini '11	♛♛	2
○ COF Pinot Bianco Zuc di Volpe '10	♛♛♛	4
○ COF Pinot Bianco Zuc di Volpe '08	♛♛♛	4
○ COF Pinot Bianco Zuc di Volpe '07	♛♛♛	3
○ COF Sauvignon Zuc di Volpe '10	♛♛♛	3*
○ COF Sauvignon Zuc di Volpe '09	♛♛♛	3*
○ COF Sauvignon Zuc di Volpe '05	♛♛♛	3

弗留利—威尼斯朱利亚区
FRIULI VENEZIA GIULIA

Francesco Vosca

FRAZ. BRAZZANO
VIA SOTTOMONTE, 19 - 34070 CORMÒNS [GO]
TEL. 048162135
www.voscavini.it

藏酒销售
预约参观
年产量 30 000 瓶
葡萄种植面积 8 公顷
葡萄栽培方式 传统栽培

这是一家拥有深厚农业根基的典型家族酒庄。20世纪90年代初期，弗朗西斯科•沃尔普（Francesco Volpe）不再养殖牲畜，开始种植葡萄。数量有限的葡萄园坐落在科里奥山坡（Collio）和伊松佐平原（Isonzo），因为这里的地形条件不允许采用机械化生产，因此需由人工不间断地进行管理。弗朗西斯科•沃尔普（Francesco Volpe）的妻子安妮塔（Anita）在旁默默协助丈夫照顾葡萄园，而他的儿子加布里埃莱（Gabriele）在酒客协助父亲。在他们的帮助下，弗朗西斯科酿造出更令人满意的葡萄酒，一步步走向事业的巅峰。

○ Collio Malvasia '11	🍷🍷 3*
○ Collio Friulano '11	🍷🍷 3
○ Collio Pinot Grigio '11	🍷🍷 3
○ Friuli Isonzo Chardonnay '11	🍷🍷 3
○ Collio Friulano '10	🍷🍷 3*
○ Collio Friulano '09	🍷🍷 3*
○ Collio Malvasia '10	🍷🍷 2
○ Collio Malvasia '09	🍷🍷 2*
○ Collio Pinot Grigio '09	🍷🍷 3*

Zidarich

LOC. PREPOTTO, 23
34011 DUINO AURISINA [TS]
TEL. 040201223
www.zidarich.it

藏酒销售
预约参观
年产量 18 000 瓶
葡萄种植面积 8 公顷
葡萄栽培方式 传统栽培

1988年，本杰明•兹达里奇（Benjamin Zidarich）热情满溢地把父亲遗留下来的庄园改造成酒庄。酒庄位于特里亚斯特•卡尔索（Trieste Carso）的中心地带，地处杜伊诺•奥利斯纳（Duino Aurisina）市镇的普利波托地区（Prepotto）。刚开始时，本杰明•兹达里奇（Benjamin Zidarich）只有半公顷的葡萄园。后来，葡萄园的面积稳步增加，主要种植本地葡萄品种。今天，酒庄达到了相当大的规模。新酒窖从山上的原生岩石中开辟而出，使得本杰明（Benjamin）的葡萄酒能在底土中保持恒温状态。站在这里，特里亚斯特湾（Gulf of Trieste）的风景尽收眼底。酒庄出产的葡萄酒粗犷浓烈多汁，由一种简单却新颖的方法酿制而成。

○ Prulke '10	🍷🍷🍷 5
○ Carso Malvasia '10	🍷🍷 5
○ Carso Vitovska '10	🍷🍷 5
● Carso Terrano '10	🍷🍷 5
● Ruje '06	🍷🍷 5
○ Carso Malvasia '09	🍷🍷 5
○ Prulke '08	🍷🍷 5
● Carso Terrano '09	🍷🍷 5
○ Carso Vitovska Collection '06	🍷🍷 5
○ Carso Vitovska '05	🍷🍷 5
○ Prulke '09	🍷🍷 5
● Ruje '05	🍷🍷 5

弗留利—威尼斯朱利亚区
FRIULI VENEZIA GIULIA

Zorzettig

Fraz. Spessa
s.da Sant'Anna, 37
33043 Cividale del Friuli [UD]
Tel. 0432716156
www.zorzettigvini.it

藏酒销售
预约参观
参观设施
年产量 800 000 瓶
葡萄种植面积 110 公顷

在弗留利东科利山地区（Colli Orientali del Friuli），特别是在奇维达莱（Cividale）附近的斯佩沙（Spessa）周边，左则提格（Zorzettig）一直是葡萄酒的代名词。左则提格家族世世代代经营葡萄酒事业，期间涌现出许多非常优秀的酿酒师。酒庄的名字由朱塞佩•左则提格（Giuseppe Zorzettig）继承下来，他曾获得过"工作模范"的荣誉称号。1986年，他抓住契机购买了一家旧农舍，并带着全家人在那里扎根。紧接着，足智多谋的他迅速地把旧农舍改造成为一个具有现代气息的多功能酒厂。现在，他的子女安娜丽莎（Annalisa）和亚历山德罗（Alessandro）继承了他们父亲的酿酒热情，将弗留利的酿酒传统与现代先进技术有机结合，从而酿造出高品质的葡萄酒。

○ COF Friulano Myò '11	▼▼ 4
○ COF Malvasia Myò '11	▼▼ 4
● COF Pignolo Myò '09	▼▼ 6
○ COF Pinot Bianco Myò '11	▼▼ 4
● COF Refosco P.R. Myò '10	▼ 4
○ COF Ribolla Gialla Myò '11	▼ 4
○ COF Sauvignon Myò '11	▼ 4
● COF Schioppettino Myò '10	▼ 5
○ COF Friulano Myò '10	♀♀ 4
● COF Pignolo Myò '08	♀♀ 6
● COF Refosco P.R. Myò '09	♀♀ 4
○ COF Sauvignon Myò '10	♀♀ 4
● COF Schioppettino Myò '09	♀♀ 5

Zuani

loc. Giasbana, 12
34070 San Floriano del Collio [GO]
Tel. 0481391432
www.zuanivini.it

藏酒销售
预约参观
参观设施
年产量 65 000 瓶
葡萄种植面积 12 公顷

为继承家族传统，知名葡萄酒商马尔科（Marco）的女儿帕特利兹亚•菲鲁格（Patrizia Felluga）于2001年搬到科里奥•圣•弗洛利亚诺（San Floriano del Collio），并在加斯巴纳（Giasbana）建立了祖阿妮酒庄（Zuani）。在她的子女安东尼奥（Antonio）和卡特琳娜（Caterina）的帮助下，她酿造出一款本土气息十分浓厚的科里奥葡萄酒（Collio），由此实现了她多年来的梦想。当时，这个大胆的决定似乎很冒险，但事实证明她的决定是正确的。她酿的两款酒，一款是采用不锈钢酒桶陈化的祖阿妮•维格尼（Zuani Vigne）的葡萄酒，另一款是采用橡木桶陈酿的祖阿妮葡萄酒。这两款酒采用等量苏维翁（Sauvignon）、莎当尼（Chardonnay）、弗留拉诺（Friulano）和灰皮诺（Pinot Grigio）葡萄混酿而成。

○ Collio Bianco Zuani Ris. '09	▼▼ 5
○ Collio Bianco Zuani Vigne '11	▼ 3
○ Collio Bianco Zuani Vigne '10	♀♀♀ 3
○ Collio Bianco Zuani Vigne '07	♀♀♀ 3
○ Collio Bianco Zuani '08	♀♀ 5
○ Collio Bianco Zuani '07	♀♀ 5
○ Collio Bianco Zuani '06	♀♀ 5
○ Collio Bianco Zuani Vigne '09	♀♀ 3
○ Collio Bianco Zuani Vigne '08	♀♀ 3*
○ Collio Bianco Zuani Vigne '05	♀♀ 3
○ Collio Bianco Zuani Vigne '04	♀♀ 3
○ Collio Bianco Zuani Vigne '03	♀♀ 3
○ Collio Bianco Zuani Vigne '02	♀♀ 3

OTHER WINERIES

Alberice
via Bosco Romagno, 4
33040 Corno di Rosazzo [UD]
Tel. 0422759460
www.alberice.it

○ COF Friulano '11	🍷🍷 3
○ COF Sauvignon '11	🍷🍷 3
○ COF Malvasia '11	🍷 3
○ COF Pinot Grigio '11	🍷 3

Mario Arzenton
fraz. Spessa
via Cormons, 221
33043 Cividale del Friuli [UD]
Tel. 0432716139
www.arzentonvini.it

○ COF Chardonnay '11	🍷🍷 3
○ COF Friulano '11	🍷🍷 3
○ COF Sauvignon '11	🍷🍷 3
○ COF Picolit '09	🍷 5

Ascevi - Luwa
loc. Uclanzi, 24
34070 San Floriano del Collio [GO]
Tel. 0481884140
www.asceviluwa.it

○ Col Martin '10	🍷🍷 4
○ Collio Sauvignon Ronco dei Sassi '11	🍷🍷 3
○ Collio Chardonnay Rupis '11	🍷 3
○ Collio Pinot Grigio Grappoli '11	🍷 2

Attems
fraz. Capriva del Friuli
via Aquileia, 30 - 34070 Gorizia
Tel. 0481806098
www.attems.it

○ Chardonnay '11	🍷🍷 2*
○ Collio Friulano '11	🍷🍷 2*
○ Pinot Grigio Cupra Ramato '11	🍷🍷 3
○ Sauvignon Blanc '11	🍷🍷 3

La Bellanotte
s.da della Bellanotte, 3
34072 Farra d'Isonzo [GO]
Tel. 0481888020
www.labellanotte.it

○ Friuli Isonzo Bianco Luna de Ronchi '10	🍷🍷 3*
○ Collio Pinot Bianco '11	🍷🍷 3
○ Vento dell'Est '10	🍷🍷 8
● Friuli Isonzo Merlot Roja de Isonzo '09	🍷 4

Blason
via Roma, 32
34072 Gradisca d'Isonzo [GO]
Tel. 048192414
www.blasonwines.com

○ Friuli Isonzo Friulano '10	🍷🍷 3
○ Friuli Isonzo Pinot Grigio '11	🍷🍷 2*
○ Friuli Isonzo Friulano '11	🍷 2
○ Malvasia '11	🍷 2

OTHER WINERIES 其他酒庄

Borgo Conventi
S.DA DELLA COLOMBARA, 13
24070 FARRA D'ISONZO [GO]
TEL. 0481888004
www.ruffino.it

○ Collio Friulano '11	🍷 3
○ Friuli Isonzo Chardonnay '11	🍷🍷 2*
○ Friuli Isonzo Friulano '11	🍷🍷 3
○ Collio Chardonnay '11	🍷 3

Emilio Bulfon
FRAZ. VALERIANO
VIA ROMA, 4
33094 PINZANO AL TAGLIAMENTO [PN]
TEL. 0432950061
www.bulfon.it

● Pecòl Ros '11	🍷🍷 3
● Piculit Neri '11	🍷🍷 3
○ Ucelùt '11	🍷🍷 4
● Forgiarin '11	🍷 3

Ca' Madresca
VIA POLICRETA - 33080 FIUME VENETO [PN]
TEL. 0434958724
www.vinicamadresca.com

○ Collio Bianco Reys '11	🍷🍷 3
● Collio Cabernet Sauvignon Reys '07	🍷🍷 3
○ Collio Chardonnay Elfo '11	🍷 3
○ Ramandolo '08	🍷 3

Castello di Arcano
LOC. ARCANO SUPERIORE, 11 C
33030 RIVE D'ARCANO [UD]
TEL. 0432809500
www.castellodiarcano.it

● COF Pignolo '06	🍷🍷 5
○ COF Pinot Grigio '11	🍷 3

Castello Sant'Anna
LOC. SPESSA
VIA SANT'ANNA, 9
33043 CIVIDALE DEL FRIULI [UD]
TEL. 0432716289
centasantanna@libero.it

● COF Merlot Ris. '08	🍷🍷 4
○ COF Sauvignon '10	🍷🍷 3
● COF Schioppettino '08	🍷🍷 5
○ COF Pinot Grigio '10	🍷 3

Cencig
VIA SOTTOMONTE, 171
33044 MANZANO [UD]
TEL. 0432740789
www.cencig.com

● COF Cabernet Franc '10	🍷🍷 3
○ COF Friulano '11	🍷🍷 3
● COF Merlot '10	🍷 3
○ COF Sauvignon '11	🍷 3

OTHER WINERIES

Colli di Poianis
via Poianis, 34a - 33040 Prepotto [UD]
Tel. 0432713185
www.collidipoianis.com

● COF Schioppettino di Prepotto '09	🍷🍷 5
○ COF Chardonnay '10	🍷 3
○ COF Friulano '11	🍷 3
● COF Rosso Ronco della Poiana '09	🍷 4

Conti Formentini
via Oslavia, 5
34070 San Floriano del Collio [GO]
Tel. 0481884131
www.contiformentini.it

○ Collio Chardonnay '11	🍷🍷 5
○ Collio Friulano Furlanà '11	🍷🍷 5
○ Collio Pinot Grigio '11	🍷🍷 5
○ Collio Ribolla Gialla Raiade '11	🍷 5

Le Due Torri
loc. Vicinale del Judrio
via San Martino, 19
33040 Corno di Rosazzo [UD]
Tel. 0432759150
www.le2torri.com

● Friuli Grave Merlot '09	🍷🍷 3
● Friuli Grave Refosco P.R. '09	🍷🍷 3
○ Friuli Grave Friulano '11	🍷 2
○ Malvasia '11	🍷 2

I Feudi di Romans
loc. Pieris
via Cà del Bosco, 16
34075 San Canzian d'Isonzo [GO]
Tel. 048176445
www.ifeudi.it

● Friuli Isonzo Cabernet Franc '10	🍷🍷 2*
○ Friuli Isonzo Sauvignon '11	🍷🍷 2*
○ Friuli Isonzo Friulano '11	🍷 2
○ Friuli Isonzo Pinot Grigio '11	🍷 2

Iole Grillo
loc. Albana, 60 - 33040 Prepotto [UD]
Tel. 0432713201
www.vinigrillo.it

○ COF Friulano '11	🍷🍷 3
● COF Schioppettino di Prepotto '09	🍷🍷 3
● COF Cabernet Franc '11	🍷 3
○ COF Sauvignon '11	🍷 3

Albano Guerra
loc. Montina
v.le Kennedy, 39a - 33040 Torreano [UD]
Tel. 0432715077
www.guerraalbano.it

○ COF Friulano '11	🍷🍷 2*
○ COF Malvasia '11	🍷🍷 2*
○ COF Sauvignon '11	🍷🍷 2*
○ COF Pinot Grigio '11	🍷 2

OTHER WINERIES 其他酒庄

Vigneti Le Monde
LOC. LE MONDE
VIA GARIBALDI, 2
33080 PRATA DI PORDENONE [PN]
TEL. 0434622087
www.vignetilemonde.eu

● Friuli Grave Refosco P. R. Inaco Ris. '08	♛♛ 4
○ Friuli Grave Chardonnay '11	♛ 2
○ Friuli Grave Friulano '11	♛ 2
○ Friuli Grave Pinot Grigio '11	♛ 2

Vigna Lenuzza
VIA BROLO, 51 - 33040 PREPOTTO [UD]
TEL. 0432713236
www.vignalenuzza.it

○ COF Friulano Sottocastello '10	♛♛ 3*
○ COF Sauvignon '10	♛♛ 3*
○ COF Ribolla Gialla '11	♛ 3
● COF Schioppettino di Prepotto '09	♛ 3

Masut da Rive
VIA MANZONI, 82
34070 MARIANO DEL FRIULI [GO]
TEL. 048169200
www.masutdarive.com

● Friuli Isonzo Cabernet Sauvignon '10	♛♛ 3
● Friuli Isonzo Merlot '10	♛♛ 3
○ Friuli Isonzo Pinot Grigio '11	♛ 3
○ Friuli Isonzo Sauvignon '11	♛ 3

Micossi
LOC. SEDILIS
VIA NIMIS, 20 - 33017 TARCENTO [UD]
TEL. 0432783276
www.vignetimicossi.it

○ Ramandolo '10	♛♛ 4
● Schioppettino '10	♛♛ 4

Az. Agr. Modeano
VIA CASALI MODEANO, 1
33056 PALAZZOLO DELLO STELLA [UD]
TEL. 043158244
www.modeano.it

● Friuli Latisana Cabernet Sauvignon '10	♛♛ 2*
○ Friuli Latisana Friulano '11	♛ 2
● Friuli Latisana Refosco P.R. '10	♛ 2
○ Friuli Latisana Verduzzo Friulano '10	♛ 2

Norina Pez
VIA ZORUTTI, 4
34070 DOLEGNA DEL COLLIO [GO]
TEL. 0481639951
www.norinapez.it

○ Collio Friulano '11	♛♛ 2*
● Collio Rosso El Neri di Norina '06	♛♛ 3
○ Collio Sauvignon '11	♛♛ 2*
● Collio Schioppettino '09	♛♛ 3

OTHER WINERIES

Piè di Mont
loc. Piedimonte
via Monte Calvario, 30 - 34170 Gorizia
Tel. 0481391338
www.piedimont.it

○ Piè di Mont Brut '08	🍷🍷 6

Pighin
fraz. Risano
v.le Grado, 1 - 33050 Pavia di Udine [UD]
Tel. 0432675444
www.pighin.com

● Collio Cabernet '09	🍷🍷 3
● Collio Merlot '09	🍷🍷 3
○ Collio Pinot Grigio '11	🍷🍷 3
● Friuli Grave Merlot Ris. '06	🍷🍷 3

Pitars
via Tonello, 10
33098 San Martino al Tagliamento [PN]
Tel. 043488078
www.pitars.it

● Friuli Grave Cabernet Sauvignon '08	🍷🍷 2*
● Naos '07	🍷🍷 5
○ Friuli Grave Chardonnay	🍷 2
● Friuli Grave Merlot '10	🍷 2

Polje
loc. Novali, 11 - 34071 Cormòns [GO]
Tel. 047160660
www.conubia.com

○ Collio Friulano '11	🍷🍷 3
○ Malvasia '11	🍷🍷 2*
○ Collio Sauvignon '11	🍷 3
● Refosco P.R. '10	🍷 2

La Ponca
loc. Scriò, 3
34070 Dolegna del Collio [GO]
Tel. 0422800026
www.laponca.it

○ Blanc de Blancs Extra Brut	🍷🍷 4
⊙ Rosé de Noirs Extra Brut	🍷🍷 4
○ Collio Ribolla Gialla Ruttars '11	🍷 4
○ Collio Sauvignon Ruttars '11	🍷 4

Flavio Pontoni
via Peruzzi, 8 - 33042 Buttrio [UD]
Tel. 0432674352
www.pontoni.it

● COF Cabernet Franc '11	🍷🍷 2*
○ COF Sauvignon '11	🍷🍷 2*
● Refosco P.R. '10	🍷🍷 2*
○ COF Malvasia '11	🍷 2

OTHER WINERIES 其他酒庄

Puiatti - Tenimenti Angelini
Loc. Zuccole, 4
34076 Romans d'Isonzo [GO]
Tel. 0481804101
www.puiatti.com

○ Blanc de Blancs Extra Brut	▼▼ 3
⦿ Rosé de Noir Extra Brut	▼▼ 5
○ Collio Sauvignon Ruttars '11	▼ 3
○ Ruttars '11	▼ 4

Quinta della Luna
Loc. San Foca
via Nannavecchia, 75
33080 San Quirino [PN]
Tel. 043491185
www.quintadellaluna.it

○ Marco Giallo '09	▼▼ 3
○ Friuli Grave Friulano '11	▼ 2
⦿ Merlot '10	▼ 2
○ Traminer Aromatico '11	▼ 2

Vigneti Rapais
via Pola, 25 - 33085 Maniago [PN]
Tel. 0427709434
www.vignetirapais.it

○ Desir Blanc '08	▼▼ 2*
○ Sauvignon '10	▼▼ 2*
○ Pinot Grigio '10	▼ 1*
○ Vivè '10	▼ 2

Rocca Bernarda
fraz. Ipplis
via Rocca Bernarda, 27
33040 Premariacco [UD]
Tel. 0432716914
www.roccabernarda.com

○ COF Friulano '11	▼▼ 3
○ COF Sauvignon '11	▼▼ 3
○ COF Chardonnay '11	▼ 3
○ COF Ribolla Gialla '11	▼ 3

Ronco dei Folo
via di Nozzole, 12 - 33020 Prepotto [UD]
Tel. 055859811
www.tenutefolonari.com

○ Collio Friulano '11	▼▼ 3*
○ Collio Pinot Grigio '11	▼▼ 3*
○ Collio Sauvignon '11	▼▼ 3*
○ Collio Ribolla Gialla '11	▼ 3

Ronco dei Pini
via Ronchi, 93 - 33040 Prepotto [UD]
Tel. 0432713239
www.roncodeipini.it

⦿ COF Merlot '10	▼▼ 3
⦿ COF Schioppettino '09	▼▼ 5
○ COF Friulano '11	▼ 3
○ COF Sauvignon '11	▼ 5

OTHER WINERIES

Ronco di Prepotto
VIA BROLO, 45 - 33040 PREPOTTO [UD]
TEL. 0432281118
www.roncodiprepotto.com

○ COF Picolit '07	🍷🍷 6
● COF Schioppettino '09	🍷🍷 4

Rubini
LOC. SPESSA
VIA CASE RUBINI, 1
33043 CIVIDALE DEL FRIULI [UD]
TEL. 0432716141
www.villarubini.it

● COF Merlot '08	🍷🍷 3
● COF Pignolo '08	🍷🍷 5
● COF Refosco P.R. '09	🍷 3
○ COF Sauvignon '11	🍷 3

Russolo
VIA SAN ROCCO, 58A
33080 SAN QUIRINO [PN]
TEL. 0434919577
www.russolo.it

○ Doi Raps '10	🍷🍷 3
○ Jacot '11	🍷🍷 2*
○ Müller Thurgau Mussignaz '11	🍷🍷 3
● Borgo di Peuma '09	🍷 5

Scarbolo
FRAZ. LAUZACCO
V.LE GRADO, 4 - 33050 PAVIA DI UDINE [UD]
TEL. 0432675612
www.scarbolo.com

○ Friuli Grave Bianco My Time '09	🍷🍷 4
● Friuli Grave Merlot Campo del Viotto '09	🍷🍷 3
○ Friuli Grave Pinot Grigio Ramato XL '10	🍷🍷 3
○ Friuli Grave Friulano '11	🍷 2

Scolaris
VIA BOSCHETTO, 4
34070 SAN LORENZO ISONTINO [GO]
TEL. 0481809920
www.scolaris.it

○ Collio Friulano '11	🍷🍷 3
○ Ribolla Gialla '11	🍷🍷 3
⊙ Ribolla Nera Rosé Brut	🍷🍷
○ Collio Chardonnay '11	🍷 3

Sirch
VIA FORNALIS, 277/1
33043 CIVIDALE DEL FRIULI [UD]
TEL. 0432709835
www.sirchwine.com

○ COF Malvasia '11	🍷🍷 3
○ COF Sauvignon '11	🍷🍷 3
○ COF Pinot Grigio '11	🍷 2
○ COF Ribolla Gialla '11	🍷 2

OTHER WINERIES

Skerlj
via Sales, 44 - 34010 Sgonico [TS]
Tel. 040229253
www.agriturismoskerlj.com

○ Malvasia '09	🍷🍷 4
○ Vitovska '09	🍷🍷 4
● Terrano '09	🍷 4

F.lli Stanig
loc. Albana
via Albana, 44 - 33040 Prepotto [UD]
Tel. 0432713234
www.stanig.it

○ Bianco del Gelso	🍷🍷 4
○ COF Friulano '11	🍷🍷 2*
○ COF Malvasia Istriana '11	🍷🍷 2*
○ COF Sauvignon '11	🍷 2

Stocco
via Casali Stocco, 12
33050 Bicinicco [UD]
Tel. 0432934906
www.vinistocco.it

● Roos dai Lens '08	🍷🍷 4
○ Friuli Grave Friulano '11	🍷🍷 2*
○ Friuli Grave Malvasia '11	🍷 2
○ Friuli Grave Sauvignon '11	🍷 2

Talis
Via Palmarina, 113/4
33048 San Giovanni al Natisone [UD]
Tel. 3355393920
www.taliswine.it

● COF Cabernet Franc '10	🍷🍷 3
○ COF Friulano '11	🍷🍷 3
● COF Merlot '10	🍷 3
○ COF Sauvignon '11	🍷 3

Terre di Ger
fraz. Frattina - s.da della Meduna, 17
33076 Pravisdomini [PN]
Tel. 0434644452
www.terrediger.it

● Friuli Grave Cabernet Franc '10	🍷🍷 2*
● Friuli Grave Merlot '10	🍷🍷 2*
○ Friuli Grave Chardonnay '11	🍷 2
○ Sauvignon Blanc '11	🍷 2

Toblâr
loc. Ramandolo, 17 - 33045 Nimis [UD]
Tel. 0432755840
www.specogna.it

● COF Refosco P.R. '10	🍷🍷 3
○ COF Sauvignon '11	🍷🍷 2*
○ Pinot Grigio Gris '11	🍷🍷 3
● COF Schioppettino '10	🍷 3

OTHER WINERIES

Paolo Venturini
via Isonzo, 135 - 34071 Cormòns [GO]
Tel. 048160446
www.venturinivini.it

○ Collio Malvasia '11	🍷🍷 3
○ Collio Pinot Bianco '11	🍷🍷 3
○ Collio Pinot Grigio '11	🍷🍷 3
○ Collio Sauvignon '11	🍷🍷 3

Vidussi
via Spessa, 18
34071 Capriva del Friuli [GO]
Tel. 048180072
www.vinimontresor.it

○ Collio Malvasia '11	🍷🍷 2*
○ Collio Ribolla Gialla '11	🍷🍷 2*
○ Collio Sauvignon '11	🍷🍷 2*
● Ribolla Nera o Schioppettino '11	🍷 3

Vigna Traverso
via Ronchi, 66 - 33040 Prepotto [UD]
Tel. 0422804807
www.vignatraverso.it

○ COF Friulano '11	🍷🍷 3
● COF Merlot '09	🍷🍷 3
● COF Rosso Sottocastello '08	🍷🍷 5
○ COF Sauvignon '11	🍷🍷 3

Vigne del Malina
fraz. Orzano
via Pasini Vianelli, 9
33047 Remanzacco [UD]
Tel. 0432649258
www.vignedelmalina.com

● Cabernet Franc '09	🍷🍷 3
● Friuli Grave Refosco P.R. '07	🍷🍷 4
○ Friuli Grave Sauvignon '09	🍷🍷 3
● Friuli Grave Merlot '07	🍷 4

Vitas
loc. Strassoldo - via San Marco, 5
33050 Cervignano del Friuli [UD]
Tel. 043193083
www.vitas.it

○ Friuli Aquileia Sauvignon '11	🍷🍷 3
○ Friuli Aquileia Friulano '11	🍷 3
● Friuli Cabernet Franc '10	🍷 3
● Merlot '10	🍷 3

Zof
fraz. Sant'Andrat del Judrio
via Giovanni XXIII, 32a
33040 Corno di Rosazzo [UD]
Tel. 0432759673
www.zof.it

○ COF Sauvignon '11	🍷🍷 2*
● COF Schioppettino '10	🍷🍷 2*
○ COF Pinot Grigio '11	🍷 2
○ COF Ribolla Gialla '11	🍷 2

艾米利亚—罗马涅区
EMILIA ROMAGNA

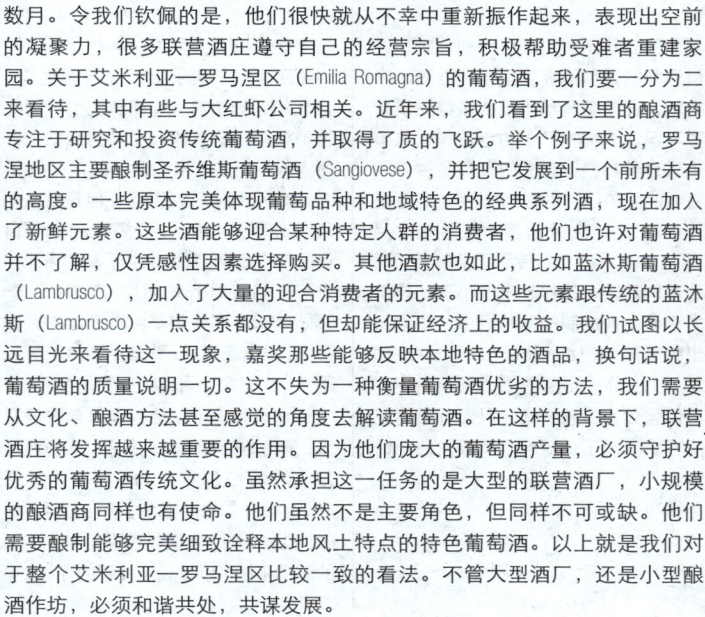

写到艾米利亚—罗马涅区(EmiliaRomagna),我们首先想到的是那些在2012年5月20日和29日惨遭了地震破坏的社区。这两次地震使摩德纳(Modena)南部受到重创,索巴拉(Sorbara)中心地带的许多酒窖受到毁坏,很多人不得不离家避难数月。令我们钦佩的是,他们很快就从不幸中重新振作起来,表现出空前的凝聚力,很多联营酒庄遵守自己的经营宗旨,积极帮助受难者重建家园。关于艾米利亚—罗马涅区(Emilia Romagna)的葡萄酒,我们要一分为二来看待,其中有些与大红虾公司相关。近年来,我们看到了这里的酿酒商专注于研究和投资传统葡萄酒,并取得了质的飞跃。举个例子来说,罗马涅地区主要酿制圣乔维斯葡萄酒(Sangiovese),并把它发展到一个前所未有的高度。一些原本完美体现葡萄品种和地域特色的经典系列酒,现在加入了新鲜元素。这些酒能够迎合某种特定人群的消费者,他们也许对葡萄酒并不了解,仅凭感性因素选择购买。其他酒款也如此,比如蓝沐斯葡萄酒(Lambrusco),加入了大量的迎合消费者的元素。而这些元素跟传统的蓝沐斯(Lambrusco)一点关系都没有,但却能保证经济上的收益。我们试图以长远目光来看待这一现象,嘉奖那些能够反映本地特色的酒品,换句话说,葡萄酒的质量说明一切。这不失为一种衡量葡萄酒优劣的方法,我们需要从文化、酿酒方法甚至感觉的角度去解读葡萄酒。在这样的背景下,联营酒庄将发挥越来越重要的作用。因为他们庞大的葡萄酒产量,必须守护好优秀的葡萄酒传统文化。虽然承担这一任务的是大型的联营酒厂,小规模的酿酒商同样也有使命。他们虽然不是主要角色,但同样不可或缺。他们需要酿制能够完美细致诠释本地风土特点的特色葡萄酒。以上就是我们对于整个艾米利亚—罗马涅区比较一致的看法。不管大型酒厂,还是小型酿酒作坊,必须和谐共处,共谋发展。

艾米利亚—罗马涅区
EMILIA ROMAGNA

Ancarani
VIA SAN BIAGIO ANTICO, 14
48018 FAENZA [RA]
TEL. 0546642162
www.viniancarani.it

藏酒销售
预约参观
餐饮接待
年产量 30 000 瓶
葡萄种植面积 14 公顷

美丽的安科尔拉尼酒庄（Ancarani）凭借淳朴的葡萄酒在当地市场占有一席之地，这些葡萄酒用现代风格述说着罗马涅（Romagna）的古老故事。故事中讲述着那些被遗忘的葡萄品种以及古老的阿尔巴纳地区（Albana）冬暖夏凉的特点。克劳迪奥•安科尔拉尼（Claudio Ancarani）传承了他爷爷对葡萄酒的热情，工作起来像小孩一样精力充沛。他酿制的葡萄酒中，脱颖而出的是阿尔巴纳•桑塔•卢莎（Albana Santa Lusa），这款葡萄酒酸度适中，酒体强劲，口感纤细，以最好最传统的方式表现了这款难以驾驭的白葡萄酒。

○ Albana di Romagna Santa Lusa '10	🍷🍷 3
● Sâvignon Rosso '10	🍷🍷 3
○ Albana di Romagna Santa Lusa '09	🍷🍷 3
○ Albana di Romagna Santa Lusa '08	🍷🍷 3
○ Albana di Romagna Santa Lusa '07	🍷🍷 3
● Sangiovese di Romagna Sup. Biagio Antico '10	🍷🍷 2*
● Sangiovese di Romagna Sup. Biagio Antico '09	🍷🍷 2
● Sangiovese di Romagna Sup. Biagio Antico '08	🍷🍷 2
● Sâvignon Rosso '09	🍷🍷 3
● Sâvignon Rosso '08	🍷🍷 3
● Uvappesa '08	🍷🍷 4
● Uvappesa '07	🍷🍷 4

Antica Corte Pallavicina
VIA SBRISI, 2
43010 POLESINE PARMENSE [PR]
TEL. 054296136
www.acpallavicina.com

藏酒销售
预约参观
膳宿接待
年产量 10 000 瓶
葡萄种植面积 3.5 公顷

马西莫•斯皮加罗利（Massimo Spigaroli）的酒庄拥有广阔的沃土，从波河堤岸一直延伸到杨树林，起初酒庄出产的绝佳葡萄酒在这片风云变化的土地上鲜为人知。一直以来马西莫的库拉特洛（Culatello）香肠闻名遐迩，但是后来他意识到他可以进一步开拓事业，续写自己的传奇故事，由此诞生了新的诺亚方舟——帕拉维齐纳酒庄（Antica Corte Pallavicina）。酒庄竭尽全力优化本地葡萄酒，推出新酒品。该酒用福尔塔娜葡萄（Fortana）和福尔塔尼拉葡萄（Fortanella）酿造，结构简单却香气宜人，是当地菜肴的辅佐佳品。人们通常用一种传统的称之为"斯库德雷恩（Scudlein）"的碗盛装，现在波河（the Po）边一个叫"奥斯特里耶（Osterie）"的酒馆依然可以发现这种碗的存在。

● Fortana del Taro '11	🍷 3
● Fortanella '11	🍷🍷 3
○ Strologo Brut M. Cl. '09	🍷🍷 5
☉ Tamburen '11	🍷🍷 3
● Rosso del Motto '11	🍷 3
● Fortana del Taro '10	🍷🍷 3
● Fortanella '10	🍷🍷 3
● Fortanella '09	🍷🍷 3
● Rosso del Motto '10	🍷🍷 4

Balìa di Zola

via Casale, 11 - 47015 Modigliana [FC]
Tel. 0546940577
www.baliadizola.com

藏酒销售
预约参观
年产量 30 000 瓶
葡萄种植面积 5 公顷

无论酿酒的原料是山麓黏土地带的葡萄还是山上泥灰岩土地带的葡萄,佐拉•巴利亚酒庄(Balia di Zola)证明了,莫迪格里亚纳地区(Modigliana)是大部分罗马涅(Romagna)顶级葡萄酒的生产基地。2003年,凡尔鲁斯卡•艾路奇(Veruska Eluci)和克劳迪奥•菲奥雷(Claudio Fiore)收购了巴利亚•迪佐拉酒庄(Balia di Zola)。从那时起,他们对几乎所有的葡萄园重新移植,将精力集中在研发酿造葡萄酒上。此举带来的转变是惊人的。地处黏土与泥灰土的交接地带土壤特性赋予葡萄酒清新优雅的特点,所酿葡萄酒香气芬芳、口感简单紧实。

● Sangiovese di Romagna Redinoce Ris. '09	🍷🍷🍷 4*
● Sangiovese di Romagna Balitore '10	🍷🍷 2*
● Sangiovese di Romagna Redinoce Ris. '08	🍷🍷🍷 4*
● Redinoce '07	🍷🍷 4
● Redinoce '06	🍷🍷 4
● Redinoce '05	🍷🍷 4
● Redinoce '04	🍷🍷 4
● Sangiovese di Romagna Balitore '09	🍷🍷 2
● Sangiovese di Romagna Balitore '08	🍷🍷 2

Le Barbaterre

loc. Bergonzano
via Cavour, 2a
42020 Quattro Castella [RE]
Tel. 3358053454
www.barbaterre.com

藏酒销售
年产量 10 000 瓶
葡萄种植面积 9 公顷
葡萄栽培方式 有机认证

马西莫•贝多格尼(Massimo Bedogni)和他的合伙人艾丽卡(Erica)全身心投入到葡萄酒的酿制过程中。酒庄的葡萄园地处海拔350米、土壤结构松软的黏性沙土地带。巴贝特雷(Barbaterre)酒庄离舌扎•瓦尔(Val d'Enza)仅一步之遥,处在科沃特罗•卡斯特拉(Quattro Castella)的山峰间。而科沃特罗•卡斯特拉(Quattro Castella)正是特雷•马提尔迪彻(Terre Matildiche)的中心地带,卡诺萨•马蒂尔德(Matilde di Canossa)曾在那里的皮安内罗(Pianello)、萨尔扎诺(Sarzano)、卡诺萨(Canossa)、罗森那(Rossena)和卡尔皮内蒂(Carpineti)地区建立一个防御堡垒系统。葡萄园面积有9公顷,采用有机种植。葡萄经过首次发酵后,伴随着酵母余渣,或剔除酵母余渣后装在瓶子进行二次发酵。

○ Besmein Capoleg Marzemino Frizzante Rosé '11	🍷🍷 2*
○ L'Angelica Rosé M. Cl. '10	🍷🍷 3
○ Lambruscante Brut Nature '10	🍷🍷 3
● Lambrusco dell'Emilia '11	🍷🍷 2*
● Besmein Capoleg Marzemino Rifermentato in Bottiglia '10	🍷🍷 2
○ Colli di Scandiano e Canossa Sauvignon '08	🍷🍷 3
● Lambrusco dell'Emilia '09	🍷🍷 2
● Lambrusco dell'Emilia Rifermentato in Bottiglia '10	🍷🍷 3
○ Orlando '06	🍷 3

EMILIA ROMAGNA
艾米利亚—罗马涅区

Francesco Bellei
FRAZ. CRISTO DI SORBARA
VIA NAZIONALE, 132 - 41030 BOMPORTO [MO]
TEL. 059812449
www.francescobellei.it

藏酒销售
年产量 60 000 瓶
葡萄种植面积 5 公顷

弗朗西斯科•贝尔雷（Francesco Bellei）酒庄的故事开启于1920年，迄今为止这段悠久的历史，良好的声誉和采用经典方法的独特酿酒经历足以奠定该酒庄的历史地位。历经家族三代的领导以后，酒庄现在由卡维奇奥利家族（Cavicchioli）接管。自2003年以来，卡维奇奥利家族（Cavicchioli）的桑德罗•卡维奇奥利（Sandro Cavicchioli）一直致力于酿造贝尔雷（Bellei）葡萄酒，确保所酿葡萄酒不会影响酒庄的声誉，并且敏锐地开拓了梅特多•安瑟斯特里葡萄酒（Metodo Ancestrale）系列。这些葡萄酒都在一次发酵后除去酵母余渣，然后装在瓶子里进行二次发酵。它们是这个地区最具传统个性的葡萄酒。需要特别指出，安瑟斯特里葡萄酒（Ancestrale）现在已经成为人们探索索巴拉（Sorbara）世界的一款充满传奇色彩的必饮葡萄酒。

- Lambrusco di Modena Rifermentazione Ancestrale '11 ▼▼ 2*
- Extra Cuvée Brut ▼▼ 3
- Extra Cuvée Brut Rosso '08 ▼▼ 3
- Modena Pignoletto Rifermentazione Ancestrale '11 ▼▼ 2*
- Spéciale Cuvée Brut '07 ▼▼ 5
- Brut Extra Cuvée Rosé M.Cl. '06 ♀♀ 5
- Brut Extra Cuvée Rosso M.Cl. '07 ♀♀ 3
- Lambrusco di Modena Rifermentazione Ancestrale '10 ♀♀ 2*
- Lambrusco Rifermentazione Ancestrale '07 ♀♀ 2*
- Modena Pignoletto Rifermentazione Ancestrale '10 ♀♀ 2*

La Berta
VIA BERTA, 13 - 48013 BRISIGHELLA [RA]
TEL. 054684998
azienda@laberta.it

藏酒销售
预约参观
年产量 75 000 瓶
葡萄种植面积 20 公顷

保吉亚利家族（Poggiali）在罗马涅（Romagna）这片土地上深深地扎下了根，出于对这片土地的眷恋，在2008年，乔凡尼（Giovanni）和他的兄弟们在法恩扎（Faenza）的山麓购买了这家小型但历史悠久的酒庄。起初，家族将精力集中在照理葡萄园，当时的定位也是创建一个专业的圣乔维斯（Sangiovese）葡萄种植庄园。后来，乔凡尼（Giovanni）将自己在康帝酒庄（Chianti）作为一名技术人员时长期积累的所有工作经验运用在拉•贝塔酒庄（La Berta）。康帝酒庄（Chianti）位于法斯那（Felsina），也是保吉亚利家族（Poggiali）的自有酒庄。这样产生的结果相当有趣，一切似乎都意味着这个酒庄将在未来几年成为罗马涅地区最大的葡萄酒酿造明星。

- Sangiovese di Romagna Olmatello Ris. '09 ▼▼ 2*
- Sangiovese di Romagna Solano '10 ▼ 2
- Colli di Faenza Rosso Ca' di Berta '99 ♀♀ 2
- Sangiovese di Romagna '10 ♀♀ 2
- Sangiovese di Romagna Olmatello Ris. '08 ♀♀ 2*
- Sangiovese di Romagna Olmatello Ris. '03 ♀♀ 2*
- Sangiovese di Romagna Olmatello Ris. '01 ♀♀ 3
- Sangiovese di Romagna Sup. Solano '07 ♀♀ 2*

EMILIA ROMAGNA

艾米利亚—罗马涅区

Tenuta Bonzara

VIA SAN CHIERLO, 37A
40050 MONTE SAN PIETRO [BO]
TEL. 0516768324
www.bonzara.it

藏酒销售
预约参观
膳宿接待
年产量 70 000 瓶
葡萄种植面积 15 公顷

拉姆贝提尼家族（Lambertinis）是博洛尼亚产区（Colli Bolognesi）葡萄酒质量的领军人物。早在1963年，安吉洛•拉姆贝提尼（Angelo Lambertini）就买下坐落于蒙特•圣•皮耶特罗（Monte San Pietro）的圣•奇尔罗（San Chierlo）高地的酒庄。从那时起，他的最大目标就是酿制品质优秀、有市场竞争力的葡萄酒。1986年，弗朗西斯科（Francesco）成功收购农场，这为他的酿酒厂增加了成功筹码。至此，特努塔•邦扎拉（Tenuta Bonzara）酒庄有足够的潜力酿造出新鲜的葡萄酒，尤其在简化酿制白葡萄酒程序方面，取得日益明显的成果。而酒庄的农学家洛伦佐•蓝迪（Lorenzo Landi）恰巧又是酿酒专家。

Wine	Rating
● C. B. Cabernet Sauvignon Bonzarone '09	🍷🍷 5
● C. B. Merlot Rocca di Bonacciara '09	🍷🍷 3
○ C. B. Pignoletto Cl. Vigna Antica '11	🍷🍷 2*
○ C. B. Sauvignon Sup. Le Carrate '11	🍷🍷 2*
○ Monte Severo '09	🍷🍷 3
● C. B. Cabernet Sauvignon Rosso del Borgo '11	🍷 2
● C. B. Merlot Rosso del Palazzo '11	🍷 2
● C. B. Cabernet Sauvignon Bonzarone '05	🍷🍷🍷 5
● C. B. Cabernet Sauvignon Bonzarone '96	🍷🍷🍷 5
● C. B. Merlot Rocca di Bonacciara '95	🍷🍷🍷 3
○ C. B. Pignoletto Cl. V. Antica '09	🍷🍷 2
○ C. B. Sauvignon Le Carrate '08	🍷🍷 2*
○ C. B. Sauvignon Sup. Le Carrate '09	🍷🍷 2

Ca' di Sopra

LOC. MARZENO
VIA FELIGARA, 15 - 48013 BRISIGHELLA [RA]
TEL. 0544521209
www.cadisopra.com

藏酒销售
预约参观
年产量 19 000 瓶
葡萄种植面积 28 公顷

卡米洛（Camillo）和吉阿克墨•蒙塔纳利（Giacomo Montanari）当初只是28公顷葡萄园的种植者。几年后，他们想开发自家最好的葡萄园来酿造葡萄酒的设想日益强烈。从那以后，在吉阿克墨的亲自监管下，人们更加细心地照料葡萄园。葡萄种植在马尔泽诺山谷（Marzeno Valley）海拔约250米的石灰岩土地上。葡萄园部分东北朝向，而其他种在山顶的葡萄则充分享受阳光。

Wine	Rating
● Cadisopra '09	🍷🍷 4
● Roncodipacì '09	🍷🍷 4
● Sangiovese di Romagna Sup. Crepe '10	🍷 2
● Cadisopra '08	🍷🍷 2
● Crepe '08	🍷🍷 2*
● Remel '09	🍷🍷 3
● Remel '07	🍷🍷 3*

艾米利亚—罗马涅区
EMILIA ROMAGNA

Ca' Montanari
FRAZ. LEVIZZANO RANGONE
VIA MEDUSIA, 32
41014 CASTELVETRO DI MODENA [MO]
TEL. 059741019
info@opera02.it

藏酒销售
预约参观
膳宿接待
年产量 80 000 瓶
葡萄种植面积 21 公顷
葡萄栽培方式 有机认证

近几年,酒庄的葡萄酒质量日益改善,且有进一步提升的趋势。对于卡蒙特纳利酒庄(Ca' Montanari)最恰当的概括就是——"小酒庄,大计划"。酒庄重中之重的目标是成为当地葡萄酒的典范,而不仅仅只是蓝沐斯酒(Lambrusco)的生产商。酒庄为艾米利亚(Emilia)提供了广泛经验。酒庄除了生产葡萄酒之外,也生产该地区的其他有名的土特产,其中最早生产的是产自酒庄大型产醋车间的传统摩德纳(Modena)香脂醋。在自家21公顷的葡萄园里,恩里科·蒙特纳利(Enrico Montanari)和他的儿子马迪亚(Mattia)采用格斯玻索拉葡萄(Grasparossa)酿造蓝沐斯酒(Lambrusco),品质纯粹单一,保留了葡萄的原始特性。

● Lambrusco Grasparossa di Castelvetro Opera Pura '10	▼▼ 3*
● Lambrusco di Modena Opera 02 '11	▼▼ 2*
● Lambrusco di Modena Opera 02 '10	▼▼ 2*
● Lambrusco di Modena Opera 02 '09	▼▼ 2*
● Lambrusco di Modena Opera 02 '08	▼▼ 2*
● Lambrusco Grasparossa di Castelvetro Opera Pura '09	▼ 3
● Opera Pura Lambrusco di Modena '08	▼ 3

Calonga
LOC. CASTIGLIONE
VIA CASTEL LEONE, 8 - 47100 FORLÌ
TEL. 0543753044
www.calonga.it

藏酒销售
预约参观
年产量 30 000 瓶
葡萄种植面积 12 公顷

葡萄酒商毛利兹奥·巴拉威尔里(Maurizio Baravelli)和他的三个孩子一起经营着这个占地12公顷的庄园。不善言辞的他酿出罗马涅(Romagna)标志性的米歇朗基罗(Michelangiolo),将梅洛(Merlot)和桑朴的圣乔维斯(Sangiovese)混酿。毛利兹奥生产的葡萄酒无与伦比,其始终如一的高品质得到葡萄酒专家的高度赞赏。毛利兹奥认为,处在该地区中心地带卡龙加(Calonga)的标志性沙质土壤极具发展潜力,能够酿造出优雅纤细的酒品。他的奥德拉弗2010年款(2010 Ordelaffol)葡萄酒首次证明了这一点。

● Castellione '09	▼▼ 4
● Ordelaffo '10	▼▼ 2*
● Sangiovese di Romagna Sup. Michelangiolo '09	▼▼ 4
● Sangiovese di Romagna Sup. Il Bruno '10	▼ 2
● Sangiovese di Romagna Sup. Michelangiolo Ris. '07	▼▼▼ 4*
● Sangiovese di Romagna Sup. Michelangiolo Ris. '06	▼▼▼ 4
● Sangiovese di Romagna Sup. Michelangiolo Ris. '05	▼▼▼ 4*
● Sangiovese di Romagna Sup. Michelangiolo Ris. '04	▼▼▼ 4*
● Sangiovese di Romagna Sup. Michelangiolo Ris. '03	▼▼▼ 4
● Sangiovese di Romagna Sup. Michelangiolo Ris. '08	▼▼ 4

EMILIA ROMAGNA

Cantina della Volta
VIA PER MODENA, 82
41030 BOMPORTO [MO]
TEL. 0597473312
www.cantinadellavolta.com

藏酒销售
预约参观
年产量 130 000 瓶
葡萄种植面积 9 公顷

克里斯蒂安•贝雷（Christian Bellei）和他的合伙人经营的酒庄是摩德纳地区（Modena）最令人振奋的酒庄之一。之所以建立这个酒庄，是因为克里斯蒂安想振兴家族源于1920年的酿酒传统。他用传统方法（Metodo Classico）和古老方法（Metodo Ancestrale）酿造索巴拉•蓝沐斯（lambrusco di Sorbara）葡萄酒。酒庄已经全部翻新。这里酿制了索巴拉•蓝沐斯、黑皮诺（pinot noir）、莫尼耶品乐（pinot meunier）和莎当尼（chardonnay）葡萄酒。这些葡萄种植在摩德纳省附近里克•瑟拉马佐尼（Riccó di Serramazzoni）山坡上的葡萄园。保持葡萄酒的优雅风格是克里斯蒂安的酿酒理念。

- ⊙ Lambrusco di Modena Brut Rosé Spumante '10 — 🍷🍷 5
- ● Lambrusco di Sorbara Rimosso '10 — 🍷🍷 3*
- ○ Il Mattaglio Brut '09 — 🍷🍷 5
- ● Lambrusco di Modena Brut Spumante '10 — 🍷🍷 4
- ● Lambrusco di Modena Spumante '09 — 🍷🍷 2
- ● Lambrusco di Sorbara Rimosso '09 — 🍷🍷 3

Cardinali
POD. MONTEPASCOLO
29014 CASTELL'ARQUATO [PC]
TEL. 0523803502
www.cardinalidoc.it

藏酒销售
预约参观
年产量 30 000 瓶
葡萄种植面积 7 公顷

阿尔贝托（Alberto）和劳拉•卡蒂纳利（Laura Cardinali），他们是一丝不苟的种植者。20世纪70年代，二人从父亲那得到7公顷的葡萄种植地和一个乡村屋舍，从此开始种植葡萄。长大后，他们爱上了这片土地，并建立了深厚感情。出于热爱和尊重，二人精心构建出美丽的葡萄园，在园内使用非侵入性的管理技术。庄园位于皮亚琴察（Piacenza）山的最南部，种满了葡萄藤，还有童话般的卡斯特尔•阿奎亚托（Castell'Arquato）村庄，具有非常高的葡萄酒生产潜力。

- ● C. P. Gutturnio Cl. Nicchio '09 — 🍷🍷 3
- ● C. P. Gutturnio Frizzante Tomà '10 — 🍷🍷 2*
- ○ C. P. Monterosso Val d'Arda Solata '10 — 🍷🍷 2*
- ○ Moscato V. T. '09 — 🍷🍷 3
- ● C. P. Gutturnio Cl. Nicchio '07 — 🍷🍷 3*
- ● C. P. Gutturnio Cl. Nicchio '06 — 🍷🍷 3*
- ● C. P. Gutturnio Cl. Torquato Ris. '05 — 🍷🍷 4
- ○ C. P. Monterosso Val d'Arda Solata '07 — 🍷🍷 2*

艾米利亚—罗马涅区
EMILIA ROMAGNA

Casetto dei Mandorli
LOC. PREDAPPIO ALTA
VIA UMBERTO I, 21 - 47010 PREDAPPIO [FC]
TEL. 0543922361
www.vini-nicolucci.it

藏酒销售
预约参观
年产量 70 000 瓶
葡萄种植面积 12 公顷

酒庄悠久的酿酒传统始于1885年。由于朱塞佩•尼古拉奇（Giuseppe Nicolucci）的去世，亚利桑德罗（Alessandro）正式成为新一任庄主。亚利桑德罗（Alessandro）酿制的经典罗马涅葡萄酒（Romagna）十分淳朴，源于传统的葡萄酒酿造方法和大酒桶熟化技术。卡瑟托•曼多尔利（Casetto dei Mandorli）是优秀代表，完美诠释地了普利达皮奥（Predappio）上游的酿酒传统。那里的葡萄藤以灌木丛式培育，种植密度在每公顷7 000株，是罗马涅区当之无愧的顶级葡萄园。

● Sangiovese di Romagna V. del Generale Ris. '09	▼▼▼ 5
● Sangiovese di Romagna Sup. Tre Rocche '11	▼▼ 3
○ Tre Rocche Bianco '11	▼ 3
● Sangiovese di Romagna Sup. V. del Generale Ris. '08	▼▼▼ 5
● Sangiovese di Romagna V. del Generale Ris. '05	▼▼▼ 4
● Sangiovese di Romagna Sup. Tre Rocche '10	▼▼ 3
● Sangiovese di Romagna Sup. Tre Rocche '09	▼▼ 3
● Sangiovese di Romagna Sup. Tre Rocche '07	▼▼ 3*
● Sangiovese di Romagna V. del Generale Ris. '07	▼▼ 3*

Castelluccio
LOC. POGGIOLO DI SOTTO
VIA TRAMONTO, 15 - 47015 MODIGLIANA [FC]
TEL. 0546942486
www.ronchidicastelluccio.it

藏酒销售
参观设施
年产量 100 000 瓶
葡萄种植面积 16 公顷

维托里奥•菲奥尔（Vittorio Fiore）很早以前已经是庄园的一分子。当时，年轻的他与吉安•维托里奥（Gian Vittorio）和吉安•马蒂奥•巴尔迪（Gian Matteo Baldi）一起开拓事业。堪称传奇的郎奇酒（Ronchi）是过去罗马涅和当代罗马涅葡萄酒的分水岭。维托里奥•菲奥尔（Vittorio Fiore）和家人一起悉心打理酒庄。他所创立的葡萄酒风格，在保持高质量标准的情况下，注重酒品柔顺的口感，走更加国际化的方向。

● Massicone '08	▼▼ 3
● Sangiovese di Romagna Le More '11	▼ 2
● Massicone '01	▼▼▼ 5
● Ronco dei Ciliegi '02	▼▼▼ 5
● Ronco dei Ciliegi '00	▼▼▼ 5
● Ronco delle Ginestre '90	▼▼▼ 5
● Massicone '06	▼▼ 4
● Massicone '03	▼▼ 5
● Massicone '02	▼▼ 5
● Massicone '00	▼▼ 5
● Ronco dei Ciliegi '03	▼▼ 5
● Ronco dei Ciliegi '01	▼▼ 5
● Ronco delle Ginestre '02	▼▼ 5
● Ronco delle Ginestre '00	▼▼ 5

Cavicchioli U. & Figli
via Canaletto, 52
41030 San Prospero [MO]
Tel. 059812411
www.cavicchioli.it

藏酒销售
预约参观
年产量 20 000 000 瓶
葡萄种植面积 100 公顷

卡维奇奥里酒庄（Cavicchioli）是摩德纳地区（Modena）最为杰出的葡萄酒厂之一，致力于生产蓝沐斯葡萄酒（Lambrusco）。2010年，意大利葡萄酒集团（Gruppo Italiano Vini）收购了这个老牌企业，继续聘请桑德罗•卡维奇奥里（Sandro Cavicchioli）担任技术经理，以确保产品质量的延续性。这种平稳的过渡使葡萄酒的酿制保持传统风格巩固了卡维奇奥里（Cavicchioli）在蓝沐斯（Lambrusco）葡萄酒生产领域的王者地位。虽然擅长酿造索巴拉•蓝沐斯葡萄酒（Lambrusco di Sorbara），但卡维奇奥里出产的其他葡萄酒质量也相当可靠，值得品尝。

Umberto Cesari
via Stanzano, 1120
40024 Castel San Pietro Terme [BO]
Tel. 051941896
www.umbertocesari.it

藏酒销售
预约参观
年产量 2 800 000 瓶
葡萄种植面积 280 公顷

在国外市场，罗马涅（Romagna）的奥姆波尔特•西萨利酒庄（Umberto Cesari）几乎无人不知。它是经过多年的投资和奔波筹备才建立而成，酒庄保持古老的葡萄酒酿制传统。酒庄的主人既有农民朴实的心灵，又有商人精明的头脑。奥姆波尔特•西萨利酒庄的葡萄酒从深层意义上阐述了罗马涅地区（Romagna）的特色，恰到好处地将传统的地域特色和国际前沿风格融合在一起，酿出的葡萄酒饱满浑厚，又不乏对葡萄酒传统特色的完美表达。出品的葡萄酒质量上乘，地方特色鲜明，成为罗马涅地区的标志。

- Lambrusco di Sorbara V. del Cristo '11　2*
- Rosé del Cristo Brut Rosé '09　5
- Lambrusco di Sorbara Brut M. Cl. '09　3
- Lambrusco di Sorbara Secco Marchio Storico '11　2*
- Lambrusco Grasparossa di Castelvetro Amabile Tre Medaglie '11　2*
- Lambrusco di Sorbara Rosé Amabile Marchio Storico '11　2
- Lambrusco Grasparossa di Castelvetro Col Sassoso '11　2
- Lambrusco Grasparossa di Castelvetro Secco Tre Medaglie '11　2
- Lambrusco di Sorbara Tre Medaglie '10　2*
- Lambrusco di Sorbara V. del Cristo '10　3*
- Lambrusco Grasparossa di Castelvetro Col Sassoso '10　2

- Liano '09　5
- Sangiovese di Romagna Laurento Ris. '09　3
- Sangiovese di Romagna Sup. Ca' Grande '11　2
- Tauleto '06　6
- Liano '08　4
- Liano '07　4
- Sangiovese di Romagna Laurento Ris. '07　3
- Sangiovese di Romagna Ris. '07　3
- Sangiovese di Romagna Sup. Laurento Ris. '08　3
- Sangiovese di Romagna Sup. Ris. '08　3
- Tauleto Sangiovese '05　6

EMILIA ROMAGNA 艾米利亚—罗马涅区

Chiarli 1860
VIA DANIELE MANIN, 15 - 41100 MODENA
TEL. 0593163311
www.chiarli.it

藏酒销售
年产量 900 000 瓶
葡萄种植面积 110 公顷

奇埃尔利家族（Chiarli）的酿酒经历可追溯到19世纪。1860年，这个家族曾在意大利葡萄酒业发挥了重要作用。对故土的深刻理解和强烈归属感，安瑟尔莫（Anselmo）和毛罗•奇埃尔利（Mauro Chiarli）开启了葡萄酒事业的新篇章。几年来，奇埃尔利家族（Chiarlis）的新型现代酒窖的葡萄酒年产量为2 500万瓶。每年酒窖需要加工大约110公顷的葡萄。一场对蓝沐斯葡萄酒（Lambrusco）的真正革命揭开了帷幕。

- Lambrusco di Sorbara del Fondatore '11　🍷🍷🍷 2*
- Lambrusco di Sorbara Centenario 1860-1960 '11　🍷🍷 2*
- Lambrusco di Sorbara Vecchia Modena Premium '11　🍷🍷 2*
- Lambrusco Grasparossa di Castelvetro Vign. Enrico Cialdini '11　🍷 2
- Lambrusco Grasparossa di Castelvetro Villa Cialdini '11　🍷 2
- ○ Moden Brut　🍷 2
- ⊙ Rosè Brut De Noir '11　🍷 2
- Lambrusco di Sorbara del Fondatore '09　🍷🍷🍷 2*
- Lambrusco di Sorbara Vecchia Modena Premium '10　🍷🍷🍷 2*
- Lambrusco di Sorbara Vecchia Modena Premium '08　🍷🍷🍷 2*
- Lambrusco di Sorbara del Fondatore '10　🍷🍷 2*

La Collina
VIA PAGLIA, 19 - 48013 BRISIGHELLA [RA]
TEL. 054683110
www.lacollina-vinicola.com

藏酒销售
年产量 17 000 瓶
葡萄种植面积 4 公顷

拉•科尔里那酒庄（La Collina）坐落在布里斯格拉（Brisighella）北部的拉莫那山谷（Valle del Lamone），那里的黏土逐渐向松散贫瘠的泥灰土过渡。由于特殊的气候条件，这里堪称罗马涅地区（Romagna）种植圣乔维斯葡萄（Sangiovese）的天堂。酒庄曾用圣乔维斯（Sangiovese）酿制两款桑吉沃维塔（Sangiovita）葡萄酒。自2002年以来，安德烈•艾格利（Andre Eggli）在瑞士经营过一个小酒庄，后来他离开瑞士，前往罗马涅从事酿酒业。酒庄成立之初，弗朗西斯科•波尔蒂尼（Francesco Bordini）顾问在旁协助管理葡萄园和酒窖。除了葡萄酒外，该酒庄也生产特色里斯格拉（Brisighella）特级初榨橄榄油。

- Cupola '09　🍷 4
- Sangiovita '10　🍷🍷 3
- Colli di Faenza Sangiovese Cupola '06　🍷🍷 5
- Colli di Faenza Sangiovese Cupola '04　🍷🍷 5
- Cupola '08　🍷🍷 4
- Cupola '07　🍷🍷 5
- Sangiovita '09　🍷🍷 3

EMILIA ROMAGNA

艾米利亚—罗马涅区

Condè

VIA LUCCHINA, 27 - 47016 PREDAPPIO [FC]
TEL. 0543940860
www.conde.it

藏酒销售
餐饮接待
年产量 130 000 瓶
葡萄种植面积 70 公顷

弗朗西斯科·康德罗（Francesco Condello）一直梦想着在罗马涅地区（Romagna）建一座法国式的城堡。因此他从20多个地主手里购置土地，并将这些土地拼起来建成一座100公顷的庄园，庄园的海拔高度在150米至300米之间，大部分是东北朝向。费得里克·科尔塔兹（Federico Curtaz）负责为弗朗西斯科提供咨询意见，都是关于70公顷圣乔维斯（Sangiovese）葡萄园的。葡萄园由一支全职的管理队伍细心照料。整个酿酒过程还是非常好的，虽然我们不赞同削减圣乔维斯葡萄（Sangiovese）的本身特点。

● Sangiovese di Romagna Capsula Nera '10	▽▽ 2*
● Sangiovese di Romagna Sup. Condè Capsula Blu Ris. '09	▽▽ 5
● Sangiovese di Romagna Sup. Condè Capsula Rossa '10	▽▽ 3
● Sangiovese di Romagna '09	▽▽ 2
● Sangiovese di Romagna Sup. '09	▽▽ 2*
● Sangiovese di Romagna Sup. Ris. '08	▽▽ 2*

Leone Conti

LOC. SANTA LUCIA
VIA POZZO, 1 - 48018 FAENZA [RA]
TEL. 0546642149
www.leoneconti.it

藏酒销售
预约参观
年产量 70 000 瓶
葡萄种植面积 17 公顷

利昂·康帝（Leone Conti）有着敏锐的洞察力和超高的创造力，是冷门葡萄品种的种植专家。今天，他的侄子弗兰西斯科（Francesco）也加入到庄园的管理团队之中。除了圣乔维斯（Sangiovese）和阿尔巴纳（Albana），他所种植的葡萄品种已经成为了整个地区的一个宝贵实验室。虽然如此，阿尔巴纳（Albana）仍然是庄园主打酒品的葡萄品种，因为利昂（Leone）丰富的种植经验，才把这款葡萄的最大潜力发挥出来。酒庄的两款经典葡萄酒分别是阿尔巴娜·萨卡（Albana Secca Progetto 1）和阿尔巴娜·帕斯塔（Albana Passita Nontiscordardime），是酒庄最具影响力的代表酒品。

○ Albana di Romagna Passito Nontiscordardime '08	▽▽ 6
○ Albana di Romagna Secco Progetto 1 '11	▽▽ 3
⊙ Impressioni di Settembre '11	▽▽ 2*
● Sangiovese di Romagna Sup. Podere Pozzo Le Betulle '09	▽▽ 3
● Sangiovese di Romagna Sup. Never Walk Alone '11	▽▽ 3
○ Earth Heart '11	▽ 2
○ Trebbiano di Romagna Duit/Fallo '11	▽ 2
○ Albana di Romagna Passito Nontiscordardime '07	▽▽▽ 6
● Arcolaio '03	▽▽ 4
● RossoNero '03	▽▽ 3

EMILIA ROMAGNA
艾米利亚—罗马涅区

Cantine Cooperative Riunite
via G. Brodolini, 24 - 42040 Campegine [RE]
Tel. 0522905711
www.riunite.it

年产量 65 000 000 瓶
葡萄种植面积 3 700 公顷

1950年，9家联营酒庄组建了堪蒂尼•里欧尼特酒庄（Cantine Riunite）。酒庄相关的几个数字令人印象深刻：拥有2 600名种植成员，3 700公顷的葡萄园总面积，以及散布在雷焦•艾米利亚（Reggio Emilia）和摩德纳（Modena）之间的9个酒窖。如此大的规模一直是酿酒厂的优势，今天，稳定的质量和所有系列的良好品质支持着酿酒厂前进。他们找到了实施新计划的绝佳之地——阿尔比尼亚•卡纳莉（Albinea Canali）合作酒庄。经过几年前的收购活动之后，配备了极好混凝土大桶，主建筑也经历重建，成为优尼特（Riunite）集团引以为傲的成绩。

Corte Manzini
loc. Cà di Sola di Castelvetro
via per Modena, 131/3
41014 Castelvetro di Modena [MO]
Tel. 059702658
www.cortemanzini.it

藏酒销售
预约参观
膳宿接待
年产量 85 000 瓶
葡萄种植面积 20 公顷
葡萄栽培方式 传统栽培

曼兹尼家族（Manzini）一直是葡萄种植者，但在今天，他们也渐渐地偏向于要创立自己的风格。出品的葡萄酒大部分是经典传统的风格，非常接近原产地葡萄酒的酿造理念。曼兹尼酒庄（Manzini）是最初在这片区域生产并销售葡萄酒的庄园，分布在格斯伯索拉葡萄（Grasparossa）种植地的中心，摩德纳（Modena）外沿的山麓丘陵。他们精心照料着葡萄园，出品的葡萄酒单宁干冽、新鲜诱人，是艾米利亚人烹饪佐料的绝佳选择。

- ● Lambrusco di Sorbara Chairo della Falconaia '11 ♛♛ 2*
- ● Lambrusco Emilia Vivante '11 ♛♛ 1*
- ● Lambrusco Grasparossa di Castelvetro Il Fojonco '11 ♛♛ 2*
- ● Ottocento Nero Lambrusco Albinea Canali '11 ♛♛ 2*
- ● Reggiano Foglie Rosse Albinea Canali '11 ♛♛ 2*
- ⊙ Reggiano Lambrusco Rosato Cuvée 1950 '11 ♛ 5
- ● Lambrusco di Sorbara Terre della Fiumana '11 ♛ 2
- ● Lambrusco di Sorbara Chairo della Falconaia '10 ♛♛ 2*
- ● Lambrusco di Sorbara Terre della Fiumana '10 ♛♛ 2*

- ● Lambrusco Grasparossa di Castelvetro Amabile '11 ♛♛ 2*
- ⊙ Lambrusco Grasparossa di Castelvetro Fior di Lambrusco '11 ♛♛ 2*
- ● Lambrusco Grasparossa di Castelvetro Secco Bolla Rossa '11 ♛♛ 2*
- ● Lambrusco Grasparossa di Castelvetro Secco L'Acino '11 ♛♛ 3
- ⊙ Lambrusco Grasparossa di Castelvetro Secco Fior di Lambrusco '11 ♛ 2
- ● Lambrusco Grasparossa di Castelvetro '10 ♛♛ 2*
- ● Lambrusco Grasparossa di Castelvetro Amabile '09 ♛♛ 2
- ● Lambrusco Grasparossa di Castelvetro L'Acino '10 ♛♛ 3
- ● Lambrusco Grasparossa di Castelvetro L'Acino '09 ♛♛ 2

Costa Archi

LOC. SERRA
VIA RINFOSCO, 1690
48014 CASTEL BOLOGNESE [RA]
TEL. 3384818346

葡萄种植面积 13 公顷

加布里尔•苏奇（Gabriele Succi）的葡萄园面积为13公顷，分布在卡斯特尔•波伦亚（Castel Bolognese）山丘上的两个独立地块，其中本尼费欧庄园（Beneficio）位于海拔80米的小高地，而蒙特•布鲁洛庄园（Monte Brullo）则位于海拔约160米的地方。两块分区的土壤都是经过改造的，掺杂少量淤泥和沙子的红色石灰岩黏土。加布里尔亲自管理葡萄园，同时监督酒品的酿造。慢慢积累了几年经验后，他推出一款全新风格的葡萄酒，既反映了风土特点，又避免了对木桶的过度依赖。科斯塔•阿奇（Costa Archi）一直是单一葡萄酒。

● Colli di Faenza Prima Luce '09	▼▼ 2*
● Il Beneficio '08	▼▼ 2*
● Sangiovese di Romagna Sup. Assiolo '10	▼▼ 2*
● Sangiovese di Romagna Sup. Monte Brullo Ris. '08	▼▼ 2*
● Colli di Faenza Prima Luce '07	▽▽ 2*
● Prima Luce '05	▽▽ 2*
● Sangiovese di Romagna Sup. Assiolo '07	▽▽ 2*

Denavolo

LOC. GATTAVERA
FRAZ. DENAVOLO - 29020 TRAVO [PC]
TEL. 3356480766
giulio.armani@gmail.it

藏酒销售
年产量 15 000瓶
葡萄种植面积 3 公顷
葡萄栽培方式 传统栽培

朱里奥•阿玛尼（Giulio Armani）选择在凡尔•特雷比亚（Val Trebbia）上游贫瘠多岩石的地带建立起自己的酒庄。他从事拉斯多帕（La Stoppa）葡萄酒生产已有30年的时间，给酒庄带来了不少成就。酒庄遵循该山谷地带的传统，只种植白葡萄——马尔瓦西亚•坎迪亚芳香（Malvasia di Candia aromatica）、奥图戈（Ortrugo）、罗马涅•扎比安奴（Trebbiano Romagnolo）和马尔萨那（Marsanne）。在朱里奥大师的指导下，采用长时间浸渍的酿酒方法。产出的葡萄酒结构复杂，香气丰富，充满活力且清新可口。白葡萄酒的口感很好，在拥有良好平衡的前提下完好保留自身魅力。

○ Dinavolo '10	▼▼ 4
○ Catavela '11	▼▼ 2*
○ Dinavolino '10	▽▽ 2
○ Dinavolino '09	▽▽ 2
○ Dinavolo '08	▽▽ 4
○ Dinavolo '07	▽▽ 4

艾米利亚—罗马涅区
EMILIA ROMAGNA

Camillo Donati
LOC. AROLA, 32 - 43013 LANGHIRANO (PR)
TEL. 0521637204
camdona@tin.it

藏酒销售
预约参观
年产量 70 000 瓶
葡萄种植面积 11 公顷
葡萄栽培方式 有机认证

在侄女摩尼亚（Monia）的帮助下，卡米罗·东纳迪（Camillo Donati）经营着这个占地11公顷的庄园，成为蓝沐斯酒（Lambrusco）和其他瓶装二次发酵葡萄酒最有名的小生产商。瓶装二次发酵，在近几年得到迅猛发展，同时也给这片土地注入新的生机，扩大了葡萄酒生产规模。东纳迪酒庄（Donati）主要使用天然酿酒方法。卡米罗具有认真细致的性格，多年来一丝不苟地管理葡萄园，监控着整个酿酒过程。所酿葡萄酒个性鲜明，酒体复杂，带有浓郁的地域特色。

Drei Donà Tenuta La Palazza
LOC. MASSA DI VECCHIAZZANO
VIA DEL TESORO, 23 - 47100 FORLÌ
TEL. 0543769371
www.dreidona.it

藏酒销售
预约参观
年产量 130 000 瓶
葡萄种植面积 27 公顷

克劳迪奥（Claudio）和恩里科·德雷·东纳（Enrico Drei Donà）的酒庄是罗马涅地区（Romagna）的指南针。不仅因为该酒庄早到1981年酿出令人难忘的葡萄酒，还因为它多年始终坚持于对圣乔维斯葡萄（Sangiovese）本性的表达。凭借如此风格如此质量，酒庄的两款经典圣乔维斯（Sangiovese）葡萄酒——诺图诺（Notturno）和布鲁诺（Pruno）成为了地区葡萄酒市场的宠儿。出品的葡萄酒口感醇厚，葡萄特有的酸味和成熟紧致的单宁形成鲜明对比。

○ Il Mio Malvasia '10	🍷🍷 2*
○ Il Mio Sauvignon '09	🍷🍷 2*
● La Mia Barbera '10	🍷🍷 2*
● Il Mio Fortana '10	🍷 2
○ Il Mio Trebbiano '11	🍷 2
● Il Mio Lambrusco '10	🍷🍷 2*
● Il Mio Lambrusco '08	🍷🍷 2
○ Il Mio Malvasia '09	🍷🍷 2*
● La Mia Barbera '09	🍷🍷 2
● Ovidio '08	🍷🍷 3

● Sangiovese di Romagna Sup. Pruno Ris. '09	🍷🍷 5
○ Il Tornese '10	🍷🍷 3
● Magnificat '09	🍷🍷 3
● Le Vigne Nuove	🍷 2
● Notturno '10	🍷 2
● Sangiovese di Romagna Sup. Cuvée Palazza Ris. '09	🍷 5
○ Il Tornese Chardonnay '95	🍷🍷🍷 3
● Magnificat Cabernet Sauvignon '94	🍷🍷🍷 3
● Sangiovese di Romagna Sup. Pruno Ris. '08	🍷🍷🍷 5
● Sangiovese di Romagna Sup. Pruno Ris. '07	🍷🍷🍷 5
● Sangiovese di Romagna Sup. Pruno Ris. '06	🍷🍷🍷 5

EMILIA ROMAGNA

艾米利亚—罗马涅区

Stefano Ferrucci

via Casolana, 3045/2
48014 Castel Bolognese [RA]
Tel. 0546651068
www.stefanoferrucci.it

藏酒销售
预约参观
年产量 95 000 瓶
葡萄种植面积 15 公顷

埃拉利亚（Ilaria）和赛莲娜·费鲁奇（Serena Ferrucci）经营着由她们父亲创建的酒庄。近些年来。她们对葡萄园和酿酒环节进行了某些改良，以求酿出香气更浓郁、简单的葡萄酒。她们把大量的精力放在了多姆斯·凯亚（Domus Caia）上。这款圣乔维斯葡萄酒（Sangiovese）由半干葡萄酿制，年份越老越优雅精致。葡萄园位于塞拉·卡斯特尔波罗格尼兹（Serra di Castelbolognese）的斜坡中段，占地面积超过15公顷，黏土，在海拔200米到250米之间。

○ Albana di Romagna Passito Domus Aurea '10	♟♟ 5
● Sangiovese di Romagna Auriga '11	♟♟.2*
● Sangiovese di Romagna Sup. Centurione '11	♟♟ 2*
● Sangiovese di Romagna Sup. Domus Caia Ris. '09	♟♟ 5
○ Colli di Faenza Bianco Chiaro della Serra '11	♟ 2
○ Trebbiano di Romagna Mattinale '11	♟ 1*
○ Albana di Romagna Passito Domus Aurea '09	♟♟ 5
○ Albana di Romagna Passito Domus Aurea '08	♟♟ 5

Paolo Francesconi

loc. Sarna
via Tuliero, 154 - 48018 Faenza [RA]
Tel. 054643213
www.francesconipaolo.it

藏酒销售
预约参观
年产量 20 000 瓶
葡萄种植面积 16 公顷
葡萄栽培方式 有机认证

保罗·弗朗西斯科尼（Paolo Francesconi）是一个葡萄种植者，他的葡萄园面积为16公顷，位于芬扎（Faenza）外第一座山峰，红色黏土，采用上好葡萄酿酒。葡萄园种植完全采用生物动力方法，在酿酒过程中不使用任何添加剂。在这里，圣乔维斯葡萄（Sangiovese）酿出的葡萄酒酒体强硕。这也是为什么酒庄最出名的一款葡萄酒竟然是入门级的桑乔维斯葡萄酒（Sangiovese）——里姆贝卡（Limbecca）的原因。经发酵，葡萄酒细腻朴实，富有表现力。酒庄还生产特级初榨橄榄油，橄榄为布里斯格拉橄榄（Nostrana di Brisighella Olive）。

● Sangiovese di Romagna Sup. Limbecca '10	♟♟♟ 3*
● D'Incanto '11	♟♟ 5
● Impavido '09	♟♟ 5
● Sangiovese di Romagna Sup. Le Iadi Ris. '08	♟♟ 5
○ Cordusel '11	♟ 3
● Albana di Romagna Passito Idillio '08	♟♟ 4
● D'Incanto '09	♟♟ 4
● Impavido '08	♟♟ 5
● Sangiovese di Romagna Sup. Le Iadi Ris. '07	♟♟ 5
● Sangiovese di Romagna Sup. Limbecca '09	♟♟ 3*
● Sangiovese di Romagna Sup. Limbecca '08	♟♟ 2*

EMILIA ROMAGNA

Maria Galassi
LOC. PADERNO DI CESENA
VIA CASETTE, 688 - 47023 CESENA [FC]
TEL. 054721177
www.galassimaria.it

藏酒销售
预约参观
年产量 12 000 瓶
葡萄种植面积 17 公顷
葡萄栽培方式 有机认证

几年前，玛利亚·加拉西（Maria Galassi）拥有的葡萄园面积为17公顷，他从中挑选出最好的葡萄，开始酿酒。20年来，葡萄园一直采用有机种植。贝尔蒂诺罗（Bertinoro）和萨维奥（Savio）的山谷里有着本地特有的土壤，是大量的活性石灰岩和海底凝灰岩"斯本格恩（Spungone）"。凭借淡雅细腻的葡萄酒风格，加西亚·圣乔维斯（Galassi Sangiovese）每年的销量都很不错。利用土壤成熟的单宁来中和葡萄本身的新鲜。2013年，酒庄首次向我们推出经大木桶陈酿的一款精品酒（Riserva）。

- Sangiovese di Romagna Sup. NatoRe Ris. '09 ♛♛ 2*
- Sangiovese di Romagna Sup. Paternus '10 ♛♛ 2*
- ○ Fiaba Bianco '11 ♛ 2
- Sangiovese di Romagna Sup. E Bé di Smembar '11 ♛ 2
- Sangiovese di Romagna NatoRe Ris. '07 ♛♛ 5
- Sangiovese di Romagna Paternus '07 ♛♛ 2*
- Sangiovese di Romagna Sup. NatoRe '07 ♛♛ 2
- Sangiovese di Romagna Sup. NatoRe Ris. '08 ♛♛ 2*
- Sangiovese di Romagna Sup. Paternus '09 ♛♛ 2*

Gallegati
VIA ISONZO, 4 - 48018 FAENZA [RA]
TEL. 0546621149
www.aziendaagricolagallegati.it

藏酒销售
预约参观
参观设施
年产量 15 000 瓶
葡萄种植面积 6 公顷

凯撒（Cesare）和安东尼奥·盖雷佳迪（Antonio Gallegati）是非常负责的种植者，他们总能挖掘出芬扎（Faenza）附近的第一高峰上的粘性土壤特点。凭借他们在葡萄园的悉心工作以及熟悉季节性的天气变化，因此都能收获上等的葡萄。兄弟俩不打算酿副牌酒，他们所酿的葡萄酒能够神奇地平衡强烈的风土特点和简单、优雅清新的口感之间的关系。每一瓶葡萄酒都如实反映种植年份的特点。凯撒负责酿酒，在他们兄弟俩租的一块特别的户外区域里进行。

- ○ Albana di Romagna Passito Regina di Cuori Ris. '09 ♛♛♛ 4*
- Sangiovese di Romagna Sup. Corallo Nero Ris. '09 ♛♛ 4
- Colli di Faenza Rosso Corallo Blu Ris. '09 ♛♛ 4
- Sangiovese di Romagna Sup. Corallo Nero Ris. '06 ♛♛♛ 3
- ○ Albana di Romagna Passito Regina di Cuori '08 ♛♛ 4
- ○ Albana di Romagna Passito Regina di Cuori Ris. '07 ♛♛ 4
- Colli di Faenza Rosso Corallo Blu Ris. '07 ♛♛ 4
- Sangiovese di Romagna Sup. Corallo Nero Ris. '08 ♛♛ 4
- Sangiovese di Romagna Sup. Corallo Nero Ris. '07 ♛♛ 4

艾米利亚—罗马涅区
EMILIA ROMAGNA

Gruppo Cevico

VIA FIUMAZZO, 72 - 48022 LUGO [RA]
TEL. 0545284711
www.gruppocevico.com

藏酒销售
预约参观
年产量 20 000 000 瓶
葡萄种植面积 6 700 公顷
葡萄栽培方式 有机认证

50多年来，奇维科集团（Gruppo Cevico）一直是意大利举足轻重的葡萄酒生产商之一。这家罗马涅（Romagna）大型合作酒厂葡萄园总面积达6 700公顷，葡萄供应商多达4 500家。葡萄酒产量占罗马涅的总产量的30%，艾米利亚——罗马涅（Emilia Romagna）的17%，意大利全国葡萄酒总量的2.5%。奇维科集团（Gruppo Cevico）的顶级葡萄酒系列包括特丽•科维克（Terre Cevico）、维格涅提•格拉斯（Vigneti Galassi）、特努塔•马萨丽娜（Tenuta Masselina）、贝尔纳尔迪（Bernardi）、桑科丽丝品诺（Sancrispino）、龙科（Ronco）、罗曼迪奥拉（Romandiola）、洛奇•玛拉特斯蒂安妮（Rocche Malatestiane）和斯普林特•迪斯提乐利（Sprint Distillery）。科维克集团促进了整个罗马涅地区葡萄酒行业的发展。

○ Delle Gentili Donna di Faenza '10	㏌ 2*
● Sangiovese di Romagna Pavone D'Oro Ris. Romandiola '08	㏌ 2*
● Sangiovese di Romagna Sup. 138 slm '11	㏌ 2*
● Sangiovese di Romagna Vign. Galassi '11	㏌ 2*
⊙ Spumante Volli Rosé Extra Dry	㏌ 3
○ Colli di Rimini Rebola Il Lupo di Rimini Romandiola '11	㏌ 2
● Sangiovese di Romagna Il Malatesta Sup. Romandiola '11	㏌ 2
● Sangiovese di Romagna Il Malatesta Sup. Romandiola '10	㏌ 2*
● Sangiovese di Romagna Ris. Tenuta Masselina '08	㏌ 2*
● Sangiovese di Romagna Sup. Vign. Galassi '10	㏌ 2*

Lini 910

LOC. CANOLO DI CORREGGIO
VIA VECCHIA CANOLO, 7
42015 CORREGGIO [RE]
TEL. 0522690162
www.lini910.it

藏酒销售
预约参观
年产量 400 000 瓶
葡萄种植面积 25 公顷
葡萄栽培方式 有机认证

从里尼酒庄（Lini）这家小酒庄的发展历程，你可以看出艾美利亚（Emilia）的本地企业家精神。里尼酒庄（Lini）的发展不局限于意大利，也积极开拓国外市场，尤其是美国。在发挥本土优势的同时，紧贴国际市场需求。最近几年，法比奥（Fabio）和马西莫•里尼（Massimo Lini）的孩子——艾丽西亚（Alicia）和阿尔贝托（Alberto），他们的加入给酒庄带来了新鲜血液。法比奥和马西莫运用多年积累的经验，管理着酒窖。酒庄刚庆祝完百年庆典，强调坚持酿制高质量、传统风格的独特葡萄酒。

○ In Correggio Brut M. Cl. '07	㏌ 4
● In Correggio Brut Rosso M. Cl. '08	㏌ 4
⊙ In Correggio Lambrusco Rosato '11	㏌ 2*
⊙ In Correggio Moscato Spumante '11	㏌ 2*
● In Correggio Lambrusco Scuro '11	㏌ 2
○ In Correggio Brut M. Cl. '06	㏌ 4
○ In Correggio Brut Pinot '09	㏌ 4
⊙ In Correggio Lambrusco Rosato '10	㏌ 2*
⊙ In Correggio Lambrusco Rosato '09	㏌ 2
● In Correggio Lambrusco Scuro '10	㏌ 2*
⊙ In Correggio Moscato Spumante '09	㏌ 2*

EMILIA ROMAGNA
艾米利亚—罗马涅区

Luretta
CASTELLO DI MOMELIANO - 29010 GAZZOLA [PC]
TEL. 0523971070
www.luretta.com

藏酒销售
预约参观
年产量 250 000 瓶
葡萄种植面积 43 公顷
葡萄栽培方式 有机认证

鲁利塔酒庄（Luretta）于1992年建立。如今菲利斯·萨拉米尼（Felice Salamini）和儿子卢西奥（Lucio）共同管理。如同很多已婚夫妇，菲利斯在对自家土地的热爱和生产法国经典葡萄酒的梦想之间面临着两难抉择。因为热爱法国白葡萄酒，启发他酿出两款梅特多经典白葡萄酒（Metodo Classico），这两款酒后来成为酒庄代表酒。总的来说，所有酒庄出品的葡萄酒中，白葡萄酒最受欢迎，包括复杂的马萨拉（Malvasia）系列。酒庄的葡萄园面积达40多公顷，横跨了科里·皮亚岑蒂尼（Colli Piacentini）的多个地区。

● C. P. Barbera Carabas '11	♛♛ 3
○ C. P. Malvasia Boccadirosa '11	♛♛ 2*
○ C. P. Sauvignon I Nani e Le Ballerine '11	♛♛ 3
○ Principessa Pas Dosé Brut M. Cl. '08	♛ 3
● C. P. Gutturnio Sup. L'Ala del Drago '10	♛ 3
● C. P. Pinot Nero Achab '11	♛ 5
● C. P. Cabernet Sauvignon Corbeau '00	♛♛♛ 4
⊙ C. P. Brut Rosé On Attend les Invités '08	♛♛ 3
○ C. P. Malvasia Boccadirosa '10	♛♛ 2*
○ C. P. Malvasia Dolce Le Rane '08	♛♛ 2*
○ C. P. Pinot Nero M. Cl. Principessa '06	♛♛ 3

Lusenti
LOC. CASE PICCIONI, 57
29010 ZIANO PIACENTINO [PC]
TEL. 0523868479
www.lusentivini.it

藏酒销售
预约参观
年产量 120 000 瓶
葡萄种植面积 17 公顷
葡萄栽培方式 传统栽培

卢德维卡·卢森提（Ludovica Lusenti）的家族拥有令人羡慕的葡萄酒传统，深深植根于提多尼山谷（Val Tidone）的上游地区。葡萄园面积达17公顷，海拔高度约300米，不仅景色迷人，而且非常适宜种植葡萄，拥有巨大的开发潜力。过去几年来，卢德维卡的酒庄开始采用有机种植模式，确保葡萄栽培和葡萄酒酿造的过程不添加任何化学肥料。道路还很漫长，需要时间推出更多新鲜口感的葡萄酒。

○ C. P. Malvasia Passito Il Piriolo '09	♛♛ 5
● C. P. Gutturnio Frizzante Tournesol '10	♛♛ 2*
● C. P. Gutturnio Sup. Cresta al Sole '08	♛♛ 3
○ C. P. Malvasia Frizzante Emiliana '11	♛♛ 2*
○ C. P. Malvasia Bianca Regina '09	♛ 3
● C. P. Gutturnio Frizzante '10	♛♛ 2*
● C. P. Gutturnio Frizzante '08	♛♛ 2*
● C. P. Gutturnio Sup. Cresta al Sole '07	♛♛ 3
○ C. P. Malvasia Passito Il Piriolo '08	♛♛ 5

EMILIA ROMAGNA
艾米利亚—罗马涅区

Alberto Lusignani

LOC. VIGOLENO
VIA CASE ORSI, 9 - 29010 VERNASCA [PC]
TEL. 0523895178
lusignani@agonet.it

藏酒销售
预约参观
年产量 35 000 瓶
葡萄种植面积 8 公顷

维格伦诺（Vigoleno）原来是一座主要御敌城堡，壮观风貌不曾改变。置身其中，游客们仿佛回到1 000多年前。这里酿制桑托酒（Vin Santo），悠久的酿酒传统如今被一部分酿酒商传承着。维格伦诺酒庄的葡萄酒采用本土原生葡萄，大部分是梅拉拉（Melara）和圣塔•玛利亚（Santa Maria），还有贝弗蒂诺（Berverdino）、扎比安奴（Trebbiano）以及有"本地香槟（Champagne）"之称的马尔萨那（Marsanne）。葡萄收成期通常很早，葡萄比较干。然后经历长时间的发酵，接着陈酿几年，期间不添加新酒。

Giovanna Madonia

LOC. VILLA MADONIA
VIA DE' CAPPUCCINI, 130
47032 BERTINORO [FC]
TEL. 0543444361
www.giovannamadonia.it

藏酒销售
预约参观
餐饮接待
年产量 55 000 瓶
葡萄种植面积 12 公顷

贝尔蒂诺罗（Bertinoro）的土壤条件在罗马涅区（Romagna）来说很独特，活性石灰岩的含量非常高，海底凝灰岩分布广泛。乔凡娜•马多尼亚（Giovanna Madonia）的另一个不寻常的地方在于马吉奥山（Mount Maggio）的风土条件，通常朝海的斜坡更凉爽，葡萄的采摘能推迟到三个星期以后。葡萄酒需要长时间在瓶内陈化，陈酿后的葡萄酒复杂多样，纯粹且十足传统风味。阿尔坦（Altan）设计的酒标很有吸引力。

○ C. P. Vin Santo di Vigoleno '02	6
○ C. P. Vin Santo di Vigoleno '01	6
○ C. P. Vin Santo di Vigoleno '98	6
○ C. P. Vin Santo di Vigoleno '97	6

● Sangiovese di Romagna Sup. Ombroso Ris. '08	5
● Sangiovese di Romagna Sup. Fermavento '10	3
● Sterpigno Merlot '07	5
○ Albana di Romagna Secco Neblina '11	2
● Colli Romanga Centrale Barlume Ris. '10	4
● Sangiovese di Romagna Sup. Ombroso Ris. '06	5
● Sangiovese di Romagna Sup. Ombroso Ris. '01	5
● Sangiovese di Romagna Sup. Ombroso Ris. '07	5
● Sangiovese di Romagna Sup. Ombroso Ris. '05	5
● Sangiovese di Romagna Sup. Ombroso Ris. '04	5

艾米利亚—罗马涅区
EMILIA ROMAGNA

Ermete Medici & Figli
LOC. GAIDA
VIA NEWTON, 13A - 42040 REGGIO EMILIA
TEL. 0522942135
www.medici.it

藏酒销售
预约参观
年产量 800 000 瓶
葡萄种植面积 60 公顷

对于全球任何一家优良的餐馆来说，美帝奇（Medici）的蓝沐斯酒（Lambrusco）是他们必须品尝的。美帝奇是第一瓶能够轰动葡萄酒市场的蓝沐斯酒（Lambrusco）。尽管如今已经是闻名遐迩，但在20年前只不过是一个新事物。美帝奇家族（Medicis）把全球推广看作业务拓展的重要战略，阿尔伯托•美帝奇（Alberto Medici）走遍全世界，宣传他的酒庄和葡萄酒。酒庄的顶级葡萄酒采用自家生产的葡萄，先进的管理理念赋予葡萄酒优雅的气质、品质的稳定性和存放的长久性。此外，美帝奇酒庄还生产一款优秀传统的雷焦艾米利亚（Reggio Emilia）香醋。

● Reggiano Lambrusco Concerto '11	🏆🏆🏆 2*
● Reggiano Lambrusco Assolo '11	🏆🏆 2*
○ Brut Rosé M. Cl. Unique '10	🏆🏆 3
● Grancorcerto Brut M. Cl. '10	🏆🏆 3
○ Colli di Scandiano e di Canossa Malvasia Secco Daphne '11	🏆 2
● Reggiano Lambrusco I Quercioli '11	🏆 1*
● Reggiano Lambrusco Villa del Vento '11	🏆 2
● Reggiano Concerto '10	🏆🏆🏆 2*
● Reggiano Lambrusco Concerto '08	🏆🏆🏆 2*
● Reggiano Lambrusco Secco Concerto '09	🏆🏆🏆 2*
● Reggiano Assolo '10	🏆🏆 2*
● Reggiano Assolo '09	🏆🏆 2
● Reggiano Assolo '08	🏆🏆 2*

Monte delle Vigne
LOC. OZZANO TARO
VIA MONTICELLO, 13 - 43046 COLLECCHIO [PR]
TEL. 0521309704
www.montedellevigne.it

藏酒销售
预约参观
年产量 350 000 瓶
葡萄种植面积 60 公顷

安德里亚•法拉利（Andrea Ferrari）和保罗•皮扎罗蒂（Paolo Pizzarotti）把他们大部分资源投入到酒庄的运作中。他们新建一个酒窖，栽种数公顷的葡萄园，致力于成为帕尔马地区（Parma）葡萄酒业的潜力新星。他们立志生产高质量的静止葡萄酒。虽然采用的方法与本地传统的酿酒工艺有所不同，但葡萄还是传统的本土品种，如巴贝拉（Barbera）、伯纳达（Bonarda）和坎蒂亚（Malvasia di Candia Aromatica）。酒庄之所以取得成功，是因为它没有遗弃传统，并恢复微型起泡酒的生产。

○ Callas '11	🏆🏆 4
● Argille '08	🏆🏆 5
○ Colli di Parma Malvasia Poem '11	🏆🏆 2*
● Lambrusco Emilia '11	🏆 2
● Nabucco '10	🏆 4
● Barbera '06	🏆🏆 4
● Colli di Parma Rosso Frizzante '10	🏆🏆 2*
● Lambrusco '08	🏆🏆 2*
● Lambrusco Emilia '10	🏆🏆 2*
● Nabucco '08	🏆🏆 4

501　艾米利亚—罗马涅区
EMILIA ROMAGNA

Fattoria Monticino Rosso
VIA MONTECATONE, 7 - 40026 IMOLA [BO]
TEL. 054240577
www.fattoriadelmonticinorosso.it

藏酒销售
预约参观
年产量 70 000 瓶
葡萄种植面积 18 公顷

泽奥利家族（Zeoli）的卢西亚诺（Luciano）和吉安尼（Gianni）两兄弟的身份首先是农民，然后才是葡萄种植者。他们与所处的土地建立了很深的感情。吉安卡尔罗·索韦尔奇亚（Giancarlo Soverchia）是他们的酿酒顾问，与泽奥利（Zeoli）兄弟建立了特殊的关系，现在几乎成了庄园的一分子，跟两兄弟像一家人一样共同讨论酒庄发展。总的来说，酒庄出品的葡萄酒质量可靠，尤其是白葡萄酒，成了这家小型酒庄的特色。红葡萄酒有时比较独特，可以说是非常唯美的，导致消费者不怎么容易接受。

- ○ Albana di Romagna Secco Codronchio '10　3*
- ○ Albana di Romagna Secco A '11　2*
- ○ Albana di Romagna Passito '08　4
- ● Sangiovese di Romagna Sup. S '10　2
- ○ Albana di Romagna Secco Codronchio '08　3*
- ○ Albana di Romagna Secco Codronchio '09　3
- ○ Albana di Romagna Secco Codronchio '04　2*

Fattoria Moretto
VIA TIBERIA, 13B
41014 CASTELVETRO DI MODENA [MO]
TEL. 059790183
www.fattoriamoretto.it

藏酒销售
预约参观
年产量 12 000 瓶
葡萄种植面积 6 公顷
葡萄栽培方式 有机认证

酒庄坐落于蓝沐斯·格斯伯索拉（Lambrusco Grasparossa）葡萄主要种植地的中心地带。由方托（Fausto）和费碧欧（Fabio Altariva）共同管理，葡萄园的海拔高度为200米，黏性土壤。整个葡萄园朝向南或东南方，气候条件非常适合种植葡萄，采用有机种植方法。酿酒过程也遵循有机的准则，首先进行长时间的浸渍发酵，陈化足够长的时间，从而使葡萄酒更深层更复杂。蒙蒂诺红葡萄酒（Monticino Rosso）是非常经典、有特色的格斯伯索拉（Grasparossa），个性鲜明。每个葡萄园按照土壤条件不同而酿制方法各异，这种做法在蓝沐斯（Lambrusco）酒世界里很少见。

- ● Lambrusco Grasparossa di Castelvetro Secco Monovitigno '11　3*
- ● Lambrusco Grasparossa di Castelvetro Secco Canova '11　3
- ● Lambrusco Grasparossa di Castelvetro Secco Tasso '11　2*
- ● Lambrusco Grasparossa di Castelvetro Monovitigno '10　3*
- ● Lambrusco Grasparossa di Castelvetro Monovitigno '09　3
- ● Lambrusco Grasparossa di Castelvetro V. Canova '10　3
- ● Lambrusco Grasparossa di Castelvetro V. Canova '09　3

艾米利亚—罗马涅区
EMILIA ROMAGNA

Poderi Morini

LOC. ORIOLO DEI FICHI
VIA GESUITA - 48018 FAENZA [RA]
TEL. 0546634257
info@poderimorini.com

年产量 100 000 瓶
葡萄种植面积 40 公顷

波德里•莫里尼酒庄(Poderi Morini)占地40公顷,葡萄园位于奥利奥罗•戴•费奇(Oriolo dei Fichi)、法萨(Faeza)外围的第一山脉当中。酒庄积极推广本地葡萄品种,近年来与周围的葡萄园建立了很密切的联系。随着酿酒师毛里齐奥•卡斯特里(Maurizio Castelli) 2010年份酒的丰收,亚利桑那德罗•莫里尼(Alessandro Morini)的酒庄开始步入正轨,产出的系列葡萄酒令人印象深刻。圣乔维斯(Sangiovese)葡萄酒口感新鲜,酒体结构良好,香气迷人,单宁柔顺。除了圣乔维斯外,我们还喜欢原产于法萨地区的森特西米诺(Centesimino)葡萄酒,香气四溢。

- Sangiovese di Romagna Sup. Morale '10 ㇐ 3
- Sangiovese di Romagna Sup. Nonno Rico Ris. '09 ㇐ 2*
- Sangiovese di Romagna Sup. Torre di Oriolo '10 ㇐ 3
- Savignone '11 ㇐ 2*
- Traicolli '10 ㇐ 2*
- ○ Albana di Romagna Secco Sette Note '10 ㇐ 2
- Rubacuori da Uve Stramature '04 ㇐ 4
- Rubacuori Passito '02 ㇐ 4

Orsi - San Vito

FRAZ. OLIVETO
VIA MONTE RODANO, 8
40050 MONTEVEGLIO [BO]
TEL. 051964521
www.vignetosanvito.it

藏酒销售
年产量 20 000 瓶
葡萄种植面积 16 公顷
葡萄栽培方式 生物动力认证

费德里克(Federico)于2005年从奥尔斯家族(Orsi)收购了酒庄,并果断地进行了全方位的革新。他不急功近利,他耐心地着眼于酒庄长远的发展。费德里克最注重葡萄园的改革。年轻热情的酒庄同仁自始至终共同谋划策,积极帮助费德里克,克服因为采用生物动力管理方法而带来的问题和挑战。酒庄出品的每瓶葡萄酒都很特别,都表现出不同种植年份的不同特点。年份越久远,葡萄酒表现更加成熟,惊喜不断。短短几年时间,奥尔斯酒庄(Orsi)已经成为当地最具活力的酒庄之一。

- ○ C. B. Pignoletto Cl. V. del Grotto '10 ㇐ 3*
- ○ C. B. Pignoletto Frizzante Sui Lieviti '10 ㇐ 2*
- C. B. Barbera Martignone '10 ㇐ 2
- ○ C. B. Pignoletto Cl. V. del Grotto '09 ㇐ 3*
- C. B. Barbera Pro.Vino '09 ㇐ 2*
- C. B. Cabernet Sauvignon '08 ㇐ 2
- C. B. Cabernet Sauvignon Monte Rodano '08 ㇐ 2*
- C. B. Cabernet Sauvignon Monte Rodano '06 ㇐ 2*
- ○ C. B. Pignoletto Cl. V. del Grotto '07 ㇐ 3*
- ○ C. B. Pignoletto Frizzante '10 ㇐ 2*
- ○ C. B. Pignoletto Sup. '09 ㇐ 3

EMILIA ROMAGNA

艾米利亚—罗马涅区 503

Gianfranco Paltrinieri

FRAZ. SORBARA
VIA CRISTO, 49 - 41030 BOMPORTO [MO]
TEL. 059902047
www.cantinapaltrinieri.it

藏酒销售
预约参观
年产量 80 000 瓶
葡萄种植面积 15 公顷

酒庄位于摩德纳（Modena）南部，现已成为索巴拉地区（Sorbara）的标志酒庄。酒庄出人意料的成功，也是重新务农的一代人的胜利。阿尔伯托（Alberto）的15公顷庄园全部位于克里斯托（Cristo），发展前景良好。酿制本地品种单品葡萄酒纯粹浓郁，具有索巴拉葡萄酒（Sorbaras）的典型特点。阿尔伯托和他的妻子芭芭拉（Barbara）共同经营酒庄，家族的酿酒传统已经传承了数代人。今天，他致力于发展葡萄园，力求葡萄园的收成更加优良。

● Lambrusco di Sorbara Leclisse '11	ㇺㇺ 3*
● Lambrusco di Sorbara Radice '11	ㇺㇺ 3*
○ Bianco Frizzante Secco '11	ㇺㇺ 2*
● Lambrusco di Sorbara Sant'Agata '11	ㇺㇺ 2*
● Lambrusco di Sorbara Leclisse '10	ㇺㇺㇺ 3*
● Lambrusco di Sorbara Leclisse '09	ㇺㇺ 2
● Lambrusco di Sorbara Leclisse '08	ㇺㇺ 2*
● Lambrusco di Sorbara Fermentazione in Bottiglia '09	ㇺㇺ 2
● Lambrusco di Sorbara La Piria '08	ㇺㇺ 1*
● Lambrusco di Sorbara Radice '10	ㇺㇺ 2*
● Lambrusco di Sorbara Sant'Agata '10	ㇺㇺ 2*
● Lambrusco di Sorbara Sant'Agata '08	ㇺㇺ 2*

Fattoria Paradiso

LOC. CAPOCOLLE
VIA PALMEGGIANA, 285 - 47032 BERTINORO [FC]
TEL. 0543445044
www.fattoriaparadiso.com

藏酒销售
预约参观
年产量 500 000 瓶
葡萄种植面积 100 公顷

法罗地亚·帕拉迪索酒庄（Fattoria Paradiso）为罗马涅（Romagna）葡萄酒业的发展做出了重要贡献。它最先出品了罗马涅圣乔维斯珍藏葡萄酒（Sangiovese di Romagna Riserva）。在20世纪70年代初期，马里奥·佩兹（Mario Pezzi）受到传奇葡萄酒评论家路易吉·维罗涅利（Luigi Veronelli）启发，开始酿制顶级酒，从而引起了当地一场重大的产业变革。今天，格拉兹尔拉·裴兹（Graziella Pezzi）同样怀着祖辈们的经营热情，儿子在周游列国后也参与到酒庄的经营事务中。这个罗马涅小角落，是法罗地亚·帕拉迪索（Fattoria Paradiso）兴起的地方。如今充满了新能量，期待能够重回葡萄酒业的领先行列。

● Barbarossa Mario Pezzi Cuvée '09	ㇺㇺ 4
● Sangiovese di Romagna V. Lepri Rina Pezzi Ris. '09	ㇺㇺ 3
● Sangiovese di Romagna Cuvée Paradiso Ris. '11	ㇺ 3
● Barbarossa '08	ㇺㇺ 4
● Barbarossa '06	ㇺㇺ 4
● Barbarossa Il Dosso '04	ㇺㇺ 4
○ Frutto Proibito '08	ㇺㇺ 6
○ Gradisca '10	ㇺㇺ 4
● Mito '05	ㇺㇺ 6
● Mito '04	ㇺㇺ 6
● Sangiovese di Romagna Sup. V. delle Lepri Ris. '08	ㇺㇺ 3
● Mito '06	ㇺ 6

EMILIA ROMAGNA
艾米利亚—罗马涅区

Tenuta Pertinello
s.da Arpineto Pertinello, 2
47010 Galeata [FC]
Tel. 0543983156
www.tenutapertinello.it

藏酒销售
年产量 50 000 瓶
葡萄种植面积 12 公顷

佩尔提涅罗酒庄（Tenuta Pertinello）位于彼登特（Bidente）山谷，葡萄园面积9公顷，沙土、泥灰土土质，海拔高度在350米到430米之间。庄主莫雷诺·曼西（Moreno Mancini）和经理路易吉·马尔提尼（Luigi Martini）坚持产量平衡，自觉遵守农业协议，既不刻意降低产量，也不催熟葡萄。在自然的凉风徐徐气候下，收获优质的葡萄。自2008年酿酒师费碧佐（Fabrizio Moltard）的加入，酒庄才发挥出酿酒潜力。酿制的葡萄酒口感纯粹，富有现代感，还带有优质圣乔维斯（Sangiovese）葡萄特有的水果香和花香。

- Colli della Romagna Centrale Sangiovese Pertinello '09　🍷 3*
- Colli Romagna Centrale Sangiovese Il Sasso Ris. '08　🍷 3*
- Colli della Romagna Centrale Sangiovese Il Bosco '11　🍷 2*
- Colli Romagna Centrale Sangiovese Pertinello '08　🍷🍷🍷 3
- Colli della Romagna Centrale Sangiovese Il Bosco '10　🍷🍷 2
- Colli della Romagna Centrale Sangiovese Pertinello '07　🍷🍷 3
- Sangiovese di Romagna Il Bosco '09　🍷🍷 2

Poderi dal Nespoli
loc. Nespoli
villa Rossi, 50
47012 Civitella di Romagna [FC]
Tel. 0543989637
www.poderidalnespoli.com

藏酒销售
预约参观
年产量 700 000 瓶
葡萄种植面积 119 公顷

法比奥（Fabio）和科利塔·拉瓦伊奥利（Celita Ravaioli）的家族的酿酒传统将近一个世纪。如今米高梅公司（MGM Mondo del Vino）拥有酒庄大部分股份。新股东保持酒庄长久以来的良好形象，保留闻名遐迩的传统葡萄美酒，完美地反映出土地风土特点。葡萄来源除了自家的30公顷葡萄园外，还从别处收购，主要是彼登特（Bidente）流域一些信誉良好的种植者。凭借米高梅公司的远见卓识和雄厚的资金实力，博得里·尼斯波利酒庄（Poderi dal Nespoli）在国内外都拥有广阔的市场。

- Sangiovese di Romagna Sup. Il Nespoli Ris. '09　🍷 4
- Borgo dei Guidi '09　🍷 5
- Sangiovese di Romagna Sup. Il Prugneto '11　🍷 2*
- ○ Dogheria '11　🍷 2
- Sangiovese di Romagna Sup. Il Nespoli Ris. '07　🍷🍷🍷 4*
- Sangiovese di Romagna Sup. Il Nespoli Ris. '06　🍷🍷🍷 4*
- Borgo dei Guidi '08　🍷🍷 5
- Sangiovese di Romagna Prugneto '10　🍷🍷 2*
- Sangiovese di Romagna Sup. Il Nespoli Ris. '08　🍷🍷 4

Il Pratello

via Morana, 14 - 47015 Modigliana [FC]
Tel. 0546942038
www.ilpratello.net

藏酒销售
预约参观
年产量 20 000 瓶
葡萄种植面积 5.5 公顷
葡萄栽培方式 有机认证

我们迂回曲折地穿越了森林、草甸和石屋，伊尔•普拉特罗酒庄（Il Pratello）才映入眼帘。1991年，埃米利奥•普拉斯（Emilio Placci）做了一个似乎很疯狂的决定，他在海拔600米的砂质泥灰土栗子林开发出一片葡萄园，时间证明他是正确的。今天，酒庄的圣乔维斯（Sangiovese）堪称罗马涅地区（Romagna）最令人振奋的最耐久储藏的葡萄酒之一。时间流逝，甘醇和特色却没有流失。保持着土壤和矿物香气，尝起来犹如野外环境那么粗犷，单宁犹如阿尔卑斯山脉（Apennines）的森林一般紧凑，从这里延伸至托斯卡纳（Tuscany）。埃米利奥十分喜爱自己的葡萄酒，也准备好等待它们的诞生。

Tenimenti San Martino in Monte

via San Martino in Monte
47015 Modigliana [FC]
Tel. 3292984507
www.sanmartinoinmonte.com

年产量 4 000 瓶
葡萄种植面积 5.6 公顷

贸利兹奥•卡斯塔（Maurizio Costa）回到了故乡——罗马涅•鲁格（Lugo di Romagna），开始了自己的葡萄酒事业。当地的葡萄酒产业十分发达，市场竞争激烈，这对贸利兹奥来说是一个难得的挑战。酒庄位于莫迪利亚纳（Modigliana）海拔350米的地方，砂岩土壤赋予了葡萄酒优雅的气质和陈年潜力。农学家、酿酒学家弗朗西斯科•博蒂尼（Francesco Bordini）翻新了1922年以来的葡萄园。如今，酒庄一直处于停业改造阶段，没有推出新酒。

● Mantignano V. V. '08	▼▼▼ 2*
○ Le Campore '08	▼▼ 2*
● Sangiovese di Romagna Morana '10	▼▼ 2*
● Colli di Faenza Sangiovese Mantignano V. V. Ris. '04	▼▼▼ 3*
● Colli di Faenza Sangiovese Mantignano Ris. '04	▼▼ 3*
○ Le Campore '06	▼▼ 2
○ Le Campore '05	▼▼ 2
● Mantignano V. V. '07	▼▼ 2*
● Sangiovese di Romagna Morana '09	▼▼ 2*
● Sangiovese di Romagna Morana '08	▼▼ 2
● Sangiovese di Romagna Morana '06	▼▼ 2*

● Sangiovese di Romagna Sup. V. 1922 Ris. '07	▼▼ 6
● Sangiovese di Romagna Sup. V. 1922 Ris. '06	▼▼ 6
● Sangiovese di Romagna V. 1922 '08	▼▼ 6
● Sangiovese di Romagna V. 1922 '05	▼▼ 6
● Sangiovese di Romagna V. 1922 '04	▼▼ 6
● Vigna alle Querce '08	▼▼ 5
● Vigna alle Querce '07	▼▼ 5
● Vigna alle Querce '06	▼▼ 5
● Vigna alle Querce '03	▼▼ 5
○ Vigna della Signora '08	▼▼ 4

EMILIA ROMAGNA
艾米利亚—罗马涅区

★San Patrignano
via San Patrignano, 53 - 47853 Coriano [RN]
Tel. 0541362111
www.sanpatrignano.org

预约参观
餐饮接待
年产量 500 000 瓶
葡萄种植面积 110 公顷
葡萄栽培方式 有机认证

圣•特里纳诺（San Patrignano）协会位于里米尼（Rimini）的山麓丘陵地带，于1978年由文森佐•穆奇奥利（Vincenzo Muccioli）创立。酒窖墙壁上的一幅幅早期的黑白照片仿佛为我们述说着这一段历史。以前，酒庄的葡萄酒只供协会饮用，人们疯狂畅饮，庆祝丰收。多年以后，圣•特里纳诺变成了欧洲重要的戒毒中心，酿造葡萄酒也变成了其重要的一环。凭借多年酿酒经验，理查多•卡塔雷拉（Riccardo Cotarella）负责技术指导工作。葡萄园面积达110公顷，位于科里亚诺（Coriano）山上，俯视着大海，土壤以石灰岩和黏土为主。

● Sangiovese di Romagna Sup. Ora '11	▼▼▼	3*
● Colli di Rimini Cabernet Montepirolo '08	▼▼	4
● Aulente Rosso '11	▼▼	2*
○ Aulente Bianco '11	▼	2
○ Vie '11	▼	3
● Colli di Rimini Cabernet Montepirolo '06	▼▼▼	5
● Colli di Rimini Cabernet Montepirolo '04	▼▼▼	5
● Colli di Rimini Cabernet Montepirolo '01	▼▼▼	5
● Colli di Rimini Rosso Noi '04	▼▼▼	4
● Sangiovese di Romagna Sup. Avi Ris. '08	▼▼▼	5
● Sangiovese di Romagna Sup. Avi Ris. '07	▼▼▼	5
● Sangiovese di Romagna Sup. Avi Ris. '06	▼▼▼	5
● Sangiovese di Romagna Sup. Avi Ris. '05	▼▼▼	5
● Sangiovese di Romagna Sup. Avi Ris. '01	▼▼▼	5
● Sangiovese di Romagna Sup. Ora '09	▼▼	3*
○ Vie '10	▼▼	4

San Valentino
fraz. San Martino in Venti
via Tomasetta, 13 - 47900 Rimini
Tel. 0541752231
www.vinisanvalentino.com

藏酒销售
预约参观
参观设施
年产量 120 000 瓶
葡萄种植面积 20 公顷
葡萄种植方式 生物动力认证

圣•瓦伦蒂诺（San Valentino）是里米尼地区（Rimini）最有意思的酒庄之一。近期罗伯托•马斯卡林（Roberto Mascarin）和他的朋友担任酒庄顾问。比利时人百诺特•德•孔斯塔（Benoit De Coster）负责改造事务。他们决定把葡萄园交给法国人迈克尔•巴布得（Michel Barbaud）管理，他是生物动力学倡导者之一。马斯卡林重新设定葡萄酒的风格，由原来的丰满健硕转变成清新典雅。风格的完全改变需要的时间还很长；但我们已经看到初步鼓舞人心的改进，也对酒庄的未来充满期待。此外，酒庄还有一家有四个房间的度假公寓。

● Sangiovese di Romagna Sup. Scabi '10	▼▼	2*
● Vivian '10	▼▼	3
● Luna Nuova '08	▼	5
● Sangiovese di Romagna Sup. Terra di Covignano Ris. '05	▼▼▼	5
● Sangiovese di Romagna Sup. Terra di Covignano Ris. '03	▼▼▼	4
● Sangiovese di Romagna Sup. Terra di Covignano Ris. '02	▼▼▼	4
● Sangiovese di Romagna Sup. Terra di Covignano Ris. '01	▼▼▼	4
● Luna Nuova '07	▼▼	5
● Luna Nuova '04	▼▼	5
● Montepulciano '04	▼▼	7
● Sangiovese di Romagna Sup. Scabi Capsula Rossa '09	▼▼	2*

艾米利亚—罗马涅区
EMILIA ROMAGNA

Cantina Sociale Santa Croce
SS 468 DI CORREGGIO, 35
41012 CARPI [MO]
TEL. 059664007
www.cantinasantacroce.it

藏酒销售
预约参观
年产量 700 000 瓶
葡萄种植面积 500 公顷

酒庄创立于1907年，位于圣塔·克洛斯（Santa Croce），可谓历史悠久。它靠近卡尔皮（Carpi），位于蓝沐斯·萨拉米诺·圣塔·克洛斯（lambrusco salamino di Santa Croce）法定葡萄酒产区的中心地带。这个联营酒厂有250个种植成员，葡萄种植面积为500公顷。尽管有些种植者在雷焦·艾米利亚省（Reggio Emilia），但酒庄的运营地点还是在摩德纳（Modena）南部的平原地带。平原位于塞齐亚（Secchia）左岸，黎密迪（Limidi）和索兹鼓里（Sozzigalli）的北边，松散的土壤适合种植索尔巴拉葡萄（Sorbara），而这里肥沃的黏土更适合种植萨拉米诺葡萄（salamino）。酒庄仍然保留传统的酒窖。

⊙ Il Castello Lambrusco di Modena Rosato '11	♛ 1*
● Lambrusco di Sorbara Secco '11	♛ 2*
● Lambrusco Salamino di S. Croce Enoteca '11	♛ 1*
● Reggiano Rosso '11	♛ 2*
● Santa Croce Lambrusco Emilia '11	♛ 1*
● Il Castello Lambrusco Emilia '11	♛ 1*
● Lambrusco Grasparossa di Castelvetro '11	♛ 1*
● Lambrusco Salamino di S. Croce Enoteca '10	♛ 1*
● Lambrusco Salamino di S. Croce Enoteca '09	♛ 1*
● Lambrusco Salamino di S. Croce Tradizione '09	♛ 1*
● Reggiano Rosso '10	♛ 2*

Tenuta Santini
FRAZ. PASSANO
VIA CAMPO, 33 - 47853 CORIANO [RN]
TEL. 0541656527
www.tenutasantini.com

藏酒销售
预约参观
年产量 40 000 瓶
葡萄种植面积 22 公顷

桑蒂尼酒庄（Tenuta Santini）在科里安诺（Coriano）附近，海拔120米，处在石瓦尔·玛ନ齐亚（Val Marecchia）南部里米尼（Rimini）山区的中心地带。土壤条件是黏土质的石灰岩，和缓的山坡上土壤质地一致。受到附近亚得里亚海（Adriatic）的海风影响，通风条件良好，而且山上气温差异大，夏季山脚气温较低。酒庄出品一系列诱人的极品佳酿——圣乔维斯葡萄酒（Sangiovese），带有和山峦一样绵延千里的单宁。桑德鲁·桑蒂尼（Sandro Santini）热爱这方土地，努力酿制富有本土特色的葡萄酒。在22公顷的葡萄园，他严格挑选，只选用最上乘的葡萄酿酒。

● Sangiovese di Romagna Sup. Beato Enrico '11	♛ 2*
● Sangiovese di Romagna Sup. Cornelianum Ris. '09	♛ 4
● Battarreo '10	♛ 3
● Battarreo '09	♛ 3
● Battarreo '08	♛ 3
● Battarreo '04	♛ 3*
● Battarreo '03	♛ 3*
● Sangiovese di Romagna Sup. Beato Enrico '09	♛ 2
● Sangiovese di Romagna Sup. Beato Enrico '08	♛ 2*
● Sangiovese di Romagna Sup. Cornelianum Ris. '06	♛ 4
● Sangiovese di Romagna Sup. Cornelianum Ris. '05	♛ 4

EMILIA ROMAGNA
艾米利亚—罗马涅区

Cantina di Sorbara
VIA RAVARINO-CARPI, 116
41030 BOMPORTO [MO]
TEL. 059909103
www.cantinasorbara.it

藏酒销售
预约参观
年产量 1 400 000 瓶
葡萄种植面积 600 公顷

摩德纳地区（Modena）联合酒庄的历史可以一直追索回20世纪初。堪提娜•索尔巴拉（Cantina di Sorbara）建立于1923年，创立成员包括19名种植者。位于摩德纳南部的塞齐亚（Secchia）和帕纳罗河（Panaro）之间。今天，酒庄成员已有400名，由精力充沛的董事长卡尔罗•匹奇尼尼（Carlo Piccinini）管理。卡尔罗心怀大志，希望跻身世界葡萄酒舞台。近年来，酒庄的出品整体来说质量优异，其中不乏工艺精湛、口感紧致的优质酒。

La Stoppa
LOC. ANCARANO - 29029 RIVERGARO [PC]
TEL. 0523958159
www.lastoppa.it

藏酒销售
预约参观
餐饮接待
年产量 160 000 瓶
葡萄种植面积 32 公顷
葡萄栽培方式 有机认证

拉斯托帕（La Stoppa）酿酒已经有一个多世纪的历史了。故事始于20世纪初，来自于热那亚（Genoese）的律师阿基诺（Ageno）开始了他的葡萄酒酿酒事业。酒庄开发了瓦尔•特雷比亚（Val Trebbia）和瓦尔•努尔（Val Nure）之间并不肥沃的红土用于种植葡萄。本地技艺精湛的酿酒师埃勒纳•潘塔里奥尼（Elena Pantaleoni）和吉欧里奥•阿玛尼（Giulio Armani）巧妙利用当地温暖的气候特点，酿造出酒劲强烈、味道清新，令人回味无穷的葡萄酒。时至今日，酒庄累积了丰富的经验，以及专业的葡萄酒知识。

● Lambrusco di Modena Rosato Secco Cantina di Carpi 1903 '11	2*
● Lambrusco di Sorbara Secco '11	2*
● Lambrusco di Sorbara Secco Terre della Verdeta '11	2*
● Lambrusco di Sorbara Secco Villa Badia '11	2*
● Lambrusco Salamino di Santa Croce Secco '11	2
● Lambrusco di Sorbara Secco '10	2
● Lambrusco di Sorbara Secco Terre della Verdeta '10	2*
● Lambrusco di Sorbara Secco Villa Badia '10	2

● Macchiona '07	4
● Macchiona '02	5
○ Ageno '08	4
● Trebbiolo '10	4
● C. P. Cabernet Sauvignon Stoppa '96	5
○ C. P. Malvasia Passito V. del Volta '06	5
○ C. P. Malvasia Passito V. del Volta '04	5
○ C. P. Malvasia Passito V. del Volta '03	4
○ C. P. Malvasia Passito V. del Volta '97	4
● Macchiona '06	4*
● Macchiona '05	4
○ Vigna del Volta '08	5
○ Ageno '07	4
● Barbera della Stoppa '07	4

艾米利亚—罗马涅区
EMILIA ROMAGNA

Terre della Pieve
Fraz. Diegaro
via Emilia Ponente, 2412
47023 Cesena [FC]
Tel. 0547611535
www.terredellepieve.com

预约参观
年产量 25 000 瓶
葡萄种植面积 5 公顷

塞尔吉奥•路奇（Sergio Lucch）的葡萄园占地面积5公顷。位于波尔蒂诺罗（Bertinoro）后方海拔300米的山坡上，它因毗邻波伦塔田园（Pieve di Polenta）而得名。这个罗马涅（Romagna）的地区遍布石灰岩，岩层上方覆盖着典型的白垩土。庄主路奇是一名传统但意志坚定的种植者。最近几年，酒庄的葡萄酒质量不断提高。路奇坚信，要酿出令人信服的、有地域特色的葡萄酒，除了年复一年的辛勤劳作，绝无快捷之路。酒窖的酿酒风格传统而朴实，您不妨来品尝一下酒庄的葡萄酒，让成熟葡萄的典雅味道萦绕在舌尖，再细细感受那紧致的单宁。

- Sangiovese di Romagna Sup. Nobis Ris. '09 ♟3*
- Sangiovese di Romagna Sup. A Virgilio '10 ♟2*
- ○ Stil Novo '08 ♟4
- Sangiovese di Romagna Sup. A Virgilio '06 ♟♟2*
- Sangiovese di Romagna Sup. Nobis '04 ♟♟3*

La Tosa
loc. La Tosa - 29020 Vigolzone [PC]
Tel. 0523870727
www.latosa.it

藏酒销售
预约参观
年产量 120 000 瓶
葡萄种植面积 19 公顷

斯坦法诺•皮扎米格里奥（Stefano Pizzamiglio）是一个细致严谨的种植者。在多年的工作过程中，他记录了大量的数据，积累了难得的经验，如今派上用场。斯坦法诺选用健康成熟的葡萄，注重酿酒过程中的每个细节，酿出的葡萄酒果香丰富、酒体丰满。酒庄出品的红葡萄酒不具备强烈的风土特色，而是走国际路线，就像一个彬彬有礼的孩子，注重礼仪而非张扬个性。

- C. P. Gutturnio Sup. Vignamorello '11 ♟♟4
- ○ C. P. Malvasia Passito L'Ora Felice '11 ♟♟5
- C. P. Cabernet Sauvignon Luna Selvatica '10 ♟5
- C. P. Gutturnio Sup. TerredellaTosa '11 ♟2
- ○ C. P. Malvasia Sorriso di Cielo '11 ♟3
- C. P. Cabernet Sauvignon Luna Selvatica '06 ♟♟♟5
- C. P. Cabernet Sauvignon Luna Selvatica '04 ♟♟♟5
- C. P. Cabernet Sauvignon Luna Selvatica '97 ♟♟♟5
- C. P. Gutturnio Vignamorello '10 ♟♟4
- C. P. Gutturnio Vignamorello '09 ♟♟4
- ○ C. P. Malvasia Passito L'Ora Felice '10 ♟♟5
- ○ C. P. Malvasia Sorriso di Cielo '10 ♟♟3

EMILIA ROMAGNA
艾米利亚—罗马涅区

Tre Monti
LOC. BERGULLO
VIA LOLA, 3 - 40026 IMOLA [BO]
TEL. 0542657116
www.tremonti.it

藏酒销售
预约参观
年产量 180 000 瓶
葡萄种植面积 55 公顷

特雷•蒙蒂酒庄（Tre Monti）是罗马涅（Romagna）少数的几个知名酒庄之一。20世纪90年代，塞尔吉奥•纳瓦齐亚（Sergio Navacchia）引入了生产标准和商用通信网络。如今他的儿子大卫（David）和维托里奥（Vittorio）在打理酒庄，维托里奥（Vittorio）对葡萄园和酒窖的工作得心应手。酒庄的两片葡萄园，一片位于科里•伊莫雷西（Colli Imolesi）的赛尔拉（Serra），以灰白黏性土壤为主，局部有淤泥。另一片位于科里•弗里费西（Colli Forlivesi）的皮特里诺娜（Petrignone），满地黏土、沙石和河滩。

Vallona
FRAZ. FAGNANO
VIA SANT'ANDREA, 203
40050 CASTELLO DI SERRAVALLE [BO]
TEL. 0516703333
fattorie.vallona@serravallewifi.net

藏酒销售
预约参观
年产量 90 000 瓶
葡萄种植面积 29 公顷

凭着一丝不苟的工作态度，毛利兹奥•瓦伦那（Maurizio Vallona）成功地把他的酒庄发展成了科利•博罗格尼斯地区（Colli Bolognesi）葡萄酒的标杆企业。多年来，一贯高要求的生产标准加深了他与不断发展的博洛尼亚市（Bologna）的联系。他遵循自己独有的风格酿造葡萄酒，产出的葡萄酒色泽澄清，香气迷人，甜度很高。外界对瓦伦那的葡萄酒褒贬不一，甚至一度成为舆论的焦点。但瓦伦那仍然坚定不移地走自己的路，不轻易妥协。复杂浑厚的葡萄酒充分表现出庄园葡萄的品质。

● Colli d'Imola Rosso Boldo '10	♛♛♛ 3
● Sangiovese di Romagna Sup. Petrignone Ris. '09	♛♛♛ 3
● Sangiovese di Romagna Sup. Thea Ris. '10	♛♛♛ 4
○ Albana di Romagna Secco V. della Rocca '11	♛ 2
● Sangiovese di Romagna Sup. Campo di Mezzo '11	♛ 2
● Colli di Imola Boldo '97	♛♛♛ 3*
● Sangiovese di Romagna Sup. Petrignone Ris. '08	♛♛♛ 3*
● Sangiovese di Romagna Sup. Petrignone Ris. '07	♛♛♛ 4
● Sangiovese di Romagna Sup. Petrignone Ris. '06	♛♛♛ 3
○ Colli d'Imola Bianco Thea '10	♛♛ 4

○ C. B. Pignoletto Cl. '11	♛♛♛ 4
○ C. B. Sauvignon '11	♛♛♛ 2*
● C. B. Bologna Rosso Diggioanni '08	♛ 3
● Pignoletto Vivace '11	♛ 2
● C. B. Cabernet Sauvignon Sel. '99	♛♛♛ 4
● C. B. Cabernet Sauvignon Sel. '97	♛♛♛ 4
● C. B. Merlot Affederico '01	♛♛♛ 4
● Diggioanni Cabernet Sauvignon '04	♛♛♛ 4
● Affederico Merlot '05	♛♛ 4
● Affederico Merlot '04	♛♛ 4
○ C. B. Pignoletto '05	♛♛ 2*
● Diggioanni Cabernet Sauvignon '05	♛♛ 4

EMILIA ROMAGNA

艾米利亚—罗马涅区

Francesco Vezzelli

FRAZ. SAN MATTEO
VIA CANALETTO NORD, 878A - 41122 MODENA
TEL. 059318695
aavezzelli@gmail.com

藏酒销售
预约参观
年产量 120 000 瓶
葡萄种植面积 15 公顷

维泽利（Vezzelli）创建于1958年，位于摩德纳（Modena）的小型酒庄在镇上占据重要地位。家族第三代继承者罗伯特•维泽利（Roberto Vezzelli）和父亲弗朗西斯科•维泽利（Francesco Vezzelli）多年来共同管理酒庄，守护着索巴拉葡萄酒（Sorbara）的优良传统。他们每年都会投资葡萄园和酒窖，以提升整体葡萄酒的品质。葡萄园位于河流高低河堤之间的广泛平原，也就是塞齐亚（Secchia），产出的葡萄酿出的索巴拉葡萄酒（Sorbara）简单清新，风格新颖，散发着矿物质香气。酒庄还生产格斯伯索拉葡萄酒（Grasparossa），葡萄从利维扎诺•朗格尼（Levizzano Rangone）采购。

- Lambrusco di Sorbara "Il Selezione" '11　🍷🍷 2*
- ⊙ Lambrusco di Sorbara Rosé MoRosa '11　🍷🍷 2*
- Lambrusco Grasparossa di Castelvetro Rive dei Ciliegi '11　🍷🍷 2*
- Lambrusco Il Bricco di Checco '11　🍷🍷 2*
- Lambrusco di Sorbara '09　🍷🍷 2
- Lambrusco di Sorbara '08　🍷🍷 2*
- Lambrusco di Sorbara "Il Selezione" '10　🍷🍷 2*
- Lambrusco Grasparossa di Castelvetro Rive dei Ciliegi '10　🍷🍷 2*
- Lambrusco Grasparossa di Castelvetro Rive dei Ciliegi '09　🍷🍷 2
- Lambrusco Grasparossa di Castelvetro Rive dei Ciliegi '08　🍷🍷 2*
- Lambrusco Il Bricco di Checco '09　🍷🍷 2
- Lambrusco Il Bricco di Checco '08　🍷🍷 1*

Vigne dei Boschi

LOC. VALPIANA
VIA TURA, 7A - 48013 BRISIGHELLA [RA]
TEL. 054651648
vignedeiboschi@alice.it

藏酒销售
预约参观
年产量 15 000 瓶
葡萄种植面积 6.5 公顷
葡萄栽培方式 生物动力认证

拉莫那山谷（Valle del Lamone）的林地覆盖了整个山谷上游地区。林地附近分布着数公顷的葡萄园，土质为泥灰沙质土。这是维格尼•戴•波斯奇酒庄（Vigne dei Boschi）的葡萄园，庄主保罗•巴比尼（Paolo Babini）精通葡萄种植方法和葡萄酒的酿制工艺。他的葡萄园有一个明显特点：将圣乔维斯（Sangiovese）嫁接在山谷中的其他古老作物。虽然打理葡萄园十分困难，但保罗娴熟的技术总能带给我们惊喜，酿出酒庄的招牌酒波吉奥•图拉（Poggio Tura），呈干性，松散却细腻，矿物气息浓郁，富有力量。

- Poggio Tura '08　🍷🍷 4
- ○ Sedici Anime '10　🍷🍷 3
- Sette Pievi '07　🍷 4
- Poggio Tura '05　🍷🍷🍷 5
- ○ Borgo Casale '05　🍷🍷 4
- ○ Monteré '06　🍷🍷 6
- Nero Selva '06　🍷🍷 3
- Poggio Tura '07　🍷🍷 4
- ○ Sedici Anime '09　🍷🍷 3
- ○ Sedici Anime '08　🍷🍷 3
- Sette Pievi '03　🍷🍷 4
- Sette Pievi '01　🍷🍷 4*

艾米利亚—罗马涅区

EMILIA ROMAGNA

Villa Liverzano

Fraz. Rontana
via Valloni, 47 - 48013 Brisighella [RA]
Tel. 054680461
www.liverzano.it

藏酒销售
预约参观
参观设施
年产量 15 000 瓶
葡萄种植面积 3.2 公顷
葡萄栽培方式 传统栽培

马可•蒙塔纳利（Marco Montanari）是一位祖籍在罗马涅（Romagna）的德裔瑞士（Swiss）公民，他把旧的别墅进行翻新，建成了一家华丽的乡村酒店。酒店俯瞰整个布里斯格拉（Brisghella）乡镇，还能把罗马涅鲜为人知的拉莫那山谷（Valle del Lamone）的美景一览无遗。布里斯格拉的土壤富含白垩土，马可在上面主要种植了国际葡萄品种，以求表现出这块土地的不同寻常之处。以此酿制的葡萄酒有清晰的果香味，口感紧致，令人欲罢不能。

Villa Papiano

via Ibola, 24 - 47015 Modigliana [FC]
Tel. 0546941790
www.villapapiano.it

藏酒销售
预约参观
年产量 25 000 瓶
葡萄种植面积 10 公顷
葡萄栽培方式 有机认证

维拉•帕皮亚诺酒庄（Villa Papiano）位于奇奥达山（Mount Chioda）的南侧山坡上，500米的高海拔和严酷的生态环境使莱米吉奥•波尔蒂尼（Remigio Bordini）面临严峻的挑战。但是，莱米吉奥接受了来自罗马涅（Romagna）高地下的战书，征服了阿尔卑斯山脉（Apennine）的土壤。在他的眼中，贫瘠的泥灰砂岩土地也给自己带来了机遇，使他能够酿造出值得陈酿，口感紧致的葡萄酒。经过十几年的尝试与努力，维拉对葡萄园有了一番新的认识，力求使生产的葡萄酒尽可能拥有清新的味道。成绩如何，我们拭目以待。

● Don '09	🍷6
● Trecento '11	🍷4
● Ficcanaso '11	🍷4
● Rebello '09	🍷5
● Don '07	🍷5
● Don '06	🍷5
● Don '04	🍷5
● Rebello '08	🍷5
● Rebello '07	🍷5
● Rebello '05	🍷5
● Rebello '04	🍷5
● Trecento '10	🍷4

● Sangiovese di Romagna I Probi di Papiano Ris. '09	🍷🍷🍷 3*
○ Albana di Romagna Passito Tregenda Ris. '10	🍷5
● Sangiovese di Romagna Le Papesse di Papiano '10	🍷🍷 2*
● Tregenda '10	🍷3
○ Le Tresche di Papiano '10	🍷3
● Papiano di Papiano '04	🍷🍷🍷 4
● Papiano di Papiano '05	🍷🍷 4
● Sangiovese di Romagna I Probi di Papiano Ris. '08	🍷🍷 2
● Sangiovese di Romagna I Probi di Papiano Ris. '07	🍷🍷 2
● Sangiovese di Romagna I Probi di Papiano Ris. '06	🍷🍷 2*

EMILIA ROMAGNA

艾米利亚—罗马涅区

Tenuta Villa Trentola

LOC. CAPOCOLLE DI BERTINORO
VIA MOLINO BRATTI, 1305
47032 BERTINORO [FC]
TEL. 0543741389
www.villatrentola.it

藏酒销售
预约参观
年产量 50 000 瓶
葡萄种植面积 20 公顷

维拉•特伦托拉酒庄（Villa Trentola）组合了三个1890年就属于普拉格诺里家族（Prugnoli）的农庄：维勒（Valle）、科洛巴亚（Colombaia）和莫里诺（Molino）。庄主恩里克•普拉格诺里（Enrico Prugnoli）精心照管着葡萄园，酒窖则交给他的女儿菲德里卡（Federica）全权负责。酒庄有一套很严谨的葡萄精选流程，再加上酿酒大师法布里兹奥•摩尔塔德（Fabrizio Moltard）对当地风土条件的熟悉运用，其出产的圣乔维斯葡萄酒（Sangiovese）在近年一直保持不错的口碑。品尝过该酒的人，都会对它无与伦比的活力、酸度和单宁赞不绝口，绝对是一次神奇的味觉享受。

Villa Venti

LOC. VILLAVENTI DI RONCOFREDDO
VIA DOCCIA, 1442 - 47020 FORLÌ
TEL. 0541949532
www.villaventi.it

藏酒销售
预约参观
膳宿接待
年产量 20 000 瓶
葡萄种植面积 7 公顷
葡萄栽培方式 有机认证

维拉•温蒂酒庄（Villa Venti）坐落于萨纳（Cesena）山上，现任庄主是能力出众、精力旺盛的毛罗•吉安蒂尼（Mauro Giardini）和戴维德•卡斯特鲁西（Davide Castellucci）。葡萄园的海拔为160米，土壤由红色黏土和沙质黄色黏土构成。酒庄的大小事项，毛罗和戴维德都亲力亲为。他们十分留意葡萄酒质量的变化，并对此做出栽培方面的调整，所以葡萄的收成一直很理想。当然，他们也经常参考酿酒顾问弗朗西斯科•波尔蒂尼（Francesco Bordini）的意见加以改进。

- Sangiovese di Romagna Sup.
  Il Moro Ris. '09   4*
- Ultimo Atto '10   2*
- Sangiovese di Romagna Sup.
  Il Moro Ris. '08   4
- Il Placidio '07   5
- Sangiovese di Romagna Sup.
  Il Moro di Villa Trentola '05   4
- Sangiovese di Romagna Sup.
  Il Moro di Villa Trentola Ris. '07   4
- Sangiovese di Romagna Sup.
  Il Prugnolo '08   3
- Sangiovese di Romagna Sup.
  Il Prugnolo di Villa Trentola '07   3
- Sangiovese di Romagna Sup.
  Placidio '04   7
- Sangiovese di Romagna Sup.
  Ultimo Atto '08   5

- Sangiovese di Romagna Sup.
  Primo Segno '10   3*
- Sangiovese di Romagna Sup. Ris. '09   4
- Sangiovese di Romagna Sup.
  Primo Segno '09   3*
- Sangiovese di Romagna Sup.
  Primo Segno '08   3*
- Felis Leo '08   3
- Felis Leo '07   3
- Sangiovese di Romagna Sup.
  Primo Segno '07   3*

EMILIA ROMAGNA

Tenuta La Viola

VIA COLOMBARONE, 888
47032 BERTINORO [FC]
TEL. 0543445496
www.tenutalaviola.it

藏酒销售
预约参观
年产量 40 000 瓶
葡萄种植面积 7 公顷
葡萄栽培方式 有机认证

波尔蒂尼（Bertinoro）山坡面向大海的一面有着特别的风土条件，十分适合种植优质的圣乔维斯（Sangiovese）。栽种于此的葡萄更易成熟，单宁更紧致。1998年，斯特法诺•咖贝里尼（Stefano Gabellini）接管了特努塔•维奥拉酒庄（Tenuta La Viola）。斯特法诺是一个对自己工作从不满足、积极进取的庄园管理者，他梦想有朝一日能在波尔蒂尼出人头地。现在，著名的酿酒大师贝佩•卡维奥拉（Beppe Caviola）加入了斯特法诺的麾下。这位经验丰富的酿酒师必将给酒庄的葡萄酒带来一次质的飞跃。

★Fattoria Zerbina

FRAZ. MARZENO
VIA VICCHIO, 11 - 48018 FAENZA [RA]
TEL. 054640022
www.zerbina.com

藏酒销售
预约参观
年产量 220 000 瓶
葡萄种植面积 33 公顷

法托利亚•泽尔比亚酒庄（Fattoria Zerbina）拥有30多公顷十分成熟的葡萄园，这在罗马涅地区（Romagna）很少见。酒庄按照出产地和栽培年份对葡萄进行分类。现在，经验丰富的庄主克里斯蒂娜•杰米尼安妮（Cristina Geminiani）一直在努力地工作，使得酒庄葡萄酒的品质在罗马涅地区名列前茅。由于酿造风格与风土条件的缘故，葡萄酒酒体强硕，又不乏清新和优雅气质。

- Sangiovese di Romagna Sup. Petra Honorii Ris. '09 — 4
- Particella 25 '09 — 2
- Sangiovese di Romagna Sup. Il Colombarone '10 — 3
- Particella 25 '08 — 2
- Particella 25 '07 — 2
- Sangiovese di Romagna Sup. Petra Honorii Ris. '08 — 4
- Sangiovese di Romagna Sup. Petra Honorii Ris. '07 — 4
- Sangiovese di Romagna Sup. Petra Honorii Ris. '06 — 4

- Marzieno '08 — 4*
- ○ Albana di Romagna Passito Scacco Matto '08 — 3*
- ○ Albana di Romagna Secco AR '11 — 3
- Sangiovese di Romagna Sup. Ceregio '11 — 2*
- Sangiovese di Romagna Sup. Torre di Ceparano Ris. '09 — 3
- Sangiovese di Romagna Il 500 '11 — 1
- ○ Trebbiano di Romagna Dalbiere '11 — 2
- ○ Albana di Romagna Passito AR Ris. '06 — 8
- Sangiovese di Romagna Sup. Pietramora Ris. '08 — 6
- Sangiovese di Romagna Sup. Pietramora Ris. '06 — 6
- Sangiovese di Romagna Sup. Pietramora Ris. '04 — 6

OTHER WINERIES 其他酒庄

Altavita - Fattoria dei Gessi
via Tranzano, 820 - 47023 Cesena [FC]
Tel. 0547645996
www.altavita-wine.com

○ Albana di Romagna Passito Solesia '09	🍷🍷 3
● Sangiovese di Romagna Sup. Evoca '10	🍷🍷 2*

Ariola 1956
loc. Calicella di Pilastro
fraz. Pilastro
s.da della Buca, 5a - 43010 Langhirano [PR]
Tel. 0521637678
www.viniariola.it

● Lambrusco Marcello '11	🍷🍷 3
● Lambrusco Emilia '11	🍷 3

Stefano Berti
loc. Ravaldino in Monte
via La Scagna, 18 - 47121 Forlì
Tel. 0543488074
www.stefanoberti.it

● Sangiovese di Romagna Sup. Calisto Ris. '09	🍷🍷 4
● Sangiovese di Romagna Sup. Bartimeo '11	🍷 2

Raffaella Alessandra Bissoni
loc. Casticciano
via Colecchio, 280 - 47032 Bertinoro [FC]
Tel. 0543460382
www.vinibissoni.com

○ Albana di Romagna Passito '08	🍷🍷 4
● Sangiovese di Romagna Sup. Ris. '08	🍷 4

Braschi
via Roma, 37
47025 Mercato Saraceno [FC]
Tel. 054791061
www.cantinabraschi.com

● Pio II Grande '10	🍷🍷 3
● Sangiovese di Romagna Sup. Il Costone '10	🍷🍷 3

Campodelsole
via Cellaimo, 850 - 47032 Bertinoro [FC]
Tel. 0543444562
www.campodelsole.it

● Sangiovese di Romagna Durano '11	🍷🍷 2*
● Sangiovese di Romagna Sup. San Maglorio '11	🍷 2

OTHER WINERIES

其他酒庄

Tenuta Carbognano
VIA CARBOGNANO, 3 - 47855 GEMMANO [RN]
TEL. 0541984507
www.tenutacarbognano.it

- Ali '10 🍷🍷 4
- Sangiovese di Romagna Sup.
  Amen Ris. '09 🍷🍷 4

Casali Viticultori
FRAZ. PRATISSOLO
VIA DELLE SCUOLE, 7 - 42019 SCANDIANO [RE]
TEL. 0522855441
www.casalivini.it

- Colli di Scandiano e di Canossa
  Sanruffino '11 🍷🍷 2*
- Reggiano Lambrusco Pra di Bosso '11 🍷🍷 2*

La Casetta dei Frati
VIA DEI FRATI, 8 - 47015 MODIGLIANA [FC]
TEL. 0546940628
www.casettadeifrati.com

- Sangiovese di Romagna Frabòsco '10 🍷🍷 2*
- Sangiovese di Romagna Framònte '09 🍷🍷 3
- Sangiovese di Romagna Fratémpo '09 🍷🍷 3

Cavim
Cantina Viticoltori Imolesi
FRAZ. SASSO MORELLI
VIA CORRECCHIO, 54 - 40026 IMOLA [BO]
TEL. 054255003
www.cavimimola.it

- ○ Colli d'Imola Chardonnay Blumanne '11 🍷🍷 1*
- ○ Colli d'Imola Pignoletto '11 🍷🍷 2*
- ○ Reno Lutio Pignoletto '11 🍷 1*
- Sangiovese di Romagna '10 🍷 2

Maria Letizia Gaggioli
VIA RAIBOLINI DETTO IL FRANCIA, 55
40069 ZOLA PREDOSA [BO]
TEL. 051753489
www.gaggiolivini.it

- ○ Colli Bolognesi Bologna Bianco '11 🍷🍷 2*
- Colli Bolognesi Merlot '10 🍷🍷 2*
- ○ Colli Bolognesi Pignoletto Il Francia '11 🍷🍷 2*
- ○ Colli Bolognesi Pignoletto Sup. '11 🍷 2

Vittorio Graziano
VIA OSSI, 30
41014 CASTELVETRO DI MODENA [MO]
TEL. 059799162

- ○ Ripa di Sopravento Frizzante '09 🍷🍷 2*

OTHER WINERIES 其他酒庄

Il Negrese
LOC. IL NEGRESE - 29010 ZIANO PIACENTINO [PC]
TEL. 0523864804
www.agriturismoilnegrese.it

○ C. P. Malvasia Passito '10	🏆 4

Piccolo Brunelli
S.DA SAN ZENO, 1 - 47010 GALEATA [FC]
TEL. 3468020206
www.piccolobrunelli.it

● Pietro 1904 '08	🏆 3
● Sangiovese di Romagna Cesco 1938 '09	🏆 2

Podere Pradarolo
VIA SERRAVALLE, 80
43040 VARANO DE' MELEGARI [PR]
TEL. 05256132220
www.poderepradarolo.com

○ Frinire di Cicale '09	🏆 3
○ Vej '06	🏆 3

Il Poggiarello
LOC. SCRIVELLANO DI STATTO
29020 TRAVO [PC]
TEL. 0523957241
www.ilpoggiarellovini.it

● C. P. Gutturnio Sup. Perticato Valandrea '11	🏆 3
● C. P. Gutturnio La Barbona '10	🏆 4
○ C. P. Sauvignon Perticato Il Quadri '11	🏆 3
● L Piston '11	🏆 4

San Biagio Vecchio
VIA SALITA DI ORIOLO, 13 - 48018 FAENZA [RA]
TEL. 3393523168
www.cantinasanbiagiovecchio.com

○ Ambrosia Albana Passito '07	🏆 3
○ Sabbiagialla '11	🏆 3
● Sangiovese di Romagna Sup. Serraglio '10	🏆 3

Vigne di San Lorenzo
VIA CAMPIUME, 6 - 48013 BRISIGHELLA [RA]
TEL. 3391137070
www.vignedisanlorenzo.it

● Campiume '08	🏆 4
● San Lorenzo '08	🏆 4

OTHER WINERIES

Tenuta Santa Croce
via Abè, 33 - 40050 Monteveglio [BO]
Tel. 0516702069
tenutasantacroce@chiarli.it

● C. B. Barbera '11	🍷🍷 2*
● C. B. Cabernet Sauvignon '10	🍷🍷 2*
○ C. B. Pignoletto Classico Sit a Montuì '10	🍷🍷 2*
○ C. B. Pignoletto Frizzante M. Cl. '10	🍷🍷 2*

Cantina Sociale Settecani
via Modena, 184
41014 Castelvetro di Modena [MO]
Tel. 059702505
www.cantinasettecani.it

● Lambrusco Grasparossa di Castelvetro Amabile '11	🍷🍷 1*
● Lambrusco Grasparossa di Castelvetro Secco '11	🍷🍷 1*

Tizzano
via Marescalchi, 13
40033 Casalecchio di Reno [BO]
Tel. 051571208
visconti@tizzano.191.it

● C. B. Barbera '10	🍷🍷 2*
● C. B. Cabernet Sauvignon '10	🍷🍷 3
○ C. B. Pignoletto Sup. '11	🍷🍷 2*
○ C. B. Pignoletto Frizzante '11	🍷 2

Cantina Valtidone
via Moretta, 58
29011 Borgonovo Val Tidone [PC]
Tel. 0523846832
www.cantinavaltidone.it

○ Brut Perlage	🍷🍷 5
● C. P. Gutturnio Giannone Ris. '07	🍷🍷 5
● C. P. Gutturnio Frizzante Caesar Augustus '11	🍷 2

Podere Vecciano
via Vecciano, 23 - 47852 Coriano [RN]
Tel. 0541658388
www.poderevecciano.it

● Sangiovese di Romagna Sup. VignalMonte '09	🍷🍷 2*
○ C. di Rimini Rebola V. La Ginestra '11	🍷 3
● C. di Rimini Sangiovese Montetauro '11	🍷 1

Villa Bagnolo
loc. Bagnolo
via Bagnolo, 160 - 47011 Castrocaro Terme
Tel. 0543769047
www.villabagnolo.it

● Sangiovese di Romagna Sup. Bagnolo Ris. '09	🍷🍷 3

托斯卡纳区
TUSCANY

托斯卡纳区（Tuscany）2013年在"三杯奖"上的成绩有所进步。我们必须强调的是，这有赖于酒庄们在大区内的各具特色、种类繁多的片区上所做的努力。大大小小的酒庄构成了颜色缤纷的马赛克，出产各种口味、各种类型的优质葡萄酒。保格利酒庄（Bolgheri）发展势头良好，自2009年以来都轻松稳坐宝座，如今已经达到最佳状态，可以说在意大利几乎无人能够与之匹敌。西施佳雅（Bolgheri Sassicaia）获得我们的"2009年最佳红酒奖"，但不要轻易地以为它只是另一种的超级托斯卡纳（Supertuscan）。只需轻轻拔去瓶塞，你便能在最完美的葡萄酒中尽情享受。勃格里（Bolgheri）不仅只是西施佳雅，她所生产的包括法定的和非法定的酒款，一共囊括了十个高级奖项。蒙特奇洛红葡萄酒（Montalcino）2007年和2006年陈酿在众多葡萄酒中闪闪发光，表现出色。简单来说，蒙特奇洛再一次推出圣乔维斯（Sangiovese），推出这个逐渐淡出人们眼线的品种。现在的圣乔维斯葡萄酒具有更宽更广的表现力，特殊的地理位置和海拔高度使得这里所产的葡萄酒比其他地方结构更加密实，芳香更加浓郁。就拿古典康帝（Chianti Classico）为例吧，在最正宗的康帝圣乔维斯（Chianti Sangiovese）生产区域，通常能够酿制出酒体轻盈，口感柔和，单宁紧致，果香浓郁的葡萄酒。2013年的古典康帝获得"三杯奖"的数量比往年多，无论是法定产区酒，还是地区特色酒（IGT）。然而这个产区要恢复其主导地位依然有很长一段路。我们建议他们学习小型的酒厂，尤其是在市场环境中，小型酒厂似乎更加知道应该如何紧密地结合葡萄品种的特点和地方风土条件。当然，还有其他更小的、散布的却同等重要的酒区也为托斯卡纳区成为杰出葡萄产区做出了贡献。略举几例，如圣吉米纳诺（San Gimignano），玛内玛（Maremma），阿雷佐（Arezzo），蒙特库克（Monteccucco），科通纳（Cortona），蒙特布其诺（Montepulciano）。该地区处于一片欣欣向荣的景象。在2013年托斯卡纳区（Tuscany）获得的68个"三杯奖"奖项中，其中有11个是首次获奖，其中包括获得2013年"最有潜力新星酒庄奖"（Up-and-Coming Winery）的特雷兹酒庄（Terenzi），他们所出品的摩里诺玛萨陈酿葡萄酒（2009 Morellino di Scansano Madrechiesa Riserva）让人回味无穷。

TUSCANY
托斯卡纳区

Abbadia Ardenga
FRAZ. TORRENIERI
VIA ROMANA, 139 - 53028 MONTALCINO [SI]
TEL. 0577834150
www.abbadiardengapoggio.it

藏酒销售
预约参观
年产量 35 000 瓶
葡萄种植面积 10 公顷

古老的酒窖记载着巴迪雅格酒庄（Abbadia Ardenga）的成长发展史，俨然就是一个充满故事的历史博物馆。特罗黛拉城堡（Castello della Torre Nera）前身是一个家庭旅馆，如今被锡耶纳（Siena）的艾斯库托里公司（Società di Esecutori di Pie Disposizioni）收购。在蒙特其洛镇的东北部，酒庄占地面积大约650公顷。其中肥沃泥灰土质葡萄田有10公顷，专门用于种植圣乔维斯（sangiovese）红葡萄。该酒窖采用传统的方法酿制布内罗红葡萄酒（Brunello），先经过三个星期的发酵，然后采用美国斯拉夫尼亚州的橡木桶陈化36个月，成为酒庄的经典酒款和维纳比格雅（Vigna Piaggia）系列酒。

● Brunello di Montalcino '07	🍷🍷 5
● Brunello di Montalcino V. Piaggia '07	🍷🍷 5
● Rosso di Montalcino '10	🍷🍷 3
● Brunello di Montalcino '06	🍷🍷 5
● Brunello di Montalcino '05	🍷🍷 5*
● Brunello di Montalcino '05	🍷🍷 5
● Brunello di Montalcino '03	🍷🍷 5
● Brunello di Montalcino '01	🍷🍷 5
● Brunello di Montalcino '00	🍷🍷 5
● Brunello di Montalcino '99	🍷🍷 5
● Brunello di Montalcino V. Piaggia '04	🍷🍷 5
● Brunello di Montalcino V. Piaggia '03	🍷🍷 5

Abbazia di Monte Oliveto
VIA MONTEOLIVETO, 15
53037 SAN GIMIGNANO [SI]
TEL. 0577907136
www.monteoliveto.it

藏酒销售
预约参观
提供食宿
年产量 120 000 瓶
葡萄种植面积 18 公顷

从酒庄的名称你也许可以很容易猜到，它是由14世纪时的欧立维坦（Olivetan）修道士建立的修道院改造而来。18公顷的葡萄园，里面的土壤全是古代海洋运动时遗留下来的黄沙黏土。酒庄2013年的出色表现让其跻身于托斯卡纳区最优秀的酒庄之一。

○ Vernaccia din San Gimignano La Gentilesca '11	🍷🍷 3*
○ Vernaccia di S. Gimignano '11	🍷🍷 2*
○ Vernaccia din San Gimignano La Gentilesca '08	🍷🍷 3

Fattoria Acquaviva

Fraz. Montemerano
Loc. Acquaviva, 10 - 58014 Manciano [GR]
Tel. 0564602890
www.relaisvillaacquaviva.com

藏酒销售
预约参观
提供食宿
年产量 140 000 瓶
葡萄种植面积 15 公顷

1984年，现任庄主塞拉菲诺•迪•阿森齐（Serafino D'Ascenzi）从奇雅侯爵（the Marchesi Ciacci）手里买下这个酒庄。当时玛内玛（Maremma）的葡萄酒风格跟现在很不一样。尽管最初只有3公顷的葡萄园，塞拉菲诺却很果断地种植了当地的红葡萄品种，如今随着葡萄园面积的不断增加，这个品种也逐渐在当地流传开来。他们的酒大多用古法酿制，但也有些许例外。葡萄园旁边盖了一家旅店，里面的餐厅提供最地道的玛内玛风味美食。

Agricoltori del Chianti Geografico

Loc. Mulinaccio, 10
53013 Gaiole in Chianti [SI]
Tel. 0577749489
www.chiantigeografico.it

藏酒销售
预约参观
提供食宿
年产量 1 900 000 瓶
葡萄种植面积 580 公顷

拥有200个种植成员，阿格里科尔特里酒庄（Agricoltori del Chianti Geografico）是古典康帝地区（Chianti Classico）最主要的生产酒商之一。它的酒品质量优良，一直以来备受推崇。近年来，这个位于佳奥利区的酿酒厂不仅能够保持稳定的优质出品率，而且有的酒品还经常到达上佳的顶级酒水平。他们以诚信经营酒品，并在最大程度上完美无瑕地体现每一款酒原本的风味。

● Morellino di Scansano Nero '11	🍷🍷 2*
● Nottambulo '11	🍷🍷 4
○ Biancospino '11	🍷 2
○ Chardonnay '09	🍷 3
● Pian di Giomo '07	🍷 3

● Chianti Cl. Montegiachi Ris. '09	🍷🍷🍷 4*
● Ferraiolo '09	🍷 5
● Chianti Cl. Montegiachi Ris. '07	🍷🍷🍷 4
● Chianti Cl. Montegiachi Ris. '05	🍷🍷🍷 4
● Chianti Cl. Contessa di Radda '09	🍷🍷 3
● Chianti Cl. Contessa di Radda '04	🍷🍷 3
● Chianti Cl. Montegiachi Ris. '08	🍷🍷 4
● Ferraiolo '04	🍷🍷 5
● Morellino di Scansano Le Preselle '09	🍷🍷 3*
● Pulleraia '03	🍷🍷 4
● Pulleraia '01	🍷🍷 5
● Pulleraia '00	🍷🍷 3*

托斯卡纳区
TUSCANY

Podere Allocco
LOC. SEANO
VIA CAPEZZANA, 19 - 59015 CARMIGNANO [PO]
TEL. 0574622462
www.podereallocco.it

埃米利奥•曼内利（Emilio Mannelli）在20年前向拉斯特奥利家族（Lastraioli family）买下卡佩扎纳(Capezzana)附近的这个酒庄，从原来的纺织行业踏入葡萄酒行业，践行他对葡萄酒的热爱。在过去的20年里，这古老的酒庄把卡米娜诺自治区（Carmignano）的特有品种移植过来，酒窖也随之整修。这些举措使其葡萄酒的质量持续不断变好。这不足两公顷的葡萄园里酿制六种不同类型的葡萄酒，香味芬芳浓郁、口感圆润。

● Carmignano '10	♛♛ 3
● Carmignano Ris. '09	♛♛ 4
○ Bacano '11	♛ 3
● Barco Reale '10	♛ 3
○ Trebbiano '10	♛ 3
● Carmignano '08	♛♛ 4

Fattoria Ambra
VIA LOMBARDA, 85 - 59015 CARMIGNANO [PO]
TEL. 3358282552
www.fattoriaambra.it

藏酒销售
预约参观
年产量 80 000 瓶
葡萄种植面积 19 公顷

贝皮•里格里（Beppe Rigoli）不仅是酒庄主人，还是一位农学家兼酿酒学家。他在管理这个酒庄期间，始终坚守着基于以下几个基本元素的生产哲学，即对土地最大化的尊重，每个葡萄园分开发酵，以及适度地使用橡木，所有这些因素可以使葡萄酒能够最大限度地反映出当地的风土特点。这也意味着每一年我们都可以体验这些葡萄酒的多样化，它们的陈年期还很短。

● Barco Reale '11	♛♛ 2*
● Carmignano Elzana Ris. '09	♛♛ 4
● Carmignano Le Vigne Alte di Montalbiolo Ris. '09	♛♛ 4
● Carmignano S. Cristina in Pilli '10	♛ 3
● Chianti '10	♛ 4
⊙ Rosato di Carmignano Vin Ruspo '11	♛ 2
○ Vin Santo di Carmignano '05	♛ 5
● Carmignano Elzana Ris. '05	♛♛ 4
● Carmignano Le Vigne Alte di Montalbiolo Ris. '07	♛♛ 4
● Carmignano V. S. Cristina in Pilli '09	♛♛ 3
● Carmignano V. S. Cristina in Pilli '08	♛♛ 3
○ Vin Santo di Carmignano '04	♛♛ 5

Stefano Amerighi

FRAZ. FARNETA
VIA DI POGGIOBELLO - 52044 CORTONA [AR]
TEL. 0575648340
www.stefanoamerighi.it

年产量 5 000 瓶
葡萄种植面积 13.5 公顷
葡萄栽培方式 传统栽培

种植者斯特凡诺·阿莫里奇（Stefano Amerighi）最大程度地继承了他父母良好的耕作理念。最近他启动了一项新项目，使得西拉（Syrah）成为葡萄园唯一种植的品种。根据生物动力学耕作原则，在仔细地分析了地理和气候条件之后，他选择了罗纳河谷（Rhône valley）作为葡萄种植的基地。这些措施从一开始就取得了优异的成绩，通过适量的种植，斯特凡诺如今已经实现了高品质的目标。除了生产葡萄酒之外，这个农场也养殖牲畜，种植谷物、水果和蔬菜。

● Cortona Syrah '09	🍷🍷🍷 5
● Cortona Syrah Apice '09	🍷🍷🍷 5
● Cortona Syrah '08	🍷🍷 5
● Cortona Syrah '07	🍷🍷 5

Amiata

LOC. MONTEGIOVI
58033 CASTEL DEL PIANO [GR]
TEL. 0564974864
www.amiatavini.it

藏酒销售
预约参观
年产量 6 000 瓶
葡萄种植面积 3 公顷

西门（Simone）和斯特凡尼亚·托尼内里（Stefania Toninelli）建于2001年的小酒庄再一次进入了决赛。它们令人惊叹的表现总体反映了酒庄绝佳的出品质量。酒庄旁边的山脉赋予了葡萄酒的风土特色，赋予了多样化的葡萄酒种类。酒庄附近的气候、风土同样也是不远处火山给予的馈赠。斯特凡尼亚的祖父母也是农民，他们会很高兴看到自己的孙子对葡萄种植所倾注的心血和努力。

● Montecucco Sangiovese Lavico '08	🍷🍷 3*
● Lapillo '09	🍷🍷 3
● Montecucco Sangiovese Cenere Ris. '07	🍷🍷 3

TUSCANY 托斯卡纳区

Ampeleia

FRAZ. ROCCATEDERIGHI
LOC. MELETA - 58028 ROCCASTRADA [GR]
TEL. 0564567155
www.ampeleia.it

藏酒销售
预约参观
年产量 80 000 瓶
葡萄种植面积 40 公顷
葡萄栽培方式 生机互动农耕认证

他们有两款葡萄酒进入了2013年的决赛，证明了酒庄的良好生命力。三位生意上的朋友为了表达他们个人对葡萄酒风土的理解，共同设立这家酒庄，当然，他们出品的葡萄酒同时也是这一理念的实践。他们大范围地种植国际葡萄品种，按照他们的葡萄比例，选择使用各种葡萄，来酿制各种各样的葡萄酒——这是一个十分匠心独具的酿酒理念。2013年他们的新作品是乌利诺（Unlitro），以酒瓶大小来命名。酿制理念是一款质量优良的日常餐酒，另一款是口感新鲜的、促进食欲的、美味可口的日常餐酒。

● Ampeleia '09	♛♛ 5
● Kepos '10	♛♛ 3*
● Unlitro '11	♛ 2
● Kepos '06	♛♛♛ 3*
● Ampeleia '08	♛♛ 5
● Ampeleia '07	♛♛ 5
● Ampeleia '06	♛♛ 5
● Ampeleia '05	♛♛ 5
● Empatia '07	♛♛ 4
● Kepos '09	♛♛ 3
● Kepos '08	♛♛ 3

Antico Colle

VIA PROVINCIALE, 9 - 53040 MONTEPULCIANO [SI]
TEL. 0578707828
www.anticocolle.it

藏酒销售
预约参观
年产量 80 000 瓶
葡萄种植面积 40 公顷

葡萄酒见证了富兰葛撒（Frangiosa）家族的安蒂科尔科酒庄（Antico Colle）在蒙特其洛镇（Montepulciano）地位的不断提高。酒庄位于蒙特其洛镇的东部，葡萄园则散布在各个区域。所有的葡萄园都在良好的地理位置上，位于300米到400米之间的海拔高度，采风很好。酒庄所酿葡萄酒偏向经典风格，非常有特色。

● Nobile di Montepulciano '09	♛♛ 3
● Nobile di Montepulciano Il Saggio Ris. '07	♛♛ 5

托斯卡纳区
TUSCANY

★★Marchesi Antinori

P.zza degli Antinori, 3 - 50123 Firenze
Tel. 05523595
www.antinori.it

预约参观
膳宿接待
年产量 2 000 000 瓶
葡萄种植面积 2 350 公顷

安提诺里（Antinori）大概是世界上最知名的葡萄酒品牌之一，源于其出色的葡萄酒品质，几乎完美的酿酒工艺，以及橱窗上富有特色的葡萄酒形象。他们总部位于佛罗伦萨，最近重新加入了古典康帝联盟（Consorzio del Chianti Classico），并在佛罗伦萨周围增设了很多种植基地，例如天娜葡萄园（Tenuta Tignanello）、帕西诺修道院（Badia a Passignano）、碧波葡萄园（Peppoli）及玛内玛的阿尔多波德斯卡（Fattoria Aldobrandesca）等。

Arcanum

loc. Arceno
fraz. San Gusmé
53010 Castelnuovo Berardenga [SI]
Tel. 0577359346
www.tenutadiarceno.com

藏酒销售
预约参观
年产量 250 000 瓶
葡萄种植面积 90 公顷

2011年逝世的杰斯•杰克逊（Jess Jackson），是美国酿酒业中一位非常具有影响力的人物。他从索诺马（Sonoma）的一间家庭作坊式小酒庄起家，发展到如今的仅仅在加利福尼亚州就拥有6 000公顷的葡萄园，在全世界拥有35间酒庄的规模。1994年，家族买下了在卡斯德尔诺沃贝拉登卡（Castelnuovo Berardenga）的特纳塔•迪•阿卡诺酒庄（Tenuta di Arceno）。如今由一位法国酿酒家皮埃尔•塞扬（Pierre Seillan）管理，他是波尔多和加利福尼亚的酿酒专家，擅长针对不同的葡萄园来选择不同的栽植方法。他翻新了1 000公顷的物产，90公顷的葡萄园，阿卡诺（Arcanum）的革新计划促进了它的发展。

Wine	Rating
● Tignanello '09	🍷🍷🍷 8
● Brunello di Montalcino Pian delle Vigne '07	🍷🍷 7
● Solaia '09	🍷🍷 8
● Botrosecco Tenuta Le Mortelle '11	🍷 5
● Chianti Cl. Marchese Antinori Ris. '08	🍷🍷 5
● Poggio alle Nane Tenuta Le Mortelle '09	🍷🍷 7
● Chianti Cl. Pèppoli '10	🍷 3
● Cortona Achelo La Braccesca '10	🍷 5
● Scabrezza Tenuta Monteloro '11	🍷 5
● Chianti Cl. Badia a Passignano Ris. '01	🍷🍷🍷 5
● Solaia '07	🍷🍷🍷 8
● Solaia '06	🍷🍷🍷 8
● Solaia '03	🍷🍷🍷 8
● Tignanello '08	🍷🍷🍷 8
● Tignanello '05	🍷🍷🍷 8
● Tignanello '04	🍷🍷🍷 8

Wine	Rating
● Arcanum I '07	🍷🍷 8
● Fauno '07	🍷🍷 5
● Valadorna '07	🍷 8

TUSCANY
托斯卡纳区

Tenuta Argentiera
LOC. DONORATICO
VIA AURELIA, 412A
57022 CASTAGNETO CARDUCCI [LI]
TEL. 0565773176
www.argentiera.eu

藏酒销售
预约参观
年产量 450 000 瓶
葡萄种植面积 75 公顷

酒庄由科拉多（Corrado）和马塞洛·法丁尼（Marcello Fratini）两兄弟共同所有，是佛罗伦萨·赛里斯特里家族（Florentine Serristori）名下的古老多诺拉提科酒庄（Tenuta di Donoratico）的一部分。酒庄的名字唤起了人们对伊特鲁里亚时代（Etruscan times）的银矿石开采的记忆。酒庄有着500公顷的土地，从平地伸展至山坡上，其中75%是布满卵石的黏土，种植着典型的本地品种，也有赤霞珠（Cabernet Sauvignon）、品丽珠（Franc）、梅洛（Merlot）和西拉（Syrah）。

● Bolgheri Sup. Argentiera '09	🍷🍷 7
● Bolgheri Poggio ai Ginepri '10	🍷 3
● Bolgheri Villa Donoratico '09	🍷 4
● Bolgheri Sup. Argentiera '06	🍷🍷🍷 7
● Bolgheri Sup. Argentiera '05	🍷🍷🍷 7
● Bolgheri Sup. Argentiera '04	🍷🍷🍷 7
● Bolgheri Sup. Argentiera '07	🍷🍷 7

Argiano
FRAZ. SANT'ANGELO IN COLLE
53024 MONTALCINO [SI]
TEL. 0577844037
www.argiano.net

预约参观
膳宿接待
年产量 350 000 瓶
葡萄种植面积 51 公顷

从1992年起，阿加诺（Argiano）便归伯爵夫人诺埃米·马洛尼·仙山露（Contessa Noemi Marone Cinzano）所有，占地约100公顷，有几乎一半面积的土地种植着葡萄。我们身处于蒙特奇诺镇的西南边，自然风光很迷人。布内罗（Brunello）在这里大量种植。这里典型的石灰岩、泥灰土及黏土的混合土质，是生产布内罗红葡萄酒的基础条件。这些酒先在橡木桶里存放一年，之后便放入斯拉夫尼亚橡木桶里酿造。这一系列的葡萄酒酿制使用了国际品种，包括梅洛（Merlot）、赤霞珠（Cabernet）、西拉（Syrah）及小维尔多（Petit Verdot）。

● Non Confunditur '10	🍷🍷 3*
● Brunello di Montalcino '07	🍷 6
⊙ L' O Rosato '11	🍷 3
● Rosso di Montalcino '10	🍷 3
● Suolo '09	🍷 8
● Brunello di Montalcino '06	🍷🍷 7
● Brunello di Montalcino '04	🍷🍷 6
● Rosso di Montalcino '07	🍷🍷 3
● Solengo '08	🍷🍷 8
● Solengo '07	🍷🍷 8
● Suolo '08	🍷🍷 8
● Suolo '07	🍷🍷 8

托斯卡纳区
TUSCANY

Fattoria di Bacchereto

LOC. BACCHERETO
VIA FONTEMORANA, 179
59015 CARMIGNANO [PO]
TEL. 0558717191
fattoriadibacchereto@libero.it

藏酒销售
预约参观
年产量 14 000 瓶
葡萄种植面积 8 公顷
葡萄栽培方式 传统栽培

酒庄现任庄主是罗赛拉·本斯尼（Rossella Bencini Tesi），自20世纪20年代起酒庄就归他们家族所有。这片土地原来是梅第奇家族（Medicis）狩猎的地方，直到60年代末期的时候随着当时葡萄酒的需求不断加大，这里才开始种植葡萄。在过去的十多年里，酒庄一直运用生物动力学原理酿酒。所酿葡萄酒风格非常具有当地特色，同时使用当地特有的葡萄品种。除了葡萄酒之外，酒庄也生产橄榄油、蜜饯及卡尔米尼亚诺干无花果，还经营假日旅游项目。

Badia a Coltibuono

LOC. BADIA A COLTIBUONO
53013 GAIOLE IN CHIANTI [SI]
TEL. 0577746110
www.coltibuono.com

藏酒销售
预约参观
膳宿接待
年产量 350 000 瓶
葡萄种植面积 72 公顷
葡萄栽培方式 有机认证

酒庄归意图奇家族（Stucchi Prunetti）所有，最近其酿酒水平明显有进步。选用康帝区域咖欧乐（Gaiole）生产的圣乔维斯（Sangiovese），完美地同时也最本真地反映出圣乔维斯葡萄（Sangiovese）的特点，口感细腻，有特色，质量优良。这有赖于酒庄管理者精益求精、力求完美的追求，对葡萄园的精心照料，对酒窖的有条管理。

● Carmignano Terre a Mano '09	🍷 5
○ Sassocarlo '10	🍷🍷 4
● Carmignano Terre a Mano '08	🍷 5
● Carmignano Terre a Mano '05	🍷🍷 5
● Carmignano Terre a Mano '03	🍷🍷 4
● Carmignano Terre a Mano '02	🍷🍷 5

● Chianti Cl. Cultus Boni '09	🍷🍷🍷 4*
● Chianti Cl. '10	🍷🍷 3*
● Chianti Cl. Ris. '08	🍷🍷 5
○ Vin Santo del Chianti Cl. Occhio di Pernice '04	🍷🍷 5
● Chianti Cl. RS '10	🍷 3
● Chianti Cl. '06	🍷🍷🍷 3*
● Chianti Cl. Ris. '07	🍷🍷🍷 5
● Chianti Cl. Ris. '04	🍷🍷🍷 5
● Chianti Cl. '09	🍷🍷 3
● Chianti Cl. '06	🍷🍷 5
● Chianti Cl. Ris. '05	🍷🍷 5
● Chianti Cl. RS '08	🍷🍷 3*

TUSCANY 托斯卡纳区

I Balzini
LOC. PASTINE, 19
50021 BARBERINO VAL D'ELSA [FI]
TEL. 0558075503
www.ibalzini.it

预约参观
年产量 50 000 瓶
葡萄种植面积 8.4 公顷

自从开发农场旁边的第一片葡萄田起，文森佐•德•伊萨恩图（Vincenzo D'Isanto）就把他所有的精力放在种植葡萄和酿酒上。凭借他专业会计的技能，逐步扩充他的葡萄酒事业。他的妻子安东妮拉（Antonella）也加入到酒庄的运营事务中，并进行了大范围的革新，从酒窖开始，向地下延伸，很好地与周围环境融为一体。他们还推出了很多新品种葡萄酒，不断改良原有的酒款。酒庄位于古典康帝产区的边缘地带，促使其生产出具有地区风土特色的葡萄酒。

● I Balzini Black Label '09	♥♥ 6
● I Balzini Green Label '11	♥♥ 2*
● I Balzini Red Label '10	♥ 3
● I Balzini White Label '09	♥ 5
● I Balzini Black Label '08	♀♀ 5
● I Balzini Black Label '07	♀♀ 5
● I Balzini White Label '08	♀♀ 5
● I Balzini White Label '07	♀♀ 5

Bandini - Villa Pomona
LOC. POMONA
S.DA CHIANTIGIANA, 222
53011 CASTELLINA IN CHIANTI [SI]
TEL. 0577740930
www.fattoriapomona.it

藏酒销售
预约参观
年产量 12 000 瓶
葡萄种植面积 5 公顷
葡萄栽培方式 传统栽培

位于康帝卡特林纳地区（Chianti Castellina）的这家特色酒庄由拉斯皮（Raspi）家族所有，旗下包括采用有机种植的葡萄园，精心打理的酒窖，还有那在大橡木桶陈酿的传统风味的葡萄酒。你可能会觉得维拉波摩娜酒（Villa Pomona）有点苦不怎么好入口，但是它绝不普通。事实上这些酒都是经过精心酿制的佳酿，风土特色浓厚且质量优良。

● Chianti Cl. Ris. '09	♥♥ 4
● Chianti Cl. '10	♥♥ 3
● Chianti Cl. '09	♀♀ 3
● Chianti Cl. Ris. '08	♀♀ 4
● Chianti Cl. Ris. '07	♀♀ 4

Erik Banti

Loc. Fosso dei Molini - 58054 Scansano [GR]
Tel. 0564508006
www.erikbanti.com

藏酒销售
预约参观
年产量 350 000 瓶
葡萄种植面积 21 公顷
葡萄栽培方式 有机认证

埃里克·班替（Erik Banti）终于恢复到生机勃勃的状态。他原来是一位摄影师，之后做过旅游中介，但最后还是回归他的初衷——葡萄酒。他是在位于蒙特布查诺（Montepulciano）他们家族的酒庄拉·巴拉西斯卡（La Braccesca）里长大的。1981年，那时候玛内玛（Maremma）还没成为托斯卡纳新兴的葡萄酒产区，埃里克就已经开始集中酿制莫莱里诺酒（Morellino）了，那时候莫莱里诺酒还不怎么为人所知。莫莱里诺酒采用新颖的酿酒工艺，产量低且经橡木桶陈化，推出市场随即得到很好的反响。

Riccardo Baracchi

Loc. San Martino
via Cegliolo, 21 - 52042 Cortona [AR]
Tel. 0575612679
www.baracchiwinery.com

藏酒销售
预约参观
膳宿接待
年产量 100 000 瓶
葡萄种植面积 22 公顷
葡萄栽培方式 传统栽培

巴拉奇家族（Baracchi）的酒庄位于科尔托纳（Cortona）附近的小山丘上。他们把这个17世纪的农场改造成酒店，庄主卡多（Riccardo）细心打理着酒店的一切日常事务，他的妻子西尔维娅（Silvia）还是酒店餐馆的大厨。另一方面，酒庄的酿酒工作由他们的儿子贝内德托（Benedetto）负责，贝内德托同时也负责葡萄酒的营销和市场工作。葡萄园分布在三块不同区域，种植的葡萄品种则是根据特定的土壤条件和气候情况精心挑选出来的。起泡酒古典梅特多（Metodo Tradizionale）的酿造工艺是很值得深入研究的。

● Morellino di Scansano '11	🍷🍷 2*
● Morellino di Scansano Carato '10	🍷🍷 3
● Morellino di Scansano Ciabatta '09	🍷 4
● Morellino di Scansano Carato '05	🍷🍷 2
● Morellino di Scansano Ciabatta Ris. '04	🍷🍷 3
● Poggio Maestrino Anno Sesto '04	🍷🍷 4

● Ardito '09	🍷🍷 6
● Cortona Smeriglio Merlot '10	🍷🍷 4
● Cortona Smeriglio Sangiovese '10	🍷🍷 4
○ Brut Trebbiano '09	🍷 3
○ Cortona Smeriglio Pinot Nero '10	🍷 4
● Cortona Smeriglio Syrah '10	🍷 4
⊙ Spumante Brut Rosé '09	🍷 7
● Ardito '08	🍷🍷 6
○ Astore '09	🍷🍷 3
● Cortona Smeriglio Merlot '09	🍷🍷 4
● O'Lillo '10	🍷🍷 5
⊙ Spumante Brut Rosé '07	🍷🍷 7

TUSCANY

Fattoria dei Barbi
LOC. PODERNOVI, 170
53024 MONTALCINO [SI]
TEL. 0577841111
www.fattoriadeibarbi.it

藏酒销售
预约参观
膳宿接待
年产量 700 000 瓶
葡萄种植面积 97 公顷

如果要了解布内罗红葡萄酒（Brunello）及其文化，那么一定不要错过法托利亚酒庄（Fattoria dei Barb）。这不仅仅因为酒庄上百年的葡萄酒酿造历史，也因为庄主斯特凡诺（Stefano Cinelli Colombini）经常活跃于社交网络上，致力于推广蒙特其洛镇（Montalcino）的圣乔维斯葡萄（Sangiovese）。用圣乔维斯葡萄酿成了酒庄的三款经典布内罗红：维格纳得（the Vigna del Fiore）系列、陈酿系列（the Riserva）及正牌系列（the Standard Label）。酒庄的葡萄园约达100公顷，大部分为泥灰土、淤泥和黏土的混合肥沃土质。

Baricci
LOC. COLOMBAIO DI MONTOSOLI, 13
53024 MONTALCINO [SI]
TEL. 0577848109

藏酒销售
预约参观
年产量 23 000 瓶
葡萄种植面积 5 公顷

巴里西（Baricci）的布内罗红葡萄酒（Brunello）囊括了蒙塔尔奇诺（Montalcino）的历史和地理的精华，它们见证了布内罗协会的成立。北边葡萄园在蒙托索利（Montosoli）山坡上，产出的葡萄酒是各种风土的完美体现。1955年，家族购买了这里的克伦贝尔酒庄（Colombaio），里面有5公顷的葡萄园，海拔高度达280米，土壤为泥灰土，这里种植的圣乔维斯（Sangiovese）被认为是最传统的最优良的品种。酒庄的声名来自于纯手工酿酒传统，出产的酒品首先长时间在不锈钢桶中发酵，接着在2 000~2 500升的斯拉夫尼亚橡木桶里进行陈化。

● Brunello di Montalcino '07	♛5
● Brunello di Montalcino V. del Fiore '07	♛7
● Morellino di Scansano '10	♛3
● Rosso di Montalcino '10	♛3
● Brunello di Montalcino '06	♛♛5
● Brunello di Montalcino '04	♛♛5
● Brunello di Montalcino Ris. '04	♛♛7
● Brunello di Montalcino V. del Fiore '06	♛♛7
● Brunello di Montalcino V. del Fiore '05	♛♛7
● Brunello di Montalcino V. del Fiore '04	♛♛7
● Brusco dei Barbi '08	♛♛2*
● Morellino di Scansano Sole '07	♛♛4

● Brunello di Montalcino '07	♛♛♛5
● Rosso di Montalcino '10	♛♛3
● Brunello di Montalcino '83	♛♛♛5
● Brunello di Montalcino '00	♛♛5
● Rosso di Montalcino '03	♛♛3

托斯卡纳区
TUSCANY

★Barone Ricasoli
LOC. CASTELLO DI BROLIO
53013 GAIOLE IN CHIANTI [SI]
TEL. 05777301
www.ricasoli.it

藏酒销售
预约参观
餐饮接待
年产量 2 000 000 瓶
葡萄种植面积 230 公顷

巴罗内•里卡索利酒庄（Barone Ricasoli）历史悠久，在古典康帝区域（Chianti Classico）是经久不衰的典范，驰名意大利甚至全世界。他们的成功有赖于现代化的酿酒风格，出产的酒品果香丰富，酒体结构和谐。另外通过橡木桶的陈化也使葡萄酒的质量大大提升，使其能够最大程度地收获葡萄精心种植后的特色。作为区域内最大型的酒庄之一，他们挑选了一个圣乔维斯（Sangiovese）的克隆品种，命名为巴洛里奥"Brolio"，已经向国家申请专利。

Fattoria di Basciano
V.LE DUCA DELLA VITTORIA, 159
50068 RUFINA [FI]
TEL. 0558397034
www.renzomasibasciano.it

藏酒销售
预约参观
年产量 200 000 瓶
葡萄种植面积 35 公顷

一个好的酿酒厂就是能够在这么多年来都始终如一地保持酿制高品质的葡萄酒。马西家族（Masi）传承了三代人，始终坚持最简单的理念：酿制的葡萄酒要美味可口，价廉物美。农学家以及现任经理保罗•马西（Paolo Masi）主要负责挑选合适的葡萄供应商，致力于酿制酒体圆润、香气迷人、口感新鲜爽朗的葡萄酒，他同时也担任酒庄经理顾问，亲自打理酒庄。

● Chianti Cl. Rocca Guicciarda Ris. '09	5
● Chianti Cl. Brolio '10	5
● Casalferro '08	8
● Casalferro '05	8
● Casalferro '03	5
● Casalferro '99	5
● Chianti Cl. Castello di Brolio '07	8
● Chianti Cl. Castello di Brolio '06	8
● Chianti Cl. Castello di Brolio '04	7
● Chianti Cl. Castello di Brolio '03	5
● Chianti Cl. Castello di Brolio '01	6
● Chianti Cl. Castello di Brolio '00	6
● Chianti Cl. Castello di Brolio '99	6
● Chianti Cl. Castello di Brolio '98	6

● Erta e China '10	2*
● Il Corto '10	3
○ Vin Santo Rufina '06	3
● Chianti Ris. '09	2
● Chianti Rufina '10	2
● Chianti Rufina Ris. '09	3
⊙ Rosato '11	1
● Chianti Rufina '09	2*
● Chianti Rufina '08	2*
● Chianti Rufina Ris. '07	3
● Erta e China '09	2*
● I Pini '08	3
● Vigna Il Corto '08	3
○ Vin Santo Rufina '05	3

托斯卡纳区
TUSCANY

Podere Le Berne

LOC. CERVOGNANO
VIA POGGIO GOLO, 7
53040 MONTEPULCIANO [SI]
TEL. 0578767328
www.leberne.it

藏酒销售
年产量 25 000 瓶
葡萄种植面积 6 公顷

这个小酒厂位于萨维纳诺 (Cervognano) 的中心地带,由熟练的酿酒师安德里亚•纳塔里尼 (Andrea Natalini) 细心照料着。萨维纳诺是蒙特布查诺地区 (Montepulciano) 最好的种植区域之一。凭借家族悠久的葡萄种植和酿酒传统,传承经典的博得班尼 (Podere Le Berne) 风格,以及精心细致地运用橡木桶,安德里亚•纳塔里尼得以酿出一系列完美反映本地风土的、酿造工艺一流的上好葡萄酒。尽管产量较低,但其风格独特、口感丰富的品质实在难得。

● Nobile di Montepulciano '09	🍷🍷 3
● Nobile di Montepulciano Ris. '08	🍷🍷 5
● Rosso di Montepulciano '11	🍷🍷 2*
● Nobile di Montepulciano '06	🍷🍷🍷 3
● Nobile di Montepulciano '08	🍷🍷 3
● Nobile di Montepulciano '07	🍷🍷 3
● Nobile di Montepulciano Ris. '07	🍷🍷 5
● Rosso di Montepulciano '09	🍷🍷 2

Tenuta di Bibbiano

VIA BIBBIANO, 76
53011 CASTELLINA IN CHIANTI [SI]
TEL. 0577743065
www.tenutadibibbiano.com

藏酒销售
预约参观
膳宿接待
年产量 100 000 瓶
葡萄种植面积 25 公顷
葡萄栽培方式 有机认证

比安诺酒庄 (Bibbiano) 简直就是古典康帝 (Chianti Classico) 中心地带的一个童话,该酒庄自1865年以来一直为同一个家族所有。托马索 (Tommaso) 和费德里克 (Federico Morracchesi Marchi) 两兄弟如今已是酒庄的第五代继承人了。该酒庄两个葡萄园分别位于山腰的两边,很显眼,海拔高度在270米到300米之间。所产葡萄酒大多是遵循他们家族悠久的酿酒传统,我们可以感觉到,葡萄酒的质量和特色度正逐步提高。

● Chianti Cl. '10	🍷🍷 3
● Chianti Cl. Montornello '10	🍷🍷 3
○ Vin Santo del Chianti Cl. San Lorenzo a Bibbiano '01	🍷 5
● Chianti Cl. '07	🍷🍷 3*
● Chianti Cl. '06	🍷🍷 2*
● Chianti Cl. Montornello '09	🍷🍷 3
● Chianti Cl. Montornello '08	🍷🍷 3
● Chianti Cl. Montornello '06	🍷🍷 2*
● Chianti Cl. Montornello '02	🍷🍷 2
● Chianti Cl. V. del Capannino Ris. '06	🍷🍷 5
● Chianti Cl. V. del Capannino Ris. '05	🍷🍷 4
● Chianti Cl. V. del Capannino Ris. '04	🍷🍷 4

Bindella

FRAZ. ACQUAVIVA
VIA DELLE TRE BERTE, 10A
53045 MONTEPULCIANO [SI]
TEL. 0578767777
www.bindella.it

藏酒销售
年产量 130 000 瓶
葡萄种植面积 30 公顷

宾黛拉家族（Bindella）与托斯卡纳（Tuscan）的酿酒业和餐饮业都有着密切联系。从1986年起，宾迪家族（Bindi）便一直视葡萄种植、酿酒为他们根基的事业。同时他们也种植其他作物，例如麦子、橄榄等。他们酿制的葡萄酒现代风格浓厚，质量严谨而且风格多样，既有传统的经典系列，又有奔放的现代系列，着实为找寻、发现托斯卡纳区葡萄酒的爱好者们提供了一个不错选择。

● Nobile di Montepulciano I Quadri '09	♛♛ 5
● Rosso di Montepulciano Fosso Lupaio '11	♛♛ 2*
● Nobile di Montepulciano '09	♛ 3
○ Vin Santo Dolce Sinfonia '07	♛ 5
● Nobile di Montepulciano I Quadri '08	♛♛ 4
● Nobile di Montepulciano I Quadri '07	♛♛ 4
● Nobile di Montepulciano Ris. '07	♛♛ 4
● Nobile di Montepulciano Ris. '06	♛♛ 4
○ Vin Santo Dolce Sinfonia '06	♛♛ 5

Bindi Sergardi

LOC. POGGIOLO
FATTORIA I COLLI, 2 - 53035 MONTERIGGIONI [SI]
TEL. 0577309107
www.bindisergardi.it

藏酒销售
预约参观
膳宿接待
年产量 100 000 瓶
葡萄种植面积 103 公顷

宾迪•索佳迪（Bindi Sergardi）自15世纪起便拥有这个酒庄。酒庄一直都以传统的耕作方法打理着这100多公顷的葡萄园。近几年来，酒庄把精力集中在两项业务上，葡萄酒酿制和赛马的饲养。尼古拉•卡西尼（Niccolò Casini）及其女儿艾丽桑德尔（Alessandra）共同打理酒庄，葡萄园分布在贝拉登加新堡（Castelnuovo Berardenga）、蒙特里哥尼（Monteriggioni）、契尔斯（Chiusi）和锡耶纳（Siena）这四个地区。

● Chianti Cl. '09	♛ 3
● Climax '09	♛♛ 5
● Chianti Cl. Ris. '08	♛ 3
● Chianti Colli Senesi '10	♛ 2
● Mocenni 91 '08	♛ 6
● Chianti Cl. '08	♛♛ 3
● Chianti Cl. Ris. '07	♛♛ 3
● Chianti Cl. Ris. '05	♛♛ 3
● Chianti Cl.·Ris. '04	♛♛ 3
● Climax '04	♛♛ 5
● Numero 89 Mocenni '07	♛♛ 6

TUSCANY

★Biondi Santi
Tenuta Il Greppo

LOC. VILLA GREPPO, 183
53024 MONTALCINO [SI]
TEL. 0577848087
www.biondisanti.it

藏酒销售
预约参观
膳宿接待
年产量 80 000 瓶
葡萄种植面积 25 公顷
葡萄栽培方式 传统栽培

这一次在酒庄与弗兰克•宾迪•桑迪（Franco Biondi Santi）的会面实在令人兴奋。从他的故事里，我们可以回看布内罗红葡萄酒（Brunello）的真实历史，看到蒙特其洛镇（Montalcino）是怎么一个多样化的地域，那里的气候条件、土壤类型是怎样的。在格雷普（Greppo），圣乔维斯（Sangiovese）已经被转化为具有陈年价值的红葡萄，它的辛辣单宁通过橡木桶的长时间陈化变得醇熟、柔软。我们需要有足够的耐心，特别是陈酿（Riserva）系列，它们堪称意大利历史最久远的葡萄酒，其中有的年份已经超过一个世纪了。

Tenuta di Biserno

LOC. PALAZZO GARDINI
P.ZZA GRAMSCI, 9 - 57020 BIBBONA [LI]
TEL. 0586671099
www.biserno.it

年产量 160 000 瓶
葡萄种植面积 99 公顷

罗多维科（Lodovico）和皮耶罗•安替诺（Piero Antinor）兄弟跟安贝托•曼诺尼（Umberto Mannoni）共同创建了这家酒庄。他们的酒具有国际风范，所用葡萄都是波尔多（Bordeaux）的品种，酿酒工艺追求口感的柔润、细腻以及香气的丰富宜人，通常需要在橡木桶陈化。葡萄园位于利沃诺省（Livorno）玛内玛（Maremma）的北部。其中一款叫做因索里奥葡萄酒（Insoglio del Chinghiale）来自保格利小镇（Bolgheri）的堪坡地萨索（Campo di Sasso）。

● Brunello di Montalcino Ris. '06	♛♛♛ 8
● Brunello di Montalcino '07	♛♛ 8
● Morellino di Scansano Montepò '09	♛ 4
● Brunello di Montalcino '06	♛♛♛ 8
● Brunello di Montalcino '04	♛♛♛ 8
● Brunello di Montalcino '03	♛♛♛ 8
● Brunello di Montalcino '01	♛♛♛ 8
● Brunello di Montalcino '83	♛♛♛ 8
● Brunello di Montalcino Ris. '04	♛♛♛ 8
● Brunello di Montalcino Ris. '01	♛♛♛ 8
● Brunello di Montalcino Ris. '99	♛♛♛ 8
● Brunello di Montalcino Ris. '95	♛♛♛ 8

● Il Pino di Biserno '09	♛♛♛ 6
● Biserno '09	♛♛ 3
● Insoglio del Chinghiale '10	♛ 4
● Biserno '08	♛♛♛ 6
● Il Pino di Biserno '08	♛♛ 6
● Insoglio del Cinghiale '09	♛♛ 4*
● Insoglio del Cinghiale '04	♛♛ 4

托斯卡纳区
TUSCANY

Poderi Boscarelli

Fraz. Cervognano
via di Montenero, 28
53045 Montepulciano [SI]
Tel. 0578767277
www.poderiboscarelli.com

藏酒销售
预约参观
年产量 100 000 瓶
葡萄种植面积 14 公顷

博德利•波卡酒庄（Poderi Boscarelli）可以说是蒙特奇洛镇（Montepulciano）的葡萄酒行业的标杆，波斯卡尔里（Boscarelli）家族出品的葡萄酒代表了托斯卡纳（Tuscan），进一步说，是意大利葡萄酒的杰出代表。葡萄园跟酒窖都位于切维尼亚诺（Cervognano），博德利•波卡酒庄被认为是整个区域发展最好的酒庄之一。如今他们家的葡萄酒风格相对稳定，融合了当地跟古典的元素，致力于酿制最具本地风土特色的，酒体优雅、口感和谐的葡萄酒。

★ Brancaia

loc. Poppi, 42 - 53017 Radda in Chianti [SI]
Tel. 0577742007
www.brancaia.com

藏酒销售
预约参观
膳宿接待
年产量 470 000 瓶
葡萄种植面积 69 公顷

布朗切尔葡萄园（Brancaia）位于康帝（Chianti）的卡斯特利那分区（Castellina），多年以来，凭借其始终如一的保持平均水平以上的高品质，以及保持一致的葡萄酒风格，酒庄早已名声远迹。其葡萄酒的现代感十分强烈，通过使用现今流行的小型橡木桶，使得果香浓郁，酒体强硕，同时酒体优雅和谐又不失生命力。酒庄为韦德马尔家族（Widmer）所有，在玛内玛（Maramma）地区的酒庄也生产同样风格的葡萄酒。

● Nobile di Montepulciano Nocio dei Boscarelli '08	🍷🍷🍷 8
● Nobile di Montepulciano '09	🍷🍷 5
● Nobile di Montepulciano Ris. '07	🍷🍷 6
● De Ferrari '11	🍷 3
● Rosso di Montepulciano Prugnolo '10	🍷 3
● Nobile di Montepulciano Nocio dei Boscarelli '07	🍷🍷🍷 8
● Nobile di Montepulciano Nocio dei Boscarelli '04	🍷🍷🍷 6
● Nobile di Montepulciano Nocio dei Boscarelli '03	🍷🍷🍷 6
● Nobile di Montepulciano Nocio dei Boscarelli '01	🍷🍷🍷 6
● Nobile di Montepulciano Ris. '06	🍷🍷🍷 5

● Chianti Cl. Ris. '09	🍷🍷🍷 7
● Brancaia Il Blu '09	🍷🍷 7
● Ilatraia '10	🍷🍷 6
○ Bianco '11	🍷 3
● Brancaia Tre '10	🍷 3
● Brancaia '99	🍷🍷🍷 6
● Brancaia Il Blu '08	🍷🍷🍷 8
● Brancaia Il Blu '07	🍷🍷🍷 7
● Brancaia Il Blu '06	🍷🍷🍷 6
● Brancaia Il Blu '05	🍷🍷🍷 6
● Brancaia Il Blu '04	🍷🍷🍷 6
● Brancaia Il Blu '03	🍷🍷🍷 6
● Brancaia Il Blu '01	🍷🍷🍷 6
● Brancaia Il Blu '00	🍷🍷🍷 6

Brunelli - Le Chiuse di Sotto

Loc. Podernovone, 154
53024 Montalcino [SI]
Tel. 0577849337
www.giannibrunelli.it

藏酒销售
预约参观
膳宿接待
年产量 33 000 瓶
葡萄种植面积 6.5 公顷
葡萄栽培方式 传统栽培

20世纪80年代，詹尼•布鲁内利（Gianni Brunelli）建立这家酒庄，由他的妻子罗拉（Laura）管理，尽管前期不太顺利，但现在布内里•索托（Brunelli - Le Chiuse di Sotto）又重新回到我们的《年鉴》大家庭中。两块主要的葡萄园分别位于蒙塔尔奇诺（Montalcino）东北部的卡纳利基奥（Le Chiuse di Sotto）以及南部的坡德诺维尼（Podernovone），虽然各自的土壤条件、海拔高度以及气候特点都大不相同，但它们互不相让，凭借各自的好年份酿制风格各异的布内罗红葡萄酒（Brunello）都各具特色、气魄不凡。艾默科斯坦特（Amor Costante）是唯一一款比较另类的葡萄酒，它以圣乔维斯葡萄（Sangiovese）为主加以梅洛（Merlot）酿制，是一款非常有特色的蒙特其洛（Montalcino）地区特色酒。

Bruni

Fraz. Fonteblanda
Loc. La Marta, 6 - 58010 Orbetello [GR]
Tel. 0564885445
www.aziendabruni.it

藏酒销售
预约参观
年产量 400 000 瓶
葡萄种植面积 36 公顷

布鲁尼家族（Bruni）在追求高品质的路上稳步前进。每一年，布鲁尼家族都向我们提供一系列的、非常有趣的葡萄酒。其风格明显，没有过多地强调运用酿酒技术，而是让葡萄酒本身自然地发酵醇化。从酒窖出来的酒，从不受单宁影响而酒体粗糙。这维持了40年的葡萄酒事业，将传递给下一代继承人，他们对葡萄酒品质的追求将永远被传承。

● Brunello di Montalcino '07	♛♛ 6
● Brunello di Montalcino Ris. '06	♛♛ 8
● Rosso di Montalcino '10	♛ 4
● Amor Costante '05	♛♛♛ 5
● Amor Costante '06	♛♛ 5
● Brunello di Montalcino '06	♛♛ 6
● Brunello di Montalcino '04	♛♛ 6
● Brunello di Montalcino '01	♛♛ 6
● Brunello di Montalcino '00	♛♛ 6
● Brunello di Montalcino Ris. '04	♛♛ 8
● Brunello di Montalcino Ris. '01	♛♛ 8

● Morellino di Scansano Laire Ris. '10	♛♛ 4
● Syrah Perlaia '11	♛♛ 3
○ Vermentino Perlaia '11	♛♛ 3
○ Vermentino Plinio '11	♛♛ 3
● Morellino di Scansano Marteto '11	♛ 2
⊙ Polare '11	♛ 2
● Morellino di Scansano Laire Ris. '09	♛♛ 4
● Morellino di Scansano Marteto '09	♛♛ 2
○ Vermentino Perlaia '10	♛♛ 3

La Buca di Montauto

LOC. MONTAUTO - 53037 SAN GIMIGNANO [SI]
TEL. 0577943049
www.labucadimontauto.it

藏酒销售
预约参观
年产量 30 000 瓶
葡萄种植面积 5.3 公顷

安东内拉·卡皮佐里(Antonella Capezzuoli)和莫罗·吉尼(Mauro Ghini)满怀激情地细心照料着酒庄与农场。酒庄离那中世纪以来的村庄只有几公里的距离,它的业务范围非常广,除提供旅游服务外,还生产腌肉、腊肠,橄榄树种植和特级橄榄油生产,当然还有经营葡萄园。葡萄园有4公顷的地种植着维纳奇亚白葡萄(Vernaccia),另外那不足2公顷的地种植着酿制康帝(Chianti)所需的红皮葡萄。在我们轮番品尝后,维纳奇亚(Vernaccia)的两个系列酒给了我们一个很大的惊喜。

Bulichella

LOC. BULICHELLA, 131 - 57028 SUVERETO [LI]
TEL. 0565829892
www.bulichella.it

藏酒销售
预约参观
膳宿接待
年产量 60 000 瓶
葡萄种植面积 17 公顷
葡萄栽培方式 有机认证

1993年,酒厂作为一项永久的合作项目由几个家庭共同建立。这些家庭来自意大利各个地方,齐聚科尔尼亚(Val di Cornia),他们希望建立一片采用有机种植原理耕作的葡萄田。1999年,创始人之一宫泽秀之(Hideyuki Miyakawa)和他的妻子玛丽亚·路易莎·巴萨诺(Maria Luisa Bassano)成为唯一所有者。宫泽秀之和玛丽亚开始实行一系列重要改革以提高葡萄酒的质量,其中包括增加新葡萄品种和建立新酒窖。该酒庄已获得了ICEA协会颁发的证书,其餐饮住宿服务已成为酒庄主要经营活动。

○ Vernaccia di S. Gimignano '11	♛♛ 2*
○ Vernaccia di S. Gimignano Sel. '10	♛♛ 2*

● Aleatico Sfiziale '11	♛♛ 4
● Hide '09	♛♛ 5
● Val di Cornia Suvereto Tuscanio '09	♛♛ 5
⊙ Buli Rosé '11	♛ 2
○ Val di Cornia Bianco Tuscanio '11	♛ 2
● Val di Cornia Col di Pietre Rosse '09	♛ 5
● Val di Cornia Merlot Maria Shizuko '09	♛ 6
● Val di Cornia Col di Pietre Rosse '00	♛♛ 5
● Val di Cornia Rosso Rubino '08	♛♛ 2
● Val di Cornia Rosso Tuscanio '08	♛♛ 5
● Val di Cornia Rosso Tuscanio '07	♛♛ 5
● Val di Cornia Suvereto Maria Shizuko '07	♛♛ 5

托斯卡纳区
TUSCANY

Tenuta del Buonamico
Loc. Cercatoia
via Provinciale di Montecarlo, 43
55015 Montecarlo [LU]
Tel. 058322038
www.buonamico.it

藏酒销售
预约参观
膳宿接待
年产量 140 000 瓶
葡萄种植面积 33 公顷

该酒庄建立于20世纪60年代,如今已被丰塔纳家族(Fontana)收购多年,丰塔纳家族为酒庄的成功发展下了很大功夫。第一步措施便是有趣的"圈地运动",旨在挖掘各葡萄园的潜力,以及扩大修建多功能的酒窖。酒庄位于色卡托雅地区(Cercatoia),其最具代表性的葡萄酒便是以此命名的。酒庄总面积达38公顷,其中33公顷的面积为葡萄园,大部分土质为沙土和黏土。

Ca' del Vispo
Loc. Le Vigne
via di Fugnano, 31
53037 San Gimignano [SI]
Tel. 0577943053
www.cadelvispo.it

藏酒销售
预约参观
年产量 80 000 瓶
葡萄种植面积 9 公顷

达尔丁家族(Daldin)在这块美丽的地方开始葡萄酒酿制的冒险之旅始于20世纪80年代初。那时候他们去圣吉米尼亚诺(San Gimignano)旅游,这个美丽地方让他们印象深刻,于是他们决定卖掉特伦蒂诺区(Trentino)的葡萄园,之后永久地搬到托斯卡纳(Tuscan)。随着酿酒技艺日益娴熟,他们在20世纪90年代末向市场推出他们的第一批酒品。如今,卡·德尔·维斯普(Cà del Vispo)已是一家现代化的酒庄,酿制的酒风格统一,纯正简单。他们在继承传统的酿酒技术同时不断创新工艺,酿制出经典的红白葡萄酒。

● Cercatoja Rosso '09	♛♛ 5
● Il Fortino Syrah '09	♛♛ 6
○ Montecarlo Bianco '11	♛ 2
● Montecarlo Rosso Et. Blu '10	♛ 3
● Montecarlo Vermentino '11	♛ 3
⊙ Rosato '11	♛ 3
● Cercatoja Rosso '08	♛♛ 4
● Cercatoja Rosso '07	♛♛ 4
● Cercatoja Rosso '06	♛♛ 5
● Cercatoja Rosso '04	♛♛ 4
● Il Fortino Syrah '07	♛♛ 6
● Il Fortino Syrah '06	♛♛ 5

○ Vernaccia di S. Gimignano V. in Fiore '11	♛♛ 3
○ Segumo '10	♛ 3
○ Vernaccia di S. Gimignano '11	♛ 2
● Basolo '02	♛♛ 3
● Cruter '01	♛♛ 3
● Cruter '00	♛♛ 3*
● Fondatore '00	♛♛ 3
● Poggio Solivo '01	♛♛ 3
● Rovai '07	♛♛ 3
● Rovai '01	♛♛ 2
○ Vernaccia di S. Gimignano '10	♛♛ 2*
○ Vernaccia di S. Gimignano V. in Fiore '10	♛♛ 3
○ Vernaccia di S. Gimignano V. in Fiore '09	♛♛ 3

托斯卡纳区
TUSCANY

Ca' Marcanda

Loc. Santa Teresa, 272
57022 Castagneto Carducci [LI]
Tel. 0565763809
info@camarcanda.com

年产量 450 000 瓶
葡萄种植面积 100 公顷

安其罗•嘉雅（Angelo Gaja）的保格丽酒庄（Bolgeri）位于卡斯塔涅托－卡杜奇（Castagneto Carducci），酒庄的葡萄园数量相当可观，并有着一个漂亮的大酒窖。经过在皮埃蒙特（Piedmont）数十年的积累沉淀，这里的葡萄酒风格独特，完美地融合了现代风格，适度地运用橡木桶，匠心独运地展示了本区域的特点。为此奠定基础的是品种各异且独特的葡萄，其中大部分为梅洛（Merlot）和赤霞珠（Cabernet Sauvignon），也有少量的品丽珠（Cabernet Franc）和西拉（Syrah），这些品种以不同的分量被使用于本酒庄的三大葡萄酒之中。

Tenuta Le Calcinaie

Loc. Santa Lucia, 36
53037 San Gimignano [SI]
Tel. 0577943007
www.tenutalecalcinaie.it

藏酒销售
预约参观
年产量 60 000 瓶
葡萄种植面积 10 公顷
葡萄栽培方式 有机认证

西蒙•桑蒂尼（Simone Santini）是一位非常可爱的酿酒师，然而说到葡萄酒、葡萄园和自然的时候，他便会变得严肃起来。1986年，他种植了第一个葡萄园，他的酿酒事业便从此揭开了帷幕。之后他孜孜不倦地经营着这片土地，直至他的葡萄园被打理得井然有序，清晰有条。之后他启动了酿制葡萄酒系列这个项目。在桑塔露琪亚（Santa Lucia），这里的园地在同一个主题下有着不同的变体，土壤组成成分也不总是相同的,但是其葡萄酒的风格却是显而易见的：精准而缜密，给人带来美好的嗅觉和味觉的冲击。

● Bolgheri Camarcanda '09	♛♛ 8
● Brunello di Montalcino Rennina Pieve di Santa Restituta '07	♛♛♛ 7
● Brunello di Montalcino Sugarille Pieve di Santa Restituta '07	♛♛♛ 7
● Magari '10	♛♛♛ 8
● Promis '10	♛♛ 7
● Bolgheri Camarcanda '07	♛♛♛ 8
● Bolgheri Camarcanda '01	♛♛♛ 8
● Bolgheri Camarcanda '08	♛♛ 8
● Bolgheri Camarcanda '06	♛♛ 8
● Bolgheri Camarcanda '05	♛♛ 8

○ Vernaccia di S. Gimignano Ris. '08	♛♛ 2*
● Ingredienti: Uva	♛ 3
○ Vernaccia di S. Gimignano '11	♛ 2
● Gabriele '07	♛♛ 4
● Teodoro '07	♛♛ 4
● Teodoro '06	♛♛ 4
○ Vernaccia di S. Gimignano '10	♛♛ 2*
○ Vernaccia di S. Gimignano '09	♛♛ 2
○ Vernaccia di S. Gimignano '08	♛♛ 2*
○ Vernaccia di S. Gimignano V. ai Sassi '07	♛♛ 3
○ Vernaccia di S. Gimignano V. ai Sassi '06	♛♛ 3
○ Vernaccia di S. Gimignano V. ai Sassi '05	♛♛ 3
○ Vernaccia di S. Gimignano V. ai Sassi '04	♛♛ 3
○ Vernaccia di S. Gimignano V. ai Sassi '03	♛♛ 3

Camigliano

loc. Camigliano
via d'Ingresso, 2 - 53024 Montalcino [SI]
Tel. 0577816061
www.camigliano.it

藏酒销售
预约参观
膳宿接待
年产量 300 000 瓶
葡萄种植面积 92 公顷
葡萄栽培方式 传统栽培

酒庄位于蒙塔尔奇诺（Montalcino）西部边缘的一个有着古老历史的山村。从玛内玛（Maremma）与梅塔利费雷山（Colline Metallifere）往下俯瞰，纯净无暇的乡村自然风光勾勒出一幅绚丽的山水画，为卡米格里亚诺庄园（Camigliano）写下了亘古的美丽传说。格黑济家族（Ghezzi）在20世纪50年代末便注意到了这个美丽的山村，并将这片土地变成葡萄酒生产业最为活跃的核心，为保持这个地区的生机活力做出了重要的贡献。他们的葡萄园占地大约100公顷，主要种植圣乔维斯（Sangiovese）品种。新建的地下酒窖主要有两个，提供更多景观之余，也增加了一个更实用的酿酒场地。

Antonio Camillo

fraz. Alberese
s.da Banditella 2 - 58100 Grosseto
Tel. 0564405099
www.poggioargentiera.com

藏酒销售
预约参观
年产量 20 000 瓶
葡萄种植面积 5 公顷
葡萄栽培方式 有机认证

安东尼奥•卡米洛（Antonio Camillo）的人生是一个迷人的故事。他是一位来自葡萄酒区玛内玛（Maremma）的酿酒专家，在他踏进吉安保罗•帕里亚（Gianpaolo Paglia）的银爵酒庄（Poggio Argentiera），决定与帕里亚共事的同时，便以他自己的名义开辟了一条独立酿酒的路线。两人合作无间，有着完美的理解与默契。卡米洛酿的酒不同于一般的类型，有着个人独特的风格。大家都认为，这些酒是扎根于土地、极其自然的，那怡人的风格和诱惑的醇香必定会给人们留下一个深刻的印象。

○ Moscadello di Montalcino L'Aura '10	5
● Brunello di Montalcino Gualto Ris. '06	7
● Brunello di Montalcino '07	6
○ Gamal '11	2
● Poderuccio '10	2
● Brunello di Montalcino '06	6
● Brunello di Montalcino '05	5
● Brunello di Montalcino '04	5
● Brunello di Montalcino Gualto Ris. '05	7
● Brunello di Montalcino Gualto Ris. '04	7
● Rosso di Montalcino '08	3
● Sant'Antimo Cabernet Sauvignon Campo ai Mori '08	4

● Vallerana Alta '10	3*
○ Alture '11	3
● Principio '11	2*

Canalicchio Franco Pacenti
LOC. CANALICCHIO DI SOPRA, 6
53024 MONTALCINO [SI]
TEL. 0577849277
www.canalicchiofrancopacenti.it

藏酒销售
预约参观
年产量 37 000 瓶
葡萄种植面积 10 公顷

佛朗哥•帕森蒂（Franco Pacenti）的葡萄园面积大约10公顷，只种植圣乔维斯红葡萄（sangiovese）。他是蒙塔尔奇诺（Montalcino）北区受人尊敬的、始终如一的酿酒名人之一。酒庄起源于1988年，位于加纳里奇奥（Canalicchi）区域、海拔约300米处的葡萄园，它的土壤条件为中等密度的黏土而非硬土，在这样的自然条件产出的葡萄酒一般是简朴、高单宁，然而如果在酒瓶里完全充入空气，并且更重要的是在瓶中陈放足够时间，那么就能更加改善。从它的根和块菌来看，这些布内罗（Brunello）有点像内比奥罗（Nebbiolos），这有一部分是因为运用了传统的酿制程序，浸渍大量时间，以及在大型橡木桶里陈年。

● Brunello di Montalcino '07	🍷🍷 5
● Rosso di Montalcino '10	🍷🍷 3
● Il Bersaglio '11	🍷 2
● Brunello di Montalcino '04	🍷🍷🍷 5
● Brunello di Montalcino '06	🍷🍷 5
● Brunello di Montalcino '05	🍷🍷 5
● Brunello di Montalcino '00	🍷🍷 5*
● Brunello di Montalcino Ris. '04	🍷🍷 7

Canalicchio di Sopra
LOC. CASACCIA, 73 - 53024 MONTALCINO [SI]
TEL. 0577848316
www.canalicchiodisopra.com

藏酒销售
预约参观
膳宿接待
年产量 55 000 瓶
葡萄种植面积 15 公顷

酒庄位于可以俯瞰布翁孔文托（Buonconvento）北边的小山上，由西蒙内塔（Simonetta）、马尔科（Marco）和弗朗西斯科•里帕西奥里（Francesco Ripaccioli）三兄妹运营，是蒙塔尔奇诺区（Montalcino）最协调一致的、最值得信赖的酒庄。该酒庄是他们的祖父普里莫•帕森蒂（Primo Pacenti）在1961年建立的，并由他们父亲皮尔路易吉（Pier Luigi Ripaccioli）管理多年。加纳里奇奥（Canalicchi）和乐戈德一蒙特索里（Le Gode di Montosoli）大约15公顷的葡萄园孕育了特点鲜明的、充满生机的的葡萄，把它们浸泡约20天并在3 000公升的斯拉夫尼亚橡木桶里发酵，就酿制成圣乔维斯葡萄酒。

● Brunello di Montalcino '07	🍷🍷🍷 6
● Brunello di Montalcino Ris. '06	🍷🍷 8
● Rosso di Montalcino '10	🍷 3
● Brunello di Montalcino '06	🍷🍷🍷 6
● Brunello di Montalcino Ris. '04	🍷🍷🍷 7
● Brunello di Montalcino Ris. '01	🍷🍷🍷 7
● Brunello di Montalcino '05	🍷🍷 6
● Rosso di Montalcino '09	🍷🍷 3
● Rosso di Montalcino '08	🍷🍷 3*

托斯卡纳区
TUSCANY

Canneto
VIA DEI CANNETI, 14
53045 MONTEPULCIANO [SI]
TEL. 0578757737
www.canneto.com

藏酒销售
预约参观
膳宿接待
年产量 115 000 瓶
葡萄种植面积 29 公顷

该酒庄有着相当古老的历史根源，它是由一些瑞士葡萄酒狂热者所收购。他们对本土的葡萄酒一直都很感兴趣，并且引进到自己国家去。在20世纪80年代中期，随着园地和酒窖的翻新以及酒庄风格的谨慎改变，它的酒标开辟了一条崭新的路线。然而，在走向现代主义的同时，它也从不忽视追求一定的根源性，尤其是对于传统的本土酒来说。

● Nobile di Montepulciano '09	♟♟♟ 3*
● Nobile di Montepulciano Ris. '08	♟ 4
● Nobile di Montepulciano '08	♟♟ 3
● Nobile di Montepulciano '07	♟♟ 3
● Nobile di Montepulciano Ris. '07	♟♟ 4
○ Vendemmia Tardiva '09	♟♟ 3

Capanna
LOC. CAPANNA, 333 - 53024 MONTALCINO [SI]
TEL. 0577848298
www.capannamontalcino.com

藏酒销售
预约参观
年产量 70 000 瓶
葡萄种植面积 19.5 公顷

在蒙塔尔奇诺（Montalcino），想要展现深深根植与传统的布内罗葡萄酒（Brunello）的理念并不是一件轻易的事，它带给我们唯一的暗示似乎只是它的强烈性和可接近性，于是这就要求我们有足够的耐心和倾听的技巧。帕特里齐奥•森科尼（Patrizio Cenconi）很清楚地知道这一点，如今他已闻名于那些对纯正古典感兴趣的人当中并受到了肯定和赞美。他的酒一般是严肃的却不失微妙，这点我们可以从产于蒙特索里（Montosoli）并最终酿制于大型橡木桶里的圣乔维斯葡萄（Sangiovese）中想象得出来。梅洛（Merlot）成分多的蒙塔尔奇诺干红葡萄酒（Sant'Antimo Rosso）以及由单一品种圣乔维斯组成的赛罗红葡萄酒（Rosso del Cerro）的出产，为这个系列画上了圆满的句号。

● Brunello di Montalcino Ris. '06	♟♟♟ 7
● Brunello di Montalcino '07	♟♟ 5
● Rosso del Cerro '10	♟♟ 2*
● Sant'Antimo Rosso '10	♟♟ 4
○ Moscadello di Montalcino '11	♟ 2
● Rosso di Montalcino '10	♟ 3
● Brunello di Montalcino Ris. '04	♟♟♟ 7
● Brunello di Montalcino Ris. '90	♟♟♟ 6
● Brunello di Montalcino '06	♟♟ 5

Tenuta Caparzo

loc. Caparzo
SP del Brunello - 53024 Montalcino [SI]
Tel. 0577848390
www.caparzo.it

藏酒销售
预约参观
膳宿接待
年产量　455 000 瓶
葡萄种植面积　90 公顷

风格重整是伊莉莎贝塔•格娜迪（Elisabetta Gnudi）强烈渴望实现的事，而如今其过程已经逐渐出现在卡帕佐酒庄（Caparzo）之中。作为蒙塔尔奇诺（Montalcino）法定产区酒（DOC）的一个经典的名字，卡帕佐酒庄（Tenuta Caparzo）在该区各地拥有着大约90公顷的葡萄园。圣乔维斯（sangiovese）是这片园地的主要品种，但也有其他品种，如霞多丽（Chardonnay）、索维农（Sauvignon）、特拉米娜（Traminer）、解百纳（Cabernet）、西拉（Syrah）、卡乐罗（Colorino）、梅洛（Merlot）和小维铎（Petit Verdot）。该酒庄的风格众所周知，这首先该归功于拉卡萨（La Casa）的最好版本，这是布内罗（Brunello）的精选酒，有着精致的现代口感，表现出北部地区的特征。

● Brunello di Montalcino '07	♛♛ 6
● Brunello di Montalcino V. La Casa Ris. '06	♛♛ 8
● Ca' del Pazzo '07	♛♛ 5
○ Moscadello di Montalcino V. T. '06	♛♛ 5
● Brunello di Montalcino Ris. '06	♛ 7
● Rosso di Montalcino '10	♛ 3
● Brunello di Montalcino La Casa '93	♛♛♛ 6
● Brunello di Montalcino La Casa '88	♛♛♛ 6
● Brunello di Montalcino '06	♛♛ 6
● Brunello di Montalcino '05	♛♛ 5
● Brunello di Montalcino La Casa '06	♛♛ 8
● Brunello di Montalcino Ris. '04	♛♛ 7
● Rosso di Montalcino La Caduta '07	♛♛ 4

Tenuta di Capezzana

loc. Seano
via Capezzana, 100
59015 Carmignano [PO]
Tel. 0558706005
www.capezzana.it

藏酒销售
预约参观
膳宿接待
年产量　600 000 瓶
葡萄种植面积　92 公顷
葡萄栽培方式　传统栽培

为卡皮加纳酒庄（Capezzana）写今年的介绍甚为感伤，因为今年是家族始祖乌戈•康蒂尼•伯纳克斯（Ugo Contini Bonaccossi）逝世以来的第一次。乌戈是保证法定产区酒（DOCG）的拥护者之一，一直怀着一颗好奇的心关注着葡萄酒产业的新动向，孜孜不倦地推动着该地区的发展。他的孩子接管酒庄也有一段时间，并且将会毫无疑问地怀着与他们父亲同样的热情和能量一直持续管理下去。酒庄秉承的理念能够在传统的基础上加以改革，因为这些酒在风格上保留着他们鲜明的传统特点，并随着时间的积累不断发展。

● Carmignano Villa di Capezzana '08	♛♛ 4
● Ghiaie della Furba '08	♛♛ 5
● Barco Reale '10	♛♛ 2*
● Sessanta '07	♛♛ 2*
○ Trebbiano '09	♛♛ 4
○ Vin Santo di Carmignano Ris. '06	♛♛ 6
● Carmignano Villa di Trefiano Ris. '08	♛ 5
● Carmignano Villa di Capezzana '07	♛♛♛ 4
● Carmignano Villa di Capezzana '05	♛♛♛ 4
● Carmignano Villa di Capezzana '99	♛♛♛ 5
● Ghiaie della Furba '01	♛♛♛ 5
● Ghiaie della Furba '98	♛♛♛ 5
○ Vin Santo di Carmignano Ris. '05	♛♛♛ 5
● Ghiaie della Furba '07	♛♛ 5
● Ghiaie della Furba '06	♛♛ 5
○ Trebbiano '08	♛♛ 4

TUSCANY 托斯卡纳区

Caprili

LOC. SANTA RESTITUTA
53024 MONTALCINO [SI]
TEL. 0577848566
www.caprili.it

藏酒销售
预约参观
年产量 75 000 瓶
葡萄种植面积 16 公顷

20世纪60年代中期，巴特罗梅家族（Bartolommei）从卡斯特里·马蒂诺奇斯（Castelli-Martinozzis）手中收购了卡普瑞丽酒庄（Caprili）。1987年，酒庄酿制出第一批布内罗（Brunello）葡萄酒。长时间陈年于大型斯拉夫尼亚（Slavonian）橡木桶中，遵循酿酒传统。卡皮内洛（Cappe Nero）、德尔埃斯（dell'Esse）、特斯吐奇亚（Testucchiaia）、库瓦德鲁斯（Quadrucci）、皮诺（del Pino）和派拉泽托（del Palazzetto）这些不同的园地所产的葡萄先是独立发酵，继而融合在一起，最终都用于酿制布内罗。马德里园（Vigna Madre）的葡萄主要被酿制成为珍藏酒，而来自弗纳西纳园（Vigna della Fornacina）的特比安诺（Trebbiano）和马瓦西亚（Malvasia）葡萄则被用于酿造圣阿提默白葡萄酒（Sant'Antimo Bianco）和莫斯卡德罗（Moscadello）。

● Brunello di Montalcino Ris. '06	🍷🍷🍷 5
● Brunello di Montalcino '07	🍷🍷 5
● Brunello di Montalcino '06	🍷🍷🍷 5
● Brunello di Montalcino Ris. '04	🍷🍷🍷 5
● Brunello di Montalcino '05	🍷🍷 5

Fattoria Carpineta Fontalpino

FRAZ. MONTAPERTI - LOC. CARPINETA
53019 CASTELNUOVO BERARDENGA [SI]
TEL. 0577369219
www.carpinetafontalpino.it

藏酒销售
预约参观
膳宿接待
年产量 100 000 瓶
葡萄种植面积 23 公顷

酒庄在最近几年实现了质量上的飞跃，这归功于管理者对葡萄园和酒窖管理所付出的艰辛的努力，最终这个系列的葡萄酒展现了现代的风格却不失平衡和个性。这些葡萄酒大方圆润，酒体强大，口感紧致且新鲜，展示了成熟的果实风味，在市场上大受青睐。它们主要酿制于小型的橡木桶内，被施以精心的照料，经过了标准测量的成熟期。

● Do ut des '10	🍷🍷🍷 5
● Chianti Cl. Fontalpino '10	🍷🍷 3
● Chianti Cl. Fontalpino Ris. '09	🍷 5
● Do ut des '09	🍷🍷🍷 5
● Do ut des '07	🍷🍷🍷 5
● Dofana '07	🍷🍷🍷 8
● Chianti Cl. Fontalpino '09	🍷🍷 3
● Chianti Cl. Fontalpino '08	🍷🍷 3
● Chianti Cl. Fontalpino '07	🍷🍷 3
● Chianti Cl. Fontalpino '06	🍷🍷 3*
● Chianti Cl. Fontalpino Ris. '08	🍷🍷 5
● Chianti Cl. Ris. '06	🍷🍷 5
● Do ut des '08	🍷🍷 5
● Do ut des '06	🍷🍷 5
● Do ut des '05	🍷🍷 5
● Dofana '06	🍷🍷 8

托斯卡纳区
TUSCANY

Casa al Vento

Loc. Casa al Vento
53013 Gaiole in Chianti [SI]
Tel. 0577749068
www.borgocasaalvento.com

藏酒销售
预约参观
膳宿接待
年产量 40 000 瓶
葡萄种植面积 5.8 公顷
葡萄栽培方式 有机认证

总体来说,产量少并且葡萄种植面积小的特点,使得吉尔弗雷达家族(Gioffreda)的这座自2003年起便活跃于葡萄种植业的的酒庄成为了一个高水平酿酒工艺的典型范例,这也是该酒庄显著的特征之一。该酒庄在葡萄园的实践了有机种植,这种种植方法给予了自然环境最大的尊重。在酒窖的葡萄酒主要是在小型橡木桶中酿制,明确定义了该区域的特点和个性,展现了现代的风格而不是平衡。

Casa alle Vacche

Fraz. Pancole
Loc. Lucignano, 73a
53037 San Gimignano [SI]
Tel. 0577955103
www.casaallevacche.it

藏酒销售
预约参观
膳宿接待
年产量 130 000 瓶
葡萄种植面积 20 公顷

酒庄为希亚皮家族(Ciappi)所有,葡萄园和酿酒厂均位于该地,其名称源于古时,在卢奇亚尼诺(Lucignano)曾作为一个牲畜圈养地。现在整个酒庄30公顷的面积中,有20公顷是作为葡萄园。它种植的品种各异,有本地品种,比如红葡萄中的圣乔维斯(Sangiovese)和卡内奥罗(Canaiolo)以及白葡萄中的维纳奇亚(Vernaccia)和玛尔维萨(Malvasia del Chianti),也有国际品种,如赤霞珠(Cabernet Sauvignon)、梅洛(Merlot)和莎当尼(Chardonnay)。每一年,这个现代化的酒窖都生产了很有表现力和有劲的葡萄酒,这些酒同时有着充分的个性特点。

● Chianti Cl. Foho Ris. '09	㍿ 4
● Gaiolè '09	㍿ 2*
● Chianti Cl. Foho Ris. '08	㍿ 4
● Chianti Cl. Aria '09	㍿ 3
● Chianti Cl. Aria '08	㍿ 3
● Chianti Cl. Foho Ris. '07	㍿ 4
● Chianti Cl. Foho Ris. '06	㍿ 4
● Gaiolè '07	㍿ 4
● Gaiolè '06	㍿ 4

○ Vernaccia di S. Gimignano '11	㍿ 2*
○ Vernaccia di S. Gimignano I Macchioni '11	㍿ 2*
● Acantho '10	㍿ 3
● Colorino '11	㍿ 2
⊙ Rosato '11	㍿ 2
● Acantho '08	㍿ 2*
● Aglieno '08	㍿ 2*
● Aglieno '07	㍿ 2*
○ Vernaccia di S. Gimignano '08	㍿ 1*
○ Vernaccia di S. Gimignano Crocus Ris. '09	㍿ 3
○ Vernaccia di S. Gimignano Crocus Ris. '08	㍿ 2
○ Vernaccia di S. Gimignano Crocus Ris. '07	㍿ 2
○ Vernaccia di S. Gimignano I Macchioni '10	㍿ 2
○ Vernaccia di S. Gimignano I Macchioni '09	㍿ 2*

TUSCANY 托斯卡纳区

Casa Emma

Loc. Cortine
SP di Castellina in Chianti, 3
50021 Barberino Val d'Elsa [FI]
Tel. 0558072239
www.casaemma.com

藏酒销售
预约参观
年产量 85 000 瓶
葡萄种植面积 23 公顷

卡萨艾玛（Casa Emma）为布卡洛斯家族（Bucalossi）所拥有，葡萄园在巴贝里诺瓦德尔萨（Barberino Val d'Elsa）和康帝（Chianti）的卡斯特利纳（Castellina）之间隔段分布着。这两个特定的地区的葡萄酒都定义明确，其风格反映了对成熟果实的追求并以橡木桶的大量使用（主要是小型桶）和平衡的方式测量为支撑点。这些酒在技术上完美无瑕，并且经常能够很真实地反映出它们原产地的特征。

● Chianti Cl. Ris. '09	🍷5
● Chianti Cl. '10	🍷🍷3
● Soloio '09	🍷6
● Chianti Cl. Ris. '95	🍷🍷🍷4
● Chianti Cl. Ris. '93	🍷🍷🍷4
● Soloio '94	🍷🍷🍷4
● Chianti Cl. '08	🍷🍷3
● Chianti Cl. '07	🍷🍷3
● Chianti Cl. '08	🍷🍷5
● Chianti Cl. Ris. '07	🍷🍷5
● Chianti Cl. Ris. '05	🍷🍷5
● Soloio '06	🍷🍷6

Fattoria Le Casalte

Fraz. Sant'Albino
via del Termine, 2
53045 Montepulciano [SI]
Tel. 0578798246
www.lecasalte.com

藏酒销售
预约参观
年产量 50 000 瓶
葡萄种植面积 13 公顷

奇亚拉·巴里奥费（Chiara Barioffi）所经营的这个酒庄无疑是蒙特布查诺（Montepulciano）最佳酒庄之一，特别是对那些寻求能够结合当代理念和历史根源、将蒙特布查诺酿酒史最真实地阐释出来的古典葡萄酒酿造者来说，就更是如此。这意味着他们需要采用一种彻底的、毫不妥协的酿酒工艺和种植方法，包括一丝不苟的葡萄栽培程序、无欺诈的葡萄种植工艺、使用本地不同品种以及在传统大型橡木桶里陈酿等，这是最根本的方法，没有其他。

● Rosso di Montepulciano '10	🍷🍷2*
○ Celius '11	🍷2
● Rosso Toscano '10	🍷2
● Nobile di Montepulciano Quercetonda '06	🍷🍷🍷5
● Nobile di Montepulciano '08	🍷🍷3
● Nobile di Montepulciano Quercetonda '07	🍷🍷5
● Rosso Toscano '08	🍷🍷2*
○ Vin Santo di Montepulciano '03	🍷🍷7
○ Vin Santo di Montepulciano '00	🍷🍷7
○ Vin Santo di Montepulciano '99	🍷🍷7

托斯卡纳区
TUSCANY

★Casanova di Neri

POD. FIESOLE - 53024 MONTALCINO [SI]
TEL. 0577834455
www.casanovadineri.com

藏酒销售
预约参观
膳宿接待
年产量 225 000 瓶
葡萄种植面积 55 公顷

近年来，内里·卡萨诺瓦酒庄（Casanova di Neri）的葡萄酒的名声成功地走出了蒙塔尔奇诺地区（Montalcino）。该酒庄的事业开始于20世纪70年代，而今天吉亚科莫·内里（Giacomo Neri）是葡萄园的主要操持者，并努力塑造了蒙塔尔奇诺（Montalcino）的圣乔维斯葡萄（Sangiovese）的风格，使其强度、萃取度和饱满度都达到几乎无法辨认的程度。这些品质从葡萄园所在地的方面来看也是很值得赞美的，例如南部斜坡上的赛斯塔区（Sesta）和卡斯特尔瓦诺·德尔·阿贝特（Castelnuovo dell'Abat）的卡瓦·德尔·阿尼斯（Cava dell'Onice），更不用说东部红壤荒地的科里塔托庄园（Cerretalto）。这个系列包括了三种布内罗（Brunello）和一种红葡萄（Rosso），后来又加入了由赤霞珠（Carbernet）转变而来的皮尔特拉多尼斯（Pietradonice）和圣安蒂莫（Sant'Antimo）。

- Brunello di Montalcino Cerretalto '06　♟♟♟ 8
- Brunello di Montalcino Tenuta Nuova '07　♟ 8
- Brunello di Montalcino '07　♟ 5
- Rosso di Montalcino '10　♟ 4
- Brunello di Montalcino '06　♟♟♟ 5
- Brunello di Montalcino Cerretalto '04　♟♟♟ 8
- Brunello di Montalcino Cerretalto '01　♟♟♟ 8
- Brunello di Montalcino Cerretalto '99　♟♟♟ 8
- Brunello di Montalcino Tenuta Nuova '06　♟♟♟ 8
- Brunello di Montalcino Tenuta Nuova '05　♟♟♟ 7
- Brunello di Montalcino Tenuta Nuova '01　♟♟♟ 6
- Brunello di Montalcino Tenuta Nuova '99　♟♟♟ 6
- Pietradonice '05　♟♟♟ 8
- Sant'Antimo Pietradonice '01　♟♟♟ 8

Podere Il Castagno

FRAZ. OSSAIA
LOC. IL CASTAGNO
52040 CORTONA [AR]
TEL. 063223541
www.fabriziodionisio.it

预约参观
年产量 30 000 瓶
葡萄种植面积 15 公顷

这个酒庄本是一处远离喧嚣都市的周末度假屋，尔后逐渐转变成一座葡萄酒酒庄。然而，直到创立人塞尔吉奥（Sergio）的儿子法布里奥·迪奥尼西奥（Fabrizio Dionisio）在20世纪90年代末进入商业经营之后，这里的葡萄酒生产才开始占据主导的地位。他在20年前购买的另一块土地，使得该酒庄有了如今的规模。这里主要出产集中在本地葡萄品种和西拉（Syrah），并在所有可能的区域都有种植。

- Cortona Syrah Il Castagno '09　♟ 5
- Cortona Syrah Castagnino '10　♟ 3
- ○ Rosa del Castagno '11　♟ 3
- Cortona Syrah '07　♟♟ 4
- Cortona Syrah '06　♟♟ 4
- Cortona Syrah Castagnino '09　♟♟ 3*
- Cortona Syrah Cuculaia '08　♟♟ 6
- Cortona Syrah Il Castagno '08　♟♟ 5

TUSCANY 托斯卡纳区

Castell'in Villa

loc. Castell'in Villa
53019 Castelnuovo Berardenga [SI]
Tel. 0577359074
www.castellinvilla.com

藏酒销售
预约参观
年产量 100 000 瓶
葡萄种植面积 8 公顷

这个酒庄与自然和谐共处，浑然一体，更重要的是，它把握了明确的生命哲学，引导亚历桑德罗·托法纳里（Alessandro Tofanari）及其妻子西蒙娜（Simona）作出所有的决定，尤其是关于有机培植葡萄园和酿制葡萄酒的决定。当你从酒窖眺望整个酒庄的时候，你便会发现这种和谐是显而易见的。葡萄园地只占据了最小的表面积——只占整个54公顷中的8公顷——大部分的空间都用来种植粮食作物以及橄榄树。葡萄园都在由沙土和湖石灰岩衍生出的新生土壤之上。这个相对而言较年轻的酒庄有着自身的闪光点和优势，让我们对它的未来充满了希望和信心。

● Chianti Cl. '08	🍷🍷🍷	5
● Chianti Cl. Ris. '06	🍷🍷	6
● Chianti Cl. Poggio delle Rose Ris. '06	🍷🍷	6
● Santa Croce '07	🍷🍷	6
○ Vin Santo del Chianti Cl. '95	🍷🍷	8
● Chianti Cl. Castell'in Villa '05	🍷🍷	5
● Chianti Cl. Ris. '04	🍷🍷	6

La Castellaccia

via di Montauto, 18a
53037 San Gimignano [SI]
Tel. 0577940426
www.lacastellaccia.it

藏酒销售
预约参观
膳宿接待
年产量 30 000 瓶
葡萄种植面积 9 公顷
葡萄栽培方式 有机认证

卡斯泰利（Castellare di Castellani）一直成功地在古典康帝（Chianti Classico）中占据一个龙头的地位，这多亏于一座经久不衰的酒庄自觉做出的选择。它的目标在于恢复产品最深层的表现力，并与原产地接轨。该酒庄产品的风格深深地根植于对平衡和优雅的追求，集中体现在对橡木桶的谨慎使用，使得这些酒入口浓郁，有着各自的特性。

○ Vernaccia di San Gimignano Ciprea '11	🍷🍷	2*
● San Gimignano Rosso Il Corsiero '09	🍷	4
○ Vernaccia di San Gimignano '10	🍷🍷	2*
○ Vernaccia di San Gimignano Astrea '10	🍷🍷	2*
○ Vernaccia di San Gimignano Murice '08	🍷🍷	2

TUSCANY 托斯卡纳区

★Castellare di Castellina

LOC. CASTELLARE
53011 CASTELLINA IN CHIANTI [SI]
TEL. 0577742903
www.castellare.it

藏酒销售
预约参观
膳宿接待
年产量 200 000 瓶
葡萄种植面积 50 公顷

卡斯特林（Castell'in Villa）是古典康帝（Chianti Classico）中最重要的酒庄之一，这多亏了它经久不衰的古典风格，充分地体现了当地特色以及圣乔维斯葡萄（sangiovese）的特点。酒庄占地面积为300公顷，其中50公顷种植葡萄，分布在八个不同的地块，每个地块都有着独特的土壤类型和地方气候，出产不同种类的葡萄，用它们自身独特的方言讲述着"康帝"这一共同的语言。

● I Sodi di S. Niccolò '08	7
● 30 Vendemmie '07	8
● Chianti Cl. Ris. '09	4
● Chianti Cl. '10	3
● Chianti Cl. V. Il Poggiale Ris. '09	5
● Coniale '08	7
● Chianti Cl. V. Il Poggiale Ris. '01	5
● Chianti Cl. V. Il Poggiale Ris. '00	5
● I Sodi di S. Niccolò '07	7
● I Sodi di S. Niccolò '06	7
● I Sodi di S. Niccolò '05	7
● I Sodi di S. Niccolò '04	7
● I Sodi di S. Niccolò '03	7
● I Sodi di S. Niccolò '02	7

★Castello Banfi

LOC. SANT'ANGELO SCALO
CASTELLO DI POGGIO ALLE MURA
53024 MONTALCINO [SI]
TEL. 0577840111
www.castellobanfi.com

藏酒销售
预约参观
膳宿接待
年产量 10 500 000 瓶
葡萄种植面积 800 公顷

20世纪70年代，如果酒庄没有掌管者玛丽安妮家族（Mariani）这样的重要角色，那么他们今天在蒙塔尔奇诺（Montalcino）的光环及其葡萄酒的形象事实上是不可能恢复的。在十多年间，除了亚力山德里亚（Alessandria）附近的维涅酒庄（Vigne Reali）以及班菲托斯卡纳的土地之外，克里斯蒂娜•玛丽安妮（Cristina Mariani-May）和詹姆斯•玛丽安妮（James Mariani）两堂兄妹还与恩里科•维利尔奇奥（Enrico Viglierchio）并肩管理着蒙塔尔奇诺800公顷的葡萄园，特别是南部地区。其所产的葡萄酒包括一系列国际品种，以及有着香甜可口、果香浓郁的三种布内罗红葡萄酒（Brunello）。

● Belnero '09	5
● Brunello di Montalcino Poggio all'Oro Ris. '06	8
● Cum Laude '09	5
● Brunello di Montalcino Poggio alle Mura '07	7
● Excelsus '09	8
● Rosso di Montalcino '10	3
● Rosso di Montalcino Poggio alle Mura '10	5
● Summus '09	7
● Brunello di Montalcino '07	6
● Centine '10	2
○ Centine Rosé '11	3
○ Fontanelle '11	5
○ Moscadello di Montalcino Florus '10	6
○ San Angelo '11	4

托斯卡纳区
TUSCANY

Castello d'Albola
LOC. PIAN D'ALBOLA, 31
53017 RADDA IN CHIANTI [SI]
TEL. 0577738019
www.albola.it

藏酒销售
预约参观
年产量 800 000 瓶
葡萄种植面积 157 公顷

佐宁集团（Gruppo Zonin）是意大利最大的酿酒集团，该酒庄产出了与土地交融得最和谐的葡萄酒。这些雕刻在康帝（Chianti）的拉达酒庄（Radda）上的风格将其所在区域的显著特征天衣无缝地结合在一起，呈现出平衡、新鲜、个性鲜活的特点。另外一个同等重要的贡献是对橡木酌情地使用而从不滥用，其中既有大型桶，又有小型桶。

★Castello dei Rampolla
VIA CASE SPARSE, 22 - 50020 PANZANO [FI]
TEL. 055852001
castellodeirampolla.cast@tin.it

藏酒销售
预约参观
年产量 90 000 瓶
葡萄种植面积 42 公顷
葡萄栽培方式 传统栽培

作为古典康帝区（Chianti Classico）一个长久不衰的酿酒厂，该酒庄长久以来生产出的葡萄酒无疑都是高价值的。今天，拿波里拉家族酒庄（Di Napoli Rampolla）的产品持续以它们那富含表达力的深度和彻底无压制的风格给人带来深刻的印象。平衡性是它的目标之一，也是这些葡萄酒首先达到的目标。这多亏于多年的有机生物栽培以及之后在酒窖里灵活地应用橡木（有时会跟双耳陶罐结合使用）进行陈化。另外一个目标则是真实性。

● Chianti Cl. Ris. '08	🍷🍷🍷 4*
● Chianti Cl. '09	🍷🍷 3
● Acciaiolo '09	🍷 6
● Chianti Cl. Le Ellere '09	🍷 3
● Il Solatio '10	🍷 5
● Acciaiolo '06	🍷🍷🍷 6
● Acciaiolo '04	🍷🍷🍷 6
● Acciaiolo '01	🍷🍷🍷 6
● Acciaiolo '95	🍷🍷🍷 5
● Chianti Cl. Le Ellere '08	🍷🍷🍷 3
● Acciaiolo '07	🍷🍷 6
● Chianti Cl. '08	🍷🍷 3
● Chianti Cl. Ris. '07	🍷🍷 4
● Chianti Cl. Ris. '05	🍷🍷 4
● Chianti Cl. Ris. '04	🍷🍷 4

● d'Alceo '08	🍷🍷 8
● Sammarco '08	🍷🍷 8
● d'Alceo '04	🍷🍷🍷 8
● d'Alceo '03	🍷🍷🍷 8
● d'Alceo '01	🍷🍷🍷 8
● d'Alceo '00	🍷🍷🍷 8
● La Vigna di Alceo '99	🍷🍷🍷 8
● La Vigna di Alceo '98	🍷🍷🍷 8
● La Vigna di Alceo '97	🍷🍷🍷 8
● La Vigna di Alceo '96	🍷🍷🍷 8
● Sammarco '94	🍷🍷🍷 8
● Sammarco '86	🍷🍷🍷 8

TUSCANY

★Castello del Terriccio

LOC. TERRICCIO
VIA BAGNOLI, 16
56040 CASTELLINA MARITTIMA [PI]
TEL. 050699709
www.terriccio.it

藏酒销售
预约参观
年产量 200 000 瓶
葡萄种植面积 62 公顷

这个位于滨海卡斯特利纳的美丽酒庄，在战后开始便属于塞拉菲尼费里家族（Serafini Ferri），然而，将葡萄酒生产带进该酒庄工程的中心则属于吉安安尼巴莱罗西（Gian Annibale Rossi di Medelana）的功劳了。该酒庄种植的葡萄品种包括赤霞珠（Cabernet Sauvignon）、品丽珠（Franc）、梅洛（Merlot）、小唯多（Petit Verdot）、西拉（Syrah）、圣乔维斯（Sangiovese）以及莎当尼（Chardonnay）和索维农（Sauvignon）。这些葡萄酒呈现代风格，充分体现了一个辽阔无污染的地区特征。

Castello del Trebbio

LOC. SANTA BRIGIDA, 9
50060 PONTASSIEVE [FI]
TEL. 0558304900
www.vinoturismo.it

藏酒销售
预约参观
年产量 245 000 瓶
葡萄种植面积 52 公顷

该酒庄有着悠久的历史。它建于11世纪，如今由马卡里奥（Baj Macario）拥有。安娜（Anna）负责销售、假日住宿和庄园旅游的工作，她丈夫斯特凡诺（Stefano）则负责管理园地和这里的酒窖，以及分别位于瓦尔迪卡尼亚（Val di Cornia）和撒丁区（Sardinia）的酒庄。该酒庄的生产理念是，在谨慎适度地使用橡木的同时，使葡萄酒得以最充分地表达出它们最真实的特点，然而其实验过程还有一些空间。

● Castello del Terriccio '07	♟♟♟ 8
● Castello del Terriccio '04	♟♟♟ 8
● Castello del Terriccio '03	♟♟♟ 8
● Castello del Terriccio '01	♟♟♟ 8
● Castello del Terriccio '00	♟♟♟ 8
● Lupicaia '07	♟♟♟ 8
● Lupicaia '06	♟♟♟ 8
● Lupicaia '05	♟♟♟ 8
● Lupicaia '04	♟♟♟ 8
● Lupicaia '01	♟♟♟ 8

● Pazzesco '08	♟♟ 5
● Vigneti Trebbio '09	♟♟ 4
○ Bianco della Congiura '10	♟ 3
● Chianti '11	♟ 2
● Chianti Rufina Lastricato Ris. '09	♟ 4
○ Bianco della Congiura '07	♟♟ 3
● Chianti Rufina Lastricato Ris. '07	♟♟ 4
● Chianti Rufina Lastricato Ris. '06	♟♟ 4
● Merlot '08	♟♟ 4
● Merlot '07	♟♟ 4
● Merlot '06	♟♟ 4
● Pazzesco '07	♟♟ 5
● Pazzesco '06	♟♟ 5
● Rosso della Congiura '04	♟♟ 6

TUSCANY 托斯卡纳区

★★ Castello di Ama

LOC. AMA - 53013 GAIOLE IN CHIANTI [SI]
TEL. 0577746031
www.castellodiama.com

预约参观
年产量 400 000 瓶
葡萄种植面积 90 公顷

这个酒庄一直是地区的代表企业。经典康帝（Chianti Classico）是他们的一个核心产品，由罗伦萨•塞巴斯蒂（Lorenza Sebasti）和马可•帕兰提（Marco Pallanti）负责。他们将稳定性和独创性融入其中，这种策略对非古典康帝酒的特点也产生了影响。本质表现是阿玛酒（Ama）的一个显著特征，虽然最近推出的芳香型新酒我们不是很喜欢。

● haiku '09	▼6
● l'Apparita '08	▼8
● Chianti Cl. Bellavista '01	▼▼▼8
● Chianti Cl. Bellavista '99	▼▼▼8
● Chianti Cl. Castello di Ama '05	▼▼▼5
● Chianti Cl. Castello di Ama '03	▼▼▼5
● Chianti Cl. Castello di Ama '01	▼▼▼5
● Chianti Cl. Castello di Ama '00	▼▼▼5
● Chianti Cl. Castello di Ama '99	▼▼▼5
● Chianti Cl. La Casuccia '04	▼▼▼8
● Chianti Cl. La Casuccia '01	▼▼▼8
● Chianti Cl. San Lorenzo '83	▼▼▼8
● l'Apparita Merlot '01	▼▼▼8
● l'Apparita Merlot '00	▼▼▼8

Castello di Bolgheri

LOC. BOLGHERI
S.DA LAURETTA, 7
57020 CASTAGNETO CARDUCCI [LI]
TEL. 0565762110
www.castellodibolgheri.eu

藏酒销售
预约参观
膳宿接待
年产量 60 000 瓶
葡萄种植面积 50 公顷

自16世纪起，这个酒庄成为了康蒂•黛拉（Conti della Gherardesca）的资产，而今由康蒂•吉勒里（Conti Zileri Dal Verme）所有，是保格利区（Bolgheri）最有趣的分区之一，这是由于它能够用一种优雅、纯熟的方式阐释该地区显著的特点。在农场建筑群周围，130公顷的土地中大约50公顷种植葡萄，所种的品种是本地的典型品种，如赤霞珠（Cabernet）、索维农（Sauvignon）、品丽珠（Franc）和梅洛（Merlot）。土壤组成的基本成分是砂黏土，掺和了大量的砾土和石灰岩。

● Bolgheri Sup. Castello di Bolgheri '09	▼▼▼6
● Bolgheri Rosso Varvàra '10	▼▼4
● Bolgheri Rosso Varvàra '09	▼▼4
● Bolgheri Sup. Castello di Bolgheri '07	▼▼▼6
● Bolgheri Sup. Castello di Bolgheri '08	▼▼6
● Bolgheri Sup. Castello di Bolgheri '06	▼▼7

托斯卡纳区
TUSCANY

Castello di Bossi

Loc. Bossi in Chianti - 53019 Castelnuovo Berardenga [SI]
Tel. 0577359330
www.castellodibossi.it

藏酒销售
预约参观
年产量 702 000 瓶
葡萄种植面积 124 公顷

贝拉登加新堡（Castelnuovo Berardenga）多年来的发展形成了一个稳定、清晰的风格。圣乔维斯（Sangiovese）、梅洛（Merlot）和赤霞珠（Cabernet Sauvignon）在该园地中占据主要地位。葡萄酒呈现绝对的现代风格，在使用小型橡木桶陈酿的条件下，风格更加明显。其酿制过程使用成熟的葡萄，以及强硕的、组织良好的酒体结构。同样的风格和基调也应用于托斯卡纳区附近的特蒂塔拉莫（Terre di Talamo）所产的葡萄酒，以及蒙塔尔奇诺区的仁尼尔利（Renieri）——也是巴斯家族（Bacci）的酒庄群中的一部分。

● Chianti Cl. '10	♛♛ 4
○ Vin San Laurentino '03	♛♛ 8
● Chianti Cl. Berardo Ris. '09	♛ 5
● Morellino Terre di Talamo Tempo '10	♛ 5
● Morellino Terre di Talamo Tempo Ris. '09	♛ 6
● Corbaia '03	♛♛♛ 6
● Corbaia '99	♛♛♛ 5
● Chianti Cl. Berardo Ris. '04	♛♛ 5
● Girolamo '04	♛♛ 6
● Morellino di Scansano Tempo Terra di Talamo '07	♛♛ 5

Castello di Cacchiano

Fraz. Monti in Chianti
Loc. Cacchiano - 53013 Gaiole in Chianti [SI]
Tel. 0577747018
www.castellodicacchiano.it

藏酒销售
预约参观
膳宿接待
年产量 120 000 瓶
葡萄种植面积 30 公顷

建立已久的卡池诺特酒庄（Castello di Cacchiano）自1974年起属于利卡索利家族（Ricasoli Firidolfi），而从1984年以来至今则由吉奥瓦尼（Giovanni）所拥有和运营。该酒厂的风格追求传统，根植于土地特征，并谨慎地避免其追赶潮流，使得圣乔维斯葡萄（Sangiovese）能够充分地自我表达。葡萄园地占据了该酒庄200公顷中的30公顷，而其余的土地则用来种植橄榄树、谷物及树林。酒窖中，这些酒主要是陈酿于中型木桶、大型桶以及一些酒桶中。

● Chianti Cl. '08	♛ 3
● Chianti Cl. Ris. '07	♛ 5
● Rosso di Toscana '10	♛ 2
● Chianti Cl. Ris. '06	♛♛♛ 5
● Chianti Cl. '07	♛♛ 3
● Chianti Cl. '06	♛♛ 3
● Chianti Cl. '05	♛♛ 3
● Chianti Cl. Millennio '07	♛♛ 5
○ Vin Santo del Chianti Cl. '02	♛♛ 7
○ Vin Santo del Chianti Cl. '01	♛♛ 6

TUSCANY
托斯卡纳区

★★Castello di Fonterutoli

Loc. Fonterutoli
via Ottone III di Sassonia, 5
53011 Castellina in Chianti [SI]
Tel. 057773571
www.fonterutoli.it

藏酒销售
预约参观
膳宿接待
年产量 700 000 瓶
葡萄种植面积 117 公顷

酒庄出品的葡萄酒风格是典型的结构强硕，果香成熟，充满力量，平衡度良好且优雅。此乃玛赛尼家族（Mazzei）所酿雷莫酒（Leitmotiv），古典康帝区（Chianti Classico）中的一款经典酒。这座位于康帝（Chianti）卡斯特利纳（Castellina）的酒庄所酿葡萄酒很有特点，并主要陈酿于酒桶之中。该系列葡萄酒的优势在于结合了先进的技术和地区的巨大酿酒潜力，该区堪称整个大区发展最快的区域之一。另外，位于玛内玛（Maremma）的贝古拉多酒庄（Belguardo）所产的葡萄酒也有着相同的质量。

● Mix36 '08	♛♛♛ 8
● Chianti Cl. Ser Lapo Ris. '08	♛♛ 5
● Badiola '10	♛ 3
○ Belguardo Vermentino '11	♛ 4
● Chianti Cl. '10	♛ 4
● Morellino di Scansano Bronzone Belguardo '09	♛ 3
● Serrata di Belguardo '10	♛ 4
● Chianti Cl. Castello di Fonterutoli '07	♛♛♛ 6
● Chianti Cl. Castello di Fonterutoli '04	♛♛♛ 6
● Chianti Cl. Castello di Fonterutoli '03	♛♛♛ 6
● Chianti Cl. Castello di Fonterutoli '01	♛♛♛ 6
● Siepi '08	♛♛♛ 8
● Siepi '06	♛♛♛ 8
● Siepi '05	♛♛♛ 8
● Siepi '03	♛♛♛ 8
● Siepi '01	♛♛♛ 8

Castello di Monsanto

Fraz. Monsanto
via Monsanto, 8
50021 Barberino Val d'Elsa [FI]
Tel. 0558059000
www.castellodimonsanto.it

藏酒销售
预约参观
膳宿接待
年产量 400 000 瓶
葡萄种植面积 72 公顷

莫萨蒂酒庄（Castello di Monsanti）也许是古典康帝（Chianti Classico）大区最有魅力的葡萄酒酒庄之一。我们已经认识到其出品的葡萄酒质量比较稳定，特征上深深根植于土地而又不乏极其娴熟的技艺以及精确的酿制过程。葡萄酒简单有特点，从不顺从制酒业的潮流，而是追求个性、多样性以及原产地性。在大型和小型橡木桶中进行陈年。

● Chianti Cl. Cinquantenario Ris. '08	♛♛♛ 6
● Chianti Cl. '10	♛♛ 3*
● Chianti Cl. Ris. '09	♛♛ 5
○ Fabrizio Bianchi Chardonnay '10	♛ 3
● Chianti Cl. Il Poggio Ris. '06	♛♛♛ 6
● Chianti Cl. Il Poggio Ris. '88	♛♛♛ 5
● Nemo '01	♛♛♛ 6
● Chianti Cl. Il Poggio Ris. '07	♛♛ 7
● Chianti Cl. Ris. '08	♛♛ 4
● Chianti Cl. Ris. '07	♛♛ 4

托斯卡纳区
TUSCANY

Castello di Poppiano

FRAZ. POPPIANO
VIA FEZZANA, 45 - 50025 MONTESPERTOLI [FI]
TEL. 05582315
www.conteguicciardini.it

藏酒销售
预约参观
年产量 270 000 瓶
葡萄种植面积 130 公顷

费纳桂蒂尼（Ferdinando Guicciardini）仍然掌控着家族位于科利然蒂尼（Colli Fiorentini）和玛ң（Maremma）的房产，妻蒂（Titti）协助在旁。他们的孙子贝纳多（Bernardo Guicciardini）和加比勒（Gabriele Farolfi）在最近几年也加入到酒庄的运营工作中。出品的葡萄酒风格稳定，尤其注重使用本地品种圣乔维斯葡萄（Sangiovese）。尊重传统很重要，但应顺应潮流，酿制更新鲜、简单易饮的葡萄酒里，这个理念完美地体现在他们最新酿造的喜特利亚（Historia）系列酒里。为了纪念费纳桂蒂尼（Ferdinando）的祖先法赛科•桂利（Francesco Guicciardini）——一个书写意大利历史的人物，他们酿造了这款酒。

Castello di Radda

LOC. IL BECCO - 53017 RADDA IN CHIANTI [SI]
TEL. 0577738992
www.castellodiradda.it

藏酒销售
预约参观
年产量 123 000 瓶
葡萄种植面积 32.5 公顷

由贝尔塔家族（Beretta）所有的该酒庄是整个经典康帝大区（Chianti Classico）中最年轻的酒庄之一。尽管它有着一些不规范的地方，但这些不规范对于一个如此年轻的酒庄来说，也很正常。除此之外，它毫无疑问地已经形成了特征鲜明的风格，酿制的康帝（Chianti）偏向于优雅、精致，以及其他该地区特有的特征。葡萄在酒窖的小型橡木桶里陈化，避免了毫无意义的压榨，出品的葡萄酒融合了葡萄的优点，并具备相当好的均衡性。

● La Historia '09	♛4
● Morellino di Scansano Carbonile '11	♛3
● Syrah '10	♛4
● Chianti Colli Fiorentini Il Cortile '10	♛3
● Chianti Colli Fiorentini Ris. '09	♛4
● Chianti Terre di Poppiano '11	♛2
● Morellino di Scansano I Massi '10	♛3
● Toscoforte '10	♛4
● Tricorno '09	♛6
○ Vin Santo della Torre Grande del Chianti '05	♛4
● Chianti Colli Fiorentini Ris. '07	♛♛3
● Morellino di Scansano Carbonile '10	♛♛3
● Toscoforte '08	♛♛3
● Tricorno '08	♛♛5

● Chianti Cl. Poggio Selvale Ris. '09	♛4
● Guss '09	♛6
● Chianti Cl. Castello di Radda '09	♛3
● Chianti Cl. Castello di Radda Ris. '09	♛6
● Chianti Cl. Poggio Selvale '09	♛4
● Chianti Cl. Ris. '07	♛♛5
● Chianti Cl. '08	♛♛3
● Chianti Cl. Poggio Selvale '06	♛♛4*
● Chianti Cl. Poggio Selvale '05	♛♛4*
● Chianti Cl. Poggio Selvale Ris. '04	♛♛4

TUSCANY 托斯卡纳区

Castello di San Donato in Perano
LOC. SAN DONATO IN PERANO
53013 GAIOLE IN CHIANTI [SI]
TEL. 0577744121
www.castellosandonato.it

藏酒销售
预约参观
膳宿接待
年产量 150 000 瓶
葡萄种植面积 75 公顷

酒庄的酿酒事业始于2002年，酒庄在贝诺省（Perano）的圣多纳市（San Donato），中心位于康帝（Chianti）的加尔乐（Gaiole）分区。葡萄园在多密（Domini）和蒙特卡斯（Montecasi）的地理位置非常优越，保证了酒窖的质量稳定。在酒窖里，酿制过程避免重复操作，适度合理地使用大型和小型橡木桶，造就了新鲜、和谐的葡萄酒风格，映射出当地最本质的特征。

Castello di Sonnino
VIA VOLTERRANA NORD, 6A
50025 MONTESPERTOLI [FI]
TEL. 0571609198
www.castellosonnino.it

藏酒销售
预约参观
膳宿接待
年产量 200 000 瓶
葡萄种植面积 40 公顷

宋尼诺家族（Sonnino）从19世纪初起就拥有这座城堡，当时由埃萨科（Isacco）购买所得，政治家斯尼宋敏（Sidney Sonnion）当时也住在里面。后来成立了一个研究中心，主要是为了研究历史上当地居民和该家族的史料信息并将其编入目录。该片土地曾被作为农场用途长达两个世纪。1987年，自从现任庄主亚历山佐（Alessandro）和卡特里纳（Caterina）接管后，葡萄酒的酿制就加入了很多新鲜元素。包括更新酒窖的现代化设备，葡萄园地的翻新种植（包括国际品种）以及酿酒风格的转变。

● Chianti Cl. '10	▮▮ 3
● Chianti Cl. Ris. '09	▮▮ 4
● Chianti Cl. Vign. Montecasi '09	▮ 5
● Chianti Cl. '09	▽▽ 3
● Chianti Cl. '07	▽▽ 3*
● Chianti Cl. '06	▽▽ 3*
● Chianti Cl. '05	▽▽ 3*
● Chianti Cl. '04	▽▽ 3*
● Chianti Cl. Ris. '08	▽▽ 5
● Chianti Cl. Ris. '05	▽▽ 5
● Chianti Cl. Vign. Montecasi '06	▽▽ 5

● Cantinino '08	▮▮ 5
○ Vin Santo del Chianti De Renzis Sonnino '06	▮▮ 5
● Chianti Castello di Montespertoli '08	▮ 3
● Chianti Montespertoli '10	▮ 2
● Cantinino '07	▽▽ 4
● Cantinino '06	▽▽ 4
● Leone Rosso '10	▽▽ 2
● Lo Schiavone '06	▽▽ 5
● San Leone '07	▽▽ 6

TUSCANY

Castello di Vicchiomaggio

LOC. LE BOLLE
VIA VICCHIOMAGGIO, 4
50022 GREVE IN CHIANTI [FI]
TEL. 055854079
www.vicchiomaggio.it

藏酒销售
预约参观
膳宿接待
年产量 300 000 瓶
葡萄种植面积 33 公顷

酒庄由玛塔家族（Matta）所有，所酿葡萄酒成功地在古典康帝（Chianti Classico）区占据重要的市场份额。葡萄园位于康帝（Chianti）的格来维（Greve）区的弗伦蒂尼（Florentine）山坡上。所酿葡萄酒保持高质量出品，在酒窖中陈化。酒庄非常注重对葡萄的保护，从而确保整个系列的品质保持稳定，体现了现代风格的同时又不夸张。根据葡萄酒种类的不同，陈化分别在大型橡木桶或者木桶中进行。

Castello di Volpaia

LOC. VOLPAIA
P.ZZA DELLA CISTERNA, 1
53017 RADDA IN CHIANTI [SI]
TEL. 0577738066
www.volpaia.com

藏酒销售
预约参观
膳宿接待
年产量 200 000 瓶
葡萄种植面积 46 公顷
葡萄栽培方式 有机认证

玛彻龙尼家族（Mascheroni Stianti）的酒庄结合了有机种植方式和完美的酿酒工艺，所酿葡萄酒注重优雅气质，并体现现代风格。葡萄酒使用小型橡木桶陈化，使得这些产品的个性和特征得以保留。酒庄采用统一的酿酒工艺，出品的质量稳定，使得沃帕亚酒庄（Castello di Volpaia）的系列酒在市场上长久不衰，还包括一些康帝分区联合会（Radda in Chianti）的基准酒。

● Chianti Cl. Agostino Petri da Vicchiomaggio Ris. '09	5
● Chianti Cl. San Jacopo da Vicchiomaggio '10	3
● Chianti Cl. Vigna La Prima Ris. '09	6
● Ripa delle More '09	7
● FSM '07	8
● FSM '04	6
● Ripa delle More '97	6
● Ripa delle More '94	6
● Campostella Villa Vallemaggiore '09	3
● Chianti Cl. Agostino Petri da Vicchiomaggio Ris. '08	5
● Chianti Cl. La Prima Ris. '08	4
● Chianti Cl. San Jacopo '09	3
● Colle Alto Villa Vallemaggiore '09	3
● Poggio Re Villa Vallemaggiore '09	3

● Chianti Cl. Il Puro Vign. Casanova Ris. '08	8
● Balifico '08	6
● Chianti Cl. '10	3
● Chianti Cl. Ris. '09	5
● Chianti Cl. Coltassala Ris. '04	6
● Chianti Cl. Coltassala Ris. '01	6
● Chianti Cl. Il Puro Vign. Casanova Ris. '06	8
● Chianti Cl. Ris. '08	5
● Chianti Cl. Ris. '07	5
● Balifico '06	6
● Chianti Cl. '08	3
● Chianti Cl. Coltassala Ris. '08	6
● Chianti Cl. Il Puro Vign. Casanova Ris. '07	8
● Chianti Cl. Ris. '06	5

托斯卡纳区
TUSCANY

Castello Romitorio
LOC. ROMITORIO, 279
53024 MONTALCINO [SI]
TEL. 0577847212
www.castelloromitorio.com

藏酒销售
预约参观
年产量 150 000 瓶
葡萄种植面积 25 公顷

当谈及龙半托利酒庄（Castello Romitorio），我们不可能会忽略创始人圣度察（Sandro Chia），这位拥有魅力的国际名人，他毫无异议地被认为是意大利超前卫运动中主要的艺术家之一。酒窖翻新于2006年，他的部分作品也陈列于此。然而我们的兴趣却不仅仅在于这些艺术品。龙半托利酒庄所酿布内罗（Brunello）一直是蒙塔尔奇诺（Montalcino）西部斜坡的最佳选择之一，尤其对于那些喜欢表现力强、风格朴素的葡萄酒爱好者来说。

● Brunello di Montalcino '07	🍷🍷 7
Rosso di Montalcino '10	🍷🍷 4
Il Toro '09	🍷 3
Morellino di Scansano '11	🍷 3
Morellino di Scansano Ghiaccio Forte '10	🍷 4
● Brunello di Montalcino '05	🍷🍷🍷 7
Brunello di Montalcino Ris. '97	🍷🍷🍷 8
● Brunello di Montalcino '06	🍷🍷 7
● Brunello di Montalcino Ris. '04	🍷🍷 8
● Brunello di Montalcino XXV Vendemmia '06	🍷🍷 8
Rosso di Montalcino '08	🍷🍷 4
Sant' Antimo Rosso Romito del Romitorio '07	🍷🍷 4

Castelvecchio
LOC. SAN PANCRAZIO
VIA CERTALDESE, 30
50026 SAN CASCIANO IN VAL DI PESA [FI]
TEL. 0558248032
www.castelvecchio.it

藏酒销售
预约参观
膳宿接待
年产量 100 000 瓶
葡萄种植面积 22 公顷

龙驰家族（Rocchi）酒庄正随着它那个富有活力的翻新计划而稳步前进。费利波（Filippo）负责葡萄园和酒窖的管理，而他的妹妹斯特伐尼亚（Stefania）则负责假日酒店的运营和葡萄酒销售。他们都在工作中检验自我并时刻保持进步。每年两兄妹都会推出新酒，似乎他们都在寻求并挑战他们葡萄园的真正的潜力极限。

● Il Brecciolino '08	🍷🍷 5
● Solo Uno '09	🍷🍷 7
● Chianti Colli Fiorentini '10	🍷 2
● Chianti Santa Caterina '10	🍷 2
● Orme in Rosso '09	🍷 3
● Chianti Colli Fiorentini '09	🍷🍷 2
● Il Brecciolino '07	🍷🍷 5
● Numero Otto '08	🍷🍷 3
● Numero Otto '07	🍷🍷 3

TUSCANY 托斯卡纳区

Famiglia Cecchi

Loc. Casina dei Ponti, 56
53011 Castellina in Chianti [SI]
Tel. 057754311
www.cecchi.net

预约参观
年产量 7 200 000 瓶
葡萄种植面积 292 公顷

塞奇家族（Cecchi）长久以来都在古典康帝酒区（Chianti Classico）占据着一个重要的地位，并要持续下去。最近酒品的质量标识做了一些改变，应该说是做了更大胆的尝试，表明了这座卡斯特利纳——因康帝酒庄（Castellina in Chianti）已实现了跨越性的进步而并无倒退。这全归功于酒庄对风格进行严格地选择，更加注重于自身的显著特征。塞奇家族在托斯卡纳区（Tuscan）的展出并不仅限于古典康帝，位于圣·吉米尼亚诺（San Gimignano）的蒙塔托堡（Castello di Montauto）和位于玛内玛（Maremma）的瓦尔·德拉·罗斯（Val delle Rose）都是他们的资产。

● Chianti Cl. Villa Cerna Ris. '09	▼▼ 5
● Coevo '09	▼▼ 7
● Morellino di Scansano Val delle Rose Ris. '09	▼▼ 5
● Chianti Cl. Riserva di Famiglia '09	▼ 4
● Chianti Cl. Villa Cerna '10	▼ 3
● Chianti Cl. Riserva di Famiglia '07	▽▽▽ 5
● Chianti Cl. Villa Cerna Ris. '08	▽▽▽ 5
● Coevo '06	▽▽▽ 7
● Chianti Cl. Riserva di Famiglia '06	▽▽ 5
● Chianti Cl. Villa Cerna '09	▽▽ 3
● Chianti Cl. Villa Cerna Ris. '07	▽▽ 4
● Coevo '07	▽▽ 7
● Morellino di Scansano Val delle Rose Ris. '08	▽▽ 4
● Morellino di Scansano Val delle Rose Ris. '07	▽▽ 4

Centolani

Loc. Friggiali
s.da Maremmana - 53024 Montalcino [SI]
Tel. 0577849454
www.tenutafriggialiepietranera.it

藏酒销售
预约参观
膳宿接待
年产量 260 000 瓶
葡萄种植面积 43 公顷

珀鲁索·森托拉尼家族（Peluso Centolani）在蒙塔尔奇诺（Montalcino）有两个酒庄生产葡萄酒。一个是特怒塔·弗利吉亚里（Tenuta Friggiali）酒庄，处于西部区域，在海拔250米到450米之间，有着三块非常大的田地，土壤质地普遍松软；另外一个是特怒塔·派尔特拉内拉（Tenuta Pietranera），与圣安蒂莫（Sant'Antimo）教堂相距不远，由于其海拔较低，加上灰泥土与淤泥和黏土相混合而成的更加紧密的土壤，适合酿制酒体浑厚的布内罗（Brunello）。

● Brunello di Montalcino Tenuta Friggiali '07	▼▼ 5
● Rosso di Montalcino Tenuta Friggiali '10	▼▼ 2*
● Brunello di Montalcino Pietranera '07	▼ 5
● Rosso di Montalcino Pietranera '10	▼ 3
● Brunello di Montalcino Tenuta Friggiali '04	▽▽▽ 5
● Brunello di Montalcino Donna Olga '04	▽▽▽ 7
● Brunello di Montalcino Pietranera '06	▽▽▽ 5
● Brunello di Montalcino Pietranera '05	▽▽ 5
● Brunello di Montalcino Tenuta Friggiali '06	▽▽ 5
● Brunello di Montalcino Tenuta Friggiali '05	▽▽ 5
● Brunello di Montalcino Tenuta Friggiali Ris. '04	▽▽ 6

TUSCANY 托斯卡纳区

★La Cerbaiola

P.ZZA CAVOUR, 19 - 53024 MONTALCINO [SI]
TEL. 0577848499
www.aziendasalvioni.com

藏酒销售
预约参观
年产量 15 000 瓶
葡萄种植面积 4 公顷

在许多葡萄酒狂热者的共同想象中，从现代到古典仅仅是一步之遥。就像朱里奥•赛尔维尔尼（Giulio Salvioni）和他的布内罗（Brunello）系列。凭着严格的葡萄园栽培程序，以及对葡萄酒定义和芳香完整性有着特殊的敏感，这些布内罗葡萄酒无疑在20世纪80年代末为扩大蒙塔尔奇诺（Montalcino）风格的视野做出了巨大的贡献。如今，在东部地区占地大约有4公顷的，位于海拔400多米的勒•萨拜伊园（Le Cerbaie），始终如一地出产圣乔维斯葡萄（Sangiovese），它技术的运用则退居次席。

● Brunello di Montalcino '07	🍷🍷 8
● Brunello di Montalcino '06	🍷🍷🍷 8
● Brunello di Montalcino '04	🍷🍷🍷 8
● Brunello di Montalcino '00	🍷🍷🍷 8
● Brunello di Montalcino '99	🍷🍷🍷 8
● Brunello di Montalcino '97	🍷🍷🍷 8
● Brunello di Montalcino '90	🍷🍷🍷 8
● Brunello di Montalcino '89	🍷🍷🍷 8
● Brunello di Montalcino '88	🍷🍷🍷 8
● Brunello di Montalcino '87	🍷🍷🍷 8
● Brunello di Montalcino '85	🍷🍷🍷 8

Cerbaiona

LOC. CERBAIONA - 53024 MONTALCINO [SI]
TEL. 0577848660

藏酒销售
年产量 15 000 瓶
葡萄种植面积 3 公顷

当我们遇到拥有超凡魅力与智慧的人所设计、塑造并润色而成的葡萄酒时，往往会有一个潜在的危险，就是用过分华丽的辞藻来赞扬它。然而，这是一则负责的报告，引导我们再次对迪亚哥（Diego）和诺拉•莫利纳里（Nora Molinari）在酿酒业的出色表现与声望致以赞扬。他们在20世纪80年代来到萨拜伊（Cerbaiona），给了我们前所未有独特的布内罗葡萄酒（Brunello）和蒙特奇洛红葡萄酒（Rosso di Montalcino）。这种神奇的葡萄酒源于隐藏在东部地区3公顷的田地上，其土壤富含卵石且没有过多的黏土。这些酒在混凝土制成的大缸里发酵，没有使用酵母，并在3000升的橡木桶里陈化成熟。

● Brunello di Montalcino '07	🍷🍷 8
● Rosso di Montalcino '09	🍷🍷 5
● Brunello di Montalcino '06	🍷🍷🍷 8
● Brunello di Montalcino '04	🍷🍷🍷 8
● Brunello di Montalcino '01	🍷🍷🍷 8
● Rosso di Montalcino '07	🍷🍷🍷 8
● Brunello di Montalcino '05	🍷🍷 8
● Brunello di Montalcino '03	🍷🍷 8
● Brunello di Montalcino '02	🍷🍷 8
● Diego Molinari '06	🍷🍷 7
● Rosso di Montalcino '08	🍷🍷 5

Fattoria del Cerro

FRAZ. ACQUAVIVA
VIA GRAZIANELLA, 5 - 53040 MONTEPULCIANO [SI]
TEL. 0578767722
www.fattoriadelcerro.it

藏酒销售
预约参观
膳宿接待
年产量 1 000 000 瓶
葡萄种植面积 170 公顷

作为蒙特布查诺（Montepulciano）和贵族酒（Vino Nobile）的真正标杆，赛若•法托利亚酒庄（Fattoria del Cerro）占据了蒙特布查诺区（Montepulciano）一部分迷人的土地，它有着170公顷的葡萄园，一个现代化的酒窖和美丽的格拉扎亚内拉村庄（Villa Grazianella）。姑且不说数量，其产品的质量是该酒庄能够取得成功的真正保障，而其精确地制造出特殊风格和现代感觉的葡萄酒则构成了它的基础。多年以来，他们已经成为这个酒区的标杆，享誉意大利国内外。

Vincenzo Cesani

LOC. PANCOLE, 82D
53037 SAN GIMIGNANO [SI]
TEL. 0577955084
www.agriturismocesani.com

藏酒销售
预约参观
膳宿接待
年产量 110 000 瓶
葡萄种植面积 24 公顷
葡萄栽培方式 有机认证

这个圣•吉米纳诺区（San Gimignano）的旗舰酒庄位于潘科尔（Pancole）主大区北部的一个分区。该地区所种植的白葡萄拥有着强烈的个性，尤其是白葡萄中的维纳奇亚（Vernaccia）。相比起其他山坡，这里的气候偏于干燥，土壤中黄沙的比例很大。这些综合因素，加上酒庄自身的风格，使得该酒庄所生产的是酒体强大的、富含矿物质的白葡萄酒。维纳奇亚葡萄酒由于其有着燧石般的个性特点，从众酒当中脱颖而出，而在橡木桶里酿制的版本则更甚一筹。

● Nobile di Montepulciano Ris. '08	▼▼ 3*
● Brunello di Montalcino La Poderina '07	▼▼ 6
● Nobile di Montepulciano '09	▼▼ 3
○ Braviolo '11	▼ 2
● Manero '10	▼ 2
● Nobile di Montepulciano '90	▼▼▼ 3*
● Nobile di Montepulciano Ris. '06	▼▼▼ 4
● Nobile di Montepulciano Vign. Antica Chiusina '00	▼▼▼ 6
● Nobile di Montepulciano Vign. Antica Chiusina '99	▼▼▼ 6
● Nobile di Montepulciano Vign. Antica Chiusina '98	▼▼▼ 6
● Brunello di Montalcino La Poderina '06	▼▼ 6
● Nobile di Montepulciano '08	▼▼ 3
● Nobile di Montepulciano Vign. Antica Chiusina '06	▼▼ 6

○ Vernaccia di S. Gimignano Sanice '09	▼▼ 3*
○ Serarosa '11	▼▼ 2*
○ Vernaccia di S. Gimignano '11	▼▼ 2*
● Chianti Colli Senesi '11	▼ 2
● Luenzo '99	▼▼▼ 4
● Luenzo '97	▼▼▼ 4
● Luenzo '02	▼▼ 5
● Luenzo '01	▼▼ 5
● Luenzo '00	▼▼ 5
● San Gimignano Rosso Cellori '04	▼▼ 4
○ Vernaccia di S. Gimignano Sanice '08	▼▼ 3*

TUSCANY
托斯卡纳区

Giovanni Chiappini
LOC. LE PRESELLE
POD. FELCIAINO, 189B - 57020 BOLGHERI [LI]
TEL. 0565765201
www.giovannichiappini.it

藏酒销售
预约参观
年产量 40 000 瓶
葡萄种植面积 7 公顷

查皮尼家族酒庄（Chiappini）位于山腰上的斜坡中部，离大海约10公里，保持着波尔加尼酒（Bolgheri）生产的顶峰之一的地位。尤其是对丽纳系列葡萄酒（Lienà）来说，更是如此。这是几种单一品种的葡萄酒，堪称是绝对优秀的品质。这里数公顷的葡萄园足以展现其技术与激情，赋予这酒庄生机和活力。这里也提供假日住宿接待。

● Lienà Cabernet Franc '09	▼▼ 7
● Lienà Cabernet Sauvignon '09	▼▼ 7
● Bolgheri Sup. Gaudo de' Gemoli '09	▼▼ 6
● Bolgheri Rosso Felciaino '10	▼ 3
● Bolgheri Sup. Gaudo de' Gemoli '08	▽▽ 6
● Bolgheri Sup. Guado de' Gemoli '07	▽▽ 6
● Lienà Cabernet Franc '08	▽▽ 7
● Lienà Cabernet Sauvignon '08	▽▽ 7
● Lienà Cabernet Sauvignon '07	▽▽ 7

Le Chiuse
LOC. PULLERA, 228 - 53024 MONTALCINO [SI]
TEL. 055597052
www.lechiuse.com

藏酒销售
预约参观
膳宿接待
年产量 25 000 瓶
葡萄种植面积 6.7 公顷
葡萄栽培方式 有机认证

西莫内塔•瓦里阿尼（Simonetta Valiani）在经营丘西（Le chiuse）酒庄葡萄酒生产方面，她所继承的前人的遗产是很不凡的，首先在文化方面，其次是在葡萄园艺方面。这个相对年轻的小酒庄成立于20世纪80年代，它的根源与比安迪•圣蒂家族（Biondi Santi）相互交织，也就是说，与布内罗红葡萄酒（Brunello）的历史紧密相连。这一段历史为酒庄现状增色不少。它的根基牢牢地建立在北部斜坡蒙特索里（Montosoli）山上约300米处的田地上，大约有6公顷左右。由于它采用自然的发酵方式以及中型橡木桶的陈酿工艺，葡萄酒的风格继承并保持着原始的个性。

● Brunello di Montalcino '07	▼▼▼ 7
● Brunello di Montalcino Ris. '06	▼▼ 8
● Rosso di Montalcino '10	▼▼ 3
● Brunello di Montalcino '06	▽▽ 6
● Brunello di Montalcino '98	▽▽ 7

Donatella Cinelli Colombini

Loc. Casato Prime Donne
53024 Montalcino [SI]
Tel. 0577662108
www.cinellicolombini.it

藏酒销售
预约参观
膳宿接待
年产量 180 000 瓶
葡萄种植面积 34 公顷

近几年来，多娜特拉•西纳里•克罗姆比尼（Donatella Cinelli Colombini）所担任的角色远不止酿酒师和她所拥有其他的头衔这么简单。作为葡萄酒旅游运动的发起人、开放式酒窖（Cantine Aperte）的创始者和专攻葡萄酒市场营销的大学讲师，她在1998年毅然决定离开所在的家族酒庄，建立属于自己的酒庄：分别位于特雷库安达（Trequanda）的科尔•法托利亚（Fattoria del Colle）和蒙塔尔奇诺（Montalcino）的卡萨托（Casato Prime Donne）。这是最早的纯女性经营的酒庄之一。多娜特拉（Donatella）的布内罗葡萄酒（Brunello）采用成熟的果实，酿制于大小不同、来源各异的橡木桶中，微带着烟熏味并夹杂着一点辛辣，展现了现代主义的风格特点。

● Brunello di Montalcino Prime Donne '07	♥♥ 6
● Brunello di Montalcino Ris. '06	♥♥ 7
● Rosso di Montalcino '09	♥♥ 3
● Rosso di Montalcino '10	♥ 3
● Brunello di Montalcino '05	♥♥ 5
● Brunello di Montalcino '04	♥♥ 5
● Brunello di Montalcino '03	♥♥ 5
● Brunello di Montalcino Prime Donne '05	♥♥ 6
● Brunello di Montalcino Ris. '05	♥♥ 6

Citille di Sopra

Fraz. Torrenieri
Loc. Citille di Sopra, 46
53024 Montalcino [SI]
Tel. 0577832749
www.citille.com

藏酒销售
预约参观
年产量 30 000 瓶
葡萄种植面积 5.5 公顷

在众多的蒙塔尔奇诺葡萄酒（Montalcino）最佳诠释者中，法比奥•因诺森迪（Fabio Innocenti）已成功并迅速地荣获了一席之地。其成名的方式不足为奇，如果你在托瑞尼利（Torrenieri）环游一圈，就可以看到他的理念是多么的清晰。酒庄处于保证法定产酒区（DOCG）的东北部，是个辽阔的地区，有着浅浅的土壤，富含黏土和有着凝灰质的石灰岩。这些自然条件在布内罗酒（Brunello）中得到了体现。这些酒在经过酒窖中大小、来源各异的橡木桶酿制之后，酒风拘谨但酒体饱满。该酒庄并没有预先定义的风格。

● Brunello di Montalcino V. Poggio Ronconi '07	♥♥♥ 5
● Brunello di Montalcino Ris. '06	♥♥ 7
● Rosso di Toscana '10	♥♥ 2*
● Brunello di Montalcino '06	♥♥♥ 5
● Brunello di Montalcino '04	♥♥ 5

★Tenuta Col d'Orcia

Via Giunchetti - 53020 Montalcino [SI]
Tel. 057780891
www.coldorcia.it

藏酒销售
预约参观
年产量 800 000 瓶
葡萄种植面积 142 公顷

阿里桑德罗•卡纳斯奇亚里（Alessandro Carnasciali）和埃利莎•步泽戈里（Elisa Buzzegoli）拥有的这个酒压，令人印象深刻的是他们在获得相应的订单之后能够非常准时地交货。实际上，每一年该酒庄都至少有一种葡萄酒能够过关斩将进入决赛。当然，他们的每一种产品都给人留下了深刻的印象，不仅由于其酿酒过程中每一个步骤都非常谨慎和关注，而且也由于这些酒无疑地展现了现代风格：顺滑、芳香、饱满而绝不平凡或标准化。这个秘诀使得酒品在市场上大受欢迎，无论是那些喜欢典型的本土酒的人，还是对于一些只是要单单追求饮酒的愉悦感的人来说，都是如此。

● Brunello di Montalcino Poggio al Vento Ris. '04	▼▼▼ 8
● Brunello di Montalcino '07	▼▼ 7
● Rosso di Montalcino '10	▼▼ 4
○ Sant'Antimo Chardonnay Ghiaie Bianche '10	▼ 3
○ Sant'Antimo Pinot Grigio '11	▼ 2
● Spezieri '11	▼ 2
● Brunello di Montalcino Poggio al Vento Ris. '99	♀♀♀ 8
● Brunello di Montalcino Poggio al Vento Ris. '97	♀♀♀ 7
● Brunello di Montalcino Poggio al Vento Ris. '95	♀♀♀ 7
● Brunello di Montalcino Poggio al Vento Ris. '90	♀♀♀ 7

Col di Bacche

Fraz. Montiano
s.da di Cupi
58010 Magliano in Toscana [GR]
Tel. 0577738526
www.coldibacche.com

藏酒销售
预约参观
年产量 80 000 瓶
葡萄种植面积 16.5 公顷

主要位于南部地区大约150公顷的土地上的科尔•迪•奥尔恰酒庄（Col d'Orcia），是蒙塔尔奇诺区（Montalcino）在历史、持续性和数量上最主要的酒庄之一。生产布内罗葡萄酒（Brunello）所需的圣乔维斯葡萄（Sangiovese），在这里享受着靠近阿米亚塔山（Mount Amiata）的气候，黏土成分少、石灰石和卵石成分多的土壤条件使得这里的自然条件更加优越。这些特征构成了波乔维图红葡萄酒（Poggio al Vento）的风土条件。自20世纪80年代以来，这里是最出名的珍藏型精选葡萄园之一。他们只在最好的酿酒年份生产，并且在橡木桶和酒瓶中经过长期的酿制才出产。在加入一系列采用附加的国际品种酿成的酒之后，该酒庄的酒得以完整。

● Maremma Toscana Cupinero '10	▼▼ 5
● Morellino di Scansano '11	▼▼ 3
○ Vermentino '11	▼▼ 2*
● Cupinero '09	♀♀♀ 5
● Morellino di Scansano Rovente '05	♀♀♀ 4
● Cupinero '08	♀♀ 5
● Cupinero '07	♀♀ 5
● Morellino di Scansano '08	♀♀ 2
● Morellino di Scansano Ris. '09	♀♀ 4*
● Morellino di Scansano Rovente '08	♀♀ 5
● Morellino di Scansano Rovente '07	♀♀ 5

托斯卡纳区
TUSCANY

Fattoria Collazzi
LOC. TAVARNUZZE
VIA COLLERAMOLE, 101 - 50029 IMPRUNETA [FI]
TEL. 0552374902
www.collazzi.it

藏酒销售
预约参观
年产量 80 000 瓶
葡萄种植面积 25 公顷

自从卡洛（Carlo）和朱利奥（Giulio）两兄弟1933年买下这个酒庄的核心别墅之后，马奇家族（Marchi）便一直拥有着该酒庄。这个具有历史意义的别墅是由米开朗琪罗•博纳罗蒂（Michelangelo Buonarroti）设计的，并在随后的岁月里逐渐建立起来。在大约十年前，现任的庄主卡洛（Carlo）和波纳•马奇（Bona Marchi）决定对酒窖与葡萄园进行革新，同时无微不至地照料好120公顷橄榄树园和一小部分蜜饯的生产，这个措施使得该庄园的农业生产活动得到了发展。这里出产的葡萄酒呈现现代和国际化风格，将追求柔软细腻的感觉放在首要的位置。

● Collazzi '09	🍷 6
● Libertà '10	🍷 2*
● Chianti Cl. I Bastioni '10	🍷 3
● Chianti Cl. I Bastioni '03	🍷 3*
● Chianti Cl. I Bastioni '02	🍷 3
● Collazzi '08	🍷 6
● Collazzi '07	🍷 6
● Collazzi '04	🍷 6
● Collazzi '03	🍷 5
● Libertà '09	🍷 2*

Colle Massari
LOC. POGGI DEL SASSO - 58044 CINIGIANO [GR]
TEL. 0564990496
www.collemassari.it

藏酒销售
预约参观
年产量 250 000 瓶
葡萄种植面积 83 公顷
葡萄栽培方式 有机认证

对于蒙特丘克法定产区（Montecucco DOC）来说，它的一切生产活动都是在克劳迪奥（Claudio）和玛丽亚•爱丽丝•泰帕（Maria Iris Tipa）来到奇尼贾诺（Cinigiano）之后开始的。作为一名制药行业的商人，克劳迪奥•泰帕（Claudio Tipa）在该地区进行了彻底改革，使它稍含羞怯地挣脱束缚，站上了意大利葡萄酒的舞台。这些意义非凡的投资不仅对周边地区带来了利益，也促使了一个良性循环的产生，使得那些积极的种植者能在提高种植水平的同时与其他良好种植区的葡萄酒企业家走得更加亲近。这一切计划的实现并不是建立在模仿其他圣乔维斯葡萄酒（Sangiovese）的基础上，而是追求创造一种独特的、特色鲜明的、辨识性高的葡萄酒。

● Montecucco Sangiovese Lombrone Ris. '08	🍷 6
● Montecucco Rosso Colle Massari Ris. '09	🍷 3*
● Montecucco Rosso Rigoleto '10	🍷 2*
○ Montecucco Vermentino Irisse '10	🍷 3
○ Montecucco Vermentino Le Melacce '11	🍷 3
⊙ Grottolo '11	🍷 2
● Montecucco Rosso Colle Massari Ris. '08	🍷 3
● Montecucco Sangiovese Lombrone Ris. '06	🍷 6
● Montecucco Sangiovese Lombrone Ris. '05	🍷 6
● Montecucco Rosso Rigoleto '09	🍷 2
● Montecucco Sangiovese Lombrone Ris. '07	🍷 6

TUSCANY
托斯卡纳区

Fattoria Colle Verde
Fraz. Matraia
loc. Castello - 55010 Lucca
Tel. 0583402310
www.colleverde.it

藏酒销售
预约参观
年产量 30 000 瓶
葡萄种植面积 7 公顷
葡萄栽培方式 传统栽培

法托利亚•科勒•沃尔德酒庄（Fattoria Colle Verde）惊人的经历始于20世纪90年代，当时皮耶罗•塔塔格尼（Piero Tartagni）和弗朗西斯卡•帕尔迪尼（Francesca Pardini）决定离开首都，移居玛塔亚（Matraia），弗朗西斯卡家族已有几代人在那儿拥有着资产。在应用有机生产守则种植了数年之后，酒庄于几年前转换成应用生物动力学耕作方式，借此契机加入其他几家种植园，使它成为托斯卡纳区（Tuscany）最有环保意识的酒庄之一。

- ○ Colline Lucchesi Bianco Terre di Matraja '11 ㊂ 2*
- ● Colline Lucchesi Rosso Brania delle Ghiandaie '08 ㊂ 5
- ● Colline Lucchesi Rosso Terre di Matraja '09 ㊂ 2*
- ● Nero della Spinosa '08 ㊂ 5
- ● Colline Lucchesi Rosso Brania delle Ghiandaie '07 ㊂ 4
- ● Colline Lucchesi Rosso Brania delle Ghiandaie '06 ㊂ 4
- ● Colline Lucchesi Rosso Brania delle Ghiandaie '05 ㊂ 4

Collelceto
loc. Camigliano
pod. La Pisana - 53024 Montalcino [SI]
Tel. 0577816606
www.collelceto.it

藏酒销售
预约参观
年产量 20 000 瓶
葡萄种植面积 6 公顷

建立并经营着这个小酒庄的是埃利奥•帕拉泽西（Elio Palazzesi），蒙塔尔奇诺区（Montalcino）的未来明日之星。酒庄坐落在保证法定产酒区（DOCG）的西南区域，气候温暖，通风性良好，土壤肥沃，富含石质物质。这些特征呈现在布内罗红葡萄酒（Brunello）之中，结构细密但活力强大，经常伴随着显著的盐性、地中海的感觉。这些特征在经过酒窖的发酵之后效果愈加明显，包括在法国大橡木桶和中型橡木桶里经过长期酿制，其结果是生产出折衷风格的葡萄酒，能够调节各种不同的敏感性使其和谐地融合在一起。

- ● Rosso di Montalcino '10 ㊂ 3*
- ● Brunello di Montalcino '07 ㊂ 5
- ● Brunello di Montalcino Elia Ris. '06 ㊂ 6
- ● Lo Spepo '11 ㊂ 3
- ● Brunello di Montalcino '06 ㊂ 5

Il Colombaio di Santa Chiara

LOC. RACCIANO
SAN DONATO, 1 - 53037 SAN GIMIGNANO [SI]
TEL. 0577942004
www.colombaiosantachiara.it

藏酒销售
预约参观
膳宿接待
年产量 60 000 瓶
葡萄种植面积 12 公顷
葡萄栽培方式 有机认证

在圣吉米尼亚诺（San Gimignano）通往沃尔泰拉（Volterra）的主大道中间，矗立着一座酒庄。它不算很新，但在我们看来，在众多闻名酒庄的笼罩下，它开始崭露头角，占据着一份重要的市场份额。克伦巴伊欧酒庄（Il Colombaio di Santa Chiara）是由罗吉家族（Logi）建立而成的，规模壮丽、工艺精湛，同时罗吉家族也在该地区各处培植着葡萄园地。这里的葡萄酒在风格和品质上均表现良好，出色地诠释了本地各种葡萄品种风味，尤其是维纳奇亚（Vernaccia）。这个系列还未诠释完整，包括那些在橡木桶环境下酿制的葡萄酒。

Contucci

VIA DEL TEATRO, 1 - 53045 MONTEPULCIANO [SI]
TEL. 0578757006
www.contucci.it

藏酒销售
预约参观
年产量 100 000 瓶
葡萄种植面积 21 公顷

康图泽家族（Contucci）处于意大利最有影响力的酿酒王朝的魔力圈中。其起源可以追溯到大约公元1000年，而证明它存在的历史的资料则出现于14世纪。我们可以在蒙特布查诺（Montepulciano）中心亲眼见证其宏伟传奇的历史，在大教堂和市政厅中间，这个非常具有历史意义的酒窖依然坐落在那里。这些葡萄酒是遵循经典风格的典范，追求传统性强、品质保持一致、适当地但不随意定价。

○ Vernaccia di S. Gimignano Albereta Ris. '10	3
○ Vernaccia di S. Gimignano Campo della Pieve '10	3
○ Vernaccia di San Gimignano Selvabianca '11	2*
● Il Priore '10	3
● Il Priore '06	2
● Il Priore '04	2
● S. Gimignano Rosso Colombaio '06	4
● S. Gimignano Rosso Colombaio '05	4
○ Vernaccia di S. Gimignano Albereta '06	2
○ Vernaccia di S. Gimignano Albereta '05	2
○ Vernaccia di S. Gimignano Albereta Ris. '08	3
○ Vernaccia di San Gimignano Selvabianca '06	2*

○ Santo	6
● Nobile di Montepulciano '09	3
● Nobile di Montepulciano Mulinvecchio '09	5
● Nobile di Montepulciano Pietra Rossa '09	4
● Rosso di Montepulciano '11	2
● Nobile di Montepulciano Mulinvecchio '08	5
● Nobile di Montepulciano Mulinvecchio '07	5
● Nobile di Montepulciano Pietra Rossa '08	4
● Nobile di Montepulciano Pietra Rossa '07	4
● Nobile di Montepulciano Ris. '06	5

TUSCANY
托斯卡纳区

Il Conventino
FRAZ. GRACCIANO
VIA DELLA CIARLIANA, 25B
53040 MONTEPULCIANO [SI]
TEL. 0578715371
www.ilconventino.it

藏酒销售
预约参观
年产量 55 000 瓶
葡萄种植面积 12 公顷
葡萄栽培方式 有机认证

布里尼（Brini）兄弟一直梦想着能够生产出与最高贵的酒品相媲美的葡萄酒，这一梦想21世纪初就得到了实现。当时他们收购了位于贵族酒区（Vino Nobile di Montepulciano）中心地带的康文迪诺（Il Conventino）和拉卡塞拉（La Casella）酒庄。从那时之后许多东西发生了变化，包括增加新的葡萄园田地，招收新的团队成员以及技术顾问。他们毫不犹豫地决定采用有机种植方式，这是能够与自然和谐相处的最好方法。酒庄的葡萄酒在一个轻松的、相当传统的方式里得到提升，并在大型橡木桶里进行酿制。

● Nobile di Montepulciano '09	🍷🍷 4
● Nobile di Montepulciano Ris. '08	🍷🍷 5
● Rosso di Montepulciano '10	🍷 2
● Il Cambio '04	🍷🍷 4
● Nobile di Montepulciano Ris. '06	🍷🍷 5

Fattoria Corzano e Paterno
VIA SAN VITO DI SOPRA
50020 SAN CASCIANO IN VAL DI PESA [FI]
TEL. 0558248179
www.corzanoepaterno.it

藏酒销售
预约参观
膳宿接待
年产量 85 000 瓶
葡萄种植面积 17 公顷

40多年来，盖尔帕克家族（Gelpke）一直拥有并经营着这个酒庄，现今又加入了戈尔德茨米德慈家族（Goldschmidts）。他们在1969年收购了科扎诺酒庄（Corzano），后来又购买了巴特莫（Paterno）的土地。酒庄工作中心主要围绕在三个基本方面：一是接待宾客，为客人提供假日接待服务；二是羊群养殖，为制造奶酪提供羊奶；第三就是葡萄酒酿制。另外，他们也特别注意橄榄树的培植。关于这两块产地的革新过程中那些错综复杂又令人兴奋的故事，应该让他们慢慢诉说。所幸的是，一切结果是非常令人满意的。

● Chianti I Tre Borri Ris. '09	🍷🍷 5
● Il Corzano '09	🍷🍷 5
○ Passito di Corzano '00	🍷🍷 5
● Chianti Terre di Corzano '10	🍷 3
○ Il Corzanello '11	🍷 2
● Chianti I Tre Borri Ris. '07	🍷🍷🍷 5
● Il Corzano '05	🍷🍷🍷 5
● Chianti I Tre Borri Ris. '08	🍷🍷 5
● Il Corzano '08	🍷🍷 5
● Il Corzano '07	🍷🍷 5

托斯卡纳区
TUSCANY

Andrea Costanti
LOC. COLLE AL MATRICHESE
53024 MONTALCINO [SI]
TEL. 0577848195
www.costanti.it

藏酒销售
预约参观
年产量 60 000 瓶
葡萄种植面积 12 公顷

如果将布内罗红葡萄酒（Brunello）想象成是一支国际队伍的话，那么其中成员之一必定是安德里亚·科斯坦蒂（Andrea Costanti）。作为这座酒庄的心脏和灵魂，他比大部分人都懂得如何把过去的回忆和当代的品味结合在一起。圣乔维斯葡萄（Sangiovese）是在中型和大型橡木桶里成熟，从不遵循任何既定的风格。相反，这些圆润的果肉和典雅的气质映射出了葡萄园的地理特征——面朝托利尼瑞（Torrenieri），海拔300米到450米。这里贫瘠的土壤中很大成分都是泥灰土，正是这些构成这些布内罗红葡萄酒令人骄傲的基础，使它们能够随着时间的流逝，唤醒当中独特的韵味。

● Brunello di Montalcino '07	♛♛ 6
● Brunello di Montalcino Ris. '06	♛♛ 8
● Brunello di Montalcino '06	♛♛♛ 6
● Ardingo Calbello '01	♛♛ 5
● Brunello di Montalcino '99	♛♛ 6
● Brunello di Montalcino Calbello '00	♛♛ 6
● Brunello di Montalcino Ris. '01	♛♛ 8

Maria Caterina Dei
VIA DI MARTIENA, 35
53045 MONTEPULCIANO [SI]
TEL. 0578716878
www.cantinedei.com

藏酒销售
预约参观
膳宿接待
年产量 200 000 瓶
葡萄种植面积 55 公顷

全新的酒窖现在已成为蒙特布查诺地区（Montepulciano）葡萄酒酿造业一个经典的名字。这个酒庄如今由卡特琳娜·德伊（Caterina Dei）满怀信心、尽职尽责地经营着。100公顷的土地上有55公顷是葡萄园地，大多数位于种植在贵族酒的地区（Vino Nobile）。这些葡萄园都在海拔300米之上，被分隔成为四个生产区域：柏索纳（Bossona）（生产最主要的贵族酒（Nobile）的地方），玛蒂埃纳（Martiena），拉·西亚利雅纳（La Ciarliana）以及拉·皮亚吉亚（La Piaggia）。这四个区域都有它们各自独特的土壤类型和气候特征。这些葡萄酒的风格相当传统，且经常成为该大区最迷人的葡萄酒之一。

● Nobile di Montepulciano Bossona Ris. '08	♛ 5
● Nobile di Montepulciano '09	♛♛ 4
● Sancta Catharina '09	♛♛ 5
● Rosso di Montepulciano '10	♛ 2
● Nobile di Montepulciano Bossona Ris. '04	♛♛♛ 5
● Nobile di Montepulciano '08	♛♛ 4
● Nobile di Montepulciano '07	♛♛ 4
● Nobile di Montepulciano Bossona Ris. '07	♛♛ 5
● Nobile di Montepulciano Bossona Ris. '06	♛♛ 5

TUSCANY
托斯卡纳区

Diadema
VIA IMPRUNETANA PER TAVARNUZZE, 19
50023 IMPRUNETA [FI]
TEL. 0552311330
www.diadema-wine.com

藏酒销售
预约参观
膳宿接待
年产量 61 000 瓶
葡萄种植面积 15 公顷

阿尔伯托·加诺提（Alberto Giannotti）凭着自己的精力创建了一座酒庄，他既是这个酒庄的创建者，也是拥有者。他原本是制鞋行业的一位成功商人，之后决定投资家族产业，并在2000年创立了里雷斯欧尔莫酒店（Relais Villa l'Olmo），同时保留着葡萄酒酿制和橄榄树种植的生产活动。他对旧式橄榄油制造厂和地窖进行了重建，培植新的葡萄园，部分种植了新葡萄品种，并且为葡萄酒设计了奢华的新包装。但他从未忘记，内在的品质才是最重要的因素。这些年来，事实证明阿尔伯托所做的一切是对的。现在他也进口香槟。

● D'Amare Rosso '10	♛♛ 5
● Diadema '10	♛♛ 8
○ D'Amare Bianco '11	♛ 4
○ D'Amare Bianco '09	♛♛ 7
● Diadema '09	♛♛ 8
○ Diadema Bianco '09	♛♛ 7
● Diadema D'Amare '07	♛♛ 7
● Diadema Rosso '08	♛♛ 7

Fattoria Dianella Fucini
VIA DIANELLA, 48 - 50059 VINCI [FI]
TEL. 0571508166
www.fattoriadianella.it

藏酒销售
预约参观
膳宿接待
年产量 20 300 瓶
葡萄种植面积 20 公顷

帕萨尼·安特维（Passerin D'Entreves e Courmayeur）家族在20世纪50年代中期收购了这座别墅以及毗邻的农场。这个历史性的地方曾属于梅第奇家族（Medicis），被用作狩猎用地。这就解释了它名字的由来：结合了黛尔内拉（Dianella）和富西尼（Fucini）两个名字，因为前者黛尔内拉是狩猎女神黛安娜（Diana）的昵称，而后者作家雷纳托·富西尼（Renato Fucini）埋葬在这里。现在酒庄的拥有者弗朗塞斯科（Francesco）和维洛尼卡（Veronica）开始修复里面的建筑，使这个别墅成为具有历史意义的宾客住所。初期的工作包括移植现有的葡萄园，以及为酒窖配备更多的现代技术。

● Le Veglie di Neri '11	♛♛ 3
⊙ All'aria aperta Rosé '11	♛ 2
● Chianti Ris. '09	♛ 3
● Il Matto delle Giuncaie '10	♛ 4
○ Sereno e Nuvole '11	♛ 2
● Chianti '09	♛♛ 2*
● Chianti '05	♛♛ 2*
● Le Veglie di Neri '10	♛♛ 2*
● Le Veglie di Neri '04	♛♛ 2

Donna Olga

LOC. FRIGGIALI
S.DA MAREMMANA - 53024 MONTALCINO [SI]
TEL. 0577849454
www.tenutedonnaolga.it

藏酒销售
预约参观
膳宿接待
年产量 20 000 瓶
葡萄种植面积 4 公顷

奥尔加•佩鲁索（Olga Peluso）经常参与到肯托兰尼（Centolani）的一些家族酒庄当中，但对于这个独立的项目他始终抱着坚定的信心，而事实也很快地证明这个项目在很多方面都是令人满意的。酒庄的总部位于蒙塔尔奇诺（Montalcino）的西南地区，其海拔低于400米的4公顷田地全部用于种植圣乔维斯葡萄（Sangiovese）。布内罗红葡萄酒（Brunello）在小型和中型橡木桶里酿制而成，风格既不完全传统，又不能将之直接定义为现代的诠释，对于最近出产的年份来说尤为明显。

- Brunello di Montalcino Collezione Arte '06 ⑦7
- Brunello di Montalcino '07 ⑦7
- Brunello di Montalcino Favorito '07 ⑦7
- Rosso di Montalcino Favorito '10 ③
- Brunello di Montalcino '06 ⑦7
- Brunello di Montalcino '01 ⑥6
- Brunello di Montalcino Ris. '01 ⑦7

Donna Olimpia 1898

FRAZ. BOLGHERI
LOC. MIGLIARINI, 142
57020 CASTAGNETO CARDUCCI [LI]
TEL. 0272094585
www.donnaolimpia1898.it

藏酒销售
年产量 160 000 瓶
葡萄种植面积 45 公顷

多纳奥林匹亚（Donna Olimpia）酒庄是古伊多•弗洛纳里（Guido Folonari）运营的众多酒庄之一，它在蒙塔尔奇诺（montalcino）和皮埃蒙特（Piedmont）也拥有房产。这座酒庄的命名是为了纪念1989年奥林匹亚•阿里亚塔（Olimpia Alliata）和格拉多•德拉•格拉德斯卡（Gherardo della Gherardesca）结婚25周年。在60公顷土地中，只有40多公顷种植葡萄，其品种是当地的大众品种，如品丽珠（Cabernet Franc）、赤霞珠（Cabernet Sauvignon）、小维铎（Petit Verdot）、梅洛（Merlot）、西拉（Syrah）和维蒙蒂诺（Vermentino）。

- Bolgheri Rosso Sup. Millepassi '09 ⑧8
- Bolgheri Rosso '09 ⑤5
- Agoghè '11 ③3
- Bolgheri Bianco '10 ⑤5
- Vermentino '11 ③3
- Bolgheri Rosso Sup. Millepassi '08 ⑥6

TUSCANY
托斯卡纳区

Duemani
loc. Ortacavoli - 56046 Riparbella [PI]
Tel. 0583975048
www.duemani.eu

年产量 40 000 瓶
葡萄种植面积 7.5 公顷
葡萄栽培方式 生机互动农耕认证

这个酒庄是埃琳娜•希尔里（Elena Celli）和卢卡•阿托玛（Luca D'Attoma）在2000年建立的，以实践他们对开垦荒地并将生物动力学的原理运用到葡萄园管理和葡萄酒生产当中的共同热情。应用传统的耕作方式并不能在这些地区种植葡萄，然而，经过八年的大量开发和特别照料，他们的努力终于换来了出色的结果。这些酒呈现出现代风格，在酿制过程中适度使用了橡木。

● Duemani '09	🍷🍷🍷 8
● Cifra '10	🍷🍷 4
● Altrovino '10	🍷🍷 5
● Suisassi '09	🍷🍷 8
● Duemani '08	🍷🍷 8
● Duemani '07	🍷🍷 8
● Duemani '05	🍷🍷 4
● Suisassi '05	🍷🍷 4

Fanti
loc. Palazzo, 14
fraz. Castelnuovo dell'Abate
53020 Montalcino [SI]
Tel. 0577835795
www.fantisanfilippo.com

藏酒销售
预约参观
年产量 200 000 瓶
葡萄种植面积 50 公顷

菲利普•凡蒂（Filippo Fanti）无疑是蒙塔尔奇诺（Montalcino）葡萄酒生产聚集地最著名、最受爱戴的名人之一。他那迷人的魅力和热情好客之道很自然地为他的布内罗红葡萄酒（Brunello）作了很好的宣传。这些布内罗葡萄酒除了没有人类的大脑思维之外，也是同样的亲切怡人。它们散发出浓郁的果香，有时夹杂着橡木的味道。这些风格的形成同时也是地域性特征的结果：几乎50公顷的葡萄园，全部位于卡特路诺（Castelnuovo dell'Abate），泥灰质的土壤培植出果实饱满、结构丰盈的葡萄。

● Brunello di Montalcino '07	🍷🍷🍷 5
● Sant'Antimo Rosso Sassomagno '10	🍷🍷 2*
○ Sant'Antimo Vin Santo '06	🍷🍷 5
● Rosso di Montalcino '10	🍷 3
● Brunello di Montalcino '00	🍷🍷🍷 6
● Brunello di Montalcino '97	🍷🍷🍷 5
● Brunello di Montalcino Ris. '95	🍷🍷🍷 5
● Brunello di Montalcino '01	🍷🍷 6
● Brunello di Montalcino '98	🍷🍷 6

托斯卡纳区
TUSCANY

Fattoi

LOC. SANTA RESTITUTA
POD. CAPANNA, 101 - 53024 MONTALCINO [SI]
TEL. 0577848613
www.fattoi.it

藏酒销售
预约参观
年产量 45 000 瓶
葡萄种植面积 9 公顷

这个法托伊家族（Fattoi）的酒庄坐落于蒙塔尔奇诺大区（Montalcino）的西南边，奥尔恰河（Orcia）和翁布罗内河（Ombrone）交汇处的流域上。从葡萄园到酒窖，该家族酒庄所有有关葡萄酒酿制的操作全都由兰伯托（Lamberto）和里欧纳儿多·法托伊（Leonardo Fattoi）亲自监督。在总共70公顷的面积中，有9公顷种植了葡萄。所种的葡萄品种只有圣乔维斯葡萄（Sangiovese），并且所酿造的只有保证法定产区酒（DOCG）。另外，我们也推荐这里出产的上等原生橄榄油，这是从一个非常古老的小果园中生产出来的。

- Brunello di Montalcino Ris. '06　🍷🍷 7
- Brunello di Montalcino '07　🍷 6
- Rosso di Montalcino '10　🍷🍷 3
- Brunello di Montalcino '06　♀♀ 6
- Brunello di Montalcino '04　♀♀ 5
- Brunello di Montalcino '03　♀♀ 5
- Brunello di Montalcino '02　♀♀ 5
- Brunello di Montalcino '01　♀♀ 5
- Brunello di Montalcino Ris. '03　♀♀ 7
- Brunello di Montalcino Ris. '01　♀♀ 7

Fattoria di Lamole

LOC. LAMOLE, 70 - 50022 GREVE IN CHIANTI [FI]
TEL. 0558547065
www.fattoriadilamole.it

藏酒销售
预约参观
年产量 7 000 瓶
葡萄种植面积 15 公顷

保罗·索西（Paolo Socci）的酒庄坐落于康帝（Chianti）中俯瞰格雷韦（Greve）峡谷的圣米歇尔山（Mount San Michele）上。最值得一提的是，它原始的环境和乡村景观本已随着岁月消失，然而现在却很严谨、科学地恢复到原来的样子，就算将其称作一座户外博物馆也不足为过。酒庄的葡萄酒呈现出十分引人注目的风格。其特点并不难阐释，而且在感官层面也保持一致性和真实性。尽管这个酒庄还未实现其可靠的连贯性，但在不久的将来是会实现的。

- Chianti Cl. Castello delle Stinche '09　🍷🍷 3
- Chianti Cl. Castello delle Stinche Ris. '09　🍷 5
- Chianti Cl. V. Grospoli '09　🍷 7
- Chianti Cl. Castello delle Stinche '08　♀♀ 3
- Chianti Cl. V. Castello di Lamole Ris. '06　♀♀ 5
- Chianti Cl. V. Grospoli '08　♀♀ 7

托斯卡纳区
TUSCANY

★★Fattoria di Felsina
VIA DEL CHIANTI, 101
53019 CASTELNUOVO BERARDENGA [SI]
TEL. 0577355117
www.felsina.it

藏酒销售
预约参观
年产量 650 000 瓶
葡萄种植面积 94 公顷
葡萄栽培方式 传统栽培

法尔西纳（Felsina）的葡萄酒，是古典康帝酒区（Chianti Classico）最南端地区——贝拉登加新堡市（Castelnuovo Berardenga）葡萄酒的最佳代表。在风格上，它们堪称葡萄酒的纯粹度、个性化的杰出代表，甚至更多。酒体强硕是该产区圣乔维斯葡萄（Sangiovese）的特征，然而它们有着不寻常的优雅，需要一提的是，它们与优质布内罗红葡萄酒（Brunello di Montalcino）如出一辙。所有这些因素促使法尔西纳（Felsina）成为托斯卡纳区（Tuscan）以及意大利葡萄酒的品质代表。

● Chianti Cl. Rancia Ris. '09	♛♛ 6
● Fontalloro '09	♛♛ 6
● Maestro Raro '09	♛♛ 4
● Chianti Cl. '10	♛ 4
● Chianti Cl. Ris. '09	♛ 4
● Chianti Cl. Rancia Ris. '07	♛♛♛ 6
● Chianti Cl. Rancia Ris. '05	♛♛♛ 5
● Chianti Cl. Rancia Ris. '04	♛♛♛ 5
● Chianti Cl. Rancia Ris. '03	♛♛♛ 5
● Chianti Cl. Rancia Ris. '00	♛♛♛ 5
● Fontalloro '07	♛♛♛ 6
● Fontalloro '06	♛♛♛ 6
● Fontalloro '05	♛♛♛ 6
● Fontalloro '01	♛♛♛ 5
● Maestro Raro '08	♛♛♛ 6

★Tenute Ambrogio e Giovanni Folonari
LOC. PASSO DEI PECORAI
VIA DI NOZZOLE, 12 - 50022 GREVE IN CHIANTI [FI]
TEL. 055859811
www.tenutefolonari.com

预约参观
年产量 1 000 000 瓶
葡萄种植面积 250 公顷

安布罗吉奥（Ambrogio）和乔瓦尼•弗洛纳利（Giovanni Folonari）所拥有的酒庄群，延伸至区域内所有的最好地段，包括康帝（Chianti）、格雷韦（Greve）的诺泽勒（Nozzole）、蒙塔尔奇诺（Montalcino）的拉•赋格（La Fuga），还有玛内玛（Maremma）的维格尼•亚•保罗纳（Vigne a Porrona）和蒙特布查诺（Montepulciano）的托卡维诺（Torcalvano）。葡萄经过小型橡木桶酿造之后，总体呈现出现代风格。他们的酿造工艺是完美无瑕的，以致他们从不缺少优秀的突出个性品质。这些综合特征使得该酒庄的葡萄酒，尤其是代表作帕雷托葡萄酒（Pareto），在品质等级中位列前茅。

● Il Pareto '09	♛♛♛ 7
○ Cabreo La Pietra '10	♛ 5
● Chianti Cl. '10	♛ 4
● Cabreo Il Borgo '06	♛♛♛ 5
● Chianti Cl. La Forra Ris. '90	♛♛♛ 4
● Il Pareto '07	♛♛♛ 7
● Il Pareto '04	♛♛♛ 7
● Il Pareto '01	♛♛♛ 7
● Il Pareto '00	♛♛♛ 7
● Il Pareto '98	♛♛♛ 7
● Il Pareto '97	♛♛♛ 7
● Il Pareto '93	♛♛♛ 7
● Il Pareto '90	♛♛♛ 7
● Il Pareto '88	♛♛♛ 7

TUSCANY 托斯卡纳区

Fontaleoni
LOC. SANTA MARIA, 39
53037 SAN GIMIGNANO [SI]
TEL. 0577950193
www.fontaleoni.com

藏酒销售
预约参观
膳宿接待
年产量 150 000 瓶
葡萄种植面积 30 公顷
葡萄栽培方式 有机认证

在20世纪50年代末，吉奥瓦尼（Giovanni）和布鲁纳•特洛伊亚纳（Bruna Troiana）启动了这个酒庄的葡萄酒项目，从马尔凯（Marche）搬到圣吉米尼亚诺（San Gimignano）并买下他们第一片数公顷的土地。今天这个酒庄依然由家族管理，种植面积共45公顷，种植着葡萄、橄榄树等农作物和林木。这里的葡萄酒展示出明确的、定义清晰的发展道路而从不丢失其独特性和自然特征。

Le Fonti
LOC. LE FONTI - 50020 PANZANO [FI]
TEL. 055852194
www.fattorialefonti.it

藏酒销售
预约参观
年产量 40 000 瓶
葡萄种植面积 8.5 公顷
葡萄栽培方式 传统栽培

酒庄位于庞扎诺（Panzano），古典康帝葡萄酒（Chianti Classico）主要分区之一。该酒庄虽然规模较小，但其定位于这个法定产酒区（DOC）典型的精品酒庄中相当高的地位。在这里，小型橡木桶的使用非常适度且平衡，酿造的酒风格明晰，果香新鲜，富含个性，完美地诠释了庞扎诺地区（Panzano）典型产品的主要特征。

○ Vernaccia di S. Gimignano Casanova '10	▼▼▼ 2*
○ Vernaccia di S. Gimignano Notte di Luna '11	▼▼ 2*
○ Vernaccia di S. Gimignano Ris. '09	▼▼ 3
○ Vernaccia di S. Gimignano '11	▼ 2
○ Vernaccia di S. Gimignano '10	▼▼ 2*
○ Vernaccia di S. Gimignano Notte di Luna '08	▼▼ 2*
○ Vernaccia di S. Gimignano Notte di Luna '07	▼▼ 2*
○ Vernaccia di S. Gimignano Notte di Luna '06	▼▼ 2*
○ Vernaccia di S. Gimignano Ris. '08	▼▼ 3
○ Vernaccia di S. Gimignano Ris. '07	▼▼ 3
○ Vernaccia di S. Gimignano V. Casanuova '07	▼▼ 2*

● Chianti Cl. Ris. '08	▼▼ 4
● Chianti Cl. '09	▼ 3
● Fontissimo '08	▼ 5
● Chianti Cl. Ris. '07	▼▼▼ 4
● Fontissimo '06	▼▼▼ 5
● Chianti Cl. '08	▼▼ 3
● Chianti Cl. '07	▼▼ 3
● Chianti Cl. Ris. '07	▼▼ 4
● Chianti Cl. Ris. '04	▼▼ 4
● Fontissimo '04	▼▼ 5
● Fontissimo '01	▼▼ 5
● V. della Lepre '07	▼▼ 2

TUSCANY 托斯卡纳区

★★ Fontodi

FRAZ. PANZANO IN CHIANTI
VIA SAN LEOLINO, 89
50020 GREVE IN CHIANTI [FI]
TEL. 055852005
www.fontodi.com

藏酒销售
预约参观
膳宿接待
年产量 300 000 瓶
葡萄种植面积 80 公顷
葡萄栽培方式 有机认证

40多年的历史沉淀，使得吉奥瓦尼·玛内蒂（Giovanni Manetti）的酒庄成为古典康帝（Chianti Classico）的优秀代表。庞扎诺（Panzano）中奥孔卡多罗（Conca d'Oro）的葡萄园持续生产出整个地区影响最具代表性的一些葡萄酒。他们的酿酒风格严谨认真，十分注重个性和一致性，与当地的风土特征有机结合。果香成熟、阳光灿烂、酒体强硕，还夹杂着部分迷人的细微差别。大部分葡萄酒是在小酒桶酿造，细致严谨的酿造工艺，造就了完美的感官表现。

Podere La Fortuna

LOC. LA FORTUNA, 83
53024 MONTALCINO [SI]
TEL. 0577848308
www.tenutalafortuna.it

藏酒销售
预约参观
年产量 60 000 瓶
葡萄种植面积 20 公顷

安吉洛（Angelo）和罗米纳·占诺尼（Romina Zannoni）两兄妹代表着一个多世纪以来在拉弗杜那酒庄（La Fortuna）中工作的家族第六代。他们和父亲吉奥伯托（Gioberto）一起照料着近20公顷的园地。它被分成两块主要田地：最初的位于蒙塔尔奇诺（Montalcino）东北部的一块以及近来才购买的德尔阿贝特新堡（Castelnuovo dell'Abate）附近的一块。除了种植一小部分的赤霞珠（Cabernet Sauvignon）之外，圣乔维斯葡萄（Sangiovese）占据这葡萄园最大的份额，生产出生机饱满的葡萄酒，并主要在中型桶里酿制，而小型橡木桶则酿造出一部分的珍藏酒。

● Flaccianello della Pieve '09	🍷🍷🍷 8
● Chianti Cl. V. del Sorbo Ris. '09	🍷 6
● Chianti Cl. '09	🍷 4
● Chianti Cl. V. del Sorbo Ris. '01	🍷🍷🍷
● Chianti Cl. V. del Sorbo Ris. '94	🍷🍷🍷 5
● Flaccianello della Pieve '08	🍷🍷🍷 8
● Flaccianello della Pieve '07	🍷🍷🍷
● Flaccianello della Pieve '05	🍷🍷🍷
● Flaccianello della Pieve '03	🍷🍷🍷
● Flaccianello della Pieve '01	🍷🍷🍷
● Flaccianello della Pieve '00	🍷🍷🍷 6
● Flaccianello della Pieve '97	🍷🍷🍷 6
● Flaccianello della Pieve '91	🍷🍷🍷
● Syrah Case Via '98	🍷🍷🍷 5
● Syrah Case Via '95	🍷🍷🍷 5

● Brunello di Montalcino Ris. '06	🍷🍷 6
● Brunello di Montalcino '07	🍷🍷 6
● Rosso di Montalcino '10	🍷 3
● Brunello di Montalcino '06	🍷🍷🍷 6
● Brunello di Montalcino '04	🍷🍷🍷 6
● Brunello di Montalcino '01	🍷🍷🍷 5
● Brunello di Montalcino '05	🍷🍷 6
● Brunello di Montalcino Ris. '04	🍷🍷 6

托斯卡纳区
TUSCANY

Frank & Serafico
FRAZ. ALBERESE
VIA SPERGOLAIA - 58100 GROSSETO
TEL. 0564 071752
www.frankeserafico.com

藏酒销售
预约参观
年产量 30 000 瓶
葡萄种植面积 10 公顷

酒庄由法布里吉奥（Fabrizio）和皮尔保罗（Pierpaolo）年轻时建立。他们在2005年相遇，在此之前他们都在葡萄酒行业工作过，但是事业路线和地理位置各不相同。因为他们对葡萄酒共同的热情，对特定地区的热爱以及对新鲜、非传统工作方式的渴望，因此他们惺惺相惜。这一定是他们在2010年共同建立一间公司并以他们的昵称命名的原因。自此他们开始了一段旅程并且继续逆潮流而行，采用迟摘葡萄酿制单一品种维蒙蒂诺葡萄酒（Vermentino）。

- ● Frank '09　　　　　　　　　6
- ○ Vermentino '10　　　　　　 4
- ● Morellino di Scansano '10　　4
- ○ Serafico '10　　　　　　　　6

Frascole
LOC. FRASCOLE, 27A - 50062 DICOMANO [FI]
TEL. 0558386340
www.frascole.it

藏酒销售
预约参观
膳宿接待
年产量 65 000 瓶
葡萄种植面积 16 公顷
葡萄栽培方式 有机认证

恩里科•利比（Enrico Lippi）在将葡萄种植的家族传统当作一种生活方式的时候，便下定决心全身心投入葡萄种植和葡萄酒酿制的工作当中。这个酒庄坐落于鲁菲娜地区（Rufina）北边的迪科马诺市（Dicomano）。在开辟新葡萄园的时候，在这发现了一座罗马房屋的废墟，以及伊特鲁里亚石柱，或者说石板材，由此可以看出它有着古老的起源。15年来，农场一直获得有机种植认证。

- ○ Vin Santo del Chianti Rufina '03　　7
- ● Bitornino '10　　　　　　　　　　2
- ● Chianti Rufina '10　　　　　　　　2
- ● Chianti Rufina Ris. '09　　　　　　3
- ● Chianti Rufina '08　　　　　　　　2
- ● Chianti Rufina Ris. '08　　　　　　3
- ● Chianti Rufina Ris. '07　　　　　　3
- ○ Vin Santo del Chianti Rufina '02　　7
- ○ Vin Santo del Chianti Rufina '01　　7

TUSCANY
托斯卡纳区

★Marchesi de' Frescobaldi

VIA SANTO SPIRITO, 11 - 50125 FIRENZE
TEL. 05527141
www.frescobaldi.it

藏酒销售
预约参观
年产量 9 000 000 瓶
葡萄种植面积 1200 公顷

花思蝶家族（Frescobaldi）在意大利酿酒业中是领衔的王朝之一，它的产品系列广泛、品种繁多，无法避免地主要集中在托斯卡纳区（Tuscany）的本土品种。最初的酒庄是在鲁菲娜（Rufina），但该家族在蒙塔尔奇诺（Montalcino）、玛内玛（Maremma）和里窝那省（Livrno）沿海地区这些所有最主要的生产区域，都拥有自己的资产。近年来，它的风格转变到更集中、酒体更饱满的葡萄酒上。

● Giramonte Rosso '09	🍷🍷🍷 8
● Brunello di Montalcino Castelgiocondo '07	🍷🍷 6
● Chianti Rufina Nipozzano Ris. '09	🍷🍷 3
● Lamaione '08	🍷🍷 7
● Morellino di Scansano Pietraregia dell'Ammiraglia Ris. '09	🍷🍷 5
● Tenuta Frescobaldi di Castiglioni '10	🍷🍷 4
● Terre More dell'Ammiraglia '10	🍷🍷 4
● Chianti Castiglioni '11	🍷 3
○ Costa di Nugola Vermentino '11	🍷 2
● Morellino di Scansano Santa Maria '11	🍷 3
● Rèmole '10	🍷 2
● Chianti Rufina Montesodi '01	🍷🍷🍷 6
● Mormoreto '05	🍷🍷🍷 7
● Mormoreto '01	🍷🍷🍷 7

Eredi Fuligni

VIA SALONI, 33 - 53024 MONTALCINO [SI]
TEL. 0577848710
www.fuligni.it

藏酒销售
预约参观
年产量 45 000 瓶
葡萄种植面积 11 公顷

这里良好的风土环境创造出一种独特风格，使得罗伯托•圭里尼（Roberto Guerrini）的酒庄多年来在蒙塔尔奇诺（Montalcino）排行榜上一直名列前茅。这里仅仅11公顷的土地全部处于科迪梅里（I Cottimelli）的东部地区，海拔380米到450米之间，土壤包含大量片岩和石头。这些因素构成了出产坚实、新颖的布内罗红葡萄酒（Brunello）最理想的条件。这些布内罗葡萄酒先是在中型橡木桶里酿制一小段时间，之后便在3000公升的圆形桶里酿造。它们在早期的时候是任性不羁的，并且在某种程度上是阴暗的，但是只要耐心等待，便能享受到它们更清淡、和煦的一面。

● Brunello di Montalcino '07	🍷🍷 6
● Brunello di Montalcino Ris. '06	🍷🍷 8
● Rosso di Montalcino Ginestreto '10	🍷🍷 3
● Brunello di Montalcino '01	🍷🍷🍷 8
● Brunello di Montalcino Ris. '97	🍷🍷🍷 7
● Brunello di Montalcino '06	🍷🍷 6
● Brunello di Montalcino Ris. '04	🍷🍷 8

TUSCANY

Gattavecchi
LOC. SANTA MARIA
VIA DI COLLAZZI, 74
53045 MONTEPULCIANO [SI]
TEL. 0578757110
www.gattavecchi.it

藏酒销售
预约参观
年产量 280 000 瓶
葡萄种植面积 40 公顷

佳特温奇家族（Gattavecchi）的酒庄是蒙塔尔奇诺地区（Montalcino）成立时间最长的酒庄之一，自然而然地与当地的历史和葡萄酒交织在一起。然而这并不意味着它的商业活动一成不变。近来这些葡萄酒看起来比以前更加华丽，似乎它们正朝着一个新的方向前进。酒庄位于蒙特布查诺（Montepulciano）的南部地区，同时在勒•卡吉奥勒（Le Caggiole）和艾逊内罗（Ascianello）也有其他的老葡萄园。葡萄酒的酿制过程是在邦蒂特拉（Banditella）的一座现代建筑里，而声名更响亮的产品则是在蒙特布查诺具有历史性的酒窖中酿制而成的。

★Tenuta di Ghizzano
FRAZ. GHIZZANO
VIA DELLA CHIESA, 4 - 56037 PECCIOLI [PI]
TEL. 0587630096
www.tenutadighizzano.com

藏酒销售
预约参观
膳宿接待
年产量 80 000 瓶
葡萄种植面积 20 公顷
葡萄栽培方式 传统栽培

由金妮维亚•维纳罗斯•帕索里尼（Ginevra Venerosi Pesciolini）经营的酒庄是比萨地区（Pisa）最重要的酒庄之一。在近年来，独特的个性和酒的纯正使其崭露头角。酒庄几百年来都由这个家族所拥有，覆盖350公顷土地，其中大约20公顷的葡萄园，土壤由海洋运动演变而来。土壤类型基本由沙土和黏土组成，并含有大量化石物质。长久以来酒庄都是应用有机种植方式，但在几年前它开始使用生物动力学的耕作方式。

● Nobile di Montepulciano Poggio alla Sala Ris. '08	🍷🍷 5
● Nobile di Montepulciano '09	🍷🍷🍷 4
● Nobile di Montepulciano Parceto Poggio alla Sala '09	🍷🍷 3
● Nobile di Montepulciano Poggio alla Sala '09	🍷🍷 5
● Nobile di Montepulciano Riserva dei Padri Serviti '08	🍷🍷 4
● Rosso di Montepulciano Poggio alla Sala '11	🍷🍷 2*
● Nobile di Montepulciano '11	🍷 4
● Nobile di Montepulciano '08	🍷🍷 4
● Nobile di Montepulciano Poggio alla Sala Ris. '07	🍷🍷 5
● Nobile di Montepulciano Ris. '06	🍷🍷 5

● Nambrot '09	🍷🍷🍷 6
● Veneroso '09	🍷🍷 5
● il Ghizzano '10	🍷🍷 2*
● Nambrot '08	🍷🍷🍷 6
● Nambrot '06	🍷🍷🍷 6
● Nambrot '05	🍷🍷🍷 6
● Nambrot '04	🍷🍷🍷 6
● Nambrot '03	🍷🍷🍷 6
● Nambrot '01	🍷🍷🍷 8
● Veneroso '07	🍷🍷🍷 5
● Veneroso '04	🍷🍷🍷 5
● Veneroso '01	🍷🍷🍷 5

托斯卡纳区
TUSCANY

I Giusti e Zanza
VIA DEI PUNTONI, 9 - 56043 FAUGLIA [PI]
TEL. 058544354
www.igiustiezanza.it

藏酒销售
预约参观
年产量 100 000 瓶
葡萄种植面积 17 公顷
葡萄栽培方式 传统栽培

保罗•基思迪（Paolo Giusti）在1995年与其他合伙人一起购买了这个酒庄，并在几年前成为了独资人。朱斯蒂赞扎酒庄（Giusti e Zanza）覆盖了大约40公顷土地，总体上处于比萨省（Pisa）和里窝那省（Livorno）之间，在阿尔诺河（Arno）的左岸离河口不远。这里的葡萄园生产的几乎都是红葡萄，应用自然种植的方式并深受生物动力学的影响。在沙土和黏土并含有一些碎石的山坡上，密集地种植着葡萄，用来生产富含现代气息的葡萄酒。

● Dulcamara '09	♛♛♛ 5
● PerBruno '10	♛♛ 4
● Belcore '10	♛ 3
○ Nemorino Bianco '11	♛ 2
● Nemorino Rosso '10	♛ 2
● Dulcamara '08	♛♛ 5
● Dulcamara '07	♛♛ 5
● Dulcamara '06	♛♛ 5
● Dulcamara '05	♛♛ 5
● PerBruno '09	♛♛ 4
● PerBruno '06	♛♛ 4
● PerBruno '05	♛♛ 4

Podere Grattamacco
LOC. LUNGAGNANO
57022 CASTAGNETO CARDUCCI [LI]
TEL. 0565765069
www.collemassari.it

藏酒销售
预约参观
年产量 80 000 瓶
葡萄种植面积 14 公顷
葡萄栽培方式 有机认证

玛丽亚•爱丽丝•蒂帕（Maria Iris Tipa）和兄长克劳迪奥（Claudio）拥有这个酒庄好几年了。它是宝格丽区（Bolgheri）最具象征性的酒庄之一。它成立于20世纪70年代，当时这个地区还不像今天这样是葡萄酒酿制的集中地，如今它享受着海拔100米独特的地理位置。14公顷的葡萄园地和3公顷的果园被近200公顷的林地围绕着。大体上来说，地势较高的地区主要是石灰岩和泥灰土，而较低的地区是细泥沙。

● Bolgheri Rosso Sup. Grattamacco '09	♛♛♛ 7
● Bolgheri Sup. L'Alberello '09	♛♛ 6
○ Bolgheri Vermentino Grattamacco '10	♛♛ 5
● Bolgheri Rosso '10	♛ 4
● Bolgheri Rosso Sup. Grattamacco '07	♛♛♛ 7
● Bolgheri Rosso Sup. Grattamacco '06	♛♛♛ 7
● Bolgheri Rosso Sup. Grattamacco '05	♛♛♛ 7
● Bolgheri Rosso Sup. Grattamacco '04	♛♛♛ 7
● Bolgheri Rosso Sup. Grattamacco '03	♛♛♛ 7
● Bolgheri Rosso Sup. Grattamacco '01	♛♛♛ 8
● Bolgheri Rosso Sup. Grattamacco '99	♛♛♛ 7
● Grattamacco '85	♛♛♛ 7

Fattoria di Grignano

Fraz. Grignano
via di Grignano, 22 - 50065 Pontassieve [FI]
Tel. 0558398490
www.fattoriadigrignano.com

藏酒销售
预约参观
年产量 250 000 瓶
葡萄种植面积 49.5 公顷
葡萄栽培方式 有机认证

英格拉米家族（Inghirami）已拥有这个酒庄40年了。酒庄的别墅建于15世纪，在18世纪重建成现在的样子。酒庄的地产十分广泛：600公顷的面积分割成47个农场，除了种植果树和谷物外，葡萄酒生产和橄榄培植是主要的活动。这些葡萄酒主要的特征是它们的寿命长并且品质随着时间的推移而愈发成熟和醇香，因此酒庄决定延长其酿制期而制成旗舰珍藏酒。

Tenuta Guado al Tasso

loc. Belvedere, 140 - 57020 Bolgheri [LI]
Tel. 0565749735
www.antinori.it

预约参观
年产量 800 000 瓶
葡萄种植面积 300 公顷

古达•亚•塔索堡（Tenuta Guada al Tasso）最初是德拉•戈尔德斯卡家族（Della Gherardesca）遗产中的一部分，而如今由安蒂诺里斯家族（Antinoris）所有，他们是在20世纪30年代接承了这座酒庄。在总共1 000公顷的土地中，大部分是林地，葡萄园有300公顷，种的是托斯卡纳区（Tuscany）的典型品种：首先是赤霞珠（cabernet sauvignon）和梅洛（Merlot），另外还有圣乔维斯（Sangiovese）、小维铎（Petit Verdot）和维门蒂诺（Vermentino）。酿制而成的葡萄酒呈完美的现代风格。

● Chianti Rufina Poggio Gualtieri Ris. '07	♀ 3
○ Vin Santo del Chianti Rufina '04	♀ 4
● Chianti Rufina '10	♀ 2
● Pietramaggio Rosso '11	♀ 1
● Pietramaggio Rosso '10	♀ 1
● Salicaria '08	♀ 6
● Chianti Rufina '09	♀♀ 2
● Chianti Rufina '08	♀♀ 2*
● Chianti Rufina Ris. '06	♀♀ 3*
● Chianti Rufina Ris. '05	♀♀ 3*
● Salicaria '05	♀♀ 4
○ Vin Santo del Chianti Capsula Oro '01	♀♀ 3
○ Vin Santo del Chianti Rufina '03	♀♀ 4
○ Vin Santo del Chianti Rufina Grignano '94	♀♀ 4

● Bolgheri Rosso Sup. Guado al Tasso '09	♀ 8
● Bolgheri Rosato Scalabrone '11	♀ 3
● Bolgheri Vermentino '11	♀ 3
● Bolgheri Rosso Bruciato '10	♀ 4
● Bolgheri Rosso Sup. Guado al Tasso '01	♀♀♀ 8
● Bolgheri Rosso Sup. Guado al Tasso '08	♀♀ 8
● Bolgheri Rosso Sup. Guado al Tasso '07	♀♀ 7
● Bolgheri Rosso Sup. Guado al Tasso '06	♀♀ 8
● Bolgheri Rosso Sup. Guado al Tasso '05	♀♀ 8
● Bolgheri Rosso Sup. Guado al Tasso '04	♀♀ 8

TUSCANY
托斯卡纳区

Gualdo del Re
LOC. NOTRI, 77 - 57028 SUVERETO [LI]
TEL. 0565829888
www.gualdodelre.it

藏酒销售
预约参观
膳宿接待
年产量 100 000 瓶
葡萄种植面积 20 公顷
葡萄栽培方式 有机认证

酒庄的名字在起源于伦巴第语（Lombard），这是从德语"Wald"衍生而来的，曾经有"林地"的意思，而后被赋予了新的含义——"为国王保留的快乐的地方"。妮可·罗斯（Nico Rossi）和玛丽亚·特雷萨·卡贝拉（Maria Teresa Cabella）在20世纪90年代开始了她们的历程，并立志要成为瓦尔迪·科尼亚地区（Val di Cornia）的领头羊。这里不寻常的地理环境和对葡萄酒非常有利的气候状况，为陈酿结构强劲的葡萄酒创造了条件。酒庄还包括了一个农场度假中心以及毗邻的餐厅。

Guicciardini Strozzi Fattoria Cusona
LOC. CUSONA, 5 - 53037 SAN GIMIGNANO [SI]
TEL. 0577950028
www.guicciardinistrozzi.it

藏酒销售
预约参观
年产量 600 000 瓶
葡萄种植面积 115 公顷

圭恰迪尼-斯特罗茨酒庄（Guicciardini-Strozzi）有着辉煌的过去，享誉世界，受到了来自世界上顶尖的优秀酒庄的高度称赞，令无数的仰慕者为之痴迷。它成功的历史最早出现在证明科索那（Cusona）存在文献记载的时候，可以追溯到994年。今天，这个家族引领着一个葡萄酒项目，涉及几个地区，包括玛内玛（Maremma）和潘泰莱里亚岛（Pantelleria），中心仍在圣吉米尼亚诺（San Gimignano）。葡萄酒的质量标准正在提高中。

● Cabraia '08	🍷 6
○ Eliseo Bianco '11	🍷 2*
● Val di Cornia Rosso Federico I '09	🍷 5
○ Vermentino Valentina '11	🍷 3
● Val di Cornia Rosso I'Rennero '09	🍷 6
● Val di Cornia Sangiovese Suvereto '09	🍷 2
● Val di Cornia Rosso I'Rennero '05	🍷 6
● Val di Cornia Rosso I'Rennero '01	🍷 7
● Cabraia '07	🍷 8
● Federico Primo '00	🍷 7
● Val di Cornia Gualdo del Re '01	🍷 5
● Val di Cornia Rosso Federico I '08	🍷 5

● Sòdole '08	🍷 5
○ Vernaccia di S. Gimignano Titolato Strozzi '11	🍷 2*
● Millanni '99	🍷 5
● Bolgheri Ocra '06	🍷 3*
● Bolgheri Rosso Sup. VignaRè Villa Le Pavoniere '07	🍷 6
● Selvascura '01	🍷 5
● Sòdole '07	🍷 5
● Sodole '05	🍷 5
● Sòdole '04	🍷 5
○ Vernaccia di S. Gimignano Cusona 1933 '10	🍷 3
○ Vernaccia di S. Gimignano Cusona 1933 '08	🍷 3*
○ Vernaccia di S. Gimignano Titolato Strozzi '10	🍷 2*

TUSCANY 托斯卡纳区

Icario
Via delle Pietrose, 2
53045 Montepulciano [SI]
Tel. 0578758845
www.icario.it

藏酒销售
预约参观
年产量 130 000 瓶
葡萄种植面积 20 公顷

伊卡里欧（Icario）是一个充满活力、蒸蒸日上的酒庄，由切凯蒂家族（Cecchetti）所有。他们在1998年收购了这个酒庄最原始的核心部分，之后种植了新的葡萄园，并建设了一个可爱的现代酒窖，从而扩大它的规模。当然，跟早期的时候相比，这个酒庄的风格有所改变，而且也仍在寻找一种能充分定义的特点。我们认为它的进步是可以看得见的，因为这些葡萄酒保持呈现出一种更古典的姿态，并且与本区域的典型特征结合得更加紧密。

● Nobile di Montepulciano '09	♛ 4
● Rosso di Montepulciano '11	♛ 2*
● Nobile di Montepulciano Vitaroccia Ris. '08	♛ 5
● Nobile di Montepulciano '08	♛ 4
● Nobile di Montepulciano Vitaroccia Ris. '07	♛ 5
● Rosso di Montepulciano '09	♛ 2*

★Isole e Olena
Loc. Isole, 1
50021 Barberino Val d'Elsa [FI]
Tel. 0558072763
www.isoleolena.it

藏酒销售
预约参观
年产量 200 000 瓶
葡萄种植面积 50 公顷

保罗•德•马奇（Paolo De Marchi）是全身心致力于将地区的真正精神融入到葡萄酒里的酿酒师之一。他的酒庄无疑在品质方面是名列前茅的。暂且不说品种，其出品的葡萄酒总是能表现出个性和一致性，并且在其他酒中脱颖而出。伊索勒•颚•欧兰纳葡萄酒（Lsolee Olena）适度使用橡木桶，展现出一种完整的风格，重点突出优雅和平衡。这些酒散发出多种味道杂陈的、代表土壤条件的芳香气味，并在舌头上留下了让人精神为之一振的紧致感。

● Cepparello '09	♛ 8
● Chianti Cl. '10	♛ 5
○ Vin Santo del Chianti Classico '04	♛ 7
● Cepparello '07	♛ 8
● Cepparello '06	♛ 8
● Cepparello '05	♛ 8
● Cepparello '03	♛ 7
● Cepparello '01	♛ 6
● Cepparello '00	♛ 6
● Cepparello '99	♛ 6
● Cepparello '98	♛ 6
● Syrah '99	♛ 5

托斯卡纳区
TUSCANY

Lamole di Lamole
LOC. VISTARENNI
LOC. LAMOLE - 53013 GAIOLE IN CHIANTI [SI]
TEL. 0577738186
www.lamole.com

藏酒销售
预约参观
年产量 7 000 瓶
葡萄种植面积 30 公顷

扎根于威尼托（Veneto）的圣塔•玛格丽塔集团（Gruppo Santa Margherita），在托斯卡纳区（Tuscany）拥有两座酒庄：位于康帝（Chianti）、格雷韦（Greve）的拉莫勒（Lamole di Lamole）和位于佳奥利（Gaiole）占地200公顷维斯塔里尼墅（Villa Vistarenni）。2013年初次展出的葡萄酒生产于萨索雷盖尔酒庄（Sassoregale），它在玛内玛（Maremma）有着30公顷的葡萄园。尽管数量众多，这些产品呈现出独特的风格，尤其是那些来自古典康帝产酒区（Chianti Classico）的葡萄酒。它们个性丰富，鲜明的特征根植于土地，拘谨又独特。这些酒用大型和小型橡木桶酿造。

● Chianti Cl. Vign. di Campolungo Ris. '08	♛♛♛	5
● Chianti Cl. Lamole di Lamole Et. Blu '09	♛♛	4
● Chianti Cl. Villa Vistarenni Ris. '08	♛♛	4
● Chianti Cl. Lamole di Lamole '09	♛	3
● Chianti Cl. Lamole di Lamole Ris. '08	♛	4
● Chianti Cl. Villa Vistarenni '09	♛	4
Merlot Sassoregale '10	♛	3
● Sangiovese Sassoregale '10	♛	3
Syrah Sassoregale '10	♛	3
● Chianti Cl. Lamole di Lamole '08	♛♛	3
● Chianti Cl. Lamole di Lamole Et. Blu '08	♛♛	4
● Chianti Cl. Vign. di Campolungo Ris. '06	♛♛	5

La Lastra
FRAZ. SANTA LUCIA
VIA R. DE GRADA, 9
53037 SAN GIMIGNANO [SI]
TEL. 0577941781
www.lalastra.it

藏酒销售
预约参观
年产量 57 6000 瓶
葡萄种植面积 7 公顷

在我们看来，拉•拉斯特拉（La Lastra）是圣吉米尼亚诺（San Gimignano）最有趣的酿酒厂之一，特别是对于那些钟爱微妙集中、注重深度和优雅而非力度的葡萄酒的人来说，就更是如此。也许在最开始的时候它有一点保守，但经过多年陈化以后，葡萄酒往往出人意料的优秀。一群醉心于这个地区的农学专家和酿酒专家共同来到这里投资，他们是雷纳托•斯帕奴（Renato Spanu）、纳迪亚•贝蒂（Nadia Betti）和恩里科•帕特莫斯特（Enrico Paternoster）。葡萄园的黏土和泥土中广泛散布着卵石与海洋化石，使得这些白葡萄酒充满矿物的感觉和圆滑的线条。

○ Vernaccia di S. Gimignano '11	♛♛	2*
○ Vernaccia di S. Gimignano Ris. '10	♛♛	3*
○ Vernaccia di S. Gimignano '09	♛♛♛	4
● Rovaio '05	♛♛	4
● S. Gimignano Rosso '02	♛♛	3
○ Vernaccia di S. Gimignano '10	♛♛	2*
○ Vernaccia di S. Gimignano '04	♛♛	3
○ Vernaccia di S. Gimignano Ris. '05	♛♛	3*
○ Vernaccia di S. Gimignano Ris. '03	♛♛	3
○ Vernaccia di S. Gimignano Ris. '01	♛♛	3
○ Vernaccia di S. Gimignano Ris. '00	♛♛	3

TUSCANY

Cantine Leonardo da Vinci
VIA PROVINCIALE MERCATALE, 291
50059 VINCI [FI]
TEL. 0571902444
www.cantineleonardo.it

藏酒销售
预约参观
餐饮接待
年产量 4 000 000 瓶
葡萄种植面积 500 公顷

莱昂纳多（Cantine Leonardo）是一个现代风格的联营酒庄，主管弗朗科•安姆布罗斯诺（Franco Ambrosino）的管理精明又高效。他管理酒庄达40年之久，不幸于2013年逝世，酒庄在他的管理下进步不少。酒庄成立于1961年，有30个成员，成立10年后开始销售葡萄酒。现在这里有160位种植者，其中有94位还参与了1990年对蒙塔尔奇诺康蒂纳酒庄（Cantina di Montalcino）的收购。收购完有100公顷葡萄园的法托利亚•迪•蒙塔尔巴诺庄园（Fattoria di Montalbano）和分销意大利酒和进口酒的达里•维格内公司（Dalle Vigne）之后，集团的完整架构终于搭建起来。

- Brunello di Montalcino
  Cantina di Montalcino '07　　　🍷5
- Chianti Da Vinci Ris. '09　　　🍷3
- Chianti Leonardo '11　　　🍷2
- Rosso di Montalcino
  Cantina di Montalcino '10　　　🍷2
- Sant'Ippolito '09　　　🍷5
○ Bianco dell'Empolese Vin Santo '06　　🍷🍷4
- Chianti Da Vinci '09　　　🍷🍷2*
- Merlot degli Artisti '05　　　🍷🍷5

Leuta
LOC. DELLA PIETRAIA, 21
52044 CORTONA [AR]
TEL. 3385033560
www.leuta.it

藏酒销售
预约参观
年产量 15 000 瓶
葡萄种植面积 25 公顷

里乌塔酒庄（Leuta）的故事由丹尼斯（Dennis）和恩佐（Enzo）开始书写。他们原先是在金融业中工作的，但后来回归到家族事业，农业种植。在发现他们家乡特伦蒂诺地区（Trentino）是不可能再实现耕作了之后，他们把注意力就转向了托斯卡纳区（Tuscany），并在2004年买下了25公顷土地种植葡萄。在仔细地挑选了最适合这个酒庄不同土壤类型的葡萄品种后，他们培植葡萄园项目就这样诞生了。

- 0,618 Cortona Syrah '09　　　🍷🍷4
- 2,618 Cabernet Franc '09　　　🍷🍷5
- Leuta Rosso '09　　　🍷🍷3

TUSCANY 托斯卡纳区

Tenuta di Lilliano

LOC. LILLIANO, 8
53011 CASTELLINA IN CHIANTI [SI]
TEL. 0577743070
www.lilliano.com

藏酒销售
预约参观
年产量 250 000 瓶
葡萄种植面积 50 公顷

来自康帝（Chianti）的卡斯特利纳（Castellina）的圣乔维斯葡萄（Sangiovese），大方又优雅，我们可以在传统的古典康帝酒庄（Chianti Classico）丽莉雅诺堡（Tenuta di Lilliano）所酿造的葡萄酒中，发现它最迷人的地方。这些葡萄酒展现出清晰明确的风格，重点突出平衡和优雅的特点。总体上，这些酒散发出微妙、清爽的芳香，而停留在舌头上的余韵则体现了其风味、对比度、紧致感和精美。这些感觉从不会被橡木桶的过量使用而掩盖掉。事实上，这一系列很可能是目前这个指定区之外最上等的葡萄酒之一。

● Chianti Cl. '10	▼▼▼ 3*
● Chianti Cl. Ris. '09	▼▼ 5
● Anagallis '09	▼▼▼ 5
● Chianti Cl. '09	▽▽▽ 3
● Anagallis '08	▽▽ 5
● Anagallis '07	▽▽ 5
● Anagallis '06	▽▽ 5
● Chianti Cl. '08	▽▽ 4
● Chianti Cl. Ris '08	▽▽ 5
● Chianti Cl. Ris. '07	▽▽ 5
● Chianti Cl. Ris. '06	▽▽ 5

Lisini

FRAZ. SANT'ANGELO IN COLLE
POD. CASANOVA - 53024 MONTALCINO [SI]
TEL. 0577844040
www.lisini.com

藏酒销售
预约参观
年产量 90 000 瓶
葡萄种植面积 21 公顷

每次在讨论布内罗红葡萄酒（Brunello）的时候，利斯尼（Lisini）的名字肯定会被提及，特别是对于那些追求同时具备蒙塔尔奇诺（Montalcino）南部地区的地中海气候特征和圣乔维斯葡萄（Sangiovese）持久而严谨简朴的葡萄酒的人来说。葡萄园地大部分都围绕着酒庄，在西斯塔（Sesta）这个良好的环境里，有着凉爽的、富含矿物质的土地。与此相反，乌戈拉亚（Ugolaia）精选酒产生的地方则以红色的凝灰质土壤出名。2006年份的珍藏酒重新加入了这个队伍。跟其他布内罗红葡萄酒（Brunello）一样，它也在中型的斯拉夫尼亚（Slavonian）橡木桶里酿制。

● Brunello di Montalcino Ugolaia '06	▼▼▼ 8
● Brunello di Montalcino '07	▼▼ 6
● Brunello di Montalcino Ris. '06	▼▼ 7
● Rosso di Montalcino '10	▼▼ 4
● San Biagio '10	▼ 2
● Brunello di Montalcino '90	▽▽▽ 5
● Brunello di Montalcino '88	▽▽▽ 5
● Brunello di Montalcino Ugolaia '04	▽▽▽ 8
● Brunello di Montalcino Ugolaia '01	▽▽▽ 8
● Brunello di Montalcino Ugolaia '00	▽▽▽ 7
● Brunello di Montalcino Ugolaia '91	▽▽▽ 7
● Brunello di Montalcino '03	▽▽ 6

Lunadoro

LOC. TERRAROSSA PAGLIERETO
FRAZ. VALIANO - 53040 MONTEPULCIANO [SI]
TEL. 0578748154
www.lunadoro.com

藏酒销售
预约参观
膳宿接待
年产量 45 000 瓶
葡萄种植面积 12 公顷
葡萄栽培方式 有机认证

瓦尔德奥尔恰（Val d'Orcia）是露娜多罗农场酒庄（La Bandita e Lunadoro）的起源地。之后它又做了一个重要的决定，在瓦利亚诺（Valiano）的蒙特布查诺（Montepulciano）地区收购帕格里瑞托（Pagliareto）及其葡萄园，为贵族酒（Vino Nobile）提供果实。从此达里奥·卡佩里（Dario Cappelli）和他的妻子格里奥拉·卡尔迪纳利亚（Gigliola Cardinalia）开始他们在蒙特布查诺的事业，冒险对酒窖进行微调和葡萄园进行重建。我们喜欢这些葡萄酒，因为它们酿造精细、个性丰富。

I Luoghi

LOC. CAMPO AL CAPRIOLO, 201
57022 CASTAGNETO CARDUCCI [LI]
TEL. 0565777379
www.iluoghi.it

藏酒销售
预约参观
年产量 15 000 瓶
葡萄种植面积 3.5 公顷
葡萄栽培方式 有机认证

从数量上来说这个酒庄是个小项目——不足4公顷的葡萄园生产少于20 000瓶葡萄酒——但是从葡萄酒质量和管理决策来说却非如此。酒窖和葡萄园被近乎痴迷的无微不至地照料，酿出风格鲜明的葡萄酒。在一个备受赞美但有时却被高估的地区，特征并不是固定的。近年来，这个规划长远的项目不断进步，证明艾·罗吉（I Luoghi）酒庄并没有走错路。

● Nobile di Montepulciano '09	4
● Nobile di Montepulciano Quercione Ris. '08	5
● Rosso di Montepulciano '10	3
● Nobile di Montepulciano '08	3
● Nobile di Montepulciano Quercione '06	4
● Nobile di Montepulciano Quercione Ris. '07	4
● Rosso di Montepulciano '08	2*

● Bolgheri Sup. Campo al Fico '09	7
● Bolgheri Sup. Podere Ritorti '09	5
● Bolgheri Sup. Campo al Fico '08	7
● Bolgheri Sup. Campo al Fico '07	7
● Bolgheri Sup. Campo al Fico '06	7
● Bolgheri Sup. Podere Ritorti '08	5
● Bolgheri Sup. Podere Ritorti '07	4

托斯卡纳区
TUSCANY

★ Le Macchiole
VIA BOLGHERESE, 189A - 57020 BOLGHERI [LI]
TEL. 0565766092
www.lemacchiole.it

预约参观
餐饮接待
年产量 140 000 瓶
葡萄种植面积 22 公顷
葡萄栽培方式 有机认证

凭借满腔热情和奉献精神,辛西娅•梅尔里(Cinzia Merli)成功地继续撰写她与丈夫尤金尼欧•卡姆坡尔密(Eugenio Campolmi)共同开始的勒•玛奇尔勒酒庄(Le Macchiole)的辉煌历史。葡萄园采用有机种植方式,密集地种植着最适合本地的葡萄品种,有赤霞珠(Cabernet Sauvignon)、品丽珠(Cabernet Franc)、梅洛(Merlot)、西拉(Syrah)、苏维翁(Sauvignon)和莎当尼(Chardonnay)。酒庄除了生产宝格丽罗索(Bolgheri Rosso)和帕勒欧(Paleo Bianco)葡萄酒之外,也总是致力于酿造单一品种的葡萄酒。

Le Macioche
SP 55 DI SANT'ANTIMO KM 4,85
53024 MONTALCINO [SI]
TEL. 0577849168
www.lemacioche.it

藏酒销售
预约参观
年产量 18 000 瓶
葡萄种植面积 3 公顷

勒•玛奇尔勒酒庄(Le Macchiole)的葡萄酒被众多爱好者热烈追求已不是一件新鲜的事了,微妙、清爽的风格受到了毫无保留的赞美,清除了任何引导它们过分夸张的诱惑。自从最早的发酵测试开始,保守一直都是这个酒庄重复的特征。它成立于1985年,由马蒂尔德•泽卡(Matilde Zecca)和阿奇勒•玛佐奇(Achille Mazzocchi)建立,位于蒙塔尔奇诺(Montalcino)和德尔阿贝特新堡(Castelnuovo dell'Abate)中间海拔400米的山上。酒庄全面的宣传策略非常有效。

● Paleo Rosso '09	🍷🍷🍷 8
● Messorio '09	🍷🍷 8
○ Paleo Bianco '10	🍷🍷 5
● Scrio '09	🍷🍷 8
● Bolgheri Rosso '10	🍷 4
● Bolgheri Rosso Sup. Paleo '97	🍷🍷🍷 8
● Messorio '07	🍷🍷🍷 8
● Messorio '06	🍷🍷🍷 8
● Messorio '01	🍷🍷🍷 8
● Messorio '99	🍷🍷🍷 8
● Messorio '98	🍷🍷🍷 8
● Messorio '97	🍷🍷🍷 8
● Paleo Rosso '03	🍷🍷🍷 8
● Paleo Rosso '01	🍷🍷🍷 8
● Scrio '08	🍷🍷🍷 8
● Scrio '01	🍷🍷🍷 8

● Brunello di Montalcino Ris. '06	🍷🍷 8
● Brunello di Montalcino '07	🍷🍷 7
● Brunello di Montalcino '06	🍷🍷 6
● Brunello di Montalcino '04	🍷🍷 6
● Brunello di Montalcino '99	🍷🍷 5
● Rosso di Montalcino '09	🍷🍷 4

TUSCANY 托斯卡纳区

La Madonnina - Triacca
LOC. STRADA IN CHIANTI
VIA PALAIA, 39 - 50027 GREVE IN CHIANTI [FI]
TEL. 055858003
www.triacca.com

预约参观
年产量 600 000 瓶
葡萄种植面积 100 公顷

蒙特布查诺（Montepulciano）、古典康帝（ChiantiClassico）以及玛内玛（Maremma），是瑞士特里卡家族（Triacca）为他们的酿酒事业挑选的地区。他们的故事开始于20世纪60年代，并取得了振奋人心的成效，保持着始终如一的品质，尤其是康帝系列葡萄酒。他们的酿酒风格功不可没，避免对葡萄园和酒窖的过度操作，葡萄酒充满丰富的个性，足以达到绝对优越的高度。

● Chianti Cl. Bello Stento '10	🍷🍷 2*
● Chianti Cl. Ris. '09	🍷🍷 4
● Chianti Cl. V. La Palaia '09	🍷 3
● Chianti Cl. '04	🍷🍷🍷 2
● Chianti Cl. Bello Stento '09	🍷🍷 2*
● Chianti Cl. Bello Stento '08	🍷🍷 2
● Chianti Cl. Ris. '07	🍷🍷 3
● Chianti Cl. Ris. '06	🍷🍷 3*
● Il Mandorlo '08	🍷🍷 3*

La Mannella
LOC. LA MANNELLA, 322
53024 MONTALCINO [SI]
TEL. 0577848268
http://www.lamannella.it

预约参观
年产量 35 000 瓶
葡萄种植面积 8 公顷

参观拉•玛内拉酒庄（La Mannella）是一次非常好的旅行，至少有两个原因：一是能够享受到马尔科•科托尼斯（Marco Cortonesi）热情欢迎；二是对蒙塔尔奇诺（Montalcino）各酒区有了清晰的概念。取样是准确了解酒庄的葡萄园的一种有效的方式。北部葡萄园位于海拔约250米的黏质土壤上，而南部葡萄园则处于海拔400米的有着大量石子的松土上。这种差异也反映在酒窖管理，它们都有着各自独特的发酵方式和酿制程序，尤其是艾•珀格亚瑞利（I Poggiarelli）精选酒，第一年是在中型桶里酿制。

● Brunello di Montalcino I Poggiarelli '07	🍷🍷🍷 5
● Brunello di Montalcino '07	🍷🍷 5
● Brunello di Montalcino Ris. '06	🍷🍷 6
● Leonus '11	🍷 3
● Rosso di Montalcino '10	🍷 3
● Brunello di Montalcino '06	🍷🍷 5
● Brunello di Montalcino '05	🍷🍷 5
● Brunello di Montalcino '04	🍷🍷 5
● Brunello di Montalcino I Poggiarelli '06	🍷🍷 5
● Brunello di Montalcino I Poggiarelli '05	🍷🍷 5

TUSCANY
托斯卡纳区

Fattoria Mantellassi
LOC. BANDITACCIA, 26
58051 MAGLIANO IN TOSCANA [GR]
TEL. 0564592037
www.fattoriamantellassi.it

藏酒销售
预约参观
年产量 550 000 瓶
葡萄种植面积 60 公顷
葡萄栽培方式 传统栽培

这个酒庄是阿里亚尔多（Aleardo）和朱塞佩·曼特拉西（Giuseppe Mantellassi）两兄弟建立的，它已经顺利走过了60周年并仍然是史坎萨诺·莫莱里诺（Morellino di Scansano）的核心酒庄之一，为本地区于1989年获得法定产酒区（DOC）的地位起了主要作用。酒庄最初的4公顷土地现在已扩展到大约60公顷。圣乔维斯（Sangiovese）是主要种植的葡萄品种，适合玛内玛（Maremma）风土条件的品种在这里也有种植。酒庄所产的葡萄酒在风格上是古典的并且很适合长期存放。

● Morellino di Scansano Mentore '11	▼▼2*
● Morellino di Scansano Le Sentinelle Ris. '08	▼4
● Morellino di Scansano San Giuseppe '11	▼3
● Querciolaia '08	▼4
● Morellino di Scansano Le Sentinelle Ris. '06	▽▽4
● Morellino di Scansano Le Sentinelle Ris. '05	▽▽4
● Morellino di Scansano Mentore '08	▽▽2
● Morellino di Scansano San Giuseppe '08	▽▽2
● Querciolaia '07	▽▽4
● Querciolaia '05	▽▽4

Il Marroneto
LOC. MADONNA DELLE GRAZIE, 307
53024 MONTALCINO [SI]
TEL. 0577849382
www.ilmarroneto.com

藏酒销售
预约参观
年产量 20 000 瓶
葡萄种植面积 5.8 公顷
葡萄栽培方式 传统栽培

在葡萄酒的历史中，意大利的酒庄中几乎没有一座能够像马若尼托（Il Marroneto）那么有说服力和权威性。这是蒙塔尔奇诺（Montalcino）北部地区的一座小酒庄，由亚历山德罗（Alessandro）满怀激情地经营着。他的布内罗红葡萄酒（Brunello）——最新的年份和麦当娜·德拉·格雷吉（Madonna delle Grazie）精选版本——在大型斯拉夫尼亚（Slavonian）橡木桶里酿制，呈现出一种纯粹的精华，甚至敢说有方济会（Franciscan）的风格，值得我们密切关注它的上市。因为在酿造令人兴奋的葡萄酒时，时间往往是一个特别助手。该酒庄所酿的酒是独一无二的，排在世界上最优秀、最纯正的行列之中。

● Brunello di Montalcino Madonna delle Grazie '07	▼▼8
● Brunello di Montalcino '07	▼▼6
● Brunello di Montalcino '06	▽▽6
● Brunello di Montalcino '05	▽▽6
● Brunello di Montalcino '03	▽▽6
● Brunello di Montalcino '01	▽▽6
● Brunello di Montalcino Madonna delle Grazie '06	▽▽8
● Brunello di Montalcino Madonna delle Grazie '05	▽▽7
● Brunello di Montalcino Madonna delle Grazie '04	▽▽7

托斯卡纳区
TUSCANY

Mastrojanni
FRAZ. CASTELNUOVO DELL'ABATE
POD. LORETO SAN PIO
53024 MONTALCINO [SI]
TEL. 0577835681
www.mastrojanni.com

藏酒销售
预约参观
年产量 80 000 瓶
葡萄种植面积 24 公顷

当伊利家族（Illy）在2008年接管这座由盖布雷勒·马斯特罗珍妮（Gabriele Mastrojanni）在20世纪70年代建立的酒庄时，他们所作的选择对该地的历史和理念表达了完全的尊重。他们让安德里亚·马凯蒂（Andrea Machetti）继续保持掌舵地位，明显地传达出保持风格一致性的信号。代表这一风格的，往往是吸引人的布内罗红葡萄酒（Brunello），质地丰满，这可以从俯瞰德拉阿贝特新堡（Castelnuovo dell'Abate）的多石的泥土地想象出来。酒窖中使用了大小不同的橡木桶，大型桶酿造维格纳·罗雷托（Vigna Loreto）葡萄酒，小型桶则酿制另一种出色的家庭酒——维格纳·史奇纳·阿斯诺（Vigna Schiena d'Asino）葡萄酒。

Melini
LOC. GAGGIANO - 53036 POGGIBONSI [SI]
TEL. 0577998511
www.cantinemelini.it

藏酒销售
预约参观
年产量 4 000 000 瓶
葡萄种植面积 145 公顷

位于波吉邦西（Poggibonsi）的梅林尼酒庄（Melini）和位于佩塞河谷圣卡夏诺（San Casciano Val di Pesa）的马基雅维利酒庄（Macchiavelli），是古典康帝（Chianti Classico）的生产地，都属于意大利葡萄酒集团（Gruppo Italiano Vini）所有，它们共同代表了该区历史中重要的一部分。作为世界上最著名的、分布最广泛的康帝（Chianti）酒标之一，这些酒提供了良好的、始终如一的品质。它们的酿制十分精确，主要是在大型橡木桶中。它们个性丰富，崇尚优雅而非强劲，甚至有时达到了卓越的顶峰。

● Brunello di Montalcino V. Loreto '07	▼▼ 7
● Brunello di Montalcino '07	▼ 5
● Brunello di Montalcino Schiena d'Asino '07	▼▼ 8
● Rosso di Montalcino '10	▼ 3
● Brunello di Montalcino '97	▼▼▼ 7
● Brunello di Montalcino '90	▼▼▼ 7
● Brunello di Montalcino Ris. '88	▼▼▼ 6
● Brunello di Montalcino Schiena d'Asino '93	▼▼▼ 7
● Brunello di Montalcino Schiena d'Asino '90	▼▼▼ 7
● Brunello di Montalcino '06	▼▼ 5
● Brunello di Montalcino '05	▼▼ 5
● Brunello di Montalcino Schiena d'Asino '06	▼▼ 8

○ Vin Santo del Chianti Cl. Occhio di Pernice '97	▼▼ 5
● Chianti Cl. Granaio '10	▼ 3
● I Coltri '11	▼ 2
● Chianti Cl. La Selvanella Ris. '06	▼▼▼ 5
● Chianti Cl. La Selvanella Ris. '03	▼▼▼ 4
● Chianti Cl. La Selvanella Ris. '01	▼▼▼ 4
● Chianti Cl. La Selvanella Ris. '00	▼▼▼ 4
● Chianti Cl. Granaio '08	▼▼ 3
● Chianti Cl. La Selvanella Ris. '08	▼▼ 5
● Chianti Cl. La Selvanella Ris. '07	▼▼ 5
● Chianti Cl. La Selvanella Ris. '05	▼▼ 5
● Chianti Cl. V. di Fontalle Ris. Macchiavelli '08	▼▼ 5
● Chianti Cl. V. di Fontalle Ris. Machiavelli '07	▼▼ 5

TUSCANY
托斯卡纳区

Fattoria Michi
VIA SAN MARTINO, 34
55015 MONTECARLO [LU]
TEL. 058322011
www.fattoriamichi.it

预约参观
年产量 60 000 瓶
葡萄种植面积 16 公顷

酒庄是蒙特卡尔洛（Montecarlo）地区主要的农业生产地之一，以其高品质的白葡萄酒闻名，在这个主要生产红葡萄酒的地区比较例外。它成立于1956年，并已逐渐扩大它的葡萄种植面积，专情于白葡萄品种，一种濒临灭亡的品种——布里亚诺葡萄（Buriano）在这里获得重生，随后独立地种植和酿造。这些葡萄酒有着定义明确、线条分明的风格，避免不必要的酿制程序。新鲜感和适饮性是最优先考虑的因素。酒庄还进口法国香槟和德国葡萄酒。

○ Buriano '11	♛♛ 3
○ Montecarlo Bianco '11	♛♛ 2*
○ Tenuta del Cavaliere Bianco '11	♛♛ 4
○ Vermentino '11	♛♛ 3
○ Vin Santo di Montecarlo '06	♛♛ 5
● Montecarlo Rosso '11	♛ 2
● Montecarlo Rosso Tenuta del Cavaliere '10	♛ 4
○ Buriano '10	♛♛ 3
● Montecarlo Rosso '04	♛♛ 3
○ Vermentino '10	♛♛ 3

Mocali
LOC. MOCALI - 53024 MONTALCINO [SI]
TEL. 0577849485
azmocali@tiscali.it

藏酒销售
预约参观
年产量 90 000 瓶
葡萄种植面积 14 公顷

蒂吉亚诺•西亚系（Tiziano Ciacci）是莫卡丽酒庄（Mocali）的第三代传人。这个小酒庄是他祖父迪诺（Dino）在20世纪50年代购买的。迪诺是蒙塔尔奇诺布内罗葡萄酒商会（Consorzio del Brunello di Montalcino）的25个推动者之一。该酒庄位于法定产区，海拔在350米到400米之间，占地面积大约30公顷，一半用于种植葡萄，一半种植橄榄树。以圣乔维斯（Sangiovese）为主的系列葡萄酒，表现风格多样。酿制使用小型桶，对于某些酒款或特殊年份的酒则使用斯拉夫尼亚（Slavonian）橡木桶。

● Brunello di Montalcino V. delle Raunate '07	♛♛ 6
● Brunello di Montalcino Ris. '06	♛♛ 7
● Brunello di Montalcino V. delle Raunate Ris. '06	♛♛ 8
● Rosso di Montalcino '10	♛ 2
● Brunello di Montalcino Poggio Nardone '06	♛♛ 6
● Brunello di Montalcino Ris. '01	♛♛ 6
● Brunello di Montalcino Ris. '98	♛♛ 6
● Brunello di Montalcino V. delle Raunate '06	♛♛ 6
● Brunello di Montalcino V. delle Raunate '04	♛♛ 6
● Brunello di Montalcino V. delle Raunate Ris. '04	♛♛ 8
● Mirus '07	♛♛ 5

托斯卡纳区
TUSCANY

Montauto
LOC. CAMPIGLIOLA KM 10
58014 MANCIANO [GR]
TEL. 3383833928
www.montauto.org

藏酒销售
预约参观
膳宿接待
年产量 70 000 瓶
葡萄种植面积 11 公顷

2003年，李嘉图•雷普里（Riccardo Lepri）从栽培了这些葡萄园50年的创建者艾诺斯（Enos）手中接管了蒙塔乌托酒庄（Montauto），成为它的新主人。该酒庄的管理标准与玛内玛（Maremma）其他酒庄一般采用的有很大不同。当其他酒庄都种红葡萄的时候，他们根据耕地的特征，更倾向于种植白葡萄，并取得了出色的成效，成为本地规范的一个良好的特殊典范。除了酿制葡萄酒之外，这个酒庄也十分重视田园旅游业提供的旅客接待服务。

○ Arcione '10	🏆 5
○ Enos I '11	🏆 4
○ Bianco di Pitigliano '11	🏆 2
● Ciliegiolo Sangiovese '11	🏆 4
○ Gessaia '11	🏆 3
○ Vermentino Malvasia '11	🏆 2
● Sovana Rosso '09	🏆 4
● Tiburzio '08	🏆 4

Tenuta di Montecucco
LOC. MONTECUCCO - 58044 CINIGIANO [GR]
TEL. 0564999029
www.tenutadimontecucco.it

藏酒销售
预约参观
膳宿接待
年产量 150 000 瓶
葡萄种植面积 32 公顷
葡萄栽培方式 有机认证

这个酒庄是迪帕集团（Tipa）的成员之一，并随着今年在蒙塔尔奇诺（Montalcino）购买了索托坡吉欧酒庄（Poggio di Sotto）而扩大规模。这个集团的经营方式的基本特点是避免葡萄酒风格的标准化和单一化，允许不同风土条件、葡萄酒都有它们特别的姿态。他们通过避免在酒窖中的过度操作而实现葡萄酒的高品质追求。该酒庄让整个法定产酒区（DOC）使用它的名字，并集中精力发扬本地的葡萄品种。

● Montecucco Rigomoro Ris. '08	🏆 4
● Canaiolo '11	🏆 2*
● Montecucco Le Coste '09	🏆 3
● Montecucco Passonaia '10	🏆 2
○ Montecucco Vermentino '11	🏆 2
● Montecucco Passonaia '08	🏆 2
● Montecucco Rosso Passonaia '09	🏆 2
● Montecucco Rosso Passonaia '08	🏆 2
● Montecucco Sangiovese Le Coste '07	🏆 3
● Montecucco Sangiovese Le Coste '06	🏆 3
● Montecucco Sangiovese Rigomoro Ris. '07	🏆 5
● Montecucco Sangiovese Rigomoro Ris. '06	🏆 5
● Montecucco Sangiovese Rigomoro Ris. '05	🏆 5
● Montecucco Sangiovese Le Coste '04	🏆 3

TUSCANY
托斯卡纳区

Fattoria Montellori
VIA PISTOIESE, 1 - 50054 FUCECCHIO [FI]
TEL. 0571260641
www.fattoriamontellori.it

藏酒销售
预约参观
餐饮接待
年产量 250 000 瓶
葡萄种植面积 51 公顷

1895年，酒庄的现在所有者——亚历山德罗（Alessandro）的曾祖父建立了这个酒庄，至今，尼尔利家族（Nieri）已拥有它一个多世纪了。在20世纪50年代，该酒庄开始装瓶销售，并不断地开拓新的葡萄园，使得它的葡萄种植达到了今天所见的面积。出产的酒呈现代风格，并不追求过多的结构或丰裕。亚历山德罗•尼尔利（Alessandro Nieri）是一位现代艺术的狂热爱好者，他在酒庄的花园里展示了许多当代艺术家的作品。

Montemercurio
VIA DI TOTONA 25A - MONTEPULCIANO [SI]
TEL. 0578716610
www.montemercurio.com

藏酒销售
预约参观
年产量 35 000 瓶
葡萄种植面积 10 公顷

蒙特梅尔库里奥酒庄（Montemercurio）是近来迅速崛起的新星之一，尽管它的葡萄酒的根源可追溯到很久以前，就如我们津津乐道的老年份梵蒂圣托圣酒（Vin Santo）所展示的那样。此外，蒙特梅尔库里奥还显示出它与历史悠久的蒙特布查诺地区（Montepulciano）相适应的独创性和优秀的品质。构成该酒庄核心的最初3公顷的葡萄园近来被投入使用。如今它朝向西南面的迷人园地，海拔约450米，土质以黏土为基础。这些酒有着迷人的个性、良好的定义和完美的风格，口味超出了一般水平，完全没有单宁的感觉。

○ Bianco dell'Empolese Vin Santo '05	♛♛ 5
● Moro '09	♛♛ 3
● Salamartano '09	♛♛ 6
● Tuttosole '09	♛♛ 4
● Chianti '10	♛ 2
● Chianti Sup. Caselle '10	♛ 2
● Dicatum '09	♛ 5
○ Mandorlo '11	♛ 2
● Sant'Amato '11	♛ 3
● Dicatum '07	♛ 2
● Moro '08	♛♛ 3
○ Vin Santo dell'Empolese '04	♛♛ 4

○ Vin Santo di Montepulciano '86	♛♛ 8
● Nobile di Montepulciano Messaggero '08	♛♛ 4
● Rosso di Montepulciano Montemercurio '08	♛ 3
● Tedicciolo '09	♛ 2
● Nobile di Montepulciano Damo '07	♛♛ 3

Montenidoli

LOC. MONTENIDOLI - 53037 SAN GIMIGNANO [SI]
TEL. 0577941565
www.montenidoli.com

藏酒销售
膳宿接待
年产量 90 000 瓶
葡萄种植面积 24 公顷
葡萄栽培方式 有机认证

凭借两个人对土地、自然风景、村庄、葡萄园和葡萄酒的热情，他们共同建立这座酒庄，作为他们爱情的结晶。相信人类与自然共生，他们心怀真诚，和谐地经营着酒庄。蒙特尼多利葡萄酒（Montenidoli）强劲、狂野，反映了酿造区域的特点和风土特征。它们是无法复制的，在本大区甚至其他地方也无法找到一种与它们相似的葡萄酒。葡萄酒富含矿物质，酒劲强烈，如同每一个美好的爱情故事一样，缠绵悠久。

○ Vernaccia di S. Gimignano Carato '08	▼▼ 4
○ Vernaccia di S. Gimignano Fiore '10	▼▼ 3*
● Chianti Colli Senesi Ris. '08	▼▼ 4
⊙ Canaiuolo	▼ 3
○ Vernaccia di S. Gimignano Carato '05	▼▼▼ 5
○ Vernaccia di S. Gimignano Carato '02	▼▼▼ 5
○ Vernaccia di S. Gimignano Fiore '09	▼▼▼ 3
○ Il Templare '03	▼▼ 4
○ Vernaccia di S. Gimignano Carato '07	▼▼ 4
○ Vernaccia di S. Gimignano Carato '06	▼▼ 4
○ Vernaccia di S. Gimignano Carato '04	▼▼ 5
○ Vernaccia di S. Gimignano Carato '03	▼▼ 5
○ Vernaccia di S. Gimignano Tradizionale '09	▼ 2*
○ Vernaccia di S. Gimignano Tradizionale '06	▼▼ 2*

Monteraponi

LOC. MONTERAPONI
53017 RADDA IN CHIANTI [SI]
TEL. 0577738280
www.monteraponi.it

藏酒销售
预约参观
膳宿接待
年产量 30 000 瓶
葡萄种植面积 10 公顷
葡萄栽培方式 有机认证

蒙特拉珀尼酒庄（Monteraponi）为米歇尔·布拉格蒂（Michele Braganti）所拥有，是康帝经典红葡萄酒区（Chianti Classico）最迷人的新酒庄之一。因为这里严谨的葡萄园种植程序受环境影响较小，且酒窖操作较为完整，从不追求捷径，因此酿出的葡萄酒获得了反映土地特征的清晰风格和优秀的个性。这系列酒品的亮点在于它成分协调，酒香能够从舌头上的活力感觉转变为柔软的口感，并伴随着紧致的、强烈的转化过程。它们主要是在大型橡木桶里酿制。

● Chianti Cl. Il Campitello Ris. '09	▼▼ 5
● Chianti Cl. '10	▼▼▼ 4
● Chianti Cl. Baron'Ugo Ris. '07	▼▼▼ 5
● Chianti Cl. '09	▼▼ 3
● Chianti Cl. '03	▼▼ 3
● Chianti Cl. Ris. Il Campitello '04	▼▼ 5

TUSCANY 托斯卡纳区

Monteverro

S.DA AURELIA CAPALBIO, 11
58011 CAPALBIO [GR]
TEL. 0564890721
www.monteverro.com

藏酒销售
年产量 65 000 瓶
葡萄种植面积 21 公顷

格奥尔格•韦伯（Georg Weber）按他脑中的构想，创造出这个完美的酒庄。酒庄位于卡帕尔比奥（Capalbio），使用与当地风土条件相适应的国际葡萄品种，形成严格的法国风格，这包括盛行的橡木味芳香以及十分柔滑细腻的单宁形成的温和酒体。葡萄园和酒窖受到了无微不至的照料，并且少批量地在法国酒桶里发酵。各个葡萄园地的分割也非常小心谨慎。然而，多年以来这里所需要的是更多的地域特征，这也是当前的葡萄酒没能精确地表达出来的一点。

● Terra di Monteverro '09	🍷🍷 5
○ Chardonnay '09	🍷 8
● Monteverro '09	🍷 8
○ Chardonnay '09	🍷🍷 8
● Monteverro '08	🍷🍷 8
● Tinata '08	🍷🍷 8

★ Montevertine

LOC. MONTEVERTINE
53017 RADDA IN CHIANTI [SI]
TEL. 0577738009
www.montevertine.it

预约参观
年产量 75 000 瓶
葡萄种植面积 15 公顷

尽管蒙特维蒂尼（Montevertine）已经不再酿造"黑公鸡"系列酒，但是不可否认，这里曾经酿造出最出色、最具代表性的古典康帝葡萄酒（Chianti Classico）。一直以来，蒙特维蒂尼葡萄酒的风格都是许多酿酒商学习的榜样。香气微妙简朴，成分不复杂，入口果香十分浓郁新鲜。马尔迪诺•玛内蒂（Martino Manetti）的酒庄坐落于康帝（Chianti）雷达镇（Radda）附近的小山上，一小部分葡萄园用作有机种植试验田。葡萄酒主要在大型橡木桶中酿制。

● Le Pergole Torte '09	🍷🍷🍷 8
● Montevertine '09	🍷🍷 5
● Pian del Ciampolo '10	🍷🍷 3
● Le Pergole Torte '07	🍷🍷🍷 8
● Le Pergole Torte '04	🍷🍷🍷 8
● Le Pergole Torte '03	🍷🍷🍷 7
● Le Pergole Torte '01	🍷🍷🍷 8
● Le Pergole Torte '99	🍷🍷🍷 8
● Montevertine '04	🍷🍷🍷 5
● Montevertine '01	🍷🍷🍷 5

托斯卡纳区
TUSCANY

Cantina Vignaioli del Morellino di Scansano
LOC. SARAGIOLO - 58054 SCANSANO [GR]
TEL. 0564507288
www.cantinadelmorellino.it

藏酒销售
预约参观
年产量 2 000 000 瓶
葡萄种植面积 400 公顷
葡萄栽培方式 有机认证

史坎萨诺•莫莱里诺联营酒庄（Morellino di Scansano）经常出产物有所值的葡萄酒。它成立于1972年，现今有超过150名成员，葡萄种植面积大约400公顷。从酒庄的名字中就可以看出成员们最关心本地区最具代表性的葡萄酒——莫莱里诺（Morellino），凭着大量酒标的上市，它展示出了各种各样的品种。现在酒庄的两条产品线进入了市场：其中一种是以种植者命名的——维格内欧里（Vignaioli）；另一种是以酒庄命名的——坎蒂纳（Cantina），它们分别将贸易分销和大规模分销当作各自的目标。

Moris Farms
LOC. CURA NUOVA
FATTORIA POGGETTI
58024 MASSA MARITTIMA [GR]
TEL. 0566919135
www.morisfarms.it

藏酒销售
预约参观
膳宿接待
年产量 400 000 瓶
葡萄种植面积 70 公顷

2013年帕伦迪尼家族酒庄（Parentini）没有为我们带来它的旗舰酒——阿沃尔托尔（Avvoltore），因为他们将花更多时间在酒窖酿制的实验上。剩余的其他酒保持往常一样的水平，但我们满心期待它们的总体水平能够有所提高，尽管对于一年的时间来说，转化的结果已经是很令人满意了。葡萄园在两个地方：一个占地37公顷，在马萨•玛利蒂马（Massa Marittima），生产蒙特雷吉奥葡萄酒（Monteregio）；另一个占地33公顷，在珀戈蒂（Poggio la Mozza），生产史坎萨诺•莫莱里诺葡萄酒（Morellino di Scansano）。出品的葡萄酒结合了现代和传统风格，现代化地表现出本地风土特征。

● Morellino di Scansano Cantina del Morellino '11	♛ 2*
○ Bianco di Pitigliano Rasenno '11	♛ 2
● Maremma Toscana Rosso Capoccia '11	♛ 2
● Morellino di Scansano Roggiano '11	♛ 2
● Morellino di Scansano Roggiano Ris. '09	♛ 3
● Morellino di Scansano Vignabenefizio '11	♛ 2
● Scantianum '11	♛ 1*
○ Vermentino '11	♛ 2
● Morellino di Scansano Roggiano '08	♛♛ 2
● Morellino di Scansano Roggiano Ris. '08	♛♛ 3
● Morellino di Scansano Vin del Fattore '08	♛♛ 2

○ Vermentino '11	♛ 2*
● Mandriolo '11	♛ 2
● Monteregio di Massa Marittima Rosso '09	♛ 3
● Morellino di Scansano '11	♛ 2
● Morellino di Scansano Ris. '09	♛ 4
● Scalabreto	♛ 3
● Avvoltore '06	♛♛♛ 5
● Avvoltore '04	♛♛♛ 5
● Avvoltore '01	♛♛♛ 5
● Avvoltore '00	♛♛♛ 5
● Avvoltore '99	♛♛♛ 5
● Avvoltore '08	♛♛ 6
● Avvoltore '07	♛♛ 6

TUSCANY 托斯卡纳区

La Mormoraia
LOC. SANT'ANDREA, 15
53037 SAN GIMIGNANO [SI]
TEL. 0577940096
www.mormoraia.it

藏酒销售
预约参观
膳宿接待
年产量 230 000 瓶
葡萄种植面积 36 公顷

拉•莫拉亚酒庄（La Mormoraia）是圣•吉纳诺地区（San Gimignano）一座主要的建筑物。每年所酿葡萄酒不管是风格还是总体品质都保持在稳定水平，似乎每年所产的葡萄酒在风格和总体品质上都保持稳定，特别是各种维纳奇亚葡萄酒（Vernaccia）。从几个月前开始，酒庄所有者朱塞佩•帕索尼（Giuseppe Passoni）在马蒂亚•巴扎吉（Mattia Barzaghi）的协助下，监管着酿酒过程的各个阶段以及酒庄的管理，包括度假住宿的管理。如我们所说，这些葡萄酒持续得到改善，但最重要的是，这个系列变得越来越清晰，并且囊括了古典的和新型的红葡萄酒。

Fattoria Nittardi
LOC. NITTARDI
53011 CASTELLINA IN CHIANTI [SI]
TEL. 0577740269
www.nittardi.com

藏酒销售
预约参观
年产量 90 000 瓶
葡萄种植面积 37 公顷

康帝卡斯特利纳酒庄（Castellina in Chianti）采用清晰的现代风格，将出众的个性和土地特征放在首要位置。法托利亚•尼塔蒂庄园（Fattoria di Nittardi）所生产的红酒能够立即给人愉悦的味觉享受，散发出富含活力的香气，并不断改善。小橡木桶的酿制非常适度和平衡，使得其总体成效给人留下了深刻的印象。法托利塔（Fattoria Nittardi）在玛内玛（Maremma）拥有37公顷葡萄园地，事实证明，它的葡萄酒，特别是最近推出的，是同一品种中的最优秀酒品之一。

○ Vernaccia di S. Gimignano E' ReZet Mattia Barzaghi '11	🍷🍷🍷 3*
○ Vernaccia di S. Gimignano Ris. '09	🍷🍷🍷 3*
○ Vernaccia di S. Gimignano Ostrea Grigia '11	🍷🍷 3
○ Vernaccia di S. Gimignano Solo ReZet Mattia Barzaghi '11	🍷🍷 2*
○ Vernaccia di S. Gimignano '11	🍷 2
● Neitea '08	🍷🍷 4
○ Ostrea Grigia '09	🍷🍷 3
● Syrah '08	🍷🍷 2*
○ Vernaccia di S. Gimignano '10	🍷🍷 2*
○ Vernaccia di S. Gimignano '09	🍷🍷 2
○ Vernaccia di S. Gimignano Ris. '08	🍷🍷 3

● Nectar Dei '09	🍷🍷 7
● Chianti Cl. Ris. '09	🍷🍷 6
● Chianti Cl. Casanuova di Nittardi '10	🍷 4
● Ad Astra '08	🍷🍷🍷 3
● Chianti Cl. Ris. '98	🍷🍷🍷 5
● Ad Astra '07	🍷🍷🍷 3
● Chianti Cl. Casanuova di Nittardi '09	🍷🍷 4
● Chianti Cl. Casanuova di Nittardi '08	🍷🍷 4
● Chianti Cl. Casanuova di Nittardi '07	🍷🍷 4
● Chianti Cl. Ris. '08	🍷🍷 6
● Chianti Cl. Ris. '07	🍷🍷 6
● Chianti Cl. Ris. '04	🍷🍷 6
● Nectar Dei '07	🍷🍷 6
● Nectar Dei '06	🍷🍷 6

托斯卡纳区
TUSCANY

Cantine Olivi
LOC. LE BUCHE
VIA CASELFAVA, 25 - 53047 SARTEANO [SI]
TEL. 0578274066
www.lebuche.eu

藏酒销售
预约参观
膳宿接待
年产量 80 000 瓶
葡萄种植面积 30 公顷

奥利维家族（Olivi）从2000年开始农业种植。他们在这个地区已经拥有一座农庄，并且满怀热情、孜孜不倦地投身于葡萄培植中。第一片葡萄园地开始于2002年，并随着他们购买更多土地种植本地品种，葡萄种植面积也不断扩大。这个家族的注意力放在三个方面：管理葡萄园地，在保证必要环节做到位的基础上限制酒窖的操作，以及尽可能地创造出自然的生产程序。因此可以预料到，这里生产的葡萄酒真实地反映了这个地区的特征。

Podere Orma
VIA BOLGHERESE
57022 CASTAGNETO CARDUCCI [LI]
TEL. 0575477857
www.tenutasetteponti.it

年产量 26 000 瓶
葡萄种植面积 5 公顷

安托尼欧•莫雷蒂（Antonio Moretti）已涉足葡萄酒行业一段时间了，最初在他家乡阿雷佐省（Arezzo）的特努塔•塞迪珀蒂庄园（Tenuta Sette Ponti），然后到西西里岛（Sicily）诺托（Noto）附近的富都•马卡里庄园（Feudo Maccari）。他在宝格丽镇（Bolgheri）的庄园经常可以酿出优质的葡萄酒，这在一定程度上应该归功于维亚•宝格雷斯（Via Bolgherese）那美丽的5公顷葡萄园。土壤以黏土为主，含有大量碎石，深浅适中，无论是气候条件，还是本土典型品种，这种土壤条件都是十分理想的。

○ Coreno '11	♟ 3
● Tempore '08	♟♟ 6
● Memento '08	♟ 6
○ Orhora '11	♟ 3
● Le Buche '07	♟♟ 5
● Memento '07	♟♟ 6
● Memento '06	♟♟ 6
● Pugnitello '07	♟♟ 6

● Orma '09	♟♟♟ 6
● Orma '08	♟♟♟ 6
● Orma '07	♟♟♟ 6
● Orma '06	♟♟♟ 6
● Orma '05	♟♟ 6

托斯卡纳区
TUSCANY

★★ Tenuta dell'Ornellaia

Fraz. Bolgheri
via Bolgherese, 191
57022 Castagneto Carducci [LI]
Tel. 056571811
www.ornellaia.it

预约参观
年产量 792 000 瓶
葡萄种植面积 97 公顷

奥内拉雅（Tenuta dell'Ornellaia）如果不是全意大利最美的酒庄的话，那么它一定是宝格丽法定区（Bolgheri）最美丽的酒庄之一。简单来说，它是该地区酿酒行业的标杆。它成立于1981年，期间换了几次主人，现在由弗雷斯科保尔迪（Frescobaldi）葡萄酒王朝家族拥有。葡萄园位于奥内拉雅酒庄（Ornellaia）的地窖周围，以及宝格丽镇西北边的贝拉里亚（Bellaria）。根据不同的土壤类型，这里种植着相应的葡萄品种，包括赤霞珠（Cabernet Sauvignon）、梅洛（Merlot）、品丽珠（Cabernet Franc）、小维铎（Petit Verdot）和苏维翁（Sauvignon）。

Siro Pacenti

loc. Pelagrilli, 1 - 53024 Montalcino [SI]
Tel. 0577848662
www.siropacenti.it

预约参观
年产量 60 000 瓶
葡萄种植面积 22 公顷

加卡罗•帕森蒂（Giancarlo Pacenti）是蒙塔尔奇诺地区（Montalcino）最早使用法国酒桶酿制试验的著名酿酒师之一，赢得了"现代主义者"的荣誉称号。今天，他的两个圣乔维斯（Sangiovese）葡萄园地的互补特性更加值得我们深入讨论：派拉格瑞利（Pelagrilli）与该镇东北边接壤，以黏土为主，掺杂着淤泥和沙土；而皮亚尔内罗（Piancornello）则是南部地区土壤的典型范例，含有大量碎石和氧化铁。酒窖中依然盛行使用小型橡木桶酿制，但酿制出的风格却明显给人更清淡、更和煦的感觉。

● Masseto '09	🍷🍷🍷 8
● Bolgheri Sup. Ornellaia '09	🍷🍷 8
● Bolgheri Rosso Serre Nuove '10	🍷 6
● Le Volte '10	🍷 3
● Bolgheri Sup. Ornellaia '07	🍷🍷🍷 8
● Bolgheri Sup. Ornellaia '05	🍷🍷🍷 8
● Bolgheri Sup. Ornellaia '04	🍷🍷🍷 8
● Bolgheri Sup. Ornellaia '02	🍷🍷🍷 8
● Bolgheri Sup. Ornellaia '01	🍷🍷🍷 8
● Bolgheri Sup. Ornellaia '99	🍷🍷🍷 8
● Masseto '06	🍷🍷🍷 8
● Masseto '04	🍷🍷🍷 8
● Masseto '01	🍷🍷🍷 8
● Masseto '00	🍷🍷🍷 8
● Masseto '99	🍷🍷🍷 8
● Masseto '98	🍷🍷🍷 8

● Brunello di Montalcino '07	🍷🍷 8
● Brunello di Montalcino PS Ris. '06	🍷🍷 8
● Rosso di Montalcino '10	🍷 5
● Brunello di Montalcino '97	🍷🍷🍷 7
● Brunello di Montalcino '96	🍷🍷🍷 7
● Brunello di Montalcino '95	🍷🍷🍷 7
● Brunello di Montalcino '88	🍷🍷🍷 7
● Brunello di Montalcino '06	🍷🍷 8
● Brunello di Montalcino '05	🍷🍷 8
● Brunello di Montalcino PS '04	🍷🍷 8
● Rosso di Montalcino '08	🍷🍷 5

托斯卡纳区
TUSCANY

Il Palagione
VIA PER CASTEL SAN GIMIGNANO, 36
53037 SAN GIMIGNANO [SI]
TEL. 0577953134
www.ilpalagione.com

藏酒销售
预约参观
年产量 40 000 瓶
葡萄种植面积 10 公顷

帕拉吉翁酒庄（Palagione）有着悠久的历史，如今，在主人吉尔吉欧•科莫蒂（Giorgio Comotti）和莫妮卡•洛塔（Monica Rota）的辛勤劳动下，它已成为一座现代酒庄兼农场。酒庄位于圣•吉米尼诺（San Gimignano）的偏远小山，在通往沃尔泰拉（Volterra）的山路上。那里除了葡萄园之外，还种了橄榄树、樱桃果园和树林。酒窖离这片园地不远，建于地下的凝灰质岩石上，以保证恒温状态和稳定的湿度水平。

○ Vernaccia di S. Gimignano Hydra '11		🍷🍷 2*
○ Vernaccia di S. Gimignano Ori '10		🍷🍷 3
● Chianti Colli Senesi Draco Ris. '08		🍷 3
● Antajr '06		🍷🍷 5
● Antajr '05		🍷🍷 5
● Antajr '03		🍷🍷 5
● Antajr '02		🍷🍷 5
● Antajr '01		🍷🍷 5
● Antajr '00		🍷🍷 5
○ Vernaccia di S. Gimignano Hydra '09		🍷🍷 2
○ Vernaccia di S. Gimignano Hydra '07		🍷🍷 2*
○ Vernaccia di S. Gimignano Hydra '06		🍷🍷 2*
○ Vernaccia di S. Gimignano Ori Ris. '05		🍷🍷 3
○ Vernaccia di S. Gimignano Ori Ris. '04		🍷🍷 3

La Palazzetta
FRAZ. CASTELNUOVO DELL'ABATE
VIA BORGO DI SOTTO - 53024 MONTALCINO [SI]
TEL. 0577835531
www.fanti.beepworld.it

藏酒销售
预约参观
膳宿接待
年产量 70 000 瓶
葡萄种植面积 11 公顷

酒庄由弗拉维奥•凡蒂（Flavio Fanti）于1988年创立，在蒙塔尔奇诺（Montalcino）东南部的德尔阿贝特新堡地区，面积约有10公顷。新酒窖最近刚刚竣工，并且酒桶贮藏室也翻新了一部分。酒窖内3 000~4 000升的斯拉夫尼亚（Slavonian）橡木桶往往用于酿制初级酒布内罗（Brunello），500升的小型桶则用来酿造更强劲的蒙特奇洛红葡萄酒（Rosso di Montalcino）和布内罗红葡萄酒珍藏（Brunello Riserva）。

● Brunello di Montalcino '07		🍷🍷 5
● Brunello di Montalcino Ris. '06		🍷🍷 7
● Rosso di Montalcino '10		🍷🍷 2*
● Brunello di Montalcino Ris. '97		🍷🍷🍷 8
● Brunello di Montalcino '06		🍷🍷 5
● Rosso di Montalcino '09		🍷🍷 3

TUSCANY 托斯卡纳区

Palazzo

Loc. Palazzo, 144 - 53024 Montalcino [SI]
Tel. 0577848479
www.aziendapalazzo.it

藏酒销售
预约参观
年产量 220 000 瓶
葡萄种植面积 4.2 公顷
葡萄栽培方式 生物动力学认证

埃丽亚•洛雅（Elia Loia）负责着这个具有历史意义的蒙塔尔奇诺酒庄（Montalcino）的运营。洛雅•帕拉佐家族（Loia Palazzo）在1983年购买了这个酒庄，它位于本区的东部，海拔300多米，占地大约12公顷。该地区的土壤起源于始新世，是典型的干旱、多石土质，生产出粗犷、饱满、结构强大的圣乔维斯葡萄（Sangiovese）。与这特点相适应的酒窖的酿制风格很灵活：两种布内罗红葡萄酒（Brunello）是在法国酒桶和大型橡木桶里酿制，而蒙特奇洛红葡萄酒（Rosso di Montalcino）则只在斯拉夫尼亚（Slavonian）橡木桶中酿制。

● Brunello di Montalcino '07	▼▼ 6
● Brunello di Montalcino Ris. '06	▼▼ 7
● Rosso di Montalcino '10	▼▼ 3
● Brunello di Montalcino '06	♀♀ 5
● Brunello di Montalcino Ris. '01	♀♀ 7
● Rosso di Montalcino '06	♀♀ 3

Giovanni Panizzi

Loc. Santa Margherita, 34
53037 San Gimignano [SI]
Tel. 0577941576
www.panizzi.it

藏酒销售
预约参观
膳宿接待
年产量 185 000 瓶
葡萄种植面积 60 公顷

吉亚尼•帕尼泽（Gianni Panizzi）是圣吉米尼亚诺维纳奇亚葡萄酒（Vernaccia di San Gimignano）的创始人之一，也是最早肯定它的潜力并致力于发扬其特点的酿酒师之一。今天，吉亚尼的理念和这个以他名字命名的酒庄被西蒙•尼可莱（Simone Niccolai）传承下来，将酒庄的主管职位委托给该指定区的一位专家——沃尔特•索兰（Walter Sovran）担任。葡萄园遍布于不同的地方，包括在圣•玛格丽塔酒窖（Santa Margherita）周围的一些园地。生产的葡萄酒姿态傲人，特征鲜明，有着现代的气息，恰当地反映了创始者的理念和精神。

○ Vernaccia di S. Gimignano '11	▼▼ 2*
○ Vernaccia di San Gimignano V. Santa Margherita '11	▼▼ 3*
○ Vernaccia di S. Gimignano Ris. '09	▼▼ 5
● Chianti Colli Senesi Ris. '09	▼ 4
○ Vernaccia di S. Gimignano Ris. '07	♀♀♀ 5
○ Vernaccia di S. Gimignano Ris. '05	♀♀♀ 5
○ Vernaccia di S. Gimignano Ris. '98	♀♀♀ 4
○ Vernaccia di S. Gimignano Ris. '06	♀♀ 5
○ Vernaccia di San Gimignano V. Santa Margherita '10	♀♀ 3
○ Vernaccia di San Gimignano V. Santa Margherita '07	♀♀ 3*
○ Vernaccia di San Gimignano V. Santa Margherita '05	♀♀ 3

Tenuta La Parrina

Fraz. Albinia
s.da vicinale della Parrina
58010 Orbetello [GR]
Tel. 0564862636
www.parrina.it

预约参观
膳宿接待
年产量 200 000 瓶
葡萄种植面积 57 公顷
葡萄栽培方式 有机认证

看拉•帕里纳酒庄（La Parrina）的历史就像阅读着意大利的历史书一样，了解它所经历的变化就等于掌握了整个地区的变化。今天，这个领先的酒庄不仅生产出有机的水果和蔬菜，也生产葡萄酒和橄榄油。这里有一个奶酪制造厂，一个植物苗圃、野生动物保护区以及农场度假中心和餐馆。主人弗兰卡•斯皮诺拉（Franca Spinola）是吉恩迪尼家族（Giuntini）的后代，这也是酒庄能够从20世纪早期以来一直保持着领先地位的重要原因。

● Radaia '10	🍷🍷 6
○ Vermentino '11	🍷🍷 3
○ Ansonica Costa dell'Argentario '11	🍷 2
● Parrina Bianco '11	🍷 2
● Parrina Rosso Muraccio '10	🍷 3
● Poggio della Fata '11	🍷 3
● Sangiovese '11	🍷 2
○ Ansonica Costa dell'Argentario '10	🍷🍷 2*
○ Ansonica Costa dell'Argentario '09	🍷🍷 2
● Parrina Rosso Muraccio '08	🍷🍷 3
● Radaia '09	🍷🍷 6
● Radaia '08	🍷🍷 6

Pasolini Dall'Onda Borghese

p.zza Mazzini, 10
50021 Barberino Val d'Elsa [FI]
Tel. 0558075019
www.pasolinidallonda.com

藏酒销售
预约参观
年产量 90 000 瓶
葡萄种植面积 47 公顷

农场是帕索里尼•达尔恩达家族（Pasolini dall'Onda）拥有的酒庄的一部分，起源于拉文那市（Ravenna），其历史可追溯到13世纪。这个盛产蒙特瑞科葡萄（Montericco）的酒庄位于伊莫拉（Imola）附近的罗马涅（Romagna），在总共200公顷的土地中，葡萄种植面积为22公顷。该家族在托斯卡纳区（Tuscany）有着400多年的酿酒历史，有近50公顷的土地种植着古典的本地葡萄品种，莎当尼（chardonnay）和灰皮诺（pinot grigio）被用来酿制白葡萄酒。除此之外，酒庄还有其他经营活动，如生产特级初级橄榄油。游客还可以在历史悠久的住宅区享受住宿接待服务。

○ Montepetri Bianco '10	🍷🍷 2*
● Chianti Cl. Sicelle '09	🍷 3
● Chianti Drove '09	🍷 2
● Montepetri Rosso '10	🍷 1
● Chianti Cl. Sicelle '05	🍷🍷 3*
○ Montepetri Bianco '09	🍷🍷 2

TUSCANY
托斯卡纳区

Perazzeta
loc. Montenero d'Orcia
via dell'Aia, 14
58040 Castel del Piano [GR]
Tel. 0564954158
www.perazzeta.it

藏酒销售
预约参观
年产量 50 000 瓶
葡萄种植面积 7 公顷

亚历山大•波西（Alessandro Bocci）的这所酒庄2013年成为一大亮点。它成立于1988年，至今由家族经营，酿造丽塔（Rita）和莎拉（Sara）。这里的葡萄酒特征清晰明确，虽然初次接触，特别是嗅闻酒香时，您可能会觉得难以接受，但留下的余韵却能让您感受到它真实的果香以及本土葡萄酒清晰可辨的森林地面特征。它的酒体结构从不刻意讨好，纵使偶尔会有突兀的感觉，也会随着时间慢慢变柔和。这些酒颇具陈酿潜质，意味着再过些年我们就能愉快享用它们。

Petra
loc. San Lorenzo Alto, 131
57028 Suvereto [LI]
Tel. 0565845308
www.petrawine.it

藏酒销售
预约参观
年产量 350 000 瓶
葡萄种植面积 100 公顷
葡萄栽培方式 传统栽培

酒庄是莫雷蒂集团（Moretti）旗下的一员，凭着康塔蒂•卡斯塔尔迪（Contadi Castaldi）和贝拉维斯塔（Bellavista）这两个品牌，在法兰西亚科塔地区（Franciacorta）已活跃一段时间了。"佩特拉（Petra）"这名字是由"石头"衍生而来的，因为这个地区有着大量石子，这也意味着它所生产的葡萄酒富含矿物质，并有着适合陈酿的基础。从该地发现的土罐子可以证明，这里从古代就开始种植葡萄了。瑞士建筑家马里奥•波塔（Mario Botta）所建立的酒窖在仅仅几年内就成为了瓦尔迪•科尼亚（Val di Cornia）的象征。在酒庄总共300公顷土地中，有大约100公顷的土地种植国际品种的葡萄以及圣乔维斯（Sangiovese）葡萄。

● Montecucco Rosso Alfeno '10	▼▼ 2*
● Montecucco Terre dei Bocci '09	▼▼ 3
● Sangiovese '10	▼ 5
● Sara '11	▼ 2
● Syrah '08	▼ 5
● Merlot '05	▽▽ 5
● Montecucco Alfeno Rosso '09	▽▽ 2*
● Montecucco Sangiovese Licurgo Ris. '06	▽▽ 5
● Montecucco Sangiovese Licurgo Ris. '01	▽▽ 4

● Potenti '09	▼▼ 6
● Quercegobbe '09	▼▼ 6
● Alto '08	▼ 6
● Val di Cornia Ebo '09	▼ 3
● Petra Rosso '04	▽▽▽ 7
● Petra Rosso '07	▽▽ 8
● Petra Rosso '06	▽▽ 7
● Potenti '08	▽▽ 6
● Quercegobbe '08	▽▽ 6
● Quercegobbe '07	▽▽ 6
● Quercegobbe '06	▽▽ 6
● Quercegobbe '05	▽▽ 6

Fattoria di Petroio

LOC. QUERCEGROSSA
VIA DI MOCENNI, 7
53019 CASTELNUOVO BERARDENGA [SI]
TEL. 0577328045
www.fattoriapetroio.it

藏酒销售
预约参观
年产量 40 000 瓶
葡萄种植面积 15 公顷

法托利亚•迪•佩特罗欧酒庄（Fattoria di Petroio）自1961年起，便由兰佐家族（Lenzi）所拥有。它的葡萄园管理很严格，因此其葡萄酒形成了明快的风格。各块葡萄园地的年龄不尽相同，有一些高达40年。葡萄园出产的葡萄经过严格谨慎的挑选，在小型和大型橡木桶的协调使用下酿制成葡萄酒。这些酒富含现代气息，果香浓郁，夹杂着怡人但不过分的橡木味。它的首要目标在于优雅性，而不是强重的结构。

★Fattoria Petrolo

LOC. GALATRONA
FRAZ. MERCATALE VALDARNO
VIA PETROLO, 30 - 52021 BUCINE [AR]
TEL. 0559911322
www.petrolo.it

膳宿接待
年产量 70 000 瓶
葡萄种植面积 31 公顷
葡萄栽培方式 传统栽培

本酒庄为露西亚•桑加斯特•巴佐奇（Lucia Sanjust Bazzocchi）所有，2013年在"三杯奖"上表现不俗，给人留下了十分深刻的印象，为佳拉特罗纳（Galatrona）赢得了又一项奖项。她儿子卢卡（Luca）为此立下了不少功劳。在他接管了酒庄之后，实施了一些重要的改革措施，比如把注意力集中在生产过程的各个阶段。结果证明，这一措施是十分正确的。这个家族对酒庄的拥有权是从20世纪40年代开始的，但佳拉特罗纳这名字在中世纪的时候便作为封地为世人所知，残存下来的塔便是其历史的证明。除了酿制葡萄酒之外，酒庄还建有一所美丽的田园旅游酒店，提供接待服务。

● Poggio al Mandorlo '10	♛♛ 2*
● Chianti Cl. '09	♛ 2
● Chianti Cl. Ris. '97	♛♛♛ 5
● Chianti Cl. '08	♛♛ 2
● Chianti Cl. '01	♛♛ 3*
● Chianti Cl. Ris. '07	♛♛ 4
● Chianti Cl. Ris. '05	♛♛ 4
● Chianti Cl. Ris. '04	♛♛ 4
● Chianti Cl. Ris. '03	♛♛ 4
● Chianti Cl. Ris. '01	♛♛ 4

● Galatrona '10	♛♛♛ 8
● Boggina '10	♛♛ 8
○ San Petrolo '03	♛♛ 8
● Torrione '10	♛♛ 5
● Galatrona '09	♛♛♛ 8
● Galatrona '08	♛♛♛ 8
● Galatrona '07	♛♛♛ 8
● Galatrona '06	♛♛♛ 8
● Galatrona '05	♛♛♛ 8
● Galatrona '04	♛♛♛ 7
● Galatrona '01	♛♛♛ 8
● Galatrona '00	♛♛♛ 7
● Galatrona '99	♛♛♛ 7
● Galatrona '98	♛♛♛ 7

TUSCANY 托斯卡纳区

Piaggia

LOC. POGGETTO
VIA CEGOLI, 47
59016 POGGIO A CAIANO [PO]
TEL. 0558705401
www.piaggia.com

年产量 750 000 瓶
葡萄种植面积 15 公顷

可以说，这座酒庄是一部从父亲传承至女儿的家族史，成绩斐然。父亲毛罗·万努奇（Mauro Vannucci）是酒庄的创始人，亲自打理农场和酒窖，而女儿西尔维娅（Silvia）则负责销售和公共关系管理。这一分工很协调，很正确，所取得的结果是非常积极的。多年以来，这些葡萄酒风格有所改变。最初它们的结构紧凑大方，而经过长期的实践后，更突出它的橡木味，并且平衡性良好，更加优雅，具有很强的适饮性。

● Poggio de' Colli '10	🍷🍷🍷 6
● Carmignano Ris. '09	🍷🍷 5
● Carmignano Sasso '10	🍷🍷 4
● Carmignano Ris. '08	🍷🍷🍷 5
● Carmignano Ris. '07	🍷🍷🍷 5
● Carmignano Ris. '99	🍷🍷🍷 5
● Carmignano Ris. '98	🍷🍷🍷 5
● Carmignano Ris. '97	🍷🍷🍷 5
● Il Sasso '01	🍷🍷🍷 4
● Carmignano Sasso '09	🍷🍷 4
● Poggio de' Colli '09	🍷🍷 6

Piancornello

LOC. PIANCORNELLO - 53024 MONTALCINO [SI]
TEL. 0577844105
piancorello@libero.it

藏酒销售
预约参观
年产量 50 000 瓶
葡萄种植面积 10 公顷

皮安科尔内罗酒庄（Piancornello）成立于1991年，占地面积10公顷，位于蒙塔尔奇诺（Montalcino）南部海拔约250米的斜坡上，靠近艾莎河（Asso），与阿米亚塔山（Mount Amiata）相对。在这个气候温暖的地区，圣乔维斯葡萄（Sangiovese）是最早成熟的品种之一，一定程度是因为该地地势陡峭，排水通畅，土壤富含卵石。葡萄在酒窖中的浸泡和萃取工作都做得非常谨慎仔细，之后放在法国小木桶以及中型橡木桶里酿制，充分显示了他们对上述特征的尊重。

● Brunello di Montalcino '07	🍷🍷 6
● Brunello di Montalcino Ris. '06	🍷🍷 6
● Rosso di Montalcino '10	🍷 3
● Brunello di Montalcino '06	🍷🍷🍷 6
● Brunello di Montalcino '99	🍷🍷🍷 6
● Brunello di Montalcino '04	🍷🍷 6
● Rosso di Montalcino '08	🍷🍷 3*

托斯卡纳区
TUSCANY

Pianirossi

LOC. PORRONA
POD. SANTA GENOVEFFA, 1
58044 CINIGIANO [GR]
TEL. 0564990573
www.pianirossi.com

藏酒销售
预约参观
餐饮接待
年产量 50 000 瓶
葡萄种植面积 13 公顷

斯特伐诺•辛西尼（Stefano Sincini）在蒙特库科（Montecucco）创建了一座怡人的休闲寓所，将他保留地方精神的理念付诸实践。在这些理念的指导下，他用一种生态可持续发展的方法重新恢复了旅客住所，并运用对环境影响较低的技术来管理葡萄园，这也是将它转化为一座有机经营酒庄之前的过渡期。这里所种的葡萄是最能体现当地特征的品种，而圣乔维斯葡萄（Sangiovese）将本地传统结合了起来。

Fattoria di Piazzano

VIA DI PIAZZANO, 5 - 50053 EMPOLI [FI]
TEL. 0571994032
www.fattoriadipiazzano.it

藏酒销售
预约参观
膳宿接待
年产量 75 000 瓶
葡萄种植面积 34 公顷

欧特罗•贝塔瑞尼（Otello Bettarini）于1948年创建了这座酒庄，在这片土地上他挥洒热血，酿制葡萄酒并研究天体，他甚至还在酒庄里建立了一个瞭望台。后来，他的侄子里卡多（Riccardo）接管了酒庄，葡萄酒酿制以及农家旅游业务则由他的孩子伊拉莉亚（Ilaria）和罗兰多（Rolando）继续打理。从葡萄品种的挑选和酒窖工作程序，我们可以明显看到它与传统的紧密联系。单一品种西拉（Syrah）生产出十分出色的葡萄酒，成为2013年提交的葡萄酒中最好的一种。

● Pianirossi '09	6
● Montecucco Sidus '10	2
● Solus '09	4
● Pianirossi '08	6
● Pianirossi '07	6
● Pianirossi '06	6
● Solus '08	4

● Chianti Rio Camerata Ris. '07	3
● Piazzano Sangiovese '08	4
● Piazzano Syrah '09	5
○ Vin Santo del Chianti '04	6
● Chianti Rio Camerata '10	2
● Colorino '10	5
● Colorino '08	5*
● Piazzano Sangiovese '06	4
● Piazzano Sangiovese '05	4
● Piazzano Syrah '06	4
● Piazzano Syrah '05	4
● Ventoso '09	5*

托斯卡纳区
TUSCANY

Enrico Pierazzuoli
VIA VALICARDA, 35
50056 CAPRAIA E LIMITE [FI]
TEL. 0571910078
www.enricopierazzuoli.com

藏酒销售
预约参观
膳宿接待
年产量 156 000 瓶
葡萄种植面积 32 公顷

恩里科•皮尔拉佐利（Enrico Pierazzuoli）作为一名酿酒师在两座处于不同地区的酒庄里展示他的技艺：一座在蒙特巴诺（Mantalbano），康帝分区（Chianti）推广最少的地方之一；另一座在卡米格纳诺区（Carmignano），他后来在这里购买了一块地。恩里科在这个地区的活跃度很高，并且被任命为这个指定区的保护联合会主席。酒庄出产的葡萄酒风格清晰可辨，入口松软，散发出活力四射的香味，并带着盛行的辛辣和圆润。多年以来的实践使得橡木桶的使用逐渐得到更好的衡量。

● Carmignano Le Farnete '10	🍷🍷 3
● Gioveto Tenuta Cantagallo '09	🍷🍷 4
● Ljatico Le Farnete '11	🍷🍷 5
● Barco Reale Le Farnete '11	🍷 2
● Carmignano Le Farnete Ris. '09	🍷 2
● Chianti Montalbano '11	🍷 2
● Chianti Montalbano Ris. '09	🍷 3
○ Vin Santo del Chianti Millarium '07	🍷 5
● Carmignano Le Farnete '05	🍷🍷 3*
● Carmignano Le Farnete Ris. '08	🍷🍷 4
● Carmignano Le Farnete Ris. '05	🍷🍷 5
● Gioveto Tenuta Cantagallo '08	🍷🍷 4

La Pieve
LOC. LA PIEVE
VIA SANTO STEFANO - 50050 MONTAIONE [FI]
TEL. 0571697934
info@lapieve.net

藏酒销售
预约参观
膳宿接待
年产量 50 000 瓶
葡萄种植面积 20 公顷
葡萄栽培方式 有机认证

酒庄的名字衍生于一座老教堂的废墟——皮伊夫（pieve）。这座教堂是献给圣•雷格罗（San Regolo）的，可追溯到11世纪，如今依然是这座酒庄的分界线。创始人于20世纪40年代建立了该酒庄，他的子辈和孙辈，包括现任主人西蒙•托内迪（Simone Tognetti）继承了酒庄的业务。西蒙为葡萄酒增添了全新的刺激且从不忽视接待的业务。所产的葡萄酒风格简单明确，有着天然无雕饰的香气和口味。它的目标很明确：产品尽可能纯正真实，甚至有时可能会有一点古怪的小瑕疵也在所不惜。

● Il Gobbo Nero '10	🍷🍷 3
● Rosso del Pievano '08	🍷🍷 3
○ Le Fate Furbe '11	🍷 2
● Chianti '07	🍷🍷 2*
● Chianti Cl. La Pieve '06	🍷🍷 2*
● Chianti Cl. La Pieve '05	🍷🍷 2*
● Il Gobbo Nero '08	🍷🍷 3*
● Il Gobbo Nero '07	🍷🍷 3*
● Il Gobbo Nero '06	🍷🍷 3
● Rosso del Pievano '07	🍷🍷 3*
● Rosso del Pievano '06	🍷🍷 3*
● Rosso del Pievano '05	🍷🍷 3

TUSCANY 托斯卡纳区

Pieve Vecchia

Fraz. Campagnatico
s.da Provinciale 44 Le Conce
58042 Campagnatico [GR]
Tel. 0564996452
www.cantinapievevecchia.com

藏酒销售
预约参观
膳宿接待
年产量 120 000 瓶
葡萄种植面积 30 公顷

结局美好的故事人们总是津津乐道。文森佐•莫纳西（Vincenzo Monaci）曾经离开坎帕尼亚蒂科（Campagnatico）到千里之外的米兰（Milan）和罗马（Rome）进入IT产业工作。然而，他一直想要回归大自然，回到他出生的地方。于是他满怀激情，在闲置了多年的家乡土地上重新开始了葡萄酒事业，种植新葡萄园和创建现代化功能性酒窖。文森佐的弟弟马尔科（Marco）成为了他最亲密的拍档，负责销售及组织各种酒庄的活动，尤其是在夏天的季节。

● Montecucco Rosso Albatrello '10	🍷🍷 2*
● Pieve dei Monaci '10	🍷🍷 3
○ Le Zere '11	🍷 3
● Montecucco Chorum '10	🍷 3
○ Montecucco Vermentino Campo del Noce '11	🍷 2

Podere Fortuna

via San Giusto a Fortuna, 7
50037 San Piero a Sieve [FI]
Tel. 0558487214
www.poderefortuna.com

藏酒销售
预约参观
膳宿接待
年产量 18 000 瓶
葡萄种植面积 6.5 公顷

酒庄所处的土地曾是美蒂奇家族（Medici）财产的一部分，它与附近的卡斯特罗•迪•卡法吉尔罗（Castello di Cafaggiolo）相连接。从17世纪开始的史料记载显示，福尔图娜庄园（Fortuna）里种植了葡萄，并且是公认的优良品质，尽管在当时所种的品种还不是黑皮诺（Pinot Nero）。亚历山德罗•波洛基（Alessandro Brogi）在2001年开始酿制葡萄酒，而挑选的葡萄却不是该地区广泛种植的品种。他从勃艮第（Burgundy）进口年轻的葡萄藤，之后栽培成葡萄树，生产出的果实在第一个收获期就取得了令人满意的结果。

● Fortuni '09	🍷🍷 6
● Ardito del Mugello '10	🍷🍷 3
● Coldaia '09	🍷🍷 5
○ Campo de' Tre Filari '07	🍷🍷 6
● Coldaia '07	🍷🍷 5
● Fortuni '07	🍷🍷 6
● MCDLXV (1465) '07	🍷🍷 8
● Pinot Nero Coldaia '06	🍷🍷 5
● Pinot Nero Coldaia '05	🍷🍷 5
● Pinot Nero Fortuni '06	🍷🍷 5
● Pinot Nero Fortuni '05	🍷🍷 5

托斯卡纳区
TUSCANY

Podere San Cristoforo
LOC. BAGNO
VIA FORNI - 58023 GAVORRANO [GR]
TEL. 3335411712
www.poderesancristoforo.it

藏酒销售
预约参观
膳宿接待
年产量 48 500 瓶
葡萄种植面积 14 公顷
葡萄栽培方式 传统栽培

洛伦佐•佐涅尼（Lorenzo Zonini）是这个酒庄的主人、农学家兼酿酒师。酒庄是根据生物动力耕作原理建立起来的。在他看来，这不仅仅是一次农业耕作的实践。有机管理对他来说是一种生活理念，一种适用于葡萄园和酒窖管理的理念。他所酿制的葡萄酒恰恰反映了这种生产风格，非常自然，换句话说，能够表达出土地和葡萄之间的关系。从根本上来说，这些葡萄酒也是很引人注目的，甚至一点小小的瑕疵也能使它们更独特、更迷人。

● San Cristoforo '10	🍷🍷 5
○ Luminoso '11	🍷🍷 3
● Amaranto '11	🍷 2
● Sangiovese Carandelle '11	🍷 3
○ Luminoso '10	🍷🍷 3
● San Cristoforo '09	🍷🍷 4

Podernuovo
POD. PODERNUOVO 1 - 58044 CINIGIANO [GR]
TEL. 0564994643
www.podernuovo.eu

藏酒销售
预约参观
年产量 10 000 瓶
葡萄种植面积 2.9 公顷
葡萄栽培方式 传统栽培

吉尔伯托•圭里尼（Gilberto Guerrini）的酒庄，2013年初次闪亮出现于我们的《年鉴》中，其规模虽小，却有着引人入胜的历史。主要的葡萄园所在的地方直到20世纪40年代时一直都是一片煤矿和褐煤矿地。土壤中的矿物质使得这个地方结构独一无二，与众不同，因此生产的葡萄酒充满个性，散发出微妙的香气，入口矿物质感强烈，并且酒体饱满度适中，给人以美味可口的感官享受。

● Montecucco Rosso Antica Miniera '10	🍷🍷 2*
○ Montecucco Vermentino '11	🍷 2

Poggerino

loc. Poggerino - 53017 Radda in Chianti [SI]
tel. 0577738958
www.poggerino.com

藏酒销售
预约参观
膳宿接待
年产量 60 000 瓶
葡萄种植面积 10.4 公顷
葡萄栽培方式 传统栽培

伊尔•泊捷利诺酒庄（Il Poggerino）从1980年开始生产古典康帝（Chianti Classico），并贴上自己的酒标。在1999年，弗洛里安娜•吉诺里•科恩蒂（Floriana Ginori Conti）把酒庄交给她的孩子皮尔洛（Piero）和贝尼黛塔•兰扎（Benedetta Lanza）打理，实际上这两人从1988年起就开始活跃在酒庄中了。葡萄园位于康帝拉达（Radda in Chianti）最好的生产地之一，并且被施予影响非常小的农耕技术。葡萄酒在法国酒桶和中型桶里酿制，偏向于使用成熟的果实，完全提取，而不影响到这些酒品的个性。

Poggio al Tesoro

loc. Felciaino
via Bolgherese, 189b - 57022 Bolgheri [LI]
tel. 0565773051
www.poggioaltesoro.it

藏酒销售
预约参观
年产量 260 000 瓶
葡萄种植面积 57.5 公顷

波格里奥•特索洛酒庄（Poggio al Tesoro）是阿格利尼家族（Allegrini）的博格利（Bolgheri）企业。葡萄园分布于四个不同的地区，其中两块沿着维亚•宝捷瑞斯（Via Bolgherese）而建，略带红色的沙土富含粘质和石质成分。最大的一块园地位于勒•桑德雷伊（Le Sondraie），土壤是流行的沙土；而最后一块则在博纳市（Bibbona），其土壤含有更多的黏土成分。它们为葡萄种植提供了一系列良好的地形和海拔条件。

● Chianti Cl. Bugialla Ris. '08	▼▼▼ 5
● Chianti Cl. '09	▼ 3
⊙ Colli dell'Etruria Centrale Aurora '11	▼ 3
● Primamateria '08	▼ 5
● Chianti Cl. Ris. '90	♀♀♀ 4
● Primamateria '01	♀♀♀ 5
● Chianti Cl. '06	♀♀ 3*
● Chianti Cl. '04	♀♀ 3
● Chianti Cl. '01	♀♀ 3
● Chianti Cl. Bugialla Ris. '04	♀♀ 5
● Chianti Cl. Bugialla Ris. '99	♀♀ 4
● Primamateria '00	♀♀ 5
● Primamateria '99	♀♀ 5

● Dedicato a Walter '09	▼▼▼ 3
● Bolgheri Sondraia '09	▼▼ 5
○ Bolgheri Vermentino Solosole '11	▼▼ 3
● Mediterra '10	▼▼ 3
⊙ Bolgheri Rosato Cassiopea '11	▼ 2
○ Bolgheri Bianco Solosole '08	♀♀ 4
● Bolgheri Sondraia '08	♀♀ 5
● Bolgheri Sondraia '07	♀♀ 5
● Bolgheri Sondraia '06	♀♀ 5
● Dedicato a Walter '08	♀♀ 7
● Dedicato a Walter '07	♀♀ 5
● Dedicato a Walter '06	♀♀ 5
● Dedicato a Walter '05	♀♀ 5
● Mediterra '09	♀♀ 3
● Mediterra '08	♀♀ 3
● Mediterra '07	♀♀ 4

TUSCANY
托斯卡纳区

Poggio al Tufo
LOC. POGGIO CAVALLUCCIO
58017 PITIGLIANO [GR]
TEL. 0457701266
www.tommasiwine.it

藏酒销售
年产量 165 000 瓶
葡萄种植面积 66 公顷
葡萄栽培方式 传统栽培

托马西家族（Tommasi）从1997年开始就是瓦尔波利塞拉（Valpolicella）和玛内玛（Maremma）著名的酿酒商。前者是他们酿造阿玛诺红葡萄酒（Amarone）的地方。对于他们来说，2013年产于合适的地方、全面展示酒庄风格的葡萄酒似乎只有那些泊吉欧•阿尔•图福（Poggio al Tufo）酿造的。从那些酒中我们可以看出，酿造者注重塑造它们的整体吸引力，伴着标准分量的单宁和圆润的味道。另一间酒庄名为拉•多格内拉（La Doganella），以有机种植的葡萄园而出名。这两间酒庄的葡萄酒都清晰地反映了产地的风土特征。

● Alicante '10	3
● Cabernet Sauvignon '10	2*
● Rompicollo '10	2
○ Vermentino '11	3
● Alicante '08	3
● Rompicollo '09	2*

Poggio Antico
LOC. POGGIO ANTICO - 53024 MONTALCINO [SI]
TEL. 0577848044
www.poggioantico.com

藏酒销售
预约参观
餐饮接待
年产量 120 000 瓶
葡萄种植面积 32.5 公顷
葡萄栽培方式 传统栽培

泊吉欧•安蒂科（Poggio Antico）所产的葡萄酒似乎正重温着青春。酒庄为宝拉•戈德勒（Paola Godler）和阿尔伯托•蒙特费欧利（Alberto Montefiori）共同拥有。其最新年份的葡萄酒使这座酒庄回到了20世纪80年代的光环下，当时它所产的布内罗红葡萄酒（Brunello）是同类酒中最振奋人心的典范之一。葡萄园位于村庄的南边，海拔颇高，通风良好，是生产优良品种圣乔维斯葡萄（Sangiovese）的理想之地。出产的葡萄果实多汁、活力四射而不强硬。他们在酒窖中采用的酿制方法是富有远见的。正牌系列（the standard label）和陈酿系列（Riserva）两款酒是在3700升和5500升的橡木桶中酿制的，而阿尔特罗精选系列（Altero selection）则在中型桶中酿制而成。

● Brunello di Montalcino Altero '07	8
● Brunello di Montalcino '07	7
● Brunello di Montalcino Ris. '06	7
● Lemartine '10	4
● Madre '09	4
● Brunello di Montalcino '05	7
● Brunello di Montalcino '88	7
● Brunello di Montalcino '85	7
● Brunello di Montalcino Altero '06	8
● Brunello di Montalcino Altero '04	8
● Brunello di Montalcino Altero '99	8
● Brunello di Montalcino Ris. '01	7
● Brunello di Montalcino Ris. '85	7

托斯卡纳区
TUSCANY

Poggio Argentiera

LOC. ALBERESE
S.DA BANDITELLA, 2 - 58010 GROSSETO
TEL. 0564405099
www.poggioargentiera.com

藏酒销售
预约参观
年产量 210 000 瓶
葡萄种植面积 40 公顷
葡萄栽培方式 有机认证

吉亚保罗•帕戈里亚（Gianpaolo Paglia）是现代葡萄酒生产商的形象代言人，并时刻准备好与行业内同僚和专家分享他坚定的理念。他十分活跃于社交网络，喜欢直接与消费者交流，以检验他的市场策略。以往的酒品结构饱满，口感松软，走国际风格，但吉亚保罗在2008年彻底改变了酒的风格，把具有破坏性的操作限制到最少，使葡萄能够展示出其自身的特点，在经过一小段时间的调整期后，越来越多的评论家和舆论都对他深表赞赏，证明了他的做法是正确的。

Poggio Bonelli

VIA DELL'ARBIA, 2
53019 CASTELNUOVO BERARDENGA [SI]
TEL. 0577566601
www.poggiobonelli.it

藏酒销售
预约参观
膳宿接待
年产量 230 000 瓶
葡萄种植面积 85 公顷

泊吉欧•伯内里（Poggio Bonelli）和奇吉•莎拉西尼别墅（Villa Chigi Saracini）是沐普斯•特门帝（MPS Tenimenti）多产的核心酒庄。它们都位于贝拉登加新堡（Castelnuovo Berardenga）——古典康帝红葡萄酒区（Chianti Classico）发展最好的地区之一，泊吉欧•伯内里生产的葡萄酒结构圆润大方且强劲，酒体平衡，口感紧致，推出了一系列品质如一的酒品。尽管它使用的主要是小型橡木桶，但这些酒依然保持着自身的个性，且具有灵活的适饮性。

● Morellino di Scansano Bellamarsilia '11	🍷🍷 2*
● Morellino di Scansano Capatosta '10	🍷🍷 5
○ Fonte_40 '10	🍷🍷 3
○ Guazza '11	🍷 2
● Maremmante '11	🍷 2
● Finisterre '07	🍷🍷🍷 6
● Morellino di Scansano Capatosta '00	🍷🍷🍷 5*
● Maremmante '09	🍷🍷 2
● Morellino di Scansano Bellamarsilia '07	🍷🍷 2*
● Morellino di Scansano Capatosta '08	🍷🍷 5
● Morellino di Scansano Capatosta '07	🍷🍷 5

● Poggiassai '08	🍷🍷🍷 5
● Chianti Cl. '10	🍷🍷 3
● Tramonto d'Oca '08	🍷🍷 5
● Poggiassai '07	🍷🍷🍷 5
● Poggiassai '06	🍷🍷🍷 5
● Chianti Cl. Poggio Bonelli '09	🍷🍷 3
● Chianti Cl. Ris. '07	🍷🍷 5
● Chianti Cl. Ris. '06	🍷🍷 5
● Chianti Cl. Ris. '05	🍷🍷 5
● Chianti Cl. Ris. '03	🍷🍷 5
● Chianti Cl. Ris. '01	🍷🍷 5
● Poggiassai '05	🍷🍷 5

TUSCANY

Poggio di Sotto

FRAZ. CASTELNUOVO DELL'ABATE
LOC. POGGIO DI SOTTO
53024 MONTALCINO [SI]
TEL. 0577835502
www.poggiodisotto.com

藏酒销售
预约参观
膳宿接待
年产量 40 000 瓶
葡萄种植面积 10 公顷
葡萄栽培方式 有机认证

蒂帕家族（Tipa）原本已拥有托斯卡纳（Tuscan）的两所著名的酒庄：格拉塔马科（Grattamacco）和科尔·马萨瑞（Colle Massari），2011年他们又收购了索托泊吉欧酒庄（Poggio di Sotto）。这一举措成为了当年蒙塔尔奇诺（Montalcino）最惊人的新闻，在该地区内外引起了热烈的反响。然而如果期望他们有所改变的话就会暂时感到失望，因为酒庄大部分职工都没发生变动，新主人也表示了他们想要继续沿袭皮耶罗·帕尔穆西（Piero Palmucci）从1989年建立酒庄之初就开辟出来的道路。这一切的核心在于德尔阿贝特新堡（Castelnuovo dell'Abate）的10公顷园地，新主人希望能充分利用各个园地位于三个不同海拔高度的天然优势。

● Brunello di Montalcino '07	🍷🍷🍷 8
● Brunello di Montalcino Ris. '06	🍷🍷 8
● Rosso di Montalcino '09	🍷🍷 7
● Brunello di Montalcino '04	🍷🍷🍷 8
● Brunello di Montalcino '99	🍷🍷🍷 8
● Brunello di Montalcino Ris. '99	🍷🍷🍷 8
● Brunello di Montalcino Ris. '95	🍷🍷🍷 8
● Rosso di Montalcino '07	🍷🍷🍷 6
● Brunello di Montalcino '06	🍷🍷 8
● Brunello di Montalcino '05	🍷🍷 8
● Rosso di Montalcino '08	🍷🍷 7

Poggio Rubino

LOC. LA SORGENTE, 62
S.DA PROVINCIALE CASTIGLION DEL BOSCO
53024 MONTALCINO [SI]
TEL. 05771698133
www.poggiorubino.com

藏酒销售
预约参观
膳宿接待
年产量 35 000 瓶
葡萄种植面积 7 公顷

爱德华·科西（Edward Corsi）和亚历山德罗·马尔佐奇（Alessandra Marzocchi）共同经营的这座小酒庄，位于蒙塔尔奇诺（Montalcino）西部斜坡的中间，海拔大约470米。在酒庄15公顷的土地里，有7公顷种植了葡萄，几乎全部都是圣乔维斯葡萄（Sangiovese），分布于该指定区几个不同的地方。葡萄园的管理采取对环境影响较低的方式。酒窖中的葡萄酒经过长达一个月的成熟期以及在2 500~3 000升的橡木桶里酿制，构成了一个循环，酿造出传统又不过时的布内罗红葡萄酒（Brunello）。虽然酒窖中的陈放时间对这些酒有利，但是尽快饮用的话也能享受到它们的醇香。

● Brunello di Montalcino '07	🍷🍷 6
● Brunello di Montalcino Ris. '06	🍷🍷 6
● Rosso di Montalcino '10	🍷 3
● Brunello di Montalcino '06	🍷🍷 6

托斯卡纳区
TUSCANY

Podere Poggio Scalette
LOC. RUFFOLI
VIA BARBIANO, 7 - 50022 GREVE IN CHIANTI [FI]
TEL. 0558546108
www.poggioscalette.it

预约参观
年产量 41 000 瓶
葡萄种植面积 22 公顷

环保是费雷家族（Fiore）的酒庄的原则。酒庄在很早以前就开始生产微妙高雅的葡萄酒，适当地反映了位于康帝格雷韦地区（Greve in Chianti）的露佛里（Ruffoli）小山的气候状况。今天，泊吉欧·斯嘉丽（Poggio Scalette）所选择的风格似乎更注重于给人明显的感觉，经过大量的萃取并且使用新橡木桶。酿出的酒虽然可能没有过去酒窖酿制的酒那么引人注目，但却令人非常满意，经得起时间的考验。

Tenuta Il Poggione
FRAZ. SANT'ANGELO IN COLLE
LOC. MONTEANO - 53024 MONTALCINO [SI]
TEL. 0577844029
www.tenutailpoggione.it

藏酒销售
预约参观
膳宿接待
年产量 500 000 瓶
葡萄种植面积 125 公顷

法布里吉欧·宾多西（Fabrizio Bindocci）作为蒙塔尔奇诺布内罗红葡萄酒协会（Consorzio del Vino Brunello di Montalcino）的主席，肩负着相当大的责任。当然，他会竭尽全力并运用他在伊尔·泊吉翁（Il Poggione）那里工作多年的经验。这酒庄是本酒区最南边科勒地区（Colle）的圣·安吉洛（Sant'Angelo）中最古老、最大型的酒庄之一。在这一带，蒙塔尔奇诺（Montalcino）的圣乔维斯葡萄（sangiovese）经常被诠释成传统风格，经过大约20天的成熟期，并在3000升和5000公升的法国橡木桶里酿制。除了圣乔维斯葡萄之外，宾多西的葡萄园里还有少量的梅洛（Merlot）、维门蒂诺（Vermentino）和莎当尼（Chardonnay）。

● Chianti Cl. '10	▼▼ 3
● Il Carbonaione '09	▼▼ 6
● Capogatto '09	▼ 6
● Il Carbonaione '08	▼▼▼ 6
● Il Carbonaione '05	▼▼▼ 6
● Il Carbonaione '03	▼▼▼ 7
● Il Carbonaione '00	▼▼▼ 7
● Capogatto '08	▼▼ 6
● Capogatto '07	▼▼ 6
● Il Carbonaione '07	▼▼ 6
● Piantonaia '07	▼▼ 6

● Brunello di Montalcino '07	▼▼ 6
● Brunello di Montalcino V. Paganelli Ris. '06	▼▼▼ 7
○ Moscadello di Montalcino '11	▼▼ 3
● Rosso di Montalcino '10	▼▼ 3
● Rosso di Toscana '10	▼ 3
○ Sant'Antimo Vin Santo '03	▼ 5
● Brunello di Montalcino Ris. '97	▼▼▼ 7
● Brunello di Montalcino '06	▼▼ 6
● Brunello di Montalcino '03	▼▼ 6
● Brunello di Montalcino Ris. '04	▼▼ 6
● Cerretello '09	▼▼ 4
● Rosso di Montalcino '07	▼▼ 3*

Poggiotondo

via Torribina, 83 - 50050 Cerreto Guidi [FI]
Tel. 0571559167
www.poggiotondowines.com

预约参观
年产量 300 000 瓶
葡萄种植面积 21 公顷

阿尔伯托•安托涅尼（Alberto Antonini）是一位有着大量国际经验的意大利酿酒师。在一些主要的托斯卡纳（Tuscan）酒庄中工作了之后，他开始了自己独立的事业，并熟悉全世界的葡萄酒业务。在继续作为一位顾问的同时，他也成功实现了一个梦想：对酒庄进行革新，转变为生物动力学的耕作方式，并且开发一系列新产品，将他对葡萄酒的理念具体化，那就是尽可能地自然化并尊重产地的土地环境。

● Chianti V. delle Conchiglie Ris. '08	7
● Marmoreccia '09	7
● Chianti Ris. '09	5
● Chianti Sup. '09	2
○ Vermentino '11	2

★★Poliziano

loc. Montepulciano Stazione
via Fontago, 1 - 53045 Montepulciano [SI]
Tel. 0578738171
www.carlettipoliziano.com

藏酒销售
预约参观
餐饮接待
年产量 600 000 瓶
葡萄种植面积 140 公顷

费德里科•卡尔雷蒂（Federico Carletti）堪称整个托斯卡纳区和蒙特其洛（Montepulciano）的方向塔，不仅因为他是现任保护联盟主席，也因为他多年以来付出巨大的努力所牢牢培养起来的领导力，他把自家酒庄带上了新的道路，进入了更高的层次，同时引领葡萄酒新趋势，为其他酒庄指明了方向。毫不夸张地说，费德里科（Federico）的努力改变了贵族酒（Vino Nobile）的发展及其近期的历史，使它向着现代风格前进，在外界引起了重要的影响，并赢得全世界的认可。

● Nobile di Montepulciano '09	4*
● Nobile di Montepulciano Asinone '09	6
● Cortona Merlot In Violas '09	5
● Le Stanze '09	7
● Morellino di Scansano Lhosa '10	2*
● Le Stanze '03	6
● Le Stanze '00	6
● Nobile di Montepulciano Asinone '07	6
● Nobile di Montepulciano Asinone '06	6
● Nobile di Montepulciano Asinone '05	6
● Nobile di Montepulciano Asinone '04	6
● Nobile di Montepulciano Asinone '03	6
● Nobile di Montepulciano Asinone '01	6
● Nobile di Montepulciano Asinone '00	6
● Nobile di Montepulciano Asinone '99	5
● Nobile di Montepulciano Asinone '98	5

托斯卡纳区
TUSCANY

Tenuta Le Potazzine
LOC. LE PRATA 262 - 53024 MONTALCINO [SI]
TEL. 0577846168
www.lepotazzine.it

藏酒销售
预约参观
年产量 35 000 瓶
葡萄种植面积 4.6 公顷

当勒•皮瑞塔（Le Prata）以西那片恬静的葡萄园碰上科勒（Colle）南部强大的圣安吉洛酒庄（Sant'Angelo）时，往往会擦出硕果累累的火花——朱塞佩•戈雷里（Giuseppe Gorelli）及其家人便在此酿造出了出色的布内罗红葡萄酒（Brunello）。朱塞佩原先在协会中接受了酿酒技术的培训，现在他跟妻子吉戈里欧拉（Gigliola）和女儿一起经营这个小酒庄。近5公顷土地种植出来的圣乔维斯葡萄（Sangiovese）被酿制为传统风格的葡萄酒。采用自然发酵、长期的浸泡、中型斯拉夫尼亚（Slavonian）橡木桶陈化，酒庄生产的葡萄酒出类拔萃，不仅因为它果香清爽，更重要的是它简单易饮，极具吸引力。

● Brunello di Montalcino '07	▼▼ 6
● Rosso di Montalcino '10	▼▼ 4
● Brunello di Montalcino '04	♀♀ 7
● Brunello di Montalcino Ris. '04	♀♀ 7

Pratesi
LOC. SEANO
VIA RIZZELLI, 10 - 59011 CARMIGNANO [PO]
TEL. 0558704108
www.pratesivini.it

预约参观
年产量 50 000 瓶
葡萄种植面积 7 公顷

这个年轻又活力十足的酒庄成立于20世纪80年代初，由普拉泰西家族（Pratesi）所拥有。成立之初，他们就把新颖的葡萄园管理政策落实到位。例如，在运用较多传统培植方法的地方密集地种上葡萄，酒窖也相应地全部建于地下，目的是为保留地面上的自然景观。长期以来，酒窖的风格在不断调整，如今与这片土地的联系更深。

● Carmignano Circo Rosso Ris. '08	▼▼ 5
● Carmione '08	▼▼ 5
● Barco Reale '10	▼ 3
● Carmignano '10	▼ 4
● Carmignano '08	♀♀ 4
● Carmignano '01	♀♀ 5
● Carmignano V. di Carmio Ris. '07	♀♀ 5
● Carmione '07	♀♀ 5

TUSCANY
托斯卡纳区

★Fattoria Le Pupille
S.DA PIAGGE DEL MAIANO - 58100 GROSSETO
TEL. 0564409517
www.fattorialepupille.it

藏酒销售
预约参观
膳宿接待
年产量 500 000 瓶
葡萄种植面积 70 公顷

伊莉莎贝塔•盖佩蒂（Elisabetta Geppetti）是这座酒庄的主人，多年以来一直注视着它的成长，也是它背后的推动力。她是使玛内玛地区（Maremma）受到全世界关注的先驱，而这只是在优质葡萄酒行业采取的第一步措施而已。在其他酒区的酿酒师来到这酒庄之前，伊莉莎贝塔已经在全球葡萄酒市场取得了傲人的成绩，确立了领导的地位。今天，发托利亚•勒•普皮勒酒庄（Fattoria Le Pupille）被当作是追溯本地区历史的一个标杆。伊莉莎贝塔目前是莫莱里诺（Morellino）保护联合会的主席。

● Saffredi '09	▼▼ 8
● Morellino di Scansano '11	▼ 2
● Morellino di Scansano Poggio Valente '09	▼ 5
● Pelofino '11	▼ 2
○ Poggio Argentato '11	▼ 2
● Morellino di Scansano Poggio Valente '04	▼▼▼ 5
● Morellino di Scansano Poggio Valente '99	▼▼▼ 5
● Morellino di Scansano Poggio Valente '98	▼▼▼ 5
● Saffredi '05	▼▼▼ 8
● Saffredi '04	▼▼▼ 8
● Saffredi '03	▼▼▼ 8
● Saffredi '02	▼▼▼ 7
● Saffredi '01	▼▼▼ 7

La Querce
VIA IMPRUNETANA PER TAVARNUZZE, 41
50023 IMPRUNETA [FI]
TEL. 0552011380
www.laquerce.com

藏酒销售
预约参观
膳宿接待
年产量 25 000 瓶
葡萄种植面积 8 公顷

马奇家族（Marchi）的酒庄有着悠久的历史。有史料证明，在11世纪时有一座房屋出现在一份销售契约中，当中也提到了现存的葡萄园。多年以来，葡萄栽培一直是这里一项重要的活动，但却不是最主要的，直到现任主人马西莫•马奇（Massimo Marchi）种植了新园地并将酒窖的装备现代化了之后，它才成为这里的主角。今天，这些葡萄酒柔和迷人，芳香又充满活力，这种风格成为了它们的主要名片。

● La Querce '09	▼▼ 5
● Chianti Colli Fiorentini La Torretta '10	▼ 2
● Chianti Sorrettole '11	▼ 2
● Chianti Colli Fiorentini La Torretta '08	▼▼ 2
● La Querce '08	▼▼ 5
● La Querce '07	▼▼ 4

Le Querce

LOC. CAMPALTO - CAMPIGLIA MARITTIMA [LI]
TEL. 0565846535
www.agricolalequerce.com

预约参观
年产量 75 000 瓶
葡萄种植面积 15.5 公顷

这个酒庄面向伊特鲁里亚海岸线（Costa degli Etruschi），位于位里窝那省（Livorno）的巴拉荻（Baratti）和波普洛尼亚（Populonia）海滩的中间，是卡尔维山（Mount Calvi）的丘陵地带和里奇利亚诺（Rimigliano）的森林地。根据这里十分特殊的气候条件、土壤类型和地理环境，酒庄主人选择种植了与之相适应的国际葡萄品种。酒窖酿出的葡萄酒风味清晰，结构平衡。

● Sancérbone '08	♛♛ 2*
● Calviolo '09	♛ 2
○ Il Maestrale '11	♛ 2

Querce Bettina

LOC. CASINA DI MOCALI, 275
53024 MONTALCINO [SI]
TEL. 0577848588
www.quercebettina.it

藏酒销售
预约参观
年产量 15 000 瓶
葡萄种植面积 2.5 公顷
葡萄栽培方式 传统栽培

很少有一间企业能够像库尔思·贝蒂娜酒庄（Querce Bettina）这样，迅速又华丽地闻名于世。尽管它的酿酒厂和葡萄园还很年轻，但莫雷蒂家族（Morettis）拥有的这间酒庄已在蒙塔尔奇诺（Montalcino）占据了重要的一席之地。这有赖于西南区域最原始的2.5公顷土地，它的地理环境十分特殊：400米以上的海拔，黏土和粉砂质泥灰岩中混合着一些碎石，光照充足，通风良好。理所当然地盛产传统的布内罗红葡萄酒（Brunello）的地方。所出产的葡萄酒是在2 500升的奥地利橡木桶中进行的。

● Brunello di Montalcino Ris. '06	♛♛ 8
● Brunello di Montalcino '07	♛♛ 7
● Brunello di Montalcino '06	♛♛♛ 7
● Rosso di Montalcino '08	♛♛ 3

托斯卡纳区
TUSCANY

Le Ragnaie
LOC. LE RAGNAIE - MONTALCINO [SI]
TEL. 0577848639
www.leragnaie.com

藏酒销售
预约参观
膳宿接待
年产量 7 000 瓶
葡萄种植面积 15 公顷
葡萄栽培方式 有机认证

2002年,年轻又充满激情的里卡多•堪姆皮诺蒂(Riccardo Campinoti)和他妻子杰尼佛(Jennifer)接管了勒•瑞戈内伊酒庄(Le Ragnaie)。自那时起,这里就实现了跨越式的发展。旧葡萄园位于蒙塔尔奇诺(Montalcino)发展速度最快的地区,海拔不到600米,在1968年开始种植,从2007年份的酒开始,就专门为它成立了一个新的标签。另外,在德尔阿贝特新堡(Castelnuovo dell'Abate)和指定酒区的西部中间也有着一系列同样很特殊的园地。虽然这些葡萄园分布在不同地方,但酿造出来的布内罗红葡萄酒(Brunello)果香浓郁、精美芳香。这种酿酒概念比任何关于酿制程序和橡木类型的讨论还要有意义。

● Brunello di Montalcino V. V. '07	♛♛♛	5
● Rosso di Montalcino '10	♛	4
● Brunello di Montalcino '07	♛♛	8
● Brunello di Montalcino Fornace '07	♛♛	5
● Chianti Colli Senesi '10	♛♛	2*

La Regola
VIA A. GRAMSCI, 1 - 56046 RIPARBELLA [PI]
TEL. 058881363
www.laregola.com

藏酒销售
预约参观
年产量 80 000 瓶
葡萄种植面积 20 公顷

在20世纪早期,奴蒂家族(Nuti)来到了这个曾经是伊特鲁利亚(Etruscan)殖民地的地方。为了满足家庭消费需求,现任主人的曾祖父决定买下一块地种植葡萄和橄榄,之后他们的祖父开始从事农业服务的生意,并在父亲手上得到扩大,现在由两兄弟继承先辈的事业,一个名叫卢卡(Luca),另一个名叫弗拉维奥•奴蒂(Flavio Nuti),分别担任农艺师和市场营销主管。他们把更多的注意力转移到葡萄酒生产上来,通过培植新葡萄品种,扩大葡萄园规模以及调整酒窖酿制技术,取得了出色的成绩。

● Montescudaio Rosso La Regola '08	♛♛	6
○ Lauro Bianco '09	♛	4
● Montescudaio Rosso Vallino '08	♛	4
● Strido '08	♛	4
● Ligustro '10	♛	3
⊙ Rosegola Rosato '11	♛	3
○ Sondrete '04	♛	6
○ Steccaia Bianco '11	♛	3
● Syrah '11	♛	3
○ Montescudaio Bianco Steccaia '09	♛♛	6
● Montescudaio Rosso Beloro '07	♛♛	6
● Montescudaio Rosso Beloro '06	♛♛	6
● Montescudaio Rosso Il Vallino '07	♛♛	5

托斯卡纳区
TUSCANY

Riecine

LOC. RIECINE - 53013 GAIOLE IN CHIANTI [SI]
TEL. 0577749098
www.riecine.com

藏酒销售
预约参观
年产量 60 000 瓶
葡萄种植面积 10 公顷
葡萄栽培方式 传统栽培

加约莱因康帝（Gaiole in Chianti）是整个指定区最好的耕地之一，而酒庄的葡萄园正是坐落于这个令人羡慕的地区附近的小山上，这就是为什么拉辛酒庄（Riecine）的葡萄酒堪称是古典康帝酒区（Chianti Classico）最引人注目的酒品之一的原因。这个由加利•鲍曼（Gary J. Baumann）所拥有的酒庄生产出来的酒颇具深度，活力十足，反映了土地特征，尽管他对果实过熟的追求以及木桶酿制的过度青睐往往会影响这些酒潜力的发挥，特别是对于最近的年份来说，但在某种程度上这些葡萄酒堪称是一个典范。

● Chianti Cl. '09	▼ 3
● Chianti Cl. Ris. '99	▼▼▼ 7
● Chianti Cl. Ris. '88	▼▼▼ 6
● Chianti Cl. Ris. '86	▼▼▼ 6
● La Gioia '04	▼▼▼ 6
● La Gioia '01	▼▼▼ 6
● La Gioia '98	▼▼▼ 6
● La Gioia '95	▼▼▼ 6
● Chianti Cl. Ris. '05	▼▼ 5
● La Gioia '07	▼▼ 6
● La Gioia '05	▼▼ 6
● La Gioia '03	▼▼ 6

Rigoloccio

LOC. RIGOLOCCIO
VIA PROVINCIALE, 82 - 58023 GAVORRANO [GR]
TEL. 056645464
www.rigoloccio.it

藏酒销售
预约参观
年产量 38 000 瓶
葡萄种植面积 9.5 公顷

里戈洛奇奥酒庄（Rigoloccio）成立之始，正是玛内玛地区（Maremma）开始被真正当做一个一流酿酒区之时，在当时许多人放弃了其他事业，鼓足勇气开始了酿造葡萄酒的人生梦想之旅。该酒庄决定采用国际葡萄品种，如赤霞珠（Cabernet Sauvignon）、小维铎（Petit Verdot）和阿里坎特（Alicante）等，并生产出结构大方、香气鲜活、酒体顺滑的红葡萄酒。另外还采取了一个与众不同的措施，就是种植菲亚诺（Fiano）葡萄，并与莎当尼（chardonnay）葡萄混合一起酿造白葡萄酒。

● Quattrodicembre Santa Barbara V. T. '11	▼▼ 4
● Sapientia '09	▼▼ 6
● Abundantia '09	▼ 6
⊙ Rosato '11	▼ 2
● Abundantia '08	▼▼ 6
● Cabernet Alicante '09	▼▼ 2*
● Il Sorvegliante '07	▼▼ 4

TUSCANY

Il Rio
via di Padule, 131 - 50039 Vicchio [FI]
Tel. 0558407904
www.ilriocerrini.it

藏酒销售
预约参观
年产量 7 000 瓶
葡萄种植面积 2 公顷

保罗•塞里尼（Paolo Cerrini）可谓是引领托斯卡纳的亚平宁山脉（Tuscan Apennines）和整个亚平宁（Apennine）一带酿酒业潮流的先行者，因为在整个穆格罗地区（Mugello）还没人知道黑皮诺葡萄（pino nero）的时候，他就率先培植了这个品种。他在20年前开始种植这些葡萄藤，当时并没有得到本地种植者的支持和鼓励，但今天所取得的结果证明了他是正确的。他与其他八位酿酒商一起，在托斯卡纳（Tuscany）为黑皮诺葡萄酒（Pinot Nero）生产者成立了一个协会，旨在推动这种葡萄酒的发展。

Rocca delle Macìe
loc. Le Macìe, 45
53011 Castellina in Chianti [SI]
Tel. 05777321
www.roccadellemacie.com

藏酒销售
预约参观
膳宿接待
年产量 4 500 000 瓶
葡萄种植面积 200 公顷

产量和质量并不互相矛盾——这就是津加雷里家族（Zingarelli）的酒庄的优势所在。这是古典康帝酒区（Chianti Classico）最古老的酒庄之一，深深扎根于本区最大的葡萄园。我们先试相对比较简单纯粹的罗卡德玛（Rocca delle Maacìe），接着尝试酒庄的顶级酒，风格更加复杂，您能够非常明显地捕捉到味觉的平衡以及优雅的酒体。酒庄不仅酿造古典康帝（Chianti Classico），而且在玛内玛（Maremma）地区拥有两家酒庄——坎波玛隆尼（Campomaccione）和卡萨玛利亚（Casamaria）。

○ Annita '11	▽▽ 4
● Ventisei '10	▽▽ 4
○ Annita '10	♀♀ 4
● Ventisei '09	♀♀ 4
● Ventisei '07	♀♀ 4
● Ventisei '06	♀♀ 4

● Chianti Cl. Famiglia Zingarelli Ris. '09	▽▽▽ 3*
● Chianti Cl. Tenuta S. Alfonso '10	▽▽ 4
● Roccato '09	▽▽ 6
● Ser Gioveto '09	▽▽ 6
● Chianti Cl. Famiglia Zingarelli '10	▽ 3
● Roccato '00	♀♀♀ 6
● Roccato '99	♀♀♀ 6
● Chianti Cl. Famiglia Zingarelli Ris. '08	♀♀ 3
● Chianti Cl. Fizzano Ris. '06	♀♀ 5
● Chianti Cl. Tenuta S. Alfonso '07	♀♀ 3
● Roccato '05	♀♀ 6
● Ser Gioveto '06	♀♀ 6

Rocca di Castagnoli

Loc. Castagnoli
53013 Gaiole in Chianti [SI]
Tel. 0577731004
www.roccadicastagnoli.com

藏酒销售
预约参观
膳宿接待
年产量 450 000 瓶
葡萄种植面积 132 公顷

酒庄的风格明确，偏向于古典康帝（Chianti Classico）特有的平衡和优雅。这也许是罗卡迪卡斯塔诺丽酒庄（Rocca di Castagnoli）的葡萄酒最基本的特点，但它们也同时能够抓住并体现出其产地的神韵。酿酒的基地位于加约莱因康帝（Gaiole in Chianti），这里的酒窖也酿制来自卡斯特利娜分区（Castellina）的卡普伊亚酒庄（Tenuta di Capraia）和同处于加约莱因康帝（Gaiole in Chianti）的桑萨诺堡（Castello di San Sano）的葡萄。各种酒款都能保持高质稳定出品，特别是最近一些年份能够达到绝对优越的高度，特别是最近年份的葡萄酒。

● Chianti Cl. Rocca di Castagnoli '10	🍷🍷 3*
● Buriano '08	🍷🍷 6
● Chianti Cl. Castello di San Sano Guarnellotto Ris. '09	🍷🍷 4
● Chianti Cl. Castello di San Sano Vign. della Rana '10	🍷🍷 3
● Chianti Cl. Poggio ai Frati Ris. '09	🍷🍷 4
● Borro al Fumo '08	🍷 5
● Chianti Cl. Castello di San Sano '10	🍷 3
● Chianti Cl. Tenuta di Capraia '10	🍷 3
● Chianti Cl. Tenuta di Capraia Ris. '09	🍷 5
● Chianti Cl. Capraia Ris. '07	🍷🍷🍷 4
● Chianti Cl. Poggio ai Frati Ris. '08	🍷🍷🍷 4
● Chianti Cl. Poggio ai Frati Ris. '06	🍷🍷🍷 4*
● Chianti Cl. Tenuta di Capraia Ris. '06	🍷🍷🍷 4*

Rocca di Frassinello

Loc. Giuncarico - 58023 Gavorrano [GR]
Tel. 056688400
www.roccadifrassinello.it

藏酒销售
预约参观
年产量 300 000 瓶
葡萄种植面积 80 公顷

酒庄主人保罗•帕内莱（Paolo Panerai）在古典康帝区（Chianti Classico）和西西里岛（Sicily）上，分别拥有卡斯泰莱•迪•卡斯特利娜酒庄（Castellare di Castellina）和费迪•德尔•皮斯西欧托酒庄（Feudi del Pisciotto）。位于玛内玛（Maremma）的酒庄，凯胜酒庄（Rocca di Frassinello）与拉菲集团（Les Domaines Baron de Rotschild-Lafite）进行合作，酿造一系列高品质的、具有国际市场竞争力的葡萄酒。他们的流线型酒窖由知名建筑师伦佐•皮亚诺（Renzo Piano）设计，主要种植圣乔维斯（Sangiovese）葡萄，还有很多能够适应本地风土条件的国际葡萄。

● Baffo Nero '10	🍷🍷🍷 8
● Le Sughere di Frassinello '10	🍷🍷🍷 4*
● Rocca di Frassinello '10	🍷🍷 6
● Vermentino '10	🍷🍷 3
● Poggio alla Guardia '10	🍷 3
● Baffo Nero '09	🍷🍷🍷 8
● Baffo Nero '07	🍷🍷🍷 8
● Rocca di Frassinello '08	🍷🍷🍷 5
● Rocca di Frassinello '06	🍷🍷🍷 5
● Rocca di Frassinello '05	🍷🍷🍷 5
● Baffo Nero '08	🍷🍷 6
● Rocca di Frassinello '09	🍷🍷 6

TUSCANY

Rocca di Montemassi
FRAZ. MONTEMASSI
VIA SANT'ANNA - 58027 ROCCASTRADA [GR]
TEL. 0564579700
www.roccadimontemassi.it

藏酒销售
预约参观
年产量 400 000 瓶
葡萄种植面积 160 公顷

在依然充满朝气的酿酒区——蒙特雷吉欧（Monteregio），这座由佐宁家族（Zonin）所拥有的酒庄是一个重要的标杆，不仅因为它酿造出高品质的葡萄酒，也因为它致力于使这个地区成为玛内玛（Maremma）一个重要的产酒地。从他们所取得的成果来看，和法国酿酒商丹尼斯•杜波尔蒂尤（Denis Dubordieu）建立合作关系是一个正确的决定。这些葡萄酒体现了国际化的风格，但同时他们也努力使酒香更加清晰，单宁更加调和，以期生产适饮度更高的葡萄酒。

Az. Agr. Roccapesta
LOC. MACERETO 9 - 50854 SCANSANO [GR]
TEL. 0564599252
www.roccapesta.it

预约参观
年产量 90 000 瓶
葡萄种植面积 18 公顷

酒庄为里昂那多（Leonardo）和阿尔伯特•汤吉尼（Alberto Tanzini）所有，后者亲自打理酒庄。酒庄占地70公顷，葡萄分别在火山土、与靠近海洋的沉积土壤轮番种植。园地分开各自管理，这样汤吉尼（Tanzinis）一家才能检验出哪一块地最适合种植哪一种葡萄。圣乔维斯葡萄（Sangiovese）是最主要的品种，但同时也小量种植了其他的本地葡萄，包括塞立吉洛（Ciliegiolo）和黑玛尔维萨（Alvasia nera）以及一些国际品种，如西拉（Syrah）和小维铎（Petit Verdot）。

● Rocca di Montemassi '10	🍷🍷🍷 5
○ Calasole '11	🍷🍷 3
○ Astraio '11	🍷 4
● Le Focaie '11	🏆 2
● Monteregio di Massa Marittima Sassabruna '10	🍷 3
● Rocca di Montemassi '09	🍷🍷🍷 5
○ Calasole '10	🍷🍷 3
● Monteregio di Massa Marittima Sassabruna '09	🍷🍷 3
● Monteregio di Massa Marittima Sassabruna '08	🍷🍷 3
● Rocca di Montemassi '08	🍷🍷 5

● Morellino di Scansano '10	🍷🍷 3*
● Morellino di Scansano Ribero '10	🍷🍷 2*
● Morellino di Scansano Ris. '09	🍷🍷 4

托斯卡纳区
TUSCANY

Rubbia Al Colle
LOC. POGGETTO ALLE PULLEDRE
57028 SUVERETO [LI]
TEL. 0565827026
www.arcipelagomuratori.it

藏酒销售
预约参观
年产量 200 000 瓶
葡萄种植面积 71.5 公顷
葡萄栽培方式 传统栽培

穆拉托里家族（Muratori）在意大利各地拥有许多座酒庄，以致于他们把这些酒庄称作是穆拉托里群岛（Muratori Archipelago）。这一家族企业始于弗兰西科达（Franciacorta）的克里斯皮亚酒庄（Villa Crespia），并随着伊斯基亚（Ischia）的露比亚•阿尔•科勒（Rubbia al Colle）和吉阿迪尼•阿里梅（Giardini Arimei），以及桑尼奥（Sannio）的欧比萨•阿米尼亚（Oppisa Aminea）而扩大。每一座酒庄都培植本地区最相适应的葡萄品种，因此在瓦尔迪科尔尼亚地区（Val di Cornia），人们就把注意力转移到红葡萄品种上去。他们对耕地的选址并不是偶然的，一方面穆拉托里一家的农业种植理念经过实践的检验证明是正确的，另一方面在感情上这个地方的人们也对穆拉托里一家有着深深的怀念。

● Val di Cornia V. Molisso '08	5
● Val di Cornia Villa Usilio '08	5
● Tuttonatura '11	3
● Val di Cornia Barriccocio '08	4
● Val di Cornia Olpaio '08	4
● Drumo '03	3
● Olpaio '00	5
● Rumpotino '01	4

★Tenimenti Ruffino
P.LE RUFFINO, 1 - 50065 PONTASSIEVE [FI]
TEL. 0556499717
www.ruffino.it

藏酒销售
预约参观
年产量 1 400 000 瓶
葡萄种植面积 600 公顷

作为意大利酿酒界的象征，鲁菲诺（Ruffino）从2012年10月开始就完全属于美国酿酒业巨头——星座酒业公司的品牌。他们的大部分土地都集中在托斯卡纳区（Tuscany），旗下的酒庄有：蒙塔尔奇诺（Montalcino）的庞玛兹（Greppone Mazzi），蒙特布查诺（Montepulciano）的罗多拉•诺瓦（Lodola Nuova），古典康帝（Chianti Classico）的桑特达姆（Santedame），格雷托拉欧（Gretolaio），蒙特马索（Montemasso）和珀吉欧•卡斯恰诺（Poggio Casciano），以及锡耶纳省（Siena）附近蒙特里久尼小镇（Monteriggioni）的拉•索拉蒂亚（La Solatia）。很明显，它的产量是很高的，但这也是以始终保持一致的高品质为强力支撑的。它的品种多样，形色各异，品质如一，包括一些被认定为一流品质的葡萄酒。

● Brunello di Montalcino Greppone Mazzi '07	6
● Chianti Cl. Il Ducale '09	6
● Modus '09	5
● Chianti Cl. Ris. Ducale Oro '08	5
● Brunello di Montalcino Greppone Mazzi '05	6
● Cabreo Il Borgo '96	6
● Cabreo Il Borgo '95	6
● Cabreo Il Borgo '93	6
● Chianti Cl. Ris. Ducale Oro '04	5
● Chianti Cl. Ris. Ducale Oro '01	5
● Chianti Cl. Ris. Ducale Oro '00	5
● Modus '04	5
● Romitorio di Santedame '00	7
● Romitorio di Santedame '99	7
● Romitorio di Santedame '98	7

TUSCANY

Sada
SP DEI 3 COMUNI
56040 CASALE MARITTIMO [PI]
TEL. 0586650180
http://www.agricolasada.com

藏酒销售
预约参观
年产量 60 000 瓶
葡萄种植面积 11.5 公顷
葡萄栽培方式 有机认证

大卫德•萨巴（Davide Saba）在2000年计划建立一座酒庄，此计划在2002年得以成型。这个伦巴第（Lombard）商人曾在餐饮行业的"Simmenthal"品牌企业工作，后来渐渐地爱上了葡萄酒。于是他开始在托斯卡纳（Tuscany）和相邻地区，如卡萨勒•马利蒂诺（Casale Marittimo）、保格利镇（Bolgheri）和比波纳（Bibbona）寻找有着完全不同的土壤类型和气候条件的合适的田地，他的目标在于种植与本地区最相匹配的品种。大卫德不懈的努力最终换来了如期的结果：现代风格的葡萄酒避免了标准化，而又融合了各个分区与众不同的特征。

● Integolo '10	🍷🍷 6
● Baldoro '08	🍷🍷 5
○ Vendemmia Tardiva '08	🍷🍷 3
● Carpoli '08	🍷 5
○ Vermentino '11	🍷 3

La Sala
LOC. PONTEROTTO
VIA SORRIPA, 34
50026 SAN CASCIANO IN VAL DI PESA [FI]
TEL. 055828111
www.lasala.it

藏酒销售
预约参观
年产量 85 000 瓶
葡萄种植面积 21 公顷

拉•萨拉酒庄（La Sala）为劳拉•巴伦蒂（Laura Baronti）所有，从1981年开始酿制葡萄酒。其位于佩萨河谷•圣卡夏诺地区（San Casciano Val di Pesa），以黏土为主的土壤多含碎石，土质疏松，造就了这里的葡萄酒不可磨灭的特点。酒窖中，小橡木桶的使用十分适度，所酿造的葡萄酒特征良好，个性十足。酒庄的典型风格是现代风格，但它避免了过度萃取或者对过熟果实的疯狂追求。

● Chianti Cl. Ris. '09	🍷🍷 7
● Campo all'Albero '09	🍷🍷 8
● Chianti Cl. '10	🍷🍷 6
● Campo all'Albero '07	🍷🍷 5
● Campo all'Albero '05	🍷🍷 5
● Campo all'Albero '01	🍷🍷 5
● Chianti Cl. '07	🍷🍷 3
● Chianti Cl. '02	🍷🍷 3
● Chianti Cl. '00	🍷🍷 3*
● Chianti Cl. Ris. '05	🍷🍷 5
● Chianti Cl. Ris. '04	🍷🍷 5
● Chianti Cl. Ris. '03	🍷🍷 5

托斯卡纳区
TUSCANY

Salcheto

LOC. SANT'ALBINO
VIA DI VILLA BIANCA, 15
53045 MONTEPULCIANO [SI]
TEL. 0578799031
www.salcheto.it

藏酒销售
预约参观
年产量 130 000 瓶
葡萄种植面积 36 公顷
葡萄栽培方式 有机认证

米歇尔•马内里（Michele Mannelli）这位满怀梦想的年轻人从艾米利亚（Emilia）搬到蒙特布查诺（Montepulciano），并取得了伟大的成就。他建立了托斯卡纳区（Tuscany）的第一座无碳酒庄，从耗水量到能源利用，每个方面都表达了对环境和自然崇高的敬意。当然，这种环境意识也体现在土地和葡萄园管理上，其栽培方式是运用有机种植和生物动力学原理。这些葡萄酒品质优良有保证，最主要的是，它们品质纯正地道，令人满意。

Salustri

FRAZ. POGGI DEL SASSO
LOC. LA CAVA - 58040 CINIGIANO [GR]
TEL. 0564990529
www.salustri.it

藏酒销售
预约参观
膳宿接待
年产量 80 000 瓶
葡萄种植面积 15 公顷
葡萄栽培方式 有机认证

里昂那多•萨鲁斯特里（Leonardo Salustri）最常见的格洛特红葡萄酒（Grotte Rosse）——在2013年并未提交，反而它的圣玛尔塔2009年蒙特库科桑娇维塞（Montecucco Sangiovese Santa Marta 2009）挺进了决赛，证明了这个酒庄产品总体质量的高水平标准。酒庄种植的品种只有圣乔维斯葡萄（Sangiovese），后来由于比萨大学（University of Pisa）的研究，酒庄注册了"Salustri"这一商标。葡萄园历史可以追溯到20世纪50年代，之后运用有机种植方式和本地传统酿造工艺。

● Nobile di Montepulciano Salco Evoluzione Ris. '07	▼▼▼ 6
● Nobile di Montepulciano '09	▼▼ 4
● Rosso di Montepulciano '11	▼ 2
● Nobile di Montepulciano Salco Evoluzione '06	♀♀♀ 6
● Nobile di Montepulciano Salco Evoluzione '01	♀♀♀ 6
● Nobile di Montepulciano Salco Evoluzione '07	♀♀ 4
● Nobile di Montepulciano Salco Evoluzione '05	♀♀ 6
● Nobile di Montepulciano Salco Evoluzione '04	♀♀ 6

● Montecucco Santa Marta '09	▼▼ 4
● Montecucco Marleo '10	▼ 3
● Montecucco Sangiovese Terre d'Alviero '07	▼ 4
○ Narà '11	▼ 3
● Montecucco Grotte Rosse '08	♀♀♀ 6
● Montecucco Grotte Rosse '07	♀♀♀ 5
● Montecucco Santa Marta '06	♀♀♀ 4
● Montecucco Grotte Rosse '06	♀♀ 5
● Montecucco Grotte Rosse '05	♀♀ 5
● Montecucco Grotte Rosse '04	♀♀ 5
● Montecucco Marleo '04	♀♀ 2
● Montecucco Santa Marta '08	♀♀ 4
● Montecucco Santa Marta '07	♀♀ 4
● Montecucco Santa Marta '05	♀♀ 3

Conti di San Bonifacio
LOC. CASTEANI, 1 - 58023 GAVORRANO [GR]
TEL. 056680006
www.contidisanbonifacio.com

藏酒销售
年产量 18 400 瓶
葡萄种植面积 7 公顷
葡萄栽培方式 有机认证

康蒂•迪•圣伯尼法西欧家族（Conti di San Bonifacio）从威尼托（Veneto）搬到了玛内玛（Maremma）。他们在2002年收购了这个占地约80公顷的酒庄，首要任务就是培植新的葡萄园地，继而修建一处度假胜地，给对本地葡萄酒感兴趣的游客提供住宿。曼弗雷蒂（Manfredi）和他妻子莎拉（Sara）决定在这里开始从事他们从未涉足的酿酒业。这里的葡萄酒呈现代风格，使用国际品种，努力增加酒里的果香。

San Felice
LOC. SAN FELICE
53019 CASTELNUOVO BERARDENGA [SI]
TEL. 05773991
www.agricolasanfelice.it

藏酒销售
预约参观
膳宿接待
年产量 1 200 000 瓶
葡萄种植面积 210 公顷

圣费利斯酒庄（San Felice）在古典康帝指定区（Chianti Classico）已有40年的历史，其产品深受贝拉登加新堡分区（Castelnuovo Berardenga）气候条件的影响，整个系列的酒品明显地呈现出粗犷的结构和独特的适饮性。当前它属于安联保险集团（Allianz）所有，包括了位于蒙塔尔奇诺（Montalcino）的坎姆坡吉欧瓦尼酒庄（Campogiovanni）和玛内玛（Maremma）的佩罗拉酒庄（Perolla），这是一个多产的酿酒王国，涵盖了托斯卡纳区（Tuscany）一些主要的酿酒区域。

● Sustinet '09	5
● Docet '09	4
● Monteregio di Massa Marittima '09	3
● Docet '08	4
● Sustinet '08	5

● Vigorello '08	6
● Chianti Cl. '09	3*
● Ancheos '08	3
● Chianti Cl. Il Grigio Ris. '08	3
● Chianti Cl. Poggio Rosso Ris. '03	5
● Chianti Cl. Poggio Rosso Ris. '00	5
● Chianti Cl. Poggio Rosso Ris. '95	5
● Chianti Cl. Poggio Rosso Ris. '90	5
● Pugnitello '07	6
● Pugnitello '06	6
● Vigorello '97	6
● Vigorello '88	6

TUSCANY

Fattoria San Felo
Loc. Pagliatelli
58051 Magliano in Toscana [GR]
Tel. 056428481
www.fattoriasanfelo.it

预约参观
年产量 100 000 瓶
葡萄种植面积 25 公顷

酒庄成立于玛内玛地区（Maremma）酿酒业繁盛期的中期。到2001年为止，已有许多生产商从其他地方搬到这里，但那时瓦尼家族（Vanni）早已驻扎在此，费得里科（Federico）和洛伦佐（Lorenzo）两兄弟决定开始建立酒庄事业。它与区域状况的联系明显体现在酒品的名字中，这些名字是根据本地的条件状况命名的。圣乔维斯（Sangiovese）是最广泛种植的红葡萄品种，而白葡萄则有维欧尼尔（Viognier），对这个地区来说这是一种与众不同的品种。

● Morellino di Scansano '11	♟♟ 2*
● Morellino di Scansano Lampo '10	♟♟ 2*
○ Le Stoppie '11	♟ 2
○ Luce Lunare '11	♟ 2
● Morellino di Scansano Diciocatore Ris. '08	♟♟ 4

San Filippo
Loc. San Filippo, 134
53024 Montalcino [SI]
Tel. 0577847176
www.sanfilippomontalcino.com

年产量 50 000 瓶
葡萄种植面积 10.5 公顷

酒庄建立于20世纪70年代，位于蒙塔尔奇诺（Montalcino）东部地区，仅有10多公顷的圣乔维斯（sangiovese）葡萄园及少量的梅洛（Merlot）和西拉（Syrah）葡萄。罗伯特·吉安内里（Roberto Giannelli）的任务就是把这个小酒庄继续发扬光大。四个主要园地在地形和土壤类型方面各不相同，其中有混合着泥灰的黏土，也有石灰岩土质。露塞雷庄园（Lucere）便是其中之一，它的葡萄以其同名的精选酒和最好年份的珍藏酒是各自独立发酵的。它的布内罗红葡萄酒（Brunello）经过短期的成熟，并在大型桶和法国桶酿制，呈现出现代的风格。

● Brunello di Montalcino '07	♟♟ 6
● Brunello di Montalcino Le Lucere '07	♟♟ 6
● Brunello di Montalcino Le Lucere Ris. '06	♟♟ 6
● Rosso di Montalcino Lo Scorno '10	♟♟ 5
● Sant'Antimo Staffato '09	♟ 6
● Brunello di Montalcino Le Lucere Ris. '04	♟♟♟ 6
● Brunello di Montalcino '06	♟♟ 6
● Brunello di Montalcino '05	♟♟ 6
● Brunello di Montalcino '03	♟♟ 6
● Brunello di Montalcino Le Coste Ris. '01	♟♟ 6
● Brunello di Montalcino Le Lucere '06	♟♟ 6
● Brunello di Montalcino Le Lucere '04	♟♟ 6

托斯卡纳区 / TUSCANY

San Giusto a Rentennano

LOC. SAN GIUSTO A RENTENNANO, 20
53013 GAIOLE IN CHIANTI [SI]
TEL. 0577747121
www.fattoriasangiusto.it

藏酒销售
预约参观
年产量 80 000 瓶
葡萄种植面积 29 公顷
葡萄栽培方式 有机认证

圣·吉纳托（San Giusto a Rentennano）是托斯卡纳区（Tuscan）酿酒业的经典名字之一。这里所产的酒品从不会在酒窖酿制中投机取巧走捷径，而是坚决采用产于加约莱茵康帝（Gaiole in Chianti）最南部地区的优质葡萄品种。马丁尼迪•西加拉（Martini di Cigala）家族酿造的葡萄酒自信十足，充满活力，时而散发出芳香、单宁、满溢的刺激性气味。而对有些酒，您可能会觉得味道不够好，那是因为在酒桶酿制过程中过度使用橡木，而这种操作更适合用于生产更重要的酒标。

★★Tenuta San Guido

FRAZ. BOLGHERI
LOC. CAPANNE, 27
57022 CASTAGNETO CARDUCCI [LI]
TEL. 0565762003
www.sassicaia.com

预约参观
餐饮接待
年产量 610 000 瓶
葡萄种植面积 90 公顷

圣古都酒庄（Tenuta San Guido）在全世界的领先地位勿容置疑。西施佳雅（Sassicaia）堪称意大利酿酒业的传奇，由马利欧侯爵（Mario Incisa della Rocchetta）酿制。他的第一片葡萄园可追溯回20世纪60年代，被公认为是意大利赤霞珠（cabernet）的发源地。圭尔西恩（Quercione）、西施佳雅（Sassicaia）、艾雅•诺瓦（Aia Nuova）和卡斯蒂利恩塞罗（Castiglioncello），这四个葡萄园采用带刺隔离栽培系统，保证葡萄在极好的气候和光照条件下生长，从而使葡萄获得独特的个性特点。

● Chianti Cl. '10	▼▼▼ 4*
● Chianti Cl. Le Baroncole Ris. '09	▼ 5
● Percarlo '08	▼ 7
● Percarlo '07	▼▼▼ 7
● Percarlo '99	▼▼▼ 7
● Percarlo '97	▼▼▼ 6
● Percarlo '95	▼▼▼ 6
● Percarlo '88	▼▼▼ 6
● Chianti Cl. '09	▼▼ 3
● Chianti Cl. '07	▼▼ 3
● Chianti Cl. Le Baroncole Ris. '07	▼▼ 5
● Chianti Cl. Le Baroncole Ris. '06	▼▼ 5
● La Ricolma '07	▼▼ 7
● Percarlo '06	▼▼ 7
● Percarlo '05	▼▼ 7

● Bolgheri Sassicaia '09	▼▼▼ 8
● Guidalberto '10	▼ 6
● Le Difese '10	▼▼ 4
● Bolgheri Sassicaia '08	▼▼▼ 8
● Bolgheri Sassicaia '07	▼▼▼ 8
● Bolgheri Sassicaia '06	▼▼▼ 8
● Bolgheri Sassicaia '05	▼▼▼ 8
● Bolgheri Sassicaia '04	▼▼▼ 8
● Bolgheri Sassicaia '03	▼▼▼ 8
● Bolgheri Sassicaia '02	▼▼▼ 8
● Bolgheri Sassicaia '01	▼▼▼ 8
● Bolgheri Sassicaia '00	▼▼▼ 8
● Bolgheri Sassicaia '99	▼▼▼ 8
● Bolgheri Sassicaia '98	▼▼▼ 8
● Bolgheri Sassicaia '97	▼▼▼ 8
● Bolgheri Sassicaia '96	▼▼▼ 8

托斯卡纳区
TUSCANY

San Michele a Torri
VIA SAN MICHELE, 36 - 50020 SCANDICCI [FI]
TEL. 055769111
www.fattoriasanmichele.it

藏酒销售
预约参观
年产量 200 000 瓶
葡萄种植面积 55 公顷
葡萄栽培方式 有机认证

诺森蒂尼家族（Nocentini）的酒庄包括两处地方：一处是与科利·费尔伦蒂尼（Colli Fiorentini）同名的酒庄，另一处是古典康帝区（Chianti Classico）的拉·加比拉（La Gabbiola）。他们时刻密切注意本地区的气候和土壤状况，使得其酿制的葡萄酒不会过于死板，很好地反映了葡萄产地的显著特征。这些酒十分具有陈酿价值，需要陈放好几年，以最大化地展现它们的特点。有些酒品会给人柔软的口感，但总的来说都带有强硕的酒体。

San Polino
LOC. CASTELNUOVO DELL'ABATE
POD. SAN POLINO, 163
53024 MONTALCINO [SI]
TEL. 0577835775
www.sanpolino.it

藏酒销售
预约参观
年产量 10 000 瓶
葡萄种植面积 3.6 公顷
葡萄栽培方式 生物动力学认证

我们可以在酒庄的官网上看到每一款酒大量的具体信息，由此可以看出这个酒庄项目的透明度之高以及对地域条件的尊重。打理这个酒庄的是一个团结亲密的团队，其中有路易吉·法布罗（Luigi Fabbro）、凯蒂亚·努斯鲍姆（Katia Nussbaum）和阿伯特·吉拉斯卡（Aberto Gjilaska）。他们根据生物动力学的原理培植着位于通往德尔阿贝特新堡（Castelnuovo dell'Abate）沿路上的3公顷多葡萄园地。出品的几款布内罗红葡萄酒（Brunello）采用的是折衷的酿制方法，结合使用了法国酒桶和2 600升和3 800升的斯拉夫尼亚橡木椭圆桶。

- Chianti Colli Fiorentini '10 — 2*
- ○ Chianti Colli Fiorentini Vin Santo '07 — 3
- Murtas '09 — 5
- Chianti Colli Fiorentini S. Giovanni Novantasette Ris. '09 — 4
- Chianti Cl. Tenuta La Gabbiola '07 — 3*
- Chianti Cl. Tenuta La Gabbiola Ris. '04 — 4
- Chianti Colli Fiorentini '09 — 2*
- Chianti Colli Fiorentini S. Giovanni Novantasette Ris. '05 — 3
- ○ Colli dell'Etruria Centrale Vin Santo '03 — 6
- Murtas '07 — 5
- Murtas '05 — 5
- Murtas '03 — 5
- Murtas '02 — 5

- Brunello di Montalcino '07 — 7
- Brunello di Montalcino Ris. '06 — 6
- Brunello di Montalcino Helichrysum '07 — 7
- Brunello di Montalcino '05 — 6
- Brunello di Montalcino '04 — 7
- Brunello di Montalcino '01 — 6
- Brunello di Montalcino Helichrysum '06 — 7
- Brunello di Montalcino Helichrysum '05 — 7
- Brunello di Montalcino Helichrysum '04 — 7
- Brunello di Montalcino Ris. '01 — 7
- Rosso di Montalcino '08 — 4
- Rosso di Montalcino '04 — 4

TUSCANY 托斯卡纳区

San Polo
POD. SAN POLO DI PODERNOVI, 161
53024 MONTALCINO [SI]
TEL. 0577835101
www.poggiosanpolo.com

藏酒销售
预约参观
年产量 160 000 瓶
葡萄种植面积 17 公顷
葡萄栽培方式 传统栽培

艾格尼家族（Allegrini）孤注一掷收购了位于蒙塔尔奇诺（Montalcino）东南面总计17公顷的圣保罗酒庄（San Polo）。庄园坐落在圣安提默峡谷（Sant'Antimo）之上的天然梯田，海拔高度不到450米。出品的布内罗红葡萄酒（Brunello）风格在循序渐进地发展着，采用混凝土大缸酿制工艺，存放在法国大桶以及3 000升的斯拉夫尼亚（Slavonian）和阿列（Allier）橡木桶中。

● Brunello di Montalcino '07	▼▼▼ 6
● Brunello di Montalcino Ris. '06	▼▼ 7
● Rubio '10	▼▼ 2*
● Rosso di Montalcino '10	▼ 3
● Brunello di Montalcino '06	▼▼ 6
● Brunello di Montalcino '04	▼▼ 6
● Brunello di Montalcino '03	▼▼ 6
● Brunello di Montalcino '99	▼▼ 6
● Brunello di Montalcino '98	▼▼ 6
● Brunello di Montalcino Ris. '04	▼▼ 7
● Mezzopane '05	▼▼ 5
● Rosso di Montalcino '07	▼▼ 3
● Rubio '08	▼▼ 2

Podere Sanlorenzo
POD. SANLORENZO, 280
53024 MONTALCINO [SI]
TEL. 0577832965
www.poderesanlorenzo.net

藏酒销售
预约参观
年产量 15 000 瓶
葡萄种植面积 4.5 公顷
葡萄栽培方式 传统栽培

圣·罗伦佐酒庄（San Lorenzo）满怀自信，出产的葡萄酒迅速跻身成为蒙塔尔奇诺（Montalcino）深受欢迎的酒品之一。该酒庄是三代人共同协作的结晶：创始人布拉门托（Bramante），儿子保罗（Paolo），当前的核心管理人，即孙子卢西亚诺（Luciano）。葡萄园位于蒙塔尔奇诺（Montalcino）的西南部，海拔约500米，贫瘠的土壤主要由粘黏土土组成并含大量卵石。培植出的圣乔维斯葡萄（Sangiovese）虽然朴素简单，但结构强硕、活泼柔软，长时间的成熟期和在3 000升斯拉夫尼亚（Slavonian）橡木桶中存放，塑造了它丰富的个性。

● Brunello di Montalcino Bramante '07	▼▼▼ 6
● Rosso di Montalcino '09	▼▼ 3
● Brunello di Montalcino Bramante Ris. '06	▼ 6
● Brunello di Montalcino Bramante '04	▼▼ 6

托斯卡纳区
TUSCANY

Sant'Agnese
LOC. CAMPO ALLE FAVE, 1
57025 PIOMBINO [LI]
TEL. 0565277069
www.santagnesefarm.it

藏酒销售
预约参观
年产量 25 000 瓶
葡萄种植面积 6 公顷

保罗•吉利（Paolo Gigli）既是这个家族酒庄的负责人，也是推动它发展的动力。保罗的父亲建立了这个酒庄，原本只是想寻找一片宁静的乡村休憩地颐养天年，但很快他就对这片土地产生了热情。继而保罗也参与进来，全职打理着酒庄。尽管他们是自学的，但他们从一开始就下定决心要彻底掌握这门农艺。他们的努力最终换来了令人满意的结果，如今这小酒庄出品的酒毫不夸张地说，十分高雅精美，体现了产地的显著特征。

● I Fiori Blu '08	▼ 6
○ Val di Cornia Kalendamaia '11	▼▼ 2*
⊙ A Rose is a Rose '11	▼ 2
● Spirto '07	▼ 5
● I Fiori Blu '07	▼▼ 4
● Libatio Lunae '01	▼▼ 3
● Paleatico '04	▼▼ 3
● Spirto '06	▼▼ 5
● Spirto '02	▼▼ 5
● Spirto '01	▼▼ 5
● Val di Cornia Rubido '09	▼▼ 2*

Santa Lucia
FRAZ. FONTEBLANDA
VIA AURELIA 264 - 58010 ORBETELLO [GR]
TEL. 0564885474
www.azsantalucia.it

藏酒销售
预约参观
膳宿接待
年产量 100 000 瓶
葡萄种植面积 25 公顷

卢西亚诺•斯考托（Luciano Scotto）的祖辈在1886年买下这块地，并开始种植安索尼卡（Ansonica）葡萄藤，从此这个家族就一直居住在这个地区。1956年，卢西亚诺的父亲开始培植新葡萄园，于是一家搬进了这个酒庄。从20世纪60年代开始，随着新土地的购买，庄园得到了大规模的扩张。今天，酒庄总体由卢西亚诺经营管理，而他儿子罗伦佐（Lorenzo）负责管理葡萄园和酒窖，女儿露卡（Luca）负责销售和市场推广，卢西亚诺的妻子托斯卡（Tosca）负责经营农场事务，这是该地区首批对外开放的农场之一。

● Losco '10	▼▼ 2*
● Morellino di Scansano Tore del Moro '10	▼▼ 2*
● Capalbio SL '09	▼ 5
○ Capalbio Vermentino Brigante '11	▼ 2
○ Ansonica Costa dell'Argentario Santa Lucia '08	▼▼ 2
● Betto '08	▼▼ 3
● Betto '05	▼▼ 3
● Capalbio Cabernet Sauvignon '05	▼▼ 5

TUSCANY

Fattoria Santa Vittoria
LOC. POZZO
VIA PIANA, 43
52045 FOIANO DELLA CHIANA [AR]
TEL. 057566807
www.fattoriasantavittoria.com

藏酒销售
预约参观
膳宿接待
年产量 37 000 瓶
葡萄种植面积 35 公顷

圣塔•维托利亚酒庄（Santa Vittoria）的起源可追溯到18世纪，酒窖在19世纪中期竣工，至今仍然保留其原来的构造。玛尔塔•尼克来伊（Marta Niccolai）在她父亲弗朗塞斯科（Francesco）的帮助下，管理着酒庄的事务。从一开始酒庄就和阿雷佐（Arezzo）的葡萄栽培研究院合作，农场开放作为试点。2013年酒庄酿造的是玫瑰葡萄酒（Rosé）。这里栽培的品种繁多，不仅有常见的本地葡萄，也有罕见的品种，使它能够生产出一些独特的酒品。

● Poggio al Tempio '09	♟♟ 3
● Scannagallo '09	♟♟ 2*
○ Valdichiana Vin Santo Ris. '07	♟♟ 4
● Conforta '10	♟ 4
● Leopoldo '09	♟ 3
⊙ Pugnitello Rosato '11	♟ 2
○ Valdichiana Grechetto '11	♟ 2
● Leopoldo '08	♟♟ 3
● Poggio del Tempio '08	♟♟ 3
● Scannagallo '06	♟♟ 2*

Podere Sapaio
LOC. LO SCOPAIO, 212
57022 CASTAGNETO CARDUCCI [LI]
TEL. 0565765187
www.sapaio.com

预约参观
年产量 75 000 瓶
葡萄种植面积 25 公顷

马西莫•皮西尼（Massimo Piccini）的酒庄建立于1999年，在短短几年之间便成为该地区的一个标杆。这有赖于他对这项事业投入的饱满激情。酒庄总共40公顷，其中25公顷种植葡萄，主要特点是以四块地为一组栽培本地区典型的品种——赤霞珠（Cabernet Sauvignon）、品丽珠（Cabernet Franc）和梅洛（Merlot）葡萄，土壤是有特色的冲击土，包括粗砂和石灰石沉积物。

● Bolgheri Sup. Sapaio '09	♟♟♟ 6
● Bolgheri Volpolo '10	♟ 4
● Bolgheri Sup. Sapaio '08	♟♟♟ 6
● Bolgheri Sup. Sapaio '07	♟♟♟ 6
● Bolgheri Sup. Sapaio '06	♟♟♟ 6
● Bolgheri Sup. Sapaio '05	♟♟ 6
● Bolgheri Sup. Sapaio '04	♟♟ 6

Sassotondo

Pian di Conati, 52 - 58010 Sovana [GR]
Tel. 0564614218
www.sassotondo.it

藏酒销售
预约参观
年产量 50 000 瓶
葡萄种植面积 12 公顷
葡萄栽培方式 有机认证

埃多尔多•文蒂米利亚（Edoardo Ventimiglia）和卡尔拉•本尼尼（Carla Benini）的酒庄被公认为本地区的先导。它早在索瓦纳（Sovana）成为一个重要的葡萄酒生产地之时便成立了。埃多尔多和卡尔拉凭着满腔的热情与勇往直前的勇气，本着清晰的思路和坚定的决心，离开了他们的城市，开始了这份新事业。长久以来，他们取得的成效证明了他们的做法是正确的，向其他生产商展示了这个地区前所未见的潜力。

Michele Satta

Loc. Casone Ugolino, 23
57022 Castagneto Carducci [LI]
Tel. 0565773041
www.michelesatta.com

藏酒销售
预约参观
年产量 180 000 瓶
葡萄种植面积 28 公顷

米歇尔•萨塔（Michele Satta）在1988年购买了这个酒庄，集中培植他的挚爱——圣乔维斯葡萄（Sangiovese），以及赤霞珠（Cabernet Sauvignon）和梅洛（Merlot）葡萄，并且继续修建酒窖。从那时起，酒庄持续培植新的葡萄园，试种新品种，探寻正确的橡木酿制方法，循序渐进地发展。如今葡萄种植面积已有大约30公顷，酿制出个性十足的葡萄酒。有时酿制过程会有一点挑战性，特别是在萃取环节，但酒品都十分正宗地道。

● Ciliegiolo '11	♛ 2*
○ Bianco di Pitigliano Isolina '11	♛ 3
● San Lorenzo '10	♛ 6
● Sovana Rosso Sup. Sassotondo '10	♛ 3
○ Tufo Bianco '11	♛ 2
● Tufo Rosso '11	♛ 2
● San Lorenzo '08	♛♛ 6
● San Lorenzo '07	♛♛ 6
● San Lorenzo '06	♛♛ 6
● San Lorenzo '05	♛♛ 6
● San Lorenzo '04	♛♛ 5
● San Lorenzo '03	♛♛ 5
● San Lorenzo '02	♛♛ 5
● Sovana Rosso Sup. Sassotondo '09	♛♛ 3

● Bolgheri Rosso Piastraia '09	♛♛ 6
● Bolgheri Rosso Sup. I Castagni '09	♛♛ 6
○ Costa di Giulia '11	♛♛ 5
○ Giovin Re '11	♛ 6
● Syrah '10	♛ 2
● Bolgheri Rosso Piastraia '02	♛♛♛ 6
● Bolgheri Rosso Piastraia '01	♛♛♛ 6
● Bolgheri Rosso Piastraia '08	♛♛ 6
● Bolgheri Rosso Piastraia '07	♛♛ 6
● Bolgheri Rosso Sup. I Castagni '08	♛♛ 8
● Bolgheri Rosso Sup. I Castagni '06	♛♛ 8
● Bolgheri Rosso Sup. I Castagni '05	♛♛ 8

托斯卡纳区
TUSCANY

Fattoria Selvapiana
LOC. SELVAPIANA, 43 - 50068 RUFINA [FI]
TEL. 0558369848
www.selvapiana.it

藏酒销售
预约参观
年产量 220 000 瓶
葡萄种植面积 59.7 公顷

这个酒庄是弗朗塞斯科·吉恩蒂尼（Francesco Giuntini）建立的，历史悠久，现在由费得里科（Federico）和塞尔维亚·吉恩迪尼·马塞蒂（Silvia Giuntini Masseti）经营管理。弗朗塞斯科作为首先抓住这个地区特点的生产商之一，对葡萄园和酒窖施以无微不至的照料，酿造出的葡萄酒具有当地特色和年份特点，而不是以葡萄品种占据优势。值得一提的是，酒庄在圣酒文圣托（Vin Santo）葡萄酒上花费大量热情和心思，尽管2013年还未推出市场，但它仍然是一款在传统基础上加以时代化元素的典范酒。

● Chianti Rufina Bucerchiale Ris. '09	♛♛ 5
● Chianti Rufina '10	♛♛ 2*
● Fornace '09	♛♛ 5
● Chianti Rufina '09	♛ 2
● Chianti Rufina Bucerchiale '04	♛ 5
● Chianti Rufina Bucerchiale Ris. '06	♛ 5
● Chianti Rufina Bucerchiale Ris. '03	♛ 5
○ Chianti Rufina Vin Santo '04	♛ 5
● Fornace '07	♛ 5
● La Fornace '04	♛ 5
● La Fornace '00	♛ 5
○ Passito '03	♛ 5
● Pomino Fattoria di Petrognano '06	♛ 2*
● Syrah '07	♛ 6

Sensi
FRAZ. CERBAIA
VIA CERBAIA, 107 - 51035 LAMPORECCHIO [PT]
TEL. 057382910
www.sensivini.com

藏酒销售
预约参观
年产量 2 000 000 瓶
葡萄种植面积 50 公顷

在19世纪末，酒庄创始人皮耶特罗（Pietro）就在托斯卡纳（Tuscany）周边售卖其产品。自那时起，森西家族（Sensi）便一直从事葡萄酒行业。今天皮耶特罗的后嗣子孙可谓是真正的"酒商"，他们亲自挑选、装瓶并分销至全世界。1995年，森西（Sensi）一家收购了由梅第奇家族（Medici）创建的卡拉皮亚诺农场（Calappiano），并开始自己生产葡萄酒。他们集中种植本地品种，以展示地方特色，其系列产品很快受到了公众的赞赏。

● Chianti Dal Campo '11	♛♛ 2*
● Chianti Dal Campo Ris. '09	♛♛ 3
● Lungarno Fattoria Calappiano '10	♛♛ 3
● Bolgheri Rosso Sabbiato '10	♛ 5
● Chianti Vinciano Fattoria Calappiano '11	♛ 3
● Chianti Vinciano Fattoria Calappiano Ris. '09	♛ 4
● Mantello '10	♛ 4
● Testardo '10	♛ 4
● Bolgheri Rosso '09	♛♛ 5
● Brunello di Montalcino Boscoselvo '06	♛♛ 7
● Chianti Sensi Ris. '07	♛♛ 3
● Lungarno Fattoria Calappiano '09	♛♛ 3
● Mantello '09	♛♛ 4

托斯卡纳区
TUSCANY

Tenuta di Sesta
Fraz. Castelnuovo dell'Abate
Loc. Sesta - 53024 Montalcino [SI]
Tel. 0577835612
www.tenutadisesta.it

藏酒销售
预约参观
年产量 150 000 瓶
葡萄种植面积 30 公顷

当朱塞佩•恰尔西（Giuseppe Ciacci）决定酿造第一只布内罗（Brunello）葡萄酒时，当时只有还不到15家的酒庄。这个历史悠久的酒庄以其华丽又正宗的风格为世人所知，其出品的酒映照出酒区南部的特色，尤其是赛斯塔（Sesta）在这个连接科勒（Colle）的圣安吉洛（Sant'Angelo）和被公认为蒙塔尔奇诺（Montalcino）发展最好的地区之一的德尔阿贝特新堡（Castelnuovo dell'Abate）的地方。这里的土地贫瘠，富含石灰岩并伴着一些凝灰石，出产结构紧致、地道纯粹的圣乔维斯葡萄（Sangiovese），在中型橡木桶中加以陈酿，口感愈发醇美。

● Brunello di Montalcino '07	🍷🍷 5
● Rosso di Montalcino '10	🍷🍷 3*
● Brunello di Montalcino Ris. '06	🍷🍷 7
● Poggio d'Arna '10	🍷🍷 2*
● Brunello di Montalcino '06	🍷🍷 5
● Brunello di Montalcino '05	🍷🍷 5
● Brunello di Montalcino '04	🍷🍷 5
● Brunello di Montalcino '02	🍷🍷 5
● Brunello di Montalcino '01	🍷🍷 6
● Brunello di Montalcino Ris '04	🍷🍷 7
● Brunello di Montalcino Ris. '01	🍷🍷 7
● Poggio d'Arna '07	🍷🍷 2
● Rosso di Montalcino '07	🍷🍷 3
● Rosso di Montalcino '06	🍷🍷 3*

Sesti - Castello di Argiano
Fraz. Sant'Angelo in Colle
Loc. Castello di Argiano
53024 Montalcino [SI]
Tel. 0577843921
www.sestiwine.com

藏酒销售
预约参观
年产量 61 000 瓶
葡萄种植面积 9 公顷

阿尔吉亚诺堡（Castello di Argiano）的游客总会留恋如此童话般美丽的地方。这里是塞斯蒂家族（Sesti）葡萄酒企业在蒙塔尔奇诺（Montalcino）的总部。在这个位于西南部最边沿的庄园里，由于受到海风和凝灰质沙土的影响，葡萄藤浸没在树林和矮灌木丛中。暂且抛开酿酒桶的材料和大小不谈，正是这里得天独厚的风土条件、一丝不苟的葡萄种植工作，再加上悠久的酿制工艺，才造就了这些微妙又强劲的布内罗红葡萄酒（Brunello）。

● Brunello di Montalcino '07	🍷 6
● Brunello di Montalcino Phenomena Ris. '06	🍷🍷 8
● Rosso di Montalcino '10	🍷🍷 4
● Brunello di Montalcino '06	🍷🍷🍷 6
● Brunello di Montalcino Phenomena Ris. '01	🍷🍷🍷 8
● Brunello di Montalcino Ris. '04	🍷🍷🍷 8
● Brunello di Montalcino '01	🍷🍷 6
● Brunello di Montalcino '97	🍷🍷 6
● Brunello di Montalcino Phenomena Ris. '05	🍷🍷 8
● Brunello di Montalcino Phenomena Ris. '00	🍷🍷 7
● Brunello di Montalcino Phenomena Ris. '99	🍷🍷 7
● Castello Sesti '06	🍷🍷 6

托斯卡纳区
TUSCANY

Tenuta Sette Ponti
LOC. VIGNA DI PALLINO
52029 CASTIGLION FIBOCCHI [AR]
TEL. 0575477857
www.tenutasetteponti.it

藏酒销售
预约参观
年产量 215 000 瓶
葡萄种植面积 50 公顷

安东尼奥·莫雷蒂（Antonio Moretti）从小热爱葡萄酒。虽然酒庄曾被用作房产交易，他反而热衷于葡萄种植。安东尼奥的工作带着他进入了时尚界。直到1996年，他重新回到这片土地，成立一间酿酒企业，并先后在托斯卡纳（Tuscany）、玛内玛（Maremma）、保格利镇（Bolgheri）和西西里岛（Sicily）扩大规模。在短短几年间，这个企业就在市场上占据稳固的立足点，由于它的葡萄酒真实反映了地域特点，且个性十足，深深地吸引了来自世界各地的爱好者。

Fattoria Sorbaiano
LOC. SORBAIANO
56040 MONTECATINI VAL DI CECINA [PI]
TEL. 058830243
www.fattoriasorbaiano.it

藏酒销售
预约参观
膳宿接待
年产量 100 000 瓶
葡萄种植面积 27 公顷

现任庄主对酒庄的所有权可追溯到20世纪50年代，在此之前，酒庄是属于来自沃尔泰拉（Volterra）的因希拉米家族（Inghirami）所有。它至今依然保留着农场的构造。虽然酿酒业和橄榄园在这片土地上占据主导地位，但大部分的面积仍种植着谷物。最近，他们对酒窖进行改造，并且将旧农场改建成度假中心。这些酒成功地融合了本地和国际普通品种的特色，现代气息浓郁。

● Oreno '09	🍷🍷🍷 7
● Crognolo '10	🍷🍷 4
○ Anni '11	🍷 2
● Chianti V. del Pallino '10	🍷 2
● Morellino di Scansano Poggio al Lupo '11	🍷 2
● Oreno '05	🍷🍷🍷 7
● Oreno '00	🍷🍷🍷 5
● Crognolo '09	🍷🍷 4
● Crognolo '08	🍷🍷 4
● Oreno '08	🍷🍷 7
● Oreno '07	🍷🍷 7
● Poggio al Lupo '09	🍷🍷 4

● Montescudaio Rosso delle Miniere '09	🍷🍷 4
● Velathri '09	🍷🍷 3
○ Montescudaio Bianco '11	🍷 2
● Cabernet Franc '07	🍷🍷 5
○ Montescudaio Bianco Lucestraia '09	🍷🍷 4
● Montescudaio Rosso delle Miniere '04	🍷🍷 4
● Montescudaio Rosso delle Miniere '03	🍷🍷 4
● Pian del Conte '08	🍷🍷 3

托斯卡纳区 TUSCANY

Fattoria della Talosa
VIA PIETROSE, 15A - 53045 MONTEPULCIANO [SI]
TEL. 0578758277
www.talosa.it

藏酒销售
预约参观
年产量 100 000 瓶
葡萄种植面积 35 公顷

19世纪70年代，来自罗马的企业家安吉罗·加科洛西（Angelo Jacorossi）收购了蒙特布查诺（Montepulciano）历史最悠久的酒庄之一——塔罗萨酒庄（Talosa）。该酒庄非常值得信赖，引人注目，包括了处于良好耕作地带中地形可观的葡萄园，一个现代化葡萄培植中心，以及位于蒙特布查诺中心壮丽的酒窖。总的来说，法托利亚·德拉·泰洛莎酒庄（Fattoria della Talosa）是一座16世纪砖砌风格的历史建筑，地下走廊迂回曲折，如同迷宫一般，非常值得游览。

● Nobile di Montepulciano Filai Lunghi '07	▼▼▼ 5
● Nobile di Montepulciano '09	▼ 3
● Nobile di Montepulciano '08	▼▼ 2
● Nobile di Montepulciano '07	▼▼ 4
● Nobile di Montepulciano Ris. '07	▼▼ 4

Tenimenti Angelini
LOC. VAL DI CAVA - 53024 MONTALCINO [SI]
TEL. 0577804101
www.tenimentiangelini.it

藏酒销售
预约参观
年产量 250 000 瓶
葡萄种植面积 55 公顷

安吉里尼家族（Angelini）的葡萄酒生产经验不足20年，但他们的酒在托斯卡纳（Tuscan）酿酒界占据重要位置却已有一段时间了。酒庄的历史在1994年拉开了帷幕，该家族在这个区域最著名的指定酒区同时买下了三座历史悠久的酒庄：蒙特布查诺（Montepulciano）的特雷罗斯（Tre Rose），古典康帝产区（Chianti Classico）卡斯特利娜（Castellina）的圣里昂尼欧（San Leonino）和蒙塔尔奇诺（Montalcino）的瓦尔迪苏加（Val di Suga）。其酒品包括了三个地区的葡萄酒，并主要集中在蒙塔尔奇诺的产品。该地区的葡萄酒与酒区北部的瓦尔迪·卡瓦（Val di Cava）和南部的维纳·斯普恩塔利（Vigna Spuntali）这两款天作之合有着很特别的联系。

● Brunello di Montalcino Val di Suga '07	▼▼▼ 5
● Nobile di Montepulciano Tenuta Tre Rose '09	▼ 3
● Chianti Cl. San Leonino '09	▼ 3
● Nobile di Montepulciano La Villa Tenuta Tre Rose '08	▼ 5
● Nobile di Montepulciano Simposio Tenuta Tre Rose '08	▼ 3
● Brunello di Montalcino '06	▼▼ 5
● Nobile di Montepulciano Tenuta Tre Rose '08	▼▼ 2
● Rosso di Montepulciano Tenuta Tre Rose '10	▼▼ 2*
○ Vin Santo di Montepulciano Tenuta Tre Rose '99	▼▼ 5

TUSCANY 托斯卡纳区

Tenimenti Luigi d'Alessandro
VIA MANZANO, 15 - 52042 CORTONA [AR]
TEL. 0575618667
www.tenimentidalessandro.it

预约参观
膳宿接待
年产量 100 000 瓶
葡萄种植面积 37 公顷

酒庄的历史始于18世纪。当时这座农场已开始运营，并成为瓦尔蒂扎纳（Valdichiana）最重要的农场，证明了这个地方是个酿制葡萄酒的黄金地。阿里桑德罗（D'Alessandro）家族已经向我们展示了该地区的西拉葡萄（Syrah）强大的潜力。现任庄主马西莫（Massimo）与圭塞佩•卡拉伯雷西（Giuseppe Calabresi）合作共同培植了占地5公顷的第一片试验葡萄园，从而为科尔托纳（Cortona）的发展奠定了基础，促进了该指定区的形成并引起了世界的关注。

● Cortona Il Bosco '09	🍷🍷🍷 6
● Cortona Syrah Migliara '09	🍷🍷 8
● Cortona Syrah '10	🍷🍷 3
○ Fontarca Viognier '10	🍷🍷 5
● Cortona Il Bosco '06	🍷🍷🍷 6
● Cortona Il Bosco '04	🍷🍷🍷 5
● Cortona Il Bosco '03	🍷🍷🍷 5
● Cortona Syrah Migliara '08	🍷🍷🍷 8
● Cortona Syrah Migliara '07	🍷🍷🍷 8
● Cortona Il Bosco '08	🍷🍷 6
● Cortona Syrah '09	🍷🍷 3

Terenzi
LOC. MONTEDONICO - 58054 SCANSANO [GR]
TEL. 0564599601
www.terenzi.eu

藏酒销售
预约参观
膳宿接待
年产量 350 000 瓶
葡萄种植面积 60 公顷

2013年，莫勒里奥•坎萨诺2009（Morellino di Scansano Madrechiesa）获得"三杯奖"。它的酿制在2012年就进行了，其名字则是以葡萄园地命名的。尽管特伦泽家族（Terenzi）是在十年前才来到玛内玛（Maremma）这个地方，但他们对酿酒有着强烈的渴望，加上严谨周密的计划和足以感染所有同僚的热情，使得他们能够创建这座保持生态平衡的农场，并且对酿酒过程的每一个步骤都十分严谨细致。

● Morellino di Scansano Madrechiesa Ris. '09	🍷🍷🍷 5
● Morellino di Scansano Ris. '09	🍷🍷🍷 3*
○ Balbino '11	🍷🍷 2*
● Morellino di Scansano '11	🍷🍷 2*
● Bramaluce '11	🍷 3
○ Montedonico '11	🍷 3
● Balbino '10	🍷🍷 2
● Bramaluce '10	🍷🍷 3
● Francesca Romana '08	🍷🍷 4
● Morellino di Scansano '10	🍷🍷 2*
● Morellino di Scansano '09	🍷🍷 2*
● Morellino di Scansano Ris. '08	🍷🍷 3*
● Morellino di Scansano Ris. '07	🍷🍷 3*

Terradonnà

Loc. Notri, 78 - 57028 Suvereto [LI]
Tel. 0565829008
www.terradonna.it

藏酒销售
预约参观
年产量 26 000 瓶
葡萄种植面积 7 公顷

科拉维利（Collaveri）家族在这个地区已拥有50多年的酿酒和橄榄油制造的历史，但直到最近他们才把重点更多地放在生产葡萄酒过程上，结果毫无疑问地生产出了高质量的产品。这里葡萄园的面积只有数公顷，并且葡萄的品种是在对气候特征仔细地评估和对土壤类型的分析之后挑选而成。土壤中含有大量的矿物质，这也解释了为什么其葡萄酒的名字中有着矿物学的渊源。葡萄酒的风格明确清晰，芳香浓郁，果味丰富。

○ Kalsi '11	♟ 3
● Prasio '09	♟ 3
● Spato '09	♟ 3
○ Faden '11	♟ 2
● Val di Cornia Okenio '08	♟ 3

Terre del Marchesato

Fraz. Bolgheri
Loc. Sant'Uberto, 164
57020 Castagneto Carducci [LI]
Tel. 0565749752
www.fattoriaterredelmarchesato.it

藏酒销售
预约参观
膳宿接待
年产量 50 000 瓶
葡萄种植面积 9.5 公顷

19世纪50年代，艾米丽奥•费斯里（Emilio Fuselli）为今天的特雷•德尔•马尔切萨托（Terre del Marchesato）酒庄奠定了第一块基石。早期时葡萄园地的面积非常小，但今天它们越来越占据主导地位。酒庄的地势较低，土壤由黏土和碎石组成，十分适合培植本地经典品种，如赤霞珠（Cabernet Auvignon）、梅洛（Merlot）、西拉（Yrah）和维门蒂诺（Vermentino）。

○ Emilio Primo Vermentino '11	♟ 3
● Marchesale '09	♟ 7
● Aldone '09	♟ 8
○ Nobilis '09	♟ 5
● Marchesale '08	♟♟ 7
● Marchesale '07	♟♟ 7
● Marchesale '06	♟♟ 7

TUSCANY 托斯卡纳区

Teruzzi & Puthod
Loc. Casale, 19 - 53037 San Gimignano [SI]
Tel. 0577940143
www.teruzziepouthod.it

藏酒销售
预约参观
年产量 1 200 000 瓶
葡萄种植面积 90 公顷

该酒庄不仅产量高，而且品质也很高。像特鲁滋普（Teruzzi & Puthod）这样的大酒庄能够促进一个指定酒区的产生和发展，而就这个酒庄而言，其代表作则是维纳奇亚白葡萄酒（Vernaccia di San Gimignano）。酒庄目前为坎姆帕里（Campari）集团所有，它从20世纪70年代开始运作，而后不知不觉成为关注焦点。这些葡萄酒的出色表现有赖于其生产过程中对每个阶段都一丝不苟，尤其是在酒窖酿制过程中施以无微不至的照料，以及运用高超的工艺和创新的技术。

○ Vernaccia di S. Gimignano '11	♀♀ 2*
○ Terre di Tufi '11	♀ 4
● Arcidiavolo '08	♀♀ 5
● Arcidiavolo '07	♀♀ 5
● Peperino '08	♀♀ 2*
● Peperino '07	♀♀ 2*
○ Terre di Tufi '09	♀♀ 4
○ Terre di Tufi '08	♀♀ 4
○ Terre di Tufi '07	♀♀ 4
○ Vernaccia di S. Gimignano '09	♀♀ 2*
○ Vernaccia di S. Gimignano '08	♀♀ 2*

Testamatta
Via di Vincigliata, 19 - 50014 Fiesole [FI]
Tel. 055597289
www.bibigraetz.com

预约参观
年产量 500 000 瓶
葡萄种植面积 55 公顷

比皮•格雷茨（Bibi Graetz）是酒庄的主人，并把她的别名作为酒庄的名字。她对艺术有着特殊的偏好，因此不但亲自为酒设计酒标，而且反复回顾和改良酿造的葡萄酒类别。酒庄的运作是在菲耶索莱山（Fiesole）和吉格里奥岛（Giglio）上，酿制的葡萄酒呈现现代风格，近些年与地方特色的结合越来越紧密。近来酒庄发生了新的变革，包括用名为游戏人生"It's a Game"的单一品种圣乔维斯葡萄（Sangiovese）替换原来的格利里（Grilli）；以圣乔维斯和蒙特布齐亚诺葡萄酒（Montepulciano）为基础发明的拉•西卡拉（La Cicala）葡萄酒；一款新维门蒂诺（Vermentino）；以及卡萨玛塔（Casamatta）2011调配的变化，现在包括维门蒂诺（Vermentino）、特比安诺（Trebbiano）和莫斯卡托（Moscato）三种葡萄。

○ Casamatta Bianco '11	♀♀ 2*
○ Gigliese '11	♀♀ 3
● It's a Game '10	♀♀ 2*
○ Bugia '11	♀ 6
○ Cicala '11	♀ 3
● Soffocone di Vincigliata '10	♀ 5
○ Vermentino '11	♀ 3
○ Bugia '07	♀♀ 6
● Grilli del Testamatta '09	♀♀ 5
● Grilli del Testamatta '08	♀♀ 5
● Soffocone di Vincigliata '09	♀♀ 5
● Soffocone di Vincigliata '07	♀♀ 5
● Testamatta '09	♀♀ 8
● Testamatta '07	♀♀ 8

Tolaini

LOC. VALLENUOVA
SP 9 DI PIEVASCIATA, 28
53019 CASTELNUOVO BERARDENGA [SI]
TEL. 0577356972
www.tolaini.it

藏酒销售
预约参观
年产量 220 000 瓶
葡萄种植面积 50 公顷

皮尔路易吉·托拉伊尼（Pierluigi Tolaini）的酒庄是近年来在古典康帝酒区（Chianti Classico）建立的最重要的酒庄之一，这当中有三大原因：对波尔多风格（Bordeaux）的葡萄园一丝不苟的照料，酒窖中避免极端的酿制工作和国际顾问的协助。酿制的葡萄酒结构平衡，入口紧致，口味丝滑。尽管它们主要是在小型橡木桶里酿制，但这些橡木从不会影响口味，反而增加了这些酒的优雅和精美。酒庄坐落在皮安内拉市（Pianella）和瓦格利亚里市（Vagliagli）中间的丘陵地带。

● Picconero '09	♛♛♛ 8
● Al Passo '09	♛ 4
● Valdisanti '09	♛ 8
● Chianti Cl. Ris. '09	♛ 5
● Valdisanti '08	♛♛♛ 8
● Al Passo '07	♛♛ 4
● Chianti Cl. Ris. '08	♛♛ 5
● Picconero '08	♛♛ 8
● Picconero '07	♛♛ 8
● Picconero '06	♛♛ 8
● Picconero '04	♛♛ 7
● Valdisanti '06	♛♛ 5

Fattoria Torre a Cona

LOC. SAN DONATO IN COLLINA
50010 RIGNANO SULL'ARNO [FI]
TEL. 055699000
www.villatorreacona.com

藏酒销售
预约参观
膳宿接待
年产量 30 000 瓶
葡萄种植面积 14 公顷

酒庄为康帝罗西·迪·蒙特勒拉家族（Conti Rossi di Montelera）所有。该家族多年来一直致力于恢复这座18世纪美丽的别墅原本的光辉和相关的农业活动。他们先是在葡萄园地，后来是在酒窖进行改革，使其更加功能化，从而酿制出的葡萄酒在品质上有了实质性的提高。这个酒庄总共面积为200公顷，其中40公顷为橄榄树园，14公顷种植葡萄，以圣乔维斯葡萄（Sangiovese）为主，酿制经典款葡萄酒。

● Chianti Colli Fiorentini '10	♛♛ 3
● R09 '09	♛♛ 4
● Terre di Cino '09	♛♛ 3
○ Vin Santo del Chianti Merlaia '06	♛♛♛ 3
● Chianti Colli Fiorentini '09	♛♛ 3
● Chianti Colli Fiorentini '08	♛♛ 1
● Chianti Colli Fiorentini '07	♛♛ 1
● Terre di Cino '07	♛♛ 3
● Terre di Cino '06	♛♛ 3
● Terre di Cino '05	♛♛ 3

TUSCANY
托斯卡纳区

Travignoli
VIA TRAVIGNOLI, 78 - 50060 PELAGO [FI]
TEL. 0558361098
www.travignoli.com

藏酒销售
预约参观
年产量 250 000 瓶
葡萄种植面积 70 公顷

该酒庄可谓是露菲娜地区（Rufina）历史悠久的酒庄之一，不仅因为它始于12世纪的酿酒经验，而且也因为它所有权的连续性，300多年以来一直为布西家族（Busi）所拥有。富有活力的商人吉欧瓦尼·布西（Giovanni Busi）是酒庄的经理，也是康帝（Chianti）保护联合会的主席。酒庄的风格很明显：采用具体的酿酒方式，旨在酿制清新怡人、口味鲜美的葡萄酒，避免过度的结构并且注重果实的成熟度，消除粗糙的边缘，使其深具魅力，酒劲强。

● Chianti Rufina Tegolaia Ris. '09	▼3
● Chianti Rufina '10	▼2
○ Gavignano '11	▼2
● Calice del Conte '08	▼▼5
● Chianti Rufina Ris. '05	▼▼3
● Chianti Rufina Tegolaia Ris. '08	▼▼3
● Chianti Rufina Tegolaia Ris. '07	▼▼3
● Tegolaia '06	▼▼4
○ Vin Santo Chianti Rufina '01	▼▼4
○ Vin Santo Chianti Rufina '00	▼▼4

Le Tre Berte
LOC. TRE BERTE
SS 326 EST, 85 - 53040 MONTEPULCIANO [SI]
TEL. 3381998125
www.letreberte.it

藏酒销售
预约参观
膳宿接待
年产量 19 000 瓶
葡萄种植面积 18 公顷

这个小而精致的酒庄表现出色，尽管2008年并不是一个容易掌握的酿酒年份。蒙特福斯奇家族（Montefoschi）在1998年收购了该酒庄，并在改造酒庄方面投入了大量资金。勒·特雷·贝尔特酒庄（Le Tre Berte）如今个性沉稳经典，具有鲜明的地方特色。该风格加上精选的葡萄品种——圣乔维斯（Sangiovese）、黑卡奈奥罗（Canaiolo Nero）和卡罗利诺（Colorino），再加上非侵入式酿制方法，造就了这些葡萄酒。蒙特福斯奇家族具有高度的专业精神，因此他们在2008年并没酿制坎贝尔·萨乐滋（Selezione di Nobile）葡萄酒，由于当时葡萄的品质并不高。2013年该酒庄只提交了一款酒。

● Nobile di Montepulciano Poggio Tocco '08	▼▼3
● Rosso di Montepulciano Poggio Tocco '10	▼2
● Nobile di Montepulciano Poggio Tocco '07	▼▼3
● Nobile di Montepulciano Poggio Tocco '02	▼▼3
● Nobile di Montepulciano Poggio Tocco '01	▼▼3
● Nobile di Montepulciano Poggio Tocco '00	▼▼3*
● Nobile di Montepulciano Poggio Tocco Sel. '07	▼▼4

TUSCANY
托斯卡纳区

Tenuta di Trinoro
VIA VAL D'ORCIA, 15 - 53047 SARTEANO [SI]
TEL. 0578267110
www.trinoro.it

藏酒销售
年产量 85 000 瓶
葡萄种植面积 22 公顷

安德里亚•弗朗切蒂（Andrea Franchetti）的这个酒庄依然是意大利酿酒界的一个典范，保持着完整的原创性。酒庄靠近锡耶纳省（Siena）南部的萨尔特亚诺（Sarteano），一个非典型酿酒地，很多人都没看好它。然而这个地区能够生产出复杂度高的葡萄酒，具有相当大的影响力和高辨识度的风格。这些酒酿制于小型橡木桶中，特别地来自于所谓的"冒险收获季"，采摘于十月末到十一月初之间。它们最鲜明的特征在于高品质，尽管较烈的红葡萄酒需要更多的陈酿时间以充分展示它们的潜力。

★Tua Rita
LOC. NOTRI, 81 - 57028 SUVERETO [LI]
TEL. 0565829237
www.tuarita.it

预约参观
年产量 150 000 瓶
葡萄种植面积 30 公顷
葡萄栽培方式 传统栽培

图亚•里塔酒庄（Tua Rita）是意大利酿酒界的偶像之一，始终如一地生产着瓦尔迪•科尔尼亚地区（Val di Cornia）的特级葡萄酒。在酒庄大约50公顷的土地中，有30公顷种植葡萄。土壤以黏土为主，松紧度适中，含有大量矿物质，这特征在酿制的酒中得到了很好的体现。里塔（Rita）的女婿史蒂芬诺•弗拉斯科拉（Stefano Frascolla），也同样拥有一座与他同名的酒庄，数年来一直协助里塔经营着这座酒庄。

● Palazzi '10	🍷🍷 8
● Tenuta di Trinoro '10	🍷🍷 8
● Le Cupole di Trinoro '10	🍷 5
● Tenuta di Trinoro '08	🍷🍷🍷 8
● Tenuta di Trinoro '04	🍷🍷🍷 8
● Tenuta di Trinoro '03	🍷🍷🍷 8
● Le Cupole di Trinoro '07	🍷🍷 5
● Le Cupole di Trinoro '06	🍷🍷 5
● Palazzi '09	🍷🍷 8
● Tenuta di Trinoro '09	🍷🍷 8
● Tenuta di Trinoro '07	🍷🍷 8
● Tenuta di Trinoro '06	🍷🍷 8
● Tenuta di Trinoro '05	🍷🍷 8

● Redigaffi '09	🍷🍷 8
● Syrah '09	🍷🍷 8
● Giusto di Notri '09	🍷🍷 8
● Perlato del Bosco Rosso '09	🍷🍷 5
● Rosso dei Notri '11	🍷🍷 3
● Tierre '10	🍷🍷 3
● Redigaffi '08	🍷🍷🍷 8
● Redigaffi '07	🍷🍷🍷 8
● Redigaffi '06	🍷🍷🍷 8
● Redigaffi '04	🍷🍷🍷 8
● Redigaffi '03	🍷🍷🍷 8
● Redigaffi '02	🍷🍷🍷 8
● Redigaffi '01	🍷🍷🍷 8
● Redigaffi '99	🍷🍷🍷 8

TUSCANY

Uccelliera

Fraz. Castelnuovo dell'Abate
pod. Uccelliera, 45 - 53020 Montalcino [SI]
Tel. 0577835729
www.uccelliera-montalcino.it

藏酒销售
预约参观
年产量 60 000 瓶
葡萄种植面积 6 公顷

安德里亚·科尔托内西（Andrea Cortonesi）之所以成为蒙塔尔奇诺（Montalcino）酿酒业一位备受尊重的名人，其原因显而易见，就算没有外人对他华丽的吹捧，在他身上我们仍然能够学到大量知识，能明白靠近德尔阿贝特新堡（Castelnuovo dell'Abate）一边的南部庄园中的圣乔维斯葡萄（Sangiovese）是如何被诠释的。这种精神同样显现在他的酒窖政策上，他从来都没有预先设立统一的酿制方法，相反地，他让这些葡萄分批酿制，每一批都根据其自身的长处和收成期的特点分别酿制，使用的是小型橡木桶和斯拉夫尼亚橡木桶。

● Brunello di Montalcino '07	🍷 7
● Brunello di Montalcino Ris. '06	🍷 8
● Rosso di Montalcino '10	🍷 4
● Brunello di Montalcino Ris. '97	🍷🍷🍷 8
● Brunello di Montalcino '06	🍷🍷 7
● Brunello di Montalcino '05	🍷🍷 6
● Brunello di Montalcino '03	🍷🍷 6
● Brunello di Montalcino Ris. '04	🍷🍷 8
● Brunello di Montalcino Ris. '01	🍷🍷 8
● Rapace '08	🍷🍷 5
● Rapace '05	🍷🍷 5
● Rosso di Montalcino '09	🍷🍷 4
● Rosso di Montalcino '07	🍷🍷 4

Urlari

loc. Urlari - Riparbella [PI]
Tel. 335215031
www.urlari.com

年产量 30 000 瓶
葡萄种植面积 6 公顷

这座突破传统的酒庄位于托斯卡纳区（Tuscany），但它的团队十分国际化，包括一位法国酿酒师，一位在澳大利亚和新西兰都有过经验的意大利农学家。葡萄园种植着最著名的波尔多葡萄，其藤蔓采摘于法国，同时还有圣乔维斯葡萄（Sangiovese）。酒庄的酿酒风格是追求复杂度和细腻的口感，葡萄的种植密度较高，以减少每棵葡萄树的平均产量并获得浓缩的果实。

● L' Urlo '09	🍷 4
● Pervale '09	🍷 5

托斯卡纳区
TUSCANY

F.lli Vagnoni
LOC. PANCOLE, 82
53037 SAN GIMIGNANO [SI]
TEL. 0577955077
www.fratellivagnoni.com

藏酒销售
预约参观
膳宿接待
年产量 120 000 瓶
葡萄种植面积 21 公顷
葡萄栽培方式 有机认证

酒庄成立于1955年,至今仍是家族经营。从完整性和现代意义上来说,瓦格诺尼(Vagnoni)是一个真正的农场,因为这里除了葡萄之外,还种植了许多其他的农作物,从橄榄树到各种各样的水果。从葡萄酒生产上来讲,酒庄与潘科勒(Pancole)这个村庄接壤,这是非常重要的一点,因为这意味着它的气候状况和土壤类型都十分特别,因而酿制出来的葡萄酒也体现了这些特点。

Val delle Corti
LOC. LA CROCE
CASE SPARSE VAL DELLE CORTI, 144
53017 RADDA IN CHIANTI [SI]
TEL. 0577738215
www.valdellecorti.it

藏酒销售
预约参观
年产量 16 000 瓶
葡萄种植面积 4 公顷
葡萄栽培方式 传统栽培

罗伯特•比安奇(Roberto Bianchi)自从1999年开始就经营着这个家族酒庄,并使它成为拉达(Radda)内最佳酒庄的精英群体中的一员。其葡萄园曾经有段时间运用有机管理方式,但如今已逐渐转变为生物动力学方式。酒窖的酿制程序已经被减少到只剩下最核心的部分,主要使用大型橡木桶酿制。这种瓦尔•德勒•科尔蒂(Val delle Corti)的葡萄酒一开始不容易入口,但是如果在酒杯中放置一会儿的话,这些酒就会释放出令人回味无穷的味道,而且它纯正的地方特性在古典康帝区(Chianti Classico)其他地方是难以被模仿的。

○ Vernaccia di S. Gimignano I Mocali Ris. '09	3*
○ Vernaccia di S. Gimignano '11	2*
⊙ Il Pancolino '11	2
● I Sodi Lunghi '04	3
○ San Gimignano Vin Santo '06	6
○ Vernaccia di S. Gimignano '10	1*
○ Vernaccia di S. Gimignano '09	1
○ Vernaccia di S. Gimignano Fontabuccio '09	2*
○ Vernaccia di S. Gimignano I Mocali Ris. '08	3
○ Vernaccia di S. Gimignano I Mocali Ris. '08	3
○ Vernaccia di S. Gimignano I Mocali Ris. '06	3

● Chianti Cl. '09	2*
⊙ Rosé '11	2
● Chianti Cl. '06	2*
● Chianti Cl. '05	2*
● Chianti Cl. '04	2*
● Chianti Cl. '03	2
● Chianti Cl. Ris. '07	4
● Chianti Cl. Ris. '00	4
● Il Campino	2*

TUSCANY

Tenuta Val di Cava
LOC. VAL DI CAVA - 53024 MONTALCINO [SI]
TEL. 0577848261
www.valdicava.it

预约参观
年产量 57,000 瓶
葡萄种植面积 19 公顷

出品于瓦尔迪•卡瓦酒庄（Val di Cava）的葡萄酒与众不同，有时也会陷入争议，因为它的核心位于蒙特索里（Montosoli），具有蒙塔尔奇诺（Montalcino）北部地区传统的特点，而布内罗红葡萄酒（Brunello）的理念一般来说是绝不拘泥于传统的。这只是了解文森佐•阿布鲁泽斯（Vincenzo Abbruzzese）工作的其中一个关键。酒庄是在1953年由布拉曼特•马尔蒂尼（Bramante Martini）建立的，现在由文森佐•阿布鲁泽斯经营管理。文森佐自从1968年就为他的葡萄酒创立自己的品牌，近来扩大酒窖规模，使用各种不同大小、不同来源的橡木桶，虽然在最近的种植季节来讲，还是更倾向于使用大型酒桶。

Tenuta Valdipiatta
VIA DELLA CIARLIANA, 25A
53040 MONTEPULCIANO [SI]
TEL. 0578757930
www.valdipiatta.it

藏酒销售
预约参观
膳宿接待
年产量 100 000 瓶
葡萄种植面积 22 公顷

朱利奥•卡泊拉里（Giulio Caporali）是一位有教养的和蔼绅士，对葡萄酒和这片土地十分迷恋。他在20世纪80年代末收购了这座酒庄。酒庄坐落于俯瞰着瓦尔迪扎纳（Valdichiana）的蒙特布查诺（Montepulciano）的山坡上，如今由他的女儿米丽亚姆（Miriam）管理着。她匠心独运，满怀激情且自信十足，下定决心继续实现她父亲的梦想，在这个良好种植地上酿制出卓越的葡萄酒。她不仅尊重传统，同时也用当代思想将地域性准确地融入到这些酒当中。

- Brunello di Montalcino '07 　🍷🍷 6
- Brunello di Montalcino Madonna del Piano Ris. '04 　🍷🍷🍷 8
- Brunello di Montalcino '06 　🍷🍷 6
- Brunello di Montalcino '05 　🍷🍷 6
- Brunello di Montalcino '04 　🍷🍷 6
- Brunello di Montalcino '99 　🍷🍷 5
- Brunello di Montalcino Madonna del Piano Ris. '05 　🍷🍷 8
- Brunello di Montalcino Madonna del Piano Ris. '03 　🍷🍷 8
- Brunello di Montalcino Madonna del Piano Ris. '01 　🍷🍷 6
- Brunello di Montalcino Madonna del Piano Ris. '99 　🍷🍷 6
- Brunello di Montalcino Madonna del Piano Ris. '96 　🍷🍷 6

- Nobile di Montepulciano V. d'Alfiero '08 　🍷🍷 6
- Nobile di Montepulciano '09 　🍷🍷 4
- Rosso di Montepulciano '10 　🍷🍷 3
- Nobile di Montepulciano V. d'Alfiero '99 　🍷🍷🍷 5
- Nobile di Montepulciano '08 　🍷🍷 4
- Nobile di Montepulciano '07 　🍷🍷 4
- Nobile di Montepulciano V. d'Alfiero '07 　🍷🍷 6
- Nobile di Montepulciano V. d'Alfiero '06 　🍷🍷 6

TUSCANY 托斯卡纳区

Tenuta di Valgiano

FRAZ. VALGIANO
VIA DI VALGIANO, 7 - 55018 LUCCA
TEL. 0583402271
www.valgiano.it

藏酒销售
年产量 70 000 瓶
葡萄种植面积 21 公顷
葡萄栽培方式 生物动力学认证

瓦尔吉亚诺酒庄（Valgiano）是意大利酒业中最引人瞩目和至关重要的一员，它掌握着意大利葡萄酒的王牌并使它不断提升，它展示了这个区域独一无二的自然特点。这一切不仅仅停留在表面上，而是体现在它的品质中。每一年，莫雷诺•佩特里尼（Moreno Petrini）和劳拉•迪•克洛比安诺（Laura di Collobiano）在钟爱生物动力学的萨维里奥•佩特里利（Saverio Petrilli）大力协助下，创造出能够展示瓦尔吉亚诺酒庄全部的葡萄酒。那些能够感受到他们居住地方的灵魂的人，也能够在这些酒中找到它的文化和共鸣。

● Colline Lucchesi Tenuta di Valgiano '09	♛♛♛	6
○ Colline Lucchesi Palistorti Bianco '11	♛	5
● Colline Lucchesi Palistorti Rosso '10	♛	4
● Colline Lucchesi Tenuta di Valgiano '08	♛♛♛	6
● Colline Lucchesi Tenuta di Valgiano '07	♛♛♛	6
● Colline Lucchesi Tenuta di Valgiano '06	♛♛♛	6
● Colline Lucchesi Tenuta di Valgiano '05	♛♛♛	6
● Colline Lucchesi Tenuta di Valgiano '04	♛♛♛	6
● Colline Lucchesi Tenuta di Valgiano '03	♛♛♛	6
● Colline Lucchesi Tenuta di Valgiano '01	♛♛♛	8

I Veroni

LOC. I VERONI
VIA TIFARITI, 5 - 50065 PONTASSIEVE [FI]
TEL. 0558368886
www.iveroni.it

藏酒销售
预约参观
膳宿接待
年产量 100 000 瓶
葡萄种植面积 15 公顷
葡萄栽培方式 传统栽培

罗伦佐•马里亚尼（Lorenzo Mariani）不仅是康帝鲁菲娜（Chianti Rufina）保护联合会的充满激情的主席，也是这座酒庄主人劳拉•马勒西（Laura Malesci）的儿子。罗伦佐本着谨慎和负责的态度监督这座家族酒庄的运营，投入他的热情，为取得真正出色的成绩而努力。从首次上市开始，这些葡萄酒就直接地展示了地方的特色。酒的酿制过程并没有强加不必要的程序，橡木的使用也相当适度，而且这些酒也非常具有陈酿价值。除了红酒之外，这里也为该酒庄真正的宝物——文圣托圣酒（Vin Santo）保留了许多空间。

● Chianti Rufina Ris. '09	♛♛	4
● Chianti Rufina '10	♛	2
● Rosso di Toscana '10	♛	2
● Chianti Rufina '06	♛♛	2*
● Chianti Rufina '05	♛♛	2*
● Chianti Rufina Ris. '08	♛♛	4
● Chianti Rufina Ris. '07	♛♛	4
● Chianti Rufina Ris. '06	♛♛	4
● Chianti Rufina Ris. '04	♛♛	3
○ Vin Santo del Chianti Rufina '04	♛♛	5
○ Vin Santo del Chianti Rufina '03	♛♛	5
○ Vin Santo del Chianti Rufina '02	♛♛	5

TUSCANY
托斯卡纳区

Vescine
LOC. VESCINE - 53017 RADDA IN CHIANTI [SI]
TEL. 0577741144
www.vescine.it

藏酒销售
预约参观
膳宿接待
年产量 90 000 瓶
葡萄种植面积 15 公顷

帕拉丁家族（Paladin）的这座酒庄位于康帝拉达（Radda in Chianti），葡萄园地分别在两块不同的田地上。一块处于南部，在维斯辛（Vescine）村庄附近与卡斯特利纳（Castellina）接壤；另一块，特努塔·卡斯特尔维奇（Tenuta Castelvecchi），处于北部地区，在这古典康帝分区（Chianti Classico）历史悠久的庄园中心。这些葡萄酒的风格极好，结构平衡，口感细腻，与地方特色的融合连贯自然，并且其大型和小型桶的使用非常适度。

● Chianti Cl. Lodolaio Ris. '08	🍷🍷 6
● Chianti Cl. Tenute di Castelvecchi '09	🍷🍷 6
● Chianti Cl. '09	🍷 5
● Chianti Cl. '07	🍷🍷 3
● Chianti Cl. Lodolaio Ris. '07	🍷🍷 6
● Chianti Cl. Lodolaio Ris. '06	🍷🍷 6
● Chianti Cl. Lodolaio Ris. '04	🍷🍷 7
● Chianti Cl. Tenute di Castelvecchi '08	🍷🍷 6

Villa La Ripa
LOC. ANTRIA, 38 - 52100 AREZZO
TEL. 0575315118
www.villalaripa.it

藏酒销售
预约参观
年产量 7 000 瓶
葡萄种植面积 2.5 公顷

了解这座酒庄的历史，能够帮助我们了解这里的葡萄园在数百年来是如何培植的，尽管它的所有权经常发生变更。今天，酒庄的所有权属于露吉家族（Luzzi），但由酿酒师萨维里奥（Saverio）经营，他也曾经是位神经病科专家，他在2000年时下定决心把时间和精力都投入酿造高品质的葡萄酒上。他的女儿克里斯蒂娜（Cristina）也参与到商业运作当中，用葡萄籽和葡萄叶的提取物制造化妆品。

⊙ Peconio '09	🍷🍷 2*
● Psyco '09	🍷🍷 5
● Tiratari '09	🍷🍷 4
● Psyco '08	🍷🍷 3*
● Psyco '06	🍷🍷 2*
● Psyco '04	🍷🍷 3*
● Tiratari '08	🍷🍷 3

TUSCANY 托斯卡纳区

Villa Loggio

Fraz. Cignano
loc. Il Loggio, 24 - 52044 Cortona [AR]
Tel. 0575618306
www.villaloggio.com

预约参观
年产量 150 000 瓶
葡萄种植面积 70 公顷

维拉•罗吉奥（Villa Loggio）历史悠久，近年来已成为一座品质优良的酒庄。在2000年，酒庄种植了许多国际品种的葡萄，最终发现瓦尔蒂扎纳（Valdichiana）是这些品种的理想生长地，以致决定将这些园地与其他园地分开注册。他们的首要任务从来都是寻求品质最上等的密织葡萄酒，满足国际市场的需求，因此才有这些高密度的葡萄园和酒窖中酿酒桶的集中使用。

● Merlot '08	♟♟ 3
● Rosso Toscano '09	♟♟ 2*
● Bianco Toscano '11	♟ 2
● Syrah '08	♟ 3
○ Tanaquil Chardonnay '10	♟ 5
○ Traminer '10	♟ 3
● Tanaquil '10	♟♟ 5

Villa Pillo

via Volterrana, 24
50050 Gambassi Terme [FI]
Tel. 0571680212
www.villapillo.com

藏酒销售
预约参观
年产量 250 000 瓶
葡萄种植面积 40 公顷

当人们得到一笔意想不到的财富时，总是会说"发现了美洲"。而戴逊家族（Dyson）却恰恰相反，他们在1989年离开了加利福尼亚州（California）到托斯卡纳（Tuscany）去。他们在那儿买下了一座酒庄，将葡萄园地现代化，并审慎地对各个建筑进行翻新。除了圣乔维斯葡萄（Sangiovese）之外，他们还在新的园地里培植了一些国际品种，深信这个地方的气候条件适合种植这些品种。而随后的收获证明了他们的这个措施很成功。

● Cypresses '10	♟♟ 3
● Merlot Sant'Adele '10	♟♟ 5
● Borgoforte '10	♟ 3
● Cingalino '11	♟ 3
● Syrah '10	♟ 5
● Vivaldaia '10	♟ 4
● Borgoforte '09	♟♟ 3*
● Borgoforte '08	♟♟ 2*
● Cingalino '09	♟♟ 1
● Cypresses '09	♟♟ 3
● Cypresses '08	♟♟ 3*
● Merlot Sant'Adele '08	♟♟ 5

托斯卡纳区
TUSCANY

Villa Vignamaggio
Via di Petriolo, 5
50022 Greve in Chianti [FI]
Tel. 055854661
www.vignamaggio.com

藏酒销售
预约参观
膳宿接待
年产量 250 000 瓶
葡萄种植面积 42 公顷

这个酒庄可以称作是康帝格雷韦分区（Greve in Chianti）的主要酒庄之一，这有赖于其高水平的酒一直以来都保持着优秀的品质，甚至对于那些较温和的版本来说也是如此。当然，圣乔维斯葡萄（sangiovese）是这里最主要的品种，但乔瓦尼•巴蒂斯塔•纳昂吉安特（Giovanni Battista Nunziante）的这座酒庄还有另外一种有优势的品种：品丽珠（Cabernet Franc），一种个性十分强烈的葡萄。该酒庄出品的葡萄酒风格十分优雅，结构平衡，在适度地使用橡木桶酿制下，风格愈加出彩。

Viticcio
Via San Cresci, 12a
50022 Greve in Chianti [FI]
Tel. 055854210
www.fattoriaviticcio.com

藏酒销售
预约参观
膳宿接待
年产量 250 000 瓶
葡萄种植面积 42 公顷
葡萄栽培方式 传统栽培

这个酒庄在古典康帝指定酒区（Chianti Classico）有很长的历史，首次出品的酒可追溯到1964年。酒庄的风格趋向于结构强、酒体复杂的葡萄酒，以橡木桶的使用为支撑，但是这些橡木桶的使用并不是无节制的，而是经过小心的校准，并且大型桶和小型桶的使用也保持平衡。出产的一系列葡萄酒的品质上等可靠，有一些甚至达到了绝对优越的顶峰。

● Chianti Cl. Gherardino '10	♀♀ 4
● Chianti Cl. Monna Lisa Ris. '09	♀♀ 5
● Vignamaggio '09	♀♀ 7
● Chianti Cl. Terre di Prenzano '10	♀ 3
● Chianti Cl. Monna Lisa Ris. '99	♀♀♀ 5
● Chianti Cl. Monna Lisa Ris. '95	♀♀♀ 5
● Vignamaggio '06	♀♀♀ 7
● Vignamaggio '05	♀♀♀ 7
● Vignamaggio '04	♀♀♀ 6
● Vignamaggio '01	♀♀♀ 6
● Vignamaggio '00	♀♀♀ 6
● Chianti Cl. '09	♀♀ 3
● Chianti Cl. Monna Lisa Ris. '06	♀♀ 5
● Chianti Cl. Terre di Prenzano '09	♀♀ 3
● Vignamaggio '08	♀♀ 7
● Vignamaggio '07	♀♀ 7

● Chianti Cl. '10	♀♀ 3*
● Chianti Cl. Beatrice Ris. '09	♀ 5
● Chianti Cl. Ris. '09	♀ 4
● Monile '09	♀ 6
● Prunaio '09	♀ 6
● Chianti Cl. '07	♀♀ 3*
● Chianti Cl. '06	♀♀ 3*
● Chianti Cl. Beatrice Ris. '07	♀♀ 5
● Chianti Cl. Beatrice Ris. '06	♀♀ 5
● Chianti Cl. Ris. '05	♀♀ 4
● Prunaio '08	♀♀ 6

OTHER WINERIES 其他酒庄

Agricola Alberese
FRAZ. ALBERESE
LOC. SPERGOLAIA - 58010 GROSSETO
TEL. 0564407180
www.alberese.com

● Morellino di Scansano Serrata dei Cavalleggeri '10	🍷🍷 2*
● Morellino di Scansano '09	🍷 2

Agrimaremma
LOC. MARSILIANA - MANCIANO [GR]
TEL. 0564593011
www.agrimaremma.it

○ Vermentino '11	🍷🍷 1*
● Maremma Ciliegiolo '11	🍷 1*

Fattoria dell' Aiola
LOC. VAGLIAGLI
53019 CASTELNUOVO BERARDENGA [SI]
TEL. 0577322615
www.aiola.net

● Chianti Cl. Cancello Rosso Ris. '08	🍷🍷 6
● Chianti Cl. '10	🍷 3
● Chianti Cl. Ris. '08	🍷 4

Altura
LOC. MULINACCIO
58012 GIGLIO (GR)
TEL. 0564806041
www.vignetoaltura.it

● Rosso Saverio '09	🍷🍷 6

Artimino
FRAZ. ARTIMINO
V.LE PAPA GIOVANNI XXIII, 1
59015 CARMIGNANO [PO]
TEL. 0558751423
www.artimino.com

● Carmignano V. Grumarello Ris. '08	🍷🍷 4
● Artumes '11	🍷 1*
● Barco Reale '11	🍷 2
⊙ Vin Ruspo '11	🍷 2

Assolati
FRAZ. MONTENERO
POD. ASSOLATI, 47
58040 CASTEL DEL PIANO [GR]
TEL. 0564954146
www.assolati.it

● Montecucco Rosso '10	🍷🍷 2*
○ Afrodite '11	🍷 2
○ Dionysos '11	🍷 2

其他酒庄 / OTHER WINERIES

Badia di Morrona
via del Chianti, 6 - 56030 Terricciola [PI]
Tel. 0587658505
www.badiadimorrona.it

● N'Antia '09	🍷🍷 4
● Chianti I Sodi del Paretaio '11	🍷 2
○ Felciaio '11	🍷 2
● Taneto '09	🍷 3

Tenuta La Badiola
loc. Badiola
58043 Castiglione della Pescaia [GR]
Tel. 0564944315
www.tenutalabadiola.it

○ Acquadoro '11	🍷🍷 4
⊙ Acquagiusta Rosato '11	🍷 3
● Acquagiusta Rosso '09	🍷 3
○ Acquagiusta Vermentino '11	🍷 3

Fattoria di Bagnolo
loc. Bagnolo-Cantagallo
via Imprunetana per Tavarnuzze, 48
50023 Impruneta [FI]
Tel. 0552313403
www.bartolinibaldelli.it

● Capro Rosso '09	🍷🍷 5
● Chianti Colli Fiorentini '10	🍷 2
● Chianti Colli Fiorentini Ris. '09	🍷 4
○ Vin Santo del Chianti '06	🍷 4

Il Barlettaio
via Barlettaio, 86
53017 Radda in Chianti [SI]
Tel. 0577738322
www.barlettaio.it

● Chianti Cl. '09	🍷🍷 2*

Basile
pod. Monte Mario - 58044 Cinigiano [GR]
Tel. 0564993227
www.basilessa.it

● Montecucco Ad Agio Ris. '08	🍷🍷 3
● Comandante '08	🍷 3
● Montecucco Cartacanta '09	🍷 2

Begnardi
loc. Monteantico
pod. Camporosso, 34
58030 Civitella Paganico [GR]
Tel. 0564991030
www.begnardi.com

● Montecucco Sangiovese Pigna Rossa Ris. '09	🍷🍷 5
● Montecucco Rosso '10	🍷 3
● Montecucco Sangiovese Ceneo '10	🍷 3

OTHER WINERIES 其他酒庄

Cantine Bellini
VIA PIAVE, 1 - 50068 RUFINA [FI]
TEL. 0558399102
www.bellinicantine.it

- Canto del Lupo '09 — 🍷🍷 3
- Chianti Rufina '10 — 🍷 2
- Chianti Rufina V. V. Ris. '09 — 🍷 3

Belpoggio
FRAZ. CASTELNUOVO DELL'ABATE
LOC. BELLARIA - 53024 MONTALCINO [SI]
TEL. 0423982147
www.belpoggio.it

- Brunello di Montalcino '07 — 🍷🍷 6
- Rosso di Montalcino '10 — 🍷 4

Belriguardo
VIA BELRIGUARDO, 107 - 53100 SIENA
TEL. 0258313436
www.certosadibelriguardo.com

- Baccano '09 — 🍷🍷 5
- Chiostro di Venere '09 — 🍷 5
- Rosso di Clausura '09 — 🍷 6

Fattoria Bini
P.ZZA GUERRA 53 - 50053 EMPOLI [FI]
TEL. 057174285
www.fattoriabini.it

- ○ Vin Santo del Chianti 65 Lune '07 — 🍷🍷 4
- Terrajo '10 — 🍷 4

Borgo Salcetino
LOC. LUCARELLI - 53017 RADDA IN CHIANTI [SI]
TEL. 0577733541
www.livon.it

- Chianti Cl. '10 — 🍷🍷 3

Il Borro
FRAZ. SAN GIUSTINO VALDARNO
LOC. IL BORRO, 1 - 52020 LORO CIUFFENNA [AR]
TEL. 055977053
www.ilborro.it

- Il Borro '09 — 🍷🍷 4
- Pian di Nova '10 — 🍷 3
- Polissena '10 — 🍷 5

OTHER WINERIES
其他酒庄

Buccia Nera
LOC. CAMPRIANO, 10 - 52100 AREZZO
TEL. 0575361040
www.buccianera.it

○ Vin Santo '06	♛♛ 3
● Amadio '09	♛ 3
● Chianti Guarniente '11	♛ 2
● Chianti Sassocupo '10	♛ 2

Le Calle
FRAZ. POGGI DEL SASSO
LOC. LA CAVA - 58044 CINIGIANO [GR]
TEL. 0564990432
www.lecalle.it

● Montecucco Poggio d'Oro '09	♛♛ 3
● Montecucco Campo Rombolo '09	♛ 2

La Calonica
FRAZ. VALIANO DI MONTEPULCIANO
VIA DELLA STELLA, 27
53045 MONTEPULCIANO [SI]
TEL. 0578724119
www.lacalonica.com

● Nobile di Montepulciano '09	♛♛ 4
● Cortona Sangiovese Calcinaio '11	♛ 3
● Nobile di Montepulciano San Venerio Ris. '08	♛ 5

Campo alla Sughera
LOC. CACCIA AL PIANO, 280
57020 BOLGHERI [LI]
TEL. 0565766936
www.campoallasughera.com

● Bolgheri Rosso Sup. Arnione '09	♛♛ 6
○ Arioso '11	♛ 5
● Bolgheri Rosso Adeo '10	♛ 4
● Campo alla Sughera '08	♛ 8

Camporignano
FRAZ. MONTEGUIDI - 53031 CASOLE D'ELSA [SI]
TEL. 0577963915
www.camporignano.com

● Cerronero '09	♛♛ 5

Capannelle
VIA CAPANNELLE, 13
53013 GAIOLE IN CHIANTI [SI]
TEL. 057774511
www.capannelle.com

● 50 & 50 Avignonesi e Capannelle '08	♛♛ 8
○ Chardonnay '10	♛♛ 7
● Chianti Cl. Ris. '10	♛ 6
● Solare '08	♛ 8

OTHER WINERIES 其他酒庄

Caparsa
CASE SPARSE CAPARSA, 47
53017 RADDA IN CHIANTI [SI]
TEL. 0577738174
www.caparsa.it

- Chianti Cl. Caparsino Ris. '08 — 🍷🍷 4
- Chianti Cl. Doccio a Matteo Ris. '08 — 🍷 5

Cappella Sant'Andrea
LOC. CASALE, 26 - 53037 SAN GIMIGNANO [SI]
TEL. 0577940456
www.cappellasantandrea.it

- ○ Vernaccia di S. Gimignano '11 — 🍷🍷 2*
- ● S. Gimignano Rosso Serreto '07 — 🍷 3
- ○ Vernaccia di S. Gimignano Rialto '11 — 🍷 3

Podere Il Carnasciale
LOC. PODERE IL CARNASCIALE
52020 MERCATALE VALDARNO [AR]
TEL. 0559911142

- Caberlot '09 — 🍷🍷 8

Casa Dei
LOC. SAN ROCCO - 57028 SUVERETO [LI]
TEL. 0558300800
www.tenutacasadei.it

- Armonia '10 — 🍷🍷 2*
- Filare 18 '10 — 🍷 5
- Filare 41 '10 — 🍷 5
- Sogno Mediterraneo '10 — 🍷 3

Casabianca
VIA NUOVO FROSINI, 14 - 52021 BUCINE [AR]
TEL. 0559911265
casabianca@val.it

- Il Casino di Bellavista '09 — 🍷🍷 4
- Casabianca '09 — 🍷 1*
- Donna Laura '08 — 🍷 3
- ○ Il Rocolo '11 — 🍷 2

Fattoria Casabianca
FRAZ. CASCIANO DI MURLO
LOC. MONTEPESCINI - 53016 MURLO [SI]
TEL. 0577811033
www.fattoriacasabianca.it

- Chianti Colli Senesi '11 — 🍷🍷 2*
- Chianti Colli Senesi Ris. '09 — 🍷 3

OTHER WINERIES

Casale Pozzuolo
loc. Borgo Santa Rita
58044 Cinigiano [GR]
Tel. 0564902019
www.casalepozzuolo.it

● Montecucco Rosso della Porticcia '09	🍷🍷 3
● Montecucco Rosso della Porticcia Ris. '08	🍷 4

Fattoria Casaloste
via Montagliari, 32 - 50020 Panzano [FI]
Tel. 055852725
www.casaloste.com

● Chianti Cl. Ris. '09	🍷🍷 5

Castello della Paneretta
loc. Monsanto
s.da della Paneretta, 35
50021 Barberino Val d'Elsa [FI]
Tel. 0558059003
www.paneretta.it

● Chianti Cl. Torre a Destra Ris. '07	🍷🍷 5
○ Vin Santo del Chianti Cl. '05	🍷 5

Castello di Gabbiano
fraz. Mercatale Val di Pesa
via Gabbiano, 22
50020 San Casciano in Val di Pesa [FI]
Tel. 055821053
www.castellogabbiano.it

● Chianti Cl. Ris. '09	🍷🍷 5
● Alleanza '09	🍷 5
● Chianti Cl. '09	🍷 3

Castello di Oliveto
via di Monte Olivo, 6
50051 Castelfiorentino [FI]
Tel. 057164322
www.castellooliveto.it

○ Vin Santo del Chianti '02	🍷🍷 5
○ Bianco dei Papi '11	🍷 2
● Chianti Ris. '09	🍷 2
○ Spumante Brut Castello di Oliveto	🍷 3

Castello di Querceto
loc. Querceto
via A. François, 2
50020 Greve in Chianti [FI]
Tel. 05585921
www.castellodiquerceto.it

● Cignale '08	🍷🍷 7
● Chianti Cl. '10	🍷 3
● Chianti Cl. Il Picchio Ris. '09	🍷 5
● Chianti Cl. Ris. '09	🍷 4

OTHER WINERIES 其他酒庄

Castello di Velona

LOC. VELONA
CASTELNUOVO DELL'ABATE
53024 MONTALCINO [SI]
TEL. 0577835700
infovino@castellodivelona.it

● Brunello di Montalcino '07	🍷🍷 3*
● Brunello di Montalcino '06	🍷🍷 3
● Dialogo '06	🍷🍷 3
● Brunello di Montalcino Ris. '06	🍷 3

Castiglion del Bosco

LOC. CASTIGLION DEL BOSCO
53024 MONTALCINO [SI]
TEL. 05771913750
www.castigliondelbosco.it

● Brunello di Montalcino '07	🍷🍷 6
● Brunello di Montalcino Campo del Drago '07	🍷🍷 8
● Rosso di Montalcino '10	🍷 3

Podere Cigli

LOC. CASTEANI
CASA CIGLI 7 - 58023 GAVORRANO [GR]
TEL. 056680035
www.poderecigli.com

○ Monteregio di Massa Marittima Vin Santo Affè '03	🍷🍷 5
○ Monteregio di Massa Marittima Bianco Crocchetto '11	🍷 2

Cigliano

VIA CIGLIANO, 17
50026 SAN CASCIANO IN VAL DI PESA [FI]
TEL. 055820033
www.villadelcigliano.it

● Chianti Cl. '10	🍷🍷 2*
● Suganella '09	🍷 4
○ Vin Santo del Chianti Cl. '06	🍷 3

Le Cinciole

VIA CASE SPARSE, 83 - 50020 PANZANO [FI]
TEL. 055852636
www.lecinciole.it

● Chianti Cl. Petresco Ris. '08	🍷🍷 5

Colle Bereto

LOC. COLLE BERETO
53017 RADDA IN CHIANTI [SI]
TEL. 0554299330
www.collebereto.it

● Il Cenno '10	🍷🍷 5
● Chianti Cl. '10	🍷 3
● Chianti Cl. Ris. '09	🍷 4

Colle di Bordocheo

LOC. SEGROMIGNO IN MONTE
VIA DI PIAGGIORI BASSO, 107
55018 CAPANNORI [LU]
TEL. 0583929821
dchelini@tin.it

○ Colline Lucchesi Bianco dell'Oca '11	ㅠㅠ 4
● Colline Lucchesi Rosso Picchio '09	ㅠㅠ 5
● Colline Lucchesi Bordocheo '10	ㅠ 4

Tenuta di Collosorbo

FRAZ. CASTELNUOVO DELL'ABATE
LOC. VILLA A SESTA, 25
53024 MONTALCINO [SI]
TEL. 0577835534
www.collosorbo.com

● Brunello di Montalcino '07	ㅠㅠ 6
● Brunello di Montalcino Ris. '06	ㅠ 8

Il Colombaio

S.DA PROVINCIALE DEL BRUNELLO KM 7,4
53024 MONTALCINO [SI]
info@ilcolombaio.com

● Rosso di Montalcino Beatesca '09	ㅠㅠ 4
● Brunello di Montalcino '07	ㅠ 6

Il Colombaio di Cencio

LOC. CORNIA - 53013 GAIOLE IN CHIANTI [SI]
TEL. 0577747178
www.ilcolombaiodicencio.com

● Chianti Cl. I Massi Ris. '09	ㅠㅠ 5
● Chianti Cl. I Massi '10	ㅠ 3
● Il Futuro '09	ㅠ 7

La Corsa

S.DA VICINALE DEL PRATACCIONE, 19
58015 ORBETELLO [GR]
TEL. 0564880007
www.lacorsawine.it

● Aghiloro '10	ㅠㅠ 3*
○ Dueluglio '11	ㅠ 2

Croce di Febo

LOC. SANT'ALBINO
VIA DI FONTELELLERA, 19A - 53045
MONTEPULCIANO [SI]
TEL. 0578799337
www.crocedifebo.com

● Rosso di Montepulciano '10	ㅠㅠ 2*
● Nobile di Montepulciano Ris. '08	ㅠ 5
● Rosso di Montepulciano '09	ㅠ 2
○ Somaio '11	ㅠ 2

OTHER WINERIES 其他酒庄

La Cura
LOC. CURA NUOVA, 12
58024 MASSA MARITTIMA [GR]
TEL. 0566918094
www.cantinalacura.it

○ Trinus '11	🍷🍷 2*
● Cavaliere d'Italia '11	🍷 2
● Merlot '10	🍷 5

Tenuta degli Dei
VIA SAN LEOLINO, 56
50022 GREVE IN CHIANTI [FI]
TEL. 055852593
www.deglidei.it

● Cavalli '09	🍷🍷 6
● Le Redini '10	🍷🍷 4

Fattoria di Dievole
FRAZ. VIGLIAGLI
VIA DIEVOLE, 6
53010 CASTELNUOVO BERARDENGA [SI]
TEL. 0577322613
www.dievole.it

● Broccato '08	🍷🍷 5
● Chianti Cl. Dieulele Ris. '08	🍷 7
● Chianti Cl. La Vendemmia '10	🍷 3
● Chianti Cl. Novecento Ris. '08	🍷 5

Agricola Fabbriche
VIA FABBRICHE, 2-3A - 52046 LUCIGNANO [AR]
TEL. 0575836152
www.agricolafabbriche.it

○ Vin Santo del Chianti Elis '10	🍷🍷 3
● Chianti Sup. '09	🍷 2
● Syrah '09	🍷 5

Fattoria La Maliosa
LOC. PODERE MONTE CAVALLO - MANCIANO [GR]
TEL. 3339492127
www.fattorialamaliosa.it

○ Maremma Toscana Bianco '10	🍷🍷 4

Fertuna
LOC. GRILLI
VIA AURELIA VECCHIA KM 205
58040 GAVORRANO [GR]
TEL. 056688138
www.fertuna.it

● Pactio '10	🍷🍷 2*
● Lodai '08	🍷 4
○ Plato Bianco '11	🍷 2
● Plato Rosso '09	🍷 2

OTHER WINERIES

Fattoria Le Fonti
LOC. SAN GIORGIO - 53036 POGGIBONSI [SI]
TEL. 0577935690
www.fattoria-lefonti.it

● Chianti Cl. Ris. '09	🍷🍷 5

Fontuccia
VIA PROVINCIALE, 54
58012 ISOLA DEL GIGLIO [GR]
TEL. 3334303684
www.fontuccia.it

○ N'antro Po '11	🍷🍷 3
○ Senti Oh '11	🍷 3

Le Fornaci
VIA DANTE, 2 - 53037 SAN GIMIGNANO [SI]
TEL. 0577941052
www.agricolalefornaci.it

○ Vernaccia di San Gimignano Capsula Viola '11	🍷🍷 3
○ Vin Santo di S. Gimignano '05	🍷🍷 4
● Chianti dei Colli Senesi '11	🍷 2

Fornacina
POD. FORNACINA, 153
53024 MONTALCINO [SI]
TEL. 0577848464
www.cantinafornacina.it

● Brunello di Montalcino '07	🍷🍷 5
● Brunello di Montalcino Ris. '06	🍷🍷 6
● Rosso di Montalcino '10	🍷🍷 3

Podere Forte
LOC. PETRUCCI, 13
53023 CASTIGLIONE D'ORCIA [SI]
TEL. 05778885100
www.podereforte.it

● Guardiavigna '09	🍷🍷 8
● Orcia Petrucci '09	🍷 8

Poderi di Ghiaccioforte
LOC. CIVITELLA BASSA, 124A
58024 SCANSANO [GR]
TEL. 0309848311
www.baronepizzini.it

● Rosso dei Poderi '10	🍷🍷 3
● Estatatura '07	🍷 6
● Morellino di Scansano '09	🍷 4

OTHER WINERIES

Giannoni Fabbri
LOC. SAN MARCO IN VILLA, 2
52044 CORTONA [AR]
TEL. 3475883939
www.giannonifabbri.it

○ Cortona Vin Santo '04	🍷🍷 5
● Cortona Syrah Amato '10	🍷 3

Incontri
LOC. FOSSONI, 38 - 57028 SUVERETO [LI]
TEL. 0565829401
www.aziendaagricolaincontri.it

● Val di Cornia Suvereto Lorenzo '08	🍷🍷 3
● Val di Cornia Suvereto Cabernet '08	🍷 3
● Val di Cornia Suvereto Merlot '08	🍷 3
○ Val di Cornia Vermentino Ildobrandino '10	🍷 2

Maurizio Lambardi
LOC. CANALICCHIO DI SOTTO, 8
53024 MONTALCINO [SI]
TEL. 0577848476
www.lambardimontalcino.it

● Brunello di Montalcino '07	🍷🍷 5

Poderi Laura Berlucchi Fontemorsi
VIA DELLE COLLINE - 56040 MONTESCUDAIO [PI]
TEL. 0583 349006
www.fontemorsi.it

● Guadipiani '09	🍷🍷 3
● Montescudaio Spazzavento '10	🍷 2
● Volterrano '09	🍷 3

Le Bertille
VIA DELLE COLOMBELLE, 7
53045 MONTEPULCIANO [SI]
TEL. 0578758330
www.lebertille.com

● Nobile di Montepulciano '09	🍷🍷 3
● Nobile di Montepulciano '10	🍷 3

Livernano
LOC. LIVERNANO, 67A
53017 RADDA IN CHIANTI [SI]
TEL. 0577738353
www.livernano.it

● Chianti Cl. Ris. '09	🍷🍷 4
● Chianti Cl. '09	🍷 3
● Livernano '09	🍷 6
● Purosangue '09	🍷 5

OTHER WINERIES

Fattoria Lornano
LOC. LORNANO, 11
53035 MONTERIGGIONI [SI]
TEL. 0577309059
www.fattorialornano.it

- Chianti Cl. '10 — 🍷🍷 3
- Chianti Cl. Ris. '09 — 🍷 3
- Commendator Enrico '09 — 🍷 3

Luiano
LOC. MERCATALE VAL DI PESA
VIA DI LUIANO, 32
50024 SAN CASCIANO IN VAL DI PESA [FI]
TEL. 055821039
www.luiano.it

- Chianti Cl. Ris. '09 — 🍷🍷 3
- Chianti Cl. '10 — 🍷 3

Fattoria di Magliano
LOC. STERPETI, 10
58051 MAGLIANO IN TOSCANA [GR]
TEL. 0564593040
www.fattoriadimagliano.it

- Poggio Bestiale '10 — 🍷🍷 5
- Morellino di Scansano Heba '11 — 🍷 2

Malenchini
LOC. GRASSINA
VIA LILLIANO E MEOLI, 82
50015 BAGNO A RIPOLI [FI]
TEL. 055642602
www.malenchini.it

- Chianti Colli Fiorentini '10 — 🍷🍷 2*
- Bruzzico '09 — 🍷 4
- Chianti '11 — 🍷 1*

Mannucci Droandi
FRAZ. MERCATALE VALDARNO
VIA ROSSINELLO E CAMPOLUCCI, 79
52020 MONTEVARCHI [AR]
TEL. 0559707276
www.mannuccidroandi.com

- Chianti Cl. Ceppeto Ris. '08 — 🍷🍷 4
- Campolucci '07 — 🍷 4
- Chianti Cl. Ceppeto '09 — 🍷 3
- Pugnitello '09 — 🍷 4

Marchesato degli Aleramici
FRAZ. CAMIGLIANO
POD. IL GALAMPIO - 53024 MONTALCINO [SI]
TEL. 0577816056
www.marchesatodeglialeramici.it

- Brunello di Montalcino '07 — 🍷🍷 4
- Rosso di Montalcino '10 — 🍷🍷 3
- Galampio Rosso '10 — 🍷 4

OTHER WINERIES 其他酒庄

Maremmalta
LOC. CASTEANI
VIA AURELIA NORD, 98
58023 GAVORRANO [GR]
TEL. 0564453572
www.maremmalta.it

- Monteregio di Massa Marittima
  Guardamondo Ris. '09　　　　🍷🍷 4
- ○ Monteregio di Massa Marittima
  Le Strisce '09　　　　🍷 4

Le Miccine
LOC. LE MICCINE
SS TRAVERSA CHIANTIGIANA, 44
53013 GAIOLE IN CHIANTI [SI]
TEL. 0577749526
www.lemiccine.com

- Chianti Cl. Ris. '09　　　　🍷🍷 2*
- Chianti Cl. '10　　　　🍷 2

Podere Monastero
LOC. MONASTERO
53011 CASTELLINA IN CHIANTI [SI]
TEL. 0577740273
www.poderemonastero.com

- La Pineta '10　　　　🍷🍷 6
- Campanaio '10　　　　🍷🍷 5

Montechiaro
S.DA DI MONTECHIARO, 3 - 53100 SIENA
TEL. 0577363016
http://lnx.terredellagrigia.com/

- Arteliquida Rosso '10　　　　🍷🍷 5
- ○ Arteliquida Bianco '10　　　　🍷 5
- Chianti Primum Vinum Ris. '09　　　　🍷 4

Montepepe
VIA SFORZA, 76 - 54038 MONTIGNOSO [MS]
TEL. 0585831042
www.montepepe.com

- ○ Degeres '09　　　　🍷🍷 5
- ○ Candia dei Colli Apuani Alberico '11　　　　🍷 4
- ○ Montepepe Bianco '10　　　　🍷 3
- Montepepe Rosso '09　　　　🍷 4

Montesalario
FRAZ. MONTENERO D'ORCIA
LOC. MONTESALARIO, 27
58040 CASTEL DEL PIANO [GR]
TEL. 0564954173
www.aziendamontesalario.it

- Montecucco Sangiovese '09　　　　🍷🍷 3
- Cadus '09　　　　🍷 4

OTHER WINERIES

其他酒庄

Giacomo Mori

FRAZ. PALAZZONE
P.ZZA SANDRO PERTINI, 8
53040 SAN CASCIANO DEI BAGNI [SI]
TEL. 0578227005
www.giacomomori.it

● Chianti '10	♛♛ 2*
● Chianti Castelrotto Ris. '09	♛ 3

Muralia

VIA DEL SUGHERETO - 58036 ROCCASTRADA [GR]
TEL. 0564577223
www.muralia.it

● Manolibera '10	♛♛ 2*
⊙ Corbizzo '11	♛ 2
● Muralia '08	♛ 3

Tenute Niccolai - Palagetto

VIA MONTEOLIVETO, 46
53037 SAN GIMIGNANO [SI]
TEL. 0577943090
www.tenuteniccolai.it

○ Vernaccia di S. Gimignano '11	♛♛ 2*
● Chianti Colli Senesi Ris. '07	♛ 3
○ l'Niccolò '11	♛ 3
○ Vernaccia di S. Gimignano Ris. '08	♛ 3

Nottola

FRAZ. GRACCIANO
VIA BIVIO DI NOTTOLA, 9A
53040 MONTEPULCIANO [SI]
TEL. 0578707060
www.cantinanottola.it

● Nobile di Montepulciano '09	♛♛ 3
● Nobile di Montepulciano Il Fattore Ris. '08	♛ 5

Oliveto

FRAZ. CASTELNOVO DELL'ABATE
LOC. OLIVETO - 53024 MONTALCINO [SI]
TEL. 0577807170
www.tenutaoliveto.it

● Brunello di Montalcino '07	♛♛ 6
● Brunello di Montalcino Ris. '06	♛♛ 8

Fattoria Ormanni

LOC. ORMANNI, 1 - 53036 POGGIBONSI [SI]
TEL. 0577937212
www.ormanni.it

● Chianti Cl. Borro del Diavolo Ris. '08	♛♛ 4

OTHER WINERIES 其他酒庄

Padelletti
via Padelletti, 9 - 53024 Montalcino [SI]
Tel. 0577848314
www.padelletti.it

● Brunello di Montalcino '07	🍷 3

Il Palagio
via Case Sparse, 38 - 50022 Panzano [FI]
Tel. 055852175
www.palagiowineandoil.com

● Chianti Cl. '10	🍷🍷 3
● Torgentile '09	🍷🍷 2*

Le Palaie
fraz. Fabbrica
via del Molino, 200 - 56036 Peccioli [PI]
Tel. 0587697299
www.lepalaie.it

● Bulizio '09	🍷🍷 4
○ Viognier de Le Palaie '11	🍷🍷 3
● Sagrestano '09	🍷 3

Palazzo Vecchio
fraz. Valiano
via Terrarossa, 5 - 53040 Montepulciano [SI]
Tel. 0578724170
www.vinonobile.it

● Nobile di Montepulciano Maestro '08	🍷🍷 4
● Rosso di Montepulciano Dogana '10	🍷 3
○ Vin Santo di Montepulciano '06	🍷 7

Az. Agr. Palmoletino
loc. Palmoletino - 58044 Cinigiano [GR]
Tel. 0577 808002

● Montecucco Rosso Scarafone '09	🍷🍷 2*

Paniole
fraz. Montiano
loc. Apparita, 13
58051 Magliano in Toscana [GR]
Tel. 0577849485
azpaniole@tiscali.it

● Emineo '08	🍷🍷 5
● L'Artista '10	🍷 3

OTHER WINERIES

其他酒庄

Parmoleto
LOC. MONTENERO D'ORCIA
POD. PARMOLETONE, 44
58040 CASTEL DEL PIANO [GR]
TEL. 0564954131
www.parmoleto.it

● Sormonno '08	♛♛ 4
○ Carabatto '11	♛ 2
● Montecucco Rosso '08	♛ 2

Tenute Perini
LOC. POGGIO AL SANTINO
58043 CASTIGLIONE DELLA PESCAIA [GR]
TEL. 0564071016
www.tenuteperini.it

○ Campochiaro '11	♛♛ 4
● Dolcepensiero '11	♛♛ 5

Peteglia
POD. PETEGLIA - 58033 CASTEL DEL PIANO [GR]
TEL. 0564954108
www.peteglia.com

● Montecucco Sangiovese '10	♛♛ 3
○ Peteglia Bianco '11	♛ 2
⊙ Peteglia Rosato '11	♛ 2

La Piana
VIA R. MARGHERITA, 4
57032 CAPRAIA ISOLA [LI]
TEL. 3920592988
www.lapianacapraia.it

● Cristino '10	♛♛ 5
○ Palmazio '11	♛ 3
⊙ Rosa della Piana '11	♛ 3

Piandibugnano
LOC. PIAN DI BUGNANO - 58038 SEGGIANO [GR]
TEL. 0564950773
www.piandibugnano.com

● Nanerone '10	♛♛ 5
○ Montecucco Cuccallegro '11	♛ 2
● Montecucco L'Erpico '09	♛ 5

Piccini
LOC. PIAZZOLE, 25
53011 CASTELLINA IN CHIANTI [SI]
TEL. 057754011
www.tenutepiccini.it

● Vino in Musica '08	♛♛ 4
● Bolgheri Rosso Pietracupa Tenuta Moraia '10	♛ 4
○ Chardonnay '11	♛ 2

OTHER WINERIES

Pieve Santo Stefano
LOC. SARDINI - 55100 LUCCA
TEL. 0585857996
www.pievedisantostefano.com

- Lippo '10 — 3
- Colline Lucchesi Ludovico Sardini '10 — 2
- Colline Lucchesi Villa Sardini '11 — 2

Il Pinino
LOC. IL PININO, 327 - 53024 MONTALCINO [SI]
TEL. 0577849381
www.pinino.com

- Brunello di Montalcino Pinino '07 — 6
- Brunello di Montalcino Pinone Ris. '06 — 7
- Rosso di Montalcino Pinino '10 — 3

Podere dell'Anselmo
LOC. ANSELMO
VIA PANFI, 12 - 50025 MONTESPERTOLI [FI]
TEL. 0571671951
www.forconi.net

- Pax '09 — 5
- Anselmino '11 — 2
- Chianti Montespertoli Ingannamatti Ris. '07 — 2

Poderi del Paradiso
LOC. STRADA, 21A - 53037 SAN GIMIGNANO [SI]
TEL. 0577941500
www.poderidelparadiso.it

- Vernaccia di S. Gimignano Biscondola '11 — 3
- A Filippo '09 — 4
- Mangiafoco '09 — 5
- Saublà '11 — 2

Poggio ai Lupi
FRAZ. GIUNCARICO
LOC. BARTOLINA - 58023 GAVORRANO [GR]
TEL. 056688082
www.poggioailupi.it

- Chardonnay Dune Mosse '10 — 4
- Monteregio di Massa Marittima '10 — 2
- Vermentino '11 — 2

Poggio Borgoni
VIA CASSIA PER SIENA, 35
50026 SAN CASCIANO IN VAL DI PESA [FI]
TEL. 0558228119
www.relaispoggioborgoni.it

- Chianti Cl. Borromeo Ris. '09 — 6

OTHER WINERIES

Poggio Brigante
VIA COLLE DI LUPO, 13
58051 MAGLIANO IN TOSCANA [GR]
TEL. 0564592507
www.poggiobrigante.it

● Morellino di Scansano Arsura '11	🍷🍷 5
○ Guazzalfalco '11	🍷 2
● Morellino di Scansano '11	🍷 3
● Syrah '11	🍷 3

Poggio Capponi
LOC. SAN DONATO A LIVIZZANO
VIA MONTELUPO, 184
50025 MONTESPERTOLI [FI]
TEL. 0571671914
www.poggiocapponi.it

○ Sovente '11	🍷🍷 2*
○ Bianco di Binto '11	🍷 1*
● Chianti '11	🍷 2
● Chianti Montespertoli Petriccio '09	🍷 2

Poggio Morino
FRAZ. MONTEORGIALI
LOC. PRESELLE - 58054 SCANSANO [GR]
TEL. 0564585908
www.poggiomorino.it

● Morellino di Scansano '10	🍷🍷 2*
● Rosso '10	🍷 2
○ Vermentino '11	🍷 2

Il Poggiolo
LOC. POGGIOLO, 259 - 53024 MONTALCINO [SI]
TEL. 0577848412
www.ilpoggiolomontalcino.com

● Brunello di Montalcino '07	🍷🍷 3
● Brunello di Montalcino Il Mio Brunello '06	🍷🍷 4
● Brunello di Montalcino Ris. '06	🍷 3
● Brunello di Montalcino Terra Rossa '07	🍷 6

Tenuta Poggiorosso
LOC. POGGIO ROSSO, 1 - 57025 PIOMBINO [LI]
TEL. 3485257145
www.tenutapoggiorosso.it

○ Phylika '11	🍷🍷 3
○ Veive '11	🍷🍷 4
● Tages '09	🍷 3

Poggiotondo
LOC. POGGIOTONDO - 52010 SUBBIANO [AR]
TEL. 057548182
www.poggiotondo.it

○ Vin Santo del Chianti Colle Fresco '05	🍷🍷 5
● C66 Cinzia '09	🍷 4
● Chianti Le Rancole '09	🍷 3
● Poggiotondo '09	🍷 3

OTHER WINERIES

Quattroventi
loc. Piancornello, 35
53024 Montalcino [SI]
Tel. 05771910336
www.lacortedeiventi.it

- Brunello di Montalcino '07 — 🍷🍷 7
- Sant'Antimo Poggio dei Lecci '10 — 🍷 3

Quercia al Poggio
fraz. Monsanto
s.da Quercia al Poggio, 4
50021 Barberino Val d'Elsa [FI]
Tel. 0558075278
www.quercialpoggio.com

- Chianti Cl. '09 — 🍷🍷 4
- Chianti Cl. Ris. '09 — 🍷 4

Querciabella
via Barbiano, 17
50022 Greve in Chianti [FI]
Tel. 05585927777
www.querciabella.com

- Chianti Cl. '10 — 🍷 3

Rampa di Fugnano
loc. Fugnano, 55
53037 San Gimignano [SI]
Tel. 0577941655
www.rampadifugnano.com

- ○ Vernaccia di S. Gimignano Privato '11 — 🍷🍷 3
- ○ Vernaccia di S. Gimignano Alata '11 — 🍷 2

Tenute delle Ripalte
loc. Ripalte - 57031 Capoliveri [LI]
Tel. 056594211
www.tenutadelleripalte.it

- Aleatico dell' Elba Alea Ludendo '09 — 🍷🍷 6
- ○ Bianco delle Ripalte '11 — 🍷 3
- ⊙ Rosato delle Ripalte '11 — 🍷 3
- Rosso delle Ripalte '10 — 🍷 3

Rocca di Montegrossi
fraz. Monti in Chianti
53010 Gaiole in Chianti [SI]
Tel. 0577747977
www.roccadimontegrossi.it

- ⊙ Rosato '11 — 🍷 2

OTHER WINERIES

Podere Salicutti
POD. SALICUTTI, 174 - 53024 MONTALCINO [SI]
TEL. 0577847003
www.poderesalicutti.it

- Brunello di Montalcino Piaggione '07 — 🍷🍷 7
- Dopoteatro '09 — 🍷🍷 5

Fattoria San Donato
LOC. SAN DONATO, 6
53037 SAN GIMIGNANO [SI]
TEL. 0577941616
www.sandonato.it

- ○ Vernaccia di S. Gimignano '11 — 🍷🍷 1*
- ○ Vernaccia di S. Gimignano Angelica '09 — 🍷 2
- ○ Vernaccia di S. Gimignano Ris. '09 — 🍷 3
- ○ Vin Santo di San Gimignano '06 — 🍷 4

Fattoria San Fabiano Borghini Baldovinetti
LOC. SAN FABIANO, 33 - 52100 AREZZO
TEL. 057524566
www.fattoriasanfabiano.it

- ○ Vin Santo I Cannicci del Conte '07 — 🍷🍷 5
- Chianti '11 — 🍷 2
- ○ Chiaro di San Fabiano '11 — 🍷 2
- Piocaia '09 — 🍷 3

San Ferdinando
LOC. CIGGIANO
VIA DEL GARGAIOLO, 33
CIVITELLA IN VAL DI CHIANA [AR]
TEL. 0575440355
www.sanferdinando.eu

- Ciliegiolo '10 — 🍷🍷 2*
- Chianti Podere Gamba '10 — 🍷 2
- Pugnitello '10 — 🍷 3

San Giuseppe
LOC. CASTELNUOVO DELL'ABATE
POD. SAN GIUSEPPE, 35
53020 MONTALCINO [SI]
TEL. 0577835754
www.stelladicampalto.it

- Brunello di Montalcino '07 — 🍷🍷 8
- Rosso di Montalcino '09 — 🍷🍷 5

Fattoria San Pancrazio
LOC. SAN PANCRAZIO
VIA CERTALDESE, 63/65
50026 SAN CASCIANO IN VAL DI PESA [FI]
TEL. 0558248046
www.fattoriasanpancrazio.com

- Chianti Cl. Ris. '09 — 🍷🍷 5

OTHER WINERIES 其他酒庄

Tenuta San Vito
VIA SAN VITO, 59
50056 MONTELUPO FIORENTINO [FI]
TEL. 057151411
www.san-vito.com

- Colle dei Mandorli '10 — 🍷🍷 6
- Chianti dei Colli Fiorentini Darno '11 — 🍷 2
- Chianti San Vito '11 — 🍷 2
- Madiere '10 — 🍷 5

Fattoria Sardi Giustiniani
LOC. MONTE SAN QUIRICO
VIA DELLA MAULINA, 747 - 55100 LUCCA
TEL. 0583341230
www.sardigiustiniani.com

- Colline Lucchesi Merlot Sebastiano '09 — 🍷🍷 3
- Colline Lucchesi Rosso Villa Sardi '10 — 🍷🍷 1
- Fattoria Sardi Rosso '10 — 🍷🍷 3

Savignola Paolina
VIA PETRIOLO, 58
50022 GREVE IN CHIANTI [FI]
TEL. 0558546036
www.savignolapaolina.it

- Chianti Cl. '10 — 🍷🍷 3
- Chianti Cl. Ris. '09 — 🍷 4

La Selva
LOC. FONTE BLANDA
FRAZ. SAN DONATO - ALBINIA
SP 81 OSA, 7 - 58010 ORBETELLO [GR]
TEL. 0564885669
www.laselva-bio.eu

- Morellino di Scansano '11 — 🍷🍷 2*
- Avorio '11 — 🍷 2
- ⊙ La Selva Rosato '11 — 🍷 2
- ○ Vermentino La Selva '11 — 🍷 2

Fulvio Luigi Serni
LOC. LE LAME, 237
57022 CASTAGNETO CARDUCCI [LI]
TEL. 0565763585
www.sernifulvioluigi.it

- Bolgheri Rosso Tegoleto '09 — 🍷🍷 3
- ○ Bolgheri Radius '11 — 🍷 2
- ⊙ Bolgheri Rosato Arcanto '11 — 🍷 2
- ○ Campofitto '11 — 🍷 2

Setriolo
LOC. SETRIOLO, 61
53011 CASTELLINA IN CHIANTI [SI]
TEL. 0577743079
www.setriolo.com

- Chianti Cl. '10 — 🍷🍷 3
- Memores '09 — 🍷🍷 3

OTHER WINERIES

Signano
loc. Santa Margherita, 36
53037 San Gimignano [SI]
Tel. 0577941085
www.casolaredibucciano.com

○ Vernaccia di S. Gimignano '11	🍷🍷 2*
● Chianti Colli Senesi Poggiarelli '11	🍷 3
⊙ Rosato '11	🍷 2
○ Vernaccia di S. Gimignano Ris. '10	🍷 4

Solaria
Az. Agr. Cencioni Patrizia
pod. Capanna, 102 - 53024 Montalcino [SI]
Tel. 0577849426
www.solariacencioni.com

● Brunello di Montalcino '07	🍷🍷 4
● Brunello di Montalcino 123 Ris. '06	🍷 3

Spadaio e Piecorto
via San Silvestro, 1
50021 Barberino Val d'Elsa [FI]
Tel. 0558072915
www.spadaiopiecorto.it

● Il Fratuccio '08	🍷🍷 3

Streda Belvedere
via Streda, 46 - 50059 Vinci [FI]
Tel. 0571729195
www.streda.it

○ Chardonnay '11	🍷🍷 3
● Casanova '11	🍷 4
● Chianti '11	🍷 3
● Drufo '10	🍷 4

Tassi
v.le P. Strozzi, 1/3 - 53024 Montalcino [SI]
Tel. 0577848025
www.tassimontalcino.com

● Brunello di Montalcino Franci '07	🍷🍷 4
● Brunello di Montalcino '07	🍷🍷 4
● Brunello di Montalcino Franci Ris. '06	🍷🍷 4
● Rosso di Montalcino '09	🍷 4

Tenuta di Morzano
fraz. Morzano
via di Montelupo 69/71
50025 Montespertoli [FI]
Tel. 0571671021
www.vinnovo.it

● Chianti Montespertoli Ris. '10	🍷🍷 3*
● Nicosole '10	🍷🍷 4
○ Morzano Bianco '11	🍷 1*

OTHER WINERIES 其他酒庄

Tenuta Impostino
Fraz. Casal di Pari -
58045 Civitella Paganico [GR]
Tel. 0564900665
www.tenutaimpostino.it

- Lupo Bianco '08 — 🍷🍷 5
- Montecucco Ciarlone '10 — 🍷 2
- Montecucco Rosso '09 — 🍷 2
- Montecucco Viandante Ris. '08 — 🍷 3

Tenuta Montiani
Loc. San Polo in Chianti
via di Rubbiana, 61
50022 Greve in Chianti [FI]
Tel. 055855454
www.tenutamontiani.it

- Felix '08 — 🍷🍷 4
- Felix '10 — 🍷 4
- Felix '09 — 🍷 4

Terre dei Fiori Tenute Costa
Loc. Melosella Zona VIII
s.da Grillese Uno VIII - 58100 Grosseto
Tel. 0564405457
www.tenutecosta.it

- Morellino di Scansano '11 — 🍷🍷 2*
- Acanto '09 — 🍷 4
- Monteregio di Massa Marittima '10 — 🍷 3

Tiezzi
via delle Querci - 53024 Montalcino [SI]
Tel. 0577848187
www.tiezzivini.it

- Brunello di Montalcino '07 — 🍷🍷 5
- Brunello di Montalcino V. del Soccorso '07 — 🍷🍷 6
- Rosso di Montalcino '10 — 🍷 5

La Togata
Loc. Tavernelle
s.da di Argiano - 53024 Montalcino [SI]
Tel. 0668803000
www.brunellolatogata.com

- Brunello di Montalcino La Togata '07 — 🍷🍷 7
- Rosso di Montalcino La Togata '10 — 🍷 4

Poderi Tognetti
via Poggio alla Terra, 18
50050 Montaione [FI]
Tel. 0571698381
www.poderitognetti.it

- Muraccio '09 — 🍷🍷 5
- Chianti Sup. Bosco Lazzeroni Bosco ai Frati '10 — 🍷 2

其他酒庄 / OTHER WINERIES

Torraccia di Presura
LOC. STRADA IN CHIANTI
VIA DELLA MONTAGNOLA, 130
50027 GREVE IN CHIANTI [FI]
TEL. 0558588656
www.torracciadipresura.it

● Chianti Cl. '10	🍷🍷 3
● Chianti Cl. Il Tarocco Ris. '09	🍷 4

Fattoria La Torre
VIA PROVINCIALE DI MONTECARLO, 7
55015 MONTECARLO [LU]
TEL. 058322981
www.fattorialatorre.it

● Esse '10	🍷🍷 7
○ Montecarlo Bianco '11	🍷🍷 2*
○ Albireo '08	🍷 3
● Stringaio '10	🍷 3

Le Torri di Campiglioni
VIA SAN LORENZO A VIGLIANO, 31
50021 BARBERINO VAL D'ELSA [FI]
TEL. 0558076161
www.letorri.net

● Chianti Colli Fiorentini '10	🍷🍷 2*
● Chianti Colli Fiorentini Ris. '09	🍷 3
● Meridius '09	🍷 4
● Villa San Lorenzo '09	🍷 5

Tenuta di Trecciano
SP 52 MONTAGNOLA, 16
53018 SOVICILLE [SI]
TEL. 0577314357
www.trecciano.it

● Chianti Colli Senesi Terra Rossa Ris. '09	🍷🍷 2*
● Chianti Colli Senesi '10	🍷 2
● I Campacci '10	🍷 3

Tuttisanti
LOC. FIORENTINA - 57025 PIOMBINO [LI]
TEL. 056535226

● Val di Cornia Cabernet Sauvignon '08	🍷🍷 3
○ Val di Cornia Bianco '11	🍷 2
○ Val di Cornia Vermentino '11	🍷 2

Uggiano
LOC. SAN VINCENZO A TORRI
VIA EMPOLESE, 20/D - 50018 SCANDICCI [FI]
TEL. 055769087
www.uggiano.it

● Canto I '07	🍷🍷 5
● Chianti Classico Falco de' Neri '10	🍷 2
● Chianti Colli Fiorentini La Casa di Dante Alighieri '10	🍷 2

OTHER WINERIES

Usiglian Del Vescovo
LOC. USIGLIANO - 56036 PALAIA [PI]
TEL. 0587622138
www.usigliandelvescovo.it

● Il Cina '09	🍷🍷 4
● Il Grullaio '11	🍷🍷 2*
● Chianti '10	🍷 2
⊙ Il Sangiosè '11	🍷 2

Valentini
LOC. VALPIANA - POD. FIORDALISO, 69
58024 MASSA MARITTIMA [GR]
TEL. 0566918058
www.agricolavalentini.it

● Atunis '09	🍷🍷 5
● Crebesco '08	🍷 5
○ Maremma Toscana Vermentino '11	🍷 2
● Monteregio di Massa Marittima '10	🍷 2

Vecchia Cantina di Montepulciano
VIA PROVINCIALE, 7
53045 MONTEPULCIANO [SI]
TEL. 0578716092
www.vecchiacantina.com

● Nobile di Montepulciano '09	🍷🍷 3
● Nobile di Montepulciano Briareo Ris. '06	🍷 5

Vi.Ca.S.
VIA LISBONA, 39 - 50065 PONTASSIEVE [FI]
TEL. 0558314020
http://www.vicas.it

● Chianti Rufina '10	🍷🍷 2*
○ Biancoreale '11	🍷 2
● Chianti Pontemediceo '11	🍷 2

Vigliano
LOC. SAN MARTINO ALLA PALMA
VIA CARCHERI, 309 - 50018 SCANDICCI [FI]
TEL. 0558727040
www.vigliano.com

● L'Erta '09	🍷🍷 4
○ L'Erta Chardonnay '10	🍷 4

Villa Calcinaia
FRAZ. GRETI
VIA CITILLE, 84 - 50022 GREVE IN CHIANTI [FI]
TEL. 055854008
www.villacalcinaia.it

● Chianti Cl. V. Bastignano Ris. '09	🍷🍷 4
● Chianti Cl. Villa Calcinaia '09	🍷 3
● Chianti Cl. Villa Calcinaia Ris. '09	🍷 3

OTHER WINERIES

Villa Caprareccia
VIA BOLGHERESE, 4 - 57020 BIBBONA [LI]
TEL. 0586670128
www.villacaprareccia.it

● Mastremilio '08	🍷🍷 3
○ Terratico di Bibbona Alighino '11	🍷 3

Villa I Cipressi
LOC. VILLA I CIPRESSI - 53024 MONTALCINO [SI]
TEL. 0577848640
www.villacipressi.it

● Brunello di Montalcino Zebras '06	🍷🍷 4
● Rosso di Montalcino '10	🍷🍷 4

Villa Le Prata
LOC. LE PRATA, 261 - 53024 MONTALCINO [SI]
TEL. 0577848325
www.villaleprata.com

● Brunello di Montalcino Massimo '06	🍷🍷 7

Villa Trasqua
LOC. TRASQUA
53011 CASTELLINA IN CHIANTI [SI]
TEL. 0577743075
www.villatrasqua.it

● Chianti Cl. Nerento Ris. '07	🍷🍷 4
● Chianti Cl. Fanatico Ris. '08	🍷 3

Tenuta Vitanza
FRAZ. TORRENIERI
POD. BELVEDERE, 145
52024 MONTALCINO [SI]
TEL. 0577832882
www.tenutavitanza.it

● Brunello di Montalcino Tradizione '07	🍷🍷 6
● Quadrimendo '08	🍷 3
● Volare '10	🍷 2

Tenuta Vitereta
VIA CASANUOVA, 108/1 - 52020 LATERINA [AR]
TEL. 057589058
www.tenutavitereta.com

○ Vin Santo del Chianti Occhio di Pernice '05	🍷🍷 8
● Chianti Casarossa Ris. '09	🍷 3
● Ripa della Mozza '08	🍷 3
● Villa Bernetti '07	🍷 4

马尔凯区
MARCHE

经过了一段时期的持续增长之后,2013年马尔凯区(Marche)获得"三杯奖"的数量小幅下降。有其特殊原因,这个现象的发生也很正常。葡萄酒爱好者们可以通过各种不同的葡萄酒品牌而体验到不同的葡萄酒酿造工艺。并非巧合的是,2013年我们的顶级奖项分布在不同的葡萄酒类型、不同的风土和不同的酿造工艺。优雅的保守型的有安佩里诺•布里酒庄(Ampelio Bucci)出产的陈酿维布鲁斯(Riserva Villa Bucci),它似乎与圣安塔拉酒庄(Santa Barbara)和法巴圣托酒庄(Fazi Battaglia's San Sisto)出品的陈酿特诺安斯(Riserva Stefano Antonucci)有异曲同工之妙。埃西诺河(Esino)右岸以单宁强壮有力为主要特色,例如出自玛卡圣米酒庄(La Marca di San Michele)的卡波沃托、(Capovolto), 出自费里希(Felici)的卡帝克拉(Cantico della Figura)以及邦西(Bonci)酒庄的圣•米切尔(San Michele)。对比而言的话,左岸的则相对复杂。例如,伽罗佛理(Garofoli)酒庄的波迪安(Podium)、卡萨尔法内托(Casalfarneto)酒庄的克里希奥(Crisio)以及乌玛尼•龙奇酒庄(Umani Ronchi)出品的维其尼(Vecchie Vigne);另外,获得2011年"三杯奖"的 维其尼(Vecchie Vigne)堪称能够极致表现葡萄酒的新鲜与活力的典范。蒙卡诺酒庄(Moncaro)的维格纳•诺瓦里(Vigna Novali)和拉蒙萨卡酒庄(La Monacesca)的米路姆(Mirum)使用晚摘葡萄来获得极致的香气,细腻的口感。2013年的年度最佳起泡酒由科洛那拉(Colonnara)酒庄出品的乌巴多斯(Ubaldo Rosi)获得,可以说这是当地葡萄品种多样化的完美体现。马泰利卡(Matelica)酒庄似乎还处在2009年和2011年这两个普通年份的阴霾下,虽然2013年没有获奖,但总体来说他们家的出品质量还是非常不错的。奥费达•佩诺酒庄(Offida Pecorino)今年也空手而归了,葡萄酒种类的泛滥影响了他们家的出品质量。马尔凯区(Marche)2013年的红葡萄酒获得"三杯奖"的数量也比2012年稍有下降,2012年有6款获奖,2013年才4款,令酿酒商们迷茫了。与意大利的其他大区相比,他们逊色于酿造香气宜人酒体柔滑的葡萄酒。现在对他们可能有效的做法是,就拿主要品种蒙特布查诺(Montepulciano)来说,要恢复它的适中的水果香气和可口感,可以通过控制其成熟程度以及通过利用小的橡木桶来使单宁更加柔顺。如果这个通病可以克服的话,就可以酿造出非常有个性的酒品,像是奥斯•安琪酒庄(Oasi degli Angeli)的库尼(Kurni)和奥罗拉酒庄(Aurora)的巴利卡迪诺(Barricadiero),还有一些几乎无懈可击的国际品种酒品,像维诺斯酒庄(Velenosi)的洛格德费勒(Roggio del Filare)和波尔扎酒庄(Pollenza)的波尔扎(Pollenza),还有拉玛蒂洛(Lacrima di Morro d'Alba),特别是它的顶级系列和帕图图(Passito)甜酒系列,质量都是非常好的。我们非常期待它们也可以进入"三杯奖"俱乐部。

马尔凯区
MARCHE

Aurora
LOC. SANTA MARIA IN CARRO
C.DA CIAFONE, 98 - 63073 OFFIDA [AP]
TEL. 0736810007
www.viniaurora.it

藏酒销售
预约参观
游客设施
年产量 50 000 瓶
葡萄种植面积 9.5 公顷
葡萄栽培方式 有机认证

30多年有机种植的历史使得奥罗拉（Aurora）的葡萄酒时刻保持天然纯正的风格。所谓的天然纯正，就是除了使用少量的酵母和硫磺外，葡萄园和酒窖不使用任何化学物质。因此，酒庄酿制的酒很有奥罗拉（Aurora）的风格，加上这里特别的风土环境，使得这里出品的酒很有个性。在奥罗拉（Aurora），皮森诺（Piceno）的风土条件被诠释得淋漓尽致。只要你仔细地闻一闻，就会很容易辨认出奥罗拉（Aurora）。

● Barricadiero '10	♛♛♛ 4*
○ Offida Pecorino Fiobbo '10	♛♛ 2*
○ Offida Passerina '11	♛♛ 2*
● Rosso Piceno '11	♛♛ 2*
● Rosso Piceno Sup. '10	♛♛ 2*
● Barricadiero '09	♟♟♟ 4
● Barricadiero '06	♟♟♟ 4
● Barricadiero '08	♟♟ 4
○ Offida Pecorino Fiobbo '09	♟♟ 2*
● Rosso Piceno Sup. '09	♟♟ 2*

Belisario
VIA ARISTIDE MERLONI, 12
62024 MATELICA [MC]
TEL. 0737787247
www.belisario.it

藏酒销售
预约参观
年产量 850 000 瓶
葡萄种植面积 300 公顷
葡萄栽培方式 有机认证

40年来，追求卓越品质一直是贝利萨里奥（Belisario）合作酒厂的使命。如今，酒庄通过各种方法酿制马特里卡•维蒂奇诺（Verdicchio di Matelica），从在钢铁里发酵的开瓶即饮的新酒系列到混凝土容器里的梅利迪雅（Meridia）系列，还有橡木陈化的坎布吉安诺（Cambrugiano）主打系列。直接有效地管理不同层次的酒庄，相同的技术团队，稳定的企业组织，有力地保证其出品质量的稳定。如今，酒庄新推出了库维纳迪（Cuvée Nadir）系列酒，采用马特里卡地区（Matelica）维蒂奇诺葡萄（Verdicchio），酿酒桶里终止发酵而成的第一款起泡酒。

○ Verdicchio di Matelica Cambrugiano Ris. '09	♛♛ 3*
○ Verdicchio di Matelica Vign. Belisario '11	♛♛ 2*
○ Verdicchio di Matelica Meridia '09	♛ 3
○ Verdicchio di Matelica Terre di Valbona '11	♛♛ 2*
○ Verdicchio di Matelica Vign. del Cerro '11	♛♛ 2*
● Colli Maceratesi Rosso Coll'Amato '11	♛ 2
● Colli Maceratesi Rosso San Leopardo '09	♛ 2
○ Esino Bianco '11	♛ 1*
○ Verdicchio di Matelica Anfora '11	♛ 2
○ Verdicchio di Matelica Spumante Cuvée Nadir '10	♛ 2
○ Verdicchio di Matelica Cambrugiano Ris. '08	♟♟♟ 3*
○ Verdicchio di Matelica Cambrugiano Ris. '06	♟♟♟ 3*

马尔凯区
MARCHE

Bisci
via Fogliano, 120 - 62024 Matelica [MC]
Tel. 0737787490
www.bisciwines.it

藏酒销售
预约参观
年产量 120 000 瓶
葡萄种植面积 19 公顷

比斯家族（Bisci）的酒庄已经有30多年的历史了，以专注于酿制风味独特的玛特利卡维多（Verdicchio di Matelica）酒出名。葡萄园位于隐蔽的小山谷里，如果开车从主干道经过马特里卡（Matelica）一直到切雷托（Cerreto d'Esti），你几乎看不到它。而就是在这里，福利亚诺酒庄（Fogliano）种植的白葡萄有圣乔维斯（Sangiovese）和梅洛（Merlot）葡萄。葡萄酒酿制依然遵循传统，诸如，森纳士（Senex）和维格内托（Vigneto Fogliano）这类品质一流的窖藏威迪科（Verdicchio）酒正在不紧不慢地陈化着。

Borgo Paglianetto
loc. Paglianello, 393 - 62024 Matelica [MC]
Tel. 073785465
www.borgopaglianetto.it

藏酒销售
预约参观
年产量 100 000 瓶
葡萄种植面积 18 公顷
葡萄栽培方式 传统栽培

在罗维西家族（Roversi）的正确带领下，在农学家马里奥·巴斯里斯（Mario Bassilissi）和酿酒师阿罗尔多·贝莱利（Aroldo Bellelli）的协助下，凭借威格迪·迪·马特里卡（Verdicchio di Matelica），博尔格·帕里内托（Borgo Paglianetto）很快在葡萄酒行业博得一席之地。维蒂奇诺葡萄（Verdicchio）采用有机种植，发酵在钢桶中进行，酿出的葡萄酒非常有特色，酸味突出，香气新鲜扑鼻。葡萄园的梅洛（Merlot）、圣乔维斯（Sangiovese）和蒙特布查诺（Montepulciano）葡萄也很有特色，加上些许黑拉科里马（Lacrima Nera）葡萄之后，酿出的红葡萄酒口感纯正而细腻。

● Rosso Fogliano '10	3
○ Verdicchio di Matelica '11	3
● Piangifame '08	5
○ Verdicchio di Matelica Vign. Fogliano '08	3*
● Piangifame '07	4
○ Verdicchio di Matelica '10	2*
○ Verdicchio di Matelica '09	2*
○ Verdicchio di Matelica Vign. Fogliano '07	3*

○ Verdicchio di Matelica Terravignata '11	2*
○ Verdicchio di Matelica Vertis '10	3*
○ Verdicchio di Matelica Petrara '10	2*
○ Verdicchio di Matelica Vertis '09	3*
● Terravignata '09	2*
● Terravignata '08	2*
○ Verdicchio di Matelica Aja Lunga '05	2*
○ Verdicchio di Matelica Petrara '09	2*
○ Verdicchio di Matelica Petrara '08	2*
○ Verdicchio di Matelica Terravignata '10	2*
○ Verdicchio di Matelica Terravignata '09	2*
○ Verdicchio di Matelica Vertis '08	3*
○ Verdicchio di Matelica Vertis '07	3*

马尔凯区
MARCHE

★ Bucci
FRAZ. PONGELLI
VIA CONA, 30 - 60010 OSTRA VETERE [AN]
TEL. 071964179
www.villabucci.com

藏酒销售
预约参观
年产量 120 000 瓶
葡萄种植面积 31 公顷
葡萄栽培方式 有机认证

安培里欧•布奇（Ampelio Bucci）一直把经营酒庄当作自己的爱好。酒庄的历史可追溯到很多年前，那时候还种植了其他农作物，如豆类、橄榄和蔬菜。不过，布奇酒庄（Bucci）还是主要以酿制白葡萄酒而出名。安培里欧（Ampelio）慧眼识英雄，与富有远见的农学家希奥尔希奥•格瑞（Giorgio Grai）一起，推出一种风味独特、流传很久的酒中精酿。特别是布奇维拉珍藏酒（Riserva Villa Bucci）系列，其在大橡木桶中陈化，做法和品质堪称地区的典范。

Le Caniette
C.DA CANALI, 23 - 63065 RIPATRANSONE [AP]
TEL. 07359200
www.lecaniette.it

藏酒销售
预约参观
年产量 120 000 瓶
葡萄种植面积 19 公顷
葡萄栽培方式 有机认证

路易吉（Luigi）和乔瓦尼•瓦尼奥尼（Giovanni Vagnoni）通过把传统品种与有机耕作相结合，长时间窖藏陈化与现代化的酿酒方法并用，从而打造自己的葡萄酒风格。白葡萄帕斯琳娜（Passerina）系列分开在钢桶中发酵，而红葡萄酒派科琳诺（Pecorino）系列则会在小木桶陈化，通常以圣乔维斯（Sangiovese）和蒙特布查诺（montepulciano）葡萄为主，通过橡木桶陈化来获得足够的酒精度和颜色。最新推出的一款博罗（bordò），用歌海娜（Grenache）葡萄与几款古老品种混酿而成，年产量只有1000瓶。

○ Verdicchio dei Castelli di Jesi Cl. Villa Bucci Ris. '09	♛♛♛ 6
● Rosso Piceno Villa Bucci '08	♛♛ 5
○ Verdicchio dei Castelli di Jesi Cl. Sup. '10	♛♛ 3*
● Rosso Piceno Tenuta Pongelli '10	♛♛ 3
○ Verdicchio dei Castelli di Jesi Cl. Villa Bucci Ris. '07	♛♛♛ 6
○ Verdicchio dei Castelli di Jesi Cl. Villa Bucci Ris. '06	♛♛♛ 6
○ Verdicchio dei Castelli di Jesi Cl. Villa Bucci Ris. '05	♛♛♛ 5
○ Verdicchio dei Castelli di Jesi Cl. Villa Bucci Ris. '04	♛♛♛ 5
○ Verdicchio dei Castelli di Jesi Cl. Villa Bucci Ris. '03	♛♛♛ 5

● Cinabro '09	♛♛ 3
○ Offida Pecorino Iosonogaia non sono Lucrezia '10	♛♛ 4
○ Offida Passerina Lucrezia '11	♛ 2
○ Offida Passerina Lucrezia '09	♛♛ 2
○ Offida Passerina Vino Santo Sibilla '06	♛♛ 5
○ Offida Pecorino Iosonogaia non sono Lucrezia '08	♛♛ 4
○ Offida Pecorino Iosonogaia non sono Lucrezia '07	♛♛ 4
● Rosso Piceno Morellone '06	♛♛ 4
● Rosso Piceno Nero di Vite '05	♛♛ 6
● Rosso Piceno Rosso Bello '09	♛♛ 2*
● Rosso Piceno Rosso Bello '08	♛♛ 2

马尔凯区
MARCHE

La Canosa
C.DA SAN PIETRO, 6 - 63030 ROTELLA [AP]
TEL. 0736374556
www.lacanosaagricola.it

藏酒销售
预约参观
年产量 120 000 瓶
葡萄种植面积 28 公顷

任何酿酒方法的推陈出新都要花费大量的时间，尽管如此，拥有充足的人力设备资源的意迩瓦•萨罗诺（ILLVA Saronno）即将开始大刀阔斧的改革了。8年前，理查多•雷纳（Riccardo Reina）决定买下在蒙特•德尔•阿森西昂（Monte dell'Ascensione）斜坡附近的葡萄田。那时候，这边的葡萄酒产业还没开发。他们优先购置当地的葡萄田，然后添置了新的酿酒设备，新建了酒窖。根据他们的市场定位和对自身酿酒风格的设定，他们的红葡萄酒会在小橡木桶中陈年，而白葡萄酒则在不锈钢桶里发酵陈化。

● Musé '10	🍷🍷 3
● Nullius '10	🍷🍷 3
● Rosso Piceno Sup. Nummaria '10	🍷🍷 2*
○ Servator '11	🍷🍷 2*
○ Pekò '11	🍷 2
● Rosso Piceno Signator '10	🍷 2
● Musè '09	🍷🍷 3
● Nullius '07	🍷🍷 3
● Rosso Piceno Signator '09	🍷🍷 2*
● Rosso Piceno Signator '08	🍷🍷 2
○ Servator '10	🍷🍷 2*

Carminucci
VIA SAN LEONARDO, 39
63013 GROTTAMMARE [AP]
TEL. 0735735869
www.carminucci.com

藏酒销售
年产量 200 000 瓶
葡萄种植面积 46 公顷

皮耶罗•卡米努奇（Piero Carminucci）的确是一个出色的葡萄酒贸易商，多年来一直活跃在葡萄酒批发市场。他清楚自己的葡萄酒，并且能够敏锐地辨认出优质葡萄。他们家的酒窖很大。15 年前他的儿子乔瓦尼（Giovanni）也参与酒庄的管理，他们开发了自己现代风格的果味浓郁的葡萄酒，市场反响很不错。除了本地葡萄品种外，卡米努奇（Carminucci）的单品葡萄酒霞多丽（Chardonnay）也非常成功。

● Paccaosso '09	🍷🍷 7
○ Falerio dei Colli Ascolani Grotte sul Mare '11	🍷🍷 1*
● Naumachos '10	🍷🍷 2*
○ Offida Pecorino Belato '11	🍷🍷 2*
○ Falerio dei Colli Ascolani Naumachos '11	🍷 2
○ Offida Passerina Casta '11	🍷 2
● Rosso Piceno Sup. Naumachos '09	🍷 2
● Paccaosso '04	🍷🍷 7
● Rosso Piceno Grotte sul Mare '09	🍷🍷 1*
● Rosso Piceno Sup. Naumachos '08	🍷🍷 2*
● Rosso Piceno Sup. Naumachos '06	🍷🍷 2*

马尔凯区
MARCHE

Casalfarneto
VIA FARNETO, 12
60030 SERRA DE' CONTI [AN]
TEL. 0731889001
www.casalfarneto.it

藏酒销售
预约参观
年产量 500 000 瓶
葡萄种植面积 32 公顷

托格尼家族（Togni）拥有32公顷的葡萄园，如今他们的现代酒庄由丹尼洛·索鲁斯特里（Danilo Solustri）打理。丹尼洛（Danilo）是非常出色的葡萄酒专家，对他种植的维蒂其诺（Verdicchio）了如指掌。这里主要种植本地葡萄哲斯（Jesi），它各种各样的酿制方法都已被研究得十分透彻。冯特夫奇亚（Fontevecchia）系列采用新的酿制方法，口感新鲜；格兰卡萨尔（Grancasale）系列在大木桶里陈化带出它的特性；克里希奥（Crisio）系列依靠在钢桶无懈可击的陈化来促使酒体层次分明、结构清晰；而迟摘葡萄西梅奥（Cimaio）有着贵妇甜酒的风味。蒙特布查诺（Montepulciano）葡萄则用于酿制口感分明的梅拉戈（Merago）系列。

○ Verdicchio dei Castelli di Jesi Cl. Crisio Ris. '10	🏆🏆🏆 3*
○ Cimaio '08	🏆🏆 5
● Merago '08	🏆🏆 3
○ Verdicchio dei Castelli di Jesi Cl. Sup. Fontevecchia '11	🏆🏆 2*
○ Primo M. Cl. '08	🏆 4
○ Verdicchio dei Castelli di Jesi Cl. Grancasale '10	🏆 3
● Lacrima di Morro d'Alba Rosae '09	🏆🏆 2*
○ Verdicchio dei Castelli di Jesi Cl. Sup. Fontevecchia '09	🏆🏆 2*
○ Verdicchio dei Castelli di Jesi Cl. Sup. Fontevecchia '08	🏆🏆 2*
○ Verdicchio dei Castelli di Jesi Cl. Sup. Grancasale '09	🏆🏆 3

Casalis Douhet
VIA MONTECORIOLANO, 11
62018 POTENZA PICENA [MC]
TEL. 0733688121
www.coriolano.com

藏酒销售
预约参观
年产量 30 000 瓶
葡萄种植面积 40 公顷

魅力无限的蒙特科里奥拉诺酒庄（Montecoriolano）已经有上百年的历史了。1920年，当时酒庄的主人卡萨里斯·杜黑家族（Casalis Douhet）成功地引进了赤霞珠（Cabenet）和梅洛（Merlot）葡萄。到了20世纪70年代，酒庄的最后一代人把整个酒庄捐献给政府，所以现在酒庄为坎帕尼亚（Campania）地方政府所有。如今，公共遗产管理者决定提升遗产的价值。在19世纪末的时候新建了一个酒窖，并在原有葡萄品种基础上新增了一些本地和国际品种。这里出品的葡萄酒简单即饮、价格合理。

● Colli Maceratesi Rosso Colosimo '11	🏆🏆 2*
● Coriolano '09	🏆🏆 3
○ Colli Maceratesi Bianco Villa Casalis '11	🏆 2
⊙ Fly	🏆 3
○ Nuà '11	🏆 2
○ Oltremare '11	🏆 2
● Rosso Piceno Giulio Douhet '10	🏆 2
● Colli Maceratesi Rosso Colosimo '10	🏆🏆 2*
● Colli Maceratesi Rosso Colosimo '09	🏆🏆 2*
● Coriolano '07	🏆🏆 3*
● Rosso Piceno Giulio Douhet '09	🏆🏆 2*
● Rosso Piceno Giulio Douhet '08	🏆🏆 2*

Maria Pia Castelli

C.DA SANT'ISIDORO, 22
63015 MONTE URANO [FM]
TEL. 0734841774
www.mariapiacastelli.it

藏酒销售
预约参观
年产量 20 000 瓶
葡萄种植面积 8 公顷
葡萄栽培方式 传统栽培

无论是葡萄种植、葡萄酒酿制还是葡萄酒陈年，恩里科•巴尔托乐蒂（Enrico Bartoletti）总是亲力亲为。他带领着一支年轻的工作团队，一起齐心协力打理着酒庄。马尔科•巴尔托莱蒂（Marco Casolanetti）酿酒师从酿制第一瓶葡萄酒起就一直协助在旁。葡萄园只种植传统的葡萄品种，采用生物动力学原理。葡萄发酵在锥形大木桶中进行，而陈化则将继续使用小木桶。这里产出的葡萄酒相当有特点，口感可能刚开始会不那么平易近人，但确实是与众不同。

○ Stella Flora '10	🍷🍷 5
● Orano '11	🍷🍷 2*
⊙ Sant'Isidoro '11	🍷 2
● Erasmo Castelli '06	🍷🍷 5
● Erasmo Castelli '07	🍷🍷 5
● Orano '10	🍷🍷 3
● Orano '09	🍷🍷 3
○ Stella Flora '09	🍷🍷 5
○ Stella Flora '08	🍷🍷 5
○ Stella Flora '07	🍷🍷 5

Cantine di Castignano

C.DA SAN VENANZO, 31
63032 CASTIGNANO [AP]
TEL. 0736822216
www.cantinedicastignano.com

藏酒销售
预约参观
年产量 450 000 瓶
葡萄种植面积 520 公顷
葡萄栽培方式 有机认证

山坡上遍布着此起彼伏的各个葡萄园，从卡斯迪纳洛（Castignano）延伸到蒙特•德尔•阿森西昂（Monte dell' Ascensione），大部分属于SCAC（酒庄顾客的首字母缩略）会员所有。近年来，酒庄一直生产着品质精良而价格实惠的葡萄酒。他们更是不断挑战葡萄种植的高难度，在皮森诺地区（Piceno）气候寒冷、地形陡峭的地方种植葡萄。酒庄出品的葡萄酒倾向于芳香型、简单即饮型。虽然他们的酒往往缺乏复杂性，也会有一些不好的评价，但他们依然坚持他们的风格，致力于生产消费者喜欢的葡萄酒。

○ Gramelot '10	🍷🍷 2*
● Offida Pecorino Montemisio '11	🍷🍷 2*
● Templaria '10	🍷🍷 2*
○ Falerio dei Colli Ascolani Destriero '11	🍷 1*
○ Offida Passerina Montemisio '11	🍷 2
● Offida Rosso Gran Maestro '07	🍷 3
● Rosso Piceno '11	🍷 1*
○ Falerio dei Colli Ascolani Destriero '10	🍷🍷 1*
● Offida Pecorino Montemisio '10	🍷🍷 1*
● Rosso Piceno '09	🍷🍷 1*
● Sangiovese '08	🍷🍷 1*

马尔凯区
MARCHE

Ciù Ciù

LOC. SANTA MARIA IN CARRO
C.DA CIAFONE, 106 - 63035 OFFIDA [AP]
TEL. 0736810001
www.ciuciuvini.it

藏酒销售
预约参观
提供膳宿
年产量 600 000 瓶
葡萄种植面积 130 公顷
葡萄栽培方式 有机认证

仅仅花了几年时间，马西米利亚诺（Massimiliano）和瓦特·巴托洛梅（Walter Bartolomei）兄弟就把原先的小型的家庭作坊型酒庄变成现在的工厂式企业，拥有固定的批发渠道，齐全的销售网络。他们不断扩大葡萄园面积，种植皮森诺（Piceno）当地典型的本地葡萄，如佩科里诺（Pecorino）、帕斯琳娜（Passerina）、蒙特布查诺（Montepulciano）和圣乔维斯（Sangiovese），不断满足市场对酒体厚重、果香型葡萄酒的强大需求，从而导致那些纯手工酿制的葡萄酒慢慢丧失了市场。

○ Evoé '11	♟♟ 2*
○ Falerio dei Colli Ascolani Oris '11	♟♟ 2*
Oppidum '07	♟♟ 4
● Rosso Piceno Sup. Gotico '10	♟♟ 2*
● Saggio '10	♟♟ 2*
○ Offida Pecorino Le Merlettaie '11	♟ 2
● Offida Rosso Esperanto '07	♟ 5
Rosso Piceno Bacchus '11	♟ 2
Offida Rosso Esperanto '05	♟♟ 5
Oppidum '05	♟♟ 4
Rosso Piceno Sup. Gotico '09	♟♟ 2*
● Rosso Piceno Sup. Gotico '08	♟♟ 2*

Tenuta Cocci Grifoni

LOC. SAN SAVINO
C.DA MESSIERI, 12
63038 RIPATRANSONE [AP]
TEL. 073590143
www.tenutacoccigrifoni.it

藏酒销售
预约参观
年产量 400 000 瓶
葡萄种植面积 45 公顷

1990年，康特拉达·梅西埃里酒庄（Contrada Messieri）推出第一瓶顶级干红皮森诺（Rosso Piceno Superiore），而正是这里，第一瓶由佩科里诺（pecorino）酿制的葡萄酒诞生了。而今天，科西·格福尼酒庄（Teuta Cocci Grifoni）在遵守当地法定的酿制方法的同时，非常注重生产工艺的革新。特别是红葡萄酒，虽然既定的东西不容更改，但并非一成不变。虽然这些葡萄酒需要几年的时间才能充分发挥其最大的潜力，但只要时间成熟，它们就能淋漓尽致地表现出该地域的明显特性。这里最主要的酒品是由佩科里诺（Pecorino）酿制的单一葡萄酒波德·维其诺（Podere Colle Vecchio），以及由圣乔维斯（Sangiovese）和蒙特布查诺葡萄混酿的维格纳·马斯里（Vigna Messieri），该酒通常需要在大木桶里慢慢陈化。

○ Offida Pecorino Podere Colle Vecchio '10	♟♟ 3*
● Offida Rosso Il Grifone '06	♟♟ 3
○ Falerio dei Colli Ascolani Pecorino Le Torri '11	♟ 2
○ Offida Passerina Gaudio Magno Brut '11	♟ 3
○ Offida Passerina Adamantea '10	♟ 2
○ Offida Pecorino Podere Colle Vecchio '09	♟♟ 3
● Offida Rosso Il Grifone '04	♟♟ 3
● Rosso Piceno Rubinio '10	♟♟ 2*
● Rosso Piceno Sup. Le Torri '07	♟♟ 2*
● Rosso Piceno Sup. V. Messieri '06	♟♟ 3

Collestefano

Loc. Colle Stefano, 3
62022 Castelraimondo [MC]
Tel. 0737640439
www.collestefano.com

藏酒销售
预约参观
年产量 60 000 瓶
葡萄种植面积 17公顷
葡萄栽培方式 有机认证

法比奥•马尔基奥尼（Fabio Marchionni）完全可以自诩道，他只花了短短十年的时间就酿制出了非主流的倍受青睐的葡萄酒。他的成功归功于多方面的原因。首先是特殊的风土条件，园地恰恰处于亚平宁山脉（Apennines）上这一独特的地理位置；其次，马特里卡（Matelica）的维蒂奇诺葡萄（Verdicchio）保证了葡萄酒口感的强烈，而且随着长时间的陈化会不断增加其复杂性；还有就是凭借它实惠的价格，不管在全欧洲乃至全世界都非常有市场吸引力。最后补充一点，该酒庄的葡萄酒能够准确无误地反映当年的气候特点，不管是好的方面还是不好的方面，总之就是非常有个性的葡萄酒，一定让您喝过后忘不了。

○ Verdicchio di Matelica Collestefano '11	🍷🍷 2*
○ Verdicchio di Matelica Collestefano '07	🍷🍷🍷 2*
○ Verdicchio di Matelica Collestefano '06	🍷🍷🍷 2*
⊙ Rosa di Elena '10	🍷🍷 2*
○ Verdicchio di Matelica Collestefano '10	🍷🍷 2*
○ Verdicchio di Matelica Collestefano '09	🍷🍷 2*

La Cantina dei Colli Ripani

C.da Tosciano, 28 - 63038 Ripatransone [AP]
Tel. 07359505
www.colliripani.it

藏酒销售
预约参观
年产量 700 000 瓶
葡萄种植面积 900公顷
葡萄栽培方式 有机认证

如果你看到瑞派翠松（Ripatransone）山丘周围布满一排排葡萄藤的话，这很大一部分归功于科里•里帕尼（Colli Ripani）联营酒庄，正是科里•里帕尼（Colli Ripani），确保当地很多小的葡萄种植者得以维持生计。酒庄致力于推广本地的特色葡萄酒。本着多而精的原则，酒庄的出品不仅种类多样，价格也很有优势。酒庄广设11个销售网点的决定，使得酒庄的品牌在马尔凯区（Marche）名声大增。在斯拉夫尼亚橡木桶里经过长时间陈化后的红葡萄酒，质量甚是上乘。

○ Offida Passerina Ninfa Ripana Gold '11	🍷🍷 2*
○ Offida Pecorino Rugaro Gold '11	🍷🍷🍷 3
● Offida Rosso Leo Ripanus '07	🍷🍷 4
● Rosso Piceno Sup. Castellano '08	🍷🍷 4
○ Falerio dei Colli Ascolani Brezzolino '11	🍷 2
● Khorakhanè '06	🍷 6
○ Offida Pecorino Rugaro '09	🍷🍷 2*
● Offida Rosso Leo Ripanus '06	🍷🍷 3*
● Rosso Piceno Sup. Castellano '07	🍷🍷 2*
● Rosso Piceno Sup. Castellano '06	🍷🍷 2*

MARCHE 马尔凯区

Colonnara
VIA MANDRIOLE, 6 - 60034 CUPRAMONTANA [AN]
TEL. 0731780273
www.colonnara.it

藏酒销售
预约参观
年产量 1 000 000 瓶
葡萄种植面积 120 公顷
葡萄栽培方式 有机认证

酒庄的精髓就在那平易近人的、被完好密封的库雷斯（Cuprese）年份酒里。卡帕蒙塔纳（Cupramontana）在酿制弗迪基奥白葡萄酒（Verdicchios）时有一个传统，即发酵后必须陈化。酒庄也根据这一优秀的瓶内发酵的传统，酿造了不少优雅好酒。科洛纳拉（Colonnara），作为当地最有历史的合作酒厂之一，正不遗余力地把所有资源投入到酿酒行业中来。当地的起泡酒相当出色。如果消费者们想要一款经典的反映本土风土的优秀起泡酒的话，那么弗迪基奥白葡萄酒将是您的不二选择。酒庄出品广泛，不仅有本地葡萄酒甚至马尔凯区（Marche）其他区域的代表酒品，您都可以在科洛纳拉（Colonnara）找到。

○ Verdicchio dei Castelli di Jesi Spumante Brut Ubaldo Rosi Ris. '06	♛♛♛ 5
○ Verdicchio dei Castelli di Jesi Cl. Spumante Brut Luigi Ghislieri	♛♛ 4
○ Verdicchio dei Castelli di Jesi Cl. Sup. Cuprese '11	♛♛ 2*
● Rosso Piceno Lyricus '11	♛ 2
○ Verdicchio dei Castelli di Jesi Cl. Lyricus '11	♛ 2
○ Verdicchio dei Castelli di Jesi Cl. Portonuovo '11	♛ 2
○ Verdicchio dei Castelli di Jesi Cl. Cuvée Tradition '11	♛ 3
○ Verdicchio dei Castelli di Jesi Cl. Portonuovo '10	♛ 2*
○ Verdicchio dei Castelli di Jesi Cl. Sup. Cuprese '10	♛ 2*

Coroncino
C.DA CORONCINO, 7 - 60039 STAFFOLO [AN]
TEL. 0731779494
coroncino@libero.it

藏酒销售
预约参观
年产量 45 000 瓶
葡萄种植面积 9.5 公顷

1981年，卢西奥•卡内斯特拉里（Lucio Canestrari）从罗马来到了马尔凯（Marche），同时把先进的酿酒方法带到了当时还未被发现的维蒂奇诺（Verdicchio）葡萄酒世界。当时他只有几公顷的葡萄园，葡萄产量很低，导致他的出品很有限。但是其出品的伊莱•科龙西奥（Il Coroncino）、伊莱•巴科（Il Bacco）和维格纳•盖娅（Vigna Gaia）（以卢西奥和菲奥蕾拉女儿的名字来命名，后来改名盖奥斯皮诺Gaiospino）都备受人追捧。多年来，卢西奥（Lucio）没有进入葡萄酒的主流。他终日沉迷于橡木桶和他那中型酒桶，研究生物动力学。尽管葡萄酒的表面发生了某些变化，但不可否认始终具有特色。

○ Verdicchio dei Castelli di Jesi Cl. Sup. Gaiospino '09	♛ 4
○ Verdicchio dei Castelli di Jesi Passito Bambulè '10	♛♛ 3
○ Verdicchio dei Castelli di Jesi Passito Oracacio '10	♛♛ 3
○ Verdicchio dei Castelli di Jesi Cl. Sup. I Coroncino '10	♛ 2
○ Verdicchio dei Castelli di Jesi Cl. Sup. Gaiospino '03	♛♛♛ 4
○ Verdicchio dei Castelli di Jesi Cl. Sup. Gaiospino '97	♛♛♛ 4*
○ Verdicchio dei Castelli di Jesi Cl. Sup. Il Coroncino '07	♛♛ 2

马尔凯区
MARCHE

Corti dei Farfensi
VIA MOLINO, 12 - 63026 MORESCO [FM]
TEL. 0734274104
www.lecortideifarfensi.it

藏酒销售
预约参观
年产量 120 000 瓶
葡萄种植面积 70 公顷

曾任农艺师顾问的经历让马科•卡瓦列里（Marco Cavalieri）积累了丰富的经验，现在，他决定创建自己的酒庄。现拥有的葡萄园面积达70公顷，散布在费尔莫（Fermo）、格罗塔马尔（Grottammare）、莫里斯科（Moresco）和里帕兰索尼（Ripatransone），一半用于出租，一半留给自己使用。这几个地区朝向各异，其中的一些葡萄藤已高达50岁。虽然他的旗舰品种是已获成功的蒙特布查诺（Montepulciano）与西拉（Syrah）的混酿酒，马科（Marco）还是优先发展了本地葡萄。通过冷水浸渍的白葡萄酒品有奥菲达镇的佩科里诺（Offida Pecorino Curtes）和采用帕斯琳纳（Passerina）葡萄酿制而成的安波（Ampor）。

Tenuta De Angelis
VIA SAN FRANCESCO, 10
63030 CASTEL DI LAMA [AP]
TEL. 073687429
www.tenutadeangelis.it

藏酒销售
预约参观
年产量 500 000 瓶
葡萄种植面积 50 公顷

图拉•德•安格里斯（Teuta De Angelis）酒庄拥有足够的空间处理大量的葡萄，所以这里汇集了两代酿酒师和技术高超的桶装酒交易商也就不足为奇了。现在，第三代人逐渐崛起，以极强的能力和丰富的经验接过葡萄酒发展的接力棒。20世纪90年代，瓶装酒在昆托•法斯蒂（Quinto Fausti）的管理下开始兴起。口感润滑、浓烈的红葡萄造就了大部分果香浓郁的蒙特布查诺（Montepulciano）和口感紧实的圣乔维斯（Sangiovese）葡萄酒，以极其诱人的价格成为了最吸引人的酒品。

● Abate Pietro '08	♛♛ 2*
● Clos '09	♛♛ 2*
○ Falerio dei Colli Ascolani Pecorino Regesto '11	♛♛ 2*
⊙ Floriger '11	♛♛ 2*
● Rosso Piceno Sup. San Joseph '09	♛♛ 2*

● Anghelos '10	♛♛ 3
● Rosso Piceno Sup. '10	♛♛ 2*
○ Offida Passerina '11	♛ 2
○ Passerina Brut	♛ 2
● Rosso Piceno '11	♛ 1*
● Anghelos '09	♛♛ 3
● Anghelos '07	♛♛ 3
○ Falerio dei Colli Ascolani '10	♛♛ 1*
○ Offida Pecorino '10	♛♛ 2*
● Rosso Piceno Sup. '09	♛♛ 2*

MARCHE 马尔凯区

Fattoria Dezi

C.DA FONTEMAGGIO, 14
63029 SERVIGLIANO [FM]
TEL. 0734710090
fattoriadezi@hotmail.com

藏酒销售
预约参观
游客设施
年产量 500 000 瓶
葡萄种植面积 16 公顷
葡萄栽培方式 传统栽培

斯特法诺（Stefano）和大卫·德兹（Davide Dezi）酿造的葡萄酒有着完善的风格，不仅酒体丰满，且结构平衡、酒力强劲。这些显著的特点在最上乘的葡萄酒品种里表现得淋漓尽致，比如只取材圣乔维斯（Sangiovese）的索罗葡萄酒（Solo），以及单一的雷吉纳（Regina del Bosco）和蒙特布查诺（Montepulciano）。后两者均来自低产量的葡萄藤。虽然比通常的皮森诺（Piceno）葡萄酒王国更靠北面，但这里的土壤类型和斜坡气候无一相同。在小木桶陈化过后，这两种酒品完美地展现了本地的风土特性。另外，白葡萄酒也来自诸如马瓦西亚（Malvasia）、威迪科（Verdicchio）和佩科里诺（Pecorino）葡萄等传统品种，陈化过程不使用橡木桶。

● Regina del Bosco '09	🍷🍷 6
○ Le Solagne '10	🍷🍷 3
● Solo '10	🍷🍷 6
● Dezio '10	🍷 3
● Regina del Bosco '06	🍷🍷🍷 6
● Regina del Bosco '05	🍷🍷🍷 6
● Solo Sangiovese '05	🍷🍷🍷 6
● Dezio '09	🍷🍷 3
● Regina del Bosco '08	🍷🍷 6
● Regina del Bosco 48 Mesi '06	🍷🍷 8
● Solo '09	🍷🍷 6

La Distesa

VIA ROMITA, 28 - 60034 CUPRAMONTANA [AN]
TEL. 0731781230
www.ladistesa.it

藏酒销售
预约参观
膳宿接待
年产量 100 000 瓶
葡萄种植面积 3 公顷
葡萄栽培方式 传统栽培

科尔拉多·多托利（Corrado Dottori）从不干预葡萄藤，尽可能地让它自由生长。他似乎只在必要时才会插手复杂而重要的环节，并还把这种干扰保持在最低程度。科尔拉多（Corrado）摒弃常规惯例，从不认为酒品品质的高低可以明确区分。该酒庄出品的葡萄酒口味强劲、浓郁而尖锐，挥发酸非常浓烈。要不要买一瓶，这确实是一个艰难的抉择。鉴于我们对好酒品的已有定义，我们只能选择部分支持他了。

○ Terre Silvate '11	🍷🍷 2*
● Nocenzio '10	🍷 3
○ Verdicchio dei Castelli di Jesi Cl. Gli Eremi Ris. '09	🍷🍷🍷 3*
● Nocenzio '09	🍷🍷 3
○ Nur '08	🍷🍷 3*
○ Verdicchio dei Castelli di Jesi Cl. Sup. Terre Silvate '10	🍷🍷 2*
○ Verdicchio dei Castelli di Jesi Cl. Sup. Terre Silvate '09	🍷🍷 2*

马尔凯区
MARCHE

Fazi Battaglia
VIA ROMA, 117 - 60031 CASTELPLANIO [AN]
TEL. 073181591
www.fazibattaglia.it

藏酒销售
预约参观
年产量 2 500 000 瓶
葡萄种植面积 250 公顷

很早就开拓了国际市场的法济•巴塔利亚酒庄（Fazi Battaglia）已与出产的威迪科葡萄酒（Verdicchio）一样，成为本地的知名象征。这一成绩的取得完全归功于这个卡特皮安诺地区（Castelplanio）酒庄推出的双耳长颈瓶。目前，该酒庄正在经历着大型的结构调整阶段，很多对战略没多大意义的投资已被抛弃。斯帕拉科•加诺提家族（Sparaco-Giannotti）决定把重心放在地区品种上，首选的品种就是威迪科（Verdicchio）。多样化的白葡萄酒、紧实的红葡萄酒和优雅的风干葡萄酒阿科奇亚（Arkezia）已然成为这一计划最有力的支持者。

○ Verdicchio dei Castelli di Jesi Cl. San Sisto Ris. '09	▼▼▼ 4*
● Conero Passo del Lupo Ris. '09	▼▼ 4
○ Verdicchio dei Castelli di Jesi Cl. Sup. Massaccio '10	▼▼ 3*
○ Arkezia '09	▼▼ 5
● Rosso Conero Ekeos '11	▼▼ 3
○ Verdicchio dei Castelli di Jesi Cl. Sup. Ekeos '11	▼▼ 3
○ Verdicchio dei Castelli di Jesi Cl. Sup. Le Moie '11	▼▼ 2*
○ Rie Verdi '11	▼ 3
○ Verdicchio dei Castelli di Jesi Cl. Titulus '11	▼ 2
○ Verdicchio dei Castelli di Jesi Cl. San Sisto Ris. '07	▼▼▼ 4

Andrea Felici
VIA SANT'ISIDORO, 28 - 62021 APIRO [MC]
TEL. 0733611431
www.andreafelici.it

藏酒销售
预约参观
年产量 35 000 瓶
葡萄种植面积 16 公顷
葡萄栽培方式 有机认证

阿皮罗（Apiro）一直是盛产威迪科（Verdicchio）的地区。该地区位于圣维奇诺（San Vicino）山脚下，与卡帕蒙塔纳省（Cupramontana）仅咫尺之遥。由于缺乏经验，里奥•费里奇（Leo Felici）在刚开始打理庄园时显得十分挣扎。但现在他已经慢慢进入自己的节奏，能够使得培育的葡萄藤展现出自身的特色。他仅仅生产两款葡萄酒，一款是取材于海拔400米到500米的葡萄园，并在不锈钢桶里陈化过的安德里亚•费里奇（Andrea Felici）混酿酒；另一款则是产自酒窖附近圣•弗朗西斯科（San Francesco）葡萄园的坎尼科（Cantico della Figura）。这种酒放在玻璃衬里的水泥槽里陈化了30个月，充分诠释了里奥（Leo）的酒庄风格。

○ Verdicchio dei Castelli di Jesi Cl. Il Cantico della Figura Ris. '09	▼▼▼ 4*
○ Verdicchio dei Castelli di Jesi Cl. Sup. Andrea Felici '11	▼▼ 2*
○ Verdicchio dei Castelli di Jesi Cl. Il Cantico della Figura Ris. '08	▼▼ 4
○ Verdicchio dei Castelli di Jesi Cl. Il Cantico della Figura Ris. '07	▼▼ 4
○ Verdicchio dei Castelli di Jesi Cl. Sup. Andrea Felici '10	▼▼ 2*

MARCHE

Fiorano
C.DA FIORANO, 19 - 63030 COSSIGNANO [AP]
TEL. 073598446
www.agrifiorano.it

藏酒销售
预约参观
游客设施
年产量 30 000 瓶
葡萄种植面积 6 公顷
葡萄栽培方式 有机认证

15年前，保罗•伯莱塔（Paolo Beretta）从一开始就选择了运用有机方法打理葡萄园。当时，他的葡萄藤坐落在这个极好的小山谷里，他本人也在这里居住和打理农舍生意。现在，这里仍未受污染。更重要的是，这里成为了美妙的葡萄酒王国。葡萄酒的酿造过程从不投机取巧或多加修饰，保证了酒品不仅如水晶般纯净，且口感清脆、香气逼人。传统品种佩科里诺（Pecorino）、圣乔维斯（Sangiovese）和蒙特布查诺（Montepulciano）在葡萄园里生长成熟着。而在酒窖内，各种尺寸的橡木桶被用于需要加工的葡萄酒。要是想缩短生产周期的话，就只能采用不锈钢桶了。

Cantine Fontezoppa
C.DA SAN DOMENICO, 38
62012 CIVITANOVA MARCHE [MC]
TEL. 0733790504
www.cantinefontezoppa.it

藏酒销售
预约参观
游客设施
年产量 290 000 瓶
葡萄种植面积 38 公顷

冯特宗帕（Fontezoppa）所做的工作绝对值得称道。他酿造的葡萄酒开发了很多地区的创造力，包括赛拉派特罗纳（Serrapetrona）、马泰利卡（Matelica）和毗邻亚得里亚海（Adriatic Sea）的马切拉塔（Macerata）山丘。酒庄的一系列酒品拥有精细优雅的风格，且从不为了追求转瞬即逝的时尚而酿造华而不实的酒品。我们必须感谢皮耶罗•鲁兹（Piero Luzi），他为大家走近里本纳（Ribona）这一马切拉塔（Macerata）品种葡萄铺平了道路，同时还宣传了因起泡红葡萄酒而知名的赛拉派特罗纳（Serrapetrona）。

● Fiorano Sangiovese '11	🍷🍷 2*
○ Offida Pecorino Donna Orgilla '11	🍷🍷 3
● Rosso Piceno Sup. Terre di Giobbe '09	🍷🍷 2*
● Fiorano Sangiovese '10	🍷🍷 2*
○ Offida Pecorino Donna Orgilla '10	🍷🍷 3*
○ Offida Pecorino Donna Orgilla '09	🍷🍷 3*
● Rosso Piceno Sup. Terre di Giobbe '08	🍷🍷 2*
● Rosso Piceno Sup. Terre di Giobbe '07	🍷🍷 2*

○ Colli Maceratesi Ribona '10	🍷🍷 4
○ Frapicci '11	🍷🍷 3
● Marche Rosso '10	🍷🍷 3
○ Verdicchio di Matelica '11	🍷 3
● Colli Maceratesi Rosso Vardò '09	🍷 3
○ Marche Bianco '11	🍷 3
○ Colli Maceratesi Ribona '09	🍷🍷 2*
○ Colli Maceratesi Ribona '07	🍷🍷 2*
● Marche Rosso '09	🍷🍷 2*
● Serrapetrona Falcotto '08	🍷🍷 5
○ Verdicchio di Matelica '10	🍷🍷 2*

马尔凯区 MARCHE

★ Gioacchino Garofoli
via Carlo Marx, 123
60022 Castelfidardo [AN]
Tel. 0717820162
www.garofolivini.it

藏酒销售
预约参观
年产量 2 000 000 瓶
葡萄种植面积 42公顷

卡罗（Carlo）和詹弗兰科（Gianfranco）的酒庄在马尔凯区（Marche）最为古老。酒庄以本地葡萄品种为原料，生产出了一系列风格经典的酒品。取材于耶西卡斯特里地区（Castelli di Jesi）的葡萄造就了强劲、精致且易于窖藏的威迪科（Verdicchio）。与亚得里亚海（Adriatic Sea）仅有咫尺之遥的贡雷诺山地区（Mount Conero）为白色石灰岩地形，生产的蒙特布查诺葡萄（Montepulciano）一般放在橡木桶里陈化；如果酿造的是精品酒，就在大桶里陈化。此外，酒庄在挑选了本地品种葡萄后，用经典的方法生产出了许多诱人的起泡葡萄酒和餐后甜酒。

Piergiovanni Giusti
loc. Montignano
via Castellaro, 97 - 60019 Senigallia [AN]
Tel. 071918031
www.lacrimagiusti.it

藏酒销售
预约参观
年产量 51 000 瓶
葡萄种植面积 13公顷

不久之前，皮耶乔瓦尼·基斯迪（Piergiovanni Giusti）被认为是泪珠（Lacrima）葡萄的拥趸，因为除了使用泪珠（Lacrima）葡萄来酿造一系列的红葡萄酒和玫瑰葡萄酒外，他不会青睐其他任何葡萄。后来，他开垦了在酒庄对面已有35年历史的葡萄园，并引进蒙特布查诺（Montepulciano）、圣乔维斯（Sangiovese）和梅洛（Merlot）葡萄。这些葡萄在大木桶陈化后，得到了林特鲁索（L'Intruso）葡萄酒。近日，他还种植了布鲁尼54（Bruni 54）杂交品种葡萄。现在，泪珠葡萄（Lacrima）仍然是酒品生产的基石，其中的卢比安诺（Rubbjano）酒款由小木桶陈化生成。

○ Verdicchio dei Castelli di Jesi Cl. Sup. Podium '10	▼▼▼ 4*
○ Brut Rosé '09	▼▼ 4
● Conero Grosso Agontano Ris. '08	▼▼ 5
○ Verdicchio dei Castelli di Jesi Brut Ris. '07	▼▼ 4
○ Verdicchio dei Castelli di Jesi Cl. Sup. Macrina '11	▼▼ 2*
● Conero Sel. Gioacchino Garofoli Ris. '07	▼▼ 8
⊙ Kòmaros '11	▼▼ 2*
● Camerlano '08	▼ 4
○ Extra Brut Ris. '01	▼ 7
● Rosso Conero Piancarda '09	▼ 3
○ Verdicchio dei Castelli di Jesi Cl. Sel. Gioacchino Garofoli Ris. '06	▼▼▼ 5
○ Verdicchio dei Castelli di Jesi Cl. Sup. Podium '08	▼▼▼ 3

⊙ Anima Rosa '11	▼▼ 2*
● L'Intruso '09	▼▼ 7
● Lacrima di Morro d'Alba '11	▼▼ 2*
○ Bolla Rosa	▼ 4
● Lacrima di Morro d'Alba Rubbjano '09	▼ 3
⊙ Le Rose di Settembre '11	▼ 2
● L'Intruso '08	▼▼ 7
● Lacrima di Morro d'Alba '10	▼▼ 2*
● Lacrima di Morro d'Alba '09	▼▼ 2*
● Lacrima di Morro d'Alba Rubbjano '08	▼▼ 3
● Lacrima di Morro d'Alba Sup. Luigino V. V. '08	▼▼ 4

MARCHE 马尔凯区

Luca Guerrieri
VIA SAN FILIPPO, 24 - 61030 PIAGGE [PU]
TEL. 0721890152
www.aziendaguerrieri.it

藏酒销售
预约参观
膳宿接待
年产量 180 000 瓶
葡萄种植面积 35 公顷

农民一如既往地献身于葡萄的种植工作中，使得佩扎罗（Pesaro）山丘的轮廓显得齐整好看。即使是很多产业以丰厚的待遇吸引农民出外打拼，他们仍坚守着自己的阵地。卢卡•格尔瑞利（Luca Guerrieri）的酒庄历史悠久，200公顷的土地种植了橄榄树和葡萄，同时还有诸如斯佩尔特小麦、硬质小麦等谷物，用来制作意大利面食及其他产品。整个农场的结构十分复杂，包含了一个教学农场和农庄宿舍。酒庄注重使用本地的圣乔维斯（Sangiovese）和碧安切罗（Bianchello）葡萄品种来精心酿造葡萄酒。现在，酒品的风格现代却不平庸，单一葡萄酒品质上乘可靠。

Esther Hauser
C.DA CORONCINO, 1A - 60039 STAFFOLO [AN]
TEL. 0731770203
zara.hauser@gmail.com

藏酒销售
预约参观
年产量 6 000 瓶
葡萄种植面积 1 公顷

葡萄酒的产区有时候并不遵循一般的规律。在威迪科（Verdicchio）"统治"的耶西卡斯泰利（Castelli di Jesi）地区，艾瑟•豪泽（Esher Hauser）向我们展示了在这里生产令人关注的红葡萄酒并非遥不可及。许多年前，她从瑞士带来了独特的观点，并把它运用到了葡萄栽培上。她在1公顷的葡萄园种植了蒙特布查诺（Montepulciano）、少量的圣乔维斯（Sangiovese）和一些赤霞珠（Cabernet Sauvignon）葡萄。其中的蒙特布查诺（Montepulciano）葡萄用来酿造库伯（Il Cupo）葡萄。另外，通过把三个品种相混合，她酿成了第二种酒品——切波（Il Ceppo）。上述两种限量生产的葡萄酒均在大桶中陈化过。

○ Bianchello del Metauro Celso '11	♛ 2*
● Colli Pesaresi Sangiovese Galileo Ris. '09	♛ 3
● Guerriero Nero '10	♛ 3
○ Bianchello del Metauro '11	♛ 2
○ Guerrieri Brut	♛ 2
○ Guerriero Bianco '09	♛ 2
○ Bianchello del Metauro '10	♛ 2*
○ Bianchello del Metauro Celso '10	♛ 2*
● Colli Pesaresi Sangiovese '10	♛ 2*
● Colli Pesaresi Sangiovese Galileo Ris. '08	♛ 3
● Guerriero Nero '09	♛ 3*

● Il Ceppo '09	♛ 4
● Il Cupo '09	♛ 5
● Il Ceppo '08	♛ 4
● Il Ceppo '07	♛ 4
● Il Cupo '08	♛ 5
● Il Cupo '07	♛ 5

马尔凯区
MARCHE

Fattoria Laila

via San Filippo sul Cesano, 27
61040 Mondavio [PU]
Tel. 0721979353
www.fattorialaila.it

藏酒销售
预约参观
年产量 140 000 瓶
葡萄种植面积 30公顷

酒庄出品的葡萄酒风格现代而内敛，结构适中又易于饮用。想要勾勒出安德里亚•克罗琴齐（Andrea Crocenzi）的葡萄酒画面并不复杂。在质量方面，我们羡慕赞叹其始终如一的高品质。不过，所有单一的威迪科（Verdicchio）白葡萄酒，特别是白莱鲁姆（Lailum Bianco），更令人印象深刻。酒龄较短时，它的口感紧实诱人。过了较长时间后，酒品变得层次复杂，令人惊叹。酒庄最近推出的红葡萄酒香气逼人、果香浓郁。其中的干红莱鲁姆（Lailum Rosso）陈化于小木桶内。

○ Verdicchio dei Castelli di Jesi Cl. Lailum '10	🍷🍷 3*
● Rosso Conero Fattoria Laila '11	🍷🍷 2*
● Rosso Piceno Fattoria Laila '11	🍷🍷 2*
● Rosso Piceno Lailum '10	🍷🍷 3
○ Verdicchio dei Castelli di Jesi Cl. Eklektikos '11	🍷🍷 2*
○ Verdicchio dei Castelli di Jesi Cl. Sup. Fattoria Laila '11	🍷🍷 2*
● Rosso Conero Fattoria Laila '10	🍷🍷 2*
● Rosso Piceno Lailum '08	🍷🍷 3
○ Verdicchio dei Castelli di Jesi Cl. Eklektikos '10	🍷🍷 2*
○ Verdicchio dei Castelli di Jesi Cl. Fattoria Laila '10	🍷🍷 2*
○ Verdicchio dei Castelli di Jesi Cl. Lailum Ris. '09	🍷🍷 3

Conte Leopardi Dittajuti

via Marina II, 24 - 60026 Numana [AN]
Tel. 0717390116
www.conteleopardi.com

藏酒销售
预约参观
年产量 250 000 瓶
葡萄种植面积 44公顷

皮耶维托里奥•莱奥帕尔迪（Piervittorio Leopardi）的酒庄始建于1949年，企业形象与蒙特布查诺（Montepulciano）的酿造有着千丝万缕的联系。蒙特布查诺（Montepulciano）生长的地方是贡雷诺山（Mount Conero）的地面岩层，同时也是完全突出海面的岬角。红葡萄处于地中海气候带，常年呼吸着咸咸的空气，造就了葡萄酒丰富的结构和浓郁的果香。酒庄采用了不同的陈化方法和熟化技术，使得生产的一系列酒品让每个人都感到满意。威迪科（Verdicchio）虽然来源于在卡帕蒙塔纳（Cupramontana）租赁的葡萄园，但是与酒庄联系更久的长相思却生长在西罗洛（Sirolo）的白石灰石土壤上。

○ Calcare '11	🍷🍷 3*
● Conero Pigmento Ris. '09	🍷🍷 5
● Rosso Conero Casirano '10	🍷🍷 3
○ Verdicchio dei Castelli di Jesi Cl. Artemano '10	🍷🍷 2*
○ Verdicchio dei Castelli di Jesi Cl. Castelverde '11	🍷🍷 2*
● Conero Artemano Ris. '08	🍷 5
● Rosso Conero Fructus '11	🍷 2
● Rosso Conero Vign. del Coppo '10	🍷 3
● Conero Pigmento Ris. '08	🍷🍷 5
● Conero Pigmento Ris. '07	🍷🍷 5
● Conero Pigmento Ris. '06	🍷🍷 5
● Conero Pigmento Ris. '04	🍷🍷 5
● Rosso Conero Fructus '09	🍷🍷 2*

马尔凯区
MARCHE

Mario Lucchetti
VIA SANTA MARIA DEL FIORE, 17
60030 MORRO D'ALBA [AN]
TEL. 073163314
www.mariolucchetti.it

藏酒销售
预约参观
年产量 150 000 瓶
葡萄种植面积 25 公顷

马里奥·卢切蒂（Mario Lucchetti）酿造丰富的黑泪珠（lacrima nera）葡萄酒的经验始于1991年。那时，他使用了芳香浓郁的莫罗德·阿尔巴葡萄（Morro d'Alba）生产出第一瓶葡萄酒。多年来，马里奥（Mario）活跃在不同的地方，不断获得的土地意味着他现在能够增加产品种类和进行试验。他与马里亚索尔（Mariasole）共同酿造出了阿玛诺（Amarone）风格的泪珠（Lacrima）葡萄酒。葡萄放入烘干室4个月后得到葡萄干，将其放进瓶子里让它不紧不慢地陈化。同时，他生产的威迪科葡萄酒（Verdicchio）的质量也有所提高。上述两种酒品在钢桶里酿造后，直接供应到市场。

- Lacrima di Morro d'Alba Sup. Guardengo '10 ♛♛ 3
- Verdicchio dei Castelli di Jesi Cl. '11 ♛♛ 2*
- Verdicchio dei Castelli di Jesi Cl. Sup. '11 ♛♛ 3
- Lacrima di Morro d'Alba '11 ♛ 2
- Lacrima di Morro d'Alba Mariasole '09 ♛ 6
- Lacrima di Morro d'Alba '08 ♛♛ 2*
- Lacrima di Morro d'Alba Passito '07 ♛ 5
- Verdicchio dei Castelli di Jesi Cl. Sup. '08 ♛♛ 2*

Stefano Mancinelli
VIA ROMA, 62 - 60030 MORRO D'ALBA [AN]
TEL. 073163021
www.mancinelli-wine.com

藏酒销售
预约参观
膳宿接待
年产量 150 000 瓶
葡萄种植面积 25 公顷

我们毫不掩饰对斯特凡诺·曼齐纳利（Stefano Mancinelli）的信任，坚信他能成为莫罗·阿尔巴·泪珠（Lacrima di Morro d'Alba）位于森尼咖利雅（Senigallia）后方的小产区的总设计师。退一步来说，每个人都认可他对葡萄酒投入的精力，因为当一开始推出他的酒品时，人们还抱着好奇和观望的态度。斯特凡诺（Stefano）、负责葡萄园管理的吉安卡罗·索维查（Giancarlo Soverchia）梦之队和负责酒窖工作的罗伯托·伯腾蒂尼（Roberto Potentini）总是钻研着他们的葡萄藤，力求找出用半风干的方法来酿造阿玛诺（Amarone）风格的雷·索尔（Re Sole）葡萄酒。不管怎样，最能体现葡萄品种特性的还是斯特凡诺（Stefano）标志性的顶级泪珠（Lacrima Superiore）葡萄酒。

- Lacrima di Morro d'Alba Passito Re Sole '06 ♛♛ 4
- Lacrima di Morro d'Alba Sup. '10 ♛♛ 3*
- Verdicchio dei Castelli di Jesi Passito Stell '07 ♛♛ 4
- Lacrima di Morro d'Alba '11 ♛ 2
- Lacrima di Morro d'Alba Sensazioni di Frutto '11 ♛ 2
- Verdicchio dei Castelli di Jesi Cl. Sup. Podere S. Maria del Fiore '11 ♛ 2
- Lacrima di Morro d'Alba '08 ♛♛ 2
- Lacrima di Morro d'Alba Sensazioni di Frutto '10 ♛♛ 2*
- Lacrima di Morro d'Alba Sup. '09 ♛♛ 3
- Verdicchio dei Castelli di Jesi Cl. '10 ♛♛ 1*
- Verdicchio dei Castelli di Jesi Cl. Sup. '10 ♛♛ 2*

马尔凯区
MARCHE

La Marca di San Michele
VIA TORRE, 13 - 60034 CUPRAMONTANA [AN]
TEL. 0731781183
www.lamarcadisanmichele.com

藏酒销售
游客设施
年产量 13 000 瓶
葡萄种植面积 6 公顷
葡萄栽培方式 有机认证

亚历山德罗（Alessandro）和碧翠丝·邦奇（Beatrice Bonci）的葡萄园位于被公认为卡帕蒙塔纳（Cupramontana）省重要的维帝其诺（Verdicchio）产地——康特拉达·圣·米歇尔（Contrada San Michele）庄园里，酒庄以葡萄园来命名。两位酿酒师虽然是年轻的菜鸟，但表现得丝毫不会畏手畏脚。他们忠于地域风土、有机生产方式和明确的葡萄酒形象。虽然他们暂时只有两款对比鲜明的葡萄酒，但每一款都拥有丰富的个性。卡帕沃托（Capovolto）在钢桶里陈酿了8个月，而皮格罗（Pigro）则在大木桶里陈化了9个月。

Clara Marcelli
VIA FONTE VECCHIA, 8 - 63030 CASTORANO [AP]
TEL. 073687289
www.claramarcelli.it

预约参观
年产量 40 000 瓶
葡萄种植面积 14 公顷
葡萄栽培方式 有机认证

葡萄酒往往能如实地折射出其酿造者的意图和理念。克莱塔（Colletta）兄弟生产的葡萄酒拥有多样的特性和火热的性情。根据这些特点，我们立刻就能洞察出他们的创造力。醒酒后，葡萄酒的气质就更加明显。上述特点与严格遵守有机方法来生产有直接的关系。酒庄采用的葡萄品种有蒙特布查诺（Montepulciano）、圣乔维斯（Sangiovese）、少量的赤霞珠（Cabernet Sauvignon）、帕斯琳娜（Passerina）和佩科里诺（Pecorino）。这些葡萄被送至酒窖后，在马科·卡索拉内蒂（Marco Casolanetti）的监督下使用传统的方法进行酿造。无论是哪一种葡萄酒酒款，酒庄都只是小量的生产。

○ Verdicchio dei Castelli di Jesi Cl. Sup. Capovolto '10	🍷🍷🍷 3*
○ Verdicchio dei Castelli di Jesi Cl.Sup. Il Pigro della Marca '10	🍷 5
○ Verdicchio dei Castelli di Jesi Cl. Il Pigro Ris. '08	🍷🍷 5
○ Verdicchio dei Castelli di Jesi Cl.Sup. Capovolto '09	🍷🍷 2*

● K'un '10	🍷🍷🍷 3
○ Offida Pecorino Irata '11	🍷🍷 2*
● Rosso Piceno Sup. '10	🍷🍷 3
● Corbù '11	🍷 2
● Corbù '10	🍷🍷 2*
● K'un '09	🍷🍷 3
● K'un '08	🍷🍷 3*
● K'un '07	🍷🍷 3
○ Offida Pecorino Irata '09	🍷🍷 2
● Piceno Rosso Sup. '08	🍷🍷 3
● Rosso Piceno Sup. '09	🍷🍷 3

马尔凯区
MARCHE

Marotti Campi
VIA SANT'AMICO, 14
60030 MORRO D'ALBA [AN]
TEL. 0731618027
www.marotticampi.it

藏酒销售
预约参观
游客设施
年产量 185 000 瓶
葡萄种植面积 56 公顷

洛伦佐•马罗蒂•卡姆皮（Lorenzo Marotti Campi）从一开始就深知，要想卖出本地品种的葡萄酒，他就必须环游世界，说服潜在的顾客来品尝，从而让他们欣赏维斯奇诺葡萄（Verdicchio）特色花香的独特之处和浓郁程度。这一直是他的酒品的特点，无论是基本款还是更为复杂的奥乔洛（Orgiolo）旗舰款均是如此。近些年来，一系列优秀版本的威迪科•萨尔玛里安诺（Verdicchio Salmariano）完美地结合了酒劲和复杂度，使得玛洛迪•坎比（Marotti Campi）晋升到该类型葡萄酒的领先行列之中。

Valter Mattoni
C.DA PESCOLLA - 63030 CASTORANO [AP]
TEL. 073687329

藏酒销售
年产量 5 500 瓶
葡萄种植面积 3 公顷

之前，瓦特•马托尼（Valter Mattoni）虽然没有酿造葡萄酒，但他却在葡萄酒的其他相关行业干了很多年。直到最近，他才决定在家族古老的一块种植了蒙特布查诺（Montepulciano）和拉比安诺（Trebbiano）葡萄的土地上酿造葡萄酒。在这些上佳葡萄和马科•卡索拉内蒂（Marco Casolanetti）的重要支撑下，瓦特•马托尼（Valter Mattoni）创建了3种酒款，香气新颖且酒体丰满。虽然产量有限，但是这些酒品值得进一步的开发。只有幸运的顾客才会见到这些特雷比安（Trebbien）和科斯•科斯（Cose Cose）酒品，及它们不同寻常的轮廓和软木塞。

○ Castelli di Jesi Verdicchio Cl. Salmariano Ris. '09	♛♛ 3*
○ Brut Rosé '11	♛♛ 3
● Donderè '09	♛♛ 3
● Lacrima di Morro d'Alba Orgiolo '10	♛♛ 3
● Lacrima di Morro d'Alba Rùbico '11	♛♛ 2*
○ Verdicchio dei Castelli di Jesi Cl. Sup. Luzano '11	♛♛ 2*
○ Verdicchio dei Castelli di Jesi Cl. Albiano '11	♛ 1*
● Xyris '11	♛ 2
○ Verdicchio dei Castelli di Jesi Cl. Salmariano Ris. '08	♛♛♛ 3*
○ Verdicchio dei Castelli di Jesi Cl. Salmariano Ris. '07	♛♛♛ 2*

● Arshura '10	♛♛ 3*
○ Cose Cose '11	♛♛ 2*
○ Trebbién '11	♛ 2
● Arshura '09	♛♛ 3
● Arshura '08	♛♛ 3

马尔凯区
MARCHE

★ La Monacesca
C.DA MONACESCA - 62024 MATELICA [MC]
TEL. 0733672641
www.monacesca.it

藏酒销售
预约参观
年产量 160 000 瓶
葡萄种植面积 30 公顷
葡萄栽培方式 传统栽培

马泰丽卡（Matelica）独特的风土孕育出了特色鲜明的威迪科（Verdicchio）葡萄，生产方式仍忠于最初的工艺精神。良好的可观条件加上阿尔多•席福拉（Aldo Cifola）清晰的思路、高超的创业技能和不愿妥协的个性，使得酒庄近期成为本地葡萄酒行业的旗杆企业。只在钢铁里陈酿的威迪科葡萄酒（Verdicchio）是酒庄的招牌，近期出品的一批葡萄酒特点突出、口感可口且结构上佳。另外，米鲁姆（Mirum）珍藏葡萄酒集复杂性、吸引力和持久性于一身，广受高度赞誉。

○ Verdicchio di Matelica Mirum Ris. '10	♥♥♥ 4*
○ Verdicchio di Matelica '11	♥♥ 2*
● Camerte '09	♥ 4
● Camerte '99	♥ 5
○ Mirum '94	♥♥♥ 3*
○ Verdicchio di Matelica '94	♥♥♥ 3
○ Verdicchio di Matelica Mirum Ris. '09	♥♥♥ 4
○ Verdicchio di Matelica Mirum Ris. '08	♥♥♥ 4
○ Verdicchio di Matelica Mirum Ris. '07	♥♥♥ 4*
○ Verdicchio di Matelica Mirum Ris. '06	♥♥♥ 4
○ Verdicchio di Matelica Mirum Ris. '04	♥♥♥ 4
○ Verdicchio di Matelica Mirum Ris. '02	♥♥♥ 3

Monte Schiavo
FRAZ. MONTESCHIAVO
VIA VIVAIO - 60030 MAIOLATI SPONTINI [AN]
TEL. 0731700385
www.monteschiavo.it

藏酒销售
预约参观
年产量 1 500 000 瓶
葡萄种植面积 115 公顷
葡萄栽培方式 传统栽培

皮尔拉里斯家族（Pieralisi）从不吝啬投资他于1995年创建的葡萄种植企业，多达8个完全运转出色的葡萄园足以说明这一点。这些葡萄园其中一些坐落在位置极佳的莫里诺•科斯特（Coste del Molino）和塔桑纳里（Tassanare），自然风光极为美妙。酒庄酿造出的酒品细腻可靠、品质上佳且售价合理。大部分是威迪科（Verdicchio）和非常平易近人的红葡萄酒。少量更有雄心的红葡萄酒却不那么令人兴奋，看起来稍欠火候，过于成熟且过分浓缩。

○ Verdicchio dei Castelli di Jesi Cl. Sup. Pallio di S. Floriano '11	♥♥♥ 2*
○ Verdicchio dei Castelli di Jesi Cl. Le Giuncare Ris. '09	♥♥ 3*
● Lacrima di Morro d'Alba Marzaiola '11	♥♥ 2*
● Rosso Conero Adeodato '09	♥ 5
○ Verdicchio dei Castelli di Jesi Cl. Coste del Molino '11	♥ 2
● Rosso Conero Adeodato '00	♥♥♥ 5
● Verdicchio dei Castelli di Jesi Cl. Sup. Pallio di S. Floriano '10	♥♥♥ 2*
○ Verdicchio dei Castelli di Jesi Cl. Sup. Pallio di S. Floriano '09	♥♥♥ 2*
● Rosso Piceno Sassaiolo '09	♥♥ 2*

马尔凯区
MARCHE

Montecappone
VIA COLLE OLIVO, 2 - 60035 JESI [AN]
TEL. 0731205761
www.montecappone.com

藏酒销售
预约参观
年产量 120 000 瓶
葡萄种植面积 70 公顷
葡萄栽培方式 传统栽培

米里兹家族（Mirizzi）在酿造威迪科葡萄酒（Verdicchio）上有其独到之处，使用干冰对葡萄进行冷化浸渍，然后进行碳酸酿造，最后再在钢桶里熟化，使得酒品风格清新、柑橘香味丝丝入扣。出品的葡萄酒非常抢眼，不拘泥于现有的一贯风格。虽然红葡萄的产量低于白葡萄，但其优秀品质使得蒙特卡普内酒庄（Montecappone）能够游刃有余地酿造出果肉鲜美、果香浓郁、色彩丰富的酒品。

○ Castelli di Jesi Verdicchio Cl. Utopia Ris. '10	🍷🍷 4
○ Utopia '09	🍷 5
○ Verdicchio dei Castelli di Jesi Cl. Sup. Federico II A.D. 1194 '11	🍷🍷 3
○ Akinos '11	🍷 3
○ La Breccia '11	🍷 3
● Rosso Piceno '11	🍷 2
● Tabano Bianco '11	🍷 3
● Tabano Rosso '10	🍷 4
○ Verdicchio dei Castelli di Jesi Cl. '11	🍷 2
○ Verdicchio dei Castelli di Jesi Cl. Utopia Ris. '08	🍷🍷🍷 4
○ Verdicchio dei Castelli di Jesi Cl. Utopia Ris. '07	🍷🍷🍷 4*

Alessandro Moroder
VIA MONTACUTO, 121 - 60029 ANCONA
TEL. 071898232
www.moroder-vini.it

藏酒销售
预约参观
年产量 140 000 瓶
葡萄种植面积 32 公顷
葡萄栽培方式 有机认证

出生在罗马（Rome）的亚历山德罗•莫罗德尔（Alessandro Moroder）现居住在马尔凯（Marche），一生致力于推广科内罗（Conero）干红葡萄酒。他成为最先赋予葡萄酒独特个性的酿酒师，使其在全国范围内具有竞争力；另外还制定了一个可复制的质量计划，包括恰当而不过分地熟化葡萄、长时间浸渍、合理使用小木桶和漫长陈化。今天，他的酒品成为这个小片区葡萄酒的佼佼者。一系列完备的葡萄酒种类涵盖了起泡葡萄酒和甜葡萄酒，虽然制作精良，但仍不能与科内罗（Conero）干红葡萄酒相提并论。

● Conero Dorico Ris. '08	🍷🍷 5
● Rosso Conero Moroder '09	🍷🍷 2*
● Ankon '08	🍷 5
○ Bianco Nero '11	🍷 2
○ Brut Rosé	🍷 2
○ Elleno '11	🍷 2
○ Oro '10	🍷 5
● Rosso Conero Aiòn '10	🍷 2
● Conero Dorico Ris. '05	🍷🍷🍷 5
● Rosso Conero Dorico '88	🍷🍷🍷 5
● Conero Dorico Ris. '07	🍷🍷 5
● Rosso Conero Aiòn '08	🍷🍷 2*
● Rosso Conero Moroder '08	🍷🍷 2*
● Rosso Conero Moroder '07	🍷🍷 2*

马尔凯区
MARCHE

★Oasi degli Angeli

C.DA SANT'EGIDIO, 50
63012 CUPRA MARITTIMA [AP]
TEL. 0735778569
www.kurni.it

藏酒销售
预约参观
年产量 30 000 瓶
葡萄种植面积 8 公顷
葡萄栽培方式 传统栽培

马尔科•巴尔托莱蒂（Marco Casolanetti）的经营计划把现代理念和古老的农业实践交织在一起，颠覆并重新定义传统，给想要跟风的后来人设置了极具挑战性的障碍。马尔科（Marco）不仅想法十分远大，还有足够的勇气去实践它，即使花费再大的代价也在所不惜。终于，他的付出得到了回报，利用专一种植的蒙特布查诺葡萄（Montepulciano）酿造出了充分浓缩的库尔尼（Kurni）。其口感强劲，陈酿潜力巨大。长时间陈化后能够带给你美妙的感官体验。此外，他们采用同一方法产出了只取材于歌海娜葡萄（Grenache）的库普拉葡萄酒（Kupra）。

● Kurni '10	♛♛♛ 8
● Kupra '09	♛♛ 8
● Kurni '09	♛♛♛ 8
● Kurni '08	♛♛♛ 8
● Kurni '07	♛♛♛ 8
● Kurni '04	♛♛♛ 8
● Kurni '03	♛♛♛ 8
● Kurni '02	♛♛♛ 8
● Kurni '01	♛♛♛ 8
● Kurni '00	♛♛♛ 8
● Kurni '98	♛♛♛ 8
● Kurni '97	♛♛♛ 8

Piantate Lunghe

FRAZ. CANDIA
VIA PIANTATE LUNGHE, 91 - 60131 ANCONA
TEL. 07136464
www.piantatelunghe.it

藏酒销售
预约参观
年产量 30 000 瓶
葡萄种植面积 8 公顷
葡萄栽培方式 传统栽培

科内罗地区（Conero）的葡萄酒往往产自小规模的酒庄。皮安塔特•伦格酒庄（Piantate Lunghe）实施了质量计划，构建着如何谨慎使用手工工艺来酿制葡萄酒。虽然酒庄的规模不大，罗伯特•马佐尼（Roberto Mazzoni）在管理上还是自己亲力亲为，保罗•卡乔尔尼亚（Paola Caciorgna）时不时提供技术支持。酒庄只出产两款葡萄酒，原料来自安格利•瓦拉诺（Angeli di Varano）科内罗自然公园石灰岩地形上的蒙特布查诺（Montepulciano）。令人印象深刻的罗西尼（Rossini）精品酒的陈化过程在橡木酒桶里进行。

● Rosso Conero '10	♛♛ 2*
● Conero Rossini Ris. '09	♛♛ 5
● Conero Rossini '06	♛♛♛ 5
● Conero Rossini Ris. '05	♛♛♛ 5
● Conero Rossini '08	♛♛ 5
● Conero Rossini Ris. '07	♛♛ 5
● Rosso Conero '07	♛♛ 2
● Rosso Conero '06	♛♛ 2*

马尔凯区
MARCHE

Pievalta
VIA MONTESCHIAVO, 18
60030 MAIOLATI SPONTINI [AN]
TEL. 0731705199
www.baronepizzini.it

藏酒销售
预约参观
年产量 80 000 瓶
葡萄种植面积 27 公顷
葡萄栽培方式 有机认证

几年前，巴罗恩•匹兹尼酒庄（Barone Pizzini）为使生产差异化，在马尔凯区（Marche）投资建成了分支——皮耶卡塔酒庄（Piecalta）。两处生产基地——一个坐落在酒庄周围，另一个位于耶西圣保罗（San Paolo di Jesi）。葡萄园大部分种植威迪科葡萄（Verdicchio），还有少量的蒙特布查诺葡萄（Montepulciano）。通过使用生物动力方法，酒品经过了全植物天然认证，酿造过程绝对不添加任何动物产品。酒窖里，木桶经过几次试验后已被舍弃，现在只使用钢桶。

○ Verdicchio dei Castelli di Jesi Cl. San Paolo Ris. '09	♛♛ 3*
○ Perlugo Brut M. Cl.	♛♛ 3
○ Verdicchio dei Castelli di Jesi Cl. Sup. Dominé '11	♛♛ 2*
○ Verdicchio dei Castelli di Jesi Cl. Sup. Pievalta '11	♛♛ 2*
○ Verdicchio dei Castelli di Jesi Passito Curina '10	♛ 3
○ Verdicchio dei Castelli di Jesi Cl. Sup. Pievalta '09	♕♕♕ 2*
○ Verdicchio dei Castelli di Jesi Cl. San Paolo Ris. '08	♕♕ 3

Il Pollenza
VIA CASONE, 4 - 62029 TOLENTINO [MC]
TEL. 0733961989
www.ilpollenza.it

藏酒销售
预约参观
年产量 100 000 瓶
葡萄种植面积 60 公顷
葡萄栽培方式 传统栽培

埃尔多•布拉奇蒂•裴丽迪（Aldo Brachetti Peretti）的梦想是把葡萄种植从马尔凯（Marche）最知名的葡萄酒酿造区带到其他不同的地方，为此他一直在孜孜不倦地工作着。多亏了能干的专业团队、一定的耐心和大规模的投资，他的梦想终于快要实现。酒庄计划以国际葡萄品种为核心，同时也使用一些本地品种。酒窖的优势在于所处的一个可爱而知名的别墅，在那里，绝大多数葡萄酒的陈化在水泥罐和橡木酒桶中进行。

● Il Pollenza '09	♛♛♛ 7
● Cosmino '09	♛♛ 5
○ Pius IX '10	♛♛ 6
● Colli Macerateresi Angera '11	♛♛ 3
● Didi '11	♛♛ 3
○ Brianello '11	♛ 3
● Duende	♛ 3
● Il Pollenza '07	♕♕♕ 7
○ Colli Macerateresi Angera '10	♕♕ 3
○ Cosmino '08	♕♕ 5
○ Didi '10	♕♕ 3
● Il Pollenza '08	♕♕ 7
○ Pius IX Mastai '09	♕♕ 6

MARCHE 马尔凯区

Saladini Pilastri
VIA SALADINI, 5 - 63078 SPINETOLI [AP]
TEL. 0736899534
www.saladinipilastri.it

藏酒销售
预约参观
年产量 1 000 000 瓶
葡萄种植面积 150 公顷
葡萄栽培方式 有机认证

萨拉蒂尼•皮拉斯特里酒庄（Saladini Pilastri）多年来一直是皮森诺地区（Piceno）葡萄酒酿造的标杆企业，这里之所以令人印象深刻，除了因为所有的生产基地采用了有机方法和配备一个设备齐全的酒窖外，复杂的销售系统使得酒品能够进入最高级的市场，出产的葡萄酒反映出产地属性和本地山丘充足的阳光。蒙特布查诺（Montepulciano）和圣乔维斯红葡萄（Sangiovese）占据葡萄园的绝大部分，但也有其他的品种，比如如阿吉里安科（Aglianico）、扎比安奴（Trebbiano）、佩科里诺（Pecorino）和卡斯琳娜（Passerina），酒款广泛多样，绝对物有所值。

San Giovanni
C.DA CIAFONE, 41 - 63035 OFFIDA [AP]
TEL. 0736889032
www.vinisangiovanni.it

藏酒销售
预约参观
年产量 130 000 瓶
葡萄种植面积 30 公顷
葡萄栽培方式 有机认证

吉安尼•洛伦佐（Gianni Di Lorenzo）的葡萄酒做工精致、果香丰饶，虽风格现代，对传统品种的忠实诠释使得酒品散发出别样古典的气息。葡萄园集中位于风景优美的康特拉达•齐风纳（Contrada Ciafone），种植佩科里诺（Pecorino）、帕斯琳娜（Passerina）、蒙特布查诺（Montepulciano）和葡萄。通过多年的尝试，吉安尼（Gianni）确信扎比安奴葡萄酒（Trebbiano）有潜力变得复杂而诱人。为此，他把大部分时间花在开发该酒种的项目上。至于结果如何，我们马上就能在酒桌上看到了。

● Rosso Piceno Sup. V. Montetinello '10	🍷 3*
● Pregio del Conte Rosso '10	🍷🍷 4
● Rosso Piceno Sup. V. Monteprandone '10	🍷🍷 4
○ Offida Passerina '11	🍷 2
○ Offida Pecorino '11	🍷 2
● Rosso Piceno V. Piedeprato '10	🍷 3
○ Offida Passerina '10	🍷🍷 2*
○ Offida Pecorino '10	🍷🍷 2*
● Rosso Piceno Piedeprato '09	🍷🍷 2*
● Rosso Piceno Sup. V. Monteprandone '09	🍷🍷 4
● Rosso Piceno Sup. V. Monteprandone '08	🍷🍷 4

○ Marta '11	🍷🍷 3
○ Offida Pecorino Kiara '11	🍷🍷 3
○ Marta Brut	🍷 2
● Rosso Piceno Sup. Leo Guelfus '08	🍷 3
○ Falerio dei Colli Ascolani Leo Guelfus '10	🍷🍷 2*
○ Offida Pecorino Kiara '10	🍷🍷 2*
● Rosso Piceno Sup. Leo Guelfus '07	🍷🍷 2*
● Rosso Piceno Sup. Leo Guelfus '06	🍷🍷 2*

马尔凯区
MARCHE

Poderi San Lazzaro
C.DA SAN LAZZARO, 88 - 63035 OFFIDA [AP]
TEL. 0736889189
www.poderisanlazzaro.it

藏酒销售
预约参观
年产量 45 000 瓶
葡萄种植面积 8 公顷
葡萄栽培方式 有机认证

保罗·卡普里奥地（Paolo Capriotti）是一个彻头彻尾的葡萄酒人士，总是亲自管理自己的酒窖。这个手工作坊规模的酒庄企业及其出产的葡萄酒或许有小的瑕疵，但酒庄的一切正宗纯粹，绝对不乏魅力。不大的规模、葡萄园有机管理、完全传统的葡萄品种以及侧重对葡萄藤而非酒品的干预措施相结合，造就了充满生气、分外独特的酒款。新建的酒窖将帮助保罗（Paolo）更合理地利用时间和空间，其中后者正是当前最亟须的。

Fattoria San Lorenzo
VIA SAN LORENZO, 6
60036 MONTECAROTTO [AN]
TEL. 073189656
az-crognaletti@libero.it

藏酒销售
预约参观
年产量 100 000 瓶
葡萄种植面积 36 公顷
葡萄栽培方式 有机种植

如果你跟人提起法托利亚·圣·洛伦佐酒庄（Fattoria San Lorenzo），他们或许会感到疑惑。但当他们意识到说的是娜塔莉诺·科罗娜乐迪（Natalino Crognaletti）时，神情就会立即敞亮起来。没错，娜塔莉诺·科罗娜乐迪（Natalino Crognaletti）确实是一个响当当的人物，利用彻底陈化的方法赋予了葡萄酒醇厚的口感。虽然许多粉丝在催促，但她绝不匆忙把酒品供应到市场上。葡萄藤采用有机管理的方法，酒窖只允许最低限度的人工干预。钢铁和水泥桶专门用来陈化威迪科葡萄酒（Verdicchio），各种规格的木桶则用于陈化红葡萄酒。

● Rosso Piceno Sup. Podere 72 '10	🍷🍷 2*
○ Offida Passerina '11	🍷🍷 2*
● Polesio '11	🍷🍷 3
○ Offida Pecorino Pistillo '10	🍷🍷 2*
○ Offida Pecorino Pistillo '09	🍷🍷 2*
● Polesio '10	🍷🍷 2*
● Rosso Piceno Sup. Podere 72 '09	🍷🍷 2*
● Rosso Piceno Sup. Podere 72 '08	🍷🍷 2*

○ Verdicchio dei Castelli di Jesi Cl. …Le Oche… '10	🍷🍷🍷 3*
● Vign. del Solleone '07	🍷🍷 5
● Vigna Paradiso '07	🍷🍷 4
● Rosso Piceno…di Gino… '10	🍷 2
○ Verdicchio dei Castelli di Jesi Cl. Campo delle Oche Ris. '09	🍷 4
○ Verdicchio dei Castelli di Jesi …di Gino… '11	🍷 2
○ Verdicchio dei Castelli di Jesi Cl. Vign. delle Oche Ris. '01	🍷🍷🍷 3
● Rosso Conero Artù '08	🍷🍷 3
● Rosso Conero Vign. La Gattara '07	🍷🍷 2*
○ Verdicchio dei Castelli di Jesi Cl. Sup. Vign. delle Oche '09	🍷🍷 2*

马尔凯区
MARCHE

San Savino - Poderi Capecci
Loc. San Savino
via Santa Maria in Carro, 13
63038 Ripatransone [AP]
Tel. 073590107
www.sansavino.com

藏酒销售
预约参观
年产量 120 000 瓶
葡萄种植面积 未提供
葡萄栽培方式 有机认证

西蒙•卡佩奇（Simone Capecci）出自一个酿酒世家，跟他在阿夸维瓦•皮切纳（Acquaviva Picena）自治区里的蒙特布查诺（Montepulciano）和圣乔维斯（Sangiovese）葡萄岁数相同。葡萄的充分熟化使得他酿制的红葡萄酒具有良好的结构、丰富的色彩和浓郁的果肉质感。佩可利诺葡萄（Pecorino）包围着坐落在卡罗•圣塔•马利亚（Carro Santa Maria）这个古老葡萄酒王国的酒庄，密集种植的葡萄园分布在瑞派翠松（Ripatransone）和奥菲达（Offida）。虽然保留了家庭手工的酿造方法，酒窖还是配备了齐全的技术设备。他们偏爱使用小型和中型的木桶，而白葡萄酒的陈化只在钢桶进行。

Santa Barbara
b.go Mazzini, 35 - 60010 Barbara [AN]
Tel. 0719674249
www.vinisantabarbara.it

藏酒销售
预约参观
年产量 650 000 瓶
葡萄种植面积 45 公顷
葡萄栽培方式 传统栽培

多年来，斯特凡诺•安东诺奇（Stefano Antonucci）出产的葡萄酒品一直有吸引力，品质可靠且数量适中。虽然用于餐饮的现代风格威迪科葡萄酒（Verdicchio）几乎丧失了原葡萄品种的烙印，但还是非常具有风土特色。各种酒款均在木桶里进行了仔细地控温陈化。酒品种类多样，有香气清新的、以果肉为标准的酒款，也有香味精确、更为复杂的精品酒。红葡萄酒，尤其是那些更雄心勃勃的品种需要恢复些许活泼度和鲜果活力。一些非常不错的起泡葡萄酒和一款复杂柔软的风干葡萄酒使得酒品种类看起来更为完美。

● Fedus '10	🍷🍷 4
○ Offida Pecorino Ciprea '11	🍷🍷 3*
● Rosso Piceno Sup. Picus '10	🍷🍷 2*
○ Tufilla '11	🍷 2
● Fedus Sangiovese '06	🍷🍷🍷 4
○ Offida Pecorino Ciprea '10	🍷🍷🍷 3*
○ Offida Pecorino Ciprea '09	🍷🍷🍷 3*
○ Offida Pecorino Ciprea '08	🍷🍷🍷 3*
● Quinta Regio '01	🍷🍷🍷 5
● Fedus Sangiovese '08	🍷🍷 4
○ Offida Passerina Tufilla '10	🍷🍷 2*
● Quinta Regio '06	🍷🍷 5
● Rosso Piceno Sup. Picus '08	🍷🍷 2*

○ Verdicchio dei Castelli di Jesi Cl. Stefano Antonucci Ris. '10	🍷🍷🍷 3*
○ Verdicchio dei Castelli di Jesi Cl. Le Vaglie '11	🍷🍷 3*
○ Verdicchio dei Castelli di Jesi Cl. Tardivo Ma non Tardo '09	🍷🍷 5
⊙ Sensuade '11	🍷🍷 3
○ Stefano Antonucci Brut	🍷🍷 5
○ Stefano Antonucci Brut Rosé	🍷🍷 5
● Stefano Antonucci Rosso '10	🍷🍷 3
○ Verdicchio dei Castelli di Jesi Passito Lina '09	🍷🍷 5
● Vigna San Bartolo '10	🍷🍷 2*
○ Anima Celeste '11	🍷 3
● Pathos '10	🍷 6
● Rosso Piceno '11	🍷 1*
○ Verdicchio dei Castelli di Jesi '11	🍷 1*

马尔凯区
MARCHE

Sartarelli
via Coste del Molino, 24
60030 Poggio San Marcello [AN]
Tel. 073189732
www.sartarelli.it

藏酒销售
预约参观
年产量 280 000 瓶
葡萄种植面积 60 公顷
葡萄栽培方式 传统栽培

在庆祝成立40周年之际,萨特雷利酒庄(Sartarelli)更加肯定地把满足威迪科葡萄酒(Verdicchio)爱好者的需求当作自己的经营目标。酒庄全身心投入在耶西(Jesi)本地葡萄的种植上,经过多年摸索达到了专业化的酿酒水平,最终酿造出了以原料成熟度为特色的三款葡萄酒。从位于酒庄周围繁茂的葡萄园和著名的康特拉达·巴尔西安娜(Contrada Balciana)葡萄藤收获葡萄之后,采用统一方法在钢桶里陈化,以保证产品的地域属性被诠释得更加充分。

Selvagrossa
s.da Selvagrossa, 37 - 61020 Pesaro
Tel. 0721202923
www.selvagrossa.it

藏酒销售
预约参观
年产量 30 000 瓶
葡萄种植面积 4 公顷
葡萄栽培方式 传统栽培

塔代伊(Taddei)两兄弟分工明确,阿尔伯托(Alberto)负责周游世界了解葡萄酒行情,亚历山德罗(Alessandro)则在葡萄园里充满激情地工作。他们白手起家,共同建立起了这个位于佩扎罗(Pesaro)低矮的山丘上的小酒庄,并注重经营中的每一个细节。多年来,酒庄精选圣乔维斯葡萄(Sangiovese)进行克隆,使用法式方法给品丽珠(Cabernet Franc)根插条,重用了木桶,还不断追求酒品的手工质感和优雅,吸引了一群狂热追随者,他们看重了纯粹、不受时尚影响的酒庄出品。

○ Verdicchio dei Castelli di Jesi Cl. '11	🍷🍷 2*
○ Verdicchio dei Castelli di Jesi Cl. Sup. Balciana '10	🍷🍷 5
○ Verdicchio dei Castelli di Jesi Cl. Sup. Tralivio '10	🍷🍷 3*
○ Verdicchio dei Castelli di Jesi Cl. Sup. Balciana '09	🍷🍷🍷 5
○ Verdicchio dei Castelli di Jesi Cl. Sup. Balciana '04	🍷🍷🍷 5
○ Verdicchio dei Castelli di Jesi Cl. Sup. Contrada Balciana '98	🍷🍷🍷 5
○ Verdicchio dei Castelli di Jesi Cl. '10	🍷🍷 2*
○ Verdicchio dei Castelli di Jesi Cl. Sup. Balciana '08	🍷🍷 5
○ Verdicchio dei Castelli di Jesi Cl. Sup. Tralivio '09	🍷🍷 3

● Poveriano '09	🍷🍷 5
● Trimpilin '09	🍷🍷 4
○ Bianchello del Metauro Selva Bianco '11	🍷 2
● Muschèn '09	🍷🍷 2*
● Muschèn '08	🍷🍷 1*
● Poveriano '08	🍷🍷 5
● Poveriano '07	🍷🍷 3
● Selva Rosso '09	🍷🍷 1*
● Trimpilin '08	🍷🍷 4

马尔凯区 / MARCHE

Tenuta di Tavignano
loc. Tavignano - 62011 Cingoli [MC]
Tel. 0733617303
www.tenutaditavignano.it

藏酒销售
预约参观
年产量 100 000 瓶
葡萄种植面积 30 公顷
葡萄栽培方式 传统栽培

斯特凡诺·艾默里奇（Stefano Aymerich）的酒庄矗立在山顶上，斜坡从阿尔卑斯山脉缓缓延伸至耶西地区（Jesi）。主生产基地坐落在酒庄和葡萄园的上方，壮丽的景色一览无余。远处的圣·维西诺山（San Vicino）隐约可见，清楚地诠释了一个地处风景区的意义所在。这里产出的威迪科葡萄（Verdicchio）富含糖分和果汁。容易成熟的葡萄造就了酒体饱满、强劲的酒品，跟艾西诺河（Esino）右岸的葡萄酒清晰地区分开来。威迪科葡萄通过在钢桶里加工来呈现产地属性，而木桶则用于诸如圣乔维斯（Sangiovese）和蒙特布查诺（Montepulciano）等红葡萄。

○ Castelli di Jesi Cl. Verdicchio Misco Ris. '10	🍷4
○ Verdicchio dei Castelli di Jesi Cl. Sup. Misco '11	🍷3
○ Verdicchio dei Castelli di Jesi Cl. Sup. Villa Torre '11	🍷2*
● Rosso Piceno Cervidoni '10	🍷2
● Rosso Piceno Libenter '09	🍷3
○ Verdicchio dei Castelli di Jesi Cl. Vigna Verde '11	🍷2
○ Verdicchio dei Castelli di Jesi Cl. Misco Ris. '06	🍷3*
○ Verdicchio dei Castelli di Jesi Cl. Sup. Misco '10	🍷3*

Fattoria Le Terrazze
via Musone, 4 - 60026 Numana [AN]
Tel. 0717390352
www.fattorialeterrazze.it

藏酒销售
预约参观
年产量 90 000 瓶
葡萄种植面积 20 公顷
葡萄栽培方式 传统栽培

乔吉娜（Giorgina Terni）和安东尼奥（Antonio）拥有的酒庄起源于遥远的过去。今天，一流的专业人士保证了酒庄的良好经营。酒庄凭借精确的技术控制酿造了具有国际气息的酒品，使世界各地的葡萄酒爱好者清晰了解到科内罗红葡萄酒（Conero）的个性魅力。葡萄园里，除了占主导地位的蒙特布查诺葡萄（Montepulciano）外，还有西拉（Syrah）和梅洛（Merlot）葡萄。国际酒品主要是卡俄斯（Chaos）和浪花星球（Planet Waves）的混酿系列。酒庄的生产聚焦取材于本地葡萄的单一品种葡萄酒，如科内罗·特拉则（Conero Le Terrazze）干红葡萄酒、科内罗·撒西·内里珍藏葡萄酒（Conero Riserva Sassi Neri）和J系列葡萄酒。

● Chaos '08	🍷5
● Rosso Conero Le Terrazze '10	🍷2*
● Rosso Conero Praeludium '11	🍷2*
● Chaos '04	🍷5
● Chaos '01	🍷6
● Conero Sassi Neri Ris. '04	🍷5
● Rosso Conero Sassi Neri '02	🍷5
● Rosso Conero Sassi Neri '99	🍷5
● Rosso Conero Visions of J '01	🍷7
● Conero Sassi Neri '07	🍷5
● Rosso Conero '09	🍷2*
● Rosso Conero Praeludium '10	🍷2*
● Rosso Conero Praeludium '09	🍷2*

马尔凯区
MARCHE

Terre Cortesi Moncaro
via Pianole, 7a - 63036 Montecarotto [AN]
Tel. 073189245
www.moncaro.com

藏酒销售
预约参观
年产量 7 500 000 瓶
葡萄种植面积 1 618 公顷
葡萄栽培方式 传统栽培

蒙卡洛（Moncaro）联营酒庄重视酒品品质，高产量使得出品的葡萄酒能够覆盖广泛的种类。三处生产基地所处的卡斯特里•耶西（Castelli di Jesi）、科内罗（Conero）和皮森诺（Piceno）地区是当地的一些顶级葡萄酒产区。酒品流派多样，有古老传统的，也有更加高调的。其中后者风格热烈大方、富有活力，还具有令人称奇的窖藏能力和亲和力，把所有酒品的特色集聚一身。不足之处是，品种特征有时候并未被充分体现出来。

★Umani Ronchi
via Adriatica, 12 - 60027 Osimo [AN]
Tel. 0717108019
www.umanironchi.com

藏酒销售
预约参观
年产量 2 800 000 瓶
葡萄种植面积 230 公顷
葡萄栽培方式 有机认证

多年来，博内蒂家族（Bernetti）创造了可以主宰世界的酒品，各方面极佳的品质使得它能适应世界葡萄酒市场的需求。即使当酒品不那么时髦的时候，乌曼尼•隆基（Umani Ronchi）也还是更注重通过培育耶西•威迪科（verdicchio di Jesi）和科内罗•蒙特布查诺（Montepulciano del Conero）等本地葡萄品种，酿制特色鲜明、忠实诠释地域和葡萄品种的葡萄酒来加强与酒品根源的联系。辉煌成绩的取得有赖于他多年以来在大面积葡萄藤的辛勤工作。另外，老练的贝普•卡维奥拉（Beppe Caviola）所带领的本地年轻专业人士团队也应记上一功。

○ Castelli di Jesi Verdicchio Cl. V. Novali Ris. '09	3*
● Conero Vign. del Parco Ris. '09	4
○ Verdicchio dei Castelli di Jesi Passito Tordiruta '08	6
● Conero Nerone Ris. '08	6
● Rosso Piceno Sup. Campo delle Mura '07	4
○ Verdicchio dei Castelli di Jesi Cl. Sup. Verde Ca' Ruptae '11	2*
○ Verdicchio dei Castelli di Jesi Cl. Le Vele '11	2
○ Verdicchio dei Castelli di Jesi Cl. Sup. Fondiglie '11	3
○ Verdicchio dei Castelli di Jesi Cl. V. Novali Ris. '08	3*
○ Verdicchio dei Castelli di Jesi Cl. Vigna Novali Ris. '07	3

○ Verdicchio dei Castelli di Jesi Cl. Sup. V. V. '10	4*
○ Castelli di Jesi Verdicchio Cl. Plenio Ris. '09	4
● Conero Cùmaro Ris. '09	4
○ Maximo '09	4
● Pelago '09	5
● Montepulciano d'Abruzzo Montipagano '11	2*
● Rosso Conero S. Lorenzo '10	2*
○ Verdicchio dei Castelli di Jesi Cl. Sup. Casal di Serra '11	2*
● Conero Cùmaro Ris. '07	4
○ Verdicchio dei Castelli di Jesi Cl. Sup. V. V. '09	4
○ Verdicchio dei Castelli di Jesi Cl. Sup. V. V. '08	3

MARCHE

Vallerosa Bonci
via Torre, 15 - 60034 Cupramontana [AN]
Tel. 0731789129
www.vallerosa-bonci.com

藏酒销售
预约参观
年产量 250 000 瓶
葡萄种植面积 26 公顷

帕博•博斯（Peppe Bonci）的维蒂奇诺（Verdicchio）有着明显的传统风格，突出的品种特性催生出强重的酒体、平衡的结构和突出的酒精温暖。方位极佳的葡萄园处在库普拉蒙塔纳（Cupramontana）市区的高地上。桑•米切尔葡萄酒（San Michele）只在钢制品陈化，勒•卡斯（Le Case）有1/5的时间待在橡木酒桶，而皮耶特尼（Pietrone）只在最好的年份才使用微干葡萄酿制而成。酒庄还致力于生产一些好的基于维蒂奇诺（verdicchio）的起泡酒。

Vigneti Vallorani
c.da la Rocca, 28
63079 Colli del Tronto [AP]
Tel. 0736890892
www.vignetivallorani.com

藏酒销售
预约参观
年产量 20 000 瓶
葡萄种植面积 7 公顷

这片地区非常适合葡萄种植，富有新思想的土地随着葡萄酒品质的发展而兴旺发达起来。皮赛诺地区（Piceno）有许多小型酒庄正构建着它们美好的未来，比如洛克（Rocco）和斯特凡诺•瓦尔洛尼（Stefano Vallorani）兄弟。在读完书、出外打拼积累了经验后，他们回到故土寻根。从一开始，他们的葡萄酒就展现出鲜明的个性，与众不同却又不走极端，尽管做了一些不太可能的试验，如在中型木桶里发酵和陈化帕斯琳娜（Passerina）。不同年龄的葡萄园环绕着酒庄，只种植本地品种。酒窖虽小但很高效。

○ Verdicchio dei Castelli di Jesi Cl. Sup.
  S. Michele '10 ♛♛♛ 3*
○ Verdicchio dei Castelli di Jesi Cl. Sup.
  Le Case '09 ♛♛ 3
○ Verdicchio dei Castelli di Jesi
  Spumante Extra Brut M. Cl. '08 ♛♛ 5
○ Verdicchio dei Castelli di Jesi Cl.
  Manciano '11 ♛ 2
○ Verdicchio dei Castelli di Jesi Cl.
  Viatorre '11 ♛ 2
○ Verdicchio dei castelli di Jesi
  Spumante Brut ♛ 2
○ Verdicchio dei Castelli di Jesi Cl.
  Pietrone Ris. '04 ♛♛♛ 3
○ Verdicchio dei Castelli di Jesi Cl. Sup.
  S. Michele '06 ♛♛♛ 3

● Philumene '10 ♛♛ 2*
● Rosso Piceno Polisia '10 ♛ 2*
○ Falerio dei Colli Ascolani Avora '10 ♛♛ 2*
● Rosso Piceno Sup. Konè '10 ♛♛ 2*

马尔凯区
MARCHE

Valturio
VIA DEI PELASGI, 10
61023 MACERATA FELTRIA [PU]
TEL. 0722728049
www.valturio.com

藏酒销售
预约参观
参观设施
年产量 40 000 瓶
葡萄种植面积 10 公顷
葡萄栽培方式 传统栽培

蒙特费特罗地区（Montefeltro）虽然看起来粗犷强硬，但在几个世纪前已被驯服。第一批在这里定居的人找到了在陡峭、树木丛生的山坡生存的方法。虽然有很好的平衡，有时不稳定，但种植业还是能在这个原始的自然环境里得到很好的收成，前提是农民必须接受蒙特费特罗（Montefeltro）的苛求和古怪的气候条件。阿德里亚诺·加利（Adriano Galli）把中世纪农民的韧劲带到了葡萄栽培中。种植密集的高架藤位于坡度40度的山上，他使用了非传统的葡萄品种，耐心地在最好的木桶里陈化葡萄酒。对他来说，每一年都得迎接新的挑战。

★Velenosi
LOC. MONTICELLI
VIA DEI BIANCOSPINI, 11 - 63100 ASCOLI PICENO
TEL. 0736341218
www.velenosivini.com

藏酒销售
年产量 1 500 000 瓶
葡萄种植面积 140 公顷

今天，若把威莱诺斯酒庄（Velenosi）比作葡萄酒市场战争的完美武器，那么安吉拉·威莱诺斯（Angela Velenosi）就是统领从日本延伸到美国的各个战线的主帅，时刻为酒品销售这场战争发号施令。背后支持她的是一支坚如磐石的队伍，一支随时准备给予火力支持的正规军队。他们的一些大胆举措，如注重培育本地葡萄品种，大大地提高了酒庄的曝光率。出产的葡萄酒总是制作精良，技术上无可挑剔，卓越的品质让这些"马尔凯制造"的产品成功走向世界。

● Chiù '10	🍷🍷 6
● Valturio '10	🍷🍷 4
● Solco '10	🍷🍷 5
● Valturio '09	🍷🍷🍷 4
● Valturio '08	🍷🍷🍷 4
● Valturio '07	🍷🍷🍷 4
● Chiù '09	🍷🍷 2*
● Olmo '10	🍷🍷 2*
● Solco '09	🍷 4

● Rosso Piceno Sup. Roggio del Filare '09	🍷🍷🍷 5
○ Offida Pecorino Rêve '10	🍷🍷 4
⊙ The Rose M. Cl. '08	🍷🍷 5
○ Falerio dei Colli Ascolani V. Solaria '11	🍷🍷 3
● Lacrima di Morro d'Alba Querciantica '11	🍷🍷 2*
● Lacrima di Morro d'Alba Sup. Querciantica '10	🍷🍷 3
● Offida Rosso Ludi '09	🍷🍷 5
○ Passerina Villa Angela '11	🍷🍷 2*
● Rosso Piceno Sup. Il Brecciarolo Gold '09	🍷🍷 3
● Rosso Piceno Sup. Il Brecciarolo Silver '09	🍷🍷 2*
○ Velenosi Gran Cuvée Brut M. Cl. '08	🍷🍷 5
○ Chardonnay Villa Angela '11	🍷 2
○ Offida Pecorino Villa Angela '11	🍷 3
○ Passerina Brut	🍷 3
○ Verdicchio dei Castelli di Jesi Cl. Querciantica '11	🍷 2

Vicari

via Pozzo Buono, 3
60030 Morro d'Alba [AN]
Tel. 073163164
www.vicarivini.it

藏酒销售
预约参观
年产量 90 000 瓶
葡萄种植面积 19 公顷

整个维卡里家族（Vicari）正全力开展一项旨在促进酒庄发展的项目，力争在几年内把这个小型的本地酿酒厂建设成为现代化的酒庄。维卡里（Vicari）凭借酒品鲜明的风格为人所知。这种风格建立在完全成熟的葡萄和不锈钢桶驱动下的活力四射、果香浓郁的酒品上。对于阿尔巴•莫罗酒庄（Morro d'Alba）而言，他们可选择的余地并不多，只能使用泪珠葡萄（Lacrima）酿制红葡萄酒，使用维蒂奇诺（verdicchio）酿制白葡萄酒。酒窖的运行以大量的酿酒技术为基础，包括冷藏和碳浸渍，力求赋予每一种葡萄酒以独特的个性。

Vignamato

via Battinebbia, 4
60038 San Paolo di Jesi [AN]
Tel. 0731779197
www.vignamato.com

藏酒销售
预约参观
年产量 100 000 瓶
葡萄种植面积 20 公顷

所谓"有其父必有其子"，毛里奇奥•赛西（Maurizio Ceci）的儿子阿马托（Amato）继承了父亲的特质，长期以来一直是一名酿酒师。尽管采用了现代化的葡萄园管理模式和严格的酿酒方法，酒庄很大程度上还只能算是家庭规模。庄园发展的基石是用途广泛的维蒂奇诺葡萄酒（Verdicchio），可以巧妙地用来生产多个酒款。除此之外，毛里奇奥（Maurizio）仍然生产以蒙特布查诺（Montepulciano）和桑娇维赛（Sangiovese）葡萄为主的红葡萄酒，当中添加少量的加本内（Cabernet）和梅乐（Merlot）葡萄。阿尔巴•莫罗的泪珠（Lacrima di Morro d'Alba）葡萄和布鲁尼54杂交葡萄（Bruni 54 crossing）也出现在他的庄园之中。

● Lacrima di Morro d'Alba Amaranto del Pozzo Buono '10	♛ 4
● Lacrima di Morro d'Alba Sup. del Pozzo Buono '10	♛ 3
○ Verdicchio dei Castelli di Jesi Cl. Sup. Insolito del Pozzo Buono '11	♛ 3
● Lacrima di Morro d'Alba Essenza del Pozzo Buono '11	♛ 3
○ Amabile del Pozzo Buono '10	♛♛ 3*
● Lacrima di Morro d'Alba Essenza del Pozzo Buono '10	♛♛ 3
● Lacrima di Morro d'Alba Rustico del Pozzo Buono '10	♛♛ 2*
● Lacrima di Morro d'Alba Sup. del Pozzo Buono '09	♛♛ 3
○ Verdicchio dei Castelli di Jesi Cl. del Pozzo Buono '10	♛♛ 2*

○ Verdicchio dei Castelli di Jesi Cl. Ambrosia Ris. '08	♛♛ 3
○ Verdicchio dei Castelli di Jesi Cl. Eos '11	♛♛ 2*
○ Verdicchio dei Castelli di Jesi Cl. Sup. Versiano '11	♛♛ 2*
○ Verdicchio dei Castelli di Jesi Cl. Valle delle Lame '11	♛♛ 2*
● Esino Rosso Rosolaccio '09	♛ 2
○ RosAmato '10	♛♛ 1*
○ Verdicchio dei Castelli di Jesi Cl. Ambrosia Ris. '07	♛♛ 3*
○ Verdicchio dei Castelli di Jesi Cl. Eos '10	♛♛ 1*
○ Verdicchio dei Castelli di Jesi Cl. Sup. Versiano '10	♛♛ 2*
○ Versus '10	♛♛ 1

OTHER WINERIES

Boccadigabbia
Loc. Fontespina
C.da Castelletta, 56
62012 Civitanova Marche [MC]
Tel. 073370728
www.boccadigabbia.com

● Saltapicchio Sangiovese '07	🍷🍷 4
○ Colli Maceratesi Ribona Le Grane '11	🍷 3
● Pix Merlot '08	🍷 6

Calcinari
S.da San Nicola, 5/9 - 61100 Pesaro
Tel. 072150986
www.vinicalcinari.com

○ Colli Pesaresi Bianco Canto Primo '11	🍷🍷 2*
● Palmetta '10	🍷🍷 3
● Colli Pesaresi Sangiovese Quinto Canto '10	🍷 2
⊙ Eros Rosé '11	🍷 2

Casaleta
Fraz. Castiglioni - 60011 Arcevia [AN]
Tel. 0731879185
www.casaleta.it

○ Verdicchio dei Castelli di Jesi Cl. Sup. La Posta '11	🍷🍷 3
○ Verdicchio dei Castelli di Jesi Cl. Castijo '11	🍷 2

Giacomo Centanni
C.da Aso, 159
63010 Montefiore dell'Aso [AP]
Tel. 0734938530
www.vinicentanni.it

○ Offida Pecorino '11	🍷🍷 2*
○ Falerio dei Colli Ascolani Il Borgo '11	🍷 2

Cherri d' Acquaviva
Via San Francesco, 4
63030 Acquaviva Picena [AP]
Tel. 0735764416
www.vinicherri.it

○ Offida Passerina Radiosa '11	🍷🍷 2*
● Offida Tumbulus '07	🍷🍷 4
⊙ Ancella '11	🍷 2
○ Offida Pecorino Altissimo '11	🍷 3

Collevite
Cantine della Marca
Via Valle Cecchina, 9
63030 Monsampolo del Tronto [AP]
Tel. 0735767050
www.collevite.com

● Villa Piatti Rosso '08	🍷🍷 3
○ Offida Pecorino Villa Piatti '11	🍷 2
● Rosso Piceno Zeroquindici '10	🍷 2
● Sangiovese Collevite '11	🍷 1

OTHER WINERIES 其他酒庄

Il Conte Villa Prandone
C.DA COLLE NAVICCHIO, 28
63033 MONTEPRANDONE [AP]
TEL. 073562593
www.ilcontevini.it

● Donello '11	♛♛ 2*
● Rosso Piceno Conte Rosso '11	♛♛ 2*
○ L'Estro del Mastro '10	♛ 4
○ Offida Pecorino Navicchio '11	♛ 3

Costadoro
VIA MONTE AQUILINO, 2
63039 SAN BENEDETTO DEL TRONTO [AP]
TEL. 073581781
www.vinicostadoro.com

○ Offida Passerina La Ferola '11	♛♛ 2*
● Rosso Piceno Sup. La Rocca '10	♛♛ 2*
○ Falerio dei Colli Ascolani Le Ginestre '11	♛ 2
● Rosso Piceno Sup. '10	♛ 2

Croce del Moro
VIA TASSANARE, 4 - 60030 ROSORA [AN]
TEL. 0731814158
www.tassanare.it

● Rosso Piceno Furtarello '09	♛♛ 4
○ Verdicchio dei Castelli di Jesi Cl. Crocetta Ris. '10	♛♛ 3

Degli Azzoni Avogadro Carradori
C.SO CARRADORI, 13 - 62010 MONTEFANO [MC]
TEL. 0733850002
www.degliazzoni.it

● Passatempo '09	♛♛ 5
● Cantalupo '10	♛ 2
○ Ephelia M. Cl. '08	♛ 3
○ Sultano '10	♛ 3

Fausti
C.DA CASTELLETTA, 15 - 63023 FERMO
TEL. 0734620492
www.faustivini.it

● Vespro '10	♛♛ 4

Fiorini
VIA GIARDINO CAMPIOLI, 5 - 61040 BARCHI [PU]
TEL. 072197151
www.fioriniwines.it

● Bartis '09	♛♛ 3
○ Bianchello del Metauro Tenuta Campioli '11	♛♛ 2*
● Colli Pesaresi Sangiovese Sirio '11	♛ 2

OTHER WINERIES

Fosso dei Ronchi
VIA ZONGO, 9 - 61100 PESARO
TEL. 3395312093
www.fossodeironchi.it

● Colli Pesaresi Focara Pinot Nero Costa del Picchio Ris. '10	♛♛ 3
● Colli Pesaresi Focara Pinot Nero Costa del Riccio Ris. '10	♛♛ 3

Fattorie Picene La Valle del Sole
VIA SAN LAZZARO, 46 - 63035 OFFIDA [AP]
TEL. 0736889658
valledelsole@libero.it

○ Offida Pecorino '11	♛♛ 2*
○ Offida Passerina '11	♛ 2

Luciano Landi
VIA GAVIGLIANO, 16
60030 BELVEDERE OSTRENSE [AN]
TEL. 073162353
www.aziendalandi.it

● Kore '09	♛♛ 3
● Ragosto '10	♛♛ 2*
☉ Syla '11	♛♛ 2*

Lumavite
VIA SAN MICHELE, 26 - 63020 FERMO
TEL. 3387473752
www.lumavite.it

● Sessantaditino '09	♛♛ 3
● Vidacilius '08	♛♛ 3
● Frasseto '07	♛ 3

Marchetti
FRAZ. PINOCCHIO
VIA DI PONTELUNGO, 166 - 60131 ANCONA
TEL. 071897386
www.marchettiwines.it

○ Verdicchio dei Castelli di Jesi Cl. Sup. Tenuta del Cavaliere '11	♛♛ 3
● Conero Villa Bonomi Ris. '09	♛ 4
○ Verdicchio dei Castelli di Jesi Cl. '11	♛ 2

La Muròla
C.DA VILLAMAGNA, 9 - 62010 URBISAGLIA [MC]
TEL. 0733506843
www.cantinalamurola.it

○ Colli Maceratesi Ribona '11	♛♛ 2*
○ Millerose '11	♛ 2
○ Verdicchio dei Castelli di Jesi Cl. Sup. Baccius '11	♛ 4

OTHER WINERIES 其他酒庄

Filippo Panichi
via Scirola, 37 - 63031 Castel di Lama [AP]
Tel. 0736815339
www.filippopanichi.it

● Rubens '08	🍷🍷 3
○ Offida Pecorino Verdone '11	🍷 2
● Rosso Piceno Sup. Castello della Lama '10	🍷 2

Pantaleone
via Colonnata Alta, 118
63100 Ascoli Piceno
Tel. 3478757476
www.pantaleonewine.com

● Atto I '09	🍷🍷 4
○ Onirocep '10	🍷🍷 3
● Sipario '09	🍷🍷 2*
○ Chicca '11	🍷 3

Piersanti
b.go Santa Maria, 60
60038 San Paolo di Jesi [AN]
Tel. 0731703214
www.piersantivini.com

○ Verdicchio dei Castelli di Jesi Cl. Sup. Bachero '11	🍷🍷 2*
○ Verdicchio dei Castelli di Jesi Cl. Sup. Terre di Sampaolo '11	🍷🍷 2*

Alberto Quacquarini
via Colli, 1 - 62020 Serrapetrona [MC]
Tel. 0733908180
www.quacquarini.it

● Serrapetrona '10	🍷🍷 2*
● Vernaccia di Serrapetrona Dolce	🍷🍷 2
● Vernaccia di Serrapetrona Secca	🍷 3

Rio Maggio
c.da Vallone, 41
63014 Montegranaro [FM]
Tel. 0734889587
www.riomaggio.it

● Rosso Piceno Granarijs '09	🍷🍷 4
● Colle Monteverde Pinot Nero '09	🍷 4
○ Falerio Pecorino Colle Monteverde '11	🍷 4

Ripa Marchetti
via Fonde Santa Liberata
Maiolati Spontini [AN]
Tel. 3337376888
www.ripamarchetti.it

○ Verdicchio dei Castelli di Jesi Cl. Sup. Apicus '10	🍷🍷 2*
○ Verdicchio dei Castelli di Jesi Cl. Capolino '11	🍷 2

其他酒庄 / OTHER WINERIES

Sabbionare
VIA SABBIONARE, 10
60036 MONTECAROTTO [AN]
TEL. 0731889004
www.sabbionare.it

○ Verdicchio dei Castelli di Jesi Cl. I Pratelli '11	♛♛ 1*
○ Verdicchio dei Castelli di Jesi Passito '09	♛♛ 3

Tenuta Spinelli
VIA LAGO, 2 - 63032 CASTIGNANO [AP]
TEL. 0736821489
simonespinelli@tiscali.it

○ Eden '11	♛♛ 2*
○ Mèroe Pecorino M. Cl. '09	♛♛ 3
○ Offida Pecorino Artemisia '11	♛♛ 2*

Tenuta dell'Ugolino
LOC. MACINE
VIA COPPARONI, 32 - 60031 CASTELPLANIO [AN]
TEL. 360487114
www.tenutaugolino.it

○ Verdicchio dei Castelli di Jesi Cl. Sup. Vign. del Balluccio '11	♛♛ 3*
○ Verdicchio dei Castelli di Jesi Cl. '11	♛ 2

Vignedileo - Tre Castelli
VIA SAN FRANCESCO, 2A - 60039 STAFFOLO [AN]
TEL. 0731779283
www.vignedileo.it

○ Verdicchio di Castelli di Jesi Cl. '11	♛♛ 1*
● Lalocco '08	♛ 2
● Sangiovese '11	♛ 1*

Villa Grifoni
FRAZ. SAN SAVINO
C.DA MESSIERI, 10 - 63038 RIPATRANSONE [AP]
TEL. 073590495
www.villa-grifoni.it

○ Offida Pecorino '11	♛♛ 3
● Rosso Piceno Sup. '09	♛♛ 2*
○ Offida Passerina '11	♛ 3

Zaccagnini
VIA SALMAGINA, 9/10 - 60039 STAFFOLO [AN]
TEL. 0731779892
www.zaccagnini.it

○ Verdicchio dei Castelli di Jesi Cl. Sup. Maestro di Staffolo Ris. '08	♛♛ 3
○ Verdicchio dei Castelli di Jesi Cl. Sup. Salmàgina '11	♛♛ 2*

翁布里亚区
UMBRIA

不可否认，翁布里亚区（Umbria）的葡萄酒近几年来取得进步，但是否为人所知，就是另一个问题了。本区里的葡萄酒酿造商之间确实需要经常举行交流活动，团结起来制定出推广葡萄酒的计划，而不是过多的孤军作战。尽管进步显著，但翁布里亚区的葡萄酒与实际受到的关注和应得的肯定之间相距甚远。除了几个已声名远播的明星级酒款之外，这个面积不大却天赋秉异的地区仍在努力争取外界更多的关注度。抛开葡萄酒推广不说，我们现在从技术和更为重要的酿酒风格的角度来谈一谈翁布里亚区。大多数的酿酒商已学会如何酿制顶级酒，但其中却有很多沦为追求时髦的牺牲者，并因此可能导致特性、风格甚至本地传统的葡萄酒品种黯然失色。我们再次强调，今天越来越多要求苛刻的消费者、葡萄酒爱好者和专家，无论是意大利的还是国外的，都不仅仅注重葡萄酒的卓越品质，还看重葡萄酒性格的独创性，有时后者关注度更甚。虽然他们正确把握住酿制出色葡萄酒的关键，但不应只酿制迎合市场需求的简单日常餐酒。该地区并不是说缺乏性价比高的酒品，只是它们的特色并未被开发、寡淡无味。2013年，经典的产区重获青睐，传统的葡萄酒品种也强势回归。塞格兰蒂诺（Sagrantino）葡萄非常出色，塞利吉诺（Ciliegiolo）、格莱切托（Grechetto）、特雷比亚诺（Trebbiano）、斯波莱托（Spoletino）、加梅（Gamay del Trasimeno）和其他品种也同样优秀。在最好的葡萄酒生产区域，纯粹的风格和酿制方法开始得到重视。如果仅凭"三杯奖"来衡量葡萄酒质量实有不妥，即使那些没有获奖的，其中也不乏良好、甚至是顶级酒。可能最令人始料未及的是蒙特·威比亚诺·维奇奥城（Castello di Monte Vibiano Vecchio）酒庄的发展。这家环保型、世界首批实行零碳排放之一的酒庄2013年凭借可持续葡萄种植获奖，也预示了未来葡萄酒的发展趋势。

UMBRIA 翁布里亚区

Adanti

LOC. ARQUATA
VIA BELVEDERE, 2 - 06031 BEVAGNA [PG]
TEL. 0742360295
www.cantineadanti.com

藏酒销售
预约参观
年产量 160 000 瓶
葡萄种植面积 30 公顷

阿丹提（Adanti）是蒙特法科（Montefalco）中采取经典、传统酿酒方法的代表。这家位于阿尔夸塔（Arquata）、邻近贝瓦尼亚（Bevagna）的酒庄酿制的葡萄酒如实反映地域特色，不盲目迷恋高浓度、强烈橡木风味等现代新潮流，而是选择诠释葡萄的自然特质，以求酿制出风格优雅、风土气息浓厚且具有长时间陈化潜力的葡萄酒。他们强调尊重葡萄园和酒品出处、自然发酵、在橡木桶中长时间的浸渍和老化。这是酒庄的风格，也是让绝品极具魅力的秘诀。

Antonelli - San Marco

LOC. SAN MARCO, 60
06036 MONTEFALCO [PG]
TEL. 0742379158
www.antonellisanmarco.it

藏酒销售
预约参观
参观设施
年产量 300 000 瓶
葡萄种植面积 未提供
葡萄栽培方式 传统栽培

自古以来，这家庄园的葡萄藤一直被种植在蒙特法科（Montefalco）法定产区最适合葡萄生长的地带之一，即圣•马尔科（San Marco）地区的山坡上，使得安东内利（Antonelli）家族实际上拥有了极佳的风土条件。值得一提的是，其出产的酒品所体现出的风格已经成为气质优雅、陈化潜力大的酒品的典范。安东内利（Antonelli）最近在葡萄园里采用了有机种植方法，而在发酵窖中，他们以适度榨取葡萄汁和审慎使用木制品为目标，经常使用传统的大桶。要知道，这些做法仅仅是造就这个本地区最迷人酒庄之一的其中一些例子而已。

- Montefalco Sagrantino Arquata '07 ▼▼ 5
- Montefalco Rosso '08 ▼▼ 2*
- Montefalco Rosso Ris. '08 ▼▼ 3
- Montefalco Sagrantino Il Domenico '07 ▼ 6
- Colli Martani Grechetto '11 ▼ 2
- Montefalco Sagrantino Arquata '06 ▼▼▼ 6
- Montefalco Sagrantino Arquata '05 ▼▼▼ 5
- Montefalco Sagrantino Arquata '04 ▼▼ 5
- Montefalco Sagrantino Arquata '02 ▼▼ 5
- Montefalco Sagrantino Arquata '01 ▼▼ 5
- Montefalco Sagrantino Il Domenico '06 ▼▼ 6
- Montefalco Sagrantino Il Domenico '05 ▼▼ 6
- Montefalco Sagrantino Passito Arquata '05 ▼ 6

- Montefalco Sagrantino '08 ▼▼▼ 5
- Trebbiano Spoletino Trebuim '10 ▼▼ 3*
- Colli Martani Grechetto '11 ▼▼ 2*
- Montefalco Sagrantino Chiusa di Pannone '04 ▼▼▼ 6
- Montefalco Rosso Ris. '07 ▼▼ 4
- Montefalco Rosso Ris. '05 ▼▼ 4
- Montefalco Sagrantino '07 ▼▼ 5
- Montefalco Sagrantino '04 ▼▼ 5
- Montefalco Sagrantino '00 ▼▼ 6
- Montefalco Sagrantino Chiusa di Pannone '06 ▼▼ 6
- Montefalco Sagrantino Chiusa di Pannone '05 ▼▼ 6
- Montefalco Sagrantino Chiusa di Pannone '03 ▼▼ 6

翁布里亚区
UMBRIA

Barberani
loc. Cerreto - 05023 Baschi [TR]
Tel. 0763341820
www.barberani.it

藏酒销售
预约参观
参观设施
年产量 350 000 瓶
葡萄种植面积 55 公顷
葡萄栽培方式 传统栽培

历史悠久的巴贝拉尼（Barberani）是以酿制奥维多（Orvieto）为主的家庭酒庄，拥有着极好的葡萄园。生产基地自然环境优美，气候条件极其特别。山下的科尔巴拉湖（Lake Corbara）对天气起到很好的缓冲，在某些类型的葡萄酒的生产中发挥了重要作用，比如葡萄孢菌葡萄酒。就得益于这样的气候条件。近年来，家族中最年轻一代的葡萄种植者尼可洛（Niccolò）和贝拉尔多•巴贝拉尼（Bernardo Barberani）从葡萄园得到灵感，在很多工程中都采用了动力法。他们重新定义传统，努力把重点放在产品的自然属性上。

Bartoloni
loc. Moriano, 31
06030 Giano dell'Umbria [PG]
Tel. 074290286
www.cantinabartoloni.it

预约参观
参观设施
餐饮接待
年产量 40 000 瓶
葡萄种植面积 6 公顷

除了管理者是一群巾帼英雄外，玛利亚•罗莎•巴托乐尼（Maria Rosa Bartoloni）的酒庄近年来得到的极大关注在翁布里亚（Umbria）大区实属罕见。酒庄所在的翁布里亚•吉亚诺（Giano dell'Umbria）地区是一个未受破坏的美丽乡村，拥有海拔高度达500米的陡峭山峰。葡萄园和林地相交错，处在多岩石的土壤里，生产出的葡萄酒口感直率、富有矿物质。酿酒厂重点采用手工酿造葡萄酒的方法，把干预控制在最低限度。

○ Orvieto Cl. Sup. Vinoso2 '11	♛♛ 3*
○ Orvieto Cl. Sup. Castagnolo '11	♛♛♛ 3
○ Orvieto Cl. Sup. Luigi e Giovanna '09	♛♛♛ 6
● Lago di Corbara Rosso Villa Monticelli '04	♛♛♛ 4
○ Orvieto Cl. Sup. Calcaia '08	♛♛ 5
○ Orvieto Cl. Sup. Calcaia '07	♛♛ 5
○ Orvieto Cl. Sup. Calcaia '06	♛♛ 5
○ Orvieto Cl. Sup. Calcaia '05	♛♛ 5
○ Orvieto Cl. Sup. Calcaia '04	♛♛ 5

● Sagrantino di Montefalco Normannia '08	♛♛ 4
○ 3Biano '10	♛♛ 2*
● Sagrantino di Montefalco Normannia '07	♛♛ 4

翁布里亚区
UMBRIA

Tenuta Bellafonte
LOC. TORRE DEL COLLE
VIA COLLE NOTTOLO, 2 - 06031 BEVAGNA [PG]
TEL. 0742710019
www.tenutabellafonte.it

年产量 3 900 瓶
葡萄种植面积 7 公顷
葡萄栽培方式 传统栽培

该酒庄坐落在靠近贝瓦尼亚（Bevagna）的美丽的乡村，与科勒•托雷（Torre del Colle）小村庄仅咫尺相隔。彼特•哈尔布隆（Peter Heilbron）梦想成真，成为了这家酒庄的主人。葡萄园处在出色的葡萄酒王国中海拔超过300米的高地上，本地典型的黏性土壤和泥灰岩、砂岩地层纵横相间。唯一出产的酒款采用生态方法酿制，并在大橡木桶里自然发酵和陈化，目标是成为自然、健康的产品。

● Montefalco Sagrantino '08	♉♉ 5

Bigi
LOC. PONTE GIULIO - 05018 ORVIETO [TR]
TEL. 0763315888
www.cantinebigi.it

预约参观
年产量 40 000 000 瓶
葡萄种植面积 196 公顷

由路易吉•比基（Luigi Bigi）建立于19世纪末期的庄园是酿造奥维多（Orvieto）白葡萄酒的知名酒庄。如今在成为意大利维尼集团（Gruppo Italiano Vini）的一部分后，酒庄引进了更为先进的经营方法，对葡萄园和酿酒厂进行了大刀阔斧的改革。尽管产量惊人，但多种葡萄酒的总体质量还是相当令人钦佩。酒庄不乏优秀酒款，很多葡萄酒的品质可以排到该地区的中游到上游。所有的酒品质量极佳，风格上无懈可击。

○ Orvieto Cl. Torricella '11	♉♉ 3
○ Strozzavolpe '11	♉♉ 2*
● Sartiano '10	♉ 3
○ Orvieto Cl. Vign. Torricella '10	♉♉ 2*
● Sartiano '08	♉♉ 3
● Sartiano '07	♉♉ 4
○ Strozzavolpe Grechetto '09	♉♉ 2
● Tamante '06	♉♉ 2

翁布里亚区
UMBRIA

Bocale
LOC. MADONNA DELLA STELLA
VIA FRATTA ALZATURA - 06036 MONTEFALCO [PG]
TEL. 0742399233
www.bocale.it

藏酒销售
预约参观
年产量 20 000 瓶
葡萄种植面积 4.2 公顷
葡萄栽培方式 传统栽培

瓦伦蒂尼家族（Valentinis）与蒙特法科地区（Montefalco）的土地有着双重联系，体现在该家族世代沿用的昵称和酒庄名——"博卡尔"（Bocale）。这个词为当地用于计量油和葡萄酒的单位，是以前种植业的缩影，也是体现传统连续性的一个明显标志。产量适中的优质葡萄酒在风格上一直不断变化发展，越来越趋向于传统的生产方式，包括对大橡木酒桶的使用。

★Arnaldo Caprai
LOC. TORRE - 06036 MONTEFALCO [PG]
TEL. 0742378802
www.arnaldocaprai.it

预约参观
参观设施
年产量 750 000 瓶
葡萄种植面积 136 公顷

翁布里亚区的（Umbrian）葡萄酒中少数几个真正的大品牌之一的艾娜多•开普拉（Arnaldo Caprai）是先进观念和高昂热情的产物。建立伊始，酒庄把重点放在对一些地域特点浓厚的典型葡萄进行现代化的诠释，由此开始享誉世界。我们不能把开普拉（Caprai）仅仅定义成是蒙特法科（Montefalco）和赛格朗提诺（Sagrantino）葡萄酒的领航者，因为它的经营范围远远超出了所在地区的界线。以赛格朗提诺（Sagrantino）为首的一系列既现代又古典的葡萄酒源自优质的葡萄园，拥有无与伦比的风格和令人敬畏的高浓度及耐久存度。

● Montefalco Sagrantino '09	♛♛ 5
● Montefalco Rosso '10	♛ 3
● Montefalco Rosso '09	♛♛ 4
● Montefalco Rosso '08	♛♛ 4
● Montefalco Sagrantino '07	♛♛ 5
● Montefalco Sagrantino '06	♛♛ 5

● Montefalco Sagrantino 25 Anni '08	♛♛♛ 8
○ Colli Martani Grechetto Grecante '11	♛♛ 3
● Montefalco Rosso '10	♛♛ 4
● Montefalco Rosso Ris. '08	♛♛ 6
● Anima Umbra Grechetto '11	♛ 3
● Montefalco Sagrantino 25 Anni '07	♛♛♛ 8
● Montefalco Sagrantino 25 Anni '06	♛♛♛ 8
● Montefalco Sagrantino 25 Anni '05	♛♛♛ 8
● Montefalco Sagrantino 25 Anni '04	♛♛♛ 8
● Montefalco Sagrantino 25 Anni '01	♛♛♛ 8
● Montefalco Sagrantino Collepiano '08	♛♛♛ 6
● Montefalco Sagrantino Collepiano '03	♛♛♛ 6
● Montefalco Sagrantino Collepiano '02	♛♛♛ 6
● Rosso Outsider '03	♛♛♛ 8

UMBRIA
翁布里亚区

La Carraia
LOC. TORDIMONTE, 56 - 05018 ORVIETO [TR]
TEL. 0763304013
www.lacarraia.it

藏酒销售
预约参观
年产量 550 000 瓶
葡萄种植面积 未提供

欧多阿杜•吉亚乐迪（Odoardo Gialletti）的联合项目造就了创立于20世纪80年代的拉•卡莱亚（La Carraia）酒庄。酿酒师里卡多•科塔瑞拉（Riccardo Cotarella）所拥有的这个庄园一直以来都是翁布里亚区（Umbria）风格和品质最创新的酒庄之一。种植的葡萄涵盖了本地品种，如蒙特布查诺（Montepulciano）、格莱切托（Grechetto）、桑娇维赛（Sangiovese）和以及莎当尼（Chardonnay）、梅乐（Merlot）和赤霞珠（Cabernet Sauvignon）为首的国际经典品种。酒品的典型风格以制作良好、重点突出的葡萄酒为基础。

Tenuta Castelbuono
LOC. BEVAGNA
VOC. FOSSATO, 54 - 06031 PERUGIA
TEL. 0742361670
www.tenutacastelbuono.it

年产量 100 000 瓶
葡萄种植面积 32 公顷

现在，经阿纳尔多•波莫多罗（Arnaldo Pomodoro）苦心谋划而具有艺术气息的新酒庄已正式成立，一切准备就绪，只等庄主大干一场。这个位于翁布里亚区的（Umbrian）酒庄发展势头强劲，其主人卢内里（Lunelli）家族拥有着声名显赫的法拉利（Ferrari）起泡酒款和一个壮观的葡萄园。葡萄种植地主要包括两个区域，一个位于酒庄周围，邻近贝瓦尼亚（Bevagna）；另一个坐落在蒙特法科（Montefalco）。在中型和大型橡木桶里陈化的葡萄酒品质不断提高，凭借温润的姿态和良好的平衡在同类葡萄酒中脱颖而出。

● Giro di Vite '10	4
● Cabernet Sauvignon '11	2*
○ Orvieto Cl. Sup. Poggio Calvelli '11	2*
○ Orvieto Cl. '11	2
● Sangiovese '11	2
● Tizzonero '10	3
● Fobiano '03	4
● Fobiano '99	4*
● Fobiano '98	4*
● Fobiano '07	4
● Fobiano '06	4
● Fobiano '05	4
○ Orvieto Cl. Poggio Calvelli '10	2*
○ Orvieto Cl. Poggio Calvelli '09	2*

● Montefalco Rosso '09	3
● Montefalco Rosso '07	3*
● Montefalco Rosso '06	3*
● Montefalco Sagrantino '07	5
● Montefalco Sagrantino '06	5
● Montefalco Sagrantino '05	5
● Montefalco Sagrantino '04	5
● Montefalco Sagrantino '03	5
● Montefalco Sagrantino '01	5

翁布里亚区
UMBRIA

★★Castello della Sala
LOC. SALA - 05016 FICULLE [TR]
TEL. 076386051
www.antinori.it

预约参观
葡萄种植面积 160 公顷

当安提诺里（Antinori）家族开始寻觅生产优质白葡萄酒的最佳之地，以求酿制可与其出色的托斯卡纳（Tuscan）系列红葡萄酒相媲美的白葡萄酒时，他们自信地选择了奥维多（Orvieto）地区名噪一时且引来很多人倾慕的菲库莱•科里葡萄（Colli di Ficulle）。葡萄园坐落在海拔500米的凝灰岩的山脊上，孕育了气质优雅、家族首创的法国式长时间陈化的白葡萄酒。切尔瓦罗（Cervaro）传奇葡萄酒已经为也将继续为意大利葡萄酒贡献自己的力量。

Castello di Magione
VIA DEI CAVALIERI DI MALTA, 31
06063 MAGIONE [PG]
TEL. 075843542
www.castellodimagione.it

藏酒销售
预约参观
年产量 150 000 瓶
葡萄种植面积 44 公顷

马耳他骑士团（Sovereign Military Order of Malta）拥有的马吉奥尼堡（Castello di Magione）栖息在宏伟壮丽的山坡上，俯瞰着特拉西梅诺山谷（Valle del Trasimeno）。葡萄园分布在周围的小山丘，经常被人根据传统的佃农耕作标准划分开来。这些佃农超前地创造了葡萄园，产出的葡萄至今仍被单独选来酿制葡萄酒。现代化、高效的酿酒酒窖位于河谷下游，里面的工作环境跟过去相比舒适不少。

○ Cervaro della Sala '10	🍷🍷🍷 6
○ Bramito del Cervo '11	🍷🍷 3
○ Orvieto Cl. Sup. '11	🍷🍷 3
○ Conte della Vipera '11	🍷 4
● Pinot Nero '10	🍷 5
○ Cervaro della Sala '09	🍷🍷🍷 6
○ Cervaro della Sala '08	🍷🍷🍷 6
○ Cervaro della Sala '07	🍷🍷🍷 6
○ Cervaro della Sala '06	🍷🍷🍷 6
○ Cervaro della Sala '05	🍷🍷🍷 6
○ Cervaro della Sala '04	🍷🍷🍷 6
○ Cervaro della Sala '03	🍷🍷🍷 5
○ Cervaro della Sala '02	🍷🍷🍷 5
○ Cervaro della Sala '01	🍷🍷🍷 5

○ C. del Trasimeno Grechetto Monterone '11	🍷🍷 2*
● Carpaneto '10	🍷🍷 3
○ C. del Trasimeno Grechetto Monterone '10	🍷🍷 2
○ C. del Trasimeno Grechetto Monterone '09	🍷🍷 2
○ C. del Trasimeno Grechetto Monterone '08	🍷🍷 2*
● C. del Trasimeno Rosso Morcinaia '04	🍷🍷 3
● Nero dei Cavalieri '07	🍷🍷 4

翁布里亚区
UMBRIA

Fattoria Colleallodole
LOC. COLLE ALLODOLE - 06031 BEVAGNA [PG]
TEL. 0742361897
www.fattoriacolleallodole.it

藏酒销售
年产量 70 000 瓶
葡萄种植面积 12 公顷

安塔诺家族（Antano）是塞格兰蒂诺（Sagrantino）的名人之一，也是新颖、复杂的同名葡萄酒以及其他蒙特法科（Montefalco）葡萄酒的创始人。这一切成就显然应归功于之前的庄主米尔兹阿德安塔诺（Milziade Antano），以及他做出过许多重要决策的儿子弗朗西斯科（Francesco）。法朵莉亚•科勒罗多乐（Fattoria Colleallodole）酒庄只生产本地区一些最好的葡萄酒品牌，比如一些经典、丰富且耐久存的葡萄酒。这些酒品制作精细、极其诱人。一个典型的例子是著名的科勒罗多乐（Colleallodole）佳酿，酒庄也正是因这款葡萄酒而得名。

★ Còlpetrone
LOC. MARCELLANO
VIA PONTE LA MANDRIA, 8/1
06035 GUALDO CATTANEO [PG]
TEL. 074299827
www.colpetrone.it

藏酒销售
预约参观
年产量 250 000 瓶
葡萄种植面积 63 公顷

虽然该酒庄近年来采取了一系列改革措施，但是已成为翁比里亚区（Umbria）标杆的卓越品质并未被改变。蒙特法科（Montefalco）葡萄酒当前的发展决定着令人敬佩的科尔培特隆酒庄（Còlpetrone）的命运，反之亦然。酒庄拥有一个崭新、宽敞的酿酒厂，60多公顷面朝东南的葡萄园主要位于瓜尔多•卡塔内奥（Gualdo Cattaneo）地区，处在淤泥和黏土上。出产的酒品堪称翁比里亚区现代葡萄酒酿造的优秀典范。

● Montefalco Sagrantino Colleallodole '09	🍷🍷🍷 8
● Montefalco Sagrantino '09	🍷🍷🍷 5
● Montefalco Rosso '10	🍷🍷 3
● Montefalco Rosso Ris. '09	🍷🍷 5
● Montefalco Rosso Ris. '08	🍷🍷🍷 5
● Montefalco Sagrantino Colleallodole '06	🍷🍷🍷 6
● Montefalco Sagrantino Colleallodole '05	🍷🍷🍷 6
● Montefalco Rosso Ris. '05	🍷🍷 5
● Montefalco Sagrantino '08	🍷🍷 8
● Montefalco Sagrantino '04	🍷🍷 5
● Montefalco Sagrantino Colle delle Allodole '04	🍷🍷 6
● Montefalco Sagrantino Passito '07	🍷🍷 8

● Montefalco Sagrantino '08	🍷🍷 5
● Montefalco Sagrantino '07	🍷🍷🍷 5
● Montefalco Sagrantino '04	🍷🍷🍷 5
● Montefalco Sagrantino '03	🍷🍷🍷 5
● Montefalco Sagrantino '02	🍷🍷🍷 5
● Montefalco Sagrantino '01	🍷🍷🍷 5
● Montefalco Sagrantino '00	🍷🍷🍷 5
● Montefalco Sagrantino '99	🍷🍷🍷 5
● Montefalco Sagrantino '98	🍷🍷🍷 5
● Montefalco Sagrantino '97	🍷🍷🍷 5
● Montefalco Sagrantino '96	🍷🍷🍷 5
● Montefalco Sagrantino Gold '05	🍷🍷🍷 8
● Montefalco Sagrantino Gold '04	🍷🍷🍷 8

Fattoria Colsanto

loc. Montarone - 06031 Bevagna [PG]
Tel. 0742360412
www.livon.it

藏酒销售
年产量 30 000 瓶
葡萄种植面积 20 公顷

在驶往迷人的中世纪小镇贝瓦尼亚（Bevagna）的路上，你肯定会为利旺家族（Livon）依偎在山坡上的葡萄园美景所折服。这个翁布利亚（Umbrian）庄园还包括一间18世纪的农舍、一个酿酒酒窖和几间陈化室。经历初期的波折之后，其出品的葡萄酒开始呈现出所期望的风味，更重要的是酒品建立起了一种不同寻常的迷人风格。这些清爽、迷人、原生态风味的葡萄酒散发出前所未有的香气，口感比这片地区大多数的葡萄酒来得更出色。

● Montefalco Rosso '09	🍷🍷 3*
● Montefalco Sagrantino '08	🍷🍷 5
● Ruris Rosso '10	🍷 2
● Montefalco Sagrantino '07	🍷🍷 5

Custodi

loc. Canale
v.le Venere - 05018 Orvieto [TR]
Tel. 076329053
www.cantinacustodi.com

藏酒销售
预约参观
年产量 55 000 瓶
葡萄种植面积 60 公顷

酒庄坐拥着奥维多（Orvieto）地区领先水平的工艺酿酒设备，其主人吉安•弗朗哥•卡斯托迪（Gian Franco Custodi）的身份既是种植工又是酿酒师。今天，他的女儿们协助在旁，一起充满热情地打理60公顷葡萄园和一个不到10年历史的现代化酿酒厂。坐落在卡纳尔（Canale）的葡萄园包围了半个酒庄，绝大部分都已注册成为当地的法定产区。制作精良的葡萄酒风格突出，但也呈现出多样的真实特性、独创性和风味。

○ Orvieto Cl. Belloro '11	🍷🍷 1*
● Piancoleto '11	🍷🍷 2*
○ Orvieto Cl. Belloro '10	🍷🍷 1*

翁布里亚区
UMBRIA

Decugnano dei Barbi
LOC. FOSSATELLO, 50 - 05019 ORVIETO [TR]
TEL. 0763308255
www.decugnano.it

藏酒销售
预约参观
年产量 120 000 瓶
葡萄种植面积 32 公顷

芭比家族（Barbi）位于翁布里亚（Umbrian）的酒庄已经成为当地历史的一部分。这个美丽的庄园集最好的自然环境、景观、风土和人类的创造才能于一身，从第一版《年鉴》以来一直别具一格。我们首先说说庄园的自然环境，所处的地点是奥维多（Orvieto）地区一些最好的葡萄酒王国，历来有葡萄种植的传统。土壤是海相成因，富含源于上新世的化石、牡蛎和贝壳。这片极佳的土地造就了意大利中部的优质白葡萄酒，而这个杰出的迪酷纳诺酒庄给我们提供了洋溢地中海风情的突出范例。

○ Orvieto Cl. Sup. Il Bianco '11	▼▼▼ 3*
○ Decugnano Brut '06	▼▼ 4
○ Orvieto Cl. Villa Barbi '11	▼ 3
● Villa Barbi Rosso '10	▼ 2
"IL" Rosso '98	♀♀♀ 5
○ Orvieto Cl. Sup. Il Bianco '10	♀♀♀ 3
○ Orvieto Cl. Sup. Il Bianco '09	♀♀♀ 4
● Il Rosso di Decugnano '09	♀♀ 3

Italo Di Filippo
VOC. CONVERSINO, 153
06033 CANNARA [PG]
TEL. 0742731242
www.vinidifilippo.com

藏酒销售
预约参观
年产量 200 000 瓶
葡萄种植面积 27 公顷
葡萄栽培方式 有机认证

迪•菲利波（Di Filippo）家族是最早信任有机种植的一群人之一，并逐渐发展和巩固了自己独有的风格与信念。最近，这些因素指引他们开始采用生物动力法。事后看来，这些改变再自然不过，但在当时确实需要付出巨大努力、经历无数挫折。视线转回到葡萄酒，我们注意到，酒庄出产的一系列酒品都取得了进步，范围涵盖了格莱切托（Grechetto）领衔的白葡萄酒和包括萨格兰蒂诺（Sagrantino）在内的红葡萄酒。大范围全方位的发展项目正在有序开展，进一步保证了这个小巧迷人的艺术型（Cannara）酒庄未来的良好发展。

○ Colli Martani Grechetto '11	▼▼ 2*
○ Farandola Bianco '11	▼▼ 3
● Montefalco Rosso Sallustio '09	▼▼ 3
● Vernaccia di Cannara '10	▼▼ 3
○ Villa Conversino Bianco '11	▼▼ 1*
○ Colli Martani Grechetto '10	♀♀ 2*
○ Colli Martani Grechetto Sassi d'Arenaria '10	♀♀ 2*
● Montefalco Rosso '09	♀♀ 3
● Montefalco Sagrantino '07	♀♀ 5
● Montefalco Sagrantino Passito '06	♀♀ 5
● Terre di S. Nicola Rosso '07	♀♀ 3
○ Villa Conversino Bianco '10	♀♀ 1*

翁布里亚区
UMBRIA

Cantina Dionigi
voc. Madonna della Pia, 92
06031 Bevagna [PG]
Tel. 0742360395
www.cantinadionigi.it

藏酒销售
预约参观
参观设施
年产量 40 000 瓶
葡萄种植面积 6 公顷

从最严格的意义上说，迪奥尼吉（Dionigi）酒庄属于一个家族企业。庄园的地理环境极佳，处在原生态村落中心地带的梯田上，俯瞰着贝瓦尼亚（Bevagna）地区的群山，繁茂的树木簇拥在葡萄园周围。在这样的环境中，葡萄种植尽可能使用自然的方法，就像葡萄酒的酿造主张使用代代相传的传统方法，而避免使用人工技术的直接干预一样。出品的葡萄酒有着引以为傲的起源地浓郁的地域风味弥补了可能存在的纤细程度的不足。

- Montefalco Sagrantino '07　　🍷🍷 5
○ Colli Martani
　Grechetto Colle Sorragani '09　🍷🍷 3
○ Colli Martani Grechetto V. del Brillo '11　🍷🍷 3
- Merlot Passito Civico 92　　🍷🍷 3
- Montefalco Rosso '08　　🍷 3
○ Colli Martani
　Grechetto Colle Sorrogami '09　🍷🍷 3
- Merlot Passito Civico 92 '10　　🍷🍷 3
- Montefalco Rosso Ris. '08　　🍷🍷 3
- Montefalco Sagrantino '06　　🍷🍷 5

Duca della Corgna
via Roma, 236
06061 Castiglione del Lago [PG]
Tel. 0759652493
www.ducadellacorgna.it

藏酒销售
预约参观
年产量 280 000 瓶
葡萄种植面积 55 公顷

杜卡•阿斯卡尼奥•德拉•科尔格纳（Duca della Corgna）是一个酒庄品牌，更是特拉西梅诺酒馆（Cantina del Trasimeno）的一个葡萄酒品质提升计划。这个联营酒庄由其成员所拥有的多个葡萄园和多种葡萄酒组成，全部坐落在湖泊周围。精致知名的酒窖位于彼维•西塔（Città della Pieve），一套高效的生产设备和办公地点则在拉戈堡（Castiglione del Lago）。葡萄园处在石灰岩土壤上，园里的招牌品种有特拉西梅诺•加美葡萄（Gamay del Trasimeno）。这种歌海娜（Grenache）葡萄已在这个区域活跃了很长时间，甚至没有人能说出它在这里生长了多久。

- C. del Trasimeno Rosso Corniolo Ris. '09　🍷🍷 4
- C. del Trasimeno Baccio del Rosso '11　🍷🍷 2*
- C. del Trasimeno Gamay
　Divina Villa Et. Bianca '11　🍷🍷 2*
- C. del Trasimeno Gamay
　Divina Villa Et. Nera '09　🍷🍷 3
○ C. del Trasimeno
　Grechetto Nuricante '11　🍷🍷 2*
○ Ascanio '11　🍷 2
○ C. del Trasimeno Baccio del Bianco '11　🍷 2
⊙ Martavello Rosato '11　🍷 2
- C. del Trasimeno Rosso Corniolo '05　🍷🍷 3
- C. del Trasimeno Rosso Corniolo '03　🍷🍷 3
- C. del Trasimeno Rosso Corniolo Ris. '07　🍷🍷 3

UMBRIA
翁布里亚区

Goretti
LOC. PILA
S.DA DEL PINO, 4 - 06132 PERUGIA
TEL. 075607316
www.vinigoretti.com

预约参观
年产量 400 000 瓶
葡萄种植面积 50公顷

格雷迪（Goretti）这个稳健的酒庄在不迟不疾中逐渐发展壮大，具备了一个杰出农耕企业典型的精明和远见。在现代的葡萄酒世界里，酒庄泰然自若，力图使酿制的一系列酒品能够迎合不同消费水平、消费对象的需求。今天，格雷迪（Goretti）家族打理着两处葡萄园，一处老的庄园位于科里·帕鲁金尼（Colli Perugini）的阿派乐（Apila），另一处最近较新的勒·穆雷·萨拉塞尼（Le Mure Saracene）葡萄园则处在蒙特法科（Montefalco）。这两块葡萄园都取得了优秀的成绩。

○ Colli Perugini Chardonnay '11	♀♀ 2*
● Colli Perugini Rosso L'Arringatore '08	♀♀ 3
○ Colli Perugini Bianco '11	♀ 2
● Montefalco Rosso Le Mure Saracene '09	♀ 3
○ Colli Perugini Chardonnay '08	♀♀ 2*
● Colli Perugini L'Arringatore '07	♀♀ 3
● Colli Perugini Rosso L'Arringatore '05	♀♀ 3
● Fontanella Rosso '09	♀♀ 2
● Montefalco Rosso Le Mure Saracene '07	♀♀ 2*
● Montefalco Sagrantino Le Mure Saracene '06	♀♀ 5

Lungarotti
V.LE GIORGIO LUNGAROTTI, 2
06089 TORGIANO [PG]
TEL. 075988661
www.lungarotti.it

预约参观
参观设施
膳宿接待
年产量 2 500 000 瓶
葡萄种植面积 250 公顷

伦加罗蒂（Lungarotti）是一个魔幻般的葡萄酒酒庄。一提到它，每一个老字辈葡萄酒狂热者的脑海里就会浮现种种记忆、思绪和情感。如果历史和传统真的存在意义，那么伦加罗蒂（Lungarotti）酒庄肯定会被认为是意大利葡萄酒全景中最靓丽的风景线之一。即使是今天，它还是能保持高产量，酿制出一些真正突出的葡萄酒款。尽管在很多时候，你会感觉它已不复昔日的辉煌，但它还是兢兢业业，力图在不久的将来东山再起。

● Torgiano Rosso Rubesco V. Monticchio Ris. '07	♀♀♀ 6
● Montefalco Sagrantino '09	♀♀ 5
○ Torgiano Bianco Torre di Giano V. Il Pino Ris. '10	♀♀ 4
○ Aurente '10	♀♀ 5
● Montefalco Rosso '10	♀♀ 3
● Torgiano Rosso Rubesco '09	♀♀ 2*
○ Torre di Giano '11	♀♀ 2*
● Montefalco Sagrantino Passito '08	♀ 6
○ Torgiano Bianco Torre di Giano V. il Pino Ris. '08	♀♀♀ 3*
● Torgiano Rosso V. Monticchio Ris. '06	♀♀♀ 5
● Torgiano Rosso V. Monticchio Ris. '05	♀♀♀ 5*

翁布里亚区
UMBRIA

Castello di Monte Vibiano Vecchio
Loc. Monte Vibiano Vecchio di Mercatello
voc. Palombaro, 22
06072 Marsciano [PG]
Tel. 0758783386
www.montevibiano.it

藏酒销售
预约参观
葡萄种植面积 35 公顷
葡萄栽培方式 传统栽培

蒙特•维比安诺（Monte Vibiano）酒庄的迷人故事始于一片原生态的乡村土地、热情四射的庄主和一个旨在实现酒庄二氧化碳零排放的项目。虽然之前葡萄酒的品质在这场绿色革命中居次要地位，但现在已逐渐获得了更多的关注。经过了几个发展缓慢的年份后，酒庄的管理者们开始致力于新葡萄酒的开发实验，并稳步推动酒庄前进。现在，他们终于盼到了收获的季节，尽情地收割这个项目种下的丰硕成果。蒙特•维比安诺（Monte Vibiano）的葡萄酒这回获得了空前的好评。

- Colli Perugini Rosso L'Andrea '08　🏆🏆🏆 5
- Colli Perugini Rosso Monvì '09　🏆🏆 2*
- ○ Maria Camilla '11　🏆 3
- Villa Monte Vibiano Rosso '11　🏆 1

Moretti Omero
Loc. San Sabino, 19
06030 Giano dell'Umbria [PG]
Tel. 074290433
www.morettiomero.it

藏酒销售
预约参观
年产量 58 000 瓶
葡萄种植面积 11 公顷
葡萄栽培方式 有机认证

荷马•莫雷蒂（Omero Moretti）经营着该地区最迷人的采取有机方法生产葡萄酒的酒庄之一。这位自然农学的开拓者最主要的身份是一个农民，其次才是一个酿酒师。现在，他已经成功地把这个由祖父在第一次世界大战战后不久建立的酒庄带到了新的、更辉煌的高度。葡萄园和酿酒厂俯瞰着附近的蒙蒂•马塔尼（Monti Martani）山脉，产出的酒品是本地区最能反映地域特色的葡萄酒之一。虽然酒庄在实施手工酿酒法的过程中经历了许多起伏挫折，但是出产的酒品确实平易近人、原汁原味。凭着这一点，这些酒品得到葡萄酒爱好者的青睐。

- Montefalco Rosso '09　🏆🏆 5
- Montefalco Sagrantino '08　🏆🏆 5
- ○ Nessuno '11　🏆 2
- Grechetto dell'Umbria '10　🏆🏆 2
- Montefalco Sagrantino '07　🏆🏆 5
- Montefalco Sagrantino '06　🏆🏆 5
- Montefalco Sagrantino '05　🏆🏆 5
- Montefalco Sagrantino '02　🏆🏆 5
- Montefalco Sagrantino Vignalunga '06　🏆🏆 7
- ○ Nessuno '09　🏆🏆 2*

UMBRIA

La Palazzola
LOC. VASCIGLIANO - 05039 STRONCONE [TR]
TEL. 0744609091
www.lapalazzola.it

年产量 150 000 瓶
葡萄种植面积 36 公顷

斯特凡诺•格瑞利（Stefano Grilli）是翁布里亚区最年长的葡萄种植者，其新颖独创、难以捉摸的酿酒方法总能创造出引人关注、极具个性的葡萄酒。他的王国——帕拉佐拉酒庄（La Palazzola）位于瓦丝吉格里奥诺（Vascigliano），紧靠特尔尼（Terni），为本地区提供了一些最有特色的葡萄酒。酒品的系列一开始时是起泡葡萄酒，斯特凡诺（Stefano）正是这一酒种的先行者，因采用祖传方法进行二次发酵而令酒品别具一格。除此之外，葡萄酒系列还包括晚摘葡萄酿造的酒品，以及使用了国际葡萄和诸如桑娇维赛（Sangiovese）等本地葡萄而酿造的一些红葡萄酒。酒窖的运作风格独特，很多生产环节都是纯手工完成，且质量稳定。

● Bacca Rossa Passito '08	🍷🍷 4
○ Riesling Brut Metodo Ancestrale '08	🍷🍷 3
○ Rosé Brut Metodo Ancestrale '10	🍷🍷 4
⊙ Uve Gelate '09	🍷🍷 6
○ Gran Cuvée Brut Metodo Ancestrale '10	🍷 4
● Merlot '97	🍷🍷🍷 4*
○ Gran Cuvée Brut '08	🍷🍷 4
○ Riesling Brut M. Cl. '05	🍷🍷 3
⊙ Rosé Brut '06	🍷🍷 4
⊙ Rosé Brut Metodo Ancestrale '09	🍷🍷 4

Palazzone
LOC. ROCCA RIPESENA, 68
05019 ORVIETO [TR]
TEL. 0763344921
www.palazzone.com

预约参观
参观设施
膳宿接待
年产量 130 000 瓶
葡萄种植面积 25 公顷

如果给翁布里亚区（Umbria）种植达人们排名的话，乔瓦尼•杜比尼（Giovanni Dubini）将当之无愧地高居第一。这部分归功于他对奥维多（Orvieto）地区的葡萄酒的极大热情，即便在遇到很多麻烦时仍是如此。乔瓦尼（Giovanni）的成功秘诀在于，酒庄所在地是这个杰出的葡萄酒国度里风土条件最好的地区之一。另外，悠闲古典而不僵硬的酿酒风格赋予了葡萄酒巨大的陈化潜力，故而也应记上一功。乔瓦尼（Giovanni）的白葡萄酒是该地区极具发展潜力的重要标志，因为这里一直靠着华丽的白葡萄酒而远近驰名。

○ Orvieto Cl. Sup. Terre Vineate '11	🍷🍷🍷 2*
● Armaleo '08	🍷🍷 5
○ Orvieto Cl. Sup. Campo del Guardiano '10	🍷🍷 3*
○ Grek '11	🍷 2
● Armaleo '00	🍷🍷🍷 5
● Armaleo '98	🍷🍷🍷 5
● Armaleo '97	🍷🍷🍷 5
● Armaleo '95	🍷🍷🍷 5
○ Orvieto Cl. Sup. Campo del Guardiano '09	🍷🍷🍷 3
○ Orvieto Cl. Sup. Campo del Guardiano '07	🍷🍷🍷 3

翁布里亚区
UMBRIA

F.lli Pardi
via Giovanni Pascoli, 7/9
06036 Montefalco [PG]
Tel. 0742379023
www.cantinapardi.it

藏酒销售
预约参观
年产量 60 000 瓶
葡萄种植面积 12 公顷

帕蒂（Pardi）酒庄坐落在蒙特法科（Montefalco），拥有本地典型的企业家精神和对酿酒技艺的强烈意识。虽然酒庄的酿酒历史已有几个世纪之久，但家族的年轻一代在最近让它重新焕发了生机。不过，对酒庄最重要的还是令人高度信服的酿酒方法。经酿酒师的精心雕琢后，酒品淋漓尽致地诠释出本地经典葡萄的芳香，从内而外地散发出典雅、优美的气质。

Cantina Peppucci
loc. Sant'Antimo
fraz. Petroro, 4 - 06059 Todi [PG]
Tel. 0758947439
www.cantinapeppucci.com

藏酒销售
预约参观
参观设施
年产量 70 000 瓶
葡萄种植面积 12.5 公顷

佩普斯酒馆（Cantina Peppucci）坐落在翁布里亚（Umbria）一个美丽的角落里，朝向特蒂（Todi），毗邻圣特•安提莫（Sant'Antimo）修道院，现代化的葡萄园位于海拔超过400米的山坡上。这个年轻但发展势头迅猛的酒庄出产的葡萄酒清纯洁净、重点突出，准确地诠释了本地葡萄和当地法定产区的特质。除了本地葡萄外，酒庄还不断试验国际葡萄。崭新且运作不久的生产设施保证了稳定的品质，同时也标志着酒庄的发展迎来了一个重要的里程碑。

● Montefalco Rosso '10	♛♛ 2*
● Montefalco Sagrantino '09	♛♛ 5
○ Colli Martani Grechetto '11	♛♛ 2*
● Montefalco Sagrantino Passito '09	♛♛ 5
○ Spoleto Trebbiano Spoletino '11	♛♛ 2*
○ Montefalco Bianco Colle di Giove '11	♛ 2
○ Montefalco Bianco Colle di Giove '10	♛♛ 2
● Montefalco Rosso '07	♛♛ 2*
● Montefalco Sagrantino '07	♛♛ 5
● Montefalco Sagrantino '04	♛♛ 5
● Montefalco Sagrantino Passito '07	♛♛ 5
● Montefalco Sagrantino Sacrantino '06	♛♛ 6
● Rosso di Montefalco '09	♛♛ 2*

● Giovanni '09	♛♛ 4
● Petroro 4 '11	♛♛ 2*
○ Todi Grechetto Montorsolo '11	♛♛ 2*
● Alter Ego '06	♛♛ 5
● Alter Ego '05	♛♛ 5
○ Colli Martani Grechetto di Todi Montorsolo '10	♛♛ 2
● Giovanni '08	♛♛ 4
● Petroro 4 '09	♛♛ 3*
● Petroro 4 '08	♛♛ 3*

UMBRIA
翁布里亚区

Perticaia

Fraz. Casale
06035 Montefalco [PG]
Tel. 0742379014
www.perticaia.it

藏酒销售
预约参观
年产量 100 000 瓶
葡萄种植面积 15 公顷

虽然珀提卡亚（Perticaia）的第一瓶葡萄酒直到21世纪初才面世，但不长的发展历史并没有妨碍它成为蒙特法科（Montefalco）乃至整个大区的标杆企业。鉴于吉多•瓜尔迪利（Guido Guardigli）的个人经历和专业背景以及这个位于蒙特法科•卡萨利（Casale di Montefalco）的美丽酒庄所奉行的指导思想，这样的成绩并不值得大惊小怪。酒庄坐落在优秀的葡萄酒王国中心的崎岖地带，周围被葡萄园环绕，三个组成地块各有鲜明的特点。酿酒厂里，人工干预被保持在最低限度，旨在使酿造出的葡萄酒紧实而又十分纤细。只要你拿起酒杯轻轻一抿，珀提卡亚（Perticaia）酿酒的风格就能清晰地显现出来。

● Montefalco Rosso Ris. '09	🍷🍷 4
● Montefalco Sagrantino '08	🍷🍷 5
● Montefalco Rosso '09	🍷🍷 3
○ Trebbiano Spoletino '11	🍷 2*
● Umbria Rosso '11	🍷 2
● Montefalco Sagrantino '07	🍷🍷🍷 5
● Montefalco Sagrantino '06	🍷🍷🍷 5
● Montefalco Sagrantino '05	🍷🍷🍷 5
● Montefalco Sagrantino '04	🍷🍷🍷 5
● Montefalco Rosso Ris. '08	🍷🍷 4
● Montefalco Sagrantino '03	🍷🍷 5
● Montefalco Sagrantino '01	🍷🍷 5

Pucciarella

Loc. Villa
Via Case Sparse, 39 - 06063 Magione [PG]
Tel. 0758409147
www.pucciarella.it

藏酒销售
预约参观
参观设施
年产量 200 000 瓶
葡萄种植面积 58.5 公顷

近年来，这个令人印象深刻的酒庄在品质上取得了显著的突破，成为葡萄酒生产的标杆，至少从专业术语来说，成为了特拉西梅诺（Trasimeno）中"前景光明却尚未被完全开发"的地区的标杆。酒庄由卡利洛（Cariplo）银行养老金所有。葡萄园位于马吉恩内（Magione）和科尔恰诺（Corciano）市区海拔300米以上的地方，大部分处在特拉西梅诺•科里（Colli del Trasimeno）法定产区里，这里的加列斯托（Galestro）石灰岩土破裂形成了石质土壤。大量的葡萄酒款、酒种取材于本地或非本地的葡萄，呈现出无懈可击的清纯度和突出的特质。

● Buggea Trequanda '10	🍷🍷 2*
○ Arsiccio '11	🍷🍷 3
● C. del Trasimeno Rosso Sant'Anna Ris. '09	🍷🍷 2*
○ C. del Trasimeno Vin Santo '08	🍷🍷 3
● C. del Trasimeno Rosso Berlingero '11	🍷 2
● Chianti Baconcoli Trequanda '10	🍷 1*
● Empireo '09	🍷 3
○ Orcia Trecalici Trequanda '09	🍷 2
○ Arsiccio '10	🍷🍷 2*
● C. del Trasimeno Rosso Sant'Anna Ris. '08	🍷🍷 2*
○ Ca' de Sass '07	🍷🍷 3

Raina

LOC. TURRI
VIA CASE SPARSE, 42
06036 MONTEFALCO [PG]
TEL. 0742621356
www.raina.it

藏酒销售
预约参观
餐饮接待
年产量 40 000 瓶
葡萄种植面积 12 公顷

在一片葡萄酒风格、分区和新兴酒庄的潜力还没有得到完全认识的土地，年轻而组织良好的企业总是有极大的发展空间。莱娜（Raina）就是这样一个企业。由弗朗西斯科•马里亚尼（Francesco Mariani）于2001年创建的这个酒庄坐落在蒙特法科•图里（Turri di Montefalco），葡萄园栽种在相对宽松、多岩石的石灰岩土壤中，海拔在200米到300米之间。大型的橡木桶用来陈化塞格兰蒂诺（Sagrantino），中型木桶则用来陈化蒙特法科红葡萄酒（Rosso di Montefalco）。出产的酒品风格现代，呈现出良好的平衡、特质和诱人的口感。

Roccafiore

FRAZ. CHIOANO
LOC. COLLINA 100/A - 06059 TODI [PG]
TEL. 0758942416
www.roccafiore.it

藏酒销售
预约参观
膳宿接待
年产量 90 000 瓶
葡萄种植面积 11.5 公顷
葡萄栽培方式 有机认证

罗卡菲奥里（Roccafiore）酒庄在意大利葡萄酒世界里相当罕见，因为它在很短的时间内成功塑造了既古典又极其现代的形象，其年轻却成熟的酒窖让它享誉酒界。巴卡瑞里（Baccarelli）家族为能在这片历史底蕴浓厚的地区生产葡萄酒感到自豪，并以令人振奋的创新方式取得了葡萄酒生产的成功。酒庄位于特蒂（Todi），新老葡萄园均在这里采用有机的方式管理，出产葡萄酒的清晰度和风格逐年增长。在所有的酒种中，白葡萄酒率先脱颖而出。不过现在，红葡萄酒也给人留下深刻的印象。我们想说，"干得好，保持下去"。

● Montefalco Sagrantino '08	🍷🍷 5
● Montefalco Rosso '10	🍷🍷 3
● Montefalco Rosso '09	🍷🍷 3
● Montefalco Sagrantino Passito '07	🍷🍷 5
● Sagrantino di Montefalco '07	🍷🍷 5

○ Collina d'Oro Passito '11	🍷🍷 5
○ Fiordaliso '11	🍷🍷 2*
● Roccafiore Rosso '09	🍷🍷 2*
○ Todi Grechetto Sup. Fior Fiore '10	🍷🍷 3
○ Colli Martani Grechetto di Todi Fiorfiore '08	🍷🍷 3
○ Colli Martani Grechetto di Todi Fiorfiore '07	🍷🍷 3*
○ Collina d'Oro Passito '07	🍷🍷 4
○ Fiordaliso '09	🍷🍷 2
● Prova d'Autore '08	🍷🍷 4

翁布里亚区
UMBRIA

Romanelli
COLLE SAN CLEMENTE 129A
06036 MONTEFALCO [PG]
TEL. 3479065613
www.romanelli.se

藏酒销售
预约参观
年产量 40 000 瓶
葡萄种植面积 7.5 公顷

罗马内利（Romanelli）家族的酒庄坐落在圣•克莱蒙特（San Clemente）的山上，虽然始建于30多年前的1978年，但酒庄近期焕发出新的生机。这一切归功于新一代人做出的包括引进有机耕作方法在内的改变。葡萄园坐落在海拔约350米方位极佳的山坡上，土壤为粉质黏土。葡萄酒酿造以极长时间的浸皮和在各种尺寸的木桶里陈化为基础。

○ Colli Martani Grechetto '11	🍷🍷 2*
● Montefalco Rosso '08	🍷🍷 3
● Montefalco Sagrantino Passito '08	🍷🍷 5
● Montefalco Sagrantino '08	🍷 5
● Montefalco Rosso '07	🍷🍷 3

Scacciadiavoli
LOC. CANTINONE, 31
06036 MONTEFALCO [PG]
TEL. 0742371210
www.scacciadiavoli.it

藏酒销售
预约参观
年产量 220 000 瓶
葡萄种植面积 32 公顷

本着真心热爱的情感和进取精神，潘布菲迪（Pambuffettis）悉心经营着斯卡西迪亚沃里（Scacciadiavoli）酒庄。这个酒庄既拥有未来主义的建筑设计，又是农工业考古学一个难得的案例，因此被公认为意大利最美丽的酒庄之一。专业的团队、稳健的投资和令人瞠目的葡萄园使得斯卡西迪亚沃里（Scacciadiavoli）品牌牢牢地成为人们关注的焦点，给评论家、葡萄酒爱好者和消费者提供了一系列无可挑剔、性格可赞的酒品。除了本地区典型的红葡萄酒外，酒窖也进军到了静止葡萄酒和起泡葡萄酒的世界。

● Montefalco Rosso '09	🍷🍷 3*
⊙ Brut Rosé M. Cl. '09	🍷🍷 4
○ Grechetto '11	🍷 2
○ Brut Scacciadiavoli M. Cl. '08	🍷🍷 4
● Montefalco Rosso '08	🍷🍷 3
● Montefalco Sagrantino '07	🍷🍷 5
● Montefalco Sagrantino '06	🍷🍷 5
● Montefalco Sagrantino '05	🍷🍷 5
● Montefalco Sagrantino '04	🍷🍷 5
● Montefalco Sagrantino Passito '06	🍷🍷 5

UMBRIA

Sportoletti
LOC. CAPITAN LORETO
VIA LOMBARDIA, 1
06038 SPELLO [PG]
TEL. 0742651461
www.sportoletti.com

藏酒销售
预约参观
年产量 210 000 瓶
葡萄种植面积 30 公顷

有赖于在品质上跨出的一大步，具有很长农业耕作和葡萄酒生产历史的斯伯托雷迪（Sportoletti）酒庄在20世纪90年代开始崭露头角。出产的葡萄酒大多倾向于现代风格，在国内外赢得了巨大成功。酒庄属埃涅斯托（Ernesto）和雷莫·斯伯托雷迪（Remo Sportoletti）兄弟所有。如今，年轻一代的人也开始进入管理团队。园艺式的葡萄园坐落在斯佩罗·科里（Colli di Spello）山丘上，与阿西西（Assisi）相距不远。不仅仅是主打的葡萄酒，整个系列的酒品均表现卓越。取材于国际葡萄的红葡萄酒和白葡萄酒在小型橡木桶里陈化，品质十分出色，入门级的葡萄酒也是如此。

● Villa Fidelia Rosso '10	🍷 4
○ Assisi Grechetto '11	🍷 1*
● Assisi Rosso '11	🍷 2*
○ Villa Fidelia Bianco '10	🍷 3
● Villa Fidelia Rosso '98	🍷 4*
● Villa Fidelia Rosso '08	🍷 5
● Villa Fidelia Rosso '07	🍷 5
● Villa Fidelia Rosso '06	🍷 5
● Villa Fidelia Rosso '05	🍷 5

Giampaolo Tabarrini
FRAZ. TURRITA - 06036 MONTEFALCO [PG]
TEL. 0742379351
www.tabarrini.com

藏酒销售
预约参观
年产量 70 000 瓶
葡萄种植面积 18 公顷

很难相信在10多年前才开始进入葡萄酒行业的吉亚姆鲍洛·塔巴瑞尼（Giampaolo Tabarrini）居然已经实现了家族农耕企业的现代化和采取了以市场为导向的运作方法。让我们难以相信的是，塔巴瑞尼（Tabarrini）已经成为本地区的领先品牌之一，其酒窖也已在蒙特法科（Montefalco）地区较窄的葡萄酒领域里取得了很好的声誉。吉亚姆鲍洛（Giampaolo）成功的秘诀是对细节的强烈关注、充沛的能量和视酿酒为使命的态度。其出品的葡萄酒的卓越品质不言而喻，充分诠释出了本地葡萄品种和风土条件的特色。事实上，酒庄的出品在市场上处于最优秀、最有代表性的葡萄酒行列之中。

● Montefalco Sagrantino Campo alla Cerqua '08	🍷 6
○ Adarmando '10	🍷 3*
● Montefalco Sagrantino Colle Grimaldesco '08	🍷 5
● Montefalco Rosso '09	🍷 3
● Montefalco Sagrantino Colle alle Macchie '06	🍷 6
● Il Padrone delle Vigne '11	🍷 2
○ Adarmando '07	🍷 3*
● Montefalco Sagrantino Campo alla Cerqua '07	🍷 6
● Montefalco Sagrantino Colle Grimaldesco '06	🍷 5
● Montefalco Sagrantino Colle Grimaldesco '01	🍷 5
○ Adarmando '09	🍷 3

翁布里亚区
UMBRIA

Terre de La Custodia
LOC. PALOMBARA
06035 GUALDO CATTANEO [PG]
TEL. 074292951
www.terredelacustodia.it

藏酒销售
预约参观
年产量 1 000 000 瓶
葡萄种植面积 118 公顷

一直从事种植业尤其是橄榄油行业的法尔奇奥尼家族（Farchionis）是国际知名的企业家。由于从事种植业，葡萄酒自然而然地就成为了他们发展项目的一部分。酒庄始建于2003年，崭新的酿酒厂和葡萄园跨越了瓜尔多•卡塔内奥（Gualdo Cattaneo）和特蒂（Todi）两个地区的市镇。其中瓜尔多•卡塔内奥（Gualdo Cattaneo）是红葡萄的生产基地，而特蒂（Todi）则专门种植白皮葡萄。酒庄出产的葡萄酒口感柔软、风格现代、容易驾驭，总是带给鼻子和嘴巴极爽的冲击。目前，这些酒品已在多个市场和多种销售渠道上取得了巨大成功。

○ Colli Martani Glaudius '08	♛♛ 4
○ Colli Martani Grechetto '11	♛♛ 2*
○ Colli Martani Grechetto Plentis '11	♛♛ 3
● Montefalco Rosso '10	♛♛ 4
● Montefalco Sagrantino '09	♛♛ 6
⊙ Brut Rosé '09	♛ 5
● Colli Martani Collezione '11	♛ 2
⊙ Brut Rosé '08	♛♛ 5
○ Colli Martani Grechetto Plentis '09	♛♛ 3
○ Colli Martani Grechetto Plentis '08	♛♛ 3
● Montefalco Rosso '09	♛♛ 4
● Montefalco Sagrantino '08	♛♛ 6
● Montefalco Sagrantino '07	♛♛ 6
● Montefalco Sagrantino '06	♛♛ 5

Tiburzi
ZONA IND. PIETRAUTA
06036 MONTEFALCO [PG]
TEL. 0742379864
www.tiburzicantine.com

藏酒销售
预约参观
年产量 80 000 瓶
葡萄种植面积 8 公顷

与蒙特法科（Montefalco）仅咫尺之遥的台伯兹（Tiburzi）酒庄能够出产一系列精美的葡萄酒，他们把生产重点放在本地区著名的法定产区酒上。这个建立不久的酒庄属于一个从事肉类行业的企业家族，其拥有的优秀生产基地遍布所有的葡萄酒王国，每一个基地都有自己独特的性格。出产的红葡萄酒偏向于现代风格，在小型橡木桶里陈化之后，酒品的性格更为鲜明，在口感上十分平衡且回味悠远。

● Montefalco Sagrantino Taccalite '08	♛♛ 5
○ Grechetto '11	♛ 3
● Montefalco Rosso Santambrà '09	♛ 3
● Montefalco Sagrantino Gustavo Tiburzi '06	♛ 6
● Maloperro '08	♛♛ 4
● Montefalco Rosso Santambrà '08	♛♛ 3*
● Montefalco Sagrantino Taccalite '07	♛♛ 5
● Montefalco Sagrantino Taccalite '06	♛♛ 5
● Montefalco Sagrantino Taccalite '04	♛♛ 5
● Montefalco Sagrantino Taccalite '02	♛♛ 5
● Montefalco Sagrantino Taccalite '01	♛♛ 5
● Montefalco Santambrà '07	♛♛ 3*
● Rosso Colle Scancellato '06	♛♛ 2*

UMBRIA
翁布里亚区

Todini

Fraz. Rosceto
via Collina, 29 - 06059 Todi [PG]
Tel. 075887122
www.cantinafrancotodini.com

藏酒销售
预约参观
膳宿接待
年产量 280 000 瓶
葡萄种植面积 70 公顷

毋庸置疑，位于科勒瓦伦扎（Collevalenza）的托蒂尼（Todini）家族酒庄是特蒂（Todi）地区的领先品牌之一。这个组织复杂的酒庄除了栽种一些葡萄藤外，其部分土地还种植了其他作物。酒庄坐拥一个现代化的酿酒厂和一间华丽的乡村酒店。葡萄酒的经营范围包括取材于本地以及国际红葡萄、白葡萄的葡萄酒。整个酒品系列定位现代、风格集中、口感柔软。

- ○ Grechetto di Todi Bianco del Cavaliere Sup. '11 — 🍷🍷🍷 3
- ● Colli Martani Sangiovese Rubro '09 — 🍷 4
- ○ Relais '10 — 🍷 2
- ○ Colli Martani Grechetto di Todi Bianco del Cavaliere '09 — 🍷🍷 3
- ○ Colli Martani Grechetto di Todi Bianco del Cavaliere '08 — 🍷🍷 3*
- ● Colli Martani Sangiovese Rubro '06 — 🍷🍷 4
- ○ Grechetto di Todi Bianco del Cavaliere '10 — 🍷🍷 3
- ● Nero della Cervara '08 — 🍷🍷 5
- ● Nero della Cervara '07 — 🍷🍷 5
- ● Nero della Cervara '05 — 🍷🍷 5

Tudernum

loc. Pian di Porto, 146
06059 Todi [PG]
Tel. 0758989403
www.tudernum.it

藏酒销售
预约参观
膳宿接待
年产量 2 000 000 瓶
葡萄种植面积 7 公顷

无差异化的葡萄酒酿造方法在这里已是陈迹。今天，塔德纳姆（Tudernum）联营酒庄因本地区一个最美丽的小镇而得名，葡萄园散布在特蒂（Todi）地区最好的一些葡萄酒王国里，这里是尤其适合白葡萄的生长，就像蒙特法科（Montefalco）注定造就优质红葡萄一样。酒庄风格现代化，出产的葡萄酒品质卓越且售价具有竞争力，这归功于眼光远大的管理者、杰出的技术人员和对技术的投资。葡萄酒酿制精良，其中一些还达到出色的级别。值得一提的是，酒庄经常试验涵盖了红、白葡萄的本地品种。

- ● Montefalco Sagrantino Fidenzio '08 — 🍷🍷 5
- ○ Todi Grechetto Sup. Colle Nobile '11 — 🍷🍷 2*
- ● Todi Rosso Sup. Rojano '10 — 🍷🍷 3
- ○ Le Lucrezie '11 — 🍷 1
- ○ Todi Grechetto '11 — 🍷 2
- ● Todi Merlot '11 — 🍷 2
- ● Todi Sangiovese '11 — 🍷 2
- ● Merlot '07 — 🍷🍷 2*
- ● Merlot '05 — 🍷🍷 2*
- ● Montefalco Sagrantino '07 — 🍷🍷 5
- ● Montefalco Sagrantino Tudernum '04 — 🍷🍷 5
- ● Montefalco Sagrantino Tudernum '01 — 🍷🍷 4
- ● Rojano '03 — 🍷🍷 2*

翁布里亚区
UMBRIA

Tenuta Le Velette
Fraz. Canale di Orvieto
loc. Le Velette, 23 - 05019 Orvieto [TR]
Tel. 076329090
www.levelette.it

藏酒销售
预约参观
年产量 400 000 瓶
葡萄种植面积 109 公顷

占地100多公顷的维勒特（Velette）酒庄处在天然圆形剧场里的火山岩地带上，拥有侵蚀作用形成的极为美丽的地质构造——"Calachi"沟渠。在这里，科罗多（Corrado）和塞西莉亚•波塔伊（Cecilia Bottai）建立了自己的酒庄，并把它发展成整个地区最令人兴奋的酒庄之一。种植的葡萄品种十分多样，从当地的经典品种到不那么传统的葡萄都有。出产的葡萄酒如实展现了葡萄品种特性，反映了清洁纯净的酿酒技术、鲜明的个性风格和显著的地域特色。

Villa Mongalli
via della Cima, 52 - 06031 Bevagna [PG]
Tel. 3485110506
www.villamongalli.com

参观设施
年产量 70 000 瓶
葡萄种植面积 15 公顷

美丽的维拉•蒙哥里（Villa Mongalli）酒庄的一个豪华古宅藏匿在葱茏的老树里，被葡萄园包围起来。一旁著名的自然景区科尔西米诺（Colcimino）横跨贝瓦尼亚（Bevagna）和蒙特法科（Montefalco）的市镇，处在非凡的葡萄园王国里，并构成了一个极为适合种植本地传统葡萄的真正宏伟的葡萄园。这个庄园造就了孟加尼（Menghini）家族的成功，使酒庄成为了酿制优雅、可口葡萄酒的标杆。酒窖里，人工干预被保持在最低限度，精确审慎地采用自然发酵和木桶陈酿。

● Calanco '08	♛♛ 4
● Gaudio '08	♛♛ 4
○ Orvieto Cl. Berganorio '11	♛♛ 2*
○ Orvieto Cl. Sup. Lunato '11	♛♛ 2*
● Rosso Orvietano Rosso di Spicca '11	♛ 2
● Calanco '03	♛♛♛ 4
● Calanco '95	♛♛♛ 4*
● Gaudio '03	♛♛♛ 4
● Calanco '05	♛♛ 4*
● Calanco '01	♛♛ 4
● Gaudio '07	♛♛ 4
● Gaudio '05	♛♛ 4
● Gaudio '04	♛♛ 4
● Gaudio '01	♛♛ 4

● Montefalco Sagrantino Pozzo del Curato '09	♛♛♛ 6
● Montefalco Sagrantino Della Cima '08	♛♛♛ 3*
● Montefalco Rosso Le Grazie '10	♛♛ 5
● Montefalco Sagrantino Colcimino '09	♛♛ 3
○ Calicanto '11	♛ 2
● Montefalco Sagrantino Colcimino '08	♛♛♛ 3*
● Montefalco Sagrantino Della Cima '06	♛♛♛ 6
● Montefalco Sagrantino Colcimino '07	♛♛ 3*
● Montefalco Sagrantino Della Cima '05	♛♛ 6
● Montefalco Sagrantino Della Cima '04	♛♛ 6
● Montefalco Sagrantino Pozzo del Curato '08	♛♛ 6
● Montefalco Sagrantino Pozzo del Curato '04	♛♛ 6

OTHER WINERIES 其他酒庄

Tenuta Alzatura
loc. Fratta - Alzatura, 108
06036 Montefalco [PG]
Tel. 0742399435
www.tenuta-alzatura.it

● Montefalco Sagrantino Uno di Undici '08	🍷🍷 5

Argillae
voc. Pomarro, 45 - 05010 Allerona [TR]
Tel. 0763624604
www.argillae.eu

○ Orvieto '11	🍷🍷 2*
○ Grechetto '11	🍷 2
● Sinuoso '11	🍷 2
● Vascellarus '09	🍷 3

Barbi
voc. Stucchio - 05023 Baschi [TR]
Tel. 0302780125
www.barbivini.it

● Lago di Corbara Rosso '10	🍷🍷 2*
○ Orvieto Cl. Arché '11	🍷🍷 3
○ Orvieto Cl. Abboccato '11	🍷 2
● Pojo del Ruspo '08	🍷 2

Berioli
loc. Montesperello di Magione
Case Sparse, 21 - Magione [PG]
Tel. 3355490173
www.cantinaberioli.it

● Topporosso '10	🍷🍷 3
○ Colli del Trasimeno Vercanto '11	🍷 3

Blasi Bertanzi
loc. San Benedetto
via Case Sparse, 64 - 06019 Umbertide [PG]
Tel. 0758697891
www.cantineblasi.it

● Regghia '10	🍷🍷 2*
○ Rogaie '10	🍷🍷 3
● Impronta '09	🍷 3

Bussoletti Leonardo Brecciaro
s.da Delle Pretare, 62 - 05035 Narni [TR]
Tel. 0744715687
www.leonardobussoletti.it

● Brecciaro '10	🍷🍷 3

OTHER WINERIES

Cardeto

Fraz. Sferracavallo
Loc. Cardeto - 05018 Orvieto [TR]
Tel. 0763341286
www.cardeto.com

○ Grechetto '11	♛♛ 2*
● Nero della Greca '09	♛♛ 4
○ Pinot Grigio '11	♛ 2
● Sangiovese '11	♛ 2

Carini

Loc. Canneto - Fraz. Colle Umberto
S.da del Tegolaro - 06133 Perugia
Tel. 0756059495
www.agrariacarini.it

○ C. del Trasimeno Rile '11	♛♛ 2*
● C. del Trasimeno Òscano '11	♛ 2

Castello di Corbara

Loc. Corbara, 7 - 05018 Orvieto [TR]
Tel. 0763304035
www.castellodicorbara.it

● Lago di Corbara Merlot De Coronis '09	♛♛ 4
○ Orzalume '10	♛♛ 3
○ Grechetto Podere Il Caio '11	♛ 2
● Lago di Corbara Rosso '10	♛ 3

Chiorri

Loc. Sant'Enea
via Todi, 100 - 06132 Perugia
Tel. 075607141
www.chiorri.it

⊙ Colli Perugini Rosato '11	♛♛ 2*
○ Grechetto '11	♛♛ 2*
● Colli Perugini Saliato '09	♛ 2

Le Cimate

Loc. Cecapecore, 41
06036 Montefalco [PG]
Tel. 0742290136

● Montefalco Sagrantino '08	♛♛ 5
● Umbria Rosso '10	♛♛ 2*
● Montefalco Rosso '09	♛ 2
○ Umbria Bianco '11	♛ 2

Coste del Faena

voc. Cherabò - 06054 Fratta Todina [PG]
Tel. 0758745043
www.costedelfaena.com

○ Paxito '09	♛♛ 3
● Syrah '11	♛♛ 4
● Dimoro '10	♛ 3
○ Todi Grechetto '11	♛ 3

OTHER WINERIES 其他酒庄

Fongoli
LOC. SAN MARCO DI MONTEFALCO
06036 MONTEFALCO [PG]
TEL. 0742378930
www.fongoli.com

● Montefalco Rosso Ris. '08	🍷🍷 3
○ Agnoletto '11	🍷 2
○ Colli Martani Grechetto '11	🍷 2

Podere Fontesecca
VOC. FONTESECCA, 30
06062 CITTÀ DELLA PIEVE [PG]
TEL. 3496180516
www.fontesecca.it

● Canaiolo '10	🍷 3

Cantina La Spina
FRAZ. SPINA
VIA EMILIO ALESSANDRINI, 1
06055 MARSCIANO [PG]
TEL. 0758738120
www.cantinalaspina.it

● Polimante '10	🍷🍷 3
● Rosso Spina '10	🍷🍷 3
● Cimaàlta '11	🍷 2

Lamborghini
LOC. SODERI, 1 - 06064 PANICALE [PG]
TEL. 0758350029
www.lamborghinionline.it

● Trescone '10	🍷🍷 2*
● Era '10	🍷 3
● Torami '09	🍷 4

Madrevite
VIA CIMBANO, 36
06061 CASTIGLIONE DEL LAGO [PG]
TEL. 0759527220
www.madrevite.com

● Colli del Trasimeno Glanio '10	🍷🍷 3*
○ Re Minore '11	🍷🍷 2*
○ La Bisbetica '11	🍷 3

Stafania Mezzetti
LOC. VERNAZZANO BASSO
06069 TUORO SUL TRASIMENO [PG]
TEL. 0575678528
www.vinimezzetti.it

● Annibale '10	🍷🍷 2*
● Cortona Syrah Principe '09	🍷🍷 3
○ Cortona Vin Santo Luce di Vino '07	🍷🍷 5

OTHER WINERIES

Tenuta Poggio del Lupo
VOC. BUZZAGHETTO, 100
05011 ALLERONA [TR]
TEL. 0763628350
www.tenutapoggiodellupo.it

○ Màrneo '11	🍷🍷 2*
○ Orvieto Novilunio '11	🍷🍷 2*

Rocca di Fabbri
LOC. FABBRI - 06036 MONTEFALCO [PG]
TEL. 0742399379
www.roccadifabbri.com

● Montefalco Sagrantino '08	🍷🍷 5
● Faroaldo '08	🍷 5
● Montefalco Sagrantino Passito '07	🍷 5

Ruggeri
LOC. BELVEDERE
VIA MONTEPENNINO, 5
06036 MONTEFALCO [PG]
TEL. 0742379294
www.viniruggeri.it

● Montefalco Sagrantino '08	🍷🍷 5
● Montefalco Rosso '09	🍷 3

Terre Margaritelli
FRAZ. CHIUSACCIA
LOC. MIRALDUOLO - 06089 TORGIANO [PG]
TEL. 0757824668
www.terremargaritelli.com

● Roccascossa '10	🍷🍷 2*
● Torgiano Freccia degli Scacchi '09	🍷🍷 5
● Malot '10	🍷 3

Tenuta Vitalonga
LOC. MONTIANO - 05016 FICULLE [TR]
TEL. 0763836722
www.vitalonga.it

● Phi '10	🍷🍷 4
● Terra di Confine '10	🍷🍷 4
● Elcione '10	🍷 2
⊙ Rosé '11	🍷 2

Zanchi
VIA ORTANA, 122 - 05022 AMELIA [TR]
TEL. 0744970011
www.cantinezanchi.it

○ Amelia Bianco Pizzale '11	🍷🍷 2*
○ Amelia Grechetto Arvore '11	🍷🍷 2*
○ Amelia Malvasia Flavo '11	🍷🍷 2*
○ V. Vecchia Trebbiano '09	🍷🍷 5

拉齐奥区
LAZIO

费奥拉诺（Fiorano）葡萄酒强势回归。用一款仅推出几千瓶的葡萄酒来开始我们对整个大区的综述或许有点奇怪，但费奥拉诺（Fiorano）葡萄酒不单只是20世纪80年代意大利最好的葡萄酒之一，对于品尝过甚至只听说过它的人们来说，它可谓传奇。把费奥拉诺（Fiorano）葡萄酒看作拉齐奥区（Lazio）的代表葡萄酒毫无争议，在罗马（Rome）省更是如此。现在的费奥拉诺（Fiorano）葡萄酒虽然源自不同的产区和葡萄品种，但品质还是那么出色，以致于我们希望拉齐奥区（Lazio）葡萄酒的领先品牌东山再起。整体来说，大区的葡萄酒产量停滞不前，当然这跟2011年主要白葡萄酒面临的严峻挑战关系很大。由于大多数酒庄牺牲葡萄酒的个性来保持精美，大区的潜力仍没被充分挖掘。但我们也不能忽略，许多采用有机方法或生物动力学原理经营的怀有雄心壮志的新兴小型酒庄，把充分诠释地域特色视为最高目标。罗马城堡区（Castelli Romani）和弗拉斯卡蒂（Frascati）地区仍致力于提高品质，即便付出努力没有获得回报；而凯撒•皮葛里欧（Cesanese del Piglio）和凯撒•欧来瓦诺（Cesanese di Olevano Romano）也在缓慢地发展。拉蒂纳省（Latina）周边的葡萄酒不仅一直保持可靠品质，2013年蓬扎岛（Ponza）还诞生了一家"三杯奖"获奖新秀。从现有成绩和潜力来看，维泰博地区（Viterbo）绝对是拉齐奥区（Lazio）最引人关注的省份。历史悠久的酿酒厂和新兴的酒庄企业都在孜孜不倦地奋斗，而以圣•吉奥维纳（San Giovenale）为代表的葡萄酒新星拥有昂扬激情、雄厚财力，蠢蠢欲动。

拉齐奥区
LAZIO

Marco Carpineti
loc. Capo le Mole
SP Velletri-Anzio km 14,300
04010 Cori [LT]
Tel. 069679860
www.marcocarpineti.it

藏酒销售
预约参观
年产量 200 000 瓶
葡萄种植面积 37 公顷
葡萄栽培方式 有机认证

科里（Cori）山自古以来靠着葡萄酒和橄榄油而闻名于世。马可·卡尔皮内蒂（Marco Carpinet）酒庄是当前顶级葡萄酒酿酒商行列的一员。在建设新酒窖的大量工作已接近完成之际，卡尔皮内蒂（Carpineti）现在专注于葡萄生产，并收购了一块田以支持早在近20年前就已获得认证的有机生产。本地的葡萄成为生产重点，明星葡萄酒是包括起泡酒版本和甜酒版本在内的贝隆（Bellone），还有马尔科（Marco）最近倾注大量心血的黑博诺（Nero Buono）。我们戏称后者为无国籍（Apolide），因为它不能反映科里（Cori）的地域特点。

Casale del Giglio
loc. Le Ferriere
s.da Cisterna-Nettuno km 13
04100 Latina
Tel. 0692902530
www.casaledelgiglio.it

藏酒销售
预约参观
年产量 1 200 000 瓶
葡萄种植面积 164 公顷

虽然从事葡萄酒行业已近30年，但安东尼奥·桑塔雷利（Antonio Santarelli）并没有失去他的激情和热情。相反，他和酿酒师保罗·提耶丰塔尔荷（Paolo Tiefentalher）乐于接受新兴酒庄的挑战，致力于巩固酒庄在拉蒂纳（Latina）省的领先地位。保罗（Paolo）仍然坚持他长期持有的理念，广泛试验葡萄品种以确定哪一种适合种植在离海不远的平原土地上。试验结果无论是维欧尼（Viognier）、小芒森（Petit Manseng）还是小味尔多（Petit Verdot）他都能接受，因为并不偏向种植本地葡萄或国际葡萄，两种他都能驾驭。

○ Marco Carpineti Brut '09	🍷🍷 3*
● Capolemole Rosso '10	🍷🍷 2*
○ Cori Bianco Collesanti '11	🍷🍷 2*
● Ludum '09	🍷🍷 4
● Tufaliccio '11	🍷🍷 2*
● Apolide '07	🍷 5
○ Capolemole Bianco '11	🍷 2
● Dithyrambus '08	🍷 5
● Moro '10	🍷 3
⊙ Os Rosae '11	🍷 2
○ Capolemole Bianco '10	🍷🍷 2*
● Capolemole Rosso '09	🍷🍷 2
○ Marco Carpineti Brut Trentamesi '07	🍷🍷 4

○ Antinoo '10	🍷🍷 3*
● Mater Matuta '09	🍷🍷 6
● Aphrodisium '11	🍷🍷 5
● Cabernet Sauvignon '09	🍷🍷 4
○ Chardonnay '11	🍷🍷 3*
○ Petit Manseng '11	🍷🍷 3*
○ Sauvignon '11	🍷🍷 3
● Shiraz '10	🍷🍷 3*
⊙ Albiola Rosato '11	🍷 2
● Madreselva '09	🍷 4
● Merlot '10	🍷 3
● Petit Verdot '10	🍷 3
○ Satrico '11	🍷 2
○ Viognier '11	🍷 3
● Cabernet Sauvignon '08	🍷🍷 4
● Mater Matuta '08	🍷🍷 6

拉齐奥区
LAZIO

Casale della Ioria

P.ZZA REGINA MARGHERITA, 1
03010 ACUTO [FR]
TEL. 077556031
www.casaledellaioria.com

藏酒销售
预约参观
年产量 65 000 瓶
葡萄种植面积 38 公顷

如今，在酿酒学家、顾问罗伯特•马泽（Roberto Mazzer）的有力支持下，保罗•培瑞内里（Paolo Perinelli）可以向市场提供三款非常出色、同时背后饱含故事的皮格里奥•切萨内赛（Cesanese del Piglio）葡萄酒。事实上，洛里亚•卡萨利（Casale della Ioria）是该指定区的标杆酒庄。并非巧合的是，他的葡萄园也是本地区最好的一部分葡萄园，位于厄尼斯（Ernici）山脚还是火山岩粘性的土壤。庄园试验性地重新引进了种植难度大的奥利维拉（Olivella）葡萄，我们期待这一举措能取得成功。

● Cesanese del Piglio Campo Novo '10	🍷🍷 2*
● Cesanese del Piglio Torre del Piano '10	🍷🍷 4
○ Colle Bianco '11	🍷🍷 2*
● Cesanese del Piglio Sup. Tenuta della Ioria '10	🍷 3
● L'Olivella '11	🍷 3
● Cesanese del Piglio '08	🍷🍷 2*
● Cesanese del Piglio Campo Nuovo '09	🍷🍷 2*
● Cesanese del Piglio Torre del Piano '09	🍷🍷 4
● Cesanese del Piglio Torre del Piano '08	🍷🍷 4
● L'Olivella '07	🍷🍷 2

Casale Marchese

VIA DI VERMICINO, 68 - 00044 FRASCATI [RM]
TEL. 069408932
www.casalemarchese.it

藏酒销售
预约参观
年产量 1 500 000 瓶
葡萄种植面积 40 公顷

两个世纪以来的罗马城堡区（Castelli Romani）群山里，卡尔雷蒂（Carletti）家族一直在弗拉斯卡蒂（Frascati）指定区的火山泥沙地带栽培着葡萄。他们主要种植传统本地葡萄，包括玛尔维萨•潘提纳塔（Malvasia Puntinata）、格雷科（Greco）、托斯卡纳棠比内洛（Trebbiano Toscano）、干地亚•玛尔维萨（Malvasia di Candia）、博比诺（Bombino）和贝隆（Bellone），此外还栽培一些国际葡萄。新修复的酿酒酒窖紧靠着18世纪酒窖的旁边。出产的葡萄酒风格现代，但保留了土壤和气候所赋予的自然风格味与矿物味，香气清新且口感美味。

○ Clemens '10	🍷🍷 3
○ Frascati Sup. '11	🍷🍷 2*
○ Frascati Cannellino '10	🍷 3
○ Clemens '09	🍷🍷🍷 3
○ Clemens '07	🍷🍷 3*
○ Clemens '06	🍷🍷 2*
○ Clemens '05	🍷🍷 4
○ Frascati Sup. '10	🍷🍷 2*
○ Frascati Sup. '09	🍷🍷 2
○ Frascati Sup. '08	🍷🍷 2*
○ Frascati Sup. '06	🍷🍷 2*

LAZIO

Cincinnato

via Cori-Cisterna km 2 - 04010 Cori [LT]
Tel. 069679380
www.cantinacincinnato.it

藏酒销售
预约参观
年产量 300 000 瓶
葡萄种植面积 400 公顷
葡萄栽培方式 有机认证

可以预见的是，原定的农家乐项目将会被繁文缛节耽误到2013年初才会启动，但辛辛纳托（Cincinnato）酒庄的人可不会坐着干等。联营酒庄的总经理纳扎瑞诺·米利塔（Nazareno Milita）和酿酒师卡罗·莫瑞蒂尼（Carlo Morettini）反而尽最大可能地加强了对葡萄酒和橄榄油的关注。这并不奇怪，因为属于联营酒庄200多名种植者成员的葡萄园位于科里（Cori）山最好的一些地带，出产的葡萄酒给人留下了深刻印象。我们还想指出的是整个酒品系列的性价比极高。

Antonello Coletti Conti

via Vittorio Emanuele, 116
03012 Anagni [FR]
Tel. 0775728610
www.colletticonti.it

藏酒销售
预约参观
年产量 20 000 瓶
葡萄种植面积 20 公顷

安托内罗·柯勒迪·孔蒂（Antonello Coletti Conti）热爱他的土地。他的家族与这片地区结交已有近一千年。虽然直接管理他的酒庄，但安托内罗（Antonello）也知道如何在国内外推广他的酒庄，使其成为宣传皮革里奥·切萨内赛（Cesanese del Piglio）新发展方向的大使。2013年，安托内罗（Antonello）第一次推出了取材于与乔恰里亚（Ciociaria）联系密切的帕斯琳娜（Passerina）葡萄酒，让他倍受鼓舞。传统并没有成为他的羁绊，反而审慎地在酒窖里采取了现代化的酿酒方法。出产的皮革里奥·切萨内赛（Cesanese del Piglio）葡萄酒是指定区里最为出色的酒品之一。

● Ercole Nero Buono '09	🍷🍷 3*
● Arcatura '10	🍷🍷 3
○ Brut Cincinnato Spumante	🍷 1
○ Castore '11	🍷🍷 1*
● Cori Rosso Raverosse '09	🍷🍷 2*
● Pollùce '10	🍷🍷 2
○ Cori Bianco Illirio '11	🍷 2
○ Pantaleo '11	🍷 2
○ Pozzodorico Bellone '10	🍷 2
○ Solina V. T. '09	🍷 4
● Bellone '09	🍷🍷 2*
● Bellone '08	🍷🍷 2*
○ Castore '10	🍷🍷 1*
● Cori Rosso Raverosse '07	🍷🍷 2*
○ Solina V. T. '08	🍷🍷 4

● Cesanese del Piglio Hernicus '11	🍷🍷 3*
● Cesanese del Piglio Romanico '10	🍷🍷 5
○ Arcadia '11	🍷 3
● Serpentino '11	🍷 3
● Cesanese del Piglio Romanico '07	🍷🍷🍷 5
○ Arcadia '10	🍷🍷 3
● Cesanese del Piglio Hernicus '10	🍷🍷 3
● Cesanese del Piglio Hernicus '09	🍷🍷 3
● Cesanese del Piglio Romanico '09	🍷🍷 5
● Cesanese del Piglio Romanico '08	🍷🍷 5
● Cosmato '08	🍷🍷 5

拉齐奥区
LAZIO

Colle Picchioni
Paola Di Mauro
LOC. FRATTOCCHIE
VIA COLLE PICCHIONE, 46 - 00040 MARINO [RM]
TEL. 0693546329
www.collepicchioni.it

藏酒销售
预约参观
年产量 80 000 瓶
葡萄种植面积 12 公顷
葡萄栽培方式 传统栽培

一位激情四射、勇气十足的神奇女侠在36年前始建了这个酒庄。毛罗•帕奥拉（Paola Di Mauro）的起步是在靠近阿尔巴诺湖（Lake Albano）的土地栽种波尔多葡萄，并从这里出产了混合葡萄来酿造酒庄最出名的瓦萨罗（Vassallo）葡萄酒。她还在酒里添加了其他品种，如桑娇维赛（Sangiovese）、西拉（Syrah）和切萨内赛（Cesanese）等红葡萄及玛尔维萨（Malvasia）、扎比安奴（Trebbiano）、苏维翁（Sauvignon）和赛美蓉（Sémillon）等白葡萄。低含量的火山土壤使她出产的葡萄酒酿制精美、个性突出，注重纤细柔美而非强劲粗壮。

Paolo e Noemia D'Amico
FRAZ. VAIANO
LOC. PALOMBARO
01024 CASTIGLIONE IN TEVERINA [VT]
TEL. 0761948034
www.paoloenoemiadamico.it

藏酒销售
预约参观
年产量 130 000 瓶
葡萄种植面积 26 公顷

在拉齐奥省（Lazio）、翁布里亚省（Umbria）和托斯卡纳省（Tuscany）的交界处，保罗（Paolo）和埃美柯•娜美亚（Noemia D'Amico）的酒庄位于火山地形与黏土冲沟相交织的地带上。海拔约500米的葡萄园处在黏土和石灰岩冲积土上。保罗（Paolo）和娜美亚（Noemia）把主要精力用于种植法国葡萄，力求雕琢完美的酒品呈现出国际风格。他们栽培了特别令人振奋的莎当尼（Chardonnay）葡萄，由此产出的两种葡萄酒包括在不锈钢熟化的卡兰奇（Calanchi）和在小型橡木桶陈化的法勒西亚（Falesia）。

● Il Vassallo '10	5
● Collerosso '11	2*
○ Donna Paola '11	3
● Perlaia '11	3
● Il Vassallo '05	5
● Vigna del Vassallo '01	5
● Vigna del Vassallo '00	5
● Il Vassallo '09	5
● Il Vassallo '08	5
● Il Vassallo '07	5
○ Le Vignole '06	3*
○ Marino Donna Paola '07	3*

○ Falesia '10	4
○ Seiano Bianco '11	2*
● Seiano Rosso '11	2*
○ Orvieto Noe '11	2
○ Terre di Ala '11	3
○ Calanchi di Vaiano '10	3
○ Calanchi di Vaiano '09	3
○ Calanchi di Vaiano '08	3
○ Calanchi di Vaiano '07	3*
○ Calanchi di Vaiano '06	3
○ Falesia '09	4
○ Falesia '07	4
○ Falesia '06	3
○ Seiano Bianco '10	2

拉齐奥区
LAZIO

★Falesco
LOC. SAN PIETRO - 05020 MONTECCHIO [TR]
TEL. 07449556
www.falesco.it

藏酒销售
预约参观
参观设施
年产量 2 600 000 瓶
葡萄种植面积 370 公顷

在过去的30年中,伦佐(Ranzo)和里卡多·科塔瑞拉(Riccardo Cotarella)酿造的一系列高品质葡萄酒满足了各种口味和不同消费支出的需求。葡萄园坐落在博尔塞纳湖(Lake Bolsena)、奥维多(Orvieto)和瓜尔多·塔迪诺(Gualdo Tadino)等多个地方,里面种植的葡萄造就了蒙特法科·萨格兰蒂诺(Montefalco Sagrantino)。葡萄品种包括罗塞多(Roscetto)、扎比安奴(Trebbiano)、格莱切托(Grechetto)桑娇维赛(Sangiovese)、玛尔维萨(Malvasia)以及诸如梅乐(Merlot)、西拉(Syrah)和加本内(Cabernet)等国际品种。最近,酒庄在葡萄园里试验了32个不同的葡萄品种。

● Montiano '10	▼▼▼ 6
○ Ferentano '09	▼▼ 3*
● Tellus '11	▼▼ 2*
○ Est Est Est di Montefiascone '11	▼▼ 1*
○ Est Est Est di Montefiascone Poggio dei Gelsi '11	▼▼ 2*
● Marciliano '09	▼▼ 6
● Montefalco Sagrantino 2R '08	▼▼ 6
● Pesano '11	▼▼ 2*
○ Soente '11	▼ 3
● Pomele '11	▼ 3
○ Vitiano Bianco '11	▼ 2
⊙ Vitiano Rosato '11	▼ 2
● Vitiano Rosso '11	▼ 2
● Montiano '09	▽▽▽ 5

Fontana Candida
VIA FONTANA CANDIDA, 11
00040 MONTE PORZIO CATONE [RM]
TEL. 069401881
www.fontanacandida.it

藏酒销售
预约参观
餐饮接待
年产量 4 000 000 瓶
葡萄种植面积 97 公顷

GIV(Gruppo Italiano Vini)集团拥有的芳塔娜·坎蒂达(Fontana Candida)酒庄坐落在弗拉斯卡蒂(Frascati)葡萄酒产区的中心地带,是罗马城堡(Castelli Romani)最重要的酒庄之一。火山成因的沙质土壤富含大量的钾、铁和镁等元素,使得出产的葡萄酒在果香中夹杂着矿物质的气息。酒窖专注于酿制白葡萄酒,主要酒款的表现优秀归功于玛尔维萨(Malvasia)、扎比安奴(Trebbiano)、格雷科(Greco)和博比诺(Bombino)等本地葡萄。此外,国际葡萄也为广泛、一流的酒品系列贡献了一臂之力。

○ Frascati Sup. Luna Mater '11	▼▼ 3*
○ Frascati Sup. Santa Teresa '11	▼▼ 2*
● Sesto 21 Syrah '10	▼▼ 4
○ Frascati Sup. Terre dei Grifi '11	▼ 2
○ Malvasia '11	▼ 2
● Siroe '11	▼ 2
○ Frascati Sup. Luna Mater '10	▽▽ 3
○ Frascati Sup. Luna Mater '09	▽▽ 3
○ Frascati Sup. Luna Mater '08	▽▽ 3
○ Frascati Sup. Luna Mater '07	▽▽ 5
○ Frascati Sup. Terre dei Grifi '10	▽▽ 2*
● Kron '01	▽▽ 5
○ Malvasia '10	▽▽ 2*

拉齐奥区
LAZIO

Marcella Giuliani
LOC. VICO MORICINO
VIA ANTICOLANA, KM 5 - 03012 ANAGNI [FR]
TEL. 0644235908
www.aziendaagricolamarcellagiuliani.it

藏酒销售
预约参观
年产量 35 000 瓶
葡萄种植面积 10.7 公顷
葡萄栽培方式 有机认证

玛赛拉·朱利亚尼（Marcella Giuliani）的可爱酒庄与皮格里奥·切萨内赛（Cesanese del Piglio）葡萄酒的历史联系密切，见证了其在国内外的葡萄酒舞台上稳步前进。多年前，富豪们紧跟它的脚步，展现了酒庄生产其他有价值葡萄酒的潜力。在此期间，所有人都表现得兢兢业业，酒庄忙于把种植方式转变为有机种植，加大本地帕斯琳娜（Passerina）葡萄的种植工作，试验用于酿造第二代格拉菲奥（Il Graffio）的波尔多葡萄品种，引进极大尊重葡萄特质的酒窖管理方法。

Antica Cantina Leonardi
VIA DEL PINO, 12
01027 MONTEFIASCONE [VT]
TEL. 0761826028
www.cantinaleonardi.it

藏酒销售
预约参观
参观设施
年产量 100 000 瓶
葡萄种植面积 37 公顷
葡萄栽培方式 有机认证

依赖于博尔塞纳湖（Lake Bolsena）周边山丘的火山岩土和凝灰质土，酒庄从20世纪初起步，出品散装酒发展到如今的精美葡萄酒。这个位于蒙特菲亚斯科尼（Montefiascone）的酒庄在此地起步发展，酒庄的葡萄园位于海拔约450米的高地上。葡萄酒熟化和陈酿在火山岩凿出的洞穴里进行，那里的温度和适度全年都很理想。这个洞穴造就的一系列酒品渴望在芳香和结构之间寻求一个完美的平衡点。

○ Alagna Bianco '11	♛♛ 2*
● Cesanese del Piglio Dives '09	♛♛ 4
⊙ Alagna Rosato '11	♛ 2
● Cesanese del Piglio Dives Riserva del Fondatore '06	♛ 4
● Cesanese del Piglio Sup. Alagna '11	♛ 2
● Il Graffio '11	♛ 2
○ Alagna Bianco '10	♛♛ 2*
● Cesanese del Piglio Dives '06	♛♛ 4
● Cesanese del Piglio Dives '04	♛♛ 4
● Cesanese del Piglio Dives Riserva del Fondatore '05	♛♛ 4
● Il Graffio '09	♛♛ 2*

● Don Carlo '09	♛♛ 2*
○ Est! Est!! Est!!! di Montefiascone Poggio del Cardinale '11	♛♛ 2*
○ Pensiero '11	♛♛ 2*
● Le Muffe '11	♛ 3
○ Vivì '11	♛ 2
● Don Carlo '08	♛♛ 2*
○ Est! Est!! Est!!! di Montefiascone Poggio del Cardinale '09	♛♛ 2*
○ Le Muffe '10	♛♛ 3*
○ Pensiero '10	♛♛ 2*

拉齐奥区
LAZIO

Sergio Mottura
LOC. POGGIO DELLA COSTA, 1
01020 CIVITELLA D'AGLIANO [VT]
TEL. 0761914533
www.motturasergio.it

藏酒销售
预约参观
膳宿接待
年产量 100 000 瓶
葡萄种植面积 37 公顷
葡萄栽培方式 有机认证

在葡萄酒爱好者眼中，酒标上的箭猪标志已经成为高品质、可靠葡萄酒品质的象征。塞尔吉奥•莫图拉（Sergio Mottura）的酒品源自低产量的葡萄、大量的庄园工作、现代的酒窖设备以及对环境可持续发展的巨大关注。除了主打品种格莱切托（Grechetto）葡萄外，阿格里亚诺•塞维特拉（Civitella d' Agliano）地区山上的葡萄藤还栽种维代洛（Verdello）、卓佩吉奥（Drupeggio）、普洛卡尼科（Procanico）、蒙特布查诺（Montepulciano）、梅洛（Merlot）以及用于酿造意大利最佳经典梅特多葡萄酒（Metodo Classico）之一的黑皮诺（Pinot Nero）和莎当尼（Chardonnay）葡萄。

Poggio Le Volpi
VIA COLLE PISANO, 27
00040 MONTE PORZIO CATONE [RM]
TEL. 069426980
www.poggiolevolpi.it

藏酒销售
预约参观
年产量 224 000 瓶
葡萄种植面积 30 公顷

在短短的几年里，精心的试验、研究和选材把菲利斯•梅尔吉（Felice Mergè）的酒庄带到了本地区葡萄酒酿造的领先行列中。垂直格子架模式的葡萄园位于海拔约400米，主要面向南方，处在有罗马城堡（Castelli Romani）特色的火山土壤上。酒庄专注于栽种拉齐奥省（Lazio）传统葡萄，品种包括玛尔维萨•潘提纳塔（Malvasia Puntinata）、干地亚•玛尔维萨（Malvasia di Candia），格雷科（Greco）和扎比安奴（Trebbiano）等白葡萄和黑博诺（Nero Buono）、切萨内赛（Cesanese）等红葡萄。出产的酒品系列技术细腻完美，风格现代。

○ Poggio della Costa '11	♟♟♟ 3*
○ Grechetto Latour a Civitella '10	♟♟ 4
● Nenfro '09	♟♟ 4
○ Orvieto V. Tragugnano '11	♟♟ 3
⊙ Civitella Rosato '11	♟♟ 2
○ Orvieto Secco '11	♟ 2
○ Grechetto Latour a Civitella '06	♟♟♟ 4*
○ Grechetto Latour a Civitella '05	♟♟♟ 4*
○ Grechetto Latour a Civitella '04	♟♟♟ 4*
○ Grechetto Latour a Civitella '01	♟♟♟ 5
○ Grechetto Poggio della Costa '10	♟♟♟ 3*
○ Grechetto Poggio della Costa '09	♟♟♟ 3*
○ Grechetto Poggio della Costa '08	♟♟♟ 3*

○ Frascati Sup. Epos '11	♟♟♟ 2*
● Baccarossa '10	♟♟ 4
● Cesanese '10	♟ 2
⊙ Frascati Spumante Brut a Sonia	♟ 5
○ Frascati Sup. Epos '10	♟♟♟ 2*
○ Frascati Sup. Epos '09	♟♟♟ 2*
● Baccarossa '09	♟♟ 4
● Baccarossa '07	♟♟ 4
● Baccarossa '06	♟♟ 4
● Baccarossa '05	♟♟ 5
● Baccarossa '04	♟♟ 5
○ Frascati Sup. Epos '08	♟♟ 2*
○ Frascati Sup. Epos '06	♟♟ 3

拉齐奥区
LAZIO

Sant'Andrea

LOC. BORGO VODICE
VIA RENIBBIO, 1720 - 04010 TERRACINA [LT]
TEL. 0773755028
www.cantinasantandrea.it

藏酒销售
预约参观
年产量 500 000 瓶
葡萄种植面积 80 公顷

虽然乔瓦尼（Giovanni）和安德里亚•潘多尔福（Andrea Pandolfo）是特拉西纳•莫斯卡托（Moscato di Terracina）葡萄的伯乐这一事实已经被提及多次，但再怎么强调这两人几十年来一直是特拉西纳（Terracina）荣誉市民的西西里勇士的贡献也不为过。葡萄园部分为酒庄所有，部分则租赁而来，现在已扩展到很大的区域。这些庄园通常位于最好的地带，或是处在最适合葡萄种植的山坡上。西尔切奥（Circeo）指定区的葡萄来自海拔较低且靠近平原的葡萄园。就如2013年的结果显示的那样，它们使得酒庄的出品范围更加广泛、完美。

Tenuta di Fiorano

VIA DEL FIORANELLO, 19 - 31 - 00134 ROMA
TEL. 0679340093
info@tenutadifiorano.it

对葡萄酒专家和爱好者来说，阿贝里科•邦孔帕尼•路多维西（Alberico Boncompagni Ludovisi）掌管费奥拉诺（Tenuta di Fiorano）酒庄时的葡萄酒产品是标志性的，甚至在20世纪80年代意大利葡萄酒复兴之前也是如此。在亚壁古道（Via Appia）的酒庄里，这个已于2005年辞世的罗马贵族产出了一种高雅的波尔多混酿和两种国际标准的白葡萄酒，一种取材于拉齐奥•玛尔维萨（Malvasia del Lazio）葡萄，另一种源自赛美蓉（Sémillon）葡萄。1995年，除了种植有红皮葡萄的一小块田外，阿贝里科（Alberico）开掘了他自己的葡萄园。

○ Circeo Bianco Dune '10	♛ 2*
● Circeo Rosso Il Sogno '08	♛ 3
○ Moscato di Terracina Secco Oppidum '11	♛ 2*
○ Circeo Bianco Riflessi '11	♛ 2
○ Circeo Rosato Riflessi '11	♛ 2
● Circeo Rosso Incontro al Circeo '10	♛ 2
● Circeo Rosso Riflessi '11	♛ 1*
○ Moscato di Terracina Amabile Templum '11	♛ 2
○ Moscato di Terracina Amabile Templum Spumante '11	♛ 2
○ Moscato di Terracina Secco Oppidum Spumante '11	♛ 2
○ Riflessi Bianco Spumante	♛ 2

○ Fiorano Bianco '10	♛♛♛ 5
● Fiorano Rosso '06	♛♛ 6

LAZIO
拉齐奥区

Trappolini
VIA DEL RIVELLINO, 65
01024 CASTIGLIONE IN TEVERINA [VT]
TEL. 0761948381
www.trappolini.com

藏酒销售
预约参观
年产量 150 000 瓶
葡萄种植面积 25 公顷

特拉波里尼酒庄（Trappolini）在台伯（Tiber）河谷的葡萄酒生产占居主导地位。家族酒窖提供的葡萄酒几乎全部以本地葡萄品种为基础。这片地区因其白皮葡萄品种而被高度重视，但特拉波里尼（Trappolini）却主要专注于种植体现地域特质的红葡萄。家族下决心要通过生产技术细腻、令人极为愉悦的葡萄酒来展现桑娇维赛（Sangiovese）、蒙特布查诺（Montepulciano）、埃丽提科（Aleatico）和卡内奥罗（Canaiolo）等葡萄的出类拔萃。

● Paterno '10	♟♟ 3*
○ Est! Est!! Est!!! di Montefiascone '11	♟♟ 2*
○ Sartei '11	♟♟ 1*
● Breccceto '11	♟ 2
● Cenereto '11	♟ 2
● Idea '11	♟ 3
○ Orvieto '11	♟ 2
● Idea '10	♟♟ 3
● Paterno '08	♟♟ 3*
● Paterno '07	♟♟ 3*
● Paterno '06	♟♟ 3*
○ Sartei '10	♟♟ 1*

Tre Botti
S.DA DELLA POGGETTA, 10
01024 CASTIGLIONE IN TEVERINA [VT]
TEL. 0761948930
www.trebotti.it

藏酒销售
年产量 19 500 瓶
葡萄种植面积 未提供
葡萄栽培方式 有机认证

博蒂家族（Botti）的酒庄始建于2003年，现在由卢多维科（Ludovico）、伯纳多（Bernardo）和克拉丽莎（Clarissa）三兄妹管理。他们正在致力于实施多个发展项目，力求落实完全有机的管理方式、解决回收问题以及找到减少碳排放的途径。庄园栽培的葡萄均为台伯（Tiber）河谷的传统品种，如格莱切托（Grechetto）、扎比安奴（Trebbiano）、玛尔维萨（Malvasia）、蒙特布查诺（Montepulciano）和桑娇维赛（Sangiovese）。由于卢多维科（Ludovico）正在与图西亚（Tuscia）大学合作进行研究和试验，埃丽提科（Aleatico）葡萄在特雷•博蒂（Tre Botti）酒庄中享受特别的待遇。

● Bludom '11	♟♟ 3*
● Castiglionero '10	♟♟ 2*
● Gocce '09	♟♟ 3*
● Tusco '11	♟ 1*
● Bludom '10	♟♟ 3*
● Bludom '09	♟♟ 4
○ Orvieto Incanthus '09	♟♟ 2*

OTHER WINERIES

Antiche Cantine Migliaccio
VIA PIZZICATO, 9 - 04027 PONZA [LT]
TEL. 3392822252
www.fienodiponza.com

○ Biancolella di Ponza '11	🍷🍷 3*
○ Fieno Bianco '11	🍷 2
⊙ Fieno Rosato '11	🍷 2
● Fieno Rosso '09	🍷 2

Casale Cento Corvi
VIA AURELIA KM 45,500
00052 CERVETERI [RM]
TEL. 069903902
www.casalecentocorvi.com

○ Zilath Bianco '11	🍷🍷 2*
● Giacché Rosso '10	🍷 6
● Kottabos Rosso '11	🍷 3
⊙ Rosé '11	🍷 2

Castel de Paolis
VIA VAL DE PAOLIS
00046 GROTTAFERRATA [RM]
TEL. 069413648
www.casteldepaolis.it

○ Muffa Nobile '11	🍷🍷 5
● Campo Vecchio Rosso '09	🍷 3
○ Frascati Cannellino '11	🍷 3
● Quattro Mori '08	🍷 5

Cavalieri
VIA MONTECAGNOLO, 16
00045 GENZANO DI ROMA [RM]
TEL. 069375807
www.aziendaagricolacavalieri.it

○ Colli Lanuvini Bianco '11	🍷🍷 2*
● Facesole '10	🍷 3
○ Infiorata '11	🍷 2

Cantina Sociale Cesanese del Piglio
VIA PRENESTINA, KM 42
03010 PIGLIO [FR]
TEL. 0775502356
www.cesanesedelpiglio.it

● Cesanese del Piglio Sup. Diverso '10	🍷🍷 3*
● Cesanese del Piglio Sup. Manicuto Ris. '09	🍷🍷 3*
○ Passerina Araldica De Antiochia '11	🍷 2
○ Passerina Ilia '11	🍷 2

Damiano Ciolli
VIA DEL CORSO
00035 OLEVANO ROMANO [RM]
TEL. 069564547
www.damianociolli.it

● Cesanese di Olevano Romano Sup. Cirsium '09	🍷🍷 5
● Cesanese di Olevano Romano Sup. Silene '10	🍷🍷 3*

OTHER WINERIES
其他酒庄

Cordeschi
LOC. ACQUAPENDENTE
VIA CASSIA KM 137,400 - 00121 VITERBO
TEL. 3356953547
www.cantinacordeschi.it

● Ost '10	🍷🍷 2*
● Saino '10	🍷🍷 2*
⊙ Siele '11	🍷 1

Corte dei Papi
LOC. COLLETONNO - 03012 ANAGNI [FR]
TEL. 0775769271
www.cortedeipapi.it

● Cesanese del Piglio Colle Ticchio '11	🍷🍷 2*
○ Passerina '11	🍷🍷 2*
● Cesanese del Piglio San Magno '09	🍷 3
○ Colle Sape '11	🍷 2

La Ferriera
LOC. ROSAMISCO - 03042 ATINA [FR]
TEL. 0776610413
www.laferriera.it

● Atina Cabernet Real Magona Ris. '09	🍷🍷 4
● Atina Cabernet Real Magona '10	🍷 4
○ Dorato '11	🍷 3
● Ferrato '11	🍷 3

Donato Giangirolami
LOC. BORGO MONTELLO
VIA DEL CAVALIERE, 1414 - 04100 LATINA
TEL. 3358394890
www.donatogiangirolami.it

● Prodigo '10	🍷🍷 3*
○ Regius '11	🍷🍷 2*
○ Cardito '11	🍷 2
● Pancarpo '10	🍷 3

Gotto d'Oro
LOC. FRATTOCCHIE
VIA DEL DIVINO AMORE, 115
00040 MARINO [RM]
TEL. 0693022211
www.gottodoro.it

○ Sol '10	🍷🍷 2*
● Castelli Romani Rosso '11	🍷 2
○ Marino Sup. '11	🍷 2
● Merlot del Lazio '10	🍷 2

Podere Grecchi
S.DA SAMMARTINESE, 8 - 01100 VITERBO
TEL. 0761305671
www.poderegrecchi.com

○ Poggio Grecchi '11	🍷🍷 2*
○ San Silvestro '11	🍷🍷 2*
● CEV Poggio Ferrone '10	🍷 2

OTHER WINERIES

Le Lase
LOC. RESANO - 01028 ORTE [VT]
TEL. 0761281460
www.lelase.com

- Cautha '09 — 🍷🍷 3*
- Thesan '09 — 🍷🍷 3*
- Terra '09 — 🍷 2
- Zefiro '10 — 🍷 2

Lupo
VIA MEDIANA CISTERNA, 27 - 04011 LATINA
TEL. 3498560868
www.cantinelupo.com

- Primolupo Merlot '10 — 🍷🍷 4
- Syranto '10 — 🍷🍷 4
- Rosa Merlot '11 — 🍷 3
- Terra Marique '10 — 🍷 3

Mazziotti
LOC. MELONA BONVINO
VIA CASSIA, KM 110 - 01023 BOLSENA [VT]
TEL. 0761799049
www.mazziottiwines.com

- Merlot '11 — 🍷🍷 2*
- Canuleio '11 — 🍷 2
- Est! Est!! Est!!! di Montefiascone '11 — 🍷 1*
- Volgente Rosso '09 — 🍷 2

Monti Cecubi
C.DA PORCIGNANO, 3 - 04020 ITRI [LT]
TEL. 0771729177

- Amyclano '11 — 🍷 4
- Boccabianca '11 — 🍷 4
- Cento Chiavi '11 — 🍷 4
- Terrae d'Itrj '10 — 🍷 3

Isabella Mottura
LOC. RIO CHIARO, 1
01020 CIVITELLA D'AGLIANO [VT]
TEL. 3357077931
www.isabellamottura.com

- CEV Violone Amadis '10 — 🍷🍷 5
- CEV Merlot Akemi '11 — 🍷 2

Occhipinti
LOC. MONTEMAGGIORE - 01010 GRADOLI [VT]
TEL. 0633249347
www.occhipintiagricola.it

- Alea Viva '10 — 🍷🍷 2*
- Alter Ego '11 — 🍷 2
- Caldera '10 — 🍷 2
- Montemaggiore '11 — 🍷 3

OTHER WINERIES

Antonella Pacchiarotti
via Roma, 14 - 01024 Grotte di Castro [VT]
Tel. 0763796852
www.apacchiarottivini.it

● Atunis '09	🏆🏆 3*
● Turan '11	🏆🏆 4
○ Amalasunta '11	🏆 3
⊙ Piandistelle '11	🏆 3

Principe Pallavicini
via Casilina km 25,500
00030 Colonna [RM]
Tel. 069438816
www.vinipallavicini.com

● Soleggio '10	🏆🏆 3*
○ 1670 '10	🏆 3
○ La Giara '11	🏆 2
○ Stillato '11	🏆 3

I Pampini
loc. Acciarella
s.da Foglino, 1126 - 04010 Latina
Tel. 0773643144
www.ipampini.it

○ Maroso '11	🏆🏆 3*
● Oriente '11	🏆🏆 2*

La Pazzaglia
s.da di Bagnoregio, 4
01024 Castiglione in Teverina [VT]
Tel. 0761947114
www.tenutalapazzaglia.it

● Montijone '10	🏆🏆 4
○ Orvieto '11	🏆🏆 2*
● Palagio '11	🏆 2
○ Poggio Triale '11	🏆 4

Pietra Pinta
SP Pastine km 20,200 - 04010 Cori [LT]
Tel. 069678001
www.pietrapinta.com

○ Chardonnay '11	🏆🏆 2*
○ Costa Vecchia '11	🏆🏆 2*
○ Falanghina '11	🏆 2
○ Malvasia Puntinata '11	🏆 2

Il Quadrifoglio
loc. Doganella di Ninfa
via Alessandro III, 5
04012 Cisterna di Latina [LT]
Tel. 069601530
ilquadrifoglio.ss@libero.it

● Muro Pecoraro '10	🏆🏆 2*
● Ottavione '10	🏆🏆 4
● Perazzeto '10	🏆 2
○ Pezze di Ninfa '11	🏆 2

OTHER WINERIES 其他酒庄

Riserva della Cascina
LOC. FIORANO
VIA APPIA ANTICA, 560 - 00134 ROMA
TEL. 067917221
riservadellacascina.blogspot.com

○ Marino Sup. '11	🍷🍷 2*
● Castelli Romani Rosso '11	🍷 2

San Giovenale
LOC. LA MACCIA - 01010 BLERA [VT]
TEL. 066877877
www.habemus.org

● Habemus '10	🍷🍷 4*

Sant'Isidoro
LOC. PORTACCIA - 01016 TARQUINIA [VT]
TEL. 0766869716
www.santisidoro.net

● Corithus '10	🍷🍷 3*
○ Forca di Palma '11	🍷🍷 2*
● Soremidio '09	🍷 4
● Terzolo '11	🍷 2

Tenuta Santa Lucia
LOC. SANTA LUCIA - 02047 POGGIO MIRTETO [RI]
TEL. 076524616
www.tenutasantalucia.com

○ Colli della Sabina Collis Pollionis Bianco '11	🍷🍷 3
● Colli della Sabina Collis Pollionis Rosso '10	🍷 3

Stefanoni
LOC. ZEPPONAMI
VIA STEFANONI, 48
01027 MONTEFIASCONE [VT]
TEL. 0761825651
www.cantinastefanoni.it

○ Est! Est!! Est!!! di Montefiascone Foltone '11	🍷🍷 2*
● Fanum '10	🍷 3
● L'Eatico '11	🍷 2

Giovanni Terenzi
LOC. LA FORMA
VIA FORESE, 13 - 03010 SERRONE [FR]
TEL. 0775594286
www.viniterenzi.com

● Cesanese del Piglio Sup. Colle Forma '10	🍷🍷 4
● Cesanese del Piglio Sup. Vajoscuro Ris. '09	🍷🍷 4
○ Passerina Villa Santa '11	🍷🍷 2*

OTHER WINERIES

Terra delle Ginestre
SS 630 Ausonia, 59
04020 Spigno Saturnia [LT]
Tel. 3495617153
www.terradelleginestre.it

○ Lentisco '09	🍷🍷 2*
○ Letizia '11	🍷🍷 2*
● Il Generale '10	🍷 3
○ Promessa Passito Dolce '10	🍷 3

Villa Caviciana
Loc. Tojena Caviciana
01025 Grotte di Castro [VT]
Tel. 0763798212
www.villacaviciana.com

● Letizia '09	🍷🍷 5
● Maddalena '09	🍷🍷 5
● Faustina '09	🍷 5
⊙ Tadzio '11	🍷 2

Villa Gianna
Loc. B.go San Donato
S.da Maremmana - 04010 Sabaudia [LT]
Tel. 0773250034
www.villagianna.it

● Barriano '09	🍷🍷 2*
○ Circeo Bianco Nobilvite '11	🍷🍷 1*
○ Vigne del Borgo Sauvignon '11	🍷🍷 2*
○ Bianco di Caprolace '10	🍷 2

Villa Simone
via Frascati Colonna, 29
00040 Monte Porzio Catone [RM]
Tel. 069449717
www.villasimone.com

● Cesanese del Piglio '11	🍷🍷 2*
○ Frascati Sup. Secco Vign. Filonardi '11	🍷🍷 3*
○ Frascati Sup. Secco '11	🍷 3

La Visciola
c.da Carcassano - 03010 Piglio [FR]
Tel. 0775501950
maccioccapiero@libero.it

● Cesanese del Piglio Priore Ju Quarto '10	🍷🍷 4
● Cesanese del Piglio Vicinale '10	🍷🍷 4
○ Passerina Donna Rosa '10	🍷 3

Cantine Volpetti
via Nettunense, 21 - 00040 Ariccia [RM]
Tel. 069342000
www.cantinevolpetti.it

○ Cesanese Le Piantate '09	🍷🍷 2*
○ Malvasia del Lazio V.T. '08	🍷 3
● Sangiovese Le Piantate '09	🍷 2
● Shiraz Le Piantate '10	🍷 2

阿布鲁佐区
ABRUZZO

阿布鲁佐（Abruzzo）是一个原生态的绿色地区，拥有比欧洲任何一个地区更多的天然公园。这里的自然景观和地形地貌数不胜数，土壤种类和气候条件异常丰富。如果想来此一游，亚得里亚塔波齐（Trabocchi）海岸的海滨荒野绝对不能错过。白色的石头、金色的沙滩、清澈的海水和绚丽的风光令人无法抗拒。往前走，映入眼帘的是此起彼伏的丘陵和怡人的村庄，景色之奇妙同样让人惊叹。最后，你将置身在意大利格朗萨索（Gran Sasso d'Italia）与梅拉（Maiella）山区寒冷的高山气候中，尽情感受崎岖山丘的宏伟景观。在这些地貌迥异的地区，你会发现传统的阿布鲁佐葡萄，扎比安奴（Trebbiano）和蒙特布查诺（Montepulciano）所酿的葡萄酒刻上了不同种植地区的土壤和气候的印记。蒙特布查诺•科林内•特拉马内（Montepulciano delle Colline Teramane）的葡萄酒强劲有力，乐阿奎拉省（L'Aquila）山区出产的同一酒款则果香浓郁、单宁紧致，而海边科林内•提亚内（Colline Teatine）地区的酒品果肉饱满、强劲有力。这么多年来，这个动感活力的葡萄酒地区在我们的品酒会上表现得越来越突出。然而，每一年地区间的激烈竞争迫使我们忍痛割爱，只有一些酒庄能脱颖而出，一些只能遗憾出局，不过这也充分彰显了今日阿布鲁佐（Abruzzo）区的葡萄酒酿造业是多么的活力四射。本地的葡萄品种已经声名远播，地区的传统葡萄，如当地的可可西奥拉（Coccocciola）、佩科里诺（Pecorino）和帕萨莉亚（Passerina），有时也表现出彩。人们越来越注重葡萄的自然栽培、更温和的酿酒技术和对环境的尊重。2013年度的头条新闻是坎缇娜•托洛酒庄（Cantina di Tollo）获得"三杯奖"。这家酒庄是阿布鲁佐葡萄酒的旗舰，一直致力于在葡萄酒的"质"和"量"之间寻求最佳平衡点。其他奖项分散在阿布鲁佐的各个省份。来自乐阿奎拉省（L'Aquila）山村的瓦乐•利雷拉（Valle Reale）酒庄酿造了一款自然发酵的扎比安奴（Trebbiano）美酒；卡塔尔迪•马东娜酒庄（Cataldi Madonna）出产的优质佩科里诺（Pecorino）成为意大利最出色的葡萄酒之一。在特拉莫省（Teramo），伊卢明纳迪（Illuminati）酒庄的蒙特布查诺（Montepulciano）葡萄酒风格经典，赞那（Zanna）酒庄的阿德拉诺（Adrano）葡萄酒香味丰饶、风格现代，巴尔巴（Barba）酒庄的瓦萨里（Vasari）葡萄酒气质优雅。科林内•佩斯卡拉（Colline Pescares）地区里，瓦伦蒂尼（Valentini）酒庄的扎比安奴2007款（2007 Trebbiano）长久不衰，拉•瓦伦蒂娜（La Valentina）酒庄的斯佩尔（Spelt）葡萄酒深沉阴郁，台伯瑞欧（Tiberio）酒庄的佩科里诺2011款（2011 Pecorino）清新怡人，比2012年款更出色。得奖的还有托里贝帝酒庄（Torre dei Beati）的可斯柏柏（Cocciapazza）葡萄酒和长期令人信服、优雅高贵的宝乐•拉斯托拉尼（Podere Castorani）葡萄酒。最后，齐亚提（Chieti）地区给我们带来了托洛卡洛（Tollo's Cagiolo）葡萄酒和经典的玛斯雷利酒庄（Masciarelli）的玛利纳•特比安诺葡萄酒（Marina Cvetic Trebbiano）。

ABRUZZO 阿布鲁佐区

Agriverde

LOC. CALDARI
VIA STORTINI, 32A - 66020 ORTONA [CH]
TEL. 0859032101
www.agriverde.it

藏酒销售
预约参观
膳宿接待
年产量 800 000 瓶
葡萄种植面积 65 公顷
葡萄栽培方式 有机认证

阿格里维德酒庄（Agriverde）是阿布鲁佐（Abruzzo）地区最先一批投资有机农耕的酒庄之一，投资的区域历来是联营酒庄的集聚地。奥尔托那山（Ortona），面朝阿迪力亚提科海（Adriatic sea），终年阳光普照，是这家70公顷酒庄的所在地，葡萄酒全部采用有机农耕认证，还有一个按照有机建筑要求建成的酒窖，以及一家配备理疗中心的迷人农庄。每年，阿格里维德酒庄（Agriverde）品种繁多的葡萄酒无一不遵循传统的酿酒风格，从低调实惠的白葡萄酒到强劲有力的蒙特布查诺（Montepulciano）葡萄园精品酒。

● Montepulciano d'Abruzzo Eikos '10	▼▼ 2*
⊙ Montepulciano d'Abruzzo Cerasuolo Solàrea '11	▼▼▼ 3
● Montepulciano d'Abruzzo Piane di Maggio '11	▼▼▼ 3
● Montepulciano d'Abruzzo Riseis '10	▼▼ 2*
● Montepulciano d'Abruzzo Solàrea '08	▼▼ 4
○ Pecorino Eikos '11	▼▼▼ 3
○ Trebbiano d'Abruzzo Riseis '11	▼▼ 2*
○ Trebbiano d'Abruzzo Solarea '10	▼▼▼ 3
○ Pecorino Riseis '11	▼ 2
● Montepulciano d'Abruzzo Plateo '04	▽▽▽ 6
● Montepulciano d'Abruzzo Plateo '01	▽▽▽ 6
● Montepulciano d'Abruzzo Solàrea '03	▽▽▽ 4
● Montepulciano d'Abruzzo Piane di Maggio '10	▽▽ 2*
● Montepulciano d'Abruzzo Plateo '07	▽▽ 6

Anfra

VIA COLLE MORINO, 8 - 64025 PINETO [TE]
TEL. 3471154504
www.anfra.it

藏酒销售
预约参观
餐饮接待
年产量 30 000 瓶
葡萄种植面积 10 公顷

特拉莫（Teramo）山区是一个有竞争力的葡萄酒产区，聚集着许多野心勃勃的科林内•特拉马内（Colline Teramane）指定区。它们凭借酒体强劲、结构良好的葡萄酒在本地区脱颖而出，气候和土壤的天然优势弥补了纤细程度的不足。新晋的安法拉（Anfra）酒庄坐落在塞拉诺（Cerrano）山坡上，被海岸和格兰•萨索（Gran Sasso）山夹在中间。酒庄致力于生产新鲜、优雅的传统葡萄酒，出产的酒品结合传统和现代的气息，口感浓烈纯粹，很快在本地区的葡萄酒市场崭露头角。

● Montepulciano d'Abruzzo Nero dei due Mori '08	▼▼ 4
● Montepulciano d'Abruzzo Colline Teramane Reilla '08	▼▼ 4
○ Pecorino '11	▼ 2
○ Trebbiano d'Abruzzo '11	▼ 2
● Montepulciano d'Abruzzo '09	▽▽ 2
● Montepulciano d'Abruzzo Nero dei due Mori '06	▽▽ 4
○ Pecorino '10	▽▽ 2*

Angelucci

C.DA VICENNE, 7
65020 CASTIGLIONE A CASAURIA [PE]
TEL. 0857998193
www.angeluccivini.it

藏酒销售
预约参观
年产量 150 000 瓶
葡萄种植面积 24 公顷

这家新酒庄位于卡斯蒂格隆•阿•卡索里亚（Castiglione a Casauria），处在阿布鲁佐（Abruzzo）中心地带的马耶拉（Majella）山区，位于海洋和山脉中间。区域一直以芳香的摩斯卡特罗（Moscatello）葡萄而远近闻名，受其启发，安格鲁奇（Angelucci）家族建立了这家酒庄。在较短的时间里，酒庄依靠现代风格的葡萄酒稳步发展，出产的酒品淋漓尽致地体现了山区气候赋予其他独特个性。

● Montepulciano d'Abruzzo Leonate '09	♥♥	4
○ Moscatello Passito '10	♥♥	4
○ Moscatello Collefiori Passito '11	♥♥	3
⊙ Montepulciano d'Abruzzo Cerasuolo Leonate '11	♥	3
○ Moscatello Giogaia	♥	4
○ Moscatello Travertine '11	♥	3
● Montepulciano d'Abruzzo Depero '10	♀♀	3
○ Moscatello Castiglione '09	♀♀	4

F.lli Barba

LOC. SCERNE DI PINETO
S.DA ROTABILE PER CASOLI - 64020 PINETO [TE]
TEL. 0859461020
www.fratellibarba.it

藏酒销售
预约参观
参观设施
年产量 350 000 瓶
葡萄种植面积 70 公顷

实力雄厚的法雷特里•巴尔巴（Fratelli Barba）酒庄面朝大海，拥有70公顷的葡萄种植地。酒窖限量推出的葡萄酒酿制工艺细腻、质量令人钦佩。普通种类的葡萄酒质好价实，精美复杂的蒙特布查诺红葡萄酒（Montepulciano）和扎比安奴（Trebbiano）巧妙地融合传统工艺和现代技术，品质令人惊叹。酒庄因其不间断的研究和试验活动而为人熟知，其课题是寻求古老的酿酒传统和现代的酿酒技术之间的平衡。酒庄过去使用天然酵母、敞开式酒桶发酵、陶容器和有机农耕，但从没有配合使用过。其出品的一系列葡萄酒让人回味无穷。

● Montepulciano d'Abruzzo I Vasari '09	♥♥♥	5
● Montepulciano d'Abruzzo Vignafranca '09	♥♥	3*
○ Vignafranca Bianco '10	♥♥	3*
● Montepulciano d'Abruzzo Colle Morino '11	♥♥	2*
● Montepulciano d'Abruzzo Colle Morino Et. Bianca '10	♥♥	2*
● Montepulciano d'Abruzzo I Vasari '08	♀♀♀	5
● Montepulciano d'Abruzzo Vignafranca '07	♀♀♀	3*
● Montepulciano d'Abruzzo Vignafranca '06	♀♀♀	3*
○ Trebbiano d'Abruzzo '06	♀♀♀	4*
● Montepulciano d'Abruzzo Colle Morino '10	♀♀	2*
● Montepulciano d'Abruzzo Vignafranca '08	♀♀	3*

阿布鲁佐区
ABRUZZO

Barone Cornacchia
Villa Torri, 20 - 64010 Torano Nuovo [TE]
Tel. 0861887412
www.baronecornacchia.it

Tenute Barone di Valforte
c.da Piomba, 11 - 64029 Silvi Marina [TE]
Tel. 0859353432
www.baronedivalforte.it

藏酒销售
预约参观
参观设施
年产量 300 000 瓶
葡萄种植面积 30 公顷
葡萄栽培方式 有机认证

科林内•特拉马内指定区（Colline Teramane）中心地带的康特罗奎拉市区（Controguerra），是巴罗内•科尔纳齐亚酒庄（Barone Cornacchia）的所在地。这家本地企业是法定葡萄酒产区的领航者，其占地约30公顷的葡萄园是本地最好的庄园之一。酒庄采用传统的管理模式，出产的葡萄酒具有典型的强劲特点，但偶尔会因追求成熟感而缺乏某种平衡。酒庄2013年的出品虽多，但有些葡萄酒的质量有负酒庄的盛名。

藏酒销售
预约参观
葡萄种植面积 40 公顷

斯尔维•玛丽娜庄园（Silvi Marina）的瓦尔福特•特努特•巴隆内（Tenute Barone di Valforte）酒庄面朝大海，处在特拉莫省（Teramo）和佩斯卡拉省（Pescara）的交界处。40公顷的葡萄园在以上两省均有分布，其主人索里齐奥家族（Sorricchio）经营的酒庄风格现代，是本地区葡萄酒酿造业的旗舰。虽然他们已经酿造葡萄酒多年，但直到最近才决定向市场提供运用现代酿酒技术生产出的有趣、口感出色的葡萄酒。

● Montepulciano d'Abruzzo '10	▽▽ 2*
⊙ Montepulciano d'Abruzzo Cerasuolo '11	▽▽ 1*
● Montepulciano d'Abruzzo Poggio Varano '09	▽▽ 2*
● Montepulciano d'Abruzzo V. Le Coste '09	▽▽ 2*
● Montepulciano d'Abruzzo '09	▽▽ 2*
● Montepulciano d'Abruzzo Poggio Varano '08	▽▽ 2*
● Montepulciano d'Abruzzo Poggio Varano '07	▽▽ 2

○ Colle Sale Bianco '10	▽▽ 3
● Montepulciano d'Abruzzo '11	▽▽ 2*
○ Trebbiano d'Abruzzo Villa Chiara '11	▽▽ 3
● Montepulciano d'Abruzzo Colline Teramane Colle Sale '08	▽ 3
● Montepulciano d'Abruzzo Ris '08	▽ 3
○ Passerina '11	▽ 2
○ Pecorino '11	▽ 2
● Montepulciano d'Abruzzo '08	▽▽ 2*
● Montepulciano d'Abruzzo Ris. '07	▽▽ 3*

ABRUZZO

Bove

ᴠɪᴀ Rᴏᴍᴀ, 216 - 67051 Aᴠᴇᴢᴢᴀɴᴏ [AQ]
Tᴇʟ. 086333133
bovevini@virgilio.it

藏酒销售
预约参观
年产量 1 200 000 瓶
葡萄种植面积 60 公顷

稳定可靠的品质，物有所值的价格，传统古典的风格，这些优点使这家马尔西卡地区（Marsica）小型酒庄在该地取得了成功。位于阿伟扎诺省（Avezzano）约60公顷的葡萄种植所造就的品牌虽少，产量却相当惊人。这个过去曾是阿布鲁佐（Abruzzo）一个重要的葡萄酒酿造酒庄，如今的发展有些滞后，在阿布鲁佐（Abruzzo）葡萄酒全景中变得不那么出彩。

● Montepulciano d'Abruzzo Angeli '09	♟ 2*
● Montepulciano d'Abruzzo Indio '09	♟ 2*
○ Trebbiano d'Abruzzo Angeli '11	♟ 2*
○ Safari Pecorino '11	♟ 2
○ Trebbiano d'Abruzzo Poggio d'Albe '10	♟ 2
● Montepulciano d'Abruzzo Indio '08	♟♟ 2*
● Montepulciano d'Abruzzo Indio '07	♟♟ 2*
● Montepulciano d'Abruzzo Poggio d'Albe '09	♟♟ 2*
● Montepulciano d'Abruzzo Poggio d'Albe '08	♟♟ 2*
○ Safari Pecorino '09	♟♟ 2*

Podere Castorani

ᴄ.ᴅᴀ Oʀᴀᴛᴏʀɪᴏ
ᴠɪᴀ Cᴀsᴛᴏʀᴀɴɪ, 5 - 65020 Aʟᴀɴɴᴏ [PE]
Tᴇʟ. 3466355635
www.castorani.it

藏酒销售
预约参观
年产量 1 000 000 瓶
葡萄种植面积 100 公顷
葡萄栽培方式 有机认证

加尔诺•特鲁利（Jarno Trulli）的酒庄不再使我们感到惊异。这个酿酒实力雄厚的阿布鲁佐（Abruzzo）酒庄拥有100公顷的葡萄园，全部坐落在阿拉诺地区（Alanno），面朝佩斯卡拉省（Pescara）的麦亚娜（Mount Majella）山坡上。这里的风土条件得天独厚，凉爽的微风不知疲倦地吹，时常得到山里冷空气的支持。巨大的昼夜温差，肥沃的土壤，诸如重新引入水泥大桶等开放的酿酒技术，与优越的气候相结合使得产出的葡萄酒果香醉人。年复一年，该酒庄出品的葡萄酒酿造技术越发自信、细腻，吸引了极大的关注度。

● Montepulciano d'Abruzzo Podere Castorani '08	♟♟♟ 5
● Montepulciano d'Abruzzo Amorino '08	♟♟ 3*
● Montepulciano d'Abruzzo Le Paranze '08	♟♟ 2*
● Montepulciano d'Abruzzo Cadetto '10	♟♟ 2*
⊙ Montepulciano d'Abruzzo Cerasuolo Costa delle Plaie '10	♟♟ 3
⊙ Montepulciano d'Abruzzo Cerasuolo Costa delle Plaie '09	♟♟ 2*
○ Pecorino Amorino '11	♟♟ 3
○ Trebbiano d'Abruzzo Cadetto '11	♟♟ 2*
○ Trebbiano d'Abruzzo Sup. Costa delle Plaie '11	♟♟ 3
○ Passerina Le Paranze '11	♟ 2
● Montepulciano d'Abruzzo Amorino '07	♟♟♟ 3*
● Montepulciano d'Abruzzo Cadetto '09	♟♟ 2*

阿布鲁佐区
ABRUZZO

★Luigi Cataldi Madonna
LOC. PIANO - 67025 OFENA [AQ]
TEL. 0862954252
cataldimadonna@virgilio.it

藏酒销售
预约参观
年产量 230 000 瓶
葡萄种植面积 28 公顷

卡达迪•玛丹娜（Cataldi Madonna），别名"教授"，其酿造的葡萄酒真正反映了当地的风土特点和对土地敏感的葡萄栽培方式。酒庄位于奥菲那地区（Ofena），面朝亚平宁山脉（Apennines）唯一的冰川卡尔德隆内（Calderone），这里完全由山脉包围，白天极其炎热，夜晚却相当寒冷。酒庄出品的葡萄酒注重新鲜程度和香气。还原工艺技术的使用保留了葡萄主要的香味和新鲜感，品质令人信服。我们品尝了活力奔放的蒙特布查诺（Montepulcianos）和扎比安奴（Trebbianos）普通酒款、芳香醉人的佩克利诺（Pecorinos）以及个性鲜明的蒙特布查诺（Montepulciano）精品酒。

○ Pecorino '10	🍷🍷🍷 5
⊙ Montepulciano d'Abruzzo Cerasuolo Piè delle Vigne '10	🍷🍷 3*
● Montepulciano d'Abruzzo Tonì '09	🍷🍷 5
○ Pecorino Giulia '11	🍷🍷 3*
● Montepulciano d'Abruzzo '10	🍷🍷 2*
⊙ Montepulciano d'Abruzzo Cerasuolo '11	🍷🍷 2*
● Montepulciano d'Abruzzo Malandrino '10	🍷🍷 3
○ Trebbiano d'Abruzzo '11	🍷 2
● Montepulciano d'Abruzzo Malandrino '06	🍷🍷🍷 4
● Montepulciano d'Abruzzo Tonì '07	🍷🍷🍷 5
● Montepulciano d'Abruzzo Tonì '06	🍷🍷🍷 5
○ Pecorino '09	🍷🍷🍷 5
○ Pecorino '08	🍷🍷🍷 5
○ Pecorino '07	🍷🍷🍷 5

Cerulli Irelli Spinozzi
LOC. CASALE 26
SS 150 DEL VOMANO KM 17,600
64020 CANZANO [TE]
TEL. 086157193
www.cerullispinozzi.it
藏酒销售

预约参观
膳宿接待
年产量 180 000 瓶
葡萄种植面积 32 公顷
葡萄栽培方式 有机认证

这家历史悠久的科林内•特拉马内（Colline Teramane）地区酒庄位于马尔凯区（Marche）和阿布鲁佐区（Abruzzo）的分界河——特罗特河的沿岸，32公顷的葡萄园位于斯坎扎诺（Scanzano）地区面朝大海、阳光充足的山坡上。酒庄完全采用有机栽培方式，产出的葡萄酒在保留传统的基础上融入现代元素。年复一年，酒庄提供了产量虽少但令人兴奋的酒品供我们品尝。

● Montepulciano d'Abruzzo Colline Teramane Torre Migliori '07	🍷🍷 4
⊙ Montepulciano d'Abruzzo Cerasuolo '11	🍷🍷 2*
○ Pecorino Cortalto '11	🍷 2
● Montepulciano d'Abruzzo '09	🍷🍷 2*
● Montepulciano d'Abruzzo Colline Teramane Torre Migliori '06	🍷🍷 4
● Montepulciano d'Abruzzo Colline Teramane Torre Migliori Ris. '05	🍷🍷 5
● Montepulciano d'Abruzzo Colline Teramane Torre Migliori Ris. '04	🍷🍷 5
○ Pecorino Cortalto '10	🍷🍷 2*

ABRUZZO 阿布鲁佐区

Cirelli

LOC. TRECIMINIERE
VIA COLLE SAN GIOVANNI, 1 - 64032 ATRI [TE]
TEL. 0858700106
www.agricolacirelli.com

藏酒销售
预约参观
膳宿接待
年产量 24 000 瓶
葡萄种植面积 5 公顷
葡萄栽培方式 有机认证

阿低利（Atri）是特拉莫（Teramo）地区过去的中心地带，酒庄就坐落在这里。抬头眺望，格兰•萨索（Gran Sasso）和亚得里亚（Adriatic）海在前方隐约可见。酒庄配备了一个精致的农庄，22公顷的农场完全采用有机方式养殖了鹅、羊，栽种了各种农作物包括葡萄。酒庄2012年推出的强劲有力、舒适易饮的葡萄酒给了我们惊喜。2013年，酒庄出品的葡萄酒品种有所增加，在传统生产线外还发展了一条新的双耳罐发酵生产线。

● Montepulciano d'Abruzzo '11	🍷 2*
● Montepulciano d'Abruzzo Amphora '11	🍷 5
⊙ Montepulciano d'Abruzzo Cerasuolo Amphora '11	🍷 4
○ Trebbiano d'Abruzzo '11	🍷 2*
○ Trebbiano d'Abruzzo Amphora '11	🍷 5
⊙ Montepulciano d'Abruzzo Cerasuolo '11	🍷 2
● Montepulciano d'Abruzzo '09	🍷🍷 2*
○ Trebbiano d'Abruzzo '10	🍷🍷 1*

Contesa

C.DA CAPARRONE, 4
65010 COLLECORVINO [PE]
TEL. 0858205078
www.contesa.it

藏酒销售
预约参观
年产量 200 000 瓶
葡萄种植面积 45 公顷
葡萄栽培方式 传统栽培

我们总是很乐意观望罗科•帕泽蒂（Rocco Pasetti）对待传统葡萄品种的态度，以及对它进行发展的过程。佩斯卡拉省（Pescara）山坡的这个酒庄处在亚得里亚海（Adriatic）和马耶山（Mount Majella）之间，高科技的酒窖使得酿酒师们可以尽情挥洒酿酒的热情。酒庄的出品虽然基于传统，但也极具现代感和创新感，高科技的使用有效留住了葡萄酒的传统风味。40多公顷的葡萄种植地位于科勒•科维诺（Colle Corvino），面朝大海，分布在此起彼伏的丘陵地带上。出产的葡萄酒个性鲜明，品质令人兴奋。

● Montepulciano d'Abruzzo Amir '07	🍷 3*
⊙ Montepulciano d'Abruzzo Cerasuolo '11	🍷 2*
● Montepulciano d'Abruzzo V. Corvino '11	🍷 2*
○ Pecorino '11	🍷 3
● Montepulciano d'Abruzzo '10	🍷 3
○ Pecorino Sorab '10	🍷 3
○ Trebbiano d'Abruzzo '11	🍷 2
○ Trebbiano d'Abruzzo V. Corvino '11	🍷 2
● Montepulciano d'Abruzzo '08	🍷🍷 3
● Montepulciano d'Abruzzo V. Corvino '09	🍷🍷 2*
● Montepulciano d'Abruzzo V. Corvino '08	🍷🍷 2*
○ Pecorino '10	🍷🍷 3

阿布鲁佐区
ABRUZZO

Faraone
LOC. COLLERANESCO
VIA NAZIONALE PER TERAMO, 290
64020 GIULIANOVA [TE]
TEL. 0858071804
www.faraonevini.it

藏酒销售
预约参观
年产量 50 000 瓶
葡萄种植面积 10 公顷

这个科林内•特拉马内（Colline Teramane）地区的小型酒庄自20世纪初开始营业，10公顷的葡萄种植地面朝大海，坐落在特拉莫（Teramo）省的朱利亚诺瓦（Giulianova）山坡上。多年来，这家酒庄采用技工方式酿造出的葡萄酒风格经典、乡村特色鲜明、传统风味十足，也许不总是那么主流，但这也是它的魅力之一。乔凡尼•法拉欧内（Giovanni Faraone）避免在葡萄园里使用侵略性过高的人工干预，并用传统的乡村风格管理酒窖。

○ Trebbiano d'Abruzzo Le Vigne '10	♛♛ 2*
⊙ Montepulciano d'Abruzzo Cerasuolo Le Vigne '11	♛♛ 2*
● Montepulciano d'Abruzzo Le Vigne '09	♛♛ 2*
○ Colle Pietro Bianco '11	♛ 2
○ Passerina Colle Pietro '11	♛ 2
⊙ Montepulciano d'Abruzzo Cerasuolo Le Vigne '10	♛♛ 2*
● Montepulciano d'Abruzzo Le Vigne '08	♛♛ 2*
○ Trebbiano d'Abruzzo Le Vigne '09	♛♛ 2*

Cantina Frentana
VIA PERAZZA, 32
66020 ROCCA SAN GIOVANNI [CH]
TEL. 087260152
www.cantinafrentana.it

藏酒销售
预约参观
年产量 650 000 瓶

福勒塔纳酒庄（Cantina Frentana）是阿布鲁佐（Abruzzo）葡萄酒世界众多的联营酒庄之一。面朝大海，阳光充裕的山丘起伏绵延至莫利塞大区（Molise），麦亚娜山丘(Maiella massif) 脚下，俯视着原生态的亚得里亚（Adriatic）海岸线，这就是酒庄的所在地。充足的阳光和石灰质岩土壤使得酒庄出品的葡萄酒强劲有力。一直以来，这片地区出品的葡萄酒产量很高，但纤细度有所欠缺。尽管如此，福勒塔纳（Cantina Frentana）酒庄一直努力协调"质"和"量"的关系，并取得了一定成效。他们的努力证明了对葡萄园进行分区以提高产量、分开酿制葡萄酒以追求高质量这些措施是行得通的。

○ Donna Greta '10	♛♛ 3*
⊙ Montepulciano d'Abruzzo Cerasuolo Colle del Mulino '11	♛♛ 1*
● Montepulciano d'Abruzzo Rubesto '10	♛♛ 2*
● Montepulciano d'Abruzzo Coste del Mulino '10	♛ 1*
● Montepulciano d'Abruzzo Frentano '11	♛ 1*
○ Trebbiano d'Abruzzo Frentano '11	♛ 1*
● Montepulciano d'Abruzzo Frentano '10	♛♛ 1*
● Montepulciano d'Abruzzo Panarda '06	♛♛ 3
● Montepulciano d'Abruzzo Rubesto '09	♛♛ 2*
● Montepulciano d'Abruzzo Rubesto '07	♛♛ 2*
○ Pecorino Coste del Mulino '10	♛♛ 1*
○ Trebbiano d'Abruzzo Frentano '10	♛♛ 1*

阿布鲁佐区
ABRUZZO

Gentile

VIA DEL GIARDINO, 7 - 67025 OFENA [AQ]
TEL. 0862956618
www.gentilevini.it

藏酒销售
预约参观
年产量 90 000 瓶
葡萄种植面积 12 公顷

阿布鲁佐大区（Abruzzo）的火炉——奥纷纳（Ofena）是一个极为可爱的地区。躺在格朗萨索（Gran Sasso）山脚下，巨大的昼夜温差令人极为胆寒。该酒庄出品的葡萄酒虽简单却非常有趣，令人印象深刻。近几年来，这个采用手工艺酿酒的酒庄似乎有些迷茫，好在2013年它又强势回归。这有赖于纯粹的口感、新颖的酒款、崭新又不那么复杂且发展前景光明的酒品风格。

○ Trebbiano d'Abruzzo V. di Ofena '11	🍷🍷 2*
● Montepulciano d'Abruzzo V. di Ofena '10	🍷🍷🍷 4
● Montepulciano d'Abruzzo Vecchie Vigne Ris. '09	🍷🍷🍷 4
○ Pecorino V. di Ofena '11	🍷🍷 2*
⊙ Montepulciano d'Abruzzo Cerasuolo Narciso '07	🍷🍷 2*
● Montepulciano d'Abruzzo Orfeo '09	🍷🍷 2*
● Montepulciano d'Abruzzo Zeus '06	🍷🍷 5
● Montepulciano d'Abruzzo Zeus '05	🍷🍷 5
○ Pecorino Medea '10	🍷🍷 3

★Dino Illuminati

C.DA SAN BIAGIO, 18
64010 CONTROGUERRA [TE]
TEL. 0861808008
www.illuminativini.it

藏酒销售
预约参观
年产量 1 100 000 瓶
葡萄种植面积 130 公顷

在竞争激烈的科林内•特拉马内（Colline Teramane）法定葡萄酒产区，卡瓦利尔•蒂诺（Cavalier Dino Illuminati）一直是一个标志性人物。他推动了这个雄心勃勃的阿布鲁佐（Abruzzo）指定区的发展，其独特的酒庄长期稳坐亚得里亚（Adriatic）海岸葡萄酒生产的头把交椅。出产的葡萄酒注重品质，传统的酿酒方式运用广泛，从味道纯粹、强劲粗壮的蒙特布查诺（Montepulciano）葡萄园精品酒，到口感甚好的餐桌红葡萄酒，再到普通的白葡萄酒，无一不具有卓越的品质。位于康特罗奎拉市区（Controguerra）的酿酒厂在19世纪末开始投入使用，里面的设施至今变化不大。唯一的改变就是，卡瓦利尔•蒂诺（Cavalier Dino）现已与家族里更年轻的一代人并肩工作。

● Montepulciano d'Abruzzo Colline Teramane Zanna Ris. '08	🍷🍷🍷 4*
○ Brut M. Cl. '07	🍷🍷 3
○ Controguerra Pecorino '11	🍷🍷 2*
● Controguerra Rosso Lumen '08	🍷🍷 5
⊙ Montepulciano d'Abruzzo Cerasuolo Campirosa '11	🍷🍷 2*
● Montepulciano d'Abruzzo Ilico '10	🍷🍷 2*
● Montepulciano d'Abruzzo Riparosso '11	🍷🍷 2*
● Montepulciano d'Abruzzo Spiano '11	🍷🍷 2*
○ Controguerra Bianco Ciafré '11	🍷 2
○ Controguerra Bianco Costalupo '11	🍷 1*
○ Controguerra Bianco Pligia '11	🍷 1*
● Controguerra Passito Nicò '07	🍷 5
● Montepulciano d'Abruzzo Colline Teramane Pieluni Ris. '07	🍷🍷🍷 6

阿布鲁佐区
ABRUZZO

Lidia e Amato
C.DA SAN BIAGIO, 2
64010 CONTROGUERRA [TE]
TEL. 0861817041
www.lidiaeamatoviticoltori.com

藏酒销售
预约参观
年产量 50 000 瓶
葡萄种植面积 10 公顷

有赖于乡下农民的照看和天生的热情，莉迪亚（Lidia）和阿玛托（Amato）夫妻俩经营着属于他们的小型农场酒庄。有趣的是，酒庄以夫妻俩命名，每一款葡萄酒也以一位家庭成员命名。酒庄的葡萄种植地位于特拉莫（Teramo）省的康特罗奎拉市区（Controguerra），占地仅10公顷。酒庄出品的葡萄酒酿制精良、结构简单、易于品尝。不过2013年他们的表现并不出彩，我们稍感失望。

★★Masciarelli
VIA GAMBERALE, 1
66010 SAN MARTINO SULLA MARRUCINA [CH]
TEL. 087185241
www.masciarelli.it

藏酒销售
预约参观
参观设施
年产量 2 500 000 瓶
葡萄种植面积 400 公顷

"马氏酒庄（Masciarelli）"这个名字等于品质的保证，是全球公认的可以代表整个阿布鲁佐（Abruzzo）的酒庄之一。酒庄400公顷的土地散布在该地区的各个角落，出产的葡萄酒品牌既有可观的数量，又有公认的高品质。大产量的优质入门酒性价比极高，而高级的葡萄园精品酒现已是意大利葡萄酒全景中最靓丽的景致之一。马氏酒庄（Masciarelli）的藏酒风格成为一种经典，强劲粗壮、浓郁醇厚。葡萄酒生产时使用的木料优雅而不过分，赋予了酒品无比惊人的优雅程度。

- Montepulciano d'Abruzzo Colline Teramane Amato Ris. '08 ▼▼ 4
- Montepulciano d'Abruzzo Colline Teramane Riccardo '09 ▼▼ 3
- Trebbiano d'Abruzzo Palù '11 ▼▼ 2*
- Controguerra Bianco Lidia '11 ▼ 2
- Pecorino Greta '11 ▼ 2
- Greta '10 ▽▽ 2*
- Montepulciano d'Abruzzo Colline Teramane Amato Ris. '07 ▽▽ 4
- Montepulciano d'Abruzzo Colline Teramane Riccardo '08 ▽▽ 3

- Trebbiano d'Abruzzo Marina Cvetic '10 ▼▼▼ 5
- Montepulciano d'Abruzzo Cerasuolo Villa Gemma '11 ▼▼ 2*
- Montepulciano d'Abruzzo Marina Cvetic '09 ▼▼ 4
- Cabernet Sauvignon Marina Cvetic '05 ▼▼ 7
- Chardonnay Marina Cvetic '10 ▼▼ 5
- Montepulciano d'Abruzzo '10 ▼▼ 2*
- Montepulciano d'Abruzzo Castello di Semivicoli '10 ▼▼ 5
- Villa Gemma Bianco '11 ▼▼ 2*
- Castello di Semivicoli '10 ▼ 3
- Merlot Marina Cvetic '09 ▼ 4
- Trebbiano d'Abruzzo '11 ▼ 2
- Trebbiano d'Abruzzo Marina Cvetic '09 ▽▽▽ 5

阿布鲁佐区
ABRUZZO

Antonio e Elio Monti
VIA PIGNOTTO, 62 - 64010 CONTROGUERRA [TE]
TEL. 086189042
www.vinimonti.it

藏酒销售
预约参观
年产量 80 000 瓶
葡萄种植面积 13 公顷

在竞争激烈的科林内•特拉马内（Colline Teramane）葡萄酒产区里，古老传统的蒙蒂（Monti）酒庄自19世纪开始营业。这家知名的酒庄与土地有着联系密切，其13公顷的葡萄种植地坐落在宏伟的康特罗奎拉（Controguerra）山区，被格兰•萨索（Gran Sasso）山丘和亚得里亚海（Adriatic Sea）夹在中间。过去几年，酒庄盲目追求时髦，导致出品的葡萄酒黯淡无光，不过2013年，酒品的风格变得传统纯粹，品质令人放心。

- ● Montepulciano d'Abruzzo Colline Teramane Senior '07 ♛♛ 3*
- ● Controguerra Rosso Rio Moro Ris. '08 ♛♛ 3
- ● Montepulciano d'Abruzzo Colline Teramane Pignotto Ris. '07 ♛♛ 4
- ● Montepulciano d'Abruzzo Voluptas '09 ♛♛ 2*
- ○ Controguerra Bianco Raggio di Luna '11 ♛ 2
- ● Montepulciano d'Abruzzo Colline Teramane Pignotto Ris. '06 ♛ 4
- ○ Controguerra Bianco Raggio di Luna '09 ♛♛ 2*
- ○ Controguerra Bianco Raggio di Luna '08 ♛♛ 2*
- ● Controguerra Rosso Rio Moro Ris. '07 ♛♛ 3
- ● Montepulciano d'Abruzzo Colline Teramane Pignotto Ris. '04 ♛♛ 4
- ● Montepulciano d'Abruzzo Colline Teramane Senior '06 ♛♛ 3
- ● Montepulciano d'Abruzzo Senior '05 ♛♛ 2

Camillo Montori
LOC. PIANE TRONTO, 80
64010 CONTROGUERRA [TE]
TEL. 0861809900
www.montorivini.it

藏酒销售
预约参观
膳宿接待
年产量 600 000 瓶
葡萄种植面积 40 公顷

多伦多（Tronto）河是划分马尔凯（Marche）和阿布鲁佐（Abruzzo）的古老河流，蒙托里（Montori）家族在这里世代耕作着。由于老卡米罗（Camillo）是推动科林内•特拉马内（Colline Teramane）指定区建立人之一，因此蒙托里（Montori）家族与这里有很深的历史渊源。诺达瑞斯克庄园（Notaresco）里的40公顷葡萄园以传统方式经营着，生产的葡萄酒酒体醇厚，品种特性鲜明。酒庄整个系列的出品风格传统，淋漓尽致地体现风土特色，取得了骄人的成绩。除了酿制非常古典的蒙特布查诺葡萄酒（Montepulcianos）外，蒙托里（Montori）还为恢复本地佩科里诺（Pecorino）葡萄做出了显著贡献，确实值得我们赞赏。酒庄从最开始就把葡萄种植放在重要位置，并因此获得了巨大的成功。

- ○ Pecorino Fonte Cupa '11 ♛♛ 3*
- ○ Colli Aprutini Pecorino Trend '11 ♛♛ 2*
- ● Montepulciano d'Abruzzo '10 ♛♛ 2*
- ● Montepulciano d'Abruzzo Fonte Cupa '07 ♛♛ 2*
- ○ Trebbiano d'Abruzzo Fonte Cupa '11 ♛♛ 2*
- ○ Controguerra Passerina Trend '11 ♛ 2
- ⊙ Montepulciano d'Abruzzo Cerasuolo Fonte Cupa '10 ♛♛ 2*
- ● Montepulciano d'Abruzzo Colline Teramane Fonte Cupa Ris. '05 ♛♛ 4
- ○ Pecorino Trend '10 ♛♛ 2*
- ○ Trebbiano d'Abruzzo Fonte Cupa '10 ♛♛ 2*

阿布鲁佐区
ABRUZZO

Bruno Nicodemi
C.DA VENIGLIO - 64024 NOTARESCO [TE]
TEL. 085895493
www.nicodemi.com

藏酒销售
预约参观
年产量 200 000 瓶
葡萄种植面积 30 公顷

酒庄深深融入了科林内•特拉马内（Colline Teramane）的历史，现在由庄主的第二代传人，充满热情的埃琳娜（Elena）和亚历山德罗•尼克德米（Alessandro Nicodemi）在管理。30公顷的葡萄园集中分布在阳光明媚的诺塔尔斯克（Notaresco）平原，管理上谨小慎微，葡萄酒酿造采用传统的方法进行。出产的葡萄酒结构稳定、强劲有力、口感直接，华丽的酒体里带着迷人的地中海风情。值得一提的是，这归功于一系列出色经典的酒品，使之被誉为本地区最可靠的基本酒款之一。

- Montepulciano d'Abruzzo Colline Teramane Neromoro Ris. '08 🍷🍷 5
- Montepulciano d'Abruzzo Colline Teramane Notàri '09 🍷🍷 3*
- Montepulciano d'Abruzzo '10 🍷🍷 2*
- ○ Trebbiano d'Abruzzo '11 🍷🍷 2*
- ○ Trebbiano d'Abruzzo Notàri '11 🍷🍷 2*
- Montepulciano d'Abruzzo Colline Teramane Neromoro Ris. '03 🍷🍷🍷 5
- Montepulciano d'Abruzzo '09 🍷🍷 2*
- ⊙ Montepulciano d'Abruzzo Cerasuolo '10 🍷🍷 2*
- Montepulciano d'Abruzzo Colline Teramane Neromoro Ris. '07 🍷🍷 5
- Montepulciano d'Abruzzo Colline Teramane Notàri '08 🍷🍷 3
- ○ Trebbiano d'Abruzzo Notàri '10 🍷🍷 2*

Pasetti
C.DA PRETARO
VIA SAN PAOLO, 21
66023 FRANCAVILLA AL MARE [CH]
TEL. 08561875
www.pasettivini.it

藏酒销售
预约参观
参观设施
年产量 600 000 瓶
葡萄种植面积 65 公顷

果敢的米莫（Mimmo）和弗兰卡•帕泽蒂（Franca Pasetti）在很短时间内就使酒庄在阿布鲁佐（Abruzzo）地区的葡萄酒业站稳了脚跟。酒庄位于滨海弗兰卡维拉（Francavilla al Mare）的基耶蒂（Chieti）山坡上，陡峭的山体垂直落向亚得里亚海（Adriatic）。酒庄出产的葡萄酒风格现代，凡是品尝过的人都对其青睐有加。酿酒所用的葡萄来自内陆地区的两个庄园，卡皮斯特拉诺（Capestrano）和皮斯克桑索内斯克（Pescosansonesc），米莫（Mimmo）和弗兰卡•帕泽蒂（Franca Pasetti）满怀激情地采用传统方法在这里打理着。酒品使用耐人寻味的现代方法酿制，拥有一如既往的丰富种类和可靠品质。

- Montepulciano d'Abruzzo Tenuta di Testarossa '08 🍷🍷 4
- ⊙ Montepulciano d'Abruzzo Cerasuolo V. Capestrano '11 🍷🍷 2*
- Montepulciano d'Abruzzo Pasetti '09 🍷🍷 2*
- ○ Pecorino Colle Civetta '11 🍷🍷 3
- ○ Abruzzo Passerina V. Capestrano '11 🍷 4
- ○ Pecorino Pasetti '11 🍷 2
- ○ Testarossa Bianco '10 🍷 4
- Montepulciano d'Abruzzo '08 🍷🍷 2*
- ⊙ Montepulciano d'Abruzzo Cerasuolo V. Capestrano '10 🍷🍷 2*
- Montepulciano d'Abruzzo Tenuta di Testarossa '07 🍷🍷 4
- ○ Pecorino Colle Civetta '10 🍷🍷 3

阿布鲁佐区
ABRUZZO

Emidio Pepe
via Chiesi, 10 - 64010 Torano Nuovo [TE]
Tel. 0861856493
www.emidiopepe.com

藏酒销售
预约参观
参观设施
年产量 80 000 瓶
葡萄种植面积 15 公顷
葡萄栽培方式 传统栽培

在阿布鲁佐（Abruzzo），"佩佩（Pepe）"这一名字就是葡萄酒的代名词。这个仅存的少数采用手工艺酿造葡萄酒的酒庄仍然沿袭着古老的传统，从20世纪40年代马里奥·索尔达（Mario Soldati）周游意大利时开始，一切都没有改变。15公顷的土地上，图拉诺·诺瓦（Torano Nuova）的酒庄采用自然、非侵略性的农业种植方式。出产的葡萄酒风格传统，融合了风土特色、水泥容器的巧妙使用、精细的人工雕琢，保留了酒品自身的完整风格和浓烈奔放的口感。在采用传统酿酒工艺外，佩佩（Pepe）最近开始热衷于生物动力方法，这反映了酿酒文化越来越有趣的交流。

● Montepulciano d'Abruzzo '09	♛♛ 5
○ Trebbiano d'Abruzzo '10	♛♛ 6
○ Pecorino '10	♛♛ 6
⊙ Rosato '11	♛♛ 3
● Montepulciano d'Abruzzo '98	♛♛♛ 8
● Montepulciano d'Abruzzo '08	♛♛ 5
● Montepulciano d'Abruzzo '07	♛♛ 5
⊙ Montepulciano d'Abruzzo Cerasuolo '10	♛♛ 5
⊙ Montepulciano d'Abruzzo Cerasuolo '09	♛♛ 5
○ Trebbiano d'Abruzzo '09	♛♛ 5
○ Trebbiano d'Abruzzo '08	♛♛ 5

San Lorenzo
c.da Plavignano, 2 - 64035 Castilenti [TE]
Tel. 0861999325
www.sanlorenzovini.com

藏酒销售
预约参观
年产量 800 000 瓶
葡萄种植面积 150 公顷
葡萄栽培方式 有机认证

圣·洛伦佐（San Lorenzo）大型酒庄正在寻求成功结合现代风格与卓越品质的方法。酒庄集中位于卡斯提伦迪（Castilenti），横跨特拉莫省（Teramo）和佩斯卡拉省（Pescara）的边界，占地约150公顷的土地既种植本土葡萄也有国际葡萄。经精心雕琢的葡萄酒强劲有力，但有时会丧失一些葡萄原有的特质。丰满、硕大的葡萄采用现代方法酿制，酿出的酒品带有地中海成熟、现代的气息。无论是种类还是品质，酒庄的出品一如既往地令人印象深刻。

● Montepulciano d'Abruzzo Colline Teramane Escol Ris. '08	♛♛ 4
● Montepulciano d'Abruzzo Colline Teramane Oinos '09	♛♛ 4
● Montepulciano d'Abruzzo '11	♛♛ 2
● Montepulciano d'Abruzzo Antares '10	♛♛ 2*
● Montepulciano d'Abruzzo Zerosolfiti '11	♛♛ 2*
● Montepulciano d'Abruzzo Aldebaran '11	♛ 2
○ Pecorino '11	♛ 2
● Montepulciano d'Abruzzo Antares '07	♛♛ 2*
● Montepulciano d'Abruzzo Colline Teramane Escol Ris. '07	♛♛ 4
● Montepulciano d'Abruzzo Colline Teramane Escol Ris. '06	♛♛ 4
● Montepulciano d'Abruzzo Colline Teramane Oinos '08	♛♛ 3

阿布鲁佐区
ABRUZZO

Nicola Santoleri
VIA DEI CAVALIERI, 20
66016 GUARDIAGRELE [CH]
TEL. 0871893301
www.nicolasantoleri.it

年产量 40 000 瓶
葡萄种植面积 30 公顷

酒庄坐落在麦亚娜（Maiella）山丘基耶蒂（Chieti）山麓的瓜迪亚格勒葡萄园（Guardiagrele），出产的葡萄酒总是散发着令人印象深刻的传统气息。在占地30公顷的葡萄园里，坚韧不拔的农民挥洒着汗水，出产的优质葡萄遵照已故尼古拉·圣托里里（Nicola Santoleri）设立的原则进行酿造。在他英年早逝后，他的孩子接管了酒庄，并沿用父亲传下来的酿酒方法酿造带有迷人古典气息的葡萄酒。蒙特布查诺葡萄（Montepulcianos）在不紧不慢地浸渍过后被放进大橡木桶陈酿，最后再完成装瓶；而特比安诺葡萄酒（Trebbianos）虽然简单，但令人印象深刻。唯一新近加入这些经典酒品行列的是活力四射的蒙特布查诺（Montepulcianos）起泡葡萄酒，目前还在熟化当中。

● Montepulciano d'Abruzzo Crognaleto '06	♛♛ 2*
⊙ Montepulciano d'Abruzzo Cerasuolo Crognaleto '11	♛♛ 2*
○ Trebbiano d'Abruzzo Crognaleto '11	♛♛ 2*
● Montepulciano d'Abruzzo V. Ladra '10	♛ 2
⊙ Montepulciano d'Abruzzo Cerasuolo Crognaleto '10	♛♛ 2*
● Montepulciano d'Abruzzo V. Ladra '08	♛♛ 2*
● Montepulciano d'Abruzzo V. Ladra '07	♛♛ 2*
○ Trebbiano d'Abruzzo Crognaleto '10	♛♛ 2*

Strappelli
LOC. TORRI, 15
64010 TORANO NUOVO [TE]
TEL. 0861887402
www.cantinastrappelli.it

藏酒销售
预约参观
年产量 60 000 瓶
葡萄种植面积 10 公顷
葡萄栽培方式 有机认证

一段时间以来，该酒庄是特拉莫（Teramo）最著名的酒庄之一。从朴实无华的入门级葡萄酒到质浓醇厚的科林内·特拉马内（Colline Teramane）法定产区葡萄酒，整个系列种类齐全，忠实地反映地域特色。10公顷的葡萄园坐落在迷人的维拉·托瑞（Villa Torri），被亚得里亚海（Adriatic Sea）和格兰·萨索山（Gran Sasso）夹在中间，园里以有机认证的方式进行耕作，带有传统的乡村风格。华丽、健硕的葡萄被送至图拉诺（Torano）酒窖进行酿造，在大橡木桶里长时间浸渍后再放进酒瓶里陈化。随着时间的推移，葡萄酒丰富的特点渐渐显现出来。

⊙ Montepulciano d'Abruzzo Cerasuolo '11	♛♛ 2*
● Montepulciano d'Abruzzo Colline Teramane Colle Trà '08	♛♛ 3
● Pecorino Soprano '11	♛♛ 2*
○ Trebbiano d'Abruzzo '11	♛♛ 2*
○ Malvasia Trà '11	♛ 2
● Montepulciano d'Abruzzo '10	♛ 2
● Montepulciano d'Abruzzo '08	♛♛ 2*
● Montepulciano d'Abruzzo '06	♛♛ 2*
⊙ Montepulciano d'Abruzzo Cerasuolo '10	♛♛ 2*
● Montepulciano d'Abruzzo Colline Teramane Celibe Ris. '07	♛♛ 5
● Montepulciano d'Abruzzo Colline Teramane Colle Trà '07	♛♛ 3*

Talamonti

C.DA PALAZZO - 65014 LORETO APRUTINO (PE)
TEL. 0858289039
www.cantinetalamonti.it

藏酒销售
预约参观
年产量 349 000 瓶
葡萄种植面积 32 公顷

酒庄处在罗雷托·阿普路迪诺（Loreto Aprutino）一个极佳的地理位置，庄主充满热情地管理着它。酒庄32公顷的葡萄园坐落在佩斯卡拉（Pescara）山的深处，这里是葡萄酒酿造的绝妙之地，园里采用现代高科技进行打理。经过品鉴，我们发现2013年酒庄的出品相当有趣，不仅酿制细腻、酒姿优美，平均质量还相当不错。

● Kudos '08	♛♛♛ 3
● Montepulciano d'Abruzzo Modà '11	♛♛ 2*
● Montepulciano d'Abruzzo Tre Saggi '10	♛♛ 3
○ Pecorino Trabocchetto '11	♛♛ 2*
○ Trebbiano d'Abruzzo Trebì '11	♛♛ 2*
⊙ Montepulciano d'Abruzzo Cerasuolo Rosé '11	♛ 2
● Montepulciano d'Abruzzo Modà '08	♛♛ 2*
● Montepulciano d'Abruzzo Tre Saggi '07	♛♛ 3*
○ Trebbiano d'Abruzzo Aternum '08	♛♛ 3
○ Trebbiano d'Abruzzo Aternum '07	♛♛ 3*
○ Trebbiano d'Abruzzo Aternum '06	♛♛ 3*

Tiberio

C.DA LA VOTA - 65020 CUGNOLI (PE)
TEL. 0858576744
www.tiberio.it

藏酒销售
预约参观
年产量 80 000 瓶
葡萄种植面积 30 公顷

在30公顷阿布鲁佐（Abruzzo）传统的葡萄园里，年轻能干的提贝托（Tiberio）酒庄庄主无微不至、充满激情地种植着葡萄，游刃有余地协调了传统酿酒工艺和现代酿酒技术之间的关系。庄园位于麦伊拉（Majella）和格兰·萨索山（Gran Sasso）之间的库格诺里（Cugnoli），依偎在未受破坏、风景醉人的佩斯卡拉（Pescara）山里。透过山脉的微风不间断地给葡萄藤带来生机与活力，产出的葡萄酒富含气候赋予的酸度和芳香。提贝托（Tiberio）的葡萄酒酒体粗犷、个性独特，品质在阿布鲁佐（Abruzzo）可属最佳，尤其是白葡萄酒，更是突出。

○ Pecorino '11	♛♛♛ 3*
● Montepulciano d'Abruzzo Althea '09	♛♛ 4
● Montepulciano d'Abruzzo '10	♛♛ 2*
○ Trebbiano d'Abruzzo '11	♛♛ 2*
● Montepulciano d'Abruzzo Fonte Canale '11	♛♛ 2*
⊙ Montepulciano d'Abruzzo Cerasuolo '11	♛♛ 2
○ Pecorino '10	♛♛♛ 3
● Montepulciano d'Abruzzo '08	♛♛ 2*
● Montepulciano d'Abruzzo Althea '07	♛♛ 4
⊙ Montepulciano d'Abruzzo Cerasuolo '10	♛♛ 2
○ Trebbiano d'Abruzzo '10	♛♛ 2

阿布鲁佐区
ABRUZZO

Cantina Tollo
VIA GARIBALDI, 68 - 66010 TOLLO [CH]
TEL. 087196251
www.cantinatollo.it

藏酒销售
预约参观
年产量 12 500 000 瓶
葡萄种植面积 3 500 公顷

坎缇娜•托洛酒庄（Cantina Tollo）真正可谓是阿布鲁佐区（Abruzzo）葡萄酒业的旗舰，拥有无数的种植者成员、3 500公顷的种植园面积和高达13 000 000瓶的年产量，一个个令人震撼的数字成为阿布鲁佐（Abruzzo）葡萄酒的名片。要不是酒庄有意保持"质"与"量"之间的平衡，这些数字甚至更加惊人。广袤的土地从马耶拉（Majella）山脉的斜坡上一直延伸向亚得里亚(Adriatic)海岸，酒庄优异成绩的取得正是这片土地巨大潜力的结果。年复一年，这家独特的酒庄出产的葡萄酒彰显出细腻的酿制工艺和稳健的品质，不仅性价比高，还诠释了地域特色。上市的葡萄酒总是令人印象深刻，无论是高调的商业酒品还是主要的蒙特布查诺（Montepulciano）佳酿均是如此。

- ● Montepulciano d'Abruzzo Cagiòlo Ris. '09 ♛♛♛ 4*
- ○ Abruzzo 409 '10 ♛♛ 2*
- ● Trebbiano d'Abruzzo Aldiano '11 ♛♛ 2*
- ○ Cococciola '11 ♛ 2
- ⊙ Montepulciano d'Abruzzo Cerasuolo Hedòs '11 ♛ 3
- ● Montepulciano d'Abruzzo Colle Secco Ris. '08 ♛ 2
- ○ Pecorino '11 ♛ 3
- ● Montepulciano d'Abruzzo Aldiano Ris. '08 ♛♛ 2*
- ● Montepulciano d'Abruzzo Aldiano Ris. '07 ♛♛ 2*
- ● Montepulciano d'Abruzzo Cagiòlo Ris. '08 ♛♛ 4
- ⊙ Montepulciano d'Abruzzo Cerasuolo Hedòs '09 ♛♛ 3*
- ● Montepulciano d'Abruzzo Colle Secco Ris. '07 ♛♛ 2*

Torre dei Beati
C.DA POGGIORAGONE, 56
65014 LORETO APRUTINO [PE]
TEL. 0854916069
www.torredeibeati.it

藏酒销售
预约参观
年产量 100 000 瓶
葡萄种植面积 17 公顷
葡萄栽培方式 有机认证

有赖于充满生气、酿制细腻的葡萄酒出品，托瑞•德伊•比蒂酒庄（Torre dei Beati）正一步步走向成功。占地仅市几公顷的葡萄园位于佩斯卡拉山（Pescara）的省会罗雷托（Loreto），园里采用有机认证的方法进行管理。作为真正的葡萄酒狂热者，夫妻兼生意伙伴斯托•阿尔巴内斯（Fausto Albanese）和阿德里亚纳•佳拉索（Adriana Galasso）满怀决心，力图打造出自家葡萄酒的黄金时代。他们充满热情地打理着这个手工艺酿酒的小型酒庄，只种植两种极好的葡萄品种：蒙特布查诺（Montepulciano）和佩科里诺（Pecorino）。出品的葡萄酒品质出众、酒姿优美、种类繁多，无论是简单易饮的塞拉索罗（Cerasuolo）还是更高级的蒙特布查诺（Montepulciano）佳酿均有提供。

- ● Montepulciano d'Abruzzo Cocciapazza '09 ♛♛♛ 4*
- ● Montepulciano d'Abruzzo Mazzamurello '09 ♛♛ 5
- ○ Pecorino Giocheremo con i Fiori '11 ♛♛ 3*
- ● Montepulciano d'Abruzzo '10 ♛♛ 2*
- ⊙ Montepulciano d'Abruzzo Cerasuolo Rosa-ae '11 ♛♛ 2*
- ● Montepulciano d'Abruzzo '07 ♛♛♛ 2*
- ● Montepulciano d'Abruzzo Cocciapazza '08 ♛♛♛ 4
- ● Montepulciano d'Abruzzo Cocciapazza '07 ♛♛♛ 4
- ● Montepulciano d'Abruzzo Cocciapazza '06 ♛♛ 4
- ● Montepulciano d'Abruzzo Mazzamurello '08 ♛♛ 5

阿布鲁佐区
ABRUZZO

Tenuta Ulisse
VIA SAN POLO, 40 - 66014 CRECCHIO [CH]
TEL. 0871407733
www.tenutaulisse.it

藏酒销售
预约参观
年产量 455 000 瓶
葡萄种植面积 55 公顷

尤利西斯（Ulisse）家族第三代所掌管的这家酒庄从未停止前进的脚步，并逐年强大起来，所生产的葡萄酒也越来越迷人。对于新鲜可人的葡萄酒，酒庄从不改变其储藏风格，利用还原酿造方法赋予了酒品浓郁的芳香，这一系列做法得到了市场的高度赞扬。出品的葡萄酒种类丰富，但大多是本地品种。最近，酒庄开始对自然发酵产生了兴趣。

● Montepulciano d'Abruzzo Amaranta '10	♛♛ 4
● Montepulciano d'Abruzzo Cerasuolo Unico '11	♛ 3
● Montepulciano d'Abruzzo Unico '10	♛ 3
○ Pecorino Amaranta '11	♛♛ 4
○ Pecorino Unico '11	♛ 3
○ Sogno di Ulisse Bianco '11	♛ 2*
○ Trebbiano d'Abruzzo Nativae '11	♛ 5
○ Cococciola Unico '11	♛ 3
● Merlot Unico '11	♛ 3
● Montepulciano d'Abruzzo Sogno di Ulisse '10	♛ 2
⊙ Rosé Brut Unico	♛ 3
● Sogno di Ulisse Rosso '10	♛ 2
○ Trebbiano d'Abruzzo Unico '11	♛ 3
● Montepulciano d'Abruzzo Amaranta '09	♛♛ 4
○ Pecorino Unico '10	♛♛ 3

La Valentina
VIA TORRETTA, 52 - 65010 SPOLTORE [PE]
TEL. 0854478158
www.fattorialavalentina.it

藏酒销售
预约参观
年产量 350 000 瓶
葡萄种植面积 40 公顷

瓦伦蒂娜酒庄（La Valentina）占地40公顷，分布在两处优质、但特点迥异的土地。酒庄的大本营位于风景优美的斯博尔托瑞地区（Spoltore）的山上，面朝佩斯卡拉市（Pescara）及其沙滩。另一块广袤的土地则位于阿布鲁佐（Abruzzo）的圣·瓦伦蒂诺（San Valentino），屹立在马耶拉（Majella）山脉的斜坡上。两地产出的上等葡萄在送至佩斯卡拉省（Pescara）的酿酒厂后，酿酒师们运用现代与传统相融合的方法加以酿造。品尝过后，我们发现这里的葡萄酒总是耐人寻味，虽然有时会散发现代气息，但传统的风味也十分浓郁。

● Montepulciano d'Abruzzo Spelt '08	♛♛♛ 3*
● Montepulciano d'Abruzzo '10	♛♛ 2*
● Montepulciano d'Abruzzo Binomio '08	♛♛ 5
⊙ Montepulciano d'Abruzzo Cerasuolo '11	♛♛ 2*
● Montepulciano d'Abruzzo Cerasuolo Sup. Effe '11	♛♛ 3
○ Pecorino '11	♛♛ 2*
○ Trebbiano d'Abruzzo '11	♛♛ 2*
○ Trebbiano d'Abruzzo Sup. Spelt '11	♛♛ 3
● Montepulciano d'Abruzzo Bellovedere '05	♛♛♛ 6
● Montepulciano d'Abruzzo Spelt '07	♛♛♛ 3
● Montepulciano d'Abruzzo Spelt '05	♛♛♛ 3
○ Bianco Pecorino '10	♛♛ 2*
● Montepulciano d'Abruzzo '09	♛♛ 2*
● Montepulciano d'Abruzzo Binomio '07	♛♛ 5

阿布鲁佐区
ABRUZZO

★★ Valentini
VIA DEL BAIO, 2
65014 LORETO APRUTINO [PE]
TEL. 0858291138

年产量 30 000 瓶
葡萄种植面积 100 公顷
葡萄栽培方式 传统栽培

几乎每一个葡萄酒爱好者都知道瓦伦蒂尼酒庄（Valentini）及其出产的优质葡萄酒。弗朗西斯科•保罗（Francesco Paolo）自信、优雅地经营着300公顷的罗雷托•阿普路迪诺（Loreto Aprutino）庄园，里面种植了一些农作物，包括葡萄。虽然100公顷的葡萄树每年只产出30 000瓶葡萄酒，但每一瓶都经过精雕细琢。除此之外，非瓶装的葡萄酒现在已成为本地区的标杆。种植园以传统的方式进行管理，酒窖方法是技术工艺的典范。在漫长的陈化过程中该酒庄仅仅使用大木桶和酒瓶。出产的酒品口感纯粹迷人，可耐久存。

○ Trebbiano d'Abruzzo '07	🍷🍷🍷 6
⊙ Montepulciano d'Abruzzo Cerasuolo '11	🍷🍷 6
● Montepulciano d'Abruzzo '06	🍷🍷🍷 8
● Montepulciano d'Abruzzo '02	🍷🍷🍷 8
● Montepulciano d'Abruzzo '01	🍷🍷🍷 8
● Montepulciano d'Abruzzo '00	🍷🍷🍷 8
⊙ Montepulciano d'Abruzzo Cerasuolo '09	🍷🍷🍷 6
⊙ Montepulciano d'Abruzzo Cerasuolo '08	🍷🍷🍷 6
⊙ Montepulciano d'Abruzzo Cerasuolo '06	🍷🍷🍷 6
○ Trebbiano d'Abruzzo '09	🍷🍷🍷 6
○ Trebbiano d'Abruzzo '08	🍷🍷🍷 6
○ Trebbiano d'Abruzzo '05	🍷🍷🍷 6
○ Trebbiano d'Abruzzo '04	🍷🍷🍷 6
○ Trebbiano d'Abruzzo '02	🍷🍷🍷 6
○ Trebbiano d'Abruzzo '01	🍷🍷🍷 5

Valle Reale
LOC. SAN CALISTO - 65026 POPOLI [PE]
TEL. 0859871039
www.vallereale.it

藏酒销售
预约参观
年产量 400 000 瓶
葡萄种植面积 80 公顷
葡萄栽培方式 有机认证

该酒庄经有机认证的80公顷庄园被分为两块种植地，分别位于阿布鲁佐（Abruzzo）两座山附近，周围景色如仙境般迷人。卡匹斯特然诺（Capestrano）庄园位于乐阿奎拉（L'Aquila）省科诺•格兰德（Corno Grande）的山脚，其生产的葡萄酿造了容易驾驭、个性鲜明且芳香扑鼻的扎比安奴（Trebbianos）葡萄酒。波波利（Popoli）庄园则坐落在佩斯卡拉省（Pescara）麦亚娜山丘（Mount Majella）的山脚，这里巨大的昼夜温差造就了蒙特布查诺（Montepulcianos）葡萄的优秀品质。对于输送来的原料葡萄，酒窖使用自然状态下的本地酵母菌进行发酵。成品酒复杂丰富，具有山区葡萄酒正宗的浓郁芳香。

○ Trebbiano d'Abruzzo V. di Capestrano '10	🍷🍷🍷 5
● Montepulciano d'Abruzzo San Calisto '09	🍷🍷 5
● Montepulciano d'Abruzzo Sant'Eusanio '11	🍷🍷 3*
● Montepulciano d'Abruzzo Vign. di Popoli '08	🍷🍷 3
○ Trebbiano d'Abruzzo '11	🍷🍷 2*
○ Trebbiano d'Abruzzo Vign. di Popoli '10	🍷🍷 2*
⊙ Montepulciano d'Abruzzo Cerasuolo '11	🍷 2
● Montepulciano d'Abruzzo '06	🍷🍷🍷 3*
● Montepulciano d'Abruzzo San Calisto '08	🍷🍷🍷 5
● Montepulciano d'Abruzzo San Calisto '07	🍷🍷🍷 5

阿布鲁佐区
ABRUZZO

Villa Medoro

C.DA MEDORO - 64030 ATRI [TE]
TEL. 0858708142
www.villamedoro.it

藏酒销售
预约参观
参观设施
年产量 300 000 瓶
葡萄种植面积 100 公顷

酒庄位于特拉莫（Teramo）丘陵地带的阿低利（Atri），满怀激情的庄主费德利卡•莫利科奈（Federica Morricone）的工作非常繁忙。他悉心打理着100公顷的葡萄园，给酒窖引入了先进的技术设备，使酒庄拥有惊人的魅力和规模。酒庄出产的酒款和品种有所增加，可以提供更广泛的酒品系列。维拉•梅多若（Villa Medoro）在阿布鲁佐（Abruzzo）地区的葡萄酒业出类拔萃，酒品质浓体重，酿制工艺细腻，在保留当地传统风味的同时，有计划地跟上时代潮流。品种既有尖锐浓烈的本地白葡萄酒，也有活泼欢快的蒙特布查诺（Montepulciano）葡萄园精品酒，是意大利最物有所值的葡萄酒之一。

Ciccio Zaccagnini

C.DA POZZO - 65020 BOLOGNANO [PE]
TEL. 0858880195
www.cantinazaccagnini.it

藏酒销售
预约参观
年产量 4 000 000 瓶
葡萄种植面积 150 公顷

多年来，扎卡格尼尼（Zaccagnini）酒庄巧妙地平衡葡萄酒的质量和数量，在全球各地为阿布鲁佐（Abruzzo）葡萄酒酿造业提供强有力的支持。在国内外消费者看来，酒庄出产的酒品总是能精准诠释品种特色。葡萄园位于和佩斯卡拉（Pescara）接壤的马耶拉（Majella）山丘脚下，面积达150公顷，更多的土地靠租借或是长期托管获得，葡萄酒总产量近4 000 000瓶。酒庄位于波洛格纳诺（Bolognano），博伊斯（Beuys）在这里上演自己对自然运作的传奇性的捍卫维护，创造了一幅幅精美绝伦的艺术作品。我们品尝的酒品令人印象深刻，具现代感而有味道。

- ● Montepulciano d'Abruzzo
  Colline Teramane Adrano '09   ♛♛♛ 4*
- ● Montepulciano d'Abruzzo '10   ♛♛ 2*
- ⊙ Montepulciano d'Abruzzo Cerasuolo '11   ♛♛ 2*
- ○ Pecorino '11   ♛♛ 2*
- ○ Trebbiano d'Abruzzo Chimera '11   ♛♛ 2*
- ● Montepulciano d'Abruzzo
  Rosso del Duca '10   ♛ 3
- ○ Montonico '11   ♛ 2
- ○ Passerina '11   ♛ 2
- ○ Trebbiano d'Abruzzo '11   ♛ 2
- ● Montepulciano d'Abruzzo '08   ♛♛♛ 2*
- ● Montepulciano d'Abruzzo
  Colline Teramane Adrano '08   ♛♛♛ 4*

- ● Montepulciano d'Abruzzo Chronicon '09   ♛ 3*
- ○ Trebbiano d'Abruzzo S. Clemente '10   ♛♛ 4
- ○ Chardonnay S. Clemente '10   ♛♛ 4
- ● Clematis '07   ♛♛ 7
- ● Montepulciano d'Abruzzo
  Castello di Salle '09   ♛♛ 2*
- ⊙ Montepulciano d'Abruzzo Cerasuolo
  Myosotis '11   ♛♛ 2*
- ● Montepulciano d'Abruzzo
  S. Clemente Ris. '09   ♛♛ 5
- ● Montepulciano d'Abruzzo Tralcetto '10   ♛♛ 2*
- ○ Bianco di Ciccio il Vino dal Tralcetto '11   ♛ 2
- ○ Ibisco Bianco '11   ♛ 2
- ○ Ispira '11   ♛ 2
- ● Montepulciano d'Abruzzo
  Cuvée dell'Abate '10   ♛ 2
- ○ Plaisir Bianco '11   ♛ 3

其他酒庄 — **OTHER WINERIES**

Nestore Bosco
C.DA CASALI, 147 - 65010 NOCCIANO [PE]
TEL. 085847345
www.nestorebosco.com

● Montepulciano d'Abruzzo Don Bosco '08	▼▼ 4
● Montepulciano d'Abruzzo Pan '08	▼▼ 4
⊙ Montepulciano d'Abruzzo Cerasuolo '11	▼ 2
○ Trebbiano d'Abruzzo '11	▼ 2

Centorame
LOC. CASOLI DI ATRI
VIA DELLE FORNACI, 15 - 64030 ATRI [TE]
TEL. 0858709115
www.centorame.it

● Montepulciano d'Abruzzo San Michele '10	▼▼ 2*
○ Trebbiano d'Abruzzo Castellum Vetus '10	▼ 3

Col del Mondo
C.DA CAMPOTINO, 35C
65010 COLLECORVINO [PE]
TEL. 0858207831
www.coldelmondo.com

● Montepulciano d'Abruzzo Kerrias '08	▼▼ 4
● Montepulciano d'Abruzzo Sunnae '09	▼▼ 2*
● Montepulciano d'Abruzzo Terre dei Vestini '09	▼▼ 3

Collebello - Cantine Marano
VIA DEL LAGO, 19 - 64081 TORTORETO [TE]
TEL. 0861786056
www.collebello.it

○ Declivio '11	▼▼ 2*
○ Trebbiano d'Abruzzo Fonte del Lago '11	▼▼ 2*
○ Abruzzo Pecorino Ginestra '11	▼ 2

Collefrisio
LOC. PIANE DI MAGGIO - 66030 FRISA [CH]
TEL. 0859039074
www.collefrisio.it

● Montepulciano d'Abruzzo Collefrisio di Collefrisio '08	▼▼ 5
● Montepulciano d'Abruzzo Uno '09	▼▼ 3
○ Trebbiano d'Abruzzo Eò '11	▼▼ 2*

De Angelis Corvi
C.DA PIGNOTTO - 64010 CONTROGUERRA [TE]
TEL. 086189475
www.deangeliscorvi.it

⊙ Montepulciano d'Abruzzo Cerasuolo Sup. '11	▼▼ 3
● Montepulciano d'Abruzzo Colline Teramane Elevito Ris. '08	▼▼ 5

OTHER WINERIES

Nicoletta De Fermo
65014 Loreto Aprutino [PE]
Tel. 038575303
www.defermo.it

● Montepulciano d'Abruzzo Prologo '10	🍷🍷	2*
○ Launegild '11	🍷	4
○ Piè Tancredi	🍷	4

Tenuta I Fauri
s.da Corta, 9 - 66100 Chieti
Tel. 0871332627
www.tenutaifauri.it

● Montepulciano d'Abruzzo Santa Cecilia '09	🍷🍷	4
○ Passerina dei Fauri '11	🍷🍷	2*
○ Pecorino dei Fauri '11	🍷🍷	2*
○ Trebbiano d'Abruzzo Baldovino '11	🍷	2

Feudo Antico
via Perruna, 35 - 66010 Tollo [CH]
Tel. 0871969128
www.feudoantico.it

◉ Rosato '11	🍷🍷	2*
○ Tullum Bianco '11	🍷🍷	3
○ Tullum Pecorino '11	🍷	3
● Tullum Rosso '09	🍷	3

Filomusi Guelfi
via F. Filomusi Guelfi, 11
65028 Tocco da Casauria [PE]
Tel. 085986908
elleffegi@tiscali.it

○ Le Scuderie del Cielo '11	🍷🍷	2*
● Montepulciano d'Abruzzo '08	🍷🍷	2*
○ Casa Scamolla '11	🍷	2

Mastrangelo
via Istonia, 81 - 66054 Vasto [CH]
Tel. 3358390720
www.vinimastrangelo.com

● Montepulciano d'Abruzzo La Riserva del Vicario '09	🍷🍷	5
○ Trebbiano d'Abruzzo L'Oro del Cardinale '10	🍷🍷	4

Cantine Mucci
c.da Vallone di Nanni, 65
66020 Torino di Sangro [CH]
Tel. 0873913366
www.cantinemucci.com

● Kubbadì '07	🍷🍷	5
● Montepulciano d'Abruzzo Santo Stefano '10	🍷🍷	3
● Montepulciano d'Abruzzo Valentino '11	🍷	2

其他酒庄 / OTHER WINERIES

Orlandi Contucci Ponno
Loc. Piana degli Ulivi, 1
64026 Roseto degli Abruzzi [TE]
Tel. 0858944049
www.orlandicontucci.com

- Colle Funaro '07 — 🍷🍷 3
- Montepulciano d'Abruzzo Colline Teramane
  Podere La Regia Specula '09 — 🍷🍷 3

Pietrantonj
Via San Sebastiano, 38
67030 Vittorito [AQ]
Tel. 0864727102
www.vinipietrantonj.it

- ⊙ Montepulciano d'Abruzzo Cerasuolo Sup.
  Cerano '11 — 🍷🍷 3
- Passito Rosso Valle Peligna '09 — 🍷🍷 4
- ○ Malvasia '11 — 🍷 2

Praesidium
Via Giovannucci, 24 - 67030 Prezza [AQ]
Tel. 086445103
vinipraesidium@tiscali.it

- Montepulciano d'Abruzzo '07 — 🍷🍷 5
- ⊙ Montepulciano d'Abruzzo Cerasuolo '11 — 🍷🍷 3

La Quercia
C.da Colle Croce
64020 Morro d'Oro [TE]
Tel. 0858959110
www.vinilaquercia.it

- Montepulciano d'Abruzzo
  Colline Teramane Mastrobono Ris. '06 — 🍷🍷 5
- Montepulciano d'Abruzzo
  Colline Teramane Primamadre '07 — 🍷🍷 3

Santobono
P.zza della Vittoria, 16
66050 San Buono [CH]
Tel. 3332887579

- Montepulciano d'Abruzzo
  Lenzino Ris. '08 — 🍷🍷 3*
- ⊙ Montepulciano d'Abruzzo
  Cerasuolo Primovere '11 — 🍷 2

Valori
Via Torquato al Salinello, 8
64027 Sant'Omero [TE]
Tel. 086188461
www.masciarellidistribuzione.it

- ○ Pecorino d'Abruzzo '11 — 🍷🍷 3
- Inkiostro '08 — 🍷 4
- Montepulciano d'Abruzzo '11 — 🍷 2
- ○ Trebbiano d'Abruzzo '11 — 🍷 2

莫利塞区
MOLISE

莫利塞区(Molise)为意大利最小的大区,一直是一个富饶多产的葡萄酒产区。为此,我们多年来在《年鉴》中为莫利塞区(Molise)另立章节,以承认它日益增长的重要性。雄伟的山脉微微倾斜,一直延伸到亚得里亚海(Adriatic)在坎波马里诺(Campomarino)的海岸,坐落着莫利塞区(Molise)绝大多数的酒庄,不过近几年,新酒庄也开始逐渐进军层峦叠嶂的绿色内陆区域。这一切活动以尊崇传统为前提,绝不脱离本地葡萄酒酿造的传统和历史。葡萄种植对莫利塞(Molise)的农业经济十分重要,超过25万公顷土地的产量让人印象深刻,质量也十分优秀。出品的葡萄酒低调含蓄、易于饮用,虽然偶尔过于简单,但价格实惠。分布最广的种植种类是蒙特布查诺(Montepulciano)和阿吉里安科(Aglianico)。这里产的蒙特布查诺具有相当显著的独特性,而阿吉里安科(Aglianico)也比我们平常见到的更爽口、更纯朴。白葡萄酒主要来自于扎比安奴(Trebbiano)和法兰吉娜(Falanghina),酿造的葡萄酒美味可口、影响深远。值得一提的是产于本土深色调的汀缇莉亚葡萄酒(Tintilia),它的标志是魔幻般矿物质芳香。虽然开端犯了些错误,但如今酿造的葡萄酒变得有趣起来,而且前途无量。遗憾的是,本地区缺乏超级巨星,葡萄酒的生产不稳定且缺乏重点。2013年获得"三杯奖"的是我们的老朋友——孔塔多(Contado),他们所酿造的迪•马钰•诺然特葡萄酒(Di Majo Norante)非常出色。这款充满活力、价格合理的阿吉里安科葡萄酒(Aglianico)赢得了品鉴小组的一致赞赏。

MOLISE
莫利塞区

Borgo di Colloredo
LOC. NUOVA CLITERNIA
C.DA ZEZZA, 8 - 86042 CAMPOMARINO [CB]
TEL. 087557453
www.borgodicolloredo.com

藏酒销售
预约参观
膳宿接待
年产量 300 000 瓶
葡萄种植面积 60 公顷

酒庄位于坎波马里诺（Campomarino）山，这里朝向大海，风景优美。目前由年轻一代精心打理着。葡萄园面积达60公顷，完全手工种植。迪挂里奥家族（Di Giulio）酿造出的一系列葡萄酒低调朴实、口感迷人、价格实惠，总是让人印象深刻。酒庄经营的准则从未改变。家族在美丽的葡萄园里种植了传统葡萄，运用传奇般的精湛技艺所产出的优质葡萄运送至酒窖酿造后，每一瓶葡萄酒都能给人带来一种纯朴、典型的感官冲击，酒庄重点关注酒品的新鲜度和可饮用性。

● Molise Rosso '09	▼▼ 2*
● Biferno Rosso Gironia '08	▼▼ 3
○ Terre degli Osci Greco '11	▼▼ 2*
○ Biferno Bianco Gironia '11	▼ 2
⊙ Biferno Rosato Gironia '11	▼ 2
○ Molise Falanghina '11	▼ 2
● Aglianico '07	▽▽ 2*
○ Molise Falanghina '10	▽▽ 2*

Di Majo Norante
FRAZ. NUOVA CLITERNIA
C.DA RAMITELLI, 4 - 86042 CAMPOMARINO [CB]
TEL. 087557208
www.dimajonorante.com

藏酒销售
预约参观
年产量 800 000 瓶
葡萄种植面积 60 公顷
葡萄栽培方式 有机认证

酒庄面积达90公顷，位于坎波马里诺（Campomarino）绝佳的产酒地域——莫利塞山区（Molise）。这里的丛山峻岭一直延伸至亚得里亚（Adriatic）海滨的绿林地带。历代以来，酒庄精心打理着葡萄藤，致力于生产经有机认证的优质葡萄。迪•马佐•诺兰特（Di Majo Norante）是推动莫利塞（Molise）葡萄酒发展的中坚力量，其产出的一系列酿制精美、前途无量的葡萄酒忠实诠释了地域特色和传统工艺。该酒庄酒品种类繁多，物超所值。

● Molise Aglianico Contado Ris. '10	▼▼▼ 3*
● Molise Aglianico Biorganic '10	▼▼ 2*
○ Moli Bianco '11	▼▼ 2*
● Molì Rosso '11	▼▼ 2*
○ Molise Falanghina Ramì Bianco '11	▼▼ 2*
○ Molise Greco '11	▼▼ 2*
● Sangiovese '11	▼▼ 2*
● Biferno Rosso Ramitello '10	▼ 3
○ Molise Falanghina Biorganic '11	▼ 2
● Molise Tintilia '09	▼ 3
● Molise Aglianico Contado Ris. '09	▽▽▽ 3*
● Molise Don Luigi Ris. '08	▽▽▽ 5
○ Molise Apianae '09	▽▽ 4
○ Molise Falanghina Biorganic '10	▽▽ 2*
○ Molise Greco '10	▽▽ 2*
● Sangiovese '10	▽▽ 2*

莫利塞区
MOLISE

Cantine Salvatore
C.DA VIGNE - 86049 URURI [CB]
TEL. 0874830656
www.cantinesalvatore.it

藏酒销售
预约参观
年产量 80 000 瓶
葡萄种植面积 15 公顷

萨尔瓦托雷酒庄（Cantina Salvatore）的15公顷葡萄园坐落在犹如利（Ururi）下游的莫利塞（Molise）小村庄里，地理位置得天独厚。在这片土地上，帕斯夸•萨尔瓦托（Pasquale Salvatore）酿造了现代风格的葡萄酒，特点纯净而清爽。无论是口感、品牌还是包装，都能够夺人眼球。使用同名葡萄酿造的汀缇莉亚（Tintilia）葡萄酒仍是酒庄的主打酒品，只有它发展了，其他酒品才能跟着进步。

● Molise Tintilia Rutilia '10	🏆 3*
○ Molise Falanghina Nysias '11	🏆 3
○ L'IndoVINO Bianco '11	🏆 2
● L'IndoVINO Rosso '10	🏆 2
● Molise Rosso Don Donà '09	🏆 3
● Molise Rosso Biberius '09	🏆 2*
● Molise Tintilia Rutilia '09	🏆 3

Valerio Vini - San Nazzaro
LOC. SELVOTTA - 86075 MONTERODUNI [IS]
TEL. 0865493043
www.valeriovini.it

藏酒销售
预约参观
年产量 30 000 瓶
葡萄种植面积 1 公顷

伊赛尔尼亚省（Isernia）的这片荒芜之地为郁郁葱葱的绿树所怀抱，从来不是葡萄酒生产的福地。尽管如此，安东尼奥•桑德罗（Antonio Sandro）还是一直坚守在这块蓬特洛（Pentro）小型产区，并酿造了一批批制作精良、影响深远的现代风格葡萄酒。安东尼奥•桑德罗（Antonio Sandro）使用现代技术，满怀热情地打理着他不大的葡萄园，产出的少量酒款十分迷人，令我们钟爱不已。

● Pentro di Isernia '09	🏆 5
○ Fannia '11	🏆 2*
● Molise Rosso Sannazzaro '10	🏆 3
● Molise Rosso Calidio '10	🏆 2*
● Pentro di Isernia '08	🏆 4

OTHER WINERIES

Cianfagna
C.DA BOSCO PAMPINI, 3
86030 ACQUAVIVA COLLECROCE [CB]
TEL. 0875970253
www.cianfagna.com

- Molise Aglianico Militum Christi Ris. '07 — 🍷🍷 5
- Molise Sator '09 — 🍷 5

Cantine Cipressi
C.DA MONTAGNA
86030 SAN FELICE DEL MOLISE [CB]
TEL. 0874874535
www.cantinecipressi.it

- Molise Tintilia Macchiarossa '10 — 🍷🍷 4
- Molise Rosso Mekan '10 — 🍷 3

D'Uva
C.DA RICUPO, 13 - 86035 LARINO [CB]
TEL. 0874822320
www.cantineduva.com

- ○ Keres '11 — 🍷🍷 2*
- Molise Rosso Ricupo '09 — 🍷🍷 2*
- Molise Tintilia '09 — 🍷🍷 3
- ○ Molise Trebbiano Kantharos '11 — 🍷 2

Terresacre
C.DA MONTEBELLO
86036 MONTENERO DI BISACCIA [CB]
TEL. 0875960191
www.terresacre.net

- Molise Rosso Neravite '10 — 🍷🍷 2*
- Molise Tintilia '08 — 🍷🍷 5
- ○ Molise Falanghina Oravera '11 — 🍷 4
- Moravite '11 — 🍷 2

坎帕尼亚区
CAMPANIA

随着时间的流逝,把坎帕尼亚区(Campania)称作一个新兴的葡萄酒产区已经显得不合时宜了。确实,虽然这个地区的现代葡萄酒历史只有短短二十年,但不可否认的是,葡萄栽培的起源可以追溯到几千年以前。坎帕尼亚区无可比拟的积极能量源源不断地培养了新兴酒庄,赢得了外界赞誉,引领着现有的葡萄酒产地和未开发的土地迈上复兴之路。撇开获奖酒庄的数量和得分不说,我们无法否认产于这片土地的种类丰富的葡萄酒,凭借悠久的葡萄栽培底蕴,出品的葡萄酒风格简单亮丽、风味十足,还适合与食物配合饮用。信贷危机给坎帕尼亚区带来了巨大的伤害,导致葡萄价格急剧下跌,许多酒庄极力挣扎在廉价出售或倒闭的边缘。尽管形势危急,葡萄酒的表现却令人鼓舞。2013年闯进最后决赛的酒庄有55个,较2012年而言少了几个,但晋级决赛的酒庄都获得了更高的排名。2011年糟糕的葡萄收成导致白葡萄酒,尤其是菲亚诺·迪·阿弗利诺(Fiano di Avellino)和图佛·格里克(Greco di Tufo)葡萄酒缺乏少许深度和活力。当然,我们采用了更高的标准才得出这一结论。17个最高奖项的获奖数量令人振奋,然而这一次,我们不为其产生的"三杯奖"新秀而印象深刻,而是因为这些酒庄巩固了坎帕尼亚区(Campania)在意大利葡萄酒界的地位。我们首先说说萨勒诺省(Salerno)地区令人印象深刻的2010年份酒:蒙特维诺(Montevetrano),玛丽萨·库莫酒庄(Marisa Cuomo)的费奥都瓦(Fiorduva)以及玛费尼(Maffini)酒庄的全新皮尔卡特纳塔(Pietraincatenata)。我们从卡塞塔省(Caserta)收到了更多激动人心的消息,还是从2010年说起,强势回归的萨比·迪·波斯科酒(Sabbie di Sopra il Bosco)和安布鲁科(Ambruco)再次出自特利普林(Terre del Principe)和特拉沃洛(Terra di Lavoro)酒庄。伊尔皮尼亚省(Irpinia)也再次成为关注的焦点,这有赖于普利克(Prisco's Greco di Tufo)2011年款白葡萄酒和4款极好的2010年款:维拉戴尔特(Villa Diamante)、斯诺皮卡里洛(Ciro Picariello)、菲亚诺(Fiano)酿造的库波塔帕(Cupo di Pietracupa)和一款"黑马"酒品——豪华的孔翠德酒庄(Contrade di Taurasi)精心酿制而成的格可沐斯2010(Greco Musc' 2010)。2008年的葡萄酒酿造期对图拉斯葡萄酒(Taurasi)来说相当绝妙,路易吉酒庄(Luigi Tecce)酿造的泊里弗莫(Poliphemo)是领头羊,其他有名望的酒庄包括萨维多(Salvatore Molettieri (Renonno))、安托尼奥(Antonio Caggiano (Vigna Macchia dei Goti))和玛托贝拉迪奥(Mastroberardino (Radici))酒庄。最后,向大家推介的是迪门奥酒庄(Di Meo)出色的陈酿托拉斯2006(2006 Taurasi Riserva),是古老的萨扎皮纳(Salza Irpina)酒窖的首次出品。

CAMPANIA
坎帕尼亚区

A Casa

LOC. PIANODARDINE
VIA FILANDE, 6 - 83100 AVELLINO
TEL. 0825626406
www.cantineacasa.it

藏酒销售
预约参观
年产量 200 000 瓶
葡萄种植面积 40 公顷

未满30岁的塞尔吉奥•亚瓦罗内（Sergio Lavarone）接管该酒庄已有几个月了。2007年，他的父亲托马索（Tommaso）同一群在坎帕尼亚（Campania）政治界、商界活跃了20多年，享有声望的生意伙伴和朋友共同创立了这个酒庄。总部也是酒窖的所在地，现在仍然在阿维利诺（Avellino）博尔格•费罗维亚（Borgo Ferrovia）的丝绸制造厂内，而葡萄原料则来自位于伊尔皮尼亚省（Irpinia）和三丽欧省（Sannio）主要地区的约40公顷葡萄园。出品的葡萄酒许多方面的风格仍然在塑造的过程中，年复一年，口感圆润、果香浓郁的白葡萄酒和丰饶醇厚的红葡萄酒呈现出更显著的个性。

● Taurasi V. di Noè Ris. '07	🍷5
○ Greco di Tufo Bussi '11	🍷3
● Irpinia Aglianico Vecchio Postale '09	🍷4
● Sannio Piedirosso Fiore dell'Isca '10	🍷2*
○ Fiano di Avellino Oro del Passo '11	🍷3
○ Fiano di Avellino '07	🍷3*
○ Fiano di Avellino Oro del Passo '08	🍷3
○ Greco di Tufo '07	🍷3*
○ Greco di Tufo Bussi '08	🍷3
● Irpinia Aglianico Vecchio Postale '08	🍷4
○ Sannio Coda di Volpe Bebiana '10	🍷2*
● Sannio Piedirosso Fiore dell'Isca '09	🍷2*
● Sannio Piedirosso Fiore dell'Isca '07	🍷2
● Taurasi V. di Noè '07	🍷5

Alois

LOC. AUDELINO
VIA RAGAZZANO - 81040 PONTELATONE [CE]
TEL. 0823876710
www.vinialois.it

预约参观
年产量 120 000 瓶
葡萄种植面积 26 公顷

几年来，米歇尔（Michele）和马西诺•阿洛斯（Massimo Alois）一直在孜孜不倦地工作，卡尔曼•瓦伦蒂诺（Carmine Valentino）则在一旁协助，目的在于重新调整葡萄酒的风格和种类。这一项目只有一部分涉及到农艺技术，主要还是对葡萄品种进行更精确的定位，涵盖品种有凯亚提内（Caiatine）、卡萨维奇亚（Casavecchia）、帕拉格瑞罗（Pallagrello）、阿吉里安科（Aglianico）和法兰吉娜（Falanghina）。最近，酒庄完成了多次收购，继而把农业中心转移到高山地带。至于效果如何，我们在未来的几年就可以看出。与此同时，今年来出产的葡萄酒出现了新的个性特点，酒品更清爽放松，口感更偏向清淡醇美。

● Campole '10	🍷2*
● Cunto '10	🍷4
○ Pallagrello Bianco Caiatì '11	🍷2
● Campole '08	🍷2*
● Campole '03	🍷2*
● Cunto '09	🍷4
● Cunto '08	🍷4
○ Pallagrello Bianco Caiatì '09	🍷2*
○ Pallagrello Bianco Caiatì '07	🍷2*
● Pallagrello Nero '06	🍷2*
● Settimo '07	🍷2*
● Trebulanum '09	🍷5
● Trebulanum '07	🍷5
● Trebulanum '03	🍷4

坎帕尼亚区
CAMPANIA

Antonio Caggiano

C.DA SALA - 83030 TAURASI [AV]
TEL. 082774723
www.cantinecaggiano.it

藏酒销售
预约参观
餐饮接待
年产量 155 000 瓶
葡萄种植面积 25 公顷

虽然还未经历20次葡萄收获季，安东尼奥•卡西亚诺（Antonio Caggiano）已经被认为是伊尔皮尼亚（Irpinia）葡萄酒酿造的老手。早在1994年，他最先酿造了专门在橡木大桶里陈酿，带有波尔多风格的图拉斯（Taurasi）佳酿。今天，格提斯酒（Vigna Macchia del Gotis）被当作是真正的经典，在酒庄完整的酒品系列中占据先锋地位。儿子皮诺（Pino）和教授朋友路易斯莫伊欧（Luigi Moio）仍然在他身边提供帮助。葡萄园全部位于萨拉（Sala）、蒙特维吉内•皮亚诺（Piano di Montevergine）、珀瑞蒂•佩扎（Pezza dei Preti）、圣彼得罗（San Pietro）和图拉斯（Taurasi）产区的科斯特（Coste）地区。

Il Cancelliere

C.DA IAMPENNE, 45
83040 MONTEMARANO [AV]
TEL. 082763557
www.ilcancelliere.it

藏酒销售
预约参观
年产量 15 000 瓶
葡萄种植面积 7 公顷
葡萄栽培方式 有机认证

虽然只推出了3年，但酒庄的图拉斯（Taurasis）葡萄酒已经在伊尔皮尼安（Irpinian）的葡萄酒产业中占据重要地位。酒庄名字的灵感来自索科尔索•罗马诺（Soccorso Romano）在蒙特马兰诺（Montemarano）地区的别名，正是他在2005年创建了该酒庄，并自2008年起委托给丽塔•比萨（Rita Pizza）经营。整个家族都加入到酒庄管理。在格鲁拖拉•安东尼奥（Antonio Di Gruttola）和勃艮第安（Bourguignon）夫妻俩的协作下，他们在拉姆佩内（Lampenne）村庄周边使用有机方式打理葡萄园。性格突出的阿吉里安科葡萄（Aglianicos）被放进3 500升的斯拉夫尼亚橡木容器里进行陈酿，生产过程不经过澄清或过滤。虽然味道有点浓烈，但也确实活力十足。

● Taurasi V. Macchia dei Goti '08	▼▼▼ 5
● Irpinia Aglianico Taurì '10	▼▼ 2*
● Irpinia Campi Taurasini Salae Domini '09	▼▼ 5
○ Mel '09	▼▼▼ 5
○ Fiano di Avellino Béchar '11	▼ 3
○ Greco di Tufo Devon '11	▼ 3
● Taurasi V. Macchia dei Goti '04	♀♀♀ 5
● Taurasi V. Macchia dei Goti '99	♀♀♀ 5
○ Fiano di Avellino Béchar '10	♀♀ 3*
○ Fiano di Avellino Béchar '09	♀♀ 3
○ Fiano di Avellino Béchar '08	♀♀ 3
○ Greco di Tufo Devon '08	♀♀ 3
● Taurasi V. Macchia dei Goti '07	♀♀ 5
● Taurasi V. Macchia dei Goti '06	♀♀ 5

● Taurasi Nero Né '08	▼ 5
● Taurasi Nero Nè Ris. '06	▼▼ 6
● Irpinia Aglianico Gioviano '08	♀♀ 2*
● Taurasi Nero Né '06	♀♀ 5
● Taurasi Nero Né '05	♀♀ 5
● Taurasi Nero Nè Ris. '05	♀♀ 6

CAMPANIA
坎帕尼亚区

Tenuta del Cavalier Pepe
VIA SANTA VARA
83040 SANT'ANGELO ALL'ESCA [AV]
TEL. 082773766
www.tenutacavalierpepe.it

藏酒销售
预约参观
餐饮接待
年产量 300 000 瓶
葡萄种植面积 40 公顷

米莱娜•佩佩（Milena Pepe）和她的父亲安吉洛（Angelo）一起在罗格萨诺（Luogosano）和桑特•安吉洛•欧拉•尔斯卡（Sant'Angelo All'Esca）创建了这个酒庄。作为酒庄的灵魂人物，米莱娜（Milena）绝不缺乏献身精神和决心。对于这个支离破碎的地区来说，这家酒庄的规模算得上大，占地40公顷的葡萄园主要种植阿吉里安科（Aglianico）和沃尔普•柯达（Coda di Volpe）葡萄，租用的一些田用于种植菲亚诺（Fiano）和格雷科（Greco）葡萄，此外还从外面收购一些加以补充。广泛多样的葡萄酒品种涵盖了葡萄园精品酒、试验酒和易于饮用的酒，而一些红葡萄酒在不同尺寸和不同出处的橡木桶里陈酿后，呈现出简朴，有时还带点尖锐的口感。

○ Greco di Tufo Nestor '11	🍷 3
○ Irpinia Coda di Volpe Bianco di Bellona '11	🍷🍷 2*
● Taurasi Opera Mia '08	🍷🍷 5
○ Falanghina Lila '11	🍷 2
○ Fiano di Avellino Refiano '11	🍷 3
⊙ Irpinia Rosato Napoli 2012 '11	🍷 2
● Irpinia Rosso Sanserino '10	🍷 2
● Taurasi La Loggia del Cavaliere Ris. '06	🍷 5
● Irpinia Aglianico Terra del Varo '07	🍷🍷 2*
● Irpinia Campi Taurasini Santo Stefano '08	🍷🍷 3
● Irpinia Campi Taurasini Santo Stefano '07	🍷🍷 3
○ Irpinia Coda di Volpe Bianco di Bellona '07	🍷🍷 2*
● Taurasi Opera Mia '07	🍷🍷 5
● Taurasi Opera Mia '06	🍷🍷 5

Colli di Castelfranci
C.DA BRAUDIANO - 83040 CASTELFRANCI [AV]
TEL. 082772392
www.collidicastelfranci.com

藏酒销售
预约参观
参观设施
年产量 150 000 瓶
葡萄种植面积 25 公顷
葡萄栽培方式 传统栽培

鉴于优越的地理位置和充裕的阳光，卢西亚诺•格雷格里奥（Luciano Gregorio）和赫拉尔多•科卢奇（Gerardo Colucci）姻亲兄弟经营的酒庄有可能是伊尔皮尼亚（Irpinia）最好的酒庄之一。庄园位于卡特尔弗兰茨省（Casterlfranci），这个顶级葡萄园种植的阿吉里安科葡萄（Aglianico）通常是在11月收获，因为此时的果实富含果酸和果汁。图拉斯葡萄酒（Taurasi）是使用传统方式酿造的，先放在小木桶里陈酿12个月，之后又在斯拉夫尼亚（Slavonian）橡树木桶里陈酿18个月。钢桶只用于白酒的发酵，所用的葡萄由外收购而来。只有帕拉迪酒（Paladino）是个例外，只采用一种生长于保证法定产区（DOCG）（意大利品质最高的葡萄酒）地带之外的晚熟葡萄。

● Taurasi Alta Valle '08	🍷🍷 4
○ Fiano di Avellino Pendino '11	🍷🍷 3
○ Irpinia Paladino '10	🍷🍷 3
● Taurasi Alta Valle Ris. '07	🍷🍷 7
○ Greco di Tufo Grotte '11	🍷 3
● Irpinia Campi Taurasini Candriano '08	🍷 3
○ Irpinia Greco Vallicelli '10	🍷 3
○ Fiano di Avellino Pendino '07	🍷🍷 3*
○ Greco di Tufo Grotte '10	🍷🍷 3
○ Greco di Tufo Grotte '08	🍷🍷 3*
○ Irpinia Paladino V. T. '09	🍷🍷 3
○ Paladino '03	🍷🍷 4
○ Paladino V.T. '04	🍷🍷 3
● Taurasi Alta Valle '06	🍷🍷 4

坎帕尼亚区
CAMPANIA

Colli di Lapio
VIA ARIANIELLO, 47 - 83030 LAPIO [AV]
TEL. 0825982184
www.collidilapio.it

藏酒销售
预约参观
年产量 50 000 瓶
葡萄种植面积 5 公顷

拉皮欧·科里（Colli di Lapio）就是所谓的克莱利亚·罗马诺（Clelia Romano）。矜持的克莱利亚（Clelia）清楚了解她的葡萄酒的价值，是伊尔皮尼亚（Irpinia）地区菲亚诺（Fiano）种植无可争议的女王。菲亚诺（Fiano）在山泉水的滋润之下成长，其所处的葡萄园分布在阿瑞尼诺（Arianiello）、斯塔佐内（Stazzone）和斯卡珀内（Scarpone）。尽管这里的海拔超过600米，但气候条件、黏土与沙质土的混合土壤造就了优质的碘酒和柑橘。这里的葡萄酒虽然看起来单薄，但能马上展现个性特点，还可以珍藏。不锈钢容器专门用于酿造托福·格雷科（Greco di Tufo），而部分新的橡木桶则用于酿造图拉斯葡萄酒（Taurasi），所用葡萄从文迪卡诺（Venticano）购得。

○ Fiano di Avellino '11	🍷🍷🍷 4
○ Greco di Tufo Alexandros '11	🍷🍷 4
● Taurasi V. Andrea '08	🍷🍷 5
○ Fiano di Avellino '10	🍷🍷🍷 4
○ Fiano di Avellino '09	🍷🍷🍷 4
○ Fiano di Avellino '08	🍷🍷🍷 4*
○ Fiano di Avellino '07	🍷🍷🍷 4
○ Fiano di Avellino '05	🍷🍷🍷 4
○ Fiano di Avellino '04	🍷🍷🍷 4
○ Fiano di Avellino '03	🍷🍷 4
● Taurasi V. Andrea '05	🍷🍷 5
● Taurasi V. Andrea '04	🍷🍷 5
● Taurasi V. Andrea '03	🍷🍷 5
● Taurasi V. Andrea '01	🍷🍷 5

Contrade di Taurasi
VIA MUNICIPIO, 41 - 83030 TAURASI [AV]
TEL. 082774483
www.cantinelonardo.it

藏酒销售
预约参观
年产量 20 000 瓶
葡萄种植面积 5 公顷
葡萄栽培方式 有机认证

一支由专业人士和研究人员组成的梦之队打理着由罗纳多（Lonardo）家族于20世纪80年代末建立的图拉斯·肯彻得（Contrade di Taurasi）小型酒庄。酒庄的起步是几处古老的阿吉里安科（Aglianico）葡萄园和一些树龄很大的白罗维罗（Roviello Bianco）葡萄藤。前者集中在图拉斯（Taurasi）东南地区，园里采用有机管理模式；后者在当地亦称格雷克沐斯，采用古老的斯答特（Starsete）培育体系。自2007年以来，取材于阿吉里安科（Aglianico）葡萄的阿尔托·维格纳（Vigne d'Alto）和科斯特（Coste）佳酿被分开酿造，让其自然发酵，然后在中型木桶陈酿。酒庄出产的图拉斯葡萄酒（Taurasi）有一种质朴、浓郁的风格，通常在玻璃瓶留少许空间让酒品发酵。

○ Greco Musc' '10	🍷🍷🍷 4*
● Taurasi Coste '07	🍷🍷 7
● Taurasi Vigne d'Alto '07	🍷🍷 7
Irpinia Aglianico '10	🍷 3
● Taurasi '04	🍷🍷🍷 6
○ Greco Musc' '09	🍷🍷 4
○ Greco Musc' '08	🍷🍷 4
● Irpinia Aglianico '07	🍷🍷 3*
● Taurasi '07	🍷🍷 5
● Taurasi '05	🍷🍷 6
● Taurasi '03	🍷🍷 5
● Taurasi '00	🍷🍷 5
● Taurasi Ris. '05	🍷🍷 6
● Taurasi Ris. '01	🍷🍷 6

坎帕尼亚区
CAMPANIA

Marisa Cuomo
via G. B. Lama, 16/18 - 84010 Furore [SA]
Tel. 089830348
www.marisacuomo.com

藏酒销售
预约参观
餐饮接待
年产量 102 000 瓶
葡萄种植面积 20 公顷

马瑞萨·库莫（Marisa Cuomo）和安德里亚·福瑞埃尔里（Andrea Ferraioli）共同经营的酒庄是阿马尔菲海岸（Amalfi Coast）地区葡萄酒的标杆，葡萄园面积20公顷左右，由将近50个种植者在管理。由于庄园土地的分布非常分散，导致在布满石头的高海拔土壤上打理葡萄园变得极为困难，但在这里生长的葡萄品种却极为丰富。众多葡萄品种中最有特点的当属里珀里（Ripoli）、菲尼勒（Fenile）和吉内斯特拉（Ginestra），通常用于酿造唯一在酒桶陈化的白菲欧杜瓦（Fiorduva）陈列款。其他突出的酒品还有弗洛勒（Furore）和一种雷维洛（Ravello）基本款，两者果肉丰富、活力十足，可耐久存。

D'Ambra Vini d'Ischia
fraz. Panza
via Mario D'Ambra, 16 - 80077 Forio [NA]
Tel. 081907210
www.dambravini.com

藏酒销售
预约参观
年产量 500 000 瓶
葡萄种植面积 18 公顷

20世纪60年代，建筑投机的兴起破坏了伊斯其兰岛（Ischia）的自然景观和可用土地，因此，这里现有的400公顷土地只能部分呈现该岛对坎帕尼亚（Campania）葡萄栽培产生的重要影响。幸运的是，安德里亚·阿姆布拉（Andrea D'Ambra）仍然能在这里继续发展建立于19世纪末的家族企业，一系列到位的发展项目给酒庄注入了新的生机。凭借近来对卡利托（Calitto）农庄等的收购和针对性的管理，这个伊斯其兰（Ischia）绿岛的代表酒庄生产了多款单一品种葡萄酒，原料来自传统品种，比如弗拉斯特拉（Forastera）（或称Per'e Palummo）、拜耳科勒拉（Biancolella）。此外，酒庄还使用新引进的葡萄品种酿造了混合酒和试验酒。

○ Costa d'Amalfi Furore Bianco Fiorduva '10	🍷🍷🍷 6
● Costa d'Amalfi Rosso Furore Ris. '09	🍷🍷 6
○ Costa d'Amalfi Furore Bianco '11	🍷🍷 4
○ Costa d'Amalfi Ravello Bianco '11	🍷🍷 3
● Costa d'Amalfi Rosso Ravello Ris. '09	🍷🍷 5
● Costa d'Amalfi Furore Rosso '11	🍷 3
⊙ Costa d'Amalfi Rosato '11	🍷 3
○ Costa d'Amalfi Fiorduva '08	🍷🍷🍷 6
○ Costa d'Amalfi Fiorduva '07	🍷🍷🍷 6
○ Costa d'Amalfi Fiorduva '06	🍷🍷🍷 6
○ Costa d'Amalfi Fiorduva '05	🍷🍷🍷 6
○ Costa d'Amalfi Fiorduva '04	🍷🍷🍷 6
○ Costa d'Amalfi Furore Bianco '10	🍷🍷🍷 4
○ Costa d'Amalfi Ravello Bianco '10	🍷🍷 3

○ Ischia Biancolella Tenuta Frassitelli '11	🍷🍷 3*
○ Ischia Biancolella '11	🍷🍷 2*
● Ischia Per"e Palummo '11	🍷🍷 3
○ Ischia Bianco '11	🍷 2
○ Ischia Forastera Euposia '11	🍷 3
○ Ischia Biancolella Tenuta Frassitelli '90	🍷🍷🍷 3
○ Ischia Bianco Kyme '05	🍷🍷 3
○ Ischia Biancolella Tenuta Frassitelli '10	🍷🍷 3
○ Ischia Biancolella Tenuta Frassitelli '08	🍷🍷 3
○ Ischia Biancolella Tenuta Frassitelli '07	🍷🍷 3
○ Ischia Biancolella Tenuta Frassitelli '06	🍷🍷 3
○ Ischia Forastera Euposia '10	🍷🍷 3*
○ Ischia Forastera Euposia '07	🍷🍷 3
○ Kyme Bianco '01	🍷🍷 4

坎帕尼亚区
CAMPANIA

Viticoltori De Conciliis

Loc. Querce, 1
84060 Prignano Cilento [SA]
Tel. 0974831390
www.viticoltorideconciliis.it

藏酒销售
预约参观
年产量 200 000 瓶
葡萄种植面积 25 公顷
葡萄栽培方式 传统栽培

布鲁诺•肯斯里司（Bruno De Conciliis）和他的团队显然对经典葡萄酒的酿造并不感冒，因为我们每年总能在这里见证新酒品的诞生。这些酒或是一个实验项目，或来源于创造者天马行空的想象力，而为这些活动提供支持的是一个无与伦比的自然实验室——奇伦托（Clitento）。由于近期在莫里格拉蒂（Morigerati）收购或租用了一些葡萄种植地，这个基于珀里格纳诺（Prignano）的酒庄的种植重心逐渐向南向内转移。新的葡萄藤栽种在高海拔地区，通常在600米以上，进一步证明了阿吉里安科（Aglianico）、菲亚诺（Fiano）、法兰吉娜（Falanghina）、普米蒂沃（Primitivo）和黑皮诺（Pinot Nero）葡萄的生长需要有凉爽的气候。

Di Meo

c.da Coccovoni, 1 - 83050 Salza Irpina [AV]
Tel. 0825981419
www.dimeo.it

藏酒销售
预约参观
餐饮接待
年产量 500 000 瓶
葡萄种植面积 50 公顷

我们对杰内罗索（Generoso）和罗伯托•迪•米欧（Roberto Di Meo）失去了妹妹额米尼亚（Erminia）表示深切哀悼。兄妹仨于1986年创建的这个酒庄是伊尔皮尼亚省（Irpinia）最古老、最有声望的酒庄之一。今天，酒庄拥有或租来的葡萄园占地近50公顷，生产的葡萄酒种类繁多，从一系列的精品酒到经过漫长陈化的珍藏酒。迪•米欧（Di Meo）的葡萄酒从不咄咄逼人，犹如医生在用朴实、真诚的口吻与病人交流。以图拉斯珍藏酒（Riserva di Tauras）为首的葡萄酒驰名多年，这种酒品源于蒙特马兰诺（Montemarano）上部海拔650多米的葡萄园。

○ Bacioilcielo Bianco '11	▼▼ 2*
● Naima '07	▼▼ 6
○ Zero '07	▼▼ 8
○ Antece Fiano '09	▼ 5
○ Bacioilcielo Rosso '11	▼ 2
○ Cilento Aglianico Donna Luna '10	▼ 3
○ Cilento Fiano Donna Luna '11	▼ 3
○ Cilento Fiano Perella '09	▼ 5
○ Selim Brut	▼ 2
● Naima '01	♀♀♀ 5
○ Donnaluna Fiano '10	♀♀ 3*
○ Ka! '06	♀♀ 5
● Naima '05	♀♀ 6
● Naima '04	♀♀ 6

● Taurasi Ris. '06	▼▼▼ 5
● Aglianico '09	▼▼ 3
○ Fiano di Avellino Alessandra '09	▼▼ 3
● Isso '10	▼▼ 2*
○ Fiano di Avellino '11	▼ 3
○ Fiano di Avellino Colle dei Cerri '07	▼ 4
○ Fiano di Avellino Sel. RDM '07	▼ 5
○ Greco di Tufo '11	▼ 3
○ Fiano di Avellino '10	♀♀ 3*
○ Fiano di Avellino Alessandra '03	♀♀ 3
○ Greco di Tufo '10	♀♀ 3
● Irpinia Rosso Don Generoso '04	♀♀ 3*
● Taurasi Ris. '04	♀♀ 5
● Taurasi Roberto Di Meo Ris. '04	♀♀ 6

坎帕尼亚区
CAMPANIA

Di Prisco

c.da Rotole, 27 - 83040 Fontanarosa [AV]
Tel. 0825475738
www.cantinadiprisco.it

藏酒销售
预约参观
年产量 100 000 瓶
葡萄种植面积 10 公顷

在阿韦利诺（Avellino）省，很少有手工艺酒庄能够在白、红葡萄酒的酿造上都持续保持高品质。然而，位于丰塔纳罗萨（Fontanarosa）附近的帕里斯科•帕斯夸里诺酒庄（Pasqualino Di Prisco）就是其中之一。种植在丰富石灰岩地带的阿吉里安科葡萄（Aglianico）能酿造出风味独特、渗透力强且略带咸味的图拉斯葡萄酒（Taurasis）。除了阿吉里安科葡萄，酒庄自家的葡萄园还种植了菲亚诺（Fiano）和沃尔普•柯达（Coda di Volpe）葡萄，而由外来种植者在蒙特弗斯科（Montefusco）打理的葡萄园所生产的葡萄用于酿制新推出的托福格莱克酒（Greco di Tufo）和皮特瑞洛萨（Pietrarosa）精品酒。两种酒都陈酿在钢桶里，带有北方典型的咸味。

○ Greco di Tufo '11	🍷🍷🍷 2*
● Taurasi '07	🍷🍷 5
● Irpinia Campi Taurasini '09	🍷 2
○ Irpinia Coda di Volpe '11	🍷 2
● Taurasi '06	🍷🍷🍷 5
● Taurasi '05	🍷🍷🍷 5*
● Aglianico '03	🍷🍷 2
○ Greco di Tufo '09	🍷🍷 2
○ Greco di Tufo '03	🍷🍷 2*
○ Greco di Tufo Pietrarosa '09	🍷🍷 3*
○ Greco di Tufo Pietrarosa '05	🍷🍷 3*
○ Greco di Tufo Pietrarosa '04	🍷🍷 3
● Taurasi '04	🍷🍷 5
● Taurasi '03	🍷🍷 5

DonnaChiara

loc. Pietracupa
via Stazione - 83030 Montefalcione [AV]
Tel. 0825977135
www.donnachiara.it

藏酒销售
预约参观
餐饮接待
年产量 160 000 瓶
葡萄种植面积 30 公顷

伊尔皮尼亚省（Irpinia）的葡萄酒呈现一派繁荣并有争议的景象，而贝蒂托（Petitto）家族仅用了几个丰收季就让多纳西阿拉（Donnachiara）成为了该省最值得信赖的酒庄之一。葡萄园占地约23公顷，大多数种植阿吉里安科葡萄（Aglianico），另外还租有一些土地，种植买进的菲亚诺（Fiano）、格雷科（Greco）和法兰吉娜（Falanghina）葡萄。经营这个庄园的是翁贝托（Umberto）和齐亚拉（Chiara）年轻而果决的女儿伊拉里娅（Ilaria），而安吉洛•瓦伦蒂诺（Angelo Valentino）协助在旁。这支配合默契的团队生产出了口感精致、风格现代的葡萄酒。在最新的版本中，酒品似乎获得了更多的细腻感和自由度，尤其就红葡萄酒而言。

● Taurasi Ris. '07	🍷 6
○ Greco di Tufo '11	🍷🍷 3
● Irpinia Aglianico '09	🍷🍷 3
● Taurasi '08	🍷🍷 5
○ Fiano di Avellino '11	🍷 3
○ Irpinia Coda di Volpe '11	🍷 3
○ Spumante Santè Brut	🍷 3
○ Falanghina del Beneventano '10	🍷🍷 2
○ Fiano di Avellino '09	🍷🍷 3
○ Greco di Tufo '09	🍷🍷 3
● Irpinia Aglianico '08	🍷🍷 3
● Irpinia Aglianico Preludio '07	🍷🍷 3
● Taurasi '07	🍷🍷 5
● Taurasi '06	🍷🍷 5

坎帕尼亚区
CAMPANIA

Cantina Farro

LOC. FUSARO
FRAZ. BACOLI
VIA VIRGILIO, 16/24 - 80070 NAPOLI
TEL. 0818545555
www.cantinefarro.it

藏酒销售
预约参观
年产量 207 000 瓶
葡萄种植面积 20 公顷

坎蒂纳•法罗酒庄（Cantina Farro）已经算不上是什么新闻了，因为它长期是坎皮•弗莱格瑞（Campi Flegrei）地区法兰吉娜（Falanghina）和红脚（Piedirosso）葡萄酒爱好者眼中的标杆企业。成立于1926年的这个酒庄现在由自信满满的米切尔•法罗（Michele Farro）在管理，他不仅经营自家4公顷的葡萄园，还管理16公顷种植买进葡萄的土地。个性活泼的葡萄酒专门在不锈钢桶发酵，注重鲜明的果肉感和咸味，不追求强烈的酒劲。

○ Campi Flegrei Falanghina Le Cigliate '10	3*
○ Campi Flegrei Falanghina '11	2*
⊙ Depié Rosé '11	2*
● Campi Flegrei Piedirosso '11	2
○ Campi Flegrei Cigliate '02	3
○ Campi Flegrei Falanghina '10	2*
○ Campi Flegrei Falanghina '09	2*
○ Campi Flegrei Falanghina '07	2*
○ Campi Flegrei Falanghina '05	2*
○ Campi Flegrei Falanghina '03	2*
○ Campi Flegrei Falanghina Le Cigliate '09	3
○ Campi Flegrei Falanghina Le Cigliate '08	3
⊙ Depié Rosé '08	2*

I Favati

P.ZZA DI DONATO - 83020 CESINALI [AV]
TEL. 0825666898
www.cantineifavati.it

藏酒销售
预约参观
年产量 80 000 瓶
葡萄种植面积 10 公顷

十年来，有赖于詹卡洛（Giancarlo）的妻子罗赞娜（Rosanna Petrozziello）和文森佐（Vincenzo Mercurio）的长期支持，皮尔萨比奥（Piersabino）、詹卡洛•法瓦迪（Giancarlo Favati）兄弟酿造的葡萄酒无懈可击。酒庄的两种常见酒款所用的葡萄，一种是产自蒙特弗斯科（Montefusco）租用葡萄园的格雷科•特然蒂卡（Greco Terrantica），一种是来自阿瑞帕达（Atripalda）地区的菲亚诺•皮耶马拉（Fiano Pietramara），只推出基本款，在时令较好的年份还推出两款伊彻塔白葡萄精品酒（Etichetta Biancas）。经过几个小时的冷水浸渍后，这些葡萄酒被放进不锈钢桶里进行陈酿。来自圣曼果（San Mango）和文迪卡诺（Venticano）地区的葡萄所酿造的图拉斯葡萄酒（Taurasis）味道浓烈，酒品未经长期陈酿时还散发出些许焦香味。

○ Fiano di Avellino Pietramara '11	3*
○ Fiano di Avellino Pietramara Et. Bianca '11	5
○ Greco di Tufo Terrantica '11	3
○ Greco di Tufo Terrantica Et. Bianca '11	3
○ Cabrì Fiano Extra Brut Et. Bianca	3
○ Cabrì Fiano Extra Dry	3
○ Fiano di Avellino Pietramara '08	3*
○ Fiano di Avellino Pietramara '06	3
○ Fiano di Avellino Pietramara Et. Bianca '07	3*
○ Greco di Tufo Terrantica '10	3
○ Greco di Tufo Terrantica Et. Bianca '10	5
○ Greco di Tufo Terrantica Et. Bianca '09	3
● Taurasi Terzo Tratto '07	4
● Taurasi Terzo Tratto '04	4

坎帕尼亚区
CAMPANIA

Benito Ferrara
Fraz. San Paolo, 14a - 83010 Tufo [AV]
Tel. 0825998194
www.benitoferrara.it

藏酒销售
预约参观
年产量 47 000 瓶
葡萄种植面积 9.5 公顷

如果对伊尔皮尼亚（Irpinia）的上佳葡萄田进行分级的话，布里埃尔•菲拉拉（Gabriella Ferrara）的维格娜•茨科格纳（Vigna Cicogna）一定能毫无争议地跻身顶级葡萄园的行列。这2公顷位于圣保罗•托弗（San Paolo di Tufo）山坡上的园地是种植格雷科（Greco）葡萄的绝佳之地，出产的葡萄酒酒体丰满、矿物味浓。海拔500米的高度、南方的朝向、富含黏土和硫磺的土壤使得出产的葡萄能彻底成熟，还带有浓厚的酸味。入门级酒和菲安诺•阿韦利诺酒（Fiano di Avellino）的陈化都在不锈钢桶中进行，这一过程让酒品，特别是最近年份的酒款的甜味变淡、活力变强。

★★Feudi di San Gregorio
Loc. Cerza Grossa
83050 Sorbo Serpico [AV]
Tel. 0825986683
www.feudi.it

藏酒销售
预约参观
餐饮接待
年产量 3 500 000 瓶
葡萄种植面积 250 公顷
葡萄栽培方式 有机认证

过去几年来，明眼人都看得出福迪酒庄（Feudi di San Gregorio）的葡萄酒正在不断进步。在活力四射的安东尼奥•卡帕多（Antonio Capaldo）主席的推动下，在皮埃保罗•萨彻（Pierpaolo Sirch）的协助下，葡萄酒巨头——索伯•塞尔皮科地区（Sorbo Serpico）再次稳步发展，采取的一系列动作包括了培育优秀的葡萄园、恢复忠实呈现地域特色的酿酒风格。一些酿酒项目，包括起泡酒的酿造将会被重新评估。而白葡萄酒的风格被重新塑造过后，酒品的品质已不纯粹来源于纯品种和技术的精度。红葡萄酒的改造也在进展之中，改造后的红葡萄酒就不受制于橡木桶或人工提取。

● Taurasi V. Quattro Confini '08	5
○ Greco di Tufo V. Cicogna '11	4
○ Fiano di Avellino '11	4
○ Greco di Tufo '11	3
● Irpinia Aglianico V. Quattro Confini '10	3
○ Greco di Tufo Cicogna '10	4
○ Greco di Tufo V. Cicogna '09	4
○ Fiano di Avellino '10	4
○ Greco di Tufo '10	3
○ Greco di Tufo '09	3
○ Greco di Tufo '08	3
○ Greco di Tufo V. Cicogna '04	3
● Irpinia Aglianico V. Quattro Confini '09	4
● Taurasi V. Quattro Confini '07	5

● Taurasi Piano di Montevergine Ris. '07	6
○ Irpinia Bianco Campanaro '10	5
○ Irpinia Fiano Privilegio '10	3*
○ Dubl Greco Brut M.Cl.	5
○ Fiano di Avellino Pietracalda '11	3
○ Greco di Tufo Cutizzi '11	3
● Irpinia Aglianico Dal Re '10	3
● Irpinia Aglianico Rubrato '10	3
○ Sannio Falanghina Serrociello '11	3
● Taurasi '08	5
● Aglianico del Vulture '09	3
○ Dubl Falanghina Brut M. Cl.	4
○ Dubl Rosato Brut M.Cl.	5
○ Fiano di Avellino '11	3
○ Greco di Tufo '11	3
○ Sannio Falanghina '11	3

Fontanavecchia

VIA FONTANAVECCHIA - 82030 TORRECUSO [BN]
TEL. 0824876275
www.fontanavecchia.info

藏酒销售
预约参观
年产量 160 000 瓶
葡萄种植面积 14 公顷

过去几年来，瑞罗家族（Rillo）对三丽欧（Sannio）葡萄酒地区的贡献不单单只是促进了该地的优质品生产。作为酿酒师和葡萄酒协会的主席，丽贝乐（Libero）在挖掘本地区发展潜力的事情上十分积极，力求能造就出更多优秀的酿酒商。占地14公顷的酒庄生产的酒品种类繁多，主要酿造经橡木桶和酒瓶长时间陈化过的一系列法兰吉娜（Falanghina）和阿吉里安科精品酒（Aglianico）。此外，酒庄还生产起泡葡萄酒、桃红葡萄酒、菲亚诺（Fiano）和格雷科（Greco）。

○ Sannio Fiano '11	♀♀ 2*
● Sannio Piedirosso '11	♀♀ 2*
○ Taburno Falanghina '11	♀♀ 2*
● Aglianico del Taburno '08	♀ 3
⊙ Aglianico del Taburno Rosato '11	♀ 2
○ Nudo Eroico Extra Dry	♀ 3
○ Taburno Falanghina Facetus '08	♀ 3
● Aglianico del Taburno '07	♀♀ 2
● Aglianico del Taburno '06	♀♀ 2*
● Aglianico del Taburno Grave Mora '06	♀♀ 5
● Aglianico del Taburno V. Cataratte Ris. '06	♀♀ 4
● Orazio '02	♀♀ 4
○ Sannio Fiano '10	♀♀ 2
○ Taburno Falanghina '10	♀♀ 2

★Galardi

FRAZ. SAN CARLO
SP SESSA-MIGNANO
81037 SESSA AURUNCA [CE]
TEL. 0823708900
www.terradilavoro.com

预约参观
年产量 33 000 瓶
葡萄种植面积 10 公顷
葡萄栽培方式 有机认证

过去20年来，丰塔纳•加迪拉（Fontana Galardi）酿造的特拉•拉夫洛（Terra di Lavoro）葡萄酒一直保持着很高的声望，可以说是坎帕尼亚区（Campania）内外真正受人崇拜的葡萄酒之一。这一切源于坐落在圣•卡诺（San Carlo）省内靠近塞萨•奥伦卡（Sessa Aurunca）的这个酒庄，酒庄用阿吉里安科（Aglianico）与一些红脚（Piedirosso）葡萄融合酿制出的混酿佳品酒味辛辣，酒体丰满，很快便声名远播。在里卡多•科塔雷拉（Riccardo Cotarella）顾问的协助下，路易莎•穆雷纳（Luisa Murena）、弗兰西斯科•卡特罗（Francesco Catello）、阿图罗（Arturo）和多拉•切洛坦诺（Dora Celentano）管理着这个面积有10公顷大的酒庄，不过出产的酒品仍只有上面提及的一种混合酒。

● Terra di Lavoro '10	♀♀♀ 7
● Terra di Lavoro '09	♀♀♀ 7
● Terra di Lavoro '08	♀♀♀ 7
● Terra di Lavoro '07	♀♀♀ 7
● Terra di Lavoro '06	♀♀♀ 7
● Terra di Lavoro '05	♀♀♀ 7
● Terra di Lavoro '04	♀♀♀ 7
● Terra di Lavoro '03	♀♀♀ 6
● Terra di Lavoro '02	♀♀♀ 6
● Terra di Lavoro '99	♀♀♀ 6
● Terra di Lavoro '01	♀♀ 6
● Terra di Lavoro '00	♀♀ 6

CAMPANIA
坎帕尼亚区

Cantina Giardino
via Petrara, 21b - 83031 Ariano Irpino [AV]
Tel. 0825873084
www.cantinagiardino.com

藏酒销售
预约参观
年产量 13 000 瓶
葡萄种植面积 4 公顷
葡萄栽培方式 传统栽培

把吉阿蒂诺酒庄（Cantina Giardino）只当作是伊尔皮尼亚（Irpinia）自然运动的旗帜性酒庄恐怕有点肤浅。酿酒学家安东尼奥•迪•格鲁托拉（Antonio di Gruttola）及其五位拍档的工作远远超越意识形态的壁垒和定义。这是因为它是一个关于葡萄酒酿造和发展的项目，范围涵盖了老葡萄园和散布在整个省的稀有的克隆品种。尽管酒庄是家庭式生产，但葡萄酒的品种之多不能详尽。他们使用双耳细颈酒罐、采用浸皮方法来酿造白葡萄酒，且通常避免使用酵母以及澄清和过滤的工序。

○ Gaia '09	🍷🍷 5
● Drogone '07	🍷🍷 5
○ Paski '10	🍷🍷 3
○ Sophia '10	🍷🍷 4
● Clown Oenologue '08	🍷 6
○ Adam '06	🍷🍷 5
● Drogone '06	🍷🍷 5
● Le Fole '08	🍷🍷 3
● Le Fole '07	🍷🍷 3*
● Nude '05	🍷🍷 6
● Nude '04	🍷🍷 6
○ T'Ara Rà '09	🍷🍷 5
○ T'Ara Rà '08	🍷🍷 5
○ T'Ara Rà '06	🍷🍷 5

Cantine Grotta del Sole
via Spinelli, 2 - 80010 Quarto [NA]
Tel. 0818762566
www.grottadelsole.it

藏酒销售
预约参观
年产量 700 000 瓶
葡萄种植面积 42 公顷

格恩纳洛•马图斯切罗（Gennaro Martusciello）去世的消息令坎帕尼亚（Campania）的葡萄酒业悲痛万分，因为他和格洛塔酒庄（Grotta del Sole）在复兴和推广产自坎皮弗莱格瑞（Campi Flegrei）到维苏威（Vesuvius），阿韦尔萨（Aversa）和索伦托半岛（Sorrento）的知名葡萄品种上可谓居功至伟。格恩纳洛（Gennaro）的酒庄现已功成名就，不仅在本地区主要的葡萄酒地区里拥有无数的土地，还有品种繁多的葡萄酒品种。在钢桶里陈化的入门级酒品口感直率柔软，而更劲道的精品酒通常产自单一葡萄园，并陈酿在橡木桶里。

● Aglianico Tenuta Vicario '10	🍷🍷 2*
○ Asprinio d'Aversa Extra Brut M. Cl.	🍷🍷 4
○ Greco di Tufo Tenuta Vicario '11	🍷🍷 3
● Quarto di Sole '09	🍷🍷 4
○ Asprinio d'Aversa Brut Vigneti ad Alberata Metodo Martinotti	🍷 2
○ Campi Flegrei Falanghina Coste di Cuma '10	🍷 3
● Campi Flegrei Piedirosso Montegauro Ris. '09	🍷 4
● Penisola Sorrentina Gragnano '11	🍷 2
● Penisola Sorrentina Lettere '11	🍷 2
● Vesuvio Lacryma Christi Rosso '11	🍷 3
● Aglianico '07	🍷🍷 2*
● Campi Flegrei Piedirosso Montegauro Ris. '08	🍷🍷 3

坎帕尼亚区

CAMPANIA

La Guardiense

C.DA SANTA LUCIA, 104/106
82034 GUARDIA SANFRAMONDI [BN]
TEL. 0824864034
www.laguardiense.it

藏酒销售
预约参观
餐饮接待
年产量 4 000 000 瓶
葡萄种植面积 2000 公顷

50年的历史、1 000个左右的成员、4 000 000瓶的年产量、2 000公顷的庄园面积,这些数字使拉•嘎迪恩斯(La Guardiense)成为意大利南部最重要的联营酒庄之一。有着多米兹•皮格纳(Domizio Pigna)的带领,以及卡多•科塔瑞拉(Ricchardo Cotarella)作为酿酒咨询师,酒庄确立了在三丽欧地区(Sannio)酿酒业的领先地位。酒庄无论在价廉物美的基本款还是在加纳勒(Janare)精品酒上都取得了显著的成绩。酒品系列涵盖了所有产自三丽欧地区(Sannio)、以法兰吉娜(Falanghina)和阿吉里安科(Aglianico)为首的主要的传统品种。此外,一些致力于发展起泡酒和干葡萄甜酒的项目也在开展之中。

Luigi Maffini

FRAZ. SAN MARCO
LOC. CENITO - 84048 CASTELLABATE [SA]
TEL. 0974966345
www.maffini-vini.com

藏酒销售
预约参观
年产量 95 000 瓶
葡萄种植面积 14公顷
葡萄栽培方式 有机认证

路易吉•马菲尔(Luigi Maffini)一家不仅仅是为了一个酿酒项目而来到吉安加诺(Giungano)地区。他们来这里定居,还在这里创建了一个新酒庄。占地30多公顷的酒庄已有7公顷种植了葡萄藤,还有7公顷将于接下来几年投产。作为对圣•马尔科(San Marco)葡萄园的补充,这些葡萄藤显著增强了菲亚诺(Fiano)和阿吉里安科(Aglianico)葡萄酒的风味。酒庄的新基地处在海拔250米至350米的石灰岩泥灰土上,出产的酒品在味道精确、收放自如的原风格上增加了一分压力和活力。

● Guardiolo Aglianico Sel. '10	♛♛ 2*
● Guardiolo Aglianico Lùcchero '10	♛♛ 2*
○ Guardia Sanframondi Cinquantenario Brut '09	♛ 3
○ Sannio Falanghina Sel. '11	♛ 2
○ Sannio Greco Sel. '11	♛ 2
○ Spumante Brut Quid Falanghina Janare	♛ 2
● Guardiolo Aglianico '09	♛♛ 3
● Guardiolo Aglianico Cantari Ris. '08	♛♛ 4
● Guardiolo Aglianico Lùcchero '09	♛♛ 2*
● Guardiolo Aglianico Sel. '08	♛♛ 2*
● Guardiolo Aglianico Sel. '06	♛♛ 2*
● Guardiolo Rosso Ris. '08	♛♛ 2*
● Guardiolo Rosso Ris. '07	♛♛ 2
● Sannio Piedirosso Cantone Janare '08	♛♛ 4

○ Cilento Fiano Pietraincatenata '10	♛♛♛ 4
● Klèos '10	♛ 3
○ Kràtos '11	♛ 3
● Cilento Aglianico Cenito '03	♛♛♛ 5
○ Pietraincatenata '07	♛♛♛ 4
○ Pietraincatenata '04	♛♛♛ 4
● Cenito '01	♛♛ 5
● Cenito '00	♛♛ 5
● Cenito '99	♛♛ 5
● Cilento Aglianico Cenito '06	♛♛ 5
● Cilento Aglianico Cenito '05	♛♛ 5
● Cilento Aglianico Cenito '04	♛♛ 5
○ Pietraincatenata '06	♛♛ 4
○ Pietraincatenata '05	♛♛ 4

坎帕尼亚区
CAMPANIA

Guido Marsella
via Marone, 1 - 83010 Summonte [AV]
Tel. 0825691005
cantine@guidomarsella.com

藏酒销售
预约参观
年产量 25 000 瓶
葡萄种植面积 8 公顷
葡萄栽培方式 传统栽培

自豪、耐心和决心，是描述奇诺·马赛拉（Guido Marsella）的酿酒事业及其人格的三个关键词。1995年的时候，他在没有征求家人意见的情况下毅然决定放弃建筑承包商的工作而投身于葡萄酒酿造事业中。他在萨蒙特（Summonte）地区海拔约700米的地方创建了占地4公顷的酒庄。吉多（Guido）是第一批采取在葡萄收获一年多之后再进行酿酒的人。他酿造出的菲亚诺系列（Fianos）是浓重芳香、丰富甘油以及酸性的经典代表。几个丰收季前，他开创了第二条生产线。几年前，他推出波吉利（Poggi Reali）副牌酒，加入格雷科（Greco di Tufo）和法兰吉娜（Falanghina）葡萄。

○ Fiano di Avellino '10	🍷🍷 2*
○ Greco di Tufo Poggi Reali '10	🍷 2*
○ Fiano di Avellino '09	🍷🍷🍷 2*
○ Fiano di Avellino '08	🍷🍷 2*
○ Fiano di Avellino '07	🍷🍷 2*
○ Fiano di Avellino '05	🍷🍷 2*
○ Fiano di Avellino '04	🍷🍷 2
○ Fiano di Avellino '03	🍷🍷 2

Masseria Felicia
fraz. Carano
loc. San Terenzano
81037 Sessa Aurunca [CE]
Tel. 0823935095
www.masseriafelicia.it

藏酒销售
预约参观
年产量 30 000 瓶
葡萄种植面积 5 公顷

法拉诺（Falerno）地区权威杰出的马赛利亚·菲里西亚（Masseria Felicia）酒庄得名于其意志坚定的庄主。菲里西亚·布里尼（Felicia Brini）和她的父亲亚历山德罗（Alessandro）共同经营的这个手工艺小型酒庄坐落在马西莫山脉（Mount Massico）西北部斜坡的卡拉诺（Carano）市，临近塞萨·奥伦卡（Sessa Aurunca），土壤松软，富含火山灰。酒庄使用阿吉里安科葡萄（Aglianico）酿制了三种法拉诺葡萄酒（Falernos），一种是在不锈钢桶陈酿的酒款，两种是主要使用新型橡木桶酿造的精品酒——阿利亚佩特里那（Ariapetrina）和艾迪奇塔·布隆佐（Etichetta Bronzo）。这些红葡萄酒融合了酒劲和风味，时间越长味道越佳。而取材于法兰吉娜（Falanghina）葡萄并在不锈钢桶陈化的白葡萄酒则更加平易近人。

● Falerno del Massico Rosso Et. Bronzo '09	🍷🍷 5
● Falerno del Massico Rosso Ariapetrina '09	🍷🍷 3
○ Falerno del Massico Bianco Anthologia '11	🍷 3
● Falerno del Massico Rosso '10	🍷 2
○ Falerno del Massico Bianco Anthologia '10	🍷🍷 3
○ Falerno del Massico Bianco Anthologia '08	🍷🍷 3*
● Falerno del Massico Rosso '09	🍷🍷 2
● Falerno del Massico Rosso '05	🍷🍷 2*
● Falerno del Massico Rosso Ariapetrina '08	🍷🍷 3
● Falerno del Massico Rosso Ariapetrina '07	🍷🍷 3
● Falerno del Massico Rosso Et. Bronzo '08	🍷🍷 5
● Falerno del Massico Rosso Et. Bronzo '07	🍷🍷 5
● Falerno del Massico Rosso Et. Bronzo '06	🍷🍷 5
● Falerno del Massico Rosso Et. Bronzo '05	🍷🍷 5

坎帕尼亚区
CAMPANIA

★ Mastroberardino
Via Manfredi, 75/81
83042 Atripalda [AV]
Tel. 0825614175
www.mastroberardino.com

藏酒销售
预约参观
膳宿接待
年产量 2 300 000 瓶
葡萄种植面积 350 公顷

马斯特罗贝拉迪诺（Mastroberadino）家族的史册上写满了许多轰轰烈烈的成就，其酿制的一些传奇酒品现在濒临灭绝。酒庄可以说是不朽的葡萄藤，我们只要说说位于伊尔皮尼亚葡萄酒生产重地的葡萄种植地的情况，就可证明着一点：葡萄园种满了生产菲亚诺葡萄酒（Fiano）的索尔·圣托斯蒂凡诺（Santo Stefano del Sole）和拉皮欧（Lapio）葡萄以及生产格雷科葡萄酒（Greco）的蒙特弗斯科葡萄（Montefusco）。酿造图拉斯葡萄酒（Taurasi）所用的阿吉里安科葡萄（Aglianicos）来自蒙特马兰诺（Montemarano）的拉姆佩内（Lampenne）和靠近米拉贝拉（Mirabella）的雷蒂奇（Radici）。这是本省种植葡萄最多的山脉，也是度假村、温泉、摩尔阿比安卡饭店（Morabianca Restaurant）以及高尔夫俱乐部（Golf Club）的所在地。

● Taurasi Radici '08	🍷🍷🍷 5
● Irpinia Aglianico Passito Halconero '08	🍷🍷 6
● Taurasi Radici Ris. '06	🍷🍷🍷 5
○ Fiano di Avellino Radici '11	🍷🍷 3
○ Greco di Tufo Novaserra '11	🍷🍷 3
● Irpinia Aglianico Passito Antheres '09	🍷🍷 5
● Irpinia Aglianico Redimore '10	🍷🍷 3
○ Irpinia Falanghina Morabianca '11	🍷🍷 2*
● Vesuvio Lacryma Christi Rosso '11	🍷🍷 3
● Aglianico '10	🍷 2
○ Fiano di Avellino '11	🍷 3
○ Greco di Tufo '11	🍷 3
○ Irpinia Fiano Passito Melizie '10	🍷 4
⊙ Lacrimarosa '11	🍷 2
● Taurasi Radici '07	🍷🍷🍷 5
● Taurasi Radici Ris. '04	🍷🍷🍷 5

Salvatore Molettieri
C.da Musanni, 19b
83040 Montemarano [AV]
Tel. 082763424
www.salvatoremolettieri.it

藏酒销售
预约参观
年产量 65 000 瓶
葡萄种植面积 13 公顷

过去，从蒙特马兰诺（Montemarano）拉姆佩内（Lampenne）地区村庄里的葡萄园采摘葡萄后，萨尔瓦托雷·莫莱蒂耶里（Salvatore Molettieri）都把它们售卖出去。在他开始决定要酿造这些葡萄的时候，意大利和伊尔皮尼亚的葡萄酒业并非如现在这样。虽然1983年以来葡萄酒业发生了很多改变，但萨尔瓦托雷（Salvatore）生产的图拉斯葡萄酒（Taurasis），仍然坚持述说着这片土地的故事，诠释着超越技术、浸渍、陈酿容器使用的酒品风格。把葡萄推迟至11月下半月采摘使得莫莱蒂耶里（Molettieri）生产的阿吉里安科（Aglianico）既有高的甘油、酒精成分，又有质感极佳的酸度和矿物味道。

● Taurasi Renonno '08	🍷🍷🍷 5
● Taurasi Vigna Cinque Querce Ris. '06	🍷🍷 7
● Irpinia Aglianico O'Calice Rosso '10	🍷🍷 3
● Taurasi Vigna Cinque Querce '07	🍷🍷 6
○ Fiano di Avellino '10	🍷 3
○ Greco di Tufo '10	🍷 3
● Irpinia Aglianico Cinque Querce '09	🍷 3
● Irpinia Campi Taurasini Cinque Quercie '08	🍷 4
● Taurasi Vigna Cinque Querce '05	🍷🍷🍷 6
● Taurasi Vigna Cinque Querce '04	🍷🍷🍷 6
● Taurasi Vigna Cinque Querce '01	🍷🍷🍷 5
● Taurasi Vigna Cinque Querce Ris. '05	🍷🍷🍷 7
● Taurasi Vigna Cinque Querce Ris. '04	🍷🍷🍷 7
● Taurasi Vigna Cinque Querce Ris. '01	🍷🍷🍷 7

坎帕尼亚区
CAMPANIA

Montesole
LOC. SERRA DI MONTEFUSCO
VIA SERRA - 83030 MONTEFUSCO [AV]
TEL. 0825963972
www.montesole.it

预约参观
年产量 1 200 000 瓶

蒙特索勒（Montesole）酒庄凭借着价格合理、适销对路的高质量酒品重新跻身到我们的《年鉴》中，我们对此表示欢迎。自1996年建立以来，这个位于蒙特弗斯科（Montefusco）地区的酒庄成为阿韦利诺（Avellino）省少数能将酒品的质量和数量完美结合的酒庄之一。几个收获季以来，在米切尔·迪·阿格尼奥（Michele D'Argenio）的技术帮助下，酒庄使用来自桑尼奥（Sannio）和伊尔皮尼亚（Irpinia）的葡萄生产出了品种齐全的葡萄酒，其中主要的出品是起泡葡萄酒、一系列佳酿和精品酒。这些酒寻求从基本酒款中提炼出鲜明、清爽的个性。

★ Montevetrano
LOC. NIDO - VIA MONTEVETRANO, 3
84099 SAN CIPRIANO PICENTINO [SA]
TEL. 089882285
www.montevetrano.it

预约参观
参观设施
年产量 30 000 瓶
葡萄种植面积 6 公顷

意大利葡萄酒界持续进行的争论已发生了变化，其在很多方面颠覆了酒品的等级排名和之前看似无懈可击的酒品风格。为此付出代价的许多是在20世纪90年代使用最知名非本地葡萄生产的优质非指定区葡萄酒。然而，这种厄运没有降临到西尔维亚·因帕拉多（Silvia Imparato）20年来一贯优秀的赤霞珠（Cabernet）、梅洛（Merlot）、阿吉里安科（Aglianico）和蒙特维特拉诺（Montevetrano）葡萄的头上，因为这些葡萄比普通国际葡萄更有个性，也归功于西尔维亚（Silvia）的超群能力，在科里·皮森蒂尼地区（Colli Picentini）这片葡萄酒的落后之地成功创造了堪称经典的葡萄酒。

○ Fiano di Avellino '11	♛♛ 3
○ Fiano di Avellino Sirios '11	♛♛ 4
○ Fiano di Avellino V. Acquaviva '11	♛♛ 4
○ Greco di Tufo V. Breccia '11	♛♛ 4
● Taurasi '07	♛♛ 4
● Taurasi V. Vinieri '06	♛♛ 6
○ Greco di Tufo '11	♛ 3
○ Greco di Tufo Serapis '11	♛ 3
○ Sannio Falanghina V. Zampino '11	♛ 3
○ Simposium Falanghina '11	♛ 3
○ Spumante Fiano Demi Sec	♛ 3
○ Sannio Falanghina V. Zampino '10	♛♛ 3
○ Simposium Falanghina '10	♛♛ 3
● Taurasi V. Vinieri '04	♛♛ 6

● Montevetrano '10	♛♛♛ 7
● Montevetrano '09	♛♛♛ 7
● Montevetrano '08	♛♛♛ 7
● Montevetrano '07	♛♛♛ 7
● Montevetrano '06	♛♛♛ 7
● Montevetrano '05	♛♛♛ 7
● Montevetrano '04	♛♛♛ 7
● Montevetrano '03	♛♛♛ 7
● Montevetrano '02	♛♛♛ 7
● Montevetrano '01	♛♛♛ 7
● Montevetrano '00	♛♛♛ 7
● Montevetrano '99	♛♛♛ 7
● Montevetrano '96	♛♛♛ 7
● Montevetrano '93	♛♛♛ 7

坎帕尼亚区
CAMPANIA

Nanni Copè
ᴠɪᴀ Tᴜꜰᴏ, 3 - 81041 Vɪᴛᴜʟᴀᴢɪᴏ [CE]
Tᴇʟ. 0823990529
www.nannicope.it

藏酒销售
年产量 7 500 瓶
葡萄种植面积 2.5 公顷

凭借葡萄酒记者和品酒师的天赋，担任过经理的经历，酿酒师的本能，这些词汇组合起来才能准确描述出乔凡尼·阿斯西奥内（Giovanni Ascione）的酿酒事业。小时候他相信他的名字就是南尼·科浦（Nanni Copè），这件事给他生命带来的意义从他给酒庄起的名字就可看出。后来他在靠近卡斯特尔·卡姆帕格纳诺（Castel Campagnano）的蒙提塞利（Monticelli）买下了2.5公顷地，从此，他的生活开始改变。近30年，这块地中植了黑帕拉格瑞罗（Pallagrello Nero）和一些阿吉里安科（Aglianico）葡萄。有些年份，位于卡萨维奇亚（Casavecchia da Pontelatone）的老葡萄树也出产一些葡萄。这些葡萄共同造就了酒庄唯一的一款酒品。

● Sabbie di Sopra il Bosco '10	♟♟♟ 5
● Sabbie di Sopra il Bosco '09	♟♟♟ 5
● Sabbie di Sopra il Bosco '08	♟ 5

Perillo
ᴄ.ᴅᴀ Vᴀʟʟᴇ, 19 - 83040 Cᴀꜱᴛᴇʟꜰʀᴀɴᴄɪ [AV]
Tᴇʟ. 082772252
cantinaperillo@libero.it

藏酒销售
预约参观
年产量 20 000 瓶
葡萄种植面积 5 公顷

佩瑞罗（Perillo）家族酿造的图拉斯葡萄酒（Taurasis）为何会如此优秀，这一直是竞争激烈的伊尔皮尼亚（Irpinia）葡萄酒地区最不为人知的秘密之一。自尊但含蓄谦虚的米歇尔（Michele）不喜欢媒体的关注，更偏爱于在他位于卡斯特尔弗兰西（Castelfranci）和蒙特马兰诺（Montemarano）的老葡萄园里照料柯达·卡瓦罗（Coda di Cavallo）的阿吉里安科（Aglianico）克隆品种。这种葡萄酿造的葡萄酒味道略咸、酒质丰满，并不总是平易近人，呈现出罕见的直率和活力。酒庄并不过多使用新橡木桶，而是选择让葡萄呈现出自身特质。葡萄产自海拔约550米的葡萄园，那里的土壤混杂着丰富的白色黏土和石英砂。

● Irpinia Campi Taurasini '07	♟♟ 4
○ Irpinia Coda di Volpe '10	♟ 3
● Taurasi '05	♟♟♟ 4
● Aglianico '04	♟♟ 3
○ Coda di Volpe '07	♟♟ 3
● Irpinia Campi Taurasini '06	♟♟ 4
○ Irpinia Coda di Volpe '09	♟♟ 3
● Taurasi '04	♟♟ 4*
● Taurasi '03	♟♟ 5
● Taurasi '01	♟♟ 5
● Taurasi '00	♟♟ 5
● Taurasi Ris. '05	♟♟ 5
● Taurasi Ris. '04	♟♟ 5
● Taurasi Ris. '01	♟♟ 5

坎帕尼亚区
CAMPANIA

Ciro Picariello
VIA MARRONI - 83010 SUMMONTE [AV]
TEL. 0825702516
www.ciropicariello.com

藏酒销售
预约参观
年产量 50 000 瓶
葡萄种植面积 7 公顷

装瓶产酒还不到10个丰收季，西罗（Ciro）与瑞塔·皮尔瑞亚诺（Rita Picariello）就凭着甚为粗犷浓烈的阿韦利诺·菲亚诺（Fiano di Avellino）让酒庄成为葡萄酒爱好者的必游之地。酒庄的葡萄园位于在很多方面互补的苏姆蒙特（Summonte）和蒙特弗雷戴内（Montefredane）分区。采用自然的酿造方法、使用尽可能少的马洛、不锈钢陈化、收成后一年半再上市，这些因素使得酒体和风味更为厚重。这些酒并不直率，所以不要期待一开瓶就能感受到极为浓烈的味觉冲击。等你相信酒品呈现的地域特色洋溢出来时，再开瓶饮用。

○ Fiano di Avellino '10	♥♥♥ 3*
○ Fiano di Avellino '08	♥♥♥ 3*
○ Fiano di Avellino '09	♥♥ 3
○ Fiano di Avellino '07	♥♥ 3*
○ Fiano di Avellino '06	♥♥ 3*
○ Fiano di Avellino '05	♥♥ 3*

Pietracupa
C.DA VADIAPERTI, 17
83030 MONTEFREDANE [AV]
TEL. 0825607418
pietracupa@email.it

藏酒销售
预约参观
年产量 50 000 瓶
葡萄种植面积 5.5 公顷

佩皮诺·洛夫雷多（Peppino Loffredo）在蒙特弗雷戴内·康特拉达·瓦迪阿佩蒂（Contrada Vadiaperti di Montefredane）设立了酒庄总部，他的儿子子承父业，正成长为酿造古色古香的白葡萄酒的最佳酿酒师之一。父子俩的努力使得该酒庄成为愈发耀眼的明星酒庄。两人精湛的酿酒技艺发挥了格雷科（Greco）和皮耶彻库帕·菲亚诺（Fiano di Pietracupa）葡萄酒纯洁的香脂香、柑橘味，和内在的矿物质气息、酸度，反映了地域特色，使其成为关注度很高的酒品。2010年见证了精品酒的回归：库珀（Cupo）是一种来自蒙特弗雷戴内·托珀尔（Montefredane Toppole）的菲亚诺（Fiano）佳酿；G则是一种来自桑塔·保利娜（Santa Paolina）的格雷科（Greco）精品酒，其陈化如入门级葡萄酒一样，专门在不锈钢桶里进行。

○ Cupo '10	♥♥♥ 5
○ Fiano di Avellino '11	♥♥ 3*
○ Greco di Tufo '11	♥♥ 3*
● Quirico '10	♥♥ 3
○ Cupo '08	♥♥♥ 5
○ Cupo '05	♥♥♥ 5
○ Cupo '03	♥♥♥ 3*
○ Greco di Tufo '10	♥♥♥ 3*
○ Greco di Tufo '09	♥♥♥ 3*
○ Greco di Tufo '08	♥♥♥ 3*
○ Greco di Tufo '07	♥♥♥ 3*
○ Greco di Tufo '06	♥♥♥ 3*
○ Fiano di Avellino '10	♥♥ 3*
● Taurasi '07	♥♥ 5

坎帕尼亚区
CAMPANIA

Quintodecimo
VIA SAN LEONARDO, 27
83036 MIRABELLA ECLANO [AV]
TEL. 0825449321
www.quintodecimo.it

藏酒销售
预约参观
参观设施
年产量 33 000 瓶
葡萄种植面积 12 公顷
葡萄栽培方式 传统栽培

路易吉•莫伊奥（Luigi Moio）和他的拍档劳拉•马尔基奥（Laura Di Marzio）在米拉贝拉（Mirabella）创建了该酒庄。此后的一年，他们始终致力于把酒庄发展成葡萄酒界的新星。这座伊尔皮尼亚"城堡"生产的众多酒品取材于酒庄周围葡萄园里种植的阿吉里安科葡萄（Aglianico）。此外，他们还收购葡萄、租用葡萄田种植法兰吉娜（Falanghina）、格雷科（Greco）和菲亚诺（Fiano）葡萄。完全成熟的葡萄在小橡木桶陈化后，果香将转变为现代气息浓厚的橡木味，长时间保持正宗的风味。这种高级的酒品酿制细腻，价格合理，成为本地区葡萄酒景致中一道亮丽的风景。

Fattoria La Rivolta
C.DA RIVOLTA - 82030 TORRECUSO [BN]
TEL. 0824872921
www.fattorialarivolta.com

藏酒销售
预约参观
参观设施
年产量 150 000 瓶
葡萄种植面积 29 公顷
葡萄栽培方式 有机认证

科特罗内奥家族（Cotroneo）于1997年创建的法托里亚•拉•瑞沃尔塔（Fattoria La Rivolta）庄园主要位于从托雷库索（Torrecuso）延伸而来的塔布尔诺山（Mount Taburno），其29公顷的土地采用有机的方式管理。酒庄使用坎帕尼亚的主要葡萄品种酿造出的酒品有着突出的纯度、香味、强度和活力。除瑞沃尔塔•索格诺（Sogno di Rivolta）外，所有白葡萄酒都经过了简短的低温浸皮以及钢桶陈化处理。两种塔布尔诺•阿吉里安科系列（Aglianico del Taburno）需经长时间陈化，瑞沃尔塔•特拉珍藏葡萄酒（Riserva Terra di Rivolta）只在全新的橡木桶里陈化，而基本款则在半新的大木桶中进行此操作。

● Taurasi V. Quintodecimo Ris. '07	▼▼ 8
○ Fiano di Avellino Exultet '10	▼▼ 6
○ Greco di Tufo Giallo D'Arles '10	▼▼ 6
● Irpinia Aglianico Terra d'Eclano '09	▼▼ 6
○ Via Del Campo Falanghina '10	▼▼ 5
○ Fiano di Avellino Exultet '09	♀♀♀ 6
○ Fiano di Avellino Exultet '08	♀♀ 6
○ Greco di Tufo Giallo D'Arles '09	♀♀ 6
● Irpinia Aglianico Terra d'Eclano '08	♀♀ 6
● Taurasi V. Quintodecimo Ris. '04	♀♀ 8
○ Via Del Campo Falanghina '09	♀♀ 5
○ Via Del Campo Falanghina '08	♀♀ 5
○ Via Del Campo Falanghina '07	♀♀ 5
○ Via Del Campo Falanghina '06	♀♀ 5

○ Taburno Falanghina '11	▼▼ 2*
● Aglianico del Taburno '09	▼▼ 3
● Aglianico del Taburno Terra di Rivolta Ris. '09	▼▼ 5
○ Sogno di Rivolta '11	▼▼ 3
● Taburno Piedirosso '11	▼▼ 2*
○ Sannio Taburno Coda di Volpe '11	▼ 2
○ Sannio Taburno Fiano '11	▼ 2
○ Sannio Taburno Greco '11	▼ 2
● Aglianico del Taburno Terra di Rivolta Ris. '08	♀♀♀ 5
● Aglianico del Taburno '08	♀♀ 3
● Aglianico del Taburno Terra di Rivolta Ris. '07	♀♀ 5
● Aglianico del Taburno Terra di Rivolta Ris. '06	♀♀ 5
○ Sogno di Rivolta '08	♀♀ 3

CAMPANIA

坎帕尼亚区

Rocca del Principe
VIA ARIANIELLO, 9 - 83030 LAPIO [AV]
TEL. 0825982435
www.roccadelprincipe.it

藏酒销售
预约参观
年产量 23 000 瓶
葡萄种植面积 10 公顷

罗卡•普林西比酒庄（Rocca del Principe）位于拉皮欧（Lapio）的山坡上。这个小村庄被认为是芳香醉人、风味浓厚的阿韦利诺•菲亚诺（Fiano di Avellino）的原产地。在卡米内•瓦伦蒂诺（Carmine Valentino）的帮助下，伊尔克尔•扎瑞拉（Ercole Zarella）与奥蕾莉亚•法布里奇奥（Aurelia Fabrizio）夫妇细心地测定收获时间、保存酒品的酸味和使用不锈钢桶进行陈化，这些措施增加了酒品纤细和强烈的香味。自2007年起，酒庄还酿造了图拉斯（Tauasis）葡萄酒。这种酒的原料是收购得来，经过了在小、中、大不同尺寸木桶中的陈化过程。

● Taurasi Mater Domini '08	🍷🍷 5
○ Fiano di Avellino '10	🍷🍷🍷 3*
○ Fiano di Avellino '08	🍷🍷🍷 2*
○ Fiano di Avellino '07	🍷🍷🍷 2*
○ Fiano di Avellino '09	🍷🍷 3*
○ Fiano di Avellino '06	🍷🍷 2*
● Taurasi Master Domini '07	🍷🍷 5

Tenuta San Francesco
FRAZ. CORSANO
VIA SOFILCIANO, 18 - 84010 TRAMONTI [SA]
TEL. 089876748
www.vinitenutasanfrancesco.it

藏酒销售
预约参观
参观设施
年产量 50 000 瓶
葡萄种植面积 9 公顷

阿马尔菲（Amalfi）海岸的特拉蒙迪（Tramonti）分区赋予了其产出的葡萄酒以简单朴实的个性。自2004年起，特奴塔•桑•弗朗西斯科（Tenuta San Francesco）和他的朋友兼合作伙伴们一直在这片土地上书写他们的故事。约9公顷的葡萄园的1/3为酒庄所有，种植了嫁接的丁托列葡萄树（Tintore）。这种濒临灭绝的品种用于酿造强劲浓烈的红葡萄酒，如维格娜•帕拉迪索（È Iss Vigna Paradiso）或夸特罗斯比内珍藏酒（Quattrospine Riserva）。别的树种还包括红脚（Piedirosso）、法兰吉娜（Falanghina）、贝蓓拉（Pepella）和吉内斯特拉（Ginestra）葡萄，最后一种葡萄用于酿造入门的特拉蒙迪白葡萄酒（Tramonti）和在钢桶中进行陈化的系列浦伊娃（Per Eva）。

○ E' Iss V. Paradiso '09	🍷🍷 3*
○ Costa d'Amalfi Tramonti Bianco '11	🍷🍷 2*
● Costa d'Amalfi Tramonti Rosso Quattrospine Ris. '08	🍷🍷 5
○ Costa d'Amalfi Tramonti Rosato '11	🍷 2
● Costa d'Amalfi Tramonti Rosso '09	🍷 2
○ Costa d'Amalfi Bianco Per Eva '10	🍷🍷 3
○ Costa d'Amalfi Bianco Per Eva '09	🍷🍷 3
○ Costa d'Amalfi Bianco Per Eva '08	🍷🍷 3*
○ Costa d'Amalfi Tramonti Bianco '10	🍷🍷 3*
○ Costa d'Amalfi Tramonti Rosato '08	🍷🍷 2*
● Costa d'Amalfi Tramonti Rosso Quattrospine Ris. '07	🍷🍷 5
● Costa d'Amalfi Tramonti Rosso Quattrospine Ris. '06	🍷🍷 5
○ E' Iss '07	🍷🍷 3
○ E' Iss V. Paradiso '08	🍷🍷 3

CAMPANIA

San Giovanni
Punta Tresino - 84072 Castellabate [SA]
Tel. 0974965136
www.agricolasangiovanni.it

藏酒销售
预约参观
参观设施
年产量 20 000 瓶
葡萄种植面积 4 公顷
葡萄栽培方式 传统栽培

我们找到了首个配得上"天堂"一词的酒庄。这个酒庄就是位于齐伦托(Cilento)国家公园中心,靠近卡斯特阿巴特(Castellabate),普恩塔·特雷斯诺(Punta Tresino)内的圣·乔瓦尼(San Giovanni)酒庄。这片悬在空中,环境静谧的地块距悬崖只有几米。1993年,马里奥(Mario)和伊达·科雷多(Ida Corrado)定居此处,并采用对环境无害的技术打理起已被荒废的葡萄园及周围房屋。占地仅4公顷的庄园全部用于种植阿吉里安科(Aglianico)和菲亚诺(Fiano)葡萄。出产的葡萄酒带有地中海齐伦托(Cilento)沿岸的风味,色泽明亮且新鲜饱满。

○ Fiano '11	♛♛ 2*
○ Fiano Tresinus '11	♛♛ 3
● Maroccia '07	♛♛ 5
● Castellabate '10	♛ 2
○ Fiano '96	♛♛ 3
○ Fiano Tresinus '10	♛♛ 3*

San Salvatore
via Dionisio - 84050 Giungano [SA]
Tel. 08281990900
www.sansalvatore1988.it

藏酒销售
膳宿接待
年产量 70 000 瓶
葡萄种植面积 16.5 公顷
葡萄栽培方式 有机认证

朱塞佩·帕加诺(Giuseppe Pagano)在风景优美的山上建立的圣·萨尔瓦托雷酒庄(San Salvatore)俯瞰着齐伦托国家公园(Cilento)的帕厄斯鲁姆(Paestum)、斯蒂诺(Stio)和吉安加诺(Giungano),其葡萄酒的产量将进一步增长。仅占酒庄很小比例的16公顷农场以有机方式管理,除了葡萄外,还涵盖了闭合循环里的园艺、橄榄油和牛群,这些产品为朱塞佩(Giuseppe)家族餐厅和酒店的运营提供了物资保障。种植的葡萄品种主要来自坎帕尼亚(Campania),出品的葡萄酒风格现代,白葡萄酒丰满圆润、香气袭人,而红酒温和舒适。

○ Pian di Stio '11	♛♛ 3
● Jungano '10	♛♛ 3
● Aglianico '11	♛ 3
○ Calpazio '11	♛ 3
○ Falanghina '11	♛ 3
○ Trentenare '11	♛ 3
● Vetere '11	♛ 2

CAMPANIA

Sorrentino
via Rio, 26 - 80042 Boscotrecase [NA]
Tel. 0818584963
www.sorrentinovini.com

藏酒销售
预约参观
膳宿接待
年产量 220 000 瓶
葡萄种植面积 25 公顷
葡萄栽培方式 有机认证

我们一直确信维苏威火山（Vesuvius）不单单拥有美妙的风景，其拉科里玛·克里斯蒂（Lacryma Christi）是一款内涵十分深厚的葡萄酒。想知道为什么，看看索伦蒂诺（Sorrentino）家族过去几年的工作就知道了。家族拥有的庄园位于博斯科特雷卡塞（Boscotrecase），约25公顷的面积位于一座休眠火山海拔400米至500米的南坡。葡萄园是这个壮观的农耕庄园，体现生物多样性的一部分，这里的火山土壤孕育了个性强劲的红脚（Piedirosso）葡、法兰吉娜（Falanghina）、卡普雷托内（Caprettone）和卡塔拉内斯卡（Catalanesca）葡萄。

Luigi Tecce
c.da Trinità, 6 - 83052 Paternopoli [AV]
Tel. 082771375
ltecce@libero.it

藏酒销售
预约参观
年产量 8 000 瓶
葡萄种植面积 4 公顷

我们在过去几年中品尝过多种优质的图拉斯葡萄酒（Taurasis），但其水准很少能达到像路易吉·特塞（Luigi Tecce）生产的那样。事实上，在他位于帕特尔诺珀里（Paternopoli）和卡斯特尔弗兰西（Castelfranci）的旧轮辐式葡萄园里，你可以直观地看出他工作的价值。每一次的收获都是一段全新的旅程，在这段旅程中肯定会产生惊喜。让路易吉（Luigi）形成一个固定的酿酒模式几乎是不可能的，因为他们每年的收获都不同，因而也没有办法准确总结出酒品的风格。不过他们出品的葡萄酒，除了小瑕疵之外，美味可口的味道倒是一成不变。

● Don Paolo '10	♛♛ 4
○ Nati '10	♛♛ 3
● Vesuvio Lacryma Christi Rosso Ver Sacrum '11	♛♛ 2*
○ Falanghina Ver Sacrum '11	♛♛ 2*
● Don Paolo '09	♛♛ 3
● Don Paolo '07	♛♛ 3*
○ Nati '07	♛♛ 3*
● Piedirosso Ver Sacrum '09	♛♛ 2*
⊙ Vesuvio Lacryma Christi Rosato '08	♛♛ 2

● Taurasi Poliphemo '08	♛♛♛ 6
● Irpinia Campi Taurasini Satyricon '09	♛♛ 4
● Taurasi Poliphemo '07	♛♛♛ 6
● Taurasi Poliphemo '06	♛♛ 6
● Taurasi Poliphemo '05	♛♛ 6

CAMPANIA 坎帕尼亚区

Terre del Principe

FRAZ. SQUILLE
SS. GIOVANNI E PAOLO, 30
81010 CASTEL CAMPAGNANO [CE]
TEL. 0823867126
www.terredelprincipe.com

藏酒销售
预约参观
膳宿接待
年产量 55 000 瓶
葡萄种植面积 11 公顷

帕拉格瑞罗（Pallagrello）和卡萨维奇亚（Casavecchia）不单是葡萄栽培的奇迹，如今还成为葡萄酒的新宠，归功于贝璐•曼奇尼（Peppe Mancini）和买努伊勒•皮安卡斯特里（Manuela Piancastelli）。始于20世纪90年代的普林西比岛特雷（Terre del Principe）酒庄是一个葡萄酒项目的第二阶段。位于卡斯特尔•卡姆帕格纳诺（Castel Campagnano）的宏伟陈酿酒窖，成就了酒庄今天取得了新突破。酒庄用来自卡雅佐（Caiazzo）的葡萄酿制优良的酒，陈化在小橡木桶的有塞恩托莫吉亚（Centomoggia）、阿姆布鲁科（Ambruco）和曼纽拉•皮安卡斯特里（Manuela Piancastelli）精品酒，后者包含了10%的风干葡萄。芳塔纳维格娜（Fontanaviga）只在不锈钢桶里陈化，是一种帕拉格瑞诺白葡萄酒（Pallagrello Bianco）；罗勒（Serole）则在橡木桶里进行发酵，收成后一年起才能上市。

● Ambruco Pallagrello Nero '10	❦❦❦ 5
● Castello delle Femmine '10	❦❦ 3*
● Centomoggia Casavecchia '10	❦❦ 5
○ Fontanavigna Pallagrello Bianco '11	❦❦ 3
● Piancastelli '09	❦❦ 6
⊙ Roseto del Volturno '11	❦❦ 3
● Ambruco '06	❦❦❦ 5
● Centomoggia '08	❦❦❦ 5
● Centomoggia '07	❦❦❦ 5
● Ambruco Pallagrello Nero '09	❦❦ 5
● Centomoggia '04	❦❦ 5
● Centomoggia Casavecchia '09	❦❦ 5
○ Le Serole Pallagrello Bianco '03	❦❦ 4
● V. Piancastelli '04	❦❦ 6

Urciuolo

FRAZ. CELZI
VIA DUE PRINCIPATI, 9 - 83020 FORINO [AV]
TEL. 0825761649
www.fratelliurciuolo.it

藏酒销售
预约参观
年产量 200 000 瓶
葡萄种植面积 25 公顷

酒庄的扩建和翻修完成后，西罗（Ciro）和安东内洛•乌尔修奥罗（Antonello Urciuolo）终于获得了一开始就梦寐以求的酒庄。他们已经迫不及待想要展示自己的葡萄酒，展示酒庄发展的成果。酒庄完美地把产量和价格相结合，提供的层次极佳、值得陈酿的阿吉里安科（Aglianico）连最苛刻的鉴赏家都十分兴奋，这在本省中都很少见。2008年款的葡萄酒有第一批产自米拉贝拉（Mirbella）新葡萄园的图拉斯珍藏（Riserva di Taurasi）精品酒，还有源自拉皮欧（Lapio）、坎迪达（Candida）和弗里诺（Forino）的菲亚诺（Fiano）精品酒和源自蒙特弗斯科（Montefusco）的格雷科（Greco）精品酒。

● Taurasi '08	❦❦ 5
● Aglianico '10	❦❦ 2*
○ Fiano di Avellino '11	❦❦ 2*
○ Greco di Tufo '11	❦❦ 2
● Taurasi '07	❦❦❦ 5
● Taurasi '06	❦❦❦ 5*
● Taurasi '05	❦❦❦ 5
○ Fiano di Avellino '10	❦❦ 2*
○ Fiano di Avellino '07	❦❦ 2*
○ Fiano di Avellino Faliesi '05	❦❦ 3*
○ Greco di Tufo '07	❦❦ 2*
○ Greco di Tufo '05	❦❦ 2*
● Taurasi '03	❦❦ 5
● Taurasi '02	❦❦ 5

CAMPANIA
坎帕尼亚区

Vadiaperti
C.DA VADIAPERTI - 83030 MONTEFREDANE [AV]
TEL. 0825607270
www.vadiaperti.it

藏酒销售
预约参观
年产量 50 000 瓶
葡萄种植面积 10 公顷

特罗伊斯（Troisi）家族为伊尔皮尼亚葡萄酒的变化做出了巨大贡献，拉斐尔•特罗伊斯（Raffaele Troisi）生产的葡萄酒总是体现出他们家族的粗犷强劲。1984年，拉斐尔（Raffaele）的父亲安东尼奥（Antonio）决定要装瓶销售自己的，在瓦迪佩蒂（Vadiaperti）这个品牌下的阿韦利诺•菲亚诺（Fiano di Avellino）和图弗•格雷科（Greco di Tufo）葡萄酒，并在随后几年内被小型酿酒商纷纷效仿。这些白葡萄酒魅力十足，呈现出不屈不挠的精神，需要充足的时间才能达到完全的平衡和和谐。除了艾皮尔蒂（Aipierti）和托尔南特（Tornante）精品酒外，酒窖自2011年起还酿制源自皮耶特雷德弗斯（Pietradefusi）的托拉那科达（Torama cru of Coda di Volpe）葡萄酒。

○ Fiano di Avellino Aipierti '11	♛♛ 5
○ Irpinia Torama '11	♛♛ 5
○ Greco di Tufo '11	♛♛ 3
○ Greco di Tufo Tornante '11	♛♛ 5
○ Irpinia Coda di Volpe '11	♛♛ 2*
○ Irpinia Fuori limite '11	♛ 5
○ Falanghina del Beneventano '11	♛ 2
○ Fiano di Avellino '11	♛ 3
○ Greco di Tufo Tornante '09	♛♛♛ 3*
○ Greco di Tufo Tornante '08	♛♛♛ 3*
○ Fiano di Avellino Aipierti '10	♛♛ 5
○ Fiano di Avellino Aipierti '08	♛♛ 5
○ Fiano di Avellino Aipierti '07	♛♛ 5*
○ Irpinia Coda di Volpe '10	♛♛ 2

Villa Diamante
VIA TOPPOLE, 16 - 83030 MONTEFREDANE [AV]
TEL. 0825670014
www.villadiamante.eu

藏酒销售
预约参观
年产量 10 000 瓶
葡萄种植面积 2.9 公顷
葡萄栽培方式 有机认证

凭借Pater Nobilis 2007年款升级到图拉斯（Taurasis），维拉•迪亚曼特（Villa Diamante）酒庄连续三次代表本指定区现身《年鉴》之中。这种酒源自位于帕特尔诺珀里（Paternopoli）的老葡萄园，需要在新的中型木桶和第三次使用的橡木桶里陈酿24个月。对于安东尼•基亚特（Antonie Gaite）和迪亚曼特•热纳（Diamante Renna）来说，这是他们渴望已久的另一张招牌。因为他们的名声长期以来只能由知名的康格瑞加吉奥内•维格纳（Vigna della Congregazione）苦苦支撑。康格瑞加吉奥内•维格纳（Vigna della Congregazione）葡萄酒使用生长在蒙特弗雷戴内（Montefredane）分区托珀尔山（Toppole）上海拔400米处的菲亚诺葡萄（Fiano）酿造而来，发酵过程在不锈钢桶里进行，不经过澄清或过滤的步骤，从推出的第一批起就呈现出烟熏味和微妙咸味。这些味道多年来持续变得浓烈。

○ Fiano di Avellino Vigna della Congregazione '10	♛♛♛ 5
● Taurasi Pater Nobilis '07	♛♛ 5
○ Fiano di Avellino Vigna della Congregazione '08	♛♛♛ 4
○ Fiano di Avellino Vigna della Congregazione '06	♛♛♛ 4
○ Fiano di Avellino Vigna della Congregazione '04	♛♛♛ 4
○ Fiano di Avellino Vigna della Congregazione '09	♛♛ 5
○ Fiano di Avellino Vigna della Congregazione '07	♛♛ 4
○ Fiano di Avellino Vigna della Congregazione '05	♛♛ 4

坎帕尼亚区
CAMPANIA

★Villa Matilde
SS Domitiana, 18 - 81030 Cellole [CE]
Tel. 0823932088
www.villamatilde.it

藏酒销售
预约参观
膳宿接待
年产量 700 000 瓶
葡萄种植面积 130 公顷

马蒂尔德酒庄（Villa Matilde）的品牌是法兰诺葡萄酒（Falerno）。弗朗西斯科•阿瓦龙（Francesco Avallone）和他的孩子玛利亚•艾达（Maria Ida）、萨尔瓦托里（Salvatore）共同打理酒庄，让法兰诺葡萄酒重新焕发了生机。他们在萨尼奥地区（Sannio）买下特努塔•罗卡•莱尼（Tenuta Rocca dei Leoni），在伊尔皮尼亚（Irpinia）买下特努塔•德阿尔塔维拉（Tenuta d'Altavilla）。规模的壮大让位于塞罗勒（Cellole）的酒庄成为该地区葡萄酒的中坚力量，其酒品种类繁多，采用的葡萄品种有法兰姬娜（Falanghina）、阿吉里安科（Aglianico）、红脚（Piedirosso）、普利米帝沃（Primitivo）、菲亚诺（Fiano）和格来克（Greco）。酒庄重视葡萄酒性价比，入门级的葡萄酒活力非凡，卡麦雷拓（Camarato）和卡拉奇（Caracci）葡萄园精品酒及陶莱西（Taurasi）葡萄酒则比较稠厚浓烈。

● Falerno del Massico Camarato '07	🍷 7
○ Falerno del Massico Bianco '11	🍷 2*
● Taurasi Tenute di Altavilla '08	🍷 5
○ Falanghina di Roccamonfina '11	🍷 2
○ Falanghina Rocca dei Leoni '11	🍷 2
● Falerno del Massico Rosso '09	🍷 3
○ Fiano di Avellino Tenute di Altavilla '11	🍷 3
○ Falerno del Massico Bianco V. Caracci '08	🍷 3
○ Falerno del Massico Bianco V. Caracci '05	🍷 3
○ Falerno del Massico Bianco V. Caracci '04	🍷 3*
● Falerno del Massico Camarato '05	🍷 6
● Falerno del Massico Camarato '04	🍷 5
● Falerno del Massico Camarato '01	🍷 5

Villa Raiano
Loc. San Michele di Serino
via Bosco Satrano, 1 - 83020 Serino [AV]
Tel. 0825595550
www.villaraiano.com

藏酒销售
年产量 250 000 瓶
葡萄种植面积 20 公顷

拉伊奥拉别墅（Villa Raiano）通常让人们想起某一级方程式赛车进行组装和比赛的情景。一样的底盘，一样的发动机，却有一整套其他的设备在发挥它们的作用，从而提高成绩。这家由巴索（Basso）和保罗•司碧罗（Paolo Sibillo）兄弟经营的酒庄已经成为伊尔皮尼亚（Irpinia）的标杆企业。出产的葡萄酒不仅品质稳定、值得信赖，在过去的几年收成中还呈现出了更丰富的个性和领域特色。这部分归功于新推出的葡萄酒佳酿——格莱克（Greco）、蒙特弗的玛洛塔（Marotta di Montefusco）和菲亚诺（Fiano）以及蒙特丹尼（Montefredane）的阿利玛塔（Alimata）和拉皮奥（Lapio）的维帝杜尔（Ventidue）。发酵在不锈钢容器中，含渣陈酿的时间比基本款葡萄酒的更久。

● Taurasi Raiano '08	🍷 5
○ Fiano di Avellino '11	🍷 3
○ Fiano di Avellino Alimata '11	🍷 4
○ Fiano di Avellino Ventidue '11	🍷 4
○ Greco di Tufo '11	🍷 3
○ Greco di Tufo Contrada Marotta '11	🍷 4
● Aglianico '10	🍷 2
○ Fiano di Avellino Alimata '10	🍷 4
○ Fiano di Avellino '05	🍷 3*
○ Fiano di Avellino Ventidue '09	🍷 4
○ Greco di Tufo '06	🍷 3*
○ Greco di Tufo '05	🍷 3
○ Greco di Tufo Contrada Marotta '10	🍷 4
● Taurasi Cretanera Ris. '03	🍷 5

OTHER WINERIES 其他酒庄

Aia dei Colombi
C.DA SAPENZIE
82034 GUARDIA SANFRAMONDI [BN]
TEL. 0824817384
www.aiadeicolombi.it

○ Guardiolo Vignasuprema '10	🍷🍷 2*
○ Falanghina del Sannio Guardia Sanframondi '11	🍷 2
○ Sannio Fiano Guardia Sanframondi '11	🍷 2

Alepa
FRAZ. C.DA SS GIOVANNI E PAOLO
VIA BARRACCONE - CAIAZZO [CE]
TEL. 0823862755
www.alepa.it

○ RiccioBianco '10	🍷🍷 3*
● Riccio Nero '08	🍷 3
○ Santojanni '10	🍷 2

Antico Castello
C.DA POPPANO, 11 BIS
83050 SAN MANGO SUL CALORE [AV]
TEL. 3494009839
www.anticocastello.com

● Taurasi '08	🍷🍷 3*
○ Irpinia Fiano '11	🍷 2
○ Irpinia Greco '11	🍷 2
● Irpinia Magis '08	🍷 2

Cantine Astroni
FRAZ. ASTRONI
VIA SARTANIA, 48 - 80126 NAPOLI
TEL. 0815884182
www.cantineastroni.com

○ Campi Flegrei Falanghina Colle Imperatrice '11	🍷🍷 2*
● Penisola Sorrentina Gragnano '11	🍷🍷 2*

Bambinuto
VIA CERRO - 83030 SANTA PAOLINA [AV]
TEL. 0825964634
info@cantinabambinuto.com

○ Greco di Tufo Picoli '11	🍷🍷 4
● Taurasi '07	🍷🍷 5
● Aglianico '09	🍷 2
○ Greco di Tufo '11	🍷 3

Barone
VIA GIARDINO, 2 - 84070 RUTINO [SA]
TEL. 0974830463
www.cantinebarone.it

● Cilento Aglianico Pietralena '10	🍷🍷 3
○ Cilento Fiano Vignolella '11	🍷 3
○ Marsia Bianco '11	🍷 1*
● Miles '09	🍷 1*

OTHER WINERIES

Cantina del Barone
VIA NOCELLETO, 21
83020 CESINALI [AV]
TEL. 0825666751
www.cantinadelbarone.it

○ Fiano di Avellino Particella 928 '11	🍷🍷 3

Boccella
VIA SANT'EUSTACHIO
83040 CASTELFRANCI [AV]
TEL. 082772574
www.boccellavini.it

● Taurasi Sant'Eustachio '07	🍷🍷 5
● Irpinia Campi Taurasini Rasott '08	🍷 3

Calafè
LOC. VIGNA
83030 PRATA DI PRINCIPATO ULTRA [AV]
TEL. 0825781010
www.calafe.it

● Taurasi '06	🍷🍷 5
○ Greco di Tufo '09	🍷 3

Cantina del Vesuvio
VIA TIRONE DELLA GUARDIA, 12 - TRECASE [NA]
TEL. 0815369041
www.cantinadelvesuvio.it

○ Mariè '11	🍷🍷 2
● Vesuvio Lacryma Christi Rosso '06	🍷🍷 3
● Maestro '09	🍷 3
○ Vesuvio Lacryma Christi Bianco '11	🍷 3

Cantine dell'Angelo
VIA SANTA LUCIA, 32 - 83010 TUFO [AV]
TEL. 3384512965
www.cantinedellangelo.com

○ Greco di Tufo '11	🍷🍷 3

I Capitani
VIA BOSCO FAIANO, 15
83030 TORRE LE NOCELLE [AV]
TEL. 0825969182
www.icapitani.com

○ Fiano di Avellino Gaudium '11	🍷🍷 3
● Irpinia Emè '08	🍷🍷 4
○ Greco di Tufo Serum '11	🍷 3
○ Irpinia Clarum '11	🍷 2

OTHER WINERIES

Alexia Capolino Perlingieri
VIA MARRAIOLI, 58
82037 CASTELVENERE [BN]
TEL. 0824971541
www.capolinoperlingieri.com

○ Sannio Falanghina Preta '11	🍷🍷 2*
○ Sannio Fiano Nembo '11	🍷 3
○ Sannio Greco Vento '11	🍷 3

Casa Di Baal
LOC. MACCHIA - VIA TIZIANO, 14
84096 MONTECORVINO ROVELLA [SA]
TEL. 089981143
www.casadibaal.it

○ Fiano Di Baal '10	🍷 3
● Aglianico Di Baal '09	🍷 3
○ Bianco Di Baal '11	🍷 2

Casebianche
VIA CASE BIANCHE, 8
84076 TORCHIARA [SA]
TEL. 0974843244
www.casebianche.eu

● Cilento Aglianico Cupersito '10	🍷 3
○ Cumalè '11	🍷 2
○ La Matta Dosaggio Zero '11	🍷 3

Cautiero
C.DA ARBUSTI
82030 FRASSO TELESINO [BN]
TEL. 3387640641
www.cautiero.it

○ Sannio Falanghina Fois '11	🍷🍷 2*
● Piedirosso '10	🍷 2
● Sannio Aglianico Donna Candida '08	🍷 4

Colle di San Domenico
SS OFANTINA KM 7,500
83040 CHIUSANO DI SAN DOMENICO [AV]
TEL. 0825985423
www.cantinecolledisandomenico.it

○ Fiano di Avellino '11	🍷🍷 3
● Irpinia Campi Taurasini Aglucus '06	🍷🍷 3
● Aglianico '11	🍷 2
○ Greco di Tufo '11	🍷 3

Michele Contrada
C.DA TAVERNA, 31 - 83040 CANDIDA [AV]
TEL. 0825988434
www.vinicontrada.it

○ Fiano di Avellino Selvecorte '11	🍷🍷 3*
○ Irpinia Coda di Volpe Taberna '11	🍷🍷 2*
○ Greco di Tufo Gaudioso '11	🍷 3
● Taurasi Hirpus '07	🍷 5

OTHER WINERIES

Contrada Salandra
VIA TRE PICCIONI, 40 - 80078 POZZUOLI [NA]
TEL. 0818541651
www.dolciqualita.com

○ Campi Flegrei Falanghina '10	🍷🍷 2*
● Campi Flegrei Piedirosso '10	🍷 3

Corte Normanna
LOC. SAPENZIE, 20
82034 GUARDIA SANFRAMONDI [BN]
TEL. 0824817004
www.cortenormanna.it

● Sannio Aglianico '08	🍷🍷 2*
○ Sannio Falanghina Guardia Sanframondi '11	🍷🍷 2*
○ Sannio Fiano Guardia Sanframondi '11	🍷 2

Crapa Reccia
VIA SERRA, 27 - CASTEL DI SASSO [CE]
TEL. 0823868619
info@collinedicaiazzo.it

○ Pallagrello Bianco '11	🍷🍷 3
● Pallagrello Nero '08	🍷🍷 3
● Casavecchia '08	🍷 3

Terre D'Aione
FRAZ. SAN PAOLO - 83010 TUFO [AV]
TEL. 0825998353
www.terredaione.it

○ Fiano di Avellino '11	🍷🍷 2*
○ Greco di Tufo '11	🍷🍷 2*
● Aglianico '10	🍷 2

D'Antiche Terre - Vega
C.DA LO PIANO - SS 7 BIS
83030 MANOCALZATI [AV]
TEL. 0825675358
www.danticheterre.it

● Taurasi '07	🍷🍷 5
● Coriliano '10	🍷 2
○ Fiano di Avellino '11	🍷 3

De Falco
VIA FIGLIOLA
80040 SAN SEBASTIANO AL VESUVIO [NA]
TEL. 0817713755
www.defalco.it

● Aglianico del Beneventano '11	🍷🍷 2*
● Penisola Sorrentina Gragnano '11	🍷🍷 2*
● Vesuvio Lacryma Christi Rosso '11	🍷🍷 2*
○ Falanghina del Beneventano '11	🍷 2

其他酒庄 — OTHER WINERIES

Di Marzo
via Gaetano Di Marzo, 2 - 83010 Tufo [AV]
Tel. 0825998022
www.cantinedimarzo.it

○ Anni Venti Extra Brut M. Cl.	🍷🍷 3
○ Greco di Tufo Franciscus '11	🍷🍷 3
○ Fiano di Avellino Donatus '11	🍷 3

Cantine Elmi
c.da Chianzano - 83040 Montemarano [AV]
Tel. 082765354
www.cantineelmi.it

● Taurasi '07	🍷🍷 5

Raffaele Guastaferro
via Gramsci - 83030 Taurasi [AV]
Tel. 082539244
www.guastaferro.it

● Taurasi Primum '08	🍷🍷 4

Iannella
via Tora - 82030 Torrecuso [BN]
Tel. 0824872392
www.cantineiannella.it

● Taburno Aglianico '09	🍷🍷 3
○ Niè '11	🍷 3
● Taburno Aglianico Don Nicola U Signore Ris. '07	🍷 3

Macchialupa
fraz. San Pietro Irpino
via Fontana - 83020 Chianche [AV]
Tel. 0825996396
www.macchialupa.it

○ Greco di Tufo '11	🍷🍷 3
● Aglianico '09	🍷 3
○ Fiano di Avellino '11	🍷 3

Masseria Frattasi
via Torre Varoni, 15
82016 Montesarchio [BN]
Tel. 0823351740
www.masseriafrattasi.it

○ Taburno Falanghina di Bonea '11	🍷🍷 2*
● Taburno Iovi Tonant '09	🍷🍷 6
○ Fiano Acquafredda '11	🍷 3
○ Nymphis Sacrae Coda di Volpe '11	🍷 3

OTHER WINERIES 其他酒庄

Migliozzi
FRAZ. CASALE DI CARINOLA
VIA APPIA KM 179 - 81030 CARINOLA [CE]
TEL. 0823704275
www.rampaniuci.it

- Falerno del Massico Rampaniuci '09 🍷🍷 4

Mustilli
VIA CAUDINA, 10
82019 SANT'AGATA DE' GOTI [BN]
TEL. 0823718142
www.mustilli.com

- ○ Sannio Fiano '11 🍷🍷 3
- ● Sannio Piedirosso '11 🍷 3
- ○ Sant'Agata dei Goti Falanghina '11 🍷 3

Lorenzo Nifo Sarrapochiello
VIA PIANA - 82030 PONTE [BN]
TEL. 0824876450
www.nifo.eu

- ○ Taburno Falanghina '11 🍷🍷 3
- ● Taburno Aglianico '09 🍷 2
- ● Taburno Rosso Serrone '10 🍷 2

Ocone
LOC. LA MADONNELLA
VIA DEL MONTE, 56 - 82030 PONTE [BN]
TEL. 0824874040
www.oconevini.it

- ● Aglianico del Taburno Apollo '07 🍷🍷 2*
- ● Aglianico del Taburno V. Pezza La Corte '06 🍷🍷 3
- ○ Taburno Falanghina V. del Monaco '11 🍷🍷 3
- ○ Taburno Falanghina Flora '11 🍷 2

Gennaro Papa
P.ZZA LIMATA, 2
81030 FALCIANO DEL MASSICO [CE]
TEL. 0823931267
www.gennaropapa.it

- ● Falerno del Massico Primitivo Campantuono '09 🍷🍷 5
- ● Falerno del Massico Conclave '10 🍷 3

Tenuta Ponte
VIA CARAZITA, 1 - 83040 LUOGOSANO [AV]
TEL. 082773564
www.tenutaponte.it

- ● Irpinia Campi Taurasini Carazita '08 🍷🍷 2*
- ● Taurasi '08 🍷🍷 4
- ○ Fiano di Avellino '11 🍷 3
- ● Irpinia Aglianico La Loggia '09 🍷 1*

OTHER WINERIES

Andrea Reale
loc. Borgo di Gete
via Cardamone, 75 - 84010 Tramonti [SA]
Tel. 089856144
www.aziendaagricolareale.it

⊙ Costa d'Amalfi Tramonti Getis Rosato '11	▼▼ 4
● Costa d'Amalfi Tramonti Rosso Cardamone '10	▼▼ 4
○ Costa d'Amalfi Tramonti Bianco Aliseo '11	▼ 4

Russo
loc. Carazita - via Fontana dello Spalatrone
83030 Taurasi [AV]
Tel. 069410405
www.cantinerussotaurasi.com

● Taurasi Spalatrone '07	▼▼ 5
● Taurasi V. Carazita '07	▼▼ 5
● Irpinia Campi Taurasini Macri '07	▼ 3

Ettore Sammarco
via Civita, 9 - 84010 Ravello [SA]
Tel. 089872774
www.ettoresammarco.it

○ Costa d'Amalfi Ravello Bianco Selva delle Monache '11	▼▼ 3
○ Costa d'Amalfi Bianco Terre Saracene '11	▼ 3

Sannino
via G. Semmola, 146 - 80056 Ercolano [NA]
Tel. 0817394630
www.sanninovini.com

● Piedirosso Pompeiano '10	▼▼ 2*
○ Vesuvio Lacryma Christi Bianco '11	▼▼ 2*
● Vesuvio Lacryma Christi Rosso '10	▼▼ 2*
● Penisola Sorrentina Gragnano '11	▼ 2

Sanpaolo - Magistravini
c.da San Paolo - 83042 Atripalda [AV]
Tel. 0825610307
www.cantinasanpaolo.it

○ Fiano di Avellino Montefredane '11	▼▼ 3
○ Greco di Tufo Montefusco '11	▼▼ 3
○ Fiano di Avellino '11	▼ 3
○ Fiano di Avellino Lapio '11	▼ 3

Tenuta Sarno 1860
c.da Serroni, 4b - 83100 Avellino
Tel. 082526161
www.tenutasarno1860.it

○ Fiano di Avellino '11	▼▼ 3

OTHER WINERIES

Selvanova
LOC. SQUILLE - VIA SELVANOVA
81010 CASTEL CAMPAGNANO [CE]
TEL. 0823867261
www.selvanova.com

● Aglianico Selvanova '08	🍷🍷 6
○ Pallagrello Bianco Acquavigna '10	🍷🍷 3
○ Milo '10	🍷 3
● Pallagrello Hero Nero '10	🍷 3

La Sibilla
FRAZ. BAIA
VIA OTTAVIANO AUGUSTO, 19
80070 BACOLI [NA]
TEL. 0818688778
www.sibillavini.it

○ Campi Flegrei Falanghina Cruna deLago '10	🍷🍷 4
○ Campi Flegrei Falanghina '11	🍷 2
● Campi Flegrei Piedirosso '11	🍷 3

Tenuta Adolfo Spada
FRAZ. VAGLIE - SP 14 SESSA MIGNANO
81044 GALLUCCIO [CE]
TEL. 0823925709
www.tenutaspada.it

○ Galluccio Gallicius Bianco '11	🍷🍷 2*
● Gladius '09	🍷🍷 4
● Gallicius Per ' E Palummo '11	🍷 2
● Sabus '11	🍷 2

Cantina del Taburno
VIA SALA, 16 - 82030 FOGLIANISE [BN]
TEL. 0824871338
www.cantinadeltaburno.it

○ Falanghina del Sannio Taburno '11	🍷🍷 2*
● Aglianico del Taburno Fidelis '09	🍷 2
○ Greco del Beneventano '11	🍷 2

Torre a Oriente
LOC. MERCURI I, 19 - 82030 TORRECUSO [BN]
TEL. 0824874376
www.torreaoriente.eu

○ Sannio Falanghina Biancuzita '10	🍷🍷 2*
● Taburno Aglianico U' Barone '08	🍷🍷 3

Torricino
LOC. TORRICINO
VIA NAZIONALE - 83010 TUFO [AV]
TEL. 0825998119
www.torricino.it

● Taurasi '08	🍷🍷 4
○ Falanghina Campania '11	🍷 2
○ Greco di Tufo '11	🍷 2
○ Greco di Tufo Raone '11	🍷 3

OTHER WINERIES

Trabucco
via Vittorio Emanuele, 1
81030 Carinola [CE]
Tel. 0823737345
www.trabucconicola.it

- Falerno del Massico Rosso Erre '09 — 🍷🍷 2*
- Falerno del Massico Bianco 16 Marzo '11 — 🍷 2

Antica Masseria Venditti
via Sannitica, 120/122
82037 Castelvenere [BN]
Tel. 0824940306
www.venditti.it

- Sannio Rosso '10 — 🍷🍷 2*
- Solopaca Rosso Bosco Caldaia '07 — 🍷🍷 4
- Sannio Falanghina Vàndari '11 — 🍷 2

Vestini Campagnano Poderi Foglia
fraz. SS. Giovanni e Paolo
via Barraccone, 5 - 81013 Caiazzo [CE]
Tel. 0823679087
www.vestinicampagnano.it

- Asprinio '11 — 🍷🍷 2*
- Kajanero '11 — 🍷🍷 2*
- Casa Vecchia '09 — 🍷 5
- Pallagrello Bianco '11 — 🍷 3

Le Vigne di Raito
fraz. Raito
via San Vito, 9 - 84019 Vietri sul Mare [SA]
Tel. 089233428
www.levignediraito.com

- Ragis '09 — 🍷🍷 5

Vigne Guadagno - Vistabella
via Sant'Aniello - 83030 Montefredane [AV]
Tel. 08251686278
www.vigneguadagno.it

- Fiano di Avellino '11 — 🍷🍷 8
- Greco di Tufo '11 — 🍷🍷 8

Vuolo
fraz. Rufoli
loc. Passione - 84135 Salerno
Tel. 089282178
www.milavuolo.it

- Aglianico '08 — 🍷🍷 5
- Fiano '10 — 🍷 3

巴西利卡塔区
BASILICATA

巴西利卡塔区（Basilicata）的葡萄酒似乎走到了十字路口，不知该往哪个方向前行。多年来，瓦尔切（Vulture）地区一直被认为是意大利葡萄酒的潜力之星，但这种潜力始终没被挖掘出来，导致止步不前，无法步入意大利葡萄酒界的领先行列。同时，意大利南部的其他葡萄酒地区，如伊尔皮尼亚（Irpinia）、埃特纳（Etna）、科里吉奥亚（Gioia del Colle）和普利亚区（Puglia）曼陀利亚（Manduria）的普利米沃蒂（Primitivo）种植区，逐渐获得外界关注，也得到葡萄酒评论家和消费者的肯定。毫无疑问，信贷危机给瓦尔切地区带来的伤害比意大利其他任何地区都大，因为危机重创的时间点正值瓦尔切葡萄酒业新老接替和转型的重要时期。瓦尔切·阿吉里安科（Aglianico del Vulture）是意大利葡萄酒的珍宝，更是瓦尔切地区最为重要的酒品，是该地所有酿酒商未来的希望。最近，大区的葡萄酒市场越来越青睐更清新、更简单好饮的酒款，较少依赖木桶或榨汁的作用，而这些工具过去一直是雕琢、细化酒品的重要步骤。换句话说，过去几年如瓦尔切阿吉里安科等出品的葡萄酒的品质变得更加糟糕。越来越少酒厂能够有效地管理和酿制可靠的葡萄酒，出现落后于市场的新趋势。酒窖倾向于酿制味道浓烈、酒体粗犷的葡萄酒，然而目前却不被市场接受。总结最近几版年鉴中获得"三杯奖"的酒庄和数量，我们发现，很少有酿酒师能一贯保持高水准和保留个性，对品种特质和地域特色的诠释也难以符合当前消费者的口味。他们不能推出更轻松的传统系列，或是更注重优雅而非力量的现代风格的葡萄酒。我们希望，该历史悠久大区中的所有新、老酿酒商能够在逆境中找到新的发展出路。我们需要指出的是，巴西利卡塔其他的葡萄酒产区，如马特拉省（Matera）的葡萄酒仍在寻求自己独有的个性和高质量的典范酒品。他们满怀热情，一步一个脚印地前进着。

BASILICATA

巴西利卡塔区

Basilisco
VIA DELLE CANTINE, 22 - 85022 BARILE [PZ]
TEL. 0972771033
www.basiliscovini.it

藏酒销售
预约参观
膳宿接待
年产量 50 000 瓶
葡萄种植面积 26 公顷

巴斯里斯克酒庄（Basilisco）于1992年由库托洛（Donato Cutolo）创建，2012年由福地酒园（Feudi di San Gregorio）接管。他们有条不紊地照顾和管理着葡萄藤，力求产出优雅复杂的葡萄酒。阿格里科拉•巴斯利斯克（Agricola Basilisco）在酿酒师、顾问洛伦佐•蓝迪（Lorenzo Landi）的帮助下打理着整个庄园。葡萄园分别位于康特拉达•玛卡尔西奥（Contrada Macario）和杰罗西亚（Gelosia）等地，处在整个瓦尔切（Vulture）地区一些最好葡萄酒王国里的海拔450米高的火山土壤上。

● Aglianico del Vulture Basilisco '09	▼▼▼ 5
● Aglianico del Vulture Teodosio '10	▼▼ 3*
○ Sophia '11	▼ 3
● Aglianico del Vulture Basilisco '08	▼▼▼ 5
● Aglianico del Vulture Basilisco '07	▼▼▼ 5

Cantine del Notaio
VIA ROMA, 159
85028 RIONERO IN VULTURE [PZ]
TEL. 0972723689
www.cantinedelnotaio.com

藏酒销售
预约参观
餐饮接待
年产量 230 000 瓶
葡萄种植面积 30公顷
葡萄栽培方式 有机认证

吉尔拉多•吉乌拉特拉波切提（Gerardo Giuratrabocchett）是瓦尔切（Vulture）指定区中发布了最多葡萄酒种类的酒庄之一。这些酒主要来自阿吉里安科（Aglianico）品种，包括经典的瓦尔切•阿吉里安科（Aglianico del Vulture）葡萄酒、起泡葡萄酒、玫瑰红葡萄酒，半干葡萄酒和经过去皮发酵的红葡萄酒。在葡萄园里严谨的工作和对现代酿酒技术的娴熟运用使得酒庄成为许多葡萄酒爱好者心中的标杆企业。然而，我们对酒庄过去几年的葡萄酒的质量表示怀疑。我们发现，他们极端催熟葡萄，过度使用木材，导致品种和土地的自然特色变得黯淡无光。

● Aglianico del Vulture La Firma '09	▼▼ 6
○ L'Autentica '10	▼▼ 5
● Aglianico del Vulture Il Sigillo '08	▼▼ 6
○ Il Preliminare '11	▼ 3
○ Il Rogito '10	▼ 3
● L'Atto '10	▼ 3
○ La Raccolta '11	▼ 5
● Aglianico del Vulture Il Repertorio '08	▼▼ 4
● Aglianico del Vulture Il Sigillo '07	▼▼ 6
● Aglianico del Vulture La Firma '08	▼▼ 6
○ L'Autentica '09	▼▼ 5

Carbone

VIA NITTI, 48 - 85025 MELFI [PZ]
TEL. 0972237866
www.carbonevini.it

藏酒销售
预约参观
年产量 45 000 瓶
葡萄种植面积 18 公顷

短短几年内，鲁卡（Luca）和萨拉•卡本内（Sara Carbone）成功地将梅尔菲（Melfi）地区附近优秀古老的葡萄园发展成了瓦尔切（Vulture）地区最强大、最令人振奋的新庄园之一。两兄妹经营的这个酒庄产出了一系列高品质的葡萄酒，同时寻求开发这片土地的旅游业；并通过在梅尔菲（Melfi）镇著名的木桶酒窖举行研究会议，以重新发现这片土地的文化特性。

D'Angelo
di Filomena Ruppi

VIA PADRE PIO, 10
85028 RIONERO IN VULTURE [PZ]
TEL. 0972724602
www.agrida.com

藏酒销售
年产量 50 000 瓶
葡萄种植面积 15 公顷

这个酒庄是由多纳托•德•安杰洛（Donato D'Angelo）和他的妻子菲尔欧米娜•卢比（Filomena Ruppai）创建的，如今已发展成为瓦尔切（Vulture）葡萄酒界的一股中坚力量。活力四射的酒庄位于瓦尔切市巴瑞尔（Barile）和里约内罗（Rionero）周边，法定葡萄酒产区经典地带的葡萄园。在这里，多纳托生产了瓦尔切•阿吉里安科（Aglianico del Vulture）以及其他更个性化的葡萄酒，诸如阿吉里安科（Aglianico）和国际赤霞珠（Cabernet Sauvignon）混酿而成的波尔科那拉（Balconara）。另外，还有一些葡萄酒更现代化、更平易近人些。

● Aglianico del Vulture 400 Some '09	♙♙ 4
● Aglianico del Vulture 400 Some '08	♙♙ 4
● Aglianico del Vulture Stupor Mundi '09	♙ 5
● Aglianico del Vulture Terra dei Fuochi '10	♙ 2
○ Fiano '11	♙ 3
● Aglianico del Vulture Stupor Mundi '08	♗♗ 5
● Aglianico del Vulture Terra dei Fuochi '09	♗♗ 2

● Balconara '09	♙♙♙ 4
● Aglianico del Vulture Donato D'Angelo '08	♗♗ 3
● Balconara '08	♗♗ 4

BASILICATA

Casa Vinicola D'Angelo
VIA PROVINCIALE, 8
85028 RIONERO IN VULTURE [PZ]
TEL. 0972721517
www.dangelowine.it

藏酒销售
预约参观
年产量 300 000 瓶
葡萄种植面积 35 公顷

俄尔米尼亚（Erminia）和罗科·德·安杰洛（Rocco D'Angelo）正传承着的酿酒传统可以追溯到20世纪30年代。深厚的酿酒底蕴使得这家酒庄成为瓦尔切（Vulture）地区在意大利乃至世界各地的宣传大使。葡萄园位于法定葡萄酒产区的经典地带，横跨里约热内卢（Rionero）、巴瑞尔（Barile）、拉珀拉（Rapolla）和瑞帕坎迪达（Ripacandia）四地。出产的葡萄酒风格多样，相比传统的品牌纤细灵巧、特质迷人，有时几乎达到了简朴的程度。这些酒在进入市场之前需要在木桶里进行长时间的浸渍和陈酿。

● Aglianico del Vulture Valle del Noce '10	🍷🍷 5
● Aglianico del Vulture V. Caselle Ris. '07	🍷🍷 4
● Aglianico del Vulture '10	🍷 2
● Canneto '10	🍷 4
● Serra delle Querce '10	🍷 5
● Aglianico del Vulture V. Caselle Ris. '01	🍷🍷🍷 3*
● Aglianico del Vulture '09	🍷🍷 2*
● Aglianico del Vulture V. Caselle Ris. '06	🍷🍷 4
● Aglianico del Vulture Valle del Noce '09	🍷🍷 5
● Canneto '09	🍷🍷 4

Eleano
FRAZ. PIAN DELL'ALTARE
SP 8 - 85028 RIPACANDIDA [PZ]
TEL. 0972722273
www.eleano.it

藏酒销售
预约参观
参观设施
年产量 35 000 瓶
葡萄种植面积 7 公顷

埃利亚诺（Eleano）、阿尔弗瑞多·科尔蒂斯科（Alfredo Cordisco）和弗朗西斯卡·格里克（Francesca Grieco）的酒庄成立至今已有10年。在这10年里，我们的两位主人公已经酿造出了一系列品质优秀、风格一致的葡萄酒，其中的关键因素始终是对清新气息和强重酒体，优雅气质和浓厚酒质的完美平衡。要知道，在瓦尔切（Vulture）地区取得这种和谐并不容易。以盖奥特式栽培的葡萄园绝大部分种植了阿吉里安科（Aglianico）葡萄。此外，小部分莫斯卡托葡萄（Moscato）的种植密度在每公顷5 000株左右，位于瑞帕坎迪达市（Ripacandia）附近农村的阿尔塔利·皮安（Pian dell'Altare）地区。

● Teseo '10	🍷🍷 2*
● Aglianico del Vulture Eleano '08	🍷🍷 5
● Aglianico del Vulture Dioniso '09	🍷 3
○ Fedra '11	🍷 3
● Aglianico del Vulture Dioniso '08	🍷🍷 3
● Aglianico del Vulture Dioniso '07	🍷🍷 3
● Aglianico del Vulture Eleano '07	🍷🍷 5
● Aglianico del Vulture Eleano '06	🍷🍷 5
○ Ambra '08	🍷🍷 4

巴西利卡塔区
BASILICATA

Elena Fucci
c.da Solagna del Titolo - 85022 Barile [PZ]
Tel. 0972770736
www.elenafuccivini.com

藏酒销售
预约参观
年产量 18 000 瓶
葡萄种植面积 6.5 公顷
葡萄栽培方式 传统栽培

在短短的10多年时间里,上进的艾琳娜·福西(Elena Fucci)成功地把她的小型手工艺酒窖发展成了意大利南部葡萄酒酿造业的领航者,这一切都归功于酒庄唯一的葡萄酒品牌——缇托洛(Titolo)。这种瓦尔切·阿吉里安科(Aglianico del Vulture)葡萄园精品酒产自缇托洛·康特拉达·索拉格纳(Contrada Solagna del Titolo)地区海拔约600米的葡萄园,是由灌木丛改造成的葡萄田,占地3.5公顷,其中一些葡萄藤已有60多年的历史。而以盖奥特式栽培的葡萄田占地3公顷,历史与前者相比更短一些。酒庄出产的葡萄酒在小型橡木桶里陈酿约一年后,既具备现代风格,也呈现出一种无可挑剔的经典气息。

● Aglianico del Vulture Titolo '10	♥♥♥ 5
● Aglianico del Vulture Titolo '09	♀♀♀ 5
● Aglianico del Vulture Titolo '08	♀♀♀ 6
● Aglianico del Vulture Titolo '07	♀♀♀ 6
● Aglianico del Vulture Titolo '06	♀♀♀ 5

Grifalco della Lucania
loc. Pian di Camera - 85029 Venosa [PZ]
Tel. 097231002
grifaicodellalucania@email.it

藏酒销售
预约参观
年产量 65 000瓶
葡萄种植面积 16 公顷
葡萄栽培方式 有机认证

由法布里奇奥(Fabrizio)和赛利亚西·皮森(Cecilia Piccin)创建于2003年的这个酒庄,最早位于托斯卡纳(Tuscany)的基安蒂(Chianti)和蒙特布查诺(Montepulciano)等地。现搬到巴西利卡塔(Basilicata)区,酒庄全面加快了发展速度,持续生产出优质的葡萄酒。葡萄园则位于吉内斯塔拉(Ginestra)、马斯切托(Maschito)、拉珀拉(Rapolla)和维诺萨(Venosa)四个地方,产出的葡萄用于酿制阿吉里安科系列(Aglianicos)葡萄酒。在大型橡木桶里陈酿,果香丰富、气质优雅,酒窖对芳香和纤细度与非强重酒体的重视让它们获得了良好的平衡。

● Aglianico del Vulture Bosco del Falco '07	♀♀ 4
● Aglianico del Vulture Damaschito '08	♀♀ 4
● Aglianico del Vulture Grifalco '10	♀♀ 3
● Aglianico del Vulture Gricos '10	♀ 2
● Aglianico del Vulture Damaschito '07	♀♀ 3
● Aglianico del Vulture Gricos '09	♀♀ 2*
● Aglianico del Vulture Grifalco '09	♀♀ 3

巴西利卡塔区
BASILICATA

Michele Laluce
via Roma, 21 - 85020 Ginestra [PZ]
Tel. 0972646145
www.vinilaluce.it

藏酒销售
预约参观
年产量 40 000 瓶
葡萄种植面积 7 公顷
葡萄栽培方式 有机认证

米歇尔•拉鲁斯（Michele Laluce）酒庄的葡萄园坐落在萨拉•德尔•特索罗（Serra del Tesoro）乡村的吉内斯塔拉（Ginestra），那里的海拔约400米，几乎全部种植阿吉里安科（Aglianico）。酒庄出品的葡萄酒使用了多种发酵和陈酿方法，很难定义一个精确的风格。虽然所有的酒品都追求入口柔和，重视反映地域特色，但都没有刻意去创造一种标志性的形象。出产的一系列葡萄酒虽然有时似乎有点土气，但得到了葡萄酒爱好者的高度肯定。

● Aglianico del Vulture Le Drude '08	▼▼ 6
● Aglianico del Vulture Zimberno '08	▼▼ 5
● Aglianico del Vulture Le Drude '07	♀♀ 5
● Aglianico del Vulture Le Drude '06	♀♀ 4
● Aglianico del Vulture Zimberno '06	♀♀ 4

Macarico
via Verdi, 3 - 85022 Barile [PZ]
Tel. 0972771051
www.macaricovini.it

藏酒销售
预约参观
年产量 23 000 瓶
葡萄种植面积 5 公顷
葡萄栽培方式 有机认证

瑞诺•波特（Rino Botte）和瑞纳托•阿布拉米（Renato Abrami）的酒庄现已成为瓦尔切（Vulture）葡萄酒世界的重要组成部分。葡萄园位于经典地带的顶级葡萄园之一——康特拉达•玛卡尔西奥（Contrada Macario），这里的葡萄种植密度差不多是每公顷1000株，产量明显是很低的。酒庄出品的葡萄酒保持着强劲与粗犷的基本特色。随着时间的推移，葡萄酒的均衡与口感会不断增强。马卡里奥（Macario）的身材稍胖，但口才很好；而马卡里（Macari）看起来随和，平易近人。

● Aglianico del Vulture Macarì '09	▼▼ 4
● Aglianico del Vulture Macarico '08	▼▼ 5
● Aglianico del Vulture Macarico '07	♀♀♀ 5
● Aglianico del Vulture '06	♀♀ 5
● Aglianico del Vulture Macarì '08	♀♀ 4
● Aglianico del Vulture Macarico Selezione '06	♀♀ 6

Musto Carmelitano

via Pietro Nenni, 23 - 85020 Maschito [PZ]
Tel. 097233312
www.mustocarmelitano.it

藏酒销售
预约参观
膳宿接待
年产量 20 000 瓶
葡萄种植面积 4 公顷
葡萄栽培方式 有机认证

在短短五年的时间里，伊丽莎白塔•穆斯托•卡麦里塔诺（Elisabetta Musto Carmelitano）就已经把她的葡萄酒带到了瓦尔切（Vulture）葡萄酒的顶级行列。她成功的秘诀是清晰的发展思路以及把灵感付诸实践的热情，从她决定采用有机耕作方式和不顾酒庄的小规模还坚持使用多个不同葡萄园的葡萄就可看出。在她的努力下，有25年历史的维纳瓦（Vernavà）葡萄园造就了三款马斯切托（Maschito）。而有45年历史的塞拉•德尔•普利特（Serra del Prete）葡萄园以及有80年历史的莫洛•皮安（Pian del Moro）葡萄园则出品两个精品系列。不过在酿制方法上有所不同，前者在不锈钢和混凝土容器陈酿，后者的陈化在中型橡木桶里进行。

- Aglianico del Vulture Serra del Prete '10　🍷 3*
- Aglianico del Vulture Pian del Moro '10　🍷 3
- ⊙ Maschiano Rosato '11　🍷 2
- Maschiano Rosso '10　🍷 2
- Aglianico del Vulture Serra del Prete '09　🍷🍷🍷 2*
- Aglianico del Vulture Pian del Moro '09　🍷🍷 3
- Maschitano Rosso '09　🍷🍷 2*

Paternoster

c.da Valle del Titolo - 85022 Barile [PZ]
Tel. 0972770224
www.paternostervini.it

藏酒销售
预约参观
年产量 150 000 瓶
葡萄种植面积 20 公顷
葡萄栽培方式 有机认证

自1925年以来，帕斯特莫斯特尔（Paternoster）酒庄就一直是瓦尔切（Vulture）地区葡萄酒的领先品牌，甚至在国际上都享有声望。酒庄植根于所处的土地，一直努力跟上时代步伐，这一点从建于几年前的新酒窖上就可见一斑。葡萄园由7块不同的葡萄田组成，散布在瓦尔切（Vulture）地区一些最好的地域，如缇托洛山谷（Valle del Titolo）、马卡里科（Macarico）和吉罗西亚（Gelosia）。酒庄出品的葡萄酒酿制精良，包括瓦尔切•阿吉里安科（Aglianico del Vulture）系列的两个品种，较为传统轻松的安森莫（Anselmo）和较为现代醇厚的罗顿多（Rotondo）。

- Aglianico del Vulture Don Anselmo '08　🍷 6
- Aglianico del Vulture Synthesi '09　🍷 3
- Barigliòtt '11　🍷 2
- Aglianico del Vulture Don Anselmo Ris. '05　🍷🍷🍷 6
- Aglianico del Vulture Rotondo '01　🍷🍷🍷 5
- Aglianico del Vulture Rotondo '00　🍷🍷🍷 5
- Aglianico del Vulture Rotondo '98　🍷🍷🍷 5
- Aglianico del Vulture Don Anselmo '94　🍷🍷🍷 6
- Aglianico del Vulture Don Anselmo '07　🍷🍷 6
- Aglianico del Vulture Rotondo '08　🍷🍷 5
- Aglianico del Vulture Synthesi '08　🍷🍷 3
- ⊙ Biancorte Fiano '10　🍷🍷 3

BASILICATA

Terre degli Svevi
LOC. PIAN DI CAMERA - 85029 VENOSA [PZ]
TEL. 097231263
www.giv.it

藏酒销售
预约参观
餐饮接待
年产量 200 000 瓶
葡萄种植面积 120 公顷

意大利葡萄酒集团（Gruppo Italiano Vini）的巴西利卡塔（Basilicata）酒庄始建于1998年，处在瓦尔切（Vulture）地区酒庄中的领先行列。葡萄园分别位于韦诺萨（Venosa）、巴瑞尔（Barile）和马斯切托（Maschito）等地，普遍种植了阿吉里安科葡萄（Aglianico），以及小量的穆勒•图尔高（Müller thurgau）和特拉米内尔•阿罗马提科（Traminer aromatico）葡萄。酿制精良的葡萄酒呈现出厚重现代的风格，酿造过程避免使用极端方法，以确保诠释出葡萄酒的自然特性。所有的瓦尔切•阿吉里安科（Aglianico di Vulture）葡萄酒在小型橡木桶里陈化，唯一的例外是一款入门级葡萄酒，是在不锈钢桶里发酵的。

● Aglianico del Vulture Serpara '08	🍷🍷 5
● Aglianico del Vulture '09	🍷🍷 3
● Aglianico del Vulture Re Manfredi '09	🍷🍷 4
○ Re Manfredi Bianco '11	🍷 3
⊙ Re Manfredi Rosato '11	🍷 3
● Aglianico del Vulture Re Manfredi '05	🍷🍷🍷 4
● Aglianico del Vulture Re Manfredi '07	🍷🍷 4
● Aglianico del Vulture Serpara '07	🍷🍷 5

Cantina di Venosa
LOC. VIGNALI
VIA APPIA - 85029 VENOSA [PZ]
TEL. 097236702
www.cantinadivenosa.it

藏酒销售
预约参观
年产量 800 000 瓶
葡萄种植面积 800 公顷

这个维诺萨（Venosa）地区的联营酒庄由27位种植者于1957年创建。今天已成为整个意大利中部和南部最重要的联营酒庄之一。另外，它还是瓦尔切（Vulture）地区的重点企业之一，部分原因是其广泛的社会影响力和卓越的产品质量。酒庄目前拥有450名成员，其广袤的葡萄园分别坐落在维诺萨（Venosa）、马斯切托（Maschito）、瑞帕坎迪达（Ripacandida）和吉内斯塔拉（Ginestra）的市辖区。出产的葡萄酒总是物有所值，包括一系列陈化时长不一、所用木桶多样的阿吉里安科（Aglianicos）和一款干性莫斯卡托（Moscato）葡萄酒。

● Aglianico del Vulture Gesualdo da Venosa '08	🍷🍷 4
○ Dry Muscat Terre di Orazio '11	🍷🍷 2*
○ D'Avalos di Gesualdo '11	🍷 3
⊙ Terre di Orazio Rosé '11	🍷 3
● Aglianico del Vulture Carato Venusio '08	🍷🍷 5
● Aglianico del Vulture Carato Venusio '07	🍷🍷 4
● Aglianico del Vulture Gesualdo da Venosa '07	🍷🍷 4
● Aglianico del Vulture Terre di Orazio '09	🍷🍷 3
● Aglianico del Vulture Vignali '09	🍷🍷 2*

OTHER WINERIES

Francesco Bonifacio
C.DA PIANI DI CAMERA - 85029 VENOSA [PZ]
TEL. 097231436
www.cantinebonifacio.it

● La Sfida '10	🏆 1*
○ Lacrima di Orazio '11	🍷 2

Camerlengo
VIA TASSO, 26 - 85027 RAPOLLA [PZ]
TEL. 335251885
www.camerlengodoc.com

● Aglianico del Vulture Antelio '09	🏆 3
● Aglianico del Vulture Camerlengo '08	🏆 5

Masseria Cardillo
C.SO UMBERTO, 95 - 75012 BERNALDA [MT]
TEL. 0835748992
www.masseriacardillo.it

● Tittà '10	🏆 2*
⊙ Bacche Rosa '11	🍷 2
○ Ovo Di Elena '11	🍷 2

Casa Maschito
VIA F. S. NITTI - 85020 MASCHITO [PZ]
TEL. 097233101
www.casamaschito.it

● Aglianico del Vulture La Bottaia '08	🏆 3
● Aglianico del Vulture Portale Adduca '08	🏆 2*

Colli Cerentino
VIA MATTEOTTI, 10
85025 RIONERO IN VULTURE [PZ]
TEL. 0972720329
www.collicerentino.com

● Aglianico del Vulture Masquito Gold '06	🏆 6

Consorzio Viticoltori Associati del Vulture
SS 93 - 85022 BARILE [PZ]
TEL. 0972770386
conscoviv@tiscali.it

● Aglianico del Vulture '06	🏆 3
● Aglianico del Vulture Carpe Diem '06	🍷 5

其他酒庄 / **OTHER WINERIES**

Cantine Madonna delle Grazie

LOC. VIGNALI
VIA APPIA - 85029 VENOSA [PZ]
TEL. 097235704
www.cantinemadonnadellegrazie.it

● Aglianico del Vulture Liscone '08	🍷🍷 3
● Aglianico del Vulture Bauccio '07	🍷 4

Armando Martino

VIA LUIGI LA VISTA, 2A
85028 RIONERO IN VULTURE [PZ]
TEL. 0972721422
www.martinovini.com

● Aglianico del Vulture Oraziano '07	🍷🍷 5
● Aglianico del Vulture Pretoriano '07	🍷 5
⊙ Rosé Donna Lidia '11	🍷 2

Ofanto - Tenuta I Gelsi

FRAZ. MONTICCHIO BAGNI
85020 RIONERO IN VULTURE [PZ]
TEL. 0972080289
www.ofantovini.it

● Aglianico del Vulture L'Emozione '08	🍷🍷 4
● Basilicata Bianco '11	🍷 2
● Basilicata Rosso '09	🍷 3

Tenuta Le Querce

C.DA LE QUERCE - 85022 BARILE [PZ]
TEL. 0971725102
www.tenutalequerce.com

● Aglianico del Vulture V. della Corona '08	🍷🍷 8
● Aglianico del Vulture Rosso di Costanza '08	🍷 5
● Tamurro Nero '08	🍷 8

Taverna

C.DA TAVERNA, 15 - 75020 NOVA SIRI [MT]
TEL. 0835877083
www.aataverna.com

● Aglianico del Vulture Loukania '08	🍷🍷 2*
○ Dry Muscat '11	🍷 2
● Matera Moro I Sassi '10	🍷 2
○ Matera San Basile '11	🍷 2

Vulcano & Vini

C.DA FINOCCHIARO - 85024 LAVELLO [PZ]
TEL. 097288409
www.agricolabisceglia.com

● Armille Syrah '11	🍷🍷 3
● Aglianico del Vulture Gudarrà '09	🍷 4
○ Bosco delle Rose Chardonnay '11	🍷 3

普利亚区
PUGLIA

凭借普利亚区高质量的本土葡萄，上佳的气候条件和一系列优质葡萄酒，普利亚区（Puglia）不断进步着，巩固其在意大利葡萄酒界的领先地位。这是意料之中的。虽然现在如此风光，普利亚大区（Puglia）也曾在葡萄酒界低迷多时。接着，推出如黑金衡（Nero di Troia）和苏苏曼尼耶洛（Sussumaniello）等未被开发的葡萄，后来又推出了风靡一时的普利米帝沃（Primitivo）葡萄，最近还大幅提升了黑马罗（Negroamaro）葡萄的质量。终于，这一切努力让普利亚区重新回到了意大利葡萄酒的领先行列。值得一提的是，普利亚区终于开始关注土地，迈出了促进葡萄园发展的第一步。曼陀利亚（Manduria）和吉奥亚科利（Gioia del Colle）地区已经确立了一流的地中海葡萄酒风格，果肉、力量、糖分和酒精被清新的气味所抵销，这一抹清新的出现即使在几年前都很难想象。由黑马罗葡萄（Negroamaro）和少量黑玛尔维萨葡萄（Malvasia Nera）混合酿成的萨伦托（Salento）葡萄酒也重新在萨利切·萨伦蒂诺（Salice Salentino）的版图上找到了方向，它在该地停滞多年的位置上崛起，再次成为能活跃于国际市场的葡萄酒。事实上，该区凭借着坎特勒（Cantele）酒庄的2009年珍藏系列（2009 Riserva）把我们2013年的"最物有所值"奖项收入囊中。从各产区来看，我们注意到，2013蒙特城堡（Castel del Monte）的部分区域在经过几年的强势发展后有所退步，遭遇了发展的瓶颈期。多年后的今天，切里尼奥拉（Cerignola）地区和福贾（Foggia）省终于放弃了产量高于一切的酿酒理念，开始注重葡萄酒的质量。我们还应该提到，大区2013年出现了一些令人兴奋的白葡萄酒，这得感谢对以维戴卡葡萄（Verdeca）和米努托罗葡萄（Minutolo）为首的本地品种的大量实验。当然，这些酒品还有很长的路要走，因为我们知道即使付出再多努力，也没有多少地区能生产出优秀的白葡萄酒。另外，普利亚区的桃红葡萄酒系列（Rosé）已经确立自己在人们日常生活中的地位，成为了极其爽口的维德索侬（Vins de soif）。我们仍需指出，普利亚区的葡萄酒很大程度上仍依赖灌木丛式的葡萄园，而可悲的是，酿酒商们却继续糟蹋着这些种植园。我们认为，酿酒商和整个地区的葡萄酒生产是一个整体，应该共发展同进退。所有人，都应该致力于保护剩余的灌木丛式葡萄园。

普利亚区
PUGLIA

A Mano
via Sergio Leone, 8c
70023 Gioia del Colle [BA]
Tel. 0803434872
www.amanowine.it

预约参观
年产量 165 000 瓶
葡萄种植面积 未提供
葡萄栽培方式 有机认证

1998年,埃尔维拉·斯巴尔其尔洛(Elvzia Sbalchiero)和马克·山侬(Mark Shannon)首次来到普利亚区(Puglia)察看由灌木丛改造而来的普利米帝沃(Primitivo)老葡萄藤,他们对这里优美的环境异常着迷,认为有极大的酿制葡萄酒的潜力,于是就在这里居住下来。虽然没有自己的葡萄园,但他们自1999年以来一直生产着真正优质的葡萄酒,把迷人的口感和精湛的技术有机结合,真实诠释了地域特性。葡萄酒风格既承袭传统,又带有现代气息。所谓现代,因为他们的葡萄酒使用螺旋盖。

● Prima Mano '09	♛♛ 3*
⊙ A Mano Rosato '11	♛♛ 2*
● Primitivo '09	♛♛ 2*
○ Fiano - Greco '11	♛ 2
● Negroamaro '11	♛ 2
○ Fiano - Greco '10	♛♛ 2*
● Negroamaro A Mano '08	♛♛ 2*
● Prima Mano Primitivo '08	♛♛ 2*
● Primitivo '07	♛♛ 2*
● Primitivo A Mano '08	♛♛ 2*
⊙ Rosato '10	♛♛ 2*

Cantina Albea
via Due Macelli, 8
70011 Alberobello [BA]
Tel. 0804323548
www.albeavini.com

藏酒销售
预约参观
年产量 300 000 瓶
葡萄种植面积 40 公顷

丹特·雷恩兹丁(Dante Renzini)的阿尔比亚酒庄(Albea)始建于20世纪初,多年来一直是普利亚区(Puglia)最重要的酒庄之一。这里特别重视推广本地葡萄品种黑金衡(Nero di Troia),其他品种包括普利米帝沃(Primitivo)、白阿丽桑诺(Bianco d'Alessano)、内格罗阿玛罗(Negroamaro)以及维戴卡(Verdeca)葡萄。酒窖所酿葡萄酒十分深厚浓郁,用精准的技术塑造出了现代和国际风格。酒庄最重要的精品酒主要产区分别在杜尔·特鲁利(Due Trulli)、阿尔比亚(Albea)以及索尔特拉(Terra del Sole)。

● Lui '10	♛♛ 5
● Petranera '10	♛♛ 3
⊙ Petrarosa '11	♛ 2
● Riservato '09	♛♛ 3
● Lui '06	♛♛♛ 5
● Lui '05	♛♛♛ 5
● Lui '09	♛♛ 5
● Lui '08	♛♛ 5
● Nobile Latino '09	♛♛ 2
● Petranera '09	♛♛ 3
● Raro '09	♛♛ 3
● Raro '08	♛♛ 3
● Riservato '08	♛♛ 3

普利亚区
PUGLIA

Antica Enotria
C.DA RISICATA
SP 65 - 71042 CERIGNOLA [FG]
TEL. 0885418462
www.anticaenotria.it

藏酒销售
预约参观
年产量 100 000 瓶
葡萄种植面积 13 公顷
葡萄栽培方式 有机认证

图奇奥•拉斐尔（Raffaele Di Tuccio）是普利亚区（Puglia）采用有机栽培种植葡萄的旗帜人物，其酒庄早在1993年就通过了有机认证。他使用传统方法酿制出的一系列葡萄酒散发出清晰的香味。对葡萄酒进行一些小试验也是他的一大爱好，比如酿制不含亚硫酸盐的葡萄酒，或使用双耳瓶酿酒。葡萄园地处松软的黏土和石灰土上，种植了来自切里尼奥拉（Cerignola）的传统葡萄，其中包括有红葡萄品种蒙特布查诺（Montepulciano）、阿吉里安科（Aglianico）和黑金衡（Nero di Troia），有白葡萄品种法兰姬娜（Falanghina）和格莱克（Greco）。

● Negroamaro '10	🍷🍷 3
● Nero di Troia '09	🍷🍷 3
● Vriccio '11	🍷🍷 2*
○ Falanghina '11	🍷 2
● Falù '10	🍷 2

Apollonio
VIA SAN PIETRO IN LAMA, 7
73047 MONTERONI DI LECCE [LE]
TEL. 0832327182
www.apolloniovini.it

藏酒销售
预约参观
年产量 1 500 000 瓶
葡萄种植面积 50 公顷

马尔塞洛（Marcello）和马西米利亚诺（Massimiliano）兄弟管理这个创建于1870年的家族酒庄已有15年了。他们的酿酒理念是，在收成仅几年后就推出顶级的葡萄酒。酒窖里，他们对葡萄进行长时间的浸渍，然后放进木桶里陈化。两处葡萄园都由灌木丛转换而来，属于粘质石灰性的土壤。他们的葡萄酒主要包括两个系列：莫里•罗卡（Rocca dei Mori）和阿波罗尼奥（Apollonio）。产出的葡萄酒风格传统，但同时追求更强的吸引力和更细致的芳香。

● Elfo Rosso '11	🍷🍷 2*
● Salice Salentino Rosso '07	🍷🍷 3
● Squinzano Rosso '07	🍷🍷 4
● Terragnolo Primitivo '07	🍷🍷 5
● Copertino '07	🍷 3
○ Salice Salentino Bianco '11	🍷 2
● Terragnolo Negroamaro '07	🍷 5
● Salice Salentino Rosso '06	🍷🍷 3
● Terragnolo Negroamaro '06	🍷🍷 4
● Terragnolo Negroamaro '04	🍷🍷 4

PUGLIA 普利亚区

Cantele

SP Salice Salentino-San Donaci km 35,600
73010 Guagnano [LE]
Tel. 0832705010
www.cantele.it

藏酒销售
预约参观
年产量 1 800 000 瓶
葡萄种植面积 150 公顷

坎特勒（Cantele）家族的第三代——吉安尼（Gianni）、保罗（Paolo）、翁贝托（Umberto）和路易莎（Luisa）已经能娴熟地管理酒庄了。酒庄主要的50公顷葡萄园坐落在古安格纳诺（Guagnano）、圣皮尔托•凡尔诺迪克（San Pietro Vernotico）以及蒙特莫锁拉（Montemesola），土质主要是地中海红壤。此外，酒庄还有100多公顷的土地由一批经验熟练的种植者在打理，并且得到酒庄技术人员的强有力支持。出产的葡萄酒品种繁多，涵盖了由本地葡萄和国际葡萄酿制的现代风格葡萄酒。多年以来，坎特勒（Cantele）酒庄的酒品一直保持高质出品。

● Salice Salentino Rosso Ris. '09	♛♛♛ 2*
● Amativo '10	♛♛ 4
● Teresa Manara Negroamaro '10	♛♛ 3
● Varius Syrah '10	♛♛ 2
● Primitivo '10	♛ 2
● Varius Merlot '10	♛ 2
○ Verdeca '11	♛ 2
● Amativo '07	♛♛♛ 4*
● Amativo '03	♛♛♛ 3*
○ Alticelli Fiano '10	♛♛ 2*
● Amativo '09	♛♛ 4
● Amativo '08	♛♛ 4
● Salice Salentino Rosso Ris. '08	♛♛ 2*
○ Teresa Manara Chardonnay '10	♛♛ 2*
● Teresa Manara Negroamaro '09	♛♛ 3

Carvinea

via per Serranova, 1
72012 Carovigno [BR]
Tel. 0805862345
www.carvinea.com

藏酒销售
参观设施
年产量 35 000 瓶
葡萄种植面积 8.75公顷

短短几年内，高质量的葡萄酒产品为比伯•德玛利亚（Beppe De Maria）的酒庄赢得了成功。萨伦托（Salento）地区最适合种植的葡萄品种包括蒙特布查诺（Montepulciano）、阿吉里安科（Aglianico）和皮蒂特瓦尔多特（Petit verdot）。葡萄园距离海边几公里远，土壤条件为凝灰质和石灰土。虽然葡萄藤的种植年份不到10年，但酿出的葡萄酒浓烈稠厚，果香丰富。葡萄的产量低，每条藤的葡萄产量不过1000克。此外，酒窖里精确的酿酒工作也是葡萄酒变得优质的原因之一。

● Sierma '09	♛♛♛ 5
● Frauma '09	♛♛ 5
● Lunachiena '09	♛♛ 2*
● Merula '09	♛♛ 3
● Frauma '08	♛♛♛ 4
● Merula '08	♛♛ 3
● Sierma '08	♛♛ 5
● Sierma '07	♛♛ 5
● Sorma '08	♛♛ 5

Castello Monaci

C.da Monaci - 73015 Salice Salentino [LE]
Tel. 0831665700
www.castellomonaci.it

藏酒销售
餐饮接待
年产量 2 000 000 瓶
葡萄种植面积 150 公顷

意大利葡萄酒集团（Gruppo Italiano Vini）旗下的卡斯特罗•莫纳西（Castello Monaci）酒庄坐落在萨里斯•萨伦蒂诺（Salice Salentino）的边沿地带，也是普利亚区（Puglia）最值得信赖的酒庄之一。他们的葡萄园分布在莱彻（Lecce）、塔兰托（Taranto）和布林迪恩（Brindisi），园内的平均种植密度为每公顷5 000株，拥有良好的排水系统，肥沃的表层土覆盖在更深的岩石层上。葡萄酒有两条生产线：卡斯特罗•莫纳西（Castello Monaci）和斐度•莫纳西（Feudo Monaci）。酒品在具有舒适口感的同时，表现出很强的地域特性。

● Artas '10	🍷 5
⊙ Kreos '11	🍷 2*
○ Charà '11	🍷 2
● Médos '11	🍷 3
● Salice Salentino Aiace Ris. '09	🍷 3
● Salice Salentino Liante '11	🍷 2
● Artas '07	🍷🍷🍷 5
● Artas '06	🍷🍷🍷 4
● Artas '05	🍷🍷🍷 4*
● Artas '04	🍷🍷🍷 3*
● Artas '09	🍷🍷 5
● Artas '08	🍷🍷 5
● Médos '10	🍷🍷 3
● Salice Salentino Aiace Ris. '08	🍷🍷 3

Chiaromonte

vico Muro Sant'Angelo, 6
70021 Acquaviva delle Fonti [BA]
Tel. 3397548076
www.vinichiaromonte.it

藏酒销售
预约参观
年产量 60 000 瓶
葡萄种植面积 27 公顷
葡萄栽培方式 有机认证

一段时间以来，尼古拉•奇阿诺蒙特（Nicola Chiaromonte）展示出了他个性中爱探究、爱实验的一面。除了试验各种普利米帝沃（Primitivo）葡萄酒的酿造方法外，他也花了不少时间栽培米努托罗（Minutolo）葡萄，并在2013年产出了一些甜酒和起泡酒。可以说，我们将在一段时间内与这些从意大利酒窖中产出的最非凡的酒品打交道。之所以说它非凡，是因为这些酒为科利吉奥亚（Gioia del Colle）地区的复兴作出了决定性的贡献。酒庄出产的普利米帝沃（Primitivos）葡萄酒，酒精丰富、果香浓郁、优雅高贵。

● Gioia del Colle Muro Sant'Angelo Contrada Barbatto '09	🍷🍷🍷 6
● Gioia del Colle Primitivo Ris. '09	🍷🍷🍷 8
● Elè '10	🍷🍷 2*
● Gioia del Colle Muro Sant'Angelo '09	🍷🍷 3
○ Kimìa '11	🍷 3
● Gioia del Colle Muro Sant'Angelo Contrada Barbatto '08	🍷🍷🍷 5
● Gioia del Colle Muro Sant'Angelo Contrada Barbatto '07	🍷🍷🍷 5
● Gioia del Colle Primitivo Ris. '06	🍷🍷🍷 7
● Gioia del Colle Muro Sant'Angelo '08	🍷🍷 4
● Gioia del Colle Muro Sant'Angelo '06	🍷🍷 4
● Gioia del Colle Primitivo Ris. '08	🍷🍷 8

PUGLIA 普利亚区

Cantine Due Palme

VIA SAN MARCO, 130
72020 CELLINO SAN MARCO [BR]
TEL. 0831617865
www.cantineduepalme.it

藏酒销售
预约参观
膳宿接待
年产量 7 000 000 瓶
葡萄种植面积 2 500 公顷

时至今日，杜尔•帕尔米酒庄（Cantina Due Palme）已是一个拥有1 200名成员的大型联营酒庄，其占地2 500公顷的葡萄园分布在布林迪恩（Brindisi）、塔兰托（Taranto）和莱彻（Lecce）省萨伦托（Salento）地区的中心地带。在过去的20多年里，酒庄的酿酒学家兼主席安吉洛•马奇（Angelo Maci）把庄园发展成了本地区公认的葡萄栽培的标杆企业。酒庄的发展始终植根于所处的土地，坚持使用普利亚典型的在灌木丛中培育葡萄的体系，目标是使产出的葡萄酒既诠释传统工艺，又带有现代气息，能把丰饶甜美的果香和浓烈的酒劲有机结合起来。

● Salice Salentino Rosso Selvarossa Ris. '09	🍷🍷🍷 4*
● Serre '11	🍷🍷 3
○ Anthea '11	🍷 3
● Canonico '11	🍷 2
⊙ Melarosa Extra Dry '11	🍷 2
● Salice Salentino Rosso Selvarossa Ris. '08	🍷🍷🍷 4
● Salice Salentino Rosso Selvarossa Ris. '07	🍷🍷🍷 4*
● Salice Salentino Rosso Selvarossa Ris. '06	🍷🍷🍷 4*
● Salice Salentino Rosso Selvarossa Ris. '05	🍷🍷🍷 3*
● Salice Salentino Rosso Selvarossa Ris. '04	🍷🍷🍷 3*
● Ettamiano '08	🍷🍷 3
● Serre '10	🍷🍷 3

Erario

SS 7 PER MANDURIA - LECCE KM 1
74024 MANDURIA [TA]
TEL. 0999794407
www.agricolaerario.it

藏酒销售
预约参观
餐饮接待
年产量 50 000 瓶

这家成立不到10年的小型联营酒庄首次登上了我们的《年鉴》。庄园位于马图利亚（Maduria），现有7名成员，生产了高质量的葡萄酒和同样优秀的橄榄油。葡萄园大多位于海岸附近，园里的葡萄藤大部分种植在灌木丛中，由酒庄的成员亲自打理。这些成员在种植园培育经典的本地葡萄品种，其中为首的是普利米帝沃（Primitivo）葡萄。出品的葡萄酒风格现代，果香丰饶，呈现出良好的均衡与和谐。

● Primitivo di Manduria Chàrisma '09	🍷 3
● Primitivo di Manduria Diavolo Rosso 17 '09	🍷🍷 5
● Primitivo di Manduria Dolce Naturale Idillio '07	🍷🍷 3
● Primitivo di Manduria Magno '09	🍷🍷 3
● Aleatico	🍷 4
○ Moscato	🍷
○ Angelo Bianco 13 '09	🍷🍷 4
● Primitivo di Manduria Chàrisma '08	🍷🍷 3

普利亚区
PUGLIA

Felline - Pervini

via Santo Stasi Primo
74024 Manduria [TA]
Tel. 0999711660
www.racemi.it

藏酒销售
预约参观
年产量 300 000 瓶
葡种植面积 20 公顷
葡萄栽培方式 有机认证

多年来，格里格瑞·皮尔鲁奇（Gregory Perrucci）一直是普利亚大区葡萄栽培的标志性人物。他专注于保护和复兴古老普利亚风格的灌木丛种植园，让消费者和葡萄酒评论家们重新关注萨拉诺（Salerno）传统的葡萄酒。格里格瑞（Gregory）采用的酿酒方法注重展现酒品卓越的平衡性和迷人的口感。皮尔维尼（Pervini）产区主要生产价廉物美的日常饮用葡萄酒，其中菲尔利那（Felline）系列的葡萄酒取材于生长在石灰岩和砂红土壤上的老葡萄藤，带有独特的品种特性。

Gianfranco Fino

via Piave, 12 - 74128 Sava [TA]
Tel. 0997773970
www.gianfrancofino.it

预约参观
年产量 12 000 瓶
葡萄种植面积 12 公顷

简弗兰克（Gianfranco）和斯穆那（Simona）一直无条件地追求酒品的高质量，关注着每一个可能给葡萄酒带来新生机的细节，以求在他们已取得的显著成绩上增光添彩。今天，提供葡萄酒原料的12公顷葡萄园处在马图利亚（Maduria）和萨瓦（Sava）地区地中海式的石灰岩红壤上，葡萄树有着50年到80年不等的历史，种植在灌木丛中。某些葡萄藤从古老的不规则大小的浆果克隆而来，收获期晚，所酿葡萄酒不仅复杂、丰富，而且清新自然。

● Anarkos '11	♀♀ 2*
● Primitivo di Manduria '10	♀ 2
○ Rufiano '11	♀ 2
⊙ Vigna Rosa '11	♀ 2
● I Monili '10	♀♀ 1*
● Primitivo di Manduria Archidamo '09	♀♀ 2*
● Primitivo di Manduria Dolce Naturale Primo Amore '08	♀♀ 4
● Primitivo di Manduria Segnavento '10	♀♀ 2*
● Vigna del Feudo '08	♀♀ 4

● Primitivo di Manduria Es '10	♀♀♀ 6
● Primitivo di Manduria Es '09	♀♀♀ 6
● Primitivo di Manduria Es '08	♀♀♀ 6
● Primitivo di Manduria Es '07	♀♀♀ 6
● Primitivo di Manduria Es '06	♀♀♀ 5
● Jo '08	♀♀ 6
● Jo '07	♀♀ 6

普利亚区
PUGLIA

Leone de Castris
VIA SENATORE DE CASTRIS, 26
73015 SALICE SALENTINO [LE]
TEL. 0832731112
www.leonedecastris.com

藏酒销售
预约参观
膳宿接待
年产量 2 500 000 瓶
葡萄种植面积 150公顷

应该说林凯酒庄（Leone de Castris）现在已经成为普利亚大区葡萄酒酿造业的领头企业之一，其实早在1925年，他们就是区域内第一家将自家酿造的葡萄酒装瓶出售的酒窖。这里的酿酒葡萄来源于占地150公顷，分布在萨利切·萨伦托（Salice Salentino）、坎陪（Campi）和谷阿格纳诺（Guagnano）的葡萄园。此外，还有一些葡萄是从与林凯酒庄有着长期合作关系的种植者那里买来的。酒庄越来越青睐使用灌木丛种植园的培育系统，这一系统目前已用在了50公顷的葡萄田上。品种繁多的葡萄酒拥有非常可靠的品质、十足的现代气息和国际范。

● Salice Salentino Rosso Ris. '09	🍷🍷🍷 2*
● Salice Salentino Rosso Donna Lisa Ris. '09	🍷🍷 6
● Eloveni '11	🍷🍷 2*
⊙ Five Roses '11	🍷🍷 3
⊙ Angiò '11	🍷 3
⊙ Five Roses 68° Anniversario '11	🍷 2
⊙ Salice Salentino Brut Five Roses M. Cl. '10	🍷 5
⊙ Salice Salentino Brut Five Roses M. Cl. Anniversario '09	🍷 7
● Salice Salentino Rosso Donna Lisa Ris. '06	🍷🍷🍷 5
● Salice Salentino Rosso Donna Lisa Ris. '05	🍷🍷🍷 5

Masseria Li Veli
SP CELLINO-CAMPI, KM 1
72020 CELLINO SAN MARCO [BR]
TEL. 0831618259
www.liveli.it

藏酒销售
预约参观
年产量 350 000 瓶
葡萄种植面积 18 公顷
葡萄栽培方式 有机认证

10年前，法尔沃（Falvo）家族选择在普利亚区（Puglia）的马瑟利亚·利（Masseria Li）定居下来，并设立了一个已部分实施了的项目计划。这个计划的内容是种植具有典型普利亚风格，长在灌木丛式葡萄种植园的未经修剪的葡萄藤系列。虽然园内的葡萄种植达到了每公顷5 000株的高密度，葡萄园依然坚持使用"赛顿"（Settonce）（或称六角形）的古罗马种植模式。紧接着，酒庄启动了阿斯克斯（Askos）计划，使用古老到几乎被遗忘的本地葡萄品种来酿造葡萄酒。由此产出的酒品十分纯净，技术完美，传达了一种独特的地域风情。

● Aleatico Passito '07	🍷🍷 6
● Masseria Li Veli '09	🍷🍷 5
● Susumaniello Askos '11	🍷🍷 3
○ Verdeca Askos '11	🍷🍷 3
⊙ Orion '11	🍷 2
● Primonero '10	🍷 2
⊙ Rosato '11	🍷 2
● Salice Salentino Rosso Passamante '11	🍷 2
● MLV '08	🍷🍷 5
● Montecoco '09	🍷🍷 3
● Passamante '09	🍷🍷 2*
● Salice Salentino Rosso Pezzo Morgana Ris. '08	🍷🍷 3
○ Verdeca Askos '10	🍷🍷 3

Tenute Mater Domini

VIA DEI MARTIRI, 17/19
73012 CAMPI SALENTINA [LE]
TEL. 0832792442
www.tenutematerdomini.it

预约参观
年产量 80 000 瓶
葡萄种植面积 50 公顷

萨里斯•萨伦蒂诺（Salice Salentino）是普利亚（Puglia）最重要的葡萄酒指定区之一。在不到10年的时间里，萨莫拉罗家族（Semeraro）旗下的特奴特•马特•多米尼（Tenute Mater Domini）企业就成为了该指定区的重要组成部分。企业使用的酿酒葡萄来自其拥有的两个酒庄：马瑟利亚•卡西亚酒庄（Masseria Casili）和马瑟利亚•方塔纳里酒庄（Masseria Fontanelle）。酒庄的葡萄园位于黑马罗葡（Negroamaro）葡萄酒最佳产区里的诺沃里（Novoli）和萨里斯•萨伦蒂诺（Salice Salentino），里面的葡萄藤已有70年的历史，其中约有一半种植在灌木丛中。酒窖产出的葡萄酒风格现代，口感新鲜，果肉丰富。

Morella

VIA PER UGGIANO, 147
74024 MANDURIA [TA]
TEL. 0999791482
www.morellavini.com

藏酒销售
预约参观
年产量 15 000 瓶
葡萄种植面积 16 公顷
葡萄栽培方式 传统栽培

来到马图利亚（Maduria）仅仅10年的时间，丽莎•吉尔比（Lisa Gilbee）与盖塔诺•莫雷纳（Gaetano Morella）就把莫雷拉（Morella）酒庄发展成为该地区葡萄酒业的标杆。他们在葡萄园的灌木丛中一丝不苟地打理着已有50年到80年历史的葡萄藤。在酒窖里，他们精心雕琢每一颗产自自家葡萄园的优质葡萄，确保了产出的葡萄酒既浓郁醇厚，又有清新的口感和丰富的果肉。这些特质在古老葡萄酒（Old Vines）和拉•斯格诺拉（La Signora）两款葡萄园精品白酒系列上表现得更为明显。一排排的葡萄藤位于距离大海约两公里的地方，土壤由红土和覆盖在石灰岩上的沙质土组成。

- Salice Salentino Casili Ris. '09　　　5
- Marangi Bianco '11　　　3
- Marangi Rosato '11　　　2
- Marangi Rosso '10　　　3
- Salice Salentino Masserizio '10　　　2
- Salice Salentino Casili Ris. '08　　　5
- Marangi Rosso '09　　　3
- Salice Salentino Casili Ris. '07　　　5
- Salice Salentino Casili Ris. '06　　　5

- Primitivo Old Vines '09　　　5
- Primitivo La Signora '09　　　5
- Primitivo Negroamaro '10　　　4
- Mezzogiorno '11　　　3
- Primitivo La Signora '07　　　5
- Primitivo Old Vines '08　　　5
- Primitivo Old Vines '07　　　5
- Primitivo Malbek '09　　　3
- Primitivo Negroamaro '07　　　3*
- Primitivo Negroamaro Terre Rosse '09　　　3
- Primitivo Negroamaro Terre Rosse '08　　　3

普利亚区
PUGLIA

Cosimo Palamà
VIA A. DIAZ, 6 - 73020 CUTROFIANO [LE]
TEL. 0836542865
www.vinicolapalama.com

藏酒销售
预约参观
年产量 250 000 瓶
葡萄种植面积 15 公顷

科斯莫•帕拉玛（Cosimo Palamà）的家族酒庄成立于1936年，在过去的25年里，酒庄依靠其稳定的高质量和人性化的定价方法而得到公众的广泛赞誉。葡萄园坐落在卡特罗菲安娜（Cutrofiano）和马蒂诺（Matino）地区，处在中等质地、以石灰岩为主的土壤上，里面的葡萄藤一些以普利亚典型的灌木丛式栽培，一些以盖奥特式栽培。出品的葡萄酒几乎全部取材于普利亚的本地葡萄品种，风格传统，带有浓郁的地域特色。

● 75 Vendemmie '11	♟♟♟ 4*
● Il Vino d'Arcangelo '08	♟♟ 3
● Mavro '10	♟♟ 3
● Albarossa Primitivo '10	♟ 2
○ Metiusco Bianco '11	♟ 2
⊙ Metiusco Rosato '11	♟ 2
● Metiusco Rosso '11	♟ 2
● 75 Vendemmie '10	♟♟ 4
● Mavro '09	♟♟ 3*
● Mavro '08	♟♟ 2*
● Mavro '07	♟♟ 2*

Pietraventosa
C.DA PARCO LARGO
70023 GIOIA DEL COLLE [BA]
TEL. 0805034436
www.pietraventosa.it

藏酒销售
年产量 12 000 瓶
葡萄种植面积 5.4公顷
葡萄栽培方式 有机认证

皮尔特拉温托萨酒庄（Pietraventosa）是由玛丽安娜•安尼奥（Marianna Annio）和拉斐尔•里欧（Raffaele Leo）共同创立于2005年，现已成为了科里吉奥亚（Gioia del Colle）最有趣的酒庄之一，引领着该地区葡萄酒酿造业的新浪潮。酒庄以充分挖掘这片土地的潜力为目标，具体的做法是开发海拔380米高的葡萄园。这些葡萄园拥有富含矿物质的红土，红土下面的岩层深入地表下不到一米。产自这个刚开垦的葡萄园的欧思莫若（Ossimoro）和阿勒格瑞阿（Allegoria）葡萄酒酒香迷人，呈现出良好的结构。相比之下，产自老灌木丛式种植园的普利米keywords沃珍藏酒（Primitivo Riserva）具有更突出、更复杂的个性。

● Gioia del Colle Primitivo Riserva di Pietraventosa '08	♟♟ 5
● Gioia del Colle Primitivo Ris. '06	♟♟♟ 4
● Gioia del Colle Primitivo Allegoria '08	♟♟ 3
● Gioia del Colle Primitivo Allegoria '07	♟♟ 3
● Gioia del Colle Primitivo Riserva di Pietraventosa '07	♟♟ 5
● Ossimoro '08	♟♟ 3
● Ossimoro '07	♟♟ 3

普利亚区
PUGLIA

Polvanera

S.DA VICINALE LAMIE MARCHESANA, 601
70023 GIOIA DEL COLLE [BA]
TEL. 080758900
www.cantinepolvanera.it

藏酒销售
餐饮接待
年产量 200 000 瓶
葡萄种植面积 40 公顷
葡萄栽培方式 有机认证

不到10年，菲利普•卡萨诺（Filippo Cassano）和几个同伴创建于2003年的皮尔瓦纳利酒庄（Polvanera）就成为了科里吉奥亚（Gioia del Colle）地区葡萄酒生产的标准酒庄，其出品的普利米帝沃（Primitivos）葡萄酒保留了典型的地中海特色，有机结合了强劲的结构和清新的口感。除了拥有5公顷大小具有约60年历史的灌木丛式普利米帝沃（Primitivo）葡萄园外，酒庄还有一些种植园采用了马刺警戒的方式进行管理，在这里种植了阿吉里安科（Aglianico）、埃利提科（Aleatico）、菲安诺•米努托罗（Fiano minutolo）、法兰姬娜（Falanghina）和马斯卡托白葡萄（Mascato bianco），为的是酿造能争取普利亚区（Puglia）排名前列的葡萄酒。

● Gioia del Colle Primitivo 17 '09	♛♛♛ 5
● Gioia del Colle Primitivo 16 '09	♛♛♛ 5
○ Fiano '11	♛♛ 2*
● Gioia del Colle Primitivo Vign. Marchesana 14 '09	♛ 3
○ Minutolo '11	♛♛ 2*
⊙ Rosato '11	♛♛ 2*
● Aleatico '08	♛ 3
● Primitivo 21 '07	♛ 6
● Gioia del Colle Primitivo 16 '07	♛♛♛ 2*
● Gioia del Colle Primitivo 17 '08	♛♛♛ 4*
● Gioia del Colle Primitivo 14 '08	♛♛ 2
● Gioia del Colle Primitivo 16 '08	♛♛ 4*
● Puglia Primitivo '08	♛♛ 3

Primis

VIA G. SCIREA - 71048 STORNARELLA [FG]
TEL. 0885433333
www.primisvini.com

藏酒销售
预约参观
年产量 160 000 瓶
葡萄种植面积 22 公顷

因为出产的葡萄酒香味醉人、风格现代，吉安尼•马里奥（Gianni Mauriello）和尼古拉•塞拉曼（Nicola Selano）拥有的普里米斯酒庄（Primis）被看作是普利亚（Puglia）区最好的酒庄之一。葡萄园全部分布在托尔斯那瑞拉（Stornarella）的郊区，土壤是中等松散的钙质黏土，出产的葡萄酒都是单一的品种。庄园种植的葡萄种类繁多，既有黑马罗葡萄（Negroamaro）、普利米帝沃葡萄（Primitivo）和内罗迪特里亚葡萄（Nero di Troia）这些典型的本土品种，又有一些国际品种，甚至还有一些塞马吉诺（Ciliegiolo）和白博比诺（Bombino bianco）这类不是很受欢迎，或很少单独用于酿酒的葡萄种类。

○ Bombino Bianco '11	♛♛ 2*
○ Cenerata '10	♛♛ 2*
● Crusta '08	♛♛ 3
● Aglianico '09	♛ 2
● Ciliegiolo '11	♛ 2
● Nero di Troia '10	♛ 2
● Primitivo '11	♛ 2
● Primitivo '10	♛♛ 2*
● Syrah '09	♛♛ 2*

普利亚区
PUGLIA

Racemi
VIA SANTO STASI PRIMO, 42
74024 MANDURIA [TA]
TEL. 0999711660
www.racemi.it

藏酒销售
预约参观
年产量 1 200 000 瓶
葡萄种植面积 120 公顷
葡萄栽培方式 有机认证

格雷格瑞•佩鲁西（Gregory Perrucci）建立的拉西米（Racemi）酒庄把保护老式的灌木丛种植园作为其工作的重心，在促进萨伦提诺（Salentino）地区葡萄制造业复兴方面做出了重要的贡献。酒庄坐落在马图里亚（Manduria）盛产葡萄酒的地段，土壤从沙土到岩石地带，既有红土地也有黑土地。这里出品的葡萄酒既具有典型丰富和浓烈的酒精特点，同时在新鲜和明晰的芬芳中向人们阐释着当地的现代特色。

Rasciatano
C.DA RASCIATANO - 76121 BARLETTA
TEL. 0883510999
www.rasciatano.com

藏酒销售
预约参观
年产量 91 000 瓶
葡萄种植面积 18公顷

拉斯齐亚塔诺酒庄（Rasciatano）自从17世纪开始就一直由普尔洛家族（Porro）掌管。于1992年和2002年栽种的葡萄园位于主建筑物周围，这里的沙质土壤覆盖在石灰岩岩层上。酒庄对质量极为重视，在种植之初就确定了葡萄的种植密度和葡萄园的布局。罗迪特里亚葡萄（Nero di Troia）用马刺警戒的方式栽培，而蒙特普尔查诺葡萄（Montepulciano）和马尔瓦西亚白葡萄（Malvasia bianca）则采用高空架藤的方式进行栽培，为的是保护葡萄不受恶毒阳光的侵袭。产出的葡萄酒风格现代，香味精确，拥有优雅的气质和良好的结构。

● Primitivo di Manduria Dunico Masseria Pepe '09	♛♛ 5
● Primitivo di Manduria Zinfandel Sinfarosa '10	♛ 3
● Pietraluna '11	♛ 2
● Primitivo di Manduria Giravolta Tenuta Pozzopalo '10	♛ 3
● Vigna del Feudo '08	♛ 4
● Primitivo di Manduria Dunico Masseria Pepe '05	♛♛♛ 5*
● Primitivo di Manduria Zinfandel Sinfarosa '06	♛♛♛ 3*
● Anarkos '10	♛♛ 2*
● Dedalo Torre Guaceto '10	♛♛ 3
● Primitivo di Manduria Zinfandel Sinfarosa '09	♛♛ 3
● Susumaniello Sum Torre Guaceto '09	♛♛ 4

● Rasciatano Nero di Troia '10	♛♛ 4
● Rasciatano Rosso '10	♛♛ 4
○ Malvasia Bianca '11	♛ 2
⊙ Rasciatano Rosé '11	♛ 4
● Rasciatano Nero di Troia '08	♛♛♛ 6
● Rasciatano Nero di Troia '07	♛♛♛ 6
○ Rasciatano Malvasia Bianca '10	♛♛ 3
● Rasciatano Nero di Troia '09	♛♛ 5
● Rasciatano Rosso '09	♛♛ 4

PUGLIA 普利亚区

Rivera

C.DA RIVERA, SP 231 KM 60,500
76123 ANDRIA [BT]
TEL. 0883569510
www.rivera.it

藏酒销售
预约参观
年产量 1 400 000 瓶
葡萄种植面积 95 公顷

里维拉酒庄（Rivera）正走在改革的道路上。2011年年底，德•科拉托（De Corato）家族购回了他们于1983年卖给甘齐亚（Gancia）的50%的酒庄份额，再次单独拥有了酒庄。酒庄位于穆尔吉亚（Murgia）山区，葡萄园处在凝灰质的石灰土上，采用马刺警戒的种植模式，这里的气候能让葡萄拥有更多的新鲜感。葡萄的采摘期较晚，通常在10月末，这让葡萄获得了更出色的新鲜度和酸度。里维拉（Rivera）酒庄的产品种类多样，范围从较为传统的酒款到现代气息更浓的系列，还包括一些产自蒙特•卡斯特尔（Castel del Monte）指定区的最佳酒品。

● Castel del Monte Nero di Troia Violante '10	🍷🍷 2*
● Castel del Monte Rosso Rupicolo '10	🍷🍷 2*
● Triusco '10	🍷🍷 3
○ Castel del Monte Bombino Bianco Marese '11	🍷 2
⊙ Castel del Monte Bombino Nero Pungirosa '11	🍷 2
● Salice Salentino Rosso '10	🍷 2
○ Scariazzo '11	🍷 3
● Castel del Monte Nero di Troia Puer Apuliae '04	🍷🍷🍷 6
● Castel del Monte Nero di Troia Puer Apuliae '03	🍷🍷🍷 6
● Castel del Monte Nero di Troia Violante '09	🍷🍷 2*

Tenute Rubino

VIA E. FERMI, 50 - 72100 BRINDISI
TEL. 0831571955
www.tenuterubino.it

藏酒销售
预约参观
年产量 1 000 000 瓶
葡萄种植面积 200 公顷

鲁宾诺酒庄（Tenute Rubino）已经确立了自己在普利亚葡萄酒界的重要地位。葡萄园分布在四个不同的地区，全部位于布林迪恩市（Brindisi）周边地带，从海边一直延伸到布林迪恩市（Brindisi）之上的高原。园里采用马刺警戒的管理方式，种植密度为每公顷4 000~6 000株植株。除此之外，酒庄还有一个超过70年历史的灌木丛式种植园区。这里出产的葡萄酒主要出口到外国，具有现代气息，经历了净化处理技术，但仍保持着深厚的地域特质。

● Visellio '10	🍷🍷🍷 4*
● Punta Aquila '10	🍷🍷 2*
● Brindisi Rosso Jaddico '10	🍷🍷 4
● Oltremè '11	🍷🍷 2*
○ Vermentino '11	🍷🍷 2*
○ Chardonnay '11	🍷 2
⊙ Saturnino '11	🍷 2
● Torre Testa '11	🍷 6
● Torre Testa '02	🍷🍷🍷 5
● Torre Testa '01	🍷🍷🍷 5
● Brindisi Rosso Jaddico '08	🍷🍷 4
● Miraglio '09	🍷🍷 2*
● Punta Aquila '09	🍷🍷 2*

PUGLIA

Schola Sarmenti
Via Generale Cantore, 37
73048 Nardò [LE]
Tel. 0833567247
www.scholasarmenti.it

预约参观
年产量 240 000 瓶
葡萄种植面积 33 公顷

毫无疑问，斯科拉·萨尔蒙蒂（Schola Sarmenti）酒庄是纳尔多（Nardò）指定区的领先酒庄之一。路易吉·卡罗·马拉（Luigi Carlo Marra）和本内德托·罗鲁索（Benedetto Lorusso）正齐心协力捍卫着这片土地和葡萄酒指定产区。之所以要捍卫，是因为片区的葡萄种植面积在过去20年里减少了近90%，从6 000公顷锐减到700公顷。这里所种植的葡萄品种主要包括萨伦托（Salento）的经典品种，其中有黑马罗（Negroamaro）、普利米帝沃（Primitivo）和黑马瓦西亚（Malvasia nera）葡萄，以此为原料酿造的酒品果肉丰富，保持着传统的印记。

Cantine Soloperto
SS 7 ter - 74024 Manduria [TA]
Tel. 0999794286
www.soloperto.it

藏酒销售
预约参观
年产量 2 000 000 瓶
葡萄种植面积 50 公顷

索罗贝托家族（Soloperto）的这个酒庄建立至今已有很长的时间，事实上，它还是第一个登记马图利亚·普利米帝沃（Primitivo di Manduria）指定区的酒庄。在经历了一段时间的沉寂后，该酒庄再度崛起。这里的葡萄酒品种繁多，主要是普利米帝沃（Primitivos），在价格方面极具竞争力。酒庄在红棕土壤的葡萄园里采用了灌木丛式的培育方法，同样的培育方法也运用在一些老葡萄园里。保持后者的优质产量一直是酒庄的工作重点。

● Artetica '08	♆ 5
● Nardò Rosso Roccamora '09	♆♆ 2*
○ Salento Fiano '11	♆♆ 2*
● Cubardi '08	♆ 3
● Nardò Nerìo Ris. '07	♆ 3
● Primitivo Diciotto '08	♆♆ 7

● Primitivo di Manduria Centofuochi Tenuta Bagnolo '10	♆♆ 4
● Negramaro '11	♆♆ 1*
● Primitivo di Manduria Rubinum 17° Et. Rossa '10	♆♆ 2*
● Primitivo di Manduria '10	♆ 2
● Primitivo di Manduria Dolce Naturale Nektare '10	♆ 3
● Primitivo di Manduria Mono '10	♆ 3
● Primitivo di Manduria '09	♆♆ 2*
● Primitivo di Manduria Centofuochi Tenuta Bagnolo '09	♆♆ 4
● Primitivo di Manduria Rubinum 17° Et. Rossa '09	♆♆ 2*

Cosimo Taurino

SS 605 - 73010 Guagnano [LE]
Tel. 0832706490
www.taurinovini.it

藏酒销售
预约参观
年产量 600 000 瓶
葡萄种植面积 85 公顷

于1970年由柯西莫·陶丽诺（Cosimo Taurino）创立的酒庄在普利亚（Puglia）酿酒历史中扮演了重要的角色，凭借经久不衰的传统类型红葡萄酒，成为本地区葡萄酒酿酒商中的标杆。酒庄的葡萄园主要坐落在古安格纳诺（Guagnano）郊区，土壤是石灰岩沙土，几乎全部种植用于酿制酒庄代表酒的内洛玛葡萄（Negroamaro），另外还有一些黑马瓦西亚葡萄（Malvasia nera）。主要采用国际葡萄品种酿制白葡萄酒。

● Patriglione '07	🍷🍷 7
⊙ Scaloti '11	🍷🍷 2*
● Patriglione '94	🍷🍷🍷 7
● Patriglione '88	🍷🍷🍷 7
● Patriglione '85	🍷🍷🍷 7
● 7° Ceppo '08	🍷🍷 3
○ I Sierri '10	🍷🍷 2*
● Patriglione '06	🍷🍷 7
● Salice Salentino Rosso Ris. '08	🍷🍷 2*
● Salice Salentino Rosso Ris. '07	🍷🍷 2

★ Tormaresca

c.da Torre d'Isola
loc. Tofano - 70055 Minervino Murge [BT]
Tel. 0883692631
www.tormaresca.it

藏酒销售
预约参观
年产量 2 800 000 瓶
葡萄种植面积 380 公顷
葡萄栽培方式 有机认证

马尔凯西·安东尼（Marchesi Antinori）集团旗下的托玛蕾斯卡（Ormaresca）酒庄创建于15年前，是普利亚（Puglia）区最可爱的酒庄之一。酒庄包含了两处气候和土壤截然不同的分区，其中鲁伯·波卡（Bocca di Lupo）位于德尔蒙特（Castel del Monte）指定区中的米纳维诺·穆尔格（Minervino Murge）山上，海拔为250米；马塞莉娅·梅姆（Masseria Maime）位于萨伦托（Salento）上部的圣·皮尔托·凡尔诺迪克（San Pietro Vernotico），离亚得里亚（Adriatic）海岸不远。葡萄酒的原料主要是本地葡萄，风格现代、绝佳的平衡性、纯净的技术和精准的芳香是这些酒品系列的典型特点。

● Torcicoda '10	🍷🍷🍷 3*
● Masseria Maime '10	🍷🍷 5
○ Moscato di Trani Kaloro '10	🍷🍷 4
○ Calafuria '11	🍷 3
○ Castel del Monte Pietrabianca '11	🍷 4
● Castel del Monte Rosso Trentangeli '09	🍷 3
○ Chardonnay '11	🍷 1*
● Fichimori '11	🍷 2
● Neprica '11	🍷 2
○ Roycello '11	🍷 3
● Masseria Maime '08	🍷🍷🍷 5
● Masseria Maime '07	🍷🍷🍷 4
● Masseria Maime '06	🍷🍷🍷 4
● Torcicoda '09	🍷🍷🍷 3

普利亚区
PUGLIA

Torrevento
LOC. CASTEL DEL MONTE
SP 234 KM 10,600 - 70033 CORATO [BA]
TEL. 0808980923
www.torrevento.it

藏酒销售
预约参观
年产量 2 500 000 瓶
葡萄种植面积 400 公顷
葡萄栽培方式 有机认证

托雷温拖酒庄（Torrevento）是由弗兰西斯科•李安托尼欧（Francesco Liantonio）创立的，坐落在穆尔吉亚（Murgia）国家公园的中心地带，是蒙特•卡斯特尔（Castel del Monte）指定区最重要的酒庄之一，其葡萄园分布在石灰性土壤中。酒窖尤其重视关注葡萄酒的可持续性和当地地域的保护。酒窖里尽量采用非侵入性的酿酒方法，避免进行冗长的浸渍或滥用木材，处理指定区的典型葡萄黑特罗亚葡萄（Nero di Troia）时更是如此。出产的葡萄酒果肉丰富、清新可口。

Agricole Vallone
VIA XXV LUGLIO, 5 - 73100 LECCE
TEL. 0832308041
www.agricolevallone.it

预约参观
年产量 420 000 瓶
葡萄种植面积 161 公顷
葡萄栽培方式 有机认证

维多利亚（Vittoria）和玛利亚•特瑞莎•瓦罗娜（Maria Teresa Vallone）姐妹俩拥有的这个酒庄再次回到我们的《年鉴》之中。酒庄创建于1934年，包含三处地产：弗拉米尼奥（Flaminio）坐落在布林迪恩（Brindisi）指定区内；罗勒（Iore）位于圣潘克拉齐奥•萨伦蒂诺（San Pancrazio Salentino）周边的乡村地区，是萨利切•萨伦蒂诺（Salice Salentino）指定区的一部分；卡斯特尔塞拉诺瓦（Castelserranova）处在卡罗维格诺（Carovigno）的周边地区，与亚得里亚海（Adriatic sea）仅咫尺之遥。葡萄藤的栽种年份不一，有些已有50年的历史，园里的土壤为石灰性黏土。葡萄品种涵盖了传统的普利亚葡萄和一些国际葡萄。

● Castel del Monte Rosso V. Pedale Ris. '09	♛♛♛ 3*
● Kebir '07	♛♛ 5
● Castel del Monte Rosso Bolonero '10	♛♛ 2*
○ Moscato di Trani Dulcis in Fundo '10	♛♛ 3
● Torre del Falco '10	♛♛ 3
⊙ Castel del Monte Rosato Primaronda '11	♛ 2
○ Matervitae Bombino Bianco '11	♛ 2
○ Matervitae Bombino Nero '11	♛ 2
○ Matervitae Fiano '11	♛ 2
● Matervitae Primitivo '10	♛ 2
● Castel del Monte Rosso V. Pedale Ris. '08	♛♛♛ 3
● Castel del Monte Rosso V. Pedale Ris. '07	♛♛♛ 3*
● Castel del Monte Rosso V. Pedale Ris. '06	♛♛♛ 3*

● Brindisi Rosso V. Flaminio '10	♛♛ 2*
⊙ Brindisi Rosato V. Flaminio '11	♛♛ 2*
○ Corte Valesio '11	♛ 2
● Salice Salentino Rosso Vereto '10	♛ 2
● Versante '11	♛ 1*
○ Passo delle Viscarde '07	♛♛ 4

普利亚区
PUGLIA

Cantina Sociale Cooperativa Vecchia Torre

VIA MARCHE, 1 - 73045 LEVERANO [LE]
TEL. 0832925053
www.cantinavecchiatorre.it

藏酒销售
预约参观
年产量 2 200 000 瓶
葡萄种植面积 1300 公顷

维基亚·托瑞（Vecchia Torre）合作酒庄是普利亚区（Puglia）最重要的酒庄之一，如今已拥有了超过1 300名成员。比这个数字更值得一提的是，维基亚·托瑞是最先着眼于高品质葡萄酒，并以诱人的价格出售它们的合作酒庄之一。对土地、对灌木丛式种植园和对萨伦蒂诺（Salentino）本地葡萄的热爱促使他们使用传统工艺生产出了华丽迷人、果香馥郁的葡萄酒，淋漓尽致地诠释了品种特性。

★Conti Zecca

VIA CESAREA - 73045 LEVERANO [LE]
TEL. 0832925613
www.contizecca.it

藏酒销售
预约参观
年产量 2 000 000 瓶
葡萄种植面积 320 公顷

凭借在本地的巨大影响力、始终一贯的高质量和谨慎的定价策略，康迪·泽卡（Conti Zecca）成为了普利亚（Puglia）区葡萄酒酿造业的旗帜酒庄。酒庄的四个分区全部位于萨伦托（Salento）中心，分别是萨利切·萨伦蒂诺（Salice Salentino）的坎塔鲁皮（Cantalupi）和位于维雷诺（Leverano）的萨拉西诺（Saraceno），唐纳·马兹亚（Donna Marzia）和桑托·斯特法诺（Santo Stefano）。酒庄的葡萄酒产品涵盖了30多个种类，全部是现代风格，注重水果的新鲜度和精确的香味。虽然如此，这些酒也能够准确地诠释出原产地的地域特征。

● Arneide '08	♛ 3
● Leverano Rosso '10	♛♛ 2*
● Leverano Rosso Ris. '07	♛♛ 2*
○ Chardonnay Salento '11	♛ 2
○ Leverano Bianco '11	♛ 2
● Negroamaro '10	♛ 2
● Salice Salentino Rosso Ris. '08	♛ 2
● 50° Anniversario '08	♛♛ 3*
○ Leverano Bianco '10	♛♛ 2*
● Leverano Rosso '09	♛♛ 2*
● Leverano Rosso Ris. '06	♛♛ 2*
● Salice Salentino Rosso '09	♛♛ 2*
● Salice Salentino Rosso Ris. '07	♛♛ 2*

● Nero '09	♛♛♛ 5
● Salice Salentino Rosso Cantalupi Ris. '09	♛♛ 2*
⊙ Saraceno Negroamaro Rosato '11	♛♛ 1*
● Cantalupi Negramaro '10	♛ 2
● Cantalupi Primitivo '10	♛ 2
● Donna Marzia Negramaro '10	♛ 2
● Donna Marzia Rosso '10	♛ 1*
○ Malvasia Bianca '11	♛ 2
● Santo Stefano Primitivo '10	♛ 2
● Nero '08	♛♛♛ 5
● Nero '07	♛♛♛ 5
● Nero '06	♛♛♛ 5
● Nero '03	♛♛♛ 5

OTHER WINERIES

Michele Biancardi
S.da Provinciale, 68 - 71042 Cerignola [FG]
Tel. 3394912659
www.michelebiancardi.it

● L'Insolito '11	🍷🍷 2*
● Ponte Viro '10	🍷🍷 3
⊙ Rosé '11	🍷 2
○ Solo Fiano '11	🍷 2

Cantine Botromagno
via Archimede, 22
70024 Gravina in Puglia [BA]
Tel. 0803265865
www.botromagno.it

● Gioia del Colle Primitivo Dedicato a Franco e Lucia '08	🍷🍷 6
○ Gravisano Malvasia Passita '06	🍷🍷 4
○ Gravina Poggio al Bosco '11	🍷 3

Sergio Botrugno
loc. Casale
via Arcione, 1 - 72100 Brindisi
Tel. 0831555587
www.vinisalento.com

● Ottavianello '10	🍷🍷 2*
● Botrus '10	🍷 2
⊙ Seno di Ponente Rosato '11	🍷 1*
● Seno di Ponente Rosso '11	🍷 2

Bozzi-Corso
via Cavour, 33 - 73100 Lecce
Tel. 0832241138
www.bozzi-corso.it

⊙ Rosato '11	🍷🍷 3
● Rosso '08	🍷🍷 3
○ Chardonnay '11	🍷 3

C.a.l.o.s.m.
via Pietro Siciliani, 8 - 73058 Tuglie [LE]
Tel. 0833598051
www.calosm.it

● Villa Valentino Don Carlo '11	🍷🍷 1*
● Primitivo Villa Valentino '11	🍷 1*
⊙ Salmace '11	🍷 2
● Turi '10	🍷 3

Michele Calò & Figli
via Masseria Vecchia, 1 - 73058 Tuglie [LE]
Tel. 0833596242
www.michelecalo.it

● Cerasa '11	🍷🍷 2*
● Grecàntico '11	🍷 2
⊙ Mjère Rosato '11	🍷 2
● Mjère Rosso '10	🍷 2

OTHER WINERIES 其他酒庄

Francesco Candido
via A. Diaz, 46 - 72025 San Donaci [BR]
Tel. 0831635674
www.candidowines.it

- Duca d'Aragona '06   🍷🍷 5
- De Vinis '09   🍷 2
- ⊙ Piccoli Passi '11   🍷 2
- ○ Vignavinera '11   🍷 2

Cantolio Manduria
via per Lecce km 25 - 74024 Manduria [TA]
Tel. 0999796045
www.cantolio.it

- Primitivo di Manduria 14,0 '10   🍷🍷 3
- Primitivo di Manduria 15 '10   🍷🍷 3
- ○ Prima Goccia '11   🍷 3

Castel di Salve
fraz. Depressa
via salvemini, 30 - 73026 Tricase [LE]
Tel. 0833771041
www.casteldisalve.com

- Cento su Cento '10   🍷🍷 4
- Armecolo '10   🍷 2
- Priante '10   🍷 3
- ⊙ Santi Medici Rosato '11   🍷 2

Giancarlo Ceci
c.da Sant'Agostino - 76123 Andria [BT]
Tel. 0883565220
www.agrinatura.net

- Castel del Monte Rosso Parco Marano '10   🍷🍷 3
- ○ Castel del Monte Bianco Pozzo Sorgente '11   🍷🍷 3
- Castel del Monte Nero di Troia Felice Ceci '09   🍷 3

Cefalicchio
c.da Cefalicchio - Canosa di Puglia [BT]
Tel. 0883642167
www.cefalicchio.it

- Canosa Rosso Romanico Ris. '08   🍷🍷 2*
- Castel del Monte Bombino Bianco Lefkò '11   🍷 2
- ○ Castel del Monte Chardonnay La Pietraia '11   🍷 2

Centovignali
l.go Ugo Imbriani, 40
70010 Sammichele di Bari [BA]
Tel. 0808917968
www.centovignali.it

- Gioia del Colle Primitivo Indellicato '09   🍷🍷 4
- Serviano '11   🍷🍷 2*
- ○ Albiore '11   🍷 2
- Gioia del Colle Primitivo Pentimone Ris. '07   🍷 7

OTHER WINERIES

Eméra
VIA PROVINCIALE, 222 - 73010 GUAGNANO [LE]
TEL. 0832704398
www.magistravini.it

- Lizzano Anima di Negroamaro '11 — ♢♢ 2*
- Primitivo di Manduria Anima di Primitivo '09 — ♢ 3
- ⊙ Rose '11 — ♢ 3

Ferri
VIA BARI, 347 - 70010 VALENZANO [BA]
TEL. 0804671753
www.cantineferri.it

- Duo Rosso '08 — ♢♢ 2*
- ○ Duo Bianco '11 — ♢ 2
- Ebrius '10 — ♢ 2
- ⊙ Rubeo '11 — ♢ 2

Feudi di Guagnano
VIA CELLINO, 3 - 73010 GUAGNANO [LE]
TEL. 0832705422
www.feudiguagnano.it

- Le Camarde '09 — ♢♢ 2*
- Primitivo '11 — ♢ 2
- Salice Salentino Rosso '10 — ♢ 1*
- Salice Salentino Rosso Cupone Ris. '08 — ♢ 2

Feudi di Terra D'Otranto
VIA ARNEO MARE - 73010 VEGLIE [LE]
TEL. 066832448
www.feudidotranto.com

- Le Maschere Aglianico '11 — ♢♢ 3
- Le Maschere Primitivo '11 — ♢ 3
- Le Maschere Syrah '11 — ♢ 3
- ⊙ Passerose '11 — ♢ 3

Tenuta Fujanera
C.DA QUADRONE DELLE VIGNE KM 2,500
VIA BARI - 71100 FOGGIA
TEL. 0881652619
www.fujanera.it

- Arrocco '11 — ♢♢ 3
- ○ Bellalma '11 — ♢ 2

Tenute Girolamo
VIA NOCI, 314 - 74015 MARTINA FRANCA [TA]
TEL. 0804402088
www.tenutegirolamo.it

- Pizzo Rosso '09 — ♢♢ 2*
- Codalunga '09 — ♢ 5
- Monte Tre Carlini '09 — ♢ 5

OTHER WINERIES

Duca Carlo Guarini
L.GO FRISARI, 1 - 73020 SCORRANO [LE]
TEL. 0836460288
www.ducacarloguarini.it

○ Ambra '10	▼▼ 4
● Piutri '09	▼▼ 2*
● Nativo '10	▼ 3
● Rarum '09	▼ 5

Guttarolo
VIA LAMIE DI FATALONE, KM 2,385
70023 GIOIA DEL COLLE [BA]
TEL. 089236612
www.cantineguttarolo.it

● Primitivo Amphora '10	▼▼ 5
○ Fiano Amphora '11	▼ 5
● Lamie delle Vigne '09	▼ 3
● Negroamaro Amphora '10	▼ 5

Hiso Telaray
Libera Terra Puglia
VICO DEI CANTELMO, 1 - 72023 MESAGNE [BR]
TEL. 0831775981
www.hisotelaray.it

● Filari de Sant'Antonii '11	▼▼ 2*
⊙ Alberelli De La Santa '11	▼ 2
● Primitivo Antò '10	▼ 3
● Renata Fonte '10	▼ 3

Masseria L'Astore
LOC. L'ASTORE
VIA G. DI VITTORIO, 1 - 73020 CUTROFIANO [LE]
TEL. 0836542020
www.lastoremasseria.it

● L'Astore '09	▼▼ 4
● Alberelli dal 1947 '08	▼ 5
● Filimei '10	▼ 2
○ Krita '11	▼ 2

Paolo Leo
VIA TUTURANO, 21 - 72025 SAN DONACI [BR]
TEL. 0831635073
www.paololeo.it

● Fiore di Vigna '10	▼▼ 4
● Salento Rosso '11	▼▼ 2*
● Orfeo '10	▼ 3
● Salice Salentino Rosso Ris. '08	▼ 3

Alberto Longo
C.DA PADULECCHIA
SP 5 LUCERA-PIETRAMONTECORVINO KM 4
71036 LUCERA [FG]
TEL. 0881539057
www.albertolongo.it

● 04.07.07. '09	▼▼ 3
● Cacc'e Mmitte di Lucera '10	▼ 3
● Capoposto '09	▼ 3
⊙ Donnadele '11	▼ 2

OTHER WINERIES

其他酒庄

Produttori Vini Manduria
via Fabio Massimo, 19
74024 Manduria [TA]
Tel. 0999735332
www.cpvini.com

- Primitivo di Manduria Sonetto '08 🍷🍷 6
- Neama '11 🍷 2
- Primitivo di Manduria Dolce Naturale
  Madrigale '07 🍷 3

Menhir
via Scarciglia, 18
73027 Minervino di Lecce [LE]
Tel. 0836818199
www.cantinemenhir.com

- Pietra '10 🍷🍷 3
- Primitivo di Manduria '10 🍷🍷 2*
- ○ Novementi Bianco '11 🍷 2
- Salice Salentino Ris. '07 🍷 3

Mille Una
l.go Chiesa, 11 - 74020 Lizzano [TA]
Tel. 0996414541
www.milleuna.it

- Tre Tarante '08 🍷🍷 8
- Majara '08 🍷 3
- ○ Ori di Taranto Chardonnay '11 🍷 3

Monaci
loc. Tenuta Monaci - 73043 Copertino [LE]
Tel. 0832947512
www.aziendamonaci.com

- Copertino Rosso Eloquenzia '09 🍷🍷 3
- ⊙ Girofle '11 🍷 3
- Le Braci '06 🍷 7

Casa Vinicola Nico
c.da Specchia - 74011 Castellaneta [TA]
Tel. 0998491041
www.nicocasavinicola.it

- Primitivo '10 🍷🍷 2*
- Aglianico '09 🍷 2
- ○ Falanghina '11 🍷 2

Paradiso
v.le Manfredonia, 39
71042 Cerignola [FG]
Tel. 0885428720
www.cantineparadiso.it

- Terraferma '10 🍷🍷 4

OTHER WINERIES 其他酒庄

Tenuta Partemio

C.DA PARTEMIO
SS 7 BR-TA - 72022 LATIANO [BR]
TEL. 0831725898
www.tenutapartemio.it

● Remedia Amoris '09	▼▼ 3
○ Salento Foglio 32 Chardonnay '11	▼▼ 2*
○ Fiano Malvasia '11	▼ 2
● Salice Salentino '10	▼ 2

Pirro Varone

VIA SENATORE LACAITA, 90
74024 MANDURIA [TA]
TEL. 3397429098
www.pirrovarrone.com

● Primitivo di Manduria '10	▼▼ 3*
● Le Vigne Rare Primitivo '08	▼▼ 3
● Primitivo di Manduria Casa Vecchia '09	▼ 3

Agricola Pliniana

C.DA BARCE - 74024 MANDURIA [TA]
TEL. 0999794273
www.cantinepliniana.it

● Primitivo di Manduria Suavis '09	▼▼ 3
● Primitivo di Manduria Messapo '10	▼ 2
● Primitivo di Manduria Re Noire '10	▼ 5

Rosa del Golfo

VIA GARIBALDI, 56 - 73011 ALEZIO [LE]
TEL. 0833281045
www.rosadelgolfo.com

● Quarantale '10	▼▼ 5
⊙ Brut Rosé	▼ 4
● Primitivo '10	▼ 2
⊙ Vigna Mazzì '11	▼ 3

Cantina Cooperativa di San Donaci

VIA MESAGNE, 62 - 72025 SAN DONACI [BR]
TEL. 0831681085
www.cantinasandonaci.it

● Contrada del Falco '10	▼▼ 2*
● Fulgeo '08	▼▼ 2*
● Posta Vecchia '10	▼ 2

Torre Quarto

C.DA QUARTO, 5 - 71042 CERIGNOLA [FG]
TEL. 0885418453
www.torrequartocantine.it

● Primitivo di Manduria Regale '09	▼▼ 2*
○ Hirondelle '11	▼ 2
○ Nina '11	▼ 2

OTHER WINERIES

Vetrere
FRAZ. VETRERE
SP MONTEIASI-MONTEMESOLA KM 16
74100 TARANTO
TEL. 0995661054
www.vetrere.it

○ Laureato '11	🍷🍷 4
● Tempio di Giano '11	🍷🍷 3
● Barone Pazzo '10	🍷 5
○ Finis '11	🍷 3

Tenuta Viglione
VIA CARLO MARX, 44P
70029 SANTERAMO IN COLLE [BA]
TEL. 0803023927
www.tenutaviglione.it

● Gioia del Colle Primitivo '09	🍷🍷 2*
● Gioia del Colle Rosso Rupestre '09	🍷 2

Vigne & Vini
VIA AMENDOLA, 36 - 74020 LEPORANO [TA]
TEL. 0995315370
www.vigneevini.it

● 12 e mezzo '10	🍷🍷 4
● Moi '11	🍷🍷 2*
● Primitivo di Manduria Dolce Naturale Chicca '08	🍷 3

Vigneti Reale
VIA EGIDIO REALE, 55 - 73100 LECCE
TEL. 0832248433
www.vignetireale.it

● Norie '10	🍷🍷 2*
● Rudiae '10	🍷🍷 2*
● Santa Croce '09	🍷 4

Villa Mottura
P.ZZA MELICA, 4 - 73058 TUGLIE [LE]
TEL. 0833596601
www.motturavini.it

● Primitivo di Manduria Villa Mottura '10	🍷🍷 3
○ Bianco Le Pitre '11	🍷 3
● Negroamaro Villa Mottura '11	🍷 3

Vinicola Mediterranea
VIA MATERNITÀ E INFANZIA, 22
72027 SAN PIETRO VERNOTICO [BR]
TEL. 0831676323
www.vinicolamediterranea.it

● Don Vito Prestige '09	🍷🍷 2*
● Negroamaro Il Primonobile '11	🍷🍷 2*
● Brindisi Rosso Il Visconte '10	🍷 2
● Salice Salentino Rosso Il Barone '10	🍷 2

卡拉布里亚区
CALABRIA

卡拉布里亚区的葡萄酒正经历着快速的发展，从葡萄酒品质的不断上升，越来越多酒庄的出现就可见一斑。事实上，该地区达到的高度让我们可能不得不另立几页纸去详述它的成绩。遗憾的是，我们被迫放弃了对几个原本够资格进入《年鉴》的酒厂的介绍。以比安科（Bianco）的卡波•泽菲里奥酒庄（Capo Zefirio）为例。它给我们送来了上乘的曼托尼科甜酒2005款（Mantonico Passito 2005）；同样的结论也适用萨拉塞纳（Saracena）的潘多尔菲（Pandolfi）和帕里兹（Palizzi）的尼诺•皮奇利（Nino Pichilli）。我们相信在2014年能看到他们的回归。仔细阅览品酒会的结果后，我们发现，西罗（Cirò）是卡拉布里亚最重要的葡萄酒产区，其大部分酒品都有浓烈的特点。另一个很好的葡萄酒地区是克森扎省（Cosenza）。特鲁•迪•克森扎（Terre di Cosenza）法定葡萄酒产区已在最近成立，相当多的酒庄加入了新的保护联盟。克森扎省中，有一块小小的土地值得一提，那就是萨拉塞纳（Saracena）葡萄酒产区。很多小型酒庄正在快速发展，原先仅限于莫斯卡托甜酒系列（Moscato Passito）的生产范围也正变得越来越广泛。接下来把视线转移到大区的其他地方。除了一些较古老的本地酒庄外，拉默齐亚（Lamezia）的其他酒庄进步缓慢。然而，在卡坦扎罗（Catanzaro）的周边，历史悠久的格雷戈里奥•奥多亚迪（Gregorio Odoardi）酒庄东山再起。这个地带其他的葡萄酒来自保罗•奇里罗（Paolo Chirillo）拥有的勒•摩尔（Le Moire）酒庄。有着杰出的酒品，该酒庄入选《年鉴》只是时间的问题。我们对雷焦•卡拉布里亚省（Reggio Calabria）没有提供新款葡萄酒的事实有些失望，因为我们一直以来都相信它具有巨大的潜力。特拉蒙塔纳酒庄（Tramontana）的葡萄酒向我们证明了雷焦省可以干得很棒。总体来看，卡拉布里亚已经历了具有里程碑意义的一年，共三家酒庄斩获了"三杯奖"，分别是萨拉塞纳（Saracena）地区的路易吉•维欧拉（Luigi Viola）酒庄、位于西罗（Cirò）附近卡利亚蒂（Cariati）的伊格里克酒庄（IGreco），以及该大区最著名的酒窖，还有已斩获多项大奖的利布兰迪酒庄（Librandi）。最后，尼克德莫（Nicodemo）和安托尼奥•利布兰迪（Antonio Librandi）获得了另一个重要的奖项。在10多公顷的葡萄园里，他们孜孜不倦地培育着卡拉布里亚葡萄（Calabrian），促使我们授予其"年度最佳种植者"的名号。干得好，继续保持下去。

CALABRIA
卡拉布里亚区

Roberto Ceraudo
Loc. Marina di Strongoli
c.da Dattilo - 88815 Crotone
Tel. 0962865613
www.dattilo.it

藏酒销售
预约参观
膳宿接待
年产量 80 000 瓶
葡萄种植面积 20 公顷
葡萄栽培方式 传统栽培

罗伯托·塞劳多（Roberto Ceraudo）的迷人庄园由约60公顷的土地构成，其中20公顷左右的面积种植了葡萄藤，剩下的栽种橄榄树和柑橘。20年前，罗伯托（Roberto）最早采用了有机方法，两年来他成功实践了生物动力学的管理方式。塞劳多（Ceraudos）家族一直坚持传统的葡萄酒生产模式，近年来，他们的酒窖也开始关注本地品种，并以佩科勒洛（Pecorello）和麦格罗科（Magliocco）葡萄为原料酿造出了优质的酒品。罗伯托（Roberto）的女儿卡特里娜（Caterina）在修完酿酒学的课程后加入了酒庄的技术团队，给酒庄的葡萄酒带来了新的冲击力，让酒品变得更为清洁、清新和爽口。

iGreco
Loc. Salice
c.da Guardapiedi - 87062 Cariati [CS]
Tel. 0983969441
www.igreco.it

藏酒销售
预约参观
膳宿接待
年产量 250 000 瓶
葡萄种植面积 80 公顷
葡萄栽培方式 有机认证

作为意大利成功的农业企业家和著名的橄榄油生产商之一，格莱克（Greco）兄弟这些年来一直致力于酿制高品质的葡萄酒。在短短的几年内，他们就在占地1 000多公顷的农场里迅速找到了葡萄种植的最佳位置，栽种了80公顷的葡萄园。与农场的其他田地一样，葡萄园采用有机栽培的方法管理，种植的葡萄全是本地葡萄种类，如加格里奥波（Gaglioppo）和格莱克（Greco）。这里出品的葡萄酒技术精良、口感干净，注重迷人的口感。

● Dattilo '09	🍷🍷🍷 3*
● Petraro '09	🍷🍷 5
⊙ Graysusi Etichetta Rame '11	🍷🍷 3
○ Grisara '11	🍷🍷 3
○ Imyr '11	🍷🍷 5
⊙ Graysusi Etichetta Argento '11	🍷 4
○ Petelia '11	🍷 3
● Petraro '08	🍷🍷 5

● Masino '10	🍷🍷🍷 5
● Catà '10	🍷🍷 2*
⊙ Savù '11	🍷🍷 2*
○ Filù '11	🍷 2
● Riticella '09	🍷 4
● Catà '09	🍷🍷 2
● Masino '09	🍷🍷 5

Ippolito 1845

Via Tirone, 118 - 88811 Cirò Marina [KR]
Tel. 096231106
www.ippolito1845.it

藏酒销售
预约参观
年产量 1 000 000 瓶
葡萄种植面积 100 公顷

作为伊波里托家族（Ippolitos）的第五代人，文森佐（Vincenzo）和吉安卢卡（Gianluca）掌管着这个始建于1845年的古老庄园。葡萄园占地约100公顷，位于传统的西罗（Cirò Classico）地区，所处的山坡从罗尼安海（Ionian Sea）高耸而起。过去几年来，伊波里托家族（Ippolitos）注重汲取土地的精华，充分发挥本土加格里奥波（Gaglioppo）葡萄和白格莱克（Greco bianco）葡萄的特性。然而，这并不意味着他们停止了试验。他们最近种植了4公顷的佩科勒洛（Pecorello）葡萄，这一白葡萄品种在卡拉布里亚（Calabria）的其他地区也有栽种，有潜力发展成西罗（Cirò）的优良品种。

★Librandi

Loc. San Gennaro
SS Jonica 106 - 88811 Cirò Marina [KR]
Tel. 096231518
www.librandi.it

藏酒销售
预约参观
年产量 2 200 000 瓶
葡萄种植面积 300 公顷

早在12年前开始构建酒庄未来的蓝图时，利布兰迪（Librandis）家族就已经有了非常清晰的想法。渐渐地，他们扩大了葡萄园，把种植的重点转移到本地品种上。今天，利布兰迪（Librandi）酒庄的葡萄种植面积已经近300公顷，针对卡拉布里亚葡萄的宏伟实验项目正在有条不紊地进行中。他们仔细地在葡萄园和酒窖里精选与试验克隆品种，产出了优秀的葡萄酒。经品尝后我们发现，酒庄一系列的酒品在保持其典型性的同时，变得更加优雅、清洁和爽口。

● 160 Anni '09	♛♛ 5
● Calabrise '11	♛♛ 2*
● Cirò Rosso Cl. Sup. Colli del Mancuso Ris. '09	♛♛ 3
○ Cirò Bianco Res Dei '11	♛ 2
⊙ Cirò Rosato Mabilia '11	♛ 2
● Cirò Rosso Cl. '10	♛ 2
● Cirò Rosso Cl. Sup. Liber Pater '10	♛ 2
● Cirò Rosso Cl. Sup. Ripe del Falco Ris. '01	♛ 5
● I Mori '10	♛ 2
● 160 Anni '08	♛♛ 5

● Gravello '10	♛♛♛ 5
○ Efeso '11	♛♛ 4
● Magno Megonio '10	♛♛ 4
● Cirò Rosso Cl. '11	♛♛ 2*
● Cirò Rosso Duca Sanfelice Ris. '10	♛♛ 3
○ Critone '11	♛♛ 2*
○ Le Passule '10	♛♛ 5
○ Cirò Bianco '11	♛ 2
⊙ Cirò Rosato '11	♛ 2
○ Melissa Asylia Bianco '11	♛ 2
● Melissa Asylia Rosso '11	♛ 2
⊙ Terre Lontane '11	♛ 2
● Cirò Rosso Duca Sanfelice Ris. '08	♛♛♛ 3*
● Gravello '09	♛♛♛ 5

卡拉布里亚区
CALABRIA

Salvatore Marini
LOC. SANT'AGATA
VIA TERMOPILI, 47
87069 SAN DEMETRIO CORONE [CS]
TEL. 0984947868
www.vinimarini.it

藏酒销售
年产量 35 000 瓶
葡萄种植面积 7 公顷
葡萄栽培方式 有机认证

这家美丽的庄园位于圣•德默特里奥•科罗内（San Demetrio Corone），一直以来出产橄榄和柑橘类的水果，马里尼（Marini）家族的多代人都曾打理过它。玛利亚•宝拉（Maria Paola）和萨尔瓦多（Salvatore）在进入葡萄酒行业之前进行了周密的计划。在一队农学家和酿酒学家的帮助下，我们的主人公起步时选择了先做好葡萄种植区，然后再不断扩大葡萄园的规模。在小巧精致的酒窖里经过几年酿酒实验后，他们向市场推出了第一批酒。多亏使用的葡萄品种和这片土地，他们出品的酒拥有良好的结构，浓郁的果香，同时也很优雅和爽口。

● Basileus '10	♛♛ 5
○ Collimarini Passito '11	♛♛ 4
● Elaphe '10	♛♛ 4
⊙ Brigantino Rosato '11	♛ 2
● Koronè '10	♛ 2
○ Sandolino '11	♛ 2
● Basileus '09	♙♙ 5

Senatore Vini
LOC. SAN LORENZO - 88811 CIRÒ MARINA [KR]
TEL. 096232350
www.senatorevini.com

藏酒销售
预约参观
年产量 250 000 瓶
葡萄种植面积 30 公顷

森纳托尔（Senatore）兄弟的这家可爱的庄园占地约40公顷，30公顷的葡萄种植地分布在四个不同的区域。在庄园位于圣•洛伦佐（San Lorenzo）的总部，一个4 500平方米的现代化酒窖位于12公顷葡萄园的中心，俯瞰着西罗•马里纳（Cirò Marina）。酒庄的产品涵盖了西罗（Cirò）的经典酒款和用国际葡萄酿造的更为创新的酒款。自酒庄成立起，森纳托尔（Senatore）就以严格遵照农艺协议著称，每公顷的葡萄产量远低于西罗（Cirò）法定保证葡萄酒产区法规的规定。

● Ehos '09	♛♛ 3*
⊙ Cirò Rosato Puntalice '11	♛♛ 3
● Cirò Rosso Cl. Arcano '09	♛♛ 3
○ Silò '11	♛♛ 3
● Unico S '08	♛♛ 4
○ Alikia '11	♛ 3
○ Cirò Bianco Alaei '11	♛ 2
○ Eukè '11	♛ 3
⊙ Eukè Rosato '11	♛ 3
⊙ Cirò Rosato Puntalice '10	♙♙ 3*
⊙ Cirò Rosato Puntalice '09	♙♙ 2*

Serracavallo

C.DA SERRACAVALLO - 87043 BISIGNANO [CS]
TEL. 098421144
www.viniserracavallo.it

藏酒销售
预约参观
餐饮接待
年产量 80 000 瓶
葡萄种植面积 32 公顷

德默特里奥•斯坦卡提（Demetria Stancati）的庄园从克拉迪（Crati）河谷一直延伸到珀利诺（Pollino）。由于坡度较陡，在比西纳诺（Bisignano）的葡萄藤往往栽种在海拔800米的狭窄梯田上。德默特里奥宣称自己是第一个投资麦格罗科（Magliocco）葡萄的人，这也许是因为，跟该地区的其他一些区域一样，科森扎省（Cosenza）史上没有出现过任何本土葡萄品种。酒庄出品的葡萄酒一直保持有限的产量，这是因为酒庄在葡萄园和酒窖都采取了严格的管理措施以保证质量而非数量。

● Vigna Savuco '08	♛♛ 6
○ Petramola '11	♛♛ 4
● Terraccia '10	♛♛ 3
○ Besidiae '11	♛ 2
⊙ Fili '11	♛ 2
● Sette Chiese '11	♛ 2
● Terraccia '08	♛♛ 3
● Vigna Savuco '07	♛♛ 6
● Vigna Savuco '06	♛♛ 6

Statti

C.DA LENTI - 88046 LAMEZIA TERME [CZ]
TEL. 0968456138
www.statti.com

藏酒销售
预约参观
餐饮接待
年产量 300 000 瓶
葡萄种植面积 55 公顷

在过去的20年里，斯塔提（Statti）兄弟安东尼奥（Antonio）和阿尔贝托（Alberto）完全改造了其庄园里用于种植葡萄和生产葡萄酒的区域。兄弟俩建造了一个新型的现代化酒窖，运用最新的种植模式改良了他们的葡萄园，创造一切可以实行机械化生产的条件。酒庄的葡萄园面积约为100公顷。近年来，酒庄推出的上佳酒品活跃在我们的品酒会上，向人们展示了这些生产策略是如何取得成功的。酒品系列种类繁多，风格现代，强调精致和优雅而非力量和厚重。

● Arvino '10	♛♛ 2*
● Batassarro '10	♛♛ 4
○ Mantonico '11	♛♛ 3
● Gaglioppo '11	♛ 2
○ Greco '11	♛ 2
⊙ I Gelsi Bianco '11	♛ 1*
⊙ I Gelsi Rosato '11	♛ 1*
● I Gelsi Rosso '11	♛ 1*
○ Nosside V. T. '11	♛ 4
● Arvino '09	♛♛ 2*
● Arvino '08	♛♛ 2*
● Batassarro '09	♛♛ 4

卡拉布里亚区
CALABRIA

Tenuta Terre Nobili
via Cariglialto
87046 Montalto Uffugo [CS]
Tel. 0984934005
www.tenutaterrenobili.it

藏酒销售
预约参观
参观设施
年产量 37 000 瓶
葡萄种植面积 16 公顷
葡萄栽培方式 有机认证

自接管家族酒庄以来，莉迪亚•马特拉（Lidia Matera）实施了大刀阔斧的改革，从根本上改变了葡萄园和酒窖的生产理念。除了实行变革外，她还是卡拉布里亚区（Calabria）首批将包括优质橄榄油在内的整个农业生产转变为有机方式的农民之一。此外，她投入了很多时间和金钱，用本土的葡萄品种取代了所有的国际葡萄。现在，改种的这些葡萄开始结出果实。几年来，莉迪亚把有机种植和本地葡萄巧妙结合，产出了极具地域特色的葡萄酒。这个系列呈现出适中的传统风格，拥有极好的口感和丰富的个性。

Luigi Viola
via Roma, 18 - 87010 Saracena [CS]
Tel. 0981349099
www.cantineviola.it

藏酒销售
预约参观
年产量 6 000 瓶
葡萄种植面积 未提供
葡萄栽培方式 有机认证

大约几年前，萨拉塞纳•莫斯卡托（Moscato di Saracena）葡萄酒还鲜为人知，尽管有着辉煌的历史，这些酒当时却濒临灭绝。当时，路易吉•维欧拉（Luigi Viola）开始致力于发展这款历史悠久但几近消失的莫斯卡托（Moscato）葡萄酒，避免其遭到灭绝的厄运。他重新着手这款酒的生产，使用承袭了几百年的相同方法酿造，使用加纳查（Guarnaccia）、莫斯卡特罗（Moscatello）和玛尔维萨（Malvasia）三种葡萄作为原料，并获得了成功，终于成为了这一酒品的全球形象大使。这些年来，他获得了无数的荣誉，促使其他酿酒商开始效仿他的做法。今天，在路易吉的领导下，他们正在争取建立法定葡萄酒产区。

● Alarico '11	🍷🍷 3
⊙ Donn'Eleonò '11	🍷🍷 2*
⊙ Santa Chiara '11	🍷🍷 2*
● Cariglio '11	🍷 1
● Alarico '09	🍷🍷 3
● Cariglio '10	🍷🍷 3

○ Moscato Passito '11	🍷🍷🍷 6
○ Moscato Passito '10	🍷🍷🍷 6
○ Moscato Passito '09	🍷🍷🍷 6
○ Moscato Passito '08	🍷🍷🍷 6
○ Moscato Passito '07	🍷🍷🍷 6

OTHER WINERIES 其他酒庄

'A Vita
Fraz. Cirò Marina
SS 106 km 279,800 - 88811 Crotone
Tel. 3290732473
www.avitavini.it

● Cirò Rosso Cl. Sup. '09	🍷🍷 3

Caparra & Siciliani
Bivio SS Jonica, 106
88811 Cirò Marina [KR]
Tel. 0962373319
www.caparraesiciliani.it

● Cirò Rosso Cl. Sup. Ris. '09	🍷🍷 2*
○ Cirò Bianco Curiale '11	🍷 2
⊙ Cirò Rosato Le Formelle '11	🍷 2
● Cirò Rosso Cl. Sup. Volvito '09	🍷 3

Chimento
C.da Gallice - Vescovado
87043 Bisignano [CS]
Tel. 0984301708
www.aziendachimento.it

● Il Vescovado '10	🍷🍷 3
● Vitulia '10	🍷🍷 4
⊙ Gallice '11	🍷 3
○ Matilde '11	🍷 3

Colacino
Via Colle Manco - 87054 Rogliano [CS]
Tel. 09841900252
www.colacino.it

⊙ Savuto Rosato Si '11	🍷🍷 2*
● Savuto Sup. Britto '11	🍷🍷 4
● Savuto V. Colle Barabba '11	🍷🍷 3
● Amanzio '11	🍷 2

Tenuta del Conte
Via Tirone, 131 - 88811 Cirò Marina [KR]
Tel. 096236239
www.tenutadelconte.it

⊙ Cirò Rosato '11	🍷🍷 2*
○ Cirò Bianco '11	🍷 2
● Cirò Rosso Cl. Sup. '10	🍷 2

Donnici 99
C.da Verzano - 87100 Cosenza
Tel. 0984781842
www.donnici99.com

● Audace Diverzano '10	🍷🍷 2*
○ Albicello Diverzano '11	🍷 2
● Ardente Diverzano '08	🍷 3
⊙ Fugace Diverzano '11	🍷 2

OTHER WINERIES

Du Cropio
via Sele, 5 - 88811 Cirò Marina [KR]
Tel. 096231322
www.viniducropio.it

● Cirò Classico Superiore Don Giuvà '10	♛♛ 3
● Serra Sanguigna '08	♛ 3

Pier Giorgio Falvo
loc. Garga - 87010 Saracena [CS]
Tel. 0981480921
www.masseriafalvo.it

● Graneta '10	♛♛ 3
○ Donna Filomena '11	♛ 3
○ Milirosu '11	♛ 5
○ Pircoca '11	♛ 2

Tenute Ferrocinto
c.da Ciparsia - 87012 Castrovillari [CS]
Tel. 0981415122
www.cantinecampoverde.it

● Serra delle Ciavole '10	♛♛ 4
● Magliocco '11	♛ 2
○ Timpa del Principe '11	♛ 2

Feudo dei Sanseverino
via Vittorio Emanuele, 108/110
87010 Saracena [CS]
Tel. 098121461
www.feudodeisanseverino.it

○ Mastro Terenzio '09	♛♛ 5
○ Moscato Passito al Governo di Saracena '07	♛♛ 5
● Lacrima Nera '09	♛ 3

Cantine Lento
via del Progresso, 1
88046 Lamezia Terme [CZ]
Tel. 096828028
www.cantinelento.it

○ Contessa Emburga '11	♛♛ 4
○ Lento Bianco '11	♛♛ 3
● Lamezia Ris. '07	♛ 5
● Lamezia Rosso Dragone '11	♛ 3

Malaspina
via Pallica, 67
89063 Melito di Porto Salvo [RC]
Tel. 0965781632
www.aziendavinicolamalaspina.com

● Palizzi '09	♛♛ 2*
○ Micah '11	♛ 2
● Palikos '10	♛ 2
⊙ Rosaspina '11	♛ 2

OTHER WINERIES

Malena
LOC. PETRARO
SS JONICA 106 - 88811 CIRÒ MARINA [KR]
TEL. 096231758
www.malena.it

⊙ Lipuda Bacco Rosato '11	🍷🍷 2*
⊙ Cirò Rosato '11	🍷 2
● Cutura del Marchese '09	🍷 5
○ Passus '09	🍷 4

G.B. Odoardi
C.DA CAMPODORATO, 35
88047 NOCERA TERINESE [CZ]
TEL. 098429961
odoardi@tin.it

● GB Odoardi '09	🍷🍷 6
● Terra Damia '09	🍷🍷 3

La Pizzuta del Principe
C.DA LA PIZZUTA, 1 - 88816 STRONGOLI [KR]
TEL. 096288252
www.lapizzutadelprincipe.it

● Melissa Jacca Ventu '11	🍷🍷 2*
○ Molarella '11	🍷🍷 2*
● Zingamaro '11	🍷🍷 3
○ Melissa Santa Foca' '11	🍷 2

Fattoria San Francesco
LOC. QUATTROMANI - 88813 CIRÒ [KR]
TEL. 096232228
www.fattoriasanfrancesco.it

⊙ Cirò Rosato Cl. Ronco dei Quattroventi '11	🍷 4
● Cirò Rosso Classico '11	🍷 2
● Donna Madda '10	🍷 4

Santa Venere
LOC. TENUTA VOLTAGRANDE
SP 04 KM 10,00 - 88813 CIRÒ [KR]
TEL. 096238519
www.santavenere.com

○ Cirò Bianco '11	🍷🍷 2*
● Cirò Rosso Cl. Sup. Federico Scala Ris. '09	🍷🍷 5
● Vurgadà '10	🍷🍷 3
● Speziale '11	🍷 3

Cantine Spadafora 1915
ZONA IND. PIANO LAGO 18
87050 MANGONE [CS]
TEL. 0984969080
www.cantinespadafora.it

○ Donnici Bianco V. Fiego '11	🍷🍷 3
● Donnici 1915 Anno Domini '07	🍷 6
○ Donnici Bianco V. Fiego '10	🍷 2
● Peperosso '11	🍷 2

OTHER WINERIES

Terre del Gufo - Muzzillo
Fraz. Donnici Inferiore
C.da Albo San Martino - 87100 Cosenza
Tel. 3357725614
www.terredelgufo.com

⊙ Chiaroscuro '11	🍷 2*
● Timpamara '10	🍷 5

Terre di Balbia
C.da Montino - 87042 Altomonte [CS]
Tel. 048161264
www.terredibalbia.it

● Balbium The Empero's Wine '09	🍷 3
● SerraMonte '07	🍷 6

Tramontana
Loc. Gallico Marina
Via Casa Savoia, 156
89139 Reggio Calabria
Tel. 0965370067
www.vinitramontana.it

● 1890 '09	🍷 5
● Costa Viola '10	🍷 2*
● To Crasì '09	🍷 3
● Vorea '11	🍷 2*

Val di Neto
C.da Margherita via delle Magnolie
88900 Scandale [KR]
Tel. 096254079
www.cantinavaldineto.com

● Melissa Rosso Sup. Mutrò '09	🍷 3
⊙ Amistà '11	🍷 2
○ Melissa Bianco Lumia '11	🍷 2

Vignaioli del Pollino
C.da Ferrocinto, 151
87012 Castrovillari [CS]
Tel. 098138035
www.vinopollino.com

○ Moscato di Frascineto '10	🍷 4
⊙ Pollino Ceraso '11	🍷 2
● Pollino Sup. Harè '07	🍷 5

Vinicola Zito
Fraz. Punta Alice
via Scalaretto - 88811 Cirò Marina [KR]
Tel. 096231853
www.cantinezito.it

⊙ Cirò Rosato Imerio '11	🍷 2*
● Cirò Rosso Cl. Ris. '09	🍷 3
● Cirò Rosso Cl. Sup. Krimisa '10	🍷 2*
○ Cirò Bianco Nosside '11	🍷 2

西西里岛
SICILY

西西里岛（Sicily）的葡萄酒在今年表现得非常出色，《年鉴》授予西西里岛共计19项"三杯奖"，肯定了它在意大利南部葡萄酒业中的领先地位。今年获得"三杯奖"的数目比去年多了3项，表明西西里岛是葡萄酒行业的表率模范，即使在整体经济遇到极大困难的情况下仍步步为营，保证了葡萄酒的高质量。岛上的主要酿酒商们尤其是这方面的专家，支持他们的是独特的风土条件和令人欲罢不能的地方葡萄品种。下面，我们从埃特纳火山（Mount Etna）开始作总体介绍。年复一年，这座欧洲最大的活火山不断证明着自己是意大利葡萄酒酿造业最令人振奋的地区之一，吸引了包括西西里岛内及岛外对它的关注和投资热情。今年，这里诞生三款埃特纳白酒（Etna Biancos），分别是科塔内拉酒庄（Cottanera）的2011年款、菲西纳酒庄（Fessina）的阿普达拉（A' Puddara）2010年款和格拉西酒庄（Graci）的科塔600（Quota 600）2010年款，它们都能完美地诠释了凯利坎特葡萄（Carricante）的特点。在红葡萄酒酿制领域，斩获大奖的有帕索皮咖洛（Passopisciaro）酒庄的孔塔达2010年款（Contrada P 2010）、皮尔塔多（Pietradolce）酒庄的阿奇内利（Archineri）、罗素（Russo）酒庄的费多（Feudo）、特ий则安娜（Terrazze dell'Etna）酒庄的斯尔内科2009（2009 Cirneco）和来自特尔·内尔酒庄（Terre Nere）广泛葡萄酒系列中的桑托·斯皮里托（Santo Spirito）2010年款。在不远的地方，帕拉利酒庄（Palari）的罗素·索普拉诺2010年款（Rosso del Soprano 2010）再次获得了成功，并且今年的成功比之前著名的法罗（Faro）来得更豪爽更令人信服。再一次，黑达沃拉（Nero d'Avola）酿出了一系列优质葡萄酒，包括费多玛卡利酒庄（Feudo Maccari）的赛亚2010年款（Saia 2010）、古尔费酒庄（Gulfi）的内罗马卡里2008年款（2008 Neromaccarj）、塔卡阿曼利塔（Tasca d'Almerita）的西格努斯2010年款（Cygnus 2010）和卡斯马诺（Cusumano）的诺阿2010年款（Noà 2010），还有佩勒格里诺（Pellegrino）酿制的优质特里普顿2009年款（Tripudium 2009）。我们需要特别指出的是，费碧酒庄（Feudi del Pisciotto）的塞拉索罗2009年款（Cerasuolo di Vittoria Giambattista Valli 2009）。另外还有两款非常优秀的白葡萄酒，它们都是莎当尼（Chardonnay）的最佳演绎者，分别是普拉内塔（Planeta）酒庄的莎当尼（Chardonnay）和拉皮塔拉（Rapitalà）的顶级莎当尼（Chardonnay Grand Cru），两款都是2010年份的。最后完美收场的则是我们"三杯奖"的常客：多娜佳塔酒庄（Donnafugata）的2012年份潘泰莱里亚·本·拉伊甜酒（Passito di Pantelleria Ben Ryé 2010）。上述19款佳酿从50款地区决赛的酒品中脱颖而出，关于这50款酒我们不打算多说。再给大家提供一个非常好的消息，虽然西西里岛的葡萄价格及葡萄酒价格不断上涨，他们的葡萄酒出口量也不断上涨。

SICILY
西西里岛

Abbazia Santa Anastasia

C.DA SANTA ANASTASIA
90013 CASTELBUONO [PA]
TEL. 091671959
www.abbaziasantanastasia.it

藏酒销售
预约参观
膳宿接待
年产量 420 000 瓶
葡萄种植面积 55公顷
葡萄栽培方式 有机认证

自20世纪80年代被莱纳（Lena）家族收购后，阿巴齐亚·桑塔·安纳斯塔西亚酒庄（Abbazia Santa Anastasia）经历了许多转变：首先是开垦荒地；然后是栽种新的葡萄园和建造现代化的酿酒厂；最后是实行有机农耕，初步采用生机互动型的葡萄栽培方式。酒庄选用的酿酒技术一直以生产优质葡萄酒为目标。这些现代化的技术包括了在酿造前冷却葡萄和使用温度控制的发酵大桶。对葡萄藤的精心打理、较低的产量、人工采摘技术，加之上述的现代酿酒技术，使得阿巴齐亚（Abbazia）葡萄酒的质量达到优秀的标准。

● Litra '10	🍷🍷 6
● Sens(i)nverso Cabernet Sauvignon '09	🍷🍷 4
● Sens(i)nverso Nero d'Avola '09	🍷🍷 4
○ Contempo Grillo '11	🍷 2
● Contempo Nero d'Avola '11	🍷 2
● Passomaggio '10	🍷 3
○ Sinestesia '11	🍷 3
○ Zurrica '11	🍷 2
● Litra '04	🍷🍷🍷 6
● Litra '01	🍷🍷🍷 7
● Litra '00	🍷🍷🍷 7
● Litra '99	🍷🍷🍷 7
● Litra '97	🍷🍷🍷 7
● Montenero '04	🍷🍷🍷 4

Alessandro di Camporeale

C.DA MANDRANOVA - 90043 CAMPOREALE [PA]
TEL. 092437038
www.alessandrodicamporeale.it

藏酒销售
预约参观
年产量 150 000 瓶
葡萄种植面积 35 公顷
葡萄栽培方式 有机认证

对这家企业的打理可谓是教科书的典范。亚历山德罗（Alessandro）家族的四代人依靠永不退却的激情和过人的智慧管理这一家族企业已有上百年。酒庄发展的转折点出现在2000年，正是在这一年，尼诺（Nino）、纳塔尔（Natale）和罗索里诺（Rosolino）三兄弟建立了酿酒厂并开始酿造葡萄酒。他们采用有机方式栽种的葡萄园坐落在坎波利亚勒（Camporeale）附近曼德拉诺瓦（Mandranova）山区，这里的土壤是黏土和石灰土，种植的本地葡萄包括黑达沃拉（Nero d'Avola）和卡塔拉托（Catarratto），国际葡萄有西拉（Syrah）。西拉葡萄凭借突出的特质和纤细诠释着这片土地的特色。

● Kaid '10	🍷🍷 3*
○ Benedè '11	🍷🍷 2*
● DonnaTà '11	🍷🍷 2*
○ Kaid Sauvignon Blanc '11	🍷 3
○ Benedè '10	🍷🍷 2
● DonnaTà '10	🍷🍷 2
● Kaid '09	🍷🍷 3
● Kaid '08	🍷🍷 3*

SICILY 西西里岛

Baglio del Cristo di Campobello

C.DA FAVAROTTA, SS 123 KM 19,200
92023 CAMPOBELLO DI LICATA [AG]
TEL. 0922 877709
www.cristodicampobello.it

藏酒销售
预约参观
年产量 300 000 瓶
葡萄种植面积 30 公顷

大约10年前，安哥拉·博内塔（Angelo Bonetta）和他的儿子卡梅洛（Carmelo）及里卡多（Riccardo）开始满怀热情地经营这家酒庄，并完全把它当作自家的事务来打理。酒庄坐落在利卡塔（Licata）附近风景如画的乡村，处在白垩土和石灰土上。这里有来自附近海面的凉风吹拂，是生产葡萄酒的绝佳之地。在意识到这一点后，博内塔家族（Bonettas）立即在农庄里建立了一个现代化的、非侵入性的酿酒厂，实施了有效的葡萄园管理体系。产出的葡萄酒主要来自本地品种，真正诠释了地域特色，体现了西西里（Sicily）的精髓。

○ Laudàri '10	♛♛ 4
● Lu Patri '10	♛♛ 5
● Adènzia Rosso '10	♛♛ 3
● C'D'C' Rosso Cristo di Campobello '11	♛♛ 2*
○ Lalùci '11	♛♛ 3
○ C'D'C' Bianco Cristo di Campobello '11	♛ 2
● Lusirà '10	♛ 5
● Lu Patri '09	♛♛♛ 5
● Adènzia Rosso '09	♛♛ 3
● C'D'C' Rosso Cristo di Campobello '10	♛♛ 2
○ Lalùci '10	♛♛ 3
● Lu Patri '08	♛♛ 5

Cantine Barbera

C.DA TORRENOVA, SP 79 - 92013 MENFI [AG]
TEL. 0925570442
www.cantinebarbera.it

藏酒销售
预约参观
餐饮接待
年产量 100 000 瓶
葡萄种植面积 15 公顷

贝利塞罗区（Belicello）的酒庄因附近的贝利斯河（River Belice）而得名。这条河流入不远处的西西里海峡（Canale di Sicilia），塑造了这片区域的地形和巴贝拉酒庄（Barbera）葡萄园的气候。在庄园建立之初的20世纪60年代，皮埃特罗（Pietro）通过改造和再开发土地来获取葡萄种植地。酒庄的现任庄主是皮埃特罗的女儿马里勒娜（Marilena）。马里勒娜以前是一位税务律师，出于对酿酒的热爱，她放弃了一个辉煌的职业生涯，毅然投身于葡萄酒业之中。现在，她负责酒庄的国际销售业务和市场营销。她的母亲妮娜（Nina）打理着葡萄园，把园里的化学干预控制在最低限度，并且只使用从葡萄园周围挑选的酵母进行葡萄酒发酵。

○ Albamarina Passito '11	♛♛ 4
● Menfi Cabernet Sauvignon La Vota '10	♛♛ 4
● Menfi Merlot Azimut '10	♛♛ 4
● Microcosmo '10	♛♛ 3
○ Inzolia '11	♛ 2
○ La Bambina '11	♛ 2
○ Menfi Chardonnay Piana del Pozzo '11	♛♛ 4
● Nero d'Avola '11	♛ 2
○ La Bambina '10	♛♛ 2
○ Menfi Inzolia Dietro le Case '10	♛♛ 2*
● Menfi Merlot Azimut '09	♛♛ 4
● Microcosmo '09	♛♛ 3

SICILY 西西里岛

★Benanti
VIA G. GARIBALDI, 475
95029 VIAGRANDE [CT]
TEL. 0957893399
www.vinicolabenanti.it

藏酒销售
预约参观
年产量 120 000 瓶
葡萄种植面积 45 公顷

卡法里埃•贝南蒂（Cavaliere Benanti）的酒庄目前已经受到普遍肯定，他本人也是现代葡萄酒界的第一人，早就意识到广阔复杂的埃特纳（Etna）风土是适合酿制葡萄酒的。无独有偶，当时他坚持在葡萄酒酒标上注明葡萄园地址，受到很大阻碍。那时候这种风土理念被认为是缺乏异国情调。然而今天，贝纳帝酒庄（Benanti）确是依赖葡萄种植者和酿酒师的不懈坚持，凭借现代化的酿酒技艺，所酿葡萄酒完美结合了传统风格和地域特色。对于那些喜欢独特而非大众化的葡萄酒的人来说，他们的酒的确能够刺激感官，令人兴奋。

○ Etna Bianco Sup. Pietramarina '08	🍷🍷 5
○ Noblesse	🍷🍷 6
● Etna Rosso Rosso di Verzella '09	🍷 3
○ Etna Bianco Sup. Pietramarina '04	🍷🍷🍷 5
○ Etna Bianco Sup. Pietramarina '02	🍷🍷🍷 5
○ Etna Bianco Sup. Pietramarina '01	🍷🍷🍷 5
○ Etna Bianco Sup. Pietramarina '00	🍷🍷🍷 5
○ Etna Bianco Sup. Pietramarina '99	🍷🍷 4
○ Etna Bianco Sup. Pietramarina '97	🍷🍷 4
● Etna Rosso Serra della Contessa '06	🍷🍷🍷 7
● Etna Rosso Serra della Contessa '04	🍷🍷🍷 7
● Etna Rosso Serra della Contessa '03	🍷🍷🍷 7
● Il Drappo '04	🍷🍷 5
○ Etna Bianco Sup. Pietramarina '07	🍷🍷 6

Cantina Viticoltori Associati Canicattì
C.DA AQUILATA - 92024 CANICATTÌ [AG]
TEL. 0922829371
www.viticoltoriassociati.it

藏酒销售
预约参观
年产量 700 000 瓶
葡萄种植面积 1000 公顷

卡里卡迪葡萄酒协会酒庄（Cantina Viticoltori Associati Canicatti）成立于40年前，所有人都是西西里酿酒厂的精。这家活泼又现代的合作酒庄有近500名成员，占地1 000公顷的葡萄园分布在阿格里图（Agrigento）的周边地区。该酒庄的董事长吉奥凡尼•格里克（Giovanni Greco）大力实施的生产理念是：不间断地监控成员的葡萄园，以确保葡萄具有高品质。这样做保证了配备有最新技术的酒窖可以获得健康、成熟的葡萄，为生产出具有市场竞争力的葡萄酒提供了前提条件。

● Aquilae Nero d'Avola '10	🍷🍷 2*
● Aquilae Syrah '10	🍷🍷 2*
● Aynat '09	🍷🍷 5
● Calio '10	🍷🍷 2*
● Aquilae Cabernet Sauvignon '10	🍷 2
○ Aquilae Catarratto '11	🍷 2
● Centouno '10	🍷 2
○ Fileno '11	🍷 2
○ Aquilae Catarratto '10	🍷🍷 2*
○ Aquilae Catarratto '09	🍷🍷 2*
● Aynat '08	🍷🍷 4
● Aynat '04	🍷🍷 4*
○ Fileno '10	🍷🍷 2*
● Scialo '06	🍷🍷 2*

Centopassi

via Porta Palermo, 132
90048 San Giuseppe Jato [PA]
Tel. 0918577655
www.centopassisicilia.it

藏酒销售
预约参观
膳宿接待
年产量 300 000 瓶
葡萄种植面积 90 公顷
葡萄栽培方式 有机认证

10多年来，两家来自上贝里斯（Belice）的合作式酿酒厂的普雷西多·利佐托（Placido Rizzotto）和拉皮奥·拉托瑞（Pio La Torre）一直管理着从本地黑手党家匪手中没收而来的约400公顷土地。该庄园占地约70公顷，位于海拔300米至600米不等的地方，以有机方式进行管理。大部分葡萄园种植了本地葡萄品种，包括黑达沃拉（Nero d'Avola）、格里洛（Grillo）和卡塔拉托（Catarratto）。来自单一葡萄园的最上等葡萄被用来酿造单一品种的同名精品酒。酒品系列呈现出现代风格，同时保留了地域特色，注重清爽的口感和迷人的果香，而非强劲和力量。

COS

SP 3 Agate-Chiaramonte km 14,300
97019 Vittoria [RG]
Tel. 0932876145
www.cosvittoria.it

藏酒销售
预约参观
年产量 160 000 瓶
葡萄种植面积 30 公顷
葡萄栽培方式 传统栽培

在33年前，奎斯托·欧切宾提（Giusto Occhipinti）和蒂塔·西莉亚（Titta Cilia）是小镇里最年轻的葡萄酒酿造商。要是没有在太阳底下循环往复地收割葡萄，他们今天应该仍很年轻。尽管容颜衰老，他们的内心却依旧保持青春，体现在对葡萄酒的热情，对创新的开放态度和应对挑战的能力。由于从不满足现有的成绩，他们在短短几年内就把传统的庄园改造成了生机互动农业的先锋酒庄，以双耳细颈酒罐开始进军原本由木桶主导的酒窖。无论是过去还是现在，他们都只是热爱着土地及其果实的两个年轻人。

● Argille di Tagghia Via '11	♛♛ 3
○ Grillo Rocce di Pietra Longa '11	♛♛ 3
● Marne di Saladino '10	♛♛ 4
○ Centopassi Bianco '11	♛ 2
● Centopassi Rosso '11	♛ 2
○ Tendoni di Trebbiano '11	♛ 4
○ Terre Rosse di Giabbascio '11	♛ 3
● Argille di Tagghia Via '10	♛♛ 3
● Centopassi Rosso '09	♛♛ 2
○ Grillo Rocce di Pietra Longa '10	♛♛ 3*
● Marne di Saladino '09	♛♛ 3
● Nero d'Avola Argille di Tagghia Via '09	♛♛ 3
● Syrah Marne di Saladino '08	♛♛ 5
○ Terre Rosse di Giabbascio '10	♛♛ 3*

● Frappato '11	♛♛ 3
○ Pithos Bianco '10	♛♛ 4
● Cerasuolo di Vittoria Classico '09	♛ 4
● Maldafrica '09	♛ 4
● Nero di Lupo '10	♛ 3
● Pithos Rosso '10	♛ 4
○ Ramì '10	♛ 3
● Frappato '09	♛♛ 3*
● Nero di Lupo '09	♛♛ 3
○ Ramì '09	♛♛ 3*

西西里岛
SICILY

Cottanera
LOC. IANNAZZO
SP 89 - 95030 CASTIGLIONE DI SICILIA [CT]
TEL. 0942963601
www.cottanera.it

藏酒销售
预约参观
年产量 300 000 瓶
葡萄种植面积 55 公顷

坎布里亚（Cambria）家族的古列尔莫（Guglielmo）和恩佐（Enzo）两兄弟创建了这家酒庄。当时，这片迅猛发展的葡萄酒地区正遭遇形象危机，他们认为可以使用国际葡萄来改善这一局面。结果，他们酿造的一系列取材于梅洛（Merlot）、席拉（Syrah）和赤霞珠（Cabernet Sauvignon）葡萄的酒品，以及最初来自萨沃伊（Savoy）的独特品种蒙得斯（Mondeuse）葡萄都产生了一定的影响。后来，坎布里亚（Cambria）家族逐渐把目光放在复兴埃特纳（Etna）本地的葡萄品种上，主要包括内勒罗·马斯卡勒塞（Nerello Mascalese）、凯利坎特（Carricante）和内勒罗·卡普奇奥（Nerello Cappuccio）葡萄。古列尔莫（Guglielmo）逝世后，恩佐（Enzo）的侄女玛丽安吉拉（Mariangela）和侄子弗朗西斯科（Francesco）、伊曼纽尔（Emanuele）加入到酒庄的管理队伍。

○ Etna Bianco '11	♛♛♛	3*
● Etna Rosso '09	♛♛	5
● Fatagione '10	♛♛	3
● Grammonte '10	♛♛	4
● L'Ardenza '10	♛♛	4
● Sole di Sesta '09	♛♛	4
○ Barbazzale Bianco '11	♛	2
● Barbazzale Rosso '11	♛	2
● Etna Rosso '07	♛♛♛	5
○ Etna Bianco '10	♛♛	3
● Etna Rosso '08	♛♛	5
● L'Ardenza '09	♛♛	4

★Cusumano
C.DA SAN CARLO
SS 113 - 90047 PARTINICO [PA]
TEL. 0918908713
www.cusumano.it

预约参观
年产量 2 500 000 瓶
葡萄种植面积 400 公顷

2000年，卡斯马诺（Cusumano）的酿酒理念发生根本改变。酒庄最大限度地延伸葡萄园面积，收购了西西里（Silicy）地区的几百公顷土地，他们认为那里非常适合种植葡萄。他们选择在科莱奥内（Corleone）附近的费库扎（Ficuzza）森林，在海拔700米的位置，他们划出了一大片地来种植白葡萄。大部分的红葡萄则种植在布特拉（Butera）的石灰土壤，以及最近购得的帕奇诺（Pachino）附近的20公顷葡萄园。卡斯马诺家族（Cusumanos）的葡萄酒的风格也发生了变化，从以前注重酒体力量和浓度到现在的注重纤细优雅、反映风土特色。

● Noà '10	♛♛♛	4*
○ Jalé '11	♛♛	4
● Sàgana '10	♛♛	4
● Benuara '11	♛♛	3
○ Cubìa '10	♛♛	3
● Merlot '11	♛♛	2*
● Pinot Nero '10	♛♛	4
● Syrah '11	♛♛	2*
● Noà '05	♛♛♛	4
● Sàgana '09	♛♛♛	4
● Sàgana '08	♛♛♛	4
● Sàgana '07	♛♛♛	4
● Sàgana '06	♛♛♛	4
● Sàgana '05	♛♛♛	4

Marco De Bartoli

C.DA FORNARA SAMPERI, 292
91025 MARSALA [TP]
TEL. 0923962093
www.marcodebartoli.com

藏酒销售
预约参观
年产量 100 000 瓶
葡萄种植面积 30 公顷

如今，瑞纳托（Renato）、朱塞佩娜（Giuseppina）和塞巴斯提亚诺（Sebastiano De Bartoli）继续推进着父亲马尔科（Marco）的事业。马尔科是西西里葡萄酒界的关键人物，才思敏捷，喜欢挑战。他可谓是诠释马尔拉萨（Marsala）葡萄酒的王者和劳模，虽然已经逝世，但他的形象将永远留在那些有幸认识他的人的记忆中。现在，马尔科的孩子接过了他的火炬，出品了他著名的马尔拉萨（Marsala）和潘泰莱里亚（Pantelleria）葡萄酒，以及雷纳托（Renato）的特扎·维亚（Terza Via）天然葡萄酒。此外还有以格里洛葡萄（Grillo）为原料酿造的新款经典梅特多（Metodo Classico）起泡酒。

○ Marsala Sup. Ris. 1987 '87	7
○ Pietranera '11	4
○ Grappoli del Grillo '09	4
○ Marsala Sup. 10 Anni Ris.	6
○ Marsala Sup. Ris. 10 Anni	6
○ Passito di Pantelleria Bukkuram '07	7
○ Passito di Pantelleria Bukkuram '05	7
● Rosso di Marco '08	5
○ Sole e Vento '10	3
○ TerzaVia Dolcemamà '09	3

★Donnafugata

VIA SEBASTIANO LIPARI, 18
91025 MARSALA [TP]
TEL. 0923724200
www.donnafugata.it

藏酒销售
预约参观
年产量 2 300 000 瓶
葡萄种植面积 260 公顷

继承家族古老而辉煌的酿酒传统，吉亚科莫·拉洛（Giacomo Rallo）和噶布利亚拉·拉洛（Gabriella Rallo）于1983年创立了多娜佳塔庄园（Donnafugata）。不久之后他们的孩子约瑟（Josè）和安东尼奥（Antonio）也加入到酒庄的管理队伍中来。他们的使命是冲出西西里岛（Sicily），成为意大利葡萄酒行业甚至国外酿酒行业的领头人物。凭借约瑟和安东尼奥带来的新鲜力量与新技术，目标很快便达成。今天，这个马尔拉萨（Marsala）酒庄紧跟现代市场的步伐，在保护环境和文化上表现突出。其稳定可靠的葡萄酒产自两个美丽的葡萄园——康特萨·恩特里娜（Contessa Entellina）和潘泰莱里亚（Pantelleria）。

○ Passito di Pantelleria Ben Ryé '10	7
○ Contessa Entellina Chiarandà '09	5
● Contessa Entellina Milleunanotte '08	7
○ Angheli '09	3
○ Contessa Entellina Chardonnay La Fuga '11	3
○ Contessa Entellina V. di Gabri '11	3
○ Lighea '11	3
● Contessa Entellina Milleunanotte '06	7
● Contessa Entellina Milleunanotte '05	7
● Contessa Entellina Milleunanotte '04	7
○ Passito di Pantelleria Ben Ryé '10	7
○ Passito di Pantelleria Ben Ryé '09	7
○ Passito di Pantelleria Ben Ryé '06	7
● Tancredi '07	4

SICILY 西西里岛

Duca di Salaparuta Vini Corvo
via Nazionale
SS 113 - 90014 Casteldaccia [PA]
Tel. 091945201
www.duca.it

藏酒销售
预约参观
年产量 10 000 000 瓶
葡萄种植面积 155 公顷

奥古斯托•雷纳（Augusto Reina）集团拥有不少于三个历史悠久的西西里岛葡萄酒品牌：杜卡迪•萨拉帕鲁塔（Duca di Salaparuta）植根于特定的土地，来自位于里西（Riesi）、萨尔米（Salemi）和埃特纳（Etna）的三座庄园；科尔沃（Corvo）是酿制精良、物超所值的畅销品牌；佛罗里奥（Florio）是著名的马尔拉萨（Marsala）生产商。他们在推出传统酒品的同时扩大了酒品范围，涵盖了日常的甜点酒，以及利帕里•马瓦西亚（Malvasia delle Lipari）和潘泰莱里亚（Passito di Pantelleria）白葡萄酒等风味酒，还有最近推出的甜美的起泡酒。

○ Bianca di Valguarnera '10	♛♛ 5
● Calanica Nero d'Avola e Merlot '10	♛♛ 2*
● Duca Enrico '07	♛♛ 7
○ Marsala Sup. Donna Franca Ris.	♛♛ 6
○ Marsala Vergine Terre Arse Florio '01	♛♛ 5
● Triskelè '09	♛♛ 4
○ Kados '11	♛ 3
● Passo delle Mule '10	♛ 3
● Duca Enrico '03	♛♛♛ 6
● Duca Enrico '01	♛♛♛ 6
● Duca Enrico '92	♛♛♛ 6
● Duca Enrico '90	♛♛♛ 6
● Duca Enrico '88	♛♛♛ 6
● Duca Enrico '84	♛♛♛ 6

Tenuta di Fessina
c.da Rovittello
via Nazionale 120
95012 Castiglione di Sicilia [CT]
Tel. 057155284
www.cuntu.it

预约参观
年产量 60 000 瓶
葡萄种植面积 15 公顷
葡萄栽培方式 传统栽培

菲西纳（Tenuta di Fessina）酒庄在埃特纳（Etna）地区拥有两处生产基地。主基地坐落在北部的山坡上，靠近洛维特罗（Rovittello）镇，大部分栽培了有80年历史的玛斯卡奈葡萄（Nerello Mascalese）；另一个基地在对面，位于圣塔玛利亚地区（Santa Maria di Licodia）火山的南面，也栽种了有80年历史的卡里坎特葡萄（Carricante）。菲德里科•科塔兹（Feferico Curtaz）是酿酒学家、农学家，他是西尔维亚•马斯特里（Silvia Maestrelli）的合作伙伴。他总是认为葡萄酒应该在不牺牲纤细优雅的前提下，充分诠释出火山葡萄的特别香气和风土特性。

○ Etna Bianco A' Puddara '10	♛♛♛ 5
● Etna Rosso Musmeci '09	♛♛ 6
● Laeneo '11	♛♛ 3
● Nakone '11	♛♛ 3
● Ero '10	♛ 3
○ Etna Bianco A' Puddara '09	♛♛♛ 5
● Etna Rosso Musmeci '07	♛♛♛ 6
● Ero '09	♛♛ 3*
● Etna Rosso Erse '10	♛♛ 4
● Etna Rosso Erse '09	♛♛ 4*
● Etna Rosso Erse '08	♛♛ 3
● Etna Rosso Musmeci '08	♛♛ 6
● Laeneo '09	♛♛ 3
○ Nakone '10	♛♛ 3

Feudi del Pisciotto

C.DA PISCIOTTO - 93015 NISCEMI [CL]
TEL. 0577742903
www.castellare.it

藏酒销售
预约参观
年产量 180 000 瓶
葡萄种植面积 45 公顷

年复一年,帕内瑞(Panerai)集团的葡萄园在日趋成熟的同时,他们的葡萄酒事业也在不断发展,越来越有自己特点。近几年来,亚历山德罗•切莱(Alessandro Cellai)在葡萄园和酿酒厂里勤勤恳恳地工作着,他的目标非常明确:酿制出能反映当地风土和品种特性的葡萄酒,使之在不牺牲清新和优雅的前提下呈现出良好的结构。为了实现这一目标,他十分努力地开展葡萄芽的瘦化工作,以便使葡萄到收成时不会过于紧密,达到最佳的生物平衡。

Feudo Maccari

C.DA MACCARI, SP PACHINO-NOTO, KM 13,500
96017 NOTO [SR]
TEL. 0931596894
www.feudomaccari.it

藏酒销售
预约参观
年产量 166 00 瓶
葡萄种植面积 50 公顷
葡萄栽培方式 传统栽培

安东尼奥•莫雷蒂(Antonio Moretti)的美妙的西西里之旅仍在继续。安东尼奥是一位成功的事业家,拥有阿雷佐市(Arezzo)附近的七桥酒庄(Tenuta Sette Ponti)。在新千年的开端,他恰巧来到了这片区域,并很快爱上了这里极其美丽的乡村,促使他收购了数量庞大的小地块,其中包含一个现代化的酿酒厂和这个位于诺托(Noto)和帕基诺(Pachino)之间的迷人庄园。拥有占地约50公顷的葡萄园,由灌木丛改造而来,以当地传统的方法种植葡萄。出产的葡萄酒地域特色突出,注重纤细和优雅,而非浓度和力量感。

● Cerasuolo di Vittoria Giambattista Valli Paris '09	▼▼▼ 6
● Nero d'Avola Versace '10	▼▼ 4
○ Passito Gianfranco Ferrè '10	▼▼ 4
● Baglio del Sole Nero d'Avola '10	▼▼ 3
○ Frappato Carolina Marengo '10	▼▼ 4
○ Grillo Carolina Marengo '10	▼▼ 4
○ Gurra di Mare Tirsat '11	▼▼ 4
○ Baglio del Sole Inzolia '11	▼ 2
● Baglio del Sole Merlot '10	▼▼ 3
● Nero d'Avola Versace '08	▽▽▽ 4
● Nero d'Avola Versace '07	▽▽▽ 4*
○ Passito Gianfranco Ferrè '09	▽▽▽ 4
● Frappato Carolina Marengo '08	▽▽ 4
● Nero d'Avola Versace '09	▽▽ 4

● Saia '10	▼▼▼ 4*
○ Moscato di Noto Sultana '10	▼▼ 5
○ Grillo '11	▼▼ 2*
● Nero D'Avola '11	▼▼ 3
● Saia '08	▽▽▽ 4*
● Saia '07	▽▽▽ 4
● Saia '06	▽▽▽ 4
○ Grillo '10	▽▽ 2*
● Saia '09	▽▽ 4

西西里岛
SICILY

Feudo Principi di Butera
C.DA DELIELLA - 93011 BUTERA [CL]
TEL. 0934347726
www.feudobutera.it

藏酒销售
预约参观
年产量 900 000 瓶
葡萄种植面积 180公顷
葡萄栽培方式 传统栽培

在更换了两任技术指导后,佐宁家族(Zonin)的西西里岛酒庄终于步入了正轨。在两三年的时间里,多门尼克•佐宁(Domenico Zonin)带领的新团队转变了产自这个西西里岛(Sicily)美丽角落的葡萄酒的风格。至于结果,尝一下酒杯里的酒便知一二。葡萄园里,修剪和收获葡萄的工作在有条不紊地进行着。在酿酒厂,对葡萄的浸渍是工作的重点。酒窖的工作人员实现了酿制爽口均衡的葡萄酒的目标。这些酒完美诠释出该地区典型的酸性和矿物清新,不会过于丰富和强劲。

★Firriato
VIA TRAPANI, 4 - 91027 PACECO [TP]
TEL. 0923882755
www.firriato.it

藏酒销售
预约参观
年产量 4 250 000 瓶
葡萄种植面积 320 公顷
葡萄栽培方式 有机认证

辛勤工作的维斯亚(Vinza)和萨维多(Salvatore Di Gaetano)推动费利托酒庄(Firriato)的发展。如今,他们的庄园已经扩大到法维格纳(Favignana)和安纳(Etna)地区,他们的发迹地特帕尼省(Trapani)就更不用说了。酒庄由西向东环抱着西西里岛(Sicily),不管日升日落,葡萄园都沐浴着阳光。年复一年,采用有机种植模式的葡萄园产出了一系列精品好酒。今年,他们首次在法维格纳(Favignana)地区投资果香型葡萄酒,以及运用传统工艺酿造的安纳(Etna)本土葡萄起泡酒,分别是法维纳(Favinia)系列的三款酒和加顿斯(Gaudensius)起泡酒。

● Deliella '08	🍷🍷 6
● Symposio '10	🍷🍷 4
○ Insolia '11	🍷🍷 3*
● Nero d'Avola '10	🍷🍷 3
● Riesi '10	🍷🍷 3
● Cabernet Sauvignon '10	🍷 3
○ Chardonnay '11	🍷 3
● Syrah '10	🍷 3
● Cabernet Sauvignon '00	🍷🍷🍷 5
● Deliella '05	🍷🍷🍷 6
● Deliella '02	🍷🍷🍷 7
● Deliella '00	🍷🍷🍷 7
● Deliella '06	🍷🍷 6
● Symposio '08	🍷🍷 4

● Ribeca '10	🍷🍷🍷 5
● Etna Rosso Cavanera Rovo delle Coturnie '09	🍷🍷 5
● Harmonium '10	🍷🍷 5
● Altavilla della Corte Rosso '10	🍷🍷 3
● Camelot '10	🍷🍷 5
○ Quater Bianco '10	🍷🍷 4
● Quater Rosso '10	🍷🍷 4
○ Santagostino Bianco Baglio Soria '10	🍷🍷 3
● Etna Rosso Cavanera Rovo delle Coturnie '09	🍷🍷🍷 5
● Harmonium '08	🍷🍷🍷 5*
● Harmonium '07	🍷🍷🍷 5*
● Harmonium '06	🍷🍷🍷 5*
● Quater Rosso '05	🍷🍷🍷 3
● Ribeca '04	🍷🍷🍷 5

SICILY 西西里岛

Tenuta Gorghi Tondi
C.DA SAN NICOLA - 91026 MARSALA [TP]
TEL. 0923719741
www.gorghitondi.com

藏酒销售
预约参观
参观设施
年产量 350 000 瓶
葡萄种植面积 115 公顷

安娜玛利亚（Annamaria）和克拉拉·萨拉（Clara Sala）的酒庄坐落在西西里岛西部风景最优美的地区之一，其葡萄园面朝大海。酒庄位于普雷奥拉（Preola）和高吉·通迪（Gorghi Tondi）的郊区，这里是美丽的喀斯特湖野生动植物保护区。2000年，他们开始着手建造新的生产设施，整修了家族于19世纪末收购的葡萄园，并重新建了"巴利奥（Baglio）"（或称封闭式的农庄），这里还有现代化的酿酒酒窖。这里出品的葡萄酒极具吸引力，呈现出鲜明的地中海个性。最近，酒品的范围在扩大，新增了两款以罐式香槟法（Charmat-method）酿造的起泡酒和一款新的生产用于大型零售贸易的费迪·圣·尼古拉葡萄酒（Feudi San Nicola）。

○ Coste a Preola Rosso '10	♥♥ 2*
○ Palmarès	♥♥ 3
○ Rajah '11	♥♥ 4
○ Kheirè '11	♥ 3
○ Meridiano 12 '11	♥ 3
○ Palmarès Rosé	♥ 3
● Sorante '10	♥ 4
○ Coste a Preola Bianco '10	♀♀ 2*
● Coste a Preola Rosso '09	♀♀ 2*
● Nero d'Avola '08	♀♀ 3

Graci
LOC. PASSOPISCIARO
C.DA ARCURIA
95012 CASTIGLIONE DI SICILIA [CT]
TEL. 3487016773
www.graci.eu

藏酒销售
预约参观
年产量 13 000 瓶
葡萄种植面积 18 公顷
葡萄栽培方式 传统栽培

年轻的富有激情、具有奉献精神的两兄妹，阿贝托·格斯（Albert Aiello Graci）和妹妹伊莲娜（Elena），是这座安纳（Etna）美丽酒庄的现任庄主。酒庄的大部分葡萄园位于海拔600米的位置，还有一小部分高达海拔1000米，这里嫁接种植的葡萄藤已有100多年树龄。可能听起来有点不现实，但却的的确确如此。他们辛苦开垦干砌石墙，用于种植葡萄，他们坚持采用自然种植方法。凭借对土地的热爱，以及坚定的信念，所酿的葡萄酒透露着独特的风土气息，淡淡的优雅。

○ Etna Bianco Quota 600 '10	♥♥♥ 5
● Etna Rosso Quota 600 '10	♥♥ 5
○ Etna Bianco '11	♥♥ 4
● Etna Rosso '10	♥♥ 3
○ Etna Bianco '10	♀♀♀ 4
● Etna Rosso Quota 600 '09	♀♀ 5
● Etna Rosso Quota 600 '08	♀♀ 5

SICILY 西西里岛

Gulfi

C.DA PATRIA
97012 CHIARAMONTE GULFI [RG]
TEL. 0932921654
www.gulfi.it

预约参观
膳宿接待
年产量 180 000 瓶
葡萄种植面积 75 公顷
葡萄栽培方式 有机认证

维托卡•塔尼亚（Vito Catania）已经在伦巴第（Lombardy）的商场上取得了成功。但更重要的是，他重新恢复了内罗•达沃拉（nero d'Avola）的尊严和地位，引发西西里岛（Silcily）家庭生活的热潮，也带来了多种本地黑达沃拉（nero d'Avola）葡萄酿制的酒品。酒庄精心打理的西西里岛庄园位于埃特纳（Etna）、拉古萨（Ragusa）和帕奇诺（Pachino），以法国葡萄园的理念种植，即把每一片土地看作是独立的实体，从地块间的不同之处寻找价值。这种理念的根本在于要尽在葡萄园内运用最天然的耕作方式，所有的葡萄园种植地都要以希腊传统的灌木丛式培育。酒庄出产的葡萄酒有着令人难忘的特性、真正的个性和良好的陈酿潜力。

● Neromàccarj '08	🍷🍷🍷 6
● Nerosanlorè '08	🍷🍷 5
○ Carjcanti '10	🍷🍷 4
● Nerobaronj '08	🍷🍷 5
● Nerobufaleffj '08	🍷🍷 5
● Nerojbleo '09	🍷🍷 3
○ Valcanzjria '11	🍷🍷 3
● Cerasuolo di Vittoria '11	🍷 3
● Nerobufaleffj '07	🍷🍷🍷 5
● Neromàccarj '07	🍷🍷🍷 5
● Nerojbleo '08	🍷🍷 3
● Nerosanlorè '07	🍷🍷 5
● Rossojbleo '10	🍷🍷 2

Hauner

LOC. SANTA MARIA
VIA G.GRILLO, 61 - 98123 MESSINA
TEL. 0906413029
www.hauner.it

藏酒销售
预约参观
年产量 80 000 瓶
葡萄种植面积 18 公顷

早在20世纪60年代，来自布雷西亚（Brescia）的画家兼设计师卡尔洛•哈那（Carlo Hauner）来到了萨里那（Salina），并很快就深深爱上了这个岛屿，他决定留下来。他对利帕里•马瓦西亚（Malvasia delle Lipari）的命运很感兴趣，这种甜酒历史悠久，在当时几近绝迹。多年来，他凭借着过人的耐心和毅力，成功地恢复了废弃的葡萄园，建造了自己的酒窖。在卡尔洛的精心打理下，马瓦西亚（Malvasia）渐渐恢复了在地中海甜酒中的地位和尊严。卡尔洛于1996年逝世后，他的儿子卡尔洛（Carlo Jr）接管了父亲的酒庄，并由吉安弗朗克•萨巴提诺（Gianfranco Sabbatino）协助管理。

○ Malvasia Passito Carlo Hauner '09	🍷🍷 8
● Hierà '10	🍷 3
○ Malvasia delle Lipari '10	🍷🍷 5
○ Malvasia delle Lipari Passito '10	🍷🍷 5
● Rosso Antonello '08	🍷🍷 4
⊙ Hierà Rosato '11	🍷 3
○ Salina Bianco '11	🍷 2
● Salina Rosso '10	🍷 2

SICILY

Marabino

C.DA BUONIVINI, SP ROSOLINI - PACHINO KM 8,5
97017 NOTO [SR]
TEL. 3355284101
www.marabino.it

藏酒销售
预约参观
膳宿接待
年产量 100 000 瓶
葡萄种植面积 27 公顷
葡萄栽培方式 有机认证

这家酒庄由商人尼罗•梅西纳（Nello Messina）于2002年创立，其管理方式正由有机认证型向生机互动型转变。现在，尼罗把酒庄传给了热心能干的儿子皮尔帕洛（Pierpaolo）经营。葡萄园位于非常适合葡萄栽培的地带，覆盖了艾洛罗（Eloro）和诺托（Noto）法定葡萄酒产区的巴罗内（Barone）和布奥尼维尼（Buonivini）地区，园里主要种植了黑达沃拉葡萄（Nero d'Avola）。公司的基本经营理念是允许土地充分发挥其潜力，尽量少地干预酿酒过程。葡萄酒的发酵酿造专门使用了环境酵母。

● Eloro Pachino Archimede Ris. '10	♛♛ 5
○ Moscato di Noto Moscato della Torre '11	♛♛ 5
● Noto Nero d'Avola '10	♛♛ 3
⊙ Eloro Rosato Rosa Nera '11	♛ 3
○ Eureka '11	♛ 3
● Eloro Archimede '09	♛♛ 5
● Eloro Archimede '08	♛♛ 5
○ Moscato di Noto Moscato della Torre '10	♛♛ 5
○ Moscato di Noto Moscato della Torre '09	♛♛ 5

Morgante

C.DA RACALMARE - 92020 GROTTE [AG]
TEL. 0922945579
www.morgantevini.it

藏酒销售
预约参观
年产量 283 000 公顷
葡萄种植面积 52 公顷

安东尼奥•莫甘特（Antonio Morgante）和两个儿子吉奥瓦尼（Giovanni）及卡梅洛（Carmelo）一直都是热情四射的农民。父子三人致力于酿造该法定产区的明星级品种黑达沃拉葡萄酒（nero d'Avola），这款酒显得尤为醇厚和美味。我们处在格里特（Grotte）美丽的乡村，有一望无际的杏仁园和麦田，海拔500米的地方还散布着古老废弃的硫矿。巨大的昼夜温差赋予了葡萄浓度和香味。因此，这里产出的葡萄酒与众不同，有鲜明的地域特色和丰富的个性，气质优雅且矿物气息浓厚。

● Don Antonio '10	♛ 5
● Nero d'Avola '11	♛♛ 2*
○ Bianco di Morgante '11	♛ 2
● Don Antonio '07	♛♛♛ 5
● Don Antonio '06	♛♛♛ 5
● Don Antonio '03	♛♛♛ 5
● Don Antonio '02	♛♛♛ 5
● Don Antonio '01	♛♛♛ 5
● Don Antonio '00	♛♛♛ 5

SICILY
西西里岛

Occhipinti
C.DA FOSSA DI LUPO
VIA DEI MILLE, 55 - 97019 VITTORIA [RG]
TEL. 0932868222
www.agricolaocchipinti.it

藏酒销售
预约参观
年产量 100 000 瓶
葡萄种植面积 18 公顷
葡萄栽培方式 有机认证

在阿里安娜•奥奇平蒂（Arianna Occhipinti）还是一个小女孩的时候，她就决定长大之后要酿制葡萄酒。当她还在米兰（Milan）修读酿酒专业的课程时，她就利用假期去探索维多利亚（Vittoria）周边的乡村，寻找种植葡萄的最佳之地。在如何经营酒庄方面，阿里安娜有着清晰的想法。自从2004年建立酒庄起，她就采用有机方式管理葡萄园，用天然的方法生产葡萄酒，以求推广维多利亚独特葡萄酒王国的传统。今年，她购买了位于19世纪农耕村庄的23公顷庄园，从而使她的葡萄种植面积增加了7公顷。

★Palari
LOC. SANTO STEFANO BRIGA
C.DA BARNA - 98137 MESSINA
TEL. 090630194
www.palari.it

年产量 50 000 瓶
葡萄种植面积 7 公顷

一旦萨尔瓦托雷（Salvatore）和吉安皮罗•格拉奇（Giampiero Geraci）凭借法罗帕拉里（Faro Palari）葡萄酒取得了名声，他们就能很容易地走与其他酿酒商一样的发展道路。他们本可以利用这种情况，增加产量，开发多几种高产畅销的酒品。恰恰相反，他们20年如一日地打理着酒庄，利用其精致的酒窖和风土条件酿造出独特的酒品。古老的灌木丛式葡萄藤栽种在海拔500米的葡萄园，俯瞰着墨西拿海峡（Strait of Messina），方位是南方和东南方。这里产出了酒庄的两种葡萄酒。这两种酒虽然不同，但都注重优雅的气质和柔滑的单宁，而不偏好力量。

● Il Frappato '10	🍷🍷 4
● Siccagno '09	🍷🍷 5
● SP 68 Rosso '11	🍷🍷 3
● SP 68 Bianco '11	🍷 3
● Frappato '07	🍷🍷 5
● Il Frappato '08	🍷🍷 4
● Siccagno '08	🍷🍷 5
● Siccagno '06	🍷🍷 4
● Siccagno '05	🍷🍷 4
● SP 68 '09	🍷🍷 3*
● Vittoria Rosso SP 68 '08	🍷🍷 3*

● Rosso del Soprano '10	🍷🍷🍷 4*
● Faro Palari '10	🍷🍷 6
● Faro Palari '09	🍷🍷🍷 6
● Faro Palari '08	🍷🍷🍷 6
● Faro Palari '07	🍷🍷🍷 6
● Faro Palari '06	🍷🍷🍷 6
● Faro Palari '05	🍷🍷🍷 6*
● Faro Palari '04	🍷🍷🍷 7
● Faro Palari '03	🍷🍷🍷 6
● Faro Palari '02	🍷🍷🍷 6
● Faro Palari '01	🍷🍷🍷 6
● Faro Palari '00	🍷🍷🍷 6
● Faro Palari '98	🍷🍷🍷 6
● Rosso del Soprano '07	🍷🍷🍷 4

西西里岛
SICILY

Passopisciaro
LOC. PASSOPISCIARO
VIA SANTO SPIRITO
95030 CASTIGLIONE DI SICILIA [CT]
TEL. 0578267110
www.passopisciaro.com

藏酒销售
年产量 65 000 瓶
葡萄种植面积 26 公顷

安德里亚·弗朗杰蒂（Andrea Franchetti）拥有的酒庄的主体和酿酒厂位于帕索皮斯西亚洛（Passopisciaro），这里历来是整个埃特纳地区（Etna）最好的葡萄酒产地。安德里亚对这片土地了如指掌，确信火山的不同地带能赋予酒品不同的感官特色。因此，他在很多地区收购葡萄园，并把不同产地的葡萄分开酿造。风格现代的酒品取材于小味儿多（Petit Verdot）、莎当尼（Chardonnay）和凯撒（Cesanese）葡萄，而较为传统的酒品则取材于内勒罗·马斯卡勒塞（Nerello Mascalese）葡萄。其中康特拉达（Contrada）生产线的葡萄酒源自海拔高达1 000米经过整修了的葡萄园。

● Contrada Porcaria '10	♛♛♛ 7
● Contrada Rampante '10	♛♛ 6
● Contrada Chiappemacine '10	♛♛ 5
○ Contrada Guardiola '11	♛♛ 5
● Contrada Sciaranuova '10	♛♛ 6
● Passopisciaro '10	♛♛ 5
● Contrada Porcaria '09	♛♛♛ 7
● Passopisciaro '04	♛♛♛ 5
● Contrada Chiappemacine '09	♛♛ 7
● Contrada Porcaria '08	♛♛ 7
● Franchetti '06	♛♛ 8
● Passopisciaro '08	♛♛ 5
● Passopisciaro '07	♛♛ 5
● Passopisciaro '06	♛♛ 5

Carlo Pellegrino
VIA DEL FANTE, 39 - 91025 MARSALA [TP]
TEL. 0923719911
www.carlopellegrino.it

藏酒销售
预约参观
年产量 7 000 000 瓶
葡萄种植面积 101 公顷

早在1880年酒庄刚成立之时，佩勒格里诺家族（Pellegrino）所酿制马尔萨拉（Marsala）葡萄酒，就曾出口至世界各地。一个多世纪后的今天，葡萄酒行业的危机已经过去，这个历史悠久的酒厂也扩大了酒品的范围，一跃成为了西西里岛（Sicily）规模最大的酒庄之一。这个生机互动型的商业性酒庄在马尔萨拉（Marsala）和潘泰莱里亚（Pantelleria）拥有三家工厂，在特拉帕尼市（Trapani）附近有超过100公顷的葡萄园。酒庄在忠实于原产地的前提下持续生产出了许多高质量的马拉萨斯葡萄酒（Marsalas）。最近，佩勒格里诺家族开始关注潘特雷利亚地区的酒种，现在酿造的莫斯卡托·亚历山德里亚葡萄酒（Moscato d'Alessandria）（在西西里岛被称为"滋比波（Zibibbo）"）占了整个岛产量的一半以上。

● Tripudium Rosso Duca di Castelmonte '09	♛♛♛ 4*
○ Passito di Pantelleria Nes '10	♛♛ 5
○ Duca di Castelmonte Gibelè '11	♛♛ 2*
● Marsala Sup. Ambra Semisecco Ris. '98	♛♛ 4
○ Passito di Pantelleria Duca di Castelmonte '10	♛♛ 3
○ Duca di Castelmonte Dinari del Duca Grillo '11	♛ 2
● Marsala Vergine Ris. '81	♛♛♛ 6
○ Passito di Pantelleria Nes '09	♛♛♛ 6
○ Duca di Castelmonte Nes Passito di Pantelleria '06	♛♛ 6
○ Passito di Pantelleria Nes '05	♛♛ 6
● Tripudium Rosso Duca di Castelmonte '05	♛♛ 4

西西里岛
SICILY

Pietradolce
Fraz. Solicchiata
C.da Monagazzi
95012 Castiglione di Sicilia [CT]
Tel. 3474037792
www.pietradolce.it

藏酒销售
年产量 16 000 瓶
葡萄种植面积 11 公顷

为了重振家族的酿酒传统，世界上最出色的苗木培育工米歇尔（Michele）和马里奥·法罗（Mario Faro）两兄弟满怀激情地在埃特纳地区（Etna）建立了一个新基地。甘于奉献的意识促使他们精心地保护梯田和古老的干石墙。葡萄园在海拔600米到800米之间，位于莫加纳兹（Moganazzi）、玛切萨（Marchesa）和奇尤萨·萨帕格诺罗（Chiusa Spagnolo）地区中风景极为优美的角落。绝大部分葡萄树以灌木丛式培育，树龄超过了80岁。酒庄专门使用本地葡萄酿制的酒品散发出迷人的矿物质气息，呈现出极好的芳香。

● Etna Rosso Archineri '10	🍷🍷🍷 5
○ Etna Bianco Archineri '11	🍷🍷 5
● Etna Rosso Archineri '08	🍷🍷 3*
● Etna Rosso Archineri '07	🍷🍷 3*
● Etna Rosso Archineri '09	🍷🍷 3

★★Planeta
C.da Dispensa - 92013 Menfi [AG]
Tel. 091327965
www.planeta.it

预约参观
膳宿接待
年产量 2 300 000 瓶
葡萄种植面积 364公顷

从没有一个酒庄像普拉内塔（Planeta）这样对西西里岛（Sicily）抱有如此深的信念，投入这如此多的人力财力，还致力于与岛上的其他酿酒厂合作。自在孟菲（Menfi）和山姆布卡（Sambuca）地区诞生以来，普拉内塔酒庄一直都这样做。酒庄的管理层决定重用国际葡萄品种。而在其他的生产种植基地，则更加青睐于本地的传统葡萄品种：如维多利亚（Vittoria）的塞拉索罗（Cerasuolo）；诺托（Noto）的黑达沃拉（Nero d'Avola）和莫斯卡托（Moscato）；埃特纳（Etna）的凯利坎特（Carricante）和内勒罗（Nerello）。而米拉佐（Milazzo）和马梅蒂诺（Mamertino）则被认为是尤里乌斯·凯撒（Julius Caesar）最钟爱的酒品。不管生产哪种酒，酒庄奉行的指导思想是一致的：葡萄酒必须呈现鲜明的本土风味，而不带酿酒师个人的典型风格。

○ Chardonnay '10	🍷🍷🍷 5
● Cerasuolo di Vittoria Cl. Dorilli '10	🍷🍷 3*
● Santa Cecilia '09	🍷🍷 4
● Burdese '09	🍷🍷 4
● Cerasuolo di Vittoria '11	🍷🍷 3
○ Cometa '11	🍷🍷 5
● Merlot Sito dell'Ulmo '09	🍷🍷 4
● Plumbago '10	🍷🍷 2*
● Burdese '05	🍷🍷🍷 4*
○ Cometa '08	🍷🍷🍷 5
○ Cometa '05	🍷🍷🍷 5
○ Cometa '04	🍷🍷🍷 5
○ Cometa '03	🍷🍷🍷 5
● Merlot '04	🍷🍷🍷 4
● Plumbago '09	🍷🍷🍷 2*
● Santa Cecilia '06	🍷🍷🍷 4

西西里岛
SICILY

Cantine Rallo
VIA VINCENZO FLORIO, 2 - 91025 MARSALA [TP]
TEL. 0923721633
www.cantinerallo.it

藏酒销售
预约参观
年产量 250 000 瓶
葡萄种植面积 100 公顷
葡萄栽培方式 有机认证

当安德里亚·韦斯科（Andrea Vesco）接管这间家庭酒庄时，他就给自己定下目标：专门使用自己栽种的葡萄以尊重不同品种的自然平衡，尽早生产出高质量、植根于土地的有机葡萄酒。他在2010年实现了这个目标，这归功于庄园的自给自足，而保证这一目标的实现是由分布在阿尔卡莫（Alcamo）、马尔萨拉（Marsala）和潘泰莱里亚（Pantelleria）三个地方，占地约100公顷的葡萄园达成的。除了酿酒外，安德里亚还落实了保护庄园生物多样性的计划，具体的做法是把葡萄园分散栽种在大片的繁茂的树林、橄榄园和耕地之中。

Tenute Rapitalà
C.DA RAPITALÀ - 90043 CAMPOREALE [PA]
TEL. 092437233
www.rapitala.it

藏酒销售
预约参观
年产量 2 800 000 瓶
葡萄种植面积 175 公顷

这个规模、产量和质量都相当大型的酒庄，是在20世纪60年代由吉吉·瓜拉斯（Gigi Guarrasi）和胡奎斯·伯纳德（Hugues Bernard de la Gatinais）共同创建的，现在是意大利威尼集团（Gruppo Italiano Vini）的一部分。多年来，他们的儿子劳伦（Laurent）精心地打理着它。酒庄原先确立的理念仍未改变，即通过把40多年前种植于庄园内的本地葡萄和国际葡萄有机结合来促进本地区的发展。酒庄出品葡萄酒的风格偏好浓郁的果香、诱人的口感；这些特质甚至体现在结构更复杂的酒品中。

● Syrah La Clarissa '11	🍷🍷 2*
○ Beleda '11	🍷🍷 4
○ Bianco Maggiore '11	🍷🍷 3
● Nero d'Avola Il Principe '11	🍷🍷 2
○ Alcamo Carta d'Oro '11	🍷 2
○ Müller Thurgau '11	🍷 2
○ Passito di Pantelleria '08	🍷 5
● Rujari '08	🍷 4
● Alcamo Nero d'Avola '09	🍷🍷 2*
● Anima Mediterranea '10	🍷🍷 4
○ Chardonnay '09	🍷🍷 2
● Nero d'Avola Il Principe '09	🍷🍷 2*
● Syrah La Clarissa '08	🍷🍷 2*

○ Conte Hugues Bernard de la Gatinais Grand Cru '10	🍷🍷🍷 4*
● Solinero '10	🍷🍷 5
● Hugonis '10	🍷🍷 5
● Nadir '10	🍷🍷 3
● Nuhar '10	🍷🍷 3
● Bouquet '11	🍷 3
○ Casalj '11	🍷 3
● Bouquet '09	🍷🍷 3
● Campo Reale Nero d'Avola '09	🍷🍷 3
○ Casalj '10	🍷🍷 3
○ Casalj '09	🍷🍷 3
○ Conte Hugues Bernard de la Gatinais Grand Cru '09	🍷🍷 4
● Hugonis '09	🍷🍷 5
● Hugonis '07	🍷🍷 5
● Nuhar '09	🍷🍷 3

SICILY
西西里岛

Riofavara
C.DA FAVARA SP 49 ISPICA - PACHINO
97014 ISPICA [RG]
TEL. 0932705130
www.riofavara.it

藏酒销售
预约参观
年产量 70 000 瓶
葡萄种植面积 16 公顷
葡萄栽培方式 有机认证

这家极好的家庭经营式酒庄成立于1920年。自1994年以来，马西莫（Massimo）和马里安塔帕多瓦（Marianta Padova）全身心投入到酒庄的管理之中。酒庄拥有的葡萄园分布在多个地方，属于艾洛罗（Eloro）和莫斯卡托•诺托（Moscato di Noto）法定葡萄酒产区。葡萄酒的生产从一开始就依靠以黑达沃拉（Nero d'Avola）为首的本地葡萄。这里是葡萄的故乡，采用传统的方法酿制精美的葡萄酒，以灌木丛为主要栽种模式的葡萄藤提供了灵感。酒窖使用环境酵母和非侵入性的酿酒手段。

● Eloro Nero d'Avola Sciavé '10	🍷🍷 4
○ Marzaiolo '11	🍷🍷 2*
● Moscato di Noto Notissimo '11	🍷🍷 3
● San Basilio '10	🍷🍷 2*
● Eloro Nero d'Avola Spaccaforno '10	🍷 3
● Eloro Nero d'Avola Sciavé '09	🍷🍷 4
● Eloro Nero d'Avola Spaccaforno '09	🍷🍷 3
○ Moscato di Noto Notissimo '09	🍷🍷 3

Girolamo Russo
LOC. PASSOPISCIARO
VIA REGINA MARGHERITA, 78
95012 CASTIGLIONE DI SICILIA [CT]
TEL. 3283840247
www.girolamorusso.it

藏酒销售
预约参观
年产量 27 000 瓶
葡萄种植面积 15 公顷
葡萄栽培方式 有机认证

2003年，在父亲吉罗拉莫（Girolamo）去世后，朱塞佩•鲁索（Giuseppe Russo）接管了家族酒庄。朱塞佩是一个有些不寻常的酿酒师，因为他拥有音乐背景和文学学位。获得酒庄的管理权后，朱塞佩保持真诚和谦卑，用长远的眼光看待酒庄的发展，通过纤细典雅、个性突出、制作精美的葡萄酒来竭力推广埃特纳地区（Etna）美妙的葡萄酒之乡。他酿制的酒品系列带有和谐和矿物质的气息，地域特色强烈，完美诠释了葡萄酒酿造业的健康发展，表达了对自然环境的尊重。

● Etna Rosso Feudo '10	🍷🍷🍷 5
● Etna Rosso San Lorenzo '10	🍷🍷🍷 5
○ Etna Bianco Nerina '11	🍷🍷 5
● Etna Rosso 'A Rina '10	🍷🍷 4
● Etna Rosso Feudo '07	🍷🍷🍷 5
● Etna Rosso San Lorenzo '09	🍷🍷🍷 5
● Etna Rosso Feudo '08	🍷🍷 5

SICILY 西西里岛

Emanuele Scammacca del Murgo

Via Zafferana, 13
95010 Santa Venerina [CT]
Tel. 095950520
www.murgo.it

藏酒销售
预约参观
膳宿接待
年产量 250 000 瓶
葡萄种植面积 35 公顷

该酒庄坐落在埃特纳山（Mount Etna）东南部海拔500米的山坡，地理位置极佳。其中圣•米切尔山庄（Tenuta San Michele）是庄园的中心，为斯卡玛卡•莫罗（Scammacca del Murgo）家族所有，他们的酿酒厂还包括了一个高雅的度假农庄。巴罗内•伊曼纽尔（Barone Emanuele）的直觉告诉他，勒罗•马斯卡勒塞（Nerello Mascalese）一定能够酿造出优秀的经典梅特多（Metodo Classico）起泡酒。他把这个想法付诸实践，产出的葡萄酒取得了巨大的成功。对葡萄的热情促使他栽种了庄园的第一批国际葡萄品种，包括苏维翁（Cabernet sauvignon）和莎当尼（Chardonnay）。不过这些国际品种只是被看作是对本地葡萄的一种补充，不可能取代本地葡萄。

● Cabernet Sauvignon Tenuta San Michele '08	♛♛ 4
○ Etna Bianco '11	♛♛ 2*
● Etna Rosso Semper '08	♛♛ 4
⊙ Murgo Brut Rosé '09	♛♛ 4
○ Murgo Extra Brut '06	♛♛ 5
⊙ Etna Rosato '11	♛ 2
● Etna Rosso '10	♛ 2
○ Lapilli '11	♛ 2
○ Etna Bianco '10	♛♛ 2*
○ Etna Rosato '09	♛♛ 2*
○ Murgo Extra Brut '05	♛♛ 6
○ Murgo Extra Brut '04	♛♛ 5
● Tenuta Gelso Bianco '08	♛♛ 2*

Scilio

V.le delle Provincie, 52
95015 Giarre [CT]
Tel. 095932822
www.scilio.com

藏酒销售
膳宿接待
预约参观
年产量 95 000 瓶
葡萄种植面积 22 公顷
葡萄栽培方式 有机认证

加尔非纳山谷（Valle Galfina）位于火山东北部海拔650米的山坡上，处在林瓜格洛萨（Linhuaglossa）的辖区内。葡萄园在这里与埃特纳（Etna）自然公园里的林地竞争着生长空间。近两个世纪以来，西里奥（Scilio）家族始终把大量的精力和热情投入到葡萄种植和葡萄酒生产的事业中，这一点从他们在有机农耕技术流行之前已率先采用就可见一斑。建于19世纪的庄园最近经过了翻修，改造成一个舒适高雅的乡村酒店，提供住宿、葡萄酒酿制和烹饪课程。今年，酒庄特别推荐了三款新的埃特纳（Etna）法定葡萄酒品种。

○ Etna Bianco 1815 '10	♛♛ 5
● Etna Rosso 1815 '10	♛♛ 5
● Etna Rosso Alta Quota '09	♛♛ 5
● Etna Rosso Orphéus '09	♛♛ 4
● Etna Rosso Valle Galfina '10	♛♛ 2*
○ Etna Bianco Valle Galfina '11	♛ 2
⊙ Etna Rosato Valle Galfina '11	♛ 2
○ Etna Bianco '10	♛♛ 2
○ Etna Bianco '09	♛♛ 2
● Etna Rosso '06	♛♛ 2*

西西里岛
SICILY

Settesoli
SS 115 - 92013 MENFI [AG]
TEL. 092577111
www.mandrarossa.it

藏酒销售
预约参观
年产量 20 000 000 瓶
葡萄种植面积 6 500公顷

这个充满活力的现代化合作酒庄值得我们去深入研究。它有着独一无二的葡萄园、生产规模和总数超过2 300人的成员数量。赛托所里（Settesoli）酒庄改变了孟菲（Menfi）周边地区的社会和经济生活，它的壮大给其他本土企业带来实实在在的好处。这归功于具有远见卓识的董事长迭戈•普拉内塔（Diego Planeta）数十年支持下的经营团队。他的目标是使用能诠释地域特色的本地和非本地葡萄去推广所处的土地。今天，他已经把酒庄交给其他人管理。这里产出的葡萄酒果香浓郁、酒体精致、易于饮用。

Spadafora
VIA AUSONIA, 90 - 90144 PALERMO
TEL. 091514952
www.spadafora.com

藏酒销售
预约参观
膳宿接待
年产量 319 000 瓶
葡萄种植面积 95 公顷

维尔兹庄园（Virzi）坐落在阿尔卡莫（Alcamo）周边的山区，太阳照亮了这里的土地，带来了缤纷耀眼的色彩。庄园的中心密集分布着数间房屋，这些房屋是经历岁月的磨损和1968年地震的摧残后被东•皮特罗•斯巴达弗拉（Don Pietro Spadafora）抢救下来的。东•皮特罗还整修了橄榄林和葡萄园，引进了主要的国际葡萄品种。他的儿子弗朗西斯科（Francesco）从1993年开始酿酒，延续并完成了父亲遗留下来的事业。他充满热情地监管从葡萄园的有机耕种到酿酒厂的葡萄酒生产运作的每个阶段。

● Cartagho Mandrarossa '10	🍷🍷 3*
● Seligo Rosso '11	🍷🍷 3*
● Mandrarossa Timperosse '11	🍷🍷 3
○ Seligo Bianco '11	🍷🍷 3
● Bonera Mandrarossa '11	🍷 3
● Cavadiserpe Mandrarossa '11	🍷 4
○ Santannella Mandrarossa '11	🍷 3
○ Urra di Mare Mandrarossa '11	🍷 3
● Cartagho Mandrarossa '09	🍸🍸🍸 3*
● Cartagho Mandrarossa '08	🍸🍸🍸 3*
● Bonera Mandrarossa '08	🍸🍸 2
● Seligo Rosso '10	🍸🍸 2*

● Sole dei Padri '08	🍷🍷 6
● Don Pietro Rosso '09	🍷🍷 3
● Nero d'Avola Rosato '11	🍷🍷 2*
● Schietto Cabernet Sauvignon '08	🍷🍷 4
○ Don Pietro Bianco '11	🍷 2
○ Grillo '11	🍷 3
○ Schietto Chardonnay '10	🍷 4
○ Alhambra '10	🍸🍸 3
● Don Pietro Rosso '08	🍸🍸 3
● Schietto Syrah '07	🍸🍸 3
● Syrah '09	🍸🍸 2

西西里岛 SICILY

★★Tasca d'Almerita

C.DA REGALEALI - 90129 SCLAFANI BAGNI [PA]
TEL. 0916459711
www.tascadalmerita.it

藏酒销售
预约参观
膳宿接待
年产量 3 000 000 瓶

塔斯卡·达尔梅里塔酒庄（Tasca d'Almerita）在西西里岛的发展历史可以追溯到1830年。庄园以传统的价值观为基础，是献身精神、努力工作和远见卓识的代名词。我们不能忘记康特·朱佩塞（Conte Giuseppe）对土地的热爱和他传奇的经历。现在，他遗留下来的这个庄园在儿子卢西奥（Lucio）、孙子阿尔伯托（Alberto）和朱塞佩（Giuseppe）的经营下继续保持着生机，他们具有企业家精神，对庄园的投入绝不亚于康特。最近，除了位于里加利亚里（Regaleali），葡萄藤长在海拔750米的古老葡萄园外，酒庄又开发了新的葡萄种植地：萨里那（Salina）和埃特纳（Etna）的美丽块田。庄园的目标是通过最好的葡萄酒产区、有个性的酒品和真正意义上的原产地来推广西西里岛（Sicily）。

Terrazze dell'Etna

C.DA BOCCA D'ORZO
95036 RANDAZZO [CT]
TEL. 0916236301
www.terrazzedelletna.it

预约参观
年产量 12 500 瓶
葡萄种植面积 20 公顷

尼诺·贝维拉克库阿（Nino Bevilacqua）是来自巴勒莫（Palermo）的专业酿酒人士，他一直崇拜着埃特纳地区（Etna）这片土地，长期辛苦地收购了许多小地块，在当地典型的梯田上构建了蜿蜒复杂的葡萄园，进而催生了该酒庄。他的庄园位于兰达佐（Randazzo）市区埃特纳（Etna）西北部海拔700米至800米之间的山坡上，这里20公顷左右的葡萄园种植了古老的内勒罗·马斯卡勒塞（Nerello Mascalese）、莎当尼（Chardonnay）和黑皮诺（Pinot Noir）葡萄，酿造的葡萄酒成为两款经典梅特多起泡酒（Metodo Classico）的基酒，分别是一款布兰科白酒（Blanc de Blancs）和一款桃红葡萄酒（Rosé）。

● Cygnus '10	♀♀♀ 4*
● Contea di Sclafani Rosso del Conte '08	♀ 6
● Ghiaia Nera '10	♀♀ 3*
○ Chardonnay '10	♀ 5
○ Contea di Sclafani Almerita Brut '09	♀♀ 5
● Diamante d'Almerita '11	♀♀ 5
● Lamùri '10	♀♀ 3
○ Tenuta Capofaro Malvasia '11	♀♀ 5
● Cabernet Sauvignon '08	♀♀♀ 5
● Cabernet Sauvignon '03	♀♀♀ 5
● Cabernet Sauvignon '02	♀♀♀ 5
● Cabernet Sauvignon '01	♀♀♀ 5
● Contea di Sclafani Rosso del Conte '07	♀♀♀ 6
● Contea di Sclafani Rosso del Conte '06	♀♀♀ 6
● Contea di Sclafani Rosso del Conte '05	♀♀♀ 6
● Contea di Sclafani Rosso del Conte '03	♀♀♀ 6

● Etna Rosso Cirneco '09	♀♀♀ 6
○ Cuvée Brut '08	♀♀ 5
○ Rosé Brut '09	♀♀ 5
● Etna Rosso Cirneco '08	♀♀♀ 5
○ Rosé Brut '08	♀♀ 5

西西里岛
SICILY

Tenuta delle Terre Nere
C.DA CALDERARA - 95036 RANDAZZO [CT]
TEL. 095924002
www.marcdegrazia.com

藏酒销售
预约参观
年产量 160 000 瓶
葡萄种植面积 25 公顷
葡萄栽培方式 有机认证

10多年前，国际知名的意大利酿酒师马克•德格拉齐亚（Marc De Grazia）爱上了埃特纳（Etna）周边非凡的葡萄酒国度。作为一位嗅觉敏锐的葡萄酒狂热者和专家，他变得有点像占卜师，能够发掘具有自身特性的独立葡萄园地块。这些珍品地块都有上千年的葡萄栽培史，其精华浓缩在今天一系列优雅独特、细腻和谐的葡萄园精品酒中。这些标志性的酒品高贵动人，品质往往令人拍手叫绝。

Valle dell'Acate
C.DA BIDINI - 97011 ACATE [RG]
TEL. 0932874166
www.valledellacate.it

藏酒销售
预约参观
年产量 450 000 瓶
葡萄种植面积 100 公顷
葡萄栽培方式 传统栽培

亚克诺家族（Jacono）六代人陆续在费杜•比迪尼（Feudo Bidini）栽培葡萄，覆盖的山区横跨了阿卡特（Acate）、科米索（Comiso）和维多利亚（Vittoria），这里历来是生产高品质葡萄酒的绝佳之地。在这周围种植的主要品种是黑达沃拉（Nero d'Avola）和弗拉帕托（Frappato）葡萄。无论是单独发酵还是作为塞拉索罗•维多利亚（Cerasuolo di Vittoria）的一部分，这些葡萄都呈现出最好的属性。公司现在的掌舵人是加塔纳•亚克诺（Gaetana Jacono），她在葡萄酒的事务上足智多谋，了解当地传统和价值观，酿造出的现代风格葡萄酒明显带有她独特的印记，非常有吸引力，尊重农业生态系统。

● Etna Rosso Santo Spirito '10	🍷🍷🍷 6
● Etna Rosso Guardiola '10	🍷🍷 6
○ Etna Bianco '11	🍷🍷 3
○ Etna Bianco Le Vigne Niche '10	🍷🍷 6
⊙ Etna Rosato '11	🍷🍷 3
● Etna Rosso '11	🍷🍷 3
● Etna Rosso Calderara Sottana '10	🍷🍷 6
● Etna Rosso Feudo di Mezzo Quadro delle Rose '10	🍷🍷 6
● Etna Rosso Santo Spirito '08	🍷🍷🍷 6

○ Bidis '09	🍷🍷 3
● Vittoria Il Frappato '11	🍷🍷 2*
○ Zagra '11	🍷🍷 2*
○ Vittoria Insolia '11	🍷 2
● Cerasuolo di Vittoria '07	🍷🍷 3
● Cerasuolo di Vittoria Cl. '09	🍷🍷 3
● Il Moro '09	🍷🍷 3
● Il Moro '08	🍷🍷 3*
● Vittoria Il Frappato '10	🍷🍷 2
○ Vittoria Insolia '09	🍷🍷 2*

OTHER WINERIES

Ajello
C.DA GIUDEO - 91025 MAZARA DEL VALLO [TP]
TEL. 091309107
www.ajello.info

○ Grillo '11	🍷🍷 3
● Nero d'Avola '11	🍷🍷 3
○ Zibibbo '11	🍷🍷 3

Al Cantàra
VIA ANTONIO CECCHI, 23 - 95100 CATANIA
TEL. 095222644
www.al-cantara.it

● Etna Rosso O' Scuru O' Scuru '09	🍷🍷 5
○ 'A Nutturna '10	🍷 4
● Etna Rosso Lu Veru Piaciri '10	🍷 2
○ Occhi di Ciumi '10	🍷 2

Antichi Vinai
LOC. PASSOPISCIARO
VIA CASTIGLIONE, 49
95030 CASTIGLIONE DI SICILIA [CT]
TEL. 0942983232
www.antichivinai.it

● Nero d'Avola '10	🍷🍷 2*
● Etna Koiné '10	🍷 5
⊙ Etna Rosato Petralava '11	🍷 3

Baglio di Pianetto
VIA FRANCIA
90030 SANTA CRISTINA GELA [PA]
TEL. 0918570002
www.bagliodipianetto.com

○ Ra'is '09	🍷🍷 4
● Salici '07	🍷🍷 4
○ Ficiligno '11	🍷 2

Vini Biondi
C.SO SICILIA, 20 - 95039 TRECASTAGNI [CT]
TEL. 0957807206
www.vinibiondi.it

● Etna Rosso Outis '08	🍷🍷 6

Biscaris
VIA MARESCIALLO GIUDICE, 52
97011 ACATE [RG]
TEL. 0932990762
www.biscaris.it

● Cerasuolo di Vittoria Pricipuzzu '10	🍷🍷 3
● Glorioso Frappato '11	🍷 2
● Hiscor '11	🍷 2

OTHER WINERIES

Bonavita
LOC. FARO SUPERIORE
C.DA CORSO - 98158 MESSINA
TEL. 3471754983
www.bonavitafaro.it

● Faro '10	🍷🍷 5
⊙ Rosato '11	🍷 3

Brugnano
C.DA SAN CARLO, SS 113, KM 307
90047 PARTINICO [PA]
TEL. 0918783360
www.brugnano.it

○ Kue '11	🍷🍷 2*
○ V90 Catarratto '11	🍷 2
● V90 Syrah '10	🍷 2

Buceci
C.DA ROCCABIANCA
VIA UNITÀ D'ITALIA, 3 - 90035 MARINEO [PA]
TEL. 0918726367
www.bucecivini.it

● Millemetri Merlot '08	🍷🍷 5
● Nero D'Avola '11	🍷🍷 3
○ Inzolia '11	🍷 2
○ Millemetri Chardonnay '10	🍷 4

Calatrasi
C.DA PIANO PIRAINO
90040 SAN CIPIRELLO [PA]
TEL. 0918576767
www.calatrasi.it

● Terre di Ginestra Nero d'Avola '10	🍷🍷 2*
● Terre di Ginestra 651 Nero d'Avola Syrah '10	🍷 4
● Terre di Ginestra Magnifico Syrah '10	🍷 3

Calcagno
FRAZ. PASSOPISCIARO
LOC. ARCURIA - CASTIGLIONE DI SICILIA [CT]
TEL. 3387772780
www.vinicalcagno.it

⊙ Arcuria Rosato '11	🍷🍷 4
● Etna Rosso Arcuria '09	🍷🍷 4
○ Carricante '11	🍷 3

Paolo Calì
LOC. SALMÈ - SP VITTORIA PEDALINO, KM 2,5
VIA DEL FRAPPA - 97019 VITTORIA [RG]

⊙ Frappato Rosato Osa '11	🍷🍷 4
● Cerasuolo di Vittoria Cl. Manene '10	🍷 4
● Vittoria Frappato Mandragola '11	🍷 3
● Vittoria Nero d'Avola Violino '11	🍷 3

OTHER WINERIES 其他酒庄

Caruso & Minini
via Salemi, 3 - 91025 Marsala [TP]
Tel. 0923982356
www.carusoeminini.it

● Cutaja Nero d'Avola '10	♛♛ 3
● Sachia Perricone '10	♛♛ 3
○ Isula Catarratto '11	♛ 3
○ Timpune Grillo '11	♛ 3

La Casa di Filippo
c.da Arrigo SP 59
Linguaglossa Zafferana km 2,2
Linguaglossa [CT]
Tel. 3472347826
www.lacasadifilippo.it

● Etna Rosso '10	♛♛ 4

Le Casematte
loc. Faro Superiore
c.da Corso - 98163 Messina
Tel. 0906409427
www.lecasematte.it

● Faro Quattroenne '10	♛♛ 5
● Figliodiennenne '10	♛♛ 3

Ceuso
loc. Segesta
c.da Vivignato - 91013 Calatafimi [TP]
Tel. 092422836
www.ceuso.it

● Scurati Rosso '11	♛♛ 2*
● Ceuso '09	♛ 5
● Fastaia '10	♛ 3

Tenuta Chiuse del Signore
c.da Chiuse del Signore
SP Linguaglossa-Zafferana km 2
95015 Linguaglossa [CT]
Tel. 0942611340
www.gaishotels.com

● Etna Rosso Ner'Etna '08	♛♛ 4
○ Rasule Alte Bianco '11	♛ 3

Cossentino
via Principe Umberto, 241
90047 Partinico [PA]
Tel. 0918782569
www.cossentino.it

○ Grillo '11	♛♛ 2*
● Cabernet Sauvignon '10	♛ 3
○ Gadi Chardonnay '11	♛ 3

OTHER WINERIES

Curto
SS 115 Ispica - Rosolini km 358
97014 Ispica [RG]
Tel. 0932950161
www.curto.it

● Eloro Nero d'Avola '09	🍷🍷 2*
● Krio '10	🍷🍷 4
⊙ Eloro Nero d'Avola Eos '11	🍷 2
○ Poiano '11	🍷 2

I Custodi delle Vigne dell'Etna
c.da Moganazzi
95012 Castiglione di Sicilia [CT]
Tel. 3931898430
www.icustodi.it

○ Ante '10	🍷🍷 4
● Etna Rosso Aetneus '07	🍷🍷 4

d'Alessandro
c.da Mandrascava - 92100 Agrigento
Tel. 0633623175
www.dalmin.it

○ Catarratto '11	🍷 3
○ Grillo '11	🍷 3
○ Inzolia '11	🍷 2

De Gregorio
c.da Ragana - 92019 Sciacca [AG]
Tel. 092585031
www.cantinedegregorio.it

● Magaria Rosso '10	🍷🍷 3
○ Dragonara Bianco Grillo '11	🍷 3
○ Magaria Chardonnay '11	🍷 3
○ Rahana Ansonica '11	🍷 2

Destro
loc. Montelaguardia - 95036 Randazzo [CT]
Tel. 095937060
www.destrovini.com

○ Etna Bianco Isolanuda '11	🍷🍷 3
● Etna Rosso Aithòs '08	🍷🍷 5

Di Giovanna
c.da San Giacomo
92017 Sambuca di Sicilia [AG]
Tel. 09251955675
www.digiovanna-vini.it

○ Helios '11	🍷🍷 3
○ Grillo '11	🍷 2
● Nerello Mascalese '10	🍷 2
● Nero d'Avola '10	🍷 2

OTHER WINERIES

Gaspare Di Prima
via G. Guasto, 27
92017 Sambuca di Sicilia [AG]
Tel. 0925941201
www.diprimavini.it

● Pepita Rosso '11	🍷🍷 2*
○ Grillo del Lago '11	🍷 2
○ Pepita Bianco '11	🍷 2

Fatascià
via Mazzini, 40 - 90139 Palermo
Tel. 091332505
www.fatascia.com

● Rosso del Presidente '10	🍷🍷 4
● Aliré '10	🍷 2
● Almanera '10	🍷 2
● L'Insolente Noir '10	🍷 4

Fazio Wines
fraz. Fulgatore - via Capitan Rizzo, 39
91010 Erice [TP]
Tel. 0923811700
www.faziowines.com

○ Erice Grillo Aegades '11	🍷🍷 3
● Passo dei Punici '09	🍷🍷 3
○ Erice Catarratto Calebianche '11	🍷 3
● Luce d'Oriente '10	🍷 3

Ferreri
c.da Salinella - 91029 Santa Ninfa [TP]
Tel. 092461871
www.ferrerivini.it

● Brasi '08	🍷🍷 4
○ Brasi Catarratto '10	🍷 4
○ Catarratto '11	🍷 2
● Nero d'Avola '10	🍷 2

Feudo Arancio
c.da Portella Misilbesi
92017 Sambuca di Sicilia [AG]
Tel. 0925579000
www.feudoarancio.it

● Hedonis '07	🍷🍷 4
○ Hekate Passito '09	🍷🍷 4
○ Dalila '10	🍷 3
● Syrah '10	🍷 3

Feudo Cavaliere
c.da Cavaliere Bosco
95126 Santa Maria di Licodia [CT]
Tel. 3487348377
www.feudocavaliere.com

● Don Blasco '09	🍷🍷 4
● Etna Rosso Millemetri '09	🍷🍷 4
○ Etna Bianco Millemetri '11	🍷 3
⊙ Etna Rosato Millemetri '11	🍷 3

OTHER WINERIES

Feudo di Santa Tresa
S.DA COMUNALE MARANGIO, 35
97019 VITTORIA [RG]
TEL. 0932513126
www.santatresa.it

○ Rina Ianca '11	🍷🍷 2*
● Cerasuolo di Vittoria Cl. '10	🍷 2
● Frappato '11	🍷 2
● Nivuro '09	🍷 2

Feudo Montoni
C.DA MONTONI VECCHI
90144 CAMMARATA [AG]
TEL. 091513106
www.feudomontoni.it

○ Catarratto '11	🍷🍷 2*
● Nero d'Avola Vrucara '09	🍷🍷 5
○ Grillo '11	🍷 2
● Nero d'Avola '10	🍷 2

Cantine Fina
C.DA BAUSA - 91025 MARSALA [TP]
TEL. 0923733070
www.cantinefina.com

○ Sauvignon Blanc '11	🍷 3
○ Chardonnay '11	🍷 3
○ Kike '11	🍷 3
○ Taif Zibibbo '11	🍷 3

Fondo Antico
FRAZ. RILIEVO
VIA FIORAME, 54A - 91100 TRAPANI
TEL. 0923864339
www.fondoantico.it

○ Grillo Parlante '11	🍷🍷 2*
● Baccadoro	🍷 3
○ I Versi Bianco '11	🍷 1*
● Nero d'Avola '11	🍷 2

Cantine Foraci
C.DA SERRONI - 91026 MAZARA DEL VALLO [TP]
TEL. 0923934286
www.foraci.it

● Tenute Dorrasita Nero d'Avola '10	🍷🍷 4
○ Grillo '11	🍷 2
● Nero d'Avola Syrah '10	🍷 2
● Satiro Danzante Nero d'Avola '10	🍷 3

Tenuta Gatti
C.DA CUPRANI - 98064 LIBRIZZI [ME]
TEL. 0941368173
www.tenutagatti.com

○ Mamertino Bianco Catalina '11	🍷🍷 3
● Mamertino Rosso Curpane '09	🍷 3

OTHER WINERIES 其他酒庄

Guccione
C.DA CERASA
SP 102 BIS - 90046 MONREALE [PA]
TEL. 0916118491
www.guccione.eu

○ Girgis Extra '09	🍷🍷 4
○ Veruzza '11	🍷🍷 3
● Arturo di Lanzeria '11	🍷 4
● Gibril '11	🍷 4

Tenuta Enza La Fauci
C.DA MEZZANA-SPARTÀ - 98163 MESSINA
TEL. 3476854318
www.tenutaenzalafauci.com

● Faro Oblì '10	🍷 5
● Terra di Vento '10	🍷 5

Maggio
S.DA CENTRALE MARANGIO, 35
97019 VITTORIA [RG]
TEL. 0932984771
www.maggiovini.it

● Amongae '09	🍷🍷 3
● Cerasuolo di Vittoria Classico V. di Pettineo '10	🍷 4
● Vigna di Pettineo Nero d'Avola '10	🍷 3

Masseria del Feudo
C.DA GROTTAROSSA - 93100 CALTANISSETTA
TEL. 0934569719
www.masseriadelfeudo.it

○ Haermosa '10	🍷🍷 4
○ Il Giglio Bianco '11	🍷 2
● Il Giglio Rosso '11	🍷 2
● Rosso delle Rose '08	🍷 3

Miceli
C.DA PIANA SCUNCHIPANI, 190
92019 SCIACCA [AG]
TEL. 092580188
www.miceli.net

○ Yrnm '10	🍷🍷 3
○ Morvàn '11	🍷 3
○ Passito di Pantelleria Nun '09	🍷 5
● Smodato '09	🍷 5

Tenute Moganazzi
VIA MONSIGNOR BIRELLI, 6 - RANDAZZO [CT]
TEL. 0957463571
www.moganazzi.com

⊙ Etna Rosato Don Michele '09	🍷🍷 4
○ Etna Bianco Don Michele '10	🍷 4
● Etna Rosso Don Michele '08	🍷 5

OTHER WINERIES

Tenuta Monte Ilice

Via Ronzini, 154 - 95039 Trecastagni [CT]
Tel. 095 7801477
www.tenutamonteilice.com

○ Asia Catarratto '11	🏆🏆 3
● Etna Tenuta Monte Ilice '10	🏆🏆 4

Antica Tenuta del Nanfro

C.da Nanfro San Nicola Le Canne
95041 Caltagirone [CT]
Tel. 093360744
www.nanfro.com

● Frappato '11	🏆🏆 3
● Cerasuolo di Vittoria Sammauro '10	🏆 3
○ Strade Inzolia '11	🏆 3
● Vittoria Nero d'Avola Strade '10	🏆 3

Cantine Nicosia

Via Luigi Capuana - 95039 Trecastagni [CT]
Tel. 0957806767
www.cantinenicosia.it

● Etna Rosso Fondo Filara '10	🏆🏆 3
○ Fondo Filara Viognier '11	🏆🏆 2*
○ Fondo Filara Catarratto '11	🏆 2
● Sosta Tre Santi '08	🏆 6

Orestiadi

C.da Salinella
Fraz. Santa Ninfa
Via A. Gagini, 41 - 91029 Gibellina [TP]
Tel. 092469124
www.orestiadivini.it

● Ludovico '09	🏆🏆 3
● Molino a Vento Nero d'Avola '11	🏆 1*
○ Rilento Grillo '11	🏆 2
● Rilento Syrah '11	🏆 2

Ottoventi

C.da Torrebianca - Fico
91019 Valderice [TP]
Tel. 0923 1892880
www.cantinaottoventi.it

○ Grillo '11	🏆🏆 2*
○ Grillo .8 '11	🏆 2
○ Level 8.20 M. Cl.	🏆 3
● Nero '09	🏆 2

Piana dei Cieli

C.da Bertolino - Scifitelli
92013 Menfi [AG]
Tel. 092572060
www.pianadeicieli.com

● Mascarò '10	🏆🏆 2*
○ Chardonnay-Grecanico '11	🏆 2
○ Grillo '11	🏆 2
○ Pizzo dei Corvi '11	🏆 2

OTHER WINERIES 其他酒庄

Poggio di Bortolone

FRAZ. ROCCAZZO
VIA BORTOLONE, 19
97010 CHIARAMONTE GULFI [RG]
TEL. 0932921161
www.poggiodibortolone.it

● Pigi Rosso '07	🍷🍷 5
● Addamanera '10	🍷 2
● Frappato '10	🍷 2
● Petiverdò '08	🍷 3

Pupillo

C.DA LA TARGIA - 96100 SIRACUSA
TEL. 0931494029
www.solacium.it

○ Cyane '11	🍷🍷 3
○ Moscato di Siracusa Solacium '11	🍷🍷 5
○ Cabernet Sauvignon '10	🍷 2
○ Catarratto '11	🍷 2

Rizzuto Guccione

C.DA PICONELLO
92011 CATTOLICA ERACLEA [AG]
TEL. 091333081
www.rizzutoguccione.com

○ Enzo '11	🍷🍷 3
○ Piconello Grillo '11	🍷 2

Cantine Russo

LOC. CONTRADA SOLICCHIATA CRASÀ
VIA CORVO
95014 CASTIGLIONE DI SICILIA [CT]
TEL. 0942986271
www.cantinerusso.eu

⊙ Mon Pit Brut Rosé	🍷🍷 6
● Etna Luce di Lava '08	🍷 4
● Etna Rampante '07	🍷 4

Sallier de la Tour

C.DA PERNICE - 90144 MONREALE [PA]
TEL. 0916459711
www.tascadalmerita.it

● La Monaca '10	🍷🍷 5
● Syrah '10	🍷🍷 2*
○ Grillo '11	🍷 2
● Nero d'Avola '10	🍷 2

Barone di Serramarrocco

FRAZ. FULGATORE
VIA ALCIDE DE GASPERI, 15
91100 TRAPANI
TEL. 3487308270
www.baronediserramarrocco.com

● Serramarrocco '09	🍷🍷 5
● Barone di Serramarrocco '08	🍷 5
● Nero di Serramarrocco '09	🍷 4
○ Quojane di Serramarrocco '11	🍷 3

其他酒庄 — OTHER WINERIES

Solidea
C.DA KADDIUGGIA - 91017 PANTELLERIA [TP]
TEL. 0923913016
www.solideavini.it

○ Moscato di Pantelleria '11	🍷🍷 4
○ Passito di Pantelleria '11	🍷🍷 5
○ Ilios '11	🍷 3

Terre di Trente
C.DA MOLLARELLA & SANTO SPIRITO
95015 LINGUAGLOSSA [CT]
TEL. 3403075433
www.terreditrente.com

● Etna Rosso Nerello Mascalese Dayini '08	🍷🍷 6
● Nerello Mascalese '08	🍷🍷 4
○ Carricante '10	🍷 4

Terrelíade
LOC. SILENE
C.DA PORTELLA MISILBESI
92017 SAMBUCA DI SICILIA [AG]
TEL. 0421246281
www.terreliade.com

● (Utti) Majuri '09	🍷🍷 4
● Musia '10	🍷 2
● Nirà '10	🍷 2
○ Timpa Giadda '11	🍷 2

Barone di Villagrande
VIA DEL BOSCO, 25 - 95025 MILO [CT]
TEL. 0957082175
www.villagrande.it

○ Etna Bianco Legno di Conzo '08	🍷🍷 6
○ Etna Bianco Sup. '11	🍷🍷 2*
○ Fiore '10	🍷 4
○ Salina Bianco '11	🍷 3

Vivera
C.DA MARTINELLA SP 59
95015 LINGUAGLOSSA [CT]
TEL. 095643837
www.vivera.it

○ Altrove '11	🍷🍷 2*
● Etna Rosso Martinella '10	🍷🍷 4
○ A'mami '10	🍷 4
○ Etna Bianco Salisire '10	🍷 3

Zisola
C.DA ZISOLA - 96017 NOTO [SR]
TEL. 057773571
www.mazzei.it

● Zisola '10	🍷🍷 5

撒丁岛
SARDINIA

关于撒丁岛(Sardinia),从我们品酒会得到的一条最重要的信息来自最近的2011年。2011年夏天的气候条件并不是很好,白葡萄酒尤其受到影响。我们公认的岛上最有名望的白葡萄酒维蒙蒂诺•加鲁拉(Vermentino di Gallura)对市场的触觉似乎更深入了,散发出突出的成熟气息。话虽如此,葡萄酒酿酒商们多年来还是兢兢业业地劳动,力求推出一些非常令人信服的葡萄酒,以展示撒丁岛的葡萄酒品质究竟能达到什么样的高度。来自苏尔西斯(Suicis)的红葡萄酒相当出色。我们认为,酿酒厂本身肯定也有过人之处,当然,还因为这么一个小型的葡萄种植区,那里独特的风土条件和汲取了土地精华的葡萄品种。卡里格纳诺•苏尔西(Carignano del Sulcis)产区成绩突出,从那里的优质葡萄酒可窥见一斑。然而,令我们感到伤心的是,幅员广阔的坎依纳•萨尔德格纳(Cannonau di Sardegna)指定区的表现却十分平庸。产量过大,致使撒丁岛最具代表性的红葡萄酒被贬值,从而难以清晰地呈现出这一南欧最佳葡萄品种的特性。当然,这里也有很多重要的酒庄,尤其是一些酒庄能够生产出虽然地中海痕迹明显,但仍很清新优雅、醇厚可口、具陈年价值的葡萄酒。当我们随机抽查撒丁岛其他的葡萄酒时,发现其实有很多品种和小型酒产区的名字值得被我们记住,它们真正提高了岛上葡萄栽培的价值,它们分别是:努拉古斯•卡利亚里(Nuragus di Cagliari)、塞米达诺•莫格罗(Semidano di Mogoro)、曼得罗利塞(Mandrolisai)和特拉尔巴(Terralba)生产的伯维尔(Bovale),以及其他很多芳香型葡萄品种,如莫斯卡托(Moscato)、马瓦西亚(Malvasia)和纳斯科(Nasco)。最后,我们想要提及撒丁岛的珍宝:维奈西雅•奥利斯塔诺(Vernaccia di Oristano),这种独特的葡萄酒已经很稀少了,要是绝迹的话将是一大憾事。2013年,我们很高兴地把"三杯奖"颁给了孔蒂尼(Contini)酒庄生产的1988年珍藏款(1988 Riserva),这款具25年历史的佳酿可以告诉我们所有关于撒丁岛的一切。我们把年度酒庄授予历史悠久、深深植根于土地的萨拉&莫斯卡酒庄(Tenute Sella & Mosca)。2013年13项"三杯奖"的获得者全都来自不同的酒庄,我们高兴地迎来首次入选2013年《年鉴》的新秀们:梅萨酒庄的布依奥•布依奥2010年款(Buio Buio 2010),来自安提奇•波德里•尤儒(Antichi Poderi di Jerzu)的一款坎侬纳珍藏酒(Cannonau Riserva)——霍斯托•米格里奥2009年款(Josto Miglior 2009)来自6号穆拉酒庄(6Mura)的卡皮切尔拉2010年款(Capichera 2010)和卡里格纳诺•苏尔西斯2009年款(Carignano del Sulcis 2009),来自卡拉塞塔(Calasetta)的图佩2010年款(Tupei 2010),源自特色葡萄园的一款优质坎侬纳(Cannonau)——多尔加利(Dorgali)的霍托斯2008年款(Hortos 2008)和苏拉乌干红2009年款(Rosso Surrau 2009)。苏拉乌干红2009年款(Rosso Surrau 2009)采用本地葡萄和国际葡萄混酿,它证明了即使在加鲁拉地区(Gallura),也有可能酿出令人垂涎欲滴的红葡萄酒。

SARDINIA

6Mura
loc. Funatanona - 09010 Giba [CI]
Tel. 0781689718
www.6mura.com

藏酒销售
游客设施
年产量 100 000 瓶
葡萄种植面积 30 公顷
葡萄栽培方式 传统栽培

对葡萄酒，尤其是对卡里格纳诺（Carignano）的友情和热情，促使五个合作伙伴在10年前创建了6号穆拉酒庄（6Mura）。酒庄建立之初就明确表示，其目标是生产高质量的葡萄酒。现在，这家吉巴酒庄（Giba）成为了撒丁岛（Sardinia）最令人兴奋的酒庄之一，这得感谢在美丽的葡萄园栽种未嫁接藤蔓的辛苦工作，以及在酒窖里对单批发酵和大木桶的使用，创造出了一种真实的、有地方特色的迷人风格。这些葡萄酒能够传达出所有苏尔西斯·卡里格纳诺（Sulcis Carignano）葡萄酒的力量。

● Carignano del Sulcis '09	🍷🍷🍷 5
● Carignano del Sulcis Giba '10	🍷🍷 2*
○ Vermentino di Sardegna '11	🍷🍷 4
○ Vermentino di Sardegna Giba '11	🍷 2
● 6 Mura Rosso '07	🍷 4
● Carignano del Sulcis '08	🍷🍷 5
● Carignano del Sulcis Giba '09	🍷🍷 2*

Agricola Punica
loc. Barrua - 09010 Santadi [CI]
Tel. 0781941012
www.agripunica.it

预约参观
年产量 250 000 瓶
葡萄种植面积 65 公顷

10年前，吉亚科莫·塔奇斯（Giacomo Tachis）开始在这一片他深知其极具潜力的土地创造一种出色的卡里格纳诺（Carignano）葡萄酒。这位来自托斯塔纳的酿酒家与桑塔迪酒庄（Cantina di Santadi）及它的上层圣吉多（Tenuta San Guido）、塞巴斯提亚诺·罗萨（Sebastiano Rosa）达成协议，一起创造阿格里普尼卡（Agripunica）酒庄及其旗舰品牌巴鲁亚（Barrua）。几年后，产自更年轻葡萄藤，真正的"非天生葡萄酒"蒙特苏（Montessu）也加入酿酒的名单之中。这两种是以卡里格纳诺（Carignano）葡萄为主要成分并加入一小部分其他本地和国际葡萄的混合酒。现代风格的巴鲁亚来自精心挑选的葡萄，陈酿在小木桶进行，而蒙特苏简单易饮、酒体轻快。

● Barrua '09	🍷🍷 6
● Montessu '10	🍷🍷 4
● Barrua '07	🍷🍷 5
● Barrua '05	🍷🍷🍷 5
● Barrua '08	🍷🍷 6
● Montessu '09	🍷🍷 4
● Montessu '08	🍷🍷 4

SARDINIA

★Argiolas
VIA ROMA, 28 - 09040 SERDIANA [CA]
TEL. 070740606
www.argiolas.it

藏酒销售
预约参观
游客设施
年产量 2 200 000 瓶
葡萄种植面积 230 公顷

安吉奥拉斯酒庄（Angiolas）在过去几年的努力耕耘虽然已得到丰富回报。然而这个撒丁岛酒厂还不满足，他们还会加大投资，致力于提高撒丁岛葡萄酒在世界葡萄酒界的影响。今天，年轻一代也完全参与到酒庄的运作之中，齐心协力再续这个知名葡萄酒酿造企业的辉煌。在过去几年中，安吉奥拉斯酒庄建成酒店旅馆，和一个环保型的现代化新酒窖。秉承家族优秀传统，在进行了一系列试验后，酒庄不久前推出一款新型葡萄酒。

● Turriga '08	♛♛♛ 8
○ Angialis '09	♛♛ 6
● Antonio Argiolas 100 '10	♛♛ 7
● Cannonau di Sardegna Costera '10	♛♛ 3
○ Cerdeña '10	♛♛ 7
● Is Solinas '10	♛♛ 4
○ Iselis Bianco '11	♛♛ 3
● Iselis Rosso '10	♛♛ 5
● Korem '10	♛♛ 6
● Monica di Sardegna Perdera '10	♛♛ 3
○ Vermentino di Sardegna Merì '11	♛♛ 3
○ Nuragus di Cagliari S'Elegas '11	♛ 2
○ Vermentino di Sardegna Costamolino '11	♛ 2
○ Vermentino di Sardegna Is Argiolas '11	♛ 3
● Turriga '07	♛♛♛ 8
● Turriga '06	♛♛♛ 6

Cantina di Calasetta
VIA ROMA, 134 - 09011 CALASETTA [CI]
TEL. 078188413
www.cantinacalasetta.com

藏酒销售
预约参观
年产量 100 000 瓶
葡萄种植面积 300 公顷

我们很高兴在《年鉴》的主体部分看到了卡拉塞塔酒庄（Cantina di Calasetta）的身影。这归功于来自圣·安迪奥科（Sant'Antioco）的酿酒家丹尼尔·马奇（Daniele Marchi），合作酒庄的工作人员和持续输送岛上最佳葡萄园产出葡萄的种植者。未嫁接的葡萄藤处在沙质土壤上，大部分是苏尔西斯（Sulcis）葡萄酒产区的主要品种卡里格纳诺（Carignano）葡萄。酒窖建立在8年前，现已成为撒丁岛最古老的酒窖之一，力求使产出的葡萄酒纤细优雅，带有地中海风味，并积极争取获得"三杯奖"。

● Carignano del Sulcis Tupei '10	♛♛♛ 2*
● Carignano del Sulcis Piede Franco '10	♛♛ 2*
● Carignano del Sulcis Maccòri '10	♛♛ 2*
● Carignano del Sulcis Rassetto '11	♛♛ 2
○ Vermentino di Sardegna Cala di Seta '11	♛ 2
● Carignano del Sulcis Aina Ris. '08	♛♛ 4
● Carignano del Sulcis Piede Franco '09	♛♛ 2*

SARDINIA

撒丁岛

Capichera
SS Arzachena-Sant'Antonio, km 4
07021 Arzachena [OT]
Tel. 078980612
www.capichera.it

藏酒销售
预约参观
年产量 250 000 瓶
葡萄种植面积 50 公顷

卡皮切尔拉（Capichera）是一个杰出的葡萄酒世家，在岛上备受尊崇。现在，这个名字在撒丁岛的葡萄酒酿造业被看做是技艺和可靠的代名词。显然，维蒙蒂诺葡萄酒（Vermentino）是这一切成就的功臣，但在撒丁岛（Sardinia）最好葡萄酒产区之一的加鲁拉（Gallura），卡皮切拉（Capichera）家族的酿酒技艺还发挥在其他一系列的酒品，包括源自岛上西南方葡萄园的红葡萄酒。过去几年来，酒庄的目标是出产极其纤细优雅、口感深厚渐进、充满地域特色的葡萄酒。

○ Capichera '10	🍷🍷🍷 5
○ Vermentino di Gallura Vigna'ngena '11	🍷🍷 5
● Assajè Rosso '09	🍷🍷 5
○ Santigaini '08	🍷🍷 8
○ Viormennay '11	🍷🍷 3
○ Vermentino di Gallura Vigna'ngena '10	🍷🍷🍷 5
○ Vermentino di Gallura Vigna'ngena '09	🍷🍷🍷 5
● Assajè Rosso '08	🍷🍷 5
○ Capichera '09	🍷🍷 5
○ Capichera V.T. '09	🍷🍷 7
● Liànti '09	🍷🍷 3
● Mantenghja '07	🍷🍷 8
○ Santigaini '07	🍷🍷 8
○ Viormennay '10	🍷🍷 3

Giovanni Cherchi
loc. Sa Pala e Sa Chessa
07049 Usini [SS]
Tel. 079380273
www.vinicolacherchi.it

藏酒销售
预约参观
年产量 170 000 瓶
葡萄种植面积 30 公顷

如果说，有一个历史悠久的能够精妙诠释本地风土与本土葡萄的酒庄，那么当属菲切尔（Cherchi）。酒庄对维蒙蒂诺（Ermentino）进行多次试验，并大量投资稀有的卡格努拉里（Cagnulari）品种，使得这个位于乌斯尼（Usini）的酒庄成为了当地最可靠的酒庄之一。酒庄出品的葡萄酒经过窖藏多年，品质不断提升，展示了巨大的陈酿能力。他们辛勤地从事栽种和酿酒工作，努力生产出能呈现品种特性的酒品。

○ Vermentino di Sardegna Tuvaoes '11	🍷🍷 3*
● Cagnulari '10	🍷🍷 3
● Luzzana '10	🍷🍷 4
○ Vermentino di Sardegna Pigalva '11	🍷🍷 2*
● Cannonau di Sardegna '10	🍷🍷 3
○ Vermentino di Sardegna Filighe M. Cl. '08	🍷 3
● Luzzana '09	🍷🍷 4
○ Tokaterra	🍷🍷 3

SARDINIA

Chessa
via San Giorgio - 07049 Usini [SS]
Tel. 3283747069
www.cantinechessa.it

藏酒销售
年产量 40 000 瓶
葡萄种植面积 12 公顷

这个位于乌悉尼（Usini）的小型酒庄成立于2005年，其核心和灵魂是吉奥瓦纳·切萨（Giovanna Chessa）。在过去几年的运转中，酒庄清晰展示了其葡萄酒酿造的思路、注重哪一个品种以及如何发挥葡萄种植所在地最好的一面。正宗、真实、地中海风情、亲切，这几个关键词可以用来描述切萨酒庄（Chessa）酿造的葡萄酒。他们充分尊重每一个品种，尽最大努力传达原产地的风土特色。酒庄产出的酒款不多，产量也不过40 000瓶，生产的重点是维蒙蒂诺（Vermentino）和莫斯卡托（Moscato），以及当地典型的卡格努拉里（Cagnulari）葡萄酒。

● Cagnulari '11	3
● Lugherra '10	5
○ Kentàles	3
○ Vermentino di Sardegna Mattariga '11	3
● Cagnulari '10	3*
● Cagnulari '09	3*
● Lugherra '09	5
○ Vermentino di Sardegna Mattariga '10	3

Attilio Contini
via Genova, 48/50 - 09072 Cabras [OR]
Tel. 0783290806
www.vinicontini.it

藏酒销售
预约参观
年产量 800 000 瓶
葡萄种植面积 70 公顷

一说起孔蒂尼酒庄（Contini），我们会马上想到维奈西雅·奥利斯塔诺（Vernaccia di Oristano）葡萄酒，这款酒很特别，要不是该酒庄的努力，它或许已经绝迹。自1898年成立以来，酒庄的一切保持原样。现在，这家卡布拉斯（Cabras）酒庄成为了撒丁岛葡萄酒酿造的典范之一。葡萄酒的年产量为800 000瓶，种类繁多，至少可以说涵盖了岛上所有的传统品种。原料葡萄来自酒庄所有的葡萄园，其中一些位于奥利斯塔诺（Oristano）省的外沿。酒窖酿造的酒品带有地中海风格的温暖和丰富，精妙地呈现了撒丁岛的气候和风土个性。

○ Vernaccia di Oristano Ris. '88	4*
● Barrile '08	6
● Nieddera Rosso '09	3*
● Cannonau di Sardegna Inu Ris. '09	4
● Cannonau di Sardegna Sartiglia '11	3
● Cannonau di Sardegna Tonaghe '10	3
○ Vermentino di Gallura Elibaria '11	3
○ Vermentino di Sardegna Pariglia '11	2*
○ Vernaccia di Oristano Antico Gregori	6
○ Karmis '11	3
● Mamaioa Rosso '11	2
⊙ Nieddera Rosato '11	2
○ Vermentino di Sardegna Tyrsos '11	2
○ Pontis '00	4
○ Vernaccia di Oristano Antico Gregori	7
○ Vernaccia di Oristano Ris. '71	5

SARDINIA
撒丁岛

Ferruccio Deiana
Loc. Su Leunaxi
via Gialeto, 7
09040 Settimo San Pietro [CA]
Tel. 070749117
www.ferrucciodeiana.it

藏酒销售
预约参观
年产量 500 000 瓶
葡萄种植面积 74 公顷
葡萄栽培方式 有机认证

费鲁西奥•德伊亚那（Ferruccio Deiana）深爱着他的葡萄园和乡村生活。在意大利其他地方和国外获得灵感之后，他回到家乡创建了这个美丽的酒庄，每年生产出500 000瓶葡萄酒。费鲁西奥酿酒技术精湛，监管着葡萄酒生产的所有环节，工作的重点放在本地品种上。酿酒方法虽然很现代，却也非常尊重葡萄的特性，葡萄园坚持有机栽培的管理原则。出产的葡萄酒十分干净、清澈和活泼，既爽口又不失复杂性和深度。

● Ajana '09	🍷🍷 6
● Cannonau di Sardegna Sileno '09	🍷🍷 3
● Cannonau di Sardegna Sileno Ris. '09	🍷🍷 3
○ Oirad '10	🍷🍷 5
○ Vermentino di Sardegna Arvali '11	🍷 3
○ Vermentino di Sardegna Donnikalia '11	🍷 2
○ Vermentino di Sardegna Sanremy '11	🍷 2
● Ajana '02	🍷🍷🍷 6
● Ajana '08	🍷🍷 6
● Ajana '04	🍷🍷 6
● Cannonau di Sardegna Sileno Ris. '07	🍷🍷 3
● Monica di Sardegna Karel '10	🍷🍷 2*
○ Vermentino di Sardegna Donnikalia '10	🍷🍷 2*
○ Vermentino di Sardegna Sanremy '10	🍷🍷 2*

Tenute Dettori
Loc. Badde Nigolosu - 07036 Sennori [SS]
Tel. 079512772
www.tenutedettori.it

预约参观
游客设施和餐饮
年产量 35 000 瓶
葡萄种植面积 22 公顷
葡萄栽培方式 传统栽培

关于这个基于巴德•尼古洛苏（Badde Nigolosu）的庄园及其意志坚定的管理者兼种植工的情况，我们已经记录过多次。2013年，我们再次强调，这里的葡萄酒酿造始于葡萄园，在那里，种植工人的辛勤工作得到了大自然慷慨的馈赠。酒窖简直就是一个简约派的艺术品，只使用水泥大桶，酒瓶陈化取决于葡萄园的种植年限和出处。庄园上佳的葡萄园已有超过一个世纪的历史，园里采用灌木丛模式种植的葡萄藤产量很低。

○ Dettori Bianco '09	🍷🍷 5
● Tenores '09	🍷 7
● Dettori Rosso '09	🍷🍷 8
○ Renosu Bianco	🍷🍷 2*
● Renosu Rosso	🍷🍷 2*
○ Dettori Bianco Un anno dopo '06	🍷🍷🍷 5
● Dettori Rosso '04	🍷🍷🍷 8
● Tenores '03	🍷🍷🍷 7

Cantine Dolianova

Loc. Sant'Esu
SS 387 km 17,150
09041 Dolianova [CA]
Tel. 070744101
www.cantinedidolianova.it

藏酒销售
预约参观
年产量 4 000 000 瓶
葡萄种植面积 1 200 公顷

400多位种植成员，近400万瓶的葡萄酒年产量，这些令人印象深刻的数字让多利安诺瓦酒庄（Cantina di Dolianova）成为撒丁岛（Sardinia）南部最大型的联营酒庄之一。酒庄效仿岛上其他合作酒庄的做法，多年来紧跟时代潮流，始终以酿造高品质葡萄酒为目标。所酿葡萄酒堪称当地优秀传统品质的典范。庄园优先发展本地葡萄品种，酿造出的酒品种类繁多，有静止葡萄酒、甜酒和起泡酒。多利安诺瓦酒庄（Dolianova）虽然擅长酿造高级的酒品，但其基本款也很可靠，质优量大，价格实惠。

● Cannonau di Sardegna Blasio Ris. '08	♀♀ 3
● Falconaro '09	♀♀ 3
● Terresicci '07	♀♀ 5
● Cannonau di Sardegna Anzenas San Pantaleo '10	♀ 2
○ Karalis Brut	♀ 3
● Monica di Sardegna Arenada San Pantaleo '10	♀ 2
○ Montesicci '11	♀ 3
○ Nuragus di Cagliari Perlas San Pantaleo '11	♀ 1*
○ Scaleri Démi Sec	♀ 3
○ Vermentino di Sardegna Naeli '11	♀ 2
○ Vermentino di Sardegna Prendas San Pantaleo '11	♀ 2
● Cannonau di Sardegna Anzenas '09	♀♀ 2*
● Cannonau di Sardegna Blasio Ris. '07	♀♀ 3

Cantina Dorgali

Via Piemonte, 11 - 08022 Dorgali [NU]
Tel. 078496143
www.csdorgali.com

藏酒销售
预约参观
年产量 1 600 000 瓶
葡萄种植面积 750 公顷

多尔加利（Cantina di Dorgali）联营酒庄几年前开启了一个大型的重建计划，对象从葡萄园延伸到酒窖，这并不是一件容易的事。酒庄包括360名的种植成员和广袤的葡萄园，大部分葡萄藤以灌木丛模式栽种，在不久的未来，我们就能看到这些做法的效果，而当下，酒庄的酒品正宗且令人兴奋，主要品种是纤细优雅的坎侬纳（Cannonau）葡萄酒，它体现了所在地域的美丽和壮观。葡萄园在那片土地上得到了精心的照顾。

● Hortos '08	♀♀♀ 5
● Cannonau di Sardegna Viniola Ris. '09	♀♀ 3*
● Cannonau di Sardegna Tunila '11	♀♀ 2*
● Cannonau di Sardegna V. di Isalle '11	♀♀ 2*
● Noriolo '09	♀♀ 3
● Cannonau di Sardegna Filieri '11	♀ 2
⊙ Cannonau di Sardegna Rosato Filieri '11	♀ 2
○ Nues Brut	♀ 2
● Cannonau di Sardegna Viniola Ris. '07	♀♀♀ 3*
● Cannonau di Sardegna Viniola Ris. '06	♀♀♀ 3*
● Cannonau di Sardegna Tunila '10	♀♀ 2*
● Cannonau di Sardegna V. di Isalle '10	♀♀ 2*
● Cannonau di Sardegna Viniola Ris. '08	♀♀ 3
● Premio Hortos '07	♀♀ 5

SARDINIA
撒丁岛

Giuseppe Gabbas
VIA TRIESTE, 65 - 08100 NUORO
TEL. 078433745
www.gabbas.it

预约参观
年产量 70 000 瓶
葡萄种植面积 13 公顷

朱塞佩·加巴斯（Giuseppe Gabbas）是一个彻头彻尾的葡萄种植者。本着对葡萄园管理工作和乡村环境的热爱，他花了大量的时间悉心照料葡萄，每年都力求找到最好的方式去诠释葡萄酒。坎侬纳（Cannonau）葡萄是这里最主要的品种。加巴斯（Gabbas）酒庄向人们展示出这一品种能够产出耐久存、均衡且能传达撒丁岛（Sardinia）中部风土特色的酒。这里推出的酒品系列不多，只有几个酒款，分别是一款轻快易饮的酒品、两款杰出的珍藏酒和一款干型甜葡萄酒。这些酒都来自坎侬纳（Cannonau）葡萄，无不例外地拥有清新、深厚和优雅的特点。

● Cannonau di Sardegna Dule Ris. '09	♛♛♛ 3*
● Cannonau di Sardegna Arbòre Ris. '09	♛♛ 3*
● Avra '08	♛♛ 4
● Cannonau di Sardegna Lillove '11	♛ 2
● Cannonau di Sardegna Dule Ris. '08	♛♛♛ 3*
● Cannonau di Sardegna Dule Ris. '07	♛♛♛ 3*
● Cannonau di Sardegna Dule Ris. '06	♛♛♛ 3*
● Cannonau di Sardegna Dule Ris. '05	♛♛♛ 3*
● Arbeskia '06	♛♛ 4
● Arbeskia '05	♛♛ 4
● Avra '07	♛♛ 4
● Cannonau di Sardegna Arbòre Ris. '08	♛♛ 3*

Cantina Gallura
VIA VAL DI COSSU, 9 - 07029 TEMPIO PAUSANIA
TEL. 079631241
www.cantinagallura.com

藏酒销售
预约参观
年产量 1 300 000 瓶
葡萄种植面积 350 公顷

撒丁岛的联营酒庄加鲁拉（Cantina di Gallura）是推动高品质葡萄酒复兴的重要力量，酒庄协调数百名种植成员，以及对整个酒庄进行管理并不容易，技艺精湛的董事长兼酿酒学家迪诺·阿迪斯（Dino Addis）和他的全体员工很认真地对待每一个细节。维蒙蒂诺（Vermentino）是这里主要的葡萄品种，被酿造成不同的系列，从葡萄园系列到精品系列。这里的所有出品都具有高品质、本地特色和花岗岩土壤造就的独特个性。加鲁拉酒庄也生产了上乘的红葡萄酒和传统的莫斯卡托庙宇起泡酒（Moscato di Tempio Spumante）。

○ Vermentino di Gallura Sup. Genesi '11	♛♛ 5
● Cannonau di Sardegna Templum '09	♛♛ 2*
○ Moscato di Tempio Pausania	♛♛ 3
○ Vermentino di Gallura Gemellae '11	♛♛ 2*
○ Vermentino di Gallura Mavriana '11	♛♛ 2*
○ Vermentino di Gallura Piras '11	♛♛ 2*
○ Vermentino di Gallura Sup. Canayli '11	♛♛ 2*
⊙ Campos '11	♛ 2
● Karana '11	♛ 2
○ Ladas Brut '11	♛ 2
○ Vermentino di Gallura Sup. Genesi '10	♛♛♛ 5
○ Vermentino di Gallura Sup. Genesi '08	♛♛♛ 5
● Karana '10	♛♛ 2*
○ Vermentino di Gallura Gemellae '10	♛♛ 2*
○ Vermentino di Gallura Piras '10	♛♛ 2*
○ Vermentino di Gallura Sup. Canayli '10	♛♛ 2*

SARDINIA

Antichi Poderi Jerzu
VIA UMBERTO I, 1 - 08044 JERZU [OG]
TEL. 078270028
www.jerzuantichipoderi.it

藏酒销售
预约参观
年产量 2 500 000 瓶
葡萄种植面积 750 公顷

杰儒（Jerzu）酿制坎侬纳（Cannonau）葡萄酒的过人之处人尽皆知，从而撒丁岛（Sardinia）的主要指定区多了一个特殊的分区。建于20世纪50年代，如今安提奇·波德里（Antichi Poderi）联营酒厂拥有约500名种植成员，规模堪称撒丁岛最大。在过去几年里，坎侬纳·萨尔德格纳（Cannonau di Sardegna）酒庄向前迈出了一大步，这有赖于主要酿酒顾问的帮助。他们推出了一个明智的、长远的发展项目。说起这个巨大的分区计划，它涵盖了葡萄种植和酒窖管理，以及对本地酵母的实验。计划的实施成就了和谐的、具有浓厚土地特色的葡萄酒。

- Cannonau di Sardegna Josto Miglior Ris. '09　🍷🍷🍷 4*
- Cannonau di Sardegna Bantu '11　🍷🍷 2*
- ○ Vermentino di Sardegna Lucean Le Stelle '11　🍷🍷 3
- ○ Vermentino di Sardegna Telavè '11　🍷🍷 2*
- Cannonau di Sardegna Chuerra Ris. '09　🍷 4
- Monica di Sardegna Camalda '11　🍷 2
- ○ Vermentino di Gallura Capo Bianco '11　🍷 3
- Cannonau di Sardegna Bantu '10　🍷🍷 2*
- Cannonau di Sardegna Chuerra Ris. '08　🍷🍷 4
- Cannonau di Sardegna Josto Miglior Ris. '08　🍷🍷 4
- Monica di Sardegna Camalda '10　🍷🍷 2*
- ○ Vermentino di Sardegna Lucean Le Stelle '10　🍷🍷 3

Masone Mannu
LOC. SU CANALE
SS 199 KM 48 - 07020 OLBIA
TEL. 078947140
www.masonemannu.com

藏酒销售
预约参观
年产量 100 000 瓶
葡萄种植面积 18 公顷

马索龙·曼努（Masone Mannu）酿酒厂继续自信地走在它的发展道路上。在2003年成立之后，这个酿酒厂就在葡萄园和酒窖的酿酒工作中发挥它的价值。庄园占地约18公顷，位于加鲁拉（Gallura）最适宜葡萄种植的地区，每年产出100 000瓶葡萄酒。生产重点是维蒙蒂诺（Vermentino）葡萄酒，它能在不掩盖花岗岩风土赋予它的特性的情况下展现出大量的品种个性。产出的酒品都很清新干净，优雅且极具矿物质气息，可以马上饮用或存放后再饮用。最后还需提及的是，使用坎侬纳（Cannonau）、卡里格纳诺（Carignano）和西拉（Syrah）葡萄而酿制的马索龙·曼努（Masone Mannu）红葡萄酒变得越来越有味道。

- Mannu '10　🍷🍷 8
- ○ Vermentino di Gallura Petrizza '11　🍷🍷 3
- ○ Vermentino di Gallura Sup. Costarenas '10　🍷🍷 4
- Cannonau di Sardegna '10　🍷 3
- ○ Rena Rosa '11　🍷 3
- ○ Zurria '11　🍷 2
- Cannonau di Sardegna '09　🍷🍷 3*
- Cannonau di Sardegna '08　🍷🍷 3
- Entu '07　🍷🍷 4
- Mannu '09　🍷🍷 8
- ○ Vermentino di Gallura Petrizza '10　🍷🍷 3
- ○ Vermentino di Gallura Sup. Costarenas '09　🍷🍷 4

SARDINIA

撒丁岛

Mesa
Loc. Su Baroni
09010 Sant'Anna Arresi [CA]
Tel. 0781965057
www.cantinamesa.it

藏酒销售
预约参观
年产量 80 000 瓶
葡萄种植面积 70 公顷

梅萨酒庄（Mesa）的主人加维诺•桑娜（Gavino Sanna）是一位大名鼎鼎的广告专家，也是撒丁岛（Sardinia）充满热情的鉴赏家。他的鉴赏能力促使他选择了苏尔西斯（Sulcis）作为他酒庄的基地。这片地区广泛栽种了葡萄藤，与葡萄栽培有着千丝万缕的特殊联系。土壤类型很不寻常，很多葡萄园的未嫁接葡萄藤都处在沙地上。此外，葡萄品种也很独特，如卡里格纳诺（Carignano）葡萄，该酒庄经常凭借着这种葡萄取得优异的成绩。酒窖的风格旨在使酿制的葡萄酒纤细优雅。钢桶发酵是入门级葡萄酒的首选，而橡木桶被巧妙地运用到精品酒的酿造中。

● Buio Buio '10	🍷🍷🍷 4*
● Carignano del Sulcis Buio '11	🍷🍷🍷 3*
● Carignano del Sulcis Passito Forte Rosso '10	🍷🍷 3
● Carignano del Sulcis Primo Rosso '11	🍷🍷 2*
● Malombra '09	🍷🍷 6
○ Vermentino di Sardegna Giunco '11	🍷🍷🍷 3
● Cannonau di Sardegna Primo Scuro '10	🍷 2
○ Opale Dopo '10	🍷 5
○ Vermentino di Sardegna Opale '11	🍷 4
○ Vermentino di Sardegna Primo Bianco '11	🍷 2
● Buio Buio '09	🏆🏆
● Cannonau di Sardegna Primo Scuro '09	🏆🏆 2*
● Carignano del Sulcis Buio '09	🏆🏆 3
○ Vermentino di Sardegna Giunco '10	🏆🏆 3
○ Vermentino di Sardegna Opale '10	🏆🏆 4

Cantina di Mogoro Il Nuraghe
SS 131 km 62 - 09095 Mogoro [OR]
Tel. 0783990285
www.ilnuraghe.it

藏酒销售
预约参观
年产量 850 000 瓶
葡萄种植面积 400 公顷

莫格罗（Cantina di Mogoro）又名伊尔•努拉赫（Il Nuraghe），是一家大型的联营酒庄，始建于20世纪50年代的坎皮达诺（Campidano）平原。酒庄在多条生产线产出了品种繁多的葡萄酒，其中一些非常好的酒主要来自传统葡萄品种，例如有一款来自伊尔•努拉赫酒庄投资巨大的塞米达诺（Semidano）葡萄。这种葡萄很少见，所酿制的葡萄酒是塞米达诺•莫格罗（Semidano di Mogoro）指定区的出品。我们希望这一举措能收到不错的效果，因为这种葡萄具有耐久存的潜力，也因为如果它绝迹的话，会对该地区的生物多样性遭到破坏，那将是一个遗憾。

● Cannonau di Sardegna Chio Ris. '08	🍷 5
● Cannonau di Sardegna Vignaruja '08	🍷🍷 2*
○ Semidano di Mogoro Sup. Puistèris '09	🍷🍷 4
○ Vermentino di Sardegna Don Giovanni '11	🍷🍷 2*
● Cannonau di Sardegna Nero Sardo '10	🍷 2
● Monica di Sardegna Sup. Nabui '08	🍷 5
○ Nuragus di Cagliari Ajò '11	🍷 2
○ Semidano di Mogoro Anastasia '11	🍷 2

Mura

Loc. Azzanidò, 1
07020 Loiri Porto San Paolo [OT]
Tel. 078941070
www.vinimura.it

藏酒销售
预约参观
餐饮接待
年产量 48 000 瓶
葡萄种植面积 11 公顷

穆拉酒庄（Mura）由年轻又有雄心壮志的玛丽安娜（Marianna）和她的弟弟管理，其位于奥比亚（Olbia）的农场占地十多公顷。酒庄全身心致力于发展维蒙蒂诺（Vermentino）葡萄，几年来不断产出了酒体均衡、魅力十足的酒款，把加鲁拉（Gallura）花岗岩土壤赋予其的特性展现得淋漓尽致。玛丽安娜时时都有一种紧迫感，这促使她酿造出色的红葡萄酒。她的酒适销对路，口感十分轻快活泼，尤其是晚摘葡萄制成的令人心奋的精品酒，如为庆祝穆拉酒庄（Mura）成立十周年而酿造的得切尼奥（Decennio）葡萄酒。

○ Vermentino di Gallura Sup. Sienda Il Decennio '11	🍷🍷 3*
● Cannonau di Sardegna Cortes '10	🍷🍷 2*
○ Vermentino di Gallura Cheremi '11	🍷🍷 2*
○ Vermentino di Gallura Sup. Sienda '11	🍷🍷 4
● Baja '09	🍷 5
⊙ Jara '11	🍷 2
○ Vermentino di Gallura Prisma '11	🍷 2
○ Vermentino di Gallura Cheremi '10	🍷🍷 2*
○ Vermentino di Gallura Sup. Sienda '10	🍷🍷 3*
○ Vermentino di Gallura Sup. Sienda '09	🍷🍷 3*
○ Vermentino di Gallura Sup. Sienda '08	🍷🍷 3*

Pala

Via Verdi, 7 - 09040 Serdiana [CA]
Tel. 070740284
www.pala.it

藏酒销售
预约参观
年产量 480 000 瓶
葡萄种植面积 88 公顷

所有人都清楚地看到酒庄对葡萄酒质量的承诺、投资和关注。绝非巧合的是，帕拉酒庄（Pala）成为了岛上其他葡萄种植者的标杆。这归功于马里奥（Mario）和他的家庭，正是他们出色地经营着这个拥有近100公顷葡萄园和近500 000瓶葡萄酒年产量的庄园。尽管有使用诸如坎侬纳（Cannonau）、维蒙蒂诺（Vermentino）和努拉古斯（Nuragus）等传统葡萄，但马里奥一家重点对卡里格纳诺（Carignano）葡萄进行投资。酒窖的最新产品斯雷（Siray）取材于精心挑选的来自苏尔西斯（Sulcis）的卡里格纳诺（Carignano）葡萄。一直倍受青睐的伯维尔（Bovale）是这里最重要的葡萄，造就了一些总是很有趣的葡萄酒。

● S'Arai '08	🍷🍷 5
● Siray '09	🍷🍷 3*
○ Entemari '11	🍷🍷 5
● Essentija '09	🍷🍷 3
● Monica di Sardegna I Fiori '11	🍷🍷 2*
○ Nuragus di Cagliari I Fiori '11	🍷🍷 2*
○ Vermentino di Sardegna Stellato '11	🍷🍷 3
○ Assoluto '10	🍷 5
● Cannonau di Sardegna I Fiori '11	🍷 2
○ Chiaro di Stelle '11	🍷 2
○ Silenzi Bianco '11	🍷 3
● Silenzi Rosato '11	🍷 3
● Thesys '11	🍷 3
○ Vermentino di Sardegna I Fiori '11	🍷 2
○ Assoluto '08	🍷🍷 5
● S'Arai '07	🍷🍷 5

SARDINIA

撒丁岛

Cantina Pedres

ZONA IND. SETTORE 7 - 07026 OLBIA
TEL. 0789595075
www.cantinapedres.it

藏酒销售
预约参观
年产量 290 000 瓶
葡萄种植面积 40 公顷

尽管佩得雷斯（Pedres）酒庄成立只有十年时间，但曼西尼（Mancini）家族，包括庄主吉奥瓦尼（Giovanni），拥有的酿酒传统可追溯到19世纪。占地40公顷的葡萄园全部位于海拔适宜的地方，更重要的是处在一个极佳的地理位置和典型的花岗岩土壤上。对发酵过程的细心监管使得产出的葡萄酒纯净清爽，且具有矿物气息。这些特质体现在酒庄的主打酒品维蒙蒂诺（Vermentino）以及取材于其他葡萄品种的酒品。这些葡萄包括坎侬纳（Cannonau）和莫斯卡托•特姆皮奥（Moscato di Tempio），其中后者被佩得雷斯酒庄用来酿造美味的传统起泡酒系列。

Santa Maria La Palma

LOC. SANTA MARIA LA PALMA
07041 ALGHERO [SS]
TEL. 079999008
www.santamarialapalma.it

藏酒销售
预约参观
年产量 3 800 000 瓶
葡萄种植面积 700 公顷

如果来自撒丁岛（Sardinia）西北部，特别是来自阿尔盖罗（Alghero）法定葡萄酒产区的葡萄酒受到大区内外的高度赞赏的话，那么这得部分归功于圣塔•玛利亚•拉•帕尔马（Santa Maria La Palma）联营酒庄，正是其300多名成员把葡萄的特性发挥到了极致。这些单纯朴实、植根于土地的酒品一直物超所值。酒庄重点关注本地葡萄以及种植在这片区域的国际葡萄。出产的酒品清澈醇厚，展现出土地的力量，涵盖了各种类型，从静止葡萄酒到微起泡葡萄酒再到干型甜葡萄酒。

○ Vermentino di Gallura Sup. Thilibas '11	▼▼ 4
● Cannonau di Sardegna Cerasio '10	▼▼ 4
○ Vermentino di Gallura Brino '11	▼▼ 3
Verni '08	▼▼ 5
○ Moscato di Sardegna Assolo	▼ 2
○ Pedres Brut	▼ 3
⊙ Pedres Brut Rosé	▼ 3
○ Vermentino di Gallura Sup. Thilibas '10	▽▽▽ 3*
○ Vermentino di Gallura Sup. Thilibas '09	▽▽▽ 3*
● Cannonau di Sardegna Cerasio '09	▽▽ 3
● Cannonau di Sardegna Cerasio '08	▽▽ 3
● Cannonau di Sardegna Sulitài '08	▽▽ 2*
○ Vermentino di Gallura Jaldinu '10	▽▽ 2*
○ Vermentino di Gallura Jaldinu '09	▽▽ 2*

○ Vermentino di Sardegna Blu '11	▼▼ 2*
⊙ Alghero Rosato Aragosta '11	▼ 2
● Cannonau di Sardegna Le Bombarde '11	▼ 2
● Cannonau di Sardegna Ris. '07	▼ 3
● Cannonau di Sardegna Valmell '11	▼ 2
○ Vermentino di Sardegna I Papiri '11	▼ 3
● Alghero Cagnulari '08	▽▽ 3
● Alghero Cagnulari '07	▽▽ 3
● Alghero Rosso Cinquanta Vendemmie '07	▽▽ 5
● Cannonau di Sardegna Le Bombarde '09	▽▽ 2*
● Cannonau di Sardegna Le Bombarde '08	▽▽ 2*
● Cannonau di Sardegna Ris. '06	▽▽ 3
● Monica di Sardegna '08	▽▽ 2*
○ Vermentino di Sardegna Aragosta '10	▽▽ 2*

撒丁岛

SARDINIA

★Cantina di Santadi
via Cagliari, 78 - 09010 Santadi [CI]
Tel. 0781950127
www.cantinadisantadi.it

藏酒销售
预约参观
年产量 1 700 000 瓶
葡萄种植面积 606 公顷

如果要说哪个酒庄极大提高了撒丁岛葡萄酒的声望，那这个酒庄非桑塔迪（Santadi）莫属。这个位于苏尔西斯（Suicis）的联营酒庄致力于酿制高质量的葡萄酒，鼓舞了撒丁岛的其他联营酒庄和私人酒庄。功劳属于在庄园服务多年的庄主安东内洛•皮罗尼（Antonello Pilloni）和他的优秀下属们，正是他们追求卓越、永不妥协，桑塔迪（Santadi）酒庄出品的卡里格纳诺•苏尔西斯（Carignano del Sulcis）葡萄酒得以盛名远播。除卡里格纳诺葡萄酒（Carignano）外，酒庄还有其他种类广泛的葡萄酒，主要取材于撒丁岛的本土葡萄品种。

Sardus Pater
via Rinascita, 46 - 09017 Sant'Antioco [CI]
Tel. 0781800274
www.cantinesarduspater.com

藏酒销售
预约参观
年产量 600 000 瓶
葡萄种植面积 1 500 公顷

萨杜斯•帕特尔（Sardus Pater）是圣•安迪奥科（Sant'Antioco）的一个联营酒庄，也是撒丁岛联营酒庄中非常重要的一部分，享有良好的声誉。它的成功大部分是因为它能够充分地展现位于这片非凡土地上，处在沙质土壤的未嫁接葡萄园以及卡里格纳诺（Carignano）葡萄的最佳属性，从而取得了出色的成绩。酒庄使用卡里格纳诺•苏尔西斯葡萄（Carignano del Sulcis）生产了很多品种的葡萄酒，从在不锈钢桶发酵的较为清新的系列到陈酿更久，更为复杂的系列。但无论哪种风格，这些酒都呈现出典型性，忠实诠释土地特质。酒品系列还包括多种取材于其他本地葡萄的酒种。

● Carignano del Sulcis Sup. Terre Brune '08	🍷🍷🍷 7
● Araja '10	🍷🍷 3*
○ Latinia '07	🍷🍷 5
● Cannonau di Sardegna Noras '10	🍷🍷 4
● Carignano del Sulcis Grotta Rossa '10	🍷🍷 2*
● Carignano del Sulcis Rocca Rubia Ris. '09	🍷🍷 4
● Shardana '08	🍷🍷 5
○ Vermentino di Sardegna Cala Silente '11	🍷🍷 2
○ Vermentino di Sardegna Villa Solais '11	🍷🍷 2*
○ Villa di Chiesa '10	🍷🍷 5
⊙ Carignano del Sulcis Rosato Tre Torri '11	🍷 2
● Monica di Sardegna Antigua '11	🍷 2
○ Nuragus di Cagliari Pedraia '11	🍷 2
● Carignano del Sulcis Sup. Terre Brune '07	🍷🍷🍷 7

● Carignano del Sulcis Is Arenas Ris. '08	🍷🍷 4*
● Carignano del Sulcis Kanai Ris. '08	🍷🍷 3*
● Cannonau di Sardegna Foras '10	🍷🍷 2*
● Carignano del Sulcis Is Solus '09	🍷🍷 2*
● Carignano del Sulcis Nur '09	🍷🍷 2
○ Moscato di Cagliari Amentos '10	🍷🍷 4
⊙ Carignano del Sulcis Horus '11	🍷 2
● Monica di Sardegna Insula '11	🍷 2
○ Vermentino di Sardegna Lugore '11	🍷 3
○ Vermentino di Sardegna Terre Fenicie '11	🍷 2
● Carignano del Sulcis Arenas Ris. '05	🍷🍷🍷 3*
● Carignano del Sulcis Is Arenas Ris. '07	🍷🍷🍷 3*
● Carignano del Sulcis Is Arenas Ris. '06	🍷🍷🍷 3*
● Carignano del Sulcis Sup. Arruga '07	🍷🍷🍷 5
● Cannonau di Sardegna Foras '09	🍷🍷 2

SARDINIA

撒丁岛

Giuseppe Sedilesu
via Vittorio Emanuele II, 64
08024 Mamoiada [NU]
Tel. 078456791
www.giuseppesedilesu.com

藏酒销售
预约参观
年产量 100 000 瓶
葡萄种植面积 17 公顷
葡萄栽培方式 生物动力认证

坎侬纳葡萄（Cannonau）的鉴赏家和狂热者们都知道马莫伊亚达（Mamoiada）及其整个周边地区无疑是生产这一撒丁岛最知名葡萄品种的绝佳之地。这归功于瑟迪勒苏（Sedilesu）酒庄，他们凭借着周密的种植技术和自然友好型的栽培方法产出了极具独特魅力的葡萄酒。造就这些佳酿的另外一个因素是酒窖采用了人工干预以保持在最低限度的酿酒方法。酒庄充分尊重每个葡萄种植年份，在时机成熟时才对其进行微调，以创造出能充分体现所在土地特色的葡萄酒。

● Cannonau di Sardegna Carnevale Ris. '08	5
● Cannonau di Sardegna Gràssia '09	3
● Cannonau di Sardegna Mamuthone '08	3*
○ Perda Pintà '09	4
● Cannonau di Sardegna Ballu Tundu Ris. '07	6
● Cannonau di Sardegna Carnevale '07	5
● Cannonau di Sardegna Mamuthone '09	3
● Cannonau di Sardegna S'Annada '09	3
● Cannonau di Sardegna S'Annada '08	3*
○ Perda Pintà Sulle Bucce '08	5

★Tenute Sella & Mosca
loc. I Piani - 07041 Alghero [SS]
Tel. 079997700
www.sellaemosca.com

藏酒销售
预约参观
年产量 7 600 000 瓶
葡萄种植面积 550 公顷

萨拉&莫斯卡（Sella & Mosca）是撒丁岛（Saidinia）最大的私有酒庄之一，葡萄酒年产量超过7 000 000瓶。酒庄建立于19世纪，始终保持高品质葡萄酒出品。萨拉&莫斯卡（Sella & Mosca）的品牌提高了撒丁岛酿酒商们酿造优质葡萄酒的意识，进而帮助撒丁岛的葡萄酒进入意大利其他区域甚至国际范围内的葡萄酒市场。虽然产量大，高质量依然是酒庄的亮点。无论是基础系列还是来自老葡萄藤和古老葡萄园的精品系列，葡萄酒的品质都无可挑剔。

● Alghero Marchese di Villamarina '07	6
○ Alghero Torbato Terre Bianche Cuvée 161 '11	3
○ Vermentino di Gallura Sup. Monteoro '11	3*
○ Alghero Oleandro '11	2
● Alghero Tanca Farrà '08	3
○ Alghero Thilion '11	3
● Cannonau di Sardegna Dimonios Ris. '08	3
● Monica di Sardegna Acino M '10	2
○ Alghero Torbato Terre Bianche '11	3
○ Vermentino di Sardegna Cala Reale '11	3
○ Vermentino di Sardegna La Cala '11	2
● Alghero Marchese di Villamarina '06	6

SARDINIA
撒丁岛

Tenute Soletta
LOC. SIGNOR'ANNA
07040 CODRONGIANOS [SS]
TEL. 079435067
www.tenutesoletta.it

藏酒销售
预约参观
年产量 100 000 瓶
葡萄种植面积 15 公顷

在过去的几年里，可爱的家庭式经营酒庄索拉塔（Tenute Soletta）在撒丁岛的高质量葡萄酒的酿造行业中开辟了自己的一大片空间。这是因为，在负责生产的翁贝托（Umberto）的带领下，酒庄从一开始就专注于酒品的质量，精心选择品种并悉心在葡萄园和酒窖里工作，因而产出了能体现原产地的正宗葡萄酒。从酿酒的角度来讲，这些葡萄酒非常完美；不过葡萄酒本身也拥有迷人的芳香，能够传达出所用的传统葡萄的特色。

- Cannonau di Sardegna Corona Majore '09 3*
- Cannonau di Sardegna Keramos Ris. '08 5
- ○ Vermentino di Sardegna Chimera '11 3
- ○ Vermentino di Sardegna Sardo '11 2*
- Kianos '11 4
- ⊙ Prius '11 2
- Cannonau di Sardegna Keramos Ris. '07 5
- Cannonau di Sardegna Keramos Ris. '04 4
- Cannonau di Sardegna Corona Majore '08 3*
- Cannonau di Sardegna Corona Majore '07 3
- Cannonau di Sardegna Keramos Ris. '06 4

Vigne Surrau
SP ARZACHENA - PORTO CERVO
07021 ARZACHENA [OT]
TEL. 078982933
www.vignesurrau.it

预约参观
年产量 250 000 瓶
葡萄种植面积 40 公顷

苏拉乌酒庄（Surrau）始建于约10年前，距离波尔图•塞沃（Porto Cervo）几公里远。酿酒厂是一个别致的生态兼容性的建筑，拥有接待处和尝酒室，所用葡萄来自酒庄拥有的40公顷葡萄园。我们处在加鲁拉（Gallura），这里大多种植维蒙蒂诺葡萄（Vermentino）。酿酒专家安杰洛•安吉奥伊（Angelo Angioi）的目标是产出能体现品种特性、品种特有芳香和原产地的正宗葡萄酒。并非巧合的是，苏拉乌（Surrau）酒庄最新推出的酒品是一款取材于精选葡萄，晚收成的葡萄酒。除了这些白葡萄酒，酒窖也生产几款红葡萄酒，有本地品种和用维蒙蒂诺（Vermentino）葡萄酿造的一款经典梅特多葡萄酒（Metodo Classico）。

- Surrau '09 4*
- ○ Vermentino di Gallura Sciala V.T. '11 5
- Barriu '08 5
- ○ Vermentino di Gallura Branu '11 4
- ○ Vermentino di Gallura Sup. Sciala '11 5
- Sole di Surrau '11 5
- Sole Ruju '11 5
- Barriu '06 5
- Cannonau di Sardegna Sincaru '07 5
- Rosso Surrau '08 3
- Surrau '07 4
- ○ Vermentino di Gallura Branu '10 4
- ○ Vermentino di Gallura Sup. Sciala '10 5

撒丁岛
SARDINIA

Cantina Trexenta
v.le Piemonte, 40 - 09040 Senorbì [CA]
Tel. 0709808863
www.cantinatrexenta.it

藏酒销售
预约参观
年产量 1 000 000 瓶
葡萄种植面积 350 公顷

特雷森塔（Trexenta）是撒丁岛（Sardinia）南部一个主要的联营酒庄。过去几年里，它所实施的一个具有挑战性的项目持续产出一些成果。这个项目始于酒庄一些种植成员拥有的多处葡萄田。已出产的红葡萄酒特别平易近人，而白葡萄酒也将新鲜出炉。这些酒种类繁多，你可能不太容易找出心仪的酒品。酒庄有六条生产线，包括许多入门级酒品。考虑到巨大的产量，这些酒的品质算是很优秀，价格也非常诱人。使用传统葡萄产出的葡萄品种包括静止葡萄酒、半起泡葡萄酒、甜酒和起泡酒。

● Antigu '08	♟♟ 4
● Cannonau di Sardegna Corte Adua '10	♟♟ 2*
● Cannonau di Sardegna Tanca su Conti Ris. '09	♟♟ 4
● Monica di Sardegna Duca di Mandas '10	♟♟ 2*
● Cannonau di Sardegna Baione '10	♟ 2
⊙ Cannonau di Sardegna Baione Rosato '11	♟ 2
● Cannonau di Sardegna Bingias '10	♟ 2
● Cannonau di Sardegna Goimajor '10	♟ 2
● Monica di Sardegna Bingias '10	♟ 2
○ Moscato di Cagliari Simieri '09	♟ 2
○ Nuragus di Cagliari Tenute San Mauro '11	♟ 1*
○ Vermentino di Sardegna Bingias '11	♟ 2
○ Vermentino di Sardegna Contissa '11	♟ 2
○ Vermentino di Sardegna Donna Leonora '11	♟ 2
○ Vermentino di Sardegna Monteluna '11	♟ 2

Cantina del Vermentino Monti
via San Paolo, 2 - 07020 Monti [SS]
Tel. 078944012
www.vermentinomonti.it

藏酒销售
预约参观
年产量 2 500 000 瓶
葡萄种植面积 500 公顷

像撒丁岛其他的很多庄园一样，蒙蒂•维蒙蒂诺（Cantina del Vermentino di Monti）联营酒庄凭借着其种植成员的辛勤工作、高质量的葡萄酒生产和物美价廉的销售策略而受到公众的尊重。正如你可能已经猜到的那样，这里的明星品种是维蒙蒂诺葡萄（Vermentino），根据不同的葡萄园和葡萄品种而推出多个系列的葡萄酒。所有的酒品洁净清新，充分展现了品种特性和加鲁拉（Gallura）花岗岩土壤所赋予其的特质。

○ Vermentino di Gallura Funtanaliras '11	♟♟ 3*
● Cannonau di Sardegna Kiri '11	♟♟ 3
○ Vermentino di Gallura Sup. Arakena V.T. '10	♟♟ 4
● Cannonau di Sardegna Tàmara '10	♟ 3
● Galana '05	♟♟ 4
○ Vermentino di Gallura Funtanaliras '10	♟♟ 3
○ Vermentino di Gallura Sup. Arakena '09	♟♟ 4

Altea Illotto

via Don Minzioni, 14 - Serdiana [CA]
Tel. 078370306
www.alteaillotto.it

● Altea Rosso '11   🍷 3

Angelo Angioi

loc. Coloras - 09079 Tresnuraghes [OR]
Tel. 3409357227
saltodicoloras@gmail.com

○ Malvasia di Bosa Dolce
  Salto di Coloras '11   🍷🍷 4

Poderi Atha Ruja

via Emilia, 45 - 08022 Dorgali [NU]
Tel. 3475387127
www.atharuja.com

● Cannonau di Sardegna '09   🍷🍷 3
● Cannonau di Sardegna Kuentu Ris. '08   🍷🍷 5

Berritta

via Kennedy, 108 - 08022 Dorgali [NU]
Tel. 078495372
franser.dorgali@tiscali.it

● Cannonau di Sardegna Nostranu '11   🍷🍷 2*
● Cannonau di Sardegna Thurcalesu '10   🍷 2
● Panzale '11   🍷 2

Cantina del Bovale

loc. S'Isca - 09098 Terralba [OR]
Tel. 078383462
www.cantinadelbovale.it

● Monica di Sardegna Sustantzia '10   🍷 3
○ Vermentino di Sardegna Sabbie d'Oro '11   🍷 2

Cantina delle Vigne Piero Mancini

loc. Cala Saccaia
via Madagascar, 17 - 07026 Olbia
Tel. 078950717
www.pieromancini.it

○ Vermentino di Gallura Mancini Primo '11   🍷🍷 4
● Cannonau di Sardegna Falcale '10   🍷 2
● Scalapetra '10   🍷 2
○ Vermentino di Gallura Cucaione '11   🍷 2

OTHER WINERIES

其他酒庄

Cantina Sociale di Castiadas
LOC. OLIA SPECIOSA - 09040 CASTIADAS [CA]
TEL. 0709949004
www.cantinacastiadas.com

● Cannonau di Sardegna Capo Ferrato Rei '10	▼▼ 2*
● Monica di Sardegna Genis '10	▼ 2
○ Vermentino di Sardegna Notteri '11	▼ 2

Nino Castiglia
VIA MOSCA, 3 - 07023 CALANGIANUS [OT]
TEL. 079670530
castigliavini@yahoo.it

○ Vermentino di Gallura Incupà '11	▼▼ 4
○ Vermentino di Gallura Myali '11	▼▼ 3

Colle Nivera
VIA VENETO, 14 - 08100 NUORO
TEL. 0784294037
www.collenivera.com

● Cannonau di Sardegna Sacheia Ris. '08	▼▼ 4
○ Vermentino di Sardegna Talai '11	▼ 3

Columbu
VIA MARCONI, 1 - 08013 BOSA [OR]
TEL. 0785373380
www.vinibosa.com

○ Malvasia di Bosa '08	▼▼ 5
○ Alvarega '11	▼ 5

Gianluigi Deaddis
LOC. SAN PIETRO
SS 134 KM 2,2 - 07030 BULZI [SS]
TEL. 079588314
www.cantinadeaddis.com

○ Vermentino di Sardegna Narami '11	▼▼ 3
● Cannonau di Sardegna Capo Sardo '10	▼ 2
● Padres '10	▼ 3

Paolo Depperu
LOC. SAS RUINAS - 07025 LURAS [OT]
TEL. 079647314
azienda.depperu@tiscali.it

○ Ruinas '11	▼▼ 4
○ Vermentino di Gallura Luris '11	▼▼ 3
○ Dignu '11	▼ 3

OTHER WINERIES

Vigne Deriu
LOC. SIGNORANNA - 07040 CODRONGIANOS [SS]
TEL. 079435101
www.vignederiu.it

○ Vermentino di Sardegna '11	♛♛ 3
● Cannonau di Sardegna '10	♛ 3
○ Oro Ere '09	♛ 5

Fradiles
VIA SANDRO PERTINI, 2 - 08030 ATZARA [NU]
TEL. 3331761683
www.fradiles.it

● Mandrolisai Antiogu '09	♛♛ 3
● Mandrolisai Fradiles '10	♛♛ 2*
● Bagadiu '10	♛ 3

Cantina Giogantinu
VIA MILANO, 30 - 07022 BERCHIDDA [OT]
TEL. 079704163
www.giogantinu.it

● Terra Saliosa '11	♛♛ 3
○ Vermentino di Gallura Lunghente '11	♛♛ 3
● Cannonau di Sardegna Eja '09	♛ 2
○ Vermentino di Gallura Sup. Aldia '11	♛ 2

Li Duni
LOC. LI PARISI - 07030 BADESI [OT]
TEL. 079585844
www.cantinaliduni.it

● Nalboni '10	♛♛ 2*
○ Vermentino di Gallura Rena Bianca '11	♛♛ 3
● Tajanu '08	♛ 4

Li Seddi
VIA MARE, 29 - 07030 BADESI [OT]
TEL. 079683052
www.cantinaliseddi.it

● Lu Ghiali '10	♛♛ 3
● Cannonau di Sardegna Maistrali '10	♛ 4
○ Vermentino di Gallura Sup. Lagrimedda '11	♛ 3

Alberto Loi
SS 125 KM 124,1 - 08040 CARDEDU [OG]
TEL. 070240866
www.cantina.it/albertoloi

● Cannonau di Sardegna Jerzu Alberto Loi Ris. '08	♛ 3
● Loi Corona '08	♛ 5
● Tuvara '08	♛ 5

其他酒庄 / OTHER WINERIES

Tenute Massidda
Loc. Giuanni Porcu - 09040 Donori [CA]
Tel. 3478088683
massiddavini@tiscali.it

- ● Cannonau di Sardegna Arenargiu '11 — ♛♛ 3
- ○ L'Orizzonte Si Colorava di Rosso '09 — ♛ 4
- ○ Vermentino di Sardegna Cannisonis '11 — ♛ 4
- ○ Vermentino di Sardegna Tutto Iniziò Così '11 — ♛ 4

Abele Melis
Via Santa Suina, 3 - 09098 Terralba [OR]
Tel. 0783851090
melis.vini@tiscali.it

- ● Terralba Dominariu '10 — ♛♛ 3
- ○ Vermentino di Sardegna Iocalia '11 — ♛♛ 2*
- ● Terralba Nabj '10 — ♛ 5
- ○ Vermentino di Sardegna Ereb '11 — ♛ 3

Meloni Vini
Via Gallus, 79 - 09047 Selargius [CA]
Tel. 070852822
www.melonivini.com

- ● Cannonau di Sardegna Le Ghiaie Ris. '08 — ♛♛ 3
- ● Monica di Sardegna Jaccia '10 — ♛♛ 2*
- ○ Moscato di Cagliari Donna Jolanda '08 — ♛♛ 3
- ○ Malvasia di Cagliari Donna Jolanda '08 — ♛ 3

Giovanni Montisci
Via Asiago, 7b - 08024 Mamoiada [NU]
Tel. 0784569021
www.barrosu.it

- ● Cannonau di Sardegna Barrosu '09 — ♛♛ 6
- ● Cannonau di Sardegna Barrosu Ris. '09 — ♛♛ 6

Murales
Loc. Piliezzu, 1 - 07026 Olbia
Tel. 3929059400
www.vinimurales.it

- ○ Velo de Flor — ♛♛ 5
- ○ Vermentino di Gallura Miradas '11 — ♛ 3

Tenuta Nuraghe Crabioni
Via Umberto I, 30 - 07037 Sorso [SS]
Tel. 079351217
www.nuraghecrabioni.com

- ○ Vermentino di Sardegna Kanimari '11 — ♛♛ 3
- ● Cannonau di Sardegna '10 — ♛ 3
- ○ Vermentino di Sardegna '11 — ♛ 3

OTHER WINERIES 其他酒庄

Emidio Oggianu
via Martiri della Libertà, 9
08010 Magomadas [OR]
Tel. 0785373345
emidiooggianu@tiscali.it

○ Malvasia di Bosa Ris. '08	🍷🍷 5
○ Malvasia di Bosa Ris. '07	🍷🍷 5
○ Malvasia di Bosa V. Badde Nuraghe '06	🍷🍷🍷 4

Olianas
loc. Porruddu - 09031 Gergei [CA]
Tel. 0558300800
www.olianas.it

● Cannonau di Sardegna '11	🍷🍷 2*
● Perdixi '10	🍷🍷 4
○ Vermentino di Sardegna '11	🍷 2

Cantina Cooperativa di Oliena
via Nuoro, 112 - 08025 Oliena [NU]
Tel. 0784287509
www.cantinasocialeoliena.it

● Cannonau di Sardegna Nepente di Oliena '10	🍷🍷 2*
● Lanaitto '10	🍷 2

Cantine di Orgosolo
via Santa Lucia - 08027 Orgosolo [NU]
Tel. 0784403096
www.cantinediorgosolo.it

● Cannonau di Sardegna Urùlu '10	🍷🍷 4
● Cannonau di Sardegna Soroi Ris. '09	🍷 5

Gabriele Palmas
v.le Italia, 3 - 07100 Sassari
Tel. 079233721
gabrielepalmas@tiscali.it

● Cannonau di Sardegna '11	🍷🍷 3
● Syrah '10	🍷🍷 3
● Alghero Cabernet '10	🍷 4
○ Vermentino di Sardegna '11	🍷 4

Poderosa
via E. Toti, 14 - 07047 Thiesi [SS]
Tel. 3283237413
www.agricolapoderosa.it

○ Vermentino di Sardegna Lunadu '11	🍷🍷 4
○ Gainu '10	🍷 4

其他酒庄 / OTHER WINERIES

Quartomoro di Sardegna
VIA PORCELLA, 107 - 09092 ARBOREA [OR]
TEL. 3467643552
www.quartomoro.it

○ Quartomoro Brut M. Cl.	🍷🍷 4

Rigatteri
LOC. SANTA MARIA LA PALMA
REG. FLUMELONGU, 56 - 07041 ALGHERO [SS]
TEL. 3408636375
www.rigatteri.com

● Cannonau di Sardegna Mirau '11	🍷🍷 2*
○ Vermentino di Sardegna Yiòs '11	🍷🍷 2*
● Alghero Rosso Graffiante '11	🍷 2

Tanca Gioia Carloforte
LOC. GIOIA - 09014 CARLOFORTE [CI]
TEL. 3356359329
www.u-tabarka.com

● U Tabarka Roussou '10	🍷🍷 3*
○ U Tabarka Giancu '11	🍷 3

Cantina Sociale della Vernaccia
LOC. RIMEDIO
VIA ORISTANO, 6A - 09170 ORISTANO
TEL. 078333383
www.vinovernaccia.com

● Cannonau di Sardegna Corash Ris. '09	🍷🍷 3
○ Terresinis '11	🍷🍷 2*

Villa di Quartu
LOC. CEPOLA
VIA G. GARIBALDI, 90
09045 QUARTU SANT'ELENA [CA]
TEL. 070820947
villadiquartu@tiscali.it

● Cannonau di Sardegna Parillas '10	🍷🍷 3
● Monica di Sardegna Ammostus '11	🍷🍷 2*
● Cepola Rosso '10	🍷 2
○ Vermentino di Sardegna Poetho '11	🍷 2

Zarelli Vini
VIA VITTORIO EMANUELE, 36
08010 MAGOMADAS [OR]
TEL. 078535311
zarellivinisrl@libero.it

○ Inachis '11	🍷🍷 3
○ Malvasia di Bosa Amabile Contos '11	🍷🍷 4
● Cannonau di Sardegna Sa Costa '10	🍷 2

索 引

各酒庄按首字母顺序排序

'A Vita	859	Angelo Angioi	911
6Mura	896	Tenuta di Angoris	402
A Casa	786	Anselmet	22
A Mano	830	Roberto Anselmi	324
Abate Nero	266	Anteo	211
Abbadia Ardenga	520	Antica Corte Pallavicina	482
Abbazia di Monte Oliveto	520	Antica Enotria	831
Abbazia di Novacella	286	Antica Fratta	211
Abbazia Santa Anastasia	864	Antica Tesa	212
Abbona	30	Antichi Vigneti di Cantalupo	35
Anna Maria Abbona	30	Antichi Vinai	885
Elisabetta Abrami	249	Antico Borgo dei Cavalli	36
F.lli Abrigo	174	Antico Castello	810
Orlando Abrigo	31	Antico Colle	524
Stefano Accordini	322	Marchesi Antinori	525
Giulio Accornero e Figli	31	Antolini	324
Acino d'Oro	282	Antoniolo	36
Fattoria Acquaviva	521	Odilio Antoniotti	174
Adami	322	Antonutti	402
Adanti	718	Anzivino	174
Marchese Adorno	210	Apollonio	831
Marco e Vittorio Adriano	32	Aquila del Torre	403
F.lli Agnes	210	Ar.Pe.Pe.	212
Ida Agnoletti	323	Araldica Vini Piemontesi	37
Agricola Alberese	653	Tenuta dell' Arbiola	37
Agricola Punica	896	Arcanum	525
Agricoltori del Chianti Geografico	521	Luciano Arduini	394
Cooperativa Agricoltori della Vallata di Levanto	203	Tenuta Argentiera	526
Agrimaremma	653	Argiano	526
Agriverde	760	Argillae	739
Aia dei Colombi	810	Argiolas	897
Fattoria dell' Aiola	653	Ariola 1956	515
Ajello	885	L' Armangia	38
Al Cantàra	885	Riccardo Arrigoni	203
Al Rocol	249	Artimino	653
Claudio Alario	32	Mario Arzenton	472
Riccardo Albani	249	Ascevi - Luwa	472
Cantina Albea	830	Ascheri	38
Alberice	472	Laura Aschero	190
Cantina Aldeno	266	Assolati	653
Alepa	810	Astoria Vini	394
Carlo Alessandri	203	Cantine Astroni	810
Massimo Alessandri	203	Poderi Atha Ruja	911
F.lli Alessandria	33	Attems	472
Gianfranco Alessandria	33	Aurora	680
Alessandro di Camporeale	864	Avanzi	249
Marchesi Alfieri	34	Paolo Avezza	39
Allegrini	323	Azelia	39
Podere Allocco	522	Fattoria di Bacchereto	527
Giovanni Almondo	34	Badia a Coltibuono	527
Alois	786	Badia di Morrona	654
Alta Via	190	Tenuta La Badiola	654
Elio Altare	35	Baglio del Cristo di Campobello	865
Altavita - Fattoria dei Gessi	515	Baglio di Pianetto	885
Altea Illotto	911	Fattoria di Bagnolo	654
Altura	653	La Baia del Sole	191
Tenuta Alzatura	739	Antonio Baldizzone - Cascina Lana	40
Alziati Annibale - Tenuta San Francesco	249	Balestri Valda	325
Fattoria Ambra	522	Balia di Zola	483
Stefano Amerighi	523	Nicola Balter	267
Amiata	523	I Balzini	528
Ampeleia	524	Bambinuto	810
Ancarani	482	Bandini - Villa Pomona	528
Andreola	394	Erik Banti	529
Anfossi	203	Riccardo Baracchi	529
Tenuta Anfosso	203	F.lli Barba	761
Anfra	760	Barbacarlo - Lino Maga	249
Angelucci	761	Cascina La Barbatella	40

各酒庄按首字母顺序排序

Le Barbaterre	483
Cantine Barbera	865
Barberani	719
Osvaldo Barberis	41
Barbi	739
Fattoria dei Barbi	530
Barboglio De Gaioncelli	213
Baricci	530
Il Barlettaio	654
Barolo	325
Baron Widmann	286
Barone	810
Barone Cornacchia	762
Tenute Barone di Valforte	762
Barone Pizzini	214
Barone Ricasoli	531
Bartoloni	719
Fattoria di Basciano	531
La Basia	250
Basile	654
Basilisco	820
Bastianich	403
Batasiolo	41
Fabrizio Battaglino	42
Battaglio	174
Bava	42
Beato Bartolomeo da Breganze	326
Davide Beccaria	174
Lorenzo Begali	326
Begnardi	654
Bel Colle	43
Belisario	680
Tenuta Bellafonte	720
La Bellanotte	472
Bellaveder	267
Bellavista	214
Francesco Bellei	484
Bellenda	394
Antonio Bellicoso	174
Cantine Bellini	655
Belpoggio	655
Belriguardo	655
Tenuta Beltrame	404
Benanti	866
Bera	43
Cecilia Beretta - Pasqua	327
Cinzia Bergaglio	44
Nicola Bergaglio	44
Cantina Sociale Bergamasca	250
Berioli	739
F.lli Berlucchi	215
Guido Berlucchi & C.	215
Podere Le Berne	532
Anna Berra	404
Berritta	911
Bersano	45
Bersi Serlini	216
Guido Berta	45
La Berta	484
Bertagna	250
Cav. G. B. Bertani	327
Stefano Berti	515
Le Bertole	394
Besssererhof - Otmar Mair	287
F.lli Bettini	250
La Biancara	328
Michele Biancardi	846
BiancaVigna	394
Bianchi	46
Maria Donata Bianchi	191
Luigi Bianchi Carenzo	204
Azienda Agricola Biava	250
Tenuta di Bibbiano	532
Bigi	720
Bindella	533
Bindi Sergardi	533
Fattoria Bini	655
Vini Biondi	885
Biondi Santi - Tenuta Il Greppo	534
BioVio	192
Biscaris	885
Bisci	681
Tenuta di Biserno	534
Bisi	216
Desiderio Bisol & Figli	328
Enoteca Bisson	192
Raffaella Alessandra Bissoni	515
Blasi Bertanzi	739
Tenuta di Blasig	405
Blason	472
Massimo Bo	175
Bocale	721
Boccadigabbia	712
Boccella	811
Eugenio Bocchino	175
Alfiero Boffa	175
Enzo Boglietti	46
F.lli Bolla	329
Bolognani	268
Cantina Bolzano	287
Bonaldi - Cascina del Bosco	250
Samuele Heydi Bonanini	193
Bonavita	886
Bondi	47
Francesco Bonifacio	827
Gilberto Boniperti	175
Bonotto delle Tezze	395
Tenuta Bonzara	485
Borgo Conventi	473
Borgo dei Posseri	268
Borgo del Tiglio	405
Borgo delle Oche	406
Borgo di Colloredo	782
Borgo Judrio	406
Borgo Maragliano	47
Borgo Paglianetto	681
Borgo Salcetino	655
Borgo San Daniele	407
Borgo Savaian	407
Borgo Stajnbech	329
Giacomo Borgogno & Figli	48
Borgoluce	395
Borin Vini & Vigne	330
Boroli	175
Il Borro	655
F.lli Bortolin	330
Bortolomiol	331
Cav. Emiro Bortolusso	408
Carlo Boscaini	331
La Boscaiola	251
Poderi Boscarelli	535
Francesco Boschis	48
Agostino Bosco	175
Nestore Bosco	778
Rosa Bosco	408
Tenuta Il Bosco	217
Bosco del Merlo	332
Bosio	217

各酒庄按首字母顺序排序

Conti Bossi Fedrigotti	282	Ca' di Sopra	485
Cantine Botromagno	846	Ca' La Bionda	334
Sergio Botrugno	846	Ca' Lojera	221
Cantina del Bovale	911	Ca' Lustra	335
Bove	763	Ca' Madresca	473
Luigi Boveri	49	Ca' Marcanda	539
Gianfranco Bovio	49	Ca' Montanari	486
Bozzi-Corso	846	Ca' Nova	176
Braida	50	La Ca' Növa	176
Brancaia	535	Ca' Orologio	335
Brandini	50	Ca' Rome' - Romano Marengo	58
Alessio Brandolini	251	Ca' Ronesca	411
Brangero	51	Cascina Ca' Rossa	59
Branko	409	Ca' Rugate	336
Braschi	515	Ca' Tessitori	221
Bussoletti Leonardo Brecciaro	739	Ca' Tullio & Sdricca di Manzano	412
Bredasole	251	Ca' Viola	59
Luciano Brega	251	Cadibon	412
Cantina Bregante	193	Antonio Caggiano	787
Brema	51	Calafè	811
Giacomo Brezza & Figli	52	Cantina di Calasetta	897
Bric Cenciurio	52	Calatrasi	886
Bricco del Cucù	53	Calatroni	252
Bricco Maiolica	53	Calcagno	886
Bricco Mondalino	176	Tenuta Le Calcinaie	539
Brigaldara	332	Calcinari	712
Francesco Brigatti	54	Cantina di Caldaro	288
Josef Brigl	288	Il Calepino	252
Vitivinicola Broglia	54	Paolo Calì	886
Sorelle Bronca	333	Le Calle	656
Brovia	55	Cantine Calleri	204
La Brugherata	218	Michele Calò & Figli	846
Brugnano	886	Calonga	486
Bruna	194	La Calonica	656
Luigi Brunelli	333	Calvi	252
Brunelli - Le Chiuse di Sotto	536	Luigi Calvini	204
Bruni	536	Camerlengo	827
Brunnenhof - Kurt Rottensteiner	319	Camigliano	540
Enoteca Andrea Bruzzone	204	Antonio Camillo	540
La Buca di Montauto	537	Caminella	252
Bucci	682	Camossi	222
Buccia Nera	656	Giuseppe Campagnola	336
Buceci	886	I Campi	337
Renato Buganza	55	Campo alla Sughera	656
Livio e Claudio Buiatti	409	Campodelsole	515
Emilio Bulfon	473	Altare Bonanni De Grazia Campogrande	204
Bulgarini	251	Camporignano	656
Bulichella	537	Canalicchio - Franco Pacenti	541
Tenuta del Buonamico	538	Canalicchio di Sopra	541
Buranco	194	Marco Canato	60
G. B. Burlotto	56	Cantina Sociale del Canavese	176
Bussia Soprana	176	Il Cancelliere	787
Piero Busso	56	Francesco Candido	847
Tommaso Bussola	334	Canevel Spumanti	337
Valentino Butussi	410	Cantina Viticoltori Associati Canicattì	866
Maurizio Buzzinelli	410	Le Caniette	682
C.a.l.o.s.m.	846	Canneto	542
Ca' Bianca	57	La Canosa	683
Tenuta Ca' Boffenisio	218	Cantele	832
Ca' Bolani	411	Cantina del Barone	811
Ca' d' Gal	57	Cantina del Pino	60
Ca' dei Frati	219	Cantina del Taburno	817
Ca' dei Mandorli	176	Cantina del Vesuvio	811
Ca' del Baio	58	Cantina della Volta	487
Ca' del Bosco	219	Cantina delle Vigne - Piero Mancini	911
Ca' del Gè	220	Cantine Briamara	177
Ca' del Santo	251	Cantine del Notaio	820
Ca' del Vispo	538	Cantine dell'Angelo	811
Ca' di Frara	220	Antiche Cantine Migliaccio	753

Cantolio Manduria	847	Cascina Chicco	64
Le Cantorie	252	Cascina Corte	64
Cantrina	222	Cascina Cucco	65
Canus	413	Cascina delle Rose	178
Capanna	542	Cascina Flino	178
Capannelle	656	Cascina Fonda	65
Caparra & Siciliani	859	Cascina Fontana	66
Caparsa	657	Cascina Garitina	178
Tenuta Caparzo	543	Cascina Gilli	66
Tenuta di Capezzana	543	Cascina La Maddalena	67
Capichera	898	Cascina la Pertica	252
I Capitani	811	Cascina Montagnola	178
La Caplana	61	Cascina Nirasca	195
Alexia Capolino Perlingieri	812	Cascina Roccalini	178
Cappella Sant'Andrea	657	Cascina Salerio	178
Teobaldo e Emma Cappellano	177	Cascina Tavijn	179
La Cappuccina	338	Cascina Zoina	179
Arnaldo Caprai	721	Case Paolin	340
Caprili	544	Casebianche	812
Tenuta Carbognano	516	Lino Casella	415
Carbone	821	Le Casematte	887
Cardéto	740	La Casetta dei Frati	516
Masseria Cardillo	827	Casetto dei Mandorli	488
Cardinali	487	Podere Il Castagno	547
Carini	740	Francesca Castaldi	67
Le Carline	395	Castel de Paolis	753
Carlo di Pradis	413	Castel di Salve	847
Carminucci	683	Tenuta Castelbuono	722
Podere Il Carnasciale	657	CastelFaglia - Monogram	223
Carpenè Malvolti	338	Castelfeder	289
Fattoria Carpineta Fontalpino	544	Castell'in Villa	548
Marco Carpineti	744	Renzo Castella	179
Il Carpino	414	La Castellaccia	548
La Carraia	722	Michele Castellani	340
Tenuta Carretta	177	Castellare di Castellina	549
Caruso & Minini	887	Castellari Bergaglio	68
Carussin	177	Maria Pia Castelli	685
Carvinea	832	Cantina del Castello	341
Casa al Vento	545	Castello Banfi	549
Casa alle Vacche	545	Castello Bonomi	223
Casa Cecchin	339	Castello d'Albola	550
Casa Dei	657	Castello dei Rampolla	550
Casa Di Baal	812	Castello del Poggio	179
La Casa di Filippo	887	Castello del Terriccio	551
Casa Emma	546	Castello del Trebbio	551
Casa Maschito	827	Castello della Paneretta	658
Casa Roma	339	Castello della Sala	723
Casa Zuliani	414	Castello di Ama	552
Casabianca	657	Castello di Arcano	473
Fattoria Casabianca	657	Castello di Bolgheri	552
La Casaccia	61	Castello di Bossi	553
Casale Cento Corvi	753	Castello di Buttrio	415
Casale del Giglio	744	Castello di Cacchiano	553
Casale della Ioria	745	Castello di Cigognola	224
Casale Marchese	745	Castello di Corbara	740
Casale Pozzuolo	658	Castello di Fonterutoli	554
Casaleta	712	Castello di Gabbiano	658
Casalfarneto	684	Castello di Gabiano	179
Casali Viticultori	516	Castello di Gussago	253
Casalis Douhet	684	Castello di Lispida	395
Casalone	62	Castello di Luzzano	253
Fattoria Casaloste	658	Castello di Magione	723
Fattoria Le Casalte	546	Castello di Monsanto	554
Casanova di Neri	547	Castello di Neive	68
Cascina Adelaide	62	Castello di Oliveto	658
Cascina Ballarin	177	Castello di Poppiano	555
Cascina Barisél	63	Castello di Querceto	658
Cascina Bongiovanni	63	Castello di Radda	555
Cascina Castlet	177	Tenuta Castello di Razzano	69

Castello di San Donato in Perano	556	La Chiara	180
Castello di Sonnino	556	Chiarli 1860	490
Castello di Spessa	416	Michele Chiarlo	73
Castello di Stefanago	253	Chiaromonte	833
Castello di Tassarolo	69	Chimento	859
Castello di Uviglie	70	Quinto Chionetti	73
Castello di Velona	659	Chiorri	740
Castello di Verduno	70	Il Chiosso	180
Castello di Vicchiomaggio	557	Le Chiuse	562
Castello di Volpaia	557	Tenuta Chiuse del Signore	887
Castello Monaci	833	Le Chiusure	253
Cantina Castello Monte Vibiano Vecchio	729	Ciabot Berton	180
Castello Romitorio	558	Cianfagna	784
Castello Sant'Anna	473	Cieck	74
Castelluccio	488	Podere Cigli	659
Castelvecchio	416	Cigliano	659
Castelvecchio	558	F.lli Cigliuti	74
Castelveder	253	Le Cimate	740
Cantina Sociale di Castiadas	912	Cincinnato	746
Nino Castiglia	912	Le Cinciole	659
Castiglion del Bosco	659	Donatella Cinelli Colombini	563
Cantine di Castignano	685	Cantina Cinqueterre	195
Podere Castorani	763	Damiano Ciolli	753
Luigi Cataldi Madonna	764	Cantine Cipressi	784
La Caudrina	71	Il Cipresso	253
Cautiero	812	Cirelli	765
Cavalchina	341	Tenute Cisa Asinari	
Tenuta del Cavalier Pepe	788	dei Marchesi di Grésy	75
Cavalieri	753	Citari	254
Cavalieri	224	Citille di Sopra	563
F.lli Cavallotto – Tenuta Bricco Boschis	71	Ciù Ciù	686
Domenico Cavazza & F.lli	342	Civielle	225
Cavicchioli U. & Figli	489	Clastidio Ballabio	213
Cavim - Cantina Viticoltori Imolesi	516	Cantina Clavesana	180
Cavit	269	Domenico Clerico	75
Le Cecche	179	Cobelli	282
Giorgio Cecchetto	342	Tenuta Cocci Grifoni	686
Famiglia Cecchi	559	Coffele	343
Marco Cecchini	417	Elvio Cogno	76
Giancarlo Ceci	847	Tenuta Col d'Orcia	564
Cefalicchio	847	Col del Mondo	778
Cencig	473	Col di Bacche	564
Giacomo Centanni	712	Col Vetoraz	343
Centolani	559	Battista Cola	225
Centopassi	867	Colacino	859
Centorame	778	Antonello Coletti Conti	746
Centovignali	847	Conte Collatto	344
Roberto Ceraudo	854	Eugenio Collavini	417
La Cerbaiola	560	Fattoria Collazzi	565
Cerbaiona	560	Colle Bereto	659
Colli Cerentino	827	Colle di Bordocheo	660
Ceretto	72	Colle di San Domenico	812
Fattoria del Cerro	561	Colle Duga	418
Cerulli Irelli Spinozzi	764	Colle Manora	76
Cerutti	180	Colle Massari	565
Cantina Sociale Cesanese del Piglio	753	Colle Nivera	912
Vincenzo Cesani	561	Colle Picchioni - Paola Di Mauro	747
Gerardo Cesari	395	Fattoria Colle Verde	566
Umberto Cesari	489	Fattoria Colleallodole	724
Cesarini Sforza	269	Collebelello - Cantine Marano	778
Italo Cescon	395	Collefrisio	778
Ceuso	887	Collelceto	566
Château Feuillet	22	Collestefano	687
Cheo	204	Collevite - Cantine della Marca	712
Giovanni Cherchi	898	Colli di Castelfranci	788
Cherri d' Acquaviva	712	Colli di Lapio	789
Chessa	899	Colli di Poianis	474
Giovanni Chiappini	562	La Cantina dei Colli Ripani	687
Erede di Armando Chiappone	72	La Collina	490

各酒庄按首字母顺序排序

Collina Serragrilli	77	Corteforte	396
Tenuta di Collosorbo	660	Giuseppe Cortese	85
Colmello di Grotta	418	Corti dei Farfensi	689
Il Colombaio	660	Fattoria Corzano e Paterno	568
Il Colombaio di Cencio	660	COS	867
Il Colombaio di Santa Chiara	567	Cossentino	887
La Colombera	77	Clemente Cossetti	85
Colombo	180	La Costa	227
Il Colombo - Barone Riccati	78	Stefanino Costa	86
Colonnara	688	Costa Archi	493
Còlpetrone	724	Costadoro	713
Fattoria Colsanto	725	Andrea Costanti	569
Cantina Produttori Colterenzio	289	Costaripa	227
Le Colture	344	Coste del Faena	740
Columbu	912	Casa Coste Piane	347
Gianpaolo Colutta	419	Cottanera	868
Giorgio Colutta - Bandut	419	Daniele Coutandin	86
Colvendrà	396	Crapa Reccia	813
Paolino Comelli	420	Crastin	421
Comincioli	254	Les Crêtes	23
Concilio	270	Croce del Moro	713
Condè	491	Croce di Febo	660
Consorzio Viticoltori		La Crotta di Vegneron	23
Associati del Vulture	827	Marisa Cuomo	790
Contadi Castaldi	226	La Cura	661
Tenuta del Conte	859	Curto	888
Il Conte Villa Prandone	713	Custodi	725
Conte Vistarino	226	I Custodi delle Vigne dell'Etna	888
Aldo Conterno	78	Cusumano	868
Diego Conterno	79	Terre D'Aione	813
Giacomo Conterno	79	d'Alessandro	888
Paolo Conterno	80	D'Ambra Vini d'Ischia	790
Conterno Fantino	80	Paolo e Noemia D'Amico	747
Contesa	765	Casa Vinicola D'Angelo	822
Leone Conti	491	D'Angelo di Filomena Ruppi	821
Antica Cascina Conti di Roero	181	D'Antiche Terre - Vega	813
Conti Formentini	474	Conte D'Attimis-Maniago	422
Attilio Contini	899	Cantina d'Isera	270
Contrà Soarda	345	D'Uva	784
Michele Contrada	812	Dacapo	87
Contrada Salandra	813	Giovanni Daglio	181
Contrade di Taurasi	789	Romano Dal Forno	348
Contratto	81	Luigino Dal Maso	348
Contucci	567	Dallorto	205
Il Conventino	568	Damilano	87
Coopérative de l'Enfer	28	Tenuta De Angelis	689
Cantine Cooperative Riunite	492	De Angelis Corvi	778
Dario Coos	420	Marco De Bartoli	869
Vigne Marina Coppi	81	Walter De Batté	205
Coppo	82	Viticoltori De Conciliis	791
Cordeschi	754	De Falco	813
Giovanni Corino	82	Nicoletta De Fermo	779
Renato Corino	83	De Gregorio	888
Cantina Produttori di Cormòns	421	De Stefani	349
Cornaleto	254	De Tarczal	282
Cornarea	83	De Vescovi Ulzbach	271
Coroncino	688	Gianluigi Deaddis	912
Matteo Correggia	84	Decugnano dei Barbi	726
La Corsa	660	Degli Azzoni Avogadro Carradori	713
Cantina Produttori Cortaccia	290	Maria Caterina Dei	569
La Corte - Cusumano	84	Tenuta degli Dei	661
Corte dei Papi	754	Ferruccio Deiana	900
Corte Gardoni	345	Delai	254
Tenuta Corte Giacobbe	346	Deltetto	88
Corte Manzini	492	Denavolo	493
Corte Moschina	396	Paolo Depperu	912
Corte Normanna	813	Derbusco Cives	254
Corte Rugolin	346	Vigne Deriu	913
Corte Sant'Alda	347	Destefanis	88

各酒庄按首字母顺序排列

Destro	888	Fatascià	889
Tenute Dettori	900	Fattoi	573
Fattoria Dezi	690	Giovanni Fattori	350
Di Barrò	24	Fattoria di Lamole	573
Italo Di Filippo	726	Fattoria La Maliosa	661
Di Giovanna	888	Tenuta I Fauri	779
di Lenardo	422	Cristina Fausti	713
Di Majo Norante	782	Favaro	90
Di Marzo	814	I Favati	793
Di Meo	791	Sandro Fay	228
Gaspare Di Prima	889	Fazi Battaglia	691
Di Prisco	792	Fazio Wines	889
Diadema	570	Andrea Felici	691
Fattoria Dianella Fucini	570	Felline - Pervini	835
Fattoria di Dievole	661	Livio Felluga	426
Cantina Dionigi	727	Marco Felluga	426
Peter Dipoli	290	Fattoria di Felsina	574
Dirupi	228	Giacomo Fenocchio	91
La Distesa	690	Davide Feresin	427
Gianni Doglia	89	Ferghettina	229
Cantine Dolianova	901	Ferrando	91
I Dolomitici	271	Benito Ferrara	794
Hartmann Donà	291	Ferrari	273
Camillo Donati	494	Roberto Ferraris	92
Marco Donati	272	Ferreri	889
Donatoni	282	Ferri	848
Donna Olga	571	La Ferriera	754
Donna Olimpia 1898	571	Carlo Ferro	92
DonnaChiara	792	Tenute Ferrocinto	860
Donnafugata	869	Stefano Ferrucci	495
Donnici 99	859	Fertuna	661
Cantina Dorgali	901	Tenuta di Fessina	870
Doria	254	Feudi del Pisciotto	871
F.lli Dorigati	272	Feudi di Guagnano	848
Girolamo Dorigo	423	I Feudi di Romans	474
Draga	423	Feudi di San Gregorio	794
Drei Donà Tenuta La Palazza	494	Feudi di Terra D'Otranto	848
Mauro Drius	424	Feudo Antico	779
Du Cropio	860	Feudo Arancio	889
Duca della Corgna	727	Feudo Cavaliere	889
Duca di Salaparuta - Vini Corvo	870	Feudo dei Sanseverino	860
Cantine Due Palme	834	Feudo di San Maurizio	24
Le Due Querce	255	Feudo di Santa Tresa	890
Le Due Terre	424	Feudo Maccari	871
Le Due Torri	474	Feudo Montoni	890
Duemani	572	Feudo Principi di Butera	872
Azienda Agricola Durin	196	Fiamberti	229
Edoardo Primo	205	Fabio Fidanza	93
Egger-Ramer	291	Fiegl	427
Poderi Luigi Einaudi	89	Mattia Filippi	282
Eleano	822	Il Filò delle Vigne	350
Cantine Elmi	814	Filomusi Guelfi	779
Eméra	848	Cantine Fina	890
Endrizzi	273	Gianfranco Fino	835
Erario	834	La Fiòca	255
Erbhof Unterganzner - Josephus Mayr	292	Fiorano	692
Ermacora	425	Fiorini	713
Erste+Neue	292	Firriato	872
Agricola Fabbriche	661	Flaibani	428
Lorenzo Faccoli & Figli	255	Silvano Follador	351
Tenuta Il Falchetto	90	Tenute Ambrogio e Giovanni Folonari	574
Falesco	748	Fondo Antico	890
Falkenstein - Franz Pratzner	293	Fongaro	351
Pier Giorgio Falvo	860	Fongoli	741
Fanti	572	Fontaleoni	575
Fantinel	425	Fontana Candida	748
Faraone	766	Fontanabianca	93
Cantina Farro	793	Fontanacota	196
Fasoli	349	Fontanafredda	94

各酒庄按首字母顺序排序

Fontanavecchia	795
Podere Fontesecca	741
Cantine Fontezoppa	692
Fattoria Le Fonti	662
Le Fonti	575
Fontodi	576
Fontuccia	662
Cantine Foraci	890
Foresti	205
Forlini Cappellini	205
Le Fornaci	662
Fornacina	662
Podere Forte	662
Forteto della Luja	94
Podere La Fortuna	576
Fosso dei Ronchi	714
Fraccaroli	396
Le Fracce	230
Fradiles	913
Le Fraghe	352
Franca Contea	255
Francesco Moser	283
Paolo Francesconi	495
Mauro Franchino	181
Frank & Serafico	577
Frascole	577
Frecciarossa	230
Cantina Frentana	766
Marchesi de' Frescobaldi	578
Elena Fucci	823
Tenuta Fujanera	848
Eredi Fuligni	578
Marchesi Fumanelli	396
Giuseppe Gabbas	902
Gabutti - Franco Boasso	95
Gaggino	95
Maria Letizia Gaggioli	516
Gianni Gagliardo	181
Gaierhof	274
Gaja	96
Gajaudo - Cantina del Rossese	205
Galardi	795
Maria Galassi	496
Gallegati	496
Filippo Gallino	96
Cantina Gallura	902
Gancia	97
Tenuta Garetto	97
Garlider - Christian Kerchbaumer	293
Gioacchino Garofoli	693
Gatta	255
Gattavecchi	579
Enrico Gatti	231
Tenuta Gatti	890
Gentile	767
Ettore Germano	98
I Gessi - Fabbio De Filippi	255
Poderi di Ghiaccioforte	662
La Ghibellina	98
Attilio Ghisolfi	99
Tenuta di Ghizzano	579
Bruno Giacosa	99
Carlo Giacosa	100
F.lli Giacosa	100
Donato Giangirolami	754
Giannoni Fabbri	663
Cantina Giardino	796
Adriano Gigante	428
Giovanni Battista Gillardi	101
Gini	352
Cantina Giogantinu	913
F.lli Giorgi	231
Cascina Giovinale	101
La Giribaldina	102
Cantina Girlan	294
Tenute Girolamo	848
La Gironda	102
Marcella Giuliani	749
Piergiovanni Giusti	693
I Giusti e Zanza	580
La Giustiniana	103
Glassierhof - Stefan Vaja	319
Cantina del Glicine	103
Glögglhof - Franz Gojer	294
Goretti	728
Tenuta Gorghi Tondi	873
Gottardi	295
Gotto d'Oro	754
Graci	873
Gradis'ciutta	429
Les Granges	28
Elio Grasso	104
Silvio Grasso	104
Podere Grattamacco	580
Gravner	429
Vittorio Graziano	516
Podere Grecale	206
Podere Grecchi	754
Gregoletto	353
Griesbauerhof - Georg Mumelter	295
Grifalco della Lucania	823
Fattoria di Grignano	581
Grigoletti	274
Iole Grillo	474
Bruna Grimaldi	105
Giacomo Grimaldi	105
Sergio Grimaldi - Ca' du Sindic	106
F.lli Grosjean	25
Grotta del Ninfeo	396
Cantine Grotta del Sole	796
Gruppo Cevico	497
Tenuta Guado al Tasso	581
Gualdo del Re	582
La Guardia	106
La Guardiense	797
Duca Carlo Guarini	849
Raffaele Guastaferro	814
Clemente Guasti	107
Guccione	891
Albano Guerra	474
Luca Guerrieri	694
Guerrieri Rizzardi	353
Nicola Guglierame	206
Guicciardini Strozzi - Fattoria Cusona	582
Gulfi	874
Gummerhof - Malojer	296
Gumphof - Markus Prackwieser	296
Guttarolo	849
Franz Haas	297
Haderburg	297
Happacherhof Istituto Tecnico Agrario Ora	319
Hauner	874
Esther Hauser	694
Hilberg - Pasquero	107
Hiso Telaray - Libera Terra Puglia	849
Hoandlhof - Manfred Nössing	298
Hof Gandberg - Rudolf Niedermayr	319

各酒庄按首字母顺序排序

Tenuta J. Hofstätter	298	Letrari	275
Iannella	814	Leuta	585
Icardi	108	Li Duni	913
Icario	583	Li Seddi	913
iGreco	854	Librandi	855
Dino Illuminati	767	Lidia e Amato	768
Inama	354	Tenuta di Lilliano	586
Incisiana	181	Lini 910	497
Incontri	663	Lis Fadis	433
Institut Agricole Régional	28	Lis Neris	434
Ioppa	108	Lisini	586
Ippolito 1845	855	Cantine Litan	206
Isimbarda	232	Livernano	663
Isolabella della Croce	109	Livon	434
Isole e Olena	583	Lo Triolet	25
Iuli	109	Loacker Schwarhof	302
Jacùss	430	Locatelli Caffi	256
Jermann	430	Alberto Loi	913
Antichi Poderi Jerzu	903	Alberto Longo	849
Ka' Manciné	206	Conte Loredan Gasparini	355
Kante	431	Fattoria Lornano	664
Edi Keber	431	Mario Lucchetti	696
Renato Keber	432	Luiano	664
Kettmeir	299	Tenuta Luisa	435
Thomas Kitzmüller	432	Lumavite	714
Cooperativa La Kiuva	28	Lunadoro	587
Tenuta Klosterhof - Oskar Andergassen	319	Cantine Lunae Bosoni	197
Köfererhof - Günther Kershbaumer	299	Lungarotti	728
Tenuta Kornell	300	I Luoghi	587
Tenuta Kränzl - Graf Franz Pfeil	300	Lupi	198
Kuenhof - Peter Pliger	301	Lupo	755
Albino Kurtin	433	Lurani Cernuschi	256
Masseria L'Astore	849	Luretta	498
Tenuta Enza La Fauci	891	Lusenti	498
Tenuta La Ghiaia	206	Alberto Lusignani	499
Cantina La Spina	741	Macarico	824
La Valle	256	Maccario Dringenberg	198
Fattorie Picene La Valle del Sole	714	Macchialupa	814
Cantina Sociale La Versa	232	Le Macchiole	588
La Vis/Valle di Cembra	275	Le Macioche	588
Alois Lageder	301	Maculan	355
Fattoria Laila	695	Giovanna Madonia	499
Laimburg	302	Cantine Madonna delle Grazie	828
Michele Laluce	824	La Madonnina - Triacca	589
Maurizio Lambardi	663	Madrevite	741
Lamborghini	741	Luigi Maffini	797
Ottaviano Lambruschi	197	Tenuta Maffone	207
Lamole di Lamole	584	Maggio	891
Luciano Landi	714	Fattoria di Magliano	664
Tenuta Langasco	110	Magnàs	435
Lantieri de Paratico	233	Maixei	207
Larcherhof - Spögler	319	Majolini	233
Le Lase	755	Malabaila di Canale	111
La Lastra	584	Malaspina	860
Poderi Laura Berlucchi - Fontemorsi	663	Malena	861
Podere Lavandaro	206	Malenchini	664
Lazzari	256	Malvirà	111
Le Bertille	663	Manara	356
Vigneti Le Monde	475	Stefano Mancinelli	696
Leali di Monteacuto	256	Le Mandolare	397
Lenotti	354	Produttori Vini Manduria	850
Cantine Lento	860	Manincor	303
Vigna Lenuzza	475	La Mannella	589
Paolo Leo	849	Mannucci Droandi	664
Antica Cantina Leonardi	749	Fattoria Mantellassi	590
Cantine Leonardo da Vinci	585	Giovanni Manzone	112
Leone de Castris	836	Paolo Manzone	112
Conte Leopardi Dittajuti	695	Marabino	875
Ugo Lequio	110	Marangona	256

各酒庄按首字母顺序排序

La Marca di San Michele	697
Marcalberto	113
Poderi Marcarini	113
Marcato	356
Clara Marcelli	697
Marchesato degli Aleramici	664
Marchese Luca Spinola	114
Marchesi di Barolo	114
Marchesi Incisa della Rocchetta	115
Le Marchesine	234
Marchetti	714
Maremmalta	665
Marenco	181
Mario Marengo	115
Le Marie	182
Salvatore Marini	856
Valerio Marinig	436
Marion	357
Claudio Mariotto	116
Marotti Campi	698
Il Marroneto	590
Marsaglia	116
Guido Marsella	798
Piera Martellozzo	436
Martilde	257
Franco M. Martinetti	117
Lorenz Martini	320
K. Martini & Sohn	303
Armando Martino	828
Marzaghe	257
Masari	357
Bartolo Mascarello	117
Giuseppe Mascarello e Figlio	118
Masciarelli	768
Masi	358
Maso Bergamini	283
Maso Martis	283
Masone Mannu	903
Masottina	358
Masseria del Feudo	891
Masseria Felicia	798
Masseria Frattasi	814
Masseria Li Veli	836
Tenute Massidda	914
Massimago	397
Massolino	118
Mastrangelo	779
Mastroberardino	799
Mastrojanni	591
Masut da Rive	475
Tenute Mater Domini	837
Valter Mattoni	698
Roberto Mazzi	359
Mazziotti	755
Tenuta Mazzolino	234
Mazzoni	119
Ermete Medici & Figli	500
Medolago Albani	257
Melini	591
Abele Melis	914
Meloni Vini	914
Menhir	850
Cantina Meran Burggräfler	304
Tenuta La Meridiana	182
Davino Meroi	437
Merotto	359
Mesa	904
Messnerhof - Bernhard Pichler	320
MezzaCorona	276
Stafania Mezzetti	741
Miani	437
Le Miccine	665
Miceli	891
Fattoria Michi	592
Micossi	475
Migliozzi	815
Mille Una	850
Mocali	592
Moccagatta	119
Az. Agr. Modeano	475
Tenute Moganazzi	891
Cantina di Mogoro - Il Nuraghe	904
Salvatore Molettieri	799
Mauro Molino	120
Ornella Molon Traverso	360
La Monacesca	699
Monaci	850
Podere Monastero	665
Monchiero Carbone	120
Franco Mondo	182
Monfalletto - Cordero di Montezemolo	121
Casata Monfort	276
Il Mongetto	121
Monsupello	235
Francesco Montagna	235
Montalbera	122
Marchesi di Montalto	257
Montaribaldi	122
Montauto	593
Cecilia Monte	182
Monte Cicogna	257
Monte dall'Ora	360
Monte del Frà	361
Monte delle Vigne	500
Tenuta Monte Delma	257
Monte Fasolo	397
Monte Faustino	397
Tenuta Monte Ilice	892
Monte Rossa	236
Monte Santoccio	397
Monte Schiavo	699
Monte Tondo	361
Monte Zovo	397
Montecappone	700
La Montecchia - Conte Emo Capodilista	362
Montechiaro	665
Tenuta di Montecucco	593
Monteforche	362
Cantina Sociale di Monteforte d'Alpone	363
Montegrande	363
Montelio	258
Fattoria Montellori	594
Tenuta Montemagno	182
Montemercurio	594
Montenato Griffini	258
Montenidoli	595
Montenisa	258
Montepepe	665
Monteraponi	595
Montesalario	665
Montesole	800
Monteverro	596
Monteversa	364
Montevertine	596
Montevetrano	800
Monti	123
Antonio e Elio Monti	769
Monti Cecubi	755

各酒庄按首字母顺序排序

Il Monticello	199
Fattoria Monticino Rosso	501
La Montina	236
Giovanni Montisci	914
Camillo Montori	769
Giacomo Montresor	364
Monzio Compagnoni	237
Cascina Morassino	123
Morella	837
Cantina Vignaioli del Morellino di Scansano	597
Moretti Omero	729
Fattoria Moretto	501
Morgante	875
Giacomo Mori	666
Mori - Colli Zugna	277
Poderi Morini	502
Moris Farms	597
La Mormoraia	598
Alessandro Moroder	700
Stefanino Morra	124
Moschioni	438
Marco Mosconi	398
Il Mosnel	237
Mosole	365
F.lli Mossio	124
Il Mottolo	365
Isabella Mottura	755
Sergio Mottura	750
Cantine Mucci	779
Mulino delle Tolle	438
Mura	905
Murales	914
Muralia	666
Muratori - Villa Crespia	238
Cantina Convento Muri-Gries	304
La Muròla	714
Musella	366
Mustilli	815
Musto Carmelitano	825
Mutti	125
Muzic	439
Ada Nada	125
Fiorenzo Nada	126
Cantina Nals Margreid	305
Antica Tenuta del Nanfro	892
Nanni Copè	801
Daniele Nardello	366
Cantina del Nebbiolo	182
Cantina dei Produttori Nebbiolo di Carema	126
Il Negrese	517
Nino Negri	238
Giuseppe Negro	183
Lorenzo Negro	127
Angelo Negro & Figli	127
Nervi	183
Nettare dei Santi	258
Tenute Niccolai - Palagetto	666
Casa Vinicola Nico	850
Bruno Nicodemi	770
Angelo Nicolis e Figli	367
Cantine Nicosia	892
Josef Niedermayr	305
Ignaz Niedrist	306
Lorenzo Nifo Sarrapochiello	815
Niklaserhof - Josef Sölva	306
Nino Franco	367
Fattoria Nittardi	598
Norina Pez	475
Nottola	666
Novaia	368
Tenuta Nuraghe Crabioni	914
Oasi degli Angeli	701
Obermoser - H. & T. Rottensteiner	307
Oberrautner - Anton Schmid	320
Andrea Oberto	128
Occhipinti	755
Occhipinti	876
Ocone	815
Vigneti Luigi Oddero	183
Oddero Poderi e Cantine	128
G.B. Odoardi	861
Ofanto - Tenuta I Gelsi	828
Emidio Oggianu	915
Olianas	915
Cantina Cooperativa di Oliena	915
Tenuta Olim Bauda	129
Oliveto	666
Cantine Olivi	599
Olivini	258
Orestiadi	892
Cantine di Orgosolo	915
Orlandi Contucci Ponno	780
Podere Orma	599
Fattoria Ormanni	666
Tenuta dell' Ornellaia	600
Orsi - San Vito	502
Orsolani	129
Orto di Venezia	398
Ottella	368
Elio Ottin	26
Ottoventi	892
Antonella Pacchiarotti	756
Pace	183
Siro Pacenti	600
Pacherhof - Andreas Huber	307
Padelletti	667
Paganini	207
I Paglieri - Roagna	130
Paitin	130
Pala	905
Paladin	398
Il Palagio	667
Il Palagione	601
Le Palaie	667
Cosimo Palamà	838
Palari	876
La Palazzetta	601
Palazzo	602
Palazzo Vecchio	667
La Palazzola	730
Palazzone	730
Principe Pallavicini	756
Gabriele Palmas	915
Az. Agr. Palmoletino	667
Gianfranco Paltrinieri	503
I Pampini	756
Filippo Panichi	715
Panigada - Banino	258
Paniole	667
Giovanni Panizzi	602
Pantaleone	715
Gennaro Papa	815
Paradiso	850
Fattoria Paradiso	503
Evangelos Paraschos	439
F.lli Pardi	731

各酒庄按首字母顺序排序

Parmoleto	668	Pietraventosa	838
Tenuta La Parrina	603	Pievalta	702
Tenuta Partemio	851	La Pieve	608
Armando Parusso	131	Pieve Santo Stefano	669
Alessandro Pascolo	440	Pieve Vecchia	609
Pasetti	770	Pighin	476
Pasini - San Giovanni	239	Pilandro	259
Pasolini Dall'Onda Borghese	603	Il Pinino	669
Passopisciaro	877	Gino Pino	207
Massimo Pastura - Cascina La Ghersa	131	Fabrizio Pinsoglio	184
Paternoster	825	Pio Cesare	135
Ermes Pavese	26	Albino Piona	369
La Pazzaglia	756	Piovene Porto Godi	370
Pecchenino	132	Luigi Pira	135
Angelo Pecis	259	E. Pira & Figli	136
Pierpaolo Pecorari	440	Pirro Varone	851
Cantina Pedres	906	Pisoni	283
Pedrinis	259	Pitars	476
Pedrotti Spumanti	283	Vigneti Pittaro	443
Pelassa	183	Denis Pizzulin	443
Pelissero	132	La Pizzuta del Principe	861
Pasquale Pelissero	183	Planeta	878
Carlo Pellegrino	877	Platinetti	184
Cascina Pellerino	133	Agricola Pliniana	851
Emidio Pepe	771	Plozza	240
Cantina Peppucci	731	Plozza di Ome	259
Perazzeta	604	Podere Bignolino	260
Perillo	801	Podere dell'Anselmo	669
Tenute Perini	668	Podere Fortuna	609
Perla del Garda	239	Podere Macellio	136
Elio Perrone	133	Podere Pradarolo	517
Perticaia	732	Podere San Cristoforo	610
Tenuta Pertinello	504	Poderi Colla	137
Perusini	441	Poderi dal Nespoli	504
Peteglia	668	Poderi del Paradiso	669
Petra	604	Podernuovo	610
Fattoria di Petroio	605	Poderosa	915
Fattoria Petrolo	605	Damijan Podversic	444
Petrucco	441	Poggerino	611
Petrussa	442	Poggi dell'Elmo	207
Pfannenstielhof - Johannes Pfeifer	308	Il Poggiarello	517
Piaggia	606	Paolo Giuseppe Poggio	184
Pian Del Maggio	259	Poggio ai Lupi	669
La Piana	668	Poggio al Tesoro	611
Piana dei Cieli	892	Poggio al Tufo	612
Piancornello	606	Poggio Antico	612
Piandibugnano	668	Poggio Argentiera	613
Le Piane	134	Poggio Bonelli	613
Pianirossi	607	Poggio Borgoni	669
Pianpolvere Soprano Bussia	134	Poggio Brigante	670
Piantate Lunghe	701	Poggio Capponi	670
Fattoria di Piazzano	607	Poggio dei Gorleri	200
Ciro Picariello	802	Tenuta Poggio del Lupo	742
Andrea Picchioni	240	Poggio di Bortolone	893
Piccini	668	Poggio di Sotto	614
Piccolo Bacco dei Quaroni	259	Poggio Le Volpi	750
Piccolo Brunelli	517	Poggio Morino	670
Roberto Picéch	442	Poggio Rubino	614
Conte Picedi Benettini	199	Podere Poggio Scalette	615
Piè di Mont	476	Il Poggiolo	670
Pier	184	Tenuta Il Poggione	615
Enrico Pierazzuoli	608	Tenuta Poggiorosso	670
Leonildo Pieropan	369	Poggiotondo	670
Piersanti	715	Poggiotondo	616
La Pietra del Focolare	200	Pojer & Sandri	277
Pietra Pinta	756	I Pola	184
Pietracupa	802	Aldo Polencic	444
Pietradolce	878	Isidoro Polencic	445
Pietrantonj	780	Poliziano	616

各酒庄按首字母顺序排序

Polje	476	F.lli Recchia	372
Il Pollenza	702	Redaelli de Zinis	260
Polvanera	839	La Regola	620
Pomodolce	137	Ressia	142
La Ponca	476	F.lli Revello	143
Tenuta Ponte	815	Michele Reverdito	143
Flavio Pontoni	476	Revì	283
Marco Porello	138	Riccafana - Fratus	260
Guido Porro	138	Ricchi	261
Umberto Portinari	398	Carlo Daniele Ricci	185
Post dal Vin - Terre del Barbera	139	Ricci Curbastro	243
Tenuta Le Potazzine	617	Riecine	621
Prà	370	Rigatteri	916
Praesidium	780	Rigoloccio	621
Giovanni Prandi	184	Giuseppe Rinaldi	144
Pratello	260	Pietro Rinaldi	144
Il Pratello	505	Francesco Rinaldi & Figli	185
Pratesi	617	Il Rio	622
Pravis	278	Rio Maggio	715
Mamete Prevostini	241	Riofavara	880
Primis	839	Ripa Marchetti	715
Primosic	445	Tenute delle Ripalte	671
Doro Princic	446	Riserva della Cascina	757
Ferdinando Principiano	139	Tenuta Ritterhof	308
Produttori del Barbaresco	140	Riva di Franciacorta	261
Cantina Produttori del Gavi	140	Rivera	841
Provenza	241	Fattoria La Rivolta	803
Prunotto	141	Rizzi	145
Pucciarella	732	Rizzuto Guccione	893
Puiatti - Tenimenti Angelini	477	Albino Rocca	145
Punset	185	Bruno Rocca	146
Fattoria Le Pupille	618	Rocca Bernarda	477
Pupillo	893	Rocca del Principe	804
Alberto Quacquarini	715	Rocca delle Macìe	622
Quadra	260	Rocca di Castagnoli	623
Il Quadrifoglio	756	Rocca di Fabbri	742
Francesco Quaquarini	242	Rocca di Frassinello	623
Quartomoro di Sardegna	916	Rocca di Montegrossi	671
Quatremillemetres Vins d'Altitude	28	Rocca di Montemassi	624
Le Quattro Terre	260	Roccafiore	733
Quattroventi	671	Az. Agr. Roccapesta	624
La Querce	618	Rocche Costamagna	146
Le Querce	619	Podere Rocche dei Manzoni	147
Tenuta Le Querce	828	Rocche dei Vignali	261
Querce Bettina	619	La Rocchetta	261
La Quercia	780	Roccolo di Mezzomerico	147
Quercia al Poggio	671	Roccolo Grassi	372
Querciabella	671	Röckhof - Konrad Augschöll	309
La Querciola	141	Paolo Rodaro	447
Quinta della Luna	477	Flavio Roddolo	148
Giuseppe Quintarelli	371	Roeno	373
Quintodecimo	803	Franco Roero	186
Dario Raccaro	446	Tenuta Roletto	186
Racemi	840	Romanelli	734
Le Ragnaie	620	Ronc di Vico	448
Le Ragose	371	Ronc Soreli	448
La Raia	185	La Roncaia	449
Raina	733	Il Roncal	449
F.lli Raineri	185	Il Roncat - Giovanni Dri	450
Aldo Rainoldi	242	Ronchi	148
La Rajade	447	Ronchi di Cialla	450
Cantine Rallo	879	Ronchi di Manzano	451
Rampa di Fugnano	671	Ronco Blanchis	451
Vigneti Rapais	477	Ronco Calino	243
Tenute Rapitalà	879	Ronco dei Folo	477
Rasciatano	840	Ronco dei Pini	477
Rattalino	185	Ronco dei Tassi	452
Renato Ratti	142	Ronco del Gelso	452
Andrea Reale	816	Ronco delle Betulle	453

各酒庄按首字母顺序排序

Ronco di Prepotto	478	Cantina Produttori San Michele Appiano	310
Ronco Severo	453	Fattoria San Pancrazio	672
Roncùs	454	Cantina Produttori San Paolo	311
Rosa del Golfo	851	San Patrignano	506
Rossi Contini	186	Poderi di San Pietro	262
Giovanni Rosso	149	Tenuta San Pietro	186
Cantina Rotaliana	278	San Polino	631
Hans Rottensteiner	309	San Polo	632
Rovellotti	149	San Rustico	374
Cantina Sociale Roverè della Luna	279	San Salvatore	805
F.lli Rovero	186	San Savino - Poderi Capecci	705
Rubbia Al Colle	625	Tenuta San Sebastiano	151
Rubini	478	San Valentino	506
Tenute Rubino	841	Tenuta San Vito	673
Tenimenti Ruffino	625	Sancio	201
Ruggeri	742	Arcangelo Sandri	284
Ruggeri & C.	373	Luciano Sandrone	152
Podere Ruggeri Corsini	150	Podere Sanlorenzo	632
Russiz Superiore	454	Sannino	816
Russo	816	Sanpaolo - Magistravini	816
Cantine Russo	893	La Sansonina	375
Girolamo Russo	880	Cantine Sant'Agata	152
Russolo	478	Sant'Agnese	633
Sabbionare	716	Sant'Andrea	751
Sada	626	Tenuta Sant'Anna	399
Josetta Saffirio	150	Tenuta Sant'Antonio	375
La Sala	626	Sant'Elena	455
Saladini Pilastri	703	Sant'Isidoro	757
Salcheto	627	Santa Barbara	705
Le Salette	374	Cantina Sociale Santa Croce	507
Cascina Salicetti	151	Santa Lucia	633
Podere Salicutti	672	Tenuta Santa Lucia	757
Castel Sallegg	310	Santa Margherita	376
Sallier de la Tour	893	Tenuta Santa Maria alla Pieve	399
Salustri	627	Santa Maria La Palma	906
Urbano Salvan	398	Santa Sofia	399
Cantine Salvatore	783	Santa Venere	861
Marco Sambin	398	Fattoria Santa Vittoria	634
Ettore Sammarco	816	Tenuta Santacroce	518
San Bartolomeo	186	Cantina di Santadi	907
San Biagio Vecchio	517	Santi	376
Conti di San Bonifacio	628	Tenuta Santini	507
San Cristoforo	261	Santobono	780
Cantina Cooperativa di San Donaci	851	Nicola Santoleri	772
Fattoria San Donato	672	Podere Sapaio	634
Fattoria San Fabiano Borghini Baldovinetti	672	Sara & Sara	455
		Paolo Saracco	153
San Felice	628	Fattoria Sardi Giustiniani	673
Fattoria San Felo	629	Sardus Pater	907
San Ferdinando	672	Tenuta Sarno 1860	816
San Filippo	629	Roberto Sarotto	153
Fattoria San Francesco	861	Sartarelli	706
Tenuta San Francesco	804	Casa Vinicola Sartori	377
Podere San Giorgio	261	Luigi Sartori	207
San Giovanni	805	Sassotondo	635
San Giovanni	703	Michele Satta	635
San Giovenale	757	Savignola Paolina	673
San Giuseppe	672	Scacciadiavoli	734
San Giusto a Rentennano	630	Scagliola	154
Tenuta San Guido	630	Giacomo Scagliola	187
Poderi San Lazzaro	704	Simone Scaletta	187
Tenuta San Leonardo	279	Emanuele Scammacca del Murgo	881
San Lorenzo	771	Scarbolo	478
Fattoria San Lorenzo	704	Antica Casa Vinicola Scarpa	187
Vigne di San Lorenzo	517	Giorgio Scarzello e Figli	154
Tenimenti San Martino in Monte	505	Paolo Scavino	155
San Michele a Torri	631	Schiavenza	155
Istituto Agrario Provinciale San Michele all'Adige	280	Schiopetto	456
		Schola Sarmenti	842

各酒庄按首字母顺序排序

Scilio	881	Statti	857
La Sclusa	456	I Stefanini	379
Scolaris	478	Stefanoni	757
Scrimaglio	156	David Sterza	379
Roberto Scubla	457	Stocco	479
Mauro Sebaste	156	La Stoppa	508
Secondo Marco	377	Strappelli	772
Giuseppe Sedilesu	908	Strasserhof - Hannes Baumgartner	312
F.lli Seghesio	157	Streda Belvedere	674
Tenute Sella	157	Stroblhof	313
Tenute Sella & Mosca	908	Stroppiana	161
La Selva	673	Oscar Sturm	459
Cantine Selva Capuzza	262	Suavia	380
Tenuta Selvadolce	208	Subida di Monte	460
Selvagrossa	706	Vigne Surrau	909
Selvanova	817	Sutto	380
Fattoria Selvapiana	636	Sylla Sebaste	188
Senatore Vini	856	T.E.S.S.A.R.I.	381
Sensi	636	Giampaolo Tabarrini	735
Serafini & Vidotto	378	Luigi Tacchino	162
Enrico Serafino	158	Talamonti	773
Fulvio Luigi Serni	673	Michele Taliano	162
Serracavallo	857	Talis	479
Barone di Serramarrocco	893	Vincenzo Tallarini	262
Tenuta di Sesta	637	Fattoria della Talosa	639
Sesti - Castello di Argiano	637	Tamellini	381
Setriolo	673	Tanca Gioia Carloforte	916
Tenuta Sette Ponti	638	Tanorè	382
Cantina Sociale Settecani	518	Giovanna Tantini	382
Settesoli	882	Tasca d'Almerita	883
Aurelio Settimo	158	Taschlerhof - Peter Wachtler	313
Renzo Sgubin	457	Tassi	674
La Sibilla	817	Cosimo Taurino	843
Signano	674	Taverna	828
Armando Simoncelli	284	Tenuta di Tavignano	707
Poderi Sinaglio	159	Luigi Tecce	806
Sirch	478	F.lli Tedeschi	383
Skerk	458	Tenuta La Tenaglia	163
Skerlj	479	Le Tende	399
Edi Skok	458	Tenimenti Angelini	639
La Smilla	159	Tenimenti Luigi D'Alessandro	640
Sobrero Francesco e Figli	187	Tenuta di Fiorano	751
Solaria - Az. Agr. Cencioni Patrizia	674	Tenuta di Morzano	674
Tenute Soletta	909	Tenuta Impostino	675
Solidea	894	Tenuta Montiani	675
Solive	262	Matijaz Tercic	460
Cantine Soloperto	842	Terenzi	640
Peter Sölva & Söhne	311	Giovanni Terenzi	757
Agostino Sommariva	208	Podere Terenzuola	208
Fattoria Sorbaiano	638	Cantina Terlano	314
Cantina di Sorbara	508	Terra delle Ginestre	758
Sorrentino	806	Terradonnà	641
Sottimano	160	Terralba	163
La Source	28	Fattoria Le Terrazze	707
Tenuta Adolfo Spada	817	Terrazze dell'Etna	883
Spadafora	882	Terrazzi Alti	262
Cantine Spadafora 1915	861	Terre Bianche	201
Spadaio e Piecorto	674	Terre Cortesi Moncaro	708
Lo Sparviere	244	Terre d'Oltrepò	244
Leonardo Specogna	459	Terre da Vino - Agricole	164
Viticoltori Speri	378	Terre de La Custodia	736
Luigi Spertino	160	Terre degli Svevi	826
Tenuta Spinelli	716	Terre dei Fiori - Tenute Costa	675
La Spinetta	161	Terre del Barolo	164
La Spinona	187	Terre del Gufo - Muzzillo	862
La Spinosa Alta	187	Terre del Marchesato	641
Sportoletti	735	Terre del Principe	807
Stachlburg - Baron von Kripp	312	Terre della Pieve	509
F.lli Stanig	479	Terre di Balbia	862

各酒庄按首字母顺序排序

Terre di Ger	479	Uberti	245
Terre di Trente	894	Uccelliera	646
Terre Margaritelli	742	Uggiano	676
Tenuta delle Terre Nere	884	Tenuta dell' Ugolino	716
Tenuta Terre Nobili	858	Tenuta Ulisse	775
Cascina delle Terre Rosse	202	Umani Ronchi	708
Terrelíade	894	Untermoserhof - Georg Ramoser	315
Terresacre	784	Tenuta Unterortl - Castel Juval	316
Teruzzi & Puthod	642	Urciuolo	807
Tessere	399	Urlari	646
Testamatta	642	Usiglian Del Vescovo	677
Tezza	399	Vadiaperti	808
Thurnhof - Andreas Berger	320	F.lli Vagnoni	647
Tiare - Roberto Snidarcig	461	G. D. Vajra	166
Tiberio	773	Cascina Val del Prete	167
Tiburzi	736	Val delle Corti	647
Tiefenbrunner	314	Tenuta Val di Cava	648
Tiezzi	675	Val di Neto	862
Tizzano	518	Valchiarò	463
Toblâr	479	Opera Vitivinicola in Valdicembra	284
Toblino	284	Tenuta Valdipiatta	648
Todini	737	Valdiscalve	208
La Togata	675	Laura Valditerra	188
Benedetto Tognazzi	262	La Valentina	775
Poderi Tognetti	675	Valentini	776
Togni Rebaioli	263	Valentini	677
Tolaini	643	Valerio Vini - San Nazzaro	783
La Toledana	165	Tenuta di Valgiano	649
Cantina Tollo	774	Vallarom	280
Tomasella	400	Valle dell'Acate	884
Viticoltori Tommasi	383	Cantina Produttori Valle Isarco	316
La Tordela	263	Valle Reale	776
Tormaresca	843	Vallerosa Bonci	709
Franco Toros	461	Vallona	510
Torraccia del Piantavigna	165	Agricole Vallone	844
Torraccia di Presura	676	Vigneti Vallorani	709
Fattoria La Torre	676	Valori	780
Fattoria Torre a Cona	643	Valpanera	463
Torre a Oriente	817	Cantina Sociale della Valpantena	384
Torre dei Beati	774	Cantina Valpolicella Negrar	385
Torre Quarto	851	Cantina Valtidone	518
Torre Rosazza	462	Valturio	710
Torrevento	844	Vanzini	246
Torrevilla	263	Odino Vaona	385
Le Torri di Campiglioni	676	La Vecchia Cantina	208
Torricino	817	Vecchia Cantina di Montepulciano	677
Pietro Torti	263	La Vecchia Posta	188
La Tosa	509	Cantina Sociale	
Trabucchi d'Illasi	384	Cooperativa Vecchia Torre	845
Trabucco	818	Podere Vecciano	518
Cantina Tramin	315	Mauro Veglio	167
Tramontana	862	Velenosi	710
Trappolini	752	Tenuta Le Velette	738
Giancarlo Travaglini	166	Antica Masseria Venditti	818
Travaglino	263	Venica & Venica	464
Travignoli	644	Cantina di Venosa	826
Le Tre Berte	644	Massimino Venturini	386
Tre Botti	752	Paolo Venturini	480
Tre Monti	510	Vercesi del Castellazzo	246
Tenuta di Trecciano	676	Bruno Verdi	247
Cantina Trexenta	910	Cantina del Vermentino - Monti	910
Triacca Pietro	245	Cantina Sociale della Vernaccia	916
Cooperativa Agricola Triasso e Sassella	263	I Veroni	649
F.lli Trinchero	188	Vescine	650
Tenuta di Trinoro	645	Vestini Campagnano - Poderi Foglia	818
Tua Rita	645	Vetrere	852
Tudernum	737	Francesco Vezzelli	511
La Tunella	462	Giuseppe Vezzoli	247
Tuttisanti	676	Vi.Ca.S.	677

各酒庄按首字母顺序排序

酒庄	页码
La Viarte	464
Vicara	168
Vicari	711
Agostino Vicentini	386
Giacomo Vico	168
Vidussi	480
Vie di Romans	465
Vietti	169
Vigliano	677
Tenuta Viglione	852
Tenuta La Vigna	264
Vigna del Lauro	465
Vigna Dorata	264
Vigna Petrussa	466
Vigna Roda	387
Vigna Traverso	480
Vignaioli del Pollino	862
I Vignaioli di Santo Stefano	169
Vignale di Cecilia	387
Vignalta	388
Vignamato	711
Vigne & Vini	852
Vigne dei Boschi	511
Vigne del Malina	480
Le Vigne di Raito	818
Le Vigne di San Pietro	388
Le Vigne di Zamò	466
Vigne Guadagno - Vistabella	818
Vigne Regali	170
Vignedileo - Tre Castelli	716
Vignenote	264
Vigneti Massa	170
Vigneti Reale	852
Vigneto Due Santi	389
Villa	248
Villa Bagnolo	518
Villa Bellini	389
Villa Calcinaia	677
Villa Caprareccia	678
Villa Caviciana	758
Villa Corniole	281
Villa de Puppi	467
Villa di Quartu	916
Villa Diamante	808
Villa Fiorita	188
Villa Giada	171
Villa Gianna	758
Villa Grifoni	716
Villa I Cipressi	678
Villa La Ripa	650
Villa Le Prata	678
Villa Liverzano	512
Villa Loggio	651
Villa Matilde	809
Villa Medici	400
Villa Medoro	777
Villa Mongalli	738
Villa Monteleone	400
Villa Mottura	852
Villa Papiano	512
Villa Pillo	651
Villa Raiano	809
Villa Russiz	467
Villa Sandi	390
Villa Simone	758
Villa Sparina	171
Villa Spinosa	390
Villa Trasqua	678
Tenuta Villa Trentola	513
Villa Venti	513
Villa Vignamaggio	652
Vigneti Villabella	391
Barone di Villagrande	894
Tenuta Villanova	468
Cave du Vin Blanc de Morgex et de La Salle	27
Cantina Sociale di Vinchio Vaglio Serra	172
Vinicola Mediterranea	852
Luigi Viola	858
Tenuta La Viola	514
Virna	172
Vis Amoris	202
La Visciola	758
Visconti	264
Andrea Visintini	468
Vistorta	469
Tenuta Vitalonga	742
Tenuta Vitanza	678
Vitas	480
Tenuta Vitereta	678
Viticcio	652
Vivaldi - Arunda	317
Vivera	894
Viviani	391
Gianni Voerzio	173
Roberto Voerzio	173
Volpe Pasini	469
Cantine Volpetti	758
Francesco Vosca	470
La Vrille	27
Vulcano & Vini	828
Vuolo	818
Elena Walch	317
Tenuta Waldgries	318
Alois Warasin	320
Josef Weger	318
Zaccagnini	716
Ciccio Zaccagnini	777
Augusto Zadra	284
Zamichele	264
Zanchi	742
Azienda Agricola Zangani	208
Pietro Zanoni	400
Elio e F.lli Zanotelli	284
Zardetto Spumanti	400
Pietro Zardini	400
Zarelli Vini	916
Conti Zecca	845
Peter Zemmer	320
Zenato	392
F.lli Zeni	392
Roberto Zeni	281
La Zerba	188
Fattoria Zerbina	514
Zidarich	470
Chiara Ziliani	248
Zisola	894
Vinicola Zito	862
Zof	480
Zonin	393
Zorzettig	471
Zuani	471
Emilio Zuliani	264
Zymè	393

各地区酒庄

Abruzzo
Alanno
Podere Castorani — 763
Atri
Centorame — 778
Cirelli — 765
Villa Medoro — 777
Avezzano
Bove — 763
Bolognano
Ciccio Zaccagnini — 777
Canzano
Cerulli Irelli Spinozzi — 764
Castiglione a Casauria
Angelucci — 761
Castilenti
San Lorenzo — 771
Chieti
Tenuta I Fauri — 779
Collecorvino
Col del Mondo — 778
Contesa — 765
Controguerra
De Angelis Corvi — 778
Dino Illuminati — 767
Lidia e Amato — 768
Antonio e Elio Monti — 769
Camillo Montori — 769
Crecchio
Tenuta Ulisse — 775
Cugnoli
Tiberio — 773
Francavilla al Mare
Pasetti — 770
Frisa
Collefrisio — 778
Giulianova
Faraone — 766
Guardiagrele
Nicola Santoleri — 772
Loreto Aprutino
Nicoletta De Fermo — 779
Talamonti — 773
Torre dei Beati — 774
Valentini — 776
Morro d'Oro
La Quercia — 780
Nocciano
Nestore Bosco — 778
Notaresco
Bruno Nicodemi — 770
Ofena
Luigi Cataldi Madonna — 764
Gentile — 767
Ortona
Agriverde — 760
Pineto
Anfra — 760
F.lli Barba — 761
Popoli
Valle Reale — 776
Prezza
Praesidium — 780
Rocca San Giovanni
Cantina Frentana — 766
Roseto degli Abruzzi
Orlandi Contucci Ponno — 780
San Buono
Santobono — 780
San Martino sulla Marrucina
Masciarelli — 768
Sant'Omero
Valori — 780
Silvi Marina
Tenute Barone di Valforte — 762
Spoltore
La Valentina — 775
Tocco da Casauria
Filomusi Guelfi — 779
Tollo
Feudo Antico — 779
Cantina Tollo — 774
Torano Nuovo
Barone Cornacchia — 762
Emidio Pepe — 771
Strappelli — 772
Torino di Sangro
Cantine Mucci — 779
Tortoreto
Collebello - Cantine Marano — 778
Vasto
Mastrangelo — 779
Vittorito
Pietrantonj — 780

Basilicata
Barile
Basilisco — 820
Consorzio Viticoltori
 Associati del Vulture — 827
Elena Fucci — 823
Macarico — 824
Paternoster — 825
Tenuta Le Querce — 828
Bernalda
Masseria Cardillo — 827
Ginestra
Michele Laluce — 824
Lavello
Vulcano & Vini — 828
Maschito
Casa Maschito — 827
Musto Carmelitano — 825
Melfi
Carbone — 821
Nova Siri
Taverna — 828
Rapolla
Camerlengo — 827
Rionero in Vulture
Cantine del Notaio — 820
Colli Cerentino — 827
Casa Vinicola D'Angelo — 822
D'Angelo di Filomena Ruppi — 821
Armando Martino — 828
Ofanto - Tenuta I Gelsi — 828
Ripacandida
Eleano — 822
Venosa
Francesco Bonifacio — 827
Grifalco della Lucania — 823
Cantine Madonna delle Grazie — 828
Terre degli Svevi — 826
Cantina di Venosa — 826

各地区酒庄

Calabria
Altomonte
Terre di Balbia — 862
Bisignano
Chimento — 859
Serracavallo — 857
Cariati
iGreco — 854
Castrovillari
Tenute Ferrocinto — 860
Vignaioli del Pollino — 862
Cirò
Fattoria San Francesco — 861
Santa Venere — 861
Cirò Marina
Caparra & Siciliani — 859
Tenuta del Conte — 859
Du Cropio — 860
Ippolito 1845 — 855
Librandi — 855
Malena — 861
Senatore Vini — 856
Vinicola Zito — 862
Cosenza
Donnici 99 — 859
Terre del Gufo - Muzzillo — 862
Crotone
'A Vita — 859
Roberto Ceraudo — 854
Lamezia Terme
Cantine Lento — 860
Statti — 857
Mangone
Cantine Spadafora 1915 — 861
Melito di Porto Salvo
Malaspina — 860
Montalto Uffugo
Tenuta Terre Nobili — 858
Nocera Terinese
G.B. Odoardi — 861
Reggio Calabria
Tramontana — 862
Rogliano
Colacino — 859
San Demetrio Corone
Salvatore Marini — 856
Saracena
Pier Giorgio Falvo — 860
Feudo dei Sanseverino — 860
Luigi Viola — 858
Scandale
Val di Neto — 862
Strongoli
La Pizzuta del Principe — 861

Campania
Ariano Irpino
Cantina Giardino — 796
Atripalda
Mastroberardino — 799
Sanpaolo - Magistravini — 816
Avellino
A Casa — 786
Tenuta Sarno 1860 — 816
Bacoli
La Sibilla — 817
Boscotrecase
Sorrentino — 806
Caiazzo
Alepa — 810
Vestini Campagnano - Poderi Foglia — 818
Candida
Michele Contrada — 812
Carinola
Migliozzi — 815
Trabucco — 818
Castel Campagnano
Selvanova — 817
Terre del Principe — 807
Castel di Sasso
Crapa Reccia — 813
Castelfranci
Boccella — 811
Colli di Castelfranci — 788
Perillo — 801
Castellabate
Luigi Maffini — 797
San Giovanni — 805
Castelvenere
Alexia Capolino Perlingieri — 812
Antica Masseria Venditti — 818
Cellole
Villa Matilde — 809
Cesinali
Cantina del Barone — 811
I Favati — 793
Chianche
Macchialupa — 814
Chiusano di San Domenico
Colle di San Domenico — 812
Ercolano
Sannino — 816
Falciano del Massico
Gennaro Papa — 815
Foglianise
Cantina del Taburno — 817
Fontanarosa
Di Prisco — 792
Forino
Urciuolo — 807
Forio
D'Ambra Vini d'Ischia — 790
Frasso Telesino
Cautiero — 812
Furore
Marisa Cuomo — 790
Galluccio
Tenuta Adolfo Spada — 817
Giungano
San Salvatore — 805
Guardia Sanframondi
Aia dei Colombi — 810
Corte Normanna — 813
La Guardiense — 797
Lapio
Colli di Lapio — 789
Rocca del Principe — 804
Luogosano
Tenuta Ponte — 815
Manocalzati
D'Antiche Terre - Vega — 813
Mirabella Eclano
Quintodecimo — 803
Montecorvino Rovella
Casa Di Baal — 812

各地区酒庄

Montefalcione
DonnaChiara 792
Montefredane
Pietracupa 802
Vadiaperti 808
Vigne Guadagno - Vistabella 818
Villa Diamante 808
Montefusco
Montesole 800
Montemarano
Il Cancelliere 787
Cantine Elmi 814
Salvatore Molettieri 799
Montesarchio
Masseria Frattasi 814
Napoli
Cantine Astroni 810
Cantina Farro 793
Paternopoli
Luigi Tecce 806
Ponte
Lorenzo Nifo Sarrapochiello 815
Ocone 815
Pontelatone
Alois 786
Pozzuoli
Contrada Salandra 813
Prata di Principato Ultra
Calafè 811
Prignano Cilento
Viticoltori De Conciliis 791
Quarto
Cantine Grotta del Sole 796
Ravello
Ettore Sammarco 816
Rutino
Barone 810
Salerno
Vuolo 818
Salza Irpina
Di Meo 791
San Cipriano Picentino
Montevetrano 800
San Mango sul Calore
Antico Castello 810
San Sebastiano al Vesuvio
De Falco 813
Sant'Agata de' Goti
Mustilli 815
Sant'Angelo all'Esca
Tenuta del Cavalier Pepe 788
Santa Paolina
Bambinuto 810
Serino
Villa Raiano 809
Sessa Aurunca
Galardi 795
Masseria Felicia 798
Sorbo Serpico
Feudi di San Gregorio 794
Summonte
Guido Marsella 798
Ciro Picariello 802
Taurasi
Antonio Caggiano 787
Contrade di Taurasi 789
Raffaele Guastaferro 814
Russo 816
Torchiara
Casebianche 812
Torre le Nocelle
I Capitani 811
Torrecuso
Fontanavecchia 795
Iannella 814
Fattoria La Rivolta 803
Torre a Oriente 817
Tramonti
Andrea Reale 816
Tenuta San Francesco 804
Trecase
Cantina del Vesuvio 811
Tufo
Cantine dell'Angelo 811
Terre D'Aione 813
Di Marzo 814
Benito Ferrara 794
Torricino 817
Vietri sul Mare
Le Vigne di Raito 818
Vitulazio
Nanni Copè 801

Emilia Romagna

Bertinoro
Raffaella Alessandra Bissoni 515
Campodelsole 515
Giovanna Madonia 499
Fattoria Paradiso 503
Tenuta Villa Trentola 513
Tenuta La Viola 514
Bomporto
Francesco Bellei 484
Cantina della Volta 487
Gianfranco Paltrinieri 503
Cantina di Sorbara 508
Borgonovo Val Tidone
Cantina Valtidone 518
Brisighella
La Berta 484
Ca' di Sopra 485
La Collina 490
Vigne di San Lorenzo 517
Vigne dei Boschi 511
Villa Liverzano 512
Campegine
Cantine Cooperative Riunite 492
Carpi
Cantina Sociale Santa Croce 507
Casalecchio di Reno
Tizzano 518
Castel Bolognese
Costa Archi 493
Stefano Ferrucci 495
Castel San Pietro Terme
Umberto Cesari 489
Castell'Arquato
Cardinali 487
Castello di Serravalle
Vallona 510
Castelvetro di Modena
Ca' Montanari 486
Corte Manzini 492
Vittorio Graziano 516
Fattoria Moretto 501
Cantina Sociale Settecani 518

各地区酒庄

Castrocaro Terme
Villa Bagnolo — 518
Cesena
Altavita - Fattoria dei Gessi — 515
Maria Galassi — 496
Terre della Pieve — 509
Civitella di Romagna
Poderi dal Nespoli — 504
Collecchio
Monte delle Vigne — 500
Coriano
San Patrignano — 506
Tenuta Santini — 507
Podere Vecciano — 518
Correggio
Lini 910 — 497
Faenza
Ancarani — 482
Leone Conti — 491
Paolo Francesconi — 495
Gallegati — 496
Poderi Morini — 502
San Biagio Vecchio — 517
Fattoria Zerbina — 514
Forlì
Stefano Berti — 515
Calonga — 486
Drei Donà Tenuta La Palazza — 494
Villa Venti — 513
Galeata
Tenuta Pertinello — 504
Piccolo Brunelli — 517
Gazzola
Luretta — 498
Gemmano
Tenuta Carbognano — 516
Imola
Cavim - Cantina Viticoltori Imolesi — 516
Fattoria Monticino Rosso — 501
Tre Monti — 510
Langhirano
Ariola 1956 — 515
Camillo Donati — 494
Lugo
Gruppo Cevico — 497
Mercato Saraceno
Braschi — 515
Modena
Chiarli 1860 — 490
Francesco Vezzelli — 511
Modigliana
Balia di Zola — 483
La Casetta dei Frati — 516
Castelluccio — 488
Il Pratello — 505
Tenimenti San Martino in Monte — 505
Villa Papiano — 512
Monte San Pietro
Tenuta Bonzara — 485
Monteveglio
Orsi - San Vito — 502
Tenuta Santacroce — 518
Polesine Parmense
Antica Corte Pallavicina — 482
Predappio
Casetto dei Mandorli — 488
Condè — 491

Quattro Castella
Le Barbaterre — 483
Reggio Emilia
Ermete Medici & Figli — 500
Rimini
San Valentino — 506
Rivergaro
La Stoppa — 508
San Prospero
Cavicchioli U. & Figli — 489
Scandiano
Casali Viticultori — 516
Travo
Denavolo — 493
Il Poggiarello — 517
Varano de' Melegari
Podere Pradarolo — 517
Vernasca
Alberto Lusignani — 499
Vigolzone
La Tosa — 509
Ziano Piacentino
Lusenti — 498
Il Negrese — 517
Zola Predosa
Maria Letizia Gaggioli — 516

Friuli Venezia Giulia

Aquileia
Ca' Tullio & Sdricca di Manzano — 412
Bagnaria Arsa
Tenuta Beltrame — 404
Mulino delle Tolle — 438
Bicinicco
Stocco — 479
Buttrio
Livio e Claudio Buiatti — 409
Castello di Buttrio — 415
Conte D'Attimis-Maniago — 422
Girolamo Dorigo — 423
Davino Meroi — 437
Miani — 437
Petrucco — 441
Flavio Pontoni — 476
Capriva del Friuli
Castello di Spessa — 416
Roncùs — 454
Russiz Superiore — 454
Schiopetto — 456
Vidussi — 480
Villa Russiz — 467
Carlino
Cav. Emiro Bortolusso — 408
Cervignano del Friuli
Ca' Bolani — 411
Vitas — 480
Cividale del Friuli
Mario Arzenton — 472
Bastianich — 403
Castello Sant'Anna — 473
Flaibani — 428
Lis Fadis — 433
Moschioni — 438
Paolo Rodaro — 447
Il Roncal — 449
Rubini — 478
La Sclusa — 456
Sirch — 478

各地区酒庄

Zorzettig	471
Codroipo	
Vigneti Pittaro	443
Cormòns	
Tenuta di Angoris	402
Borgo del Tiglio	405
Borgo San Daniele	407
Borgo Savaian	407
Branko	409
Maurizio Buzzinelli	410
Carlo di Pradis	413
Colle Duga	418
Cantina Produttori di Cormòns	421
Mauro Drius	424
Livio Felluga	426
Davide Feresin	427
Edi Keber	431
Renato Keber	432
Thomas Kitzmüller	432
Albino Kurtin	433
Magnàs	435
Roberto Picéch	442
Aldo Polencic	444
Isidoro Polencic	445
Polje	476
Doro Princic	446
Dario Raccaro	446
Ronco dei Tassi	452
Ronco del Gelso	452
Renzo Sgubin	457
Oscar Sturm	459
Subida di Monte	460
Franco Toros	461
Paolo Venturini	480
Vigna del Lauro	465
Francesco Vosca	470
Corno di Rosazzo	
Alberice	472
Borgo Judrio	406
Valentino Butussi	410
Cadibon	412
Canus	413
Eugenio Collavini	417
Le Due Torri	474
Adriano Gigante	428
Perusini	441
Leonardo Specogna	459
Andrea Visintini	468
Zof	480
Dolegna del Collio	
Ca' Ronesca	411
Crastin	421
Jermann	430
Norina Pez	475
Alessandro Pascolo	440
La Ponca	476
La Rajade	447
Tiare - Roberto Snidarcig	461
Venica & Venica	464
Duino Aurisina	
Kante	431
Skerk	458
Zidarich	470
Faedis	
Marco Cecchini	417
Paolino Comelli	420
Farra d'Isonzo	
La Bellanotte	472
Borgo Conventi	473
Casa Zuliani	414
Colmello di Grotta	418
Tenuta Villanova	468
Fiume Veneto	
Ca' Madresca	473
Gonars	
di Lenardo	422
Gorizia	
Attems	472
Fiegl	427
Gravner	429
Piè di Mont	476
Damijan Podversic	444
Primosic	445
Gradisca d'Isonzo	
Blason	472
Marco Felluga	426
Sant'Elena	455
Maniago	
Vigneti Rapais	477
Manzano	
Cencig	473
Gianpaolo Colutta	419
Giorgio Colutta - Bandut	419
Ronchi di Manzano	451
Ronco delle Betulle	453
Torre Rosazza	462
Le Vigne di Zamò	466
Mariano del Friuli	
Tenuta Luisa	435
Masut da Rive	475
Vie di Romans	465
Moimacco	
Rosa Bosco	408
Villa de Puppi	467
Mossa	
Ronco Blanchis	451
Nimis	
Anna Berra	404
Dario Coos	420
La Roncaia	449
Il Roncat - Giovanni Dri	450
Toblâr	479
Palazzolo dello Stella	
Az. Agr. Modeano	475
Pasian di Prato	
Antonutti	402
Pavia di Udine	
Pighin	476
Scarbolo	478
Pinzano al Tagliamento	
Emilio Bulfon	473
Povoletto	
Aquila del Torre	403
Ronc di Vico	448
Sara & Sara	455
Prata di Pordenone	
Vigneti Le Monde	475
Pravisdomini	
Terre di Ger	479
Premariacco	
Ermacora	425
Rocca Bernarda	477
Roberto Scubla	457
La Tunella	462
Prepotto	
Lino Casella	415

各地区酒庄

Colli di Poianis	474
Le Due Terre	424
Iole Grillo	474
Vigna Lenuzza	475
Valerio Marinig	436
Petrussa	442
Denis Pizzulin	443
Ronc Soreli	448
Ronchi di Cialla	450
Ronco dei Folo	477
Ronco dei Pini	477
Ronco di Prepotto	478
Ronco Severo	453
F.lli Stanig	479
La Viarte	464
Vigna Petrussa	466
Vigna Traverso	480
Remanzacco	
Vigne del Malina	480
Rive d'Arcano	
Castello di Arcano	473
Romans d'Isonzo	
Puiatti - Tenimenti Angelini	477
Ronchi dei Legionari	
Tenuta di Blasig	405
Sacile	
Vistorta	469
Sagrado	
Castelvecchio	416
San Canzian d'Isonzo	
I Feudi di Romans	474
San Floriano del Collio	
Ascevi - Luwa	472
Il Carpino	414
Conti Formentini	474
Draga	423
Gradis'ciutta	429
Muzic	439
Evangelos Paraschos	439
Edi Skok	458
Matijaz Tercic	460
Zuani	471
San Giovanni al Natisone	
Livon	434
Talis	479
San Lorenzo Isontino	
Lis Neris	434
Pierpaolo Pecorari	440
Scolaris	478
San Martino al Tagliamento	
Pitars	476
San Quirino	
Piera Martellozzo	436
Quinta della Luna	477
Russolo	478
Sgonico	
Skerlj	479
Spilimbergo	
Fantinel	425
Tarcento	
Micossi	475
Torreano	
Albano Guerra	474
Jacùss	430
Valchiarò	463
Volpe Pasini	469
Valvasone	
Borgo delle Oche	406
Villa Vicentina	
Valpanera	463
Lazio	
Acuto	
Casale della Ioria	745
Anagni	
Antonello Coletti Conti	746
Corte dei Papi	754
Marcella Giuliani	749
Ariccia	
Cantine Volpetti	758
Atina	
La Ferriera	754
Blera	
San Giovenale	757
Bolsena	
Mazziotti	755
Castiglione in Teverina	
Paolo e Noemia D'Amico	747
La Pazzaglia	756
Trappolini	752
Tre Botti	752
Cerveteri	
Casale Cento Corvi	753
Cisterna di Latina	
Il Quadrifoglio	756
Civitella d'Agliano	
Isabella Mottura	755
Sergio Mottura	750
Colonna	
Principe Pallavicini	756
Cori	
Marco Carpineti	744
Cincinnato	746
Pietra Pinta	756
Frascati	
Casale Marchese	745
Genzano di Roma	
Cavalieri	753
Gradoli	
Occhipinti	755
Grottaferrata	
Castel de Paolis	753
Grotte di Castro	
Antonella Pacchiarotti	756
Villa Caviciana	758
Itri	
Monti Cecubi	755
Latina	
Casale del Giglio	744
Donato Giangirolami	754
Lupo	755
I Pampini	756
Marino	
Colle Picchioni - Paola Di Mauro	747
Gotto d'Oro	754
Monte Porzio Catone	
Fontana Candida	748
Poggio Le Volpi	750
Villa Simone	758
Montefiascone	
Antica Cantina Leonardi	749
Stefanoni	757
Olevano Romano	
Damiano Ciolli	753
Orte	
Le Lase	755

各地区酒庄

Piglio
Cantina Sociale Cesanese del Piglio	753
La Visciola	758

Poggio Mirteto
Tenuta Santa Lucia	757

Ponza
Antiche Cantine Migliaccio	753

Roma
Riserva della Cascina	757
Tenuta di Fiorano	751

Sabaudia
Villa Gianna	758

Serrone
Giovanni Terenzi	757

Spigno Saturnia
Terra delle Ginestre	758

Tarquinia
Sant'Isidoro	757

Terracina
Sant'Andrea	751

Viterbo
Cordeschi	754
Podere Grecchi	754

Liguria

Albenga
Anfossi	203
BioVio	192
Cantine Calleri	204
Luigi Sartori	207
Agostino Sommariva	208
La Vecchia Cantina	208

Bonassola
Valdiscalve	208

Bordighera
Tenuta Selvadolce	208

Camporosso
Foresti	205

Castelnuovo Magra
Edoardo Primo	205
Ottaviano Lambruschi	197

Castiglione Chiavarese
Gino Pino	207

Chiavari
Enoteca Bisson	192

Diano Arentino
Maria Donata Bianchi	191

Diano Marina
Poggio dei Gorleri	200

Diano San Pietro
Luigi Bianchi Carenzo	204

Dolceacqua
Alta Via	190
Dallorto	205
Maixei	207
Terre Bianche	201

Finale Ligure
Paganini	207
Cascina delle Terre Rosse	202

Genova
Enoteca Andrea Bruzzone	204

Imperia
Fontanacota	196
Gajaudo - Cantina del Rossese	205
Vis Amoris	202

La Spezia
Riccardo Arrigoni	203

Levanto
Cooperativa Agricoltori della Vallata di Levanto	203

Monterosso al Mare
Buranco	194

Ortonovo
La Baia del Sole	191
Cantine Lunae Bosoni	197
La Pietra del Focolare	200

Ortovero
Azienda Agricola Durin	196

Pieve di Teco
Cascina Nirasca	195
Lupi	198
Tenuta Maffone	207

Pontedassio
Laura Aschero	190

Pornassio
Nicola Guglierame	206

Ranzo
Carlo Alessandri	203
Massimo Alessandri	203
Bruna	194

Riomaggiore
Samuele Heydi Bonanini	193
Altare Bonanni De Grazia Campogrande	204
Cantina Cinqueterre	195
Walter De Batté	205
Forlini Cappellini	205
Cantine Litan	206

San Biagio della Cima
Maccario Dringenberg	198

Sanremo
Luigi Calvini	204
Podere Grecale	206

Santo Stefano di Magra
Azienda Agricola Zangani	208

Sarzana
Tenuta La Ghiaia	206
Il Monticello	199
Conte Picedi Benettini	199

Sestri Levante
Cantina Bregante	193

Soldano
Tenuta Anfosso	203
Ka' Manciné	206
Poggi dell'Elmo	207

Spotorno
Sancio	201

Vernazza
Cheo	204

Lombardy

Adro
Battista Cola	225
Contadi Castaldi	226
Cornaleto	254
Ferghettina	229
Franca Contea	255
Monzio Compagnoni	237
Muratori - Villa Crespia	238
Pian Del Maggio	259
Ronco Calino	243

Almenno San Salvatore
Lurani Cernuschi	256

Bedizzole
Cantrina	222

各地区酒庄

Borgo Priolo
Tenuta Ca' Boffenisio 218
Castello di Stefanago 253
Bosnasco
Montenato Griffini 258
Botticino
Antica Tesa 212
Brescia
Benedetto Tognazzi 262
Broni
Barbacarlo - Lino Maga 249
Ca' Tessitori 221
Francesco Montagna 235
Podere Bignolino 260
Calvagese della Riviera
Redaelli de Zinis 260
Calvignano
Travaglino 263
Campascio Grigioni (Svizzera)
Triacca Pietro
Canneto Pavese
Calvi 252
Fiamberti 229
F.lli Giorgi 231
Andrea Picchioni 240
Francesco Quaquarini 242
Bruno Verdi 247
Capriano del Colle
Lazzari 256
Tenuta La Vigna 264
Capriolo
Lantieri de Paratico 233
Ricci Curbastro 243
Carobbio degli Angeli
Pedrinis 259
Casteggio
Riccardo Albani 249
Clastidio Ballabio 213
Le Fracce 230
Frecciarossa 230
Terre d'Oltrepò 244
Castelli Calepio
Il Calepino 252
Cavriana
Bertagna 250
Cazzago San Martino
CastelFaglia - Monogram 223
Monte Rossa 236
Montenisa 258
Vigna Dorata 264
Cenate Sotto
Caminella 252
Chiuduno
Locatelli Caffi 256
Chiuro
Nino Negri 238
Aldo Rainoldi 242
Cigognola
Castello di Cigognola 224
Coccaglio
Castello Bonomi 223
Lorenzo Faccoli & Figli 255
Codevilla
Montelio 258
Cologne
La Boscaiola 251
Quadra 260
Riccafana - Fratus 260

Corte Franca
Barboglio De Gaioncelli 213
F.lli Berlucchi 215
Guido Berlucchi & C. 215
Bosio 217
La Fiòca 255
Le Quattro Terre 260
Vignenote 264
Corvino San Quirico
Tenuta Mazzolino 234
Darfo Boario Terme
Togni Rebaioli 263
Desenzano del Garda
Citari 254
Olivini 258
Pilandro 259
Provenza 241
Cantine Selva Capuzza 262
Visconti 264
Erbusco
Bellavista 214
Ca' del Bosco 219
Camossi 222
Cavalleri 224
Derbusco Cives 254
Enrico Gatti 231
Marzaghe 257
San Cristoforo 261
Solive 262
Uberti 245
Giuseppe Vezzoli 247
Gandosso
Vincenzo Tallarini 262
Gussago
Le Cantorìe 252
Castello di Gussago 253
Gatta 255
Lonato
Perla del Garda 239
Losine
Rocche dei Vignali 261
Manerba del Garda
Avanzi 249
Mese
Mamete Prevostini 241
Moniga del Garda
Civielle 225
Costaripa 227
Monte Cicogna 257
Montagna in Valtellina
Dirupi 228
Montalto Pavese
Ca' del Gè 220
Ca' del Santo 251
Doria 254
Marchesi di Montalto 257
Montecalvo Versiggia
Calatroni 252
Pietro Torti 263
Monticelli Brusati
Antica Fratta 211
Castelveder 253
La Montina 236
Lo Sparviere 244
Villa 248
Montù Beccaria
Luciano Brega 251
Piccolo Bacco dei Quaroni 259

各地区酒庄

Vercesi del Castellazzo	246
Monzambano	
Ricchi	261
Mornico Losana	
Ca' di Frara	220
Oliva Gessi	
I Gessi - Fabbio De Filippi	255
Ome	
Al Rocol	249
Le Due Querce	255
Majolini	233
Plozza di Ome	259
Padenghe sul Garda	
Pratello	260
Emilio Zuliani	264
Paratico	
Bredasole	251
Passirano	
Le Marchesine	234
Tenuta Monte Delma	257
Il Mosnel	237
Perego	
La Costa	227
Pietra de' Giorgi	
Conte Vistarino	226
Polpenazze del Garda	
Cascina la Pertica	252
Pozzolengo	
Bulgarini	251
Marangona	256
Zamichele	264
Provaglio d'Iseo	
Elisabetta Abrami	249
Barone Pizzini	214
Bersi Serlini	216
Riva di Franciacorta	261
Chiara Ziliani	248
Puegnago sul Garda	
La Basia	250
Comincioli	254
Delai	254
Leali di Monteacuto	256
Pasini - San Giovanni	239
Retorbido	
Marchese Adorno	210
Rocca de' Giorgi	
Anteo	211
Rodengo Saiano	
La Valle	256
Rovescala	
F.lli Agnes	210
Alziati Annibale	
Tenuta San Francesco	249
Castello di Luzzano	253
Martilde	257
San Colombano al Lambro	
Nettare dei Santi	258
Panigada - Banino	258
Poderi di San Pietro	262
San Damiano al Colle	
Bisi	216
Alessio Brandolini	251
Vanzini	246
San Felice del Benaco	
Le Chiusure	253
San Paolo d'Argon	
Cantina Sociale Bergamasca	250
Angelo Pecis	259
Santa Giuletta	
Isimbarda	232
Podere San Giorgio	261
Santa Maria della Versa	
Cantina Sociale La Versa	232
Scanzorosciate	
Azienda Agricola Biava	250
La Brugherata	218
Il Cipresso	253
Sirmione	
Ca' dei Frati	219
Ca' Lojera	221
Sondrio	
Ar.Pe.Pe.	212
Terrazzi Alti	262
Cooperativa Agricola Triasso e Sassella	263
Sorisole	
Bonaldi - Cascina del Bosco	250
Teglio	
F.lli Bettini	250
Sandro Fay	228
Tirano	
Plozza	240
Torrazza Coste	
Torrevilla	263
Torre de' Roveri	
La Tordela	263
Torricella Verzate	
Monsupello	235
Trescore Balneario	
Medolago Albani	257
	245
Villongo	
La Rocchetta	261
Zenevredo	
Tenuta Il Bosco	217
## Marche	
Acquaviva Picena	
Cherri d' Acquaviva	712
Ancona	
Marchetti	714
Alessandro Moroder	700
Piantate Lunghe	701
Apiro	
Andrea Felici	691
Arcevia	
Casaleta	712
Ascoli Piceno	
Pantaleone	715
Velenosi	710
Barbara	
Santa Barbara	705
Barchi	
Fiorini	713
Belvedere Ostrense	
Luciano Landì	714
Castel di Lama	
Tenuta De Angelis	689
Filippo Panichi	715
Castelfidardo	
Gioacchino Garofoli	693
Castelplanio	
Fazi Battaglia	691
Tenuta dell' Ugolino	716
Castelraimondo	
Collestefano	687

各地区酒庄

Castignano
Cantine di Castignano	685
Tenuta Spinelli	716

Castorano
Clara Marcelli	697
Valter Mattoni	698

Cingoli
Tenuta di Tavignano	707

Civitanova Marche
Boccadigabbia	712
Cantine Fontezoppa	692

Colli del Tronto
Vigneti Vallorani	709

Cossignano
Fiorano	692

Cupra Marittima
Oasi degli Angeli	701

Cupramontana
Colonnara	688
La Distesa	690
La Marca di San Michele	697
Vallerosa Bonci	709

Fermo
Cristina Fausti	713
Lumavite	714

Grottammare
Carminucci	683

Jesi
Montecappone	700

Macerata Feltria
Valturio	710

Maiolati Spontini
Monte Schiavo	699
Pievalta	702
Ripa Marchetti	715

Matelica
Belisario	680
Bisci	681
Borgo Paglianetto	681
La Monacesca	699

Mondavio
Fattoria Laila	695

Monsampolo del Tronto
Collevite - Cantine della Marca	712

Monte Urano
Maria Pia Castelli	685

Montecarotto
Sabbionare	716
Fattoria San Lorenzo	704
Terre Cortesi Moncaro	708

Montefano
Degli Azzoni Avogadro Carradori	713

Montefiore dell'Aso
Giacomo Centanni	712

Montegranaro
Rio Maggio	715

Monteprandone
Il Conte Villa Prandone	713

Moresco
Corti dei Farfensi	689

Morro d'Alba
Mario Lucchetti	696
Stefano Mancinelli	696
Marotti Campi	698
Vicari	711

Numana
Conte Leopardi Dittajuti	695
Fattoria Le Terrazze	707

Offida
Aurora	680
Ciù Ciù	686
Fattorie Picene La Valle del Sole	714
San Giovanni	703
Poderi San Lazzaro	704

Osimo
Umani Ronchi	708

Ostra Vetere
Bucci	682

Pesaro
Calcinari	712
Fosso dei Ronchi	714
Selvagrossa	706

Piagge
Luca Guerrieri	694

Poggio San Marcello
Sartarelli	706

Potenza Picena
Casalis Douhet	684

Ripatransone
Le Caniette	682
Tenuta Cocci Grifoni	686
La Cantina dei Colli Ripani	687
San Savino - Poderi Capecci	705
Villa Grifoni	716

Rosora
Croce del Moro	713

Rotella
La Canosa	683

San Benedetto del Tronto
Costadoro	713

San Paolo di Jesi
Piersanti	715
Vignamato	711

Senigallia
Piergiovanni Giusti	693

Serra de' Conti
Casalfarneto	684

Serrapetrona
Alberto Quacquarini	715

Servigliano
Fattoria Dezi	690

Spinetoli
Saladini Pilastri	703

Staffolo
Coroncino	688
Esther Hauser	694
Vignedileo - Tre Castelli	716
Zaccagnini	716

Tolentino
Il Pollenza	702

Urbisaglia
La Muròla	714

Molise

Acquaviva Collecroce
Cianfagna	784

Campomarino
Borgo di Colloredo	782
Di Majo Norante	782

Larino
D'Uva	784

Montenero di Bisaccia
Terresacre	784

Monteroduni
Valerio Vini - San Nazzaro	783

各地区酒庄

San Felice del Molise	
Cantine Cipressi	784
Ururi	
Cantine Salvatore	783
Piedmont	
Agliano Terme	
Dacapo	87
Roberto Ferraris	92
Carlo Ferro	92
Tenuta Garetto	97
Agliè	
Cieck	74
Alba	
Marco e Vittorio Adriano	32
Boroli	175
Ceretto	72
Tenuta Langasco	110
Pio Cesare	135
Poderi Colla	137
Prunotto	141
Pietro Rinaldi	144
Mauro Sebaste	156
Alfiano Natta	
Tenuta Castello di Razzano	69
Alice Bel Colle	
Ca' Bianca	57
Asti	
F.lli Rovero	186
Avolasca	
La Vecchia Posta	188
Barbaresco	
La Ca' Növa	176
Ca' Rome' - Romano Marengo	58
Cantina del Pino	60
Cascina delle Rose	178
Cascina Roccalini	178
Tenute Cisa Asinari dei Marchesi di Grésy	75
Giuseppe Cortese	85
Gaja	96
Carlo Giacosa	100
Moccagatta	119
Montaribaldi	122
Cascina Morassino	123
I Paglieri - Roagna	130
Produttori del Barbaresco	140
Rattalino	185
Albino Rocca	145
Bruno Rocca	146
Ronchi	148
La Spinona	187
Barengo	
Gilberto Boniperti	175
Barge	
Le Marie	182
Barolo	
Giacomo Borgogno & Figli	48
Giacomo Brezza & Figli	52
Bric Cenciurio	52
Cascina Adelaide	62
Damilano	87
Giacomo Grimaldi	105
Marchesi di Barolo	114
Bartolo Mascarello	117
E. Pira & Figli	136
Giuseppe Rinaldi	144
Francesco Rinaldi & Figli	185
Luciano Sandrone	152
Giorgio Scarzello e Figli	154
Sylla Sebaste	188
Terre da Vino - Agricole	164
G. D. Vajra	166
Virna	172
Bastia Mondovì	
Bricco del Cucù	53
Berzano di Tortona	
Terralba	163
Boca	
Le Piane	134
Bogogno	
Ca' Nova	176
Bosio	
La Caplana	61
La Smilla	159
Bra	
Ascheri	38
Brignano Frascata	
Paolo Giuseppe Poggio	184
Briona	
Francesca Castaldi	67
Bubbio	
Colombo	180
Calamandrana	
Michele Chiarlo	73
La Corte - Cusmano	84
La Giribaldina	102
Calosso	
Fabio Fidanza	93
Scagliola	154
Caluso	
Cantine Briamara	177
Podere Macellio	136
Canale	
Cascina Ca' Rossa	59
Cascina Chicco	64
Cornarea	83
Matteo Correggia	84
Deltetto	88
Filippo Gallino	96
Malabaila di Canale	111
Malvirà	111
Monchiero Carbone	120
Pace	183
Fabrizio Pinsoglio	184
Marco Porello	138
Enrico Serafino	158
Giacomo Vico	168
Canelli	
L' Armangia	38
Paolo Avezza	39
Cascina Barisél	63
Contratto	81
Coppo	82
Gancia	97
Giacomo Scagliola	187
Villa Giada	171
Carema	
Cantina dei Produttori Nebbiolo di Carema	126
Cassinasco	
Cerutti	180
Castagnole delle Lanze	
Gianni Doglia	89
La Spinetta	161
Castagnole Monferrato	
Montalbera	122

各地区酒庄

Castel Boglione
Araldica Vini Piemontesi	37
Cascina Garitina	178

Castel Rocchero
Ca' dei Mandorli	176

Castellania
Vigne Marina Coppi	81

Castelletto d'Orba
Luigi Tacchino	162

Castellinaldo
Marsaglia	116
Stefanino Morra	124

Castello di Annone
Villa Fiorita	188

Castelnuovo Belbo
Clemente Cossetti	85

Castelnuovo Don Bosco
Cascina Gilli	66

Castiglione Falletto
Azelia	39
Brovia	55
Cascina Bongiovanni	63
F.lli Cavallotto	
Tenuta Bricco Boschis	71
Paolo Scavino	155
Sobrero Francesco e Figli	187
Terre del Barolo	164
Vietti	169

Castiglione Tinella
La Caudrina	71
Icardi	108
Elio Perrone	133
Paolo Saracco	153

Cavaglio d'Agogna
Mazzoni	119

Cavallirio
Antico Borgo dei Cavalli	36

Cella Monte
La Casaccia	61

Cerrina Monferrato
Iuli	109

Clavesana
Cantina Clavesana	180

Cocconato
Bava	42

Costa Vescovato
Luigi Boveri	49
Giovanni Daglio	181
Carlo Daniele Ricci	185

Costigliole d'Asti
Massimo Bo	175
Cascina Castlet	177
Cascina Salerio	178

Cremolino
I Pola	184

Cuceglio
Cantina Sociale del Canavese	176
Tenuta Roletto	186

Diano d'Alba
F.lli Abrigo	174
Claudio Alario	32
Brangero	51
Bricco Maiolica	53
Cascina Flino	178
Renzo Castella	179
Le Cecche	179
Giovanni Prandi	184
Poderi Sinaglio	159

Dogliani
Abbona	30
Osvaldo Barberis	41
Francesco Boschis	48
Ca' Viola	59
Cascina Corte	64
Quinto Chionetti	73
Poderi Luigi Einaudi	89
Pecchenino	132

Farigliano
Anna Maria Abbona	30
Giovanni Battista Gillardi	101
La Querciola	141
F.lli Raineri	185

Gabiano
Castello di Gabiano	179

Gattinara
Antoniolo	36
Anzivino	174
Il Chiosso	180
Mauro Franchino	181
Nervi	183
Giancarlo Travaglini	166

Gavi
Nicola Bergaglio	44
Vitivinicola Broglia	54
Castellari Bergaglio	68
La Chiara	180
La Ghibellina	98
La Giustiniana	103
Marchese Luca Spinola	114
Cantina Produttori del Gavi	140
San Bartolomeo	186
La Toledana	165
Villa Sparina	171

Ghemme
Antichi Vigneti di Cantalupo	35
Platinetti	184
Rovellotti	149
Torraccia del Piantavigna	165

Incisa Scapaccino
Brema	51
Incisiana	181
Tenuta Olim Bauda	129

Ivrea
Ferrando	91

La Morra
Elio Altare	35
Batasiolo	41
Eugenio Bocchino	175
Enzo Boglietti	46
Agostino Bosco	175
Gianfranco Bovio	49
Brandini	50
Cascina Ballarin	177
Ciabot Berton	180
Giovanni Corino	82
Renato Corino	83
Gianni Gagliardo	181
Silvio Grasso	104
Poderi Marcarini	113
Mario Marengo	115
Mauro Molino	120
Monfalletto	
Cordero di Montezemolo	121
Andrea Oberto	128
Vigneti Luigi Oddero	183
Oddero Poderi e Cantine	128

各地区酒庄

Renato Ratti	142	**Montelupo Albese**	
F.lli Revello	143	Destefanis	88
Michele Reverdito	143	**Montemagno**	
Rocche Costamagna	146	Tenuta Montemagno	182
Aurelio Settimo	158	**Montemarzino**	
Stroppiana	161	Pomodolce	137
Mauro Veglio	167	**Monteu Roero**	
Gianni Voerzio	173	Lorenzo Negro	127
Roberto Voerzio	173	Angelo Negro & Figli	127
Lessona		Cascina Pellerino	133
Tenute Sella	157	**Morsasco**	
Loazzolo		La Guardia	106
Borgo Maragliano	47	**Neive**	
Forteto della Luja	94	Piero Busso	56
Isolabella della Croce	109	Castello di Neive	68
Lu		F.lli Cigliuti	74
Casalone	62	Collina Serragrilli	77
Tenuta San Sebastiano	151	Fontanabianca	93
Mango		Bruno Giacosa	99
Cascina Fonda	65	F.lli Giacosa	100
Mezzomerico		Cantina del Glicine	103
Roccolo di Mezzomerico	147	Ugo Lequio	110
Moasca		Cecilia Monte	182
Massimo Pastura - Cascina La Ghersa	131	Giuseppe Negro	183
Mombercelli		Paitin	130
Luigi Spertino	160	Pasquale Pelissero	183
Monchiero		Punset	185
Giuseppe Mascarello e Figlio	118	Ressia	142
Mondovì		Sottimano	160
Il Colombo - Barone Riccati	78	**Neviglie**	
Monforte d'Alba		Bera	43
Gianfranco Alessandria	33	Roberto Sarotto	153
Bussia Soprana	176	**Nizza Monferrato**	
Cascina Fontana	66	Antonio Baldizzone - Cascina Lana	40
Domenico Clerico	75	Cascina La Barbatella	40
Aldo Conterno	78	Bersano	45
Diego Conterno	79	Erede di Armando Chiappone	72
Giacomo Conterno	79	Cascina Giovinale	101
Paolo Conterno	80	La Gironda	102
Conterno Fantino	80	Clemente Guasti	107
Giacomo Fenocchio	91	Antica Casa Vinicola Scarpa	187
Attilio Ghisolfi	99	Scrimaglio	156
Elio Grasso	104	**Novello**	
Giovanni Manzone	112	Elvio Cogno	76
Monti	123	**Novi Ligure**	
Armando Parusso	131	La Raia	185
Pianpolvere Soprano Bussia	134	Laura Valditerra	188
Ferdinando Principiano	139	**Oleggio**	
Podere Rocche dei Manzoni	147	Cascina Zoina	179
Flavio Roddolo	148	**Ottiglio**	
Podere Ruggeri Corsini	150	La Spinosa Alta	187
Josetta Saffirio	150	**Ovada**	
Simone Scaletta	187	Bondi	47
F.lli Seghesio	157	Gaggino	95
Monleale		Rossi Contini	186
Vigneti Massa	170	**Ozzano Monferrato**	
Montà		Davide Beccaria	174
Giovanni Almondo	34	**Perosa Argentina**	
Stefanino Costa	86	Daniele Coutandin	86
Pelassa	183	**Piobesi d'Alba**	
Michele Taliano	162	Renato Buganza	55
Montegioco		Tenuta Carretta	177
Cascina Salicetti	151	**Piverone**	
Montegrosso d'Asti		Favaro	90
Antonio Bellicoso	174	**Portacomaro**	
Tenuta La Meridiana	182	Castello del Poggio	179
Franco Roero	186	**Priocca**	
F.lli Trinchero	188	Hilberg - Pasquero	107

各地区酒庄

Cascina Val del Prete	167
Quargnento	
Colle Manora	76
Rocca Grimalda	
Cascina La Maddalena	67
Rocchetta Tanaro	
Braida	50
Marchesi Incisa della Rocchetta	115
Post dal Vin - Terre del Barbera	139
Rodello	
F.lli Mossio	124
Romagnano Sesia	
Ioppa	108
Rosignano Monferrato	
Castello di Uviglie	70
Vicara	168
San Giorgio Canavese	
Orsolani	129
San Martino Alfieri	
Marchesi Alfieri	34
San Marzano Oliveto	
Tenuta dell' Arbiola	37
Guido Berta	45
Alfiero Boffa	175
Carussin	177
Franco Mondo	182
Santo Stefano Belbo	
Ca' d' Gal	57
Tenuta Il Falchetto	90
Sergio Grimaldi - Ca' du Sindic	106
Marcalberto	113
I Vignaioli di Santo Stefano	169
Sarezzano	
Mutti	125
Scurzolengo	
Cascina Tavijn	179
Cantine Sant'Agata	152
Serralunga d'Alba	
Teobaldo e Emma Cappellano	177
Cascina Cucco	65
Fontanafredda	94
Gabutti - Franco Boasso	95
Ettore Germano	98
Bruna Grimaldi	105
Paolo Manzone	112
Massolino	118
Luigi Pira	135
Guido Porro	138
Giovanni Rosso	149
Schiavenza	155
Serralunga di Crea	
Tenuta La Tenaglia	163
Sizzano	
Bianchi	46
Sostegno	
Odilio Antoniotti	174
Strevi	
Marenco	181
Vigne Regali	170
Suno	
Francesco Brigatti	54
Tassarolo	
Cinzia Bergaglio	44
Castello di Tassarolo	69
Tenuta San Pietro	186
La Zerba	188
Torino	
Franco M. Martinetti	117
Tortona	
La Colombera	77
Claudio Mariotto	116
Treiso	
Orlando Abrigo	31
Ca' del Baio	58
Ada Nada	125
Fiorenzo Nada	126
Pelissero	132
Pier	184
Rizzi	145
Verduno	
F.lli Alessandria	33
Bel Colle	43
G. B. Burlotto	56
Castello di Verduno	70
Vezza d'Alba	
Fabrizio Battaglino	42
Battaglio	174
Antica Cascina Conti di Roero	181
Cantina del Nebbiolo	182
Vignale Monferrato	
Giulio Accornero e Figli	31
Bricco Mondalino	176
Marco Canato	60
Il Mongetto	121
Viguzzolo	
Cascina Montagnola	178
Vinchio	
Cantina Sociale di Vinchio Vaglio Serra	172

Puglia

Acquaviva delle Fonti	
Chiaromonte	833
Alberobello	
Cantina Albea	830
Alezio	
Rosa del Golfo	851
Andria	
Giancarlo Ceci	847
Rivera	841
Barletta	
Rasciatano	840
Brindisi	
Sergio Botrugno	846
Tenute Rubino	841
Campi Salentina	
Tenute Mater Domini	837
Canosa di Puglia	
Cefalicchio	847
Carovigno	
Carvinea	832
Castellaneta	
Casa Vinicola Nico	850
Cellino San Marco	
Cantine Due Palme	834
Masseria Li Veli	836
Cerignola	
Antica Enotria	831
Michele Biancardi	846
Paradiso	850
Torre Quarto	851
Copertino	
Monaci	850
Corato	
Torrevento	844

各地区酒庄

Cutrofiano
Masseria L'Astore … 849
Cosimo Palamà … 838
Foggia
Tenuta Fujanera … 848
Gioia del Colle
A Mano … 830
Guttarolo … 849
Pietraventosa … 838
Polvanera … 839
Gravina in Puglia
Cantine Botromagno … 846
Guagnano
Cantele … 832
Eméra … 848
Feudi di Guagnano … 848
Cosimo Taurino … 843
Latiano
Tenuta Partemio … 851
Lecce
Bozzi-Corso … 846
Agricole Vallone … 844
Vigneti Reale … 852
Leporano
Vigne & Vini … 852
Leverano
Cantina Sociale Cooperativa
 Vecchia Torre … 845
Conti Zecca … 845
Lizzano
Mille Una … 850
Lucera
Alberto Longo … 849
Manduria
Cantolio Manduria … 847
Erario … 834
Felline - Pervini … 835
Produttori Vini Manduria … 850
Morella … 837
Pirro Varone … 851
Agricola Pliniana … 851
Racemi … 840
Cantine Soloperto … 842
Martina Franca
Tenute Girolamo … 848
Mesagne
Hiso Telaray - Libera Terra Puglia … 849
Minervino di Lecce
Menhir … 850
Minervino Murge
Tormaresca … 843
Monteroni di Lecce
Apollonio … 831
Nardò
Schola Sarmenti … 842
Salice Salentino
Castello Monaci … 833
Leone de Castris … 836
Sammichele di Bari
Centovignali … 847
San Donaci
Francesco Candido … 847
Paolo Leo … 849
Cantina Cooperativa di San Donaci … 851
San Pietro Vernotico
Vinicola Mediterranea … 852
Santeramo in Colle
Tenuta Viglione … 852

Sava
Gianfranco Fino … 835
Scorrano
Duca Carlo Guarini … 849
Stornarella
Primis … 839
Taranto
Vetrere … 852
Tricase
Castel di Salve … 847
Tuglie
C.a.l.o.s.m. … 846
Michele Calò & Figli … 846
Villa Mottura … 852
Valenzano
Ferri … 848
Veglie
Feudi di Terra D'Otranto … 848

Sardinia
Alghero
Rigatteri … 916
Santa Maria La Palma … 906
Tenute Sella & Mosca … 908
Arborea
Quartomoro di Sardegna … 916
Arzachena
Capichera … 898
Vigne Surrau … 909
Atzara
Fradiles … 913
Badesi
Li Duni … 913
Li Seddi … 913
Berchidda
Cantina Giogantinu … 913
Bosa
Columbu … 912
Bulzi
Gianluigi Deaddis … 912
Cabras
Attilio Contini … 899
Calangianus
Nino Castiglia … 912
Calasetta
Cantina di Calasetta … 897
Cardedu
Alberto Loi … 913
Carloforte
Tanca Gioia Carloforte … 916
Castiadas
Cantina Sociale di Castiadas … 912
Codrongianos
Vigne Deriu … 913
Tenute Soletta … 909
Dolianova
Cantine Dolianova … 901
Donori
Tenute Massidda … 914
Dorgali
Poderi Atha Ruja … 911
Berritta … 911
Cantina Dorgali … 901
Gergei
Olianas … 915
Giba
6Mura … 896

各地区酒庄

Jerzu	
Antichi Poderi Jerzu	903
Loiri Porto San Paolo	
Mura	905
Luras	
Paolo Depperu	912
Magomadas	
Emidio Oggianu	915
Zarelli Vini	916
Mamoiada	
Giovanni Montisci	914
Giuseppe Sedilesu	908
Mogoro	
Cantina di Mogoro - Il Nuraghe	904
Monti	
Cantina del Vermentino - Monti	910
Nuoro	
Colle Nivera	912
Giuseppe Gabbas	902
Olbia	
Cantina delle Vigne - Piero Mancini	911
Masone Mannu	903
Murales	914
Cantina Pedres	906
Oliena	
Cantina Cooperativa di Oliena	915
Orgosolo	
Cantine di Orgosolo	915
Oristano	
Cantina Sociale della Vernaccia	916
Quartu Sant'Elena	
Villa di Quartu	916
Sant'Anna Arresi	
Mesa	904
Sant'Antioco	
Sardus Pater	907
Santadi	
Agricola Punica	896
Cantina di Santadi	907
Sassari	
Gabriele Palmas	915
Selargius	
Meloni Vini	914
Sennori	
Tenute Dettori	900
Senorbì	
Cantina Trexenta	910
Serdiana	
Altea Illotto	911
Argiolas	897
Pala	905
Settimo San Pietro	
Ferruccio Deiana	900
Sorso	
Tenuta Nuraghe Crabioni	914
Tempio Pausania	
Cantina Gallura	902
Terralba	
Cantina del Bovale	911
Abele Melis	914
Thiesi	
Poderosa	915
Tresnuraghes	
Angelo Angioi	911
Usini	
Giovanni Cherchi	898
Chessa	899
Sicily	
Acate	
Biscaris	885
Valle dell'Acate	884
Agrigento	
d'Alessandro	888
Butera	
Feudo Principi di Butera	872
Calatafimi	
Ceuso	887
Caltagirone	
Antica Tenuta del Nanfro	892
Caltanissetta	
Masseria del Feudo	891
Cammarata	
Feudo Montoni	890
Campobello di Licata	
Baglio del Cristo di Campobello	865
Camporeale	
Alessandro di Camporeale	864
Tenute Rapitalà	879
Canicattì	
Cantina Viticoltori Associati Canicattì	866
Castelbuono	
Abbazia Santa Anastasia	864
Casteldaccia	
Duca di Salaparuta - Vini Corvo	870
Castiglione di Sicilia	
Antichi Vinai	885
Calcagno	886
Cottanera	868
I Custodi delle Vigne dell'Etna	888
Tenuta di Fessina	870
Graci	873
Passopisciaro	877
Pietradolce	878
Cantine Russo	893
Girolamo Russo	880
Catania	
Al Cantàra	885
Cattolica Eraclea	
Rizzuto Guccione	893
Chiaramonte Gulfi	
Gulfi	874
Poggio di Bortolone	893
Erice	
Fazio Wines	889
Giarre	
Scilio	881
Gibellina	
Orestiadi	892
Grotte	
Morgante	875
Ispica	
Curto	888
Riofavara	880
Librizzi	
Tenuta Gatti	890
Linguaglossa	
La Casa di Filippo	887
Tenuta Chiuse del Signore	887
Terre di Trente	894
Vivera	894
Marineo	
Buceci	886
Marsala	
Caruso & Minini	887
Marco De Bartoli	869

各地区酒庄

Donnafugata	869
Cantine Fina	890
Tenuta Gorghi Tondi	873
Carlo Pellegrino	877
Cantine Rallo	879

Mazara del Vallo
Ajello	885
Cantine Foraci	890

Menfi
Cantine Barbera	865
Piana dei Cieli	892
Planeta	878
Settesoli	882

Messina
Bonavita	886
Le Casematte	887
Hauner	874
Tenuta Enza La Fauci	891
Palari	876

Milo
Barone di Villagrande	894

Monreale
Guccione	891
Sallier de la Tour	893

Niscemi
Feudi del Pisciotto	871

Noto
Feudo Maccari	871
Marabino	875
Zisola	894

Paceco
Firriato	872

Palermo
Fatascià	889
Spadafora	882

Pantelleria
Solidea	894

Partinico
Brugnano	886
Cossentino	887
Cusumano	868

Randazzo
Destro	888
Tenute Moganazzi	891
Terrazze dell'Etna	883
Tenuta delle Terre Nere	884

Sambuca di Sicilia
Di Giovanna	888
Gaspare Di Prima	889
Feudo Arancio	889
Terrelíade	894

San Cipirello
Calatrasi	886

San Giuseppe Jato
Centopassi	867

Santa Cristina Gela
Baglio di Pianetto	885

Santa Maria di Licodia
Feudo Cavaliere	889

Santa Ninfa
Ferreri	889

Santa Venerina
Emanuele Scammacca del Murgo	881

Sciacca
De Gregorio	888
Miceli	891

Sclafani Bagni
Tasca d'Almerita	883

Siracusa
Pupillo	893

Trapani
Fondo Antico	890
Barone di Serramarrocco	893

Trecastagni
Vini Biondi	885
Tenuta Monte Ilice	892
Cantine Nicosia	892

Valderice
Ottoventi	892

Viagrande
Benanti	866

Vittoria
Paolo Calì	886
COS	867
Feudo di Santa Tresa	890
Maggio	891
Occhipinti	876

Tuscany

Arezzo
Buccia Nera	656
Fattoria San Fabiano Borghini Baldovinetti	672
Villa La Ripa	650

Bagno a Ripoli
Malenchini	664

Barberino Val d'Elsa
I Balzini	528
Casa Emma	546
Castello della Paneretta	658
Castello di Monsanto	554
Isole e Olena	583
Pasolini Dall'Onda Borghese	603
Quercia al Poggio	671
Spadaio e Piecorto	674
Le Torri di Campiglioni	676

Bibbona
Tenuta di Biserno	534
Villa Caprareccia	678

Bolgheri
Campo alla Sughera	656
Giovanni Chiappini	562
Tenuta Guado al Tasso	581
Le Macchiole	588
Poggio al Tesoro	611

Bucine
Casabianca	657
Fattoria Petrolo	605

Campagnatico
Pieve Vecchia	609

Campiglia Marittima
Le Querce	619

Capalbio
Monteverro	596

Capannori
Colle di Bordocheo	660

Capoliveri
Tenute delle Ripalte	671

Capraia e Limite
Enrico Pierazzuoli	608

Capraia Isola
La Piana	668

Carmignano
Podere Allocco	522
Fattoria Ambra	522
Artimino	653

各地区酒庄

Fattoria di Bacchereto	527		Le Calle	656
Tenuta di Capezzana	543		Casale Pozzuolo	658
Pratesi	617		Colle Massari	565

Casale Marittimo
- Sada — 626

Casole d'Elsa
- Camporignano — 656

Castagneto Carducci
- Tenuta Argentiera — 526
- Ca' Marcanda — 539
- Castello di Bolgheri — 552
- Donna Olimpia 1898 — 571
- Podere Grattamacco — 580
- I Luoghi — 587
- Podere Orma — 599
- Tenuta dell' Ornellaia — 600
- Tenuta San Guido — 630
- Podere Sapaio — 634
- Michele Satta — 635
- Fulvio Luigi Serni — 673
- Terre del Marchesato — 641

Castel del Piano
- Amiata — 523
- Assolati — 653
- Montesalario — 665
- Parmoleto — 668
- Perazzeta — 604
- Peteglia — 668

Castelfiorentino
- Castello di Oliveto — 658

Castellina in Chianti
- Bandini - Villa Pomona — 528
- Tenuta di Bibbiano — 532
- Castellare di Castellina — 549
- Castello di Fonterutoli — 554
- Famiglia Cecchi — 559
- Tenuta di Lilliano — 586
- Podere Monastero — 665
- Fattoria Nittardi — 598
- Piccini — 668
- Rocca delle Macìe — 622
- Setriolo — 673
- Villa Trasqua — 678

Castellina Marittima
- Castello del Terriccio — 551

Castelnuovo Berardenga
- Fattoria dell' Aiola — 653
- Arcanum — 525
- Fattoria Carpineta Fontalpino — 544
- Castell'in Villa — 548
- Castello di Bossi — 553
- Fattoria di Dievole — 661
- Fattoria di Felsina — 574
- Fattoria di Petroio — 605
- Poggio Bonelli — 613
- San Felice — 628
- Tolaini — 643

Castiglion Fibocchi
- Tenuta Sette Ponti — 638

Castiglione d'Orcia
- Podere Forte — 662

Castiglione della Pescaia
- Tenuta La Badiola — 654
- Tenute Perini — 668

Cerreto Guidi
- Poggiotondo — 616

Cinigiano
- Basile — 654
- Tenuta di Montecucco — 593
- Az. Agr. Palmoletino — 667
- Pianirossi — 607
- Podernuovo — 610
- Salustri — 627

Civitella in Val di Chiana
- San Ferdinando — 672

Civitella Paganico
- Begnardi — 654
- Tenuta Impostino — 675

Cortona
- Stefano Amerighi — 523
- Riccardo Baracchi — 529
- Podere Il Castagno — 547
- Giannoni Fabbri — 663
- Leuta — 585
- Tenimenti Luigi D'Alessandro — 640
- Villa Loggio — 651

Dicomano
- Frascole — 577

Empoli
- Fattoria Bini — 655
- Fattoria di Piazzano — 607

Fauglia
- I Giusti e Zanza — 580

Fiesole
- Testamatta — 642

Firenze
- Marchesi Antinori — 525
- Marchesi de' Frescobaldi — 578

Foiano della Chiana
- Fattoria Santa Vittoria — 634

Fosdinovo
- Podere Lavandaro — 206
- Podere Terenzuola — 208

Fucecchio
- Fattoria Montellori — 594

Gaiole in Chianti
- Agricoltori del Chianti Geografico — 521
- Badia a Coltibuono — 527
- Barone Ricasoli — 531
- Capannelle — 656
- Casa al Vento — 545
- Castello di Ama — 552
- Castello di Cacchiano — 553
- Castello di San Donato in Perano — 556
- Il Colombaio di Cencio — 660
- Lamole di Lamole — 584
- Le Miccine — 665
- Riecine — 621
- Rocca di Castagnoli — 623
- Rocca di Montegrossi — 671
- San Giusto a Rentennano — 630

Gambassi Terme
- Villa Pillo — 651

Gavorrano
- Podere Cigli — 659
- Fertuna — 661
- Maremmalta — 665
- Podere San Cristoforo — 610
- Poggio ai Lupi — 669
- Rigoloccio — 621
- Rocca di Frassinello — 623
- Conti di San Bonifacio — 628

各地区酒庄

Giglio
Altura — 653
Greve in Chianti
Castello di Querceto — 658
Castello di Vicchiomaggio — 557
Tenuta degli Dei — 661
Fattoria di Lamole — 573
Tenute Ambrogio e Giovanni Folonari — 574
Fontodi — 576
La Madonnina - Triacca — 589
Podere Poggio Scalette — 615
Querciabella — 671
Savignola Paolina — 673
Tenuta Montiani — 675
Torraccia di Presura — 676
Villa Calcinaia — 677
Villa Vignamaggio — 652
Viticcio — 652
Grosseto
Agricola Alberese — 653
Antonio Camillo — 540
Frank & Serafico — 577
Poggio Argentiera — 613
Fattoria Le Pupille — 618
Terre dei Fiori - Tenute Costa — 675
Impruneta
Fattoria di Bagnolo — 654
Fattoria Collazzi — 565
Diadema — 570
La Querce — 618
Isola del Giglio
Fontuccia — 662
Lamporecchio
Sensi — 636
Laterina
Tenuta Viterta — 678
Loro Ciuffenna
Il Borro — 655
Lucca
Fattoria Colle Verde — 566
Pieve Santo Stefano — 669
Fattoria Sardi Giustiniani — 673
Tenuta di Valgiano — 649
Lucignano
Agricola Fabbriche — 661
Magliano in Toscana
Col di Bacche — 564
Fattoria di Magliano — 664
Fattoria Mantellassi — 590
Paniole — 667
Poggio Brigante — 670
Fattoria San Felo — 629
Manciano
Fattoria Acquaviva — 521
Agrimaremma — 653
Fattoria La Maliosa — 661
Montauto — 593
Massa Marittima
La Cura — 661
Moris Farms — 597
Valentini — 677
Mercatale Valdarno
Podere Il Carnasciale — 657
Montaione
La Pieve — 608
Poderi Tognetti — 675
Montalcino
Abbadia Ardenga — 520
Argiano — 526
Fattoria dei Barbi — 530
Baricci — 530
Belpoggio — 655
Biondi Santi - Tenuta Il Greppo — 534
Brunelli - Le Chiuse di Sotto — 536
Camigliano — 540
Canalicchio - Franco Pacenti — 541
Canalicchio di Sopra — 541
Capanna — 542
Tenuta Caparzo — 543
Caprili — 544
Casanova di Neri — 547
Castello Banfi — 549
Castello di Velona — 659
Castello Romitorio — 558
Castiglion del Bosco — 659
Centolani — 559
La Cerbaiola — 560
Cerbaiona — 560
Le Chiuse — 562
Donatella Cinelli Colombini — 563
Citille di Sopra — 563
Tenuta Col d'Orcia — 564
Collelceto — 566
Tenuta di Collosorbo — 660
Il Colombaio — 660
Andrea Costanti — 569
Donna Olga — 571
Fanti — 572
Fattoi — 573
Fornacina — 662
Podere La Fortuna — 576
Eredi Fuligni — 578
Maurizio Lambardi — 663
Lisini — 586
Le Macioche — 588
La Mannella — 589
Marchesi degli Aleramici — 664
Il Marroneto — 590
Mastrojanni — 591
Mocali — 592
Oliveto — 666
Siro Pacenti — 600
Padelletti — 667
La Palazzetta — 601
Palazzo — 602
Piancornello — 606
Il Pinino — 669
Poggio Antico — 612
Poggio di Sotto — 614
Poggio Rubino — 614
Il Poggiolo — 670
Tenuta Il Poggione — 615
Tenuta Le Potazzine — 617
Quattroventi — 671
Querce Bettina — 619
Le Ragnaie — 620
Podere Salicutti — 672
San Filippo — 629
San Giuseppe — 672
San Polino — 631
San Polo — 632
Podere Sanlorenzo — 632
Tenuta di Sesta — 637
Sesti - Castello di Argiano — 637
Solaria - Az. Agr. Cencioni Patrizia — 674
Tassi — 674

各地区酒庄

Tenimenti Angelini	639
Tiezzi	675
La Togata	675
Uccelliera	646
Tenuta Val di Cava	648
Villa I Cipressi	678
Villa Le Prata	678
Tenuta Vitanza	678
Montecarlo	
Tenuta del Buonamico	538
Fattoria Michi	592
Fattoria La Torre	676
Montecatini Val di Cecina	
Fattoria Sorbaiano	638
Montelupo Fiorentino	
Tenuta San Vito	673
Montepulciano	
Antico Colle	524
Podere Le Berne	532
Bindella	533
Poderi Boscarelli	535
La Calonica	656
Canneto	542
Fattoria Le Casalte	546
Fattoria del Cerro	561
Contucci	567
Il Conventino	568
Croce di Febo	660
Maria Caterina Dei	569
Gattavecchi	579
Icario	583
Le Bertille	663
Lunadoro	587
Montemercurio	594
Nottola	666
Palazzo Vecchio	667
Poliziano	616
Salcheto	627
Fattoria della Talosa	639
Le Tre Berte	644
Tenuta Valdipiatta	648
Vecchia Cantina di Montepulciano	677
Monteriggioni	
Bindi Sergardi	533
Fattoria Lornano	664
Montescudaio	
Poderi Laura Berlucchi - Fontemorsi	663
Montespertoli	
Castello di Poppiano	555
Castello di Sonnino	556
Podere dell'Anselmo	669
Poggio Capponi	670
Tenuta di Morzano	674
Montevarchi	
Mannucci Droandi	664
Montignoso	
Montepepe	665
Murlo	
Fattoria Casabianca	657
Orbetello	
Bruni	536
La Corsa	660
Tenuta La Parrina	603
Santa Lucia	633
La Selva	673
Palaia	
Usiglian Del Vescovo	677
Panzano	
Fattoria Casaloste	658
Castello dei Rampolla	550
Le Cinciole	659
Le Fonti	575
Il Palagio	667
Peccioli	
Tenuta di Ghizzano	579
Le Palaie	667
Pelago	
Travignoli	644
Piombino	
Tenuta Poggiorosso	670
Sant'Agnese	633
Tuttisanti	676
Pitigliano	
Poggio al Tufo	612
Poggibonsi	
Fattoria Le Fonti	662
Melini	591
Fattoria Ormanni	666
Poggio a Caiano	
Piaggia	606
Pontassieve	
Castello del Trebbio	551
Fattoria di Grignano	581
Tenimenti Ruffino	625
I Veroni	649
Vi.Ca.S.	677
Radda in Chianti	
Il Barlettaio	654
Borgo Salcetino	655
Brancaia	535
Caparsa	657
Castello d'Albola	550
Castello di Radda	555
Castello di Volpaia	557
Colle Bereto	659
Livernano	663
Monteraponi	595
Montevertine	596
Poggerino	611
Val delle Corti	647
Vescine	650
Rignano sull'Arno	
Fattoria Torre a Cona	643
Riparbella	
Duemani	572
La Regola	620
Urlari	646
Roccastrada	
Ampeleia	524
Muralia	666
Rocca di Montemassi	624
Rufina	
Fattoria di Basciano	531
Cantine Bellini	655
Fattoria Selvapiana	636
San Casciano dei Bagni	
Giacomo Mori	666
San Casciano in Val di Pesa	
Castello di Gabbiano	658
Castelvecchio	558
Cigliano	659
Fattoria Corzano e Paterno	568
Luiano	664
Poggio Borgoni	669
La Sala	626

各地区酒庄

Fattoria San Pancrazio	672
San Gimignano	
Abbazia di Monte Oliveto	520
La Buca di Montauto	537
Ca' del Vispo	538
Tenuta Le Calcinaie	539
Cappella Sant'Andrea	657
Casa alle Vacche	545
La Castellaccia	548
Vincenzo Cesani	561
Il Colombaio di Santa Chiara	567
Fontaleoni	575
Le Fornaci	662
Guicciardini Strozzi - Fattoria Cusona	582
La Lastra	584
Montenidoli	595
La Mormoraia	598
Tenute Niccolai - Palagetto	666
Il Palagione	601
Giovanni Panizzi	602
Poderi del Paradiso	669
Rampa di Fugnano	671
Fattoria San Donato	672
Signano	674
Teruzzi & Puthod	642
F.lli Vagnoni	647
San Piero a Sieve	
Podere Fortuna	609
Sarteano	
Cantine Olivi	599
Tenuta di Trinoro	645
Scandicci	
San Michele a Torri	631
Uggiano	676
Vigliano	677
Scansano	
Erik Banti	529
Poderi di Ghiaccioforte	662
Cantina Vignaioli del Morellino di Scansano	597
Poggio Morino	670
Az. Agr. Roccapesta	624
Terenzi	640
Seggiano	
Piandibugnano	668
Siena	
Belriguardo	655
Montechiaro	665
Sovana	
Sassotondo	635
Sovicille	
Tenuta di Trecciano	676
Subbiano	
Poggiotondo	670
Suvereto	
Bulichella	537
Casa Dei	657
Gualdo del Re	582
Incontri	663
Petra	604
Rubbia Al Colle	625
Terradonnà	641
Tua Rita	645
Terricciola	
Badia di Morrona	654
Vicchio	
Il Rio	622
Vinci	
Fattoria Dianella Fucini	570
Cantine Leonardo da Vinci	585
Streda Belvedere	674
Trentino Alto Adige	
Ala	
Borgo dei Posseri	268
Aldeno	
Cantina Aldeno	266
Revì	283
Appiano/Eppan	
Josef Brigl	288
Cantina Produttori Colterenzio	289
Cantina Girlan	294
Hof Gandberg - Rudolf Niedermayr	319
Lorenz Martini	320
K. Martini & Sohn	303
Josef Niedermayr	305
Ignaz Niedrist	306
Cantina Produttori San Michele Appiano	310
Cantina Produttori San Paolo	311
Stroblhof	313
Alois Warasin	320
Josef Weger	318
Avio	
Acino d'Oro	282
Donatoni	282
Tenuta San Leonardo	279
Vallarom	280
Bolzano/Bozen	
Cantina Bolzano	287
Egger-Ramer	291
Erbhof Unterganzner - Josephus Mayr	292
Glögglhof - Franz Gojer	294
Griesbauerhof - Georg Mumelter	295
Gummerhof - Malojer	296
Larcherhof - Spögler	319
Loacker Schwarhof	302
Messnerhof - Bernhard Pichler	320
Cantina Convento Muri-Gries	304
Obermoser - H. & T. Rottensteiner	307
Oberrautner - Anton Schmid	320
Pfannenstielhof - Johannes Pfeifer	308
Hans Rottensteiner	309
Thurnhof - Andreas Berger	320
Untermoserhof - Georg Ramoser	315
Tenuta Waldgries	318
Bressanone/Brixen	
Hoandlhof - Manfred Nössing	298
Kuenhof - Peter Pliger	301
Taschlerhof - Peter Wachtler	313
Calavino	
Toblino	284
Caldaro/Kaltern	
Cantina di Caldaro	288
Erste+Neue	292
Kettmeir	299
Tenuta Klosterhof - Oskar Andergassen	319
Manincor	303
Niklaserhof - Josef Sölva	306
Tenuta Ritterhof	308
Castel Sallegg	310
Peter Sölva & Söhne	311
Castelbello Ciardes/Kastelbell Tschars	
Tenuta Unterortl - Castel Juval	316

各地区酒庄

Cembra
Elio e F.lli Zanotelli	284

Cermes/Tscherms
Hartmann Donà	291
Tenuta Kränzl - Graf Franz Pfeil	300

Chiusa/Klausen
Cantina Produttori Valle Isarco	316

Cortaccia/Kurtatsch
Baron Widmann	286
Cantina Produttori Cortaccia	290
Tiefenbrunner	314

Cortina Sulla Strada del Vino/Kurtinig
Castelfeder	289
Peter Zemmer	320

Egna/Neumarkt
Brunnenhof - Kurt Rottensteiner	319
Peter Dipoli	290
Glassierhof - Stefan Vaja	319
Gottardi	295

Faedo
Bellaveder	267
Mattia Filippi	282
Pojer & Sandri	277
Arcangelo Sandri	284

Fiè allo Sciliar/Völs am Schlern
Bessererhof - Otmar Mair	287
Gumphof - Markus Prackwieser	296

Giovo
Opera Vitivinicola in Valdicembra	284
Villa Corniole	281

Isera
Cantina d'Isera	270
De Tarczal	282

Lasino
Pisoni	283
Pravis	278

Lavis
Bolognani	268
Cobelli	282
La Vis/Valle di Cembra	275
Casata Monfort	276

Magrè/Margreid
Alois Lageder	301

Marlengo/Marling
Cantina Meran Burggräfler	304

Meltina/Mölten
Vivaldi - Arunda	317

Mezzocorona
De Vescovi Ulzbach	271
Marco Donati	272
F.lli Dorigati	272
MezzaCorona	276

Mezzolombardo
I Dolomitici	271
Cantina Rotaliana	278

Montagna/Montan
Franz Haas	297

Mori
Mori - Colli Zugna	277

Nalles/Nals
Cantina Nals Margreid	305

Naturno/Naturns
Falkenstein - Franz Pratzner	293

Nomi
Grigoletti	274
Pedrotti Spumanti	283

Ora/Auer
Happacherhof	
Istituto Tecnico Agrario Ora	319

Parcines/Partschins
Stachlburg - Baron von Kripp	312

Revò
Augusto Zadra	284

Roverè della Luna
Gaierhof	274
Cantina Sociale Roverè della Luna	279

Rovereto
Nicola Balter	267
Conti Bossi Fedrigotti	282
Letrari	275
Armando Simoncelli	284

Salorno/Salurn
Haderburg	297

San Michele all'Adige
Endrizzi	273
Istituto Agrario Provinciale San Michele all'Adige	280
Roberto Zeni	281

Terlano/Terlan
Tenuta Kornell	300
Cantina Terlano	314

Termeno/Tramin
Tenuta J. Hofstätter	298
Cantina Tramin	315
Elena Walch	317

Trento
Abate Nero	266
Cavit	269
Cesarini Sforza	269
Ferrari	273
Francesco Moser	283
Maso Bergamini	283
Maso Martis	283

Vadena/Pfatten
Laimburg	302

Varna/Vahrn
Abbazia di Novacella	286
Köfererhof - Günther Kershbaumer	299
Pacherhof - Andreas Huber	307
Strasserhof - Hannes Baumgartner	312

Velturno/Feldthurns
Garlider - Christian Kerchbaumer	293

Villandro/Villanders
Röckhof - Konrad Augschöll	309

Volano
Concilio	270

Umbria

Allerona
Argillae	739
Tenuta Poggio del Lupo	742

Amelia
Zanchi	742

Baschi
Barberani	719
Barbi	739

Bevagna
Adanti	718
Tenuta Bellafonte	720
Fattoria Colleallodole	724
Fattoria Colsanto	725
Cantina Dionigi	727
Villa Mongalli	738

Cannara
Italo Di Filippo	726

各地区酒庄

Castiglione del Lago
Duca della Corgna	727
Madrevite	741

Città della Pieve
Podere Fontesecca	741

Ficulle
Castello della Sala	723
Tenuta Vitalonga	742

Fratta Todina
Coste del Faena	740

Giano dell'Umbria
Bartoloni	719
Moretti Omero	729

Gualdo Cattaneo
Còlpetrone	724
Terre de La Custodia	736

Magione
Berioli	739
Castello di Magione	723
Pucciarella	732

Marsciano
Cantina Castello Monte Vibiano Vecchio	729
Cantina La Spina	741

Montecchio
Falesco	748

Montefalco
Tenuta Alzatura	739
Antonelli - San Marco	718
Bocale	721
Arnaldo Caprai	721
Le Cimate	740
Fongoli	741
F.lli Pardi	731
Perticaia	732
Raina	733
Rocca di Fabbri	742
Romanelli	734
Ruggeri	742
Scacciadiavoli	734
Giampaolo Tabarrini	735
Tiburzi	736

Narni
Bussoletti Leonardo Brecciaro	739

Orvieto
Bigi	720
Cardeto	740
La Carraia	722
Castello di Corbara	740
Custodi	725
Decugnano dei Barbi	726
Palazzone	730
Tenuta Le Velette	738

Panicale
Lamborghini	741

Perugia
Carini	740
Tenuta Castelbuono	722
Chiorri	740
Goretti	728

Spello
Sportoletti	735

Stroncone
La Palazzola	730

Todi
Cantina Peppucci	731
Roccafiore	733
Todini	737

Tudernum	737

Torgiano
Lungarotti	728
Terre Margaritelli	742

Tuoro sul Trasimeno
Stafania Mezzetti	741

Umbertide
Blasi Bertanzi	739

Valle d'Aosta

Aosta
Institut Agricole Régional	28
Elio Ottin	26

Arnad
Cooperativa La Kiuva	28

Arvier
Coopérative de l'Enfer	28
Quatremillemetres Vins d'Altitude	28

Aymavilles
Les Crêtes	23

Chambave
La Crotta di Vegneron	23

Introd
Lo Triolet	25

Morgex
Ermes Pavese	26
Cave du Vin Blanc de Morgex et de La Salle	27

Nus
Les Granges	28

Quart
F.lli Grosjean	25

Saint Pierre
Château Feuillet	22
Di Barrò	24
La Source	28

Sarre
Feudo di San Maurizio	24

Verrayes
La Vrille	27

Villeneuve
Anselmet	22

Veneto

Annone Veneto
Bosco del Merlo	332
Paladin	398
Tenuta Sant'Anna	399

Arquà Petrarca
Vignalta	388

Baone
Ca' Orologio	335
Il Filò delle Vigne	350
Il Mottolo	365
Vignale di Cecilia	387

Bardolino
Guerrieri Rizzardi	353
Lenotti	354
Vigneti Villabella	391
F.lli Zeni	392

Bassano del Grappa
Contrà Soarda	345
Vigneto Due Santi	389

Breganze
Beato Bartolomeo da Breganze	326
Maculan	355

Brentino Belluno
Roeno	373

各地区酒庄

Caprino Veronese
Monte Zovo — 397

Castelnuovo del Garda
Giovanna Tantini — 382

Cavaion Veronese
Gerardo Cesari — 395
Le Fraghe — 352

Cinto Euganeo
Ca' Lustra — 335
Monte Fasolo — 397
Marco Sambin — 398

Colognola ai Colli
Fasoli — 349
Tenuta Sant'Antonio — 375
Tenuta Santa Maria alla Pieve — 399
Agostino Vicentini — 386

Conegliano
Carpenè Malvolti — 338
Zardetto Spumanti — 400

Crocetta del Montello
Villa Sandi — 390

Due Carrare
Urbano Salvan — 398

Farra di Soligo
Andreola — 394
Merotto — 359

Fossalta di Piave
De Stefani — 349

Fossalta di Portogruaro
Santa Margherita — 376

Fumane
Stefano Accordini — 322
Allegrini — 323
Corteforte — 396
Monte Santoccio — 397
Le Salette — 374
Secondo Marco — 377
David Sterza — 379

Gambellara
La Biancara — 328
Zonin — 393

Grezzana
Cav. G. B. Bertani — 327

Illasi
Romano Dal Forno — 348
Marco Mosconi — 398
Santi — 376
Trabucchi d'Illasi — 384

Lavagno
Grotta del Ninfeo — 396

Lazise
Le Tende — 399

Mansuè
Tomasella — 400

Marano di Valpolicella
Antolini — 324
Ca' La Bionda — 334
Giuseppe Campagnola — 336
Michele Castellani — 340
Corte Rugolin — 346
Novaia — 368
San Rustico — 374
Odino Vaona — 385

Mezzane di Sotto
Corte Sant'Alda — 347
Massimago — 397
Roccolo Grassi — 372

Miane
Gregoletto — 353

Monselice
Borin Vini & Vigne — 330
Castello di Lispida — 395

Montebello Vicentino
Casa Cecchin — 339
Domenico Cavazza & F.lli — 342
Luigino Dal Maso — 348

Montecchia di Crosara
Ca' Rugate — 336

Monteforte d'Alpone
Roberto Anselmi — 324
I Campi — 337
La Cappuccina — 338
Gini — 352
Le Mandolare — 397
Cantina Sociale di Monteforte d'Alpone — 363
Daniele Nardello — 366
Umberto Portinari — 398
Prà — 370
I Stefanini — 379
T.E.S.S.A.R.I. — 381

Negrar
Tommaso Bussola — 334
Roberto Mazzi — 359
Giuseppe Quintarelli — 371
Le Ragose — 371
F.lli Recchia — 372
Casa Vinicola Sartori — 377
Cantina Valpolicella Negrar — 385
Villa Spinosa — 390
Viviani — 391

Nervesa della Battaglia
Serafini & Vidotto — 378

Noventa di Piave
Tessere — 399

Ormelle
Italo Cescon — 395

Peschiera del Garda
Fraccaroli — 396
Ottella — 368
La Sansonina — 375
Zenato — 392

Pramaggiore
Borgo Stajnbech — 329
Le Carline — 395

Preganziol
Barollo — 325

Refrontolo
Astoria Vini — 394
Colvendrà — 396

Roncà
Tenuta Corte Giacobbe — 346
Corte Moschina — 396
Giovanni Fattori — 350
Fongaro — 351
Marcato — 356

Rovolon
Montegrande — 363

Salgareda
Ornella Molon Traverso — 360
Sutto — 380

San Bonifacio
Inama — 354

San Fior
Masottina — 358

各地区酒庄

San Martino Buon Albergo
Marion	357
Musella	366

San Pietro in Cariano
Luciano Arduini	394
Lorenzo Begali	326
F.lli Bolla	329
Brigaldara	332
Luigi Brunelli	333
Marchesi Fumanelli	396
Manara	356
Monte dall'Ora	360
Monte Faustino	397
Angelo Nicolis e Figli	367
Santa Sofia	399
Viticoltori Speri	378
F.lli Tedeschi	383
Viticoltori Tommasi	383
Massimino Venturini	386
Villa Bellini	389
Pietro Zardini	400
Zymè	393

San Polo di Piave
Casa Roma	339

Sant'Ambrogio di Valpolicella
Carlo Boscaini	331
Masi	358
Villa Monteleone	400

Santo Stino di Livenza
Mosole	365

Selvazzano Dentro
La Montecchia Conte Emo Capodilista	362

Soave
Balestri Valda	325
Cantina del Castello	341
Coffele	343
Monte Tondo	361
Leonildo Pieropan	369
Suavia	380
Tamellini	381

Soligo
BiancaVigna	394

Sommacampagna
Cavalchina	341
Monte del Frà	361
Albino Piona	369
Le Vigne di San Pietro	388
Villa Medici	400

Susegana
Borgoluce	395
Conte Collalto	344

Valdagno
Masari	357

Valdobbiadene
Le Bertole	394
Desiderio Bisol & Figli	328
F.lli Bortolin	330
Bortolomiol	331
Canevel Spumanti	337
Col Vetoraz	343
Le Colture	344
Casa Coste Piane	347
Silvano Follador	351
Nino Franco	367
Ruggeri & C.	373
Tanorè	382

Valeggio sul Mincio
Corte Gardoni	345

Vazzola
Bonotto delle Tezze	395
Giorgio Cecchetto	342

Venezia
Orto di Venezia	398

Verona
Cecilia Beretta - Pasqua	327
Giacomo Montresor	364
Tezza	399
Cantina Sociale della Valpantena	384
Pietro Zanoni	400

Vidor
Adami	322
Sorelle Bronca	333

Villaga
Piovene Porto Godi	370

Vittorio Veneto
Bellenda	394

Vò
Monteforche	362
Monteversa	364
Vigna Roda	387

Volpago del Montello
Ida Agnoletti	323
Case Paolin	340
Conte Loredan Gasparini	355